中国供销合作社
CHINA CO-OP

宁波供销精神

忠诚　敬业　务实　创新

宁波市供销合作社志

《宁波市供销合作社志》编纂委员会 编

汪金平 主编

宁波出版社

图书在版编目（CIP）数据

宁波市供销合作社志 /《宁波市供销合作社志》编纂委员会编. -- 宁波：宁波出版社，2023.12
ISBN 978-7-5526-5217-8

Ⅰ. ①宁… Ⅱ. ①宁… Ⅲ. ①供销合作社—商业史—宁波 Ⅳ. ① F721.2

中国国家版本馆 CIP 数据核字（2023）第 230790 号

宁波市供销合作社志

《宁波市供销合作社志》编纂委员会　编

主　　编	汪金平
责任编辑	陈金霞
责任校对	虞姬颖
装帧设计	金字斋
出版发行	宁波出版社
	（宁波市甬江大道1号宁波书城8号楼6楼　邮编　315040）
网　　址	http://www.nbcbs.com
印　　刷	宁波白云印刷有限公司
开　　本	889mm×1194mm　1/16
插　　页	17
印　　张	49
字　　数	1330 千
版　　次	2023 年 12 月第 1 版
印　　次	2023 年 12 月第 1 次印刷
标准书号	ISBN 978-7-5526-5217-8
定　　价	398.00 元

（如发现缺页或倒装，影响阅读，请与出版社联系调换　电话：0574-87248279）

《宁波市供销合作社志》编纂委员会

主　任　陈树生（2019.01—2019.04）　　李　斌（2019.05—2021.10）
　　　　　徐　挺（2021.11任）
副主任　陈树生　崔存世　张战英　钟毅君　王万有
　　　　　戴建国　王文轩　郎文琴　姚旭飞
委　员　吴建裕　王学兴　余珊弘　王露明　胡文庭
　　　　　吴　军　何　良　赵科伟

《宁波市供销合作社志》编纂委员会办公室

主　任　崔存世（2018.12—2020.06）　　王文轩（2020.07—2022.04）
　　　　　姚旭飞（2022.05—2022.08）　　戴建国（2022.09任）
副主任　吴建裕（2018.12任）

《宁波市供销合作社志》编辑部

主　编　汪金平

撰稿联络员（按姓氏笔画排序）

　　任秋戎　华晓川　刘　波　牟　颖　吴　艳
　　应一栋　沈子琳　沈亚雅　忻红兵　陆文武
　　陈飞燕　周　辉　赵　奇　胡仕武　姜　颖
　　袁　瑾　高　瑜　曹　逊　韩　晶　舒　力
　　蔡函驰　滕亚强

《宁波市供销合作社志》审稿成员

　　张世清　王　蓓　杨聪玲　吴建裕　张战英
　　周信浩　包银虎　郑根富　楼承渝　王安宁

宁波市供销合作社办公大楼

宁波市供销合作社办公大楼外景

宁波供销集团大厦

宁波供销二号桥市场

宁波供销智慧产业园

二号府邸

宁波南苑饭店

慈溪大酒店

宁波市甬丰农业生产资料股份有限公司

宁海县蔬菜果品市场

宁波美乐门商城

宁波新江厦商城

宁海县模具城

浙东家居装饰市场

奉化供销大厦

鄞州区东吴镇现代农事服务中心

慈溪市农合联农事服务中心

余姚市临山镇味香园葡萄专业合作社

时代农业园

镇海区现代农业服务中心

农贸市场

现代农业体验店

011

象山县农合联枇杷产业分会授牌仪式

农产品展销

海曙农产品展销会

农产品电商直播

茶文化节

农资仓储中心

农资服务

化肥仓库

农资连锁店

村级综合服务社

送肥下乡,服务三农

农资科技咨询服务

2014年10月27—28日，宁波市供销合作社联合社第一次代表大会召开

2015年10月9日，全省深化供销社改革构建"三位一体"农民合作经济组织推进会在慈溪市召开

2013年12月27日,宁波供销集团公司成立

2016年12月23日,宁波市农民合作经济组织联合会成立暨第一次代表大会召开

1951年3月，宁波专区供销合作总社成立一周年留影

1953年2月，宁波专区供销合作总社财会科员工留影

1953年11月,省社宁波办事处员工培训留影

1958年3月,支援农业战线员工留影

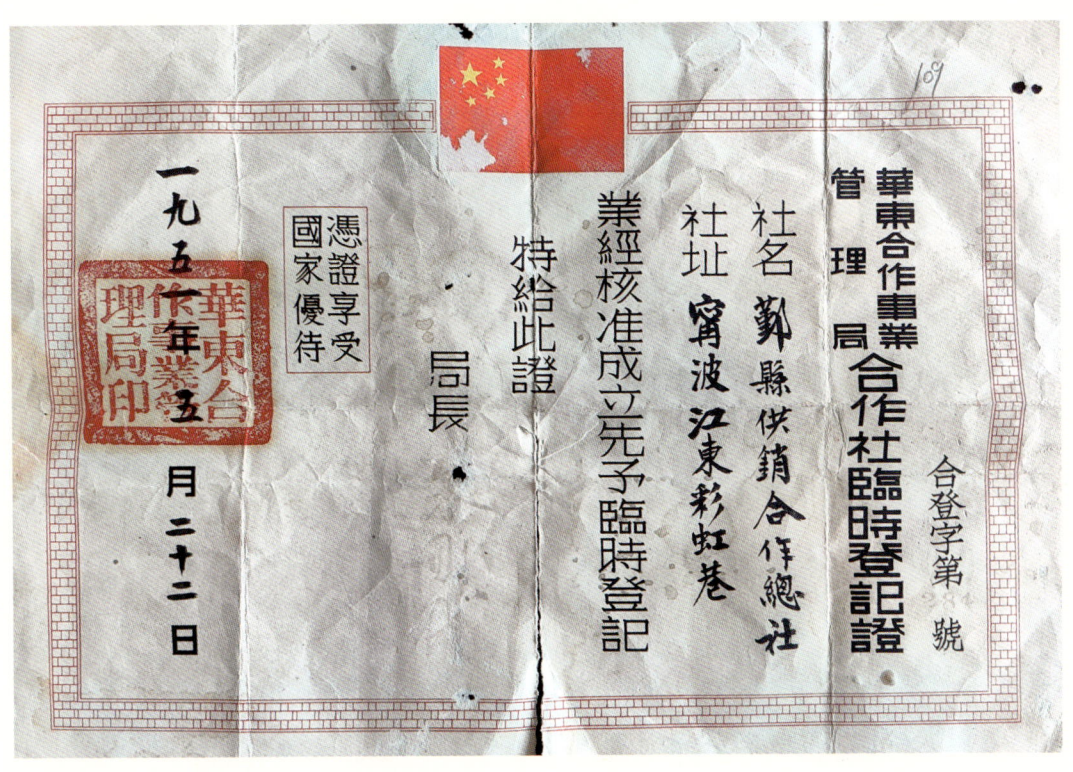

20世纪50年代，鄞县供销合作总社临时登记证

20世纪50年代，农村基层供销合作社百货部

1951年,鄞县杖锡乡供销分社

20世纪60年代,农村基层供销合作社

20世纪70年代,农村供销社鞋帽部一角

20世纪80年代，山区竹器市场

20世纪90年代，农村集贸市场一角

20世纪50年代末,鄞县供销合作社社员证

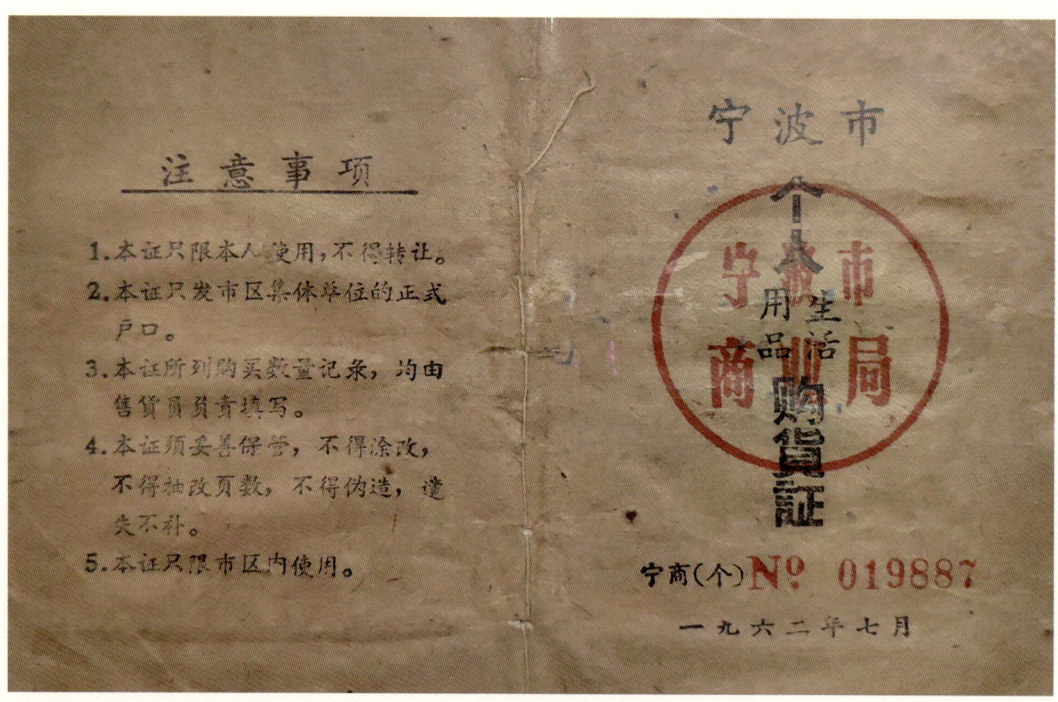

1962年,宁波市个人生活用品购货证

1989年，鄞县供销合作社发放的户生活用品购货证

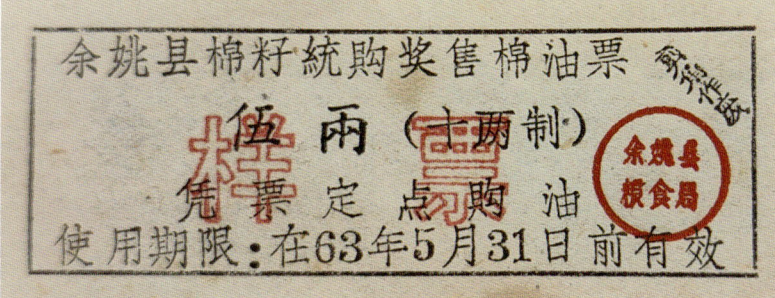

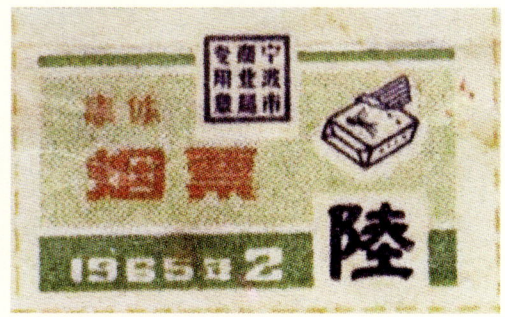

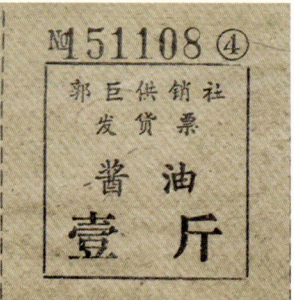

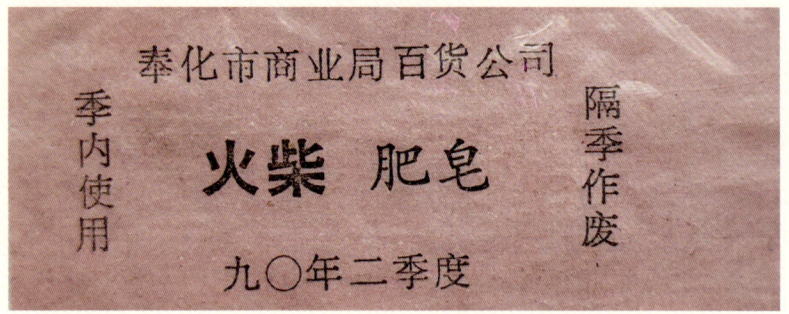

北京华辞书部长合影 一九五九年十一月

毛主席和中共中央政治局委员与出席全国供销合作社

1956年7月2日,毛泽东主席和中共中央政治局委员与出席全国供销合作社第一次先进工作者代表会议全体代表合影。慈溪县供销社泗门区社曹娥供应站(今属余姚市泗门供销社)劳裕田作为宁波地区唯一代表出席会议

1959年11月,全国群英大会商业系统代表与商业部程子华部长合影。慈溪县供销社泗门区社供销部(今属余姚市泗门供销社)应永正出席会议

序

　　宁波合作事业始于20世纪20年代初期,1923年宁波第一消费合作社成立,开浙江省合作社之先河。民国时期,宁波建立的各类合作社组织,为当时农村经济复苏和农民生产、农产品推销曾有过实在的效用。抗日战争时期,浙东四明山抗日革命根据地创建的合作社,对推动根据地经济建设、促进生产自救、支援抗战胜利发挥了积极作用,也为中华人民共和国成立后的宁波供销合作事业发展产生了深远的影响。

　　1950年3月,宁波专区供销合作总社成立,至2015年已经走过65年的奋斗历程。65年的岁月,在人类的历史长河中只是弹指一挥间,然而对于宁波市供销合作社而言,却是一段艰辛创业、砥砺奋进的巨变史。从计划经济到市场经济,历经组织创建、分合变革、体制改革、转型改制、结构性调整和发展壮大等阶段,经受了市场经济的洗礼,走到了今天的跨越式发展,无不与新中国发展历程息息相关,血脉相连。每一步前行,都承载着"供销人"励精图治、奋勇开拓、知难而进的磨砺与跨越,记录着供销社转型升级、创新发展的历程与回忆。

　　筚路蓝缕艰苦奋斗,风雨兼程春华秋实。宁波市供销社在不同的发展时期,选择不同的增长方式,体现了不同的社会功能。经过几十年的创新发展,以其全新的定位和组织模式活跃于全市农村经济服务领域,不仅巩固了生产、生活资料供应等传统优势产业,服务"三农"发展,也拓展了农产品流通、连锁网络、进出口贸易、市场建设、农信担保、电子商务、再生科技和农合联姻等领域,有力地推动社会经济可持续发展,并以独特的组织优势和广泛联结扮演不可替代的社会角色,自始不渝紧扣党和国家各个时期的工作重心,创新改革,不断绽放出自强不息的生命力。2015年,全市供销合作社总营业收入281亿元,连续15年获评全国供销合作总社业绩考核一等奖。

　　习近平总书记说过:"历史是最好的教科书。""学习党史、国史,是坚持和发展中国特色社会主义、把党和国家各项事业继续推向前进的必修课。"[1]盛世

---

[1] 中共中央党史研究室编《历史是最好的教科书——学习习近平同志关于党的历史的重要论述》,中共党史出版社2014年版,第1页。

修志，鉴往知来。2019年开始，宁波市供销社启动编纂《宁波市供销合作社志》工作，在各级领导和社会各界人士的关心和支持下，经过编纂工作人员两年的辛勤工作，集群众之智慧，凝众人之心血，广征博采，数易其稿，最终成篇。这是宁波供销合作史上的一件大事，意义重大，影响深远。综观全志，内容全面，据事实录，彰盛事、志伟绩，展示经验教训，反映客观规律；架构合理、行文规范、特色鲜明，基本囊括展现宁波市供销合作社的历史发展轨迹，是一部沉甸甸的奋斗史，亦是存史、资政、教化独特而又难得的重要文献。

在《宁波市供销合作社志》即将出版之际，我有幸阅读了志稿。从宁波供销合作事业的历史发展中，深切地感受到"供销人"的勇气、智慧和勤劳。志书充分展现了宁波供销合作经济从无到有、从弱到强的发展历史，特别是改革开放以来，供销合作社体制创新、综合改革、强社发展的曲折历程。《宁波市供销合作社志》的问世，将为社会各界了解供销合作事业提供大量的珍贵资料，也将为服务"三农"工作宏观决策提供历史借鉴和科学依据。

悠悠岁月，几代"供销人"接力走到今天，历史上的辉煌镌刻在广袤的农村大地和"供销人"的记忆中。市社志的修成和出版，为建党百年献上了一份厚礼。让我们以习近平新时代中国特色社会主义思想为指导，全面贯彻党的二十大全会精神，贯彻落实习近平总书记对供销社工作的重要指示精神，围绕开创"十四五"发展新局，认真落实市供销社第二次代表大会提出的今后五年工作目标和任务，大力实施"六大"行动战略，弘扬"忠诚、敬业、务实、创新"的新时代供销精神，加快新一轮创新发展率先发展，使供销社真正成为服务农民生产生活的生力军和综合平台。不忘初心，牢记使命，以供销社人的智慧、胆略和勇气，怀揣梦想，脚踏实地，努力谱写更加辉煌灿烂的新篇章。

是为序。

宁波市供销合作社联合社党委书记　主任
2022年7月

凡 例

一、《宁波市供销合作社志》(简称"社志")遵循国家《地方志工作条例》《地方志书质量规定》以及行业志的相关要求,以马克思列宁主义、毛泽东思想、邓小平理论、"三个代表"重要思想、科学发展观、习近平新时代中国特色社会主义思想为指导,坚持实事求是、求真务实的原则,力求全面、系统、客观地记述宁波市供销合作社的历史发展和现状,以期修成一部体现地方特色、时代特征和专业特点相统一的行业志。

二、社志断限,记述时限尽量追溯所载事物之发端,下限止于2015年。重要事物和大事记延伸至2020年12月末。

三、社志文体采用现代语文、记叙体,社志载事,详近略远,并视史实多寡而叙之。全志分设十二篇。序为开篇,彰明宗旨,带起全志。概述冠于志首,叙述社情,涵盖全貌。编目由概述、大事记、专篇和丛录四部分组成。彩照排于卷首,相关表格和黑白图片分别穿插于正文之中,末缀丛录,为志之尾。大事记以编年体为主,辅以记事本末体。专篇分篇、章、节、目(分目)层次排列,每篇、章、节之首一般或叙有简述,不求形式一致。

四、社志的历史纪年,1949年10月1日前沿用年号纪年,并括注公元纪年。中华人民共和国成立后,概用公元纪年。

五、社志记述数字、计量、标点等,均依《地方志书质量规定》书写行文。表列数字以历年统计报表为准,兼用表述数据,不详予以空缺。使用的金额数字以现行货币为标准,计量单位均依法定标准,为免换算差距,偶有沿用旧货币和原计量单位的。记数用阿拉伯数字。

六、社志所叙组织机构、人事任命,一级单位是指宁波地、市供销社,含内设股(科)、处(室),各区县(市)供销合作社;二级单位是指宁波地、市供销合作社直属企事业单位等;直属企事业单位的下属部门和郊区基层供销合作社下属的分社、站、店;各区县(市)供销合作社所属企业及临时性组织机构和委任不予叙述。

七、社志运用的名称,党派、政权、机构、职务、地名等均袭用当时的名称,以反映真实的历史面貌。使用供销合作社名称、各乡(镇)、村名时冠以区县(市)

名。文中夹有人民公社、区和革委会等称谓。宁波解放至1983年9月前出现的"专区""全区",即为宁波地区;"老市区"即为海曙、江东、江北辖区。1983年10月后出现的"全市"即为宁波市辖区;"本级"企业即为市供销社直属企业和郊区基层供销合作社。

宁波地区供销合作社(宁波专区供销合作总社、浙江省供销社宁波专区办事处)、宁波市供销合作社(宁波市合作社、宁波市供销合作社联合社)和各区县(市)供销合作社(供销合作总社、供销合作社联合社)等不同时期的名称,在首次出现时或特定条件下冠以全称,泛用时分别简称为省社宁波专区办事处、宁波地区供销社、宁波市和区县(市)供销合作社(供销社、联合社)之谓称。

八、市社志资料主要来源于市供销社本级系统档案、历史文献、实地调查以及知情人口碑资料,经印证入志,在不损害原意的前提下,一般不注释出处。

目 录

概　述 …………………………………… 001
大事记 …………………………………… 013

第一篇　中华人民共和国成立前的合作社

第一章　民国时期宁波合作社
第一节　抗日战争前的合作社 ………… 054
第二节　抗日战争时的合作社 ………… 056
第三节　抗日战争胜利后的合作社 …… 058
　　附：鄞县堇江有限责任贝母运销合作社
　　　　始末 ………………………… 059

第二章　浙东抗日革命根据地合作社
第一节　全面抗战初期的合作社 ……… 063
第二节　革命根据地和合作社创建之背景… 064
第三节　革命根据地合作社 …………… 065

第二篇　中华人民共和国成立后的宁波地、市供销合作社

第一章　机构沿革
第一节　原宁波地区供销合作社 ……… 070
第二节　宁波市供销合作社 …………… 072
第三节　地、市供销社内设职能部门 … 077
第四节　教育、鉴定机构 ……………… 084

第二章　经营机构
第一节　业务机构 ……………………… 087
第二节　全资、控参股企业 …………… 090
第三节　合并（闭歇）和改制企业 …… 111
第四节　代管的省供销社企业 ………… 139

第三章　农民合作经济组织联合会
第一节　宁波市农民合作经济组织联合会
　　　　………………………………… 141
第二节　各区县（市）农民合作经济组织
　　　　联合会 ……………………… 142
第三节　各类行业协会 ………………… 143
　　附：宁波市供销合作社行业协会简介… 144

第三篇　区县（市）供销合作社

第一章　各区县（市）供销合作社
第一节　镇海区供销合作社 …………… 155
第二节　北仑区供销合作社 …………… 159
第三节　鄞州区供销合作社 …………… 163
第四节　奉化区供销合作社 …………… 168
第五节　海曙区供销合作社 …………… 174
第六节　余姚市供销合作社 …………… 175
第七节　慈溪市供销合作社 …………… 180
第八节　宁海县供销合作社 …………… 184
第九节　象山县供销合作社 …………… 188

第二章　基层供销合作社
第一节　农村基层供销合作社 ………… 193
第二节　郊区基层供销合作社 ………… 202
第三节　新型农村合作经济组织 ……… 204

第四篇　农村商业

第一章　农村私营商业

第一节　私营商业起源和演变 …………… 244

第二节　私营手工业、工商业社会主义改造

　………………………………………… 245

第二章　农村合作商店

第一节　机构沿革 ………………………… 255

第二节　合作商店改革与发展 …………… 259

第三节　合作饮食、旅社业及其他服务业… 263

第四节　代购代销代营店 ………………… 264

第三章　农村集市贸易

第一节　集市贸易的变迁 ………………… 267

第二节　统一市场的建立和开放农村集市贸易

　………………………………………… 268

第三节　粮、油、竹木、耕牛交易 ………… 271

第五篇　经营服务

第一章　农副产品购销

第一节　农副产品购销总况 ……………… 279

第二节　棉　花 …………………………… 281

第三节　蚕　茧 …………………………… 288

第四节　茶　叶 …………………………… 291

第五节　毛竹（竹制品） …………………… 296

第六节　浙贝母 …………………………… 298

第七节　草　席 …………………………… 299

第八节　果　菜 …………………………… 303

　附：柑橘防腐保鲜技术的试验与推广 … 306

第九节　土畜产品 ………………………… 313

第二章　农业生产资料供应

第一节　农资供应总况 …………………… 320

第二节　有机肥料 ………………………… 330

第三节　化学肥料 ………………………… 333

第四节　有机农药和化学农药 …………… 336

第五节　中小农具（农用薄膜、农药械）… 341

第三章　生活资料供应

第一节　供应品种和方式 ………………… 346

第二节　生活资料零售额 ………………… 348

第三节　综合性商场建设 ………………… 358

第四节　连锁（超市）经营 ………………… 361

第五节　饭店（宾馆、招待所） …………… 364

第六节　专业市场 ………………………… 365

第四章　再生资源回收利用

第一节　废旧物资收购 …………………… 371

第二节　再生资源回收实事工程建设

　………………………………………… 375

第三节　再生资源项目投资建设 ………… 380

第四节　再生资源回收行业管理 ………… 381

　附：浙江再生塑料产业基地简介 ……… 384

第五章　供销社多种经营

第一节　供销社工业 ……………………… 385

第二节　外贸经济 ………………………… 387

第三节　外贸经营方式和管理 …………… 388

第四节　进出口贸易额 …………………… 391

　附：宁波市供销社系统"三外"企业备忘录

　………………………………………… 395

第六篇　为农服务

第一章　为农业社会化服务

第一节　农资供应服务 …………………… 398

　附：农资连锁网络 ……………………… 401

第二节　统防统治和测土配方 …………… 403

　附：庄稼医院 …………………………… 404

第三节　农副产品收购（加工）服务 …… 407

附：农产品展销展示 …………… 411
　第四节　新网工程建设 …………… 413
　第五节　农产品电商服务 ………… 415
　第六节　农产品经纪人 …………… 416
　第七节　农信担保服务 …………… 419

第二章　防汛物资储备
　第一节　防汛物资管理 …………… 421
　第二节　储备调运 ………………… 422

第三章　政策扶持和对口帮扶
　第一节　政策扶持 ………………… 425
　第二节　扶贫帮困 ………………… 429

第七篇　体制改革

第一章　管理体制改革
　第一节　社员代表大会 …………… 434
　第二节　职工代表大会 …………… 442
　第三节　供销社机关机构改革 …… 444

第二章　流通体制改革
　第一节　合作制组织 ……………… 447
　第二节　全民所有制 ……………… 449
　第三节　恢复"三性"体制改革 …… 450
　第四节　棉花流通体制改革 ……… 454
　第五节　现代企业制度 …………… 457
　第六节　供销社综合改革 ………… 459

第三章　经营机制改革
　第一节　经营承包责任制 ………… 462
　第二节　任期目标责任制 ………… 465
　第三节　经营"四放开" …………… 466
　第四节　社有个营 ………………… 467
　第五节　企业整顿、升级 ………… 470

第四章　"两项制度"改革
　第一节　明晰企业产权 …………… 473
　第二节　直属企业改制 …………… 474
　　附：直属企业理顺职工劳动关系情况 … 479

第八篇　综合管理

第一章　劳动人事管理
　第一节　劳动制度 ………………… 482
　第二节　干部人事制度 …………… 485
　第三节　工资制度 ………………… 489
　第四节　落实政策和平反工作 …… 494
　第五节　专业技术职称评定 ……… 494
　第六节　非领导职务设置 ………… 499
　第七节　安全生产（经营）管理 …… 503

第二章　经济管理
　第一节　物价管理 ………………… 509
　第二节　计划统计 ………………… 511
　第三节　仓储运输 ………………… 517
　第四节　工作目标责任制考核 …… 520

第三章　财务会计
　第一节　财务制度 ………………… 526
　第二节　会计制度与核算 ………… 530
　第三节　盈余分配 ………………… 534
　第四节　资金管理 ………………… 538
　第五节　内部审计 ………………… 544
　第六节　经济效益 ………………… 545
　第七节　社有资产 ………………… 547

第九篇　党群组织

第一章　共产党组织
　第一节　原宁波地区供销合作社党组 … 550

第二节　宁波市供销合作社党委 ……… 551
第三节　各区县（市）供销合作社党组织
　　　　 …………………………………… 554
第四节　基层党组织 …………………… 557
第五节　党建工作 ……………………… 565
第六节　纪检监察 ……………………… 572

第二章　群团和老干部工作

第一节　工　会 ………………………… 577
第二节　团　委 ………………………… 580
第三节　妇委会 ………………………… 583
第四节　老干部工作 …………………… 584
第五节　信访工作 ……………………… 588

第十篇　供销文化

第一章　精神文明建设

第一节　文明窗口、文明单位建设 …… 590
第二节　文明机关创建 ………………… 594

第二章　文化建设

第一节　供销精神 ……………………… 596
第二节　人文文化建设 ………………… 597
第三节　廉政文化建设 ………………… 603

第三章　素质教育

第一节　思想政治教育 ………………… 605
第二节　文化学历教育 ………………… 609
第三节　业务技能培训 ………………… 610
第四节　干部教育培训 ………………… 614

第四章　社务信息和宣传报道

第一节　社务信息 ……………………… 618

第二节　企业形象宣传 ………………… 620
第三节　档案管理 ……………………… 622
第四节　社志、史料 …………………… 624
第五节　供销合作社标识 ……………… 625
　　附1：中国供销合作社徽图案（标识）释义及
　　　　说明 …………………………… 625
　　附2：中华全国供销合作总社加入国际合作
　　　　社联盟 ………………………… 626

第十一篇　荣誉记载和供销人物

第一章　荣誉记载

第一节　集体荣誉 ……………………… 630
第二节　个人荣誉 ……………………… 680

第二章　供销人物

永不消逝的彩霞
　——记鄞州区古林供销社商场会计夏朝霞
　　烈士 …………………………………… 720
一路行来，一路歌
　——记宁波市供销合作社离休干部林修鸿
　　 ………………………………………… 721
胡国森——乡亲们的贴心人 ………… 722

第十二篇　丛录

一、重要文献 …………………………… 726
二、党和国家领导人对供销合作社工作重要
　　论述、批示指示和题词 …………… 756
三、制度性文件（选录） ……………… 760

编后记 ………………………………… 772

概 述

一

宁波简称"甬",地处浙江东北部的东海之滨,大陆海岸线中段,宁绍平原的东端。宁波是副省级城市、计划单列市,是国务院确定的沿海重要港口城市、长江三角洲南翼经济中心,是第二批国家历史文化名城,2016年入选东亚文化之都,也是中国大运河南端出海口、"海上丝绸之路"东方始发港。书藏古今,港通天下。古老而新兴的海港旅游城市——宁波,传递着江南都市的秀灵与时尚,文化底蕴厚实,人文荟萃,秀山丽水,风光旖旎,拥有丰富的自然景观。2015年,宁波市下辖6个区、2个县、3个县级市,总面积9816平方千米,常住人口858.2万人。

宁波历史悠久,早在7000年前,先民们就在宁波这块肥沃的土地上繁衍生息,创造了灿烂的河姆渡文化,从而揭开宁波历史的序幕。公元前2000多年的夏代,宁波称为"鄞",春秋时为越国境地,战国中期以后为楚国辖地。秦王政二十五年(前222),秦定江南地,置鄞、鄮、句章三县,属会稽郡。隋初并鄞、鄮及余姚三地入句章为一县。唐时改为鄮县,徙治小溪(今海曙区鄞江镇)。唐武德四年(621),以原鄞、鄮、句章三县设立鄞州。武德八年(625),废鄞州恢复鄮县。唐开元二十六年(738)于小溪始立明州。唐长庆元年(821)州治迁至三江口,并筑子城,标志着宁波建城之始,为其后一千多年来宁波的发展奠定了基础。五代梁开平三年(909)改鄮县为鄞县。南宋时,鄞县属庆元府,明初又改为明州府,洪武十四年(1381),取"海定则波宁"之意,明州改名为宁波,从此,宁波名称一直沿袭至今。

宁波夙为沿海商埠,历来商业发达,商贾辐辏,市场繁荣,合作经济融通。秦时鄞县以海货交易闻名,唐宋坐商成市,行贩麋集,商业经济渐入发达。明永乐年间(1403—1424),宁波城厢成为中国重要的通商港口和浙东商业中心。明末清初的浙东学派博纳兼容,提倡"工商皆本"经济思想和"经世致用"理念,使宁波人拥有十分独特的商业观念和合作思想,成为经济发展的原动力,更为宁波商帮的形成和发展奠定了理论和实践基础。清代,宁波作为浙东重要商埠,物资交流顺畅,世家大族多投资商业,形成有影响的名店和商贾,集市遍及城乡。清乾嘉时期(1736—1820),宁波商帮的活动区域不仅在长江流域和沿海地区,而且延伸到海外,经营着颇具规模的农产品和西方工业品相交换的国际贸易,使一个普通的中国沿海地域商帮,一跃成为国内著名商帮。鸦片战争后,宁波作为通商口岸之一,商业繁荣主要体现为城区商业发达、集市贸易发展和近代化倾向的出现。民国时期,宁波开拓商埠,合作融合,注重实效,实业兴邦,以实现富民固本之夙愿。宁波商帮的发展更是迅速,足迹遍布海内外,财富与日俱增,成为中国的第一大商帮。宁波又以"无宁不成市"而闻名遐迩,从而也使宁波社会经济得到较快的发展。

合作社是市场经济的产物。第一次工业革命以机器生产代替了手工劳动,使工厂制度代替了工场手工业,初步确立市场经济的地位。18世纪60年代,合作社在欧洲萌芽,距今已有200多年的历史。

1844年，世界上第一个合作社——罗虚代尔公平先锋社成立。1895年，国际合作社联盟（International Cooperative Alliance，简称ICA）成立，从而使合作化运动逐渐成为国际性运动，全球范围内的合作社总体上不断壮大，成为人类和社会进步的一种重要的组织形式。

中国有着漫长的封建社会历史，1840年鸦片战争以后又沦为半殖民地半封建社会，是一个"文化落后和没有合作社传统"的国家[1]，故合作社的思想和实践活动产生较晚。20世纪初，欧洲合作思想才传入中国。中国民主革命的先行者孙中山先生对合作运动相当关注，并把西方合作经济思想和制度纳入"民生主义"纲领。他在《地方自治实行法》中提出："地方团体所应办的要事有农业合作、工业合作、交易合作、银行合作、保险合作。"其后，他又进一步设想用合作社来代替商人分配货物，实行货物分配的社会化。孙中山先生的这些主张，对于当时合作运动的宣传和实行具有相当大的影响。

民国时期，国内各种政治力量按照各自的政治目的提倡、创建、推行各种合作社。五四运动前后，伴随资产阶级民主主义革命运动的兴起，国内一部分进步知识分子目睹中国外有帝国主义侵略、内受封建主义统治剥削的现状，在西方合作思想的影响下，怀着"合作救国"的信念，开始发起信用、消费合作运动，探索社会经济变革之路。1918年3月，创立了中国第一个消费合作社，即"北京大学消费公社"。国民政府在乡村合作化道路的探索和尝试中，认为创办合作社是农村经济发展的重要途径，并形成了一场时兴的合作运动。1923年6月，河北省香河县农村信用社成立，为中国第一个农村信用合作社。但是，在半殖民地半封建的旧中国，政治腐败、民生凋敝，合作社经济始终未能得到广泛和顺利的发展。我国真正由群众组织的合作社是在中国共产党领导下发展起来的。早在新民主主义革命初期，我们党就十分重视发展合作事业，并且从一开始就把它同工人运动和农民运动结合起来，以维护群众的正当利益，培养群众管理经济的能力。1923年，中国共产党最早领导建立的合作社是安源路矿工人消费合作社。之后，随着工人运动和农民运动的兴起，城乡各种类型的合作社应运而生。在土地革命、抗日战争和解放战争时期，各个革命根据地和解放区的广大群众为了坚持生产自给，打破敌人的经济封锁，积极兴办供给、运销、生产、信用和综合性的合作社。这些合作社的建立，对活跃物资交流，促进生产发展，保障军民供应，支援革命战争，发挥了重要作用。

宁波合作事业始于20世纪20年代初期。当时国民政府把合作运动纳入"三民主义"的轨道。1923年3月，宁波工商友谊会成立宁波第一消费合作社，开浙江省合作社先河。至1930年，宁波建有各类合作社250余个。宁波肥料、种子和日常生活用品的供应，大半由合作社办理，所经营的业务和形式逐渐转为以供销合作为主。1941年4月，宁波沦陷后，由于政治腐败，合作事业日趋衰落。全民族抗战时期，在浙东抗日根据地，中共浙东党委、军政委员会将"发展人民的合作事业，协助山货推销"纳入施政纲要，发动群众组建各类合作社。这对当时根据地抗日救亡，活跃物资交流，促进生产发展，保障军民供应，支援革命战争，发挥了重要作用。1945年10月，浙东新四军主力部队奉命北撤，合作社虽然停办，但其人民群众中播下了种子。抗日战争胜利后，宁波合作事业再度兴起，后因国内革命战争节节胜利，又因旧社会经济衰退，不少合作社停办。1949年5月宁波解放后，各县合作社由人民政府接管。纵观民国时期宁波合作事业，在初建阶段和抗日战争爆发以后，由于第二次国共合作的影响，以及进步

---

[1] 毛泽东《在中国共产党第七届中央委员会第二次全体会议上的讲话》，见《毛泽东选集》第四卷，人民出版社1966年版，第1322页。

知识分子和社会有识人士的积极参与,具有一定的民主精神和民办因素,许多合作社对农民的生产和销售等也曾有过一些实在的效用。

二

宁波市供销合作社于1950年3月成立至今的历史发展,大体可分为组织创设、覆盖乡村、迅速发展,时而集体、时而全民、艰难前行,参与竞争、实施改制、探索前进,体制创新、综合改革、强社发展等四个阶段。

组织创设、覆盖乡村、迅速发展阶段(1950—1957年)

1949年5月25日宁波解放以后,民国时期成立的各县合作社遂停办,由当地人民政府接管。中华人民共和国成立后,党和政府十分重视合作事业,使供销合作社得到全面迅速的发展。1949年10月1日,浙江省供销合作总社成立。

1949年冬至1950春,宁波地区专员公署根据浙江省人民政府和浙江省供销社关于发展合作社的通知,成立宁波市消费合作社,宁波市区相继成立江北、江东、海曙、镇明和城郊庄桥等27个居民消费合作社。同时为迅速发展生产,促进农村互助合作,消除中间剥削,繁荣城乡经济,巩固工农联盟,宁波地区专员公署决定于1950年3月21日成立宁波专区供销合作总社,担负起对全区供销社组建、检查督促和帮助指导的职责,并对所属经营单位实行直接管理,大力发展经济,组织保障供应。4月至6月,余姚、鄞县、镇海、奉化、慈溪、象山、定海等7个县供销合作总社相继成立,由此从宁波专区到县级供销社机构逐步建立。农村按照"一乡一社"的建社原则,由点到面建立基层供销社;城市和工矿企业陆续建立消费合作社。在国家商品货源、价格、税收、运费等优惠政策扶持下,基层供销社和消费合作社有如雨后春笋般地发展起来,积极开展各类购销业务,推销农副产品,供应生产、生活资料,支持农民发展农业生产,对沟通城乡物资交流,恢复农村经济,增强与私商的竞争能力,减除私商中间剥削起到积极作用。是年底,全区共创建农村基层供销社、城区消费合作社122家,入股社员69.22万人。1951年,宁波农村地区土地改革进入高潮后,农民生产热情高涨,于是在没有建立供销社的地区,农民迫切要求建立供销合作社。为此,宁波专区供销合作总社根据浙江省供销社关于办好农村基层供销社的标准和条件,大力发展基层供销社,至年底全区共建农村供销社、城区消费合作社262家,社员股金72.03万元,年商品供应总额1870.73万元。各级供销社通过设立供应站,结合生产救灾及沟通城乡物资交流的重大任务,帮助农民推销农副产品,供应生活、生产资料,代收稻谷,收购土特产,活跃市场,稳定物价,促进生产,安定人民生活,基本上解决部分地区群众缺乏口粮困难等问题,初步显示供销社在农村商品流通中的有生力量作用。

随着供销合作事业发展的需要,经宁波市委决定和浙江省供销合作总社批准,于1952年11月1日成立宁波市合作总社,受市政府和上级供销社双重领导,负责管理宁波老市区消费合作社和郊区基层供销社。宁波专区供销合作总社按照地区组织联合的原则,以集镇为中心调整基层供销社,从原来的262家增加到362家,入社社员102万人;宁波专区及县级以上供销社设有专业公司(站)89个,宁波老市区街道以及工厂企业等单位组织的消费合作社和郊区供销社增加到近40个,社员达到28417人。同时,上虞、新昌、嵊县、宁海等4个县供销社划归宁波专区供销合作总社辖管,全区手工业生产合作社划归供销社管理。

1950年至1952年,宁波专区各县供销合作总社积极创建合作社组织,从而使农村基层供销社得到迅速发展,全面覆盖乡村。当时建立基层供销社按照农民自愿互助的原则,以股份合作制形式运作,实现基层供销社最初的布局和架构,标志着在各级党委、政府领导和扶持下,供销社成为由农民集资兴办起来的合作经济组织,既受农村经济的制约,又对农村经济的发展起着巨大的影响和推动作用。同时,根据党中央在经济恢复时期提出的任务和要求,供销社主要承担政府配置资源的行政管理职能,担负国家计划商品(粮油、农副产品、农业生产资料)的购销安排、农村集市交易管理、废旧物资收购和城乡居民生活资料供应任务,建立起以供销社为主体的农村商品市场管理新秩序。供销社的合作经济组织成为城乡经济发展的重要渠道,为恢复宁波国民经济、繁荣农村经济、搞活流通、支援工农业生产、提高人民生活水平等发挥积极的作用。

在经济恢复时期,党和国家对供销社的要求是办成农民群众集体所有的合作企业,真正体现农民群众联合的经济组织的属性。在业务经营上,为农民服务,对社员负责;在企业管理上,实行独立核算,自负盈亏,供销社的利润按规定向国家交税,向上级缴纳调剂基金,除此之外,盈余分配由社员代表大会决定。

1953年1月,宁波市合作总社更名为宁波市合作社,11月宁波专区供销合作总社改名为浙江省合作社联合社宁波办事处,为省社派出的督导性行政管理机构。老市区消费合作社划归国营商业领导。1953年至1954年,定海县供销社划归舟山专区,绍兴、天台、临海、三门四县供销社划归省社宁波办事处辖管。1954年,各县供销合作总社改为县供销合作社,原手工业生产合作社从供销社系统析出,单独建立市(县)手工业联合社。随着城乡市场的发展,供销社与国营商业先后进行三次分工,第一次于1953年底,主要按经营对象分工,供销合作社负责收购和经营手工业产品、农副产品、生产资料和生活资料供应等业务。第二次于1954年7月,按城乡分工,供销合作社负责农村市场安排、农副产品收购和对农村私营商业的社会主义改造。第三次于1956年对私营商业改造基本完成以后,实行前两种分工结合的办法,供销合作社主管农副产品和农业生产资料的采购供应、废品收购和农村日用品、副食品的批发零售。按照分工的变化,供销社相应地调整组织形式和经营机构,加强农村网点建设。基层供销社逐步调整为以集镇为中心、按经济区域设置。

1954年3月,宁波市合作总社与宁波市区消费合作社合并为宁波市合作社,实行一级经营,同时撤销宁波市合作总社。为便于管理,1957年4月又成立宁波市供销合作社。1954年至1956年,全区各级供销社受党和政府委托,负责完成全区私营商业的社会主义改造工作,组建合作商店,并对合作商店实行归口管理,同时协助当地人民政府完成对私营手工业、工业的改造任务。据1956年底统计,宁波地区各县共有私营商业(城区和农村)52598户,从业人员67069人。其中,过渡为供销社1460户,3189人;公私合营2133户,7033人;组织合作商店7946户,10813人;组织合作小组31654户,35404人;代购代销799户,917人。全区农村私营商业42428户,从业人员52845人;已改造32143户,占私营商业总数75.76%,人员41644人,占总人数78.8%。过渡到供销社的1225户、2429人;公私合营1387户,4796人;组建合作商店7447户,9834人;合作小组24519户,26821人;代购代销1397户,1578人。

1956年,宁波专区县级供销社增加到14个(鄞县、慈溪、余姚、镇海、奉化、宁海、上虞、绍兴、新昌、嵊县、天台、临海、三门、仙居县)。全区有90%以上的农村基层供销社按照经济区域建社的原则,基层供销社调整为165个。是年,全区供销社系统商品供应总额比上年增长16.12%,其中生产资料供应总额3416万元,增长31.66%;生活资料供应额7174万元,增长7.44%。

宁波地区农村私营手工业、工商业的社会主义改造的基本完成,可以说是一场重大的社会变革,从根本上铲除了私营工商业的根基,几千年来以生产资料私有制为基础的剥削制度已被消灭或正在消亡,基本确立社会主义公有制经济的地位,极大地解放了生产力,改变了国民经济结构。如果说1952年土地革命的完成彻底摧毁了封建制度,解放了生产力,使贫苦农民过上了好日子,那么,私营手工业、工商业的社会主义改造使人民群众逐步走上了集体化道路。这是进入社会主义社会的最主要的标志,从而谱写了一曲在社会主义建设事业中具有伟大历史意义的胜利凯歌,被载入史册,为恢复和发展宁波国民经济创造了前提,奠定了基础。

1957年,宁海、天台、临海、三门、仙居五县供销社分别划出,萧山、诸暨二县供销社划入,宁波专区县级供销社调整为11个,基层供销社调整增加到296个。是年,全区供销社商品供应总额11300万元,增长6.7%。1950年至1957年,党和政府对供销社工作十分重视,各级政府有关领导兼任供销社主任,财政、税收、银行、邮电、交通等部门对供销社实行优惠政策,供销社得到迅速、正常、健康的发展,购销业务成为各级党和政府的得力助手及农民在经济上的重要支柱。全区供销社组织体系全面创建,并且得到迅速发展,形成上下连接、纵横交错的区域性流通网络,不仅成为满足农民生产生活需要、组织农村商品流通的主渠道,而且形成联结城乡、联系工农、沟通政府与农民的桥梁和纽带,对农村经济的发展和引导农民走上社会主义道路起着巨大影响和推动作用。这是中国农村经济、农业生产在土地改革之后的大发展时期,也是供销合作事业快速发展的黄金时期。

时而集体、时而全民、艰难前行阶段(1958—1978年)

1958年,宁波专区在完成私营商业社会主义改造以后,供销社在管理体制和发展过程中经历了一个艰难曲折时期。6月起,全省地(市)供销社实行第一次大撤并,省社宁波专区办事处、市供销社与宁波地区(市)商业局合并,各县供销社亦并入当地商业局。全区农村基层供销社、合作商店(合作小组)等机构合并,统一下放到人民公社,改为人民公社供销部,实行统一核算。供销社既是人民公社的组成部分,又是商业系统的基层单位,于是与农民社员的关系逐渐疏远,自身也遭受严重的经济损失。1959年9月开始,恢复供销合作社集体所有制性质。

在"大跃进"运动后的1961年9月,根据中央关于改进商业工作的指示精神,按照城乡分工和商品分工相结合的原则,恢复各级供销社,并对国营商业和供销合作社商业分开以后的经营、地区分工,行政管理和计划衔接等问题作出具体的规定。是年,宁波专区农村基层供销社534家,其中以公社为单位建社432家,以经济区划建立72家,以区建社30家。各级供销合作社恢复以后,开始全面整顿,扩股增股,恢复社员群众的民主管理,全区县级以上供销社建立贸易公司(货栈),基层供销社相继建立贸易公司等经营服务机构,还建立农村市场贸易服务部,以大力扶持农村公社、生产大队发展多种经营。1962年,全区供销社实现商品供应总额56400万元,增长8.6%;实现利润1800万元,增长11.8%。

1964年,上虞、新昌、嵊县、诸暨、绍兴五县供销社划归绍兴专区。其中,1960年划入的舟山县供销社于1962年归舟山专区。1964年底,宁波地区共有余姚、鄞县、镇海、奉化、慈溪、象山、宁海等7个县级供销社和1个宁波市供销社。1965年2月,省社宁波专区办事处并入宁波专署财贸办公室。供销合作社集体所有制性质混同于全民所有制。

1966年,"文化大革命"开始后,全区供销社在组织体制、商品分工和所有制属性问题上几经曲折,又与国营商业多次合并,供销社机构无形之中被中止达10年之久。其中1969年开始,农村基层供销社实行贫下中农管理,1970年供销社又一次由全民、集体混合所有制转变为全民所有制。值得一提的是,在"文化大革命"期间全区供销社系统购销业务仍有一定的增长,1976年与"文化大革命"前的1965年比较,购销总额仍增长40%以上。增长的原因主要是农村和农民的生产、生活资料离不开供销社的供应和收购,而供销社的广大干部职工在当时艰苦的条件下,坚持抓革命、促生产,严守工作岗位,发展经济,保障供应,而且铸就了感人至深的"扁担、背篓"精神,谱写了光辉的篇章。

1958年至1976年,近20年的时间里,供销社经历了不少动荡和波折,所有制属性几经改变,在徘徊曲折中前行。1976年10月至1978年12月是在徘徊中的两年,党的建设加强使全区供销社经济取得了一定的恢复和发展,供销社发展成为全民所有制商业企业。1977年,全区供销社系统实现销售总额47152.9万元,利润2151万元;共有建筑面积5.3万多平方米的营业用房和仓储。1978年,全区供销合作社实现销售总额82687万元,固定资产原值4106万元。这为党的十一届三中全会以后供销社的恢复发展做好了组织上的保证。

参与竞争、实施改制、探索前进阶段(1978—2002年)

1978年12月召开党的十一届三中全会是党的历史上具有深远意义的伟大转折,全区供销社开始进入改革开放的新历程。1978年12月至1981年,开展恢复性整顿,拨乱反正,实现工作重点转移。这一时期,供销社根据党中央提出的"调整、改革、整顿、提高"的八字方针,进行体制机制上的初步改革,解放思想,搞活经济,建立和健全规章制度,加强经济核算,发展多种经营,落实干部政策,处理和解决一批历史遗留问题。所有这些,都为供销社体制改革打下了扎实基础。1981年,全区供销合作社实现商品销售额9.19亿元,比1977年增长94.89%。

改革开放以后,国家逐步取消商品统购统销政策,计划分配和票证制度逐渐退出经济领域,供销合作社的经济效益逐渐下降。由此,1982年1月中共中央批转《全国农村工作会议纪要》(中发〔1982〕1号),明确指出:"农村供销合作社是城乡经济交流的一条主渠道,同时也是促进农村经济联合的纽带。要恢复和加强供销合作社组织上的群众性、管理上的民主性、经营上的灵活性。"供销社应当恢复集体所有制性质,这为供销社体制改革指明了方向。

1983年,全市供销合作社系统以恢复"三性"为核心内容,拉开由"官办"转为"民办"的体制改革序幕。8月,宁波地、市供销社合并,成立宁波市供销合作社,率先在奉化县江口供销社进行恢复"三性"改革试点,全面推进全市各县供销社体制改革。1983年至1985年,通过恢复"三性"体制改革,取得显著成效和重大突破:一是全区供销社按照"以经济区建社"的原则,在农村中心集镇(经济区域)建立87家基层供销社,这一做法得到浙江省供销社的认同并向全省作了介绍,而且全国供销社系统也基本采用宁波地区以经济流向建社的办法。二是开展清股分红,全市供销社入股社员991406户,入股农户占全市农户总数的82.8%,股金总额370.4万元,对1984年以后供销社加快商业网点建设等起到极大的推动作用。三是推进民主办社,建立健全民主管理制度。1983年底统计,全市87家基层供销社均召开社员代表大会,建立社员代表大会制度;县级供销社也相继召开社员代表大会,成立县供销合作社联合社。四是改革计划、财务、物价、基建、人事、劳动等管理制度,扩大企业自主权,加快发展速度。鄞县供销社建造的育王楼饭店,成为当时全市供销社系统第一家比较现代化的旅游酒店;全市第一家基层供销社商场——慈溪观城商场建成开业。1983年,投入4194万元,全市供销社系统建造和改建营业用房22.5万平方米。1984年,宁波供销社贸易中心等6个贸易中心相继开业;市供销社3000吨果品冷库、慈溪冷冻厂等建成投用。全年实现商品销售总额14.86亿元。1985年,慈溪供销社从日本引进设备创建慈溪冷冻厂,这是全省供销社系统第一家补偿贸易企业。全市供销社系统实现商品销售总额16.45亿元,增长10.69%;利润4035.6万元,增长10.69%。

1986年至1996年,全市供销社不断深化改革,全方位参与市场竞争,社有经济进入快速发展阶段。这一时期,是供销社各项事业兴旺和经济发展的黄金时期。一大批在当地有影响力的农产品加工企业、商场、市场、宾馆、饭店相继建成,如宁波供销大楼、宁波二号桥市场、宁波南苑饭店、宁波海田集团进出口公司、宁波新江厦商城、宁波美乐门商城、慈溪冷冻总公司、慈溪大酒店、宁波茶叶拼配厂等,并且在销售业态和经营收入及社会服务效益上有了质的飞跃。1986年,市、县级供销社先后建立工业品公司,新建综合性商场29个,累计61个。1988年,全市供销社系统构建工业生产、外向型经济、为乡镇企业服务的"新三块"得到迅速发展。在宁波老市区新建闲置设备调剂市场、旧货市场、农副产品综合批发市场、茶叶联合公司、蜂蜜公司。是年,全市供销社实现商品销售额19.57亿元,增长34.5%,尤其是市供销社本级企业利润突破1000万元大关,创历史最好水平。1987年至1990年,余姚市供销社龙山商场、购物中心,鄞县供销大厦,镇海园南商场,慈溪供销大厦,慈溪金山商厦,宁海供销大厦,象山供销大厦,宁波西凤商场等开业。至1990年,大中型商场增至87个,成为供销社经营工业品的骨干。同时深化供销社管理体制改革,建立健全社务委员会管理体制,全市95%以上企业实行任期目标责任制的经营机制。是年,实现商品销售总额30.7亿元,缴纳税金4516万元。

1992年,全市供销社系统实施"四放开""社有个营"等经营机制改革,建立现代企业制度。宁波南苑饭店率先改组为全市供销社首家股份制企业,慈溪市冷冻总公司改组为浙江海通食品有限公司。至1996年市供销社本级13家企业通过公司制和股份制改造,其中农资、棉花企业所属的附属非政策性经营企业实行因企制宜的改革。同时,投入资金2亿元建造宁波市、鄞县、奉化市、慈溪市供销社等6个商业大厦,为改变供销社大系统小企业的形象奠定基础。

"好雨知时节,当春乃发生。"1993年至1994年,市供销社组建宁波海田集团(总公司),各县(市)区供销社先后建立集团(总公司),逐步实现社有资产运行、经营管理集团化模式。1993年,先后有10家大中型商场开业,其中宁波新江厦商城成为市区规模最大、设施最新的现代化商业窗口,也使市供销社系统1万平方米以上大型商场在市区实现零的突破。1994年,宁波海田集团(总公司)获得外贸进出口经营权,成为内外贸易并举的大型工贸集团。1994年,宁波美乐门商城、宁波南苑鞋城、慈溪供销大厦等11个商场建成开业。1995年,社有经济发展又创新高,主要经济指标完成均为历史最好水平,实现商品销售总额72.72亿元,增长34.16%;利润6055万元,增长18.78%;所有者权益12.21亿元,增长16.28%;资产总额43.69亿元,增长32.39%。各项经济指标居全国计划单列市、省内地(市)级供销社第一位,改革发展在全国供销社系统中领先一步,受到全国供销合作总社的高度评价。

1996年,市供销社确立"以港兴社、规模经营"发展方针,实施外向带动和大经贸战略,进一步加强

"五群"(市场群、商场群、饭店群、外向型工业群、仓储群)建设,初步形成农资(棉花)、商场、饭店、市场、进出口等五大行业支柱。是年,实现总销售74.24亿元,综合经济效益1.4亿元,资产规模达到56.45万元,增加12.62亿元。所有者权益15.68亿元,增加3.42亿元。农副产品加工出口交货值4.16亿元,外贸进出口总额3065万美元,名列全国供销合作社系统第二位,主要经济指标居全国同类城市及全省市(地)级供销社首位,农资工作得到全国供销合作总社高度赞赏,受到市政府的表彰,被省供销社评为系统市(地)级龙头强社。市供销合作社"五群"建设取得明显成效。

1997年至2002年,是宁波市供销社实施改制和经济调整发展时期。1997年,亚洲金融危机爆发,供销社经营也遭遇急剧变化的经济环境影响。为此,市供销社把扭亏增盈作为工作的重中之重,采取盘活存量资产、清理压缩社员股金、减员提效等扭亏制滑措施,总体经济状况好于全国绝大多数供销社地区。1998年,新建宁波南苑饭店等4家星级酒店;拥有2.2万吨级化肥中转储备库、2000吨级农药储备库和1.5万吨级棉花中转储备库。市特产公司依托宁波港优势,成为进口棉花量仅次于上海的第二大进口棉中转港口。1999年5月,投资近3亿元的宁波南苑饭店二期工程竣工开业,这是市供销社历史上规模最大的投资项目。南苑饭店被国家旅游局评为"五星级饭店",荣膺浙江省首批五星级饭店。是年,全市供销社总经营收入68.19亿元,利润2307万元,分别列全省供销社系统第一、二位。

2000年至2002年,各地供销社按照当地党委、政府的统一部署,实施"两项制度"改革,转型改制,基本完成改制任务。据统计,全市供销社系统184家县以上企业、76家基层供销合作社实施产权制度改革,共有38000余名职工理顺劳动关系,18000多名离退休人员和3800余名享受补助的遗属得到妥善安置,支付改制成本11.5亿元,保留控股企业18家,参股企业22家,基层供销社28家。并通过变现资产,偿还历史遗留的社员股金,基本化解12.02亿元保息分红社员股金和集资款的风险。

2001年,市供销社首次获全国系统综合业绩考核一等奖(此年,全国供销合作总社首次实施全系统年度综合业绩考核)。国家统计局公布2001年度中国最大企业500强排序,宁波海田集团以总营业收入32.85亿元位列第301位。2002年,市供销社实行机关机构改革,明确为正局级单位,参照公务员法管理。

体制创新、综合改革、强社发展阶段(2003—2015年)

全市供销社系统在经历艰难转型改制后,从2003年开始,提出以增强社有经济为中心工作的目标任务,围绕"一个中心、两个体系"(以发展社有经济为中心,重建经营服务网络体系和基层组织体系),不断激发内生动力和发展活力,向改革要优势,创新谋发展,实现"二次创业",重振供销社雄风。同时,以打造"三社一会"(基层供销社、专业合作社、综合服务社和涉农协会)为目标,围绕"三农"重点,并抓住政策支持、城乡统筹发展机遇,争取上级资金、税收减免、商业地产所得反哺供销社发展等措施,有效扩大和整合供销社的经营服务阵地,打造农业社会化服务平台。

2003年至2009年,是供销社加快创新与转型发展期。这一时期,充分发挥供销社新的体制和机制优势,拓展为农服务领域,推进农资连锁经营和再生资源回收实事工程建设,不断延伸日用消费品连锁网络,快速推进"三社一会"建设,不断壮大农产品经纪人队伍,并启动建设农产品营销体系,开展农信、担保服务等。《宁波市再生资源回收利用管理条例》在全省率先出台。承担并实施化肥市场调控、再生资源回收行业管理、农产品经纪人培训等多项工作职能。部分县(市)区供销社兴建一批重大的涉农项目,经济效益逐步回升,在调整中求得稳步发展。2004年,全市供销社实现综合经营总收入97.48亿元,增长16.02%;实现利润9796万元,增长12.57%。

2001年至2005年,市供销社连续5年获全国供销社系统经营绩效考核一等奖。实现经营总收入101.97亿元,利润1.08亿元,分别增长20%和10%,均比"九五"期末翻了一番多,充分显示供销社经过改革洗礼后,社有经济得到明显回升的态势,规模效益明显增强。宁波海田国际贸易有限公司进出口总额7.5亿余美元,增长30%以上;宁海模具城"产学研"和生产基地的目标发展态势迅猛;镇海金属园区由加工型向物流型转轨,年产值达40余亿元;慈溪大桥生态农业观光园区建立,显示较强的生命力和诱人前景;实施再生资源"实事工程"建设,重组改造新型基层供销社,兴办专业合作社、村级综合服务社等迈出实质性步伐;"百镇连锁超市千村放心店"工程取得显著成效;开发农业科技立项,并从发展新项目中获得资本性收益,从争取政府支持中获得政策性收益,实现资产保质增值。

2006年起,围绕"增实力,织网络,促联合"的工作目标和任务,实施"新网工程"建设。2007年,实现经营总收入146亿元,增长14%;利润1.34亿元,增长16%;进出口总额10亿美元,增长10%。2009年,市供销社率先在全省供销社系统整体完成机关"三定"和"参公"工作,为供销社长远发展打下体制基础,新增销售208.6亿元,完成市政府下达的200亿元拓市任务。是年,实现经营总收入162.2亿元,增长9%,利润1.46亿元。

2010年至2013年,积极参与农业产业化集约经营,深化社有企业管理体制改革,使供销事业进入新的发展阶段,综合经济实力稳步提升。2010年,市供销社农产品经营公司等一批涉农经营机构成立,在市区开办8家社区生鲜农产品超市,慈溪市农产品展销中心开业,镇海、余姚、象山等县(市)区供销社建立农产品产销合作、网上营销,全市新增各类日用品超市100家,累计895家。宁波市甬丰农业资料股份有限公司成立,始建全市范围内的农资连锁网络。奉化市供销社农资配送中心一期、浙江再生塑料产业(慈溪)基地一期标段、奉化通源配送中心项目等建成投入使用。是年,实现经营总收入193亿元,与2005年的101.97亿元相比,年均增长13.61%;利润1.56亿元,与2005年的1.08亿元相比,年均增长7.63%。市供销社连续10年获评全国供销社系统综合业绩考核一等奖。

2011年,市供销社系统获国家农业综合开发项目4个,国家专利36个,国家商标80个;列入县以上科技创新项目27个,获得市级以上知(驰)名商标品牌10个,省级以上高新技术企业2个;获县级以上政府授牌嘉奖14个。2012年,宁波海田国贸大厦竣工投入使用,以市甬丰农资公司为投资主体的现代农业开发项目实质性启动,市供销社农产品网上展销中心会员企业发展到252家。至年底,全市供销社共建有新型基层供销社48家,连锁经营网点2140个,控股企业39家,参股企业34家,是年实现经营总收入233.68亿元,利润1.73亿元,所有者权益40.04亿元。2013年,实施社有企业管理体制改革,成立宁波供销集团公司,代表市供销社履行出资人职责,负责管理子公司股权和资产,从分散管理转向集团化管理,形成企业法人全新的管理架构。是年,实现总经营收入260.77亿元,增长11.6%。

党的十八大以后,市供销合作社科学谋划、因地制宜、重点突破、渐次推进、全面推动供销社综合改革。2014年7月12日,习近平总书记作出"在新历史条件下,要继续办好供销合作社"的重要批示,既为供销社改革发展提供了根本遵循,也赋予供销社新的历史使命。2015年3月,中共中央、国务院《关于深化供销合作社综合改革的决定》对供销社改革作出顶层设计。浙江省委省政府、宁波市委市政府先后出台深化供销社改革文件,为构建生产、供销、信用"三位一体"农民合作经济组织体系提供可行的组织框架和具体的操作办法。宁波市供销社作为全省供销社确定的3个试点市级供销社之一,制定印发《宁波市供销社综合改革试点实施方案》,实现综合改革方案市、县两级供销社全覆盖。紧紧围绕"打造'三位一体'实体性合作经济组织"和"六个突破"的工作目标,全面落实综合改革的路线图——整体谋划,组织保障,分步推进,各个击破。力求从传统的经营方式向现代流通业态转变,从单纯购销业务向综合经营服务转变,从单一供销合作向多领域合作转变。把供销社系统打造成为与农民联结更紧密、为农服务功能更完备、市场化运行更高效的合作经济组织体系,成为服务农民生产生活的生力军和综合平台。

2014年至2015年,全市供销社系统综合改革取得丰硕成果,实现历史性的突破。2014年,宁波供销集团公司组建宁波供销资产经营公司,逐步健全和完善社有企业法人治理结构和基本管理制度。是年10月,召开市供销合作社联合社第一次代表大会,实行"三会"(代表大会、理事会、监事会)领导管理体制,领先全国深化改革,至2015年基本形成全市供销社系统"三会"领导管理体制,建立并实行行业指导体系和经营服务体系"双线运行机制"。制定实施《社有资产监督管理办法》,市、县两级供销社均组建社有资产运营主体,理顺社有资产运营主体与下属企业关系。慈溪市供销社首批成为全省"三位一体"农合联建设试点单位,建立县、乡两级农合联组织体系。深入实施《宁波市供销合作社基层组织建设三年行动计划》,至2015年,累计新建、改造和提升新型基层供销社100家,累计建立专业合作社443家。市供销社与市金融办联合出台《宁波市农村资金互助会管理暂行办法》;与中国供销集团中合联投资公司合作组建注册资金1.5亿元的市供销社小额贷款公司;与中国人民保险公司宁波分公司合作开展贷款保险和助农贷款业务,落实农业信贷5000万元;与省供销社兴合集团合作筹建注册资金2亿元的融资租赁公司;市农信担保公司为涉农小微企业提供信贷担保1.5亿元。2014年,占地50多亩的象山县再生资源交易市场建成投用;占地96亩的宁海县再生资源交易市场一期工程完成竣工验收。全市范围内建成规范化再生资源回收点2300多家,示范回收站134家。建成江北、镇海2个农事服务中心,为区域农业生产提供一站式、保姆式、订单式服务。2015年推广农田病虫害统防统治面积20万亩。市供销社本级系统基本形成农业综合、电子商务、外贸、批发市场、再生资源、农村金融、商业地产、资产经营等八大主营业务板块。2015年,全市供销社总经营收入281亿元,增长11%;利润9917万元,增长28.4%。连续15年获评全国供销合作总社综合业绩考核一等奖。

三

"漫江碧透,百舸争流。"宁波市供销社综合改革以来,社有经济有了较快的发展。值此《宁波市供销合作社志》付梓之际,有必要对2016年至2020年的主要工作再作些追记。

2016年至2020年,可谓"峥嵘岁月稠",全市供销社系统综合改革取得重要的阶段性成果。一是突出政治引领作用,创新党建联动。坚决贯彻习近平总书记重要批示精神和上级党委政府的决策部署,以党的政治建设为统领,全面推进党的各项建设,不断增强刀刃向内的革新勇气和服务"三农"的工作定力,把供销合作社的文化、理念、品牌融合到各个局面,使供销合作社的金字招牌重新亮起来、活起来。全力参与实施乡村振兴战略,主动服务宁波市"六争攻坚、三年攀高"发展大局。

二是深化综合改革,领航"现代供销",体制机制逐步完善。将深化供销社综合改革与"三位一体"农民合作经济组织联合会改革综合融合。县级供销社建立"三会"制度,明确社有资产所有权代表和经营管理体制,形成"双线运行机制"。2019年8月,市供销社增设社有资产管理处,进一步完善落实向出资企业派驻董事、监事制度,加快构建联合社机关主导的行业指导体系和社有企业支撑的经营服务体系。2016年建成1个市级农合联、10个县级农合联和122个乡镇(街道)级农合联组织机构,吸纳5853个会员,落实县级农合联农民合作基金1.58亿元,组建成立农合联资产经营公司。建成104家现代农业服务中心和43家特色产业农合联为平台的新型农业社会化服务体系。2017年,市农合联先后出台《关于加强全市农民合作经济组织联合会系统工作指导的实施意见》等6个文件。2019年以来,市农合联召开3次理事会,进一步完善领导管理体制。市农合联合作基金6000万元全部落实到位,在全省率先推开乡镇农合联村级服务社建设,与阿里巴巴签订"三位一体"数字化工程建设协议,并在象山启动试点,把农合联改革推向新的阶段。

三是发挥独特优势,建设"开放供销",立足农合联大平台,创新为"三农"服务功能,发挥农资供应主渠道作用,农资供应量市场占有率保持在70%以上,并向农业综合服务一体化持续推进。创新农业社会化服务体系,推广无人机飞防服务、测土配方施肥和病虫害绿色防控技术,实现农田病虫害统防统治25万亩。制定实施"甬品千创"三年行动计划(2018—2020年),开展农产品推介活动百余场次;助农节支增收近2亿元。联合金融机构推出"助农贷"等10多种特色金融产品,助农贷款近80亿元,帮助农民节省利息支出6000余万元。以奉化"农信盈"为代表的普惠金融服务模式在全省推广。2019年以来,宁波供销再生资源科技有限公司构建"搭把手"智能一体化再生资源回收网络体系,建成回收站(点)2024个、区域分拣中心5个,服务居民430万次,回收各类可回收物近10万吨,实现宁波中心城区全覆盖,用户超50万户,实现垃圾减量近6万吨。"搭把手"回收模式获全国供销社系统现场会、央视《新闻直播间》专题推介,得到全国人大常委会副委员长沈跃跃及省、市主要领导的高度肯定,成为宁波供销的一张亮丽名片。

四是坚持提质增效,打造"数字供销",适应经济发展新常态,推进社有经济高质量发展。市、县两级农资经营一体化持续推进,经营和配送效率进一步提升。宁波市甬丰农资公司连年入选全国农资流百强企业,2019年位次提升至第39位。慈溪、余姚、象山等市(县)供销社建立农产品电商孵化园,镇海、北仑、宁海等区(县)供销社积极探索建设社区生鲜便利店和特色农产品展销中心。宁波供销电商已成为全省供销社系统最大的农产品电商综合服务商。"搭把手"回收已成为宁波市回收量最大的再生资源回收龙头企业。在"70年宁波70大时代地标"评选活动中,宁波供销二号桥市场位列"最受网友喜爱的宁波10大时代地标"第六位,这是宁波供销事业历久弥新的有力佐证。宁波海田控股集团外贸进出口总额稳居全市10强,其旗下6家企业2019年入选国家级国际营销服务平台,排名第二,全市唯一,全国供销社系统唯一,这是宁波供销事业与时俱进、走在前列的体现。宁海县果蔬市场获评省"模范集体"和省"农业骨干龙头企业"称号。2020年6月18日,市供销合作联合社第二次代表大会召开,标志着全市供销社系统进入一个新的发展阶段。是年,市供销社获评全国供销社系统综合业绩考核计划单列市和副省级省会城市优胜单位二等奖及全省系统综合业绩考评优秀单位。宁海县圣猴果蔬专业合作社裘银芳获评"全国劳动模范",宁波二号桥市场有限公司董事长钱钢获评"全国供销合作社系统抗击新冠肺炎疫情先进个人"。2020年,全市供销社系统综合实力明显提升,实现总经营收入304.73亿元,利润

2.69亿元,所有者权益35.5万元,分别增长7.1%、21.33%、5.85%,超额完成市供销社第一届理事会提出的各项经济指标任务。

不忘来时路,不罔肩头担。光阴流逝路漫漫,回眸一望岁月稠。追忆供销历史,崎岖曲折,"供销人"励精图治,艰苦奋斗,勇于担当,以创造性的实践,为促进农业发展、农民增收、农村繁荣作出重要贡献,成为农村经济和社会发展进步的重要力量,成功地走出一条具有自身特色的发展之路,在共和国建设的伟大进程中谱写着辉煌,开创供销合作事业发展的崭新局面。

大 事 记

中华民国

· 民国十一年（1922）

12月21日，宁波商民消费合作社成立，为鄞县首家合作经济组织。翌年4月20日解散。

· 民国十二年（1923）

3月，宁波工商友谊会会员发起成立宁波第一消费合作社，开浙江省合作社先河。

· 民国十四年（1925）

1月，由封建劣绅开设的宁波江东肥料合作公司垄断肥源，坑害农民，中共宁波支部委派鄞县小学教师、共产党员竺清旦前往指导，帮助鄞县东乡农民领袖周荣平发起与劣绅的斗争。

6月30日，鄞县东乡7乡农民3000余人上宁波请愿，反对江东肥料合作公司垄断粪肥货源，哄抬价格，因当局无明确态度，农民拥至肥料公司，捣毁其房屋、器皿，组织抗英激进会。

8月，鄞县樟村成立贝母生产组合社。

· 民国十七年（1928）

7月，浙江省政府公布《浙江省农村信用合作社暂行条例》，为全国较早的合作社条例。

10月，鄞县推行合作事业，成立少白有限责任利用合作社。是年秋，鄞县农人肥料合作社成立。1930年1月，鄞县农人肥料合作社改名为宁波市农人有限责任肥料用品购买合作社，有社员2000余人，遍布全县各乡，1931年撤市后归鄞县管辖。

· 民国十八年（1929）

8月，余姚县双雁乡菖蒲塘村信用社成立。

12月16日，浙江省政府公布《浙江省合作社规程》。

· 民国十九年（1930）

5月15日，余姚县余姚城区各机关团体有限责任消费合作社成立。

7月10日，余姚县第七河西联合村"信、购、贩、利保证合作社"成立。

8月，慈溪县合作事业促进会成立，制定促进会章程。

是年，宁波有各类合作社250余个。

· 民国二十年（1931）

3月，宁波设立稻虫防治实施区，创办治虫人员养成所，培训治虫人员。

5月，鄞县合作事业促进会成立。

8月，鄞县东南有限责任耕牛保险合作社成立。

9月，工商部上海商品检验局宁波棉花检验分处改称"实部上海商品检验局宁波分处"，除棉花检验外增验出口茶叶。

同月,鄞县农村及渔村合作实施区成立,并选择九龙乡(今海曙区高桥镇)、东钱湖乡分别为农村合作、渔村合作实施区。

· 民国二十一年(1932)

5月,鄞县西城区农村有限责任肥料公司成立。

6月,鄞县第三区有限责任农村信用供给合作社、宁波江北有限责任肥料供给合作社成立。

8月19日,慈溪县筹建全县第一个合作社,即由慈溪县立民众教育馆主办的教育用品消费合作社。

11月18日,奉化合作社促进协会成立。

· 民国二十二年(1933)

3月6日,在鄞县樟村文昌阁召开成立"堇江有限责任贝母运销合作社"大会,选举产生理事会、监事会、经济委员会和评判委员会。

11月,鄞县东钱湖渔业合作社、章镇合作社、百梁合作社和鄞奉乡合作社成立。

· 民国二十三年(1934)

3月,浙江省政府颁发《浙江省合作事业实施方案》。

7月,鄞县东钱湖无限责任外海渔业捞捕兼营合作社在大堰头成立。

· 民国二十四年(1935)

1月1日,浙江省合作事业促进会成立。

2月,余姚县棉花运销合作社联合社成立。

5月29日,余姚县潮界乡无限责任麦冬运销合作社成立。

5月,余姚棉区龙泉棉花运销合作社联合16家合作社成立余姚县棉花运销合作社联合社,入社社员2176人,股金84276元。

7月,慈溪县浒山镇棉花运销兼营合作社成立。

8月10日,余姚县俞家桥成立棉运合作社。

· 民国二十五年(1936)

1—7月,慈溪县棉花运销合作社联合社成立,同时慈溪东山乡古窑村棉花运销合作社、东山乡无限责任棉花运销合作社、埔场无限责任棉花运销合作社、观城镇海晏村无限责任棉花运销兼营合作社、东山乡信用合作社等5个合作社成立。

5月7日,象山县始办第一个合作社——三山乡范家山共同酿造兼营合作社,随后丹城消费社及延昌、石浦东门岛等渔业生产、供销信用合作社相继成立。

6月20日,余姚县合作社联合社成立。至年底,余姚县建有合作社14个,其中信用社6个,运输社8个。

6月,徐若浩在《浙江合作》第23—24期合刊上撰文,对余姚棉花运销合作社联合社组织、棉运收效等情况作详细介绍。

· 民国二十六年(1937)

8月,鄞县东钱湖外海渔业生产供销合作社奉命停业,全部渔船封存。至抗日战争胜利,渔船均已毁损。

是年,宁波建有各类合作社399个,社员10953人,股金34005元。

· 民国二十七年（1938）

2月14日，浙江省政府颁发《浙江省战时合作社暂行办法》，规定以乡（镇）为组社单位。

3月8日，余姚城区妇女生产合作社成立。

5月8日，浙江省建设厅制定《浙江省茶叶检验办法》，并在宁波设立茶叶检验处。

12月，鄞县合作社共有生产、运输、公用合作社85个。

12月，浙江省农业改进所在宁波设立棉花检验处，并在周巷、浒山、观海卫设立办事处，加强棉花出口检查。

· 民国二十八年（1939）

4月3日，浙江省合作批发部成立，并在宁波设立合作批发办事处。

7月，中共宁海县地下党组织创办消费合作社。余姚县成立战时合作社联合社，县内的东周塘、大云、潭海、南岚、逍林、择浦、三管、梁弄等乡镇和茭湖村、大云乡、西野塘、东周塘组织战时合作社。象山县组织虎山乡战时合作社和丹城镇粮食消息合作社、西乡竹木柴炭产销合作社。

· 民国二十九年（1940）

10月，共产党员王惠英回到家乡宁海县，创办前童妇女鞋帽产销合作社。

12月，浙江省政府颁发《浙江省各县合作社大纲实施办法》。

· 民国三十年（1941）

4月20日，宁波沦陷，各县原有合作社遭受敌伪摧残，合作事业遂告停办。

5月，中共苏南区委和浦东特委委派武装部队渡海至三北和四明山地区开展浙东抗日根据地游击战争。

· 民国三十一年（1942）

7月，奉化县江口镇创办长寿区物资消息合作社、大桥镇消费合作社和西坞镇消费合作社。

初秋，浙东革命根据地的中共鄞奉县委在奉西壶潭村开办消费合作社，经营食盐、大米、火柴等日用必需品。

初冬，中共慈溪县委组织甸山乡成立妇女生产合作社鞋子工场，并附设摇袜厂、织布组，支援四明山"三五"支队。

是年，宁波各县均成立合作事业指导室。

· 民国三十二年（1943）

春，浙东革命根据地慈镇县观海卫东山头建立妇女纺织生产合作社，支援抗日部队。

9月13日，浙东革命根据地鄞慈县慈南合作社成立，入社社员247人。

9月29日，浙东革命根据地慈镇姚抗建工作推进会发出关于今冬生产建设的指示，提出开展"合作运动"，提倡生产合作，试办运销合作。兴办姚南县（今余姚市）左溪乡茭湖山货合作社。

9月，浙东革命根据地龙山区掌起陈家桥纺织合作社成立。

10月，浙东革命根据地姚南县梁弄妇女会创建妇女合作社，经营生活日用品及书籍、文化用品，供应当地的抗日部队。

是年，宁海县前童、岔路乡在共产党员的带领下，集资办起柴爿运销合作社。

· 民国三十三年（1944）

1月6日，中共龙山区委建立范市垦荒合作社。

1月15日，浙东敌后临时行政委员会颁布施政纲领，其中第6条提出："欢迎外地投资，发展人民的合作企业，协助山货推销，推动手工业发展，以达到根据地内日用品自给自足、抵制日货之目的。"

6月28日，浙东敌后临时行政委员会驻四明地区特派员办事处召开第二届行政扩大会议，作出《关于运销合作社之决定》。

7月20日，中共浙东区党委机关报《新浙东报》报道陕甘宁边区合作社联席会议决议和中共中央西北局《关于贯彻合作社联席会议决议的决定》。

9月18日，四明地区特派员办事处在姚南县袁马（今属余姚市）召开四明合作社联席会议。会议交流各地办社经验，研究进一步发展合作事业。

9月，在人民民主政府的扶持下，姚南县办起南山合作社、岭下村食盐运销合作社、雅山村妇女合作社和南岚乡生产合作社，慈镇县办起龙山掌起妇女合作社、三北妇女鞋子工场和范市科民工业社。

12月2日，四明特办在第八次政务会议上作出《关于继续发展合作事业的决定》。

是年冬，梁弄纺织合作社、龙山范市利民工业社成立，发动社员织布、制鞋、制衣，支援革命根据地游击总队。

· 民国三十四年（1945）

1月14日，中共鄞慈、鄞奉县委分别召开生产动员大会，开展合作社生产竞赛活动。

1月24日，中共浙东区党委召开浙东各界临时代表会议，传达贯彻经中共中央华中局批准的《浙东地区施政纲领》，提出鼓励各界投资，强调发展各种合作社事业，并提出奖励合作社经营的方针。

2月3日，余姚临山区双塘乡成立纺织合作社。

2月23日，中共鄞慈县委办公室组织生产合作社。

2月，中共鄞慈县委组织成立岑山生产合作社。

3月4日，浙东区党委书记谭启龙在浙东区党委直属各机关和浙东游击纵队各部队干部大会上作《新形势与新任务》的报告，再次提出发展公营、私营、私营公助各种合作社，组织对外贸易，发展解放区商业，党政军民一致团结，互相配合，展开对敌的经济斗争与货币斗争。

3月8日，中共鄞慈县委在大雷乡成立笋合作社。

同月，余姚县毛笋重点产地左溪乡为粉碎日伪军的封锁，在金岙、龙坑、冠佩、岭下、章雅山、石门鲁夹岙等村建立6个毛笋合作社，让贤乡农民合作社、梁弄镇农民合作社、浙东行政公署机关生产合作社和横溪毛竹运销合作社也先后成立。

8月，抗日战争胜利后，鄞县、余姚、慈溪、奉化、宁海等县成立合作联合社或合作指导室。

9月底，新四军浙东游击纵队奉命北撤，革命根据地合作社同时也停办。

· 民国三十五年（1946）

5月，鄞县政府登记各类合作社共97个。

7月6日，浙江省合作社联合社成立，宁波各县联合社为会员单位。

7月20日，中国合作事业协会浙江省余姚县支会成立。

· 民国三十六年（1947）

2月，鄞县创办人粪肥料供销合作社。运销至宁波市区的人粪，供应给社员每担收稻谷3斤，供应给非社员每担收稻谷4斤。

是年，余姚县先后成立16个合作社，累计有合作社86个。

·民国三十七年（1948）

1月，镇海县合作社向棉区发放硫铵、过磷酸钙等肥料250吨，发放美国蔬菜种子400公斤。

7月，慈溪县合作社联合社成立。

·民国三十八年（1949.9）

5月25日，宁波解放，民国时期建立的各县合作社停办，由当地人民政府接管。

7月，余姚县马渚区丰乐乡人民政府发动群众创办丰乐乡人民合作社，为浙江省解放以后农村创办的第一个基层合作社。

中华人民共和国

·1949年

10月1日，中华人民共和国成立。

同日，浙江省供销合作总社成立。

10月，慈溪县浒山农民供销合作社，以及周巷镇、逍林、五磊供销合作社和观城二、三村合作社成立。至年底，宁波共创办农村供销合作社13个。

11月，浙江省供销合作总社颁发《县以上各级供销合作社组织简则》。

11月，鄞县栎社供销社、余姚县凤亭供销社成立。至次年春，宁波市消费合作社成立，开办江北、江东、海曙、镇明、庄桥、湾头等27个基层合作社（居民消费合作社）、2个生产合作社。

·1950年

3月21日，宁波专区供销合作总社成立，负责管理全区各县供销社。

3月21日，余姚县供销合作总社成立。

4月10日，鄞县供销合作总社成立。

4月14日，镇海县供销合作总社成立。

4月17日，奉化县供销合作总社成立。

5月1日，慈溪县供销合作总社成立。

5月4日，宁海县供销合作总社成立。

6月5日，象山县供销合作总社成立。

7月，政务院召开中华全国合作社工作者第一届代表会议，成立中华全国合作社联合总社，统一领导全国供销、消费、手工业合作社。

8月25日，政务院颁发《中华人民共和国合作社法（草案）》《中华人民共和国合作社登记办法》。

11月15日，宁波专区供销合作总社翻印全国合作社联合总社《农村供销合作社章程》《城市消费合作社章程》《手工业生产合作社组织条例（草案）》。

11月，浙江省供销合作总社组织工作队到鄞县黄古林乡进行办社试点，为土改后农村供销合作社的发展作准备。至年底，宁波专区供销合作总社对老市区消费合作社进行整顿合并，从原来的27个消费、基层合作社精简到18个。

·1951年

1月，宁波专区供销合作总社召开各县供销社主任会议，传达贯彻《中华人民共和国合作社法（草案）》《中华人民共和国合作社登记法（草案）》。

1月，华东区畜产分公司浙江支公司宁波收购组成立，1952年改称为华东区畜产分公司浙江支公司宁波经营处，1957年更名为浙江省畜产分公司宁波支公司。

2月2日，浙江省供销合作社确定对宁波专区、县供销社试行商品配售，主要品种有大米、棉布、食盐、糖、食油、煤油等，价格低于国营牌价5%—12%。

4月4日，宁波农副产品采购局成立，至1957年撤销划归省社宁波专区办事处。

6月，宁波专区县以上供销合作总社改名为合作社联合社。

12月，宁波专区供销合作总社和各县供销社机关开展"三反"（反对贪污、反对浪费、反对官僚主义）运动。

·1952年

1月26日，上虞、新昌、嵊县3县供销合作总社隶属宁波专区供销合作总社管辖，1964年9月划归绍兴专区。

4月，三门县南田区划归象山县，所属高塘、鹤浦2个基层社随之划入象山县供销社。

10月7日，"浙甬0031号"金快利运输船装运象山供销社草籽种82包自宁波至象山，途中突遭海匪劫持，船员6人与海匪对抗，其中5人被匪帮枪杀。唯伙夫1人幸存，连同该船一起被劫至大陈岛。

10月25日，省供销社通报表扬"余姚县东山乡集体售棉结合收贷工作"的典型经验。

10月，宁海县供销合作总社（1950年5月4日成立，原归台州专区）隶属宁波专区供销合作总社管辖。1957年复归台州地区，1961年复还省社宁波专区办事处。

11月1日，宁波市合作总社成立，负责管理宁波老市区的消费合作社和基层供销社，受省供销社和宁波专区供销合作总社双重领导。

11月4日，宁波市供销合作社设立副食品采购供应批发站（原系省社水果站）、日用土产采购供应批发站、综合采购供应批发站（原系市郊供销社）。

11月6日，华东地区上海纺织纤维检验局宁波纤维检验站成立，后改为宁波棉花检验站。

·1953年

1月，绍兴县供销合作总社隶属省社宁波专区办事处（1964年9月划归绍兴专区），定海县供销合作总社（1950年6月5日成立）划复舟山专区。

1月，宁波市副食品公司成立。

4月，宁波专区、市供销合作社分别编制"第一个五年计划"（1953—1957年）。

10月，宁波专区合作总社改名为浙江省合作社联合社宁波专区办事处，作为省社派出的督导性行政机构。

是年，宁波市合作总社改名为宁波市合作社。

·1954年

1月，全区供销社系统推行"拨货计价实物负责制"。

1月，宁波地区土产批发站成立。

3月12日，宁波市区实行食油统购统销政策。

3月14日，省供销社在象山县高塘乡金高椅村投资兴建鱼鲞加工厂，占地10.5亩，建房5幢共76间，耗资68000元。

3月16日，宁波市合作社首届社员代表大会召开。制定《宁波市合作社章程》，选举梁玉如为理事会主任，牛建森、陶健甫为副主任，李傅孝为监事会主任。

3月17日，宁波市合作社与宁波市区消费合作社及各基层消费合作社合并，实行一级经营。

4月10日，宁波地区土产批发站成立，1955年改称为宁波地区土产站。

4月，宁波地区农业生产资料公司成立。

5月，天台、临海、三门三县供销合作总社隶属省社宁波专区办事处管辖（1957年划复台州地区），象山县供销合作社隶属舟山地区管辖（1959年划复省社宁波专区办事处）。

7月，宁波专区行署将慈溪、余姚、镇海三县重新划分，新的慈溪县以慈、余、镇三县的产棉区为主要区域，以原慈溪县的观城、鸣鹤2个区，镇海县的龙山区偏西10个乡，庵东盐区的3个行政村及余姚县的浒山等3个区等部分行政村，成立以产棉区为主的慈溪县。

7月，中华全国合作社第一届社员代表大会召开，将中华全国合作社联合总社改名为中华全国供销合作总社，标志着全国供销合作社已成为一个独立的具有系统的集体经济组织。县以上供销合作社纳入当地政府序列管理。

8月中旬至9月上旬，宁波老市区35家私营棉布店纳入国家经销范围。

9月6日，省社宁波专区办事处召开会议，传达省商业会议精神，对棉布实行统购统销政策。

9月15日，全区实行棉花计划收购和棉布计划供应，对棉布商实行社会主义改造。至1983年12月1日，棉布敞开供应，结束30多年凭票供应的历史。

9月，全国供销合作总社通知各县合作社联合社改名为供销合作社，直到1983年供销合作社体制改革以后，各县供销合作社改名为供销合作社联合社。同时，各县的手工业合作社从供销合作社系统析出，独立建立县级手工业管理部门。

10月，浙江省合作社联合社宁波专区办事处改名为浙江省供销合作社宁波专区办事处。

12月26日，慈溪、镇海、余姚三县重划行政区域。慈溪县供销社划出的有慈城、庄桥、洪塘、长骆、丈亭、云山、城关、厩山、大隐、孝东、洪山等供销社。余姚县供销社划入的有范市、龙场、浒山、道林、长河、天元、庵东、东三、曹娥、坎墩、驿亭、泗门等供销社。

· 1955年

1月，贯彻全国供销合作总社第一次代表大会决议精神，全区合作社逐步停止对社员的商品价格优待，商品零售价格与国营商业一致。至年底，宁波老市区供销、消费社供给社员商品价格与市场牌价持平。

1月，宁波地区土产站成立。

2月，一江山岛解放后，美军舰艇及国民党军队驻大陈岛部队活动频繁。象山县供销社配备干部，组织力量，向各地采购调运烟酒、禽蛋、蔬菜、木柴等大量物资，积极"支前"。

3月1日，根据国家发行新人民币的规定（新币1元抵旧币1万元）。省供销社发出通知，凡收购、零售、批发、调拨等价格一律按新旧币折算率折算，改挂新币牌价，并自2月25日起至新币发行后两个月内，各县供销社对批发、零售和农副产品收购价格一律不准提高，以利新币发行的顺利进行。

3月12日，贯彻省供销合作社关于实行粮食定产、定购、定销政策。

3月30日，省商业厅、手工业管理局、供销合作社发出联合通知，杭州、宁波、温州、金华、嘉兴、湖州、绍兴、衢县等八市（县）的消费合作社从供销合作社系统划归国营商业领导。

4月，市委决定撤销宁波市合作社，改组成立宁波市消费合作社，市区消费合作社移交国营商业领导和管理。

8月26日，省社宁波专区办事处通报表扬"慈溪县供销社贯彻执行物价制度有关经验"。

10月，省供销社在余姚县横河区（今属慈溪市）农村集镇私营商业进行社会主义改造试点，将64.1%的私商改造组织为3个公私合营商店、9个合作商店。

12月20日，省供销社印发《关于对农村私营商业社会主义改造主计划（草案）》。

是年，粮食代购代销业务划归粮食部门统一经营，油菜籽代购业务划归粮食油脂公司经营。

· 1956年

1月，宁波地区日用品站、药材站成立。

3月，仙居县供销合作总社隶属省社宁波专区办事处管辖，1957年1月划还复设的台州专区。

7月31日晚10时，第13号台风在象山县登陆，中心风力在12级以上，毁门前涂海堤，南庄平原成一片汪洋，酿成"八一"台风灾害。全县死亡3401人，其中供销社系统抗台牺牲干部2人（城乡供销社的张秀昌、钱绍璋）。

7月31日，省粮食厅、供销社联合通知，将国营蔬菜公司系统经营的干鲜菜、薯、酱、腌菜、调味品及淀粉等业务交给供销社经营。

7月2日，慈溪县泗门区供销社曹娥供应站劳裕田作为宁波地区唯一代表出席全国供销合作社第一次先进工作者代表大会，受到毛泽东、刘少奇等党和国家领导人的接见，并合影留念。

8月，全区商业系统进行第一次工资改革，职工工资增长17%左右。

10月，宁波专区、市商业局、县供销社划分商改分工归口管理。县城商业由国营商业负责管理，县以下集镇和农村商业均归供销合作社负责管理。

· 1957年

1月，萧山县供销合作社（1959年1月划归杭州市）、诸暨县供销合作总社（1964年9月划归绍兴专区）隶属省社宁波专区办事处管辖。

同月，浙江省供销社宁波仓储运输公司、宁波地区采购站、宁波地区农产品站成立。

2月，宁波市废旧物资回收公司成立。

4月15日，宁波市合作社首届第三次社员代表大会暨宁波市供销合作社成立大会召开。

8月8日，浙江省供销合作社组成工作组，在慈溪浒山供销社进行整风试点工作。翌年3月5日，省社宁波专区办事处印发《慈溪县浒山供销社贯彻执行党委领导下的职工群众监督制，召开职工代表大会的初步总结》的通报。

12月，宁波专区、市供销合作社编制"第二个五年计划"（1958—1962年）。

· 1958年

1月，宁波市土产日杂、农副、农土部（公司）成立。

4月，宁波市人民委员会决定市商业局与市供销社合署办公。

6月,宁波专署决定浙江省供销合作社宁波专区办事处与宁波专署商业局合并。

10月4日,宁海、象山二县合并称象山县,划归台州专区,两县商业局随之准备合并。1961年10月1日,恢复宁海县建制,宁海、象山两县供销社随之分开,象山县供销社迁回丹城办公。

11月,中共浙江省委批转《省财贸部关于农村人民公社当前财贸工作若干问题的意见报告》,全区基层供销社、合营商店、合作小组等机构合并,改称××人民公社供销部。

12月23日,镇海县供销社并入宁波市商业局(供销社),所属郭巨、三山、柴桥、大碶、长山、城关、骆驼等8个基层供销社同时划归。1963年1月3日,恢复镇海县建制,镇海县供销社从市商业局(供销社)析出,仍隶省社宁波专区办事处。

· 1959年

1月16日,鄞县供销社并入宁波市商业局(供销社),所属大嵩、天童、邱隘、钱湖、横溪、姜山、鄞江、望春、四明山、古林、凤岙等11个基层社同时划归。1962年6月4日,恢复鄞县建制,鄞县供销社从市商业局(供销社)析出,仍隶省社宁波专区办事处。

11月,慈溪县泗门区供销社方永正出席全国群英代表大会,商业部部长程子华与代表合影。

12月,慈城、庄桥、洪塘供销社归属市供销社管理。

· 1960年

5月中旬起,全区供销社系统开展反贪污、反浪费、反官僚主义的新"三反"运动,于第三季度结束。

9月,全区152个基层供销社发动职工群众开展收购野生资源"小秋收"活动。

· 1961年

1月,舟山县供销合作社隶属省社宁波专区办事处(1962年6月舟山县撤销)。

1月中旬,宁波专区农村基层供销社原管理的365个农村集贸市场停办后集贸市场恢复至337个。

8月,宁波市人委决定,市商业局与市供销合作社分开,重新恢复宁波市供销合作社。10月,宁波专署决定,将省社宁波专区办事处、宁波市供销合作社分别与专署商业局、市商业局分开,恢复省社宁波专区办事处和市供销合作社。

9月3—9日,全区供销社系统参加华东地区物资交流会,合同成交额为1378.94万元。

· 1962年

3月和7月,省社宁波专区办事处组织全区供销社系统参加全国第二次三类物资交流会,成交总额647万元。

3月,省社宁波专区办事处贯彻传达中共中央扩大工作会议和宁波专区行署会议精神。在此前后,甄别1958年以来在拔红旗、反右倾、整风整社、改造等运动中受到错误批判处理的干部,并恢复一批干部职务。

5月4日,中共中央、国务院发出《关于供销合作社几个问题的通知》,明确各级供销合作社受同级财贸办公室或商业部门领导;职工在政治和福利待遇方面,与同级国家机关的干部相同。

9月11—16日,省社宁波专区办事处召开首次全区供销社系统先进经验交流会议。出席会议的有专区18个县(市)供销社的组导科科长、工会主席及被邀请列席的基层社主任、省级先进工作者等32人。

9月27日,中共中央发出《关于商业工作问题的决定》,对农副产品采取统购、派购,议购等收购形式,规定国营商业、供销社为主要收购单位,并加强农村集市贸易管理。

10月22—25日,省社宁波专区办事处在慈溪县召开全区商改工作会议,省、专、县、基层四级商改干部28人参加会议。

12月12日,全国供销合作总社第四次会议(扩大)在北京召开,慈溪县供销社主任李之瑜出席会议。

是年起,供销社的猪、禽、蛋购销业务划归国营商业食品公司经营。

· 1963年

2月,全国供销合作总社颁发《基层供销合作社工作条例(试行草案)》。

4月,省社宁波专区办事处召开贯彻"五反"(反对贪污盗窃、反对投机倒把、反对铺张浪费、反对分散主义、反对官僚主义)会议,部署全区开展"五反"工作。

7月13日至8月1日,省社宁波专区办事处组织全区供销社系统参加在上海召开的全国第三次物资交流会,签订购销合同总额437.12万元。

· 1964年

1月6—9日,宁波市供销合作社第二届社员代表大会第一次会议召开,出席代表98人。选举段锡昌为理事会主任,门宜荣、李信成为副主任。

3月14—22日,浙江省供销合作社第二届代表大会召开,参加大会的正式代表550人,其中宁波专区供销合作社代表128人,代表团团长廉凯。

4月3日,全国供销合作总社计划局指定慈溪县为农村市场工作直接联系点。

7月,经浙江省人委决定撤销省供销社宁波专区办事处。1965年2月2日,宁波专署决定撤销省供销社宁波专区办事处,其工作职能并入专署财贸办公室。

8月5日,农村"四清"(清政治、清经济、清组织、清思想)运动开始。

是年,全区设有鄞县、奉化、镇海、慈溪、余姚、宁海、象山县和宁波市等8个供销合作社。

· 1965年

1月,浙江省土产公司宁波地区分公司成立。

4—7月,浙江省供销合作社宁波地区工作组在全区进行按经济区域组织商品流通,调整经营机构的试点工作。

10月,浙江省编委决定,宁波市供销合作社再次并入宁波市商业局。

10月,宁波市、地委同意宁波市商业局《关于进一步调整商业机构的报告》,决定将原由专署商业局管理的二级站全部下放给宁波市管理,并将市商业局、市工商局、市供销社、市粮食局等4个机构合并,成立为宁波市商业局。

· 1966年

2月,宁波市商业局、市供销合作社联合印发《关于合作商店成员中四类分子经济待遇问题的通知》,强调在政治上要加强监督管理改造,经济待遇上执行同工同酬的原则。

3月,宁波市供销合作社编制"第三个五年计划"(1966—1970年)。

8月1日,宁波专区提高粮食统销价格,发放收入低的职工粮价补贴。

9月,中共中央批转国务院财贸办公室和国家经济委员会《关于财政贸易和手工业方面若干政策问题的报告》。

· 1967 年

1月,宁波市和各县组成商业局、供销合作社革命生产领导小组。

6月,宁波市和各县组成的商业局、供销合作社生产领导小组,改名为××市(县)革委会生产指挥组商业办公室,或商业局革委会领导小组。

· 1968 年

2月,市供销合作社兴办宁波市钢铁加工厂,专业从事废钢铁回收加工及开发利用工作。

5月9日,商业部印发《关于库存百货、文化用品"四旧"商标图案商品处理办法》。

6月16日,中共中央发布《关于1968年城乡居民棉布定量的通知》,并转发国务院《关于1968年度收购农副产品奖售标准的通知》。

7月3日,省革委会印发《关于收购农副产品奖售标准的通知》,对其中23种农副产品的奖售标准作出具体的规定。

· 1969 年

1月18日,《人民日报》发表题为《农村商业是否由贫下中农管理好》调查报告。8月,省革委会印发《农村商业改革座谈会纪要》,全区开始实行贫下中农管理农村供销社商业。11月,余姚县马渚区方桥分社、鄞县凤岙供销社爱中分社进行贫下中农管理商业的试点。翌年起,贫下中农管理商业工作在全区供销社系统铺开。

11月,慈溪县供销合作社推行"队定站核"棉花收购制度,受到商业部通报表扬。

· 1970 年

10月前,各县供销合作社再次并入国营商业机构,并相继建立革委会生产指挥组商业局,主管商业、供销、工商行政管理工作。

12月,市供销合作社编制"第四个五年计划"(1971—1975年)。

· 1971 年

3月,省革委会〔1971〕41号通知,将城镇的合作商店改造成为供销社的"三代"店(代购、代销、代营),实行"三统、两不"(人员统一调配,资金统一使用,业务统一经营;不搞核算,不搞积累)政策。

6月15日,宁波地区消灭棉仓害虫现场会议在慈溪县长河镇召开。会议总结交流慈溪县高王公社使用塑料薄膜密封棉仓、用磷锌熏蒸消灭越冬红铃虫的经验。

10月,根据"商业队伍要清洗一批、训练一批、补充一批"的指示,宁波专署商业局在鄞县邱隘、慈溪浒山和余姚泗门供销社开展整顿商业队伍的试点工作。

· 1972 年

4月19日,国务院决定,调整甜菜、毛竹、木炭等收购价,毛竹提价15%,木炭提价67%—100%。

10月,全区供销社系统开展批判"政治可以冲击其他"等谬论教育活动。

· 1973 年

3月19日,宁波地区农资公司简报介绍《慈溪县供销社系统推广"5406"抗生菌肥的情况》。

7月24日,国务院决定,提高大麻、苎麻、柞蚕茧、棉短绒、棕片、山羊板等收购价格,还提高部分茶叶、晒烟、绵羊毛的收购价,提价幅度10%—20%,个别的30%。

·1975年

1月,宁波市商业局、供销社对农副产品调拨作价办法和价格进行一次全面审查、整顿,对计价基础、计价环节、费用核定、利润分配等作出原则规定。

12月,全区供销合作社系统开展"双学"(即学大庆、学大寨)活动。

是年,宁波市商业局、供销社将一、二类农副产品及社队生产的重要三类产品由商业、供销部门统一收购,纳入国家计划管理。

·1976年

1月,宁波地(市)特产公司成立。

1月8日,市供销合作社组织党员干部、职工悼念周恩来总理。

3月,市供销社编制"第五个五年计划"(1976—1980年)。

9月9日,毛泽东主席逝世,全区各级供销合作社干部职工以各种方法沉痛悼念。

11月,全区各级供销社以党支部为单位,深入开展揭批"四人帮"罪行活动。

·1977年

7月18日,市供销社系统组织开展学习周恩来总理于1958年7月7日在广东省新会县视察工作时,对废旧物资回收利用工作的亲笔题词活动。

9月29日,省供销社简报第5期报道《慈溪县供销社大力做好棉花收购工作》的经验。

12月12日,接省供销社、省财政局通知,暂行规定供销社系统县以上企业的政策性亏损商品为农业生产资料的化肥5种、农药13种、省计划分配的农用薄膜、省定18种中小农具和土特产中的絮棉等,并对亏损额实行定额管理。

·1978年

1月,宁波地委决定,地区供销合作社与地区商业局分开,成立宁波地区供销合作社。

5月,宁波市委决定,市供销合作社与市商业局分开,成立宁波市供销合作社。

同月,宁波地区土产果菜公司、宁波市土产日杂公司成立。镇海县供销社划归市供销社管理。

7月20日,慈溪县庵东供销社东一分社经理陆定法出席全国"双学"代表大会。

8月,全国供销合作总社电贺镇海县供销社棉花收购进度快、质量好,平均亩售皮棉超百斤(市斤)。

10月,宁波市农业生产资料公司成立。

·1979年

1月,宁波地区日杂畜废公司成立。

2月,根据宪法规定和省革委会通知精神,撤销全区供销社的革命委员会名称,统一启用新印章。

3月,国务院决定,提高棉花收购价15%,大麻、苎麻、桑蚕茧、毛竹等也适当提高收购价。

9月20日,调整余姚、慈溪二县的行政区域。原余姚县供销合作社的龙南(今为横河)供销社、彭桥棉花加工厂划归慈溪县供销合作社。

12月6日,《中国青年报》第5482期刊登题为《鄞县邱隘供销社放手提拔一批青年业务骨干》的报道。

12月,宁波地区行政公署颁发〔1979〕98号文件,调整落实集体商业所有制政策,将"三代"店恢复为合作商店。

· 1980 年

1月20日,浙江省供销合作社干部学校宁波分校建立。

4月19日,浙江省计委批文同意建立鄞县、奉化、象山、余姚县精制茶厂。

6月,宁波地、市供销合作社分别编制《关于第六个五年计划(1981—1985年)、十年规划的意见》。

· 1981 年

3月10—16日,浙江省农业厅、省供销合作社在宁波联合召开全省草子培育、绿萍春繁和合理用肥为主要内容和肥料工作会议。会议参观鄞县姜山区东方红公社、姜山公社、茅山公社大面积草子高产田和肥料田现场,以及鄞县鄞江区、余姚梁辉公社和长丰公社勤丰大队的细绿萍越冬、春繁、药剂倒萍和早稻使用"5406"催芽现场。

3月12日,宁波地区供销合作社印发《关于开展"五讲"(讲文明、讲礼貌、讲卫生、讲秩序、讲道德)、"四美"(心灵美、语言美、行为美、环境美)文明礼貌活动》通知。

3月31日至4月3日,宁波地区供销合作社在宁海县力洋召开全区供销社系统职工教育工作会议,有15个单位和个人在会上介绍经验。省供销社、团地委、地区财办的领导到会指导并讲话。

7月15—17日,宁波地区农村集体商业工作座谈会在奉化召开。宁波地区行署和财办领导宋申鲁、毛祖绳到会听取全区集体商业开展经营责任制的情况介绍。

11月17—19日,宁波地区供销合作社在余姚丈亭供销社召开第一届食品工业优质产品评选会议,共有47个产品被评为系统食品工业优质产品。

是年,宁波地区农资公司确定棉花抗病品种86-1为当家农药品种,至1982年施用农药扩大至25.2万亩,1983年达37万亩。

· 1982 年

1月1日,中共中央批转《全国农村工作会议纪要》(中发〔1982〕1号),明确指出:"农村供销合作社是城乡经济交流的一条主渠道,同时也是促进农村经济联合的纽带。要恢复和加强供销合作社组织上的群众性、管理上的民主性和经营上的灵活性。"从此,供销合作社以恢复"三性"为核心内容,拉开由"官办"转为"民办"的体制改革序幕。

5月13—18日,宁波地区供销合作社在鄞县勤勇大队召开全区废旧物资业务经验交流会。基层供销社收购员和地、县公司及有关工厂代表等109人参加交流会。

9月2日,鄞县供销合作社投资120万元建成建筑面积3300平方米的育王楼饭店,这是宁波市供销社系统第一家比较现代化的旅游酒店。1988年11月,鄞县供销社育王楼饭店二期工程竣工,该工程占地27000平方米,建筑面积13000平方米,总投资800万元,是当时全省基层供销社中最大的旅游饭店。

10月28日,全国供销合作总社印发《奉化县供销社做好信访工作的经验》。

11月2日,慈溪县观城商场建成开业,建筑面积1700平方米,为全区第一家基层供销社综合商场,开工业品下乡先河。

· 1983 年

1月8日,宁波地区行署印发《关于抓紧供销社体制改革的通知》(宁署〔1983〕4号),确定奉化县首先试点,为全省7个供销社试点之一。

1月15日,浙江省人民政府批转省供销社《关于加快供销社体制改革的试点意见》。

1月,宁波市供销合作社贸易公司成立。

2月22日,浙江省供销合作社副主任赵承和到奉化县江口供销社指导体制改革工作。

2月24日,宁波地区供销社陈庆华出席全国物价工作表彰大会,并获"全国物价工作先进工作者"称号。

3月,浙江省农业生产资料公司宁波化肥经营处成立。

4月25日,省供销社发文批复,同意省社镇海化肥中转仓库筹建处建造镇海化肥中转仓库工程。该工程建筑面积10674平方米,总投资352.27万元。该项目是省重点建设工程,疏散仓库年可中转尿素15万吨。

5月,由商业部和省、市供销社联合投资兴建的宁波果品冷库动工。该冷库总容量为3000吨,工程总建筑面积7146平方米,总投资350万元。1985年8月31日,冷库工程提前竣工验收。11月29日完成试车投产。

5月,中共浙江省委决定,宁波地、市合并,实行市领导县的体制,撤销宁波地区建制。

5月27—30日,鄞县供销合作社联合社第四届社员代表大会召开。宁波地委常委、宁波地区行政公署副专员宋申鲁,地区供销社主任车永康,地区财办副主任任金声出席大会。

8月,宁波地区供销社与宁波市供销社合并,成立新的宁波市供销合作社。

9月3日,市供销社幼儿园建立。

10月23日,共青团宁波市供销合作社委员会成立。

12月1日起,国务院通知棉布临时取消凭布票销售和絮棉凭棉票定量销售办法,实行敞开供应。至此,凭票购买棉布和絮棉的政策,自1953年开始实行近30年才得以终结。

· 1984年

3月8日,根据中共中央〔1984〕1号文件精神,全市供销合作社系统组织200多名干部,到8个农村基层供销社(共8个基层社)进行体制改革试点。3月15日,宁波市政府抽调供销、工商、财税等机关干部30余人,由市供销社主任车永康带队到奉化,奉化县抽调有关部门干部20余人,共50多人组成2个工作组,分别到溪口、班溪2个供销社进行体制改革试点。

3月30日,上海科教电影制片厂来慈溪县供销社拍摄科教片《棉花巧施肥》。

4月22日,宁波市供销合作社城区办事处改为江北办事处,归江北区领导,业务上受市供销社管理。

4月,宁波市供销合作社东港汽车服务公司成立。

5月2日,宁波市委、市政府《批转市供销合作社〈关于深入进行供销社体制改革的意见〉的通知》(市委发〔1984〕28号)。

5月5日,江北区庄桥商业综合公司成立。

5月14—15日,省供销合作社主任宋少祥到慈溪县供销社考察体制改革情况。

5月20日,宁波市政府印发《关于改革合作商业体制的意见》(市政〔1984〕66号)。

5月,市供销合作社劳动服务公司成立。至8月,市供销社所属土产日杂等8家公司和慈城等3家供销社劳动服务分公司成立。

7月6日,江北区慈城、洪塘商业综合公司成立。

7月27日,宁波市政府批转市供销合作社《关于市社各公司推行和完善经营责任制的意见》的通知

（市政〔1984〕99号）。

7月28日，宁波市政府批转市供销合作社《关于改革城区集体商业管理体制的意见》（市政〔1984〕99号）。

7月30日，市供销社发文决定，撤销甬江供销合作社，建立海曙、江东、江北供销合作社。江北区供销合作社以原甬江供销社江北分社为基础，辖北郊分社。

8月15—17日，宁波市政府在慈溪县召开全市供销社深入体制改革经验交流会，170人参加会议。

8月28日，全省供销合作社工业品下乡会议在慈溪县供销社召开。

8月，宁波市第二土产公司成立。

9月20日，宁波市供销合作社贸易中心成立。

9月，宁波市供销合作经济研究会、浙江省供销社储运研究会宁波分会成立。

9月，宁波市第二物资回收公司成立。

11月5日，慈溪县供销合作社主任杨文宝出席中商部、全国供销合作总社召开的体制改革经验交流会，并在会上作典型发言。

11月12日，鄞县县政府决定，建立鄞县第二商业总公司，为局级单位，原属县供销合作社归口管理的合作商店全部划归该公司管辖。

12月6日，慈溪县政府决定，建立慈溪县第二商业总公司，为局级单位，原属县供销合作社、商业局归口管理的合作商店全部划归该公司管辖。

12月，宁波市第二副食品公司成立。

同月，象山县茶厂生产的"天坛牌"珠茶获西班牙马德里世界优质食品评选大会金质奖。

· 1985年

1月1日起，市供销合作社建立经常性的大事记载和报送制度。

1月10日，慈城供销合作社商场开业，营业面积1600平方米。

3月22—26日，全省供销社"搞活、开拓"经营经验交流会召开，会上印发慈溪县供销社《大办工业，增强经营服务能力》、奉化县莼湖供销社《发挥优势，开拓经营》典型材料。

4月1日，国家调整农村粮油购销政策，取消粮油统购，改为合同定购，放开猪肉价格。

4月3日，省供销社浙合建〔1985〕51号批复，经省计委同意，新建省供销社宁波贸易中心工程。

4月16日，宁波市茶叶公司成立，与市特产公司实行"两块牌子、一套班子"。

4月24日，省政府调整农副产品购销政策，对粮食、棉花、食用植物油料、晒烟和厚朴等5种商品改为合同定购，其他农副产品全部放开。

4月27日，慈溪冷冻厂举行落成典礼。省、市供销社及有关领导和日本国东京丸一商事株式会社等代表近200人参加典礼。

8月27日，余姚县撤县改市后，余姚县供销合作社联合社更名为余姚市供销合作社联合社。

9月2日，宁波市供销合作社工业品公司建立，与市供销社贸易中心"两块牌子、一套班子"。

9月25—27日，省供销合作经济研究会宁波市分会举行成立一周年学术讨论会。中国合作经济学会筹备小组副组长、省供销合作经济研究会会长孔庆演到会作学术报告。

9月，宁波市供销社史料工作领导小组及办公室成立，车永康兼任组长，邹永明任办公室主任。

10月1日,根据宁波市委撤县划(建)区的决定,镇海县供销合作社一分为二,正式分开办公。以甬江为界,甬江以北地域为镇海区社,定名为宁波市镇海区供销合作社,甬江以南地域归滨海区供销合作社。1987年,滨海区更名为北仑区,滨海区供销合作社也随之更名为宁波市北仑区供销合作社。

11月2日,鄞县供销合作社段塘合作商店划归海曙段塘供销社,福明合作商店划归江东供销社。

11月11日,省供销合作社转发商业部批准象山县供销社通风柑橘设计任务书,由商业部和地方共同投资建设,工程投资94万元,其中商业部承担40%资金及统配材质。

11月25日,余姚市供销合作社、宁波国际信托咨询公司、香港远邦贸易公司三方合作经营的龙山宾馆举行奠基典礼。龙山宾馆建筑面积11026平方米,投资640万元。1988年1月1日,龙山宾馆开业。

12月17日,省供销合作社通知,宁波化肥经营处承担的计划内对宁波市属7县(市、区)的化肥调拨经营业务,自1986的1月1日起,移交给市农资公司。

· 1986年

1月6日,市供销合作社发文,决定对本级系统离退休人员实行统筹统支管理的试行规定。

1月25日,由市供销合作社为主组织承担的"温州蜜柑普通常温仓库防腐保鲜"技术研究项目试验成功。在宁波市科委召开的评审会上通过评审,并先后获宁波市科委和省供销社科技进步三等奖。1991年获全国供销社系统科技兴农成果奖。

2月,市供销合作社编制"第七个五年计划"(1986—1990年)。

3月21日,全省棉麻安全工作会议在慈溪县供销社召开。

4月7—11日,商业部长刘毅等一行12人到市供销社调研。

4月13日,宁波市编制委员会批复,同意撤销宁波市供销合作社城区科(市社城区工作科),建立宁波市供销社江北办事处,为市供销社派出机构。

6月12—13日,市供销合作社与市检察院联合召开全市供销社系统打击经济领域犯罪活动座谈会。

6月15日,江北供销社孔浦商场开业。

11月20日,宁波市东港汽车服务公司与香港宁兴开发有限公司合作经营,组建宁波市华达汽车服务有限公司。

11月25—27日,商业部副部长、全国供销合作总社代主任潘遥,商业部指导合作司司长杨德寿、处长李自强等一行5人到慈溪县供销社考察。

12月9日,市供销合作社系统的东海牌灯具、人字形呢大衣、清汁笋罐头、武岭牌千层饼、三北芝麻豆酥糖、糖水杨梅罐头、武岭牌不锈钢炒锅等7个产品被评为浙江省新优名特产金鹰奖。

· 1987年

2月18日,宁波市果品食杂公司所属采购供应站发生库存花生米严重霉变事件。经市卫生防疫站鉴定,库存的281467斤花生米,其中262587斤已经霉变,损失金额118909.69元。

2月20日,宁波最早的专业合作经济组织——慈溪县田央乡菜薯生产技术协会成立。

3月25—28日,市供销合作社召开由市公司、城区基层社参加的关于推行企业经理(主任)负责制会议,确定畜产品、农资、土产日杂等3个市公司和慈城、江北2个基层供销社试点。

4月1日,市供销社印发《关于试点单位推行经理(主任)负责制的实施意见》。

6月5日,鄞县樟水供销合作社进行深化改革的试点,选举产生全市供销社系统第一家社务管理委员会。

6月24日,商业部计划司司长张世尧考察鄞县供销合作社育王楼饭店扩建工程。

6月30日,市供销社与市财税局签订所得税承包合同,合同规定以1986年实际上缴数为基数,每年递进6%,一定四年不变。

9月19日,市供销社印发《关于深化供销社改革的意见》。

10月1日,象山供销大厦商场开业。

11月30日,市供销合作社印发《关于做好台胞探亲旅游期间供应工作的通知》,确定鄞县育王楼、奉化溪口龙门饭店、余姚大厦和象山供销大厦为第一批接待台胞入住的宾馆。

11月,由宁波市土产日杂公司主办的中国竹业协会宁波支会成立。

· 1988年

1月1日起,商业部对宁波市供销合作社实行计划单列,赋予相当于省一级的经济管理权,市供销社系统的商品流转、财务管理、基本建设、技术改造等计划和执行情况,在上报商业部的同时,抄报省供销合作社。

同日,余姚市供销社大厦落成,建筑面积12651平方米。

2月11日,宁波市茶叶联合公司成立,与市茶叶公司合署办公。

3月5日,余姚市供销合作社龙山大厦发起试办成立宁波市供销合作社大中型商场购销集团。翌年2月,正式成立大中型商场购销集团。

7月20日至8月2日,商业部在广州市召开全国废旧物资系统表彰大会。鄞县废品畜产公司被评为全国废旧物资系统先进单位。

7月29日夜至30日凌晨,宁海、奉化、余姚等县(市)突遭特大暴风雨袭击,全市供销社系统受灾严重,损失巨大,直接经济损失954万元。其中,宁海县供销合作社系统损失718万元,奉化县供销社系统损失236万元。

8月8日凌晨,第7号台风正面袭击宁波。台风从象山林海门前涂登陆,经过宁海、奉化、鄞县、余姚等县(市),全市供销社系统直接损60多万元。8月9—12日,省供销社监事会主任陈黄夫等一行5人专程到象山、宁海、奉化、余姚重灾县(市)供销社及基层供销社(厂)慰问,了解灾情。

8月26日,市供销合作社报送市政府"7·30"特大暴雨及第7号台风正面袭击给供销社带来的惨重损失和抗洪救灾纪实。两次遭灾,全市供销社系统直接经济损失达1100多万元。其中,宁海县供销社损失730多万元,奉化县供销社损失280多万元,余姚市供销社损失50多万元。

9月9日,宁波市计委、市供销合作社联合转发《省政府关于宁夏化肥工程使用浙江省筹措建设资金会议纪要通知》,决定筹措资金1000万元,指定市农资公司统一负责签订供货合同。

9月28日,国务院决定,国家对化肥、农药、农膜,委托中国农业生产资料公司和各级供销合作社农资经营单位实行专营。

9月29—30日,日本三井物产株式会社常务役关口忠史、课长代理村上泰彦、所长代理井伏井三等一行到市供销社,探讨有关柑橘加工产品交流合作事宜。

10—11月,慈溪县、奉化县撤县改市后,慈溪县、奉化县供销合作社联合社分别更名为慈溪市供销合作社联合社、奉化市供销合作社联合社。

11月1日,宁波市农副产品综合批发市场开业。

12月12日,浙江省人民政府印发《关于化肥、农药、农膜实行专营问题的通知》。

· 1989年

1月21日,市供销合作社印发《宁波市供销合作社关于化肥、农药、农膜专营的实施细则》(宁供业〔1989〕21号)。

2月1日,国务院国发〔1989〕12号通知,全市供销合作社有关专业公司和基层供销社实行彩电经营专营权。

2月2日,市供销合作社大中型商场购销集团成立,为全省供销社系统第一家经济联合体。

2月27日,宁波市第一家年产5000吨珠茶的宁波出口茶叶拼配厂建成投产并举行落成典礼。

4月6日,宁波市委书记孙家贤考察市供销社市农副产品综合批发市场。

4月24—26日,华东六省一市第三届日用杂品交流会在甬召开,交流会由市土产日杂公司承办,交易额1.2亿元。

8月10日,市供销合作社对外贸易促进会成立。

8月28日,市供销合作社职工中等专业学校成立。

9月7日,由慈溪冷冻厂、香港裕东企业有限公司和宁波技术开发总公司三方出资160万美元创办的宁波大统食品有限公司在慈溪冷冻厂举行开业典礼。

10月1日,宁波市供销社二号桥市场(前身是市农副产品综合批发市场)正式开业。

10月18日,宁波市副市长应中甬到慈溪淹浦棉站、观城棉花厂、余姚泗门棉花厂调研棉花收购情况。

10月18—23日,省供销社主任陶永良一行4人到宁波、余姚、奉化市供销社考察调研。

11月7日,宁波市副食品公司主办的同业公会成立。

12月15日,慈溪市供销大厦开业,经营面积7466平方米,投资800万元,成为宁波市供销社系统当时最大的综合商场。

12月22日,慈溪冷冻厂通过企业档案管理国家二级评审,这是全市供销社系统首家档案管理国家二级企业。

12月27日,鄞县供销社经营大楼落成开业,建筑面积4567平方米。

12月,商业部棉麻局、中纺棉花进出口公司确定宁波市特产总公司作为全国七大港口进口棉接收口岸之一,承担国家进口棉的接港、中转、经营业务。

· 1990年

3月13日,位于海曙区灵桥路2—6号(市供销社大楼内3—10层)的宁波南苑饭店设立,1991年11月正式营业。

3月23日,市供销合作经济学会慈溪市分会成立,这是宁波市供销合作经济学会第一家县(市)区级分会组织。

3月31日,省供销合作社在鄞县设立育王楼招待所。

4月3—4日,中商部棉麻局局长王世川到慈溪市供销合作社调研。

5月4日,宁波市供销合作社"关心下一代工作协会"成立。

6月4日,宁波市供销合作社与市经济技术开发总公司联合建立宁波市经济技术开发总公司进出口5部。

6月16日，中国农资总公司和中央电视台《神州风采》摄制组到余姚市泗门供销社采访，摄制该社兴办庄稼医院，送肥、送药、送农技到农村的专题报道。

9月4—7日，全国茶叶出口交流经理会议在宁波召开，上海、广东、浙江等全国18个茶叶出口省公司的65名经理和代表参加会议。

9月11日晚8时许，在鄞县古林供销社中心商场做小工的宁海县桥头胡屠家村青年屠某某窜入供销社办公楼伺机盗窃，被供销社商场女会计夏朝霞发现。夏朝霞立即与屠某某英勇搏斗，身中7刀，光荣牺牲；副主任徐志耀在与屠某某搏斗中光荣负伤。屠某某在当晚9时10分左右被集士港镇派出所干警抓获。9月14日，市供销社作出《在全系统广泛开展向夏朝霞、徐志耀同志学习的决定》。9月19日，市委、市政府作出《在全市广泛开展向夏朝霞、徐志耀同志学习的决定》。夏朝霞被市妇联、市公安局追授为市三八红旗手，追认为革命烈士。9月21日，省供销社、省财贸工会作出决定，号召全省财贸系统广大干部职工向夏朝霞、徐志耀同志学习。1991年2月6日，夏朝霞、徐志耀被评为全省第二届见义勇为先进个人。

10月27日，市供销合作社和日本三井物产株式会社静冈支店、日本布袋罐头株式会社合资成立宁波市海静食品有限公司。

· 1991年

1月15—23日，市供销合作社主任江圣澜和慈溪市供销社虞廉君到北京参加商业部召开的全国供销社主任会议。慈溪市供销社、宁波市特产公司被商业部授予"全国供销合作社开展科技兴农、建立系列化服务体系先进单位"称号。

2月7日，市供销合作社编制《宁波市供销合作社"八五"计划（1991—1995年）》。

4月20—22日，由宁波市供销合作社主办的全国计划单列市供销社主任例行会议在宁波南苑饭店举行，来自广州、厦门、南京、重庆、武汉、重庆、成都、西安、大连、沈阳、长春、哈尔滨、宁波等13个计划单列市的供销社主任参加会议。

6月27—30日，商业部办公厅在宁波南苑饭店召开全国计划单列市及部分省、市供销社政务信息工作会议。

6月，市供销合作社再生资源管理办公室成立，并建立市废旧金属业治安联防办公室。

7月27日，市供销社大中型商场购销集团和宁波日报社、市供销合作经济学会联合举行商业营销学术研讨会。

9月3日，宁波畜产品公司（畜产品总厂）与韩国高合物产株式会社、香港国沛有限公司开办宁波市高合羽绒制品有限公司。

9月18—22日，全国商业经济研究学会副会长、商业部原副部长王兴让一行5人到市供销社调研。

9月21—25日，全国计划单列市供销社财务会计年会在宁波南苑饭店召开。

10月，经宁波市政府批准，市供销社委派工作组到奉化县溪口供销社进行"四放开"（放开经营、放开价格、放开用工、放开分配）的改革试点。

· 1992年

3月12日，宁波市委书记叶承垣考察慈溪市逍林供销社"四放开"改革试点情况。

4月13—14日，市供销合作社主任江圣澜一行3人到奉化溪口、镇海贵驷供销社了解改革试点情况。5月8—12日又到余姚马渚、慈溪逍林、北仑区供销社了解体制改革情况。

4月20—26日,商业部土特产品管理司在宁波召开中国茶叶流通协会成立大会暨全国茶叶经理会议(全国茶叶产销集团年会)。

6月8—10日,商业部部长胡平一行5人到市供销社考察,市委书记叶承垣参加会见。

6月8—12日,全国计划单列市供销合作社系统职工教育协作会第四届年会在宁波南苑饭店召开。

7月3日,宁波市郊区首家村级综合服务站在乍浦乡杨陈村开业。

9月14日,市供销合作社所属南苑饭店改组为宁波南苑股份有限公司,这是市供销社系统第一家股份制企业。

10月,余姚市供销合作社增挂浙江余姚万隆(集团)总公司牌子。

11月25—29日,中央电视台记者一行4人到宁波、慈溪、余姚、宁海县(市)供销社及宁波二号桥市场等单位采访,拍摄供销社为农服务、农贸市场建设等的素材,并在次月中央电视台《观察与思考》栏目中播出。

·1993年

3月4日,鄞县供销合作社成立宁波华盛(集团)总公司。

2月2日,奉化市供销合作社奉化大酒店奠基,1996年1月开业。

5月5—13日,全市供销合作社信息工作会议召开。市供销社被评为1992年全国供销社系统政务信息先进集体。

6月3日,象山县供销合作社成立宁波海阳(集团)暨总公司。

6月4日,鄞县供销合作社工业品总公司与日本MICOTEX国际贸易株式会社合资兴办宁波紫云堂水产食品有限公司。

6月11日,慈溪市供销合作社成立宁波四海集团暨总公司。

6月18—22日,香港永竞投资有限公司董事长张国忠,执行董事李于穗、廖嘉濂等一行5人到市供销社参加宁波冠华置业有限公司成立签字仪式。宁波市副市长章猛进、市政协副主席尹礼虎等会见并参加仪式。

7月10日,宁波市财办、市计委、市体改办联合发文《关于同意组建宁波海田集团和宁波海田集团总公司的批复》(市财办〔1993〕60号),同意组建宁波海田集团和宁波海田集团总公司。1994年6月15日,宁波海田集团总公司正式开始运行。

7月13—18日,商业部在鄞县育王楼饭店召开全国供销合作系统社商业会计会议。

10月8日,奉化市供销合作社奉城交易中心开业,占地9500平方米。

11月8日,慈溪市供销合作社建材大厦开业,营业面积4500平方米。

11月18日,慈溪市金山商场开业,营业面积5800平方米。

11月30日,市供销社饭店、宾馆联谊会在宁波南苑饭店召开成立大会,励慧芳任会长。

12月28日,宁波新江厦商城开业,总投资8000万元,建筑面积17000余平方米,成为鄞县供销合作社系统开设在宁波市区规模最大、设施最新的现代化商业窗口。

·1994年

2月28日,鄞县酿造食品厂与日本联华株式会社合资成立宁波联华食品有限公司。

4月3日，镇海区供销合作社成立宁波市财茂集团（总公司）。

4月8日，奉化市供销合作社成立奉化市通源集团（总公司）。

4月21日，经国内贸易部批准，同意市农资公司在镇海区五丰村东首靠石化总厂处征地1.9公顷，建设仓储能力2.2万吨（库容量）、年吞吐量为6万吨的镇海化肥中转库，总建筑面积为10050平方米，总投资额为1231万元。

4月28日，宁波美乐门商城建成开业，建筑面积17456平方米，总投资16086万元，隶属市供销社，为市供销社系统在宁波市区的第二家大型零售商场。

6月3日，市供销合作社劳动鉴定委员会成立。

6月11—14日，全省供销合作社财务会计（审计）科长暨供销社会计学会理事换届选举会议在宁波南苑饭店召开。

6月26日，中外合资企业——宁波鑫源营养食品有限公司举行投产庆典仪式。该公司由象山县茶叶公司与美国跨太平洋投资公司、宁波保税区鑫海国际工贸有限公司共同投资创办。

7月1—2日，国内贸易部部长张皓若一行8人考察宁波美乐门商城，并为宁波海田集团题词："活跃城乡贸易，沟通内外市场，繁荣供销业务，发展合作经济。"

9月21—24日，国内贸易部工业司在宁波南苑饭店召开南方部分省、市供销合作社工业处长及重点工业企业厂长座谈会。

9月28日，国内贸易部评选出全国供销社系统百强县（市）供销社和百名基层供销社的排头兵，慈溪市、余姚市供销社和慈溪浒山、庵东，鄞县邱隘、大嵩，北仑大碶供销社榜上有名。

11月18日，慈溪供销大厦开业，该大厦楼高18层，建筑面积24677平方米，为慈溪市规模最大、楼层最高的商业网点。

12月18日，市供销合作社下属宁波南苑鞋城开业，总投资5000万元，建筑面积7000平方米，为全国最大的专业鞋城。

12月，建造于1992年的余姚市供销合作社的宁波太平洋大酒店工程竣工，总投资1.28亿元，占地面积30440平方米，建筑面积45600平方米。

12月，市特产总公司在北仑港区投资1200万元，新建1.5万平方米进口棉中转储备库。

· 1995年

2月，中共中央决定恢复成立全国供销合作总社。自此，全国供销合作社自上而下恢复独立的系统。

4月9—13日，市供销合作社主任励慧芳随副市长张蔚文到北京参加全国粮食、棉花、农资物价工作会议。

5月12—15日，中华全国供销合作总社第二次代表大会在北京召开。5月25日，市供销社印发《关于转发中华全国供销合作总社第二次代表大会情况的传达提纲的通知》（宁供办〔1995〕42号）。

5月25日，全国部分省、市供销合作社行政处长会议在宁波南苑饭店召开。

5月30日，全国进口棉工作座谈会在宁波召开。全国供销合作总社棉麻局、中华棉花总公司、国家农业开发银行及全国八大进口棉接收港区棉麻（特产）公司（站）的50多名代表参加会议。

6月21—22日，中共中央委员、全国供销合作总社党组书记、常务副主任白清才一行5人由省供销社主任陶永良陪同到宁波考察，随同考察的有总社常务理事、办公厅主任穆励，合作指导部副部长李尧天,经济发展部副部长毕美家等。先后考察宁波美乐门商城、新江厦商城、育王楼饭店、邱隘供销社、慈溪金山商场、慈溪冷冻总公司,白清才为宁波市供销合作社题词:"深化改革,壮大实力,增强为农服务功能。"

8月8日,宁波海田果蔬市场开业。该市场占地10000平方米,室内交易大厅面积5000平方米,投资2000万元,为宁波市政府为民办实事(八件实事)之一。

8月,市供销社编制《宁波市供销合作社"九五"计划(1996—2000年)和2010年长期规划》。

11月8—10日,全国供销合作总社在宁波召开全国供销社系统商场工作会议。全国供销合作总社副主任顾二熊、省供销社副主任朱承岭及国内外著名企业家出席会议。宁波市委常委、副市长徐杏先到会代表市委、市政府致欢迎词。

12月29日,宁波海田科技实业有限公司成立。

12月30日,宁波供销二号桥市场被全国供销合作总社编入《中国供销合作社基本建设画册》名录。

是年,市供销社各项经济指标居全国计划单列市、省内地(市)级供销社第一位。

· 1996年

1月16日,宁波市委副书记李从军、副市长徐杏先到宁波美乐门商城、南苑鞋城考察调研。

1月22日,奉化大酒店落成开业。该酒店由市供销社与奉化市供销社联合投资,按三星级标准建造。建筑面积22000平方米,总投资8000万元。

3月1—4日,市供销合作社、鄞县供销合作社组成"深化供销社改革,强化为农服务试点"工作组到鄞县大嵩供销社开展试点工作调研。

3月28日,慈溪大酒店开业,省供销合作社副主任陈宏硕、宁波市政府副秘书长王惠民等出席剪彩仪式。

4月25日,宁波市副市长徐杏先对鄞县大嵩供销社帮助农民兴办贸工农一体化经营的做法作出批示:"这是供销社在改革中的一个方向,各地可以借鉴这经验。"

4月27日,团中央、全国供销合作总社授予宁波美乐门商城小家电商品部"全国青年文明号"称号。

5月26日,宁波美乐门宏伟商场开业。

7月15日,宁波美乐门商城改制为宁波美乐门股份有限公司。

8月10日,国务委员、全国供销合作总社主任陈俊生在全国农资流通系统工作会议上向宁波市农资公司颁发全国农资流通系统先进单位锦旗。全国供销合作总社农机总局局长李春生在会议的总结报告中先后3次点名表扬宁波,特别推广市农资公司以一业为主、综合开发的经验。

8月27日,《浙江日报》报道宁波在全国率先实行农资连锁经营,将作为改进农资供应流通渠道的重要举措在全国推广。

8月28日,市供销合作社市场联合会成立。

8月29日,《宁波晚报》报道《二号桥农批市场成为"排头兵"》。同月30日,省打假办主任邓东旺率队突击检查二号桥市场后说:"在全省近百个农批市场里面,这个市场的规范化程度可谓名列前茅。"

9月18日,国家经贸委、对外贸易经济合作部批准宁波海田集团(总公司)为机电产品出口基地,这是全国供销合作社系统第一家。

10月18日,市供销合作社干校举行1996级经营管理大专班开学典礼,创全省供销社系统开办大专班先河。

12月23日,宁波市委常委、副市长徐杏先对鄞县大嵩供销社兴办专业合作社作出批示:"大嵩供销社兴办专业合作社的经验很好,各地应该联系实际予以推广。"

· 1997年

3月9日,全国供销合作总社授予宁波市农资公司"在销售农资商品'千县万社无假货活动'中有突出成绩的集体"称号,这是浙江省唯一获此荣誉的农资企业。

3月27日,全国供销合作总社经济发展部副部长一行3人到市供销社考察餐饮行业等有关情况。

3月28日,宁波市供销社、慈溪市供销社、余姚市供销社、鄞县供销社、慈溪市浒山供销社、慈溪市庵东供销社、余姚市泗门供销社被评为全省供销社系统1996年度龙头强社,宁海县供销社被评为省供销社系统为农服务先进社。

4月13—14日,全国供销合作总社监事会主任贺光辉、省供销合作社主任朱承岭、国家体改委流通司副司长孙志新到宁波考察二号桥市场和新江厦商城、美乐门商城。宁波市委常委、副市长徐杏先参加考察。

4月15—17日,贺光辉一行考察慈溪市冷冻总公司、慈溪浒山和余姚丈亭等基层供销社。

5月24日,由人民日报社等7家中央级新闻单位组成的报道组,对慈溪市供销合作社参与农业现代化开发、开拓农村市场、兴办综述商场等作专题采访。

6月28日,由团省委、省青联和浙江日报社等8家单位联合举办第四届"浙江十大杰出青年"评选活动,宁波南苑集团股份有限公司总经理乐志明榜上有名。

8月2日,宁波特产棉花集团成立,注册资金3700万元。

9月28日,宁波美乐门股份有限公司海光商厦开业,营业面积4000余平方米。

10月28日,宁波市供销社海田棉花有限公司成立。

11月3—6日,全国供销社系统文明服务示范窗口单位座谈会在宁波南苑饭店召开,全国总社党组成员、纪检组组长林乃基,总社监察局副局长陈日升,宁波市纪委副书记黄惠芬出席会议。宁波美乐门商城、新江厦商城、鄞县大嵩供销社被评为全国供销合作社系统服务示范窗口单位。

11月6—7日,全国供销合作社系统棉检工作会议在宁波南苑饭店召开,来自全国供销合作社系统30余家特产公司的代表出席会议。

11月16日上午,国务委员、全国供销合作总社主任陈俊生在国务院副秘书长刘济民、国务院研究室副主任杨雍哲及财政部、农业部、全国供销合作总社等有关部门领导陪同下来甬考察。市供销社主任励慧芳汇报供销社改革和发展情况。

11月,宁波棉花检验站在北仑港区建造占地面积2.5万平方米的进口棉储备中转仓库,包括进口棉检验大楼。投资2000万元,仓储量达到3万吨以上。

12月,市供销合作社在全省供销社系统财务管理和会计报表考核中获得第一名。

· 1998年

1月7日,慈溪冷冻总公司改组为慈溪海通食品有限公司,并组建浙江省海通食品集团。

5月22日下午4时20分左右,宁波供销二号桥市场三期二楼东交易区发生严重火灾,过火面积1500平方米,经济损失300万元。

8月18日,市供销合作社召开抗洪赈灾募捐活动大会。市社机关全体干部和所属各公司共向灾区人民捐款87539元,捐献各类衣物计17506件。

8月28日上午,宁波海田配送有限责任公司成立。

10月31日,由宁波市科委、市供销社主办,宁波美乐门集团公司、市电脑市场承办的'98宁波电脑节开幕。

11月12日,宁波市委副书记王卓辉到慈溪市、镇海区供销社考察农业龙头企业——慈溪徐龙食品集团、镇海骆驼禽蛋专业合作社。

11月28日,慈溪市供销合作社慈客隆超市开业。

· 1999年

2月8日,鄞县供销合作社与日本合资的高岗屋海苔开发公司研制的紫菜"全浮式二茬养殖"技术通过专家鉴定,被认定为国内首创。

4月13—14日,市供销合作社本级企业产权制度改革研讨会召开,对深化本级企业产权制度改革工作进行部署。

4月29日,省委原书记、全国人大法工委原主任薛驹视察慈溪市供销社、海通食品集团。

5月24—25日,全国政协副主席、全国供销合作总社党组书记、主任白立忱在总社秘书长李春生、省供销社主任朱承岭等陪同下到宁波视察调研。宁波市委主要领导人、市长张蔚文、市委副书记陈敏尔、市政协主席叶承垣等先后会见和陪同视察。25日,白立忱专程看望同期在宁波中信国际大酒店参加全省市(地)、县供销社主任座谈会的代表,并进行座谈。

5月26日,按五星级标准扩建的宁波南苑饭店开业,全国政协副主席,全国供销合作总社党组书记、主任白立忱出席开业典礼,宁波市长张蔚文等市领导参加。2000年5月26日,投资近3亿元的宁波南苑饭店二期工程试营业,该饭店成为宁波设施最好、规模最大的高星级酒店,被国家旅游局评为五星级饭店,获评省首批五星级饭店。这是全国、省供销合作社系统首家五星级饭店。

6月8日,浙江投资贸易洽谈会在宁波南苑饭店召开,市供销社签约项目投资400万美元,协议利用外资160.8万元。

7月,宁波海田国际贸易有限公司建立(2003年更名为宁波海田国际贸易股份有限公司,2011年易名为宁波海田控股集团有限公司)。

8月10日,宁波金光App海田纸品专卖店开业。该专卖店由宁波海田纸张公司与国内最大造纸企业金光App公司合作开设,专卖店借助工商联手,推广金光系列产品。

10月1—30日,宁波电脑节举行,由海曙区人民政府主办,宁波市科委、市财办、市供销社等10余家单位协办,宁波美乐门集团有限公司下属的宁波电脑市场具体承办。

是年,宁波海田集团公司名列全国供销合作社进出口十大企业第3位,宁波海通食品集团有限公司名列全国供销合作社出口龙头企业第11位。

· 2000年

2月24—27日,全国供销合作总社外经贸工作会议在宁波南苑饭店召开。宁波海田国际贸易有限公司和浙江慈溪海通食品集团公司获评全国供销社出口龙头企业称号。

3月27日,市供销合作社召开主任(扩大)会议,部署社属企业"两项制度"改革工作,并派出工作组进驻再生资源、华达汽配、江东供销社等首批试点企业。

6月7日，浙江省委书记张德江考察浙江海通食品集团有限公司。

8月29日，浙江省政府调研组到慈溪市调研农村合作经济组织建设和推进农业产业化发展有关问题。

10月8日，宁波南苑集团有限公司党委建立宁波南苑集团公司党校。

10月24日，市供销合作社关协、团委联合举办纪念中国人民志愿军抗美援朝作战50周年报告会。

11月10日，中共中央政治局常委、中央纪律检查委员会书记尉健行视察浙江海通食品集团有限公司。

11月13—14日，全国供销合作总社党组书记、常务副主任王金山在省供销社党组书记、副主任葛龙川陪同下到市供销社考察。

11月14日，宁海县供销合作社建办的宁海模具城奠基。

· 2001年

2月18日，由浙江海通食品集团公司提供的3吨速冻及脱水蔬菜，与南极科学考察人员共同抵达中国建设在南极的长城站和中山站。这是全省生产的蔬菜加工产品首次供应南极科学考察人员。

2月19—23日，全国供销合作总社三届二次理事会暨扭亏增盈总结表彰大会召开，宁波市供销社被评为全国供销社系统扭亏增盈先进单位。

7月，市供销合作社编制《宁波市供销合作社"十五"计划（2001—2005年）》。

10月28日，宁波海静食品有限公司新厂房落成。该厂区占地面积65亩，建筑面积17000平方米，年罐头生产能力10000吨。

10月，慈溪市供销合作社慈客隆购物中心开业，该购物中心经营面积1万多平方米，是当时慈溪市最大的超市大卖场。

11月13日，宁波市外经贸委甬外经贸发展函字〔2001〕第533号批文，赋予宁波市海田纸张经贸有限公司进出口经营权。

12月1日，镇海再生资源加工园区正式破土动工。该加工园区坐落在镇海港区，园区规划面积200公顷。

12月2日，国家统计局公布的2001年度中国最大企业500强排序，宁波海田集团以营业收入32.85亿元名列第301位。

12月25日，市供销合作社大中型商场联合会被评为全国供销贸易企业协会模范会员单位，此次全国共有7个（组织）单位获此荣誉。

是年，市供销社首次获评全国系统综合业绩考核一等奖和全省供销社系统特等奖。

· 2002年

2月1日，国务院批准撤销鄞县，设立鄞州区。鄞县供销合作社联合社随之更名为鄞州供销合作社联合社。

4月2日，宁波市政府办公厅印发《关于印发宁波市供销合作社联合社职能配置、内设机构和人员编制规定的通知》（甬政办〔2002〕211号），明确市供销社机关依照公务员法管理，定为正局级单位。2007年4月，市人事局甬人公〔2007〕20号通知，明确市供销合作社机关依照公务员法管理。

6月25日，浙江海通食品股份有限公司的科技食品生产园正式落成，占地面积11万平方米，总投资2.5亿元，年加工果蔬能力5万多吨，成为全国最大的食品加工生产基地。

7月22日,市供销合作社编制《关于宁波市供销社2002—2004年专业合作社发展规划的报告》(甬供业〔2002〕43号)。

9月21日,市蔬菜产销协会成立,推举浙江海通食品集团股份有限公司总经理周乐群为会长。

11月12日,副省长巴音朝鲁考察慈溪市供销社农资连锁经营情况。

11月28日,中共中央委员、全国供销合作总社党组书记周声涛到慈溪市考察。宁波市副市长成岳冲、浙江省供销社主任俞仲达、宁波市供销社主任周信浩等参加考察。

12月6日,宁波市供销合作社大中型商场联合会再次被中华全国供销贸易企业协会评为模范会员单位。

· 2003年

1月8日,浙江海通食品股份有限公司在上海证券交易所挂牌上市,成为慈溪市首家上市公司。

2月15日,全国农业产业化联席会议9部门联合举行新闻发布会,慈溪海通食品股份有限公司、慈溪徐龙食品集团有限公司被评为农业产业化国家重点龙头企业。

6月18日,宁波市再生资源行业协会成立。该协会是全省地、市级首家成立的废旧物资回收的协会。

11月6—8日,中国有色金属发展国际论坛在宁波南苑饭店举行,作为此次会议的承办者,镇海再生资源加工园区在会上介绍园区建设和生产加工情况。

12月1日,烟花爆竹开禁工作获宁波市政府批准,市区禁止长达9年的烟花爆竹终于开禁。

12月,宁海县模具城通过一、二期开发,新增净资产近亿元,成为全国第一家"中国模具生产基地",有217家企业入城生产加工。

· 2004年

2月29日,商务部在宁波召开全国再生资源行业管理座谈会,商务部副部长高虎城出席会议。

3月4日,宁波大桥生态农业有限公司成立。该公司由宁波市供销社、慈溪市供销社、慈溪市长河镇政府、慈溪市蔬菜开发公司等单位联合组建,占地面积1200亩,水域面积200亩,主要开发现代旅游农业项目。

5月19日,全国政协副主席、全国供销合作总社主任白立忱出席第二届中国(宁海)徐霞客开渔节开幕式,并视察宁海供销社开办的模具城。宁波市委副书记、代市长毛光烈参加。

7月2日,宁波市烟花爆竹行业协会成立。

8月23日,副省长金德水率省经贸委、省供销社有关负责人到慈溪市开展推进农业现代流通业发展专题调研,并考察慈客隆超市所属的长河店、胜西门店。

10月20日,宁波市茶文化促进会茶叶流通专业委员会成立。

12月15日,宁波市财贸口综合治理联评考工作会议在市供销社召开。市供销社被评为市财贸口综合治理先进单位。

· 2005年

3月10日,慈溪市兴合农资配送有限公司成立,注册资金500万元,经营面积6666平方米,仓储面积20000平方米。

4月17—19日,第二届中国·宁波国际茶文化节举行。全国政协副主席、全国供销合作总社主任白立忱,全国政协原副主席杨汝岱及刘枫、茅临生、张蔚文、毛光烈、陈勇等省、市领导出席茶文化节开幕式。18日,白立忱一行视察慈客隆超市和海通食品有限公司。浙江省政协副主席张蔚文、宁波市政协主席王卓辉、浙江省供销社主任诸葛彩华等参加。

4月,宁波市世美再生资源开发有限公司成立,注册资金620万元。

8月22日,市供销合作社召开抗战老战士纪念抗日战争胜利60周年座谈会,并向抗日老战士表示亲切慰问。

12月8日,宁波市茶叶流通协会成立。

· 2006年

2月9日,鄞州区禾丰农资连锁有限公司成立,注册资金2000万元。

2月25日,商务部在河北省石家庄市召开全国再生资源回收体系建设工作会议,确定宁波市为全国再生资源回收体系建设试点城市。

3月16日,宁波市副市长邱和民考察调研位于上海普陀区的浙江省名优农产品配送一条街。该名优农产品配送一条街是由象山县东海水产专业合作社投资兴建的。

3月,宁波市可再生资源回收实事工程被列入省发展循环经济"991行动计划"百项重点实施计划项目,被宁波市委、市政府确定为"中提升"战略项目。

4月23—25日,第三届宁波国际茶文化节开幕暨华茗苑揭牌仪式举行。全国供销合作总社监事会主任、中国茶叶流通协会会长刘环祥,宁波茶文化促进会会长徐杏先,中国茶叶流通协会秘书长吴锡端等出席。

5月13—15日,宁海县供销合作社主办第二届中国(宁海)模具资源博览会。国家产学研激光技术中心宁海产业基地挂牌成立。

5月,宁波大桥生态农庄通过AAA级景区评审,并于年底通过国家旅游局验收,被评为全国工农业旅游示范点。

8月14—15日,上海甬海供销农产品有限公司成立,浙江省副省长茅临生授牌。

8月17日,市供销合作社编制《宁波市供销社"十一五"规划(2006—2010年)》。

9月6日,市供销合作社编制《关于宁波市再生资源回收体系建设试点城市实施方案》。

9月19日,由市供销合作社和市妇联联合举办的首届农产品经纪人职业技术鉴定培训班开班,为全省首创。

9月,浙江省委书记习近平视察宁波大桥生态农庄。宁波市委书记巴音朝鲁参加视察。

10月8日,记录市供销合作社系统改革发展的电视纪录片《锐意改革,再创辉煌》,经过一年时间的采访、摄录,顺利完成并登录市供销社网站。

10月,象山县丰润农资有限公司成立。

11月23日,《宁波市再生资源回收体系建设试点城市实施方案》通过国家有关部委评审。宁波市作为全国"十一五"再生资源回收体系建设24个试点城市之一。

12月13日,浙江省委、省政府印发《关于深化改革充分发挥供销合作社在新农村建设中重要作用的意见》(浙委〔2006〕106号),明确县和县以上供销社受同级党委、政府领导,供销社机关参照群团组织机构管理,核定相应的事业编制。

12月18日,浙江工商职业技术学院产学研基地(机电学院)奠基暨宁海县模具产业六大公共服务平台授牌仪式在宁海县模具城举行。

12月19日,市供销合作社主任周信浩参加浙江省供销社第六次代表大会,周信浩并获省供销社系统"爱岗敬业"荣誉称号。

12月20—22日,宁波市第一届农产品经纪人培训班召开。

· 2007年

6月3日,全国供销合作总社再生资源行业职业技能鉴定宁波工作站成立。

7月1日,《中华人民共和国农民专业合作社法》颁发。

7月6日,象山英姿果蔬专业合作社挂牌成立,为宁波市首家女子专业合作社。

11月23日,宁波市农产品经纪人协会成立。宁海县蔬菜果品市场有限公司总经理裘银芳当选为协会会长,宁波市政府副秘书长柴利能出席会议并讲话。

12月28日,宁波市农业生产资料流通协会成立。朱华锋当选为协会会长。

· 2008年

1月12日,沪浙名优农产品慈溪配送中心开业。该配送中心由慈溪市供销社、光明食品集团、上海甬海农产品有限公司联合创办,汇集上海市和浙江省11个地市的名特优新农产品,共有八大系列上千种产品。

1月22日,宁波地区最大的名特优商品购物中心——宁海名特商品购物中心开业。省供销社副主任周加洪、中国果品流通协会常务副会长傅秀泉等领导和嘉宾出席开业仪式并剪彩。

3月18日,省供销合作社常务副主任、兴合集团总裁葛龙川到慈溪市再生塑料产业基地考察。

3月27—31日,《今日宁海》、宁海新闻网分别以"创新迎春天"为题全面报道全国供销社系统先进单位——宁海县供销合作社在创建模具城、发展现代商贸服务业和坚持为农服务等方面的亮点事迹。

3月31日,象山县龙顺果蔬专业合作社成立,为宁波市首家纵向联合的农民专业合作社。

5月25日,由象山县供销合作社和浙东供销超市有限公司联合投资的象山供销配送中心成立。承担全县567家放心店及超市的配送任务,该中心是象山县农村放心店工程的指定配送中心。

5月26日,宁波市首家模具行业的检测技术委员会成立大会在宁波国际会展中心举行。该委员会由宁波市模具协会主管,宁海县供销社直属的宁波模具检测中心主办。委员会有专家9人,包括华东师范大学教授蔡玮颖,上海材料研究所检测中心主任、高级工程师陶美娟,浙江工业大学教授陈仁竹,宁波市产品质量监督检验所高级工程师管怡和,宁波市电视台高级工程师蔡忠明等。

5月29—30日,市供销合作社、市农资流通协会联合举办全市首期农资连锁配送经营培训班。

9月3日,全市供销合作社系统创新发展基层供销社研讨会在鄞州区召开,重点讨论新型基层供销社性质及工商注册登记等有关问题。

9月9日,慈溪市农产品经纪人协会成立,这是宁波市首家农产品经纪人协会。

10月8日,由省供销合作社、省再生资源有限公司、慈溪市供销社兴办的"浙江再生塑料产业基地"项目增补列入省发展循环经济"991行动计划"重点项目2008年度实施计划。这是宁波市唯一一家列入该计划的项目,项目投入资金3.18亿元。

11月20日,全市供销合作社系统小农资整治试点工作现场会在慈溪召开。会议确定慈溪长河镇、鄞州区钟公庙镇等23个乡镇(街道)为省级整治小农资网点试点单位。

12月11日,省供销合作社主任诸葛彩华一行到慈溪市供销社调研,先后考察肯德基(浒山)汽车穿梭餐厅、浙江再生塑料产业基地、慈溪益大禽业专业合作社和大桥生态农庄。

12月15日,宁波大桥生态农庄旅游区经国家旅游景区质量等级评审委员会评定,成为慈溪市首家国家AAAA级旅游景区。

12月28日,宁波市农业生产资料流通协会成立大会召开。首届有单位会员94家,个人会员44人。

12月29日,宁海县丰庆农资配送储备有限公司成立,注册资金1000万元。

·2009年

1月12—14日,全国供销合作总社第四届理事会第六次全体会议召开。宁波市供销社获评2008年全国供销合作社系统综合业绩考核计划单列市和副省级省会城市优胜单位一等奖。

4月27—28日,全国首次农产品经纪人协会工作会议在慈溪召开。来自全国20多个省(自治区、直辖市)的150多名各级农产品经纪人协会负责人参会。全国供销合作总社党组成员、中国农产品流通经纪人协会会长于培顺,省供销社主任诸葛彩华,监事会主任施祖法等领导出席会议。

5月15日,宁波市农产品流通协会成立。

6月5日,鄞州区禾丰农资植保防治服务专业合作社成立,为宁波市首家专门从事农田植保防治服务的专业合作社。

6月6日,慈溪浙江再生塑料产业基地被商务部确定为全国第二批再生资源回收体系建设试点单位,为浙江省唯一入选该批试点的单位。

12月2日,奉化市农资连锁配送中心动工兴建,为宁波市重点工程,总投资5110万元,占地面积45亩。

·2010年

1月25—26日,全市县(市、区)供销社主任工作会议召开。2009年,全市供销社系统实现经营收入160.2亿元,增长9%;利润1.46亿元,增长6%;外贸进出口总额7.2亿美元,完成市政府下达供销社200亿元拓市场任务。

3月2日,由中央企业中化集团英特药业和慈溪市供销社组建的宁波英特药业有限公司揭牌开业。

3月17日,宁波市委书记巴音朝鲁考察宁海县供销社果蔬市场。

3月23日,全国供销合作社第五次代表大会召开。宁波市供销社获评2009年全国供销合作社系统综合业绩考核计划单列市和副省级省会城市优胜单位一等奖。

3月29日,农业部科教司司长白金明率领督导组实地考察余姚市临山镇味香园葡萄专业合作社。

3月30日,工信部中小企业司副司长王建翔一行到宁海模具城考察。

同日,全省首家按照国内饭店业最高标准"白金五金"建造的酒店——南苑环球酒店开业,是集住宿、餐饮、娱乐、购物、会议、观光于一体的高端商务会议型酒店,总投资额近10亿元。

4月15—16日,宁波市可再生资源回收实事工程领导小组办公室、市供销社联合召开全市再生资源回收体系暨行业管理工作座谈会。

4月23日,以慈溪市益大禽业有限公司董事长徐建宏名字命名的"徐建宏劳模工作室"正式挂牌。

5月11日,在首届"中国饭店金星奖"颁奖典礼上,宁波南苑饭店被授予中国饭店金星奖,成为宁波地区唯一获此奖项的酒店。"中国饭店金星奖"是国家旅游局为提升国内饭店业的标准服务品质而设定的饭店最高荣誉奖。

5月15日,第八届中国徐霞客开游节系列活动之一的第三届生态宁海名特优商品博览会暨民俗工艺文化周举行。中国果品流通协调秘书长鲁芳校等出席开幕式并剪彩。开幕式上,授予"宁海红"枇杷和"梦鼎"牌胡陈水蜜桃"中华名果"称号。

5月19—20日,全国供销合作总社党组书记、主任李成玉一行到宁波市供销合作社考察调研。

6月2日,全国供销合作总社副主任、中国供销集团有限公司董事长顾国新一行到宁波杭州湾新区和慈溪浙江再生塑料产业基地考察。

6月5日,宁波市甬海农产品有限公司成立。"甬海团购网"正式开通。

6月,由市供销社和慈溪市供销社等投资兴办的大桥生态农庄国家现代农业示范项目"宁波市慈溪生态农业示范项目"通过市发改委考核验收。该项目总投资2414万元,占地面积3005亩,其中生态休闲观光区占地面积600亩,休闲渔业示范区占地面积405亩,无公害蔬菜种植区面积2000亩。

8月24日,全市基层供销社建设现场会在奉化溪口镇召开,并举行溪口镇供销合作社重建挂牌仪式。溪口镇供销社为全市首家按有限责任公司建立的基层供销社。

9月3日,宁波市甬丰农资股份有限公司成立暨首次股东大会在宁波饭店召开。该公司由宁波市农资有限公司及各县(市)区供销社农资企业和自然人股东联合组成,注册资本5000万元。

9月30日,宁海县果蔬批发市场改造项目全部完工并投入使用。该项目规划用地32746平方米,总建筑面积30758平方米,投资6315万元。

10月18日,余姚市味香园葡萄专业合作社被评为"浙江省现代农业园区葡萄示范区",这是宁波市唯一获此荣誉的专业合作社。

11月26日,宁海县果蔬粮油批发市场和名特优商品购物中心开业典礼暨原野购物网开通仪式举行。

12月1日,"甬海杯"首届宁波市十佳农产品经纪人揭晓,徐振海等13人获评首届宁波市"十佳农产品经纪人"称号,王建胜等7人获评宁波市"优秀农产品经纪人"称号。

12月17日,由宁波甬海农产品有限公司运作的上海西郊国际农产品展示直销中心宁波馆正式开馆。

12月28日,宁波市再生资源回收网上线试运行。网站设有资讯中心、行情报价、供求信息、产品展厅、便民服务、会员中心等六大栏目。

· 2011年

1月25日,宁波宝元再生资源开发有限公司成立,注册资本1000万元。该公司由市供销社、慈溪市供销社和慈溪中宁废品回收公司三方合作创办。项目位于江北市场园内,占地面积29.4亩,总投资1.02亿元。

同月26日,市再生资源交易集散中心江北片项目开发签约仪式在宁波新兴大酒店举行。

1月30日,宁波市政府印发《关于进一步加快供销合作社改革发展的实施意见》(甬政发〔2011〕16号)。

2月18日,宁波市政府召开全市供销合作社工作会议,部署进一步推进全市供销社改革发展的目标任务。副市长徐明夫出席并讲话。

3月7日,印发《宁波市供销社系统第十二个五年发展规划(2011—2015年)》。

4月13日,浙江省委常委、副省长葛慧君在慈溪市供销社报送的政务信息《慈溪围绕提升"三力",增强供销部门服务"三农"效能》上批示:"慈溪市供销部门坚持在服务'三农'中发展壮大社有经济,这种做法值得肯定。"

4月22日,省供销合作社纪委书记、监事会主任施祖法在余姚市泗门供销社召开全市部分基层供销社主任座谈会。

5月8日,首届浙江省百佳农产品经纪人名单揭晓,全市供销社系统有18名农产品经纪人获奖。

6月15日,全市供销合作社系统第三届"双夏"农资供应优质服务月活动启动仪式在余姚三七市镇田螺山粮食专业合作社举行。宁波市副市长徐明夫出席。

7月1日,市供销合作社纪念建党90周年歌咏会在宁波南苑环球国际大酒店举行。

7月30日,宁海县供销合作社旅游集散中心和东方阳光休闲中心开业。

同日,余姚市味香园葡萄专业合作社被评为"浙江省现代农业园区葡萄示范区",这是宁波市唯一获此荣誉的专业合作社。

9月5日,宁波市委书记王辉忠,市委常委、市委秘书长王剑波一行考察奉化环球花木专合作社。

9月6日,全国百强农产品经纪人协会表彰会召开,宁海县蔬果市场裘银芳、慈溪市果品公司余建元、慈溪市惠农果蔬专业合作社胡引飞等3人获评"全国百强农产品经纪人"称号,慈溪市农产品经纪人协会获"全国优秀农产品经纪人协会一等奖"。

11月21日,全市首届农产品经纪人(中高级)培训(鉴定)班在鄞州区党校举行,来自全市的60名农产品经纪人参加培训。

12月9—10日,宁波市供销合作社和中国农资传媒联合主办的首届中国高端特种肥料行业发展论坛在宁波南苑环球酒店举行。中华全国供销总社农资局、农业部农技推广中心、农业部新型肥料创制重点开发实验室的专家和全国重点农资企业代表近百人参加论坛。

· 2012年

4月26日,慈溪市供销合作社农产品展示展销中心开业暨宁波市名优茶叶展销会仪式在慈溪农展中心举行。该展示展销中心总投资4100万元,用地面积6658平方米,建筑面积15960平方米。

6月13—14日,省供销合作社主任马柏伟考察宁波、慈溪、奉化供销社及下属农产品展销网点、基层供销社、专业合作社。

6月21日,全市"双夏"农资供应优质服务月活动启动仪式在江北区举行,宁波市副市长马卫光出席。

8月21—22日,全市再生资源回收体系建设工作会议召开。

10月8日,省供销合作社发布全省供销社系统农资、日用消费品和再生资源行业32家龙头企业名单,宁波市甬丰农资股份有限公司、奉化市通源商贸发展有限公司、北仑区甬港废旧物资交易市场有限公司等企业榜上有名。

11月4日,市供销合作社组织举行《宁波市再生资源回收体系建设"十二五"及中长期规划》专家论证会。

12月28日,第二届宁波市十佳农产品经纪人表彰暨市农产品经纪人协会第二届会员代表大会在市委党校举行。宁波市副市长马卫光、副秘书长陈少春出席。

12月31日,省供销合作社主任马柏伟对市供销社上报的信息《宁波市加快推进再生资源回收体系建设》作出批示:"宁波市再生资源回收体系建设已初见成效,其做法和经验值得各地借鉴。"

12月,市农产品经纪人协会获"省优秀农产品经纪人协会一等奖",慈溪市供销社获"省农产品营销体系建设组织绩效一等奖",市供销社农产品经营公司获"农产品营销特别奖"。

· 2013年

1月16—21日,市供销合作社组织举办2013年迎春优质农产品展销会,共设展位228个,展销现场交易额1100多万元。

1月25—27日,全国供销合作总社五届六次会议召开。宁波市供销社再次获评2012年度全国供销社系统综合业绩考核计划单列市和副省级省会城市一等奖。

1月28日下午,宁波市委副书记、市长刘奇到市供销社调研,实地考察所属烟花爆竹仓库、储存配送及安全情况。

3月5日,宁波市委副书记王勇到慈溪市绍根蔬菜专业合作社调研。

同日,宁波市副市长马卫光到鄞州区调研备春耕情况,考察鄞州区供销社禾丰农资公司。

3月15—16日,全国供销合作总社科教部副部长沈青一行4人到市供销社调研。

3月20日,市供销合作社举行"保障供应支援春耕服务月"活动启动仪式。

5月14日,慈溪市绿盛土地股份种植专业合作社挂牌成立,为全市首家土地股份合作社。

6月26日,宁海县首家农民专业合作社联合社——宁海县圣猴果蔬专业合作社联合社成立。该社产业覆盖全县18个乡镇(街道),可带动当地农户8000余户。

6月28日,浙江省人大常委会委员、农业与农村工作委员会主任委员俞仲达率调研组到慈溪市考察农业"两区"(现代农业园区和粮食功能区)建设情况,并实地考察慈溪益大禽业公司。

7月30日,国家工商总局市场规范管理司副司长刘宏伟一行到余姚市供销社下属浙东家居装饰市场调研。

9月16日,淘宝网"特色中国·宁波馆"开通仪式在象山举行,宁波市副市长林静国出席。宁波馆是市政府与淘宝网合作,具有公益性质的农特产品电商服务平台,由宁波供销农产品电商公司负责运行。11月28日,宁波供销农产品电子商务有限公司合作签约仪式在北仑举行。该公司由市供销社、北仑区供销社、宁波正秀农业开发有限公司三方按41%、10%、49%的比例出资设立,作为淘宝"特色中国·宁波馆"的专业运营服务商,负责运营"特色中国·宁波馆"项目。同日,市供销社启动筹建"特色中国·宁波馆",组建专业运营服务商和运管团队,筹建物流配送中心等基础设施。

10月11日,市供销合作社紧急组织、采购、调运1000吨化肥(尿素)、18000余把扫帚、2万把铁锹、12000只畚斗等救灾物资无偿支援受"菲特"台风影响严重的余姚灾区。

11月2日,余姚市农民专业合作社联合社成立,这是全市供销合作社系统首家农民专业合作社联合社。

11月16日,农业部植保司司长叶贞琴到鄞州区禾丰农资公司调研,并实地考察石碶横涨生产商店"农资质量智慧化系统"管理操作情况。

11月27—29日,市供销合作社与象山县人民政府联合举办象山海产品南京、北京推介会。

12月5日,市供销合作社与市区农村信用合作联社签订战略合作协议(2013—2015年),共同推进"普惠金融工程"等项目。

12月17日,全国新型职业农民实训基地落户宁波大桥生态农庄。

同日,全国基层农业广播电视学校校长能力建设培训班在宁波开班,来自华东、华南、东北、西南等

16个省、市、自治区的159名校长参加培训。

12月19日,余姚市供销合作社召开第七届代表大会,选举产生新一届理事会、监事会,恢复建立社员代表大会、理事会、监事会等"三会"领导管理体制。

12月27日下午,宁波供销集团公司举行成立大会。

12月29日,印发《宁波市供销合作社关于深化社有企业管理体制改革的实施意见》(甬供办〔2013〕57号)。

· 2014年

1月14—18日,市供销合作社举办2014年迎春优质农产品展销会,共设展位244个,5天展期交易额1550多万元。

2月12日,印发《宁波市供销合作社基层组织建设三年行动计划(2014—2016年)》《宁波市供销合作社项目投资建设三年行动计划(2014—2016年)》。

3月18日,余姚市临山供销合作社主任胡国森当选为余姚市第六届"感动余姚"——耕耘沃野30年"农资当家人"。

3月25日,全市供销社春耕支农惠农服务月活动启动仪式。

3月27日,宁波市副市长林静国一行到慈溪调研农村改革和农业两区建设,考察海通时代农场、慈溪市农产品电子商务平台(易购吧)和慈溪市农产品电子商务平台的体验(配送)中心。

4月11日,全省农产品经纪人协会会长会议在余姚召开,省供销社监事会主任、协会会长施祖法出席会议并作讲话。

4月21日,全国供销合作总社党组成员、理事会常务理事于培顺一行3人到象山县调研考察基层组织建设、农产品流通体系建设等方面情况。省供销社监事会主任施祖法参加。

4月29日,浙江省委常委、省新农村建设领导小组副组长陈德荣到慈溪调研农村合作经济体制改革工作,并考察慈溪市供销社主办的农产品展示展销中心。

5月8日,市供销合作社印发《宁波市供销社项目投资建设三年行动计划(2014—2016年)》。

5月11—12日,省供销合作社主任马柏伟到宁波调研,召开市、县两级供销社主任座谈会,听取关于供销社综合改革试点工作的意见。

5月16日,《中华合作时报》刊登题为《胡国森,乡亲们的贴心人》的报道,5月23日《宁波日报》刊登题为《不辞长作惠农人》的报道,介绍余姚市临山供销合作社主任胡国森几十年来做好"三农工作"勤务兵的先进事迹。

6月16日,市供销合作社与江东区政府就江东区宁穿路二号桥地块改造提升有关事宜签订框架协议。

7月9日,市供销合作社印发《宁波市供销合作社综合改革试点实施方案》。

7月11日,宁波市政府召开全市供销社系统综合改革试点工作动员部署会,部署供销社综合改革的三大重点和10项工作任务。省供销社主任马柏伟、副市长林静国出席会议并讲话。

7月12日,《宁波日报》刊登题为《宁波市供销合作社综合改革先行先试》的报道,2014年浙江省被国务院确定为供销合作社综合改革首批试点省,宁波市供销社为省供销社确定的3个市级供销社试点之一。

7月,宁波供销商业发展有限公司成立,注册资本5000万元。

8月28日,浙江省委常委、宁波市委书记刘奇到市供销社调研。

10月27—28日,宁波市供销合作社联合社第一次代表大会召开,标志着宁波市供销合作社联合社正式建立并实行代表大会、理事会、监事会"三会"领导管理体制。大会正式代表102人,审议通过《宁波市供销合作社联合社章程》,选举产生第一届理事会、监事会及领导班子。省委常委、市委书记刘奇等分别给予批示。省供销社主任马柏伟、宁波市委副书记余红艺出席会议并讲话。全国供销合作总社合作指导部副部长董建萍、市人大常委会副主任施孝国、市政府副市长林静国、市政协副主席陈炳水等出席会议。

12月25日,慈溪市农民合作经济组织联合会成立大会暨第一届会员代表大会召开,率先建立市、镇两级农民合作经济组织体系。

· 2015年

1月15日,宁波市委书记刘奇考察"特色中国·宁波馆"。

同日,由市供销合作社主办的"宁波情·温暖路"感恩新宁波人主题公益活动正式启动。该活动含网上购长途客车票送年货、微博感恩互动、关注新宁波人温暖返乡路、车站现场送温暖、慰问轨道交通一线工人等5个系列活动,宁波电视台、《宁波日报》持续报道该活动的开展情况。

1月18日,市供销合作社印发《宁波市再生资源回收体系建设中长期规划》。

2月3日,省供销合作社副主任王东方到慈溪调研"三位一体"农合联改革试点工作。

2月13日,市供销合作社印发《宁波市供销合作社基层组织建设三年行动计划(2014—2016年)》。

2月27—28日,宁波市供销合作社联合社第一届理、监事会第二次全体会议召开。

3月14日,中国供销集团大连再生资源交易所与慈溪大桥塑料城联合创建的"华东塑化产品国际交易中心"在慈溪市举行战略合作签订仪式。

3月22日,京东中国特产·宁波馆(农产品平台)在淘宝网上线,善融·宁波馆(农产品)在京东上线。

3月25—26日,浙江省副省长黄旭明到宁波调研供销合作社综合改革试点工作,先后实地考察慈溪周巷中冠农资公司、周巷农产品专业合作社联合社、甬佳蜜梨专业合作社、宁海县蔬菜果品批发市场和圣猴果蔬专业合作社联合社。

4月5日,宁波供销集团公司发行非公开定向债务融资工具得到中国银行间交易商协会的正式批复同意,标志着该公司正式进入直接融资市场。宁波供销集团公司将与金融机构合作发行两年期企业债券3亿元。

4月16日,全市供销合作社系统干部大会召开,传达学习《中共中央国务院关于深化供销合作社综合改革的决定》和国务院副总理汪洋在全国深化供销合作社改革电视电话会议上的讲话、全国供销合作总社主任王侠在学习贯彻中央《决定》专题工作会议上的讲话、总社副主任李春生关于《决定》起草情况的说明等。

4月20日,市供销合作社与中国人寿财产保险股份有限公司宁波市分公司签订战略合作协议。

4月27日,慈溪市农民合作经济组织联合会与台湾台中市大里区农会结为友好协会,并举行签约仪式。

同日,慈溪海通集团有限公司与普洛斯(中国)投资管理有限公司签订战略合作协议。

5月10日,中国(宁海)国际机床和模具技术博览会落幕,实现合同销售额2.55亿元,同比增长11%;意向销售3.1亿元,吸引客商2.2万人次。

5月11日，市供销合作社举办首届无人植保机操作培训班开班暨全市首家无人植保机7S店开业仪式。

5月11—17日，全市首届植保无人机操作培训会在宁波甬丰现代综合服务中心种植基地举行，首批18名"飞手"参加培训。

5月18—20日，淘宝大学县域电商人才服务商培训班在杭州举行，市供销社下属宁波供销电商公司参加培训，成为全国首批22家淘宝县域电商人才服务商（浙江省仅3家）之一。

5月22日，宁波市茶文化促进会茶叶流通专业委员会第三届会员代表大会召开，楼承渝当选为新一届会长。

6月11日，全国供销合作总社副主任骆琳到宁波考察调研，先后考察宁波供销电商公司、宁海模具城、宁海果蔬市场、宁海电商园等地。浙江省供销社主任马柏伟、宁波市副市长林静国参加。

6月10—12日，中国棉花协会、农业部农村经济研究中心、全国棉花交易市场共同主办的2015中国国际棉花会议在宁波举行。来自19个国家和地区的棉花企业、政府机构和行业组织的800余名代表参加会议。中国国际棉花会议自1999年每两年举办一届，是国内最高级别的棉花行业会议，也是具有全球影响力的国际棉花会议之一。

7月23日，镇海区供销合作社联合社第一次代表大会召开，选举产生区供销社第一届理事会、监事会及领导班子。

7月28日至8月7日，中农办委托国务院发展中心组成调研组，就"三位一体"农民合作经济体系建设到慈溪开展为期10天的调研。调研组一行先后考察慈溪市农产品电商平台、现代农业开发区和示范园区、农业龙头企业、农民专业合作社联合社、农事服务中心、专业合作社、家庭农场、资金互助会、保险互助社等。

7月28日，宁波市人大常委会主任王勇一行到宁波供销电商公司调研。

7月29日，由市纪委常委卢文祥带队组成的市督查组到市供销社开展贯彻执行中央八项规定情况专项督查。同日，浙江省委副秘书长、省农办主任章文彪一行到慈溪调研"三位一体"农民合作经济组织体系建设工作。

7月，浙江兴合融资租赁有限公司第一家控股子公司——宁波兴合医疗投资管理有限公司成立。10月，第一个医疗设备合作类项目投放运营，公司完成股东变更，成为100%的供销社资本投资企业。

8月25日，国务院发展中心组成的调研组到慈溪市供销社调研"三位一体"农民合作经济体系建设情况。

8月28日，市供销合作社直属机关党员代表大会召开，选举产生新一届直属机关党委会和直属机关纪律检查委员会。

9月11日，宁波市副市长林静国一行到市农资公司调研，实地考察市甬丰现代农业综合服务中心内的无人植保机7S店、自动化配方肥生产线等。

9月16日，中国（象山）开渔节第十一届海洋论坛会开幕，象山县供销合作社筹建的淘宝"特色中国·象山馆"正式上线。该馆是象山县唯一的县域范围农产品电子商务公益服务平台，网罗最具象山特色的生鲜、海干、海味零食三大类农产品。首届"象山·海鲜之都"网络美食节活动上线，两周活动期间实现销售额580万元。

9月25日，全市首家在线收废平台——宁海在线收废平台试运行。平台设有热线电话、QQ在线和网上留言3种预约方法,服务范围覆盖宁海2个街道。

10月9日,全省深化供销社改革构建"三位一体"农合联推进会在慈溪市召开。浙江省委副书记王辉忠出席会议并讲话。省委副秘书长张才方、省供销合作社主任马柏伟、省农信联社理事长姚世新、省政府办公厅副主任蒋珍贵、省农办副主任邵峰、省农业厅副厅长张火法、省金融办副主任包纯田出席会议。

10月10日,余姚供销电子商务公司成立。

10月30日,由市供销社、市人力社保局、团市委联合主办,宁波供销电子商务有限公司承办的"技能之星"宁波市首届农村电商职业技能大赛落幕。此次大赛共有84支队伍报名参加,经近两个月的预赛和复赛甄选,最终20支来自电商从业者、传统农企农户、高校学生等不同领域的队伍入围决赛,点对点优品队获团体一等奖。

11月11日,淘宝"特色中国·宁波馆"平台当日总交易额超过2000万元。

12月10日,省供销合作社主任马柏伟一行3人到象山县调研供销社综合改革工作、基层组织建设及社有企业发展情况。

12月30日,中华合作时报社、全国供销合作总社信息中心、全国供销合作总社声像中心、中国合作经济杂志社联合举办的"寻找扁担传人"评选活动结束,余姚市供销社主任诸建立获评"红背篓"奖。

是年,宁波市供销合作社连续第15年获全国供销合作社系统综合业绩考核一等奖。

· 2016年

1月10日,位于江北孔浦街道路林风体路的宁波供销二号桥市场开业,原址位于江东区宁穿路200号的老二号桥市场于9日晚间宣告关闭。

1月19—26日,市供销合作社举办迎春优质农产品展销会暨第二届O2O网络年货节。展期交易额逾2000万元。

1月20日,淘宝"特色中国·余姚馆(农产品平台)"在淘宝网上线。

3月1日,宁波市供销合作社联合社一届四次理事会暨一届三次监事会议召开。

3月17日,北仑区供销合作社联合社第一次代表大会召开,标志着北仑区供销社正式建立并实行代表大会、理事会、监事会"三会"领导管理体制。

3月18日,慈溪市横河镇农合联牵头组建成立金穗农机服务专业合作社联合社,为全市首家农机专业合作社联合社。

3月23日,余姚市农村经济合作协会成立。

3月,市供销合作社编制《宁波市供销合作社"十三五"发展规划(2016—2020年)》。

7月1日,市供销合作社直属机关党委举办"庆七一·供销好声音"歌唱比赛活动。

7月6日,余姚市农民合作经济组织联合会成立。

8月3日,宁海县农民合作经济组织联合会成立。

8月8日,"美丽四明山"智慧旅游平台上线。余姚市四明山区域的6个村域(大俞村、柿林村、中村、横坎头村、金冠村、芝林村)的64个商家进入首批试点。

8月,融a购·宁波馆上线。

10月8日,宁波市推进"三位一体"农民合作经济组织联合会改革工作会议召开,宁波市委副书记余红艺出席并讲话。

10月27日,宁波市委、市政府印发《中共宁波市委、宁波市人民政府关于创新构建"三位一体"农民合作经济组织体系的指导意见》。

10月,融a购·余姚馆上线。

11月2日,北仑区农民合作经济组织联合会成立。

11月17日,中央农村工作领导小组副组长、中央财办副主任、中央农办主任唐仁健一行3人到宁波调研农合联工作。

同日,因国务院批准撤销县级奉化市,奉化市供销合作社改称为奉化区供销合作社。

11月25日,在江苏兴化举行的全国2015—2016年"供销金融杯"年度成就奖颁奖典礼上,胡国森作为宁波市供销社系统代表在颁奖大会上作经验介绍。同日,奉化区农民合作经济组织联合会成立。

11月29日,镇海区农民合作经济组织联合会成立。

11月30日,象山县农民合作经济组织联合会成立。

11月,因区划调整,江东区并入鄞州区,鄞州区奉化江以西地区并入海曙区。12月,建立海曙区供销合作社,原鄞州区供销合作社所辖的鄞江、栎社、樟村、古林、望春、横街等6个基层供销社划归海曙区供销社。

12月1日,余姚市临山供销合作社主任、临山镇"农合联"副理事长胡国森获"中国合作经济年度人物奖"。

12月22日,鄞州区农民合作经济组织联合会成立。

12月23日,宁波市农民合作经济组织联合会成立暨第一次会员代表大会召开。大会代表175人,选举产生第一届理事会、监事会和执委会班子成员。宁波市委副书记余红艺出席会议并讲话,副市长林静国当选为理事长。至此,市、县、乡镇(街道)三级农合联组织体系基本构建完成。

12月27日,淘宝"特色中国·余姚馆"上线,成为继宁波馆、象山馆之后第三个正式上线的淘宝特色中国地方馆。

12月30日,江北区农民合作经济组织联合会成立。

12月,市甬丰农业生产资料股份有限公司获"中国农资流通企业综合竞争力百强"第49位和"中国农资行业诚信示范企业"荣誉称号。

· 2017年

1月23日,海曙区农民合作经济组织联合会成立。

2月24日,全国供销合作总社召开全面深化供销合作社综合改革工作电视电话会议,宁波设分会场。宁波市副市长林静国和市供销社负责人参加。

3月6日,余姚市河姆渡供销合作社主任王坚军在中国网开放大学频道举办的"寻找'追梦者'系列人物评选活动之2016国家开放大学办学体系优秀'农民大学生'"评选活动中,被评为"最受群众欢迎的农民大学生"。

3月21日,市供销合作社、市农合联联合举行2017年全市放心农资下乡进村暨春耕支农惠农服务月活动启动仪式。

3月23日,宁波市供销合作社联合社第一届理事(监事)第五次全体会议召开。

5月,淘宝"特色中国·慈溪馆(农产品平台)"在淘宝网上线。

6月21—22日，市供销合作社（市农合联执委会）组织各区县（市）供销社有关负责人到义乌市农合联、余姚市农合联考察现代农业公共服务中心建设经验。

7月26日，"美丽四明山"农旅融合智慧服务平台正式上线。

8月13日下午，宁波市委副书记、市长裘东耀一行到市供销社调研工作。

9月2—4日，第四届"创青春"中国青年创新创业大赛（浙江赛区）复、决赛在浙江省团校举行。余姚供销电商公司参赛的"美丽四明山"智慧农旅平台项目获农村电子商务组金奖，成为浙江赛区14个晋级全国赛项目之一，代表浙江省参加全国赛。

9月20日，省供销合作社监事会主任施祖法一行3人到余姚市调研农合联工作，实地考察黄家埠镇、临山镇、泗门镇"农合联"情况。

10月19日，浙江省副省长孙景淼到宁海调研现代农业建设发展工作，省农业厅厅长林健东、省供销社主任邵峰、宁波市副市长卞吉安等领导参加调研。

· 2018年

1月15日，人力资源和社会保障部、全国供销合作总社联合发文公布余姚市供销合作社、慈溪市宝绿蔬菜专业合作社联合社获"全国供销社系统先进集体"称号，宁海圣猴果蔬专业合作社联合社理事长裘银芳获"全国供销社系统劳动模范"称号。

1月30日，省供销合作社发文公布全省示范性现代农业服务中心名单：宁波市甬丰现代农业服务中心、宁海县胡陈乡农合联现代农业服务中心、象山县农合联现代农业服务中心、象山县定塘镇农合联现代农业服务中心、余姚市供销社现代农事服务中心、余姚市泗门镇农合联现代农业综合服务中心、镇海区农合联澥浦办事处现代农业服务中心。

2月8日，宁波市委办公厅、市政府办公厅联合发文公布2016—2017年度（第十轮）市级文明机关创建考核结果，市供销合作社机关再次获评市级文明机关。

3月6日，宁波市供销合作社联合社第一届理事（监事）会第六次全体会议召开，制定《全面实施乡村振兴战略三年行动（2018—2020年）实施方案》。

3月12日，市供销合作社、市农合联执委会印发《关于开展"甬品千创"三年行动计划，大力推进"品牌农业+互联网"的实施方案》。

3月16日，市供销合作社、市农合联执委会联合举办2018春耕农资农技农信优质服务月活动启动仪式。

3月21日，省供销社2017年度综合业绩考核结果公布，宁波市、余姚市、奉化市、慈溪市供销社和宁海县、镇海区供销社获特等奖，北仑、鄞州、象山县（区）供销社获优秀奖。宁波市、鄞州、余姚、慈溪、奉化供销社获评全省农合联建设先进单位。宁波、余姚、奉化市供销社获评全省供销社、农合联执委会服务体系建设先进单位。

3月，够阿拉（阿拉go）在微信和App上线。

5月7—8日，全国供销合作总社监事会主任宋璇涛一行4人在甬考察调研供销合作社综合改革有关情况。宁波市委副书记、市长裘东耀会见，副市长卞吉安、省供销社监事会主任施祖法陪同参加。

5月11—14日，宁海县供销合作社、宁海模具城主办的中国宁海智能制造博览会——第十届中国（宁海）国际机床与模具展览会在国际会展中心举行，150家国内外企业参展。

5月17日,第四届宁波市十佳农产品经纪人评选揭晓,鲁根水等10人获评"十佳农产品经纪人",姚春梅等10人获"优秀农产品经纪人"称号。

5月18日上午,宁波市副市长卞吉安一行3人到宁波供销二号桥市场调研。

8月7日,宁波供销再生资源科技有限公司成立,该公司由宁波供销集团公司与宁波富邦(控股)集团共同合作设立。

10月26日,市供销合作社直属机关党委召开党员代表大会,选举产生新一届市供销社直属机关党委、纪委成员。

11月9—10日,首届中国信用农资高峰会议在宁波召开,全国供销合作总社副主任杨建平出席会议。

11月14—16日,市供销合作社第一期黔西南州农村电商培训班在贵州省兴义市举行。

11月16日,宁波市人大常委会副主任王建社一行2人视察调研鄞州区姜山镇水榭花都苑小区生活垃圾分类和"搭把手"智能回收体系建设。

12月19日,省供销合作社主任邵峰一行3人到慈溪专题调研"三位一体"改革和农合联为农服务体系建设工作。

· 2019年

3月18日,全市供销社放心农资下乡进村暨春耕支农惠农服务月活动启动仪式。

3月26日,宁海县首家特色产业"农合联"——水蜜桃产业农合联在胡陈乡东山桃园成立。

5月16日,宁海圣猴果蔬专业合作社联合社被浙江省委、省政府授予"浙江省模范集体"荣誉奖牌。

6月12日,市供销社党委召开"不忘初心、牢记使命"主题教育动员会。市委主题教育巡回指导组副组长庄孟勇到会指导,市供销社党委书记、理事会主任李斌主持会议并作动员讲话。

7月4日,宁波市农民合作经济组织联合会召开第一届理事会第三次全体(扩大)会议,增选宁波市副市长卞吉安为一届理事会理事长,市供销社主任李斌为一届理事会常务副理事长兼执委会主任,市农业农村局局长李强为一届监事会监事长。

7月8—9日,中国再生资源行业协会"垃圾分类背景下供销社系统城乡再生资源回收体系可持续模式现场会"在宁波召开。

7月9日,省供销合作社监事会主任、直属机关党委书记张悦一行3人到余姚市泗门镇农合联开展党建工作专题调研。

7月25日,全国人大常委会副委员长沈跃跃一行到宁波考察生活垃圾分类工作,调研供销社建设的宁波首个"垃圾分类+资源回收"试点配套综合分拣中心——姜山再生资源分拣中心。浙江省委副书记、宁波市委书记郑栅洁,省人大常委会副主任梁黎明,市人大常委会主任余红艺参加。

8月20日,省供销合作社主任邵峰一行3人到鄞州区供销合作社指导台风"利奇马"灾后重建工作。

8月27日,宁波供销电子商务有限公司与阿里巴巴签订"三位一体"数字化服务体系暨区域公共品牌体系建设合作协议。

9月5日,在南京召开的2019年中国农资流通行业发布会上,宁波市甬丰农资公司被评为2018年中国农资流通企业综合竞争力百强企业(位列第39名)、中国农资流通企业发展速度20强(位列第15强)。

9月16日,宁波市委编办发文同意市供销合作社增设资产管理处。

10月28日,"70年宁波70大时代地标"推选活动结果公布,宁波市二号桥市场获评为"最受网友喜爱的宁波10大时代地标"第6位。

12月4日,象山县供销合作社联合社第五次代表大会召开,选举产生县供销社新一届理事会、监事会及领导班子成员。

12月5日,慈溪市供销合作社联合社第五届代表大会召开,选举产生慈溪市供销合作社联合社新一届理事会、监事会及领导班子成员。

12月,慈溪市供销合作社被评为全国供销社系统"金扁担"改革贡献奖集体单位。

· 2020年

1月19日,宁波供销社集团公司2020迎新年会召开,主题是"不忘初心鸿鹄志,敢与供销共峥嵘"。

2月14日下午,浙江省委副书记、宁波市委书记、宁波市疫情防控工作领导小组第一组长郑栅洁到市甬丰农资公司调研新冠肺炎疫情防控工作。

6月18日,市供销合作社联合社第二次代表大会召开。会议选举产生市供销合作社联合社第二届理事会、监事会及领导班子成员。

同日,全市农合联党建工作推进会召开。市供销合作社主任、市农合联执委会主任李斌就加强全市农合联党建工作进行部署,市委组织部副部长朱志坚出席。

6月,宁波市目标管理考核领导小组办公室印发通知,"三位一体"农合联建设工作首次列入市对区县(市)目标管理的乡村振兴考核项目内容,占乡村振兴考核项目分值的5%,考核责任部门为市供销社。

9月17日上午,宁波市委常委、常务副市长陈仲朝带领市发改委、财政局、自然资源规划局、生态环境局、住建局、商务局、综合执法局等部门负责人到市供销合作社专题调研"搭把手"智慧回收体系工作。

9月30日,宁波市委常委会传达学习习近平总书记对供销合作社工作重要指示、李克强总理批示和胡春华副总理讲话精神。

10月9日下午,全省供销合作社学习贯彻习近平总书记重要指示视频会议召开,市供销合作社主任李斌在视频会议上作交流发言。

10月30日,鄞州区供销合作社联合社第七次代表大会召开,选举产生区供销社新一届理事会、监事会及领导班子成员。

10月,市供销合作社拍摄制作《宁波供销合作社成立70周年》纪念宣传片。

10月,宁波市委办公厅、市政府印发《关于高水平建设生产供销信用"三位一体"农合联的实施意见》。

11月25日,宁海县圣猴果蔬专业合作社裘银芳获评"全国劳动模范"称号。

11月27日,海曙区供销合作社联合社第一次代表大会召开,选举产生区供销社新一届理事会、监事会及领导班子成员。

12月9日,奉化区供销合作社联合社第一次代表大会召开,选举产生区供销社新一届理事会、监事会及领导班子成员。

12月18日,2020全国供销合作社合作发展论坛暨中国供销集团杯"金扁担""红背篓"双奖典礼在海南海口市举行。宁波市供销社被授予"金扁担改革贡献奖",宁波供销"搭把手"数字化垃圾分类入选"2020年度全国供销合作社城乡优选服务"。

12月31日,宁波供销二号桥有限公司钱钢获"全国供销社系统抗击新冠肺炎疫情"先进个人称号。

第一篇

中华人民共和国成立前的合作社

合作经济是社会经济政治发展到一定阶段的产物,它源于资本主义市场经济的严酷性,是弱者的联合,故称为"弱者的事业"。世界合作制思潮的形成距今已有200多年的历史。合作社思想最早发源于欧洲尤其是英国。18世纪60年代开始到19世纪三四十年代的英国产业革命,以机器生产代替手工劳动、工厂制度代替工场手工业,从而确立市场经济的统治地位,合作社正是市场经济的产物,也是市场经济中社会矛盾的产物。1895年,国际合作联盟成立。

20世纪初,国外合作思想传入中国。1919年,中国民主革命的先行者孙中山在《地方自治实行法》中提示:"地方团体所应办的要事有农业合作、工业合作、交易合作、银行合作、保险合作。"这对当时合作运动的宣传和推行具有相当大的影响。

宁波合作事业始于20世纪20年代初。1923年3月,宁波工商友谊会成立宁波第一消费合作社,开浙江省合作社先河。至1949年5月宁波解放前夕,宁波共建有各类合作社410个。抗日战争期间,四明山革命根据地共创建各类合作社39个。

第一章　民国时期宁波合作社

第一节　抗日战争前的合作社

民国时期,宁波合作社前身是流通领域的专业性合作社,最早是消费、信用合作社。宁波合作事业始创于20世纪20年代初叶,民国十一年(1922)12月,宁波商民消费合作社成立,翌年4月解散。

民国十二年(1923)3月,宁波第一消费合作社成立,系工商友谊会会员发起,为浙江省第一家合作社,制定章程13条,其目的不在谋利,而在改进经济生活,并重在培养社员通力合作的精神,筹集资本金5000元,分1000股,每股5元。初由发起的15人先后认足600股,即开始营业,并以6个月为试用期。设在宁波江北岸时事公报报社内的合作社筹备处发出《续收股款通知》:"本社经董事会议决定,本月17日起至31日止(即阴历2月1日起至15日止),为续收股款之期,凡我社员,务请将所认股额,每股除已缴认股金1元外,其余4元于缴股期内如数入本处,俾得早日开办,特此通告。"缴股处:本筹备处;存储资本金处:恒孚钱庄、保慎钱庄。

民国十四年(1925)6月30日,宁波鄞县东乡一小学教师共产党员竺清旦、农民领袖周荣平率鄞东7乡农民上城请愿,反对宁波江东肥料公司垄断货源、哄抬价格事件,因警察厅无明确态度,农民拥至肥料公司办事处及贮粪所,将其捣毁,这是共产党领导下浙东地区最早的农民运动。8月,鄞县樟村地区成立贝母生产组合社。民国十六年(1927),划出鄞县城区设立宁波市,逾三年即1931年废市,并市入县,仍归属鄞县,宁波重新成为鄞县县城。1932年设浙江省第五特区行政督察专员公署。抗日战争时在行政上除鄞县县政府外,还有浙江省第六行政督察专员公署。

民国十七年(1928)7月,省政府公布《浙江省农村信用合作社暂行条例》。鄞县进一步推行合作事业,宁波各县先后设立合作社的领导机构,建立县指导员制度,合作运动指导员除少数时日在内部办理关于合作文件外,概派往县境各处从事调查经济状况,并宣传合作事业之效用及设立合作社之方法与步骤等,尤其是在马寅初先生等为首的合作社理论指导下,通过知识分子以及社会进步青年的积极参与,对宁波的合作事业初期发展起到推动作用。10月,在少白(今鄞州区东吴镇)成立有限责任利用合作社。是年秋,成立鄞县农人肥料合作社,1930年改名为宁波市农人有限责任肥料用品购买合作社,有社员2000余人,遍布全县各乡,1931年撤市后归鄞县管辖。当时该社组织既不合法,办理亦复不善,以致社务方面日趋恶劣,社会人士啧有烦言,经县政府派员查究整顿,限令该社改订社章,并召集大会,改选执监委员,虽经改组,仍未能奏效,同时县政府派合作事业促进员分别前往各村调查经济情况,并宣传推行合作社事业之利益及组织方法。

民国十八年(1929)8月,余姚县双雁乡菖塘村信用社成立,有社员11人,每股金额5元,共有股金55元。12月16日,省政府公布《浙江省合作社规程》。民国十九年(1930)6月27日,慈溪县为纪念国际合作节召开合作运动宣传周筹备会议,会议内容主要是研究推进合作事业的建设。5—7月,余姚城区各机关团体有限责任消费合作社和余姚第七区河西联合村信、购贩、利保证合作社成立。8月3日,慈溪县合作社促进协会成立;鄞县咸货合作社成立,为宁波水产业最早成立的合作社。12月,奉化县合作事业促进会成立。年底统计,宁波建有各类合作社250个。

民国二十年至二十一年(1931—1932),鄞县、慈溪、余姚、镇海、定海、奉化、象山等县成立合作事业促进委员会,各县合作事业有所推进。但由于合作社对政权的依附性,民间的合作运动建树甚微,以合作社推进社会变革的愿望很难实现。民国二十年(1931)春,省建设厅派员至鄞县及镇海、定海等县调查渔业状况,并拟具组织鄞县渔业合作社实施区。5月,宁波(鄞县)合作事业促进委员会和农村合作区筹备委员会成立。是年9月,鄞县奉令举办农村及渔村合作实施区,经拟具进行计划,提请县政府合作事业促进委员会修正通过,即选择九龙乡(今海曙区高桥镇)为农村合作实施区,东钱湖为渔村合作实施区。9月,成立九龙乡无限责任信用合作社,有社员30人,股份43股,总股金215元。1931年7月至1932年5月间,据鄞县政府统计,核准登记或未登记的合作社组织有9个,已经县政府许可设立而未经核准登记的合作社如下:1931年7月,农民有限责任肥料供给合作社、第六区有限责任耕牛保险合作社成立;8月,东南有限责任耕牛保险合作社成立。1932年,已经县政府核准登记的合作社如下:5月,成立西城区农村有限责任肥料供给合作社、少白村有限责任利用合作社、第十区有限责任耕牛保险合作社;6月,成立第三区有限责任农村信用供给合作社、江北有限责任肥料供给合作社等。至1940年12月鄞县建有合作社272个。

民国二十一年(1932),省建设厅制定《浙江省合作事业三年计划大纲》(1932年7月至1935年6月)。8月19日,慈溪县筹建全县第一个合作社,即由慈溪县立民众教育馆主办的教育用品消费合作社,11月18日奉化合作社促进协会成立。民国二十二年(1933)3月,鄞县合作事业促进委员会奉命并属县建设委员会,3月6日成立鄞县堇江有限责任贝母运销合作社,有社员6000余人,入社的产户占总户数的70%至80%,设股8800股,股金17600元,年营业额逾100万元,为当时国内规模最大的合作社。当年在樟溪河谷至鄞江20里间,种植贝母5000余亩,其中樟村境内占五分之四,是年全县产贝母400

多吨,每年营业额不下百万元。其时曾力图打开贝母销路,得到贝农拥护,后因上海国药公会垄断压价,借故作祟,使堇江贝母运销合作社与各埠药商中断交易,使当年收集的贝母积压80余万斤,又鉴于合作社本身存在资金不足的问题,加上政府的介入,使得合作社失去了独立性,合作社和社员因此而破产,至1935年夏堇江贝母运销合作社倒闭。是年,鄞县还兴办过樟镇合作社、樟远乡合作社、百梁桥日用品合作社、鄞奉乡合作社以及东钱湖渔业合作社。

民国二十三年(1934)7月,鄞县东钱湖无限责任外海渔业捞捕兼营合作社在大堰头成立,社员25人,共认股52股,计520元,所有股金于成立大会时一次性缴足,10月,上海金融界先后垫借12万元给鄞县渔业合作社。民国二十四年(1935)春,余姚棉业实施区成立,积极推广改良,种植"百万棉"3万亩,5月,余姚棉区龙泉棉花运销合作社发起16家合作社联合成立余姚县棉花运销合作社联合社,16个合作社有社员2176人,股金84276元。同月29日,余姚县潮界乡无限责任麦冬运销合作社成立。7月,浒山镇棉花运销兼营合作社成立。8月,余姚俞家桥棉运合作社成立。12月,余姚县棉花运销合作社联合社成立。

民国二十五年(1936)以后,宁波合作社业务开始推行土副特产经营业务。从1928—1936年,宁波合作社组织形式和规模由保(村)为单位建立合作社,逐步转向以乡、镇为单位建立合作社。1936年1—7月,慈溪县建立棉花运销合作社联合社组织,慈溪东山乡古窑村棉花运销合作社、东山乡无限责任棉花运销合作社、埔场无限责任棉花运销合作社、观城镇海晏村无限责任棉花运销兼营合作社、东山乡信用合作社等5个合作社成立。5月7日,象山县三山乡范家山共同酿造兼营合作社成立,为全县第一个合作社,有社员24人,股金24元,接着丹城消费社,延昌、石浦东门岛等渔业生产、供销信用合作社相继成立。6月20日,余姚县合作社联合社成立,是年余姚县已建有合作社14个,其中信用社6个,运输社8个。至11月,镇海合作社104个,个人社员数4327人,股金数146748300元;奉化合作社3个,个人社员数300人,股金数417500元;象山合作社3个,个人社员数5389人,股金数95354400元;宁海合作社20个,个人社员数9823人,股金数11366135元;鄞县合作社23个,个人社员数2337人,股金数239004750元;慈溪合作社22个,个人社员数3273人,股金数32834080元。

第二节　抗日战争时的合作社

抗日战争期间,为适应环境需要,宁波肥料、种子和日常生活用品供应大半由合作社办理,其所经营的业务和形式逐渐转为以供销为主。其中,战前、战后合作社所经营的棉花、茶叶、蚕茧等,都因物价暴涨,竞争不过私营行商而多以闭歇,又由于旧社会政治腐败,合作事业日趋衰落。

民国二十六年(1937)抗日战争全面爆发。国共两党结成抗日民族统一战线。当时的省政府在全国抗战救亡形势的推动下,颁发《浙江省战时政治纲领》,采取一些进步措施,下令组建浙江省及全省各县战时政治工作队。是年8月,鄞县东钱湖外海渔业生产供销合作社奉命停业,全部渔船封入关内,至抗日战争胜利,渔船都已毁损殆尽。随着战时经济体制的建立,国民政府把合作社纳入战时经济体制之中。是年,宁波各县建有各类合作社399家,社员10953人,股金34005元。

民国二十七年(1938)2月,省政府施行《浙江省战时合作社暂行办法》,规定以乡(镇)为组社单位,实行"一保一社、一户一社员"的"合作全民化"。是年秋,正值"七七事变"以后,随着战事的发展,经济形势日益恶化,城市物价波动及日用品短缺问题日趋严重,政府在无力系统组织经济建设的情况下,力图借助合作社这一灵活的经济组织来推动经济建设的开展及稳定社会经济。

民国二十八年(1939)4月,省建设厅成立浙江省合作批发部,在宁波设立办事处。6月,余姚县成立战时合作社联合社,县内的东周塘、大云、潭海、南岚、逍林、择浦、三管、梁弄等乡镇和芰湖村、大云乡、西野塘、东周塘也曾组织过战时合作社。象山县新增虎山乡战时合作社、丹城镇粮食消息合作社及西乡竹木柴炭产销合作社等三社。7月,浙江省战时物产调整处下发《推行合作事业计划纲要》,后未全面推行。民国二十九年(1940),各县合作社再度兴起,其中鄞县各类合作社增至272个,社员4744人,其中信用兼营合作社184个,社员2565人,生产兼营合作社85个,社员1957人,生产、运输、公用合作社各1个,社员分别为48人、143人、31人。象山县合作社组织初具规模生产、运销农(渔)副土特产品的业务及日用消费业务也有一定的开展,并兼办合作农仓2个。

民国三十年(1941)4月20日,宁波城区沦陷,日本帝国主义为其侵略服务,扶植汪伪政权在宁波各县建立"中国合作社"的分、支社。此时,宁波各县战时各类合作社和原有合作社基础遭遇敌奸摧残,合作事业遂告停办,宁波地区渔业合作社组织也遂陷于无形停顿。国民党政府管辖的地区出现恶性通货膨胀,造成生产萎缩,物资缺乏,物价猛涨,经济迅速衰退,社会团体兴办的合作社纷纷垮台。又因由帝国主义和买办资本操纵的大银行是信用合作社的后台,由城市金融资本和农村中地主富农控制的合作社是买办资本与农村封建势力的一种结合,其不仅没有减轻农民的负担,反而加重了对农民的公开掠夺,维护地主阶级在农村的统治,使旧中国农村经济破产的趋势更加严重。

民国三十二年(1943),宁波城区及各县共有各类合作社70家,社员12670人,股金456196元。民国三十三年(1944)7月22日,汪伪政府勾结渔霸、奸商,成立伪宁波水产合作社,下设鱼市场,为日伪军提供军需品,强行定夺鱼价,统一运销,垄断渔业市场,使渔民处于水深火热之中。

表1-1 1937年、1943年宁波合作社情况

县别	社数	社员数	股数	股金(元)	社数	社员数	股数	股金(元)
鄞县	239	4082	4411	10826	1	320	764	1520
镇海	96	2163	3140	6280	12	179	178	1886
慈溪	20	1188	2005	4012	6	122	1085	279
余姚	25	2776	2856	8706	21	5240	21143	27752
奉化	3	67	107	780	—	—	—	—
宁海	10	419	834	2182	13	3337	—	408940
象山	6	258	346	1219	17	3472	—	15819
合计	399	10953	13699	34005	70	12670	23170	456196
年份	1937年建办的合作社				1943年建办的合作社			

注:战时合作社资料见《合作前锋》《1943年宁波社史》,摘自《浙江省供销合作社志》

第三节 抗日战争胜利后的合作社

民国三十四年（1945）8月15日抗日战争胜利后，宁波合作社组织再度兴起，浙江省合作社物品供应处在宁波设立辅导站。当此战后恢复之时，宁波渔民渴望渔业的复兴，宁波各县筹建渔业合作社，对于敌伪遗留的合作组织，政府及时进行接收，至1945年不完全统计，鄞县有东钱湖外海渔业生产合作社等6家，镇海县有渔业生产运销合作社等4家，奉化县有渔业生产合作社联合社等5家，定海有沈家门渔业生产合作社等14家，象山县有石浦渔业生产合作社等12家，宁海县有正学渔业生产合作社等8家。1946年9月，鄞县政府组建县合作社联社筹备委员会，调整合作社组织。鄞县渔业产销合作社成立。此时的鄞县有保险合作社73个，乡镇合作社24个。1946年奉化县恢复合作指导室，有各类合作社15个，至1948年全县建有乡合作社6个、保合社26个，除运输、信用贷款各1个外，其余30个均是以生产为主的各类合作社。1946年，象山县成立县合作指导室，至翌年成立县合作协会，全县合作社发展到31个。1946年，余姚县政府成立合作事业指导室，组织成立各种合作社，至1947年底，全县有合作社联合社1个，乡镇合作社41个，保合作社142个。慈溪县合作指导室恢复后至1949年1月间，全县共有乡镇合作社36个。民国三十六年（1947），宁波各县有棉花、渔业、食盐等专营合作社38家、保一级合作社247家、乡镇合作社78家、县联社4家，社员49599人，股金5.939亿元。

后值解放战争节节胜利，形势发生根本变化，宁波各县合作事业发展的外部条件也不具备，许多合作社和渔业生产合作社在刚成立时就徒有其名。到中华人民共和国成立前夕，宁波各县的合作社大多歇业、解体。虽然其在一定程度上促进了农村商业、渔业经济，但终因民间乏力，又因旧社会政治腐败、工业不振、商业凋敝、生产急剧缩减、农村濒于危境、物价瞬息变幻、城乡经济萧条等因素，致其成效不显著，从而使合作社经济始终未能得到广泛和顺利的发展。1949年5月25日，宁波解放。党和人民政府将民国时期成立的各县合作社联合社转由当地县人民政府接管，各县遗存的合作社也由1950年以后新办的县级供销合作总社按政策分别清理接收。1949年5月宁波解放前夕，共有各类合作社410个。

民国时期合作社的几个特征

一是民国时期宁波建立合作社组织是复兴乡村及整合乡村社会的重要探索。如1933年成立的鄞县堇江贝母运销合作社，曾是20世纪30年代浙江省规模最大的经济合作组织，当时在全国已成立的合作社中亦具有较强的代表性。作为由村民组织而兴办的贝母运销合作社，是集贝母种植、挖掘、培植、生产、运销、消费、信用于一体的新兴经济组织，入社社员6000余人，遍及樟村、鄞江等地，亦一度使贝母摆脱销售困境，从而推动乡村经济的发展。

二是民国时期宁波合作社事业在初建阶段和抗日战争爆发以后，由于第二次国共合作的影响，以及进步知识分子和社会有识人士的积极参与，具有一定的民主精神和民办因素。1937年后国民政府将合作社纳入战时经济体制，制定诸多扶助性政策，发展合作社经济。尽管在合作社政策上存有一定不足，但总体来看，在战时兴办的各类合作社也担负着团结民众、救亡图存的重大任务，许多合作社对农民的生产和销售等也曾有过一些实在的效用，对促进社会经济的发展和稳定以及支援抗战具有不可忽视的积极意义。

三是民国时期宁波合作社有的被官僚资本所控制,有的为土豪劣绅所把持,结社营私,多被与钱庄关系密切的私人所左右,有的有名无实,而应作为合作社主体的农民却被排挤在组织之外,民众得利甚微。又因奸商内外勾结,操纵市场,或强行压价,或中间作祟,使农村合作事业"匪独无厚以民生,且足以养民贼"(民国《鄞县通志》),而多以破产告终。究其根本,实为社会制度弊端所致。显然失去农村社员构成主体农民的支持参与,严重削弱了合作运动的经济功能。

四是民国时期宁波兴办的各类合作社,尤其是浙东抗日根据地创建的合作社对中华人民共和国成立后的合作事业的发展皆有一定的影响和借鉴作用。

附:鄞县堇江有限责任贝母运销合作社始末

民国二十年(1931)5月,鄞县政府合作事业促进委员会成立后,合作经济得到迅速发展,仅半年多时间经县政府核准登记或未核准登记的合作社组织就有9个,到1940年底达到272个。其中最为突出的是1933年春成立的鄞县堇江有限责任贝母运销合作社。该贝母合作社曾为20世纪30年代浙江省规模最大的经济合作组织,"其规模之宏大,恐为我国已成立之合作社所罕能颉颃者"[1],具有很强的效用性和代表性。

浙贝母是百合科多年生草本植物的鳞茎,具有清热化痰、散结解毒之功效,喜冷湿环境,以沙质、土层深厚、疏松、富有腐殖质的土壤为佳,而鄞县樟村"皆两壁岩山高峻,中夹一溪清流,风景颇佳,惟因甚长,发源于四明山,每当山洪暴发,则饱挟上游之泥沙而下,以两岸皆成沙质土壤之冲击地带,除栽桑外,其他农作物则不丰焉,惟于种植贝母特为适宜,因此该处遂成为浙贝之特产地矣"。另据《鄞县志》记载:号称中药"浙八味"之一的浙贝母主产于浙江鄞县,并以樟村章溪一带为最多。浙贝母在清初由野生转为家种始于象山农民种植,清康熙年间(1662—1722)传入鄞江(小溪)、樟村一带种植。时樟村农户以蚕桑为主业,种植贝母仅作副业,后因收益甚高,而又因樟村溪河两岸多有沙质土地,种植贝母最为适宜,贝母种植面积逐步扩大。清初万斯同在《鄮西竹枝词》中,载有"种谷无如种药材(贝母),南村沙地尽堪栽"。樟村种植贝母到民国时已有200多年历史,产量约占全国贝母总产量的70%,有万人种贝母之说。因此,贝母在本地经济中占有很高的比例。由于樟村乡民素有邻里相帮的合作精神和增加贝母收入的愿望,以及当时县政府发展农村合作社的号召,为当时农村新兴合作社的出现提供了现实的可能性和必要性。

20世纪30年代初,樟村贝母年产量80万斤左右,5000多户贝农赖以为生。因当时产量日增,供过于求,加之时局不靖,奸商垄断市场,又受西医和西药冲击,贝价下跌,销路停滞,贝农生活艰难。当时樟村贝母多以集中组织贩卖为主,即行商、跑商坐地收购贝母,销往宁波、沪上及全国各地。樟村先后开办的"天一贝母行""高通和贝母公司""实益公司"等集中组织贩卖,皆从中强行压价,以图渔利。结果仍由行商收集到宁波药行转卖,又遭受种种欺骗和剥削,樟村贝农都有改变行商贩卖组织的想法,建组贝母运销合作社成为贝农的迫切要求,遂有发起组织堇江有限责任贝母运销合作社之动机。

民国二十一年(1932)春,鄞县樟村(今海曙区章水镇)一二知名人士请示县政府,倡议组织贝

---

[1] 摘自鄞州区档案馆《20世纪20年代末30年代初鄞县建设概况》《近代鄞县史料辑录》。

母合作社,以保贝农利益,县政府遂复建议成立合作社。10月,由发起人郑嘉豪[1]、周纬星、许有恒、崔幼璋等筹建堇江有限责任贝母运销合作社,以"谋祛除商贩剥削,维持贝母价格""改善农村经济,谋桑梓之福利"[2],经请示鄞县县政府同意并派员指导筹办,遂于11月12日召开发起人大会,决定聘请当地热心人70多人组成筹备委员会,负责一切事宜。经过宣传发动,制订计划,草拟章程,于民国二十二年(1933)1月报经县政府批准建社。随即,办理社员入社,收缴股金,计有社员6008人,认购8800股,收取股金17600元。民国二十二年(1933)3月6日,贝母合作社于樟村文昌阁召开成立大会,正式成立堇江有限责任贝母运销合作社,选举产生理事会、监事会、经济委员会和评判委员会,入社社员200多人。

《鄞县堇江有限责任贝母运销合作社章程》共八章65条,包括总则、社员、社股、职员及会议、业务、盈余分配及损失分担、解散、清算及附责。其中合作社业务内容共13条,涉及贝母种植、加工、运销、价格、分配等,主要内容一是分设制造厂,统一收购、加工、晒燥和包装;二是谋求直销,融通资金,提高贝收益率;三是限制生产,平衡供给;四是改良贝母品种,提高产品质量;五是积极推行民众教育。由此可见,章程内容翔实,章法行文规范,彰显合作社初衷,堪称合作运动之典范。体现了农民合作之性质、作用,责权利明确,并建立严格的管理模式和分配制度,使贝母合作社形成相当大的规模和边际效应,被认为是鄞县农村经济发展的重要途径之一。当时的国民政府曾多有称赞,当地报刊也予以报道。1933年4月,绥远察哈尔考察团曾到堇江有限责任贝母运销合作社参观,甚为赞誉。

堇江有限责任贝母运销合作社成立后,即开展运销业务。合作社在创办初期,毫无资金,故只得采取委托贩卖形式,减少合作社之负担。而当地的商贩及行业药贩对此尤为顾忌,大有抵抗之态度。于是合作社即与宁波各药行联合组织大中贝母专卖所订立专销特约,因第一期货疑不能如期交付遂取消专销特约。后于1934年3月25日,与宁波汇源、宝和、宝盛、樊昌等4家药行(店)订立专销合同,出售陈贝母5万斤,并由上述四行作保,向中国、交通、垦业等三银行借款7万元,加上出售陈贝母款3万余元,发给贝农,取得相当的实效。于是贝农交相赞颂:"合作社今后无虑矣!"旋即新贝登场,合作社规定悉数由合作社统一经营。为统一制炒,在各村设制燥厂160余处,推选制燥厂主任及总主任,工人约1000人,加工费每担为2元。同时设立鄞江分事务所,专司鄞江桥一带贝母燥制和经营管理。社务委员会逐日前往各制燥厂督查工作。在制燥期间,合作社设置检查员、车巡队等,每日分赴各村巡视监制。贝母晒燥后,评定优劣,后由雇工包装,包装袋印有合作社牌号和制造厂号数,每袋市秤200斤,珠贝及元贝分别包装并盖各字样。至6月,堇江有限责任贝母运销合作社计得燥贝90余万斤,随即陆续分批出售。首批元贝每担售价88元,珠贝每担78元,共计售出16万斤,得款6万余元。第二批元贝每担125元,珠贝每担100元;第三批元贝每担135元,珠贝每担110元。是年该社共得款70余万元,除去成本及合作社提取3%作为办公费外,其余按交贝比例分给社员,平均每担得40余元。由于合作社收集所有贝母,且贝价大幅度提高,第三批售价

---

[1] 郑嘉豪(1898—1955),鄞县樟村人,堇江贝母运销合作社创建人之一。早年在上海工作,之后返乡,并于1933年创办贝母运销合作社。

[2] 摘自鄞州区档案馆《20世纪20年代末30年代初鄞县建设概况》《近代鄞县史料辑录》。

比首批平均提高50%左右,与组合作社前价格提升超过一倍,贝农收入增加,合作社一时名声大震。合作社的成立,为樟村的发展带来生机与活力。

正当贝母合作社图谋兴旺之时,该年9月,上海国药业公会对合作社贝母大幅度提价表示强烈不满,遂通电各商埠国药业断绝同合作社交易。自此贝母销路阻滞,贝农恐慌。合作社即派员赴上海交涉,双方相持一月之久,始由宁波旅沪士绅张申之、方椒伯等出面调停,各方一度也于1934年10月达成协议,但终因上海国药业公会不肯让步而破裂。鉴于贝母合作社是在政府促成下成立的,1934年底在当局的授意下,该社又扩充为浙江贝母运销合作社,并纳入省建设厅管辖之下,派去合作指导员担任合作社的副经理,实际上已经控制或操纵了合作社。政府的不断介入,使合作社失去独立性,而政府在合作社的贝母销售方面无所作为,任其在市场上沉浮,亦无切实救济办法。尤其是资金贷款问题突出,而鄞县当时又没有农民银行,更主要的是上海国药业公会从中作梗,贝母销售严重受挫。是年,该社收购的100余万斤贝母仅销出三分之一,致使合作社难以为继。此变故不但使合作社耗资巨大,且使当年收集之贝母积压80余万斤,不胜负担。是年12月1日,该社召开首次临时社员大会,商议对策。经商定,停止起掘民国二十三年贝母,以减少产量,维持合作社之生存。但此事事关重大,不但由全体社员代表当场签字同意,更拟定社员停掘贝母公约,分发全体社员签字画押,缴社保证,以示坚决。并将此议上报省建设厅备案。民国二十四年(1935)1月,合作社召开第二次社员代表大会,对于限制生产、改进社务等事项作了决议,拟由合作社兼营信用、供给、消费等业务,以期樟村成为合作社之新村。

在此期间,合作社在当局的指导下,开展改良贝母品种、优化储存、提高产量活动,开辟贝母实验区,聘请农技员,培育试验,指导改良。同时建立一所制药厂,以新式蒸汽烘焙,提高贝母质量。还积极推行乡民合作教育,设立合作夜校,举办合作研究会,随时往各村举行轮回演讲。在境内中小学每周加授合作课程2小时,以期对学生加强合作之意、合作之效用的认识与理解。为减轻贝农之负担,当时贝母合作社负责人杨赞良[1]动员贝农2000余人,从樟村、鄞江一路向县城游行示威,要求政府豁免税捐,最终县政府下令赦免税捐。

进入民国二十四年(1935)后,国内金融市场衰落,原向合作社提供贷款的中国、交通、垦业三行大力缩减贷额,使合作社资金无着。宁波各药行因市场凋敝,生意锐减,原与合作社订约经销之四药行除樊昌外,其余三家为火所毁灭。又由于贝母合作社垄断货源,一味追求高价,引起药业界抵制,造成销路呆滞,加上资金困难,对贝农无钱可分,置贝农生活于水火之中,贝农从希望到失望,直至怨声载道。民国二十四年初夏,贝农开始自掘贝母,向外暗运出售,以图生活。因此,至民国二十四年端午节前后,鄞江有限责任贝母运销合作社处于停顿状态,实际已不复存在,于是年7月宣告停业。

纵观鄞江有限责任贝母运销合作社的兴衰,作为由乡民组织而成的新兴经济组织,贝母运销合作社在保持其合作社的独立性和稳定性方面,曾以自助互助的形式,形成贝母种植、生产、销及贷款等方面的经营业态,值得称道。在参与市场竞争中赢于一方,一度使贝农摆脱了困境,也曾有过一

---

[1] 杨赞良(1916—1981),樟村人,曾任鄞江贝母运销合作社负责人、鄞县浙贝生产合作社协会负责人。中山大学肄业,早年参加革命,历经国内革命、抗日战争和解放战争。1950年秋到中国人民大学任教。

些实在的效用,从而对推动当时贝母购销及农村经济的发展有着积极的作用。但由于上海国药业公会把持权柄,结社营私,操纵市场,断绝同合作社交易,业界抵制,强行压价,或中间作祟,销路严重受挫。又因政府的强行介入,背离了章程的基本原则,合作社并不能完全实现其办社宗旨,走上畸形化的发展道路,从而使贝母运销合作社终归于瓦解。

第二章　浙东抗日革命根据地合作社

浙东抗日革命根据地是全国19个抗日根据地之一，是浙东抗日战争的重要堡垒。抗日战争时期，特别是在宁波各县沦陷之后，日伪军对山区根据地实行粮食、山货、土特产等封锁。为发展经济，保障供给，中共浙东区党委及地方民主政府坚持生产自给，打破敌人的经济封锁，解决群众生活困难。其中，组织各类合作社，对提高人民的生产热情，推动根据地经济建设，促进根据地生产自救，支援抗战胜利，发挥了积极作用。

第一节　全面抗战初期的合作社

民国二十六年（1937），抗日战争全面爆发，国共两党经过斗争和谈判，实现第二次合作，结成抗日民族统一战线。为了坚持团结抗日和振兴农村经济，解决群众疾苦，在国民党统治区内，中共党组织指导在国民党政府工作的共产党员利用合法身份，发动群众，团结各阶层进步人士，组建各种合作社。当时的浙江省政府，在全国抗日救亡形势的推动下，在中共浙江地方组织的倡导下，为贯彻实施和战时政治纲领，颁布了《浙江省战时政治纲领》，采取一些进步措施，下令组建浙江省及全省各县战时政治工作队。

民国二十七年（1938），浙江省战时物产调整处主管全省物产的产销及合作工作，中共党组织指派一部分党员和进步青年担任该处视察，直接参与合作运动的领导工作，各县的中共党组织参与战时合作社的活动。1938年3月，中共宁波地方组织积极贯彻中共浙江省委临工委的指示精神，首先促成余姚县战时政治工作队成立，其时中共余姚县工作委员会书记陈小平也参加了工作队。全队有队员90多人，而共产党员就有60多人。并在队里建立中共党组织，时有11名共产党员担任战时合作社主任。战时政治工作队实际上成了一支完全由共产党领导的抗日救亡工作队，举起抗日民族统一战线的旗帜，生机勃勃地开展抗日救亡运动。9月，由余姚战时政治工作队队员、中共长河支部（地下）委员谢庭斋发起，发动当地农民组织战时合作社，周朝镇战时合作社（今属慈溪市长河镇）成立，后又相继办起余姚区妇女战时生产合作社、周朝镇战时妇女合作社和大云战时合作社等。慈溪县兴办东周塘、上庵东分社，潭海乡、盐区等战时合作社。1939年7月，中共宁海县地下党创办消费合作社，由宁海县共产党员童连昌等人以前童村中心小学为掩护，带领师生员工办起消费合作社。

1940年9月，共产党员王惠英接受党组织的指派，回到家乡宁海前童村作隐蔽斗争，与当地党员、骨干一起组织群众，10月间，正式成立前童妇女草鞋产销合作社。同时，镇海、慈溪、鄞县、奉化等县中共党组织领导开展统一战线，深入敌后，发动群众，创建战时合作社，筹措军需民食，开展反敌经济封锁斗争，其中部分战时合作社由中共党组织领导或参加开办,仅宁海、镇海县即有 11 家。

第二节　革命根据地和合作社创建之背景

　　浙东抗日根据地包括三北、四明、会稽和浦东四个地区。而三北(原慈溪、余姚、镇海三县姚江以北地区)是浙东最早建立的敌后抗日根据地,是浙东敌后抗日根据地创建、发展的前沿阵地和战略支点。浙东区党委和三北游击司令部进驻余姚梁弄后,四明山根据地初步形成。1941 年 5 月至 1945 年 9 月,浙东抗日根据地在中共浙东区党委及地方民主政府的领导下,经过四年多艰苦、复杂、残酷的斗争,为取得抗日战争的全面胜利作出巨大贡献,在中华民族抗日战争的历史上留下光辉的一页。

　　1941 年 2 月,中共中央对新四军华中作战的战略部署作出新安排,决定在浙东创立游击根据地。是年 5 月起,中共浦东工委领导的抗日武装南渡杭州湾,会同宁绍地方党委在三北地区开展抗日游击战。1942 年 5 月,浙东军政分会以三北为依托,组建南进部队,开辟四明、会稽山地区,三北成为抗日根据地的领导中心。是年 7 月,华中局和新四军军部派谭启龙、何克希等人到三北,在慈北成立中共浙东区党委、浙东军政委员会,由谭启龙任浙东区党委书记,何克希任浙东军政委员会书记,统一领导浙东以及上海外围浦东地区的敌后抗日工作。是年 8 月,成立第三战区三北游击司令部,何克希任司令员,统一整编的浙东主力三、四、五支队成为推进巩固三北和发展四明、会稽山的基本力量。在浙东抗日根据地,中共浙东区党委领导三北军民开展反"清乡"、反"蚕食"斗争,主力部队与日伪作战,从而保卫了三北根据地。同时,根据革命战争环境的需要,为打破敌人的经济封锁和保障供给,领导发动群众组建兴办供给、运销、生产等各类合作社,调剂消费品,推销山货,发放贷款和生产服装、鞋袜、子弹袋等军需物资,从而对推动根据地经济建设,促进根据地生产自救、支持抗日战争胜利发挥积极的作用。根据地民众积极配合新四军作战、支前等工作,留下许许多多红色事迹。

　　1943 年初,抗日游击队挺进四明山,在四明山地区先后建立 5 个县级办事处和 2 个区级办事处。4 月 23 日,新四军浙东游击总队攻克余姚梁弄以后,余姚梁弄和横坎头成为中共浙东区党委、浙东游击总队司令部和浙东行政公署首脑机关所在地,领导群众积极开展敌后游击斗争,组织群众进行生产自救。至此,以梁弄为中心的四明山根据地初步形成,根据地形势相对稳定。9 月 18 日,四明山地区特派员办事处召开全地区合作社联席会议,要求各地按照本地特点,通过合作社形式,把生产与消费、资源与劳动力结合起来,克服各种困难,使合作事业在前进中不断壮大。9 月 29 日,慈镇姚抗建工作推进会发出关于今冬生产建设的指示,提出开展"合作运动",提倡生产合作,试办运销合作。10 月 27 日,中共浙东区党委发出的今冬工作的指示中,提出在根据地内推动合作社运动,解决群众生产、生活问题。并对合作社性质、指导思想、方针、政策、资金、经营等方面作出明确的规定。

　　1944 年 1 月 15 日,在茭湖(余姚市境内)成立浙东敌后临时行政委员会,制定《浙东敌后临时行政委员会施政纲领》,将"发展人民的合作事业,协助山货推销"纳入施政纲领,使合作事业得到较快发展。同时颁发合作社示范章程,其中第 6 条提出:"欢迎外地投资,发展人民的合作企业,协助山货推销,推动手工业发展,以达到根据地内日用品自给自足、抵制日货之目的。"6 月 28 日,浙东敌后临时行政委员会驻四明山地区特派员办事处召开第二届行政扩大会议,作出"关于运销合作社之决定",鼓励商民、山民共同投资成立运销合作社,经营上提倡自由竞争不统制。11月18日,中共浙东区党委发出《关于今年冬季工作的指示》,其中指出:"在三北、四明应以合作社为我党组织群众的主要形式。"12月2日,革命根据地四明特办在慈南袁马召开的第八次政务会议上作出《关于继续发展合作事业的决定》,并颁发浙东抗日根据地《农村合作社组织简章》,继续大力发展合作社。鄞奉、鄞慈两县委办为支持生产,分别发放150万元和200万元的农贷资金。

1945年1月20日,浙东敌后各界人民临时代表会议在梁弄镇召开,选举产生浙东参政会,成立浙东行政公署,提出"实行民办公助、发展人民合作事业"的号召。谭启龙、何克希等领导人在多次会议讲话时,强调发展各种合作社,民主政府并提出奖励合作社经营的方针。1月24日,中共浙东区党委向浙东各界临时代表会提出,经中共中央华中局批准的《浙东地区施政纲领》,其中第11条提出实行民办公助、发展人民合作事业。从4月起,浙东临时代表大会决定开始发行抗币,成立浙东银行,并在根据地广为流通,很快将伪币、法币挤了出去,成为根据地流通的主要货币。4月29日,浙东革命根据地四明地区以专员罗白桦署名颁发工作计划,要求配备区一级合作指导人员,加强对合作社的领导向生产合作转变,至少应以生产合作为主。5月,三北、四明两地区合并,新建中共四明地委,7月成立新的四明分区行政专员公署,新四军浙东游击纵队司令何克希在章镇(现绍兴市区境内)商民座谈会致辞中提出奖励合作社经营的方针。

第三节　革命根据地合作社

1942年7月起,中共浙东区党委根据陕甘宁边区合作社南区合作社办社经验,把发展合作事业作为教育群众、动员群众,坚持生产自给,打破敌人经济封锁,巩固根据地的一项战略任务来抓,使合作事业得到较快的发展。是年,慈溪县甸山乡组织妇女生产合作社鞋子工厂,并附设摇袜厂、织布组。生产的经费均由社员征集,每股定棉花1斤,或以现金抵股;贫苦社员也可以劳力入股。该鞋子工厂前后约办四年。鞋子工厂生产的鞋、袜、布等产品,集中送到范市利民工业社,然后统一运送给"三五"支队。是年秋,中共四明山嵊、新、奉县委在四明山游击区嵊县、新昌、奉化三县交界处的奉西区壶潭村建立消费合作社,经营食盐、大米、火柴等日用品必需品,兼营住宿业务,属民主政权民众运动的组成部分,以合作社业务活动帮助山民生产自救为主。合作社从奉化亭下康岭、溪口和余姚蜻蜓岗、陆家埠两条山间小路贩运大米、食盐、生活日用品之类供应山民。合作社还为根据地抗日游击队通讯员做好联络工作,并提供住宿招待。

1943年4月,浙东区党委进驻余姚梁弄,四明山根据地初步形成。由于日伪对根据地进行封锁,商品流通阻塞,中间商剥削严重,给群众生产生活带来很大困难。为此,浙东区党委发出"提倡生产合作社,试办运销合作社"的指示,根据地合作事业势如破竹般地发展起来。5月,慈镇县观海卫东山头建立妇女纺织生产合作社,进行纺织织布、做袜子做鞋子,支援抗日部队。9月,龙山区妇女会在龙山掌起陈家桥建立纺织合作社,并推定买棉、纺纱、摇袜、产销等4名负责人。所生产的产品,支援"三五"支队,还为新四军游击纵队制鞋做衣服。《新浙东报》曾以《冷天织袜子,热天织毛巾》为题,热情地对掌起妇女合作社作了专门报道。同月,姚南县左溪乡(今余姚市荚湖乡),办起荚湖山货合作社,从余姚城里偷运日常生活品,供应社员食盐、肥皂、香烟、火柴、蜡烛、纱线等,收购社员山货竹器品,又组织个体运销户外出推销疏通供销渠道,并从三北运盐,平抑嵊新一带盐价。10月,梁弄镇办起妇女合作社,经营生活日用品,还经营书籍、文化用品,供应当地的抗日部队。是年冬,宁海县在共产党员和群众骨干带领下,集资创办前童、岔路柴爿运销合作社。

中共鄞慈、鄞奉县委以鄞西乌岩、大雷(今海曙区横街镇)和梅园建岙、樟村(今海曙区鄞江镇、章水镇)等地区为中心,积极开展生产自救,建立合作社,以维护群众的正当利益,培养群众管理经济的能力。1943年初,在大雷乡(今海曙区横街镇境内)发动兴办合作社,为山农推销山货。9月13日,鄞慈县的慈南区合作社成立,到会社员247人。会上通过合作社章程,选出7名理事,推选出正副社长。四明特派员罗白桦对慈南区成立第一个生产、运输、土特产综合经营的合作社非常重视,成立大会时专程赶来致辞祝贺,并号召群众兴办各种合作社,开展互帮互助。9月至年底,鄞慈、鄞奉县各乡创办山货合作社或综合性合作社6个。

1944年春,中共龙山区委根据浙东区党委创办合作社的指示,以南泥湾精神开展生产自救,经范市党支部讨论决定,建立范市垦荒合作社,推选范市党支部书记范雪伦为合作社负责人。同时以共产党员为核心发动群众开荒,参加社员共48人,开荒约800亩。组织方式以劳力入股,按投放劳力进行分红集体分配。垦荒开始,先由区委拨给大米200斤,换买生产工具。约在三个月后垦荒完毕,先种烟叶和黄豆,生产情况较好,直至浙东新四军主力部队奉命北撤,才分地到户,在中共龙山区委书记王杰、区委委员包叔朗的支持下,村民冯彩月等人还组织龙山范市利民工业社,发动社员织布、制鞋、做衣服,支援根据地游击总队。7月,陆埠粮食合作社、陆埠山货远销合作社成立。

同年9月,余姚县南山合作社、南岚乡生产合作社、岭下村食盐运销合作社、左溪乡岭下村盐运销合作社、雅山村妇女合作社成立。南山合作社基于当时物价飞涨,率先卖平价米,社员群众得到实惠,纷纷要求入社。南岚乡生产合作社帮助山民出外采办洋芋艿种子,调剂耕牛,发动群众开荒种植,胜利地渡过春荒难关。同月18日,在浙东抗日根据地袁马村召开四明合作社联席会议,交流办社经验,商讨解决在合作社发展过程中的问题。会后,浙东敌后临时行政委员会拨款支持发展合作社。是年下半年,由"三五"支队家属屠敛秋组织发动办起梁弄纺织合作社,有土布机、纺织车各3台,纺织余姚土布,一部分供应市场,一部分供应部队。

1945年1月,四明特办余姚让贤乡办起合作社,社址设在梁弄,主要是为农民推销山货,如竹器、木制农具等。2月至7月,为粉碎日伪军封锁,余姚临山区双塘乡成立纺织合作社;左溪乡金岙、龙坑、冠佩、岭下、章雅山石门、鲁夹岙等6个村先后办起毛笋合作社,解决毛笋难销的问题。这一年又先后办起梁弄镇农民合作社、左溪乡生产合作社、南岚乡生产合作社、浙东行政公署机关生产合作社、双塘纺织合作社、横溪毛竹运销合作社,开拓销路,打破敌人经济封锁,帮助山农度过春荒。

1945年1月14日,中共鄞慈、鄞奉县委召开全县生产动员大会,号召学习南泥湾精神,开展生产竞赛。2月,中共鄞慈县委举办保长训练班。2月23日,鄞慈县办机召开生产动员会,以科室为单位,规定每人至少种一分地马铃薯、50株玉米,并组织生产合作社。3月8日,种下第一批洋芋艿之后又成立笋运销合作社。同时,合作社帮助采购种子,各区乡政府做好调查,制订计划,访问贫困农民,发放农贷,解决困难。农村组织互助组,互帮互助,村村开荒山,种马铃薯、玉米及番薯等杂粮。大生产运动结出丰硕的成果,先进的村、农户种植比原计划翻了一番多,乌岩红岭村的马铃薯亩产高达4000斤至5000斤。

当时鄞慈、鄞奉两县在贯彻新教育方针的过程中,编写识字课本。其中如合作社课本:"合作社,样样好;买东西,好便宜。卖东西,不吃亏;借铜钱,利息低。办生产,好互助;你一股,我一股,小本钱,大经营;大家办,大家管,赚铜钱,都有份。"

抗日战争期间,在浙东敌后抗日根据地,中共浙东区党委和地方党组织根据革命战争环境的需要,领导发动群众组建各种合作社,创办粮食运销售合作社、山货合作社、笋运销合作社、纺织合作社、手工业生产合作社、垦荒合作社和食盐产销合作社等39个合作社,从事运输物资、供应调剂日用必需品、推销山货、筹集经费、发放贷款和生产服装、鞋袜、子弹等军需物资。这些合作社的创办,对于当时根据地活跃物资交流,改善人民生活,促进生产发展,保障军民供应,支援革命战争,发挥了重要作用。同时发展民主政权建设和财政、金融、文教等工作,取得反顽自卫战争的胜利,巩固和扩大浙东抗日革命根据地。

1945年9月,浙东新四军主力部队奉命北撤后,四明山革命根据地斗争环境日趋恶化,敌我处于拉锯局面,武装斗争激烈,又基于合作社骨干成员随部队开往前线,合作社业务遂停办。

革命根据地合作社发展的历史作用

第一,做好军需品供应,支援抗日游击纵队作战。当时浙东游击纵队需要的日用品,除了从敌人手中缴获一部分,主要来源于根据地,但由于根据地处于山区,难以生产和供应作战所需要的物资。在抗日烽火中诞生的合作社承担了这一历史重任,充分利用经济关系组织广大农民,发挥集体经济组织优势,需要什么就供应什么,游击队走到哪里,合作社就到哪里开张营业,供应生活日用品。四明山地区新四军游击纵队的被服鞋袜,绝大部分都是通过合作社组织生产或代购的。其中龙山区妇女会兴办的掌起陈家桥纺织合作社,专制鞋子、衣服和袜子,保障供应"三五"支队。还有游击纵队生产火药需要的硫酸、火硝、木炭,生产大刀、刺刀、手榴弹、地雷、子弹、枪榴弹、掷弹筒、六〇炮及炮弹等原料,合作社就组织群众生产或到外地采购。由于合作社帮助抗日将士解决了后顾之忧,他们得以安心作战,英勇杀敌。

第二,扶持生产,保障群众生活供给。1943年4月,浙东区党委进驻余姚梁弄后,当时根据地形势相对稳定,但是经济上由于日伪对根据地进行封锁,商品流通阻塞,中间商剥削严重,给群众生产生活带来很大困难。根据地合作社坚持为农民的生产和生活服务的宗旨,坚持"民办公助,生产第一"的方针,始终把扶持生产作为重要任务。主要是通过贷粮贷款,供应农具、化肥和种子,收购推销农产品和山货等措施,大力扶持农副业生产,增加农民收入和有效供给。1945年,余姚县办起合作社13个,其中四明特办余姚让贤乡办起合作社,为农民推销竹器、木制农具等。左溪乡6个村的毛笋合作社,解决了毛笋难销的问题。梁弄镇农民合作社、左溪乡生产合作社、南岚乡生产合作社、浙东行政公署机关生产合作社、双塘纺织合作社、横溪毛竹运销合作社相继成立后,开拓销路,打破敌人经济封锁,帮助山农度过春荒。鄞县乌岩合作社帮助村民采购种子,发放农贷,解决困难,并辅导试种马铃薯、玉米及番薯等杂粮。

第三,开展经济斗争,粉碎敌人的经济封锁。1941年宁波沦陷后,日本侵略者控制工业基础和交通要道,在对抗日根据地进行军事进攻外,实行经济封锁,妄图从经济上制约根据地。其主要手段是发行伪钞,严格限制根据地抗币在其控制区流通,严禁重要物资及生活必需品流入根据地。在浙东区党委和地方民主政府的领导下,根据地合作社配合金融部门与敌人进行针锋相对的货币斗争。当时浙东银行发行抗币总数为200万元,等于粮食200万市斤的价值作为浙东银行的基金,发行1元券、5元券、10元券、50元券,各地专署印发角票,在三北地区浒山一带还铸制金属货币。合作社以物资为保障,坚持使用抗币,这对活跃流通、发展生产,繁荣根据地经济起了重要作用。同时,各地合作社工作者穿越封锁线,深入敌占区运销土副产品,购回根据地需要的食盐、火柴、煤油、纸张、电池等生活必需品,到友邻地区互通有无换回粮食、棉花、布匹等物资,及时供应给群众。

第四,浙东新四军主力部队于1945年9月奉命北撤后,根据地合作社虽然暂时停办,但其办社的经验在人民群众中播下种子,对新中国成立后办好供销合作社有一定的影响和重要的指导作用。

第二篇

中华人民共和国成立后的宁波地、市供销合作社

供销合作社是中国共产党领导下的合作社事业的一部分,是党和政府联系农民的桥梁和纽带。1950年3月,宁波专区供销合作总社成立,担负起全区供销社组建和管理。积极开展各类购销业务,推销农副产品,供应生活、生产资料,支持农民发展农业生产,对沟通城乡物资交流,恢复农村经济起到了积极作用。改革开放以来,供销社是一个以农村商品流通为主营业务,兼有生产、加工、销售、金融、物流、信息、电商等多项业务。在平等互助的基础上,自愿联合建立起来的为农服务的合作经济组织平台,是党和政府做好"三农"工作的重要载体。供销合作社联合社是按照自愿、互利、民主、平等的原则自下而上组成的联合经济实体。进入21世纪后,尤其是党的十八大以来,市供销合作社主要职能职责是:研究制定全市供销合作社发展规划;指导全市供销合作社深化改革和高质量发展;参与协调全市合作经济组织的布局调整;组织协调农业生产资料的供应和多项为农服务工作;按照政府授权承担重要农业生产资料、农副产品等经营管理;维护各级供销合作社及其企事业单位、专业合作组织和全体社员的合法权益;协调同有关部门的关系,指导社有企业和基层社的业务活动,促进城乡物资交流,开拓农村市场。

第一章 机构沿革

第一节 原宁波地区供销合作社

原宁波地区供销合作社前身是宁波专区供销合作总社。1949年5月25日宁波解放后,党和政府为了迅速发展生产,促进农村互助合作,消除中间剥削,繁荣城乡经济,巩固工农联盟,经宁波专员行署决定,1950年3月21日宁波专区供销合作总社于碶闸街成立,负责对全区各县供销社的检查督促和帮助指导,对所属经营单位实行直接领导和管理。1951年4月,宁波农副产品采购局成立,统一规划和分担国营商业与供销社在农副产品采购工作方面的繁重任务。时值宁波专区供销总社农副产品采购机构、人员随同业务经营划给宁波采购局归口管理,至1957年撤销宁波农副产品采购局并划给省供销社宁波专区办事处。1952年,宁波地区手工业生产合作社划归供销社管理。1953年11月,宁波专区供销合

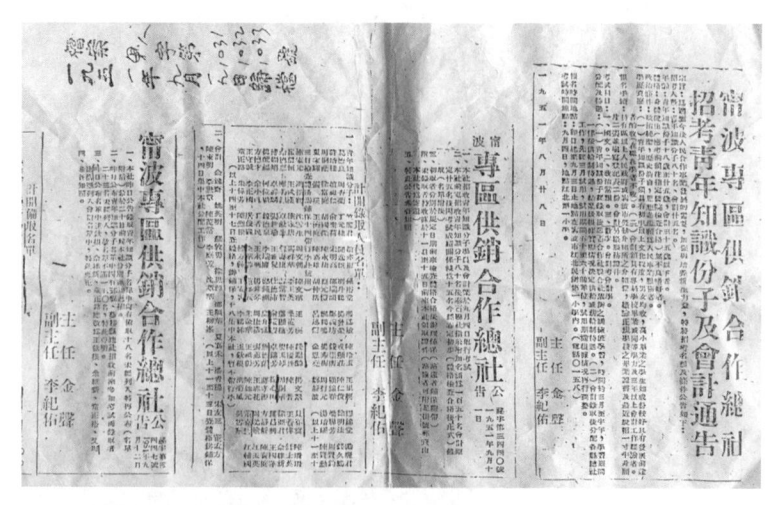

1950年宁波专区供销合作总社成立后发布的若干公告

作总社改名为浙江省合作社联合社宁波办事处(省社宁波办事处),作为省供销社派出的督导性行政机构。1954年10月,省社宁波办事处又改称为浙江省供销合作社宁波专区办事处(简称省社宁波专区办事处)。1955年,中共中央决定,手工业合作社与供销合作社分开。至1956年宁波地区各县(市)相继建立县(市)手工业联合社,并从供销社职能中析出。1958年6月,地(市)供销社机构第一次进行大撤并,宁波专员行署决定,省社宁波专区办事处与宁波专署商业局合并,对外仍挂省社宁波专区办事处牌子。1961年10月,根据中央关于改进商业工作的指示,按照城乡分工和商品经营分工相结合的原则,重新恢复省供销合作社宁波专区办事处。1965年2月,宁波地区专署根据省委1964年7月的决定,撤销省供销合作社宁波专区办事处,其工作职能并入专署财贸办公室,是年12月又并入宁波专署商业局。

1966年"文化大革命"开始后,供销社理、监事会制度被否定。1977年7月12日,中共浙江省委决定,恢复各级供销合作社,1978年1月,原省供销社宁波专区办事处与宁波地区商业局分开,成立宁波地区供销合作社。

1983年5月,浙江省委决定宁波地、市合并,实行市领导县的体制,撤销宁波地区建制。8月,宁波地、市供销合作社合并,成立宁波市供销合作社。

表2-1　原宁波地区供销合作社正、副主任名录

机构名称	任 期	姓 名	职 务	任职时间	离职时间
宁波专区供销合作总社	第一任	金声	主任	1950.03	1953.10
宁波专区供销合作总社		李纪佑	副主任	1950.05	1953.10
宁波专区供销合作总社		李德实	副主任	1953.01	1953.10
宁波专区供销合作总社	第二任	张照田	主任	1953.10	1954.08
宁波专区供销合作总社		李纪佑	副主任	1953.10	1954.08
宁波专区供销合作总社		李德实	副主任	1953.10	1954.08
宁波专区供销合作总社		廉凯	副主任	1954.06	1954.08
省社宁波办事处	第三任	李高斗	主任	1954.09	1957.08
省社宁波办事处		李纪佑	副主任	1954.09	1957.08
省社宁波办事处		李德实	副主任	1954.09	1956.10
省社宁波办事处		廉凯	副主任	1954.09	1957.08
省社宁波专区办事处		蔡瑞棠	副主任	1956.06	1957.06
省社宁波专区办事处		何德邦	副主任	1957.03	1957.08
省社宁波专区办事处	第四任	谢端木	主任	1957.08	1958.07
省社宁波专区办事处		李纪佑	副主任	1957.08	1958.04
省社宁波专区办事处		廉凯	副主任	1957.08	1958.03
省社宁波专区办事处		何德邦	副主任	1957.08	1958.06
省社宁波专区办事处	第五任	廉凯	主任	1961.11	1962.07
省社宁波专区办事处		王本亭	副主任	1961.11	1962.07
省社宁波专区办事处		何德邦	副主任	1961.11	1962.07

续表

机构名称	任期	姓名	职务	任职时间	离职时间
省社宁波专区办事处	第六任	谢端木	主任	1962.07	1964.05
省社宁波专区办事处		廉凯	副主任	1962.07	1964.05
省社宁波专区办事处		王本亭	副主任	1962.07	1964.11
省社宁波专区办事处		何德邦	副主任	1962.07	1965.02
宁波地区供销合作社	第七任	毛绳祖	主任	1977.12	1982.02
宁波地区供销合作社		车永康	副主任	1977.12	1982.02
宁波地区供销合作社		李坚	副主任	1977.12	1978.10
宁波地区供销合作社		商岳樵	副主任	1977.12	1981.07
宁波地区供销合作社		姚茂生	副主任	1981.09	1982.02
宁波地区供销合作社		何德邦	副主任	1981.12	1982.02
宁波地区供销合作社	第八任	车永康	主任	1982.02	1983.08
宁波地区供销合作社		姚茂生	副主任	1982.02	1983.08
宁波地区供销合作社		何德邦	副主任	1982.02	1983.08
宁波地区供销合作社		王兴启	副主任	1982.02	1983.08

第二节　宁波市供销合作社

宁波市供销合作社的前身是宁波市合作总社。1952年11月1日,经宁波市委和省合作社联合社批准,宁波市合作总社于和义路成立,负责管理宁波市区的消费合作社和郊区基层供销社,受市人民政府和上级供销社双重领导。

1954年3月,宁波市合作总社与宁波市区消费合作社(1949年冬至1950年春成立)及各基层消费合作社合并为宁波市合作社,实行一级经营,后宁波市区消费合作社划归国营商业的零售店(归商业部门管理),故市消费合作社没有保留下来。1954年4月至1955年3月,市合作社受市人委领导管理。1955年4月,市委决定撤销宁波市合作社,改组成立宁波市消费合作社,并移交国营商业管辖。后随形势发展,于1957年4月又成立宁波市供销合作社。1958年4月,市委决定市供销合作社并入市商业局,后按照国合分工的原则,于1961年8月市商业局与供销社分开,是年10月重新恢复宁波市供销合作社。1961年起,市供销合作社隶属于市政府领导。1965年10月,为调整、精简机构,宁波市委经浙江省编委同意,决定将市供销社再次并入市商业局。

1966年至1976年"文化大革命"期间,供销社的理监事会制度被否定。1977年7月12日,中共浙江省委决定,恢复各级供销合作社。1978年5月,市委决定市供销合作社与市商业局分开,恢复

宁波市供销合作社办公大楼

宁波市供销合作社。1983年5月,浙江省委决定宁波地、市合并,实行市领导县的体制,撤销宁波地区建制。是年8月,宁波地、市供销社合并,成立宁波市供销合作社。9月起,市供销社恢复"三性"(组织上的群众性、管理上的民主性、经营上的灵活性)体制改革。1985年,市供销社恢复集体所有制性质,退出政府行政机关序列,经费实行自收自支,享受局级机关同等待遇,机关人员保留国家干部身份,工资、福利参照市级机关。

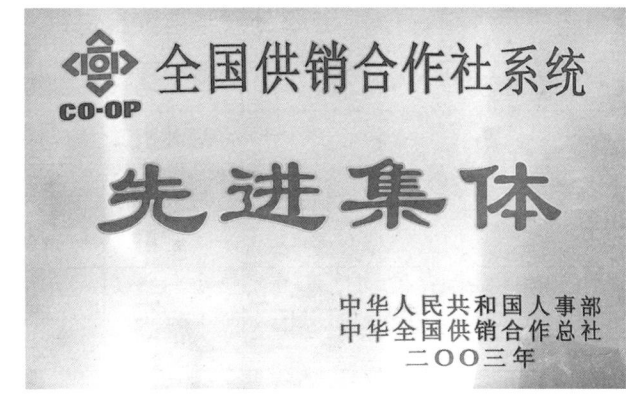

1986年至1990年,改革供销合作社现行领导体制,建立社务委员会,实行主任负责制等。1992年开始,市供销社实施公司制和股份制改革,建立现代企业制度。1993年,组建宁波海田集团(总公司)。1994年,宁波海田集团(总公司)获得进出口经营权,成为内外贸易并举的大型贸工集团。1995年,贯彻中共中央《关于深化供销合作社改革的决定》(中发〔1995〕5号)和浙江省委、省政府《关于深化供销合作社改革的若干意见》。1996年后,市供销社建设"五群企业"(市场群建设、商场群建设、饭店群建设、外向型工业群、仓储群),打造供销社实力工程。

1999年至2002年,各级供销社按照当地党委政府的统一部署,先后对所属企业实施企业产权制度改革和理顺劳动关系。全市供销社系统184家县以上企业、76家基层供销社完成改制任务,38000余名职工转变身份,18000余名离退休人员和3800余名享受补助的遗属得到妥善安置。改制后,全市供销社系统保留控股企业18家,参股企业22家,基层供销社28家。

2002年9月,宁波市政府办公厅甬政办发〔2002〕211号文件,明确市供销合作社"三定"方案,明确市供销社为全市供销合作社的联合组织(正局级),核定人员编制25名,机关依照公务员法管理。2003年6月,市供销社完成机关自身机构人事改革。2007年,市人事局(甬人公〔2007〕20号)对已批准依照公务员法管理的市供销社机关35名工作人员实行公务员法登记。2008年3月,启动县级供销社机构、人员"三定"工作。9月,市编委办、人事局同意市供销社机关参公编制27名。2009年5月,县(市)区供销合作社56名过渡人员参加公务员法考试全部合格,至7月,全市各县(市)区供销社在全省率先整体完成机关"三定"和人员"参公"管理工作。2013年12月27日,宁波市供销集团公司揭牌成立,并经报请市政府批准,将工商登记的企业法人单位——宁波市供销合作社更名为宁波供销集团公司,并按规定重新登记宁波市供销社机关为事业法人单位,参照公务员法管理。2014年10月28日,宁波市供销合作社联合社第一次代表大会召开,标志着宁波市供销合作社联合社正式建立,并实施代表大会、理事会、监事会"三会"领导管理体制。至此起,全市供销社体制基本定型。

2015年,全市供销社系统贯彻《中共中央国务院关于深化供销合作社综合改革的决定》(中发〔2015〕11号),在全市供销合作社系统实施综合改革。2016年12月23日,各区县(市)、乡镇在基本完成构建农合联组织体系的基础上,宁波市农民合作经济联合会成立暨第一次会员代表大会召开。市供销社承担市农合联执行委员会工作职责,市农民合作经济联合会牌子增挂在市供销合作社。2020年6月18日,市供销合作社联合社第二次代表大会召开,市供销合作社积极谋划"十四五"计划发展蓝图,为开创全市供销合作事业新局面而不断奋进。

表 2-2　宁波市供销合作社历任正、副主任名录

单位名称	任　期	姓　名	职　务	任职时间	离职时间	备　注
宁波市合作总社	第一任	陶健甫	副主任	1952.11	1953.01	主持工作
		刘昌华	主　任	1953.01	1954.07	有任命文件,但未到职
		陶健甫	副主任	1953.01	1954.07	
宁波市合作社 宁波市消费合作社	第二任	陶健甫	主　任	1954.07	1955.05	
		李宝玉	副主任	1954.07	1995.04	
宁波市供销合作社	第三任	段锡昌	主　任	1957.07	1958.04	
		陶健甫	副主任	1957.05	1958.05	
	第四任	陈恩斯	主　任	1961.08	1962.12	
		门宜荣	副主任	1962.01	1963.01	
		黎　明	副主任	1961.09	1962.03	
		车永康	副主任	1962.01	1963.02	
		陈恒义	副主任	1962.06	1963.02	
	第五任	段锡昌	主　任	1963.02	1965.12	
		门宜荣	副主任	1963.12	1965.12	
		李信成	副主任	1963.09	1965.12	
		郑宝福	副主任	1965.07	1965.12	
	第六任	郑忠辉	主　任	1978.05	1982.01	郑宝福即郑忠辉
		洪立刚	副主任	1978.05	1982.01	
		徐阿五	副主任	1980.01	1982.01	
		林修鸿	副主任	1980.04	1982.01	
	第七任	徐阿五	主　任	1982.01	1983.08	
		洪立刚	副主任	1982.01	1983.08	
		林修鸿	副主任	1982.04	1983.08	
	第八任	车永康	主　任	1983.08	1987.04	
		徐阿五	副主任	1983.08	1986.01	
		姚茂生	副主任	1983.08	1987.04	
		王兆能	副主任	1983.08	1987.04	
		洪立刚	巡视员	1983.08	1987.04	
		林修鸿	巡视员	1983.08	1987.04	
		王兴启	巡视员	1983.08	1987.04	
		郑忠辉	巡视员	1984.10	1987.04	
		徐阿五	巡视员	1985.12	1987.04	
		孔万华	副主任	1986.01	1987.04	

续表

单位名称	任期	姓名	职务	任职时间	离职时间	备注
宁波市供销合作社	第九任	江圣澜	主任	1987.04	1993.02	
		姚茂生	副主任	1987.04	1992.06	
		孔万华	副主任	1987.04	1987.09	
		车永康	巡视员	1987.04	1987.12	
		葛龙川	副主任	1991.11	1993.02	
		王兆能	副主任	1988.02	1991.11	
		徐阿五	巡视员	1987.04	1987.12	
		郑忠辉	巡视员	1987.04	1987.12	
		洪立刚	巡视员	1987.04	1987.12	
		张方砚	主任助理	1988.02	1989.02	
	第十任	葛龙川	主任	1993.02	1995.04	
		励慧芳	副主任	1993.09	1995.04	
		陆玛杰	副主任	1993.09	1995.04	
		孔万华	副主任	1993.02	1993.12	
	第十一任	励慧芳	主任	1995.04	1997.11	
		陆玛杰	副主任	1995.06	1997.11	
		陈仲朝	副主任	1995.06	1997.11	
		朱华锋	副主任	1995.06	1997.11	
		包银虎	主任助理	1996.03	1997.11	
	第十二任	周信浩	主任	1997.11	2009.12	
		陈仲朝	副主任	1997.11	2000.01	
		朱华锋	副主任	1997.11	2007.07	
		李猛进	副主任	1997.08	2009.12	
		包银虎	副主任	1997.12	2009.12	
		钱建国	副主任	2006.04	2009.12	
		张战英	副主任	2009.11	2009.12	
	第十三任	谢群华	主任	2009.12	2013.02	
		李猛进	副主任	2009.12	2013.02	
		包银虎	副主任	2009.12	2013.02	
		钱建国	副主任	2009.12	2013.02	
		张战英	副主任	2009.12	2013.02	
		胡立明	副巡视员	2009.12	2013.02	

续表

单位名称	任期	姓名	职务	任职时间	离职时间	备注
宁波市供销合作社联合社	第十四任	蒋旭灿	主任	2013.02	2015.04	2014年11月起市联社
		李猛进	副主任	2013.02	2013.12	
		包银虎	副主任	2013.02	2014.10	
		钱建国	副主任	2013.02	2014.10	
		张战英	副主任	2013.02	2015.04	
		王海寅	副主任	2014.07	2015.04	
		钟毅君	监事会主任	2014.04	2015.04	
		陈树生	副主任	2014.08	2015.04	2015.04—07主持全面工作
		胡立明	副巡视员	2013.02	2015.04	
		王万有	巡视员	2015.01	2015.04	
	第十五任	詹鑫华	主任	2015.07	2018.12	
		陈树生	副主任	2015.04	2019.04	2018.12—2019.03主持全面工作
		张战英	副主任	2015.04	2019.04	
		钟毅君	监事会主任	2015.04	2019.04	
		胡立明	副巡视员	2015.04	2018.04	
		王万有	巡视员	2015.04	2019.04	
		王海寅	副主任	2015.05	2016.11	
		黄建华	副主任	2015.08	2018.08	
		崔存世	副主任	2018.08	2019.04	
	第十六任	李斌	主任	2019.05		
		陈树生	副主任	2019.05		
		张战英	副主任	2019.05	2020.06	
		钟毅君	监事会主任	2019.05	2020.06	
		王万有	巡视员	2019.05		
		崔存世	副主任	2019.05	2019.05	
		戴建国	副主任	2020.06		
		郎文琴	副主任	2020.06		
		王文轩	监事会主任	2020.06		

注：1965年12月宁波市供销合作社并入市商业局，故至1978年5月恢复宁波市供销合作社的正、副主任名录不复存在

第三节　地、市供销社内设职能部门

一、原宁波地区供销社内设职能部门

1950年3月21日,宁波专区供销合作总社成立。建社初期,内设秘书、社务、业务、会计等四科室。随着业务的发展和管理分工的变化,科室随之调整。1954年以前,供销社经营粮油业务,并分管手工业生产合作社,宁波专区供销合作总社设有粮食、生产科,后此两项业务划归粮食部门以后,该两科也随之撤销。1950年至1953年,宁波专区供销合作总社内设社务科、干部科、组导科、推销科、供应科、计划科、秘书科、财会科、业务科、储运科。1953年11月改称省社宁波专区办事处,设立商改科。

1954年至1956年,随着农村私营商业改造任务的完成,商改科也随之撤销。1954年至1958年,内设干部科、组导科、组检科、秘书科、生产科、加工科、计财科、业务科、计划科、商改科、零贸科、干部训练班等。1961年10月,恢复省社宁波专区办事处,履行省社派出机构的工作职能。1961年至1964年,省社宁波专区办事处内设秘书科、行政物价科、人事组导科、业务科、财计科。1964年7月,浙江省委决定撤销省社宁波专区办事处。后于1965年2月,宁波专署决定撤销省社宁波专区办事处,其工作职能并入专署财贸办公室。是年12月又并入专署商业局。1978年1月,成立宁波地区供销合作社,内设人事秘书科、基层组织科、财务基建储运科、业务科。

1983年7月,宁波地区供销合作社内设机构有人事秘书科、基层组织科、基建储运科、计划业务科、省社干校宁波分校。8月,宁波地、市供销社合并,成立宁波市供销合作社,内设科室也随之变化。

表2-3　原宁波地区供销合作社内设科室及负责人名录(1950—1983年)

年　份	单位名称	科室	科　长	副科长	备注
1950.03—1953.12	宁波专区供销合作总社	社务课	陶健甫		
	宁波专区供销合作总社	干部科	高子彬		1953年前副科长
	宁波专区供销合作总社	组导科	陶健甫、高太怡		
	宁波专区供销合作总社	推销科	高太怡		
	宁波专区供销合作总社	供应科	何德郎		1953年前副科长
	宁波专区供销合作总社	计划科	李德实、胡　荒		
	宁波专区供销合作总社	秘书科	徐宝珊		
	宁波专区供销合作总社	财会科	何静英		
	宁波专区供销合作总社	业务科	洪　瑜		1953年前副科长
	宁波专区供销合作总社	储运科	井金昇		
1954.01—1958.12	省社宁波专区办事处	干部科	陈维汉、夏庆余、白秀云	杜锡昌、经思敬	
	省社宁波专区办事处	组导科		沈志英、王德年	
	省社宁波专区办事处	组检科	陈维汉	周元庆、邹永明	
	省社宁波专区办事处	秘书科	陈维汉	姚茂生、徐作田	

续表

年　份	单位名称	科　室	科　长	副科长	备　注
1954.01—1958.12	省社宁波专区办事处	生产科	庄尧川		
	省社宁波专区办事处	加工科	杨师震	井金昇、杜锡昌、陈松才、胡　荒	
	省社宁波专区办事处	计财科	张彩霞	张志毅	
	省社宁波专区办事处	业务科	朱镇南、何德郎	张彩霞、周锦祥	
	省社宁波专区办事处	计划科		王保康、胡　荒	
	省社宁波专区办事处	商改科		胡　荒、崔善祥	
	省社宁波专区办事处	零贸科		王保康、崔善祥	
	省社宁波专区办事处	干部训练班		王毅梅、孙桂芳	
1961.01—1964.12	省社宁波专区办事处	秘书科		余维舟	
	省社宁波专区办事处	行政物价科			未配备科长
	省社宁波专区办事处	人事组导科	陈亦伦		
	省社宁波专区办事处	业务科	车永康	戴望舒、邹永明	
	省社宁波专区办事处	财计科	陈永芳	周鑫鼎	
1978.05—1983.07	宁波地区供销合作社	人事秘书科	邬丝林、孔繁义	王月娥、高祥标	
	宁波地区供销合作社	基层组织科	邹永明	陈庆华、叶成林	邹永明1981年前副科长
	宁波地区供销合作社	基建储运科	裘定福	俞惠丰	
	宁波地区供销合作社	计划业务科	李伯动、裘季春、王竹芳		
	宁波地区供销合作社	省社干校宁波分校		叶成林	

二、宁波市供销合作社内设职能部门

1952年11月1日，宁波市合作总社成立，内设干部科、秘书科、财计科、组导科、业务科，至12月底未任命正、副科长，指定临时科室负责人。1953年至1955年，市合作总社内设干部科、秘书科、组导科、业务科、财务科、计划科6科，其中1954年财计科分为财务、计划2个科。

1956年至1958年，内设干部科、秘书科、财计科、业务科4科，其中1957年内设人事、秘书、财务会计、计划、业务、商改科6科。1961年至1965年，内设供应科、采购科、业务科、人事科、人事组导科、秘书科、行政物价科、财会科、计统科等。其中，1962年供应科、采购科合并为业务科；人事科、组导科合并为人事组导科。1978年5月，根据市委〔1978〕44号通知，恢复批准成立宁波市供销合作社。是年7月，正式与市商业局分开，设立秘书科、政工科、计划业务科、基层工作科、财务基建科、基建储运科、计划财务科等7科。

1980年，财务基建科分为计财、基储2科，计划业务科改为业务科。时有内设机构6科，即秘书科、政工科、业务科、基层工作科、基建储运科、计划财务科。1983年8月，地、市供销社合并，成立宁波市供销合作社，内设党委办公室、人事秘书科、计划财务科、业务科、基层组织科、基建储运科。

1983年9月至1985年,市供销社内设科室有党委办公室、人保科、人秘科、计财科、秘书科、财会科、业务科、业务信息科、科技工业科、基层组织科、基建储运科、团委、省社干校宁波分校、城区工作科。其中,1984年2月,省社干校宁波分校撤销;5月,设立城区工作科(外称城区办事处),人事秘书科改为秘书科,设立人事保卫科。是年,市供销社内设机构调整为7科1室:党委办公室、秘书科、人事保卫科、计划财务科、业务科、基层组织科、基建储运科、城区工作科(外称城区办事处)。是年,市供销社机关共有正、副科长(主任)16人,工作人员67人。

1985年,市供销社调整内设科室,6月建立科技工业科,7月将原业务科调整为业务信息科,并划入计划、统计工作,原计划财务科调整为财务会计科。9月,建立市供销社史料工作领导小组及办公室(临时机构),车永康兼任组长。年末,共设有党委办公室、秘书科、人事保卫科、计划财务科、业务信息科、科技工业科、基层组织科、基建储运科。1986年,内设科室设有党委办公室、秘书科、人事保卫科、基层组织科、业务信息科、财务会计科、科技工业科、基建储运科、城区办事处(城区工作科)、团委,另有临时机构企业整顿办公室(负责人郑安庆)和社史办。1987年5月,市供销社党委办公室改为政治处,秘书科改为办公室,基层组织科改为组织指导处,业务信息科改为计划业务处,人事保卫科、科技工业科、财务会计科、基建储运科等改为处室。是年起,现任正副科长、正副科级调研员,改称正副处长(主任)、正副处级调研员。同月,撤销城区办事处(城区工作科),建立市社江北办事处,为市社派出机构,并设立党组,受市社和江北区政府双重领导,负责慈城、洪塘、庄桥和江北等4个供销社。其中,海曙、江东2个供销社归属市社管理。年末内设科室为政治处、办公室、人事保卫处、组织指导处、计划业务处、财务会计处、科技工业处、基建储运处、江北办事处、团委。临时机构:幼儿园(归办公室管理)。市社史志办工作结束,职称办成立。

1989年,市供销社内设机构:政治处、办公室、人事保卫处、组织指导处、计划业务处、财务会计处、科技工业处、基建储运处、江北办事处、团委;内设科室增加:外经处(筹)、干校。临时机构:幼儿园(属办公室管理)。

1990年,市供销社内设科室增加财贸工会供销社工作委员会、幼儿园(属办公室),其余没变。1991年9月,市供销社科技工业处更名为工业外经处。是年,内设办公室、政治处、人事保卫处、组织指导处、计划业务处、财务会计处、工业外经处、基建储运处7处1室和江北办事处,共有机关工作人员52人。

1992年6月,江北办事处与计划业务处合署办公,设立工业处,撤销工业外经处,增设工业处、外经处,政治处增挂审计室,市供销职工中等专业学校(筹)增挂市供销社干部学校和市供销社培训中心牌子。1993年8月,人保处与政治处合署办公,对内称政治处;指导处与业务处合署办公,对内称业务处;工业处与外经处合署办公,称外经处(科技工业处)。1994年6月,设立市供销社进出口处,组织指导处和计划业务处实行合署办公,撤销幼儿园。

1996年至2000年,市供销社内设机构:主任室、纪委、办公室、政治人保处、计划业务处、财会处、工业外经处、进出口处、基储处、工会、团委。2002年4月,市政府甬政办发〔2002〕211号《关于印发宁波市供销合作社职能配置、内设机构和人员编制规定的通知》,市供销社机关由原来的8个处(室)调整为5个,设8个正副处级领导职位(5正3副)。内设机构设定为办公室、政治处、财务审计处(社有资产管理处)、经济发展处、合作指导处及机关直属党委。

2003年6月7日,市供销社机关8个处室负责人职位全部实行竞争上岗,即主任科员以上机关在编人员竞争中层副职领导职位,现任正、副处长(主任)、调研员竞聘中层正职领导职位。是年,市供销合作社内设5个处室,即办公室、政治处、财务审计处(社有资产管理处)、经济发展处、合作指导处。2013年8月,市供销社经济发展处增挂再生资源回收管理处,增加中层领导职数1名(副处级)。

2007年至2015年,市供销社内设办公室、政治处、财务审计处、经济发展处(再生资源回收管理处)、合作指导处、监事室。2019年,增设资产管理处。

表2-4　宁波市供销合作社内设科(处)室负责人名录

年　份	单位名称	科(处)室	历任科(处)长(主任)	历任副科(处)长(副主任)	备　注
1952.11—1952.12	宁波市合作总社	干部科			未任命正副科长,指定临时科室负责人
		秘书科			
		财计科			
		组导科			
		业务科			
1953.01—1955	宁波市合作总社	干部科	陈忠跃	徐湧隆	1954年财计科分为财务、计划二科
		秘书科		吴　行	
		组导科	高德恩	王　秩	
		业务科	李宝玉、王文敬	陈明星、林松祥	
		财会科		陈亦伦	
		计划科		杜惠之	
		生产科	郑振超		
1956—1958	宁波市供销合作社	干部科	周玉碧	王从军	
		秘书科		陈耀裳、吴　行	
		财计科	邱焕如	徐天中	
		业务科		王能丰、泮　静、严希余、杜惠之、李思荣	
1961—1965	宁波市供销合作社	供应科	杨敬田	陈耀忠	1962年供应科、采购科合并为业务科
		采购科	钱忠坤	江圣澜	
		业务科	杨敬田	江圣澜	
		人事科	刘礼芳	屠兆芳	1962年人事科、组导科合并为人事组导科
		人事组导科	马祖苗	赵漪萍	
		秘书科		王祖同、王勇进	
		行政物价科	何永跃、严崇兴	王勇进、余澄瑞	

续表

年 份	单位名称	科(处)室	历任科(处)长(主任)	历任副科(处)长(副主任)	备 注
1961—1965	宁波市供销合作社	财会科	虞再康		
		计统科	王裕民	俞明松	
1978—1983.08	宁波市供销合作社	政工科	周德成	郑安庆	周德成1980年前副科长
		秘书科	张铨根		张铨根1980年前副科长
		基层工作科		钱忠坤、冯积发	钱忠坤1979年底退休
		计划业务科	陈耀忠	孔繁励、叶永祥、蒋德琛	陈耀忠1979年底退休
		财务基建科		邵鸿昌	1980年财务基建科分为计划财务科、基建储运科
		基建储运科		邵鸿昌、周孝甫	
		计划财务科		孔繁华	
1983.09—1985	宁波市供销合作社	党委办公室	孔繁义	郁义康	
		人保科	金明咸	郑安庆、栗茂生	1984年人秘科分为人保科、秘书科
		人秘科	周德成、张铨根	孔繁励、郑安庆、柳洪祖	
		计财科	张铨根、王竹芳	王竹芳	1984年计财科的统计部门并入业务科,单独成立财务科
		秘书科	张铨根		
		财会科		王竹芳	
		业务科	叶永祥	孔万华、陈庆华、蒋德琛	
1983.09—1985	宁波市供销合作社	业务信息科	叶永祥	陈庆华	1985年业务科调整为业务信息科、科技工业科
		科技工业科	孔万华	王维成	
		基层组织科	邹永明	冯积发	
		基建储运科		周孝甫、金益斐	(无科长)
		城区工作科	周德成	孔繁励、王维成	
1986—1993	宁波市供销合作社	党委办公室	孔繁义	郁义康	1987年科改处(室)
		秘书科	张铨根		
		计财科		赖福宁	
		办公室	张铨根	王安宁、陆逢年、张战英、郑根富	秘书科改为办公室
		政治处	孔繁义、石永兴、金明咸、赖福宁	郁义康、石永兴、赖福宁、郭竞雄	党委办公室改政治处
		人事保卫处	金明咸	郑安庆、栗茂生、蒋定浩、包荷英	

续表

年　份	单位名称	科（处）室	历任科（处）长（主任）	历任副科（处）长（副主任）	备　注
1986—1993	宁波市供销合作社	计划业务处	叶永祥、郑学浩	陈庆华、孔繁励、严万龙、张方砚、黄锡义	
		组织指导处	邹永明	冯积发、裘国璋	基层组织科改为组织指导处
		业务处	叶永祥、郑学浩		
		外经处	周德成、陈仲朝		
		业务信息科	叶永祥	陈庆华、孔繁励	业务信息科改为计划业务处
		江北办事处	周德成	孔繁励	
		工业处	周德成		1992年江北办事处与计划业务处合并
		财务会计科（处）	叶永祥、郑学浩	王竹芳、郑学浩、张知中、赖福宁、包银虎	
		基建储运科（处）	郁义康、吴德成、周孝甫	周孝甫、金益斐、吴德成	
		科技工业处	周德成	孔繁励、王维成、徐明浩	
		工业外经科（处）	周德成、陈仲朝	徐明浩、严万龙、陈仲朝	1991年与科技工业处合并
1994—2002	宁波市供销合作社	办公室	陈汉忠	郑根富	
		政治处	金明咸、郭竞雄	蒋定浩、栗茂生	
		财务会计处	包银虎、张知中	吴美春	
		人事保卫处	金明咸	蒋定浩、栗茂生	
		进出口处	王海生		
		计划业务处	郑学浩、张战英	张战英、裘国璋、孔繁励	
		基建储运处	吴德成		
		工业外经处	陈仲朝、严万龙	徐明浩	
		科技工业处		徐明浩、严万龙、	
2003—2011	宁波市供销合作社	办公室	陈汉忠、钟毅君	钟毅君、石玉立、吴建裕、张碧英	
		政治处	蒋定浩、钱建国、王前线	黄党生	
		财务审计处	张知中	吴美春、余珊弘	
		经济发展处	张战英、钟毅君	裘国璋	
		合作指导处	徐明浩	吴建裕、田启朗	

续表

年 份	单位名称	科(处)室	历任科(处)长(主任)	历任副科(处)长(副主任)	备 注
2012至今	宁波市供销合作社联合社	办公室	吴建裕	张碧英、吴 军、刘波	刘波2020.06任副主任
		政治处	王前线、王学兴	胡文庭	王学兴2016.05任主任
		财务审计处	余珊弘、郑科达	郑科达	郑科达2020.06任处长
		经济发展处	钟毅君、郎文琴、何 良	田启朗	何 良2020.06任处长
		合作指导处	王露明	田启朗、何一栋	何一栋2020.06任副处长
		监事会	钟毅君、王文轩(兼)	田启朗、吴 军	王文轩、吴军2020.06任正、副主任

表2-5 宁波地、市供销合作社组织机构沿革及机关驻地一览表

起止时间	组织名称	上级领导机关	机关驻地	工作机构设置
1950.03—1953.10	宁波专区供销合作总社	宁波专署	碶石街184号,1951年上半年外马路29号,下半年中马路83号	
1953.11—1954.09	浙江省合作社联合社宁波专区办事处	宁波专署	江北岸中马路83号	
1954.10—1958.06	浙江省合作社宁波专区办事处	宁波专署	江北岸中马路83号	
1961.09—1965.02	浙江省供销合作社宁波专区办事处	宁波专署	江北岸中马路83号	
1978.01—1983.08	宁波地区供销合作社	宁波地区行署	解放北路91号,1983年后渔浦巷11号	
1952.11—1954.03	宁波市合作总社	宁波专区供销合作总社	和义路92号	
1954.03—1955.04	宁波市合作总社	宁波市人委	和义路92号	
1957.04—1958.04	宁波市供销合作社	宁波市人委	和义路92号	
1961.08—1965.12	宁波市供销合作社	市人民政府	东后街64号	
1978.05—1983.08	宁波市供销合作社	市人民政府	苍水街29号,1979年以前在市商业局内	
1983.09—1987.12	宁波市供销合作社	市人民政府	渔浦巷11号	1983.08地、市供销社合并
1988.01—1994.09	宁波市供销合作社	市人民政府	渔浦巷11号	
1994.09—1997.12	宁波市供销合作社	市人民政府	中山东路137号美乐门九楼	
1997.12至今	宁波市供销合作社联合社	市人民政府	海曙区老实巷66号	

第四节 教育、鉴定机构

宁波市供销合作社培训中心

1987年12月,根据省供销社《关于筹建宁波市供销社职工中等专业学校》的通知精神,市供销社党委决定,在江北区文教路42号新建一所4个班级一次可培训200人的供销干部学校。

1988年,投入资金50万元,建造校舍2080平方米及运动场1050平方米。1989年8月28日,经市政府(甬政发〔1989〕37号)和市编制委员会(甬编办字〔1989〕28号)文件批准,成立市供销社职工中等专业学校。学校为自收自支事业单位,核定编制为20人,领导职数2名,机构规格为副处级。这是当时宁波市教育系统办学中基地设施最好的一所成人中专。1990年1月9日,设立宁波市供销合作社干部学校,与宁波市供销社职工中等专业学校(筹)实行"两块牌子、一套班子"。是年,该学校有教职员工14人,其中专职教师5人。1992年6月,经市编委办〔1992〕28号文批准,市供销社职工中等专业学校增挂市供销社干部学校和市供销社培训中心牌子。

1991年至1993年,市供销社干部学校(培训中心)组织开展培训班117期,培训各级干部职工7250多人次,为提高全市供销社系统整体的队伍素质发挥积极作用。1995年起,市供销社职工中等专业学校面向社会招生,举办各类应急性短期培训班5期,受训人员250余人,并配合市社各处(室)积极开展系统全员培训活动,先后举办各类培训班26期,参训学员1574人次。1996年10月,在省供销社职工学院的支持下,市社干校开始试办经济管理大专班,首创系统开办大专班的纪录。此期大专班为期一年半,采取半脱产形式,来自市社各直属公司、城区基层社、余姚市社等45名学员参加学习。其中3人来自瑞安、温岭县(市)社。1998年,学校继续举办1998级经营管理专业大专班,并与浙江省纺织工业学校联合办学,使在校学生人数达到10个班级450人。

学校从1987年成立以来,学校曾对市供销社系统66个基层供销社的360名正、副主任进行全面的岗位培训;对市供销社直属企业员工进行政治和业务技术培训达2万多人次。先后与宁波大学成教学院、浙江经贸职业技术学院、浙江纺织技术学院和宁波甬江职高等单位合作,开展全日制正规学历教育和专业技术培训,为供销社系统和社会培养大量的实用型人才。

2001年至2003年,市供销社培训中心工作人员9人,其中行政管理人员3人,专业技术人员5人,后勤工作人员1人。2008年9月,市机构编制委员会办公室印发《关于宁波市供销社所属事业单位清理规范和分类方案的批复》(甬编办事(〔2008〕24号):核准保留市供销社培训中心牌子,为准公益类事业单位,机构级别相当于行政副处级,内设行政科和教务科;编制核减5名,即从原来的20名减至15名;核定单位领导职数2名,中层干部职数2名。经费预算形式为自收自支。不再承担中等专业学历教学任务。

2010年11月,经市机构编制委员会办公室(甬编办事〔2010〕52号)批复,培训中心增挂宁波市供销合作社行业特有工种职业技能鉴定站牌子。2011年1月,市人事局甬人函〔2011〕2号文,同意市供销社培训中心岗位设置方案,核定单位管理岗位为7人,占47%;专业技术岗位7人,占47%;工勤技能岗位1人,占6%。市供销社培训中心和市供销职工中等专业学校、市供销合作社干部学校同属一个学校,"三块牌子、一套班子",隶属宁波市供销社,为自收自支的事业单位。2011年,宁波海田置业有限公司在市供销社培训中心原基地上建造海田大厦,于2012年9月竣工后,学校分得6000平方米校舍。2015年,市供销社培训中心共有教职员工8人,营业收入150万元,资产总额170万元。现任培训中心主任汤镇庆,副主任陈静红。

表2-6　宁波市供销合作社培训中心历任正、副主任名录

机构名称	职务	姓名	任职时间	离职时间
宁波市社职工中等专业学校（筹）	校长	楼承渝	1989.08	1995.07
宁波市社职工中等专业学校（筹）	副校长	栗茂生	1989.08	1995.07
宁波市社职工中等专业学校	校长助理	王贤琴	1992.11	1994.11
宁波市社职工中等专业学校	主持工作	栗茂生	1995.07	1995.11
宁波市社职工中等专业学校	校长	陆逢年	1995.11	2000.01
宁波市社职工中等专业学校	校长助理	钟毅君	1997.01	1999.12
宁波市社职工中等专业学校	校长	陆逢年	2000.01	2012.08
宁波市社职工中等专业学校	负责人	冯培荣	2012.8	2013.09
宁波市供销社培训中心	主任	冯培荣	2013.09	2015.03
宁波市供销社培训中心	副主任	汤镇庆	2013.09	2015.03
宁波市供销社培训中心	主任	汤镇庆	2015.03	
宁波市供销社培训中心	副主任	陈静红	2015.03	

全国供销合作总社再生资源行业职业技能鉴定宁波工作站

2007年5月,经全国供销合作社总社职业技能鉴定指导中心批准,成立宁波市再生资源行业协会职业技能鉴定工作站(简称工作站),朱爱富任站长,潘富忠任考评部主任,江民军任培训部主任。主要职能是对全市再生资源行业从业人员进行上岗业务培训和行业加工工、挑选工的技术等级(初、中、高)培训、考核和发证。2009年,工作站组织2名会员理事骨干参加全国供销合作总社及国家人力资源和社会保障部联合在青海省西宁市举办的再生资源行业高级技师培训班。2013年,选派13名管理人员和重点回收企业代表参加全国供销合作总社职业资格培训中心和天津再生资源研究所联合举办的全国再生资源高级技师培训班,均取得高级技师专业证书,成为获得全国再生资源行业最高级别的技术管理人才。

2007—2015年,工作站共举办9期再生资源行业职业技能鉴定培训班,培训1600余人;编制《宁波市废旧物资回收业务知识》等再生资源职业上岗培训教材。再生资源回收行业整体培训工作取得显著效果,开创了全市再生资源行业职业技能鉴定工作的先河,弥补长期以来这一领域的空白,在全省再生资源行业引起广泛关注。据2015年底统计,全市再生资源回收行业特有工种共拥有15名高级技师、52名中级工、548名初级工。

宁波市供销社行业特有工种职业技能鉴定站

2010年4月16日,经人力资源和社会保障部审批同意,宁波市供销社行业特有工种职业技能鉴定站(简称"鉴定站")成立。11月,经市机构编制委员会办公室(甬编办事〔2010〕52号)批复,市供销合作社培训中心增挂宁波市供销合作社行业特有工种职业技能鉴定站牌子。该鉴定站主要为全市再

生资料包装回收修整加工工、畜验收饲养员、竹制品加工工、茶叶精制工、废旧物资挑选工、多种经营技术辅导、果生产培植员、物资进货员、物资供应、废旧物资加工工、茶艺师、农产品经纪人、菌类园艺工、茅菜加工工、棉花检验员、评茶员等16类工种的所有等级（初、中、高、技师、高级技师等5个等级）开展技术职称鉴定工作。鉴定站拥有380平方米的考核场地、各类先进的仪器仪表等硬件设施，配备多学科、多专业的高级师资力量和7名具有国家技术职称的考评员，制定相应的行业鉴定标准和管理制度。2012年5月，市供销社被评为全国供销社系统农民实用技能鉴定和农产品经纪人星火科技培训先进单位。

2010年4月至2015年，鉴定站共举办各类培训班34期，培训4279人次，由全国供销合作总社和国家人社部颁发职业资格证书4025本。先后被全国总供销合作总社评为国家职业资格认证、农产品经纪人星火科技培训先进单位，被省供销社评为农村实用人才培训一等奖单位。

2010年4月至2015年3月，钱建国任鉴定站站长。2015年3月起汤镇庆任鉴定站站长。

第二章　经营机构

第一节　业务机构

一、原宁波地区供销合作社经营机构

1950年3月,建立宁波专区供销合作总社,时设土产站、采购站、药材站、农产品站、副食品站、储运站、生产站、畜产品站等业务经营机构。至1983年8月,宁波地区供销社先后设有土产批发站、土产站、采购站、药材站、农产品站、副食品站、储运站、生产站、畜产品站、生产资料公司、土产果菜公司、日杂畜废公司、特产公司、贸易公司等业务经营机构。1954年,宁波地区农业生产资料公司、土产批发站成立。1956年,建立宁波地区副食品公司(站)、日用品站、药材站。1957年,建立宁波地区采购站、农产品站、省供销社宁波仓储运输公司。1965年,建立省土产公司宁波公司。1976年,建立宁波地区特产公司。1978年8月,地区副食品公司干果部分划归市供销社管理。是年9月,撤销地区土特产公司,连同地区副食品公司划归供销社归口的干鲜果菜业务,分别建立宁波地区特产公司、土产果菜公司、日杂畜产废旧物资公司。

宁波地区特产公司负责全区棉花、茶叶、蚕茧的收购、调拨、分配和有关业务的指导工作,并对部分商品实行跨地区调拨。

宁波地区土产果菜公司主要负责全区土产、干鲜果的收购、调拨、分配和有关业务的指导工作,并对部分商品实行跨地区调拨。1980年7月起,还兼营贸易货栈业务。

宁波地区日杂畜产废旧物资公司负责全区供销社系统日用杂品、畜产品、废旧物资的收购、调拨、分配和有关业务指导工作,并对部分商品实行跨地区调拨。该公司还附设有炼铁厂,负责废钢铁、压块加工,羽毛整理包装。

1983年2月,建立市贸易公司、省供销社农业生产资料公司、宁波化肥经营处。至1983年7月,宁波地区供销社所属有农业生产资料公司、特产公司、土产果菜公司(兼贸易货栈)、土产日杂畜产废旧物资公司及省社宁波供销仓储运输公司、省社宁波化肥经营管理处、省社干校宁波分校(筹)等7家单位。1983年8月,地、市供销社合并,公司机构调整,地区直属公司并入市供销社有关专业对口公司。

二、宁波市供销合作社经营机构

1951年,建立宁波市畜产品公司。1952年11月,建立市合作总社,负责整顿全市大约40个由区、街道以及工厂企业等单位组织的消费合作社和郊区供销社。其时所属消费社或分销处均改为供应站,同时设农副产品、日用什品、土产日杂、农业生产资料等经理部(公司)。

1953年,宁波市副食品公司建立。1957年,市供销社设有副食品采购供应批发站(原系省社水果

站)、日用土产采购供应批发站,综合采购供应批发站(原系市郊供销社)。这3个供应批发站均为独立核算单位,业务人员160人,管理人员118人。是年,建立宁波市废旧回收公司。1958年,市供销社与市商业局合并,挂两块牌子。市供销社原所属的蔬菜经理部、盐管处并入副食品经理部,同时建立市社贸易货栈。1961年10月,市供销社按行政区设立办事处15个,其中甬江办事处负责甬江、庄桥、慈城、洪塘4个基层供销社。所属有日用什品、农副产品、农业生产资料、贸易货栈、副食品经营部,共有零售网点35个,职工883人。担负着市郊的生产、生活资料供应和农副产品收购任务。同时,根据国、合分工,供销社还承担宁波老市区的日用杂品、南北果品、枝柴、煤炭和部分副食品的供应任务。

1962年5月,市供销社所属的农副产品、日用什品、生产资料等经理部调整为副食品、日用土产和生产资料等3个经理部,后又调整为4个经理部,即日用土产经理部、农副产品经理部、副食品经理部、蔬菜经理部,新建国营国药公司。时有归口行业34个,包括近郊的庄桥、慈城、洪塘、甬江等供销社,从业人员3940人。1964年12月,市供销社副食品、日用土产、生产资料等3个经理部合并为日用土产经理部。1965年12月,建立郊区供销社蔬菜批发推销站。1978年,市供销社城区甬江、庄桥、洪塘、慈城等4个基层供销社,职工2400人。其中,甬江供销社200人,庄桥供销社262人,洪塘供销社160人,慈城供销社501人;归口供销社管理的合作商店44个,职工1040人。1979年,市供销社所属城区供销社6个,分社10个,职工1218人。

20世纪70年代初,市供销社农副产品、日用什品、土产日杂经理部(公司)合并为土产日杂、农副产品、农土部公司(站)。1976年建立地(市)特产公司。1978年1月,宁波市土产日杂公司设立。10月,市农资、土产公司,分别建立市农资公司和市土产公司归市供销社管理;市副食品公司建立烟酒糖业公司,市副食品公司归市供销社管理。是年,市供销社所属设有副食品公司、农业生产资料公司、土产日杂公司、物资回收公司、土产日杂公司、市社贸易货栈,市郊有慈城、庄桥、甬江等3个基层供销社,所属有11个供销分社。

1983年8月,地、市供销社直属公司机构合并。

三、宁波地、市供销社合并后经营机构

1983年8月,宁波地、市供销社合并,成立宁波市供销合作社。根据省供销社关于业务机构适当分细和杭州、宁波、温州3市二级站设置的设想,调整地、市供销社合并后的专业公司。通过调整,撤销3个重叠机构,新建2个专业公司,重新组建4个省属公司和5个市属公司。同时,对地、市供销社合并后的市属企业的财产、人员进行划分和调整。是年底统计,市供销社直属单位共计15个,即市农资公司、市特产公司、市土产日杂公司、市废旧物资回收公司、市副食品公司、市畜产品公司、市贸易公司、市社幼儿园、市社郊区办事处(负责郊区甬江、庄桥、慈城3个供销社)、省供销社宁波仓储运输公司、省农资公司宁波化肥经营处、省社干校宁波分校。

1984年2月9日,恢复建立市供销社汽车队(1984年8月29日更名为东港汽车服务公司)。5月16日,撤销甬江供销社,建立海曙、江东、江北供销社。6月19日,市供销社劳动服务公司建立。7月12日,恢复洪塘供销社建制。7月13日,市第二土产日杂公司建立。9月,市第二副食品公司、市第二物资回收公司建立。9月20日,单独成立市供销社贸易中心。是年,市供销社所属单位14个公司和6个基层供销社,即市农资公司、副食品公司、特产公司、土产日杂公司、畜产品公司、物资回收利用公司、供销

社贸易中心、东港汽车服务公司、劳动服务公司、第二副食品公司、第二土产公司、第二物资回收公司、省社宁波仓储运输公司、省农资公司宁波化肥经营处以及海曙、江东、江北、庄桥、洪塘、慈城等6个基层供销社。

1985年4月16日,宁波茶叶公司建立,与宁波特产公司实行"两块牌子、一套班子"。8月24日,市第二副食品公司改名为市果品食杂公司。1986年12月27日,市供销社江北办事处设立,撤销市供销社城区办事处(市供销社城区工作科)。1987年1月,增设宁波市土产日杂公司。6月,增设市工业品公司,撤销市供销社贸易公司。11月,根据市政府通知,市供销社本级系统共有215个网点下放市区商业局属地管理,其中市第二土产日杂公司所属的7家独立核算零售企业及下属的20个门店;市果品食杂公司所属10家独立核算零售企业及下属的38个门店;城区基层供销社(江东、江北、海曙、洪塘、庄桥、慈城)归口管理的集体商业综合公司(或总店)所属部分企业,包括零售商店、批发部、收购站、工厂(场)、饮食服务业等。

1988年5月13日,撤销市第二土产日杂公司,并入市工业品公司。6月14日,增设宁波汽车服务公司。1989年4月14日,增设市再生资源回收利用公司,撤销市第二物资回收公司。5月,设立市供销社外贸货源经营部、工业物资经营部和综合经营部,属市供销社管理。8月28日,成立市供销社职工中等专业学校(筹)。11月,根据市委、市政府《关于进一步清理整顿公司的通知》,市供销社所属18家公司中,撤销市东港汽车服务公司、海曙供销社信托贸易公司;保留16家,即宁波仓储运输公司、市土产日杂公司、市果品日杂公司、市副食品公司、市畜产品公司、市特产公司、市茶叶公司、市茶叶联合公司、市工业品公司(市社贸易中心)、市再生资源回收利用公司、市物资回收利用公司、市农资公司、市蜂业公司、江北区工业品批发公司、庄桥商业综合公司、慈城商业综合公司。

1990年4月,按市清理整顿公司领导小组办公室〔1990〕7号文件通知,撤销市供销社贸易中心,市社所属公司保留16个,即市茶叶公司、市茶叶联合公司、市果品日杂公司、市蜂业公司、市农业生产资料公司、市再生资源回收利用公司、市畜产品公司、市土产日杂公司、市副食品公司、宁波仓储运输公司、慈城商业综合公司、庄桥商业综合公司、市特产公司、市工业品公司、江北区工业品批发公司、市物资回收利用公司。1991年7月,市工业品公司经营机构调整,将部分业务并入市土产日杂公司,另一部分业务继续保留,实行"两块牌子、一套班子"。将市供销社贸易中心改称宁波市供销物资公司,实行独立核算。

1992年,市供销社直属11个公司、1个合资企业、1个联营公司、6个基层供销社,代管2个省属公司,即市副食品公司、市农资公司(宁波南苑商社)、市特产公司(市茶叶公司)、宁波畜产品公司(1992年12月歇业)、市供销物资公司、市土产日杂公司、市物资回收利用总公司、市华达汽车服务有限公司、市果品日杂总公司、市物资回收利用总公司、市供销社通利经营公司(1992年6月组建)、浙甬拆船物资联营公司(1992年9月组建)、慈城、江北、江东(明州实业公司)、海曙、庄桥、洪塘供销社,2个代管的省农资宁波分公司、省社宁波仓储公司。是8月,市政府批复市供销社建立进出口总公司,实行"挂牌"或"借牌"经营。是年1月,组建宁波南苑商社董事会。11月,宁波南苑商社下属的宁波南苑饭店改组为宁波南苑股份有限公司。1993年,市供销社直属11个公司、3个合资企业、1个联营公司、6个基层供销社,代管2个省属公司,即市农资公司(宁波南苑商社)、市特产公司(市茶叶公司)、市土产日杂公司、市供销物资公司、市副食品公司、市果品公司、市再生资源总公司、市物资回收利用总公司、市供销社通利经营公司、宁波美乐门商城、宁波南苑股份有限公司(1993年10月机构升级)、市华达汽车服务有限公司、市高合羽绒制品有限公司、市冠华置业有限公司、浙甬拆船物资联营公司,以及慈城、江北、江东、海曙、庄桥、洪塘供销社,2个代管的省农资宁波分公司、省社宁波仓储公司。

1994年1月,市供销社物资公司建材装潢经营部更名为市供销社物资公司建材分公司,并开设市供销社物资公司大闸经营部。市物资回收利用公司增挂宁波海田集团金属材料公司名称。2月,宁波海田集团总公司物资经营部成立,非独立核算。3月28日,设立宁波保税区海田投资有限公司,同月设立宁波海田集团总公司物资贸易部。4月,设立宁波市合立贸易总公司。5月,成立宁波海田集团总公司物资经营部,开设宁波市望湖美容美发中心。6月,宁波海田集团总公司设立28个进出口部。10月,设立市海和医药经营部。是年,市供销社直属14个公司、4个合资企业、1个联营公司、3个基层供销社,代管2个省属公司,即市农资公司(宁波南苑商社)、市特产总公司(市茶叶公司)、市土产日杂总公司、市供销物资公司、市副食品公司、市果品总公司、市再生资源总公司、市物资回收利用总公司、市供销社通利经营公司、宁波保税区海田投资有限公司(合资企业,1994年3月建立)、宁波海田集团进出口公司(1994年5月建立)、市海丰实业总公司(1994年8月建立)、美乐门商城、南苑股份有限公司、市华达汽车服务有限公司、高合羽绒制品有限公司(系中外合资企业)、市冠华置业有限公司(系外合资企业)、浙甬拆船物资联营公司、市合立贸易发展总公司(1994年3月由原江北、庄桥、洪塘供销社合并组建),以及慈城、江东、海曙供销社,2个代管的省属公司为省农资宁波分公司、省社宁波仓储公司。

1996年4月,注销宁波海田信息服务公司、余发装潢设计服务部、宁波海田集团总公司物资经营部、宁波美乐门商城汤姆熊育乐事业有限公司。7月,建立宁波海田集团总公司进口一部、进口二部。是年,市供销社直属12个公司、3个合资企业、3个基层供销社,代管2个省属公司。1998年5月,宁波美乐门集团股份有限公司开办宁波通讯器材市场。2001年10月9日,市茶叶联合公司组建宁波茶叶进出口公司,后于2009年7月注销。2010年,市供销社本级有控股企业(含相对控股)16家,事业单位1家,总资产22.32亿元,所有者权益7.16亿元。进出口业务稳步上升,实现进出口销售额9.32亿元,比上年增长29.2%。

2015年,市供销社(宁波供销集团)所属全资(控股)及参股企业共有17家:宁波供销资产经营公司、市农信担保有限责任公司、市农资有限公司、市甬丰农资公司、市供销二号桥市场有限公司、宁波海田控股集团有限公司、宁波供销农产品电子商务有限公司、宁波供销商业发展有限公司、浙江兴合融资租赁有限公司、市特产棉花有限公司、物资回收有限责任公司、市华达石化有限公司、合立贸易发展总公司、江东供销有限公司、海曙供销有限公司、慈城供销有限公司、海田纸张经贸有限公司。事业单位1家:宁波市供销合作社培训中心。

第二节　全资、控参股企业

宁波供销集团公司

2013年12月27日,宁波供销集团公司成立,注册资本1.1亿元。宁波市供销合作社变更为宁波供销集团公司,设立供销集团董事会和监事会,供销集团董事由市供销社领导班子成员兼任,董事长由市供销社主任兼任。供销集团总裁由市供销社副主任担任,负责供销集团日常经营管理。供销集团监事会主席由市供销社纪委书记兼任,监事由市供销社机关相关处室负责人兼任。市供销社领导原则上不再兼任供销集团下属子公司董、监事,子公司董、监事则从市供销社机关处级干部或供销集团中层干部中选派。

宁波供销集团的综合协调、人力资源管理、财务融资、监管审计、项目投资及对外协作等工作由市社机关相应处室承担。内设总裁办、人力资源部、财务审计部、项目投资部、经济协作部,分别挂靠在相应处室,总裁办负责供销集团日常事务和综合协调工作。各部长分别由市社处室副职兼任,相对明确具体工作人员。

2014年,宁波供销集团公司开展资产清理、产权调整、人员调配、相关制度建立和组织关系调整等工作。3月,组建宁波供销资产经营公司,注册资本500万元,主要负责供销集团授权的资产及市合立贸易发展有限公司(江北供销社)资产的管理。负责供销集团子公司以外其他供销集团投资、控股、参股企业的管理等。是年,宁波供销集团公司及所属子公司实现利润超1000万元,增长54%。

2015年,宁波供销集团公司旗下子公司有宁波市农业生产资料有限公司、宁波供销资产经营公司、宁波供销电子商务有限公司、宁波市农信担保公司、宁波市二号桥市场公司、宁波供销商业发展有限公司、宁波海田控股集团有限公司等17个单位。是年,宁波供销集团公司经营总收入3.03亿元,实现利润3388万元。

表2-7 宁波供销集团公司历任董事长、董事、总裁(副总裁)名录

职 务	姓 名	任职时间	离职时间
董事、董事长	蒋旭灿	2013.12	2015.07
董事、总裁	包银虎	2013.12	2015.07
董 事	李猛进	2013.12	2015.07
董 事	张战英	2013.12	2015.07
董 事	胡立明	2013.12	2015.07
董 事	钟毅君	2013.12	2014.05
董 事	陈树生	2014.09	2015.07
董 事	王海寅	2014.05	2017.03
董 事	钱建国	2014.05	2015.07
董事、董事长	詹鑫华	2015.07	2019.03
董事、总裁	包银虎	2015.07	2017.10
董 事	张战英	2015.07	2019.03
董 事	钱建国	2015.07	2017.10
董 事	黄建华	2015.07	2018.08
董事、副总裁	胡立明	2015.07	2018.04
董 事	陈树生	2015.07	2019.03
董 事	王万有	2015.07	2019.03
董事、副总裁	余珊弘	2017.10	2019.03
董 事	崔存世	2018.07	2020.08
董事、董事长	李 斌	2019.07	

续表

职务	姓名	任职时间	离职时间
董事	陈树生	2019.03	
董事	张战英	2019.03	2020.08
董事	王万有	2019.03	
董事、总裁	戴建国	2020.08	
董事	郎文琴	2020.10	
董事、副总裁	陆杰辉	2020.05	

表 2-8 宁波供销集团公司监事会历任主席、监事名录

职务	姓名	任职时间	离职时间
监事、监事会主席	钱建国	2013.12	2014.05
监事	王前线	2013.12	2019.04
监事	吴建裕	2013.12	2020.08
监事	余珊弘	2013.12	2017.10
监事	王露明	2013.12	2020.08
监事	张挺	2013.12	2020.08
监事	潘潇	2013.12	2014.05
监事、监事会主席	钟毅君	2014.12	2020.08
监事、监事会主席	王文轩	2020.08	
监事	吴军	2020.08	
监事	林松波	2020.08	
监事	任君	2020.08	
监事	李璐	2020.08	

宁波供销资产经营有限公司

2014年3月3日,宁波供销资产经营公司成立,注册资本500万元,为宁波供销集团公司的全资企业。公司下设投资管理部、财务审计部,主要负责供销集团授权的资产及市合立贸易发展有限公司(江北供销社)资产的管理;负责供销集团子公司以外其他供销集团投资、控股、参股企业的管理。

2015年底统计,宁波供销资产经营公司共有参、控股企业11家,投资总额1609.03万元。其中:(1)慈城供销有限公司投资额7.5万元,占股5%,2014年6月由宁波供销集团以股权形式转让。(2)海曙供销有限公司投资额31.81万元,占股5%,2014年由宁波供销集团以股权形式转让。(3)浙东供销超市有限公司投资额75万元,占股15%。(4)市物资回收有限责任公司投资额23.1万元,占股5%。(5)宁波海田纸张经贸有限公司投资额175.78万元,占股34%,2015年9月由宁波供销集团以股权形式转让。(6)市特产棉花有限公司投资额100万元,占股20%,2014年6月由宁波供销集团以股权形式转让于公司并进行管理。(7)宁波美乐门商贸有限公司投资额7305.47万元,占股72.73%。(8)海曙农展商贸有限公司投资额3.33万元,占股100%。(9)投资宁波出口茶叶拼配厂的800万元和市再生资源总公司的110万元。市合立贸易发展有限公司资产由集团公司代为管理。同时经营14宗房屋、营业场地租

赁业务,计房屋(土地)建筑面积6309平方米,其中宁波海田大厦4楼办公用房1200平方米,西湾路2号1825平方米,慈城镇南城沿路2号地块面积2251平方米等。

2015年,宁波供销资产经营公司营业收入237万元,所有者权益523万元。2014年3月至2020年5月,宁波供销资产经营公司总经理为忻红兵。2018年8月,忻红兵任公司董事长。2020年5月,陆杰辉任公司总经理。

宁波市农信融资担保有限责任公司

2007年8月,宁波市农信融资担保有限责任公司(简称"市农信担保公司")成立,注册资金3000万元,股东主要由宁波市供销社(宁波供销集团公司)、北仑区供销社、宁波海阳总公司、宁海县供销社等出资组成,这是一家以服务"三农"为经营宗旨的市级农业专业担保公司。主要经营内容是为全市种养殖大户、各类农业专业合作社、村级综合服务社及其他为农服务企业解决生产经营过程中的资金短缺问题提供贷款担保服务。至2015年,市农信担保公司先后与宁波银行、交通银行、建设银行、市区农村信用联社等建立良好的业务合作关系,累计为全市的涉农企业、专业合作社、种养殖大户提供实际担保7亿多元,先后为682家企业和农户提供担保。2015年底,公司提供实际担保余额7438万元。营业收入66万元,所有者权益3664.44万元。

宁波市农信担保公司历任董事长、总经理:2007年9月至2015年9月,董事长为包银虎,总经理为张知中。2015年9月至2017年6月,董事长为冯培荣,总经理为吴军。2020年5月,董事长为忻红兵,总经理为陆杰辉。

宁波市农业生产资料有限公司

宁波市农业生产资料有限公司(简称市农资公司)前身是宁波市农业生产资料经理部,成立于1952年。1978年2月,市农资公司建立,主营化肥、农药、农膜、消杀用品及中小农具等。1983年8月,原宁波地区农资公司与市农资公司合并,成立新的市农资公司。1985年12月17日,接省供销社通知,省社宁波化肥经营处承担的计划内对宁波市属7县(市、区)的化肥调拨经营业务,自1986的1月1日起,移交给市农资公司。

1985年,市农资公司创利29.8万元。1986年,创利70万元,职工人数78人,固定资产78万元,流动资金82万元。1987年,市农资公司开始推行承包经营责任制,实行利奖挂钩,有效地调动职工的积极性,经济效益明显提高。是年,农资销售总额6167万元,增长71%;利润85.6万元,增长47%。1989年,市农资公司开拓多种经营。是年,农资销售总额1.47亿元,其中受市供销社委托管理控股的宁波南苑饭店,自1991年11月开业以来,年经营收入和利润分别由1991年的290万元和26.5万元增至1995年的1650万元和443万元,年增长率分别为60%和122%。1991年7月,市工业品公司经营机构调整,市供销社大楼原属工业品公司的场地、设施以及大楼商场内的"黄金屋"专柜划入市农资公司,开设宁波南苑金都。是年,市农资公司销售总额2.55亿元,接收进口农资商品总额1323万美元,出口总额49万美元。1992年销售总额2.75亿元。

1992年3月,建立宁波南苑商社,企业从属名称为宁波市农资公司、宁波南苑商社,所属有南苑饭店、东港进口汽车配件公司(原东港汽配商场)、农资贸易公司(原贸易经营部)等3个独立核算的子公司。5月,宁波南苑商社购买保税区2号地块13200平方米作为仓库项目用地,成立宁波南苑商社北仑农资贸易公司,投资250万元。11月,宁波南苑饭店改组为宁波南苑股份有限公司,股份总数315万股(其中社会法人认购股111.9万股,职工认购15万股,市农资公司(发起人之一)认购188.1万股。后因股份制企业必须是经济独立的原因,市农资公司与宁波南苑股份有限公司结清有关账务,划清财产,划分职工和离退休职工人数。其中,市农资公司职工171人(离退休职工48人),宁波南苑股份有限公司职工137人(离退休职工6人),并归属市供销社管理。

1993年2月,宁波南苑金都更名为宁波珠宝首饰公司。3月,在深圳开设宁波南苑商社深圳综合经营部。4月,在上海闸北区恒丰路开设上海南苑兴达贸易公司。是年,市农资公司销售额3.5亿元,利润950万元,固定资产3120万元。1994年4月21日,国内贸易部批准,同意市农资公司在镇海区五丰村东首靠石化总厂处征地1.9公顷,建设仓储能力2.2万吨(库容量)、年吞吐量为6万吨的镇海化肥中转库,总建筑面积为10050平方米,总投资额为1231万元。1995年,市农资公司开展业务涉及饭店、商场等多种经营领域,实现利润1200万元,其中1100万元利润来源于多种经营项目。1997年,销售额7亿元,综合经济效益2000万元,资本经营所创效益占公司总效益的一半。8月,据省统计局对商贸企业类型划分,市农业生产资料公司被确认为省级大型企业。2000年2月,市农资公司在庄桥农资储备库区内,建造农资仓库1125平方米,总投资98万元。11月15日,与江西省农资公司宁波兴农公司合资建立保税区南苑国际贸易有限公司,建造厂房、仓库,总投资1300万元,以保税区13.34亩土地作价投资入股,股份占51%。

2001年8月21日,市农资公司上报市供销社《关于企业改制方案的请示》(甬生办〔2001〕26号)称,公司在编职工66人,离退休人员39人。以2001年7月31日为基准日,总资产57794万元,所有者权益11076万元。核销不良资产(商品)、剥离资产、提留(理顺劳动关系、"三家抬""两保"补偿金和离退休非统筹)等各项费用计28844.72万元。8月30日,市供销社《关于宁波市农业生产资料公司改制方案的批复》(甬供业〔2001〕73号),同意组建市农资有限公司,同时完成理顺职工劳动关系。2004年12月,市农资公司经资产评估确认,资产总额193948500元,负责总额97941684元,所有者权益96006815元,减去应该核销资产19718014元和调出资产(国医街43号店面房4195949元),净资产为72092852元。2006年1月,市农资公司整体改制为市农资有限公司,由市供销社和原企业47名职工共同投资组建,注册资本7261万元,其中市供销合作社控股98.47%,职工参股1.53%。

2006年至2009年,市农资公司利用北仑港口、铁路的便捷运输条件及可容纳10万吨化肥、农药仓储的能力,确保全市农资商品的供应和农业生产需要,积极推进农资连锁网络建设,投资1600多万元分别参股余姚、鄞州、象山、奉化、北仑、宁海、镇海、台州等县(市)区农资公司。同时参股投资宁波南苑集团、交通银行等领域。组建农资连锁配送公司7个,发展连锁网点986家,基本覆盖整个宁波大市范围。

2010年9月,宁波市甬丰农业生产资料股份有限公司(简称市甬丰农资公司)成立,市农资公司出资3000万元,占控股比例60%。2012年,成立杭州湾生态农业科技有限公司,采用日本技术,生产无土栽培蔬菜等现代农业开发业务。

2015年,市农资公司营业收入合计6235万元,其中租赁收入371万元,利润总额374万元,所有者权益7912万元。

表2-9　宁波市农业生产资料有限公司历任负责人名录

机构名称	职　务	姓　名	任职时间	离职时间
宁波市农资公司	经　理	葛龙川	1978.10	1987.01
宁波市农资公司	副经理	陈莲舫	1978.10	1987.01
宁波市农资公司	副经理	杨　忠	1978.10	1987.01
宁波市农资公司	副经理	郁义康	1978.10	1987.01
宁波市农资公司	副经理	叶燕荣	1978.10	1987.01
宁波市农资公司	经　理	葛龙川	1987.01	1992.05
宁波市农资公司	副经理	叶燕荣	1987.01	1988.02
宁波市农资公司	副经理	陈莲舫	1987.01	1992.05
宁波市农资公司	副经理	项瑞贵	1987.01	1988.02
宁波市农资公司	副经理	杨　忠	1987.01	1988.02
宁波市农资公司	副经理	朱华锋	1991.02	1992.05
宁波市农资公司	总经理	陈莲舫	1992.05	1994.02
宁波市农资公司	副总经理	项瑞贵	1992.05	1994.02
宁波市农资公司	副总经理	朱华锋	1992.05	1994.02
宁波市农资公司	总经理	朱华锋	1994.03	2006.03
宁波市农资公司	副总经理	项瑞贵	1994.03	2000.01
宁波市农资公司	副总经理	周良明	1994.03	1997.01
宁波市农资公司	副总经理	刘信德	1994.03	2006.03
宁波市农资有限公司	董事长	周信浩	2006.03	2010.04
宁波市农资有限公司	副董事长、总经理	朱华峰	2006.03	2010.04
宁波市农资有限公司	副董事长	包银虎	2006.03	2010.04
宁波市农资有限公司	副总经理	刘信德	2006.03	2010.04
宁波市农资有限公司	总经理助理	王勤奋	2009.09	2011.07
宁波市农资有限公司	总经理助理	任建宏	2009.09	2011.07
宁波市农资有限公司	董事长	谢群华	2010.04	2013.05
宁波市农资有限公司	副董事长、总经理	朱华峰	2010.04	2011.07
宁波市农资有限公司	副董事长	包银虎	2010.04	2013.05
宁波市农资有限公司	副总经理	刘信德	2010.04	2011.07
宁波市农资有限公司	副总经理	赵国丰	2010.04	2013.05
宁波市农资有限公司	董事长	蒋旭灿	2013.05	2014.05
宁波市农资有限公司	副董事长、总经理	赵国丰	2013.05	2014.05
宁波市农资有限公司	董事长、总经理	赵国丰	2014.05	2017.05
宁波市农资有限公司	副总经理	全　磊	2014.05	2017.05
宁波市农资有限公司	副总经理	田启朗	2014.06	2017.05
宁波市农资有限公司	总经理	全　磊	2017.05	2019.05
宁波市农资有限公司	副总经理	吴　军	2017.05	2019.05
宁波市农资有限公司	董事长	全　磊	2019.05	
宁波市农资有限公司	总经理	任建宏	2019.05	

宁波市甬丰农业生产资料股份有限公司

2010年9月3日,宁波市甬丰农业生产资料股份有限公司(简称市甬丰农资公司)成立,注册资金5000万元,由市农资公司等10个法人股东和9个自然人股东组成。其中市农资公司占60%,各县(市)区供销社分别出资250万元,各占5%。市甬丰农资公司成立,标志着全市供销社系统在农资流通领域进入大联合、大发展的新阶段,形成以乡镇(街道)、村两级连锁经营门店为网络终端,县级农资公司为区域网络骨干,市甬丰农资公司为网络龙头的经营格局,形成布局相对合理、经营规范、运作高效、协调发展的多元化、连锁化的农资流通体系。同时,与鄞州区禾丰农资、慈溪市兴合农资、宁海县丰庆农资公司和北仑区供销社联手打造农资连锁品牌,实现"一体化经营"模式,并将原市农资公司传统的农资业务以及全市淡季、救灾储备等农资的工作划归宁波甬丰农资公司负责,主导全市农业生产资料供应管理。

2012年起,市甬丰农资公司投资建设三大农业开发项目,分别位于余姚临山镇、杭州湾新区和慈溪栲栳山等地。同时,成立宁波市甬丰农业发展有限公司,注册资本5000万元,其中市甬丰农资公司投入900万元;投资3700万元建成现代农业综合服务中心,占地10亩;投资超过1000万元的精品大棚种植区(精品葡萄园),占地400亩;投资甬丰栲山林业发展有限公司,注册资金1000万元。

宁波市甬丰现代农业服务中心

2014年起,相继参股并管理宁海丰庆农资公司、慈溪兴合农资公司,达到联合共赢的良好局面。2015年,市甬丰现代农业服务中心投入运营,开展水稻病虫害统防统治、测土配方肥的生产及检验、植保无人机飞防服务、田间病虫测报及绿色防控技术推广、五星级庄稼医院等10余项农业社会化服务。在慈溪杭州湾、余姚建有山林1500亩,精品果蔬800亩,盐碱地水稻4000亩以及占地3000平方米的现代化植物工厂。

2015年,市甬丰农资公司实现销售4.5亿元,利润总额530万元,所有者权益1.01亿元;实现租赁收入371万元,投资收益476万元。

表2-10 宁波市甬丰农业生产资料股份有限公司历任负责人名录

职务	姓名	任职时间	离职时间
董事长	朱华锋	2010.09	2011.09
副董事长	方翔	2010.09	2011.09
副董事长	钟毅君	2010.09	2011.09
总经理	赵国丰	2010.09	2011.09
副总经理	孙玉辉	2010.09	2011.09
副总经理	胡行德	2010.09	2011.09
副总经理	胡行德	2010.09	2011.09

续表

职　务	姓　名	任职时间	离职时间
副总经理	莫加康	2010.09	2011.09
副总经理	全　磊	2011.01	2011.09
董事长	胡立民	2011.09	2013.02
总经理	赵国丰	2011.09	2013.02
副总经理	孙玉辉	2011.09	2013.02
副总经理	胡行德	2011.09	2013.02
副总经理	莫加康	2011.09	2013.02
副总经理	全　磊	2011.09	2013.02
副总经理	徐芳红	2012.01	2015.10
董事长	包银虎	2013.02	2017.05
总经理	赵国丰	2013.02	2017.05
副总经理	孙玉辉	2013.02	2013.09
副总经理	胡行德	2013.02	2013.09
副总经理	莫加康	2013.02	2013.09
副总经理	全　磊	2013.02	2017.05
副总经理	任建宏	2014.06	2017.05
董事长	全　磊	2017.05	
总经理	任建宏	2017.05	

表 2-11　2010—2015 年宁波市甬丰农业生产资料股份有限公司化肥、农药销售总量

单位：吨

项　目	销售种类	2010 年	2011 年	2012 年	2013 年	2014 年	2015 年
化肥	尿　素	5532	161097	81243	74162	52750	52394
	碳酸氢铵		17760	16885	18051	7039	4432
	过磷酸钙		2875	2067	2560	2221	1205
	钾　肥		890	41738	4085	4394	4234
	复合肥		22564	34460	48875	32216	34812
农药	除草剂		129	924	788	1094	710
	杀虫剂		266	309	261	288	337
	杀菌剂		11	27	29	92	94

宁波市再生资源总公司

宁波市再生资源总公司前身是宁波市废旧物资回收公司，建立于 1957 年 2 月，后于 1972 年 2 月易名为市再生资源回收利用公司。

1984 年，市废旧物资回收公司实现销售 1677 万元，利润 103 万元。1986 年，市再生资源回收利用公司下属有经营部、批发经营部、金属经营部、物资调剂商场。职工人数 353 人，固定资产 134 万元，流动资金 340 万元。1988 年 7 月，在江东南路 44 号开设宁波市旧货市场，1990 年开设宁波市物资拍卖市

场,经营面积800平方米。

20世纪90年代以来,受市政府委托,市供销社指定市再生资源回收利用公司承担全市废旧物资专线综合治理任务。1991年,市再生资源回收利用公司下设7个独立核算单位(回收金属经营部、纸张批发经营部、物资调剂商场、钢铁加工厂、旧货市场、闲置设备调剂中心、纸张麻袋采购供应站等),有收购、加工和经营网点22个。1992年10月,开设物资开发部。1993年2月,市再生资源回收利用公司更名为市再生资源总公司,同时变更所属物资贸易部、经营部、金属经营部、金属材门市部、西郊采购供应站、物资调剂市场、物资调剂商场分场、物资调剂商场、大桥供应站、利用物资商店等名称。1994年12月,市再生资源总公司对所属市钢铁加工厂进行迁建及技术项目改造,总投资980万元,在江北区工业小区内征地20亩。1997年7月,市再生资源总公司设立宁波市海田纸张有限公司,注册资本200万元。9月,市再生资源总公司整体改组为股份合作制企业。经资产评估,资产总额3362.5万元,负债总额为2777.1万元,所有者权益为555万元,在所有者权益中划出200万元不折股,采取向市供销社上缴资产占用费的形式确保资产保值增值。剩余后的355万元由市供销社作为法人股投入改组后的市再生资源总公司。股本总额(注册资本)为420万元,划分42万股,每股10元。法人股35.5万股,计355万元,由市供销社认购,占股份总额84.5%。从法人股中切出130万元作为职工历年劳动积累股记入个人名下,终极产权属市供销社所有。职工个人股6.5万股,计65万元,占股份总额的15.47%。

2000年8月29日,市再生资源总公司上报市供销社《关于宁波市再生资源总公司改制方案的请示》称,公司在编职工200人,离退休人员180人;领取各类生活费人员42人。经审计事务所评估:企业资产总计3742.52万元,负债总计3006万元,所有者权益为736万元。9月5日,市供销社同意市再生资源总公司分步推进各子公司改制工作。同意将海田纸品商场改组成规范的有限公司;金属公司、钢铁加工厂实行产权全额置换;旧货市场在未拆迁前,由公司内部职工中招标,向总公司租赁经营。对锦灵有色材料公司、自行车商行、海田建筑装饰材料公司、草席行、海田纺织原料公司等实际已处于闭歇状态的企业,如无重组的可能,予以闭歇。11月,市再生资源总公司进行改制成本测算,企业总资产3742.52万元,总负债3006万元,用于理顺职工劳动关系及各项提留费用为1073万元,尚有336.48万元资金缺口,市供销社将位于文教路2号地块的土地出让金返还部分用于改制成本。

2001年9月30日,市再生资源总公司改制基本结束。企业总资产1529.97万元,负债1755万元,净资产负225.12万元,并相应提留资产:理顺职工劳动关系等款655.20万元,资产剥离152.85万元,合计负资产为1033.17万元。10月,市再生资源总公司对所属金属公司进行改制。经审计事务所评估,至2001年9月30日,所属金属公司在编人员21人,退休人员36人,遗属1人。总资产为579.86万元,负债607.91万元,净资产负28万元,核销、剥离、提留后净资产负50.01万元。将金属公司改制为"宁波市万兴再生资源有限公司",注册资本67万元,由杭州钢铁厂工贸总公司出资40.2万元,占60%股份;宁波市再生资源总公司出资6.7万元,占10%股份;自然人出资20.1万元,占30%股份。

2002年以后,市再生资源总公司业务经营实际已经淡出市场,着重转向以资产租赁经营为主。2015年,市中级人民法院对市再生资源交易集散中心江北片项目开发的29.4亩土地进行拍卖。市供销社为使该项目延续,通知宁波市再生资源总公司参与竞拍,将该块土地以3831万元价格拍得。是年,市再生资源总公司营业收入365万元,所有者权益120万元。

公司历任经理(总经理):严希余、潘静、王汉良、陈跃棠、韩玉镇、张承玺、钟南和、贺万良、忻红兵。

公司历任副经理（副总经理）：陈跃棠、翁祖林、许云生、张福生、王志成、罗烈、吕连臻、朱安之、陈宜华、邱灿夫、汪廉、梁太康、陈跃棠、钱忠坤、吕连臻、金庆华、潘云明、周大虎、荆传明、钟南和、沈祖绍、吴荣宝、钟南和、刘金水、王依明、忻红兵、李德祥、贺万良、张志达。

1996年3月至2020年5月，忻红兵任市再生资源总公司总经理。2020年5月，陆杰辉任市再生资源总公司总经理。

宁波市供销社农产品经营有限公司

宁波市供销社农产品经营有限公司（简称"市农经公司"）成立于2011年6月，注册资本800万元。经营范围主要是农产品收购、初级加工、批发、零售，日用品的批发、零售，实业投资等。2011年至2015年，市农经公司投资企业10家，投入资金计1087.50万元。其中，2011年6月，投资参股宁波匡尼食品有限公司50万元，占股10%，回报率8%，股本金收益4万元；12月，投资象山县新桥农传佳果枇杷专业合作社10万元，占股4.76%。2009年12月，投资慈溪市绍根蔬菜专业合作社20万元，占股15.63%，固定回报率6%。2012年3月，投资宁波甬海农产品有限公司37.5万元，占股25%；5月，投资宁波保税区海洲国际合作有限公司10万元，占股10%；6月，投资奉化市通源供销超市有限公司125万元，占股5%；投资市源和农产品有限公司225万元，占股45%。2013年9月，投资市禾盛米业有限公司350万元，占股35%。还有投资宁波海田农产品有限公司240万元，占股80%；投资上海甬海农产品有限公司20万元，占股6.66%（由市供销集团公司投入）。

公司历任总经理：楼承渝、忻红兵。

宁波二号桥市场有限公司

宁波二号桥市场前身是市农副产品综合批发交易市场，始建于1987年，地处江东宁穿路200号，因位于二号桥附近而得名。该市场由宁波市果品总公司投资主办。是年9月，经市政府批准征地28亩，市场先后建造玻璃交易大棚4060平方米，二层砼框架交易楼5083平方米，四层综合楼820平方米，仓库2570平方米及临时停车场3000平方米。1988年11月1日，市农副产品综合批发交易市场开仓。

1989年10月1日，市果品公司二号桥副食品批发交易市场开业，设摊位170个。1991年，市场批发额2亿元，1992年4亿元，1994年19亿元，1997年达到22亿元（市统计局统计年鉴）。1992年3月，市农副产品综合批发交易市场更名宁波市副食品批发交易市场，后改名为宁波二号桥市场。1994年11月，宁波二号桥市场翻建，市场总建筑面积达到11900平方米，其中交易用房6600平方米，营业管理用房2000平方米，仓储设施3300平方米，新辟停车场约4000平方米，总投资1185万元。1996年，扩建二号桥市场营业面积21000平方米，总投资6500万元。二号桥市场的经济效益、社会声誉及规模设施不但在本地区及至浙东地区均有相当的知名度，被全国供销合作总社编入《中国供销合作社基本建设画册》名录。

2000年6月，开设宁波市茶叶市场。该茶叶市场位于江东宁穿路195号，经营房屋为五层框架结构，经营总面积16000平方米，其中一层3168平方米作为茶叶市场专营场地，市场店铺总数137间。

2003年1月，市果品总公司、宁波二号桥市场经营服务中心所有职工全部理顺劳动关系，提留用于理顺职工劳动关系费用587.76万元。仍在企业上岗的职工有76人，重新订立新的劳动合同。是年9月29日，市供销社对市果品总公司进行资产调整，评估后的资产上交78432422元。其中，宁波二号桥北区市场实物资产66487692元,其余11944730元资金上交市供销社。

2004年4月,市果品总公司、宁波二号桥市场经营服务中心至2002年10月31日止,经评估机构评估,资产总额16023.05万元,负责总额4592.05万元,净资产11431万元。其中,固定资产15407万元,流动资产606万元。固定资产主要为房屋建筑物15396.26万元,其中南、北区市场14357万元(南区7709万元,北区6648万元)。市场南、北两区土地面积18744.8平方米,有房产证的建筑物6幢,建筑面积33541平方米。其中南区有土地使用证15650平方米,使用面积13644平方米。房屋建筑面积20479平方米,其中有房产证面积17708平方米。北区土地面积5701平方米,已办理土地出让证。

改制组建后的宁波二号桥市场有限公司,注册资本3000万元,市供销社从该公司净资产中调出剥离总额7843.24万元(其中北区市场6648.77万元,上交货币资金1194.47万元),除去用于理顺职工劳动关系的提留费用587.76万元,企业最终的净资产为3000万元。以此为注册资本,由市供销社和经营者、职工等自然人共同组建有限责任公司,即市供销社占股50.8%,企业自然人股东占股49.2%。北区市场剥离后权属归市供销社,由市供销社租赁给新组建公司。剥离调出的货币资金在新公司组建后上交市供销社(1194.47万元)。6年18日,市供销社同意市果品总公司改制方案补充报告,对市果品总公司、宁波二号桥市场2家企业的债权、债务落实问题作了如下明确:(1)市果品总公司、宁波二号桥市场经营服务中心的一切债权、债务由新企业宁波二号桥市场有限公司承接。(2)北区市场剥离后权属归市供销社,工商银行宁波江东支行1800万元抵押贷款的债权由宁波二号桥市场有限公司承担。2006年,宁波二号桥市场被江东区命名为骨干企业、二星级市场,2010年11月被省工商局命名为省区域性重点市场。

2013年,江北区政府专题召开会议并出具会议纪要,支持并同意由市供销社出面对地处江北孔浦街道路林风华路61号原宁波茶叶拼配厂地块进行整体改造,建造新的宁波二号桥市场。该地块总面积21521平方米,其中市供销社7712平方米,租赁海军宁波房管处土地13809平方米,租期5年,由于土地是划拨工业用地且涉及部队土地,故只能改造成临时建筑,共设计两层计2万平方米。2014年,江东区政府正式启动对宁波二号桥市场地块的征收工作。

2015年7月底,宁波供销二号桥市场工程建设基本完成,市场实际建筑面积3万平方米,总投资9000余万元。11月30日,市政府召集江东区政府、市供销社等相关单位就宁波二号桥市场拆迁安置有关问题进行专题协调,形成二号桥市场拆迁安置有关问题的专题会议纪要。要求二号桥市场搬迁至江北区孔浦街道路林村风华路61号新的二号桥市场。12月12日,老二号桥市场搬迁正式启动。是年,宁波供销二号桥市场有限公司经营收入2212.6万元,利润583万元,所有者权益3934万元。

2016年1月10日,宁波供销二号桥市场正式开业,在江东宁穿路上经营20多年的老二号桥市场于1月9日晚间宣告关闭。新二号桥市场位于江北风华路61号,与路林市场隔街相望。新二号桥市场主体为三层楼建筑,占地34亩,建筑面积3万多平方米,比老市场更大,内部也更宽敞。新市场一楼是副食品区;二楼是百货区,共有1100多个摊位;三楼设有周转仓库,消防设施等也按新标准建设,生活服务配套,并接入移动和电信网络,每个铺位都有接入端口,方便经营户开展电子商务业务。在新市场经营的商户有1000多个,经营的商品有40个大类3万余种。

公司历任董事长:包银虎、钱钢。副董事长:钱钢、吴军。总经理:钱钢、王猛飞。副总经理:钟南和、王猛飞。总经理助理:王猛飞。

现任公司董事长、总经理钱钢,副总经理王猛飞。

宁波海田控股集团有限公司

宁波海田控股集团有限公司前身为宁波海田集团进出口总公司,1994年5月,经外经贸部批准并由宁波海田集团控股建立。注册资本5000万元,市供销社占55%股份,经营者及员工占45%股份。1999年7月,经外经贸部批准,宁波海田集团控股建立宁波海田国际贸易有限公司。9月,经对外经济贸易部批准宁波海田集团总公司的进出口经营权划转至宁波海田国际贸易有限公司。全年,公司进出口总额8303.98万美元,增长103.2%。其中,出口7269.46万美元,增加1.8倍;进口额1034.52万美元。进出口总额超过10亿元。公司还加入国际贸易EDI中心,建立国际互联网站。是年底,公司资产总额1.6亿元,进入全国外贸500强(总额列478位、出口额列245位)。2000年,宁波海田国际贸易有限公司进出口总额1.21亿美元,增长45.8%,其中出口1.03亿美元,增长43%。进出口总额居全国供销社系统第三位,全市外贸企业第九位,出口额列全市外贸企业第七位。

2001年3月,与宁波海田集团总公司成立宁波海田国际货运有限公司,属宁波海田国际贸易有限公司子公司,注册资金500万元,其中宁波海田国际贸易有限公司投资450万元,宁波海田集团总公司投资50万元。5月,市对外贸易经济合作委员会同意宁波海田国际贸易有限公司开展对外劳务合作业务,其经营范围增加向境外派遣工程、生产及服务行业的劳务人员(不含海员),并领取"中华人民共和国对外经营合作证书"。宁波海田国际贸易有限公司全年实现进出口总额1.95亿美元,其中出口1.65亿美元,分别被列为宁波市十大进出口企业和全国供销社系统500强企业之一。

2003年1月起,宁波海田国际贸易有限公司进行改制。经审计,至2002年9月30日止,公司总资产39492.16万元,负债35978.21万元,所有者权益3514万元,共有在编职工53人。核减各项损失34万元;提留职工经济补偿金60万元;上交历年净资产1420万元。在核销、剥离、提留及上交净资产后,净资产为2000万元。公司将维持原"宁波海田国际贸易有限公司"名称不变。股本设置为2000万元,宁波海田集团总公司持有股本60%,即出资1200万元,其他为自然人持股。建立法人治理机构,设立股东会、董事会、监事会及经理层。年内,公司基本完成产权制度改革,理顺职工劳动关系。

2003年,宁波海田国际贸易公司易名为宁波海田国际贸易股份有限公司。市供销社拥有宁波海田国际贸易有限公司股本1245万元,占股62.25%。2004年2月,市供销社按2003年11月30日为评估基准日的评估价格,将其240万元的股权转让给该公司职工。转让后,市供销社占股份50.25%。2011年9月,宁波海田国际贸易有限公司更名宁波海田控股集团有限公司。2013年,浙江省服务业百强企业榜单公布,宁波海田控股集团有限公司以45.1亿元营业收入列榜单第43位。2015年,宁波海田控股集团有限公司进出口总额594403.28万元,实现利润1061.06万元,所有者权益7131.7万元。市供销集团公司占该公司股份为39%。后调整占股36%,其余64%股份由该公司经营层及职工持股。

表2-12　宁波海田控股集团有限公司历任董事长(副董事长)、总经理(副总经理)名录

机构名称	职务	姓名	任职时间	离职时间
宁波海田集团进出口总公司	总经理	王海生	1994.05	2011.09
宁波海田集团进出口总公司	副总经理	严万龙	1994.05	1995.12

续表

机构名称	职务	姓名	任职时间	离职时间
宁波海田集团进出口总公司	副总经理	应慧仁	1995.11	2000.01
宁波海田集团进出口总公司	副总经理	余珊弘	1996.06	1998.08
宁波海田集团进出口总公司	总经理助理	李勇平	1996.11	1999.12
宁波海田集团进出口总公司	副总经理	刘飞龙	1998.08	2011.09
宁波海田集团进出口总公司	总经理助理	王定英	2000.01	2001.05
宁波海田集团进出口总公司	副总经理	王定英	2001.05	2011.09
宁波海田集团进出口总公司	副总经理	周散根	2003.02	2011.09
宁波海田集团进出口总公司	副总经理	杨象岳	2003.02	2011.09
宁波海田集团进出口总公司	总经理	王海生	2009.03	2011.09
宁波海田集团进出口总公司	副总经理	刘飞龙	2009.03	2011.09
宁波海田集团进出口总公司	副总经理	周散根	2009.03	2011.09
宁波海田集团进出口总公司	副总经理	杨象岳	2009.03	2011.09
宁波海田集团进出口总公司	副总经理	王定英	2011.05	2011.09
宁波海田控股集团有限公司	董事长	李猛进	2011.09	2014.08
宁波海田控股集团有限公司	副董事长、总经理	王海生	2011.09	2014.08
宁波海田集团进出口总公司	副总经理	刘飞龙	2011.09	2014.08
宁波海田集团进出口总公司	副总经理	周散根	2011.09	2014.08
宁波海田集团进出口总公司	副总经理	杨象岳	2011.09	2014.08
宁波海田集团进出口总公司	董事长、总经理	王海生	2014.08	
宁波海田集团进出口总公司	副总经理	刘飞龙	2014.08	
宁波海田集团进出口总公司	副总经理	周散根	2014.08	
宁波海田集团进出口总公司	副总经理	杨象岳	2014.08	

宁波海田置业有限公司

宁波海田置业有限公司成立于2008年1月,属市供销社相对控股企业(市供销社占45%股份,其余55%股份由宁波海田控股集团有限公司经营层及职工持股)。2008年8月,按照《招标拍卖挂牌出让国有土地使用权规范》等规定,市供销社将江北区文教路原供销社职工中等专业学校地块有条件挂牌出让。公告中要求该地块竞得者需由市供销社按8000元/平方米的价格回购建筑面积6000平方米的房屋、5万元/个的价格回购地下车库60个。该地块最终由宁波海田置业有限公司通过竞拍获得。2011年开始,宁波海田置业有限公司建造海田大厦,总投资2亿元,总建筑面积22000平方米。海田大厦位于江北区文教路2号地块,是市供销社社有资产,土地面积8889.9平方米,建筑面积3600平方米,用地性质为国有出让,原为市供销社职工培训学校基地。在该地块上开发建造1幢1.8万平方米的商务办公大楼,其中宁波海田国贸公司1.2万平方米,市供销社职工培训中心0.6万平方米。开发建造的主体为宁波海田国贸公司,资金来源为市供销社企业自有资产。是年9月,市供销社李猛进兼任宁波海田置业有限公司董事长。2012年9月,海田大厦于竣工并投入使用。2015年,宁波海田置业有限公司营业收入339万元,所有者权861万元。是年,出租海田大厦3个层面的办公用房,建筑面积近3500平方米,年租赁收入200万元。公司总经理：王海生，副总经理、法定代表人：周散根。

宁波市特产棉花有限公司

宁波市特产棉花有限公司前身是宁波地区特产公司，建立于1956年。1976年1月，宁波市特产公司建立。宁波地区特产公司1956年建造的白沙棉花仓库，于1978年划归宁波市特产公司。

1983年8月，地、市供销社特产公司机构合并后，更名为宁波市特产公司。该公司既是国家指定棉花经营、承担国家储备棉任务的企业，担负着进口棉花的接港、储运、检验、调运等任务，又履行市管县棉花、茶叶计划管理及业务指导等职能工作。当时，市特产公司仓储是浙东地区最大的棉花专业仓库，也曾是宁波市唯一的国家储备专用仓库，担负着近万吨的国家储备棉花储存、保管、进出轮库和部分地方用棉周转等重要任务。1984年，市特产公司率先在全省供销社系统企业整顿时验收合格，被评为省、市级先进企业。1985年4月，建立宁波茶叶公司，与市特产公司实行"两块牌子、一套班子"。1986年，宁波特产公司有职工92人，下属有市茶叶商店、宁波棉花检验站2家经营机构。年销售额10429万元，利润223万元；固定资产105万元，流动资金250万元。1987年，市特产公司拥有仓库占地面积约11000平方米，库房面积3953.5平方米，配有80吨级棉花专用码头1个，常年吞吐量约8000吨，储存量在3000吨左右。

1988年11月，市特产总公司市茶叶联合公司成立。早在宁波计划单列以前，市特产公司就承担上海港转口到宁波进口棉的接港经营业务。宁波计划单列后，随着宁波港的崛起，商业部棉麻局、中纺棉花进出口公司于1989年确定市特产公司作为全国八大进口棉接收口岸之一，使宁波港成为华东地区进口棉接收的主要口岸。承担国家进口棉的接港、中转、经营业务。1989年，海曙区供销社所属的宁波市东方服装厂划归市特产公司，并更名为宁波市东方针织服装厂。5月，市特产公司首次直接进口7000吨巴基斯坦原棉，并直接疏运到省内20个用棉单位。

1989年至1995年，市特产公司累计接收进口棉15.6万吨，除按计划用于宁波本地外，还转口到广州、福建、重庆、广西、江苏、上海、浙江等7个省（市）、自治区。1989年，市特产总公司销售额突破1亿元，创利313万元，固定资产1200万元，自有流动资金700多万元。1990年销售总额1.75亿元。1991年7月，市工业品公司经营机构调整，市供销社大楼原属工业品公司的针纺织品经营部划入市特产公司，并开展批发业务。8月，开设市特产公司针纺织品经营部。11月，在下属宁波东方针织服装联营厂的基础上，与澳门百利来有限公司成立宁波胜特针织服装有限公司，年产针织色布800吨和针织成衣10打，总投资70万美元，注册资本50万美元，双方各投入25万美元，各占50%。是年，销售总额2.8亿元，农资进口总额2800万美元；供应出口总额260万美元；实现利税500万元。市特产公司内设立2室8科，2个茶叶专业商店，2个仓库，2个工厂，1个综合经营部。共有职工217人。1992年5月，由于国内棉花产量回升，上年签约进口棉又陆续到港，使之销售困难，为此，市特产公司利用国家储备指标，将积压在库6500吨进口棉转入国家储备。是年，公司销售总额3亿元，拥有自有资金2270万元，其中固定资产1300万元，从业人员258人。具有年拼配能力5000吨的出口茶叶拼配厂；年产800吨针织坯布的宁波胜特针织服装有限公司；年棉花、茶叶吞吐量分别为15万担和2万担的白沙、耐火仓库和4个专业零售商店。

1993年4月，宁波市特产公司更名为市特产总公司。是年，实现销售额2.7亿元，创利400万元，增长36.2%。拥有房屋建筑面积40000平方米，其中仓库建筑面积15000平方米，堆场3500平方米。1994

年7月,国内贸易部批复同意市特产总公司在北仑小山工业区东侧建造棉花中转储备库,征地2.23公顷,储存能力为18000吨,库房总建筑面积9000平方米,总建筑面积10000平方米。总投资1200万元。是年,地方进口棉花6万吨,其中1.5万吨棉花比省进口棉平均每吨降低成本50元,仅此一项就为工厂降低成本75万元。还按国家有关政策,为棉纺厂退税3800万元,办理市财政补贴960万元。

1997年8月2日,市特产总公司改组并更名成立宁波特产棉花集团,注册资金3700万元。集团机构由核心企业、紧密层和松散层三个层次组成:(1)宁波特产棉花集团为市特产棉花集团公司核心企业;(2)集团紧密层由宁波保税区中棉国际贸易公司、宁波经济开发区东苑贸易公司宁波特产综合经营部、宁波特产总公司物资经营部、市兴特建筑装潢公司、市宏特贸易公司、宁波海田酒楼、市茶叶联合公司、市茶叶公司、宁波出口茶叶拼配厂、宁波兴甬茶行等12家企业组成;(3)集团松散层由慈溪市特产公司等与集团公司有业务协作关系的18家企业组成。是年,市特产棉花集团公司销售各类茶叶达6674吨。

1998年9月,市特产棉花集团公司与市茶叶联合公司分离,归市供销社直接管理。10月,成立宁波市海田棉花有限公司,注册资金400万元,由市特产棉花集团公司出资360万元,宁波保税区中棉国际工贸公司出资40万元,法定代表人为陈富麟。1999年,面对全国棉花供大于求、棉纺企业欠款额度大的严重困境,市特产棉花集团公司通过增储备、抓清欠、调整经营结构和经营策略,努力稳固和扩大棉花经营阵地。全年新增国储棉9300吨,使棉承储的储备棉总量达3.36万吨,经销各类棉纱3318吨,棉花经营6000余吨。全年收回棉纺企业拖欠款2000万元。1997年至1999年三年平均棉花销售额为2.5亿元。2000年3月,组建"宁波市海田纺织原料有限公司",注册资金100万元。8月23日,宁波特产棉花集团参股宁波慈一棉纺织有限公司160万元。2001年8月7日,宁波特产棉花集团公司上报市供销社《关于要求核准宁波特产棉花集团公司改制方案的请示》称,公司在编职工134人,离退休人员40人,遗属3人,精简人员1人。以2001年2月28日为基准日,总资产为39192万元,负债总额37636万元,净资产为1556万元。宁波特产棉花集团公司改制市宁波市特产棉花有限公司,总股本2000万元,由市供销社控股52%,经营管理者和职工参股48%。同时全体股东承诺,对于尚欠中国工商银行宁波市东门支行的贷款315万元,由新建的市特产棉花有限公司承接,新公司成立后立即归还100万元,尚余215万元在三年内逐步还清,其中2004年归还70万元,2005年归还70万元,2006年归还75万元。

2003年9月9日,市供销社发出《关于对宁波市特产棉花集团公司改制资产剥离方案的批复》(甬供财〔2003〕43号),同意市特产棉花集团公司2002年12月31日的部分资产计5698.07万元予以剥离。

2014年,市特产棉花有限公司注册资本500万元,其中市供销社投资参股100万元,股权比例为20%。6月,市供销集团公司将在市特产棉花有限公司20%股权转让给宁波供销经营有限公司管理。与市特产棉花有限公司签订投资管理协议,主要内容是,宁波供销经营有限公司不承担市特产棉花有限公司经营及投资带来的亏损风险,但必须保证股本金的安全;每年收取股本金8%的固定红利收入。时间暂定两年,即从2014年1月1日至2015年12月底止。

2015年,市特产棉花有限公司营业收入1066万元,利润75万元,所有者权益232万元。2016年7月,宁波供销经营有限公司与市特产棉花有限公司重新签订投资管理协议,其他条款不变,投资回报企业当年末报表净利润超过8%,则按12%回报率计算,时间从2016年1月1日至2020年12月底止。

公司历任经理(总经理):朱安之、叶萱璋、楼承渝、王德润、徐启康、陈富麟、王乐庆、胡余忠。公司历任副经理(副总经理):朱安之、张希禹、王福海、徐启康、林胜国、王海生、赵基钿、刘荣文、商德芳、朱国光、王乐庆、张战英、胡余忠、孙伟敏。现任公司总经理（董事长）王乐庆，副总经理胡余忠、赵基钿、孙伟敏。

宁波市物资回收有限责任公司

宁波市物资回收有限责任公司前身是市第二物资回收公司，是在市物资回收利用总公司整体改制的基础上组建而成。1984年9月，宁波市第二物资回收公司成立，系集体所有制企业。主营废旧物资、金属材料、报废运输工具、超储物资、残次处理商品及纸张、服装、布料等业务。1986年，市第二物资回收公司所属有新光纤维塑料厂，镇明、海曙、镇百、江北、江东物资回收商店和利群衣着商店等7家经营机构。职工人数345人，自有资产1377.96万元，实现销售额1438.75万元，利润90.2万元。

1989年2月，市第二物资回收公司从市废旧物资回收公司分离出来，由市供销社归口集体商业企业划改为市社直属企业，停止执行城镇集体企业财务会计制度，改为执行供销合作社财务会计制度。是年4月14日，建立市物资回收利用公司，撤销宁波市第二物资回收公司。1991年，市物资回收利用公司所属有经营部3个，采购供应站1个，辖属独立核算商4个，工厂1个，职工330人，退休职工165人。1992年5月，市物资回收利用公司的姚江仓库（占地2300平方米，建筑面积800多平方米）被列入市政拆迁范围，市计委同意市物资回收利用公司新建仓储加工网点项目，新建加工厂房300平方米，建造用房200平方米；废旧物资堆场2500平方米，征用土地5亩，总投资40万元。1993年2月，宁波市物资回收利用公司变更为宁波市物资回收利用总公司，所属镇明物资回收利用商店、海曙物资回收利用商店、江北物资回收利用商店、江东物资回收利用商店等分别变更为总公司回收利用商店。1994年，实现销售2380万元，利润1.89万元；1995年销售3488万元，利润42.97万元；1996年销售1880万元，利润21.49万元。1997年9月15日，市物资回收利用总公司整体改组为股份合作制企业。经评估，资产总额为1717万元，负债总额1116.6万元，所有者权益601万元。在所有者权益中划出200万元不折股，采取向市供销社上缴资产占用费的形式确保资产保值增值。剩余后的401万元，市供销社作为法人股投入改组后的总公司。总公司股本总额（注册资本）为481万元，划分48.1万股，每股10元。法人股40.1万股，计401万元，由市供销社认购。

1997年至1999年，市物资回收利用总公司三年平均销售额为1764万元。2000年9月20日，市物资回收利用总公司上报市供销社《关于产权制度改革的请示》（甬物办〔2000〕30号）称，总公司在编职工194人，退休人员173人，保养人员6人，遗属29人，领取生活费人员1人。至2000年4月30日止为基准日，经清产核资评估，公司全部净资产为1240万元，另有国家直管公房1427.48平方米，未办理土地批租手续面积为11336平方米。各项提留所需费用1236万元。10月9日，市供销社批复《市物资利用总公司产权制度改革方案》。10月31日，唐伟恩等职工以4865000元购得拍卖标的。12月6日，公司对职工全部理顺劳动关系，共支付各类费用1123万元，其中"三家抬""两保"人员补偿金额223万元，一次性经济补偿208万元。病残补偿199万元，退休人员提留费用427万人，遗属及发生活费66万元。新组建的市物资利用有限责任公司注册资本462万元，市供销社持股5%，其余均为36名经营骨干和职工持有，进入公司董事会的6名自然人股东持股41.5%。原公司的净资产，在剥离、核销并提留有关费用后，一部分作为市供销社对新建公司的出资，其余全部由新公司现金置换。

2014年3月，宁波供销资产经营公司成立后，受宁波供销集团公司委托管理宁波市物资回收有限责任公司所占股份。2015年，市物资回收有限责任公司销售3604万元，利润15万元，所有者权益474万元。公司历任总经理：唐伟恩。公司历任副总经理：傅志军、俞育章、杨良炳、张兆荣。公司历任总经理助理：张兆荣。现任公司总经理唐伟恩，副总经理杨良炳、张兆荣。

宁波市海田纸张经贸有限公司

宁波市海田纸张经贸有限公司前身是市纸张麻袋采购供应站，成立于1994年，原属市再生资源总公司下属企业。1994年实现销售额369万元，1995年销售额968万元。1996年4月，市再生资源总公司筹办宁波海田纸品商场。1997年，开始经营大型企业中华纸业系列公司生产的涂布白板纸、白卡纸等系列工业用纸。5月，借助宁波海田集团总公司自营进出口权优势，发展进口铜版纸经营业务，当年进口铜版纸1000吨。1998年1月，成立宁波海田纸品商场。8月，在宁波海田纸品商场的基础上组建市海田纸张有限公司，注册资本135万元，其中市再生资源总公司投入70万元，占股本总额52%，其他经营者和职工现金入股65万元，董事长个人入股8万元。当年进口铜板纸的经营业务达到2000吨，实现销售6309万元。1999年8月1日，市海田纸张有限公司与金光App公司合作创办宁波金光App海田纸品专卖店。1999年进口总额400万美元，2000年进口总额450万美元，实现年销售额15000万元，实现利润150万元。

2000年6月，市海田纸张有限公司实施产权、用工制度改革，时有职工54人，其中上岗职工32人，下岗内退职工9人，退休职工13人。在清产核资评估后，经剥离、提取有关费用后，进行产权制度和理顺劳动关系改革。由市供销社、公司主要经营者和职工共同出资517万元组建的有限公司，改制为市海田纸张经贸有限公司，市供销社投资参股175.78万元，占股份34%。2001年，市海田纸张经贸有限公司实现销售额19000万元，增长25%。11月，市对外经贸经济合作委员会（甬外经贸发展〔2001〕533号），赋予市海田纸张经贸有限公司进出口经营权。2015年9月，宁波供销集团公司将在市海田纸张经贸有限公司34%的股份转让给宁波供销资产经营有限公司管理，并签订投资管理协议，主要内容为宁波供销经营有限公司不承担市海田纸张经贸有限公司经营及投资带来的亏损风险，但必须保证股本金的安全。每年收取股本金10%的固定回报红利收益，以确保社有资产的保值增值。时间从2014年1月1日至2020年12月底止。

公司总经理：李德祥。公司历任副总经理：李秉励、孔国峰、金静、于佩华。现任公司总经理李德祥，副总经理李秉励、孔国峰、金静、于佩华。

宁波市合力贸易发展总公司

宁波市合力贸易发展总公司前身是市江北供销合作社，最早是江北消费合作社，建立于1949冬至1950年春。1960年建立宁波市甬江供销社后划归甬江供销社管理。1978年，甬江供销社有职工200人，其中江北供销社有职工72人。1984年，撤销甬江供销社，建立海曙、江东、江北供销合作社。江北供销社，以原甬江供销社江北分社为基础，辖北郊分社。1986年，江北供销合作社下属有江北中心、江北分社、孔浦商场等3个经营机构。1990年，江北供销社设有3个独立核算和4个非独立核算单位，职工124人。

是年2月，开办宁波市伟力微型电机电器厂，在北郊路开设宁波市庄桥水产经营部。是年，江北供销社下设孔浦商场、孔浦建材装潢五金商店、北郊分社、湾头商店、中心商场、江北批发部、孔浦建材商店等7个经营网点。

1994年3月,市供销社决定,将江北供销社、庄桥供销社、洪塘供销社3个基层社(包括集体商业)合并,联合组建宁波市合力贸易发展总公司,下辖庄桥分社、洪塘分社、宁波浙东钢管经营公司、宁波甬北农资公司、孔浦商场、江北中心商场、庄桥商场、庄桥医药商店等核算单位。1997年,市合力贸易发展总公司闭歇甬城物资经营公司,撤销业务一部、二部,组建新的总公司业务部,该部当年销售3700万元。2001年9月12日,市合力贸易发展总公司上报市供销社《关于宁波市合力贸易发展总公司改制方案的请示》(甬合立总〔2001〕22号)称,在编职工256人,退休人员230人,领取生活费3人,遗属54人。经清产核资评估,以2001年7月31日为基准日,企业总资产2696.64万元,负债总额129.88万元,净资产为1426.22万元。减去理顺职工劳动关系及相关人员非统筹经费等各项提留费用800万元,非经营性资产(职位住宅)剥离47.89万元,核销不良资产410.48万元,归还社员股金96.49万元,净资产为71.36万元。是年10月10日,市供销社下发《关于宁波市合力贸易发展总公司改制方案的批复》(甬供业〔2001〕91号)。

2001年10月22日,上报市供销社《关于庄桥商业综合公司改制方案的请示》称,庄桥商业综合公司在编职工46人。以2001年6月30日为基准日,经评估,总资产62.42万元,负债额55.56万元,净资产6.86万元。核减待处理挂账、提留职工理顺劳动关系补偿金及"两保"人员费用、提留转制成本共计202万元。经核销提留后,尚需转制费用153万元(核销已经在资产评估书中核销)。公司自管房地产向外出售高于评估价,公管房产922.5平方米待上级和市国企办批准后向外出售所得资金用于企业改制成本。10月29日,市供销社《关于宁波市庄桥商业综合公司改制方案的批复》(供销社甬供业〔2001〕105号),同意庄桥商业综合公司改制,鉴于该企业主体不复存在,实行淘汰性退出的转制形式。洪塘商业综合总店在编职工23人,退休人员42人。总店以2001年9月30日为基准日,经评估,总资产40.7万元,负债额21.7万元,净资产19万元。核减待处理挂账2.3万元,提留职工理顺劳动关系补偿金及"两保"人员费用计53万元,提留转制成本8万元等。经核销提留后,尚需转制费用61万元,企业出售自管房产24万元,直管公房20万元,企业自留资金17万元,合计61万元。11月16日,市供销社同意洪塘商业综合总店改制。

2002年9月23日,市供销社同意宁波市合力贸易发展总公司所属宁波庄桥商场等四单位改制方案。(1)甬北农业生产资料公司截至2001年9月30日止,经市世明会计师事务所评估,企业总资产为6537639元,负债30777752.28元,净资产为3459887.07元。核减不良资产53058万元、理顺劳动关系及相关人员非统筹经费等各项提留经费484767元后,企业最终净资产2439061.27元。纳入改制职工20人。改制采取整体转让的形式,由受让人牵头组建有限责任公司。考虑到农资经营的特殊性,拟在新组建的有限责任公司中参股5%。(2)浙东钢管经营公司截至2001年9月30日止,经评估,企业总资产2401003元,负债总额1056428.48元,净资产1344575元。提留各项经费391699元后,净资产952876元。改制职工15人。改制采取整体转让的形式,由受让人牵头组建有限责任公司。(3)庄桥医药商店截至2001年9月30日止,经评估,总资产为952229.99元,负债总额151522.62元,净资产为800707元。在提留各项经费310578元后,净资产490129元。纳入改制职工12人。改制采取向职工整体转让的形式,由受让人牵头组建有限责任公司。(4)庄桥商场截至2001年9月30日止,经评估,总资产3106299.72元,负债总额780276.88元,净资产为2326022.84元。在提留各项经费978711元后,企业最终净资产3153508.45元。改制职工44人。改制采取向职工整体转让的形式,由受让人牵头组建有限责任公司。年内,宁波市合力贸易发展总公司所属宁波庄桥商场等4单位基本完成产权制度改革和理顺职工劳动关系工作。

2002年,市合力贸易发展总公司基本完成理顺职工劳动关系任务后,从2014年起,宁波供销集团公司委托宁波供销资产经营有限公司对市合力立贸易发展总公司资产代为管理。2015年,市合立贸易发展总公司实现利润642万元,其中租赁经营收入22万元;所有者权益870万元。公司房屋建筑面积1980平方米,其中经营面积450平方米。

1983年以来历任社(公司)主任(总经理):郑福根、汪凯章、曹国强、郁善武、缪岳震(主持工作)、陈建华。

历任社(公司)主任(副总经理):曹国强、刘荣文(监事会副主任)、高国富、汪凯章、缪岳震、沈耀明、赵国丰。现任公司总经理陈建华。

宁波供销商业发展有限公司

宁波供销商业发展有限公司成立于2014年7月,注册资本5000万元。宁波供销集团公司占注册资本的55%,宁波豪莱投资发展有限公司占注册资本的45%。2014年12月,宁波供销商业发展有限公司开工建设原市社茶叶拼配厂的地块改造项目(新二号桥市场),建筑面积21061平方米,实际建筑面积3万多平方米,总投入9700万元。是年,该公司所有者权益1899.47万元。2015年,该公司所有者权益4287.25万元。

2015年底,根据《宁波市东胜地段(JD03)控制性详细规划局部调整(宁波二号桥地块)》,对原宁波二号桥市场地块的用地性质、开发强度等作出优化调整。2016年5月,宁波市供销社所属宁波供销商业发展有限公司挂牌取得原二号桥南区地块的土地,土地面积13893平方米,总建筑面积61738.47平方米,建造"二号府邸"商住用房,建造起现代化城市生活的高档住宅,是年10月取得"二号府邸"施工许可证项目,并开工建设。当年投入资金7.1亿元,2017年投入资金9946万元,2018年投入资金9716万元。2018年11月取得预

建造中的宁波"二号府邸"

售许可证并对外销售,共销售商品房282套,于2020年8月交付使用。新开发的楼盘"二号府邸"拔地而起,成为宁穿路街区转型的新地标。

2016年,该公司所有者权益3478.23万元。2017年创利1316.34万元,所有者权益4465.48万元。2018年实现利润2967.03万元,所有者权益6690.76万元。公司董事长、法定代表人:郑科达,公司总经理:王文跃,副总经理:罗超、俞镇。

宁波供销电子商务有限公司

宁波供销电子商务有限公司(简称宁波供销电商公司)前身是宁波市海田信息网络科技有限公司,

成立于 2009 年 8 月 24 日。2013 年 11 月，成立宁波供销农产品电子商务有限公司。

2015 年 2 月 10 日，市海田信息网络科技有限公司变更为宁波供销电子商务有限公司，注册资本 1000 万元。这是一家由市供销集团公司全资投入的为农服务企业，主要负责市农产品电商社会化综合电商服务，建设运营全市农产品社会化服务体系，面向全市 900 家专业合作社、农产品生产企业和网商提供各类电商化服务。其中，服务重点商家 200 多家，累计引导交易额超过 30 亿元。是年 5 月 18—20 日，宁波供销电商公司参加淘宝大学县域电商人才服务商培训班，成为全国首批 22 家淘宝大学县域电商人才服务商（浙江省 3 家）之一，将全面负责淘宝大学在宁波地区的电子商务人才培训。10 月 30 日，市供销社、市人力社保局、共青团宁波市委员会联合主办，宁波供销电子商务有限公司承办的"技能之星"宁波市首届农村电商职业技能大赛落幕。此次大赛共有 84 支队伍报名参加，经近 2 个月的预赛和复赛甄选，最终 20 支来自电商从业者、传统农企农户、高校学生等不同领域的队伍入围决赛，评选出三甲团队。来自宁海的点对点优品队获冠军。

宁波供销电商

宁波供销电商公司先后荣获淘宝大学官方授权的全国首批 22 家"县域电商人才服务商"之一，阿里巴巴数字农业全国示范首家服务商，浙江省电子商务促进会认定的浙江省"电子商务实践基地"，浙江省 AAAA 级电子商务企业，市电子商务促进会副会长单位，市农产品经纪人协会副会长单位。

表 2-13　宁波供销电子商务有限公司历任负责人名录

机构名称	职务	姓名	任职时间	离任时间
市海田网络科技有限公司	总经理	楼承渝	2009.08	2012.04
市海田网络科技有限公司	总经理	冯培荣	2012.04	2014.08
市海田网络科技有限公司	经理助理	钟子标	2011.06	2012.01
市海田网络科技有限公司	副总经理	钟子标	2012.01	2014.08
市海田网络科技有限公司	总经理	钟子标	2014.08	2015.02
市海田网络科技有限公司	执行董事	忻红兵	2014.08	2015.02
宁波供销电子商务有限公司	总经理	汪勇	2015.02	
宁波供销电子商务有限公司	执行董事	郎文琴	2015.02	2020.08
宁波供销电子商务有限公司	执行董事	陆杰辉	2020.05	

浙江兴合融资租赁有限公司

浙江兴合融资租赁有限公司（简称浙江兴合租赁公司）成立于 2014 年 10 月，是一家经商务部批准的台港澳与境内合资融资租赁公司，由浙江省兴合集团有限责任公司、宁波供销集团公司以及香港兴合投资发展有限公司联合发起设立，注册资本金 3000 万美元，总部位于浙江省宁波市。

浙江兴合租赁公司自 2014 年成立以来，秉承稳健积极的经营理念，致力于将金融资本和产业运营融合为一体,重点发展医疗领域的融资租赁和产业投资,同时积极开拓高端制造业和公共服务业等业务领域,定位于为各级优质医疗机构、成长型高新技术企业以及宁波—杭州区域的国有企业、民营公司提供融物融资、技术改造、盘活存量等服务和支持。已参与投资的融资租赁项目有全国二、三级公立医院的影像、放疗等设备的直租、回租项目,国有科技类公司设备直租项目及医疗产业的股权投资项目。浙江兴合租赁公司旗下控股的有宁波兴合医疗投资管理有限公司、浙江康合医院管理有限公司。

2015年,浙江兴合租赁公司累计实现销售收入331.67万元,利润96.9万元,所有者权益18881.6万元。2020年12月26日,宁波兴合脑康康复医院开业,系公立性质的二级脑康康复医院,以神经康复和重症康复为特色专科。

表2-14　浙江兴合融资租赁有限公司负责人名录

职务	姓名	任职时间	离职时间
董事长、总经理	王吉元	2014.10	2015.03
董事、副总经理	王红明	2014.10	2015.03
董事长、总经理	李钢	2015.03	
董事、副总经理	阮一斌	2015.03	
副总经理	尹峰	2015.03	2017.11
副总经理	和晋华	2015.03	2019.06

宁波供销再生资源科技有限公司

宁波供销再生资源科技有限公司成立于2018年8月7日,注册资本2000万元。该公司是由宁波供销集团和中国500强——宁波富邦(控股)集团合作设立。

"搭把手"回收是关于垃圾前端分类减量、再生资源回收利用的大型社会服务项目。在政府指导下,各方参与,全面建立一个"绿色智慧型"的再生资源回收体系,打造线上线下回收行业生态区,将广大群众、企事业单位、商业综合、废品回收、再生资源自用产业、垃圾处理等单位有机地整合,打造一套完整的再生纸回收利用生态链,极大减少填埋焚烧垃圾量。"搭把手"智能回收系统主要是通过先进的智能物联网回收终端并辅以必要的人工配套、智慧车联网物流清运体系、专业的分拣中心以及互联网信息化大数据管理平台。对生活垃圾中可利用物建立"人工+智能""固定+流动"和"线上大件预约+线下上门服务"的"全方位、全品类、全区域、一体化+公共服务"型的回收服务体系,促进"垃圾分类+资源回收"两图有机融合,从根本上解决垃圾源头分类的减量化、资源化和无害化问题。2018年12月,在鄞州区姜山镇落地试点取得成功后,至2019年11月底统计,已铺设1522个"人工+智能+流动"回收网点,其中包括1024个小区、25个农

宁波供销智能搭把手回收

村、64个机关单位及42个(商圈)。已建成并投入分拣中心4个,投入运营车辆92辆;已注册用户28.8万户,累计投递201.5万人次;已回收可回收物共计4.5万吨。

2018年8月,郎文琴任公司董事长,王鲸航任总经理。2019年11月,金海良任副总经理。2020年8月,何　良任公司董事长。

第三节　合并(闭歇)和改制企业

一、原宁波地区供销社直属公司

宁波地区土产、日杂、畜废、贸易等站(公司)　1950年3月21日,建立宁波专区供销合作总社后,先后建立土产、日杂、畜废、贸易等站(公司)。1954年,何德邦任宁波地区土产批发部经理,张春兰、吴涛任副经理。1955年至1956年,何德邦任土产站经理,张春兰、蔡瑞棠、车永康任副经理。1956年,车永康任日用品站副经理。1956年至1958年,蔡瑞棠、陈亦伦、斐洁任药材站副经理。1957年至1958年,车永康任土产站经理,张春兰任副经理。1957年至1958年,钱少清、王昭礼任采购站副经理。1957年至1958年,俞俊甫任农产品站经理,叶萱璋任副经理。1959年至1964年,崔善祥任农产品站经理,叶萱璋、张佑任副经理。1965年至1970年,俞俊甫任省土产公司宁波公司经理,崔善祥、朱安之、张佑、王志成、张希禹、叶萱璋任副经理。1966年建立宁波地区日杂畜废公司铁厂。1971年至1973年,商岳樵任土产公司经理,俞俊甫、朱安之、张希禹、叶萱璋任副经理。1978年至1980年,姚茂生任土产果菜公司经理,冷长天、崔善祥任副经理。1981年至1983年8月,金晓任土产果菜公司经理,崔善祥、冷长天、冯根义任副经理。1979年至1983年10月,王兴启任日杂畜废公司经理,张希禹、陈宜华、姜开舒、殷德龙、沈小春任副经理。至1983年8月地、市公司机构合并止。

宁波地区农业生产资料公司　宁波地区农业生产资料公司1954年4月开办。主要负责全区化肥、农药、中小农具等农业生产资料的分配、调拨、区外中转和技术辅导等工作。1954年4月至1957年12月,杨照诚任经理,高清文、邵小毛、沈金华任副经理。1958年,李朝山、周自谦任经理,沈金华、周元庆任副经理。1959年,周自谦任经理,沈金华任副经理,杨照诚任经理,高清文、邵小毛、沈金华任副经理。1960年至1961年,沈金华任经理,车永康任副经理。1962年至1964年,沈金华任经理,张松盛、邹永明任副经理。1965年至1967年,王兴启任经理,陈阿德、邹永明任副经理。1968年至1972年,王兴启任经理,吴洪木、王福海、崔善祥、邹永明任副经理。1973年至1978年,王兴启任经理,崔善祥、王福海任副经理。1979年至1983年7月,王红密任经理,金晓、王福海、崔善祥、胡士龙、叶燕荣任副经理。1983年8月地、市供销社合并后,与市农资公司合并,成立宁波市农资公司。

宁波地区副食品公司(站)　宁波地区副食品公司(站)1956年建立。1956年,邵小毛、李汝军任副经理。1957年至1958年,邵小毛任经理,李汝军、田德甫任副经理。1961年,商岳樵任经理。1963年7月至1965年9月,商岳樵任经理,徐凯、姚茂生、钱忠坤任副经理。1965年9月至1978年12月,商岳樵任经理,徐凯、姚茂生、钱忠坤、王安邦、李常学、杜惠之、孙潭、来米奇、廉士民任副经理。其中孙潭于1978年2月离职。1978年,宁波地区副食品公司撤销并入市副食品公司。

宁波地区特产公司　宁波地区特产公司最早建立于20世纪50年代初,几经变更。后于1976年1

月重建。1976年2月,朱安之、张希禹任副经理。1978年至1979年,朱安之任经理,叶萱璋任副经理。1980年至1983年9月,叶萱璋任经理,王福海任副经理。1983年8月,地、市供销社机构改革,并入宁波市特产公司。

二、宁波市供销合作社直属公司

宁波市副食品公司 宁波市副食品公司前身是宁波副食品站,建立于1953年2月。1983年8月,地、市供销社公司机构合并改革,改称为宁波市副食品公司。1984年,市副食品公司创利81.6万元,1985年创利79.7万元。

1986年,市副食品公司所属拥有副食品商场、综合经营部、水果经营部、干果食杂经营部、明州副食品商店、郡庙副食品商店、宁波果品冷库等7个经营机构,职工480人。是年,自有资金848万元,创利99.4万元。

1988年3月,市副食品公司在江东区宁穿路二号桥南侧建造农副产品批发交易市场,总投资468万元,其中第一期项目投资202万元,第二期投资266万元。6月24日,市供销社决定对市副食品公司体制进行调整,具体按干果及水果两个口径划分为副食品公司和果品食杂公司。公司所属各单位归属明确如下:干果食杂经营部、综合经营部、副食品商场、明州副食品商店、郡庙副食品商店归属副食品公司;将市副食品公司所属的水果经营部、第二水果经营部、果品冷库、农批市场(筹建)归属果品食杂公司管理。并对有关财产、资金、人员进行划分。1991年7月,市供销社贸易中心经营机构调整,将所属的副食品经营部、干果食杂经营部、宁波蜂业公司等成建制划入市副食品公司。市副食品公司有经营部3个,辖属3个独立核算商店,共有职工346人。1992年3月,市副食品公司对江厦街5号的副食品商场进行局部建筑物上加层扩建营业用房600平方米,投资21万元。1993年1月,市副食品公司在江厦街5号一楼设立副食品经营分公司,并在农贸市场设立分公司。是年3月,在灵桥路538号开设市灵桥物资经营部。6月,在江北大庆南路33号开设市富昌果品经营公司。1992年至1994年,市副食品公司经营逐渐萎缩,出现大额亏损。1996年4月20日,市副食品公司及所属蜂业公司并入宁波美乐门商城。

公司历任经理(总经理):徐凯、宴良忠、周玉碧、郑宝福、钱忠坤、潘静、韩玉镇、殷龙德、包天娇、郑福根、石世铵。公司历任副经理(副总经理):徐凯、钱兰荪、王安邦、蔡根法、李常学、来米奇、杨志相、江樊卿、邱灿夫、王寿松、杜惠之、杜惠之、金同法、诸佰英、冯根义、王金荣、包天娇、冯根义、蒋永满、殷龙德、汪秀富、吴尧生、张保安、侯明全、郑福根。

宁波市果品总公司 宁波市果品总公司前身是市第二副食品公司,成立于1984年12月1日,属集体所有制商业企业。1985年8月,市第二副食品公司改名为宁波市果品食杂公司。当年,公司销售1024.8万元,创利22.38万元。1986年10月11日灵桥路66号市供销大楼启用后,由市供销社分配110平方店面及地下室126平方米归市果品食杂公司使用,开设采购供应站经营部,即灵桥路鲜果公司,主营农批市场、水果市场。是年,市果品食杂公司所属有经理部、采购供应站、市副食品厂及长虹、和义、开中、中东、新江、西门、江厦、槐树、濠河、封仁副食品商店等13个经营机构,职工人数457人。固定资产71万元,流动资金62万元。实现销售2113万元,利润25.3万元。1988年4月,市果品食杂公司所属的3家独立核算零售企业、10个自然门店等下放划归到市区商业局。6月2日,市供销社〔1988〕137号通知决定,将副食品公司的果品冷库、水果经营部、第二水果经营部、农副产品综合批发交易市场、副食品厂划转为公司下属企业,并对有关财产、资金、人员进行划分。6月24日,市供销社决定对市副食品公司体制进行调整。具体按干果及水果两个口径划分为市副食品公司和果品食杂公司。

1989年10月1日,市供销合作社以商品展销会形式,举办首届农副产品交流会。由此建立市果品公司二号桥副食品批发交易市场,设摊位170个。1991年,市果品食杂公司设有水果经营部、水果批发部、干果食杂经营部、农副产品综合批发交易市场、果品冷库、副食品厂,共有职工232人。其中果品冷库主任为钱钢任。1992年3月,市农副产品综合批发交易市场更名为宁波市副食品批发交易市场,与公司统一核算。4月,农副产品批发市场二期完工。10月,市果品食杂公司更名宁波市果品总公司,并将所属水果经营部变更为市果品总公司大世界分公司,水果批发部变更为灵桥路分公司,干果食杂经营部变更为果食杂分公司,副食品批发交易市场更改为独立核算,并开设商贸经营部。12月,设立宁波汉通装潢发展有限公司,与香港致恒企业有限公司共同投资组建,总投资85万美元,注册资本60万美元,市果品食杂公司占40%,香港致恒企业有限公司60%。

1994年6月,市果品总公司改组为全市财贸系统股份合作制改革首批企业。确认市果品总公司净资产为970万元,其中存量净资产338万元,增量资产632万元。存量净资产338万元不折股,并采取向市供销社缴纳资金占用费的办法,以确保市社资产增值;增量资产632万元全额折股,其中252万元划出折股到职工名下,作为劳动积累股,职工按股分红,其原始产权仍归集体所有。公司股本总额758万元(注册资本),每股10元,计758000股。股份由市供销社、职工劳动积累股和社员个人股组成,其中市供销社股为380万元,占50.2%;职工劳动积累股252万元,占33.2%;社员个人股126万元,占16.6%。是年9月1日,大世界鲜果市场搬迁至兴宁路广客隆。11月7日,市农批市场三期改造被定为市政府10件实事之一。12月29日,向华通运输公司购得江东宁穿路51号共计6990平方米用地房屋。

1995年8月18日,宁波海田果品蔬菜公司开业。是年,宁波二号桥市场农副产品交易额达20亿元,实现利润258.56万元,综合效益372万元,分别增长96.54%和38%。这是市果品总公司组建以来经营业绩最为显著的一年。1996年,宁波二号桥海田果蔬交易市场、市农批市场三期工程均当年投资当年建成,三市邮票市场开业。其中,海田果蔬交易市场营业面积5000平方米;市农批市场三期工程竣工后,交易场地达18000平方米,仓库5000平方米,室内停车场4000平方米,基建投资超过原有资产总和。12月,农批市场四期工程开工建设,于1998年12月28日开业。宁波二号桥鲜果代销总额18243万元,综合经济效益546万元,利润314万元;提取工效工资133万元,网点建设基金80万元。

1998年5月22日,宁波二号桥市场发生火灾,损失300余万元。2000年6月21日,开办宁波市茶叶市场。2001年11月2日,市果品总公司上报市供销社《关于宁波市果品总公司改制方案的请示》称,在编职工207人,离退休职工100人,遗属生活补助人员8人,精减人员2人。经评估,总资产131437855元,后因市政等拆迁需减值8624720元,调整后资产总值为122813135元,资产负债总额为60646751元,评估后企业净资产为62166384元。核销待处于挂账1393万元,剥离固定资产4000万元,理顺职工劳动关系提留费用1061.4万元。核销、提留、剥离后企业净资产为负238.39万元。11月16日,市供销社同意将市果品总公司改制成有限责任公司,并建立相应的法人治理机构,撤销重组宁波海田水果市场。

公司历任经理(总经理):陈和存、钟南和、钱钢。公司历任副经理(副总经理):史玲安、陈敏伟、舒昌如、赵基钿、钟南和、黄克勤、石世铵、郑福根、钱钢、陈敏伟。

宁波市土产日杂有限公司 宁波市土产日杂有限公司前身是宁波市土产、日杂站(公司),成立于

1952年。后设立农副产品、日用什品、土产、日杂等经理部。1964年12月,副食品、日用土产、生产资料等3个经理部合并为市供销社日用土产经理部。20世纪70年代,农副产品、日用什品、土产、日杂合并为土产日杂、农副产品、农土部等公司(站)。1978年1月,市土产日杂公司设立。

市土产日杂公司是一家经营土副产品、日用杂品的供销社老企业。其中位于江北大闸路的3个专用防爆仓库,总造价约100万元,达到国家安全标准,是从事经营烟花爆竹并经市公安、消防部门批准鉴定为规范化专用防爆仓库。全市供销社系统经营的烟花爆竹商品在铁路宁波东站到货后,经姚江防爆仓库中转、集散,再分配到市、县供销社土产日杂部门。

1981年5月,建立市供销社贸易货栈,与市土产日杂公司实行"一套班子、两块牌子"。1983年8月,市、地供销社合并,成立宁波市供销合作社后,重新组建市土产日杂公司。1983年10月至1984年7月,金晓任市贸易公司经理,舒昌如、王寿松任副经理。1986年,市土产日杂公司所属有日用杂品经营部、陶瓷经营部、土产建材物资经营部、副食品经营部、工业品经营部、农副产品批发交易市场、贸易中心第一门市部、顺兴祥土产日杂商店、家具装潢商店、土产日杂综合商店等10家经营机构。1988年至1989年,开设宁波陶瓷商店、家电工业品经营部、宁波日用品商场,总营业面积750平方米。1990年,市土产日杂公司商品销售额7886万元,实现利税135万元。1991年7月,市工业品公司经营机构调整,将市工业品公司灵桥路52号办公楼、所属的土产日杂采购供应站、灵桥经营部、工业品商场及市供销社大楼内的五交化经营部、百货经营部等成建制并入市土产日杂公司,设有五交化、百货、日杂、土产建材、陶瓷、炊事机械、化工设备等9个批发机构和3个零售商店。公司职工335人,固定资产378万元,自有流动资金198万元。1992年3月,在江东新河街67号开设新河陶商店,在大闸路8号姚江仓库新建综合用房400平方米,设立姚江粮油批发交易市场粮油综合经营部。8月,在灵桥路开设宁波市炊事机械厨房用具公司经营部。10月,市土产日杂公司更名为宁波市土产日杂总公司,所属经营部门随之更名。

1993年2月,市土产日杂公司在江北区大闸路8号原仓库的地块上建造建材物资市场,总投资1000万元。8月,开设市建材物资市场经营部。1994年,市土产日杂总公司销售10865万元,利润11.53万元。1995年销售13219万元,利润27.14万元。1996年9月,市土产日杂总公司改组为股份合作制企业,所属独立核算单位7个,职工249人,离退休人员162人。经评估后资产总额为4113.4万元,负债总额3389.9万元,净资产723万元,从净资产中划出223.5万元资产不折股,采取向市供销社上缴资产占用费的形式,确保资产保值增值。改组后的公司股本总额599万元,每股金额10元,股份总数59.9万股,均为普通股。法人股500万元,占83.47%,产权归市供销社所有,其中从法人股中切出198万人记入个人名下(终极产权属市供销社所有),按职工在职时各人的岗位责任、工龄记入个人名下享受分红。职工个人股9.9万股(计99万元),占股份总数的16.5%,来源为职工现金入股,入股比例按记入个人名下部分的50%;分为基本股、非基本股,其中基本股为人均2000元。此次改组同时调整内部组织机构,设立股东(职工代表)大会、董事会和监事会。

1997年12月,市土产日杂总公司把原来7个独立核算单位按行业合并为土产物资、日用杂品、市场等3个独立核算单位,从而形成总公司"管理集中经营单一"的运行体系。1997年至1999年,公司年平均销售额6425万元。1998年11月,市土产日杂总公司与市建材物资市场合并。

2000年11月,市土产日杂总公司进行改制成本测算:总资产5215万元,总负责3639万元,净资产1576万元。精减、剥离1247万元;理顺职工劳动关系的各项提留822.53万元。改制时负资产493万元,由此,市供销社将位于文教路2号地块的土地出让金返还部分用于市土产日杂总公司改制成本。同月,市土产日杂总公司上报市供销社《关于上报宁波市土产日杂总公司改制方案的报告》称,企业总资产为5815万元(固定资产按自有房和批租土地评估,调增712万元,但大闸路8号建材市场仍以划拨土地评估,评估值为1113万元),负债总额3639.88万元,净资产为2175.74万元。

2001年3月26日,市土产日杂总公司上报市供销社《关于宁波市土产日杂总公司改制方案的请示》称,公司职工200人,离退休人员183人。以2001年2月28日为基准日,净资产调整为2169.99万元。核销待处理损失挂账821.59万元,剥离对外投资及社员股金219万元,理顺劳动关系等提留费用906万元(其中"三家抬"人员135.18万元,"两保"人员188.33万元,经济补偿金261.4万元,离退休人员233.39万元,精减、遗属人员88.54万元)。核销、提留、剥离后企业最终净资产为214.50万元。总公司与建材物资市场、土产公司、日升公司合并改制,工业陶瓷化工设备公司、日用杂品公告、炊事机械厨房用具公司单独改制。4月4日,市供销社、市国有企业改革和发展领导小组办公室同意市土产日杂总公司改制方案和复核意见,全面理顺职工劳动关系,将市土产日杂总公司改制成市土产日杂有限公司。

2010年以后,市供销社退出占有宁波市土产日杂有限公司5%股份。公司历任经理(总经理):许永生、徐阿五、邱灿、王能丰、俞阿华、韩玉镇、蒋永祥、陈阿德、曹再裕、陈富麟、钱仲达。公司历任副经理(副总经理):许永生、陈孝法、吴汉章、张福生、陈耀棠、王海良、张希禹、杨忠、王志成、徐定儿、陈阿德、王凉、商岳樵、邱爱新、徐阿五、俞阿华、潘明云、张承玺、闻光兴、杨忠、姜文生、曹再裕、王寿松、舒昌如、崔善祥、闻光兴、陈建成、王学平、陈富麟、王明德、童国强、王乐庆、朱国光。市土产日杂有限公司现任总经理童国强。

宁波市畜产品公司 宁波市畜产品公司前身是华东区畜产分公司浙江支公司宁波收购组,创办于1951年。1952年改称为华东区畜产分公司浙江支公司宁波经营处。1957年易名为浙江省畜产分公司宁波支公司,后归属于宁波地区日杂畜废品公司。

1983年8月,地、市供销社公司机构合并改革,更名为宁波市畜产品公司。1984年,市畜产品公司销售1455.65万元,利润147.58万元。1985年销售2618.1万元,利润435.02万元。1986年1—10月销售2874.8万元,利润443.28万元。该公司曾是市供销社本级企业创利大户,1983年至1985年三年销售总额8800万元,创利1173.46万元,上缴财政税收555万元。

1986年4月至7月,市畜产品公司在江北大庆北路开设宁波畜产品公司羽绒厂,在扬善路开设宁波畜产品公司皮毛服装厂,在白沙仓库内增设兔毛加工厂。8月,将原宁波畜产品公司羽绒厂、宁波畜产品公司皮毛服装厂合并建立宁波畜产品总厂,所属拥有畜产品购销站、宁波畜产总厂、三市服装厂等3家经营机构,共有职工133人,固定资产131.4万元,流动资金89.6万元。

1989年起,国内兔毛市场突变,行业竞争激烈,导致商品滞销积压,应收款不断增加。连年发生亏损,至1991年底止,公司账面累计亏损576.6万元,加上待处理损失约100万元,还有向农行借款1188万元,企业经营维艰。1991年9月3日,宁波市畜产品公司(畜产品总厂)与韩国高合物产株式会社、中国香港国沛有限公司创立宁波高合羽绒制品有限公司,生产和销售各类羽绒制品。总投资138.2万美元,注册资本96.74万美元,其中宁波方出资33.86万美元,占注册资本的35%;韩国方出资38.7万美元,占40%;中国香港方出资24.18万美元,占25%,产品主要销往日本、韩国等地。1992年5月,公司在濠河街214号畜产品购销站内开设水产经营部。6月,在海曙区划船场18号开设宁波玛格丽制衣厂。

是年,下设畜产购销站、皮毛商店、水产经营部、畜产制品总厂、玛格丽制衣厂等5个独立核算单位。

1993年2月,市供销社对市畜产品公司(除畜产品总厂继续保留外)实施系统内兼并。(1)该公司职工65人,离退休人员62人,领取生活补助费遗属5人,分别分配安置到市土产、农资、畜产品总厂、特产、再生资源、物资回收和通利公司。(2)固定资产:划船场18号的玛格丽制衣厂厂房、设备、场地等,濠河街214号的畜产品购销站房屋、场地等,灵桥路248号的公司办公楼,市再生资源回收公司铁厂内的仓库,大庆北路64弄1号的畜产仓库,扬善路1号的营业用房,大庆北路64弄市农资公司耐火仓内的简易仓库等分别划归市畜产品总厂、市特产公司、市土产日杂公司、市再生资源回收利用公司、市农资公司。(3)账务处理:市土产日杂公司、市农资公司、市特产公司、市再生资源回收利用公司、市物资回收公司、畜产品总厂各承担130万元、130万元、50万元、50万元、110万元、80万元的待弥补亏损和待处理损失。所有债权债务、库存商品处理,仍由原畜产品公司负责清理。畜产品公司的机构名称和银行开户暂保,由市供销社通利经营公司代管。1993年3月,宁波畜产品公司歇业。至1999年,该公司的债权债务、房产所有权归属市供销社所有。

公司历任经理:王挺(组长)、王能丰(主任)、赵根甫、林胜国、江圣国。公司历任副经理:赵根甫(副组长、副主任)、朱安之、姜开舒、江圣国、陈宜华、苏平、郑明桂、沈小春、唐伟恩、边兴康。

宁波高合羽绒制品有限公司 宁波高合羽绒制品有限公司前身是宁波地区日杂畜废品公司一个经营部门,始建于1978年。1983年8月地、市供销社机构合并,其经营业务划归宁波市畜产品公司。

1986年4—7月,宁波市畜产品公司在江北大庆北路开设宁波畜产品公司羽绒厂,在扬善路开设宁波畜产品公司皮毛服装厂,在白沙仓库内增设兔毛加工厂。8月,将原宁波畜产品公司羽绒厂、宁波畜产品公司皮毛服装厂合并建立宁波市畜产品总厂,下设羽毛加工厂、制品厂三市服装厂。是年,宁波市畜产品总厂成立宁波市羽绒毛检测中心。公司年产70%羽绒制品出口,至1994年每年为国际市场提供近百吨羽绒毛、十几万件羽绒制品。

1989年,宁波市畜产品总厂设立皮毛服装分厂、羽绒加工分厂、兔毛加工分厂、肠衣加工分厂。1991年9月3日,宁波市畜产品公司(畜产品总厂)与韩国高合物产株式会社、中国香港国沛有限公司创立宁波高合羽绒制品有限公司。1994年3月,公司投资300万元,扩建羽绒生产线技改项目,是年,该公司固定资产420万元,生产建筑面积10000平方米,动力设备173台套,流动资金123.2万元,员工210人,全年,生产羽绒被16.5万条(件),羽绒毛加工600吨,水洗羽毛210吨,产值4500万元,创汇212万美元,成为全市最大的羽绒制品加工出口企业。

1997年3月,宁波高合羽绒制品公司羽绒生产流水线技改项目立项,总投资1500万元。技改后,形成年产羽绒制品50万件生产能力,新增产值10000万元,利税1075万元,创汇840万美元。6月,组建有限责任公司。12月,市外经贸委同意合资企业的外方40%的全部资本额(207.2万元)无偿转让给中方。据此,合资企业中止,企业性质变更为中资企业。至1997年12月底,该厂正式职工82人;企业总资产2307.3万元,总负债2231万元。累计亏损447.7万元,严重资不抵债。

1998年3月,宁波海田集团总公司对宁波高合羽绒制品有限公司实行承担债务式兼并,原宁波高合羽绒制品有限公司的全部资产包括固定资产、流动资产、债权等归宁波海田集团总公司所有。5月,宁波高合羽绒制品有限公司停产歇业。原公司按兼并要求减员67人,其中终止合同24人,"三家抬"人员12人,进入市供销社再就业服务中心31人。

公司历任总经理:陈仲朝、吴跃龙、应慧仁。公司历任副总经理:钟毅君、朱承龙、徐明浩、陈迪峰(常务)、吴跃龙、应广法、宋光华、董建宏。公司总经理助理:应广法。

宁波市钢铁加工厂 宁波市钢铁加工厂始建于1968年2月,专业从事废钢铁回收加工利用。1978年3月,经宁波地区计划委员会批准,建立废钢铁加工厂,属大集体性质,有职工153人。5月,市供销社将该厂及经营门市部划并给市物资回收公司管理。

1986年2月,市钢铁加工厂划归市物资回收公司所属金属经营部。1991年9月,市钢铁加工厂由非独立核算变更为独立核算。1994年,市钢铁加工厂拥有占地面积12400平方米,其中用于钢铁加工占地11200平方米,用于有色金属冶炼占地1200平方米,固定资产原值306万元。从事废钢铁和有色金属冶炼职工80余人。废钢铁加工主要设备有100吨液压打包机、300吨摩擦机各一台,30吨地中衡一台,鳄鱼式剪刀车一台及各种运输车辆和附属设施,用于有色金属冶炼的主要设备;有中频电炉一台、三辊轧机一台、二辊轧机一台、四辊轧机一台以及各种附属设备。具有年加工10000吨废钢铁、冶炼有色金属500吨的生产能力,年创利税100万元以上,是当时宁波市最大的废钢铁回收加工企业。

2001年6月,市再生资源总公司,对所属宁波市钢铁加工厂进行产权制度改革和理顺职工劳动关系。改制后更名为宁波市甬北物资回收有限公司。

钢铁加工厂厂长:黄国芳。

全国供销合作社宁波棉花检验站 宁波棉花检验站的前身是华东地区上海纺织纤维检验局宁波纤维检验站,成立于1952年,主要担负产地调宁波的棉花质量检验及签证任务。1954年上海纺织纤维检验局撤销,成立浙江省纤维检验所,宁波纤维检验站改为浙江省纤维检验所办事处,业务范围由销地检验变为产地检验。棉花收购旺季在慈溪、余姚、上虞、临海等设立办事处。1957年5月,浙江省纤维检验所撤销,宁波办事处划归宁波地区供销社管理,并更名为市棉花签证检验站。

1989年2月,根据计划单列市的要求,市供销社发文建立宁波市棉花检验站、慈溪市棉花检验组、余姚市棉花检验组、宁海县棉花检验组、象山县棉花检验组、镇海区棉花检验组、北仑区棉花检验组。棉花检验站、组棉花检验业务由市特产公司管理。5月,首次直接进口7000吨巴基斯坦原棉,市棉花检验站对市内4000吨、24800多包外棉进行过磅、记码、回皮、插样、检杂、测水等,顺利完成检验任务。市特产总公司作为全国七大进口棉接收口岸单位之一,负责承担宁波口岸进口棉的接港、中转、检验、委托检验及全市纺棉、民用絮棉经营业务。1992年3月,宁波市棉花检验站并更名为商业部宁波市棉花检验站,由徐启康兼任站长,胡余忠任副站长,胡汾寿任技术主管。潘裕光任技术指导。该站是宁波市唯一的国家级棉花检测机构。10月30日,获得由国家技术监督局〔1992〕D0855号颁发的中华人民共和国计量认证合格证书。进入20世纪90年代后,市棉花检验站积极做好进口棉接港任务,从争取进口棉指标、汇资金,到接港检验以及中转运输等一系列完整配套工作顺利进行。在进口棉中,部分直供市内各纱厂,多数为福建、广东、浙江等地代理接港(中转),已形成一支有经验、懂技术的接港检验队伍。宁波港棉花到达量从1989年的几千吨,发展到1995年最多达到6万吨,累计进口棉花14万吨左右。既缓和宁波市用棉花紧张状况,促进全市纺织工业出口创汇,又扩大代理业务,充分发挥宁波港的优势作用。1994年,经国内贸易部批准,市特产总公司在北仑港区投资1200多万元,建造1.5万平方米的进口棉中转储备库,为扩大中转,降低费用,保持进口棉工作的连续性奠定良好的基础。

1995年11月,市特产总公司总经理陈富麟兼任宁波棉花检验站站长。1993年至1995年,投资300

多万元,完成380平方米检验用房的改造工作,其中办公室150平方米,棉检室120平方米,水杂室40平方米,测试室(恒温恒湿)30平方米,储藏室40平方米,并配齐检仪器,如气流式马克隆仪、束纤维强力仪、斯特络强力仪、模拟昼光灯、气流式细度仪、棉花光电长仪、原棉花杂质分析机、八篮恒温电烘箱等仪器设备共39台,所有仪器设备均达到国内先进水平,并有一套完整的操作制度,已具备年接收进口棉检验能力15万吨。是年,宁波棉花检验站有职工12人,检验人员9人,全体职工中有工程师3人,助师4人,技术员5人。1996年1月5日,全国供销合作总社批复,同意将宁波市供销社所属的原商业部宁波棉花检验站更名为中华全国供销合作总社宁波棉花检验站。1997年,市特产总公司(宁波棉花检验站)在北仑港区建造占地2.5万平方米的进口棉仓库,包括进口棉检验大楼。共投资2000万元,仓储量达到3万吨以上,可作储备及中转之用。

2000年,宁波棉花检验站棉花检验业务移交于宁波技术质量监督局。

宁波市茶叶公司、宁波市茶叶联合公司 1985年4月16日,宁波市茶叶公司成立,与宁波市特产公司实行"两块牌子、一套班子"。是年,市茶叶公司与市供销社联营,开办宁波市明州茶厂,利用慈城当地毛茶原料加工精制,出口各级珠茶150吨。

1986年,省茶叶公司运往香港的茶叶基本上都由市茶叶公司代为从宁波港中转,是年中转茶叶数量3400吨。1987年11月,宁波市茶叶联合公司成立。市茶叶公司与37510部队联营的宁波茶叶拼配厂投资350万元,其中宁波市茶叶公司投资320万元,部队提供位于北郊乡路林村房产(堆场11548平方米,地面建筑物1252平方米)。同时,建造厂房8850平方米,投资450万元。

宁波市茶叶联合公司与市茶叶公司合署办公,下设茶叶经营部、综合业务部和包装储运部。公司实行生产、经营、出口一条龙管理,实行董事会领导下的经理负责制。这是一家集农工贸于一体的茶叶联合集团。主营各类出口茶叶的拼配加工及各类小包装茶叶业务。承担全市20多万亩茶园、29家精制茶厂、20多万担茶叶收购任务和12万担茶叶出口计划的生产管理和内外贸经营的责任。

1988年7月,市茶叶联合公司与市茶叶公司单独立户。全年经营出口茶叶2000余吨,创汇500余万美元。1989年,投资420万元、年产出口5000吨的宁波茶叶拼配厂建成投产。1990年3月,市茶叶联合公司在中山西路81号开设宁波兴甬茶庄。1998年,兴甬茶庄归市供销社直接管理。1992年2月,市计委批复同意市茶叶联合公司使用"宁波市名茶开发中心"从属名称,实行"一套班子、两块牌子"。是年12月将原出口茶叶拼配厂整理车间划出建立宁波制茶厂,实行独立核算。

1999年初,宁波市茶叶联合公司租用宁波会展中心办公用房,建筑面积230.14平方米。后于2001年4月购置原租用办公用房计建筑面积230平方米,购置款为87.45万元;另购置会展中心7楼办公用房1套计建筑面积56.21平方米,购置款为21.36万元。7月15日,市供销社同意市茶叶联合公司宁波兴甬茶庄改制方案。宁波兴甬茶庄原有职工与市茶叶联合公司解除劳动合同关系。

2001年5月,宁波市茶叶联合公司上报市供销社《关于宁波市茶叶联合公司改制方案的请示》称,经宁波德成威会计师事务所评估,以2000年5月为评估基准日,市茶叶联合公司总资产7234.12万元,负债7463万元,净资产为负229.17万元。公司正式职工47人。改制采用组建宁波海田茶叶进出口有限公司的形式进行,注册资本500万元。10月9日,组建"宁波茶叶进出口公司",注册资本500万元,市供销社出资475万元,占95%股份,市茶叶联合公司出资25万元,占5%股份。2005年,市茶叶公司工商登记注销。2014年3月,市茶叶联合公司所有资产划归宁波供销资产经营公司管理。

公司历任总经理：楼承渝、徐启康、朱国光。公司历任副总经理：王海生、林胜国、赵基铟、商德方、王乐庆、刘荣文、张保安、钟毅君。

宁波出口茶叶拼配厂 宁波出口茶叶拼配厂原名是宁波茶叶拼配厂，成立于1987年11月，隶属宁波茶叶联合公司管理。

宁波茶叶拼配厂原是由市茶叶公司与92919部队后勤部在江北原路林炮连空闲营区上合作兴建，是部队房管系统探讨空闲营区管理兴办的第一批经济实体。当时宁波出口茶叶拼配厂进行整体建设规划，工程由海军第十一工程建筑处负责组织设计施工。嗣后，宁波出口茶叶拼配厂陆续投资建造厂房8850平方米，办公用房1028平方米，生活用房135平方米。并在原营区周边和沿宁镇公路旁又新征土地11.6亩。是年，宁波茶叶拼配厂经营出口茶叶2000余吨，创汇500余万美元。1988年12月11日，宁波茶叶拼配厂改名并成立宁波出口茶叶拼配厂。1989年2月，投资420万元、年出口茶叶5000吨的宁波出口茶叶拼配厂建成投产。1990年，宁波出口茶叶拼配厂生产的"明州牌"珠茶被评为市优质产品。1991年1月，宁波出口茶叶拼配厂合资联营，由中国茶叶进出口公司、市茶叶公司和市土畜产进出口公司3家合资经营，茶叶拼配厂投资601万元，其中市茶叶公司投资301万元，中国茶叶进出口公司投资200万元，市土畜产进出口公司投资100万元。

1998年1月，宁波出口茶叶拼配厂获外经贸部自营出口经营权。7月，拼配厂出口茶叶生产线技改项目总投资1606万元，其中土建426万元，设备投资1100万元。1999年12月27日，宁波出口茶叶拼配厂（甲方）与香港金时代创业有限公司（乙方）合资成立宁波海田茶业有限公司，经营期限15年，合营公司投资总额130万美元，注册资本91万美元，其中甲方出资63.7万美元，以厂房、设备作价投入，占注册资本的70%；乙方出资27.3万美元，以美元现汇投入，占注册资本的30%。合营公司经营范围为红茶、绿茶、特种茶、大小包装茶叶及其包装材料。生产规模为年产5000吨茶叶。是年，宁波出口茶叶拼配厂生产出口茶叶1.18万吨，产品销售收入1.46亿元，其中自营出口茶叶6500余吨，创汇950万美元。

2001年起，由于茶叶市场竞争激烈，宁波出口茶叶拼配厂连年亏损加剧，处于濒临破产的境地。公司实施产权制度改革和理顺职工劳动关系。2003年3月3日，市供销社同意原宁波出口茶叶拼配厂位于江北区环城北路14号房地产（土地2513.1平方米，房屋建筑面积926.81平方米）与厂区内海军宁波房地产管理处权属土地（13809.2平方米）置换，并依法合规办理好置换有关手续。6月3日，致函92919部队后勤部《关于路林宁波出口茶叶拼配厂军用房地产置换一事的函》，建议92919部队后勤部与宁波出口茶叶拼配厂商榷处理方案。2014年3月，宁波出口茶叶拼配厂资产划归宁波供销资产经营公司管理。2015年，市供销资产经营公司在宁波出口茶叶拼配厂尚有资产800万元（土地价值）。历任厂长：宋光华、朱国光。

宁波茶行 宁波茶行前身是宁波茶叶商店，建立于1982年5月。1984年2月，宁波茶叶商店归属市供销社基层组织科。1986年1月划归于市茶叶公司。1990年3月，宁波茶叶商店划归市茶叶联合公司管理。1992年12月，宁波茶叶商店更名为宁波茶行。2000年初，宁波茶行实施产权制度改革和理顺职工劳动关系。3月31日评估结果如下：总资产1855876.79元，总负债216024.64元，净资产1639852.15元。提留职工安置费202743.86元，核销陈茶57538.67元，剥离社员股金49000元。

宁波茶行产权转让竞价底标确定为1533313元。10月被原茶行一名职工以154.33万元的出资置换，原茶行8名职工全部理顺劳动关系。宁波茶行实行资产全额置换后，中标者相应办理了房地产过户手续,制定企业章程,募集股份,建立相应的法人治理机构。

宁波茶行法定代表人:钱圣鲁。

宁波保税区海田投资有限公司 宁波保税区海田投资有限公司成立于1994年1月8日,注册资本1250万元,由宁波海田集团总公司(股本金200万元)、浙江兴合集团总公司(股本金80万元)、宁波开发区金舟房地产开发公司(股本金50万元)、宁波四海集团总公司(股本金100万元)、慈溪市金龙总公司(股本金100万元)、宁波华盛集团总公司(股本金50万元)、宁波财茂集团总公司(股本金50万元)、余姚万隆集团总公司(股本金50万元)等单位组建。主要经营国际贸易、国内贸易、投资业务。1994年,宁波保税区海田投资有限公司实现利润68.28万元。翌年4月,对1994年原定的10.98%的分红率进行分红,共计50.45万元。1999年1月,公司召开股东(董事)会议,对公司进行遣散清算,在处理好财产后,所剩现金按股本比例分别还给各股东后予以歇业。

公司董事长:包银虎。公司历任总经理:赵鼎贵。历任副总经理:胡国荣、徐国荣。

宁波海田集团(总公司) 1993年7月10日,经市财办、市计委、市体改办〔1993〕60号批复,同意组建宁波海田集团(总公司)。1994年5月26日,宁波海田集团总公司正式成立,与市供销合作社实行"一套班子、两块牌子"。成立时注册资金7000万元,后于1998年注册资金增加到1.1亿元。同月,宁波海田集团总公司获进出口经营权,市供销社增设进出口处,并在各县(市)区供销社、部分市供销社所属公司、基层供销社及系统外共设立35个进出口部。初步建立一整套比较适应供销社系统的运行机制。6月,鉴于市供销社与宁波海田集团总公司属同一法人,确定由市供销社主任兼任宁波海田集团总公司总裁。

宁波海田集团总公司实行总经理负责制,下设总经理办公室、人事部、财务部、基建储运部、业务指导部、外经部、进出口部等部门。是年底,宁波海田集团总公司拥有全资、控股企业13家,职工3322人。

1995年,宁波海田集团实现销售额17.97亿元,综合经济效益3800万元,其中利润2080万元;进出口总额3058万美元,其中出口创汇2475万美元,名列全国供销社系统外贸企业第二位。集团核心层、紧密层中销售超亿元企业6家,占企业总数的50%。

1996年,宁波海田集团总公司实现销售额15.16亿元,外贸进出口总额3000万美元,位居全市23家外贸公司第15位。年末资产总值14亿元,创利2351万元,所有者权益2.6亿元。

1997年底,宁波海田集团拥有紧密层企业(子公司)11家;2家中外合资、合作企业;半紧密层企业6家。另有松散层企业198家,包括8个县(市)区供销社和76个基层供销合作社。年末,资产总值15.3亿元,所有者权益3.2亿元,实现销售17.02亿元,利润总额5267.2万元。1998年2月,组建宁波海田资产经营公司,注册资本2000万元。其中市供销社出资1900万元(货币资金656万元,实物资产1243万元),占股份95%。年末,宁波海田集团总公司净资产2.21亿元,实现利润1.15亿元,是当时宁波市规模最大的贸工农一体化的农业龙头企业。1999年,宁波海田集团总公司对宁波高合羽绒制品有限公司实行承诺债务式兼并。2001年,在国家统计局公布的2001年度中国最大企业500强排序中,宁波海田集团以营业收入32.85亿元列第301位。2001年至2004年,宁波海田集团总公司所属紧密型、半紧密型企业先后进行产权制度改革和理顺职工劳动关系,相关企业改制或成为有限(责任)公司、股份有限公司,或退出行业竞争性领域,抑或歇业。2009年12月30日,宁波海田集团总公司变更工商登记并领取企业法人营业执照。

2013年4月,市供销社启动深化社有企业管理体制改革。11月,向市政府上报《关于组建宁波供销集团公司的请示》(甬供办〔2013〕56号),其中要求加快注销宁波海田集团总公司,清理公司所属名下企业、资产和其他债权债务关系。2013年12月27日,宁波供销集团公司成立,进一步理顺宁波海田集团(总公司)经济关系。

2015年3月31日,市供销社上报市政府《关于要求解散宁波海田集团和宁波海田集团总公司的请示》,并成立以市供销社主任为组长的宁波海田集团总公司清算工作领导小组。5月4日,市政府《关于同意解散宁波海田集团和宁波海田集团总公司的批复》(甬政笺〔2015〕25号),要求市供销社加快对历史遗留的清理步伐,后因市供销社领导班子成员调动,而债权债务关系一时难以理顺,清算工作又涉及许多法律问题,使承担清算工作因难度大而一度拖延。2016年11月,市供销社召开党委、供销集团公司董事会会议决定,重启解散程序,并委托宁波德威会计师事务所具体负责解散事宜。

2017年6月23日,重新调整宁波海田集团(总公司)清算工作领导小组。清算领导小组由市社负责人任组长,钟毅君、王万有、包银虎任副组长,吴建裕、王学兴、余珊弘任小组成员。领导小组下设办公室,由包银虎兼任主任,余珊弘兼任副主任。至是年7月,资产清查(财务审计)工作基本结束。同时对原宁波海田集团总公司员工解除劳动合同关系,并由宁波供销集团公司继续履行劳动合同。

表2-15 宁波海田集团(总公司)历任总裁(副总裁)、总经理(副总经理)名录

职 务	姓 名	任职时间	离职时间
总裁、总经理	葛龙川	1994.05	1995.04
副总裁、副总经理	励慧芳	1994.05	1995.04
副总裁、副总经理	陆玛杰	1994.05	1997.11
总裁、总经理	励慧芳	1995.04	1997.12
副总裁、副总经理	朱华锋	1995.09	2007.07
副总裁、副总经理	陈仲朝	1995.09	2000.01
总裁、总经理	周信浩	1997.12	2009.12
副总裁、副总经理	李猛进	1997.12	2013.12
副总裁、副总经理	包银虎	1997.12	2013.12
副总裁、副总经理	钱建国	2006.04	2013.12
副总裁、副总经理	张战英	2009.11	2013.12
总裁、总经理	谢群华	2009.12	2013.02
副总裁、副总经理	胡立明	2009.12	2013.12

宁波市第二土产日杂公司 宁波市第二土产日杂公司建立于1984年9月。1986年,公司所属有江厦土产建材联营商店和海曙、江东、江北、镇明、新甬、新兴日杂商店等7家企业,职工245人,固定资产32.3万元,流动资金224.62万元。1987年11月,根据市委〔1987〕28号《关于进一步扩大海曙、江北、江东区管理权限的决定》通知,市第二土产日杂公司所属的全部7家独立核算零售企业和20个自然门店全部下放划归到市区商业局。

1988年5月,市第二土产日杂公司撤销,并入市工业品公司,并更名为宁波市工业品公司土产日杂采购供应站,原所属灵桥经营部更名为市工业品公司灵桥经营部,原新芝经营部更名为市工业品公司新

芝经营部,原劳动服务部更名为市工业品公司劳动服务部。

公司经理:盛荣祥。公司历任副经理:盛荣祥、陈和存。

宁波市供销社贸易中心(贸易公司) 宁波市供销社贸易公司前身是地、市贸易货栈,建立于20世纪60年代初。1983年8月地、市2个供销社贸易公司(货栈)合并,建立宁波市供销社贸易公司。是年,贸易公司销售额2900万元,利润90万元。1984年9月20日,市供销社贸易中心建立。该贸易中心作为经营体制改革的尝试,打破供销社在市区经营工业品的分工,也打破计划经营的传统。因此,它不仅是党的十一届三中全会以来流通体制改革的产物,而且国家暂时困难时期,为搞活市场,促进工农业生产起积极作用。1984年,公司销售额3100万元,利润110万元;1985年销售额4868万元,利润120万元。

1986年9月,市供销社贸易公司与市供销社工业品公司实行"一套班子、两块牌子",经济上仍实行独立核算,自负盈亏。1987年1月,市供销社与省供销社贸易公司合资联营建立宁波市供销社贸易中心,投资总额为800万元,其中省供销社贸易公司投入230万元,其余由市供销社投资。同时撤销市供销社贸易公司,将该公司副食品经营部划归市供销社建立贸易中心。是年,该贸易中心职工人数354人,固定资产200.4万元,流动资金142万元,销售4230万元,利润96万元。1988年3月,在海曙三市陈巷开办宁波蜂业公司。1989年,市供销社贸易中心与20多个省、市的有关企业建立正常的经济业务关系,并推销地方产品等购销总额超过2亿元,成为当时全国流通领域中有一定知名度的企业。12月,市供销社贸易中心变更为宁波市供销社大楼。变更后该单位行政隶属于市工业品批发公司。1991年6月,市社贸易中心将所属副食品经营部更名为灵桥经营部,干果食杂经营部更名为灵桥经营部中马分部。7月,市供销社贸易中心经营机构调整,将所属的副食品经营部、干果食杂经营部、宁波蜂业公司等成建制划入市副食品公司。在市供销社大楼内的5家企业予以歇业。嗣后7月,市供销社贸易中心更名为宁波市供销社物资公司。

公司历任总经理:陈阿德、范焱。公司历任副总经理:曹再裕、闻光兴、王寿松、舒昌如、张祥甫、盛荣祥。公司正副经理级调研员:金晓、崔善祥、姜文生、冷长天、王寿松、舒昌如。

宁波市供销社工业品公司 1986年9月2日,宁波市供销社工业品公司成立,与市供销社贸易中心"一套班子、两块牌子"。1987年,撤销市供销社贸易公司,将该公司所属的工业品经营部划归工业品公司。

1988年5月,市供销社将市第二土产日杂公司与市工业品公司合并,并将市第二土产日杂公司更名为市土产日杂采购供应站。1989年,开设宁波市工业品公司西门经营部,同时挂名宁波市工业品公司西门商场,同时开设市工业品公司物资设备经营部和市工业品公司上海经营部。12月,市工业品公司变更为市工业品批发公司。1991年6月,市工业品批发公司开设五交化经营部、百货文化批发部。7月,市工业品批发公司经营机构调整,将灵桥路52号办公大楼全部划归市土产日杂公司;工业品公司所属的土产采购供应站、灵桥经营部、工业品商场及市供销社大楼内的五交化经营部、百货经营部划给市土产日杂公司。将市供销社大楼内的"黄金屋"专柜划给市农资公司。将供销社大楼内的针纺织品经营部划给市特产公司。将供销社大楼内的副食品经营部、干果食杂经营部、宁波蜂业公司等全部成建制划入市副食品公司。市工业品公司的仓库分别划给市特产、土产日杂、果品公司。

公司经理:范焱。公司历任副经理:张祥甫、王寿松、舒昌如、陈富麟。正副经理级调研员:金晓、冷长天、王寿松、舒昌如、盛永祥。

宁波市供销社物资公司 1991年7月,根据市供销社《关于调整市工业品公司、市供销社贸易中心经营机构的决定》,将市供销社贸易中心更名为宁波市供销社物资公司,该公司主要是从事生产资料的经营单位,旨在为地方工业、乡镇企业、供销社工业的生产发展提供批发服务。是年9月,开设建材装潢经营部。1992年11月,在灵桥路市生产资料市场内开设市供销社物资公司市场经营部。是年,该公司内设机构有经理室、办公室、财会科、储运科4个职能科室,下设金属经营部、轻纺化纤经营部、燃化经营部、建材装经营部、综合经营部。职工57人,1995年6月,市供销社物资公司划归宁波美乐门商城。

公司历任经理(总经理):陈阿德、冯培荣。历任副经理(总经理):张祥甫、王学平。经理级调研员:范焱、金晓。

宁波市供销社通利经营公司 宁波市供销社通利经营公司成立于1992年6月,法定代表人叶永祥,由市供销社拨入资金50万元,主要经营农副产品、日用杂品、农药、化肥、薄膜、金属材料、石油、针纺织品、粮油及制品、废旧物资等的批发、联营、代购、代销。1993年3月,市供销社通利经营公司法定代表人变更为张战英。4月,在广东汕头市汕樟路设立汕头通源贸易公司,法定代表人张战英。11月,与马来西亚商人黄楚璧合资开办宁波生立纸业有限公司,主要生产和销售卫生巾及其他纸制品、卫生用品等。总投资40万美元,注册资本30万美元,中方占45%,外方占55%。法定代表人张战英。1995年12月,市供销社通利经营公司并入宁波美乐门商城。公司历任经理(总经理):叶永祥、张战英。历任副经理(副总经理):张战英、孔繁励、胡国荣、钟毅君。

宁波经济技术开发区浙甬拆船物资联营公司 1992年9月8日,浙甬拆船物资联营公司成立,注册资本100万元,市供销社、省拆船公司各出资50万元。董事会选派张先国为董事长,叶永祥为副董事长,聘任倪国华为总经理、法定代表人。1993年1月,浙甬拆船物资联营公司在宁波生产资料市场开设浙甬拆船物资联营公司市场经营部。是年6月开设宁波保税区协海国际物资贸易公司。市供销社于1993年底以宁波浙甬拆船物资联营公司的名义投入宁波协海国际物资贸易公司9.6万美元(当时折合人民币835200元),占宁波协海国际物资贸易公司注册资本60万美元的16%的股份,后注册资本总额调整为47.4万元,市供销社投资比例也相应调整为20.25%。1996年5月25日,因市供销社调整投资方向,宁波协港国贸公司同意市供销社撤出投资股份计835200元,分得利润91328.4元。随后宁波浙甬拆船物资联营公司解散,市供销社分得利润及本金845427.48元。

公司总经理:倪国华。历任总经理助理:王定英、罗宗彪。

宁波美乐门集团股份有限公司 宁波美乐门集团股份有限公司前身是宁波美乐门商城。1994年4月28日,宁波美乐门商城开业。该商城地处宁波市海曙区中山东路137号商业中心地段,总投资16086万元,商城楼高14层,以零售为主,融购物、娱乐、期货交易和办公用房为一体。商城总建筑面积17456平方米,主营商业零售、批发配送、进出口贸易,其中一楼至四楼为购物大厅,营业面积11000平方米,经营5万余种商品,范围涉及百货针织、黄金饰品、食品、鞋帽、服装、家交电和电信等各大类商品。五楼以上除写字楼外,还开辟文化娱乐类服务项目及期货交易中心。

1994年5月至12月,宁波美乐门商城商品销售额13500万元,综合利润300万元。1995年,宁波美乐门商城设立副食品公司、建材公司、进出口部、开发区物资公司、保税区金星国际贸易公司、海田集团美乐门进出口部等批发贸易实体以及金星广告策划有限公司、与台资合作经营的宁波汤姆熊育乐事业有限公司(1996年4月注销)等,实现由单一的零售经营向批零兼营、内外贸并举、多元化经营的转变。在地域辐射上,发展连锁经营,突破传统经营模式和地域局限,设立市郊孔浦、镇海炼化、奉化溪口、宁波宏伟等4家连锁商场,增加零售营业面积3000多平方米年,实现销售额3000万元。先后兼并系统内历史包袱较重的市供销社物资公司、市通利公司、市副食品公司,实现优势互补。商城以"甬城第一大门"的形象、先进的设施和过硬的规范管理与服务,赢得良好的社会服务效益和企业经济效益。是年,宁波美乐门商城商品销售额达到27647万元,利润178.8万元,综合效益720万元,名列宁波市零售商业"五强"之一。

宁波美乐门商城开业两年累计实现纯销售(不含企业内部调拨销售)49967.9万元,实现综合经济效益1020多万元。商城共有员工1312人,其中大中专学历以上各类专业技术管理人员137人,占10.4%。先后被国内贸易部授予"全国星级信誉企业"称号。跻身于全国供销社系统"百强商场"行列,成为市供销社"五群"发展战略之"商场群"龙头企业。宁波美乐门商城的广告语:"你们、我们、他们——美乐门",当时在宁波市区几乎是家喻户晓。1996年4月20日,市副食品公司及蜂业公司并入宁波美乐门商城。7月,宁波美乐门商城被市政府列为全市30家现代企业制度试点单位。8月,根据市政府甬政发〔1996〕140号《关于同意设立宁波美乐门股份有限公司的批复》,宁波海田集团总公司等6家市供销社系统企业及1063名自然人为共同发起人,整体改组宁波美乐门商城,对商城进行股份制改造,设立宁波美乐门股份有限公司,注册资本6000万元。股本总额6000万股,每股面值1元,全部由发起人认购。开设美乐门海光大厦。

宁波美乐门股份有限公司自1994年5月开业至1997年9月底,公司资产总额为2.8亿元,净资产为8971万元,实现利润1603万元。所属有4家企业,即宁波美乐门商城、宁波美乐门商品配送中心、美乐门物业经营公司、金星国际贸易公司。股份改制改造后,宁波美乐门股份有限公司从单纯经营百货零售,到大力发展连锁业,积极开拓总代理、总经销经营、物资贸易,兴建宁波电脑市场、海光商厦等,形成多元化的经营体系。被市政府确定为市"实力工程"企业,获贸易部颁发的"全国星级信誉企业"称号,跻身于全国供销社系统"百强商场"行列。

1997年初,宁波美乐门股份有限公司利用位于中山西路的办公楼及附近2000平方米中转仓库及外围大庆路、大闸路20000平方米仓库群改建为宁波美乐门商品配货中心,中心下设食品、百货服装、家电三大分公司及决算、储运、维修等部门,将包括美乐门商城、海光商厦以及14家连锁经营机构在内的商业网点全面纳入配送体系。2月,宁波美乐门股份有限公司设立宁波大榭开发区吉星商贸有限公司,注册资金100万元,企业法定代表人黄锡义。6月,宁波美乐门股份有限公司投资80万元与美乐门海光连锁商厦联营,在海光大厦三楼设立宁波美乐门海鲜楼,注册资金100万元,企业法定代表人石永兴。9月,以食品、百货超市为主的美乐门海光商厦开业,商厦营业面积4000余平方米,一、二楼为零售营业厅,主营食品、百货、针织、家电、文体等几大类商品,三楼为大型多功能海鲜楼。至年底,宁波美乐门商城新开连锁商场、便民超市等各类连锁网点14家,营业面积10000平方米,经营网点辐射范围涉及市区、近郊、镇海、鄞县、慈溪、奉化等地,使公司的连锁经营在质和量上发生根本性的突破。年底,据省统计局对商贸企业类型划分,宁波美乐门股份有限公司被确认为大型企业。

1995年至1997年,宁波美乐门股份有限公司销售合计9.14亿元。1998年3月3日,原宁波美乐门商城工程应缴城建配置费1304.8万元,实际缴纳900万元,尚有404.8万元未缴。经市政府批准,先一次性缴50%,另50%缓缴,待企业经济状况好时再予缴付。是年,宁波美乐门股份有限公司改制为宁波美乐门集团股份有限公司。8月28日,宁波海田配送有限责任公司成立,公司注册资本160万元,至2001年4月,因股东单位改制等原因闭歇撤销。9月,开设宁波美乐门社区服务有限公司。1999年,宁波美乐门集团股份有限公司经过几次兼并扩张,拥有经营、办公性自有房产16处(其中仓库用房3处),建筑面积43826.3平方米。至2000年底统计,资产账面原值25289万元。还租用国家直管经营用房3处,建筑面积1882.9平方米。直属经营单位8家(美乐门商城、电脑市场、海鲜楼、金星商贸公司、广告公司超市、设备公司、副食品公司、吉星商贸公司),联营合作企业3家(海和药店、社区服务公司、孔浦连锁商场),三级经营部门4个(隶属于物业公司的招待所、隶属于电脑市场的海光电脑分场和通讯器材市场以及由电脑市场出面与宁波大学合办的宁达计算机培训服务有限公司和培训学校、隶属于副食品公司的咏归连锁商场)。宁波美乐门集团股份有限公司1997年至1999年三年平均销售额为30655万元。

2000年9月22日,宁波美乐门商城有限公司成立,注册资金400万元。12月15日,宁波美乐门集团股份有限公司上报市供销社《关于要求全面推进企业内部改制工作的报告》(甬美办字〔2000〕31号)称,由于市场大环境影响以及其他主客观原因,整个公司销售大幅度下滑,除个别单位保本微利外,大多数经营部门均出现持续亏损的局面。为此,它山、溪口、范市、古林等连锁超市歇业。集团公司还出现(转)贷资金悬空、社员股金集中到期、日常费用开支来源中断等问题。至年底,集资款和社员股金总额达2465万元;拖欠的货款及装修款,尤其是银行的还(转)贷和社员股金提款一度出现严重问题。翌年3月2日,市供销社《关于宁波美乐门集团股份有限公司改制方案的批复》(甬供业〔2001〕16号),同意按照集团公司改制的统一方案,分步有序推进子公司的改制工作,通过盘活存量资产和产权置换筹集改制成本,全面理顺职工劳动关系,并同意将宁波美乐门商城改制成集团股份公司参股40%的有限责任公司。

2001年4月22日,市供销社《关于同意变卖转让资产的批复》(甬供基〔2001〕32号),同意宁波美乐门集团股份有限公司所属10074平方米6643万元的企业自有房产转让、置换给宁波海曙搜房信息咨询有限公司等有关单位。该6处房产分别为:中山西路292号的海光大厦计8353.84平方米,价格5500万元;中山东路75号计178.9平方米,价格268万元;中山西路181号计347.20平方米,价格约208万元;中山西路187号计707.30平方米,价格424万元;老实巷53—55号计89.9平方米,价格45万元;咏归路30—34号计397平方米,价格198万元。4月25日,公司上报市供销社《关于企业改制方案的请示》(甬美业字〔2001〕11号)称,公司在编职工736人,离退休人员246人,遗属18人。经资产评估,以2001年3月31日为基准日,资产总额为3.2亿元(固定资产按自有房屋和批租土地评估,但大庆北路64弄1号、9号、人民路368号等3处仓库用房土地仍按划拨评估),资产负债总额2.6亿元,净资产为6200万元。在尽快理顺资产、人员财务关系的基础上,对其他子公司采取先易后难,成建制切块的改制办法,即:(1)副食品公司、超市设备公司、咏归路连锁商场等3家子公司以直置换现有房产形式单独改制。其中副食品公司原经营场所2处,一处收归宁波海田集团公司(老实巷53—55号建筑面积为89.9平方米,由集团公司出售变现或用于其他子公司改制置换);另一处开明街22—26号建筑面积263.8平方米,属国家直管公房,按甬政发〔2000〕31号文件精神办妥产权转移过户手续后,作为改制置换资产。(2)金星广告、吉星商贸、海鲜楼以及与内外系统联营的海和药房、孔浦连锁商场、社区服务人员作一次性予以经济补偿后,理顺劳动关系。(3)金星商贸公司、电脑市场和集团公司合并改制。4月26日,市供销社《关于宁波美乐门集团股份有限公司企业改制方案的批复》,原则同意宁波美乐门集团股份有限公司改制,并按有关规定进行剥离、核销和提留,确定原企业负资产为1000万元,实行负资产挂账,零资产竞价转让,组建新企业。9月14日,宁波美乐门集团股份有限公司(甲方)与宁波红帮服饰有限公司(乙方)签订美乐门商城房地产产权转让协议书。甲方将坐落在中山东路137号宁波美乐门商城整幢楼及相应地产,建筑面积 17068.67 平方米,以及标的物附着设施(含照明设备、电梯、中央空调、安全监控设备等自有产权中除办公用品以外的设备、设施)一并转让给乙方。转让价格为 10018 万元。

2003 年 12 月,宁波美乐门集团股份有限公司改制工作基本结束。但其按有关政策经核销和提留后,负资产数额极大。为解燃眉之急,在转让美乐门商城和海光大厦后,宁波美乐门集团股份有限公司改制和提留费用及有关债务全部转入市供销社。2005 年 12 月,宁波美乐门集团股份有限公司营业执照到期注销,市供销社批文同意成立宁波美乐门商贸有限公司,主要管理原宁波美乐门集团股份有限公司除债务外的一切遗留问题处理、扫尾及离退休干部、职工的管理工作;仓库消防安全管理、租赁和收费;协调和处理原集团公司对外如财税、工商、经济纠纷等有关工作。2006 年 2 月,成立宁波美乐门商贸有限公司,注册资本 50 万元,市供销社出资 40 万元,占 80%。尚有职工 21 人。经营范围涵盖针纺织品、日用品、厨房设备、五金交电等业务的批发、零售。但事实上该公司成立以来尚未开展经营业务,仅负责解决原宁波美乐门集团股份有限公司部分职工的后续工作,以及移交给市供销社的江北大庆路仓库的对外租赁管理事项。

2008 年起,市供销社对宁波美乐门商贸有限公司实行收支两条线管理,房租费收入计入市供销社,费用支出由市供销社核定并按月拨付。2014 年 3 月,宁波美乐门商贸有限公司并入宁波供销资产经营公司。

宁波美乐门商城历任总经理:黄锡义、楼承渝、王朝晖。历任副总经理:楼承渝、冯培荣、石世铵。

宁波美乐门集团股份有限公司历任董事长:包银虎、石永兴。副董事长:黄锡义、陈富麟。历任总经理:黄锡义、石世铵。历任副总经理:石永兴、石世铵、楼承渝、冯培荣、应慧仁、王朝晖。总经理助理:张利萍。

宁波美乐门商贸有限公司经理:张利萍。

表 2-16　1995—1997 年宁波美乐门集团股份有限公司资产状况和经营业绩情况

单位:万元

项　目	1995 年	1996 年	1997 年
资产总额	17360	20833	27512
负债总额	15861	14813	18541
净资产	1499	7368	8971
主营业务收入	29761	30128	32053
利润总额	866	1609	1886
净利润	570	1368	1603

宁波南苑控股集团有限公司　宁波南苑控股集团有限公司前身是宁波南苑饭店。1990 年 3 月 13 日,位于海曙区灵桥路 2—6 号(市供销社大楼内 3—10 层)的宁波南苑饭店设立。1991 年 11 月正式营业。

1992 年 10 月,经市政府批准,南苑饭店作为宁波市流通企业首批股份制试点企业,正式更名宁波南苑集团股份有限公司。11 月,经市农资公司(宁波南苑商社)、市果品食杂公司、市副食品公司等 3 家企业共同发起,宁波南苑饭店改组为宁波南苑股份有限公司,为定向募集公司。股本总额 3150 万元,股份总数 315 万股(其中社会法人认购股 111.9 万股),每股 10 元,股份制企业内部职工认购 15 万股,市农资公司(发起人之一)认购188.1万股,占股份总数60.03%。后因股份制企业必须是经济独立的核算单位,故市农资公司与宁波南苑股份有限公司结清有关账务,划清财产,划分职工和离退休职工人数。其中市农资公司职工171人(离退休职工48人),宁波南苑股份有限公司职工137人(离退休职工6人),分别单独向社会保险管理部门立户。自此以后,宁波南苑股份有限公司属市供销社管理。

1997年8月,据省统计局对商贸企业类型划分,宁波南苑集团股份有限公司被认定为大型企业。1999年11月30日,宁波南苑集团股份有限公司上报市供销社《关于要求批准公司股本结构调整实施方案的请示》(甬南股〔1999〕40号)称,公司总股本数为4262.45万股,其中法人持股4113.17万股,占96.5%(市农资公司3717.4万股,占87.21%;中国人民保险公司宁波分公司145.9万股,占3.42%;上海市农资公司118.71万股,占2.79%。宁波美乐门集团股份有限公司、市土产日杂公司、江东供销社、市物资回收利用总公司、省对外贸易公司、宁波化肥厂、金华市供销社、金华市农资公司、绍兴农资公司、宁波化肥厂、宁波塑料厂、江北房地产管理处、绿丰实业公司、市果品总公司等14家单位占股份3.52万—25万股,比例0.12%—2.79%之间。个人持股合计为149.28万股,占3.5%)。请示要求降低法人持股比例,增加公司人员的持股比例,最后达到法人控股持股比例略高于50%,个人持股比例接近50%的水平。12月,市供销社批复,同意宁波南苑集团股份有限公司关于公司股本结构调整实施方案。是年,该公司销售14488万元,增长67.7%;利润308万元,增长153.3%。

2000年10月,开设宁波南苑旅游发展有限公司,注册资本130万元,南苑集团股份有限公司持股比例53.15%,公司总经理持股15.38%,公司其他人员持股31.47%。至此,宁波南苑集团股份有限公司已发展成为拥有南苑饭店、南苑鞋城、南苑石油公司、南苑旅游公司4家下属企业,经营业务涉及饭店商业、批发、石油制品、国内外贸易、旅行社、出租车等行业的综合性集团公司,形成"以旅游产业为龙头,商贸行业稳步发展"的经营格局。年末,宁波南苑集团股份有限公司总资产达到4.5亿元。

2001年4月24日,市供销社对宁波南苑集团股份有限公司的体制改革和南苑饭店股权向外转让等问题作出决定,即宁波南苑集团股份公司的体制改革和南苑饭店股权向外转让可以同步进行。关于体制改革分两步实施,第一步进行南苑石油公司、南苑鞋城的改制。关于南苑饭店的股权向外商转让问题,在集团股份公司实行第一步改制,然后进行饭店股权转让。对宁波南苑饭店的股权向外商转让总价按原测算后的出价3.5亿元,同意大部分股权进行转让,自己保留小部分股权。9月6日,市供销社《关于宁波南苑集团股份有限公司内部改制方案的批复》(甬供业〔2001〕75号),同意宁波南苑集团股份有限公司内部改制成为宁波南苑饭店、宁波南苑鞋城有限公司、市中油南苑石油有限公司等三单位。公司转让标的、转让价格和转让条件的公示及竞价过程由市供销社主持。9月18日,市供销社印发《关于成立宁波南苑集团股份有限公司改制领导小组的通知》(甬供业〔2001〕84号)。改制领导小组组长朱华锋,副组长包银虎,组员张战英、张知中、郭竞雄。

2002年,公司及所属企业理顺职工劳动关系,改制成为民营企业。2003年8月25日,宁波南苑饭店超豪华型商务楼竣工并试营业。2004年6月3日,宁波南苑环球酒店项目正式动工。2004年9月,宁波南苑集团股份公司进一步理顺与市供销社股份关系。2009年3月30日,宁波南苑环球酒店正式对外营业。2012年11月16日,宁波南苑新芝宾馆、南苑新成酒店和南苑花博园度假酒店正式对外营业。2013年6月,宁波南苑五龙潭山庄开业。2013年,省服务业百强企业榜单公布,宁波南苑控股集团有限公司以30.7亿元营业收入列榜单第57位。2015年,宁波南苑控股集团有限公司发展成为以酒店业为核心产业,以食品生产与销售、实业投资等为相关产业的民营企业集团,拥有省首家五星级酒店宁波南苑饭店、按国家旅游局最高行业标准白金五星级打造的宁波南苑环球酒店、按五星级标准的嘉兴平湖南苑酒店等高档商务酒店,以及宁海南苑温泉山庄、舟山桃花岛会所、宁波南苑花博园度假酒店等。宁波南苑集团股份公司先后获中国服务业500强企业,中国饭店业最具规模的30家饭店管理(集团),中国饭店业最具影响力的30年饭店管理(集团)、全国供销社系统先进集体、省消费者信得过单位、省知名商号企业、省先进基层党组织、市文明单位、市AAA级资信企业等荣誉称号。

公司历任董事长:朱华锋、乐志明。公司历任总经理:刘波、乐志明、郑碧寅。

公司历任副总经理:陈钜君、钟利达、陈钜君、陈志华、张宁象、管惠俊、杨焕江、刘伟义、戴辉、郑碧寅。

公司历任总经理助理:张碧英、施建林、张宁象、管惠俊、刘伟义、徐仁杰。

宁波南苑商社 宁波南苑商社建立于1992年3月,企业从属名称为宁波农业生产资料公司、宁波南苑商社,所属有宁波南苑饭店、南苑商社东港进口汽车配件公司(原东港汽配商场)、南苑商社农资贸易公司(原贸易经营部)等3个独立核算的子公司。5月,成立宁波南苑商社北仑农资贸易公司,投资250万元。1996年8月,市供销社发文将宁波市海丰实业总公司并归于宁波南苑商社管理。原市海丰实业总公司从奉化大酒店分得的资产由宁波南苑商社向宁波南苑股份有限公司参股。1999年,宁波南苑商社闭歇。

宁波南苑商社历任董事长:葛龙川、朱华锋。历任副董事长:陈莲舫、叶燕荣、乐志明、项瑞贵。历任总经理:陈莲舫、朱华锋。历任副总经理:项瑞贵、朱华锋、郑明桂、周良明。

宁波南苑饭店 1990年3月13日,位于海曙区灵桥路2—6号(市供销社大楼内3—10层)的宁波南苑饭店建立。1991年11月正式营业。1992年11月,宁波南苑饭店改组为宁波南苑股份有限公司。1995年2月,宁波南苑饭店被评为"三星级涉外旅游饭店"。9月,市计委发文同意扩建南苑饭店,扩建工程位于南苑饭店东南侧(原宁波新华工具厂区),占地面积7680平方米,总建筑面积23000平方米,建设标准客房300套及其配套设施,总投资为1.6亿元。

1996年6月,按五星级标准进行二期工程扩建、改造的宁波南苑饭店用地面积8425平方米,其建筑占地面积2980平方米,绿化面积2750平方米,计划投资26000万元。南苑饭店二期工程项目是市供销社历史上规模最大的投资项目,也是宁波市1996—1997年度重点建设项目,至1999年5月26日竣工开业,实际投资近3亿元。主体建筑高99米,饭店拥有包括总统套间、高级商务套房在内的各类客房共318间套;拥有中西餐厅、宴会厅、风味餐厅、食街等用餐点,共1500个餐位;配备现代化设施的各类大小会议室、多功能厅、商务中心、商场等附属设施。另外,饭店还有DISCO舞厅、KTV包厢、保龄球馆、健身房、游泳池、棋牌室、台球房、电子游戏室、美容室等各种娱乐健身设施;配有完善的消防安全系统及中央空调、闭路电视、背景音乐、国际直拨电话等系统设施。是当时宁波市规模最大、硬件设施最好的商务酒店。软件管理方面,聘请国内著名的南京金陵饭店进行顾问管理。饭店一楼设有宾馆大堂、购物中心、酒吧、咖啡厅及公众服务设施,大堂室内挑高22米。商务中心除为宾客提供传统的服务项目外,还提供翻译、网上浏览、电脑出租、电子邮件收发等特色服务。二楼设有大小各类中、西餐厅及包厢,还开设了面向大众的"知味廊"食街。三楼、四楼的娱乐中心共有风格各异的KTV包厢22间以及保龄球馆、弹子房、歌厅等。四楼设有可容纳550多人的多功能宴会厅和能容纳330人进行五种语言同声翻译的国际会议中心,并配备"三枪、单枪"多媒体投影和实物投影设备、智能化视听及照明系统。五楼设有桑拿房、游泳池和高规格花园。六至二十六楼有各种类型的客房318套,净面积20平方米以上的客房占70%,有独立淋浴房的占55%,客房均装有计算机网络终端,可直接饮用水系统和感应式门锁。二十七数设有总统套房,二十八楼为潮粤餐厅。建成后的南苑饭店是当时宁波酒店业规模宏大、设施设备总体功能领先、服务设施完备的高星级商酒店,也是全国供销社系统档次最高、规模最大的高级酒店。1997年8月,省统计局对商贸企业和餐饮企业类型划分,宁波南苑饭店被确认为大型企业。1999年6月8日,宁波南苑饭店接待,'99浙江投资贸易洽谈会。之后,饭店重大接待活动接踵而至,包括罗马尼亚众议院代表团、宁波市国庆50周年招待酒会、海外侨胞组成的国庆观礼团、古巴全国人民代表大会副主席率领的代表团、宁波市政府和国家旅游局共同举办的"创建中国优秀旅游城市工作座谈会"等。成为宁波政务交流、经贸往来和对外接待的窗口和重大活动的首选之地。市政府和各大知名企业也纷纷将重大活动安排在宁波南苑饭店举行。饭店的声誉日渐上升,已初步确立在宁波饭店业中的形象和地位。宁波南苑饭店从是年6月开业至年底,累计完成营业额4354万元,实现利润268.7万元。2000年3月10日,宁波南苑饭店被国家旅游局评为"五星级饭店",获评浙江省首批五星级饭店。这是全国、省供销合作社系统首家五星级饭店。3月20日,市供销社上报市政府《关于要求扩建南苑饭店三期工程选址的报告》(甬供基〔2000〕46号)称,宁波南苑饭店三期工程选址在南苑饭店西南侧,占地13000平方米,其中主体建筑二层,一楼建筑面积2000平方米,拟建25米×20米的室内游泳池一个、室内网球场一个;二楼建筑面积2000平方米,作为大型会议厅及配套厨房另外,拟建3个室外网球场和可容纳90辆汽车的地下停车场,同时对空地进行园林绿化,总绿化面积6500多平方米。投资4800万元。2001年2月20日,宁波南苑集团股份公司与舟山桃花岛旅游开发公司签约合作开发该岛旅游资源,首期投入200万元,开发"东方明珠"、弹指峰、海龟巡岸、含羞观音、桃花寨休闲等景点,是年夏季开放。3月,宁波南苑食品公司成立。4月24日,市供销社对宁波南苑饭店股权向外转让问题作出决定。2002年,宁波南苑饭店"两项制度"改革结束,改制成为民营企业。

宁波南苑饭店历任总经理:刘波、陈矩君、乐志明。

宁波南苑鞋城有限公司 1994年12月18日,位于黄金地段开明街与药行街交叉口的宁波南苑鞋城建成开业。总投资5000多万元,建筑面积7000多平方米,是当时华东地区规模最大、品种最齐、设施最优的一家集零售、批发于一体的专业鞋城。鞋城一楼经营女鞋、童鞋、袜子等;二楼经营男鞋、旅游鞋、休闲鞋、塑胶鞋、布鞋、特殊规格鞋等;三楼经营精品皮鞋、箱包,并设有10多个品牌专卖店;另外设有专门提供鞋类箱包批发的批发公司。经营品种达1.5万多种,采用开架与封闭相结合,批量作价与异地交易相结合的销售方式,为客商和顾客提供更大的方便。

1995年至1996年,宁波南苑鞋城年销售额均在1亿元以上,日均销售鞋子2000余双。1995年,宁波南苑鞋城积极开拓连锁经营和特色经营,开设南苑鞋城慈溪连锁店,并设立南苑内衣商场。1996年5月,宁波南苑鞋城被评为市级"物价计量信得过单位"。2001年5月起,宁波南苑集团股份有限公司对所属宁波南苑鞋城进行产权制度和理顺职工劳动关系改革。2002年6月,市供销社同意宁波南苑鞋城改制方案。宁波南苑鞋城改制为宁波南苑鞋城有限公司,全面完成企业产权制度改革和理顺职工劳动关系。

宁波南苑鞋城有限公司董事长:施建林。历任总经理:陈志华、施建林。历任副总经理:张静静、徐恩。

宁波市中油南苑石油有限公司 宁波市中油南苑石油有限公司建立于1993年11月。公司注册资本800万元,原是宁波南苑股份有限公司下属的全资企业。主要经营石油成品油的零售、批发。2001年5月起,宁波中油南苑石油公司进行产权制度和理顺职工劳动关系。2002年5月,市中油南苑石油有限公司上报市供销社《关于宁波中油南苑石油公司改制方案》称,经评估,至2000年12月31日,公司资产23893341元,净资产8079273元;南苑玛瑙加油有限公司资产11414544元,净资产800万元,合计总资产35307885元,净资产16079237元,提取理顺职工劳动关系等各项费用32.27万元。纳入改制的职工32人。采取向职工整体转让的形式,成立新的宁波市中油南苑石油有限公司,由原公司主要经营者作为股东发起人,由公司内部中层以上干部为主和职工共同参股,以入股方式置换集团公司在南苑石油公司的股权,新公司注册资金1000万元。2015年,公司营业额24626万元,利润416万元,所有者权益8024万元。公司历任董事长:钟利达、钟爱珍。总经理:钟利达。

宁波市海丰实业总公司 宁波市海丰实业总公司建立于1994年8月,徐大成任总经理。1996年8月,市供销社发文将市海丰实业总公司归并于宁波南苑商社管理,原市海丰实业总公司从奉化大酒店分得的资产由宁波南苑商社向宁波南苑股份有限公司参股。

宁波市海田烟花爆竹有限公司 宁波市海田烟花爆竹有限公司成立于2002年2月,注册资本100万元,后注册资本调整为200万元。该公司是由宁波市供销社、市土产日杂有限公司、市烟花爆竹公司主要经营者共同出资组建,三方出资比例分别为51%、30%、19%。2006年2月,市土产日杂有限公司所占30%股份转让给市烟花爆竹公司主要经营者。2015年6月,市海田烟花爆竹有限公司在处理好有关债权债务后,以零资产转让给市某一物业公司。

公司历任董事长:周散根、王明德、胡余忠。副董事长:王明德。历任总经理:王明德、胡余忠。历任副总经理:王明德、周辉。

宁波市世美再生资源开发有限公司 宁波市世美再生资源开发有限公司成立于2005年4月。注册资金620万元,其中市供销社出资558万元,占股份90%;市再生资源总公司和市物资回收有限责任公司各出资31万元,分别占股份5%。该公司为市供销社承担再生资源回收实事工程建设的实施部门。2010年12月28日,投资400万元的市再生资源回收网站开始上线运行。网站设有资讯中心、行情报价、供求信息、产品展厅、便民服务、会员中心等六大栏目,为会员单位提供信息资讯交流、再生资源在线交易、价行情通报、政策法规传递等服务。

2011年1月,为实施市再生资源加工交易集散地中心江北片项目,市供销社牵头由世美公司、慈溪市供销社和慈溪中宁废旧回收有限公司三方共同出资组建宁波市宝元再生资源开发有限公司,其中世美再生资源开发有限公司出资800万元。市世美再生资源开发有限公司从2005年4月成立以来至2011年底,已投入项目资金2150.63万元。其中,社区回收站建设共计1000万元,收废网络服务中心建设221万元,收废人力三轮车购置105万元,回收从业人员培训147.5万元(培训人员2950人,每人培训费500元),全市回收体系建设工作考核评价工作经费补助259万元(2006—2009年),2005年至2010年,收支代理及公司办公费支出413.13万元。

宁波市世美再生资源开发有限公司法定代表人、董事长李猛进,副总经理韩国平。

宁波市宝元再生资源开发有限公司 2011年1月25日,宁波市宝元再生资源开发有限公司(简称"宝元公司")成立,由市世美再生资源开发有限公司、慈溪市供销社和慈溪中宁废旧回收有限公司等三方出资组建,注册资本4000万元。其中,市世美再生资源开发有限公司出资800万元,慈溪市供销社出资600万元,慈溪中宁废旧回收有限公司出资2600万元,三方出资比例为20%、15%、65%。承担市再生资源交易集散中心江北片项目开发建设和项目建成后运营任务。市再生资源交易集散中心江北片项目位于江北马径村,占地29.4亩,规划建设建筑面积为20750平方米,项目总投资概算13865元,其中土地购置费4051万元,土建工程建设安装费4946.9万元,设施设备购建费3719.73万元,其他费用1147万元。年集中堆放、分拣、加工、交易集散再生资源能力为15万吨,同时开展部分再生资源深加工业务。这是宁波市再生资源回收实事工程和"中提升"项目。是年,市再生资源交易集散中心江北片项目启动后,投入项目资金943.5万元。

2011年12月13日,根据市政府常务会议关于《市财政对交易中心的运作可给予适当补助》的指示和市财政局《关于上报宁波市再生资源回收利用体系建设资金使用方案的报告》(甬财政工〔2010〕1312号),市供销社向市财政局发函《关于要求拨付中央财政专项资金的报告》(甬供实事〔2011〕67号),要求拨付中央财政专项资金,用于对交易集散中心和市收废网络服务中心建设项目,并于是年底一次性拨付到位。将2006年国家发改委下达的400万元中的200万元和2010年9月商务部下达的1400万元(共1600万元)直接拨付给宝元公司。

2013年初,市供销社协调宝元公司为项目建设做了一系列前准备期工作,原定在是年春节后项目开工,后因特殊原因宝元公司停止运作项目停顿。2015年,宁波市法院对江北片项目开发的29.4亩土地进行拍卖。市供销社为使该项目延续,指令宁波供销集团公司下属市再生资源总公司参与竞拍,将该块土地以3831万元价格拍得。尔后,市再生资源总公司着手进行再生资源交易加工中心项目的方案规划和论证。

宁波市华达石化有限公司 宁波市华达石化有限公司前身为市华达汽车服务公司。最早是市供销社汽车队,开办于1978年3月,后于1984年8月更名为宁波市东港汽车服务公司。1984年营业额41.5万元,创利5.1万元。

1985年4月,市东港汽车服务公司与香港远帮贸易公司合作开办宁波市东港汽车维修服务中心,合作投资25万美元,其中宁波方投资15万美元,港方投资10万美元。合作期为3年。1986年4月,市东港汽车服务公司建立旅游服务社。11月22日,经市政府批准,市东港汽车服务公司和香港宁兴开发有限公司合作兴办宁波市华达汽车服务公司。投资25万美元,其中宁波方投资15万美元,港方投资10万美元。并于翌年4月开业,主要经营汽车配件和汽车润滑油贸易业务。是年,该公司有职工98人,自有资金63.2万元。1987年,市东港汽车服务公司建立进口汽车配件经营部,组建汽车检测中心。1989年5月,市东港汽车服务公司合并于市农资公司,但仍保留市东港汽车服务公司牌子,实行"两块牌子、一套班子"。11月,撤销宁波市东港汽车服务公司,原市东港汽车服务公司在市华达汽车服务公司的股权转入市农资公司。

1991年5月,在上海设立办事处,与苏联阿克菲斯拉达公司达成合作经营协议。1992年7月,市华达汽车服务有限公司与香港东航有限公司合资经营小汽车出租服务项目立项。项目总投资100万美元,苏联方投资比例为70%。1994年7月,市外经贸委〔1994〕180号文,同意市华达汽车服务有限公司延长合营期5年;鉴于原合营中方市农资公司为宁波海田集团总公司的全资子公司,同意将中方改为宁波海田集团总公司所属成员单位,原合营一方苏联阿克菲斯拉达公司由于资金一直未投入,故作自动退出,同意将苏方的资金投入改由宁波海田集团总公司以固定资产和部分现金投入。变改后的市华达汽车服务有限公司的合营各方为宁波海田集团总公司和香港宁兴开发有限公司,其总投资50万美元和注册资本50万美元不变,双方出资额各占50%。

1996年,市华达汽车服务公司改组为有限责任公司。1999年9月9日,市供销社鉴于市华达汽车服务公司将于1999年11月21日合作期满。根据外资法和公司章程规定,对企业必须进行清算解散。由于市华达汽车服务公司的宁波方企业在合作期满后还须继续经营,为掌握企业的家底和确保企业平稳过渡,决定成立宁波市华达汽车服务公司改制清算领导小组,由市供销社副主任李猛进任组长,具体负责改制方案的实施。

1997年至1999年,市华达汽车服务公司年平均销售额3575万元,在全市机动车维修(配件)行业中享有一定的知名度。2000年10月20日,市华达汽车服务有限公司上报市供销社改制方案。2001年2月2日,市供销社同意宁波市华达汽车服务有限公司改制方案。核定该公司净资产599.17万元,剥离资产57.09万元,核销资产99.24万元,理顺职工劳动关系等各项提留费323万元,转让基价为119.84万元,理顺93名职工劳动关系,安置16名退保休人员。3月,市华达汽车服务公司改制后名称为市华达汽车服务有限公司,注册资金300万元,市供销社参股5%,计15万元。

2005年,市华达汽车服务有限公司注册资金增资到400万元,市供销社参股5%,计20万元。后改名为宁波市华达石化有限公司。2015年,市华达石化有限公司营业收入10769万元,利润34万元,所有者权益655万元。是年底,市供销社退出华达石化有限公司5%股份,计80余万元。公司历任董事长:郑学浩、孔繁励。历任经理(总经理):王兴华、王天锦、张才定、黄祖良、孔鸣。历任副经理(副总经理):王耀南、郑明桂、周良明、孔繁励、宋光华、章向阳。

宁波市供销社劳动服务公司 宁波市供销社劳动服务公司建于1984年5月。是市供销社兴办的第三产业,主要经营组织经济事业,安置待业青年和富余劳动力等。公司隶属于市社人保科管理,有关业务由各职能科室分口指导,实行独立核算,自负盈亏。至年底,市供销社所属10个直属公司和城区4个基层社先后办起劳动服务公司(分公司)。

1985年,市供销社劳动服务公司创利10多万元,安置输送就业人员30余人,安排就业人员153人。同时,市社所属公司和城区供销社劳动服务公司,先后安置就业260人。1986年12月,市供销合作社劳动服务公司撤销。

公司经理:苏平。历任副经理:苏平、刘波、舒昌如。

宁波市供销合作社幼儿园 市供销社幼儿园始建于1983年9月3日,坐落于海曙区陆家巷5号,性质为全民所有制。曾先后开设小小班、小班、中班和大班。入园儿童主要是市供销社所属公司子女,时有教职员工11人。1984年9月,市供销社幼儿园招收60名市区公司职工子女入托。

1986年9月,市供销合作社幼儿园制定《1986年园务工作计划》,总体要求是,通过新老教师的相互学习、探讨,努力提高幼儿园的教养业务水平;熟悉园规园纪和遵守工作职责;人人争当好园丁,端正教育思想,形成好的教风、园风。并提出搞好幼儿园工作的八个方面具体要求和措施,使幼儿在智育、德育、美育等方面得到全面发展。至1993年,职工子女入托幼儿园累计近千人。1995年,因市供销社幼儿园房屋拆迁而停办。

市社幼儿园历任园长:忻阿菊、孙剑佩。

宁波海田房地产开发有限公司(宁波冠华置业有限公司) 1993年4月,经市计委、市外商投资事务管理局批复,宁波市供销社与香港德伦集团合资组建宁波海田房地产开发有限公司,注册资本600万美元,其中宁波方出资占40%,香港方出资占60%,共同开发市区药行街3号地块。是年6月,市供销社与香港永竞投资有限公司合资组建宁波冠华置业有限公司,注册资本600万美元,其中香港永竞投资有限公司占股60%,市供销社占股40%。地址设在市海曙区老实巷66号。公司董事长为葛龙川。

宁波冠华置业有限公司成立后首期开发药行街3号地块,建设集大型商场、高档写字楼、高层公寓于一体的"宁波明星广场"项目,总面积10776平方米,投资金额为1500万美元。该项目被列入1993—1994年市委、市政府领导重点联系项目。项目开发前期工作进展顺利,完成拆迁安置、施工图纸设计、领取建筑许可证,具备动工建设的条件。但由于1995年房地产市场开始滑坡等,地面建筑拆平后土建一直没有启动,双方实际投资7490.44万元,利息费用4493.7万元,合计总投资11984.14万元。其中市供销社投入5329.67万元,后因双方股东资金紧缺,造成无法开工。而市供销社根据市政府要求进行企业改制,且需要大量的改制资金,致使市供销社再无资金投入该项目的建设。

1995年3月,建立宁波市海田城筹建办公室,陈仲朝任办公室主任,黄锡义、包银虎任副主任。1996年1月,经公司董事会同意,将冠华置业有限公司双方股东的90%股权转让给宁波金碧房产发展有限公司,总出让价格为8275万元。即香港永竞投资有限公司转让所持有的60%冠华置业有限公司股权,市供销社转让所持有的30%冠华置业有限公司股权。其余10%股权也将于1999年1月28日或之前转让给宁波金碧房产发展有限公司。后由于宁波金碧房产发展有限公司违约,转让无效。香港永竞投资有限公司仍持有60%冠华置业有限公司股权,市供销社仍持有40%冠华置业有限公司股权。是年3月,宁波冠华置业有限公司改组为有限责任公司。4月,公司董事长葛龙川因工作调动,辞去宁波冠华置业有限公司公司董事长职务,励慧芳任公司董事长。6月,陈仲朝任宁波冠华置业有限公司公司董事长。同月,吴德成任宁波海田房地产开发有限公司总经理,陈刚任副总经理,金海良任总经理助理。

1998年8月,李猛进任宁波冠华置业有限公司董事长,免去陈仲朝董事长职务;陈刚任宁波冠华置业有限公司董事;张知中任宁波冠华置业有限公司副总经理,免去包银虎宁波冠华置业有限公司副总经理职务。2001年11月18日,市供销社与香港永竞投资有限公司就市供销社拥有的宁波冠华置业有限公司40%的股权转让有关事宜,经董事会所有成员协商,董事会一致同意市供销社(甲方)拥有的宁波冠华置业有限公司40%的股权,转让给浙江城建建筑工程有限公司冯柏林(乙方),转让价格为20000万元。甲、乙方签订股权转让合同书,乙方合同承诺分四期支付,2002年1月15日前全部付清。乙方须另外支付甲方已垫付明星广场项目的土地使用权出让金,前期动迁费用和项目设计等费用1863.10万元。是年12月18日,市供销社发文至市外经贸委,鉴于市供销社拥有的宁波冠华置业有限公司40%的股权,已转让给浙江城建建筑工程有限公司冯柏林后,其股东结构发生变化,由此办理宁波冠华置业有限公司股东更名手续。

宁波海田配送有限责任公司　1998年8月28日,宁波海田配送有限责任公司成立,注册资本160万元,其中宁波海田集团总公司出资40万元,占25%;宁波美乐门集团股份有限公司出资30万元,占18.75%;宁波新江厦股份有限公司出资30万元,占18.75%;余姚购物中心出资30万元,占18.75%;宁波四海集团总公司出资30万元,占18.75%。公司旨在供销社系统工业品流通中发挥组织、协调、指导、服务功能,逐步建立和完善适应大流通的商品购配中心、余缺商品调剂中心、商品加工储存中心、商品运输中心等。同月,宁波海田配送有限责任公司召开董事会,决定陈仲朝为董事长,黄锡义为副董事长;经董事长提名,聘任杨世华为总经理,王朝晖为副总经理。2001年4月,因股东单位进行产权制度改革等原因,公司因此无法正常经营,经董事会研究决定,撤销宁波海田配送有限责任公司。

宁波市海和药房 宁波市海和药房系联营企业,属市供销社"三产"企业。1995年由市供销社和宁波海和工贸公司(后改名为天衡制药有限公司)联合组建。经理孔繁励。注册资本18万元,其中市供销社占65%,计11.7万元。主营中药材、中西饮片、中成药、化学制剂等。2004年10月9日,市供销社《关于同意宁波市海和药房改制方案的批复》(甬供经发〔2004〕44号)。经法定评估机构对市海和药房的资产、负债和所有权益进行全面评估,市供销社按股份比例转让评估后的剩余净资产。市海和药房整体转制为宁波市海和药房有限责任公司。公司经理为孔繁励。

宁波市海曙供销有限公司 宁波市海曙供销有限公司前身是海曙供销社,最早是消费合作社,建立于1949冬至1950年春。

1960年隶属于市供销社甬江办事处。1961年,调整隶属于甬江供销社管理。当时甬江供销社(社区在三市),有东郊、江北、北郊等3个分社。1978年,甬江供销社有职工200人。1983年,甬江供销社有东郊、江北、北郊等3个分社,代购代销店39家,归口合作商店10家。1984年,撤销甬江供销社,建立海曙、江东、江北供销社。海曙供销社以原甬江供销社社区为基础,辖管区中心商店和三市旅社,鄞县栎社供销社段塘分社、望春供销社望春分社并入海曙供销社。

1986年,海曙供销社下属有信托贸易公司、批发商店、生活商店、生产采购商店、南郊五金商店、三市旅社、东方服装厂、农商联营畜牧禽蛋加工厂和段塘分社等9个经营机构。1988年11月,海曙供销社在鄞奉路210号开设"海曙供销社农副产品批发交易市场"。1989年,开设宁波三市商场。撤销海曙供销社信托贸易公司及其所属新建经营部;原木材、建材经营部并入海曙供销社农副产品批发交易市场。1990年,海曙供销社内设5个职能科室,下辖4个独立核算单位,有职工162人。海曙供销社所属的生活用品商店更名为市万安商场。1993年,海曙供销社开设路林市场经营部。

2001年10月18日,海曙供销合作社上报市供销社《关于宁波市海曙供销合作社产权制度改革的方案的请示》称,海曙供销合作社在编职工70人,退休人员79人,遗属人员4人。经宁波市德威会计师事务所评估,至2000年12月31日止,企业总资产1609.1万元,负债356.8万元,净资产为1253.3万元。"三家抬""两保"人员提留费用、职工经济补偿金、退休人员医疗统筹和遗属补助等各项改制费用为207.04万元。10月29日,市供销社《关于宁波市海曙供销合作社改制的方案的批复》。至年底,海曙供销合作社全面完成产权制度改革和理顺职工劳动关系,并将原企业整体改制为宁波市海曙供销有限公司,注册资本636万元,市供销社投资参股金额31.81万元,占股5%。2002年起,市供销社与海曙供销有限公司签订管理协议。

2014年6月,市供销集团公司在海曙供销有限公司参股金额31.81万元(占股5%)转入市供销资产经营有限公司管理,与海曙供销有限公司签订投资管理协议,每年按投资额12%以上回报红利收益。协议时间从2014年1月1日至2020年12月底止。2015年,海曙供销有限公司营业收入200万元,所有者权益736万元。2019年底,市供销资产经营有限公司退出海曙供销有限公司5%股份,计5万元,并分红利272472元。

1983年以后历任社(公司)主任(经理):汪羞富、盛荣祥。历任社(公司)副主任(副经理):张正明、裘双桂、赵惠芬(监事会副主任)。

宁波市江东供销有限公司 宁波市江东供销有限公司前身是市江东供销合作社,最早是消费合作社,建立于1949年冬至1950年春。1960年隶属于市供销社甬江办事处。1961年,调整隶属于甬江供销社管理。1978年,甬江供销社有职工200人。1983年,甬江供销社有东郊、江北、北郊等3个分社。1984年5月16日,撤销甬江供销社,建立海曙、江东、江北供销社。江东区供销社,以原甬江供销社东郊分社为基础,辖管划入鄞县邱隘供销社的福明分社。其时江东供销社担负着江东区东郊乡、福明乡的生产资料和生活资料的供应和服务工作。

1986年,江东供销社下属有综合经营部,东郊、福明分社等3个经营机构。1988年4月,江东供销社所属的集体商业2家独立核算零售企业,下属5个自然门店等下放划归到市区商业局。

1990年,江东供销社设有4个职能科室,下辖4个独立核算单位,有职工102人。1991年,江东供销社有职工98人,设有4个职能科室,下辖5个独立核算单位。1992年8月,江东供销社建立宁波明州实业公司,隶属于江东供销社,实行"一套班子、两块牌子",张仁甫兼任总经理,徐永川、陈阿实、陈再进兼任副总经理。同月,明州实业公司在广州开设"宁波市明州实业公司广州经营部"。是年12月,建立宁波市明州实业公司代办中转运输服务部。

1993年1月,江东供销社在江东百丈路45号建立宁波市明州实业公司建筑装潢材料分公司,在福明乡建立宁波市明州实业公司润滑油加工厂。1992年至1993年,开设彩虹商场和彩虹商场3号桥经营部,在宁穿路55号开设江东冶金炉料供应站。2001年5月8日,市江东供销社上报市供销社《关于上报江东供销合作社产权制度改革的请示》称,江东供销社在编职工45人,退休人员41人,遗属人员7人。经宁波市德威会计师事务所清产核资评,以2000年12月30日为基准日,企业净资产711万元。各项提留所需费用共计491万元。其中在编职工需提留111万元("三家抬"人员6万元,"两保"人员52万元,工龄补偿金53万元);其他非统筹等费用提留36万元(遗属32万元,退休人员医疗费用4万元),核销、剥离、调减的需344万元(社员股金103万元,待处损失130万元,原农行担保经济损失31万元,固定资产调减80万元)。企业实际净资产为220万元。实行整体改制为有限责任公司的形式,采取经营者和职工入股置换社有资产的办法。7月23日,市供销社《关于宁波市江东供销合作社产权制度改革方案的批复》(甬供业〔2001〕63号)。江东供销合作社改制,全面理顺职工劳动关系和产权制度改革,并组建宁波市江东供销有限公司。改制后的江东供销有限公司,注册资本250万元,市供销社占股5%。2002起,市供销社与江东供销有限公司签订管理协议。2014年,市供销集团公司占江东供销有限公司5%股份转入市供销资产经营有限公司管理。2015年12月,江东供销有限公司经资产评估、剥离,宁波市供销经营公司退出江东供销有限公司5%股份及分利计300余万元。是年,江东供销有限公司营业收入97万元,所有者权益1814万元。

1983年以后社(公司)历任主任(经理):芦定山、张仁甫、冯永明。社(公司)历任副主任(副经理):徐永川、林山龙、汪凯章(监事会副主任)、张仁甫、缪岳震、陈阿实、陈再进、包其康。

洪塘供销合作社 洪塘供销合作社建立于1950年,原属慈溪县供销社辖管,1954年划入余姚县供销社。1959年10月划归宁波市甬江供销社管理,下属有生活商店、生产采购商店、土产日杂商店、洪塘饭店、光明食品厂和费市分社等6个经营机构。1977年,洪塘供销社有职工160人。1978年归于庄桥供销社管理。1984年7月6日,恢复洪塘供销合作社为基层社建制,并建立洪塘商业综合公司。

1990年1月,庄桥供销社所属洋市供销分社划归洪塘供销社。洪塘供销社设有独立核算单位7个,集体商业机构1个,职工147人。1992年3月,洪塘供销社开设洋市分社洪塘门市部。洪塘供销社共有职工162人,其中集体商业职工43人。下设5个专业商店,2个分社,1个综合经营部,2个商办工厂,1个饭店(旅馆)。固定资产92万元,自有资金206万元。1993年,洪塘供销社开办宁波美佳尔豆制品厂、宁波三友模具厂、宁波华伦实业公司。1994年3月,经市供销社决定,将江北供销社、庄桥供销社、洪塘供销社3个基层社(包括集体商业)合并,联合组建宁波市合力贸易发展总公司,并设立洪塘分社。

2001年9月,宁波市合力贸易发展总公司呈文市供销社《关于宁波市合力贸易发展总公司改制方案的请示》。是年10月10日,市供销社甬供业〔2001〕91号《关于宁波市合力贸易发展总公司改制方案的批复》下发,洪塘供销分社按市合力贸易发展总公司改制方案,全面理顺职工劳动关系,进行产权制度改革。

1983年以后历任洪塘供销社主任:洪玉书、张仁甫、赵国丰。历任洪塘供销社副主任:叶小毛、马根福(监事会副主任)、姚祖荣、赵国丰、张仁芳。

庄桥供销合作社 庄桥供销合作社建立于1950年,原属慈溪县供销社辖管,1954年划入余姚县供销社。1959年10月划归宁波市甬江供销社管理。1978年,洪塘供销社归于庄桥供销社管理,并设立洪塘供销分社。1983年,庄桥供销社有洪塘、洋市、费市等3个基层分社。

1984年5月5日,庄桥合作商店体制改革,建立庄桥综合公司,郑友德、徐善鹤任正副经理,蒋守德任工会主席。是年7月,恢复洪塘供销合作社为基层社建制,下设洋市分社、费市分社、庄桥综合公司(代购代销店33家,归口合作商店24家),时有职工262人,孔繁励任社主任,周乐平任监事会主任。1986年,庄桥供销社下属有五金、百货、生产资料、副食品、水产、建筑材料、饮服等商店和食品厂、洋市编织厂、包装印刷器材厂以及洋市、费市分社等12个经营机构。1990年1月,庄桥供销社所属洋市供销分社划归洪塘供销社。1991年,庄桥供销社有职工352人,其中商业综合公司134人,下设11个专业商店,1个分社,2个商办工厂,1个饭店(旅馆)。自有资金330.2万元,其中固定资产135.6万元,流动资金194.6万元。当年销售额2200万元,利税42.6万元。1992年8月,庄桥供销社设立"宁波甬城物资经营公司"。1994年3月,经市供销社决定,将江北供销社、庄桥供销社、洪塘供销社3个基层社(包括集体商业综合公司)合并,联合组建宁波市合力贸易发展总公司,并设立庄桥分社。2001年9月,宁波市合力贸易发展总公司上报市供销社《关于宁波市合力贸易发展总公司改制方案的请示》。10月10日,市供销社甬供业〔2001〕91号《关于宁波市合力贸易发展总公司改制方案的批复》,同意庄桥供销分社按改制方案全面理顺职工劳动关系,进行产权制度改革。

1983年以后社历任主任:孔繁励、张祥甫、郁善武。历任副主任:叶小毛、周乐平(监事会主任)、姜定安(监事会主任)、陈文、冯永明。

慈城供销有限责任公司 慈城供销有限责任公司前身是慈城供销合作社,最早称孝东供销合作社,建立于1950年1月,位于慈城镇,原隶属于慈溪县供销合作社。1953年,建立半浦、乍山、云湖、妙山等供销分社。1954年,慈城供销合作社划归余姚县供销社辖管。1956年8月,孝东供销合作社更名为慈城供销合作社,时有专业商店7个,基层分社或中心商店8个,收购站1个。1959年10月,慈城供销合作社划归宁波市供销社。

1978年,慈城供销社有职工501人。1983年,慈城供销社辖有云湖、裘市、乍山、半浦、妙山等5个分社,代购代销店35家,归口合作商店130家。1984年,慈城供销社下设分社、商场、商店、公司、工厂等16个核算单位。主要经营生产资料和生活资料、农副产品收购;饮食服务、冷饮、茶叶等生产加工。1985

年4月,慈城供销社与上海闵行区副食品公司联营开办"上海市沪甬食品厂",投资20万元,其中上海方投资6万元,并先后开办宁波市慈城电讯原件厂、明州食品冷冻厂和明州茶厂。

1986年,慈城供销社下属辖有信托贸易公司、生产商店、五交化商店、采购商店、中西药商店、百货商店、慈城商场、水蔬商店、饮服商店、副食品商店、五交化批发部、农副产品批发服务部、宁波供销商业机械厂、东港服装厂、食品厂、明州茶厂、明州冷冻厂、劳动服务部、市中百公司联营批发部、市土产日杂公司联营商店以及半浦、乍山、妙山、云湖分社等24个经营机构。1989年,开设慈城供销社第二商业机械厂。1992年1月,在竺巷口开设解放路小商品商店,在解放桥开设慈城小商品商店。9月,在慈城商场二楼开办慈城供销合作社慈城镇文化中心儿童乐园。是年,慈城供销社有职工876人,其中商业综合公司职工280人。1993年,开设慈城供销社花木经营部诗园花园、宁波市益康食品厂及经营部、宁波市甬盛商贸实业总公司。

2001年11月2日,慈城供销社上报市供销社《关于慈城供销合作社改制方案的请示》(慈供字〔2001〕14号)称,慈城供销合作社共有职工343人,离退休人员279人,遗属补助人员56人。资产情况以2001年12月为基准日,经评估,总资产为2975.53万元,负债1255.67万元,净资产1719.86万元。理顺职工劳动关系及相关人员非统筹经费等各项费用提留1400万元;非经营资产(职工住宅)剥离200万元;核销不良资产432万元;社员股金370万元。通过上述核、剥、提和调整后企业净资产为119.86万元。11月29日,经市供销社《关于慈城供销合作社改制方案的批复》(甬供业〔2001〕120号)和市国企改办〔2001〕232号文件批复,同意改制为慈城供销有限公司。2002年6月,慈城供销有限公司(慈城商业综合公司)制定《关于推进理顺职工劳动关系工作的实施方案》,对解除职工劳动合同的经济补偿金根据市政府甬政发〔2000〕34号文件规定,慈城供销合作社企业平均工资低于896元的,按896元发放。至7月,慈城供销合作社和慈城商业综合公司职工全部理顺职工劳动关系。经会计师事务所审计核实,慈城供销合作社(慈城商业综合公司)总资产3100万元,包括在慈城镇区域内的房产3.2万平方米,行政划拨土地5.4万平方米。而银行负债、社员股金和改制过程中的提留、剥离、核销费用达4600万元,资金缺口1500万元。从2002年初开始,分批在企业内部拍卖房产,筹集改制成本。慈城商业综合公司已将全部房产2000余平方米(占地800平方米)转让,慈城供销合作社共转让房产3936平方米(占地2881.7平方米),将转让所得资金均用于理顺职工劳动关系。2003年5月29日,鉴于江北区对慈城镇内改制企业的土地停止办理土地出让手续,使慈城供销合作社(慈城商业综合公司)可以享受的优惠政策得不到落实。据此,根据市政府甬政发〔2000〕33号文件明确规定,改制企业的土地可以办理出让手续,出让金可全额返还主管局,专项用于理顺职工劳动关系。市供销社呈文市政府《关于要求在企业改制中继续享受以出让方式处置行政划拨土地使用权并享受优惠政策的请示》(甬供业〔2003〕25号),要求允许慈城供销合作社(慈城商业综合公司)在2002年底前转让的房地产,继续办理行政划拨土地使用权出让手续,并享受出让金全额返还的优惠政策;未转让的房地产,由于停止办理出让手续,所造成的房地产价差,由市财政或其他办法解决,专项用于企业的改制成本。8月7日,慈城供销社上报市供销社《关于要求对名称不符的土地使用权属确认的请示》(慈供字〔2003〕12号)称,慈城供销社所属慈城商场等20余家企业33处、土地面积44363平方米的土地权证使用者名称与慈城供销社名称不符,要求市供销社确认上述企业(房屋、土地)属慈城供销社所有。是年9月4日,市供销社甬供经发〔2003〕41号《关于对慈城供销合作社名称不符的土地使用权属确认的批复》,确认上述企业(房屋、土地)属慈城供销社所辖,同意慈城供销社向土地管理部门要求对原领取的部分名称不符的国有土地使用证办理变更手续。

2005年9月20日,慈城供销社经宁波天宏会计师事务所天宏评报字〔2005〕31号资产评估报告,评估基准日2005年2月28日及天宏评报字〔2005〕197号审计报告,以2005年9月底为截止日。慈城供销社总资产3020.3万元,其中流动资金1288万元,长期投资21.5万元,固定资产1718.9万元(固定资产中的房屋22块,面积计20948平方米;土地25块,面积31016平方米)。总负债1349万元,2005年3—9月,经审计调整后净利润负243.41万元,净资产为1437.86万元。如以提留、剥离、核销合计为1283万元,实际净资产为154万元。9月25日,市供销社甬供财〔2005〕61号《关于调整慈城供销社部分资产的通知》。将原属慈城供销社的苗圃土地及相关房产剥离(土地2宗,计5100平方米,房屋5宗,计291.54平方米)划归市供销社统一管理,不参与企业改制。以上土地、房屋评估净值1446381元,评估原值为1526457元,其中房屋含房屋所占土地评估净值183140元,评估原值258840元。12月26日,市供销社同意慈城供销社《关于慈城供销社整体改制方案》(慈供字〔2005〕12号),并以甬供经发〔2005〕46号《关于慈城供销社整体改制方案的批复》。

2005年12月,慈城供销社改制为慈城供销有限责任公司,注册资本300万元,后注册资本调整为150万元。市供销社股权比例为5%,投资金额7.5万元。其余由慈城供销社原企业职工共同投资。是年起,市社与慈城供销有限责任公司签订2年以上的管理协议。2014年6月,市供销集团公司将在慈城供销有限责任公司的5%的股份转让给市供销经营有限公司管理,随即与慈城供销有限责任公司签订投资管理协议,市供销经营有限公司不承担慈城供销有限责任公司经营及投资带来的亏损风险,但必须保证其股本金的安全。每年收取股本金8%的固定回报收益。时间从2014年1月1日至2015年12月底止。2015年,慈城供销有限责任公司营业收入394万元,利润45万元,所有者权益183万元。2016年7月,市供销资产经营有限公司与慈城供销有限责任公司重新签订投资管理协议,主要内容是,投资回报企业当年末报表净利润超过8%,则按12%回报率计算,时间从2016年1月1日至2020年12月底止。2020年5月,慈城供销有限责任公司经资产评估、剥离,市供销资产经营公司退出慈城供销有限责任公司5%股份,计300余万元。

1983年以来社(公司)历任主任(总经理):陈修文、范焱、俞鑫伟、任永明(监事会主任)、傅亦民。社(公司)历任副主任(副总经理):俞鑫伟、毛照彬、高标顺、朱权君、傅亦民、楼建明。

慈城商业综合公司 慈城商业综合公司前身原是经1956年社会主义改造,由小商小贩组建起来的合作商店,归口于慈城供销社管理。1984年7月6日,合作商店体制改革,成立慈城商业综合公司,属集体所有制商业,隶属市供销社管理。1989年,慈城商业综合公司复归口慈城供销社管理,并由供销社1名副主任兼任公司经理。当时,供销社调剂安排给慈城商业综合公司250平方米营业用房和500平方米空场地,增加经营网点和工场,解决10余名富余人员谋生出路,再抽调20余名富余人员统筹安排到供销社所属企业工作。同时由市供销社下拨8.5万元,慈城供销社下拨7.5万元,发放贴息贷款3万元,用于该公司整修部分营业网点、处理残次商品等。

1990年,慈城商业综合公司共有独立核算单位14家,经营网点60个,职工317人,退休职工179人。1992年1月,开办宁波市慈城商综合公司塑料包装厂。1993年2月,郑鸿年任公司经理,陈彭年任副经理,史振生任公司党支部副书记。2001年10月30日,慈城供销合作社上报市供销社《关于慈城商业综合公司改制方案的请示》称,慈城商业综合公司共有职工122人,退休保养人员222人。以2001年

9月30日为基准日,总资产经评估为246万元,负债162万元,净资产为84万元。理顺职工劳动关系补偿金418万元;核减待处理挂账146万元;提留转制成本、退休人员门诊医药费和其他费用95万元。经核销提留后,需转制费用659万元。企业自有房产经评估后约90万元,国有房屋出售约250万元,自有净资产84万元,三项共计424万元,尚有缺口235万元,报请上级有关部门帮助解决。鉴于慈城商业综合公司底子薄、历史负担重,一店一户分散经营的特点,11月29日,市供销社《关于慈城供销合作社改制方案的批复》(甬供业〔2001〕119号),同意改制。但鉴于该公司主体不复存在,实行退出竞争性领域的改制形式。2002年7月,慈城商业综合公司职工全部理顺劳动关系。经会计师事务所审计核实,慈城供销合作社(慈城商业综合公司)总资产3100万元,包括在慈城镇区域内的房产3.2万平方米,行政划拨土地5.4万平方米。而银行负债、社员股金和改制过程中的提留、剥离、核销费用达4600万元,资金缺口1500万元。从2002年初开始,分批在企业内部拍卖房产,筹集改制成本。慈城商业综合公司已将全部房产2000余平方米(占地800平方米)转让,将转让所得资金均用于理顺职工劳动关系。

第四节 代管的省供销社企业

省供销合作社干部学校宁波分校

省供销合作社干部学校宁波分校的前身是宁波专区供销合作总社训练班,成立于1952年3月。1954年2月,省供销社正式建立省社宁波专区供销社训练班。至1957年,共组织举办4期培训班,参加培训的主要是专区基层供销社主任、业务骨干、计统和财会人员,共计1200人。1958年,县以上供销社与商业部门合并,宁波专区供销社训练班也随之撤销。直至1980年1月20日,筹建省社干校宁波分校。主要根据省供销干校教育计划,培训宁波地区和部分外地的基层供销社主任级领导骨干任务。当时,省社干校宁波分校设在镇海,借用镇海仓库筹建处1000平方米办公楼作为校舍,曾组织举办2期农村基层供销社主任培训班,参加培训95人。时任分校副校长为叶成林。

1983年8月,地、市供销合作社合并,新建宁波市供销合作社。1984年2月,省供销社决定撤销省社干校宁波分校,同时免去叶成林省社干校宁波分校副校长职务。分校的教职员工和财产移交给宁波市供销社,并成立宁波市供销社干部学校。

浙江省供销社宁波仓储运输公司

省供销社宁波仓储运输公司建立于1957年。该公司是省供销社设在宁波的直属经营机构,其业务经营、财务、人员编制、工资计划均由省供销社管理,有关劳动人事管理原由省社委托宁波专区供销社代管。

1980年7月,省供销社复宁波地区供销社,同意建立浙江省宁波供销仓储运输公司。主要承担供销社系统物资(包括进出口物资)在宁波、镇海港的中转运输储存和浙江化肥厂的化肥中转运输。1983年8月,地、市供销社合并后,宁波供销仓储运输公司为市供销社代管的省社直属企业。1984年,宁波供销仓储运输公司销售22.6万元,创利5.4万元。1985年销售50.2万元,创利15.6万元。1986年,该公司职工人数77人。下属有棉花包装回收加工工场。拥有自有资金固定资产424.1万元。是年,销售78.3万元,创利22万元。1989年11月,省供销社决定,原委托市供销社代管的宁波仓储运输公司的劳动人事管理改由省特产公司管理。

省供销社宁波仓储运输公司历任经理、副经理：1957年，魏云松任经理，范金生任副经理。1958年，周锦祥任经理。1982年至1983年10月，沈祖跃、俞惠丰、蒋永满任副经理。1983年11月至1983年12月，俞惠丰、邵洪昌任副经理。1984年至1989年11月，余如荣任经理，俞惠丰、邵洪昌任副经理。

浙江省农资公司宁波化肥经营处

省社农资公司宁波化肥经营处前身是省社农资公司镇海化肥经营处，成立于1983年3月。省供销社委托宁波地区供销社管理。该处是省供销社设在宁波的直属经营机构，负责镇海大化肥投产后的化肥调拨任务，进口化肥中转以及代温州、台州、舟山在宁波中转化肥、农药等生产资料。主要承担计划内对宁波市属7县（市、区）的化肥调拨经营业务。

1983年8月，地、市供销社合并后，宁波化肥经营处业务经营、财务、人员编制、工资计划均由省供销社管理，有关劳动人事管理委托市供销社代为管理。10月，省供销社批复，同意省社镇海化肥中转仓库筹建处建造镇海化肥中转仓库工程。建筑面积10674平方米，其中露天堆场7200平方米，投资352.27万元。该项目是省重点建设工程，疏散仓库每年可中转尿素15万吨，五星牌码头中转仓库每年海运中转尿素13万吨。1984年10月，宁波化肥经营处改名为省社农资公司宁波化肥经营处，是年利润80万元，1985年利润140万元。1985年12月17日，省供销社通知，宁波化肥经营处承担的计划内对宁波市属7县（市、区）的化肥调拨经营业务，自1986的1月1日起，移交给宁波市农资公司。1986年，宁波化肥经营处职工人数76人，固定资产295万元，其中流动资金40万元，利润140万元。1989年11月，省供销社决定，原委托市供销社代管的宁波化肥经营处改由省农资公司管理。

宁波化肥经营处历任经理、副经理：1983年10月至1984年，王敦宗任经理，蒋永满、沈德丰任副经理。1985年，王敦宗任经理，蒋永满任副经理（6月调离）。1985年至1989年11月，王敦宗任经理，邱镇基、沈德丰、郭世澄任副经理。

第三章　农民合作经济组织联合会

构建生产合作、供销合作、信用合作"三位一体"农民合作经济组织体系,是省委、省政府适应农业现代化和城乡一体化发展需要,全面深化农村改革、创新"三农"治理体系的一项重大决策部署,是深化农村改革和供销合作社综合改革的重要创新举措,是全面深化改革的重要内容。创建"三位一体"的农民合作经济组织联合会(简称"农合联")工作是宁波市"三农"发展的里程碑,符合中央提出的深化农业供给侧结构性改革的要求,是加快推进形成立体式复合型现代产业化经营体系工程。

第一节　宁波市农民合作经济组织联合会

2015年9月,省委、省政府印发《关于深化供销合作社和农业生产经营管理体制改革,构建"三位一体"农民合作经济组织体系的若干意见》(浙委发〔2015〕17号),对全省推进"三位一体"农合联建设工作作出顶层设计和总体部署。宁波市委、市政府统筹谋划、协调推进全市农合联建设工作,为全市构建"三位一体"农合联提供领导和组织保障。

2016年11月2日,宁波市委、市政府出台《关于创新构建"三位一体"农民合作经济组织体系的指导意见》,提出建立以生产供销信用服务功能为基础、具有对农民生产生活综合服务功能的农民合作经济组织联合会,加快形成以农户家庭经营为基础、以合作与联合为纽带、以农业社会化服务体系为支撑的立体式复合型现代农业经营体系,加快全市农业现代化和城乡发展一体化步伐。7月至12月,县、乡镇两级农合联组织体系基本建成,这为市农合联成立奠定良好的组织基础。12月23日,在基本完成构建各区县(市)、乡镇农合联组织体系的基础上,宁波市农民合作经济组织联合会(简称"市农合联")成立暨第一次会员代表大会召开。会员代表175人,会议选举产生市农合联理事54人,选举理事会理事长、常务副理事长和11名副理事长;选举监事会监事长、常务副监事长4人。

市农合联由市农合联会员(代表)大会、理事会、执行委员会、监事会等组成,下设办公室、财务审计部、人力资源部、生产服务部、供销服务部、金融服务部、资产经营部,并建立农民合作基金。市农民合作经济组织联合会的成立,是宁波市全面深化改革的一件大事,也是宁波"三农"发展的一件大事,完全符合中央提出的推进农业供给侧改革的要求,是优化农业产业体系、生产体系、经营体系的"牛鼻子"工程。

市农合联负责人及常设机构名单(2016年):市农合联理事长:林静国,常务副理事长:詹鑫华,副理事长:卞银江、陈世本、林宇告、陆开宏、全磊、崔全利、陈龙海、沈忠宝、裘银芳、孙正高、余炬波;监事长:杨胜隽,监事会主任、监事会常务副监事长:钟毅君,副监事长:贺也贞、姚尧岳,执行会主任:詹鑫华、执行会副主任:陈树生、张战英、黄建华。宁波市供销合作社联合社增挂"宁波市农民合作经济组织联合会执行委员会"牌子。

2017年8月至2018年9月,市农合联执委会、市供销社联合印发《关于加快推进镇级农合联现代农业服务中心建设的指导意见》(甬农合执委〔2017〕1号)、《关于推动基层供销社和乡(街道)农合联融合发展的实施意见》(甬供指联发〔2017〕7号)、《宁波市农民合作经济组织联合执行委员会工作规则》(甬农合执委〔2017〕3号)、《宁波市各区县(市)农民合作经济组织联合会工作绩效评价办法》(甬农合执委〔2017〕4号)、《关于加强全市农民合作经济组织联合会系统工作指导的实施意见》(甬农合执委〔2017〕5号)、《宁波市农民合作经济组织联合会合作社会员星级评定办法》(甬农合执委〔2018〕1号)、《宁波市农民合作经济组织联合会农民合作基金管理暂行办法》(甬农合执委〔2018〕3号)等文件。

2019年7月4日,市农合联一届三次理、监事会全体(扩大)会议召开。按章程规定,增替补部分理事、监事会成员。宁波市农合联负责人及常设机构名单(2019年):市农合联理事长:卞吉安,常务副理事长:李斌,副理事长:卞银江、王毓洪、崔全利、毛孟军、励可达、孙大海、林斌、朱晓丽、张巍、黄和庆、董维波、孙纾丹、干维岳、孙正高、沈忠宝、裘银芳、余炬波、陈龙海、全磊,独立理事:戴国华;监事长:李强,常务副监事长:钟毅君,副监事长:竺培楠、姚尧岳。执行会主任:李斌,执行会副主任:陈树生、张战英(2020年8月止)、王万有、崔存世(2019年8月始至2019年5月)、戴建国(2020年8月始)。

第二节　各区县(市)农民合作经济组织联合会

2014年,省委、省政府选择慈溪等7个县(市)区开展推进"三位一体"农合联改革试点工作。是年12月25日,慈溪市农合联成立暨第一届会员代表大会召开,率先在宁波市建立县、镇两级农民合作经济组织体系,通过《慈溪市农民合作经济组织联合会章程》,选举产生第一届理事会、监事会,并建立资产经营公司和农民合作基金。建立"农合联"是省委关于开展供销社综合改革的一项试点工作,慈溪市农合联作为全省县级供销社试点单位之一,对各县(市)区推行农合联具有示范意义。

2015年3月23日,中共中央、国务院下发《关于深化供销合作社综合改革的决定》,突出强调要始终把服务"三农"作为供销合作社的立身之本、生存之基。9月,省委、省政府出台《关于深化供销合作社和农业生产经营管理体制改革构建"三位一体"农民合作经济组织体系的若干意见》,对全省推进农合联建设工作作出顶层设计和总体部署。市委、市政府成立构建"三位一体"农合联领导小组,为全市构建"三位一体"农合联提供领导和组织保障。10月,省委在慈溪市召开全省深化供销合作社改革、构建"三位一体"农民合作经济组织推进会,为进一步推进市、县、乡镇三级农合联组织打下扎实的基础。

2016年1月2日,慈溪市金融农机服务专业合作社联合社成立,这是由慈溪市横河镇农合联牵头组建的全市首家农机服务专业合作社联合社。同月,宁波市印发《关于深化供销合作社和农业生产经营管理体制改革,构建"三位一体"农民合作经济组织体系的实施方案》,要求在年底初

慈溪市桥头镇农合联农事服务中心

步形成全市农合联组织和运行体系。3月,余姚市农村经济合作协会成立。这是宁波市成立的首家综合性为农服务联合体,标志着在探索建立"三位一体"新型农村合作体系的道路上迈出坚实的一步,为构建为农服务新格局搭建新平台。与此同时,宁波市建立构建"三位一体"农民合作经济组织体系领导小组,以加强协调与指导,贯彻落实省委副书记、市委书记对推进全市"三位一体"农合联工作的重要批示,把"三位一体"改革作为深化农村改革和供销社改革的重大创新举措,把这项事关农民切身利益、事关农业改革创新、事关农村建设发展的大事做好做实。

2016年7月,市供销社根据省委、省政府在临海市召开的全省"三位一体"农民合作经济组织建设现场会和省委省政府《关于深化供销合作社和农业生产经营管理体制改革,构建"三位一体"农民合作经济组织体系的实施方案》,积极指导全面推进全市农合联建设工作。镇海、北仑、鄞州、奉化、宁海、象山等地相继出台《关于构建"三位一体"农民合作经济组织体系的实施方案》。7月至12月,余姚、宁海、镇海、北仑、象山、鄞州、奉化、慈溪和江北等县(市)区相继召开农合联第一次会员代表大会,成立农合联组织机构,选举产生农合联理事会、监事会和农合联执行委员会,并相应设立办公室、财务审计部、人力资源部、生产服务部、供销服务部、金融服务部和资产经营部、农民合作基金等。乡镇一级农合联会员(代表)大会选举产生的理事会、监事会,其成员由乡镇(街道)分管领导、基层供销合作社主任、基层信用社负责人农民合作经济组织及农业经营主体负责人组成。是年,宁波市出台《关于创新构建"三位一体"农民合作经济组织体系的指导意见》,提出建立以生产供销信用服务功能为基础、具有对农民生产生活综合服务功能的农民合作经济组织联合会,加快形成以农户家庭经营为基础、以合作与联合为纽带、以农业社会化服务体系为支撑的立体式复合型现代农业经营体系,加快全市农业现代化和城乡发展一体化步伐。

2017年1月,海曙区农合联成立。

2017年3月5日,海曙区农合联涉农信用贷款贴息补助项目座谈会召开

第三节 各类行业协会

行业协会是市场经济深入发展和社会分工细化的必然产物,也是市场经济体系的一个重要有机组成部分,其发育完善程度是市场经济体系成熟与否的一个重要标志。改革开放以来,党中央、国务院历来高度重视社会组织工作。党的十七届二中全会提出"更好地发挥公民和社会组织在社会公共事务管理中的作用,更加有效地提供公共产品"。国务院对供销合作社系统行业协会发展多次作出重要批示,这既为行业协会明确了功能定位,又为行业协会的改革和发展指明方向。把协会的各项工作办实办好,也是供销社为农服务的责任所在。

1984年9月,宁波市供销合作经济研究会成立。1987年11月,由市土产日杂公司主办的中国竹业协会宁波市支会成立,理事长为曹再裕。1992年5月,市竹业协会注销。

1989年2月,宁波市供销社大中型商场联合会成立,同时成立柑橘联合体。6月,余姚市供销社商场联合会成立,11月7日,市副食品同业公会成立,聘请王兆能为名誉会长,选举包天娇、王金荣为副会长。1990年3月23日,市供销合作经济学会慈溪市分会成立。4月12日,市果品食杂公司柑橘联合体成立。1991年4月,原属市供销社合作经济学会下属二级学会的宁波市棉麻流通经济研究会升级为一级学会。1993年11月30日,宁波市供销社饭店、宾馆联谊会在南苑饭店成立。1996年8月28日,宁波市供销社市场联合会成立。1999年7月30日,市供销合作社经济学会、市供销社大中型商场联合会、市供销社市场联合会经市民政局社会团体登记部门审核,成为全市189个社会团体首批合格单位。2002年6月,余姚市再生资源行业协会成立。市供销社大中型商场联合会被中华全国供销贸易企业协会评为模范会员单位。2003年,宁波市再生资源行业协会、市烟花爆竹协会成立。2004年,宁波市茶叶流通协会成立。

2006年,全市供销社系统建有协会11家,即市再生资源行业协会、市烟花爆竹协会、市茶叶流通协会、镇海区再生资源协会、宁海县废旧物资回收行业协会、鄞州区农资行业协会、鄞州区再生资源行业协会、象山县农资行业协会、奉化市再生资源协会、镇海区农资行业协会和市供销社合作经济学会。2007年,宁波市农产品经纪人协会成立。2009年,宁波市农产品流通协会成立。全市供销社系统有市、县两级行业协会19家,入会会员2253个。

2009年底统计,全市供销社系统主办协会(包括联合会、学会)共有21家,占全省的供销社系统的三分之一。其中市级协会8家,县级协会13家,共有会员3600多个。市再生资源行业协会评为全国最高等级的5A级行业协会。

2010年,市供销社系统兴办各类协会23家,入会会员3760个。2月,余姚市农产品购销联合会成立,这是宁波市第一家县(市、区)级农产品购销联合会。2011年4月7日,印发《市供销社关于下达2011年"三社一会"建设指标的通知》(甬供指〔2011〕20号)。组建各类行业协会8家,累计28家。慈溪市、镇海区农资流通协会,余姚市、鄞州区再生资源协会被评为市供销社系统优秀协会;慈溪市农产品经纪人协会获全国优秀农产品经纪人协会一等奖;有13人获全省百佳农产品经纪人称号;有3人获全国百佳农产品经纪人称号。是年,组建协会8家,累计36家。市、县两级供销社均成立农产品经纪人协会。11月4日,经评选,宁波市、宁海县农资流通协会,慈溪、余姚市和镇海区再生资源行业协会被评为2012年度系统优秀协会。宁波市、慈溪市供销社2家农产品经纪人协会被评为全省首届优秀农产品经纪人协会一等奖。市再生资源行业协会在复评考核中继续被评为全国最高的5A级协会。

2013年,全市供销社系统各类行业协会发展迅速,从2009年的21家增加到54家,率先在全省供销社系统实现农产品经纪人协会全覆盖。鄞州区农产品经纪人协会、奉化市再生资源行业协会、宁海县再生资源行业协会、象山县农产品流通经纪人协会、北仑区再生资源行业协会等被评为市供销社系统优秀协会。2014年,按地域、专业组建分会14个,发展新会员360个,全市供销社累计有社团组织72家,其中包括农产品行业协会9家、农产品流通经纪人协会24家、农民经纪人协会8家、农业生产资料协会9家、再生资源协会16家、烟花爆竹协会1家、其他协会3家、农村合作经济组织联合会2家,会员总数5206个。2015年,全市供销社系统新组建各类行业协会7家,累计有社团组织79家。

附:宁波市供销合作社行业协会简介

宁波市农生产资料流通协会　宁波市农业生产资料流通协会于2007年12月28日成立,2008

年1月25日登记注册。首届市农资流通协会会长为朱华锋,副会长钟毅君、张战英、钟富良、孙玉辉、赵国丰;秘书长徐国荣,副秘书长金海良,共有会员企业138个。

2013年5月17日,市农资流通协会召开第二届会员代表大会,选举赵国丰为会长,钟毅君、孙玉辉、章成瑾、胡行德、莫加康为副会长,徐芳红为秘书长。企业会员162个。是年7月,根据省委组织部《关于对党政领导干部兼任社会团体领导职务进行清理规范的通知》要求,在协会理事会担任协会领导职务的市供销社公职人员先后退出理事职务。2018年12月19日,市农资流通协会召开第三届会员代表大会。协会会长全磊,副会长任建宏、孙玉辉、莫加康、彭富根,秘书长朱晓明。会员89个(其中单位会员59个,个人会员30人),协会监事王文忠。2020年4月,在市农合联、市供销社指导下承办《宁波农资信息》18期,通过"宁波农资人"微信群转发农资政策、技术和信息600多条。

宁波市农产品经纪人协会　宁波市农产品经纪人协会是由农产品经纪人、农产品生产或流通企业、农民专业合作社及个人自愿参加组成的专业性、非营利性的社会组织。2007年11月23日,市农产品经纪人协会召开成立大会,审议通过协会章程,选举产生协会第一届理事会,宁海县蔬菜果品市场有限公司总经理裘银芳当选为协会会长。协会首批吸纳会员158个,其中单位会员38家,个人会员120人。单位会员主要为从事农产品流通服务的农业龙头企业(市场)、各级供销社、各类农民专业合作社,个人会员主要为全省各地的农产品经纪人。

2007年11月23日,宁波市农产品经纪人协会成立大会召开

2008—2010年,市供销社自办或联合县(市)区供销社和农业部门,共举办14期初级农产品经纪人培训鉴定班、高级培训鉴定班,参训人员1500多人,有1388人获得职业资格证书,其中获中级证书的60人。至2014年底,共举办三届全市"十佳农产品经纪人"评选活动。2012年,全力推进县级农产品经纪人协会组建,实现大市全覆盖。此外,慈溪、宁海县供销社还建立相关经纪人分会。是年

2012年12月28日,第二届宁波市十佳农产品经纪人表彰暨市农产品经纪人协会第二届会员代表大会在市委党校举行

12月28日,市农产品经纪人协会第二届代表大会召开。选举产生协会第一届理事会,选举裘银芳为会长,王露明为秘书长。2013年,慈溪市农产品经纪人协会获全国优秀农产品经纪人协会特等奖,全国仅有2家。鄞州区农产品经纪人协会与会员企业合作,成功注册"恬园丰"商标。该商标作为鄞州区农产品经纪人协会专用商标,优惠提供给其他会员企业使用。2015年6月,张战英、裘

银芳、王露明、姚金权当选为省农产品经纪人协会第三届理事会常务理事,张战英、裘银芳当选为理事会副会长。2017年9月,根据市委、市政府办公厅甬党办传〔2017〕67号《关于开展社会团体清理规范工作的通知》,市供销社决定注销市农副产品流通协会,由市农产品经纪人协会整合市农副产品流通协会会员和有关职能。2018年5月,市农产品流通经纪人协会第三届代表大会召开。裘银芳为会长,秘书长刘海峰。9月,根据市委、市政府

2015年4月24日,宁波市农产品流通协会会员代表大会举行

〔2017〕10号文件,市供销社取消与市农产品经纪人协会的主管关系。是年,协会下设区(县、市)级协会8个,共有单位会员1200个,从业人员3万多人,已成立水蜜桃、杨梅、竹笋、花木等专业分会组织40多个。

宁波市再生资源行业协会 宁波市再生资源行业协会成立于2003年6月18日。首任会长为忻红兵,协会共吸纳原老三区(江东、江北、海曙)不同所有制性质的再生资源回收经营企业、个体经营者及各县(市)区再生协会的团体会员124家。市再生资源行业协会是全省首家地、市级废旧物资回收协会,是一个全市再生资源回收和利用的社团组织。它的成立标志着全市1200余家废旧物资回收企业及25000名从业人员有了自己的组织。2003年,协会被宁波市委、市政府评为"社会治安综合治理先进集体"。2006年,全市废旧物资总量达到130万吨,成交额76亿元,分别比上年增长18%和15%,创历史新高,协会被评为"宁波市商贸系统先进企业"。

2007年4月18日,市再生资源行业协会第二届理事会改选,选举产生协会理事会理事17人,会长忻红兵,副会长唐恩伟,秘书长朱爱富。5月,经中华全国供销合作社总社职业技能鉴定指导中心批准,宁波市再生资源行业协会职业技能鉴定工作站成立。

2007年7月开始,协会共组织培训100批次、16700余人次,并鉴定一批初级工、高级工,同时向全国总社培训鉴定中心输送13名高级技师。宁波老三区60多家回收企业和全市350余家会员企业通过认证,获得免税资格,享受国家政策扶持。配合市综治委、公安、工商、城管等部门在老三区实施专项整治突击与经常性检查32次,全市检查280多次,抓获犯罪嫌疑人103人,取缔无证无照47户,处理违规经营网点30余家,收缴无牌废品回收车26辆。协会被市委、市政府评为市级先进民间组织。2008年被市民政局评为5A级行业协会,2009年被中国供销合作社总社评为优秀行业协会,2010年被评为市供销社系统优秀行业协会。

2011年3月24日,市再生资源行业协会第三届理事会改选,选举产生协会理事会理事20人,会长忻红兵,副会长唐恩伟,秘书长朱爱富。是年,协会被评为浙江省供销社"人才培训三等奖单位"。2013年被评为宁波市委、市人民政府"先进社会组织"。2014年7月30日,市供销社(甲方)与市再生资源行业协会(乙方)签订再生资源行业服务管理委托协议。2015年3月27日,市再生资源行业协会召开第四届选举大会。忻红兵为会长,陈国明、王鲸航、张永世、潘富忠、周仁发、胡增裕、叶成海、周国平为副会长,朱爱富为秘书长。是年底,全市有证照社会网点2100个,其中江北区78

个、海曙区170个、鄞州区388个、镇海区147个、北仑区164个、奉化区175个、余姚市498个、慈溪市289个、宁海县74个、象山县102个,专业分拣中心12个,交易市场3个。是年,实现再生资源回收总量210万吨,其中年回收交易废钢铁80万吨、废有色金属20万吨、废纸50万吨、废塑料30万吨、废橡胶5万吨、废家具15万吨、旧纺织品10万吨,总销售额120亿元。

2017年5月17日,市再生资源行业协会召开第四届三次会议,协会理事调整为17人,会长仍为忻红兵,副会长调整为8人,秘书长为朱爱富,增设监事3人。是年,江东区撤销并入鄞州区,原鄞州区鄞西片划入海曙区,再生资源行业协会的成员变动较大。是年底,全市再生资源行业协会成员单位290家。至2018年底,会员企业248家,包括1个会长单位、8个副会长单位、18个理事单位。2018年9月,根据市委、市政府〔2017〕10号通知,市供销社取消与市再生资源行业协会的主管关系。

宁波市烟花爆竹行业协会　2004年7月,宁波市烟花爆竹行业协会成立。该协会由市供销社牵头,市海田烟花爆竹有限公司等11家烟花爆竹经营、生产企业发起筹建。共有9家烟花爆竹经营企业、2家生产单位、20家经营大户和有关个人加入协会。2017年,宁波市烟花爆竹行业协会注销。

宁波市供销合作经济学会　宁波市供销合作经济学会前身是省供销合作经济研究会宁波市分会(亦称宁波市供销合作经济研究会),成立于1984年5月,系全国供销合作总社和浙江省供销合作经济学会的团体会员。名誉会长为金声,姚茂生为会长,邹永明、叶永祥、冯根义为副会长,王安宁为秘书长,石永兴为副秘书长,理事会成员15个。首届有会员88人,换届年限为5年。1985年11月,经市委宣传部批复,同意建立宁波市供销合作经济研究会,并注册登记。

1984年至1985年,市供销合作经济研究会共收到学习论文和调研报告30篇,其中《宁波地区茶类生产和区划刍议》获宁波市自然科学优秀论文奖,《关于茶叶经营体制改革》《关于棉花产、销矛盾的探讨和建议》两篇文章先后发表在《浙江供销合作经济》《宁波商业经济》刊物上,其中前一篇还被评为省合作经济研究会1985年度论文二等奖。

1989年3月,市供销合作经济研究会加入市社科联,并改称为宁波市供销合作经济学会。10月,召开市供销合作经济学会第二届理事会。金声、江圣澜当选为名誉会长,姚茂生为会长,张方砚、邹永明、叶永祥为副会长,秘书长为王安宁。

1991年,市供销合作经济学会共有会员175人。学会成立以来,会员在市级以上刊物公开发表的论文和调研报告有90多篇,其中14篇先后获评为全国、省或市级优秀论文。1992年6月,市供销合作经济学会召开学术研讨会,并举办纪念毛泽东主席发表延安南区合作社讲话50周年、周恩来总理为物资回收行业题词25周年、李鹏总理题词5周年有奖征文活动,共收集征文20篇。

1994年2月,市供销合作经济学会第三届理事会召开,推选励慧芳为会长,邹永明、叶永祥为副会长,栗茂生为秘书长。是年3月,《宁波供销合作经济》会刊试刊,时有近200人的会员理论队伍,在学术探讨、调研咨询、参谋决策等方面发挥积极作用。

1996年3月4日,会长励慧芳因职务变动,辞去会长职务,由陆玛杰兼任会长。1999年12月,市供销合作经济学会秘书长栗茂生撰写的《坚持开展全员培训,促进供销合作社事业持续发展》获宁波市第六次(1996—1997年)哲学社会科学优秀奖。2000年6月8日,市供销合作经济学会领取社会团体法人登记证书。2001年8月,市供销合作经济学会第四届理事会召开,选举陆玛杰为会长。

2000年至2002年,全市供销社系统实施产权制度和用工制度改革,经历"阵痛"到脱掉"湿布衫"重振雄风的过程。市社合作经济学会的组织机构发生前所未有的变化,许多会员离开供销社队伍或退休,会员单位经过改制、破产、变更等后也所剩不多。2003年,学会提出"坚持为农服务宗旨,以经济发展为中心,建设两大体系"的工作思路。2005年又确定"从规模效益入手创造经营性收益,从发展新项目中获得资本性收益,从争取政府支持中获得政策性收益,实现资产保质增值"的经营方针。在此发展过程中,许多学会会员为供销合作经济的发展出谋划策,如制定专业合作社三年发展规划和村级综合服务社实施意见,开展重组改造基层供销社试点工作,召开全市农资连锁现场会等,完成从实践到理论,再到实践的过程,从而也体现了供销合作经济学会的自身价值。

2006年8月17日,市供销合作经济学会第五届理事会召开,选举产生新一届理事会,理事会选举产生新一届常务理事、秘书长、副会长和会长。原会长陆玛杰不再兼任,周信浩当选为名誉会长,李猛进为会长,徐明浩、张战英为副会长。2011年3月31日,市供销合作经济学会召开年会,举行以"发展经济服务三农"为主题的系统解放思想大讨论。学会理事及论文作者40余人参加会议,论文作者交流研究成果。是年4月,市供销合作经济学会编印《宁波市供销合作社经济学会论文汇编》,收入论文40多篇。2012年7月,省供销社、省农业厅、省社会科学界联合会发文《关于表彰合作经济优秀论文的决定》(浙合指〔2012〕62号),其中鄞州区供销社史利明撰写的《基层社重组的几点思考》、市供销社楼承渝撰写的《用信息化提升供销社的经营、服务和管理能力》等论文获优秀奖。2015年2月28日,中国供销合作经济学会第六届理事会理事名单公布,市供销社列为中国供销合作经济学会第六届理事会理事单位,张战英为理事。2017年9月,根据市委、市政府办公厅甬党办传〔2017〕67号《关于开展社会团体清理规范工作的通知》,市供销合作经济学会注销。

宁波市供销社大中型商场联合会 宁波市供销社大中型商场联合会(简称"大中型商场联合会")前身是市供销社大中型商场购销集团。1988年3月5日在余姚龙山大厦发起试办成立市供销社大中型商场购销集团,会长由陈仲朝兼任,副会长由张战英兼任。

1989年2月2日,市供销社大中型商场购销集团成立,为松散型经济联合体。市供销社兴办综合商场在当时是全国最早的,也是全省第一家,商场集团的建立给供销社商场的发展注入新的活力,推上一个新的发展阶段。1990年,大中型商场购销集团成员单位发展到26家。1991年3月,大中型商场购销集团第二届理事会召开,推选江圣澜为名誉理事长,王兆能为理事长,叶永祥、张祥甫、潘洪涛、庄巨坤、胡焕剑为副理事长,王凉为秘书长,徐国荣、陈正德为副秘书长。7月,大中型商场购销集团和宁波日报社、供销合作经济学会联合举行市营销学习研讨会。

1992年4月,大中型商场购销集团领导机构因人员工作调动,推选葛龙川为理事长,王学平、沈伯伦为副理事长。5月15日,经市民政局注册登记,大中型商场购销集团改称大中型商场联合会。是年,成员单位增至28家,拥有营业场地45000平方米,自有流动资金1300万元。1995年5月29日,市供销社召开大中型商场联合会,选举励慧芳为第三届理事会会长,选举郑学浩、叶永祥、王学平、潘育毅、黄锡义、胡安康为副会长,王凉为秘书长,陈正德、郑芬玉为副秘书长。秘书处下设黄金饰品专业委员会和服装专业委员会。是年,评比出1994年度先进商场9个,即宁波美乐门商城、鄞县新江厦商城、慈溪供销大厦、金山商厦、余姚龙山商场、余姚购物中心、镇海园南商场、奉化家电公司、鄞县西凤商场。

1997年4月18日,市供销社大中型商场联合会第四届理事会改选,励慧芳为名誉会长,陈仲朝为会长,钱仲达、施浩峰增补为副会长,其余领导成员仍按第三届理事会领导成员名单不变。是年,联合会通过社会团体专项检查,更新换证登记。1999年5月11日,大中型商场联合会已具备社会社会团体法人条件,依法准予注册登记,领取社会团体法人登记证书。7月21日,根据《国务院办公厅关于部门领导同志不兼任社会团体领导职务的通知》精神,经请示市委和组织部门同意,大中型商场联合会会长、副会长分别由陈仲朝、张战英兼任,以进一步加强协会工作,搞好协调、管理,推进开拓农村市场,活跃城乡市场。2000年后,由于企业改革改制,大中型商场联合会闭歇。

宁波市供销社市场联合会 宁波市供销社市场联合会(简称"市场联合会")于1996年8月28日成立。市场联合会会长由陆玛杰兼任,郑学浩、陈和存、钱仲达、贝跃东、许春华、姚伟涨等任副会长,朗岳卿兼任秘书长,刘飞龙任副秘书长。首届市场联合会成员单位16家。

市场联合会是全市性的一级联合会,它不仅包括供销社所属的市场,而且还包括社会上其他市场。凡是有条件自愿参加该市场联合会的均可以加入。市场联合会的宗旨:一是充分发挥供销社系统在市场建设中的主渠道作用和导向作用,积极开拓服务领域,丰富服务内涵,努力把千家万户的农民和千变万化的市场紧密结合起来,推动农业产业化发展;二是促进系统各类批发市场之间的联合,充分发挥供销社系统优势,增强为农服务和在市场竞争中的整体实力;三是以市场为导向,立足当地,面向全国,组织信息、商品和管理经验三联通;四是完善市场功能,促进生产和产业结构调整,引导供求,为繁荣宁波经济,促进工农业生产,发展商品经济服务。

1996年10月,市场联合会《市场信息》出刊,每月1期,至1997年底共刊出14期。1998年8月,市场联合会改选,由李猛进兼任会长,张战英等任副会长。至年末统计,全市供销社系统已兴办各类批发市场34家(其中7家为农副产品批发市场),建筑面积28.8万平方米,其中交易场地17万平方米,各类附属设施9.7万平方米。市场交易额72.4亿元,实现利税2352万元,分别比1996年9月市场联合会成立前翻了一番和两番。在34家市场中,有各类农副产品批发市场11家,交易各类农副产品金额达16亿元。1999年7月21日,根据《国务院办公厅关于部门领导同志不兼任社会团体领导职务的通知》,经请示市委和组织部门,同意市场联合会会长、副会长由李猛进兼任,张战英兼任副会长,朗岳卿兼任秘书长。2017年,市场联合会注销。

宁波市农副产品流通协会 2009年5月15日,宁波市农副产品流通协会成立,这是一个跨部门、跨系统的农副产品流通协会。首届会长陈龙海,副会长陆泙林,秘书长楼承渝,李猛进为协会名誉会长,协会会员单位154个。6月开始,筹备"宁波市农产品营销网"建设工作。市农产品营销网重点关注和支持为农服务项目,主要功能为向全市农产品生产经营者交流信息、扩大宣传、发布供求、网上交易、在线结算等方面提供服务,并将协会会员单位全部纳入网站会员库,可以免费在网上宣传企业、推介产品、实现在线洽谈和网上交易,享受各种优惠。

2009年10月23日至25日,在上海静安区吴江路步行街举行宁波(上海)名特优农产品展销会暨推介会,由市供销社主办,农副产品流通协会承办,全市50多家农产品生产、经销企业的九大类500多种特色的农产品参展,3天时间销售农产品505万元,并与上海几家上规模的企业签订1.6亿元意向协议和购销合同。自此以后,协会每年推荐一些农产品加工企业参加省、市外各种形式的展销会、博览会和农超对接会,如海南省"冬交会"、江西南昌"绿博会"和宁波"食博会"等。2010年元旦,协会在市体育场广场举办迎新春名特优农产品展示展销会,组织近百家农业龙头企业、农民专业合作社、农产品经纪人和协会会员单位在沪举办农产品展示展销会。6月,在宁波环城西路776广场举办时令水果枇杷、西瓜推介会,以后在每年的元旦后、春节前,协会都具体承办宁波迎新春优质农产品展销会。这些活动的举办,突出显现市供销社和协会名特优农产品的品牌效应,取得较好的社会效益和经济效益,帮助农民扩大农产品销售2亿多元。

2012年5月11日,第六届宁波国际茶文化节上的"供销社一条街"

2013年6月10日,协会组织召开宁波农产品企业——新疆农产品超市对接座谈会,并于11月同新疆库车县商务局和农产品企业签订战略合作协议和农产品购销合同。新吸收宁波市赵大有食品有限公司等22家企业加入协会。2014年4月,组织会员企业参加第五、第六和第七届中国宁波国际茶文化节和杭州国际茶文化节,组织会员企业参加第十六、十七届浙洽会、消博会等活动。市农产品营销网累计采集、录用并发布农产品各种信息100多万条,并录用、发布信息近10万条,增长10%,新增同步行业门户、政府网站150多个;累计发行农产品营销简报58期。设立市农产品网上展示展销中心,共有会员单位259家,商品总数量2578种,上传供求信息1.22万条,制作60家农产品会员单位的电子特刊。2015年4月24日,市农副产品流通协会会员代表大会召开,110余代表参加会议。选举产生协会第二届理事会常务理事会及会长、副会长。选举陈龙海为会长,裘国璋为常务副会长兼秘书长,钱钢、严旭平、胡旭成、李修瑞、裘银芳、孙允成、叶维水、谢行涨、任会彦、张世文、陆浒林等为副会长。

2009—2015年,协会着力从打造农产品电子商务平台、组织会员参与农产品展销会、培育壮大农产品经纪人队伍及加强协会自身建设等四个方面推进协会建设。市农产品营销网、淘宝"特色中国·宁波馆"等农产品电商服务平台运营良好,迎新春农产品展销会办展规模和社会效益不断提升,全市有3500余人的正规化农产品经纪人队伍。2015年,承办市迎新春优良农产品展销会;组队参加第二届中国茶业博览会(杭州)、淡季菜篮子商品展销会、"休博会""旅洽会""宁波美食节"等;组织农产品企业到新疆库车、浙江淳安开展农产品对接,签订战略合作协议;接待山东沂源县、栖霞市农产品企业来甬考察互动;同市农科院合作,开展杨梅产后贮藏技术集成与示范推广培训;组织企业参加欧洲风味食品推介会、吾玛牛奶推介会、中东欧国家商协会大会等,有力地推动协会工作的开展。

2017年9月,根据市委、市政府办公厅甬党办传〔2017〕67号《关于开展社会团体清理规范工作的通知》,市供销社决定注销市农副产品流通协会,市农产品经纪人协会整合市农副产品流通协会的有关职能,并更名为宁波市农产品流通经纪人协会。

宁波市茶叶流通协会 2004年10月,宁波茶文化促进会茶叶流通专业委员会成立,周信浩兼任会长,朱华锋、李猛进、张伟男、林卫平为副会长,陈汉忠为秘书长,严万龙、王前线、宋光华、钟国锋为副秘书长。

2015年11月24日,市供销社批复宁波茶文化促进会茶叶流通专业委员会,以原宁波茶文化促进会茶叶流通专业委员会为基础,筹建具有独立法人资格的宁波市茶叶流通协会。协会成立后,原宁波茶文化促进会茶叶流通专业委员会的会员名册和银行账户等全部变更到市茶叶流通协会,由市供销社履行对协会的指导管理职能。2016年5月30日,宁波市茶叶流通协会在正式成立,通过《市茶叶流通协会章程》《市茶叶流通协会财务管理制度》《市茶叶流通协会会费管理办法》,选举楼承渝为会长,宋光华为副会长兼秘书长。据协会调查,宁波是绿茶的主产区,茶叶年产量2万多吨,年产值8亿多元,年出口茶叶5万多吨,年产值在10亿元以上。全市茶叶流通企业2700余家(包括专业合作社、茶厂、茶叶公司、茶行茶庄、茶店、茶馆等),年经营额35亿元左右。宁波茶叶产业如此大的规模,成立新的市茶叶流通协会,可以推进茶叶行业批零对接、产销联动、优势互补,更好地为广大茶农服务,有利于推进宁波茶叶企业抱团合作经营,提升宁波茶叶在全国茶叶市场的影响力和竞争力,更好地为宁波茶业经济发展服务。市茶叶流通协会成立后,组团参加各类茶展会,努力推进宁波茶产业朝着"合作化、标准化、品牌化、簇群化"的方向发展,组织引导有经营实力的会员单位搭建合作经营平台,联合市内茶叶生产经营企业,构建新型产销联合体,为茶农、茶商合作抱团闯市场创造条件,不断增强宁波市茶业的市场竞争能力,把茶叶生产、加工、观光、养生、休闲融为一体,探索宁波茶业经济发展的新模式。

2017年11月21日,市茶叶流通协会理事长由钱钢担任。2018年2月,市茶叶流通协会期刊《宁波茶叶》试刊。9月,根据市委、市政府〔2017〕10号文件,市供销社脱钩与市茶叶流通协会的主管关系。

第三篇
区县（市）供销合作社

1949年5月25日宁波解放以后,民国时期成立的县合作社联合社停办,由各县人民政府接管,进而建立县级供销合作社和农村基层供销社。1950年4月至6月,镇海、鄞县、余姚、慈溪、奉化、象山、宁海等7个县级供销合作总社相继成立。1951年6月,县以上供销合作总社曾改名为合作社联合社。1954年,县以上各级供销合作总社改名为供销合作社。

1954年至1956年,全区私营商业经改造后建立合作商店,供销社对合作商店实行归口管理。1958年10月,县、市合并,镇海县供销社归属宁波市供销社,县供销社机构撤销。1963年1月,县、市分开,恢复镇海县制,重建镇海县供销社。1959年1月,鄞县供销社并入宁波市供销合作社,1962年2月,鄞县同宁波市分开,恢复鄞县供销社。1964年,全区有镇海、鄞县、慈溪、余姚、奉化、宁海、象山等7个县级供销合作社。"文化大革命"期间,县级供销社仍保留原建置,未有变化。1978年8月,镇海县供销合作社归市供销合作社管理。1983年8月,地、市供销合作社合并,成立宁波市供销合作社,下辖镇海、鄞县、慈溪、余姚、奉化、宁海、象山等7个县级供销社。1985年7月,国务院批准撤销镇海县,以甬江为界分设镇海、滨海两区,原镇海县供销合作社一分为二,分别建立镇海、滨海供销合作社。滨海供销合作社后改为北仑区供销合作社。1988年10—11月,慈溪、奉化二县撤县建市,慈溪、奉化县供销合作社更名为慈溪、奉化市供销合作社。1993年至1994年,各县(市)区供销社先后成立集团总公司,实行"一套班子、两块牌子"。

2002年2月,国务院批准撤销鄞县,设立宁波市鄞州区,鄞县供销合作社更名为鄞州区供销合作社。2008年12月,镇海、北仑、鄞州、慈溪、余姚、奉化、宁海、象山等8家县(区、市)级供销社经省人事厅批复同意参照公务员法管理。2016年11月,奉化撤市设区正式授牌,奉化市供销合作社更名为奉化区供销合作社。江东区区划调整并入鄞州区,鄞州区以奉化江以西地区并入海曙区,12月,海曙区供销合作社成立,并经2019年9月省公务员局发文准予海曙区供销合作社参照公务员法管理。

区县(市)供销合作社主要工作职责是:参与研究和实施农村经济改革发展规划,研究制定供销社合作经济发展,促进区域合作经济的发展;指导供销社改革发展,负责社会企业改革发展和稳定;指导供销社系统的组织体系建设,促进基层供销社加强民主管理,负责农村合作经济的指导、服务和协调,推动多种形式的经济合作与联合,发挥群体联合优势,农村基层供销合作社主要工作职责是:组织农村生产和经营,组织农村市场营销;组织农村物资供应。通过生产、生活等经营网点,以及建立农产品收购站、农产品展销会、农资连锁店、农资展销会等形式推动农副产品销售和流通为农民提供优质的农资服务。新型农村合作经济组织(经营服务综合体、农民专业合作社、村级综合服务社和专业协会)是农村深化改革,经济发展的产物,也是供销社为繁荣农村流通中一支不可忽视的重要力量,并由此共同形成新型供销合作社的基层组织体系。

第一章　各区县（市）供销合作社

第一节　镇海区供销合作社

建置沿革

1950年4月14日，镇海县供销合作总社成立。1954年10月，县供销合作总社更名为浙江省镇海县供销合作社。1957年2月，镇海县采购局并入县供销合作社。4月，县供销合作社与县商业局合署办公。1958年10月，县、市合并，镇海县供销社划归宁波市供销社，管理县供销社机构撤销。1963年1月，县、市分开，恢复镇海县建制，重建镇海县供销社，与县商业局合署办公。1966年2月，县供销社与县商业局又合署办公。

1978年8月，恢复镇海县供销合作社。1979年11月，建立县外贸局，与县供销社实行"两块牌子、一套班子"。1983年7月，镇海县供销社改名为镇海县供销合作社联合社。1985年9月，根据宁波市委关于撤县划（建）区的决定，原镇海县供销合作社一分为二，甬江以北地域为镇海区供销合作社，甬江以南地域为滨海区供销合作社（后改为北仑区供销合作社）。10月，建立宁波市镇海区供销合作社。区供销社机关内设党委办公室、人事秘书股、计划业务股、财务基建股、集体商业管理股。

1992年12月17日，镇海区供销合作社对外增挂宁波财茂集团总公司牌子，实行"一套班子、两块牌子"。1993年，组建宁波财茂集团总公司，注册资金2141万元。

1994年3月，宁波财茂实业公司正式成立。1998年4月8日，镇海区供销社内设科室调整为人事科、企业管理办公室、业务科、财务基建科。1999年，镇海区供销合作社所属企业20家，职工1500人。1999年至2002年，实施企业产权制度改革和理顺职工劳动关系。改制后，区供销社所属单位骆驼、贵驷、庄市、九龙湖、澥浦、蛟川等6家基层供销社和蔬菜、土产日杂2家公司，同时兼管镇海区第二商业公司及所属企业。2002年9月，镇海区供销社转换体制，组建镇海区供销投资发展有限公司，保留区供销社牌子。2005年1月6日，机关内设调整为办公室、人事科、业务科、财务科、社有资产管理科。

2008年5月20日，宁波市人事局印发《关于镇海区供销社章卫国等6人过渡为参照公务员法管理单位工作人员》，进行人员登记。区供销合作社机关内设3个职能科室：办公室、财务资产管理科、业务科。机关事业编制12名。12月26日，浙江省人事厅浙人函〔2008〕298号批复，根据市委

镇海区供销合作社

办公厅、市政府办公厅《关于省委办公厅、省政府办公厅关于浙江省事业单位参照〈中华人民共和国公务员法〉管理工作实施意见的通知》(甬党办〔2008〕12号),镇海区供销合作社机关参照公务员法管理。2015年7月23日,建立镇海区供销合作社联合社,设立代表大会、理事会、监事会"三会"领导管理制度。2015年,镇海区供销社内设办公室、合作指导科、财务审计科、经济发展科4个科室。

改革与发展

1983年,镇海县供销社实施以恢复"三性"为重点的供销社体制改革。3月15日,印发《关于实施基层供销社经营责任制承包形式试点意见》。3月起,决定在柴桥、三山、大榭等3个基层供销社进行体制改革试点。在此基础上,县供销社于5月和6月在柴桥、城区举办两期体制改革骨干培训班。培训主要内容:(1)清股分红、增股扩股。选举社员代表,召开社员代表大会;选举理事会、监事会,实行民主管理,恢复"三性"体制;入股社员要求达到农户总数的70%以上。(2)开展多种形式的联营。帮助农民推销产品,走生产、收购、加工、贮运、销售的新路子,把供销社办成农村经济的综合服务中心。(3)扩大经营管理的自主权,实行责、权、利相结合的承包经营责任制,克服吃"大锅饭"和平均主义的弊端,提高企业经济效益和社会服务效益,适应改革人事劳动制度、财务制度,扩大商品价格管理的自主权。(4)建立县联社,包括专业公司在内。从基层到县供销社,形成一个有机的经济实体。9月开始,在全县供销社系统推广。

1984年3月起,全县所属基层供销社、公司、工厂全面实行经营责任制。1985年10月,原镇海县供销社一分为二,分设"宁波市镇海区供销合作社"和"滨海区供销合作社"。原镇海县供销社共有自有资金241.62万元,其中划给镇海区供销合作社85.71万元,占35.47%;占用资金共269.79万元,划给镇海区社154.24万元;固定资产共61.30万元,镇海区供销社占50%。同时建立镇海区第二商业公司。是年,北仑区供销合作社所属设有特产、畜废、农资、蔬菜、贸易中心(包括副食品、土产日杂)、储运旅游、食品冷藏、二商等8个公司,还有骆驼、贵驷、庄市3个基层社和1个贵驷棉花加工厂。

1983年至1985年,镇海区供销社体制改革由点到面逐步展开。在组织上恢复"三性"体制,即由全民所有制性质恢复为集体性质。3个基层供销社自1983年以来已召开两次社员代表大会,建立民主管理制度,先后选举和增选理、监事会成员。基层供销社领导由过去的任免制改为选举制。对1983年以来的股金作了认真清理,增股扩股。股金从1983年48400元增加到1985年684000元,增加13倍。股金占自有资金比重从1.34%上升到15.2%。3年分给社员红利70400元,给农民增加实惠。1984年松绑放权,在人事劳动、财务管理、经营项目、服务领域、按劳分配、物价管理等方面有新的突破。1985年撤县分区后,镇海区供销社继承甬江以北的3个基层社、8个公司和85个农村经营网点。供销社成为镇海区六大经济主管部门之一。从20世纪90年代初开始,镇海区供销社对所属各公司、商场、基层供销社、棉花加工厂实行企业多种形式的经营承包责任制。1994年开始对区以上企业及基层供销社零售商场、商店及柜组实行"社有个营"经营责任制。

1990年,镇海区政府于1990年12月30日对镇海区供销社直属企业和贵驷、庄市、骆驼3个基层供销社分别下达"关于对新一轮承包经营标的及责权等有关事项的核定书"。新一轮承包继续实行"核定基数、递增包干、超收分成、短收自补"的办法,并确定上缴利税基数、承包标的和超收分配核定比例。新一轮承包时间为3年,至1993年止。1993年12月24日,镇海区体改办和镇海区供销社联合印发《关于镇海区供销社系统推行"社有个营"的实施意见》通知。对"社有个营"的实行范围、基本内容和形式、库存商品、债权债务的处理、税收征缴办法等作出具体规定和要求。

1994年至1996年,采取以资产增值、利润承包和工效挂钩为主要形式的经营责任制。(1)对区供销社直属公司、工厂等单位实行资产增值和利润承包,超基数按比例分成经营责任制。凡完成资产增值和利润承包基数的,按人均核定奖金额;超过基数部分按剔除所得税、能交基金、预算外调节基金和互助合作基金后的留利数额,确定比例计发奖金。(2)对骆驼、贵驷、庄市3个基层供销社实行工效挂钩、总挂总提等形式经营责任制,各单位按照区劳动局拟定的总挂总提办法,年度工资总额和使用数经区供销社核实后,报区劳动局、财税局审批,核定当年可使用数,由企业自主分配,分配方案须经企业职工代表大会讨论通过,报区供销社备案。(3)对园南商场实行百元销售、利润工奖含量分配形式经营责任制。

1994年3月,宁波财茂实业公司成立,实行董事会领导下总经理负责制。通过董事会议确定集团的经营方向和经营方针,审定集团长期和中期投资目标、发展规划及年度生产经营计划、经营决策等。组织结构由核心层、紧密层、半紧密层、松散层四个层次组成。(1)核心层为宁波财茂集团总公司自身,是实行资产经营一体化的具有法人资格和投资功能的经济实体。(2)紧密层为核心层全资、控股或有密切联系的企业组成,并各自具有法人资格。包括宁波市亚东房地产公司、镇海畜产废旧物资公司、镇海特产公司、镇海农业生产资料公司、镇海食品冷藏公司、镇海土产日杂公司、镇海储运旅游服务公司、镇海园南商场、镇海供销大楼、镇海棉花加工厂、浙东纺织原料公司、贵驷供销合作社、庄市供销合作社、骆驼供销合作社。(3)半紧密层为核心层参股、紧密层参股或控股的企业。包括黄镇经济开发公司、镇海针织制衣厂、上海针织十厂宁波市镇海分厂、镇海甬骆羊毛衫厂。松散层是与核心层、紧密层和半紧密层各企业有稳定关系的经济协作企业。

1999年,区供销社制订深化企业改革总体方案。方案对改制的主要形式、人员分流安置、安置费或经济补偿金和医疗补助费的标准及计算方法等作出规定。2000年,对镇海棉花加工厂实施转换体制,改变身份、补贴安置、组建有限责任公司。对镇海区第二商业公司实施资产量化到人,重新组合(合股经营)或分散经营(自谋职业)改革,对转制改革后的职工继续保留职工身份,保持连续工龄,享受退休养老待遇。2003年,镇海区供销社在全面完成企业转体后,推进体制创新,积极推行股份制,实现投资形式多元化,完善法人治理结构,根据镇海区委《关于镇海区经济主管部门转体改革的实施意见》(〔2002〕17号),建立镇海区供销投资发展有限公司,注册资本1500万元。2008年8月12日,镇海区政府办公室《关于印发宁波市镇海区供销合作社职能配置、内设机构和人员编制规定的通知》(镇政办发〔2008〕101号),设置镇海区供销社,为区委、区政府领导的正局级机构,参照群团机关管理。

2011年,镇海区供销社在原宁波财茂实业公司的基础上,组建宁波市镇海供销有限公司。注册资金由宁波财茂实业公司注册资本增资到3000万元。镇海供销集团有限公司由宁波财茂实业公司改制更名产生。区供销社下属2家企业即镇海蔬菜公司和镇海土产日杂公司改制为镇海蔬菜有限公司和镇海土产日杂有限公司。宁波财茂实业公司对外投资的股权,划入由镇海供销集团有限公司出资新建的镇海供销资产管理有限公司。同时,区供销社所有资产和对外参股企业的股份也划入该公司。以上3家有限公司为镇海供销集团有限公司核心层企业。同时组建镇骆供销有限公司、贵驷供销有限公司、庄市供销有限公司,为镇海供销集团有限公司紧密层企业。

2015年7月23日,按照中共中央《关于深化供销合作社综合改革的决定》中提出的"创新联合社治理机制"的要求,镇海区供销社在市供销社指导下,召开第一次社员代表大会,成立镇海区供销合作社联合社,吸收农村合作经济、为农服务的企事业单位和、专业合作社、行业协会、合作金融组织等加入供销系统。实行代表大会、理事会、监事会"三会"领导管理制度。镇海区供销社拥有全资企业2家(镇海蔬菜公司、镇海土产日杂公司);参股企业6家(镇海区供销投资发展有限公司、浙东供销超市有限公司、上海甬海水产有限公司、江南禽蛋育种有限公司、镇海银盛棉麻有限公司、镇海海绿安菜篮子配送有限公司),下属有骆驼、贵驷、庄市、九龙湖、澥浦、蛟川等6个基层供销社。是年,实现经营总收入14680万元,增长1.4%;利润284万元,增长12.7%;所有者权益9300万元,增长3.6%。

农民合作经济组织联合会

2016年11月29日,镇海区农民合作经济组织联合会(简称"农合联")成立。农合联牌子增挂在区供销社。同时,镇海区下辖的5个办事处也成立农合联,会员总数160个。镇海区农合联第一届理事长:包志安,副理事长:朱志远、鲁佰军、周国伟、王军辉;执委会主任:鲁佰军,执委会副主任:唐小明、肖辉、何永纪、吴建辉;监事长:袁致斌。

2016年11月29日,镇海区农民合作经济组织联合会成立　　镇海区农合联九龙湖办事处农事服务中心服务网点图

表3-1　镇海区供销合作社历任主任名录

单位名称	职务	姓名	任职时间	离任时间
镇海县合作总社	主任	王博平	1950.04	1951.02
镇海县合作总社	主任	黄琨	1951.02	1956.03
镇海县供销合作社	主任	翟培田	1956.03	1958.06
镇海县供销合作社	主任	陈恒义	1958.06	1962.12
镇海县供销合作社	主任	吕书斌	1962.12	1978.08
镇海县供销合作社	主任	杨培恒	1978.08	1983.07
镇海县供销合作社	主任	周源明	1983.07	1985.06
镇海区供销合作社	主任	赵鼎贵	1985.06	1994.01
镇海区供销合作社	主任	汪卫国	1994.01	1995.06
镇海区供销合作社	主任	贺满祥	1996.04	1997.09
镇海区供销合作社	主任	胡明杰	1997.09	2008.08

续表

单位名称	职务	姓名	任职时间	离任时间
镇海区供销合作社	主任	翁婉群	2008.08	2013.01
镇海区供销合作社	主任	包临江	2013.01	2014.06
镇海区供销合作社	主任	鲁佰军	2014.06	2015.07
镇海区供销合作社联合社	主任	鲁佰军	2015.07	2019.10
镇海区供销合作社联合社	主任	郑宏雷	2019.10	

第二节　北仑区供销合作社

建置沿革

1950年4月,原镇海县合作总社成立后,在北仑域内的柴桥、大碶设立供销站,小港设立供应点,以供应大米、肥料为主,并兼营代购稻谷、茶叶、棉花等。

1985年10月1日,根据市委撤县划(建)区的决定,镇海县供销社一分为二,正式分开办公。以甬江为界,甬江以北地域为镇海区供销社,定名为镇海区供销合作社;甬江以南地域为滨海区供销合作社(后改称为北仑区供销合作社)。滨海区供销社继承甬江以南的郭巨、柴桥、大榭、三山、大碶、长山(今小港)6个基层供销社及特产、农资、再生资源回收、日杂、宁波经营、副食品等6家公司,以及梅山棉纺厂、柴桥食品厂、宁波蜜饯厂、柴桥精制茶厂等4个工厂,经营网点149个,营业用房11.8万平方米;共有职工1953人;各类资金156万元,固定资产310万元。区供销社机关内设人秘、工业、财务基建、计划业务、基层工作、集商等6个股和职工学校,机关工作人员37人。

1986年,全区6个基层供销社理、监事会按期召开社员代表大会,进行换届选举,共选出理事40人、监事38人,其中农民监事6人。1987年,原大碶新碶供销分社单独成立新碶供销社,基层供销社由原来的6个增加到7个。1987年,滨海区更名为"北仑区",滨海区供销合作社也随之更名为北仑区供销合作社。1988年7月,区供销社机关内设的股改为科,并增设监察审计科。内设七科一室,原任的股长改任为科长。1989年8月,北仑区第二商业公司成立,原由区供销社承担的对集体商业兼管职能全部移交给第二商业公司,内设的集体商业管理股随之撤销。1993年,区供销社机关内设机构调整为财务审计科、业务科、人事政工科、行政办公室。2001年至2003年,全区供销社系统实施产权制度改革和理顺职工劳动关系。改制工作基本完成后,进一步整合组织体系,经营网络,调整工作重点,创新服务体系,实施"第二次创业",重振供销社经济。2008年5月20日,宁波市人事局〔2009〕30号批复同意《关于北仑区供销社柯建成等6人过渡为参照公务员法管理单位工作人员》,并进行人员登

北仑区供销合作社

记。12月26日,浙江省人事厅浙人函〔2008〕298号文批复,根据市委办公厅、市政府办公厅《关于省委办公厅、省政府办公厅关于浙江省事业单位参照〈中华人民共和国公务员法〉管理工作实施意见的通知》(甬党办〔2008〕12号),北仑区供销合作社机关参照公务员法管理。2015年,北仑区供销社内设机构有办公室、业务科、财务审计科。

改革与发展

1986年初,北仑(滨海)区供销社在柴桥、三山、大榭3个基层供销社进行体制改革试点工作,6月在全区基层供销社全面展开。体制改革的主要内容:一是清股分红,增股扩股,选举社员代表,召开社员代表大会,选举理事会、监事会,实行民主管理,恢复"三性"体制,入股社员要求达到农户总数的70%以上。二是开展多种形式的联营,帮助农民推销产品,走生产—收购—加工—贮运—销售的新路子,把供销社办成农村经济的综合服务中心。三是扩大基层社经营管理的自主权。实行责权利结合的承包经营责任制,克服吃"大锅饭"和平均主义的弊病,提高企业经济效益和社会服务效益,适当改革人事劳动制度、财务制度,扩大某些商品价格管理的自主权。四是建立县联社,包括专业公司在内,从基层到县,形成一个有机的经济实体。

1988年2月,区供销社制定印发《关于扶持基层供销社经营若干问题的通知》,在经营范围和服务领域、摆摊设点和流动供应、办证领照和相关收费三个方面进行"松绑"。是年,全区供销社系统销售总额2.14亿元,实现利润393万元。

1989年3月2日,北仑区委、区政府批转区供销社《关于深化供销社领导体制改革的报告》,同意北仑区供销社开展领导体制改革,即由社务委员会替代原来的理、监事会制度。区供销社下属7个基层社管理制度均由理、监事会改为社务委员会,基层社主任由社务委员会聘任,聘任期限为5年,实行主任负责制、任期目标责任制和经济审计制;供销社所属的公司、工厂全面实行经理(厂长)负责制,实行聘任制、任期目标责任制和离任审计制。

1992年10月,区供销社制定印发《北仑区供销社全面推行"四放活"方案》。经营"四放活",先是在大碶供销社进行试点,取得经验后迅速推行到全社各企业,将企业逐步引向市场。1993年,区供销社所属各基层供销社对偏(偏远)、小(规模小)、微(微利)、亏(亏损)的生活资料和采购门市部推行"社有个营"和抽资承包经营。全年有56个柜组、252名职工参与"社有个营"经营体制改革。是年,大碶供销社在全国供销系统"双百强"评选活动中,列百强基层供销社第66位。

1994年,全区供销社有198个柜组、428名职工参与"社有个营"经营责任制,并将"边、小、微、亏"部门全部出租、拍卖。同年,区供销社机关由七科一室撤并为四科,即人秘政工、业务、财务审计、经营科,增设经营科。1994年,供销社管理和经营体制受到市场冲击,严重制约企业的发展,致使经营效益不断下降。至1997年末,全区有70%的基层供销社连续三年亏损,销售额仅为27460万元,亏损393万元。1995年,区供销社制定《资产增值保值经营承包责任制》。区供销社系统坚持为农村、农业、农民的生产生活服务,积极推进社有经济的发展。先后兴建城隍庙商城、北仑商厦等。各基层供销社分别在集镇兴建大碶供销大楼、柴桥供销大楼、小港甬晨商场、江南购物中心、白峰商场等综合性商场,为供销社积累大量的集体资产,供销社各项事业发展进入全盛时期。

1998年,区供销社制定印发《北仑区供销社企业改制工作的意见》《北仑区供销社改制工作的具体实施意见》，对企业改制提出基本原则、目标、形式和方法。选择合适和便于操作的形式，继续推行兼并、产权转让、拍卖出售、托管、租赁、解体重组、合伙经营等形式。同时实行有限责任公司和股份合作制为主要形式的改组改造。1998年至2000年，集中力量对全区供销系统11家直属企业及7个基层社全面实行以产权制度和劳动用工制度为核心的体制改革。其中12家企业解体：包括郭巨供销社、柴桥供销社、新碶供销社、小港供销社和三山供销社等5家供销社；副食品公司、工业品公司、土产日杂公司等3家公司；微型轴承厂、棉纺织厂、美丰酿造蜜饯厂、北仑茶厂等4家工厂。此外6家企业改制、重组为有限责任公司。改制分流职工1500余人。通过改制，供销社退出生活资料供应等经营性领域，保留为农服务和参与农业产业化经营的内容。

2001—2003年，供销社在改制工作过程中，以控股或参股形式，先后合资重组、新建11家为农服务类有限责任公司，总股本2130万元，其中区供销社股本805.7万元。合资重组企业为北仑农资有限责任公司、北仑货运市场有限公司、宁波谷泰食品有限责任公司；合资新建企业为北仑土产日杂有限责任公司、宁波同益茶业有限责任公司、北仑甬港废旧物资交易市场有限责任公司、北仑绿园花木有限责任公司、北仑春晓供销有限责任公司。其中宁波谷泰食品有限责任公司和宁波同益茶业有限责任公司被市、区两级政府列为农业龙头企业。2003年全区供销社系统销售额22231万元，实现利润613万元，创历史新高。

2005年，全区共建立50家农资连锁门店，实行联网经营，货源统一配送，确保全区农资供应，满足农业生产需要，至2008年，全面完成这50家农资连锁店规范化建设工作。其间，区供销社参与区政府实事工程建设，开展再生资源回收网络体系建设，建立全市首家大型废旧物资交易市场——甬港废旧物资交易市场，并投入运营；在城区兴建阳光百货商城，并在短期内取得较好的效益。2006年，撤销大碶供销社，组建宁波大碶供销有限责任公司。至此，北仑供销系统18家独立核算企业改制工作全部完成，区供销社工作在调整中稳步发展。2008全年实现商品销售总额10000万元，利润50万元，所有者权益5600万元，出口创汇930万美元。

2009年至2015年，北仑区供销社按照区委、区政府的要求，抓住机遇，积极推进全区供销社改革，使全区供销工作迈上一个新台阶。这时期重点做了以下三方面工作。

一是搭建服务平台，健全服务机制。从2009年开始，着力建设农资经营服务网络，大力创办综合服务社和专业合作社。成立农资流通、再生资源回收、农产品经纪人等3个协会。2010年12月，区供销社牵头成立"北仑农资流通协会"。2011年，区供销社制定出台《北仑区再生资源发展规划（2011—2015年）》《北仑区再生资源回收联合审批指南》等文件，2011年9月，北仑区再生资源行业协会成立。该协会由区供销联社牵头组建，为全区再生资源回收加工利用行业服务，维护行业的合法权益，促进行业的联合与发展。2012年，开展再生资源准入联合审批试点，于2013年在区内全面推开。从2014年开始，连续三年牵头开展再生资源回收行业的专项整治，规范再生资源回收企业50余家，取缔无证无照再生资源回收站（点）189家，拆除违章房屋（棚）面积约10万平方米。2012年11月，北仑区农产品经纪人协会正式成立。该协会由全区从事农副产品流通的经济人、购销大户、流通组织、农村专业合作社负责人、涉农的企事业单位及社会团体组成。协会的成立，通过自律、协调、培训、咨询等综合服务，为农产品经纪人搭建一个层次更高、范围更广的服务平台。

二是推进供销社综合改革。2014年，制定出台《北仑区供销社综合改革试点实施方案》。结合北仑实际,按照"改造自我、服务农民"的总体要求,以密切与农民组织上利益上的联系为核心,以基层组织体系建设、为农服务规模化、城乡流通现代化为重点,大力推进供销合作、生产合作、信用合作"三位一体"农村新型合作体系建设,稳步推进供销社综合改革的进程。2014年,在梅山组建供销有限公司,在春晓、白峰分别建立基层供销工作联络站,进一步理顺供销社体制机制。2015年6月注册成立北仑区供销社有限责任公司,行使区供销社出资人职责,对供销社负责,承担社有经营性资产的保值增值责任,实现社有资产所有权和经营权的分离。是年,经区委、区政府同意,北仑区供销社更名为北仑区供销合作社联合社,并于2016年3月召开北仑区供销合作社联合社第一次代表大会,建立代表大会、理事会、监事会"三会"领导管理体制。

三是全区50家农资连锁经营网点得到进一步规范,确保农资商品源头监控;为全区农户免费提供测土配方、病虫害诊查、新肥新药推广培训等农技服务,开展农技知识培训6场共240余人次。向农合联会员推出"花木贷""葡萄贷"和"民宿贷"等金融产品,帮助560户解决资金压力6800万元。与市供销社合作组建宁波供销农产品电子商务公司,成功建设淘宝"特色中国·宁波馆",并借助淘宝"特色中国·宁波馆"平台,促进农产品销售。建立北仑区农特产品展示展销中心,集聚北仑区名优农产品,打造北仑农业精品名片。

北仑区供销社通过深入推进供销社综合改革,提升供销社的综合实力,较好地承担全区农资储备和市场调控任务,以农资门店为依托,开设23家庄稼医院,执牌"庄稼医生"40人,为全区农户免费提供测土配方、病虫害诊查、新肥新药推广培训等农技服务,农业社会化服务领域逐步拓展。至2015年,全区创建村级综合服务社19家,组建"经营服务综合体"6个,建立农事服务中心1个,领办参办农民专业合作社22家、专业合作社联合社2家,入社农民810人,带动农户7000余户,服务辐射种养殖面积13000余亩。建成1个废旧物资回收中心市场,2个街道回收市场,初步形成回收企业—区域性交易市场为主线的再生资源回收网络体系。

2015年,北仑区供销社所属有控股、参股企业6家。农村综合服务社7家、农民专业合作社6家。是年,实现经营总收入1.53亿元,增长22.4%;实现利润185.5万元,增长30.64%;年末全社所有者权益9592万元,增长0.98%。连续两年在全省供销社系统综合业绩考核中获评优秀奖。

农民合作经济组织联合会

2016年11月2日,北仑区农民合作经济组织联合会(简称"农合联")成立。农合联牌子增挂在区供销社。同时,北仑区下辖的11个办事处也成立农合联以及1个专业性农合联,会员总数324个。北仑区农合联第一届理事长:王建波,副理事长:马鹰、马朝晖;执委会主任:马鹰、杨仕良、蔡如伟、陈小龙、应荣昌;监事长:周国程。

表3-2 北仑区供销合作社历任主任名录

单位名称	职务	姓名	任职时间	离任时间
北仑区供销合作社	主任	周源明	1985.11	1992.05
北仑区供销合作社	主任	叶瑞康	1992.05	1995.01
北仑区供销合作社	主任	朱亚宝	1995.01	1997.10

续表

单位名称	职务	姓名	任职时间	离任时间
北仑区供销合作社	主任	邬志刚	1997.10	2001.01
北仑区供销合作社	主任	沃祖定	2001.01	2007.05
北仑区供销合作社	主任	傅伟达	2007.06	2012.12
北仑区供销合作社联合社	主任	柴善华	2012.12	2016.12
北仑区供销合作社联合社	主任	马 鹰	2016.12	2020.05
北仑区供销合作社联合社	主任	张旭波	2020.05	

第三节 鄞州区供销合作社

建置沿革

1950年4月10日,鄞县供销合作总社成立。1954年12月,改名为鄞县供销合作社。1950年至1957年,县供销社三次对基层供销合作社开展"发展整顿、巩固提高"等工作。至1957年底,全县基层供销社调整为横溪、邱隘、钱湖、姜山、章水、鄞龙、古林、望春、凤岙、咸祥、天童、栎社、仲夏、鳖山等14个。至此,全县供销社系统形成县供销社—基层供销社—供销分社—合作商店经营网络。

1956年,鄞县农产品采购局成立,供销社土产采购批发站业务划入县农产品采购局,至1957年县农产品采购局撤销后,棉、麻、茶、蚕、畜产等5类商品业务仍划归供销合作社系统。1958年,实行人民公社化,鄞县基层供销社和合作商店全部下放给人民公社供销经理部。1959年1月至1962年2月,鄞县并入宁波市,县供销社随同县商业局并入宁波市商业局。1962年3月,鄞县同宁波市分开,恢复鄞县建制。4月10日,与县商业局分开办公,恢复"浙江省鄞县供销合作社",并与县商业局第二次合署办公。同月,建立鄞县工商行政管理局和鄞县市场管理委员会,并与县供销合作社、县商业局合署办公。上述4个单位实行一套班子,按各自的工作性质,对外行文。1968年8月,鄞县革委会发文成立县商业、供销、工商生产领导小组,次年改为县革委会生产指挥组商业办公室。1970年10月,鄞县革委会生产指挥组商业办公室撤销,成立鄞县革命委员会生产指挥组商业局,领导全县商业、供销和工商行政管理局工作。

1979年7月9日,鄞县工商行政管理局单独建立,从原县商业局分离,单独设立。同年建立的县对外贸易局亦从原商业局分离。7月23日,县委决定,县供销合作社与县商业局第四次合并,但保留县供销合作社名称,对下行文时用县商业局名义,对上行文时,按照业务对口需要,分别用县商业局和供销合作社名义。

1982年,全县供销合作社系统进行恢复"三性"、"五突破"(劳动制度、农民入股、经营范围、内部分配、价格管理突破)、"六个发展"(发展系列化

鄞州区供销合作社办公大楼

服务、横向联合、农副产品加工、多种经营方式、农村商业网点、科技教育）等三个阶段性改革。1983年5月，县供销合作社改称为"鄞县供销合作社联合社"，成为全县供销合作社的联合组织，实行经济和组织的领导管理。1984年11月28日，鄞县鄞政批〔1984〕168号《关于县商业局、供销社机构设置问题的批复》，决定将县商业局、县供销社合一机构分设为鄞县商业局、鄞县供销合作社联合社，同时建立鄞县第二商业总公司。全县合作商店归属鄞县第二商业总公司管理，县供销合作社完成对合作商店归口管理的历史任务。1985年1月起，县供销社同商业局单独设立。1993年3月4日，鄞县供销社成立宁波华盛（集团）总公司，隶属于县政府，与县供销合作社实行"一套班子、两块牌子"。2000年开始，全县供销社系统所属企业全面实施产权制度改革和理顺职工劳动关系，至2001年末基本结束。2001年12月，宁波华盛（集团）总公司变更为宁波华盛实业总公司，归属于县供销社管理。

2002年2月，撤县设区，鄞县供销合作社联合社更名为鄞州区供销合作社联合社。2005年3月，鄞州区政府发文决定，将原鄞州区供销合作社、鄞州区工业资产管理办公室、鄞州区商贸资产管理办公室等3单位合并，成立鄞州区供销合作社联合社（区工贸资产管理办公室），为区政府直属机构。原区供销合作社、工业公司、二轻工业总公司、商业国有资产经营公司、第二商业总公司、物资流通行业管理办公室、经济技术协作办公室等7个主管部门归属于新成立的鄞州区供销合作社联合社（区工贸资产管理办公室），合署办公，原单位牌子保留。

2008年5月20日，市人事局〔2009〕31号批复同意《关于鄞州区供销社林志康等10人过渡为参照公务员法管理单位工作人员》，并进行人员登记。6月，鄞州区编委办、人事局审定同意区供销合作社"三定方案"，参照群团机关管理。区政府鄞政办发〔2008〕109号发文《关于印发鄞州区供销合作社联合社职能配置、内设机构和人员编制规定的通知》，参照群团机关管理。12月26日，省人事厅浙人函〔2008〕298号文批复，根据市委办公厅、市政府办公厅《关于省委办公厅、省政府办公厅关于浙江省事业单位参照〈中华人民共和国公务员法〉管理工作实施意见的通知》（甬党办〔2008〕12号），鄞州区供销合作社联合社机关参照《公务员法》管理。2012年11月，组建鄞州区国有资产经营发展有限公司，与鄞州区供销合作社（区工贸资产管理办公室）合署办公。2015年，鄞州区供销合作社内设机构：办公室、人事科、财务审计科、供销管理科、资产管理科、信访综合科。

改革与发展

1983年5月，县供销合作社召开第四届社员代表大会，将鄞县供销合作社改称为鄞县供销合作社联合社，成为全县基层供销合作社的经济联合组织，同时恢复供销社集体所有制的性质。

1984年，鄞县供销社系统进行财务管理制度、劳动人事制度、分配制度、经营范围及服务领域和价格管理制度等五大"突破性"改革。11月28日，县政府发文，县供销合作社与县商业局分设。同时，建立县第二商业总公司，从县供销合作社系统单独析出，自成体系，管理全县合作商业。县供销合作社完成全县合作商业的归口管理任务。

1985年2月25日，县政府批转县供销社《关于继续深入进行供销社体制改革若干政策的规定（试行）》（鄞政〔1985〕26号）。

1987年，县供销社开始推行企业法定代表人经营责任制，实行百分制考核办法。5月，全县供销社推行主任负责制，县供销社组成体制改革试点指导小组，实施建立基层供销社社务委员会。6月，樟水供销社作为深化改革的试点,选举产生宁波市第一家社务管理委员会。改原来由基层供销社党支部领导下的书记负责制为主任负责制,改革领导决策程序,建立社务会议制度。1988年,县供销社继樟水供销社领导体制完成之后,又在瞻岐供销社进行试点,即通过建立社务委员会替代原有的理、监事会。瞻岐供销社、县畜废公司、县酿造食品厂等3单位分别实行主任、经理、厂长负责制。实行所得税包干,将以往八级累进计税改为所得税目标包干。确定1988年至1990年所得税额以1987年实缴所得税额为基数,每年环比递增6%,不足全赔,超额全留。既保证国家收入稳定增长,又使供销社这一年所得税多留了102万元,体现国家对供销社的扶持。到年底,全县供销社系统23个单位实行主任、经理、厂长负责制。实现商品销售额31504万元,增长33.17%;创利润806万元,增长60.56%;工业利润191万元,增长41.48%。

1989年5月18日,县政府批转县供销社、县体改办《关于改革全县供销合作社领导体制的意见》(鄞政〔1989〕63号)。12月,县供销合作社召开第六届社员代表大会。改革县供销社的领导体制,撤销理、监事会,建立社务委员会,实行主任负责制,这标志着全县供销社领导体制改革已经基本完成。同年,县供销社及时调整基层供销社经营机构和结构。莫枝供销社和韩岭供销社合并,建立钱湖供销社。县供销社兴办茶厂,又从县供销社工业品公司中分设县供销社副食品公司,建立县供销社经营总公司,开展为乡镇企业服务业务。是年,全县供销社固定资产原值达到2801万元,自有流动资产2174万元,比1986年分别增长59%和8.5%。销售总额为3.19亿元,实现利润为533.56万元,分别比1981年增长103%和25%。1992年,全面推行"四放开",加大改革力度,大胆尝试企业内部经营机制转换。修订《企业领导班子考核办法》,对干部的考核主要是对现任企业领导班子的战斗力、清正廉洁、工作业绩及其成员的德、能、勤、绩等方面实施全面考核。在劳动用工上,推行全员劳动合同制。在分配上实行岗位工资与激励机制相结合的分配制度。在经营上,进一步调整经营结构和经营形式,大力拓展商埠,兴办综合商场,发展外向经济。在价格管理上,企业根据市场价格规律和供求关系自行定价。

1993年3月4日,县政府印发《关于鄞县供销合作社联合社转为宁波华盛(集团)总公司的批复》(鄞政发〔1993〕51号)。县联社与集团总公司实行"两块牌子、一套班子"。同时,组建成立宁波华盛集团,由鄞县供销社经营总公司、鄞县供销社工业总公司、鄞县石油化工销售公司、鄞县供销社工业品公司、鄞县供销社副食品公司、鄞县农业生产资料公司、鄞县土特产公司、鄞县再生资源回收公司、鄞县茶叶公司、鄞县日用杂品公司、鄞县酿造食品厂、鄞县草制品厂、鄞县天鹅饭店等13家企业和姜山、邱隘、天童、钱湖、横溪、大嵩、塘溪、鄞江、栎社、樟水、望春、古林、凤岙等13家基层供销社共26家企业组成。集团核心企业和紧密层企业由总公司一个头实行所得税目标管理,统一解缴。集团核心企业和紧密层企业由总公司一个头实行"工效"总挂总提。内设立办公室、财务部、业务一部、工业部等4个管理部门和进出口部、业务二部、鄞县石油化工化工销售公司、鄞县供销社工业总公司等4个经营部。是年8月,县供销社印发《关于基层供销社试行"社有个营"机制的批复》(鄞体改〔1993〕33号)。在全县基层供销社推行"社有个营"责任制。至年底,全年有13家基层供销社291个柜组517名职工实行"社有个营",抽回铺底商品232万元,上缴利税91万元。有12个单位的部分营业场所和柜组被社外人员租赁承包。

1995年,全县供销社实现总销售额9.88亿元,综合经济效益2811.83万元,其中利润1572万元,工业产值9076.89万元,工业利润81.76万元。综合经济效益名列全省供销社系统前茅。1996年,县供销社制定《关于深化改革转换机制若干意见》(鄞供办〔1996〕26号)。实施基层供销社集镇商场的转制改革,引入竞争机制,进一步扩大奖赔力度和风险力度。先后对宁波工艺草制品厂、金田物资公司分别实施歇业和关闭;对县工艺蔺草制品联营三厂实施股份制作改造。是年,全系统销售总额达10亿元,综合经济效益2466万元,报表利润1182万元,所有者权益为16095万元,销、利分别创历史最高纪录。其中实现农资销售额1.1亿元,增长69.5%。农副产品购进总额3759万元,增长41.14%。为乡镇工业组织原辅材料和推销产品共计22081万元,增长52%。废旧物资回收总量2491万元,增长110.3%。1997年,县供销社对所属的宁波工艺草制品厂、磨料磨具公司、经营总公司分别实施歇业、关闭,其中经营总公司、天鹅发展实业公司的全部职工划归金田物资公司,实行统一管理,并对金田物资公司实行股份制改造。对县土特产公司、县茶厂等企业实行定岗定员,优化组合,以进一步增强企业活力和动力。

1996年至1997年,全县供销社13家基层供销社实施"抽本缴利"职工591人,柜组356个,分别占基层供销社职工总数和柜组总数的25.2%和50.8%,抽回铺底商品资金1128.29万元,占应抽额的88.8%,收缴承包费1600万元,累计收缴承包款2395万元。

1998年,县供销社制订《鄞县供销社县属企业转制方案》,对所属县石油化工销售公司、县供销社副食品公司、县农业生产资料公司、县土特产公司、县再生资源回收公司、县日用杂品公司、县华盛进出口公司、县华盛房地产公司、县供销社劳动服务公司、县酿造食品厂、县茶厂、县高冈屋海苔开发有限公司、县三江水产食品厂、望春供销社蔺草制品厂、县工艺蔺草制品营三厂、宁波新江厦商城、育王楼饭店、供销社干部职工学校等18家企业的资产、人员情况进行分析排队,对职工分流安置等费用进行测算,坚持以产权制度改革为核心,推进内部机制改革,分类进行指导。

1987年至1998年,鄞县供销社和基层供销社共投入资金2亿多元,建造、开设一批大中型综合商场,共计营业面积78810平方米。在市区,鄞江供销社在灵桥路开设土特产商店,天童供销社在大河路开设百货商店,凤岙供销社在中山路西门口开设西凤商场,横溪供销社在江东曙光路开设三江商业大楼,县供销社还开设宁波新江厦商城、明楼商场。在县境内的中心集镇所在地,基层供销社相继建造或开办姜山供销大楼、邱隘汇鑫商厦、鄞江银河大厦、大嵩购物中心、望春港都商厦、横溪供销大厦、栎社供销大楼、古林五港商厦、樟水供销大楼、塘溪供销大楼、凤岙供销大楼等11个规模较大的商场(商厦)等设施。其中投资8000万元,建筑面积17000平方米的宁波新江厦商城于1993年12月开业。开业第一年,销售额达2.3亿元,在当时宁波市区商界中独占鳌头。

1999年3月,县供销社对县农业生产资料公司、县石油化工销售公司实施有限责任公司改造。对育王楼饭店实施歇业。至年底统计,县属企业已完成改制16家,占应改制企业的73%。对70%的抽资承包部门过渡为租赁经营,有11个门店被职工买断资产,变为个私经营。12月16日,县政府批转《县供销社关于鄞县基层供销社深化改革总体方案的通知》。

2000年开始,根据县府《关于企业产权制度改革和理顺职工劳动关系的通知》(鄞政〔2000〕45、46号),全县供销社系统产权制度改革和理顺职工劳动关系全面启动。是年,全系统共拍卖经营门店、仓库等社有资产343宗,回收集体资产置换资金10832万元。3000多名职工全部理顺劳动关系。至2001年全县供销社系统改制基本结束后,在全系统初步形成三大主要经营体制,一是股份制企业,二是资产或经营权的租赁经营,三是连锁超市经营。改制取得实质性的成效,基本达到改革的预期目的。

2000年至2001年,宁波新江厦股份有限公司出资1900万元,收购原姜山供销大楼、邱隘汇鑫商厦、咸祥购物中心、望春港都商厦等11000平方米的营业用房,开设4家连锁超市。另外鄞江供销社银河大厦加盟上海华联超市后,又在樟村、钱湖开设分店,为改制后的基层供销社寻找新的经济增长点。继而以宁波新江厦股份有限公司和2002年1月建立的宁波新江厦连锁超市股份有限公司为主替代全区农村集镇生活资料供应。

2001年12月,宁波(华盛)集团总公司变更为宁波华盛实业总公司。2003年,区供销社继续做好参、控股企业调整规范工作,对全系统12家参、控股企业,做好清退集体股权和整顿工作,以适应企业发展需要。2006年,为建立区域内农资连锁网络,重振发挥供销社在农资经营中的主渠道作用,鄞州区禾丰农资连锁有限公司成立,通过连锁加盟的方式,打造全区新的农资连锁网络体系。

2014年,制定印发《鄞州区供销社落实区委发展质量提升战略的两年行动计划》(2014年6月—2016年6月),建立综合改革领导小组。紧紧抓住新型供销社改造、提升和服务功能,力争成功完成产业转型升级的"二次创业"。是年,实现经营总收入35.98亿元,比2004年8.51亿元增长322.8%,创历史新高;实现利润1846万元,比2004年491万元增长275%;所有者权益达到2.02亿元,比2004年1.73万元增长16%。获评全国合作社系统100强企业,并名列第33位。

2015年1月13日,区供销社印发《鄞州区供销合作社联合社综合改革实施方案》(鄞供销业〔2015〕1号),主要的任务和目标涵盖推进"三社一会"建设、打造为农服务平台、构建农产品流通网络体系和发展合作等五方面20个具体内容和要求。通过综合改革,鄞州区供销社逐步形成以区禾丰农资连锁有限公司为主的全区农村118家和江北、科技园区18家农资连锁经营服务网络体系;形成以供销社为主兴办3家新型基层经济合作社(合作社联合社)和参(领)办88家专业合作社(村级综合服务社)的服务平台,并实现农产品产销对接和尝试网上线下销售业态;形成以供销社为主的全区429家再生资源回收企业长效管理机制;形成全区5个基层供销社商贸经营综合服务体和以新江厦连锁超市股份有限公司为代表的超市、放心便利店的日用消费品流通格局;形成以宁波方兴食品有限公司为主的全区生猪定点屠宰中心及猪白肉销售配送网络,并在区域内开发数字传媒文化创意合作项目。是年,鄞州区供销社全资企业2家(宁波华盛实业总公司、宁波华盛房地产公司),事业单位2家(区产权交易中心、区供销社干部职工学校),控股企业1家(鄞州禾丰农资连锁有限公司),下属共有基层供销社工作组11个(大嵩、钱湖、天童、邱隘、樟水、鄞江、古林、凤岙、姜山、栎社、望春),其中重组基层供销社5家,组建瞻岐、南商以及方兴等3家新型基层经济合作社。参领办村级综合服务社和农民专业合作社78家,协会2家。实现营业总收入30亿元(17.5亿元),减少8.8%;利润1840万元,增长14.78%;所有者权益26317万元,增长44.15%。

农民合作经济组织联合会

2016年12月22日,鄞州区农民合作经济组织联合会(简称"农合联")成立,农合联牌子增挂在区供销社。同时,鄞州区下辖的9个乡镇(街道)也成立农合联,会员总数625个。鄞州区农合联第一届理事长:朱晓丽,常务副理事长:胡岳明,副理事长:杨国财、叶圣乌、叶维水、陈红山、周红雷、周建斌、薄永明;执委会主任:胡岳明,执委会副主任:朱周平、王伟国;监事长:徐海平。

表 3-3　鄞州区供销合作社历任主任名录

机构名称	职务	姓名	任职时间	离任时间
鄞县供销合作总社	负责人	张如圣	1950.04	1950.06
鄞县供销合作总社	主任	张连升	1950.06	1950.09
鄞县供销合作总社	主任	鹿逢辰	1952.09	1954.09
鄞县供销合作总社	主任	孟庆连	1954.09	1955.01
鄞县供销合作总社	主任	彭增金	1955.01	1956.08
鄞县供销合作社	主任	凌信贵	1956.08	1958.12
鄞县供销合作社	主任	黎明	1962.02	1962.10
鄞县供销合作社	主任	吴如贵	1963.01	1966.04
鄞县供销合作社联合社	主任	蔡瑞棠	1976.10	1984.12
鄞县供销合作社联合社	主任	叶阿锵	1984.12	1988.04
鄞县（区）供销合作社联合社	主任	黄继华	1984.12	2005.07
鄞州区供销合作社联合社	主任	裴渭干	2005.08	2014.06
鄞州区供销合作社联合社	主任	胡岳明	2014.06	2019.02
鄞州区供销合作社联合社	主任	钱磊	2019.02	

第四节　奉化区供销合作社

建置沿革

奉化县供销合作总社成立于 1950 年 4 月 17 日。1952 年 11 月，召开首届社员大会，改称为奉化县供销合作联合社。1954 年 10 月，奉化县供销合作联合社更名为奉化县供销合作社。

1956 年，奉化县农产品采购局成立，供销社的土产采购批发站业务划入县农产品采购局，原由供销社经营的棉、麻、茶、蚕、畜产等业务和机构、人员移交给农产品采购局。至 1957 年，县农产品采购局撤销后，以上 5 类商品业务仍划归供销合作社。1958 年，随着人民公社化开始，基层供销社一度下放为人民公社供销部。1958 年 4 月至 1961 年 8 月与县商业局合署办公。1961 年 11 月，奉化县供销合作社与县商业局分设，恢复县社建制。

1965 年 5 月至 1978 年 4 月，奉化县供销合作社再次与县商业局合并，其中 1967 年 11 月，"文化大革命"时期成立奉化县供销合作社、县商业局"三结合"领导小组。翌年 9 月，县商业综合公司成立，县供销社机构消失。1970 年 7 月，奉化县

奉化区供销合作社办公大楼

革命委员会生产指挥组商业局建立,撤销县商业综合公司。1978年5月,奉化县供销社与商业局再次分设。1983年,第六届社员代表大会决定,成立奉化县供销合作社联合社。县供销社内设人秘、财计、业务、基层4个股,管理全县城关、江口、萧云、溪口、亭下、西坞、方门、大堰、莼湖、裘村等10个基层社,县供销社业务经营机构为农业生产资料、土特产、外贸等3个公司。1979年外贸公司从县供销社划归县外贸局。1988年10月,奉化县撤县设市,改称奉化市供销合作社联合社。1988年底,市供销社机关内设监事办公室、秘书、人事、基层工作、保卫、业务、工业、财计、基建储运、集体商业10个股室。1992年7月,市编制委员会〔1992〕31号文批准由股改为科,秘书股改为办公室,撤销监事办公室,设立八科一室。

1993年6月4日,市政府批准供销社转为经济实体,组建集团型总公司。1994年4月8日,奉化市通源集团总公司成立(2001年7月25日改名为奉化市通源总公司,与市供销社实行"两块牌子、一套班子"运作),仍保留奉化市供销合作社联合社牌子。成员单位23个,分别是:市农业生产资料、特产、土产日杂、供销社工业品、供销社汽车运输、商业物资购销、副食品、畜产废旧物资、永利物资等9家公司;班溪、溪口、萧镇、江口、大桥、尚田、大堰、莼湖、裘村、西坞等10家基层供销社;中山罐头、不锈钢制品、天工制衣厂3家工厂和市供销社职工学校。

1994年至1998年,奉化市供销社先后成立市永利物资公司、宁波海田集团通源进出口部、通源房地产开发有限公司等3家公司。通源集团总公司的成立标志着市供销社由单一管理型向管理、经营型转变。1998年起,奉化市通源集团总公司成员企业先后进行企业转制改革。随即市供销社机关内部机构改革,由原来的八科一室减少到四科一室,即人事保卫科、财务基储科、综合业务科、工业外经科、办公室。2005年10月,市社内设机构调整为四科一室,即办公室、人事科、经济发展科、为农服务科、外经贸易科。

2008年5月20日,宁波市人事局〔2009〕31号批复同意《关于奉化市供销社皇华明等10人过渡为参照公务员法管理单位工作人员》,并进行人员登记。12月26日,根据浙江省人事厅浙人函〔2008〕298号文批复和市委办公厅、市政府办公厅《关于省委办公厅、省政府办公厅关于浙江省事业单位参照〈中华人民共和国公务员法〉管理工作实施意见的通知》(甬党办〔2008〕12号),同意奉化市供销合作社联合社参照《公务员法》管理。是年,市供销社机关科室调整为办公室(人事科)、经济发展科、为农服务科两科一室。奉化市奉编〔2008〕35号,核定奉化市供销社参公编制18名。

2015年,奉化市供销社内设机构:办公室、财务审计科、综合业务科、再生资源回收管理科。2016年11月17日,奉化市撤市设区,奉化市供销合作社改为奉化区供销合作社。

改革与发展

1983年,宁波地区行政公署确定奉化县为宁波地区供销合作社体制改革试点县,是浙江省7个试点县之一。1月8日至3月15日,县人民政府组织县、基层干部25人,由副县长丁海涛和县供销社主任分别带领2个体制改革工作组到江口、萧镇等2家供销社进行体制改革试点工作。2月22日,浙江省供销社副主任赵承和到江口供销社指导体制改革工作。2月28日,奉化县政府印发奉政〔1983〕12号《关于抓紧搞好供销社体制改革的通知》指出。3月1日,县政府召开全县供销社体制改革会议,各区、镇、乡和县财税、银行、工商、商业等部门负责人及供销社骨干225人参加。

在恢复"三性"以点带面的改革过程中,全县供销社开展清股分红扩股工作。农村基层供销合作社建社初期办社资金由当时农会资助和农会会员入社股金组成。第一次每股1元,后逐渐扩股到2元、3元、5元,供销社支付股息和分红。农民交纳社员股金,参加供销社组织是供销合作社办成农民群众集体所有的商业组织的重要标志。全县入社社员总农户数从原有的53905户上升到92194户,从原有的总农户数的49.3%上升到84.4%;社员股数从原有的66806股增加到106383股,增长59.2%;社员股金从原有22.23万元增加到36.09万元,增长62.4%。

在江口、萧镇2个供销社试点基础上,各基层供销社和县联社相继召开社员代表大会,恢复供销社"三性"体制。1983年3月17日至4月17日,全县10家基层供销社全面召开社员代表大会,参加社员代表大会的正式代表1321人,选举产生基层供销社理事会理事87人(其中农民理事33人),监事会监事66人(其中农民监事32人),选举出席县供销社社员代表大会代表262人,增强供销社管理上的民主性。1983年4月25日,时隔19年的县供销社第六届社员代表大会召开,大会讨论通过成立奉化县供销合作社联合社,制定并通过《奉化县供销合作社联合社章程》。

1984年3月,宁波市人民政府抽调供销、工商、财税、人行等机关干部30余人,奉化县人民政府抽调有关部门干部20余人,共50多人组成2个工作组,分别由车永康、周彭年(县供销社主任)担任组长到溪口、班溪2个基层供销社试点,由副县长丁海涛带队坐镇溪口。县委、县府为供销社体制改革连续印发县委〔1984〕15号、49号文件,把基层点上的经验在全县全面推开。7月和9月,分别将班溪供销社分为班溪和斑竹2个基层供销社,萧镇供销社分为萧镇、棠云2个基层供销社。并先后建立特产、畜废、工业品、汽车运输和工业公司。至1985年末,全县有12家基层供销社、8家公司、1家工厂。1986年12月29日,奉化县供销合作社联合社召开第七次社员代表大会。1991年全市12个基层供销社先后召开社员代表大会,修改社章,撤销理、监事会,成立社务委员会。原计划在1991年底、1992年初准备召开的县供销联社第八届社员代表大会,因多种原因未能召开。

奉化县供销社自1983年恢复"三性"以来,始终把开展综合服务、促进农村商品生产发展作为己任。以物资供应、农产品推销、农业技术等服务为主要形式,为农民提供多种服务,逐步把供销社办成农村综合服务中心。

一是努力做好农资专营工作,服务兴农。1983—1988年,全县供销社共供应农业生产资料11509万元,比前6年增长67.5%。1989年至1991年共销售化肥12.72万吨。粮挂化肥做到每年在8月底前兑现完毕,共供应农药2103吨,供应农膜335.62吨。

二是农产品购销体制改革,推进供销社经营机制改革。1984年至1986年共举办大小农民技术培训班138期,参加培训5500多人次;发放农村"两户"发展茶叶、长毛兔、黄桃、禽蛋等生产扶持资金56万元,发放预购定金90万元。1986年,全县供销社与生产茶叶、竹笋、黄桃、养兔农民社员签订7550份购销合同,合同金额870万元。1984年,成立奉化县副食品贸易中心和2个农副产品交易市场。全年收购茶叶1056吨,承担亏损55万元。1986年,向外推销135吨。1991年,收购茶叶713.5吨,收购毛竹1.6万支,收购毛笋1813.3吨,以后收购量逐年减少。从20世纪90年代起,供销社已逐渐失去农副产品收购的主渠道作用。

三是进城开店,努力扩大工业品下乡,满足农村市场需要。1985年,尚田、大堰、莼湖、大桥4个供销社先后在大桥镇"兴奉桥"两边开设批发部,与县副食品公司批发部连城一片,形成供销社在大桥镇的批发路段。1986年至1988年,县供销社系统在县城新建的天虹商场、县供销社商场、花园商场、南山商场相继建成开业。1987年,县土特产公司在宁波开设营业网点3处,一年营业额达246万元。1988年末,全市供销系统有生活资料供应网点262个,建有独立核算的较大型综合商场11个,共有营业面积5844平方米。1984年至1986年,共组织供应计划外商品4859万元。1986年1月上海永久自行车总厂在溪口镇建立自行车"永久"镇,共投售永久牌自行车3700辆。1988年,溪口供销社与宁波市五金交电化工批发公司联营组成溪口五金交电化工联营商店。1984年,西坞供销社与宁波市烟糖公司开展批发联营业务,一年批发额达47828元。1986年至1987年,全市供销系统共组织送货下乡3950人次,销售额218.45万元。召开大小商品展销会224次,销售额626.2万元。1982年全县代购代销营业额达817万元,占当年供销社生活资料零售额26.4%,至1988年底全县有"三代"店429个,服务人员473人。1993年至1996年初,在大桥、溪口、莼湖三镇新建较大规模的莼湖商场、奉化水果交易中心、天鹅商城、溪口家私商场、溪口美乐门连锁商场、奉化大酒店,建筑面积28095.8平方米。1996年1月22日,按三星级标准建造的奉化大酒店落成开业。1998年9月被宁波市旅游局授予三星级旅游涉外饭店。

四是为乡镇企业和向社会提供运输服务。1984年起先后相应建立专门为乡镇企业服务机构12个,设地方工业产品专柜3个。1984—1990年,共为地方工业、乡镇工业组织到各种原辅材料1950.5万元,收购推销地方工业产品3690.2万元。同时,向社会提供运输服务。1984年7月,单独建立奉化县供销社汽车运输公司,运输公司成立至1986年,为农村"两户"和乡镇企业运输推销农产品地方产品8.1万吨。1987年10月1日购进大型客车,兼营客运业务,1988年底,县供销社汽车运输公司有职工50人,货运汽车8辆,总载重44吨;客车5辆,座位233个。县供销社汽车运输公司已发展成为"客货兼运、运修皆备"的运输企业。1981年至1984年连续四年被评为省、地(宁波市)级先进运输单位。

五是发展供销社工业,增强服务能力,壮大供销社实力。1984年县供销社增设工业股(科),建立工业公司负责抓发展供销社工业。1984年,兴办以吸收待业青年为主的玻璃钢厂、动物标本厂和服装、丝织、罐头、饮料、冷冻、不锈钢加工、五金企业等。是年底,省竹制品公司、县供销社、大桥供销社三方投资兴办奉化中山罐头厂。1986年,溪口食品厂生产的千层饼、大堰不锈钢厂生产的"菊花牌"不锈钢锅分别获省"新优名特"产品和"金鹰奖"。

六是推行主任(经理,厂长)负责制和柜组经营承包责任制。1983年起对全县基层社、公司、厂等20个单位全面实行以责、权、利相结合的经营责任制。1987年实行"利润定额,工奖捆浮,计分评奖"经济责任制。规定从基本工资中拿出20%~30%的金额纳入奖金分配。各企业内部从各自实际出发,确定多种承包形式。1988年所得税承包基数为88万元,后两年以5%的幅度递增。超收部分财税与供销社三七分成,欠收部分供销社全额补缴。1988年,全县供销社系统530个柜组(部门)百元销售工资含量150个,利润基数承包超奖欠赔111个,利奖率154个,租赁承包31个,利润大包干12个,计件制10个,其他形式62个。1988年,全系统实现利润412.2万元,比1983年的289.7万元增长42.3%。1989年7月,市供销社对所属的21个企业、3243名职工,实行工资总额同经济效益挂钩(简称"工奖捆浮")的企业工资制度的改革。直至1992年全面推行"四开放"改革,赋予新的改革内容。1993年起对"边、小、微、亏"的经营网点推行抽本承包、抵押承包"社有个营"经营责任制。1994年,全面推开"社有个营"的经营责任制。是年底,全市10家基层供销社"社有个营"门店364个,承包职工383人,承包柜组组合职工477人，停薪留职人员258人。铺底资金1116万元，按期抽回，年承包上缴款416万元。1996年对企业负责人继续实行"净资产增值责任制"，并实行年薪制，原基本工资成为档案工资。

七是深化企业产权制度改革。1997年6月起，对全系统23家企业全面开展清产核资，共办理房产证171本，房产证面积58405平方米，办理土地证149本，土地证面积86660平方米。至1999年底13家市属企业，有9家基本完成转制工作，市农资、废旧物资、土特产日杂3家公司转制为有限责任公司。市农资公司以市供销社控股和原职工入股形式组建成市农资股份有限公司，其余2家由原职工入股建成有限公司。市社工业品公司、市副食品、市建筑装潢材料公司及市不锈钢厂、市中山罐头厂、市天工制衣厂6家企业实施解体。市茶叶公司、市社汽车运输公司、市供销社职工学校（按市属企业处理）3家于2000年底前也实施解体。为整个供销社系统改革的全面完成奠定基础。2000年底，经市体改办批准对大桥供销社完成实施破产工作。2000年8月，溪口供销社实施解体。2001年5月，莼湖供销社实施破产。2001年奉化大酒店实施招商转让成功，萧镇、班溪、西坞、尚田、大堰、裘村等6家基层供销社分别于2000年1月至2001年1月间实施解体。通过改制理顺职工劳动关系，2158名职工领取补偿金离开企业；对1057名离退休、遗属、精减人员缴纳相关费用，纳入社保管理，部分遗属作一次性补偿，全市供销社系统共支付改革成本12408万元。

八是转换供销社经营机制，深化为"三农"服务功能。1999年4月，市农资公司改制为有限公司后，对基层供销社转制后逐步分散经营的54家农资供应门店以及原供销社村级农资服务网点（站），由市农资有限公司重新注册登记农资营业执照，作为有限公司农资经营网点。2008年底，全市供销社系统农资供应网店119个，其中验收合格的农资连锁放心示范店52家。8月8日，市农资有限公司被中国农业生产资料流通协会评为2007年度中国农资流通市县销售百强企业第52位，全国同行业整体排名81位。2009年4月，奉化市供销社和宁波市农资公司、市农资有限公司联合组建新的奉化市农资有限公司。12月，动工兴建市农资连锁配送中心，总投资5110万元，占地45亩，一期工程建筑面积15000平方米，于2011年7月竣工并投入使用，为全市130多家农资连锁门店提供更快捷、更高效的服务。2015年4月，市农资公司出资26.5万元购买3架植保无人机，为全市80%以上的种粮大户提供植保服务。

2001年4月17日，通源资产经营部成立，负责管理全市基层供销社改制后的剩余资产的租赁经营。至2005年12月底，资产经营部共接管基层供销社和市副食品公司改制剩余资产房屋38处，建筑面积25414平方米，占地面积37034平方米，账面移交价值1348万元。2008年底，全市供销系统有经营企业10家，其中有限公司8家，全资企业2家。2003年开始，积极实施"三社一会"建设。至2016年底，奉化区供销社创建新型基层供销社7家、经营服务综合体14家，参领办农民专业合作社75家，村级综合服务社104家。2005年至2006年先后在奉化城区和溪口镇组建奉化市名优农产品展示展销中心、奉化市香茗农产品展销中心、奉化市溪口"三农"农产品销售中心。2009年10月，奉化市银龙竹笋专业合作社在上海浦东、江苏江阴和苏州南环桥等市场设立雷笋销售窗口。灵峰茶叶专业合作社生产的"滴水雀顶"安岩茶在宁波国际茶文化节上，至2014年连续7届获评"中绿杯"中国名优绿茶金奖，闯出了品牌，提高了产品的附加值。2012年11月，成立奉化市农产品经纪人协会，2013年农产品经纪人为农民推销农产品6.8亿元。2014年11月，与宁波晨客创诚电子商务有限公司（易购吧）共同创办的奉化供销农产品电子商务有限公司（奉化易购吧）电商平台上线。建设1000平方米左右的线下体验店及区域农产品电子商务平台。35家实力强、影响大、品牌好、具有代表性的农民专业合作社和农业企业入驻。2014年,全年网上销售各类农产品3000多万元。

九是推进供销社综合改革。2014年开始,研究制订并组织实施全市供销社综合改革和发展战略。以综合改革为契机,努力将供销社打造成为服务农民生产生活的生力军和综合平台,扎实实现为农服务实体性合作经济的目标。

2015年,奉化市供销社全资企业3家(奉化通源资产经营部、供销投资有限公司、瑞丰进出口公司);控股企业5家(奉化通源供销超公司、灵峰商场有限公司、溪口镇供销社、松岙供销社、城南供销社);参股企业7家(奉化供销农产品电商有限公司、农资有限公司、城北供销社、河头果蔬专业合作社、甬海农产品公司、通源商贸有限公司、宁波浙东供销超市)。是年实现总经营收入8.06亿元,减少13.1%;利润额117万元,减少75.1%;所有者权益10972万元,增长9.2%。

农民合作经济组织联合会

2016年11月25日,奉化区农民合作经济组织联合会(简称"农合联")成立,农合联牌子增挂在区供销社。同时,奉化区下辖的11个镇级也成立农合联,会员总数488个。奉化区农合联第一届理事长:朱海高,副理事长:朱正天、姜永福;执委会主任:朱正天,执委会副主任:宋承申、毛汉江、陈敏芬;监事长:王敛波。

表3-4 奉化区供销合作社历任主任名录

机构名称	职务	姓名	任职时间	离任时间
奉化县供销合作总社	主任	高秦怡	1950.05	1951.06
奉化县供销合作联合社	主任	赵承和	1951.06	1953.10
奉化县供销合作联合社	主任	张玉启	1953.10	1954.10
奉化县供销合作社	主任	高子彬	1954.10	1958.04
奉化县供销合作社	主任	廉凯	1958.04	1961.11
奉化县供销合作社	主任	宋永兴	1961.11	1962.05
奉化县供销合作社联合社	主任	纪贵章	1962.05	1978.03
奉化县供销合作社联合社	主任	周彭年	1978.03	1984.07
奉化市供销合作社联合社	主任	黄国庆	1984.07	1990.06
奉化市供销合作社联合社	主任	裘林岳	1990.06	1997.10
奉化市供销合作社联合社	主任	任啸舟	1997.10	2002.01
奉化市供销合作社联合社	主任	吴锡存	2002.01	2003.09
奉化市供销合作社联合社	主任	司徒飞轮	2005.03	2012.05
奉化市供销合作社联合社	主任	葛黎明	2013.04	2016.05
奉化区供销合作社联合社	主任	朱正天	2016.05	

第五节　海曙区供销合作社

建置沿革

2016年11月,宁波市部分行政区区划调整。12月,海曙区供销合作社成立。2017年5月,海曙区政府办公室印发《关于印发宁波市海曙区供销合作社联合社主要职责内设机构和人员编制规定的通知》,明确海曙区供销合作社(以下简称区供销社)为区政府直属事业单位。是年9月,省公务员局印发《关于准予宁波市综合行政执法支队直属大队等10家单位参照公务员法管理备案的函》,准予海曙区供销社实行参照公务员法管理。10月,成立海曙区供销资产经营有限公司。12月,海曙区编委发文,明确海曙区供销社备案为参照公务员法管理的事业单位。同月,设立海曙区农合联综合服务中心,并分别设立海曙区工贸资产管理中心、市海曙区农合联综合服务中心。

海曙区供销合作社

海曙区供销社内设机构:办公室、财务审计科、资产管理科、供销综合科。

改革与发展

2017年6月,海曙区供销社创设"海曙供销"微信公众号,专题介绍海曙区特色农产品、农旅经典路线及精品民宿。是年12月18日,章水镇、鄞江镇及龙观乡农合联联合发起的区农合联贝母分会成立,单位会员12家、个人会员40人。

2018年4月,海曙区农合联与鄞州农村商业银行股份有限公司、市区农村信用合作联社(简称市区联社)签订战略合作协议。2家银行共为农合联会员发放贷款超过2.3亿元。是年10月始,成立区再生资源回收行业管理领导小组,包括区级相关部门、乡镇(街道)29家成员单位,建立完善再生资源行业管理组织体系。印发《关于2018年再生资源回收管理工作目标管理考核的通知》(海再生办〔2018〕1号),完成居民居住区回收暂存服务点覆盖率达30%的目标。11月,成立海曙区农合联茶叶分会,首批加入会员27家。

2019年7月,根据市政府办公厅〔2019〕1117号批示精神,海曙区供销社与鄞州区供销社基本完成两区供销社资产、债务和人员划分工作。海曙区供销社拥有全资企业:望春、古林、凤岙、鄞江、栎社、章水等基层供销社和海曙区供销资产经营有限公司,参股企业:禾丰农资有限公司。是年,实现经营总收入66149万元,利润412万元,所有者权益5547万元。

海曙区供销社主任张忠浩(2016年12月任职,2020年1月离任)。2020年1月起,由副主任潘信伟主持日常工作。

农民合作经济组织联合会

2017年1月23日,海曙区农民合作经济组织联合会(简称"农合联")成立。农合联牌子增挂在区供销社。同时,海曙区下辖的9个镇级也成立农合联,会员总数597个。海曙区农合联第一届理事长:毛孟军,常务副理事长兼执行委员会主任:张忠浩,副理事长:吴永华、周开、许跃进、鲁根水、竺锡平、朱升海、方明法;监事长:钟金龙。

第六节 余姚市供销合作社

建置沿革

1950年3月21日,余姚县供销合作总社成立。时设秘书、会计、业务、社务4个股,1个机动组。是年,共有基层供销社40个,入社社员33927人。1953年1月2日,余姚县供销合作总社首届合作者代表大会后,将余姚县供销合作总社改名为余姚县合作社联合社。内设干部、秘书、财会、计划、组导、供应、推销、加工、储运等9个科,供应、推销等2个批发栈。全县基层供销社调整为30个,划分为甲、乙、丙三个等级。1954年10月28日,慈溪、镇海、余姚三县行政区域调整后,余姚县合作社联合社又改称余姚县供销合作社。内设干部、秘书、组导、商改、推销、财会、供应、经济计划、生产合作、加工企业等10个科。全县共20个基层供销社(其中8个区社)。1956年,余姚县农产品采购局成立,供销合作社的土产采购批发站业务划入县农产品采购局,原由供销社经营的棉、麻、茶、蚕、畜产等业务和机构、人员移交给农产品采购局。至1957年县农产品采购局撤销后,以上5类商品业务仍划归供销合作社系统。

1958年4月,余姚县商业局、供销社第一次合并,合署办公。1961年8月21日,根据中央指示精神,恢复县供销合作社,与县商业局分设办公。合署办公后设人事、秘书、财会、计统、工业管理、经营指导、行政物价等7个股。是年10月,人民公社化,基层供销社均改称人民公社供销部。1961年8月,根据中央指示,恢复县供销合作社,与县商业局分开办公,设人事、秘书、组导、业务、财会、计划、行政等7个股。是年10月底,全县完成恢复建立供销社工作,共建基层社60个,其中以公社建社的51个,以经济区域流向建社的6个,以区建社的2个,以余姚镇郊区建社的1个。1964年12月21日,因"四清"运动后精简机构,县供销合作社与县商业局第二次合并。合并后设人事、秘书、财会、计统、业务、行政等6个股。1978年6月10日,县供销合作社与县商业局第二次分设。同时,成立余姚县对外贸易局,县供销合作社与县对外贸易局合署办公,"一套班子、两块牌子"。与此同时建立中共余姚县供销合作社(县对外贸易局)党组。管理机构设人保、秘书、财计、业务、基建储运等5个股。

1983年6月22日,余姚县供销合作社第四届社员代表大会后,余姚县供销合作社改名为余姚县供销合作社联合社。县对外贸易局单独分设,从县供销合作社联合社析出。县供销社内设八股两室:人事、保卫、秘书、组导教育、财会、计划业务、工业储运、集体商业管理股和党委、监事会2个办

余姚市供销合作社办公大楼

公室。1985年8月27日，余姚县撤县改市后，余姚县供销合作社联合社更名为余姚市供销合作社联合社。1992年10月，经余姚市政府批复同意，余姚市供销社增挂浙江余姚万隆（集团）总公司牌子，作为市供销联社第二名称。市供销社正、副主任即为总公司正、副经理。2002年6月，余姚市供销社实施机关机构改革，内设机构由原办公室、人事科、财务科、业务指导科、审计保卫科、集体商业科、工业储运科等7个科室调整设置为办公室、财务科、人事保卫科、业务科4个科室。机关工作人员由原48名调整核定为22名，其中主任1名，副主任3名，中层干部职数6名。人员来源主要是留用市供销社原机关工作人员，留用人员继续享受"老人老办法"的政策待遇。

2008年3月，根据余姚市机构编制委员会《关于同意余姚市供销合作社联合社职能配置内设机构和人员编制方案的批复》（余编发〔2008〕3号），市供销合作社为市委、市政府领导的正科（局）级机构，参照群团机关管理。机关内设5个职能科室，即办公室、财务科、人事科、业务管理科、资产管理科。核定事业编制23名，其中主任1名，副主任3名，中层干部职数8名。是年5月20日，宁波市人事局〔2009〕34号批复同意《关于余姚市供销社杨兴祥等8人过渡为参照公务员法管理单位工作人员》，并进行人员登记。2008年12月26日，浙江省人事厅浙人函〔2008〕298号文批复，根据市委办公厅、市政府办公厅《关于省委办公厅、省政府办公厅关于浙江省事业单位参照〈中华人民共和国公务员法〉管理工作实施意见的通知》（甬党办〔2008〕12号）和2009年1月宁波市人事局《关于镇海区供销合作社等8家单位参照公务员法管理的通知》（甬人公〔2009〕2号）文件精神，明确余姚市供销合作社联合社机关参照《公务员法》管理。2015年，余姚市供销社内设机构有办公室、财务科、人事科、业务管理科、资产管理科、再生资源管理科。

改革与发展

1983年起，余姚县供销社全面实行恢复"三性"体制改革。对所属企业实行简政、放权、松绑，扩大企业经营自主权。进行财务管理制度、劳动人事制度、分配制度、经营范围和价格管理制度等方面的改革。促进供销社在经济上与农民的利益关系，进一步落实内部经营责任制，激发企业内部动力。

1988年1月，余姚市供销社龙山宾馆和龙山商场开业。龙山宾馆由市供销联社、香港远邦贸易公司、中国银行宁波国际信托咨询公司三方投资建造。总建筑面积11026平方米，又称"余姚大厦"，当年是姚城最高建筑。龙山商场营业面积4000平方米，经营6000余种商品，当年销售5000万元。2000年改制，8月改组为有限责任公司，原经营者承包经营3年，承包期满歇业。

2007年3月，新建余姚第三棉纺织厂，与低塘棉厂实行"两块牌子、一套班子"。是年底，市供销联社所属拥有农资、土特产、日用杂品、畜产废旧物资回收、副食品、工业品等公司及龙山宾馆、市社干校、茶厂、商机厂、临山棉厂、泗门棉厂、低塘棉厂；设有四明山、大岚、梁弄、陆埠、丈亭、马渚、临山、泗门、低塘、城南、城北和余姚镇12个基层供销社。全市供销社经营机构885个，入社社员16万户。共有职工5992人，其中基层供销社职工4048人。1989年7月，余姚建立盐业公司，挂靠副食品公司，下设盐业经营部，1991年7月，两公司分设，直属市供销社管理。1992年，公司供应盐25548吨，占全市盐供应量46679吨的54.7%。2001年以后，全市盐产品都由公司经销，2004年供应盐82631吨。2005年全省盐业企业体制改革，省盐业集团与市供销社集体资产经营中心分别以55%和45%参股建立浙江省盐业集团余姚盐业有限公司。2008年8月，公司迁入丰山路158号的新盐业大楼。

20世纪90年代初开始，推行和完善经营承包责任制。从1994年的股份合作制，到1999年全面展开的以"明确企业产权、明确职工身份、明确债权债务"为主要内容的体制改革，使供销社的经营机制、产权制度、用工制度等方面发生很大变革。

1990年，新建余姚购物中心，营业面积2917平方米。1994年购物中心经加层扩建后建筑面积7910.54平方米，4月，改组为股份合作制企业。12月，在南雷路7号购建3370.77平方米的购物中心东楼，成为江南购物"姐妹楼"，1994年至1997年度，购物中心列入全国供销社系统销售"百强商场"第54位、58位、86位和84位。1999年企业改制，购物中心东楼转让给宁波中联超市股份有限公司，2001年1月购物中心公开转让，重组有限责任公司。11月，建立工业品总公司，工业品公司更名为工业品批发公司。1991年，余姚镇供销社并入副食品公司。1992年6月，公司在西门副食品商场二楼开办"余姚酒楼"，1996年12月，公司投资1100万元，在西门副食品商场原址拆扩建7567.98平方米的"河姆渡商厦"开业。与宁波京鑫茶叶实业总公司组建"余姚市河姆渡工业品有限责任公司"，与副食品公司"两块牌子、一套班子"。2001年9月，副食品公司部分资产转让。2002年4月，"河姆渡商厦"定向转让给余姚市河姆渡文化产业投资有限公司，成为"余姚书城"。

1993年开始，全市基层供销社大部分门店和柜组推行以"社有个营"为主要形式的经营承包责任制，近90%的职工参与组合承包。对制止基层社效益滑坡起到明显作用。如龙山工业品公司、购物中心等零售企业的大部分柜组实行"核定人员、核定资金、毛利考核、竞争上岗、风险抵押、奖赔同率、库存考核、依法纳税"的承包责任制。5月，成立万隆物资公司，增挂"余姚市酒精经营公司"，实行"两块牌子、一套班子"。1995年销售1728万元，2001年3月公司整体转让。7月，市供销社建立万隆房地产开发公司，10月与新加坡国联建筑私人有限公司合资创办中外合资宁波海隆房地产开发有限公司，公司先后在南雷路375号开发商住房21505平方米。在富巷路56号地块建造商品住宅房17700平方米，原工具二厂地块建造住宅7300平方米。此外，在奉化、安徽黄山等地开发商品住宅房，2000年销售额1950万元，2001年销售额4467万元，2002年10月，经审计清算，万隆房地产开发公司退出宁波海隆房地产开发公司，2003年3月底，注销万隆房地产开发公司。

1994年，市供销社在工业品总公司进行"四放活"（经营放活、价格放活、用工放活、分配放活）改革，并将该公司改制为股份合作制企业。总股本730万元，其中，市供销社参股300万元，占42%；企业集体股280万元，占38%；职工股150万元，占20%。同年，市社土特产公司、购物中心、临山棉厂、泗门棉厂等4个企业也先后改制为股份合作制。1998年2月，广播器材厂同样改制为股份合作制企业。是年9月，市土特产公司、泗门棉厂、临山棉厂、低塘棉厂（第三棉纺织厂）4个企业合并，改制为股份合作制企业，名称为市特产棉花公司。总股本设为2000万元，其中市供销社1000万元，占总股本的50%，企业集体股500万元，占25%；职工个人股500万元，占25%。

1996年1月，余姚市工业品总公司更名为龙山工业品集团公司。3月，改组为股份合作制企业，当年6月投资开设"凤祥金楼"。集团公司下属有：龙山商场、凤祥金楼、工业品批发、万龙物资销售、万龙广告等子公司。"龙山商场"在1994年至1997年度全国供销社系统销售"百强商场"中排名第32位、27位、61位和53位。2000年企业改制，资产分块分批拍卖，解体歇业。同年，基层供销社投资建造的梁弄大厦、泗门万安商厦等相继开业。购建智慧路8号、建筑面积2121.02平方米的"天龙商厦"。1997年元旦，投资3000万元在阳明西路25号建造的建筑面积10317平方米的万龙商厦开业（隶属龙山工业品集团有限公司),为余姚市内第二大综合性百货商场。5月,隶属市社副食品公司的余姚酒楼和土特产公司出资建造的货物运输市场开业。9月,农资公司出资建造的浙东家私市场开业,市场占地50亩,一期营业用房面积1万多平方米。12月,宁波中联超市有限公司成立,营业面积3370平方米。

1998年12月,余姚市购物中心等17家企业共同出资参股成立太平洋商贸有限公司。1999年7月和2000年12月,市日用杂品公司和凤祥金楼在企业改制时,市供销社和企业职工共同出资参股成立日用杂品有限公司和凤祥金楼有限公司。2002年,中联超市、副食品、食用酒精、金马商贸、瑞龙茶业、和盛商贸、南门副食品、特产棉花、冶金设备制造、阜盛商业、再生资源、万隆物资、万隆畜废、购物中心等14个企业分别改制成立有限责任公司(均为私营企业),与市供销社签订代管协议。2003年12月,浙东家私市场服务中心,改制成立浙东家居装饰市场有限公司。2005年,新建甬舜农业生产资料有限公司。同年,盐业公司改制为浙舜盐业有限公司(后更名为省盐业集团余姚市盐业有限公司)。2006年至2007年市社(集体资产经营中心)参股成立甬海供销农产品配送有限公司、宁波浙东超市有限公司和浙东绿色农产品有限公司。

1998年6月,余姚市供销社土特产公司、临山棉厂、泗门棉厂、低塘棉厂(第三棉纺织厂)4家企业合并组建成余姚市特产棉花公司。12月,太平洋商贸有限公司成立。购物中心等17家企业组建"余姚太平洋商贸有限责任公司",总股本280万元,租用宁波太平洋大酒店营业面积10000平方米的太平洋商厦,1999年元旦开业。年末,市供销联社所属有农资、特产棉花、日用杂品、再生资源回收、副食品、盐业、龙山工业品、万隆物资、海隆房地产、中联超市、太平洋商厦等公司及购物中心、龙山宾馆、幼儿园、茶厂、商机厂,设有四明山、大岚、梁弄、陆埠、丈亭、马渚、临山、泗门、低塘、城南、城北11个基层供销社,共有职工5783人。2001年,购物中心等企业完成改制,公司直属市联社领导。2001年7月,对公司实行"卖断商品,承接债权债务,确定基数,全奖全赔,自负盈亏,依法纳税"的承包责任制。2002年4月,参股的14家企业合计股本230万元划转给市联社。2004年1月,经调整股本结构后继续承包经营。2007年2月,商厦租用期满清算歇业。

1999年开始企业体制改革。市供销社所属26家企业实施产权制度改革,主要采取资产转让、股份转让和组建有限公司。企业资产通过委托市内有资格的资产评估机构的评估,结合供销社实际,报市政府批准,采用多种转让的方式进行处置。2000年4月,经市政府批准,设立市供销联社集体资产经营中心,加强系统内集体资产的经营和管理。通过产权制度改革,大岚供销社、四明山供销社、副食品公司、龙山工业品集团公司、供销幼儿园、龙山宾馆等企业歇业注销;特产棉花公司、购物中心、再生资源回收利用公司、万隆物资公司、茶厂、商机厂等企业与供销社脱钩;市社将原持有的宁波海隆房地产公司、宁波中联超市和太平洋商厦的股份,全部转让给受让人,退出股份制;盐业公司、日用杂品公司、凤祥金楼等企业改制为有限公司,为市供销社参股企业;城南、城北两供销社合并为城区供销社。至2002年末,市联社所属有全资企业:农资公司、盐业公司和泗门、梁弄、陆埠、丈亭、马渚、临山、低塘、城区8个基层供销社;有参股企业:凤祥金楼有限公司、日用杂品有限公司和太平洋商贸有限公司;代管企业:中联超市等14家改制企业。

2000年8月,将市供销社原幼儿园的资产(包括房屋及设施),通过拍卖市场进行公开竞价租赁。基层供销社改制后的部分剩余资产,2001年以后都一概向社会实行租赁经营。南雷路379号营业用房,从2003年起,一直租赁给余姚酒楼用于餐饮经营。丰山路原盐业大楼等房屋及土地,2004年起租赁给盐业集团余姚盐业有限公司经营。

2001年底,共有4863名职工与原企业一律终止或解除劳动合同,不再保留原供销社职工身份,全部进入社会或重新再就业。全市供销社系统共有退休退职人员1755人,计提剥离金额为3900万元,遗属及精减职工等其他发生活费对象541人,提取剥离费用739万元,并按市要求将计提剥离费用移交市劳动部门。2001年,余姚市食盐供应和市场管理职责一直由余姚市供销社承担,盐业局挂牌在余姚市供销社。是年,该市食盐销售量达68300吨,比上年增销22460吨,增幅32.8%。通过食盐市场专项整顿,先后查处储存窝点6个,查获私盐近110吨。全年查封食盐153吨。2003年至2007年,新组建浙东家居装饰市场等4家有限公司。2010年末,市供销社有全资企业10家、参股企业7家。2005年7月,市农资公司等单位组建"余姚市甬舜农业生产资料有限公司",注册资金500万元,其中市农资公司出资175万元占35%;宁波市农资公司出资150万元,占30%;市供销社出资100万元,占20%;宁波舜宏化工有限公司出资75万元,占15%。是年底,建立农资供应点120家,至2007年农资供应连锁网点发展到247家。农资销售额超亿元,获省、市供销社系统"农资连锁创新奖",并获评余姚市"农业龙头企业"。

2010年末,市供销社所属有全资企业10家,即农业生产资料公司、浙东家居装饰市场有限公司及泗门、梁弄、陆埠、丈亭、马渚、低塘、临山、城区8个基层供销社;参股企业7家,即:省盐业集团余姚市盐业有限公司、凤祥金楼有限公司、甬舜农业生产资料有限公司、宁波浙东供销超市有限公司、浙东绿色农产品有限公司、甬海供销农产品配送有限公司、日用杂品有限公司。全系统从业人员147人。是年,商品总购进62239万元,商品总销售63568万元,其中生活资料销售43397万元,农业生产资料销售11064万元。实现利润593.3万元。全市供销社总资产30664.4万元,总负债19555.9万元,所有者权益11108.5万元。

2014年,余姚市供销社主要是推进管理体制改革,成为实体性合作经济组织;认真实施《宁波市供销社基层组织建设三年行动计划》(2014—2016年);改革农资连锁经营管理体系;构建现代农产品流通体系;发展农村金融业务;构建"三位一体"农合联组织体系。

2015年,余姚市供销社所属经营机构有:市供销合作社集体资产经营中心、甬舜农资有限公司、盐业有限公司和浙东绿色农产品有限公司,基层供销社8家:泗门、梁弄、马渚、城区、姚东、黄家埠、河姆渡、牟山等供销合作社。是年,余姚市供销社实现经营总收入19.65亿元,增长20.88%;实现利润1204万元,增长14.38%;所有者权益1.7亿元,增长5.2%。被全国供销合作总社授予全国百强县级供销社称号。

农民合作经济组织联合会

2016年7月6日,余姚市农民合作经济组织联合会(简称"农合联")成立。农合联牌子增挂在市供销社。同时,余姚在下辖的21个乡镇(街道)级也成立农合联,会员总数839个。余姚市农合联第一届理事长:黄和庆,副理事长:金浩明、赵阳军、万克俭;执委会主任:赵阳军,执委会副主任:金武昌、郑业、袁树连、孙继峰;监事长:陈岳阳。

余姚市鹿亭乡农合联中村服务社

2016年7月6日,余姚市农民合作经济组织联合会成立

表3-5 余姚市供销合作社主任名录

机构名称	职务	姓名	任职时间	离任时间
余姚县供销合作总社	副主任	杨照诚	1950.03	1952.12
余姚县合作社联合社	主任	李月亭	1952.12	1954.10
余姚县供销合作社	主任	李月亭	1954.10	1958.01
余姚县供销合作社	主任	郑兴范	1961.08	1962.05
余姚县供销合作社	主任	徐宝珊	1962.05	1964.12
余姚县供销合作社	主任	胡章书	1978.12	1981.02
余姚县供销合作社	主任	王礼镛	1983.06	1984.08
余姚市供销合作社联合社	主任	张国平	1984.08	1986.12
余姚市供销合作社联合社	主任	蒋国良	1986.12	1990.07
余姚市供销合作社联合社	主任	陈如乔	1990.07	1993.02
余姚市供销合作社联合社	主任	姜国梁	1993.02	2001.01
余姚市供销合作社联合社	主任	谢隆昌	2001.01	2004.12
余姚市供销合作社联合社	主任	李国建	2004.12	2007.05
余姚市供销合作社联合社	主任	茅克强	2007.05	2011.10
余姚市供销合作社联合社	主任	孙利华	2012.02	2013.06
余姚市供销合作社联合社	主任	诸建立	2013.06	2016.08
余姚市供销合作社联合社	主任	赵阳军	2016.08	2019.11
余姚市供销合作社联合社	主任	杨宇光	2019.12	

第七节 慈溪市供销合作社

建置沿革

1950年5月1日,慈溪县供销合作总社成立,直属县供销手工业部领导。社址设在慈城镇(今属宁波市江北区)。1951年1月10日,向宁波专区合作总社呈文慈溪供销合作总社登记申请书,办理登记

手续。1954年10月4日,根据全国供销合作总社第一次代表大会决议,慈溪县供销合作总社更名为"慈溪县供销合作社"。10月28日,国务院为建立慈溪棉花区需要,对行政区域作了较大调整,以"三北"(慈溪、镇海、余姚三县的北部地区)为基础,划定慈溪县新的行政区域。县政府由慈城镇迁至浒山镇,慈溪县供销合作社亦随之迁移到县城所在地浒山。1956年成立县农产品采购局,1957年3月1日撤销并入慈溪县供销合作社。1958年5月1日,慈溪县商业局、县供销社、县水产公司合

慈溪市供销合作社办公大楼

并为慈溪县商业局。仍保留县供销合作社名称,可以对外发文。1961年9月16日,县商业局、县供销社分设,各自设立管理机构,业务经营重作分工。1963年5月,建立县工商行政管理局,与县供销合作社合署办公。1964年11月19日,县商业局、县供销社再次合署办公,原局、社干部职务不变,国营、供销社的经济性质不变,内部保持各自的经营核算。

1966年,"文化大革命"开始。1967年5月,群众组织接管商业局、供销社,成立慈溪县商业局、供销社生产领导小组。1968年12月,建立慈溪县商业局革命领导小组。县供销合作社机构无形中止。1970年7月,慈溪县商业局全称为慈溪县革命委员会生产指挥组商业局革命领导小组,并确定主营范围为商业,供销工商行政管理,棉花收购、加工等。1977年7月,改称为慈溪县商业局。

1978年8月28日,县委重新决定建立慈溪县供销合作社机构。1983年6月6日至8日,召开第二届社员代表大会,成立慈溪县供销合作社联合社。1988年11月4日,慈溪县撤县设市,慈溪县供销合作社联合社改称为慈溪市供销合作社联合社,启用慈溪市供销合作社联合社印章,更换衔牌。1993年,设立宁波四海集团总公司。2006年,宁波四海集团总公司更名为慈溪四海工贸总公司。主要经营生活、生产资料、农副产品、煤气、房地产开发以及食品、药品的生产销售等业务。

1997年10月至2002年5月,市供销社系统实施产权制度改革和理顺职工劳动关系。所属32家市以上公司和基层供销社改制基本完成。通过改制,全市供销社系统7300名职工进行身份置换,并一次性解除劳动关系和领取经济补偿;近3000名退休、退职、精简和遗属人员全部列入社会化管理。改制后的2002年末,慈溪市供销社有全资、控参股企业11家,9家基层供销社为保留单位。2003年,对改制后未参股的20家企业组织关系,按照市委和组织部要求,隶属关系移交属地管理。

2008年5月20日,宁波市人事局〔2009〕32号批复同意《关于慈溪市供销社方翔等9人过渡为参照公务员法管理单位工作人员》,进行人员登记。是年5月21日,慈溪市编委〔2008〕48号文,慈溪市供销合作社联合社机关确定为市人民政府直属的局级事业单位,参照群团机关管理。12月26日,省人事厅浙人函〔2008〕298号文批复,根据宁波市委办公厅、市政府办公厅《关于省委办公厅、省政府办公厅关于浙江省事业单位参照〈中华人民共和国公务员法〉管理工作实施意见的通知》(甬党办〔2008〕12号),慈溪市供销社机关参照《公务员法》管理。

2015年,慈溪市供销社内设科室有办公室、人事监察科、财务基建科、经济发展科、合作经济指导科、资产管理办公室。

改革与发展

1981年5月,慈溪县供销合作社根据县委对棉区实行"统一经营、专业分工、承包到劳、联产计酬"的生产责任制要求,在逍林供销社逍林分社进行经营责任制试点工作。10月始在全县供销社系统推开。1983年起,全面实行体制改革,恢复社员代表大会和理监事会等民主管理制度,开始恢复"三性"改革。建立县供销合作社联合社,成为各基层供销社的经济联合体。对所属企业实行简政、放权、松绑,扩大企业经营自主权,实行独立核算,自负盈亏,自主经营,纳入健康发展的轨道。1984年,在恢复"三性"体制改革的基础上,进行财务管理制度、劳动人事制度、分配制度、经营范围及服域和价格管理制度等的突破性改革。取消农民入股的限制,促进供销社在经济上与农民的利益关系;进一步落实内部经营责任制,激发企业内部动力。1988年,慈溪撤县设市后,市供销社积极开拓进取,锐意创新,积极弥合体制转轨时期的价格剪刀差,完成社有企业改制转型的艰巨任务,全市供销合作社系统,综合实力、服务水平明显增强,曾多次获全国百强供销社、全国供销合作社系统先进集体等荣誉称号。

慈溪市供销社的改革发展历程,大致划分为三个阶段:

快速发展阶段。1989年至1997年,是慈溪市供销事业发展的兴旺时期。这一期间,市供销社迅速建立面向市场经济的组织结构和激励机制,成立四海集团总公司,推行企业效益工资结构制和企业领导干部任期目标责任制,新建各集镇主要商场、供销大厦、慈溪大厦、慈溪冷冻厂等,城乡商贸设施、社办企业和农业龙头企业均取得大发展、大效益。1997年末统计,全市供销社系统实现总购进额16.89亿元,总销售额18.40亿元,利润1136万元。9年间资产增值额达6.55亿元,所有权权益(剔除社员股金)2.69亿元,累计实现利润8541.16万元,下辖9个基层供销社,9家专业公司,8家厂、站,2家大厦,1家大酒店,1家幼儿园,共有在编职工7271人。

改制转型阶段。1997年至2006年,根据供销社改革的现实要求,市供销社全力推进基层供销社和社有企业改制。至2002年5月底,所属32家市以上企业和基层社改制基本完成,全社7300名在职职工进行身份置换,近3000名退休、退职、精简、遗属人员全部列入社会化管理。2003年6月起,对改制后市供销社未参股的20家企业,按照市委、市政府要求,隶属关系移交属地镇(街道)管理。与此同时,构建农资经营服务网络、扶强扶优龙头企业、开拓商业新型服务新业态,2006年,实现总经营收入29.27亿元,实现利润6812万元,主要经济指标在省、市供销社系统中名列前茅。

开放强社阶段。2007年至2015年,市供销社与农业局共同投资农产品展示展销中心,组建全省首家农产品经纪人协会,累计兴办专业合作社20余家,村级综合服务社112个,大力支持海通食品、徐龙鳗业、益大禽业等农业龙头企业发展,2014年全年经营收入再创72.94亿元的新高。2014年8月,慈溪被列入全省构建"三位一体"农民合作经济组织体系7个试点县市之一,以此为起点,掀开全市供销社系统综合改革的新篇章。2015年,慈溪市供销社初步形成农业综合服务、农产品流通服务、金融支农服务、乡村环境服务等四大服务体系,推动供销社综合改革和"三位一体"农合联组织体系建设并始终走在全省前列。主要体现在以下5个方面:一是深化供销社综合改革,组建市四海资产经营公司,做好对煤气公司、农资公司、农联电商公司、参股合作社等单位的产权投资,每年收益达200万元。建立市农合联农民合作基金,出台资金预算管理使用办法和年度实施细则。实现镇级农合联、镇级"三位一体"基层社涉农乡镇全覆盖。二是稳增长,优化社有资产保值增值。梳理原庵东供销社、观城供销社、海通公司等历史遗留问题。做好社有资产租金收缴和合作社分红投资工作,共出租房屋40余处,对外投资企业10家、参控股专业合作社25家。组建慈溪农联电商公司和农产品电商孵化园,完成慈溪大厦招商项目。推进再生资源体系职能转移,注销再生资源总公司,对5家再生资源分拣中心进行联合验收。三是增活力,强化为农服务增量扩面。组建专业合作社联合社12家,培育87家星级专业合作社,发展农资经营示范门店230家,5家镇级农事服务中心被评为浙江省现代农业综合服务中心。组建农业社会化服务联盟,吸引涉农组织27家、农技专家27人。组建新型庄稼医院7家,统防统治、植保外包服务面积达2500亩。四是引入4家农业龙头企业、10余家电商团队及创业个人入驻农创空间,农产品电商孵化园累计交易额1.3亿元。举办环杭州湾农博会,组织参加各类展示展销活动,近10家经营主体的优质农产品获省级金奖。五是做优信用合作。全市382家农业经营主体获A级以上信用评级。农户小额担保公司在保余额1.64亿元。11家资金互助会稳定运行,累计发放"互助贷"6726.6万余元;创新推出"兴农贷",首期规模3000万元,已发放440万元;扩大"农资贷"覆盖面,发放贷款2000万元。扩面推广杨梅降雨气象指数保险,累计参保农户近5000户,累计赔付2600余万元。

2015年,慈溪市供销社拥有"三位一体"基层社10家(城区、崇寿、横河、新浦、周巷、长河、逍林、桥头、龙山、观海卫),另有1家基层供销社(观城供销合作社),全资企业5家(市供销社房地产开发公司、慈溪大厦、慈溪大酒店、市四海资产经营公司、市供销社培训站),参控股企业9家(市兴合农资配送有限公司、市煤气有限公司、市农产品展示展销有限公司、徐龙食品集团有限公司、宁波英特药业有限公司、慈溪民生村镇银行、慈溪农联电子商务、市农房改造建投资有限公司、市四海农产品产销服务有限公司)。慈溪市供销社系统全年实现营业总收入26.13亿元,利润总额1810万元,汇总所有者权益为15.88亿元;其中,市供销社本级实现总收入497.19万元,利润总额16.47万元,实现所有者权益29272.37万元。

农民合作经济组织联合会

2016年12月25日,慈溪市农民合作经济组织联合会(简称"农合联")成立。农合联牌子增挂在市供销社。同时,慈溪市下辖的16个乡镇级也成立农合联,会员总数1169个。慈溪市农合联第一届理事长:董维波,副理事长:沈均达、沈信波、应利广、陈龙海、宋佰春、徐其明、范伟达、徐建宏、胡引飞;执委会主任:沈信波,执委会副主任:童爱军、马聪云、姚金权、王志孟;监事长:徐桐琦,副监事长:王国周、吴雪荣。

2020年8月6日,慈溪市农合联水稻产业分会成立

表3-6 慈溪市供销合作社历任主任名录

机构名称	职务	姓名	任职时间	离任时间
慈溪县供销合作总社	副主任	方 非	1950.05	1951.01
慈溪县供销合作总社	主 任	刘春泉	1951.01	1952.09
慈溪县供销合作总社	主 任	陈观亭	1952.09	1953.10

续表

机构名称	职务	姓名	任职时间	离任时间
慈溪县供销合作社	主任	洪 瑜	1953.11	1954.11
慈溪县供销合作社	主任	张 明	1954.11	1956.06
慈溪县供销合作社	主任	沈祖成	1956.06	1957.04
慈溪县供销合作社	主任	沈鱼龙	1957.08	1958.09
慈溪县供销合作社	主任	秦永泉	1961.09	1962.06
慈溪县商业局革命领导小组	组长	李之瑜	1962.06	1967.05
慈溪县商业局革命领导小组	组长	钱树闯	1968.12	1970.07
慈溪县商业局革命领导小组	组长	秦永泉	1970.07	1971.05
慈溪县商业局革命领导小组	组长	陈 旭	1971.05	1972.01
慈溪县商业局革命领导小组、县供销合作社	组长、主任	沈金华	1972.01	1978.08
慈溪县供销合作社	主任	陈炳水	1978.08	1984.01
慈溪市供销合作社联合社	主任	杨文宝	1984.01	1990.06
慈溪市供销合作社联合社	主任	苏利冕	1990.06	1992.12
慈溪市供销合作社联合社	主任	虞廉君	1992.12	1998.03
慈溪市供销合作社联合社	主任	张伟男	1998.03	2006.07
慈溪市供销合作社联合社	主任	方 翔	2006.07	2014.12
慈溪市供销合作社联合社	主任	叶钊君	2014.12	2017.02
慈溪市供销合作社联合社	主任	沈信波	2017.02	2019.01
慈溪市供销合作社联合社	主任	陈菊蓬	2019.01	

第八节　宁海县供销合作社

建置沿革

1950年5月4日,宁海县供销合作总社成立,属台州专区管辖。所属基层供销社6个,社员总数344人,入股总额796450元。1952年10月起,归属宁波专区管辖。1954年10月,宁海县供销合作总社更名为浙江省宁海县供销合作社。1957年9月,宁海划属台州地区。1958年4月,宁海县供销合作社与县商业局合署办公,实行"两块牌子、一套班子"。1958年10月,撤县建制,象山、宁海两县合并为象山县,归属台州专区。1959年2月,宁海县供销合作社与象山县供销社合并,启用象山

宁海县蔬菜果品市场

县商业局。1961年10月两县分开办公,恢复宁海县建制,重新启用宁海县供销合作社。

1963年12月23日至25日,宁海县供销合作社第一届社员代表大会召开,会议选举产生县供销合作社第一届理事会和监事会,王景泰当选理事会主任,黄玉珍、严艾君、白晓山、娄光汉当选理事会副主任,马俊杰当选监事会主任,杨其昌当选监事会副主任。1966年1月,宁海县商业局、粮食局、供销社、工商行政管理局合并为商业局。1976年5月,建立宁海胡陈港棉花加工厂。1978年1月,恢复宁海县供销合作社。1979年6月,创办宁海茶厂。

1983年,在各基层社召开好社员代表大会的基础上,是年9月5日至7日,召开宁海县供销合作社第二届社员代表大会,建立宁海县供销合作社联合社,成立全县基层供销社的经济联合体。是年,全县供销社系统拥有6个专业公司,1个精制茶厂,3个棉花加工厂,1个罐头厂,10个基层供销社,共有职工2239人;归口管理的合作商店53个,下伸网点491个,从业人员1401人。1982年,全县供销社系统创利293万元,有固定资产981万元。1983年,全县供销社系统自有流动资金835万元。

1986年5月22日,宁海县政府办公室印发《关于同意建立宁海县供销合作社联合社干部职工学校的批复》(宁政发〔1986〕18号)文件,建立"宁海县供销合作社联合社干部职工学校"。1987年4月10日至11日,宁海县供销合作社联合社第三届社员代表大会召开,会议选举产生县供销联社第三届社员代表大会的理事会、监事会成员各9人。

1993年,宁海县供销社建立集团总公司。县供销社机关内设办公室、人事监察科、财务计统科、业务开发科、工业科技科5个职能科室。1999年至2002年,宁海县供销社所属企业全面完成产权制度改革和理顺职工劳动关系。

2008年5月13日,宁海县政府办公室《关于印发宁海县供销合作社联合社职能配置内设机构和人员编制规定的通知》(宁政办发〔2008〕53号)文件,明确宁海县供销合作社联合社为县委、县政府领导下的正科(局)级机构,参照群团机关公务员法管理;内设5个职能科(室):办公室、人事监察科、财务计统科、合作经济科、经营管理科;人员编制和职数:机关编制16名(含后勤人员和离退休干部管理服务人员)。是年9月5日,宁海县机构编制委员会办公室《关于明确县供销合作社联合社经费形式的函》(宁编办〔2008〕3号),明确县供销社机关经费为全额拨款。

2009年1月19日,宁波市人事局下发《关于镇海区供销合作社等8家单位参照公务员法管理的通知》(甬人公〔2009〕2号)文件,同意宁海县供销合作社参照公务员法管理。是年5月20日,宁波市人事局下发《关于同意宁海县供销合作社联合社贝跃东等6人过渡为参照公务员法管理单位工作人员的批复》(甬人复〔2009〕35号),同意宁海县供销合作社联合社贝跃东、褚有余、田民、李修登、林德耀、钱久卿等6人过渡为参照公务员法管理单位工作人员,并进行人员登记。2011年12月23日,宁海县政府办公室下发《关于印发宁海县供销合作社联合社主要职责内设机构和人员编制规定的通知》(宁政办发〔2011〕136号)文件,宁海县供销合作社为县委、县政府领导的正科(局)级机构,参照群团机关管理;内设6个职能科室:办公室、人事监察科、财务审计科、经济发展科、合作指导科、项目建设管理科。2012年6月26日,宁海县机构编制委员会《关于调整县模具产业培训中心机构设置的批复》(宁编〔2012〕26号),同意撤销宁海县供销合作社下属事业单位模具产业培训中心,并核销事业编制16名。是年6月29日,宁海县供销合作社作为"三会"制度试点单位,召开全县供销联社第四届代表大会,会议审议通过《宁海县供销合作社联合社章程》,选举产生新一届理事会和监事会,田启仲当选理事会主任,林为民、刘瑞平当选理事会副主任,陈承彪当选监事会主任。

2015年,宁海县供销合作内设机构有办公室、人事监察科、财务审计科、经济发展科、合作指导科、项目管理科。机关编制16名,其中主任1名,副主任3名;正副科长8名。

改革与发展

1983年3月,县供销社在黄坛、长街2个供销社进行恢复"三性"体改试点,随后在全县基层供销社全面铺开。通过清扩股,召开社员代表大会,民主选举产生理事会、监事会,恢复和增强供销社组织上的群众性,管理上的民主性,经营上的灵活性。

1987年,全县供销社系统生产资料零售总额2489万元,农副产品采购总值3295万元,均创历史水平。1988年,全县供销社深化改革,以求深、务实为原则,重点发展农村商品生产和完善商品生产服务体系,积极支持和参与村级集体经济。

1993年7月26日,宁海县供销社印发《宁海县供销合作社深化体制改革的方案》(宁供办〔1993〕86号)文件,进一步明确企业性质及主要职能、组织体制、县供销社与直属企业及社员社的关系。是年10月,宁海县供销社通过加强基础设施建设,加强农业生产资料线,收缩部分生活资料网点,集中资金开展集镇商场建设。对部分弱小的分社实行撤并;积极推行股份制等方式调整布局,增强基层供销社的活力和实力。11月22日,县政府印发《批转县供销联社关于调整基层供销社布局的报告的通知》,同意调整基层供销社布局。1999年1月6日,根据县委〔1998〕10号、11号文件,积极推进基层供销社产权制度改革,转换企业经营机制,制定印发《宁海县基层供销社改革总体方案》。是年1月10日,县政府印发《关于宁海县基层供销社改革总体方案的批复》《关于宁海县供销社系统归口管理的合作商业完善股份合作制的总体方案的批复》(宁政发〔1999〕5号)文件。2000年至2002年,宁海县供销社所属企业全面完成产权制度改革和理顺职工劳动关系。

2002年,宁海县供销社创办模具城,规划占地面积800亩。是年10月一期工程建成,占地面积100亩,有3家大型模具企业和100多家模具制作户入户,并试营业。一期工程建成后,于2003年3月8日由县政府主持在宁海模具城举行"宁海模具城开业暨中国模具生产基地授牌典礼",至2003年3月25日,已有138家企业进入模具城内生产经营。模具城二期工程于是年3月动工建设,占地面积245亩。2005年,宁海县发展和改革局《关于同意宁海县模具城有限公司第三期工程建设项目的批复》(宁发改〔2005〕67号),同意在檀树路北侧及模具城高速公路北侧建设第三期工程的基建项目,用地面积66901平方米,建筑面积46213平方米,投资1.23亿元。

2002年底,宁海县供销社创办宁波海静食品有限公司,至2012年,收购农副产品仅柑橘一项就达38400多吨,生产糖水橘子罐头24600多吨,出口创汇额2320万美元。供销社建办的棉花、柑橘、蚕茧、蔬菜、茶叶等8个专业合作社,推进农业产业化的进程。如棉花产销专业合作社,共有130户种棉大户入社,占全县棉花种植户的9%,占全县棉花种植总面积的30%。

2009年9月,因宁海县城市化规划要求,宁海县供销合作社下属控股企业——果蔬粮油批发市场两次搬迁至宁海县桃源街道物流园区,开始试营业。同时根据宁海县政府专题协调会议关于"一次安置、两次搬迁"实施方案要求,于2010年11月26日,宁海县果蔬粮油批发市场开业典礼举行,标志着占地50亩、经营面积达3.2万平方米集果蔬、粮油、名优农产品批发市场、农产品初加工、冷冻保鲜、信息发布等于一体的综合性市场全面建成,为当时全国最大的县级农产品批发市场。

2010年4月,宁海县供销社投资设立宁海县海洋供销资产经营管理有限公司。2012年,宁海县供销社设立模具城管理办公室,定编6名,为差额拨款事业单位;供销服务中心,定编10名,为全额拨款事业单位。6月29日,根据省供销社《关于推进各级供销社完善基本制度实行"三会"领导管理体制的意见》(浙合事〔2011〕3号),宁海县供销社作为"三会"制度试点单位,召开全县供销社第四届代表大会,会议审议通过《宁海县供销合作社联合社章程》,选举产生新一届理事会和监事会,田启仲当选理事会主任,林为民、刘瑞平当选理事会副主任,陈承彪当选监事会主任。10月18日,宁海县海洋资产经营管理中心更名为宁海县供销资产经营管理中心。2012年5月,宁海县供销集团有限公司成立,由所属企业5家组成,即宁海县蔬菜果品交易市场有限公司(控股)、宁海县模具城有限公司(全资)、宁海县再生资源有限公司(控股)、宁海县供销资产经营管理中心(全资)和宁海县丰庆农资配送储备有限公司(参股)。

2015年,宁海县供销合作社有控(参)股企业15家,其中控股企业10家:宁海县供销集团有限公司、宁海县供销投资开发有限公司、宁海县供销资产经营管理中心、宁海县模具城有限公司、宁海县蔬菜果品交易市场有限公司、宁海县供销再生资源有限公司、宁海县丰庆农资配送储备有限公司、市华正信息技术有限公司、宁波模具检测中心有限公司、宁波模具产业培训服务中心。参股企业5家:宁波海静食品有限公司、宁波市农信担保有限责任公司、宁波浙东供销超市有限公司、市甬丰农业生产资料股份有限公司、上海甬海农产品有限公司。

农民合作经济组织联合会

2016年8月3日,宁海县农民合作经济组织联合会(简称"农合联")成立。农合联牌子增挂在县供销社。同时,宁海县下辖的18个乡镇(街道)级也成立农合联,会员总数1070个。宁海县农合联第一届理事长:沈纾丹,常务副理事长:高剑峰,副理事长:陈万奋、杨光勇、叶伟华、童强强、陈国盛、黄照峰、陈刚满、王茂强;执委会主任:高剑峰,执委会副主任:王全华、刘瑞平、沈亚雅;监事长:田启仲。

表3-7 宁海县供销合作社历任主任名录

单位名称	职务	姓名	任职时间	离任时间
宁海县供销合作总社	副主任	于颂敏	1950.05	1951.01
宁海县供销合作总社	代主任	徐皓	1951.01	1952.11
宁海县供销合作总社	主任	熊正全	1952.11	1954.10
宁海县供销总社	主任	杜竹轩	1954.10	1957.01
宁海县供销总社	主任	娄光汉	1957.01	1958.09
象山、宁海两县商业局	局长	应中钰	1958.10	1958.12
宁海县财粮贸易部商业局	组长	应中钰	1958.12	1959.04
象山县商务局	局长	应中钰	1959.04	1961.08
宁海县供销总社	主任	于华杰	1961.09	1962.05
宁海县供销总社	主任	王景泰	1962.05	1966.01
宁海县商业局	局长	王景泰	1966.01	1968.12
宁海县革命领导小组	组长	赵中才	1968.12	1971.08

续表

单位名称	职务	姓名	任职时间	离任时间
宁海县革委会领导小组	组长	王景泰	1971.08	1977.06
宁海县商务局	局长	赵淳然	1977.06	1978.08
宁海县供销合作社	主任	赵淳然	1978.08	1981.03
宁海县供销合作社	主任	洪万成	1981.03	1983.09
宁海县供销合作社联合社	主任	胡家田	1983.09	1987.03
宁海县供销合作社联合社	主任	徐自读	1987.03	1993.04
宁海县供销合作社联合社	主任	胡家田	1993.04	1997.12
宁海县供销合作社联合社	主任	张东凯	1997.12	1999.12
宁海县供销合作社联合社	主任	贝跃东	1999.12	2011.08
宁海县供销合作社联合社	主任	田启仲	2011.08	2015.12
宁海县供销合作社联合社	主任	高剑峰	2015.12	2019.01
宁海县供销合作社联合社	主任	陈云苍	2019.01	

第九节 象山县供销合作社

建置沿革

1950年6月5日,象山县供销合作总社成立,社址在丹城镇南街。是年10月迁移至小河头。1951年县合作总社始设秘书、组导、业务、财会、计划5股。1952年撤销业务股,增设推销、供应、干部、生产4股。1953年9月28日增设物价组。1954年3月8日,县合作总社由宁波专区总社划归舟山专区总社辖管。10月5日,原县合作总社更名为"浙江省象山县供销合作社"。1955年11月17日,象山县供销合作社原推销股更名为采购股,同月撤销生产股,划归县手工业联社;县供销社物价工作划入计划股。1956年增设商改股、储运股。1957年7月,根据省供销社关于"精减机构,紧缩编制"的指示,县供销社调整机构,撤销供销、采购、商改、储运4股,增设基层贸易股和组检股。1958年5月,县供销社、商业局合并,统称县商业局。地址在丹城东街,原第一百货公司楼上。10月4日,宁海、象山两县合并,称象山县,划归台州专区,两县商业局随之合并。12月,县又划归宁波专区领导,局也随之属宁波专署商业局领导。1959年2月,象山县供销合作社与宁海供销社合并,启用象山县商业局。1961年9月16日,国合、商业分家,10月,象山、宁海两县分开办公,复建象山县供销合作社。县供销社迁回丹城小河头旧址办公。内设秘书、人事、组导、业务、财会、计划、行政物价6个股和驻甬工作组,并在农村以行政区设置大徐、南庄、墙头、新桥、定山、石浦、南田7个办事处,作为县社派驻各区对所属基层供

象山县供销合作社

销社行使管理职能的机构。1962年7月精简机构,7个办事处撤销。1964年10月,县社、商业局第一次合署办公,实行"两块牌子、一套班子"。1978年1月,国合商业再次分家,象山县供销合作社复建,社址在丹城东街55号。1978年9月迁至南街31号(现南街19号)。县社内设人事、秘书、计统物价、财会、业务、基层工作6个职能股以及县社驻宁波工作组。1980年7月,财会股与计统物价股合并,称财计股,同时增设基建储运股。1983年4月,成立教育股。

1983年6月,全县供销社系统进行体制改革,象山县供销合作社改名为象山县供销合作社联合社。县联社设人事、秘书、业务、财会、计统物价、教育组导、基建储运、集体商业管理8个股。1985年3月,为适应供销社工业的发展,增设工业股。是年9月,原业务股、计统物价股合并,称业务计统股,原人事股、教育组导股合并,称人事教育股。1986年5月建立供销职工学校。1987年5月,增设监事会办公室。至此,县联社内部职能部门设置:一室(监事会办公室),七股(秘书、人事教育、业务计统、财会、工业、基建储运、集体商业管理),一校(供销职工学校),共有工作人员40人(其中供销职工学校4人)。1988年11月,县社机关增设组织指导股、法律顾问室,法律顾问室挂靠在业务计统股。1990年8月,撤销组织指导股,有关职能转财会、人教和秘书股。同时,监事会办公室改设监察审计股。1993年6月3日,县社成立宁波海阳集团总公司,性质为县属集体。保留县供销联合社牌子,暂保留县社行政职能,逐步向企业化管理过渡。8月9日,撤销机关原有股室,成立新的科室:办公室、财务基建科、综合业务科、人事保卫科。1998年2月,成立象山县供销社体制改革办公室。2000年3月8日,为做好企业转制后资产的处置和管理工作,成立象山县供销社资产管理办公室。2002年2月,随着全县供销社系统企业体制改革的结束,象山县供销社体改办撤销。设立合作经济发展科。

2003年8月,资产办撤销,职能转入财务科。2004年7月28日,机关设办公室、财务审计科、业务组导科、合作经济发展科。2008年5月7日,象山县编委批复,象山县供销合作社联合社被确定为正科级(局)级事业单位。核定机关全额预算事业编制14名,其中主任1名,副主任2名,中层领导职数5名。5月20日,宁波市人事局批复同意《关于余姚市供销社祝秀雷等6人过渡为参照公务员法管理单位工作人员》(〔2009〕336号),并进行人员登记。12月26日,浙江省人事厅浙人函〔2008〕298号文批复,根据市委办公厅、市政府办公厅《关于省委办公厅、省政府办公厅关于浙江省事业单位参照〈中华人民共和国公务员法〉管理工作实施意见的通知》(甬党办〔2008〕12号),象山县供销社机关参照《公务员法》管理。

2015年,象山县供销社内设机构:办公室、财务审计科、业务组导科、合作经济科。

改革与发展

象山县供销社先后经历扩权、恢复"三性"体制改革、实现"五突破"、推行多种形式的经营责任制、建立为农服务体系、供销社综合改革等阶段,从而改善同农民的关系,增强为农村商品经济服务的能力。

1983年2月6日,象山县政府印发《关于全县供销社体制改革的实施意见》,对供销社的体制改革作出全面部署。是年3月始,县供销社在南庄供销社恢复"三性"改革试点的基础上,在全县逐步铺开。至8月,县供销社组织"扩权试点联络组",对石浦供销社进行扩大企业自主权试点工作,象山县政府于6月17日批准县供销社试行"石浦供销社扩大企业经营管理自主权实施方案",利润留成以1979年利润实绩为基数,一定三年不变。通过试点,扩大供销社业务经营上的计划制订权、商品经营权、物价管理权、网点设置权、财务管理权、利润分成与灵活使用奖金权、人事上的奖惩与民主管理权等。至6月10日，全县14个基层供销社均召开社员代表大会，民主选举理事会理事共85人，其中正、副主任29人；监事会监事共101人，其中正、副主任28人。6月23日至25日，县供销社第三届社员代表大会在丹城召开，民主选举产生县联社理、监事会。县供销社退出县政府的行政序列，成立象山县供销合作社联合社。联合社建立依法经营、照章纳税、自主经营的新型经济关系，实行独立核算、自负盈亏、经费自理的财务管理体制。全县新老入股农户99542户，比原有54315户增加83.3%，入社面占全县总农户的87.1%；入社股数为101046股，比原有54995股增加83.7%，股金44.07万元，比原有股金10.96万元增长302.3%。全县14个基层供销社均召开社员代表大会，民主选举理事会理事共85人，其中正、副主任29人；监事会监事共101人，其中正、副主任28人。6月23日至25日，与第二届相隔20年的县供销社第三届社员代表大会在丹城召开，应到代表228人（实到200人），其中农民代表93人，成立象山县供销合作社联合社，属集体性质，制定社章，民主选举产生县供销合作社联合社理、监事会。通过改革，全县供销社实现由全民所有制向集体所有制的转变。打破了城乡分割、部门分工的限制，不断扩大经营范围。如县供销社系统社办工业，据1989年统计，工业企业24家，年产值1148万元，实现利润53.3万元，占整个系统利润的47.9%。象山茶厂生产的"天坛牌"珠茶在1984年获西班牙马德里世界优质食品评选大会金质奖。全县10个基层，有7个在区社所在集镇新建综合商场，另有4个社是以原有店面为基础，改建成综合商场。在企业内部推行以主任（经理）任期目标责任制为主的多种形式的经营责任制，对小型门店实行租赁经营和招标承包经营。调动广大职工的积极性，增强企业活力。

1989年，县供销社在所属企业落实责任制的柜组530个，占柜组总数544个的97.4%。1989年在高塘供销社试点"社有个营"责任制。1992年底，南田供销社始实行，以后在全系统推行，直至企业全面转制。1994年全县供销社系统23家企业中有16家全部或基本实行"社有个营"为主体的经营责任制。实行"社有个营"的门店、柜组（纯商块）39个，参与职工923人，分别占经营柜组、门店和一线职工总数的86.3%和77.5%。

1993年12月至1994年12月，县供销社先后在涂茨供销社和石浦副食品公司进行体制改制试点，1997年10月在县能源物资公司再次试点。1998年6月开始，对所有的直属企业、基层供销社实行产权制度改革和理顺职工劳动关系。通过拍卖固定资产，分流安置职工2357人，支付安置费4965万元，归还银行贷款6614万元，归还县财政拆借资金1000万元，清退社员股金4031万元。通过改制，分流职工1751人，托管退休职工510人，一次性处理遗属及发生活费人员209人，安置、托管总费用5043万元。对归口管理的合作商店32家，在职职工513人也进行改制。整个改制工作于2002年全面结束。象山县供销社系统改制后，原有10家基层社，1家在改制后解散（泗洲头供销社）、2家改制重组（岑晁供销社、定山供销社，其中定山供销社另行重组为有限公司），其余7家基层供销社（南田、石浦、新桥、西周、城南、爵溪、涂茨）均保留营业执照。即资产变卖，职工转变身份，企业解散，保留牌子。改制后的基层供销社除城南供销社还有剩余资产约70万元外，其余基层社虽有牌子，名存实亡。象山县供销社原15家公司（厂），4家改制重组（县再生资源公司、县日用杂品公司、县日杂废品公司、县能源物资公司），其余11家公司均解散。改制后的县再生资源有限公司是社有资产的独资公司、县日用杂品有限公司社有资产占53%。县供销社又与县日用杂品公司、县日杂废品公司共同出资组建县烟花爆竹有限公司，社有资产占51%。与市农资公司等组建县丰润农资有限公司，与浙东供销超市公司组建象山供销超市公司，社有资产分别占22%、30%。

2002年,象山县供销社成立发展专业合作社领导小组,着手从水产、茶叶、中药材3个行业进行调研。10月30日,第一家供销系统领办的专业合作社——象山县东海水产专业合作社在象山宾馆召开成立大会。入社社员23人,股金33.2万元,其中县供销社入股10万元。合作社的成立形成8000亩的围塘养殖基地,可辐射全县面积达2万亩。10月31日,由县供销社领办的象山天茗茶叶专业合作社成立,入社社员48人,股金16.84万元,其中县供销社出资10万元,社员茶园面积达1万余亩,占全县的50%。12月5日,象山县时珍中药材专业合作社成立,入社社员23人,股金13.7万元,其中县供销社出资10万元,社员中药材种植面积150亩,占全县中药材种植面积80%以上。3家合作社的成立拉开了供销社积极参与兴办和领办农民专业合作社的序幕,标志着改制后的供销社又重新回归到为农服务的轨道上来。至2008年底,象山县供销社领办的专业合作社达到12家。2005年《浙江省农民专业合作社条例》施行后,象山县供销社入股的股金陆续退出,真正体现农民专业合作社"民办、民管、民受益"的办社宗旨,供销社的职能逐步从参与组建到指导服务转变。

2003年12月,象山县供销社在利用城南供销社改制后坐落于东陈乡南堡村约800平方米的剩余资产,率先兴建一个集超市、农资供应、农副产品购销及医疗保健、娱乐休闲等于一体的南堡村综合服务社。2004年,在晓塘乡西边塘村又兴建西边塘村综合服务社,同时新建西边塘超市。2005年,制定《象山县供销社村级综合服务社建设三年规划(2005—2007年)》,2008年又续订第二个三年规划,为供销社村级综合服务社建设明确目标和具体操作方法。至2008年底,全县共建成村级综合服务社42家。遍及全县15个乡镇(街道),年销售额达5360万元。

随着企业改制工作的结束,县供销社把工作重心转移到创办经营服务综合体、农村专业合作社,组建村级综合服务社和做好传统业务工作上来。自2002年11月创办象山县东海水产、象山天茗茶叶专业合作社以来,已办各类专业合作社12家,入社社员871人,股金447万元,带动农户7830户,收购农渔产品6420万元,销售6700万元。提高农民进入市场的组织化程度,有效缓解农渔产品的卖难问题。2004年5月组建南堡村综合服务社开始,共建村级综合服务社25家,年销售2880万元。县供销社现有独资企业1家,控股企业3家,象山丰润农资有限公司有农资连锁配送店148家,占全县农资网点91%。专业合作社、综合服务社和农资连锁店,供销社的为农服务组织和网络遍及象山城乡。

2015年,象山县供销社所属参控股企业6家(象山县再生资源总公司,占股100%;象山县丰润农资公司,控股68%;象山县日杂有限公司,控股53%;象山县烟花爆竹有限专营公司,参股25.5%;象山县再生资源科技有限公司,参股20%),基层供销社20家(象山城南、石浦、南田、定塘、丹南、高塘岛、东陈、门前涂、荔港、海川、鹤浦、新宏、西周儒芭、晓塘甬合、茅洋、西周、爵溪、涂茨、新桥、新桥基层供销社)。2015年,象山县供销合作社营业总收入6092万元,利润276万元,所有者权益7262万元。

农民合作经济组织联合会

2016年11月30日,象山县农民合作经济组织联合会(简称"农合联")成立。农合联牌子增挂在县供销社。同时,象山县下辖的18个乡镇(街道)级也成立农合联,会员总数1042个。象山县农合联第一届理事长:干维岳,常务副理事长:张尔一,副理事长:盛叶荣、章志鸿、黄建国、陈小浦、方见、谢定飞、张志清、黄开明、曹孟建;执委会主任:张尔一,执委会副主任:李修瑞、陆吉波、卞建新、夏建勋。

表 3-8　象山县供销合作社历任主任名录

单位名称	姓　名	任职时间	离职时间
象山县供销合作总社	于华杰	1950.06	1950.11
象山县供销合作总社	赵永建	1950.11	1952.08
象山县供销合作总社	张永桢	1952.08	1953.04
象山县供销合作总社	于华杰	1953.04	1955.06
象山县供销合作社	高林山	1955.06	1956.06
象山县供销合作社	张作兴	1957.09	1958.05
象山县供销合作社	杜竹轩	1961.10	1964.01
象山县供销合作社	杜竹轩	1964.01	1970.01
象山县商业革命领导小组	郑友庆	1970.06	1979.01
象山县供销合作社	周金法	1979.03	1983.06
象山县供销合作社	陈世灿	1983.06	1984.08
象山县供销合作社	曹英宝	1984.06	1986.06
象山县供销合作社	张雪明	1986.06	1990.03
象山县供销合作社	楼可平	1990.03	1992.03
象山县供销社联合社	薛先豪	1992.03	1999.03
象山县供销合作社联合社	史悠林	1999.03	2002.12
象山县供销合作社联合社	董传铭	2002.12	2005.10
象山县供销合作社联合社	祝秀雷	2005.10	2011.08
象山县供销合作社联合社	陈锦华	2011.08	2018.01
象山县供销合作社联合社	张尔一	2018.01	

第二章　基层供销合作社

基层供销社是联结城乡经济的桥梁和纽带,是实现为农服务宗旨的基本环节,是为农服务的直接承担者,也是供销社经济发展的基础和依托所在。在农业合作化过程中,是农民自愿筹集股金并由国家扶助起来的社会主义合作经济组织,是农村社会主义商业的主要形式。它在活跃城乡经济,促进商品流通,扶持农业生产合作社,方便农民群众生活等方面发挥了重要作用。供销社的发展与农村经济的发展息息相关。其组织形式是地域性的,实行购销、生产、服务相结合的综合经营,这是从20世纪50年代以来所形成的,它适合当时中国农村生产力发展状况。

改革开放以来,基层供销社在为"三农"传统农业服务中,按照综合经营的要求,一般都设有农副产品采购、农业生产资料供应、生活资料供应和饮食服务等业务经营机构。规模较大的基层供销社,还在所辖范围内的乡或经济集散地设立分支机构,称分社抑或是购销站。这种分支机构的业务经营既管收购又负责供应,还协助当地农民发展商品生产,是基层供销社的有机组成部分。

2000—2002年,全市农村基层供销社完成"两项制度"改革任务,基本退出竞争性流通领域。

第一节　农村基层供销合作社

1949年5月25日宁波解放。为恢复城乡贸易,保障供给,发展生产,党和政府重视和发展农村基层供销合作社。当时由浙江省委派出的合作工作大队到宁波各县经济作物区帮助指导农民创办基层供销合作社。7月,余姚县丰乐乡人民合作社成立,社员775人,为宁波地区第一个农村合作社。该社由丰乐乡乡长王学扬(中共党员)牵头会同江川等乡、村干部发动群众创办,社员755人。7月至10月底,慈溪县浒山镇、逍林乡、周巷镇、五磊供销合作社和观城二、三村合作社建立,尔后又自发地建立横河、周巷供销运输合作社。11月,鄞县栎社乡政府发动群众,由乡长杨廷甫等人用斗争胜利果实和被土匪抢劫追回款200多万元(旧币)作为资金,建立栎社乡合作社,吸收社员595人。同月,建立余姚县凤亭乡供销社。12月,建立奉化县大桥镇人民合作社和光明消费合作社。1949年底,全区共创办13个基层供销合作社。

1950年起,由试办农村供销社进入发展阶段,贯彻大力发展供销合作社的方针,经过各地乡镇政府的号召和发动群众,农村基层供销合作社纷纷或自发地组建。11月,省供销社组织人员到鄞县古林试点指导建立合作社。鄞县当时有9个区、104个乡镇,至12月全县组织建立18个基层供销社,社员7407人,吸收社员股金52407373元(旧币),社员干部117人。余姚县基层供销社发展较快,在各乡镇共相继建立基层供销社40个,社员33927人,股金25600元,社员干部332人。慈溪县至1950年5月,已成立10个基层供销合作社。奉化县自发组织起18个合作社。

1950年11月,省供销合作总社组织工作队到鄞县古林镇开展办社试点工作,为土改后合作社的大发展作好准备。12月,根据宁波专区关于基层供销合作社整理计划的要求,各县供销合作总社制订基层社整理方案。是年底,全区建有基层供销社、消费社122家,社员69216人。

1951年5月,宁波农村90%以上的地区基本完成土地改革,农民生产热情高涨,迫切要求解决生产、生活资料和农副产品的供销问题。因此,没有建立供销社的乡镇,农民迫切要求建立供销社。7月起,各县供销合作总社根据办社标准,大力发展基层供销社。至1951年底,全区基层供销社发展到362个。其中,余姚县有基层供销社45个,消费社3个,生产合作社1个,共有社员135469人。慈溪县有基层供销社22个,设门市部49个,分销处21个,全县有75%农户参加供销合作社组织。鄞县有基层供销社24个;奉化县有基层供销社18个;象山有基层供销社22个,定海县有基层供销社28个;镇海县有基层供销社28个;宁波市郊区基层供销社22个。全区社员人数65.57万人,股金72.03万元。年销售总额1698.05万元。

1952年1月,上虞、新昌、嵊县3县供销合作总社划归宁波专区供销合作总社。10月,原台州专区的宁海县供销合作总社划归宁波专区供销合作总社。是年,各县供销合作总社专区要求,以集镇建社的原则,组织整社,对社区范围、商品流向作出明确安排。按地区组织联合,以集镇为中心将1951年362个全区基层供销社调整为278个,其中鄞县27个,慈溪24个,镇海28个,奉化16个,定海28个,象山22个,余姚34个,嵊县21个,新昌15个,上虞23个,宁海17个,共有社员102.11万人,股金171.86万元,年销售总额8677万元,积累资金113.59万元,农村基层供销社干7094人。

1951年至1952年,在宁波专区供销合作总社集中力量,整理基层供销合作社,洗刷成分不纯的社干,纯洁全区312名供销社领导干部队伍,初步建立为社员、为农业生产服务的经营服务网络,合作社已成为农村社员主要的经济组织。经过整理,到年底,全区12县(市)供销社、209个农村基层供销社中,一类社15个,二类社180个,三类社14个。1953年2月,绍兴县供销合作总社划归省社宁波专区办事处管辖。6月,定海县供销合作总社划归舟山专区。全区77个基层供销社继续进行整顿,处理冗员413人,农村基层供销社从上年的209个调整为280个,共有门市部1017个,社员121.39万余人,基层社干8641人,社员股金231万元,积累资金368万元。

1954年5月,天台、临海、三门三县供销合作总社划归省社宁波专区办事处管辖(1957年划归台州地区)。原属镇海县合岙供销社并入鄞县鳌山供销社。12月,余姚、镇海、慈溪3县调整行政区域,根据县境划分,原属余姚的范市、泗门、浒山、周行、曹娥、驿亭、长河、天元、庵东、东三、道林、坎墩等12个基层供销社和道林棉花加工厂以及浒山铁工社、竹器社、周巷铁器社、草帽社、庵东木业社、天元金丝草帽社等划给慈溪县。原属慈溪县的城关、大隐、孝东、庄桥、朱洪山、厩山、云山、丈亭等8个基层供销社以及南山篾箪社、慈城、洪塘竹业社、丈亭砖瓦社划给余姚县。余姚县基层供销社时有20个(其中8个区社),收购和供应点221个。同年3月开始,省社宁波专区办事处对全区基层供销社的设置进行全面性并社和调整,并派整社工作队试点。全区12个县(市)206个基层供销社普遍进行整顿工作,其中余姚30个,慈溪21个,镇海24个,鄞县26个,奉化14个,新昌12个,嵊县16个,宁海14个,上虞13个,绍兴县及绍兴市35个,宁波市1个。

从1950年12月至1954年6月,各县供销合作总社分三次对农村基层供销社进行整理。1956年3月,仙居县供销合作总社划归省社宁波专区办事处管辖。是年,农村开始撤区并乡,调整行政建制,按照以经济区域建社的原则,全区90%以上的基层供销社经过整顿基层供销社规模开始并大,实行以乡建社。1957年9月,天台、临海、三门、宁海、仙居5县划复给台州专区。萧山(1959年复归杭州市)、诸暨2县供销合作总社划归省社宁波专区办事处。全区基层供销社又调整发展增加到296个。其中,奉化县9个,鄞县14个,余姚县9个,慈溪县8个。

1958年,随着农村实行人民公社化,全区基层供销社第一次进行大撤并。4月,省社宁波专区办事处、市供销合作社与商业局合并。各县供销合作社也同时并入商业局。9月,浙江省委批转财贸部《关于农村人民公社当前财贸工作若干问题意见的报告》,决定将农村商业机构(包括基层供销社、公私合营商业、合作商店、合作小组、个体小商贩)下放到人民公社管理。10月起,全区基层供销社改变隶属于关系,统一下放给人民公社,建社形式变成以人民公社为单位建立的供销部,农村165家基层供销社改为人民公社供销部。根据1958年6月8日中共中央《关于两个商业部分合并问题的意见》,确定"公社供销部为全民性质。"合作商店也过渡进入公社供销部(性质不变)。11月,宁海县大里、双湖、香山、紫溪、西垫、深甽等6个供销社划入奉化县供销社。全区农村165家基层供销社改为人民公社供销部,合作商店、合作小组皆变成国营商业,供销合作社由集体所有制过渡到全民所有制,农村商业流通领域由国营商业独家经营。翌年又调整商业结构,恢复合作商店、合作小组、代购代销点。

1958年至1959年,鄞县、镇海县并入宁波市,随之两县供销社及基层供销社并入宁波市供销社,至市、县分开止。在"大跃进"运动期间,按照省委批转省供销社《关于调整农村基层供销社机构方案》中提出的"撤销区供销社,建立乡供销社"的要求,全区按人民公社行政区域原则,改为以行政区划分的公社为供销社建制单位。如鄞县建立48个基层供销社,余姚县建立60个基层供销社,慈溪县建立24个基层供销社,奉化县建立34个基层供销社,同时建立区一级派出机构,即区供销社办事处,基层供销社接受区、县两级供销合作社的双层领导。1960年1月,舟山县供销合作总社划归省社宁波专区办事处管辖(1962年6月划归舟山专区)。4月、9月,奉化、宁海2县行政区域调整,奉化县西垫、深甽社办事处和大里、双湖、香山、紫溪、西垫、深甽等6个基层供销社划归宁海县供销社。奉化县基层供销社调整为大桥、江口等28个基层供销社。10月,重新恢复省社宁波专区办事处和市、县供销合作社。是年底,全区有12个县(市)级供销社(包括宁波市、奉化、余姚、慈溪、象山、上虞、绍兴、诸暨、嵊县、天台、舟山、新昌等县供销社)。全区从原来165个公社供销部调整为534个基层供销合作社。在组织形式上,以公社建社的有432个,以经济区建社的有72个,以区建社的有30个。县、市供销社在区一级设置93个办事处。

1962年5月,按照经济区域划分设置的建社原则,并参照1957年的基层供销社机构设置情况,再次对基层供销社进行合并和调整。6月,舟山县供销合作社归舟山专区。9月,中共中央在《关于商业工作问题的决定》中,将供销合作社恢复为集体性质,调整、合并供销社机构。1962年5月,市供销社对郊区基层供销社(镇海、鄞县、甬江、慈城)组织机构进行调整,划出鄞县44个基层供销社。对镇海、甬江、慈城原来以公社建社的44个基层供销社,调整为经济区域建社,原市供销社在各区供销社办事处先后撤销。调整后共设10个联合供销合作社,即甬江(庄桥、庄市)、骆驼(沙河、长石、觉渡、西河)、贵驷、柴桥、三山、骆驼、镇海、慈城、郭巨、大碶供销社。6个区办事处所属的供销社和市属公司精简人员350人。6月,市供销社对市郊(包括镇海)基层供销社组织机构再次进行调整,原以公社建社的42个基层社,调整为以经济区域建社,调整为9个基层供销合作社,即甬江、近郊、柴桥、三山、骆驼、镇海、慈城、郭巨、大碶等供销社,并撤销原市供销社15个各区办事处。至翌年底,县、市划分,恢复镇海县供销社及基层社并划归镇海县后,市供销社所属有甬江、慈城、近郊等3个基层社。

全区基层供销社调整工作基本结束。基层供销社由1961年恢复供销社后的534家基层供销社,调整为133个供销社,其中以区建社80个,以集镇为中心联合周围几个公社建社的41个,仍保留以社建社的12个(多系个别偏僻山区)。同时,据对鄞县、奉化、嵊县、新昌等7县84个基层供销社进行排队,在思想上、组织上、工作秩序上、经营管理上较好的基层供销社有26个,有一般问题的基层社有46个,有严重问题的基层社12个。

1964年4月,三门县南田区划归象山县,所属高塘、鹤浦2个基层社随之划入象山县供销社。是年9月,上虞、新昌、嵊县、诸暨、绍兴5县供销社划归绍兴专区。全区基层供销社实行按"经济区域调整商业机构,合理组织商品流通"的改革。至年底统计,全区基层供销合作社82个。1966年,全市基层供销社以经济区域建社调整为79个。基本上纠正以公社建社时出现的弊端。以后20余年,全区基层供销社和社区范围相对比较稳定。在"文化大革命"中,供销社的理监事会制度被否定,农村供销社由贫下中农管理。1970年,浙江省强调农村商业实行由"贫下中农管理"(或称"贫下中农毛泽东思想宣传队")制度,并且进驻基层供销社试点,部分"贫宣队"人员转为供销社正式职工。同时再次推行以公社建社办法。1972年,推行贫下中农管理农村商业后,全区将近有40%的基层供销社实行"贫管"。至1975年,全区基层供销社大都实行"贫管"。1976年,全区有77家基层供销社。1978年基层供销社调整为74个,其中供销社分社302个,职工9663人。

1979年9月,余姚、慈溪2县调整部分行政区域,将余姚龙南区(今称横河)供销社划给慈溪县,慈溪县泗门区供销社划入余姚县。1980年,全区基层供销社78个。1982年,农村人民公社政、社分开的改革试点与农村基层供销社体制改革试点先后开始。省内有些地区在人民公社政社分开的改革试点方案中,又把农村基层供销社下放给乡(公社),作为公社农工商联合公司的一个所属部门。但在改革过程中,建社原则之争时有发生。有些地方主张"以公社建社"的原则调整基层供销社设置。宁波地委和行署采纳供销社的意见,就基层供销社的规模问题,宁波地委宁署〔1983〕4号文件,明确以经济流向设置基层供销社。按照此要求,全区供销社在农村以中心集镇(经济区)建立87家基层供销社,绝大部分原来以公社建社的调整为分社或基层社营业网点。省供销社体制改革办公室及时介绍宁波地委和行署的意见,即"宁波地区基层供销社建制一般以经济流向建社,规模基本适当,原则上不作变动"。

1983年8月,地、市行政建制调整,实行市管县,地、市供销社合并,建立宁波市供销合作社。恢复"三性"体制改革,恢复集体商业性质,并且大都召开县供销合作社社员代表大会,将县供销合作社改称为县供销合作社联合社,成为基层供销社的经济联合组织,全市87个基层供销社调整为95个。原属供销社系统归口管理的合作商店,多数以区(镇)建立综合公司(总店),县设总公司。

1984年,全市基层供销社的设置原则和建社形式再次恢复"以经济区域建社"。设置基层供销社82个,比1980年78个减少4个。1985年,基层供销社以中心(经济区)调整为87家基层供销社。1986年,全市有基层供销社89家。9月,全市基层供销社进一步落实和完善经营责任制,有80%以上基层社推行"工奖捆浮"责任制,月人均"捆浮"工资12.50元。至年底,全市没有一个基层供销社发生亏损。1987年,全市94个基层供销社,共有干部职工26900余人。

1989年前,基层供销社按照合作制原则组建,实行民主管理,设有社员代表大会、理事会、监事会。1990年,建立县、基两级供销社社务委员会44个,委员360人。全市有4家基层供销社评为市级先进企业,2家基层供销社获评省级先进企业称号,累计27家企业管理跻身省、市级先进行列。1991年,各级供销社切实加强领导,对亏损大户派驻工作组,具体帮助扭亏转盈,抓出成效。健全各项管理制度,堵塞漏洞,全面落实新二轮承包经营责任制,完善内部考核和奖赔制度。调整和扩大核算规模。如余姚市基层供销社从原103个核算单位调整为64个,避免核算过小,资产分散,重复进货等弊病,增强调控能力。特别是抓资金总量平衡和定额管理等工作有效地提高资金利用率,使全市供销社系统节约利息支出500万元左右。年末,全市基层供销社81家,其中供销分社294个,零售网点2464个,信息服务组78个,技术服务组织365个。这一年,基层供销社经营艰难,81家基层供销社实现利润仅76万元,减少94.6%,其中22个基层社累计亏损569万元,陷入前所未有的困境。究其原因,一是改革开放以来,基层社的生存条件急剧变化,长期在计划经济下依赖国家政策支持而生存的基层供销社,除农资商品外,已无计划物资经营。二是市场日益放开,购买力快速流向城市,农村市场则是个体商贩蜂起,挤占原供销社的市场份额和生存空间。支农、微利、养人的基层供销合作社因缺乏活力,而生存艰难。面对困境,市供销社在深入调研的基础上,提出"开拓一块,巩固一块,放开一块"的调整原则。"开拓一块"主要是集中力量建设中心集镇经营设施,开展适度规模经营;"巩固一块"是抓好农资等重点经营业务;"放开一块"则是在"边、小、微、亏"企业中,借鉴个体经营机制,推行"社有个营",以活对活参与市场竞争。

1992年以后,市供销社系统除了进行传统行业(农资、棉花、茶叶、废旧日杂、畜产、果品等)经营体制改革外,主要拓展城镇综合商业,先后组建新江厦商城、慈溪供销大厦、慈溪大厦、余姚太平洋商厦、宁海供销大厦、象山供销大厦等一批有影响力的大型综合商场,同时还扩建奉化大酒店、慈溪大酒店等一批旅游宾馆饭店。市场建设全面推进,外向型工业从无到有,稳步发展,仓储容量逐步扩大。到1996年底,全市供销社系统形成"五群"并驱的发展局面。

1992年,撤区并乡后,全市有78家基层供销社,分社280个,零售网点2335个。是年,全市基层供销社开展"双增双节、扭亏增盈"活动,改善购物环境。改建新建营业网点,巩固阵地。新办商场6家,改建、扩建老旧商场20余家。同时,发挥供销社群体优势,开展联购分销,主动出击,寻找市场,开拓经营,节资节源,促进销售,并落实扭亏增盈目标责任制。全市基层供销社实现零售额83297万元。其中有4个基层供销社、10个商办工厂实现扭亏增盈。1994年,全市基层供销社79家,其中以乡建社11家,以镇建社24家,跨乡建社44家,职工18437人。经过1992年至1994年对基层供销社的恢复性调整,各基层供销社开始有了新的发展,自觉融于都市经济,除所在地中心集镇大力兴办区域性商场外,还向城区发展。慈溪浒山供销社和城区供销社分别开发工贸发展和五交化商场;余姚市基层供销社联合在余姚城区建造1万平方米商场,象山县供销社重点发展丹城、石浦两镇综合商场,北仑区、宁海县供销社在县、区社所在地兴建上档次上规模的商场;奉化市供销社重点发展大桥、溪口、莼湖三大镇商场建设。10月,国内贸易部公布:在全国供销社系统中,慈溪市浒山、庵东、鄞县邱隘、大嵩,北仑区大碶供销社为百强基层供销社。其中浒山供销社列百强基层社第3位。在全省基层供销社销售、利润、综合效益三项前50名中,宁波市供销社系统分别占5位、15位、14位,分列如下。

(1)销售收入前50名基层社为:慈溪市浒山供销社销售额2.42亿元(第2位),慈溪市城区供销社销售额1.16亿元(第10位),江北供销社销售额7956万元(第20位),慈溪市观城供销社销售额6382万元(第28位),镇海区骆驼供销社销售额5855万元(第41位)。

(2)利润前50名基层社:鄞县大嵩供销社利润额219万元(第1名),鄞县邱隘供销社利润额128

万元(第3名),鄞县横溪供销社利润额117万元(第7名),慈溪市浒山供销社利润额101万元(第10名),慈溪市庵东供销社利润额87万元(第12名),鄞县天童供销社利润额76万元(第13名),鄞县凤岙供销社利润额71万元(第14名),鄞县姜山供销社利润额50万元(第17名),北仑区大碶供销社利润额40万元(第21名),鄞县鄞江供销社利润额34万元(第26名),镇海区骆驼供销社利润额33万元(第27名),奉化市溪口供销社利润额33万元(第28名),鄞县望春供销社利润额27.5万元(第34名),余姚市城南供销社利润额27万元(第35名),北仑区柴桥供销社利润额21.4万元(第40名)。

(3)所有者权益前50名基层社:慈溪市浒山供销社5263万元(第1名),慈溪市庵东供销社3941万元(第2名),慈溪市逍林供销社2900万元(第4名),鄞县凤岙供销社1203万元(第21名),慈溪市城区供1183万元(第22名),慈溪市观城供销社1125万元(第24名),宁波市合立供销社1054万元(第26名),慈溪市周巷供销社1023万元(第27名),慈溪市横河供销社1011万元(第228名),镇海区骆驼供销社971万元(第33名),鄞县望春供销社860万元(第40名),鄞县邱隘供销社851万元(第42名),慈城供销社777万元(第48名),鄞县姜山供销社771万元(第49名)。

1995年9月,市政府召开全市加强基层供销社建设电视、电话会议,要求着重抓好"一基""两线",加大改革力度,开拓经营、加快发展;提高经济运行质量,振兴供销社经济。涌现一批像鄞县大嵩供销社、邱隘供销社,慈溪市浒山、庵东供销社,余姚市泗门供销社等服务功能比较齐全、经济实力较强、经营效益较好的先进单位。市供销社《信息摘编》分别全文报道鄞县大嵩供销社、慈溪市庵东供销社、慈溪市横河供销社顽强拼搏,面貌大变,重振雄风,跻身全国百强社的先进事迹。是年,全市调整基层供销社建制,撤并4个基层社,从原来的84个基层供销社调整为77个,分社225个,生活资料门店(柜组)3846个。基层供销社大致可分为四类:第一类综合经济效益全年突破百万元以上的占10%左右;第二类综合经济效益在50万元至100万元之间的占60%左右;第三类综合经济效益在20万元至50万元之间的占20%上下;第四类亏损或处于亏损边缘的10%左右。全市77家基层供销社实现利润1345.25万元,增长33.81%,亏损基层供销社由上年的7家减至5家,亏损实额由上年的213.47万元减至81.66万元。

1995年,省供销社公布,全省基层供销社销售、利润、综合效益三项前50名,宁波市供销社系统分别占8位、17位、16位,分列为:(1)销售收入前50名基层社:慈溪市浒山供销社销售额2.314亿元(第2位),慈溪市庵东供销社销售额1.318亿元(第9位),慈溪市城区供销社销售额1.076亿元(第13位),宁波市江北供销社销售额0.91亿元(第19位),慈溪市横河供销社销售额0.822亿元(第21位),镇海区骆驼供销社销售额0.731亿元(第26位),慈溪市观城供销社销售额0.614亿元(第34位),余姚市低塘供销社销售额0.531亿元(第48位)。

(2)利润前50名基层社:鄞县大嵩供销社利润额205万元(第1名),鄞县邱隘供销社利润额176万元(第2名),鄞县横溪供销社利润额135万元(第4名),慈溪市庵东供销社利润额130万元(第5名),慈溪市浒山供销社利润额101万元(第10名),鄞县栎社供销社利润额65万元(第13名),鄞县姜山供销社利润额62.49万元(第14名),鄞县天童供销社利润额62.14万元(第15名),鄞县鄞江供销社利润额56万元(第17名),鄞县凤岙供销社利润额54万元(第19名),北仑区大碶供销社利润额40万元(第25名),鄞县望春供销社利润额37.5万元(第28名),镇海区骆驼供销社利润额36万元(第30名),余姚市泗门供销社利润额31万元(第33名),北仑区柴桥供销社利润额824.4万元(第42名),奉化市溪口供销社利润额23.7万元(第44名),鄞县古林供销社利润额23.4万元(第45名)。

(3)综合效益前50名基层社:慈溪市庵供销社439万元(第1名),浒山供销社404万元(第4名),鄞县大嵩供销社232万元(第7名),鄞县邱隘供销社216万元(第9名),横溪供销社156万元(第16名),北仑区大碶供销社131万元(第22名),鄞县凤岙供销社122万元(第25名),镇海区骆驼供销社112万元(第29名),慈溪市城区供销社111万元(第30名),余姚市泗门供销社102万元(第33名),鄞县姜山供销社100万元(第33名),北仑区柴桥供销社88.02万元(第42名),慈溪市观城供销社88万元(第43名),慈溪市逍林供销社83万元(第46名),鄞县栎社供销社79万元(第48名),奉化市溪口供销社74万元(第50名)。

1996年,市供销社印发《关于在全市开展"脱贫""强社"活动的通知》《关于组织"对口帮扶"和深化基层供销社改革试点的意见》,同时转发贯彻市政府《转发市财办等部门关于深化改革加快发展商品流通若干意见的通知》。各县(市)区供销社相继选择1—2个基层供销社进行改革试点,8个县(市)区供销合作社开展结对互帮,选择2—3个实力强的公司或单位开展结对帮扶经营困难的基层社。多数县(市)区基层供销社实施改革探索。是年6月12日,市供销社转发《鄞县大嵩供销社、余姚市马渚供销社深化改革和加强建设的实施方案》。推动全市基层供销社的改革步伐,而且对于市、县两级供销社企业改革都有启迪作用。慈溪市浒山供销社、慈溪市庵东供销社、鄞县大嵩供销社、鄞县邱隘供销社、鄞县横溪供销社、余姚市泗门供销社、镇海区骆驼供销社、北仑区大碶供销社、鄞县姜山供销社等9个单位被评为市供销社系统基层强社。据统计,上述9家强社1996年汇总销售、利润、综合效益、净资产分别达到8.34亿元、850.5万元、1667.4万元、1.24亿元,分别占全市77家基层供销社总份额的42.5%、70.1%、64.6%、20.9%。

省供销社《关于表彰1996年度主要经济指标列前50名的基层供销社的通报》:

(1)慈溪市浒山供销社以销售收入23441万元列全省基层供销社第2名,慈溪市庵东供销社(14481万元)列7名,余姚市泗门供销社(10800万元)列14名,慈溪市横河供销社(10165万元)列第18名,镇海区骆驼供销社(8455万元)列22名,宁波市江北供销社(7130万元)列27名,慈溪市逍林供销社(5692万元)列36名,鄞县邱隘供销社(5481万元)列40名,鄞县姜山供销社(5339万元)列44名。

(2)鄞县大嵩供销社以利润总额218万元列全省基层供销社第1名,鄞县邱隘供销社(154万元)列3名,鄞县横溪供销社(148万元)列4名,余姚市塘栖供销社(104万元)列第9名,慈溪市浒山供销社(102万元)列第10名,鄞县凤岙供销社(74万元)列13名,慈溪市庵东供销社(63万元)列16名,鄞县天童供销社(54万元)列20名,余姚市泗门供销社(51万元)列22名,鄞县姜山供销社(50万元)列23名,北仑区大碶供销社(40万元)列25名,镇海区骆驼供销社(39万元)列27名,鄞县鄞江供销社(35万元)列30名,鄞县栎社供销社(30万元)列34名,鄞县古林供销社(24万元)列44名。

(3)慈溪市浒山供销社以综合经济效益(利润+提留)269万元列全省基层供销社6名,慈溪市庵东供销社(274万元)列7名,鄞县大嵩供销社(249万元)列11名,鄞县邱隘供销社(194万元)列14名,鄞县横溪供销社(169万元)列19名,慈溪市逍林供销社(157万元)列23名,余姚市泗门供销社(150万元)列26名,鄞县凤岙供销社(123万元)列28名,镇海区骆驼供销社(120万元)列31名,慈溪市庵东供销社(113万元)列35名,鄞县姜山供销社(104万元)列44名。慈溪浒山、庵东供销社,余姚泗门供销社被评为省供销社系统强社。是年,全市基层供销社77家,职工人数15156人。

表3-9 1996年宁波市基层供销社强社经济指标一览

单位：万元

基层社名称	净资产	销售总额	综合经济效益	报表利润
浒山供销社	1662	23441	296	102
庵东供销社	4374	14482	275	63.5
大嵩供销社	868	5331	249	218.2
邱隘供销社	846	5481	194	154.2
横溪供销社	947.5	5064	169.5	131.6
泗门供销社	1001	10800	150.9	51.7
骆驼供销社	955	8455	120	39
大碶供销社	835	5050	108	40
姜山供销社	866	5339	105	50.3

1997年，省供销社印发《关于表彰1997年度主要经济指标列前50名的基层供销社的通报》：（1）宁波市供销社系统有9个基层供销社销售收入进入全省供销社系统前50名：慈溪市浒山供销社（第3位，20914万元）、慈溪市庵东供销社（第9位，13992万元）、宁波市江北供销社（第16位，9398万元）、慈溪市横河供销社（第17位，9051万元）、慈溪市城区供销社（第19位，8631万元）、镇海区骆驼供销社（第23位，7568万元）、慈溪市逍林供销社（第34位，5577万元）、慈溪市观城供销社（第45位，4919万元）、余姚市泗门供销社（第46位，4914万元）。

（2）有12个基层供销社综合效益列全省供销社系统前50名：慈溪市浒山供销社（第7位，285万元）、鄞县横溪供销社（第14位，175万元）、余姚市泗门供销社（第18位，153万元）、鄞县邱隘供销社（第19位，135万元）、镇海区骆驼供销社（第23位，116万元）、慈溪市庵东供销社（第24位，109万元）、慈溪市观城供销社（第26位，107万元）、余姚市城南供销社（第30位，100万元）、鄞县大嵩供销社（第32位，99万元）、鄞县姜山供销社（第37位，92万元）、宁波江东供销社（第46位，80万元）。

（3）有11个基层供销社综合效益列全省供销社系统前50名：鄞县横溪供销社（第2位，134万元）、鄞县邱隘供销社（第9位，100.39万元）、慈溪市浒山供销社（第10位，100万元）、鄞县大嵩供销社（第15位，69.75万元）、鄞县凤岙供销社（第21位，60万元）、鄞县天童供销社（第22位，59.59万元）、余姚市泗门供销社（第26位，40.87万元）、鄞县姜山供销社（第27位，39万元）、鄞县栎社供销社（第28位，36万元）、宁波江东供销社（第29位，32万元）、鄞县古林供销社（第32位，30万元）。1998年开始，全市农村基层供销社"两项制度"改革启动。是年11月，国务院《关于深化化肥流通体制改革的通知》（国发〔1998〕39号）和《关于深化棉花流通体制改革的决定》（国发〔1998〕42号）这两个文件的出台，标志着供销社传统行业中主要两项指令性计划的结束。是年，全市基层供销社为76家，商业网点3709个，合作商业网点4355个，信息服务组78个，技术服务组织365个。

1999年，全市供销社系统贯彻落实全国供销合作总社提出把扭亏增盈作为工作的重中之重的精神，加大改革力度。制定出台《市供销社企业产权制度改革总体方案》，市政府也出台《关于解决当前供销合作社几个突出问题的通知》（甬政发〔1999〕253号），单独为供销社改革出台相关扶持政策。是年，全市22家基层供销社企业完成体制改革任务。

是年底,省供销社对1999年度主要经济指标列前50的基层供销社予以通报,销售收入列前50名的基层社:(1)慈溪市庵东供销社销售额16286万元,列第2位;慈溪市横河供销社销售额11687万元,列第5位;江北供销社销售额6312.7万元,列第13位;镇海区骆驼供销社销售额6292万元,列第14位;慈溪市观城供销社销售额5833万元,列17位;慈溪市城区供销社销售额5410万元,列第19位;余姚市泗门供销社销售额5037万元,列第20位;慈溪市逍林供销社销售额4974万元,列第21位;宁波市江东供销社销售额4547万元,列第23位;北仑区新碶供销社销售额3812万元,列第30位;余姚市马渚供销社销售额3659万元,列第32位;鄞县横溪供销社销售额3133万元,列第35位;余姚市低塘供销社销售额2589万元,列第45位;镇海区庄市供销社销售额2313万元,列第48位。

(2)综合效益列前50名的基层社:慈溪市浒山供销社205万元,列第9位;慈溪市庵东供销社138万元,列第13位;余姚市泗门供销社138万元,列第13位;鄞县横溪供销社123万元,列第17位;慈溪市观城供销社104万元,列第19位;奉化市溪口供销社76万元,列第24位;奉化市江口供销社66万元,列第27位;余姚市城南供销社65万元,列第31位;镇海区骆驼供销社61万元,列第37位;慈溪市横河供销社58万元,列第45位。

2000年,全市系统已有120家县以上企业,62家基层社基本完成改制任务,2万余名在职职工转变身份。是年,据省供销社统计,宁波市供销社系统有27个基层供销社主要经济指标进入全省前50名。(1)销售收入进入全省前50名的供销社共有17个:慈溪逍林供销社(第6位,8625万元)、周巷供销社(第12位,6167万元)、城区供销社(第15位,5739万元)、镇海骆驼供销社(等17位,5318万元)、慈溪横河供销社(第18位,5285万元)、浒山供销社(第20位,5051万元)、观城供销社(第21位,4695万元)、宁波江北供销社(第25位,4584万元)、余姚泗门供销社(第26位,4152万元)、慈溪庵东供销社(第27位,4094万元)、余姚马渚供销社(第29位,3500万元)、鄞县横溪供销社(第31位,3299万元)、宁波江东供销社(第34位,3100万元)、镇海庄市供销社(第38位,2718万元)、余姚低塘供销社(第41位,2565万元)、宁波海曙供销社(第45位,2500万元)、象山石浦供销社(第49位2320万元)。

(2)利润总额进入全省前50名的供销社共有6个:镇海骆驼供销社(第4位,60万元)、鄞县横溪供销社(第11位,39.72万元)、余姚泗门供销社(第16位,25万元)、城南供销社(第25位,15.32万元)、临山供销社(第42位,8.52万元)、北仑大碶供销社(第47位,7.90万元)。

(3)综合效益进入全省前50名的供销社共有5个:镇海骆驼供销社(第6位,77.72万元)、鄞县横溪供销社(第9位,52.04万元)、余姚泗门供销社(第25位,25.51万元)、余姚城南供销社(第40位,15.32万元)、余姚临山供销社(第43位,14.38万元)。

2000—2002年,全市有76家基层供销社完成"两项制度"改革任务。农村基层供销社从1998年的76家减少到2002年的28家,而且还是以保留牌子为主,实际运行基层社不多。在全市供销社系统改制基本完成后,基层经营服务网络缺失问题突显出来,这对供销合作社发展合作经济及基层经营服务业务形成制约瓶颈。

2003年起,贯彻落实省供销社《关于推进基层供销社改造重组制定三年建设规划的通知》(浙合指〔2003〕69号),重建经营服务网络体系和基层组织体系的"二次创业",重点发展"三社一会"(新型基层供销社、农民专业合作社、村级综合服务社和专业经济协会),全面推进以农资连锁经营、农产品流通服务、再生资源回收利用、日用消费品连锁经营等为主要内容的新农村现代流通服务网络建设。

2008年3月,贯彻转发市工商局《关于基层供销社登记注册有关问题的通知》,对基层供销社登记注册等有关问题作出具体规定。至2016年,全市供销社系统新建或改造新型基层供销社112家,经营服务综合体113家。详见本章第三节新型基层供销社(经营服务综合体)相关内容。

第二节　郊区基层供销合作社

1949年冬至1950年春,宁波市消费合作社成立。当时舟山定海县还未解放,海上封锁,蒋匪帮飞机不断在宁波市区轰炸,物价波动,工商业萧条,工人失业,市民们迫切需要粮食。为度过春荒,平抑物价,市工商局号召组织消费合作社,开办江北、江东、海曙、镇明、庄桥、湾头等27个居民消费合作社(合作社)、2个生产合作社,共有社员9730人,社干263人,股金8560万元(旧币)。

1950年春,孝东供销合作社在慈城成立,同时洪塘、庄桥供销合作社成立。3月21日,宁波专区供销合作总社成立。9月起,根据华东合作社关于基层供销社的整顿方案,宁波专区供销合作总社对各地建立的基层社普遍进行整顿、登记。至1952年9月,取消不符合规格的鄞县鄞奉等4个合作社,合并江东、江北合作社及江东第一合作社,从原27个合作社精简到18个,清理成分不纯的社员1130人,社员总数28417人,股金由8560万元(旧币)增加到31640万元(旧币)。

1952年,宁波老市区合作社如春笋般地发展起来,相继成立大约40个由区、街道以及工厂企业等单位组织的消费合作社和郊区供销社,其中宁波市郊区建立22个基层合作社。是年11月1日,宁波市合作总社成立,负责整顿市区消费合作社和郊区基层供销社工作,其时所属消费社或分销处均改为供应站。1953年,孝东供销社建立半浦、乍山、云湖、妙山等供销分社。1954年,原隶属于慈溪县供销社的孝东、洪塘、庄桥供销社划入余姚县供销社辖管。1956年7月,实行私营商业社会主义改造,市区和郊区供销社将市郊辖区内的600余户私营商业改造为公私合营和合作商店,并增设专业或综合性商店,归口于供销社管理。8月,孝东供销合作社更名为慈城供销合作社;郊区、庄桥两供销合作社合并成市郊区供销合作社。1958年11月,郊区基层供销社下放给公社,同时将小商小贩并入,建立公社供销部,成为国营商业在郊区的基层组织,实行双重领导。在此期间,部分供销社财产被平调、移用。其时,郊区行政区域多次变化,基层供销社机构和隶属关系亦几经调整。

1958年至1959年,鄞县、镇海县先后并入宁波市,随之两县供销社及农村基层供销社并入市供销合作社。1959年10月,慈城、庄桥、洪塘供销社归属市供销社。1960年,市供销社郊区设有15个区办事处、90个基层供销社及所属零售、加工部门,独立核算单位94个,共有职工8296人。其中宁波市郊区有甬江、庄桥、慈城、洪塘4个供销社,农副产品、日用什品、生产资料等3个经理部和贸易货栈(副食品经营部)。共有零售网点35个,职工883人。担负着市郊的生产资料、生活资料和农副产品采购任务。是年,建立甬江供销社,所属有东郊、江北、北郊、慈城等4个分社。

1961年起,郊区人民公社供销部逐步恢复为区供销社的分社(部),原小商小贩仍组成合作商店(小组)。10月,宁波市委为加强对市区基层供销社领导,按行政区设立办事处15个(包括镇海、鄞县),即郭巨、柴桥、镇海、骆驼、慈城、甬江、邱隘、天童、鄞江、横溪、姜山、望春、古林、大嵩、大碶等办事处,作为市供销社派出机构,受市供销社和所在区公所的双重领导,正副主任由市委任免。是年,郊区基层供销社90个,独立核算单位94个,职工6246人。其中有甬江、庄桥、慈城等3个基层供销社(11个供销分社)。甬江供销合作社(社区在三市),下设东郊分社、江北分社、北郊分社,代购代销店39家,归口合作商店10家。庄桥供销社下设洋市分社、费市分社、洪塘分社,代购代销店33家,归口合作商店24家。慈城供销社,下设裘市分社、半浦分社、乍山分社、妙山分社、云湖分社,代购代销店35家,归口合作商店130家。担负着市郊的生产资料、生活资料供应和农副产品采购任务,还承担市区的日用杂品、南北果品、枝柴、煤炭和部分副食品的供应任务。

1962年2月,对郊区基层供销社(镇海、鄞县、甬江、近郊、慈城)组织机构进行调整,划出鄞县44个基层供销社。6月,对镇海、甬江、慈城原来以公社建社的43个基层供销社调整为以经济区域建社,调整后共设10个联合供销社,即甬江(庄桥、庄市)、骆驼(沙河、长石、觉渡、西河)、贵驷、柴桥、三山、骆驼、镇海、慈城、郭巨、大碶供销社。并撤销原市供销社15个各区办事处。至年底,县、市划分,恢复镇海县供销社及基层社划归镇海县。市供销社所属有甬江、慈城、近郊等3个基层社。1964年1月,建立洪塘供销社,市郊区的甬江、近郊、慈城等供销社,调整为洪塘、甬江、近郊、慈城等4个供销社,共有干部职工962人。1965年,近郊供销社在郊区设有梅墟、白沙、湾头、东郊、西郊5个综合商店和压赛、南门2个分店,生产资料、生活资料、农副产品采购3个专业商店;12月,建立郊区供销合作社蔬菜批发推销站。庄桥供销社下设费市、洋市、新阳综合商店和生产、生活、采购3个专业商店,另有1个加工场。

1966年,"文化大革命"开始后,供销社理、监事会制度被否定,社员代表大会停止召开。1970年,省委强调农村商业推行"贫下中农管理"制度,同时再次推行以公社建社的办法。1972年起,实行贫下中农管理农村商业,郊区基层供销社全部实行"贫管"。1975年3月,省商业厅发出补充规定,提出凡是具备以公社建立供销社条件的,一般以社建社;凡是有区委的地方,原来按区设置基层供销社的,区供销社机构不变;区供销社设在公社的供销分社,一般实行区、社两级管理,两级核算。1977年12月,国务院宣布供销合作社为全民所有制商业。当时郊区有4个基层供销社及所属11个分社,经营网点420个,农村"三代"店107个,职工2105人。1978年,郊区设有甬江、庄桥、洪塘、慈城等4个基层供销社,职工2400人。其中甬江供销社200人,庄桥供销社262人,洪塘供销社160人,慈城供销社501人。归口供销社管理的合作商店44个,职工1040人。1983年,慈城供销社有云湖、裘市、乍山、半浦、妙山等5个分社,庄桥供销社有洋市、费市、洪塘等3个分社,甬江供销社有东郊、江北、北郊等3个分社。1984年,按照经济区域建社的原则,适当调整基层供销社规模。是年3月,市供销社发文,决定撤销甬江供销社,建立海曙、江东、江北供销社。海曙供销社以原甬江供销社社区为基础,辖区中心商店和三市旅社,同时,将鄞县栎社供销社段塘分社、望春供销社望春分社并入海曙供销社。江东区供销社,以原甬江供销社东郊分社为基础,辖管划入的鄞县邱隘供销社福明分社。其时江东供销社担负着江东区东郊乡、福明乡的生产资料和生活资料的供应和服务工作。江北区供销社,以原甬江供销社江北分社为基础,辖北郊分社。同时,恢复洪塘供销社为基层社建制,原庄桥、慈城供销社建制不变。

1985年,江东、江北、海曙、洪塘、庄桥、慈城等6个供销社,共有职工3066人。1987年,江东、江北、海曙、洪塘、庄桥、慈城供销社以及归口管理的集体商业综合公司(或总店),包括零售商店、批发部、收购站、工厂(场)、饮食服务业等,共有独立核算单位62家,属下157个店、部、站、厂(场),下属单位共计79家独立核算企业,215个经营网点。1994年3月,市供销社发文通知,决定将江北供销社、庄桥供销社、洪塘供销社3个基层社(包括集体商业)合并,联合组建宁波市合力贸易发展总公司,并设立洪塘分社。2001年5月至2005年,海曙、江东、慈城供销社改制为供销有限公司。至2020年5月,宁波供销资产经营公司全部退出在上述供销有限公司所占的股份。其中,江北供销社(改制为市合力贸易发展总公司)在完成理顺职工劳动关系工作任务后,其所有资产归属宁波供销资产经营公司管理。

第三节　新型农村合作经济组织

新型基层供销社(经营服务综合体)、农民专业合作社、村级综合服务社、专业协会等新型农村合作经济组织(简称"三社一会"),是农村改革深化、经济发展的产物,也是供销社为繁荣农村流通领域中一支不可忽视的重要力量,并由此共同形成新型供销合作社的基层组织体系,多种经济成分组成的混合体制。

进入21世纪以来,市供销社把工作重心转向基层合作经济组织建设和农业产业化经营,提出具体思路、目标与措施。2003年以来,市供销社以贯彻落实全省供销社关于加强基层社和专业社建设现场会精神为契机,当以为"三农"服务为出发点,以区域性骨干农产品和特色农产品为依托,以市场营销为龙头,以品牌、技术、品种为抓手,探索转型发展新途径,积极推进基层供销社改造和经营服务综合体建设,践行为农服务宗旨,彰显新时期供销社特色;积极扶持和引导种植、加工企业或大户创办(领办)专业合作社,领办具有生产、生活资料、农业科技、文化娱乐为一体的村级综合服务社,加快推进"新农村现代流通服务网络工程(新网工程)"建设和农业产业化经营。至2016年底统计,全市供销社系统共新建、改造、提升新型基层供销社112家,建设经营服务综合体113家,建设庄稼医院237家,现代农业综合服务中心10家,参办、领办农民专业合作社557家,村级综合服务社881家。

新型基层供销社(经营服务综合体)

经营服务综合体,是指以原有基层供销社为主体,采取提升、改造、新建等形式,盘活存量资产和调整营业设施,优化资源配置,形成具有商品经营、产业发展、网络建设、涉农服务和带动合作经济组织发展等多种功能的一体化综合服务平台。加强基层合作经济组织建设,从中央到地方政府都非常重视,对其重大和深远意义都有阐述。

2000年,全市47家基层供销社(占全市基层供销社总数的63%)实施以产权制度为核心的企业改革工作。通过改革,一批涉农的农资、网点已被置换为民有、民管、民营等经济组织,参与农业产业化经营。宁海、北仑等县(区)供销社原基层社职工重组企业后,尝试发展水产养殖、农产品加工业,拓宽农资供应服务的内容。同时,随着基层供销社职工身份的改变,以及债权债务的清理,为基层供销社建制调整,真正按经济区域建社创造条件。奉化市供销社着手探索"一县一社"改革、发展模式。各县(市)

区供销社均不同程度加强基层社资产和经营业务的整合力度,为集中力量发展农业产业化经营,构建新型合作经济组织做了大量的准备工作。

2002年,全市76家基层供销社"两项制度"改制工作基本结束后,全市供销社系统尚有28家基层供销合作社。这一年,着重在经营体制上创新,探索供销社改革发展新途径,加快基层供销社组织创新、经营创新和服务创新的步伐,使之努力成为农业社会化服务的骨干力量,从而有力地推进供销社基层组织转型升级,而且也为"新农村"建设注入新鲜血液。6月,省政府办公厅印发《关于转发省供销社关于深化基层供销合作社重组改造若干意见的通知》(浙政办发〔2002〕30号)。7月,市供销社召开各县(市)区供销社工作会议,确定基层供销社重组改造的三年工作目标:基本完成现有基层社的改造,其中一部分可以实行公司制改造,即对仍在实际运作且经营规模较大的基层社,以公司制改造的形式直接纳入县级联社下属的专业化经营体系;一部分将已经实际停止运作的空壳挂牌社的剩余资产转入县级社的资产经营公司(管理公司),实行联社托管,账户单列,统一运作;一部分改造为专业社,鼓励原基层社骨干创办专业合作社,把原基层社更名为专业社(协会),从剩余资产中拿出一部分实物资产或货币资金,作为新办专业社的资本。

2003年,市供销社落实制定建设规划,加强基层供销社组织建设,增强和扩大供销社为农服务的能力。是年,全市基层供销社28家,改造重组5家。2004年,贯彻省政府办公厅浙政办发〔2002〕30号和省供销社浙合指〔2003〕69号《关于深化基层供销合作社重组改造若干意见的通知》《关于2004—2006年基层供销社改造重组规划》,实施以参与农业产业化经营改造重组基层供销社,以发展现代经营方式改造经营网络。4月,省供销社确定奉化市江口供销社为全省基层供销社改造重组联系点。5月,市供销社确定奉化市江口镇为改造重组基层供销试点单位。改造重组后的江口供销社实行一套班子,对外经营按有限责任公司模式运行;对内保留奉化市江口供销社牌子。江口供销社在重组中采取新体制新机制,吸收私营企业和原基层社领导层入股,实行股份制和合作制相结合的形式,即以江口供销社改制后的剩余社有资产折价入股,计划持股35%。这种整合社会资源组建新的基层社的做法,在全省供销社系统中尚属首家。12月,奉化市城北供销社有限公司重组挂牌运作,该公司由灵峰股份有限公司、原江口供销社职工和农民发起组建,是产权多元化新型合作经济组织,注册资金由入社社员共同出资,社员按出资比例分享权益,承担风险。2006年12月,省委印发《关于深化改革充分发挥供销社在新农村建设中的重要作用的意见》(浙委〔2006〕106号),全市供销社系统把重组、改造基层供销社摆到重要议事日程,实施体制机制创新,建立布局合理、产权明晰、机制灵活、功能齐全、运作规范的全市基层供销社组织结构。是年,改造重组基层供销社6家。

2008年,探索开展新型基层供销社(经营服务综合体)建设新途径。进一步加强新型基层社重组、改造试点工作。新建基层供销社3家,改造重组8家,累计31家,新建经营服务综合体31个;新增市级以上示范供销社10家,累计47家。其中比较典型的是鄞州区风岙供销社重组后,注册资本128万元,拥有固定资产1280万元,房屋建筑面积14600平方米,主要经营服务项目有农业生产资料供应、再生资源回收、村级综合服务社、专业合作社、防汛物资储备及社有资产经营等。

2010年8月,宁波市首家按有限责任公司形式组建的溪口镇供销合作社成立,奉化市供销社控股51%。是年,改造、重组基层供销社10家,累计46家。其中,市供销社本级4家、镇海区供销社3家、北仑区供销社7家、慈溪市供销社1家、余姚市供销社8家、奉化市供销社2家、象山县供销社7家、宁海县供销社4家、鄞州区供销社10家。有经营网点165个,其中日用消费品网点112个,农资网点36个,农副产品收购网点1个,再生资源回收网点16个。

经过多年来的探索实践和创新发展,全市供销社基层组织建设的基本框架和内涵发生根本性的变化,从单一的基层供销社发展到以改制转型、经营机制转换后的基层供销社为主体,通过参办、领办联结的各类农民专业合作社、农村(社区)综合服务社、各类农村连锁经营网络和终端、各类协会等,以流通服务为基本职能,不断开拓服务领域,顺应"三农"需求,已经成为新时期供销社全新的基层组织体系。

2011年4月7日,印发《宁波市供销社关于下达2011年"三社一会"建设指标的通知》(甬供指〔2011〕20号),进一步明确稳定、充实基层供销社工作人员;鼓励搞好资产经营,提高资产收益率;赋予基层供销社对区域内再生资源、农资经营网点的管理权;将县(市)区供销社兴办(领办)的专业合作社和村级综合服务社交由基层供销社管理,并确定以后由基层供销社为主参、领办。同时,对已重组的基层供销社和确定重组的供销社等单位,在人、财、物、网点等要素进行合理整合和配置。象山县依托英姿果蔬专业合作社组建成立定塘镇供销社,该县供销社以原来入股于英姿专业合作社的15.5万元转为定塘镇供销社股本金,占51%,再由该基层社名义入股英姿专业合作社,"一套班子、两块牌子",履行基层供销社职责。余姚市、镇海区供销社充分发挥其在推进"新网工程"和兴办专业合作社、村级服务社的积极作用,成为为农服务的有效载体。鄞州区供销社按照"产权主体多元化、经营人员社会化、产业结构多样化、经营方式特色化、管理模式规范化"思路制订重组方案。是年,全市供销社系统建有基层供销社48家,其中新建1家,改组9家。2012年,印发《宁波市供销社2012年度基层组织建设目标的通知》《关于加强供销社基层组织建设若干事项的通知》《关于切实做好供销社经营服务综合体建设工作的通知》《经营服务综合体建设三年规划(2013—2015年)》。是年,象山、宁海县供销社新建3家新型基层供销社;余姚泗门、梁弄,鄞州凤岙等供销社拓展农资、农产品等经营业务,组建经营服务综合体。全市供销社系统新建基层供销社3家,改造重组8家,累计52家。宁波市、慈溪市供销社被评为全省经营服务体建设先进单位;镇海区骆驼供销社、余姚市泗门供销社被评为全省供销社50强企业。

2013年,启动新一轮社有企业管理体制改革,出台《宁波市供销社经营服务综合体三年建设规划(2013—2015)》《关于深化社有企业管理体制改革的实施意见》,进一步加强基层供销社经营服务综合体建设,将基层供销社建设分为三类进行改造:一类单位属于重点创建。借助其区域优势,强化重点带动,发挥示范效应,增设农技讯息、信息咨询、文体娱乐等服务项目,为系统内各基层供销社开展综合体建设提供先进经验,推广树立示范标杆。二类单位借助其人文优势,扩大服务项目,完善服务功能,建设具有特色的经营服务综合体。三类单位激活经营功能,加强网络构建,推进服务创新,建立长效机制。如余姚市供销社率先在临山镇供销社开展经营服务综合体建设试点,尝试与余姚市农资公司临山分公司实行合署办公,管辖临山镇36个农资连锁店农资配送工作,迅速推进基层社改造工作,已建有新型基层社13家。通过"社司一体(基层社+公司)、社社一体(基层社+专业社)、社村联合(基层社+村+社会能人)"不同模式予以转型升级。宁海县供销社出台《经营服务综合体建设三年规划及实施方案》。慈溪、余姚市供销社组建成立专业合作社联合社。是年,新建经营服务综合体31家,其中一类8家,二类10家,三类13家。新建基层供销社3家,改造重组8家,累计基层供销社54家,经营网点171个。全年经营总收入5.06亿元,增长28.4%。新增市级以上示范供销社10家,累计47家。

2014年2月,启动《宁波市供销合作社基层组织建设三年行动计划(2014—2016年)》,把新型基层供销社建设作为抓基层工作的关键和枢纽,先后召开两次县(市)区供销社主任会议,专题研究部署以新型基层社建设为核心的基层组织建设,强势推进新型基层供销社建设,探索实践"社社一体、社企合一、社团发展、项目投资、社村合作、资产整合、建立区域分社"等多种方式,推进新型基层社建设。同时,将基层组织发展专项资金重点用于支持基层供销社创办为农民提供生产、生活服务的经营主体和服务组织,以及对现有经营设施进行升级改造。7月9日,出台《宁波市供销合作社综合改革实施方案》,全市供销社系统突出新型基层供销社在基层组织建设中的核心地位,把基层供销社打造为自主经营的实体、为农服务的载体、合作经济的联合体。余姚市供销社率先实现新型基层社乡镇全覆盖。慈溪市供销社打破停滞局面,一举建办5家市供销社分社型的新型基层社。宁海县桃源供销社与宁海圣猴果蔬专业合作社联合社一体化运行,在上海举办猕猴桃展销会,打响"圣猴"品牌。余姚市临山供销社、镇海区骆驼供销社被评为全国供销合作总社基层标杆社。临山供销社主任胡国森当选为余姚市第六届"感动余姚"——耕耘沃野30年"农资当家人"。是年,全市建有经营服务综合体58家。其中一类13家,二类13家,三类32家。经营服务覆盖乡镇96个,行政村1318个。通过新型基层社建设,原有供销社领办、参办、建办的专业合作社、村级综合服务社、协会等基层组织得到更加有效的整合,供销社为农服务的能力得到进一步提升。至年底,全市供销社系统建设新型基层供销社23家,超额完成5家,改造、重组基层社20家,累计77家,乡镇覆盖率达到86%。总经营收入10.6亿元,同比增长108%。经营活力有效提升,经营收入和利润年均比上年分别增长10%、20%。镇海区骆驼供销社、余姚泗门供销社跻身于全省50强基层供销社行列。

2015年,全市新型基层社建设取得新的突破。余姚市供销社制定《新型基层社工作实务操作规程(试行)》《新型基层社财务管理办法(试行)》《领导班子联系新型基层社工作指南》,所属15家基层供销社,其中8家是由老基层供销社重组转型而来,7家为新型基层供销社。镇海区基层供销社建设运营资金互助会。慈溪市周巷供销社"三位一体"合作服务,一年来为农户资金互助和小额信用担保贷款44笔,金额达2235万元。鄞州区瞻岐供销社和首南供销社依托果蔬加工企业和区农产品展销中心,成功为农户解决农产品销路问题。奉化市松岙供销社开展芋艿新品种示范推广,建立城区农产品销售门店,解决柑橘卖难问题等。宁海县桃源供销社大力开展农产品购销服务,帮助农民销售猕猴桃100多万斤,占全县总产量近40%。象山县东陈供销社实现年销售收入1300多万元。是年,全市供销社系统建有基层供销社77家,其中新建23家、改造重组20家。累计新建、改造和提升新型基层供销社100家,完成改革总目标计划数的100%。经营服务覆盖全市乡镇96个,行政村1318个,资产总额达8.46亿元,其中供销社资产3.20亿元;总经营收入29.80亿元,其中农产品销售(交易)额17.82亿元,服务性收入1.42亿元。全市基层供销社从业人员总数550人。2016年,全市供销社系统新建或改造新型基层社112家,经营服务综合体113家。

2016年12月,宁波市新型基层社主任暨首期合作经济管理师培训会议召开

表3-10　2016年宁波市供销社新型基层供销合作社（112家）、经营服务综合体（113家）一览

镇海区供销合作社	
新型基层供销合作社（6家）	经营服务综合体（11家）
宁波市镇海区骆驼供销合作社（控股）	镇海区骆驼供销社经营服务综合体
宁波市镇海区庄市供销合作社（控股）	镇海区庄市供销社经营服务综合体
宁波市镇海区贵驷供销合作社（控股）	镇海区贵驷供销社经营服务综合体
宁波市镇海区九龙湖供销合作社（全资）	镇海区九龙湖供销社经营服务综合体
宁波市镇海区澥浦供销合作社（全资）	镇海区澥浦供销社经营服务综合体
宁波市镇海区蛟川供销合作社（全资）	镇海区蛟川供销社经营服务综合体.
	镇海区供销社经营服务综合体（岚山村综合服务中心）
	镇海区供销社经营服务综合体（经济开发区服务中心）
	镇海区供销社经营服务综合体（大丰综合服务中心）
	镇海区供销社经营服务综合体（绿丰综合服务中心）
	镇海区供销社经营服务综合体（九龙湖农产品供销联合社）
北仑区供销合作社	
新型基层供销合作社（10家）	经营服务综合体（9家）
大榭开发区供销社有限公司（控股）	北仑区供销社梅山绿岛经营服务综合体（参股）
北仑区三山供销合作社	宁波正夏农副产品有限公司经营服务综合体（参股）
北仑区郭巨供销合作社	北仑区供销社春晓经营服务综合体（参股）
北仑区小港供销合作社	北仑区供销社小港经营服务综合体
北仑区柴桥供销合作社	北仑区供销社柴桥经营服务综合体
北仑区新碶供销社	北仑区供销社大碶新湖岙经营服务综合体
北仑大碶供销有限责任公司	北仑区供销社白峰经营服务综合体（参股）
北仑区梅山供销有限公司	北仑区供销社春晓昆亭经营服务综合体
北仑区供销社有限公司白峰分公司	北仑区供销社九峰山社区经营服务综合体
北仑区供销社有限公司春晓分公司	
慈溪市供销合作社	
新型基层供销合作社（16家）	经营服务综合体（10家）
慈溪市新浦供销合作社	慈溪市供销社经营服务综合体（新浦）
慈溪市周巷供销合作社	慈溪市供销社经营服务综合体（宗汉）
慈溪市崇寿供销合作社	慈溪市供销社经营服务综合体（海通时代果蔬专业合作社）
慈溪市横河供销合作社	慈溪市供销社经营服务综合体（横河）
慈溪市城区供销合作社	慈溪市供销社经营服务综合体（城区）
慈溪市长河供销合作社	慈溪市供销社经营服务综合体（长河）

续表

慈溪市供销合作社	
新型基层供销合作社（16家）	经营服务综合体（10家）
慈溪市逍林供销合作社	慈溪市供销社经营服务综合体（逍林）
慈溪市观海卫供销合作社	慈溪市供销社经营服务综合体（观海卫）
慈溪市龙山供销合作社	慈溪市供销社经营服务综合体（龙山）
慈溪市桥头供销合作社	慈溪市供销社经营服务综合体（桥头）
慈溪市掌起供销合作社	
慈溪市宗汉供销合作社	
慈溪市胜山供销合作社	
慈溪市坎墩供销合作社	
慈溪市附海供销合作社	
慈溪市匡堰供销合作社	
余姚市供销合作社	
新型基层供销合作社（15家）	经营服务综合体（15家）
余姚市丈亭供销合作社（全资）	
余姚市陆埠供销合作社（全资）	
余姚市梁弄供销合作社（全资）	余姚市供销合作社梁弄经营服务中心
余姚市城区供销合作社（全资）	
余姚市低塘供销合作社（全资）	余姚市供销合作社低塘经营服务中心
余姚市临山供销合作社（全资）	余姚市供销合作社临山经营服务中心
余姚市泗门供销合作社（全资）	余姚市供销合作社泗门经营服务中心
余姚市马渚供销合作社（全资）	余姚市供销合作社马渚经营服务中心、余姚市供销合作社马渚渔业经营服务中心
余姚市鹿亭供销合作社（全资）	
余姚市姚东中心供销社（全资）	余姚市供销合作社姚东经营服务中心
余姚市河姆渡供销合作社（全资）	余姚市供销合作社河姆渡经营服务中心、余姚市供销合作社河姆渡茭白经营服务中心
余姚市黄家埠供销合作社（全资）	
余姚市三七市供销合作社（全资）	
余姚市牟山供销合作社（全资）	余姚市供销合作社牟山经营服务中心
余姚市大岚镇柿林供销合作社（全资）	
	余姚市供销合作社黄家埠经营服务中心
	余姚市供销合作社味香园葡萄经营服务中心
	余姚市供销合作社齐昌渔业经营服务中心
	余姚市供销合作社三七市经营服务中心
	余姚市供销合作社舜昌瓜果经营服务中心

续表

奉化区供销合作社	
新型基层供销合作社（7家）	经营服务综合体（14家）
奉化市城北供销合作社（参股）	奉化市供销社经营服务综合体（江口三禾果蔬专业合作社）
奉化市尚田供销社（全资）	奉化市供销社经营服务综合体（锦屏河头果蔬专业合作社）
奉化市溪口镇供销社（控股）	奉化市供销社经营服务综合体（溪口）
奉化市松岙供销社有限公司（控股）	奉化市供销社经营服务综合体（山海专业合作社）
奉化市城南供销社有限公司（控股）	奉化市供销社经营服务综合体（滕头茶叶专业合作社）
奉化市供销合作社联合社城关分社	奉化市供销社经营服务综合体（山岭蔬果专业合作社）
奉化市供销合作社联合社莼湖分社	奉化市供销社经营服务综合体（莼湖天泽花木专业合作社）
	奉化市供销社经营服务综合体—联众灵芝专业合作社
	奉化市供销社经营服务综合体—永顺果蔬专业合作社
	奉化市供销社经营服务综合体—保丰蔬菜专业合作社
	奉化市供销社经营服务综合体—光明果蔬专业合作社
	奉化市供销社经营服务综合体—农富果蔬专业合作社
	奉化市供销社经营服务综合体—怡方果蔬专业合作社
	奉化市供销社经营服务综合体—绿佳果蔬专业合作社
象山县供销合作社	
新型基层供销合作社（20家）	经营服务综合体（11家）
象山县城南供销合作社（全资）	象山县鱼得水水产养殖专业合作社经营服务综合体
象山县石浦供销合作社（全资）	象山县丰禾植保专业合作社经营服务综合体
象山县南田供销合作社（全资）	象山县新宏供销社经营服务综合体
象山县定塘镇供销合作社（控股）	象山县定塘供销社经营服务综合体
象山县丹南供销合作社（控股）	象山县丹南供销社经营服务综合体
象山县高塘岛供销合作社（控股）	象山县高塘岛供销合作社经营服务综合体
象山县东陈供销合作社（控股）	象山县东陈供销合作社经营服务综合体
象山县门前涂供销合作社（全资）	象山县门前涂供销合作社经营服务综合体
象山县荔港供销合作社（全资）	象山县荔港供销合作社经营服务综合体
象山县海川供销有限公司（新建控股）	象山县芭蕉竹笋专业合作社经营服务综合体
象山县鹤浦供销合作社（新建控股）	象山县鹤浦供销社经营服务综合体
象山县新宏供销合作社（新建控股）	
象山县西周儒芭供销合作社	
象山县晓塘甬合供销合作社	
象山县茅洋供销合作社	
象山县西周供销合作社（停业－全资）	
象山县爵溪供销合作社（停业－全资）	

续表

象山县供销合作社	
新型基层供销合作社（20家）	经营服务综合体（11家）
象山县涂茨供销合作社（停业－全资）	
象山县新桥供销合作社（停业－全资）	
宁波虹牧商贸有限公司	

宁海县供销合作社	
新型基层供销合作社（16家）	经营服务综合体（13家）
宁海县桃源供销合作社（参股）	宁海县供销联社胡陈乡经营服务综合体
宁海长发供销有限公司（重组）	宁海县供销联社果蔬市场经营服务综合体
宁海县梅园供销有限公司	宁海县前童镇上葛头经营服务综合体
宁海县东大供销有限公司	
宁海县吉新兴供销有限公司	
宁海县大佳何供销合作社	
宁海县越溪供销社	
宁海县茶院乡供销服务站	宁海县茶院乡茶院村经营服务综合体
宁海县岔路镇供销服务站	宁海县岔路镇岔路村经营服务综合体
宁海县力洋镇供销服务站	宁海县供销联社力洋镇培华果业经营服务综合体
宁海县长街镇供销服务站	宁海县供销联社长街镇经营服务综合体、宁海县长街镇五星经营服务综合体
宁海县一市镇供销服务站	
宁海县越溪供销服务站	宁海县供销联社越溪乡经营服务综合体
宁海县桃源街道供销服务站	宁海县供销联社桃源经营服务综合体
宁海县黄坛镇供销服务站	宁海县黄坛镇黄坦经营服务综合体
宁海县一市供销合作社	宁海县一市镇一市经营服务综合体

鄞州区供销合作社	
新型基层供销合作社（17家）	经营服务综合体（7家）
鄞州区钱湖供销合作社（全资）	鄞州区钱湖供销社综合服务体
鄞州区大嵩供销合作社（全资）	
鄞州区姜山供销合作社（全资）	鄞州区姜山供销社综合服务体
鄞州区望春供销合作社（全资）	鄞州区望春供销社经营服务体
鄞州区凤岙供销合作社（全资）	鄞州区凤岙供销社综合服务体
鄞州区古林供销合作社（全资歇业）	鄞州区古林供销社综合服务体
鄞州区天童供销合作社（全资歇业）	
鄞州区邱隘供销合作社（全资歇业）	
鄞州区樟水供销合作社（全资）	鄞州区樟水供销社经营服务综合体
鄞州区鄞江供销合作社（全资）	鄞州区鄞江供销社经营服务综合体
鄞州区南商供销服务社（全资）	

续表

鄞州区供销合作社	
新型基层供销合作社（17家）	经营服务综合体（7家）
鄞州区瞻岐供销服务社（全资）	
鄞州区方兴供销服务社（全资）	
章水镇杖锡供销服务社（全资）	
石碶华盛供销服务社（全资）	
鄞州区五乡镇供销服务社	
鄞州区横溪镇供销服务社	
宁波市供销合作社（本级）	
新型基层供销合作社（5家）	经营服务综合体（3家）
宁波市海曙供销有限公司（参股）	
宁波市江东供销有限公司（参股）	
宁波市合立贸易发展总公司（全资）	
宁波市慈城供销有限公司（参股）	
宁波市江北甬丰供销合作社有限公司	宁波市甬丰现代农业服务中心、宁波甬丰临山农业综合服务中心、宁波市镇海甬丰现代农业服务中心

农民专业合作社

宁波市供销社系统兴办（领办、参办）专业合作社始于20世纪80年代后期。1987年2月，慈溪县供销社会同慈溪冷冻厂、龙山供销社，在田央乡试办第一个专业合作经济组织，即田央乡菜薯生产技术协会，是宁波最早兴办的专业合作社。该合作社吸收叶家、筋竹2个村130家农户为会员，种植面积99亩，并与入会农户签订购销合同。至1994年，全市供销社系统试办农村专业合作经济组织10余家。

1995年春，市供销社会同鄞县、大嵩供销社在大嵩试点兴办专业合作社，并在全市供销社系统总结推广。6月，慈溪市供销社试办庵东供销社棉花专业流通协会和浒山蚕豆产销专业合作社。其中庵东供销社棉花专业流通协会共有36名会员户，植棉面积363亩。10月，宁海县供销社兴办宁海柑橘产销专业合作社。年底统计，全市供销社系统已建成股份合作制、联营返利制、合同代理制等多种形式的专业合作社（含专业协会服务社）38家，吸收农户1200多户入社，总股金250万元，其中供销社股金165万元，占66%。专业经营产业有：粮食、棉花、茶叶、果品、蔬菜、蚕茧、蚕豆、禽蛋、淡水水产等。

1996年3月，印发《宁波市供销社关于积极兴办专业合作社的通知》（甬供业〔1996〕142号）。4月，鄞县大嵩供销社，全资投入20万元创办鄞县第一家专业合作社——鄞县大嵩蔬菜生产合作社，也是宁波市最早建立的比较规范的专业合作社之一，试点成立茶叶、柑橘2个专业合作社和2个种粮大户协会，这些专业户分别在当地经营着3000余亩的茶地、500余亩橘园、1000多亩粮田。10月15日，奉化市供销社成立首家专业合作社——溪口镇竹产销专业合作社。12月，镇海区骆驼禽蛋专业合作社成立。该专业合作社是市政府实施农业产业化战略定点的专业合作社。北仑区三山供销社茶叶专业合作社成立，入社茶农34户，承包茶园1219亩。镇海区骆驼禽蛋专业合作社、鄞县大嵩蔬菜生产合作社、北仑三山供销社茶叶专业合作社、溪口镇竹产销专业合作社的创建为推动全市供销社系统专业合作社发展提供了有效的借鉴。是年,全市新组建专业合作社11家,专业协会8家,累计总数已达20家,联合农户(主是专业大户)628户。其中专业合作社364户,股金85.76万元。

1997年,全市供销社系统领、参办茶叶、果蔬等专业合作社15家,另外成立专业协会20家。茶叶主产区的供销社相继组建4家茶叶专业合作社,加强与大公司、茶厂联系;加强信息沟通,帮助茶农及时把握市场行情。仅慈溪横河供销社就依托专业合作社和慈溪茶厂销售茶叶1200吨。5月,奉化溪口供销社成立竹笋专业合作社,把当地50多吨的雷笋加工成风味特产羊尾笋干,销往杭州、上海等城市。8月,成立余姚陆埠供销社茶叶专业合作社。北仑区三山供销社茶叶专业合作社,与中国农科院茶叶研究所浙江茶叶研究所合作开发成功新品"九峰玉叶"名茶,得到省茶叶检验中心的高度评价。该合作社收购鲜制干炒春茶1700担,茶农每担增收40元左右。镇海区骆驼禽蛋专业合作社兴办2890平方米的禽蛋市场,又将社区内蛋鸭饲养发展到50余万只,年产鸭蛋7500吨。是年,全市供销社系统新组建各类专业合作社11家、专业协会8家,联合农户620多户。

1998年,镇海区骆驼禽蛋专业合作社与省农科院畜牧兽医研究所联合承担市科委攻关计划——高产青壳蛋绍鸭育种及产业化基地研究项目。培育的绍兴鸭青壳蛋率达到67%以上,比原来提高2倍。余姚陆埠茶叶专业合作社为梅岭下贫困村开辟新的茶园,投种10亩的名优品种,年销售茶叶3085担,增长381%。1999年,象山县组建柑橘、茶叶、蚕茧、蔬菜等农副产品类专业合作社6家。其中象山县水果专业合作社是集水果生产、销售、加工、技术、信息、物资供应与服务于一体的专业合作社,全县30余名水果种植大户和贩销大户入社,当年柑橘销售1.2万吨,占全县柑橘总产量的16.7%。象山县茶叶专业合作社入社茶农有25户,种植茶园5861亩。慈溪市供销社兴办横河供销社茶叶和周巷果蔬专业合作社,累计兴办4家专业合作社(协会),共吸纳150名农民社员,农民股金11.57万元,其中供销社股金77.4万元。

2000年,象山县供销社参办象山南田水果、鹤浦水果专业合作社,慈溪县供销社参办附海蚕豆专业合作社。象山县水果专业合作社采取"一龙头、二主体、三依托、四连接"的经营模式,并先后在北京、河北、上海、江苏、辽宁等地农产品交易市场开设8个农副产品直销窗口。这一年购销各类水果1.8万吨,直接为果农增收100万元。2001年9月,镇海区骆驼禽蛋专业合作社的高产青壳蛋绍鸭育种及产业化基地研究项目,通过全国有关专家鉴定,填补了国内空白。"高产青壳蛋麻鸭选育与繁育技术"已选育出"青壳1、2号"高产青壳蛋的麻鸭系列,其产蛋率由原来的85%提高到95%以上,蛋的青壳率从22%提高到67%,使骆驼蛋鸭在年产蛋率和蛋的青壳率两项指标上成为全国地方品种鸭之最,也使宁波成为全国最大的青壳鸭蛋基地之一。骆驼禽蛋专业合作社获评2001年度省级示范性农村专业合作组织,是年该合作社为社员推销鸭蛋500多万元,带动当地鸭蛋产值4000余万元。至2002年,为鸭农销售鸭蛋1万多吨,加工蛋品900多吨,社员蛋鸭饲养规模达到12.8万只,带动镇海全区农户饲养蛋鸭55万只。

2002年3月,市供销社出台《宁波市供销社2002—2004年兴办专业合作社发展规划》,成立专业合作社领导小组,由市社主任兼任组长,业务副主任和有关处室负责人为组员,具体工作由供销社合作指导处负责实施。5月28日,象山县供销社牵头组建象山县东海水产专业合作社,基地面积18000余亩,辐射面积达40000亩。帮助基层供销社兴办水产、蔬菜、白鹅、禽蛋、种子种苗和柑橘等6个专业合作社。余姚市供销社领办梁弄蚕桑专业合作社,泗门供销社以泗门东浦榨菜龙头企业为龙头组建榨菜专业合作社。马渚供销社管理小组联系渔业养殖专业户组建渔业专业合作社,鱼塘面积1283亩,涉及马渚及周边3个乡镇。7月,慈溪市甜菊协会成立,协会吸收会员110人,涉及基地种植面积1300亩,产品销往日本,实现年创汇额30万美元,平均亩产值达1700元。浙江海通食品集团参与农产品基地建设,包括有机肥试验基800亩,新品种蔬菜开发基地1180亩。8月,宁海县供销社牵头成立宁海棉农产供销专业合作,有社员108户,带动农户500户。省级农业龙头企业——宁海海静公司牵头组建柑橘专业合作社,乡浓食品有限公司牵头组建蔬菜专业合作社。9月,奉化市供销社牵头成立的第一家奉化市荞头专业合作社。以所属通源食品有限公司为龙头,组建青梅专业合作社,吸收近百户农户入社,形成"公司(工厂)+基地+农户"的经营格局。至年底统计,全市供销社系统新组织专业合作社(协会)15家,累计35家。象山县东海水产专业合、鄞县区大嵩蔬菜生产合作社、宁海县棉农产供销专业合作社被评为省级示范性农村专业合作社。

2003年,慈溪市供销社兴办宁波兴林畜禽食品、繁荣绿化菜、昌盛甘蓝菜等3家农民专业合作社,通过慈客隆超市这个流通窗口,销售"润昌"蜜梨、天元畜禽产品系列、长河"富贵人"调味酱品等商品450万元,有效地实现合作社与超市对接。鄞州区供销社领办凤岙竹子生产合作社以中日合资联华食品有限公司为依托,促进联华食品有限公司调味笋出口达到370美元。大嵩紫菜合作社加强技术指导,使紫菜生产比传统养殖办法多收成20%,并依靠龙头企业——紫云堂食品有限公司发展社员种植雪菜,种植面积达1200亩,入社社员200户,雪菜收购达2500吨/年。鄞县大嵩供销社组建的大嵩茶叶产销专业合作社年加工"雪菜王"系列产品20万箱,从是年开始连续三年,其生产的"雪菜王"牌袋装雪菜被评为浙江省最畅销商品、宁波市名牌产品、省农博会银奖。至2002年已成为鄞州区最大的雪菜生产加工销售基地,通过有关外贸公司代理,销往澳大利亚、意大利等国际市场。宁海乡亲浓蔬菜专业合作社在近千亩生产基地上引种矮青菜,带动813户农民种植面积达4000多亩,实行保护收购价收购,加工成"万年青"菜心出口日本,年销售达600万元。象山县宏森源瓜果专业合作社是象山县首家瓜果专业合作社。该社把"宏森源"商标作为合作社产品推向市场的统一品牌逐步发展订单农业,把绿色瓜果、蔬菜推向宁波、丹城有关超市。7月,象山半岛蔬菜专业合作社成立,以出口蔬菜标准化基地为基础,形成"合作社+基地+农户"的产业链。10月,象山县供销社牵头成立的绿得利水果专业合作社,建立柑橘、杨梅、枇杷、草莓、青梅等水果销售网络,向县外销售杨梅1000余吨。是年,全市供销社系统共新办各类专业社(协会)15家。象山东海水产专业合作社被评为省级和全国供销社示范专业社,镇海骆驼专业合作社被评为省级示范合作社,大嵩蔬菜专业合作社被评为市级示范专业社。

2004年,全市供销社系统"两个体系"(农民自愿和民主管理)建设基本实现三年目标任务。农业龙头企业加专业合作社(协会)的农业产业化体系建设初具规模,形成龙头企业、专业社和村级综合服务社互为依托、联动发展的趋势。是年,全市供销社领办、参办各类专业合作社(协会、综合服务社)55个。其中专业合作社、协会47个,村级综合服务社8个,入社社员2513户,带动农户3万余户。种植养殖基地面积15.8万亩,带动当地农业产值4亿元。慈溪甜叶菊、鄞州大嵩蔬菜、镇海骆驼禽流感疫苗、象山东海水产、天茗茶叶、奉化荞头、青梅、余姚渔业等专业合作社加大科技投入,实施品牌战略,开展精深加工,实行连锁经营等都各有特色。7月16日,成立象山县玉茭茭白专业合作,设立黄避岙乡、晓塘乡2个茭白收购点,制定等级标准,按级论价,实行订单收购。鄞州区供销社领办鄞州西凤竹业专业合作社等2家农民专业合作社,总资产77.85万元,年销售额513.93万元。全国农民专业合作社组织试点单位之一的鄞州区大嵩蔬菜生产合作社,其订单基地所种植的雪菜被评为宁波市绿农产品,"中国雪菜之乡"的称号落户该社。咸祥、瞻岐镇还先后办起9家雪菜加工厂,合计种植面积超过6000亩。2007年鄞州区大嵩蔬菜生产合作社经营总收入692万元,利润42万元,其雪菜品牌被认定为"中国驰名商标"。奉化市供销社至2009年,已领办、参办奉化市天茸茶叶专业合作社、奉化市荠头合作社、奉化市环球(溪口)花木专业合社等12家。其中2004年相继领办花木、蚕桑、废旧物资等3家专业合作社,累计达到6家专业合作社。2008年为农民销售花木、茶叶、果蔬、畜、禽等农产品21480万元。2008年1月被国务院县域经济发展信息中心等三部门授予"全国优秀农民合作经济组织"。灵峰茶叶专业合作社生产的"滴水雀顶"安岩茶分别于2004年、2005年和2008年的宁波国际茶文化节上连续获评"中绿杯"中国名优绿茶金奖。2009年10月,奉化市环球(溪口)花木专业合社成为全国供销合作总社示范培训基地。

2002年至2004年,全市供销社组织创办各类专业合作社(协会、村级综合服务社)55家,入社农户2513户,带动农户30084户,种养植(殖)基地面积158143亩。带动当地农业产值4亿元/年,三年共计实现销售9.1亿元。拥有国家级示范社1家,省级示范社2家,市级示范社4家。实现三年前市供销社提出的自主兴办专业合作社(协会)45家,入社社员1750户以上,种养植(殖)基地面积12万亩以上的发展规划和工作目标。2004年,宁波市供销社和象山县供销社被评为省级为农服务先进供销社。全市供销社系统拥有国家级示范社1家,省级示范社2家,市级示范社4家。

2005年,全市新办农民专业合作社5家,总数52家。慈溪市供销社建设庵东天祥农业综合试验场等专合作社2家,入社社员300户,带动农户6149户,发展种植基地13040亩。鄞州区绿盛蔬菜生产合作社成立后,对瞻岐、咸祥二镇13家雪菜加工厂和万户农民种植的5000亩雪菜实行统购统销。鄞州区西凤竹业合作社是年共收购春笋66.73万公斤,增长129.55%。9月30日,余姚市黄家埠巾帼果蔬产销专业合作社成立。象山县供销社至年底,领办专业合作社8家,入社社员478户,股金192万元,其中农民股占72%,带动农民近5000户,种养殖面积逾3万亩。8家专业合作社农产品年收购额9720万元。

2006年,积极创造兴办(领办)与农产品种植、加工、购销户共同建设农民专业合作社,在为农服务中重塑供销社形象,实现供销社的社会价值,谋求供销社事业进一步发展。是年,全市新办农民专业合作社9家,总数达到55家,入社社员3182户,带动农户27689户,实现销售10亿元。新办专业经济协会1家,总数达到11家。慈溪市供销社拨出40余万元专门用于专业合作社建设,组建了丝瓜络、果蔬等3家专业合作社,发展种植基地4万亩(8个专业合作社),推销农副产品1.35亿元。鄞州区供销社新办清源芋芳、张家赢梨头专业合作社,至年底销售额达280万元。宁海天河黄豆专业合作社拥有黄豆生产基地560余亩。象山县供销社领办的象山茅洋生猪专业合作社旨在提高全乡本行业的市场竞争力和抵御风险,增强养猪户之间经济、技术、信息的合作和交流,达到整合全乡养殖资源的效果。是年,象山县浙东白鹅生产合作社等17家合作社新增为市级示范性农村专业合作组织。奉化环球花木、余姚舜水蜜梨、象山东海水产、鄞州西凤竹等4家专业合作社被评为2006年省级示范性农民专业合作社。

2007年,全年领、参办农民专业合作社10家,总数达65家,占全市总数的16%,入社5000多户,入社股金1062万元,带动农户3.2万户,帮助农民实现收入50664万元,带动产值17.86亿元,其中种植业

45家,种植面积12.45万亩。全年销售收入7.5亿元,其中,奉化环球花木专业合作社,带动3000户花农闯市场,年花木销售达到2.4亿多元。7月6日,象山英姿果蔬专业合作社挂牌成立,是宁波市首家女子专业合作社。鄞州区供销社兴办创宁粮机等专业合作社9家,入社农户420户,带动农户2039户,使农民增收2081万元。余姚市舜水蜜梨专业合作社等8家合作社被评为省级示范性专业合作社。全市供销社系统拥有国家、省级、市级示范合作社分别为2家、8家、14家,注册农产品品牌14个。

鄞州创宁粮机专业合作社

2008年,领办、参办农民专业合作社累计总数达到76家。3月,市供销社印发《宁波市农产品营销网会员征集工作实施方案》,有60余家涉农协会、专业合作社单位成为市供销行业网站会员单位。慈溪市供销社成立合作经济指导科,设专职机构指导"两社"、协会、经纪人、农技培训服务等工作,用于专业合作社资金150万元,并组建绍根蔬菜、建益大禽业等2家专业合作社,其中建益大禽业专业合作社是省内最大的禽蛋养殖基地,年销售额为8000万元。全年兴办专业合作社16家,经营收入2.45亿元。鄞州区供销社兴办鄞州滨海蔬菜专业合作社和姜山粮机专业合作社。奉化市环球花木专业合作社被评为全国优秀农业合作经济组织;余姚味香园葡萄专业合作社、慈溪市益大禽业专业合作社、"味香园"牌葡萄、"益大"牌禽蛋和"紫云英"牌雪菜被评为省供销社系统"千社千品"优质农产品。

2009年,鄞县供销社兴办区禾丰农资有限公司植保防治服务专业合作社。慈溪市供销社与逍林镇政府合作,组建"慈溪市惠农果蔬专业合作社",建立300亩水果大棚种植基地,注册"润之家"商标,销售本地种植的优质高档水果、蔬菜,获得华润万家浙东区水果总经销权,并与东海舰队后勤部达成水果、蔬菜配送协议,年销售额超亿元。由慈溪市供销社出资(入股)参办组建高科葡萄、"平平顶"茶叶、惠农果蔬、四海农机等4家专业合作社。其中高科葡萄专业合作社生产的葡萄产品销往北京、山东、河北、上海等地,旺季日销售量5万元。3月15日,全国供销合作总社公布2006—2008年"千社千品"富农工程农民专业合作社名单,宁波市的慈溪益大禽业、镇海九龙果业、镇海骆驼禽蛋、鄞州绿盛蔬菜、余姚味香园葡萄、余姚丰乐蔬菜水果、余姚马渚渔业、象山东海水产、象山天茗茶叶等9家农民专业合作社榜上有名。余姚临山味香园葡萄专业合作社继上年入选省级示范社后,又获省模范集体。全市供销社系统新领办、参办农民专业合作社11家,总数83家。拥有国家、省、市级示范合作社分别为2家、9家、15家,注册商标32个。

2010年,镇海区骆驼禽蛋专业合作社被农业部认定为国家水禽系产业技术体系宁波综合试验

四明山茶业合作社茶山一隅

站,该专业合作社是省级示范合作社,2009年列入国家资源库保护的青壳2号种鸭白品种。为省内外市场提供鸭幼苗近250万羽,加工生产的"奔强"牌系统鸭蛋制品年销售量达6000多箱。鄞州区新办鄞州绿洲果业、云龙田旺瓜果等2家农民专业合作社,入社农户751户,带动农户9987户,使农民增加收入3714万元。慈溪市供销社领办、参办甬佳蜜梨、子陵茶叶、宝绿蔬菜等3家农民专业合作社,入社农户238户,带动农户1100户,新增种植基地2900亩。至年底,慈溪市供销社领办、参办专业合作社24家,入社总户数1053户,总注册资本1494万元,其中供销社出资231.6万元,带动农户13040户,基地面积7535亩,帮助农民增收超6000万元,年销售额47699.5万元。9月,市供销社开展全系统优秀专业合作社评选活动。鄞州区滨海蔬菜专业合作社等12家农民专业合作社被评为全市供销社系统优秀专业合作社。象山英姿果蔬专业合作社等5家专业合作社入选市级示范性农民专业合作社名录。至此,市供销社系统领办、参办的农民专业合作社共有22家被评为市级以上示范合作社,其中新增市级示范专业合作社5家,占全市示范合作社总数(105家)的21%。是年,全市新领办、参办农民专业合作社15家,累计97家;入社农户4957户,带动农户45330户,有22家评为省、市级示范专业合作社,年实现销售12.27亿元,带动农户增收6200万元。

2011年4月7日,印发《宁波市供销社关于下达2011年"三社一会"建设指标的通知》(甬供指〔2011〕20号)。是年,新领办、参办农民专业合作社34家,是历年来发展最多的一年,累计130家,使用供销社标识129家,建立各类生产基地25万亩。入社社员7535个,其中农户成员7364个,团体成员64个;带动农户69874户。成员出资总额11230.5万元,其中供销社出资1000.6万元,农民成员出资9321.6万元,其他成员出资908.3万元。总资产26195.7万元,其中净资产20501.7万元。有12家专业合作社纳入全国总社"千社千品工程"单位;13家专业合作社为国家农业综合开发支持项目,其中全国供销总社农业综合开发部门专项支持项目2家。全年累计享受各级财政补助116万元,其中省级财政资金补助3万元。全年专业合作社实现经营收入14.55亿元,增长45.4%;实现利润1486万元,帮助农民实现收入6.20亿元。在新发展的专业合作社中,社有资本的投入也是最多的一年,全市供销社系统参股额共计468万元。是年底,新增省市级以上示范社25家,有4家专业合作社新评为省级示范社,全市累计示范专业合作社达到45家,其中省级19家、市级8家、县级18家。获各种名、特、优产品称号或证书的专业合作社23家,其中国家级2家、省级7家、市级6家、县级8家。2010年、2011年,市供销社连续两年开展系统优秀专业合作社评选活动,对评选出的24家专业合作社每家给予2万元的奖励和重点扶持,促进其规范发展。其中2011年,镇海金菜篮蔬菜专业合作社等12家合作社被评为市供销社系统优秀专业合作社。余姚味香园葡萄专业合作社被评为"浙江省现代农业园区葡萄示范区",这是宁波市唯一获此荣誉的专业合作社,还荣获"中国50佳农民专业合作社"称号。

慈溪市高科果蔬专业合作社、宁海县登喜翠冠梨专业合作社、象山县英姿果蔬专业合作社被评为全省供销系统农民专业合作社示范社。2012年,新领、参办农民专业合作社32家,累计162家(全省供销社系统排名从第9位上升到第6位),其中市级以上示范社37家;入社农户8785户,带动农户7.81万户,建立各类种植基地29.3万亩,注册商标75个,全年实现经营总收入18.9亿元,增长30.15%;供销社入股资本1242万元,占注册资金的9.3%。是年,余姚市河姆渡茭白专业合作12家农民专业合作社被评为市供销社系统优秀专业合作社。象山县英姿果蔬专业合作社获评全国供销总社首批示范社,慈溪市宝绿蔬菜专业合作社的"安农"商标获评"2012年度全国农产品品牌"。奉化市环球花木专业合作社等

13个合作社被评为全省供销社百强农民专业合作社。慈溪市宝绿蔬菜专业合作社代表宁波市农民专业合作社参加浙江省农业博览会,该社"安农"牌黄瓜获评浙江农业博览会优质奖。

2013年,余姚、慈溪市供销社组建成立专业合作社联合社。5月14日,慈溪市绿盛土地股份种植专业合作社挂牌成立,以土地承包经营权折价入股成立土地股份合作社,此为全市首家股份制合作社。鄞州区供销社对12家专业合作社获一、二等奖的,分别给予5000—10000元的奖励。是年,全市供销社系统领办、参办专业合作社79家,

慈溪市宝绿蔬菜专业合作社

累计243家;新增市级以上示范社10家,累计47家。入社农户12301户,带动农户94922户。成员单位出资总额21051.8万元,其中供销社出资1432.4万元,农民成员出资额18400.5万元。余姚市小曹娥龙民蔬菜专业合作社等12家合作社被评为市供销社系统优秀专业合作社。慈溪市甬佳蜜梨专业合作社、宁海县力港果蔬专业合作社、镇海绿丰农产品专业合作社等4家合作社被评为省供销社系统示范社。有13家专业合作社纳入全国供销合作总社"千社千品"工程单位,15家专业合作社列为国家农业综合开发支持项目,其中全国供销合作总社农业综合开发部门专项支持项目2家。有注册商标的专业合作社109家,拥有注册商标118个。浙江大学农业品牌研究中心公布2013年中国农产品区域公用品牌价值评估报告:余姚临山镇味香园葡萄专业合作社的"余姚葡萄"品牌价值4.36亿元,与上年的4亿元品牌价值相比增加2500万元。开展标准化生产的专业合作社100家,标准化基地面积99757亩。示范专业合作社81家,其中省级17家、市级30家、县级31家。获各种名、特、优产品称号或证书的专业合作社31家,其中国家级1家、省级8家、市级25家、县级15家。

镇海区绿丰农产品专业合作社基地

2014年6月26日,宁海县圣猴果蔬专业合作社联合社成立,产业覆盖全县18个乡镇(街道),带动当地农户8000余户。余姚市临山镇味香园葡萄专业合作社的味香园牌"夏黑"葡萄,被评为2014年浙江省精品水果优质奖;在第七届中国义乌国际森林产品博览会上获博览会鲜果类优质奖;该社入选"浙江市场消费者满意品牌专业合作社",被评为全国供销合作社系统50佳企业。是年,领办、参办农民专业合作社95家,累计336家,参股组建专业合作社联合社7家,累计8家。实现标准化生产的专业合作社125家,注册商标128个;获无公害认证138家、绿色认证101家、有机认证55家,名特优农产品品牌45个。新增国家级示范社8家,其中6家由供销社领办、参办,申报总社示范社3家,获评省社示范社5家,市级以上示范社总数98家。在全市336家农民专业合作社中,其中由供销社领办220家。注册

资金(成员出资总额)32014万元,其中供销社出资额1410万元,全年销售33.57亿元元,经营利润5883万元,帮助成员实现收入9.31亿元。

2015年,新建专业合作社107家,累计443家。其中新建专业合作社联合社13家,累计27家。新增市级示范性专业合作社14家,监测合格的市示范性农民专业合作社14家,如余姚味香园、宁海圣猴、象山英姿、慈溪宝绿、慈溪益大禽业、奉化银龙等一批专业合作社,示范带动作用进一步提升,为发展高水平的专业合作社提供样板,促进产业市场化、经验规模化、主体法人化、生产标准化、服务社会化相结合的"五化"新型农业经营体系建设。2016年底,全市供销社系统领办、参办农民专业合作社累计557家,其中市级以上示范合作社72家。

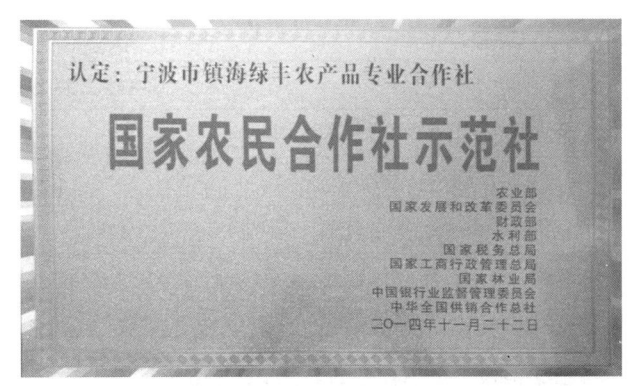

2014年11月22日,镇海区绿丰农产品专业合作社获"国家农民合作社示范社"

表3-11　2016年宁波市供销社系统领、参办农民专业合作社名单(557家)

镇海区供销合作社(32家)	
镇海骆驼禽蛋产销专业合作社(参股)	镇海觉渡粮食生产专业合作社(指导)
镇海九龙果品专业合作社(参股)	镇海农友植保专业合作社(参股)
镇海九龙蔬菜专业合作社(参股)	镇海科之奥农业专业合作社(指导)
镇海绿佳佳蔬菜专业合作社(参股)	镇海区乐兴兴果蔬专业合作社(指导)
镇海玲玉蔬菜专业合作社(参股)	镇海青苗农机专业合作社(指导)
镇海金菜篮专业合作社(参股)	镇海绿兴蔬菜专业合作社(指导)
镇海绿丰农产品专业合作社(参股)	镇海金果园蔬果专业合作社(参股)
镇海耀康草莓种植专业合作社(参股)	镇海国振果蔬专业合作社(指导)
镇海晓华果蔬专业合作社(参股)	镇海恺丰畜禽养殖专业合作社(指导)
镇海金禾粮食生产专业合作社(参股)	镇海九龙湖农产品专业合作社联合社(参股)
镇海永江农产品专业合作社(参股)	镇海区恒元果蔬专业合作社(指导)
镇海九龙湖冠山源农产品专业合作社(参股)	镇海区甬禾粮食专业合作社(指导)
镇海金杨果蔬专业合作社(参股)	镇海味满园果品专业合作社(指导)
镇海区大丰蔬菜专业合作社(参股)	镇海高兴农机专业合作社(指导)
镇海岚山草莓专业合作社(指导)	镇海澥浦海田蔬菜专业合作社(指导)
镇海澥浦草莓产销专业合作社联合社(指导)	镇海澥浦农民画专业合作社(指导)
北仑区供销合作社(32家)	
北仑区东海雀舌茶业专业合作社(参股)	北仑海坪生态农业观光专业合作社(指导)
北仑区大碶新湖岙果蔬专业合作社(参股)	北仑白峰品禾农产品专业合作社联合社(指导)
北仑区春晓东海水果专业合作社(参股)	北仑区东海春晓茶叶专业合作社(指导)
北仑区绿力水果专业合作社(参股)	北仑芬芳果品农民专业合作社(指导)

续表

北仑区供销合作社（32家）	
北仑区九峰山果蔬合作社（参股）	北仑绿峰花木专业合作社（指导）
北仑四海粮蔬机械化专业合作社（参股）	北仑大碶塔山五针松专业合作社（指导）
北仑海景园林专业合作社（参股）	北仑九峰铁皮石斛专业合作社（指导）
宁波经济技术开发区绿艺蔬菜专业合作社（参股）	北仑甬琦果树专业合作社（指导）
北仑区白峰双石蘑菇专业合作社（参股）	北仑九峰瑞岩农产品专业合作社联合社（指导）
北仑小港新野瓜果专业合作社（指导）	北仑区甘溪茶叶专业合作社（指导）
北仑区清泰水果专业合作社（指导）	北仑东海春晓花卉专业合作社（指导）
北仑九峰盆景专业合作社（指导）	北仑春晓旭昊果蔬专业合作社（指导）
北仑区兴禾容器优棵苗木专业合作社（指导）	宁波经济技术开发区海岛农机专业合作社（指导）
北仑区兰益顺果蔬专业合作社（参股）	北仑芳泰农产品专业合作社联合社（指导）
北仑九峰山彩叶树专业合作社（指导）	北仑街道绿山蜜蜂专业合作社（指导）
北仑恒业茶叶专业合作社（指导）	北仑区名贵水产养殖专业合作社（指导）
慈溪市供销合作社（85家）	
慈溪市益大禽业专业合作社（参股）	慈溪市长河沧南果蔬专业合作社（指导）
慈溪市绍根蔬菜专业合作社（参股）、慈溪市高科果蔬专业合作社（参股）	慈溪市长河创鲜果蔬专业合作社（指导）
慈溪市惠农果蔬专业合作社（参股）	慈溪市宗汉盛杰蔬菜专业合作社（指导）
慈溪市平顶茶叶专业合作社（参股）	慈溪市绿昇土地股份种植专业合作社（指导）
慈溪市四海农机专业合作社（参股）	慈溪市宗汉金丰蔬菜专业合作社（指导）
慈溪市众品杨梅专业合作社（参股）	慈溪市供销农产品专业合作社联合社（参股）
慈溪市甬佳蜜梨专业合作社（参股）	慈溪市周巷农产品专业合作社联合社（指导）
慈溪市子陵茶叶专业合作社（参股）	慈溪市高背浦农业专业合作社（指导）
慈溪市宝绿蔬菜专业合作社（参股）	慈溪市秋雨渔业专业合作社（指导）
慈溪市古窑浦果蔬专业合作社（指导）	慈溪市绿色蔬菜专业合作社（指导）
慈溪市紫锦葡萄专业合作社（参股）	慈溪市绿洲蔬菜专业合作社（指导）
慈溪市桥头堡水产养殖专业合作社（参股）	慈溪市福章蔬菜专业合作社（指导）
慈溪市绿峰兔业专业合作社（参股）	慈溪市华农果蔬专业合作社（指导）
宁波杭州湾新区旺圣鹅业专业合作社（参股）	慈溪市小施山渔业专业合作社（指导）
慈溪市泽农植保专业合作社（参股）	慈溪市本海果蔬专业合作社（指导）
慈溪市海通时代果蔬专业合作社（参股）	慈溪市慈南杨梅专业合作社（指导）
慈溪市长河塘龙果蔬专业合作社（参股）	慈溪市黄潭岗杨梅专业合作社（指导）
慈溪市新浦传福鸟野鸭专业合作社（参股）	慈溪市六月杨梅专业合作社（指导）
慈溪市海联花木专业合作社（参股）	慈溪市紫藤葡萄专业合作社联合社（指导）
慈溪市合意果蔬专业合作社（指导）	慈溪市洞桥葡萄专业合作社（指导）
慈溪市富农葡萄专业合作社（指导）	慈溪市七姐妹山葡萄专业合作社（指导）
慈溪市彭南草莓专业合作社（指导）	慈溪市观海卫杜岙杨梅专业合作社（指导）

续表

慈溪市供销合作社（85 家）	
慈溪市绿农果蔬专业合作社（指导）	慈溪市观海卫观祥农机专业合作社（指导）
慈溪市峰崟葡萄专业合作社（指导）	慈溪市杭州湾蛋鸡专业合作社（指导）
慈溪市陈山茶叶加工农机服务专业合作社（指导）	慈溪市张军蔬菜专业合作社（指导）
慈溪市浊溪蕨菜专业合作社（指导）	慈溪市金涛蔬菜专业合作社（指导）
慈溪市来发蔬菜专业合作社（指导）	慈溪市宇丰蔬菜专业合作社（指导）
慈溪市茂杰中草药专业合作社（指导）	慈溪市蒙恩蔬菜专业合作社（指导）
慈溪市菁锋果蔬专业合作社（指导）	慈溪市三超蔬菜专业合作社（指导）
慈溪市慈农果蔬专业合作社（参股）	慈溪市小青蜂业专业合作社（指导）
慈溪市科颖渔业专业合作社（指导）	慈溪市绿建蔬菜专业合作社（指导）
慈溪市同创果蔬专业合作社（指导）	慈溪市康辉蜂业专业合作社（指导）
慈溪市万景汇山茶叶专业合作社（参股）	慈溪市龙武渔业专业合作社（指导）
慈溪市亚芬野鸭专业合作社（指导）	慈溪市百姓蔬菜专业合作社（指导）
慈溪市国东渔业专业合作社（指导）	慈溪市引健大棚蔬菜专业合作社（指导）
宁波杭州湾新区阿力果蔬专业合作社（指导）	慈溪市双明蔬菜专业合作社（指导）
宁波杭州湾新区文利果蔬专业合作社（指导）	慈溪市泽星蔬菜专业合作社（指导）
慈溪市海莹渔业专业合作社（指导）	慈溪市金土地蔬菜专业合作社（指导）
慈溪市阳天蔬菜专业合作社（指导）	慈溪市悦祥蔬菜专业合作社（指导）
慈溪市高春渔业专业合作社（指导）	慈溪市惠群蔬菜专业合作社（指导）
慈溪市张荣蔬菜专业合作社（指导）	慈溪市金穗农机服务专业合作社联合社（指导）
慈溪市健伟蔬菜专业合作社（指导）	
余姚市供销合作社（79 家）	
余姚市舜果杨梅专业合作社（参股）	余姚市丈亭志刚农机服务专业合作社
余姚市临山镇味香园葡萄专业合作社（参股）	余姚市舜隆水产专业合作社
余姚市马渚渔业专业合作社（参股）	余姚市舜富农机服务专业合作社
余姚市舜田粮食专业合作社（参股）	余姚市舜盛农机服务专业合作社
余姚市舜水果蔬专业合作社（参股）	余姚市杭新瓜果蔬菜专业合作社
余姚市丰乐蔬菜专业合作社（参股）	余姚市菜富通果蔬专业合作社
余姚市红顶白鹅专业合作社（参股）	余姚市舜合农产品专业合作社联合社
余姚市舜南毛竹专业合作社（参股）	余姚市舜昌瓜果专业合作社
余姚市泗门榨菜专业合作社（参股）	余姚市临山粮食专业合作社
余姚市四明湖蚕桑专业合作社（参股）	余姚市江南联心果蔬专业合作社
余姚市田螺山生猪专业合作社（参股）	余姚市乔龙蜜梨种植专业合作社
余姚市田螺山粮食专业合作社（参股）	余姚市乌丹生态肉牛专业合作社
余姚市杭州湾兔业专业合作社（参股）	余姚市康绿蔬菜专业合作社
余姚市白岩龙溪竹笋专业合作社	余姚市佳云西兰花专业合作社
余姚市甬舜植保专业合作社	余姚市绿好棒蜜梨专业合作社
余姚市鹿亭高山竹笋专业合作社	余姚市益农蔬菜产销专业合作社
余姚市齐昌渔业专业合作社	余姚市田螺山农机服务专业合作社

续表

余姚市供销合作社（79家）	
余姚市旺角竹笋专业合作社	余姚市田螺山农机专业合作社联合社
余姚市临山植保专业合作社	余姚市百丈果蔬专业合作社
余姚市河姆渡茭白专业合作社	余姚市天浩果蔬专业合作社
余姚市春宇苗木专业合作社	余姚市科农农机服务专业合作社
余姚市牟山湖茶叶专业合作社	余姚市梅老大杨梅专业合作社
余姚市泗门相潭蔬菜专业合作社	余姚市天生水果木专业合作社
余姚市姚南高山茶叶专业合作社	余姚市超杰果业专业合作社
余姚市森瑞苗木专业合作社	余姚市丹红柿子专业合作社
余姚市小曹娥龙民蔬菜专业合作社	余姚市舜联果蔬专业合作社联合社
余姚市上塘农机服务专业合作社	余姚市河姆渡如丰农机服务专业合作社
余姚市马渚粮食专业合作社	余姚市洪山余金达竹笋专业合作社
余姚市伸晨农业专业合作社	余姚市齐力农机服务专业合作社
余姚市金马农机服务专业合作社	余姚市凤凰山茶叶专业合作社
余姚市英苗农机服务专业合作社	余姚市万鑫养蜂专业合作社
余姚市好帮手粮机专业合作社	余姚市黄潭蔬菜产销专业合作社
余姚市聚德丰果蔬专业合作社	余姚市宣郎岙杨梅专业合作社
余姚市临山刺绕湾杨梅专业合作社	余姚市马渚庆德农机服务专业合作社
余姚市舜农渔业专业合作社联合社	余姚市梁弄国权水果专业合作社
余姚市临南农机服务专业合作社	余姚市梁弄镇天绿水果专业合作社
余姚市宏丰家禽专业合作社	余姚市金林湾果蔬专业合作社
余姚市方桥果蔬专业合作社	余姚市小曹娥明乐蔬菜专业合作社
余姚市樱枫花木专业合作社	
奉化区供销合作社（75家）	
奉化市环球花木专业合作社	奉化市四季果蔬专业合作社
奉化市尚田蚕桑专业合作社	奉化市至真铁皮石斛专业合作社
奉化市天茸茶叶专业合作社	奉化市桃源家禽专业合作社
奉化市三联果蔬专业合作社	奉化市国瑞茶叶专业合作社
奉化市明满果蔬专业合作社	奉化市辰凤禽业专业合作社
奉化市滕头（灵峰）茶叶专业合作社	奉化市珠冠蔬果专业合作社
奉化市通源再生资源专业合作社	奉化山海果蔬专业合作社
奉化市青梅专业合作社	奉化市禾丰葡萄专业合作社
奉化市荞头专业合作社	奉化瑞禾蔬果专业合作社
奉化市先知禽蛋专业合作社	奉化东江生猪专业合作社
奉化市光明果蔬专业合作社	奉化市四海水产专业合作社
奉化市溪口新建畜牧专业合作社	奉化市农富果蔬专业合作社
奉化市农香果蔬专业合作社	奉化市松岙镇拜佛山畜牧专业合作社
奉化市顺绿果蔬专业合作社	奉化市杨村海带专业合作社
奉化市河头果蔬专业合作社	奉化市松埠畜禽专业合作社
奉化市好收成植保专业合作社	奉化市峰景湾泥鳅专业合作社

续表

奉化区供销合作社（75家）	
奉化市三禾果蔬专业合作社	奉化市农家味果蔬专业合作社
奉化市银龙竹笋专业合作社	奉化市红胜畜禽专业合作社
奉化市联众灵芝专业合作社	奉化市石沿港农业专业合作社联合社
奉化市力邦果蔬专业合作社	奉化市裕良诚信果蔬专业合作社
奉化市天泽花木专业合作社	奉化市怡方果蔬专业合作社
奉化市剡溪芋艿专业合作社	奉化市富银农产品专业合作社联合社
奉化市山岭蔬果专业合作社	奉化市锦啸农机专业合作社
奉化市凯盛猕猴桃专业合作社	奉化市稻丰植保服务专业合作社
奉化市绿佳果蔬专业合作社	奉化市联丰粮食专业合作社
奉化市保丰蔬菜专业合作社	奉化市禾胜农机专业合作社
奉化市奉东桃果专业合作社	奉化市西坞街道金牛农机专业合作社
奉化市笑笑水蜜桃专业合作社	奉化市银桥粮食专业合作社
奉化市永顺果蔬专业合作社	奉化市甬丰粮食专业合作社
奉化市穗丰粮机专业合作社联合社	奉化市星屿水稻专业合作社
奉化市谷堡农机专业合作社	奉化市沁心园果蔬专业合作社
奉化市提灯山竹笋专业合作社	奉化市沃森果蔬专业合作社
奉化市银鑫水产专业合作社	奉化市和源果蔬专业合作社
奉化市大岑水产专业合作社	奉化市万顺果蔬专业合作社
奉化市云雾粮食专业合作社	奉化市银达泥鳅专业合作社
奉化市观海草莓专业合作社	奉化市海山一景花木专业合作社
奉化市泰清山湖羊专业合作社	奉化市康灵灵芝专业合作社
奉化市莼湖绿茂蔬果专业合作社	
象山县供销合作社（74家）	
象山县东海水产专业合作社	象山雅岛果蔬专业合作社
象山宏森源瓜果专业合作社	象山县高塘岛乡同心畜牧专业合作社（参股）
象山县绿得利水果专业合作社	象山丰登农业服务专业合作社
象山天茗茶叶专业合作社	象山县辰弘果业专业合作社
象山县英姿果蔬专业合作社（参股）	象山兴农果蔬专业合作社
象山县玉菱茭白专业合作社	象山丰溢紫菜专业合作社
象山县不老岛水产专业合作社	象山县龙顺农机服务专业合作社
象山龙顺果蔬专业合作社	象山鲜之都水产专业合作社
象山能大果蔬专业合作社	象山县青凤珍禽养殖专业合作社
象山芭蕉竹笋专业合作社	象山石昌南美白对虾养殖专业合作社
象山县大目洋水产种苗专业合作社	象山县晨丰石斛专业合作社
象山百汇生猪专业合作社（停业）	象山恒大果蔬专业合作社
象山海川牛羊养殖专业合作社	象山建农水稻专业合作社
象山县时珍中药材专业合作社（停业）	象山三五芹菜专业合作社
象山半岛蔬菜专业合作社（停业）	象山佳茗茶叶专业合作社
象山百汇花木专业合作社（停业）	象山群英柑橘产销专业合作社

续表

象山县供销合作社（74家）	
象山县原野菜牛养殖专业合作社（停业）	象山雅岛农机专业合作社
象山阿素水产养殖专业合作社	象山县丹南农机专业合作社
象山新桥农传佳果枇杷专业合作社（参股）	象山县丹禾阳农机专业合作社
象山丰泰粮食全程机械化专业合作社（停业）	象山县能合果蔬专业合作社联合社
象山夏成水产专业合作社（停业）	象山县高泥湾果蔬专业合作社
象山金林果蔬专业合作社	象山金苗中药材专业合作社
象山海韵水产专业合作社	象山羿王富硒农产品专业合作社联合社
象山丰禾植保专业合作社	象山新展水果专业合作社
象山鱼得水水产养殖专业合作社（参股）	象山茅洋五狮山水蜜桃专业合作社
象山绿洲大白鹅专业合作社（参股）	象山鹤浦凤凰山水果专业合作社
象山县昌茂梭子蟹专业合作社（参股）	象山鹤浦百丈柑橘专业合作社
象山宝兴果蔬专业合作社	象山红达莲藕专业合作社
象山孝中果蔬专业合作社	象山西大河农产品专业合作社联合社
象山县南田岛农机服务专业合作社	象山晓塘兴达果蔬专业合作社
象山秋红果蔬专业合作社	象山常金水产养殖专业合作社
象山品优果蔬专业合作社	象山县溪东人家果蔬专业合作社
象山县红卫塘蜜梨专业合作社	象山县文丰果蔬专业合作社
象山天涯果蔬专业合作社	象山县鹤浦伊佳果蔬专业合作社
象山合心果蔬专业合作社	象山县兰生畜牧专业合作社
象山蓝野果蔬专业合作社	象山文心兰农机专业合作社
象山县丰盈农机专业合作社	象山县红卫塘紫菜专业合作社
宁海县供销合作社（79家）	
宁海县前童供销合作社	宁海县天河香榧专业合作社（参股）
宁海县一市供销合作社有限公司	宁海县跃龙茶业专业合作社
宁海县乡亲浓蔬菜专业合作社	宁海县山里向茶叶专业合作社
宁海县海静柑橘专业合作社	宁海清隐茶叶专业合作社
宁海县登喜翠冠梨合作社	宁海县宁友薯业专业合作社
宁海县圣猴果蔬专业合作社（参股）	宁海鹰岩山果蔬菜专业合作社
宁海县天河黄豆专业合作社	宁海县全美葛根种植专业合作社
宁海县大沙湾麻鸭养殖专业合作社	宁海县海山丰水产专业合作社联合社
宁海县宁棉棉花专业合作社	宁海县晓棋果蔬专业合作社
宁海县燕红果蔬专业合作社	宁海县富珠白枇杷专业合作社
宁海县登峰蜂业专业合作社	宁海县富民白枇杷专业合作社
宁海县建国枇杷专业合作社	宁海县红蓝水果专业合作社
宁海县好收成水稻专业合作社	宁海县千果百园果蔬专业合作社
宁海县博园水稻种植专业合作社	宁海县金林果业专业合作社
宁海县国盛果蔬专业合作社	宁海县圣猴果蔬专业合作社联合社
宁海县丰庆植保服务专业合作社	宁海县海之林果蔬专业合作社
宁海县金龙浦农业专业合作社	宁海县云台果业专业合作社

续表

宁海县供销合作社（79家）	
宁海县新颖振宁土鸡专业合作社	宁海县品汇枇杷专业合作社联合社
宁海县梦鼎农业专业合作社	宁海县东越蔬种植专业合作社
宁海县茅园果业合作社	宁海一市凤莎家禽专业合作社
宁海县金海湾生态果业专业合作社	宁海县都岙湾果业专业合作社
宁海县黄坛镇永茹果蔬专业合作社	宁海县观棠曹水果专业合作社
宁海县富甬哈密瓜专业合作社	宁海县彩云果蔬专业合作社
宁海县东湾水产专业合作社	宁海县前童镇九树沟果蔬专业合作社
宁海一市植桂斋果蔬专业合作社	宁海绿生杨梅专业合作社
宁海县力港果蔬专业合作社（参股）	宁海县浩多果蔬专业合作社
宁海县岔路镇冠峰果蔬专业合作社	宁海县绿紫源水果专业合作社
宁海县美商果蔬专业合作社联合社	宁海县希源农业专业合作社
宁海县群望果蔬种植专业合作社	宁海县杏丰茶叶专业合作社
宁海县双增香榧专业合作社联合社	宁海县永升畜禽专业合作社
宁海县瑞丰竹木专业合作社	宁海县才松油茶产业专业合作社
宁海县辰铭果业专业合作社	宁海县金福源果蔬专业合作社
宁海县小军香榧专业合作社	宁海县广盛果蔬专业合作社联合社
宁海县作梁枇杷专业合作社	宁海县丰穗水稻专业合作社联合社
宁海县红阳湾果蔬专业合作社	宁海县前童镇南岙花木种植专业合作社
宁海县甬庆丰水稻专业合作社	宁海县前童镇佳泉果蔬专业合作社
宁海县东岳水稻生产专业合作社	宁海县恒丰果畜专业合作社
宁海县东盛林业专业合作社	宁海县长街纳百川果蔬专业合作社
宁海县田野果业专业合作社	宁海县眉浓农机植保服务专业合作社
宁海县可省农机植保服务专业合作社	
鄞州区供销合作社（71家）	
章水杖锡花木专业合作社（参股）	鄞州侃侃果蔬专业合作社
鄞州西凤竹业专业合作社	鄞州金峨山果业专业合作社
鄞州禾丰植保防治服务专业合作社	鄞州健朗畜禽专业合作社
鄞州绿盛蔬菜专业合作社	鄞州藤叶海藻专业合作社
鄞州大嵩紫菜专业合作社	鄞州果丰香业果蔬专业合作社
鄞州创宁粮机专业合作社	鄞州宁峰水稻专业合作社
鄞州滨海蔬菜专业合作社	鄞州洞桥南瑞粮机专业合作社
鄞州张家瀛梨头专业合作社	鄞州联兴粮油专业合作社
鄞州三农蔺草专业合作社	鄞州粮人粮油专业合作社
鄞州绿洲果业专业合作社	鄞州云洲茶叶专业合作社
鄞州云龙田旺瓜果专业合作社	鄞州金丰葡萄专业合作社
鄞州益加益蔬菜专业合作社	鄞州黄牛礁专业合作社联合社
鄞州农乐果蔬专业合作社	鄞州雪菜专业合作社联合社
鄞州五乡本色专业合作社	鄞州力邦农机专业合作社
鄞州绿明蔬菜专业合作社	鄞州农和榨菜专业合作社

续表

鄞州区供销合作社（71家）	
鄞州港城果蔬专业合作社	鄞州小白塔茶叶专业合作社
鄞州老蔡瓜果专业合作社	鄞州前伟榨菜专业合作社
鄞州绿荫果蔬专业合作社	鄞州大全粮机专业合作社
鄞州虹祥水果专业合作社	鄞州区远东花卉专业合作社
鄞州浙东贝母专业合作社	鄞州甜园果业专业合作社
鄞州清源杨梅专业合作社	鄞州进士果蔬专业合作社
鄞州小白塔粮油专业合作社	鄞州绿丰西瓜专业合作社
鄞州瞻岐甬味专业合作社	鄞州东禾花卉专业合作社
鄞州杖锡花木专业合作社	鄞州郭夏果业专业合作社
鄞州裕甜农机专业合作社	鄞州虹桥禽蛋专业合作社
鄞州嵩江水产养殖专业合作社	鄞州古林开心果蔬专业合作社
鄞州新滨水果专业合作社	鄞州鄞南粮食销售专业合作社联合社
鄞州国良果蔬专业合作社	鄞州甬佳生态稻米专业合作社联合社
鄞州祖芳水果专业合作社	鄞州双嘉水果专业合作社
鄞州甬茗果蔬专业合作社	鄞州石碶恒涛水产专业合作社
鄞州南兴葡萄专业合作社	鄞州咸兴粮机专业合作社
鄞州信夫葡萄专业合作社	鄞州建丰粮食专业合作社
鄞州横涨粮草专业合作社	鄞州红丰粮食专业合作社
鄞州姜山金鳖山禽蛋专业合作社	鄞州炳雷果蔬专业合作社
鄞州建星水果专业合作社	鄞州宏展粮机销售专业合作社联合社
鄞州海森水果专业合作社	
江北区供销合作社（30家）	
宁波市江北甬丰农业服务专业合作社	宁波市江北海腾水果专业合作社
宁波市江北金桂水稻专业合作社	宁波市江北沁盛果木专业合作社
宁波市江北兴谷水稻专业合作社	宁波市江北森田果木专业合作社
宁波市江北区佳禾水稻专业合作社	宁波市江北慈城镇盛园果木专业合作社
宁波江北海腾水果专业合作社	宁波江北横山万源盛水果专业合作社
宁波市江北区农民专业合作社联合会	宁波江北阿东水果专业合作社
宁波市江北绿土粮食专业合作社	宁波市江北区美口水果专业合作社
余姚甬丰蔬菜专业合作社	宁波江北志康水果专业合作社
余姚甬丰瓜果专业合作社	宁波市江北慈城乐甜果蔬农场
宁波杭州湾新区甬丰水稻专业合作社	宁波市江北区坚业水果专业合作社
宁波市江北国来农机专业合作社	宁波市江北慈城新慈湖果木专业合作社
宁波江北如根农产品专业合作社	宁波市江北区国惠葡萄专业合作社
宁波江北伟良农机专业合作社	宁波市江北粮丰家庭农场
宁波江北洪塘胜利水果专业合作社	宁波市江北洪塘伟国家庭农场
宁波市江北区绿腾水果专业合作社	宁波市江北定生家庭农场

村级综合服务社

村级综合服务社是新形势下供销社参与新农村建设的重要抓手,创新为农服务方式的有效载体。它是以供销社为主体、政府扶持、乡镇(街道)村共建兴办的,向农民提供综合化、系列化、社会化服务的新型农村为农服务组织。具体地说是在乡镇(街道)、村或相对偏远的中心村,建立集生活资料、生产资料供应、农副产品购销、再生资源回收和医疗保健、娱乐休闲等于一体的多功能服务项目,是农村社区的生产生活服务中心。使之成为农村经济、文化社会建设的示范基地。

全市供销社系统村级综合服务社(站)始建于1991年。9月,余姚市泗门区供销社首先在夹塘乡隆昌村创建以供应农资商品为主的村级服务站。该服务站由供销社提供经营设施和农资商品,选配3名职工到站服务。是年,全市供销社系统兴办村级服务站累计35家。

1992年4月24日,省供销社印发《关于加快村级综合服务站建设的通知》,全市供销社系统掀起兴办村级综合服务站的热潮。4月30日,鄞县姜山供销社走马塘村综合服务社开业,开创全市村级综合服务社先河。走马塘村综合服务站是鄞县新建的第一个村级综合服务站,投资27万元,建筑面积900平方米,开展生产生活资料供应、农副产品和废旧物资收购。村级综合服务站建成,标志着供销社在为"三农"服务方面迈出可喜的一步,也为当地农民办了一件实事。5月,慈溪市首家农资联办的村级综合服务站在横河镇相士地村成立,总投资20万元,设有农业车间300平方米;农资、棉百、五金等供应所830平方米,医疗保健室20平方米,文娱活动中心300平方米。7月3日,宁波市郊区首家村级综合服务站在乍浦乡杨陈村开业,该站是慈城供销社乍山分社与村联办。象山县首家功能较全的村级综合服务站在大徐镇陈山村建成,该站由涂茨供销社与村联办,提供生产生活、农产品和废旧物资收购服务,并利用村大会堂等设施,放映电影、录像,举办老年活动等。镇海区首家村级综合服务站在清水湖村建立,骆驼供销社投入资金6万元,营业面积194平方米,堆场360平方米,开展农资和五金商品等供应,科技服务、出租中小农具、收购废旧物资、季节性代购农副产品等。是年,全市供销社系统兴办村级综合服务站55家,累计90家。

1993年至2000年,全市各基层供销社积极探索村综合服务站(社)建设。分别采取与当地乡镇联合,选择1—2个村兴办村综合服务站(社)。这些村综合服务站(社)属松散合作型经营服务组织,一般设管理委员会3—5人,由村(社)长和供销社副主任分别任正、副组长。村综合服务站(社)站长(社长)由村委派,实行民主管理小组领导下的站长负责制,具体业务委托供销社管理,商品以调拨为主,内部采取单独核算,落实经营责任制和有关人员岗位责任制。

2002年7月,慈溪市供销社组建全市供销社系统首家村级综合服务社,即横河镇大山村综合服务社,成为集发展农资、生活资料、医药、文化娱乐、连锁经营服务于一体的一种新形式。该服务社设立日用消费品超市、农资供应点、医疗服务站、文娱活动室等,所需货源由慈客隆超市、四海农资、医药配送,为300多家农户提供生产、生活服务。至年底该市已建成村级综合服务社3家,方便当地农民群众,重新拉近了供销社与农民的距离,也为开拓和占领农村市场迈出实质性的一步。镇海、北仑、奉化等区(市)供销社亦积极试点兴办村级综合服务社,在取得经验后推广。

2004年,象山县、宁海县、慈溪市、余姚市和鄞州区供销社新建村级综合服务社起步较快,比较典型的是宁海县供销社试点创建的下湾塘村综合服务社,建筑面积580平方米,其中村办公室和老年活动室

340平方米,农资供应服务站、副食品便民超市、农机修理部、理发店和医疗室等营业用房140平方米,菜市场棚屋100平方米,建设总投资28.5万元,县供销社还资助资金9.5万元,建成一条长2.5千米、宽5米的混凝土村级公路,为该村建成厂房1330平方米。象山县供销社以城南供销社南堡村分社为试点,组建全县第一家村级综合服务社。对改制后保留南堡村600平方米的临街商业用房及配套仓储、办公用房,共投入10万余元修缮,建立150平方米的生活资料超市、50平方米的生产资料门市部及合作医疗室,还建有100平方米的图书室、活动室。服务社集生活、生产资料供应,医疗保健、娱乐休闲等功能于一体,成为当地农民休闲、娱乐的主要场地。是年,全市村级综合服务社发展到11家,入社社员2513户,带动农户3万余户;种植养殖基金面积15.8万亩,全年带动当地农业产值4亿元,充分体现供销社重新构建生产资料、生活资料、农业科技、医疗卫生、文化娱乐等综合服务体系的作用。

2005年5月,印发《市供销社关于发展村级综合服务社实施意见》,积极争取市政府和财政资金支持,以促进村级综合服务社建设的健康快速发展,在2004年70万元财政资金支持的基础上,2005年又下拨50万元专项扶持资金用于加快综合服务社建设。据统计,2004年至2005年共下拨扶持资金115.94万元,平均每家3.31万元;新建改建生产资料供应网点35家,经营面积3747平方米;生活资料网点35家,经营面积3126平方米。是年,完成建设村级综合服务社35家,累计46家。经对35家村级综合服务社实地考核验收,全部符合要求。村级综合服务社服务功能达到集生活资料供应(放心店、小超市)、生产资料供应、文化娱乐中心、医疗保健"四位一体"的标准,有的服务社还设有农副产品购销站、农村菜市场等。

2006年,全市创办村级综合服务社42家,总数88家。是年,市政府连续拨付专项扶持资金190万元专门用于村级综合服务社建设,村级综合服务社建设已经成为全市新农村综合服务体系的一个重要组成部分。

2007年6月,慈溪市供销社成立农村社区综合服务中心,投资19万元建立慈客隆超市便利店、再生资源回收、煤气配送、医药零售、家政就业服务、医疗室等20个项目的服务设施;崇寿镇建民村社区服务中心开办农资供应点、农产品收购点等综合服务项目,年收购蔬菜等农产品1050万元。鄞州区供销社兴办云洲村、岐阳村、西扬村、回龙村、邱一村等5家村级综合服务社,共补贴资金37.5万元,经营活动面积3000平方米,设置村级生产、生活资料供应、文化娱乐中心、医疗保健等为主要内容的"四位一体"服务功能,建立以所在社(村)书记或村委会主任为综合服务社的管理机构。7月,市供销社、财政局印发《宁波市农村村级综合服务社建设专项补助暂行办法》,把村级综合服务社建设资金列入市财政年度预算,对符合《办法》要求的村级综合服务社每家补助2.5万元。

2004年至2007年,市财政下拨460万元专项资金,全市供销社系统自筹扶持资金300多万元,专项用于综合服务社的建设和发展。其中2006年,慈溪市、余姚市、鄞州区供销社分别获2006年市级兴办村级综合服务社先进单位,并获奖金8000元;48

2007年8月,余姚市泗门镇万圣村综合服务社成立

家村级综合服务社获市供销社补贴资金120万元。

2006年至2007年,全市供销社系统共投入扶持资金1234.2万元,新建村级综合服务社80家,至2007年总数达126家,超额完成三年目标任务。供销社兴办村级综合服务社做法和取得的实效,多次得到市委、市政府的肯定。2008年,印发《市供销社关于继续加强村级综合服务社(中心)建设的实施意见》(甬供指〔2008〕38号)。是年,领办、参办村级综合服务社56家,累计182家,专业协会16家。象山县、宁海县、慈溪市、余姚市、鄞州区供销社被评为市供销社系统兴办村级综合服务

海曙区石碶街道西杨村综合服务社(2007年摄)

社优秀奖,分别获得资金各10000元;北仑区、镇海区供销社评为鼓励奖,奖金各为6000元。

2009年,村级综合服务社建设全面提升。全年新建村级综合服务社68家,超过计划数30家一倍多,累计250家。新一轮三年规划建设100家任务,提前一年完成。2010年,新建村级综合服务社74家,累计324家。2011年4月,印发《宁波市供销社关于下达"三社一会"建设指标的通知》(甬供指〔2011〕20号)。5月,印发《关于认真实施"千村千社便民工程"切实加强农村社区综合服务社建设的通知》(甬供指〔2011〕38号),对"两店"(日用消费品和农资连锁店)综合服务社建设提出目标任务。是年,新建村级综合服务社55家,累计374家,超额完成创建村级综合服务社40家的目标任务。新建或改造提升村级农贸市场7家,并每家给予20万元的资金补助。

2012年至2013年,新建村级综合服务社90家,累计471家,从业人员2971人。其中县(市)区供销社管理122家,基层供销社管理9家,村、社联合管理339家。总投资30423万元,其中供销社投资1125万元,其他投资29298万元。总资产35450万元,其中供销社资产1027万元,其他资产34424万元。经营面积16.73万平方米,服务面积8.34万平方米。参与新建村级农贸市场13个,累计20个。

2014年,在深化综合服务社"两店两室"基础上,新增农副产品收购、庄稼医院、测土配方、再生资源回收、家电农机具维修等公益性经营服务项目。是年,新建村级综合服务社(中心)121家,累计592家,比2008增加410家。农村综合服务社(中心)建设领先全省供销社系统,提前完成"十二五"末期486家的建设任务。在592家村级综合服务社中,从业人员3484人,总投资3.83亿元,其中供销社投资1317万元。经营面积191468平方米,服务面积97610平方米。2015年,全市供销合作社系统累计建成村级综合服务社772家。2016年底,累计建成村级综合服务社881家。

表3-12　2016年宁波市供销合作社领办、参办村级综合服务社名录(881家)

镇海区供销合作社(41家)	
镇海区供销社尚志村综合服务社	镇海区供销社金华村综合服务社
镇海区供销社长石村综合服务社	镇海区供销社妙胜寺村综合服务社
镇海区供销社万市徐村综合服务社	镇海区供销社里洞桥村综合服务社
镇海区供销社迎周村综合服务社	镇海区金果园蔬果湾塘综合服务社

续表

镇海区供销合作社（41家）	
镇海区供销社迎周村综合服务社	镇海区金果园蔬果中星综合服务社
镇海区供销社汶溪村综合服务社	镇海区国振果蔬田顾工业区综合服务社
镇海区供销社杜夹岙村综合服务社	镇海区凯丰畜禽养殖黄杨综合服务社
镇海区供销社岚山村综合服务社	镇海区九龙湖农产品联合社长石综合服务社
镇海区供销社觉渡村综合服务社	镇海区恒元果蔬迎周综合服务社
镇海区供销社永旺村综合服务社	镇海区恒元果蔬蛟川生态园综合服务社
镇海区供销社沙河村综合服务社	镇海区甬禾粮食九龙湖综合服务社
镇海区供销社湾塘村综合服务社	镇海区甬禾粮食长宏东严综合服务社
镇海区供销社西经堂村综合服务社	镇海区科奥农业西河综合服务社
镇海区供销社贵驷村综合服务社	镇海区供销社招宝山街道西门社区综合服务社
镇海区供销社汉塘村综合服务社	镇海区供销社招宝山街道胜利社区综合服务社
镇海区供销社后施社区综合服务社	镇海区供销社朝阳村综合服务社
镇海区供销社联兴村综合服务社	镇海区供销社庙戴村综合服务社
镇海区供销社陈家村综合服务社	镇海区供销社庄一村综合服务社
镇海区供销社渡驾桥村综合服务社	镇海区供销社敬德村综合服务社
镇海区供销社团桥村综合服务社	镇海区供销社河头村综合服务社
镇海区供销社清水湖村综合服务社	
北仑区供销合作社（34家）	
北仑区供销合作社柴楼村综合服务社	北仑区供销合作社梅山里岙村综合服务社
北仑区供销合作社绿岛农业综合服务社	北仑区供销合作社上阳村综合服务社
北仑区春晓供销有限公司综合服务社	北仑区供销社合宅村综合服务社
北仑区供销合作社王家麓村综合服务社	北仑区供销合作社柴桥繁景山综合服务社
北仑区供销合作社下龙泉村综合服务社	北仑区供销合作社白峰福民村综合服务社
北仑区供销合作社上阳农业综合服务社	北仑区供销合作社白峰大涂塘村综合服务社
北仑区供销合作社咸昶村综合服务社	北仑区供销合作社梅山梅港村综合服务社
北仑区供销合作社上傅村综合服务社	北仑区供销合作社春晓海口村综合服务社
北仑区供销合作社林头方村综合服务社	北仑区供销合作社紫石村综合服务社
北仑区供销合作社西岙山村综合服务社	北仑区供销合作社台岙村综合服务社
北仑区供销合作社五盟村综合服务社	北仑区供销合作社塔峙村综合服务社
北仑区供销合作社陈山社区综合服务社	北仑区供销合作社高塘村综合服务社
北仑区供销合作社慈岙村综合服务社	北仑区供销合作社丁家山村综合服务社
北仑区供销合作社河头村综合服务社	北仑区供销合作社炮台村综合服务社
北仑区供销合作社红光村综合服务社	北仑区供销合作社昆亭村综合服务社
北仑区供销合作社阮家村综合服务社	北仑区供销合作社柴桥车站综合服务社
北仑供销合作社小港顾家桥村综合服务社	北仑区供销合作社柴桥东六房村综合服务社

续表

慈溪市供销合作社（112家）	
慈溪市横河镇大山村综合服务社	慈溪市新浦镇新闸村综合服务社
慈溪市长河镇垫桥村综合服务社	慈溪市周巷镇新潮村综合服务社
慈溪市崇寿镇傅家路村综合服务社	慈溪市逍林镇逍路沿村综合服务社
慈溪市长河镇云海村综合服务社	慈溪市逍林镇宏跃村综合服务社
慈溪市长河镇沧北村综合服务社	慈溪市新浦镇腰塘村综合服务社
慈溪市逍林镇振兴村综合服务社	慈溪市崇寿镇五塘新村综合服务社
慈溪市白沙街道西华头村综合服务社	慈溪市长河镇大牌头村综合服务社
慈溪市庵东镇西三村综合服务社	慈溪市新浦镇水湘村综合服务社
慈溪市逍林镇福合院村综合服务社	慈溪市掌起镇任佳溪村综合服务社
慈溪市周巷镇三江口村综合服务社	慈溪市宗汉街道金堂村综合服务社
慈溪市观海卫镇大岐山村综合服务社	慈溪市崇寿镇健民村综合服务社
慈溪市观城镇五洞闸村综合服务社	慈溪市新浦镇黎明村综合服务社
慈溪市逍林镇破山村综合服务社	慈溪市新浦镇上舍村综合服务社
慈溪市长河镇沧田村综合服务社	慈溪市新浦镇五塘南村综合服务社
慈溪市龙山镇太平闸村综合服务社	慈溪市匡堰镇乾炳村综合服务社
慈溪市天元镇天元村综合服务社	慈溪市天元镇兴柴村综合服务社
慈溪市天元镇元甲村综合服务社	慈溪市胜山镇二灶村综合服务社
慈溪市天元镇潭河村综合服务社	慈溪市横河镇童岙村综合服务社
慈溪市宗汉街道百兴村综合服务社	慈溪市横河镇乌玉桥村综合服务社
慈溪市宗汉街道高王村综合服务社	慈溪市周巷镇云城村综合服务社
慈溪市宗汉街道潮塘村综合服务社	慈溪市周巷镇小安村综合服务社
慈溪市周巷镇长胜村综合服务社	慈溪市周巷镇周邵村综合服务社
慈溪市新浦镇六塘南村综合服务社	慈溪兴合范市农资有限公司
慈溪市周巷镇新缪路村综合服务社	慈溪兴合蓬山农资有限公司
慈溪市周巷镇路桥村综合服务社	慈溪兴合龙头场农资有限公司
慈溪市桥头镇五姓村综合服务社	慈溪兴合龙山农资有限公司
慈溪市崇寿镇傅福村综合服务社	慈溪市胜山镇一灶村综合服务社
慈溪市新浦镇六甲村综合服务社	慈溪市胜山镇胜南村综合服务社
慈溪市庵东镇马路潭村综合服务社	慈溪市掌起镇古窑浦村综合服务社
慈溪市横河镇梅湖村综合服务社	慈溪市周巷镇登州街村综合服务社
慈溪兴合古窑农资有限公司	慈溪市金海农业生产资料服务社
慈溪兴合掌起农资有限公司	慈溪市宗汉生产资料服务社
慈溪兴合东埠头农资有限公司	慈溪市宗汉潮塘生产资料服务社
慈溪兴合立波农资有限公司	慈溪市坎东二灶市生产资料服务社
慈溪兴合五里农资有限公司	慈溪兴合金新农资服务社
慈溪兴合伯其农资有限公司	慈溪兴合百兴农资服务社

续表

慈溪市供销合作社（112家）	
慈溪兴合大岐山农资有限公司	慈溪老毛种子服务社
慈溪兴合鸣鹤农资有限公司	慈溪兴合西华头农资服务社
慈溪兴合淹浦农资有限公司	慈溪市兴合三群农资服务社
慈溪兴合利娜农资有限公司	慈溪兴合启苗农资服务社
慈溪兴合二节农资有限公司	慈溪兴合坎西农资服务社
慈溪国峰农资服务社	慈溪市汇丰生产资料服务社
浙江中冠农资慈溪蝉蝉农资服务社	慈溪市兴合宓家埭农资服务社
浙江中冠农资慈溪根泉农资服务社	慈溪市兴合东山头农资服务社
浙江中冠农资慈溪科军农资服务社	慈溪市兴合东上河农资服务社
浙江中冠农资慈溪苗飞农资服务社	慈溪市中冠国立农资服务社
浙江中冠农资慈溪范市服务社	慈溪市兴合三管农资服务社
浙江中冠农资慈溪月君农资服务社	慈溪市逍林满年农资服务社
慈溪市金海农业生产资料有限公司白沙服务社	慈溪市高欣植保技术服务有限公司坎墩服务社
慈溪市高欣植保技术服务有限公司灵湖服务社	慈溪市高欣植保技术服务有限公司甸山服务社
慈溪市金海农业生产资料有限公司河角服务社	慈溪市兴合东黄农资服务社
慈溪兴合坎中农资服务社	慈溪市兴合校才农资服务社
慈溪市兴合合新农资服务社	慈溪市兴合相公殿农资服务社
慈溪市中冠阿富农资服务社	慈溪市观海卫鹏立种子服务社
慈溪市兴合花木农资服务社	慈溪市兴合乾宏农资服务社
慈溪市兴合崇胜农资服务社	慈溪市宗坎农业生产资料服务社
余姚市供销合作社（140家）	
余姚市丈亭镇胡界村综合服务社	余姚市兰江街道冯村综合服务社
余姚市丈亭镇汇头村综合服务社	余姚市兰江街道石婆桥村综合服务社
余姚市三七市镇胜利村综合服务社	余姚市梨洲街道明伟村综合服务社
余姚市三七镇云山村综合服务社	余姚市梨洲街道南庙村综合服务社
余姚市河姆渡镇东澄村综合服务社	余姚市梨洲街道黄箭山村综合服务社
余姚市河姆渡镇小泾浦村综合服务社	余姚市凤山街道同光村综合服务社
余姚市大隐镇章山村综合服务社	余姚市阳明街道畈周村综合服务社
余姚市梁弄镇横路村综合服务社	余姚市阳明街道梁堰村综合服务社
余姚市梁弄镇横坎头村综合服务社	余姚市四明山镇梨洲村综合服务社
余姚市陆埠镇官路沿村综合服务社	余姚市四明山镇溪山村综合服务社
余姚市陆埠镇袁马村综合服务社	余姚市大岚镇柿林村综合服务社
余姚市陆埠镇翁岙村综合服务社	余姚市鹿亭乡上庄村综合服务社
余姚市大隐镇芝林村综合服务社	余姚市梁弄镇湖东村综合服务社
余姚市低塘街道姆湖村综合服务社	余姚市马渚镇长泠江村综合服务社
余姚市低塘街道西郑巷村综合服务社	余姚市大岚镇丁家畈村综合服务社
余姚市低塘街道郑巷村综合服务社	余姚市小曹娥镇南新庵村综合服务社

续表

余姚市供销合作社（140家）	
余姚市低塘街道汤家闸村综合服务社	余姚市黄家埠镇上塘村综合服务社
余姚市朗霞街道熊家街村综合服务社	余姚市临山镇汝东村综合服务社
余姚市朗霞街道西墟村综合服务社	余姚市河姆渡镇车厩村综合服务社
余姚市泗门镇谢家路村综合服务社	余姚市朗霞街道天中村综合服务社
余姚市泗门镇海南村综合服务社	余姚市泗门镇水阁周村综合服务社
余姚市泗门镇大庙周村综合服务社	余姚市临山镇兰海村综合服务社
余姚市泗门镇万圣村综合服务社	余姚市阳明街道芝山村综合服务社
余姚市泗门镇湖北村综合服务社	余姚市四明山镇北溪村综合服务社
余姚市泗门镇东蒲村综合服务社	余姚市陆埠镇江南村综合服务社
余姚市泗门镇楝树下村综合服务社	余姚市牟山镇湖山村综合服务社
余姚市小曹娥镇镇海村综合服务社	余姚市马渚镇沿山村综合服务社
余姚市小曹娥镇曹娥村综合服务社	余姚市马渚镇四联村综合服务社
余姚市小曹娥镇朗海村综合服务社	余姚市马渚镇开元村综合服务社
余姚市小曹娥镇人和丘村综合服务社	余姚市黄家埠镇横塘村综合服务社
余姚市临山镇临山村综合服务社	余姚市黄家埠镇黄家埠村综合服务社
余姚市临山镇梅园村综合服务社	余姚市黄家埠镇华家村综合服务社
余姚市临山镇临海村综合服务社	余姚市黄家埠镇回龙村综合服务社
余姚市临山镇临南村综合服务社	余姚市临山镇临浦村综合服务社
余姚市河姆渡镇罗江村综合服务社	余姚市大隐镇大隐村综合服务社
余姚市四明山镇宓家山村综合服务社	余姚市三七市镇唐李张村综合服务社
余姚市大岚镇大岚村综合服务社	余姚市凤山街道永丰村综合服务社
余姚市大岚镇戴糜村综合服务社	余姚市牟山镇牟山村综合服务社
余姚市鹿亭乡晓云村综合服务社	余姚市牟山镇青港村综合服务社
余姚市鹿亭乡中村村综合服务社	余姚市凤山街道皇山桥村综合服务社
余姚市阳明街道丰山前村综合服务社	余姚市低塘街道历山村综合服务社
余姚市阳明街道二高村综合服务社	余姚市丈亭镇梅溪村综合服务社
余姚市梨洲街道最良村综合服务社	余姚市三七市镇石步村综合服务社
余姚市梨洲街道白山头村综合服务社	余姚市梁弄镇五桂村综合服务社
余姚市兰江街道谭家岭村综合服务社	余姚市梁弄镇白水冲村综合服务社
余姚市兰江街道兰墅桥村综合服务社	余姚市鹿亭乡白鹿村综合服务社
余姚市朗霞街道干家路村综合服务社	余姚市陆埠镇干溪村综合服务社
余姚市梁弄镇贺溪村综合服务社	余姚市丈亭镇渔溪村综合服务社
余姚市四明山镇棠溪村综合服务社	余姚市牟山镇狮山村综合服务社
余姚市四明山镇唐田村综合服务社	余姚市马渚镇斗门村综合服务社
余姚市四明山镇悬岩村综合服务社	余姚市马渚镇渚山村综合服务社
余姚市大岚镇新岚村综合服务社	余姚市马渚镇渚北村综合服务社
余姚市马渚镇下沙畈村综合服务社	余姚市梁弄镇梁冯村综合服务社

续表

余姚市供销合作社（140家）	
余姚市马渚镇乐安湖村综合服务社	余姚市陆埠镇郭姆村综合服务社
余姚市马渚镇云楼村综合服务社	余姚市泗门镇泗北村综合服务社
余姚市陆埠镇兰溪村综合服务社	余姚市泗门镇陶家路村综合服务社
余姚市牟山镇魏家村综合服务社	余姚市低塘街道低塘村综合服务社
余姚市临山镇湖堤村综合服务社	余姚市朗霞街道杨家村综合服务社
余姚市临山镇临城村综合服务社	余姚市朗霞街道朗霞村综合服务社
余姚市临山镇邵家丘村综合服务社	余姚市小曹娥镇滨海村综合服务社
余姚市黄家埠镇高桥村综合服务社	余姚市泗门镇相公潭村综合服务社
余姚市黄家埠镇韩夏村综合服务社	余姚市泗门镇镇北村综合服务社
余姚市黄家埠镇十六户村综合服务社	余姚市泗门镇镇南村综合服务社
余姚市泗门镇夹塘村综合服务社	余姚市朗霞街道新南王村综合服务社
余姚市小曹娥镇曹一村综合服务社	余姚市朗霞街道赵家村综合服务社
余姚市小曹娥镇建民村综合服务社	余姚市朗霞街道天华村综合服务社
余姚市黄家埠镇五车堰村综合服务社	余姚市丈亭镇凤东村综合服务社
余姚市黄家埠镇杏山村综合服务社	余姚市三七市镇二六市村综合服务社
余姚市低塘街道洋山村综合服务社	余姚市三七市镇魏家桥村综合服务社
余姚市低塘街道黄清堰村综合服务社	余姚市三七市镇幸福村综合服务社
奉化区供销合作社（104家）	
奉化市前葛村综合服务社	奉化市方家岙村综合服务社
奉化市许家村综合服务社	奉化市溪口综合服务社
奉化市南渡村综合服务社	奉化市金峨村综合服务社
奉化市班溪村综合服务社	奉化市万竹村综合服务社
奉化市许江岸村综合服务社	奉化市冒头村综合服务社
奉化市联胜村综合服务社	奉化市余家坝村综合服务社
奉化市应家棚村综合服务社	奉化市林家村综合服务社
奉化市舒前村综合服务社	奉化市马头村综合服务社
奉化市云溪村综合服务社	奉化市竺家村综合服务社
奉化市吴家埠村综合服务社	奉化市新建村综合服务社
奉化市柏坑村综合服务社	奉化市楼岩村综合服务社
奉化市亭下湖村综合服务社	奉化市柏坑村综合服务社
奉化市黄贤村综合服务社	奉化市西圃村综合服务社
奉化市阮家村综合服务社	奉化市直岙村综合服务社
奉化市浦口王村综合服务社	奉化市徒家村综合服务社
奉化市漂溪村综合服务社	奉化市桐蕉司村综合服务社
奉化市蒋家池头村综合服务社	奉化市牌门头村综合服务社
奉化市方门村综合服务社	奉化市上白村综合服务社
奉化市广渡村综合服务社	奉化市界岭村综合服务社
奉化市尚桥村综合服务社	奉化市湖山村综合服务社

续表

奉化区供销合作社（104家）	
奉化市岩头村综合服务社	奉化市三石村综合服务社
奉化市周村村综合服务社	奉化市状元岙村综合服务社
奉化市郭范村综合服务社	奉化市徐溪村综合服务社
奉化市新塔村综合服务社	奉化市塔下村综合服务社
奉化市明溪村综合服务社	奉化市沙堤村综合服务社
奉化市白杜村综合服务社	奉化市滕头综合服务社
奉化市庙后周村综合服务社	奉化市曹村综合服务社
奉化市堂村综合服务社	奉化市尚二村综合服务社
奉化市畈头综合服务社	奉化市葛岙村综合服务社
奉化市畸山村综合服务社	奉化市中原村综合服务社
奉化市陈二村综合服务社	奉化市溪一村综合服务社
奉化市街西村综合服务社	奉化市楼隘村综合服务社
奉化市鲒埼村综合服务社	奉化市街东村综合服务社
奉化市松岙综合服务社	奉化市下陈村综合服务社
奉化市后江综合服务社	奉化市三溪综合服务社
奉化市赵家综合服务社	奉化市朱应综合服务社
奉化市茅峙综合服务社	奉化市冷西综合服务社
奉化市鸣雁村综合服务社	奉化市西坑村综合服务社
奉化市安岩村综合服务社	奉化市东岙村综合服务社
奉化市梅岭下村综合服务社	奉化市石敏村综合服务社
奉化市沙栋头村综合服务社	奉化市高楼张村综合服务社
奉化市康亭村综合服务社	奉化市西坞河头村综合服务社
奉化市张家村综合服务社	奉化市梁家墩村综合服务社
奉化市斯家村综合服务社	奉化市张村综合服务社
奉化市圣墩村综合服务社	奉化市周家村综合服务社
奉化市河头村综合服务社	奉化市江口村综合服务社
奉化市山岭村综合服务社	奉化市方桥村综合服务社
奉化市奉南村综合服务社	奉化市前江村综合服务社
奉化市锦溪村综合服务社	奉化市西谢村综合服务社
奉化市同山村综合服务社	奉化市湖边桥村综合服务社
奉化市曲池村综合服务社	奉化市大堰张家村综合服务社
奉化市桐照村综合服务社	奉化市西畈村综合服务社
象山县供销合作社（206家）	
象山县供销社后山村综合服务社	象山县供销社横塘村综合服务社
象山县供销社前岙村综合服务社	象山县供销社钱仓村综合服务社
象山县供销社三叉路村综合服务社	象山县供销社涂茨村综合服务社
象山县供销社仇家山村综合服务社	象山县供销社方家岙村综合服务社
象山县供销社洋心村综合服务社	象山县供销社墙头村综合服务社

续表

象山县供销合作社（206家）	
象山县供销社九顷村综合服务社	象山县供销社黄溪村综合服务社
象山县供销社南向村综合服务社	象山县供销社上芭蕉村综合服务社
象山县供销社坦塘村综合服务社	象山县供销社章家弄村综合服务社
象山县供销社鸡鸣村综合服务社	象山县供销社上岙村综合服务社
象山县供销社平阳厂村综合服务社	象山县供销社安东村综合服务社
象山县供销社龙屿村综合服务社	象山县供销社盐厂村综合服务社
象山县供销社兵营村综合服务社	象山县供销社岑西村综合服务社
象山县供销社黄避岙村综合服务社	象山县供销社碶头陈村综合服务社
象山县供销社鸭屿村综合服务社	象山县供销社珠山村综合服务社
象山县供销社白屿村综合服务社	象山县供销社东港村综合服务社
象山县供销社大林村综合服务社	象山县供销社汤岙村综合服务社
象山县供销社高泥村综合服务社	象山县供销社溪沿村综合服务社
象山县供销社角岙村综合服务社	象山县供销社乌屿山村综合服务社
象山县供销社瀛洲村综合服务社	象山县供销社海台村综合服务社
象山县供销社下七里村综合服务社	象山县供销社陈隘村综合服务社
象山县供销社西庄村综合服务社	象山县供销社高湾村综合服务社
象山县供销社旦门村综合服务社	象山县供销社黄公岙村综合服务社
象山县供销社樟岙村综合服务社	象山县供销社东溪村综合服务社
象山县供销社南堡村综合服务社	象山县供销社东陈村综合服务社
象山县供销社泗洲头村综合服务社	象山县供销社沙岗村综合服务社
象山县供销社墩岙塘村综合服务社	象山县供销社上周村综合服务社
象山县供销社下沈村综合服务社	象山县供销社下马岙村综合服务社
象山县供销社下芭蕉村综合服务社	象山县供销社苏岙村综合服务社
象山县供销社荷欣村综合服务社	象山县供销社塘岸村综合服务社
象山县供销社牌头村综合服务社	象山县供销社上马岙村综合服务社
象山县供销社柴溪村综合服务社	象山县供销社莲花村综合服务社
象山县供销社杨岙村综合服务社	象山县供销社文岙村综合服务社
象山县供销社高塘村综合服务社	象山县供销社白墩村综合服务社
象山县供销社漕江村综合服务社	象山县供销社盛平山村综合服务社
象山县供销社定山村综合服务社	象山县供销社沙地村综合服务社
象山县供销社青山头村综合服务社	象山县供销社方前村综合服务社
象山县供销社新厂村综合服务社	象山县供销社下营村综合服务社
象山县供销社晓塘村综合服务社	象山县供销社礁横村综合服务社
象山县供销社中央塅村综合服务社	象山县供销社叶口山村综合服务社
象山县供销社溪口村综合服务社	象山县供销社双莲岇村综合服务社
象山县供销社茅洋村综合服务社	象山县供销社西边塘村综合服务社
象山县供销社井头村综合服务社	象山县供销社杨家岙村综合服务社
象山县供销社大百丈村综合服务社	象山县供销社峙前村综合服务社

续表

象山县供销合作社（206家）	
象山县供销社牧童岙村综合服务社	象山县供销社半坑于村综合服务社
象山县供销社马小坦村综合服务社	象山县供销社乌沙村综合服务社
象山县供销社大南田村综合服务社	象山县供销社陈山村综合服务社
象山县供销社樊岙村综合服务社	象山县供销社林善岙村综合服务社
象山县供销社吉港村综合服务社	象山县供销社溪里方村综合服务社
象山县供销社蟹厂村综合服务社	象山县供销社西沪村综合服务社
象山县供销社鹤南村综合服务社	象山县供销社岭下村综合服务社
象山县供销社五利村综合服务社	象山县供销社相思岭村综合服务社
象山县供销社中江村综合服务社	象山县供销社珠门村综合服务社
象山县供销社三五村综合服务社	象山县供销社小百丈村综合服务社
象山县供销社余江村综合服务社	象山县供销社南田墩村综合服务社
象山县供销社乌岩头村综合服务社	象山县供销社肖胡村综合服务社
象山县供销社罗元村综合服务社	象山县供销社田洋湖村综合服务社
象山县供销社江南村综合服务社	象山县供销社关头村综合服务社
象山县供销社杏八村综合服务社	象山县供销社儒雅洋村综合服务社
象山县供销社珠益村综合服务社	象山县供销社山后胡村综合服务社
象山县供销社上江村综合服务社	象山县供销社林港村综合服务社
象山县供销社西山下村综合服务社	象山县供销社杨大场村综合服务社
象山县供销社海口村综合服务社	象山县供销社金家岙村综合服务社
象山县供销社龙珠村综合服务社	象山县供销社螺丝礁村综合服务社
象山县供销社下沙村综合服务社	象山县供销社东旦村综合服务社
象山县供销社盛王张村综合服务社	象山县供销社小湾塘村综合服务社
象山县供销社鹤渔村综合服务社	象山县供销社隔溪张村综合服务社
象山县供销社鹤进村综合服务社	象山县供销社黄沙村综合服务社
象山县供销社小网巾村综合服务社	象山县供销社七林湾村综合服务社
象山县供销社渔潭村综合服务社	象山县供销社松岙村综合服务社
象山县供销社孝贤湾村综合服务社	象山县供销社塔头旺村综合服务社
象山县供销社葫芦门村综合服务社	象山县供销社大斜桥村综合服务社
象山县供销社灵岙村综合服务社	象山县供销社河东村综合服务社
象山县供销社小南田村综合服务社	象山县供销社雅林溪村综合服务社
象山县供销社西山下村综合服务社	象山县供销社桥头胡村综合服务社
象山县供销社海墩村综合服务社	象山县供销社宁波站村综合服务社
象山县供销社南汇村综合服务社	象山县供销社中泥村综合服务社
象山县供销社花墙村综合服务社	象山县供销社吊水岩村综合服务社
象山县供销社文山村综合服务社	象山县供销社大沙村综合服务社
象山县供销社横里村综合服务社	象山县供销社下湾渔村综合服务社
象山县供销社谢家村综合服务社	象山县供销社金牛港村综合服务社
象山县供销社湖边村综合服务社	象山县供销社亨水塘村综合服务社

续表

象山县供销合作社（206 家）	
象山县供销社大竹园村综合服务社	象山县供销社红岩村综合服务社
象山县供销社白墩村综合服务社	象山县供销社月楼村综合服务社
象山县供销社洋地村综合服务社	象山县供销社后岭村综合服务社
象山县供销社塔岭村综合服务社	象山县供销社岳头村综合服务社
象山县供销社合心村综合服务社	象山县供销社山头王村综合服务社
象山县供销社杉木洋村综合服务社	象山县供销社山根村综合服务社
象山县供销社塔幢村综合服务社	象山县供销社板岭村综合服务社
象山县供销社泊戈洋村综合服务社	象山县供销社上七里村综合服务社
象山县供销社下盆岙村综合服务社	象山县供销社上盘村综合服务社
象山县供销社中堡村综合服务社	象山县供销社着衣亭村综合服务社
象山县供销社前山姚村综合服务社	象山县供销社蒲门村综合服务社
象山县供销社南充村综合服务社	象山县供销社青莱村综合服务社
象山县供销社小白岩村综合服务社	象山县供销社珠溪村综合服务社
象山县供销社洋里村级综合服务社	象山县供销社郑家岙村综合服务社
象山县供销社中站村级综合服务社	象山县供销社小蔚庄村综合服务社
象山县供销社横埕村级综合服务社	象山县供销社官司塘村综合服务社
象山县供销社上街头村级综合服务社	象山县供销社程家屿村综合服务社
象山县供销社长沙村级综合服务社	象山县供销社沈家洋村综合服务社
象山县供销社地厂村综合服务社	象山县供销社里庵村综合服务社
象山县供销社海丰村综合服务社	象山县供销社毛湾村综合服务社
象山县供销社庙前杨村综合服务社	象山县供销社旭拱岙村综合服务社
象山县供销社杨家岙村综合服务社	象山县供销社里考坑村综合服务社
象山县供销社黄盆岙村综合服务社	象山县供销社大磊头村综合服务社
宁海县供销合作社（132 家）	
宁海县长街供销社月兰村综合服务社	宁海县供销社长街镇洋湖村综合服务社
宁海县供销社新东村综合服务社	宁海县供销社长街青珠农场综合服务社
宁海县长街供销社新塘村综合服务社	宁海县供销社长街镇五福村综合服务社
宁海县供销社下湾塘村综合服务社	宁海县供销社长街镇成塘村综合服务社
宁海县供销社新城村综合服务社	宁海县供销社力洋镇跳头村综合服务社
宁海县供销社山头村综合服务社	宁海县供销社力洋镇谢家村综合服务社
宁海县供销社青珠村综合服务社	宁海县供销社力洋镇平岩村综合服务社
宁海县供销社岳井村综合服务社	宁海县供销社力洋镇石碾村综合服务社
宁海县供销社长街村综合服务社	宁海县供销社力洋镇前横村服务社 1 店
宁海县供销社大湖村综合服务社	宁海县供销社力洋镇塘厂村综合服务社
宁海县供销社新南村综合服务社	宁海县供销社力洋镇文正村综合服务社
宁海县供销社石桥头村综合服务社	宁海县供销社力洋镇前横村服务社 2 店
宁海县供销社茶院乡苔芳村综合服务社	宁海县供销社长街镇下塊村综合服务社
宁海县供销社茶院乡庙岭村综合服务社	宁海县供销社深甽镇马岙村综合服务社

续表

宁海县供销合作社（132家）	
宁海县供销社茶院乡东南溪村综合服务社	宁海县供销社深甽镇清潭村综合服务社
宁海县供销社茶院乡下徐村综合服务社	宁海县供销社深甽镇大里村综合服务社
宁海县供销社茶院乡茶院村综合服务社	宁海县供销社深甽镇长洋村综合服务社
宁海县供销社胡陈乡西张村综合服务社	宁海县供销社深甽镇溪滨村综合服务社
宁海县供销社胡陈乡胡陈村综合服务社	宁海县供销社深甽镇深甽村综合服务社
宁海县供销社胡陈乡大赖村综合服务社	宁海县供销社桥头胡村综合服务社
宁海县供销社长街镇娘娘宫村综合服务社	宁海县供销社张家溪村综合服务社
宁海县供销社桥头胡街道建设村服务社	宁海县长街镇小缺村综合服务社
宁海县供销社大佳何镇大佳何村服务社	宁海县长街镇湖东村综合服务社
宁海县供销社大佳何镇葛家村综合服务社	宁海县前童镇双桥村综合服务社
宁海县供销社强蛟镇下蒲村综合服务社	宁海县供销社长街镇浦东村综合服务社
宁海县供销社越溪乡七市村综合服务社	宁海县供销社前童镇鹿分村综合服务社
宁海县供销社跃龙街道草湖村综合服务社	宁海县供销社前童镇竹林村综合服务社
宁海县供销社跃龙街道双水村综合服务社	宁海县供销社岔路镇岔路村综合服务社
宁海县供销社越溪乡越溪村综合服务社	宁海县供销社桑洲镇桑洲村综合服务社
宁海县供销社越溪乡梅枝田村综合服务社	宁海县供销社黄坛镇榧坑村综合服务社
宁海县供销社越溪乡南庄村综合服务社	宁海县供销社跃龙街道雪坡村服务社
宁海县供销联社深甽镇龙宫村综合服务社	宁海县东陈村综合服务社
宁海县供销联社深甽镇大蔡村综合服务社	宁海县合宁村综合服务社
宁海县供销联社越溪乡坎头王村服务社	宁海县徐家溪村综合服务社
宁海县供销联社一市镇田岙村综合服务社	宁海县慈周村综合服务社
宁海县供销联社长街镇总浦塘村服务社	宁海县洪家村综合服务社
宁海县供销联社岔路镇王爱村综合服务社	宁海县翁家村综合服务社
宁海县供销联社梅林街道梅林村服务社	宁海县车岙村综合服务社
宁海县供销联社西店镇桥棚村综合服务社	宁海县供销联社环城综合服务社
宁海县供销联社黄坛镇双峰村综合服务社	宁海县西店镇溪头村综合服务社
宁海县供销联社黄坛镇里岙村综合服务社	宁海县一市镇一市村综合服务社
宁海县供销联社一市镇东岙村综合服务社	宁海县深甽镇上湖村综合服务社
宁海县供销社跃龙街道水车村综合服务社	宁海县桃源街道竹口村综合服务社
宁海县供销社跃龙街道白桥村综合服务社	宁海县长街镇文围村综合服务社
宁海县供销联社梅林街道梅园村服务社	宁海县海张村综合服务社
宁海县供销联社力洋镇古渡村综合服务社	宁海县平砚村综合服务社
宁海县供销联社力洋镇洞门村综合服务社	宁海县姜家村综合服务社
宁海县供销联社力洋镇力洋村综合服务	宁海县外岗村综合服务社
宁海县供销联社茶院乡下王村综合服务社	宁海县山横村综合服务社
宁海县供销联社长街镇德泉村综合服务社	宁海县大塘村综合服务社
宁海县供销联社长街镇三村综合服务社	宁海县里天河村综合服务社
宁海县供销联社长街镇丹屿背村综合服务社	宁海县下郑村综合服务社

续表

宁海县供销合作社（132家）	
宁海县供销联社西店镇集义村综合服务社	宁海县小宋村综合服务社
宁海县供销联社西店镇香山村综合服务社	宁海县上田村综合服务社
宁海县寺前村综合服务社	宁海县后徐村综合服务社
宁海县大国叶村综合服务社	宁海县西吴村综合服务社
宁海县道士桥村综合服务社	宁海县隔洋塘村综合服务社
宁海县东吴村综合服务社	宁海县李家村综合服务社
宁海县长街山头村综合服务社	宁海县上馋村综合服务社
宁海县岙里王村综合服务社	宁海县伍山村综合服务社（2016.11新增）
宁海县梅湖村综合服务社	宁海县高家村综合服务社
宁海县伍家村综合服务社	宁海县杜岙村综合服务社
宁海县后岸村综合服务社	宁海县董家村综合服务社
宁海县东园村综合服务社	宁海县岭蛟村综合服务社
宁海县赤山村综合服务社	宁海县沈家村综合服务社
宁海县下塘村综合服务社	宁海县许民村综合服务社
鄞州区供销合作社（104家）	
鄞州龙观龙谷村综合服务社	鄞州古林蜃蛟村综合服务社
鄞州章水蜜岩村综合服务社	鄞州瞻岐南一村综合服务社
鄞州古林茆水港村综合服务社	鄞州瞻岐嵩一村综合服务社
鄞州塘溪东西岙村综合服务社	鄞州横街应山村综合服务社
鄞州横溪金山村综合服务社	鄞州横溪栎斜村综合服务社
鄞州五乡石山弄村综合服务社	鄞州龙观桓村村综合服务社
鄞州横街东村村综合服务社	鄞州高桥望江村综合服务社
鄞州邱隘张家瀛村综合服务社	鄞州石碶西杨村综合服务社
鄞州章水朱梅村综合服务社	鄞州高桥岐阳村综合服务社
鄞州鄞江清源村综合服务社	鄞州洞桥张家垫村综合服务社
鄞州邱隘邱一村综合服务社	鄞州鄞江沿山村综合服务社
鄞州邱隘回龙村综合服务社	鄞州云龙甲村村综合服务社
鄞州横街云洲村综合服务社	鄞州下应姜村村综合服务社
鄞州咸祥咸一村综合服务社	鄞州云龙狄江村综合服务社
鄞州咸祥咸三村综合服务社	鄞州瞻岐东城村综合服务社
鄞州咸祥球东村综合服务社	鄞州古林郭夏村综合服务社
鄞州咸祥西宅村综合服务社	鄞州姜山陈婆渡村综合服务社
鄞州咸祥球山村综合服务社	鄞州塘溪邹溪村综合服务社
鄞州姜山黎山后村综合服务社	鄞州横街上冯村综合服务社
鄞州姜山张庙村综合服务社	鄞州集士港童家横综合服务社
鄞州龙观金溪村综合服务社	鄞州姜山蔡郎桥村综合服务社
鄞州集士港买面桥综合服务社	鄞州下应河西村综合服务社

续表

鄞州区供销合作社（104家）	
鄞州五乡仁久村综合服务社	鄞州瞻岐南二村综合服务社
鄞州东吴北村村综合服务社	鄞州龙观山下村综合服务社
鄞州章水大皎村综合服务社	鄞州塘溪前溪头村综合服务社
鄞州集士港山庄村综合服务社	鄞州集士港翁家桥村综合服务社
鄞州横溪大岙村综合服务社	鄞州古林前虞村综合服务社
鄞州姜山走马塘综合服务社	鄞州石碶横涨村综合服务社
鄞州姜山陈鉴桥村综合服务社	鄞州古林藕池村综合服务社
鄞州潘火街道潘火综合服务社	鄞州石碶上王村综合服务社
鄞州姜山茅山村综合服务社	鄞州古林张家潭村综合服务社
鄞州鄞江它山堰村综合服务社	鄞州古林镇布政综合服务社
鄞州章水樟村综合服务社	鄞州集士港方家村综合服务社
鄞州首南茶亭村综合服务社	鄞州高桥新联村综合服务社
鄞州横街大雷村综合服务社	鄞州高桥宣江岸村综合服务社
鄞州瞻岐合岙村综合服务社	鄞州高桥岐湖村综合服务社
鄞州瞻岐南二村综合服务社	鄞州鄞江悬慈村综合服务社
鄞州瞻岐唐家村综合服务社	鄞州钟公庙施家村综合服务社
鄞州东吴童一村综合服务社	鄞州章水杖锡村综合服务社
鄞州下应河西村综合服务社	鄞州章水郑家村综合服务社
鄞州姜山丽水村综合服务社	鄞州章水梅湖村综合服务社
鄞州姜山朝阳村综合服务社	鄞州龙观后隆村综合服务社
鄞州姜山花园村综合服务社	鄞州洞桥沙港村综合服务社
鄞州姜山仪门村综合服务社	鄞州石碶东杨村综合服务社
鄞州姜山蓉江村综合服务社	鄞州姜山五龙桥村综合服务社
鄞州高桥梁祝村综合服务社	鄞州姜山新张俞村综合服务社
鄞州古林宋严村综合服务社	鄞州姜山虎啸漕村综合服务社
鄞州五乡四安村综合服务社	鄞州五乡李家洋村综合服务社
鄞州五乡蟠龙村综合服务社	鄞州云龙镇王夹岙村综合服务社
鄞州姜山东林村综合服务社	鄞州云龙镇冠英村综合服务社
鄞州姜山同三村综合服务社	鄞州东吴镇平塘村综合服务社
鄞州姜山夏施村综合服务社	鄞州东吴镇三塘村综合服务社
宁波市供销合作社本级（8家）	
宁波市江北供销社灵山村综合服务社	宁波市江北甬丰供销社洪塘综合服务社
宁波市江北供销社西洪村综合服务社	宁波市江北甬丰供销社临山综合服务社
宁波江北区慈城镇后洋村综合服务社	宁波市江北甬丰供销社半浦综合服务社
宁波市江北甬丰供销社妙山综合服务社	宁波市江北甬丰供销社庄桥综合服务社

第四篇

农村商业

宁波农村商业历史悠久。1950年3月21日，宁波专区供销合作总社成立。农村商品市场实行以供销社为领导的新的经济秩序，农村私营商业一度被限制。1952年，国家第二次调整农村商业管理，贯彻"公私兼营，劳资两利，城乡互动，内外交流"的方针，农村商业有所发展。1954年起，对农村私营工商业实行社会主义改造，至1956年全区农村原私营商业大都组成集体性质的合作商店（小组），包括商业、饮食服务业，即后来被称之为合作商店（集体商业），一直归口于供销社管理。20世纪50年代末至70年代，合作商店几经曲折，逐步在发展中壮大，成为社会主义的集体所有制商业企业，在商品流通中起着辅助供销社的作用。1983年以后，供销合作社恢复"三性"体制改革。1984年，改革领导管理体制，合作商店普遍建立集体商业综合公司或总店，其中鄞县、慈溪县成立第二商业总公司自成系统，领导管理合作商业，脱离长期以来由供销社归口管理的历史。2000年至2002年，各县（市）区供销社归口的合作商店和鄞县、慈溪市第二商业总公司系统全面完成产权制度改革和理顺职工劳动关系任务。

供销社管理农村集市贸易，始于20世纪50年代初期。农村集市交易是商品流通中的另一条重要渠道，它随着历史的发展而发展，起到商品流通的补充作用。改革开放后，由工商行政管理部门负责农贸市场管理、培育和建设工作。

第一章　农村私营商业

第一节　私营商业起源和演变

宁波农村商业的形成，商品的分配交换，源远流长。在战国时期鄞县已有记载，以海货交易闻名，唐宋坐商成市，行贩寻集。明永乐间，准日本贡使和商人免税在鄞互市，商业繁盛。入清后，商业较为兴旺，粮油、南北货、国药、杂货、油烛、金饰、棉布等商店均具有相当的规模，且世家大族多投资商业，形成有影响的名店和商贾。鸦片战争后，宁波被迫开埠成为通商五口岸之一，商业始盛，然因"洋货"排挤日烈。至清后期，农村商业益盛，内外贸易均有发展。民国时期，农村商业相继增多，市场日趋繁荣。布庄、钱庄、当铺、花行、粮行、席行、杂货店、南货店、作坊、染坊、货栈等商贾林立。出口商业以棉花、草席、金丝草帽、象贝、麦冬、食盐、牲畜等农产品为主。进口商业以布匹洋货为大宗。

抗日战争时期，农村市场萧条。又因交通阻塞，"行商"（又称跑单帮）乘机活跃，长途跋涉，肩挑货物贩运于城乡之间。农村商业多数形成肩挑贩卖和夫妻老婆店。1946年5月底，据鄞县政府整理登记商业统计，全县有正式商户登记的3442家。而县政府报省时说明，因工会解体，故登记数仅如上述，而实际有"约七八千家"。此时商店多在县城宁波，乡村多为个体经营的小商店。抗日战争胜利后，市场复苏。惜乎昙花一现，好景不长。国民党政府苛捐杂税，横征暴敛，加之通货膨胀，纸币贬值，从法币、关金券到金圆券,巧取豪夺;再则战争连年,灾害频繁,官匪勾结,盗贼横行,明抢暗诈,个体商业横遭浩劫。而商业之间,弱肉强食,以致不少商业破产倒闭,或以半开门形式维持生机,呈现出一片萧条景象,农村商业陷入困境。

中华人民共和国成立初期,农村私营商业变化不大。1950年,宁波专区供销合作总社和各县供销合作总社以及基层供销社相继建立后,农村市场实行以国营商业、供销社为领导的农村商品市场管理新秩序。翌年,随着农村基层供销合作社的纷纷建立,全区农村私营商业一度被限制,公私比重显著下降。1952年11月宁波市合作总社成立。国家调整农村商业结构,贯彻"公私兼营,劳资两利,城乡互助,内外交流"的方针,农村个体商业有所发展。1953年底,各县供销合作总社根据宁波地委和省供销社关于调整商业工作的指示,自觉纠正挤私商、包市场的倾向。进一步改进工作方法,扶持私营商业的发展。供销合作社全面停止对非社员交易;调整部分商品对社员的优待价格;撤销有关业务门市部;减少经营品种。通过供销社的积极扶持,调动了私营商业的经营积极性,使私营商业的比重有较大幅度的增长。据1953年底统计,全区各县农村私营商业共有16930户,从业人员20042人。

第二节　私营手工业、工商业社会主义改造

社会主义"三大改造"是指中华人民共和国成立后,党在全国范围内组织的对农业、手工业和资本主义工商业进行的社会主义改造,其中对资本主义工商业的社会主义改造是三大改造的重点。在1952年完成土地改革运动后的1953年9月,党中央提出党在过渡时期的总路线:"从中华人民共和国成立,到社会主义改造基本完成,这是一个过渡时期。党在这个过渡时期的总路线和总任务,是要在一个相当长的时期内逐步实现国家的社会主义工业化,并逐步实现国家对农业、手工业和对资本主义工商业的社会主义改造。把我国由一个落后的农业国改变为工业化的伟大的社会主义国家。"主要包括两方面内容:一是逐步实现社会主义工业化,这是总路线的主体;二是逐步实现对农业、手工业和资本主义工商业的社会主义改造,这是总路线的两翼。从是年起,根据过渡时期总路线,国家对手工业、私营工商业开始实行有计划的社会主义改造,确定把公私合营作为社会主义改造的主要形式,逐步将其改造成社会主义公有制企业,而且将所有制改造与人的改造相结合,努力使剥削者成为自食其力的劳动者。

1953年12月,中共浙江省委根据过渡时期的总路线、总任务,发出《关于对私营工业通过国家资本主义方针实行社会主义改造的指示》,提出对私营工业通过国家资本主义实行社会主义改造的方针;对私营商业的改造,从逐步排除私营批发商入手,其粮、油、棉布等业务由国营商业所代替,使国营批发占整个商业批发的70%至80%,对城乡的广大私营零售商的改造,主要采取经销、代销的形式。

宁波在过渡时期,按照党和政府的要求,对手工业、私营工商业实行利用、限制和改造的工作大体分为两个阶段开展:第一阶段从1949年5月宁波解放至1954年6月,主要是实行利用、限制,也有改造,从加工定货,收购包销,到评定税收、工商登记,同行议价等。第二阶段从1954年7月至1956年底,实现对私营工商业的社会主义改造。这个阶段分为两步走,第一步(1954—1955年)是在前一阶段工作的基础上,对私营企业有计划有步骤地实行公私合营,并对私营工商业者进行社会主义教育;第二步(1956年)实行行业公私合营,组织起来走集体化道路,基本完成私营工商业的社会主义改造。

从1954年起,根据省委、地区专员公署通知精神,宁波手工业、私营工商业开始实行有计划的社会主义改造,至1956年基本完成手工业、私营工商业的社会主义改造。社会主义改造的完成,是生产关系方面由私有制到公有制的一场伟大的社会变革,是进入社会主义社会的最主要的标志,具有伟大的历史意义。为恢复和发展宁波国民经济起到重要作用,并为进一步发展地方工业打下基础。

手工业全面组建合作化

宁波手工业向来发达,门类多样,从业人员众多,在社会经济中占有重要的地位。宁波解放之初,手工业以竹、木、铁、泥、石、砖瓦、纺织、印染、裁缝、皮革、鞋帽、竹草、针织、饮食及生活服务类等70多个行业为主。当时的手工业类型繁多,生产经营品种杂,人员数量庞大。其手工业产品主要是为当地农业生产服务,为城乡居民提供生活需求,弥补工业品的不足以及特种工艺品出口需求,又基于手工生产多属家庭作坊式,形式分散,设备简陋,技术落后,产品档次低,产销上带有明显的季节性和盲目性,还不可避免地受到商业资本和高利贷资本的控制和剥削。中华人民共和国成立后,中共宁波地委和中共宁波市委贯彻执行中共七届二中全会精神,在国民经济恢复时期,就开始采取典型示范办法将分散的手工业者组织起来,建立手工业生产合作社和合作小组,大力发展生产。宁波老市区及农村手工业的相当发展,充分发挥了现代工业的助手作用。

手工业生产合作社(组)初步开展 1950年初,宁波老市区有个体手工业3849户,从业人员6308人。次年,私营手工业3266户、7166人,注册资本217.66万元,当年营业额489.43万元。市人民政府在引导手工业户走集体化道路中,采取典型示范办法组织手工业生产合作社和合作小组。是年6月,以达兴袜厂6名失业工人为骨干,组织成立宁波市针织工人合作社,社员40余人,为全市第一家手工业生产合作社。为加强手工业领导,市工商行政管理局设手工业科,调查、分析手工业状况。在老市区社、组、工场和手工业者中,产、供、销正常的有袜子、竹筷等行业43个、396户、3352人,采取先集体后个体的原则,分配生产任务和原料;经营不景气的有箍、车木等行业47个、2199户、4250人,则统一安排生产任务和原料;对特殊困难的社组及小生产者给予生活救济,使合作经济不断发展。与此同时,受农业生产互助合作组织发展的影响,农村手工业工人也自发地组织起来,成立手工业生产小组,进行联合生产。手工业生产小组是从供销方面把手工业劳动者组织起来,有组织地购买原料推销成品或接洽加工业务,这是广泛组织手工业劳动者的初级形式。但由于是自发形式,缺乏有效领导,制度也不够健全,许多手工业生产小组成立不久,便相继解散。

1951年初,中共宁波地委城市工作委员会设立手工业科;10月,宁波专区供销合作总社设立生产科,负责手工业生产合作社(组)的指导工作,一方面组织各县供销合作社向手工业合作社供应原材料、加工订货、收购手工业产品,扶持手工业生产合作社发展生产,为城乡人民提供生产、生活必需品;另一方面,从11月开始在宁波市进行手工业合作社的整社建社的试点工作。在试点的基础上,宁波市又组建印刷社、食品社、竹器社、竹筷社4个手工业合作社,与针织社合称"五社"。手工业合作社有两种主要形式:一是手工业供销生产合作社;二是手工业生产合作社,它是手工业社会主义改造的高级形式。

1952年6月,宁波专区、市已建立起15个手工业合作社。这些试办的合作社克服个体生产时供销、资金、技术、协作等方面不易解决的困难,促进生产发展,社员收入有了增加,显示出组织起来的优越性,也获得居民群众的好评。8月,贯彻第二次全国手工业生产会议精神,明确规定手工业生产合作社的组织管理原则。10月,宁波的手工业合作化运动进入边调整边整顿边发展时期。宁波专区供销合作总社一方面通过举办训练班培养干部,帮助各地健全组织机构;一方面对手工业生产合作社进行整顿,拆分3个多业性的合作社,解散6个不能巩固的合作社,并在合作社内部初步建立健全制度,理顺合作社的产销关系。到1953年底,宁波专区、市已组织铁、木、服装、砖瓦等10种行业、34个手工业合作社,社员2843人,均比1952年增加约一倍,另建有手工业生产小组111个、组员1735人。

手工业社会主义改造进入新的发展阶段　中华人民共和国成立以后,经过三年国民经济的恢复和发展,国家开始大规模的工业化建设和所有制改造。作为与农业、资本主义工商业并列为"三大改造"之一的手工业,不仅与城乡居民的生产、生活保持着密切联系,而且还对工农业的发展有着重要影响。1953年9月,党在过渡时期的总路线公布后,各县县委城工部和县供销合作社进一步加强对手工业生产的领导与管理,推进手工业的社会主义改造,充分发挥个体手工业者的作用,以满足人民群众生产、生活的需要,积极支援国家的工业建设,手工业社会主义改造进入新的发展阶段。鄞县在引导手工业户走集体化道路中,采取先试点的办法。1954年2月24日,中共宁波地委批转地委城工部《关于春季手工业工作计划》。该计划提出,按照"积极领导、稳定前进"的方针,其中将全专区(除象山县)的手工业生产合作社由1953年的27个发展到1954年的83个,社员由2009人发展为3339人;将余姚浒山镇(今为慈溪市)确定为基点,并要求各县建立和加强基点工作,通过掌握一个重点镇与一个生产社,总结经验,指导全县手工业合作化工作。为进一步加强对手工业生产和手工业合作化工作的领导,是年2月,宁波专员公署成立手工业管理科;5月,宁波市人民政府成立手工业管理局,各县先后建立手工业劳动者协会(该协会大多数设在各县供销合作社内,统一管理当地手工业独立劳动者的生产和经营,并作为手工业者的社会群众组织);7月,宁波地委成立供销手工业合作部;8月,宁波市委成立农业手工业部,专区各县均成立供销手工业合作部。

经过合作化基点试点,各地掌握组织手工业合作社的工作方法。整个工作分为四个步骤:一是进行调查、摸底,选择行业;二是结合实际,通过回忆、对比等方式进行总路线教育;三是对手工业者进行社情教育,制定社章,号召社员申请入社;四是在人事、物资条件准备成熟的基础上解决各项具体问题和开工生产。1954年8月2日至20日,宁波地委召开第一次手工业干部大会,要求在1954年下半年加速发展合作社,团结个体手工业劳动力,开展以合作化为中心的手工业增产运动。

1954年,各县供销合作总社贯彻省委"以互助合作为中心,开展手工业增产运动"的指示,先后举办手工业骨干培训班,培训手工业社、组骨干200多人。鄞县召开第二次全县手工业者代表大会,参加会议的有竹、木、铁、绳、草席等13个行业93名代表,还有19个基层供销社主任。同时,鄞县县委组成工作组,到横溪镇选择竹、木业、铁铸业等3个主要行业进行试点,建立手工业生产合作社。鄞江镇建立竹业、木业、铁业、园木业、石业、缝纫业等6个手工业生产合作社。到年底,全县建立12个手工业生产合作社、生产小组。是年10月,慈溪、余姚、镇海3县行政区域调整后,慈溪县供销社共有归口管理的手工业劳动者9809人,其中竹、木、铁、缝纫等主要行业的手工业者达5253人,已组织生产合作社的有16个,从业人员421人,自有资金25400元;生产合作小组35个,从业人员741人。1954年全县生产合作社总产值达273.48万元,生产铁制农具89831件,木制农具5808件,日用金属品9638件,竹品31643件,木制家具2685件,麻绳13.83万根,皮、布鞋2000余双。此外,还有2个专业的金丝草帽供销生产合作社,有社员8600余人,加工金丝草帽27万顶。

1955年，各县供销社继续贯彻以合作化为中心的增产节约运动，依靠团结手工业劳动者。是年6月至10月，宁波市、鄞县、慈溪等地手工业合作社联合社成立，从供销社职能机构中析出，单独建制，统一领导手工业合作组织的生产经营业务，供销社完成对手工业归口管理的历史任务。至年底，专区、市共建立336个手工业生产合作社，有社员12202人；生产小组839个，有社员11238人；共组织专业从业人员23440人，占专业从业人员总数的21.1%；组织兼业的供销生产社32个，社员39929人，占兼业从业人员总数的17.52%。老市区有手工业合作社、组76个，从业人员10692人；个体手工业3869户6278人。手工业合作社、组和个体手工业两者合计16970人，当年产值1201万元，分别比1949年增长2.14倍和1.76倍。

1956年1月，在社会主义改造高潮中，宁波老市区组成手工业合作社28个，社员8200余人。全市49个竹器行业"独手操作"改为流水作业，产量提高30%—40%；农具食锅社、制革社推广先进操作方法，产量分别提高30%和25%，全市新产品增加1043种，铁、木、竹器小农具年产量11.91万件，比1952年增加10倍；食锅、剪刀、棕棚、竹筷、草席、纸伞等15种日用生活品产量成倍增长。1956年，手工业产值年递增21%，全员劳动生产率由1952年504元增至1196元，增长1.37倍，手工业总产值占全市工业总产值的15.58%。至1956年，宁波各县80%以上的农村手工业组织起来走上社会主义道路。从总体上来看，宁波手工业合作化适应国家经济建设的需要，充分发挥合作化的优越性，在发展生产、改善群众生活方面取得突出的成绩，同时，在党和政府的领导下，发挥集体的力量，克服"本小腿短"的困难，手工业生产实现较快发展。

私营工商业的社会主义改造

宁波民族资本主义工商业产生于19世纪末。1887年宁波创办的通久源机器轧花厂，开全省民族工业之端绪，1905年创办的和丰纱厂，资本额150万元，为省内各厂之首。以后粮食加工、电力、火柴等业亦相继开办，而且具有相当大的规模，在全省经济中都占有重要地位。宁波解放不久，宁波地委、市和各县人民政府遵照《中国人民政治协商会议共同纲领》，认真贯彻中共中央关于"发展生产、繁荣经济、公私合营、劳资两利"的政策和中共浙江省委书记谭震林在1949年5月22日全省工商界代表座谈会上的政策解释精神，团结广大工商业者，通过分别谈话，政治安排，经济上贷款支持等措施，扶持私营工业的恢复和发展，扶持有利于国计民生的私营商业，尽可能打开工业品的原料来源和产品销路。逐步对工厂进行定货制、加工制和合作制的工作，并调整劳资关系，解决劳动争议。按照"劳资两利"的原则，以达到"发展生产，繁荣经济"的目的，并把私营企业纳入国家的生产计划。

私营工商业的初步改造 1950年，宁波市工商联筹委会、宁波专区供销合作总社、各县人民政府工商科先后成立。是年春，在物价基本稳定之后，宁波私营工商业又遇到新的困难。由于虚假的购买力消失，市场出现萧条，商品发生滞销，私营工商业逐步萎缩，有些关店、关厂，失业职工增加。5月，省财委、省商业厅召开全省工商联筹备代表联席会，浙江省人民政府主席谭震林到会作《关于调整工商业帮助私营工商业渡过困难》的报告。为帮助私营工商业渡过难关，宁波着手调整工商业，通过国营商业、供销社、工商等职能部门调整价格，调整经营范围，调整税收税目，扩大加工订单，发放贷款和改善劳资关系等，有效地调动私营工商业者的生产积极性。市人民政府扩大加工订货，计划订货、统购包销、代购代销等形式。全市纱布、粮食加工等几个主要工业企业大都接受国家的加工订货。同时也采取有力措施打击投机资本,削弱和淘汰不利于国计民生的企业。针对当时有些资本家存在对党和政府的政策怀疑观望,甚至消极对抗等情况,宁波专署根据省委要求决定以恢复和发展生产作为当时的中心工作,并提出相应的措施和办法。经过这一次调整,全市工商业从1950年7月开始好转,至1951年呈现一派兴旺景象。全市私营工业产值、商业零售额均比上年增长30%以上,被工商业者称为"黄金的1951年"。

1952年后,国营商业和供销社扩大对私营工业的加工订货、统购包销工业产品和农产品收购,从1950年6种工业品扩大到1953年301种,农副产品收购值增加8倍。12月,贯彻粮食统购统销政策,全区粮食、食油、棉花、棉布等重要商品先后实行统购统销和派购,禁止私商和小贩自由买卖和贩运,老市区专业市场先后关闭或由国营商业接办,私营批发的主要业务逐步被国营和供销合作社代替。是年,宁波专区供销合作总社和宁波市、各县供销合作总社贯彻省供销社关于调整商业工作的指示,自觉纠正挤私商、包市场的倾向,改进工作方法,扶持私营商业的发展。通过供销社的积极扶持,调动私营商业的经营积极性,使全市及农村私营商业的比重有较大幅度的增长,商业经济得到有序的发展。

随着党在过渡时期总路线的提出和大规模经济建设的开始,以加工订货、统购包销为主的国家资本主义初级形式已不能适应改造私营工商业的需要。采取国家资本主义的高级形式——公私合营,确立公方代表在企业中的领导地位,加强国家对私营工商业的领导。

1953年初,宁波市首先对私营银行和钱庄实行公司合营,完成私营金融业的社会主义改造,为私营工商业的改造打下良好基础。由于党和政府对私营工业逐步扩大加工订单,并实行"四马分肥"政策,帮助他们克服生产经营中的困难,发展生产,有利于恢复国民经济;对私营商业逐步扩大代购代销,实行积极的扶持政策,由于逐步加强社会主义国营经济与私营经济之间的联系,从外部改变私营企业生产、经营、销售方面的传统条件,实际上对手工业、私营工商业实现国家资本主义初级形式的改造。

私营工商业社会主义进一步改造 对私营工商业采取国家资本主义初级形式的改造,并没有改变资本主义私有制的性质,因而由其产生的劳资矛盾、公私矛盾,以及与社会主义有计划的经济建设和正在执行中的发展国民经济的"一五"计划产生的矛盾并没有解决,这就阻碍劳动生产率和社会主义生产率的发展。1953年9月,宁波通运、宁穿长途汽车公司首先实行公私合营。11月底,中共宁波市委根据省委统计部10月23日召开的全省私营工商业代表会议和11月28日省人民政府与省各界人民代表协商委员会第四次会议精神,制定《关于对私营工商业、交通运输业实行社会主义改造的初步方案》,阐明对私营工商业进行社会主义改造的必要性和具体政策,并决定对全市297家私营工厂分批进行社会主义改造。到1957年底,将有条件的37家大型私营工厂全部实行公私合营。宁波市工商联组织全市工商界普遍深入进行总路线宣传教育,受教育的工商业者达8850人;组织工商业者学习班,参加高级组9人,中级组679人,初级组1079人。12月,宁波永耀电力公司、和丰纱厂、万信一厂、万信二厂、冷藏公司实行公私合营。同月,中共浙江省委发出《关于对私营工业国家资本主义方针实行社会主义改的指示》,提出对私营工业通过国家资本主义方针实行有计划的社会主义改造,采取"摘苹果"到"采苹果"两个阶段进行的方针;对私营资本主义商业的改造,则从逐步排除批发商入手,首先是把粮、油、棉布和宁波老市区大批发商作为第一批改造对象;对城乡广大零售商的改造,主要是采取经销、代销的形式,逐步组织公私合营、合作商店、合作小组。1953年底统计,宁波老市区私营工商业14124户,从业人员30117人。其中私营工业企业3304户,从业人员13132人;私营商业2559户,从业人员6699人;私营饮食、运输、服务、建筑、金融等企业1114户3139人;尚有私营行商381户381人;私营摊贩6766户,从业人员6766人。

1954年1月24日，中共浙江省委发出紧急通知，要求迅速加强国营商业在各地的批发业务，由国营商业部门管理批发。1月和4月，宁波恒丰布厂、四明电话公司公私合营，至年底，老市区工业企业有公私合营11户。4月27日，中共宁波地委制定《关于1954年私营工业实行社会主义改造的计划》，要求继续整顿原有的公司合营企业，并积极做好鄞县的大昌布厂和镇海县的久丰纱厂等4家私营工厂的公私合营准备工作。为加强对私营工厂的领导，地委决定成立国家资本主义办公室。9月18日，宁波市委在检查公私合营的基础上，进一步提出搞好公私合营必须以解放生产力为中心的指导思想。此后，全市公私合营工作逐渐步入正轨。同年10月，浙江省财产经济委员会发出《关于第二批批发商处理工作意见》，要求对批发商采取尽快代替的政策。对宁波老市区批发额一半以上的绸缎、五金器材、钟表眼镜、南北货等30个行业、290户、824人私营批发商，分别采取"留、转、包"办法实行社会主义改造。1954年8月中旬至9月上旬，老市区35家私营棉布店纳入国家经销。9月15日，区、市实行棉花计划收购和棉布计划供应，老市区36户棉布零售商合并21户，实行专业代销，对棉布商实行社会主义改造。继之，食盐、新药、文具纸张、木材等11个行业零售商实行经销、代销。3至10月，第一、二批接受改造的绸缎、新药国药、南北货、杂货、瓷器等13个行业、32户，资本额16.27万元，从业人员236人。至1955年一季度，国营商业批发额已占市场批发总额的91.89%。1954年底，在流通领域，除少数商号自行歇业外，批发业务由国营商业所代替，使国营商业批发占全区商业批发金额的70%—80%。

1955年6月，老市区私营百货、新药业零售商实行社会主义改造，当时有零售商经销商52家，从业人员221人，资产总额29.6万元，流动资金2103万元；新药业零售商12家，从业人员80人，资本总额13.4万元，流动资金6.86万元。嗣后，改造文具、图书、盐、烟酒、南北货、茶叶等行业零售商。12月31日，百货、服装、国药、五金电器等12个行业的61户零售商均实行公私合营。是年，在社会商品零售额中，国营、公私合营占49.6%，经销、代销占23.6%，纯私营商业占26.8%。至1955年底，宁波批发商业基本由国营、供销合作社所代替，私营批发额仅占到纯商业批发额的5%。

1955年7月4日，宁波地委召开私营工业会议，提出要再发展18家公私合营。是年底，全市纺织、机器、卷烟、酿造、粮油等8个行业、194个工厂全行业实行公私合营，老市区公私合营工业企业产值占全部工业产值的36.54%，交通运输业中的国营、公私合营企业的客货运输量已占83.6%。商业有棉布、新药、木材、百货、服装、五金等行业的269家。全行业公私合营后，企业生产执行国家统一计划，产品由国营商业各批发站或物资部门收购，原料由国家分配，部分由工厂自行采购，劳动力由政府劳动部门统一招工、分配，企业利润全部上缴国家，资金由国家拨款。私人生产资料作为股金，国家每年按年利率5%计算，发给固定股息，10年不变（后延长3年）。通过公私合营，企业的生产情况得到明显改善，在增加生产、降低成本上取得实质性的成效。

1956年1月，全市掀起资本主义工商业的社会主义改造高潮。1月15日，中共宁波市委连续召开常委会或办公会议，分析研究私营工商业实行全行业公私合营问题。市政协、工商联、市妇联纷纷召开会议、工商界家属大会，进行思想动员。1月19日，市人民委员会召开"批准全市私营工商业全部实行公私合营大会"，由市长葛仲昌宣布批准14个工业企业、80个商业行及交通运输、建筑业共3988户实行公私合营，批准粮食代销店、食油经销店、猪肉、牛肉商店为国营商业。至此，老市区私营工商业社会主义改造急促完成。当天下午，全市工商界组织1500多人参加报喜队；1月21日，举行庆祝社会主义改造胜利大会。其时,老市区有私营工商业13057户,从业人员29046人,其中职工11689人,通过社会主义改造,转为国营企业201户,占1.54%,从业人员529人,占1.82%;实行公私合营6026户,占46.15%,从业人员20657人,占71.12%;走合作化道路989户,占7.58%,从业人员1879人,占6.47%;未纳入社会主义改造的主要是摊贩5841户,占44.73%,从业人员5981人,占20.59%。

宁波老市区私营工商业社会主义改造按行业分:

私营工业3084户,从业人员13119人,其中职工8270人。通过改造,转为国营企业3户,从业人员35人;实行公私合营2690户,从业人员11849人,占90.35%;走合作化道路391户,占12.68%,从业人员1235人,占9.42%。

私营商业7807户,从业人员11805人,其中职工2320人。通过改造,转为国营商业189户,占2.54%,从业人员494人,占40.18%,其中职工89人;实行公私合营2251户,占28.83%,从业人员5887人,占49.88%,其中职工2231人;走合作化道路540户,占6.92%,从业人员586人,4.96%;尚未改造4818户,占61.72%,从业人员4838人,占40.98%。

私营饮食业1235户,从业人员1983人,其中职工308人。通过改造,实行公私合营435户,占35.22%,从业人员1112人,占56.08%,其中职工308人;走合作化道路58户,占4.7%,从业人员58人,2.92%;尚未改造742户,占60.01%,从业人员813人,占42.95%。

私营服务业931户,从业人员2139人,其中职工791人。实行公私合营650户,占69.82%,从业人员1809人,占84.57%,其中职工766人;尚未改造281户,占30.18%,从业人员330人,占15.43%,其中职工25人。

宁波在全行业实施公私合营前,即1955年底前,对工商业者的赎买政策,主要采取分配利润办法,如"四马分肥":公私合营企业每年的利润按国家税收、股息红利、工人奖金和福利、企业公积金等四部分分配。全行业公私合营后,继续贯彻赎买政策,做好清产核资和定股工作。1956年8月,根据省委、省人委通知精神,进行定息的典型试验,全市公私合营私股股额1503万元,定息5厘(计息5%),期限7年,后延期为3年,每年支付定息75.16万元,比按"四马分肥"办法分配的实际所得还稍微多些。对此,私营工商业者普遍表示满意。

农村私营商业社会主义改造

1954年起,全区各县供销社系统受党和政府委托,对县及以下农村的私营商业进行社会主义改造工作。根据中共中央《关于加强市场管理和改造私营商业》、省供销合作社《关于加强初级市场领导和对农村商业社会主义改造的试行意见(初稿)》和省财政委员会第一次私营商业改造工作会议精神,确定对农村私商贯彻"逐步改造"的方针,即充分利用市场关系变化和改组的有利条件,积极稳步地进行社会主义改造。根据国家需要、合作社有力量、私商有饭吃的原则,采取一面前进一面安排和前进一行安排一行的办法,逐步改造成为多种形式的国家资本主义商业。

改造的范围是,按照国合分工,县级供销社负责对全县私营商业改造工作,基层供销社配备商改干部负责本地区私营商业的安排与改造,改造对象暂以纯商业为主,服务性行业暂时维持不变。对私改造主要采取四种形式:一是确实有条件转业,且能维持其生活的,应负责地有领导地动员其转业,条件不具备的不能勉强。二是确无转业条件的可转性质,根据不同的商品,采用代销、经销、代购、合营等不同形式,组织其在合作社以外,接受供销社领导,让给一部分经营额,以维持其生计,但不宜过宽,也不宜太紧,维持当地一般生活水平为原则,代销者掌握手续费不宜过高,经营额不宜过少的精神。三是对职工政治纯洁、思想进步、有一定工作能力的,可根据供销社需要酌情吸收。四是集镇私营商业从业人员中有些政治情况较复杂,一部分建议政府给予土地从事劳动生产改造,一部分人交政府处理。7月至11月,鄞县、慈溪、余姚、奉化、镇海、象山、镇海等县委成立县商改领导小组,由县财贸、工商部和县供销合作总社等单位领导人员组成,一般由财贸副县长任组长,各县供销社设立商改股,基层供销合作社配备专(兼)商改干部,负责本地区私营商业的安排与改造。改造的原则是:根据国家需要,合作社有力量,私商有饭吃的原则,实行一面前进,一面安排;前进一行,安排一行。改造二三个行业,并从纯商业开始,首先对棉布业进行改造,实行经销或代销,即初级形式的改造。与此同时,根据农民组织起来后无暇上市的新情况,结合对(小商小贩)困难户的安排,做好商业网调整工作和建立归口领导机构,贯彻国务院对解决小商贩"货源资金、税收"上的困难问题的指示。同时进一步调查摸清各县私营商业情况。据1953年底不完全统计,全区各县农村私营商业共有16930户,从业人员20042人。其中:(1)鄞县1953年共有私营店铺1217家,从业人员3129人,其中烟杂店289家,油酱店212家,中西药店105家,砖灰店104家,南北货店102家,棉布店84家,百货店66家。(2)慈溪县私营商业3308户,从业人员4281人,计有资金(包括流动资金和固定资产)72.16万元;坐商(一般是夫妻老婆店)1137户,从业人员1985人;行商100户,100人;摊商2071户,2196人。(3)奉化县私营商业2051户,其中纯商业1419户、饮食业257户、服务业375户。从业人员2210人,其中纯商业1521人、饮食业279人、服务业401人。奉化县私营商业的特点是坐商少摊贩多、资本少夫妻老婆店多、专业经营者少综合经营多。(4)余姚县私营商业1130户,其中家庭店930户,从业人员1888人,资产净值66.38万元。(5)镇海县私营商业2924户3360人。(6)象山县有私营商业1721户,从业人员2069人。(7)宁海县有私营商业1230户,从业人员1120人。

1954年7月开始,鄞县先在鄞江供销社搞点后,采取以点带面、先集镇后外围的方法分步实施,整个私营商业改造工作先从棉布、百货、猪肉、牙业开始,以棉布业为主。在对棉布业的改造中,县供销社采取转业和经销的办法,对于每一从业人员的赡养人口有田1亩以上者,按其本人能力分别转入各业。转为农业的21户24人,资金16220元;转为缝纫业和其他手工业者12户20人,资金9534元。其余69户115人转为计划经销,全部为国家经销棉布,共有资金96280元。是年,慈溪县对78户棉布私商、136名从业人员进行社会主义改造。奉化县对30户棉布私商、62名从业人员进行社会主义改造,实行经销或代销。1955年,在农业合作化高潮的形势下,农村私营商业的改造必须与之相应。必须把对私营商业的社会主义改造推进到一个新的阶段,即从以经销初级形式为主的改造,推进到以高级形式的合作商店为主的改造阶段。根据全国供销合作总社"一年改造,三年过渡"的要求和省、市委的指示,各县供销合作社贯彻"全面规划、统筹安排、积极改造"的方针和"利用、限制、改造"的政策,安排市场,稳定农村私营商业,组织小商小贩走合作化道路。供销合作社采取一系列的积极措施:一是抓政治思想教育。对内主要是政策教育,以克服部分供销社干部与私营商业的对立情绪,解决"以挤代改"的思想倾向;对私营商业从业人员,以前途方向教育为主,以调动他们的工作积极性。二是撤销、退让供销社经营网点和经营品种,让私营商业经营。三是在价格上取消牌市差,对零售价格放宽控制。四是确定到1956年通过各种高级形式改造达到70%以上。具体从主要行业入手,对坐商的绝大多数、坐摊和流动摊贩的大部等进行高级形式的改造,基本完成对农村私营商业的半社会主义改造。由于采取上述措施,农村市场起了很大变化,制止部分私营商业经营亏损和生活困难的局面。

1955年10月,省供销社派员到慈溪县横河地区试点。横河区有6个小集镇,私营商业共有312户。通过宣传教育,有95%的私营商业递交书面申请,要求组织合作商店。在省供销社和县供销社工作组的具体帮助下,作出全区私商改造工作的规划,组织合营商店3个,合作商店12个,合作小组5个,流动购销合作小组5个,合作饭店3个,合作药店1个,有200户私商共计入股37000元,纳入各种改造形式,占全区私商总户数的64.1%。《大公报》曾以《慈溪县(时为余姚)横河区私商改造工作迅速》为题作专门报道。慈溪县已初步完成10个行业(棉布、百货、食油、烟酒、食盐、木材、茶叶、文具、粮食、饮食)的改造工作。该行业共有私营商业1400多户,已挂牌经、代销的有1200多户。又组织草帽、生猪的联购联销和组织合作商店的试点工作。浒山百货合作商店为全县第一家合作商店。

1956年,各县供销社贯彻陈云副总理在全国私营工商业社会主义改造汇报会议上的4点指示,切实解决好合作商店、小商小贩在进货渠道、资金、税负和走社会主义道路的要求。由此,各县供销社设立批发机构,负责合作商店、小商小贩的批转业务;银行发放临时贷款;在税负方面,做到"税率从低,手续从简,税额固定,困难减免"。是年,全区各县供销社对农村私营商业实行社会主义改造达到高潮。

鄞县有私营商贩4153户,从业人员4703人,纳入改造计划3833户,人员4355人,占应改造总数的92.29%,占总人数92.59%。其中过渡到供销社239户342人,占总户数5.75%、总人数7.27%;实行公私合营73户208人,占总户数1.76%、总人数4.42%;参加合作商店(合作小组)761户,从业891人,占总户数18.32%、总人数18.95%;合作小组2657户,从业人员2793人,占总户数64%、总人数59.38%;个体为供销社代购代销103户,从业人员121人,占总户数2.48%、总人数2.57%。

慈溪县供销社年初经过社会调查,全县(含泗门区不包括横河区)属供销社归口的私营商业共有5155户,从业人员6828人。通过"统筹兼顾、全面安排,积极改造"的方针,基本上完成全县棉布、百货、食油、烟酒、食盐、木材、茶叶、文具、粮食等十个行业1400多户私营商业的社会主义改造任务,其中挂牌经、代销的1200多户。至年底,经过各种形式进入社会主义改造的有4886户,占94.78%;从业人员6624人,占97%。其中公私合营的有78个,555人;组织合作商店112家,1115人;合作小组348个,4719人;个体代购代销31人;直接过渡到国合企业的有204人。

奉化县全年对私营商业改造有1532户,从业人员1637人。其中直接过渡为供销社的108户123人;公私合营22户36人;合作商店146户161人;合作小组549户588人;个体代购代销708户729人。

余姚县全年对私营商业社会主义改造的有烟、酒、百货、文具纸张、食盐、茶叶、煤炭、西药、粮食、油、棉布等共11个行业,部分或重点地区组建合作商店(合作小组)与公私合营的改造。因此除退休38户,划出兼营51户,并拉回26户,全县实际改造2086户,占全县纯商业户数47.75%,共有从业人员2726人,占全县纯商业从业人员52.57%,其中职工155人,占全县纯商业职工50%,共有资金47.32万元,占全县纯商业资金55.48%。共组建代销店10个,经营小组28个,合作小组14个,合作商店11个,公私合营2个。至年底统计,采取各种形式改造私营商业4569户5701人,其中直接过渡到供销社的163户280人;公私合营232户506人;组织合作商店786户1102人;合作小组3097户3501人。

象山县对私营商业改造1663户1963人,分别占总户数和总人数的96.63%和94.87%。其中公私合营11个(南货4个,国新药2个,棉布3个,造酱2个),25户129人;合作商店61个,355户469人;合作小组158个,1217户1297人;经销代销66户68人;尚未改造的58户106人。

镇海县供销社归口领导的2924户3360人的私营商业中,已纳入各种改造形式的2728户3240人,分别占总户数的96.6%和总人数的96.43%。其中,被吸收的96户164人,合营的50户165人,组织合作商店的278户343人,合作小组的2303户2567人,个体代购代销1户1人,尚有96户120人尚属个体自营。全县共建立55个中心商店,其中综合性15个,6个区社共配备专职商改干部14人,其中经理11人,全县公私合营共26个,参加的50户165人,资金共132.021元,全年发放定息6466元,提拔职工当经理2人,安排私方人员当公私合营商店经理10人,当区社中心商店经理4人,银行对改造商店贷款共190万元,其中小商贩14万元,合作商店2.2万元,合营商店2.8万元,贷款面为1400户,每户平均135.71元。

1956年底统计,经过对私营商业实行社会主义改造,宁波地区所属各县共有私营商业(城区和农村)52598户,从业人员67069人。过渡为供销社1460户,占2.77%,人员3189人,占4.75%;公私合营2133户,占4.05%,人员7033人,10.49%;组织合作商店7946户,15.14%,人员10813人,占16.12%;组织合作小组31654户,占60.18%,人员35404人,占53%;转行到其他行业2248户,占4.27%,人员2393人,占3.57%;代购代销799户,占1.51%,人员917人,占1.37%;尚未改造6358户,占12.08%,人员7320人,占10.91%。其中在全区农村,私营商业42428户,从业人员52845人。已改造32143户,占私营商业总数75.76%,人员41644人,占总人数78.8%。过渡到供销社的1225户2429人;公私合营1387户4796人;组建合作商店7447户9834人;合作小组24519户26821人;代购代销1397户1578人;尚在农村、偏僻山区设点1851人。

至此,宁波地区农村私营商业的社会主义改造已经基本完成。生产资料所有制发生根本性的变化,由原国营、合作、民族资本主义、国家资本主义和个体五种经济成分,转变为国营、集体、个体劳动者三种经济成分,确立以国营经济为领导的社会主义经济体系,统一的社会主义市场初步形成。嗣后,宁波各县人民委员会工商科与县供销合作社议定商改分工归口管理意见,即所属县城合作商业归国营商业负责,县城以下集镇及农村,均由供销合作社负责管理。1956年,全市工业总产值32050万元,比1952年增长69.8%,工业劳动生产率比1952年提高28.17%;社会商品零售额28623万元,比1952年增长92.5%。合作商店职工的收入与组织前相比较,大约有60%以上的增加。据对全区县供销社258个合作商店的统计,盈余的有232个。分散经营的小商贩在组成合作小组以后,既保存了原有的分布面广、经营方式灵活、能够从多方面满足群众需要的特点,又使他们的业务纳入供销社的领导和计划管理范围。不少合作小组成员走村串巷,肩挑叫卖,恢复传统的货郎担的经营特色。

宁波私营工商业实行社会主义改造可以说是一场重大的社会变革,从根本上铲除了私营工商业的根基,几千年来以生产资料私有制为基础的剥削制度已被消灭或正在被消亡,基本确立社会主义公有制经济的地位,极大地解放生产力,改变国民经济结构。如果说1952年土地革命的完成,彻底摧毁封建制度,解放了生产力,使贫苦农民过上好日子,那么,经过私营工商业的社会主义改造,使人民群众逐步走过上集体化道路。这是进入社会主义社会的最主要的标志,从而谱写一曲社会主义建设事业中,具有伟大历史意义的胜利凯歌,被载入史册。

第二章 农村合作商店

农村合作商店是社会主义性质的集体商业,是流通领域中供销社经营的重要补充,以弥补供销社合作社在农村商品流通领域中的不及之处,是一支不可忽视的重要力量。长期以来,合作商店归口于供销合作社管理,为活跃城乡经济,发展商品生产,方便人民生活,增加国家积累,扩大劳动就业作出积极的贡献。

第一节 机构沿革

中华人民共和国成立后,农村市场实行以国营商业、供销社为领导的新的经济秩序,农村个体私营经济一度受到限制。1952年,国家调整农村商业,贯彻"公私兼顾,劳资两利,城乡互助,内外交流"的方针,农村私营商业有所发展。1954年7月起对私营商业实行社会主义改造,至1956年原私营商业(包括商业和饮食服务业)大都组成集体性质的合作商店(小组),由供销社归口领导管理,唯极少数继续个体经营。1956年,宁波地区私营商业实行社会主义改造后,宁波各县人民委员会工商科与县供销合作社议定商改分工归口管理意见,明确所属县城合作商业归国营商业负责,县城以下集镇及农村的合作商店及职工1万余人均归口于供销社管理。组织起来的合作商店,初步改变企业性质,属半社会主义性质,从而使小商小贩走上社会主义合作化的道路。从1956年底起,各县供销社帮助指导合作商店分别制定店规店章,民主选举店委、经理、副经理。同时,在有关基层供销社试点后全面在合作商店中推行工资改革。

1957年,供销社在农村市场确立领导地位,一方面通过自身购销业务支持工农业生产发展,以满足人民群众的生活需要;另一方面继续教育改造私营商业人员,以加强对合作商店归口管理,使之在农村商品流通中发挥补充作用,做到"有经营,有饭吃"。各县供销社在计划财务、人事等方面明确分工,专人负责,各基层供销合作社配有专职干部管理合作商业工作。1957年1月至1958年10月,各县供销合作社继续对农村小商小贩实施改造或过渡的办法。1957年,慈溪县又组织合作商店25个,从业人员412人,并吸收合作商店店员64户。至1958年9月,过渡的公司合营、合作商店、合作小组人员达7068人。鄞县在对私营商业进行社会主义改造后,继续采取过渡到供销社、参加合作商店(小组)的办法。至1958年10月底统计,全县私营商业、饮服业改造情况进度是:(1)1957年底过渡为国营145户,其中纯商业144户,饮食业1户;(2)1957年从业人员3040人,其中纯商业2242人,饮食业364人,服务业434人;(3)1958年初至1958年10月,过渡为国营2151人,其中纯商业1630人,饮食业322人,服务业199人。

余姚县于1957年1月,对陆埠区41户香粉行业人员进行改造,其中10户纯商业户组织起来,成立公私合营木粉行,其余农商兼营的31户转入农业,兼营木粉加工。又有62户参加公私合营企业,328户参加合作商店,72户代理货栈组织为6个合作行栈。至1957年底统计,组建合作商店76个,从业人员830人;合作小组206个,从业人员2152人;饮食业69个,从业人员528人;合作饭店24个,从业人员298人;合作饭店小组179个,从业人员189人。

1958年10月,全区实行人民公社化,工、农、商、学、兵"五位一体",农村商业以人民公社为单位,组织人民公社供销部。全区对农村已组建的合作商店、合作小组连同公私合营商业、有证个体商贩全部过渡为当地人民公社的供销部。性质为"全民"。把合作商店"一口吞进",小商小贩"一步登天"。1961年,根据中央商业工作"四十条"规定,调整商业所有制结构。各县人民公社供销部重新复建为基层供销合作社,供销社划出小商小贩,重建合作商店、合作小组。6月,按照省委指示,为适应现阶段多种经济成分并存,有利于调动小商贩的积极性,加强对小商贩的领导与管理,适当调整一部分小商贩组织合作商店和合作小组。慈溪县当年划出小商小贩2413人,占供销社小商贩总数的49.2%,分别组织合作商店154个1767人;合作小组214个646人。并做好合作商场、合作小组的登记发证和处理好具体政策。鄞县于是年9月恢复供销社后,将并入供销社的小商贩下放为合作商店或个体经营户。调整前,原有小商小贩3046人;调整后,下放为合作商店71个599人,合作小组147个808人,共下放1407人,仍留供销社的1639人。同时恢复供销社管理,并对供销社内部人员实行精简。奉化县供销社划出小商小贩393人,占"一口吞进"人员的64%,合作小组重新组成合作商店89个,从业人员534人;合作小组45个,从业人员252人。共设置零售网点427处。象山县供销社于是年9月,从已经过渡到供销部的小商贩961人中,调整部分人员,分别组织合作商店和合作小组。

1962年,根据中央《关于改进商业工作若干规定(草案)》的通知,继续贯彻"调整、巩固、充实、提高"的八字方针和精兵简政政策,对小商小贩继续进行调整。全区从供销社调整出去的小商小贩共有18332人,占原在供销社中小商小贩32632人的56%,组织合作商店936个,合作小组1334个。其中,鄞县合作商店的小商贩1748人,合作小组826人,个体商业经营户351户,共为2925人。从供销社调整出来的2655人;仍在国营、公私合营、供销社的人数659人。象山县供销社先后分两次划出小商贩共626人,其中组织合作商店37个,人员387人,合作小组34个,206人,下放农业33人,尚留供销社335人。慈溪县划出小商贩878人,是年底共有合作商店201个,2426人;合作小组109个,868人。共设门市部1000个,流动摊、担226个,同时实行精兵简政政策,动员退职保养128人,支农回乡197人。

1962年,市供销社本级系统共有归口管理的小商小贩4154人,共组织205个合作商店,328个供应门市部,从业人员1836人,占小商小贩总数的44%,组织169个合作小组,从业人员1699人。同时,批准619个临时商贩,组织41个临时管理小组,共有经营网点1725个。通过商改,专业培训合作商店经理50人,会计45人,积极分子354人。在调整、恢复合作商店期间,各县合作商店按各供销社为单位组织小商贩联合会,作为小商小贩进行自我教育和自我改造的群众组织。商贩联合会受当地政府和县供销合作社的双重领导。处理合作商业中的事务并培训商店经理、会计等业务人员。当时合作商店综合经营百杂、酱杂、水产、蔬菜、水果、炒货、糖果糕点、山货竹器、废品、陶瓷、薪炭、衣着、草制品、茶叶、饮食、水作、理发、洗染、照相、旅社等33个行业。1964年,鄞县供销社归口管理的小商小贩3081人,比1963年减少3人,共有合作商店208家,店员2121人,比1963年增139人;合作小组108个,组员799人,比1963年减少116人;个体商贩161人,比1963年减少26人。当年的合作商店营业额1280万元,利润37万元。其中营业额占全县社会商品零售比重为40.8%,而1963年为38.3%。慈溪县供销社归口管理的小商小贩共有3795人,其中组织合作商店221个,2600人;合作小组102个,910人;个体经营的小商贩285人。全县合作商店的零售总额为1715.1万元,比上年增长16.8%,盈利58.79万元。象山县供销社归口的合作商店发展到55个745人,营业额418万元,年终盈余的合作商店52个,合计金额119353元,亏损3个商店计411元,累积公积金109390元,公益金13260元。

1963年至1964年,全区供销社系统共精减职工15000人(含小商小贩800人),其中市供销社调整出小商小贩2205人,分别组成合作商店、合作小组和个体经营。1965年,国营商业和供销合作社再次合并后,全区各县合作商业开始整顿,合作商业的经营范围和业务扩大。省社宁波专区办事处印发《合作商店的学徒、练习生学习期限和生活补贴的暂行规定》,职工待遇也相应得到提高。是年底,全区各县供销社小商贩联合会停止活动,合作商店在调整、恢复后,改变原来平均主义的分配方式,进一步调动职工的积极性,发扬"走街串村、上门购销、早晚营业、服务周到、灵活多样"的特点,为服务工农业生产,方便群众生活起到重要的补充作用。

1966年2月,宁波地区供销社、商业局联合印发《合作商店成员中四类份子经济待遇问题的通知》,12月,省商业厅通知,凡有条件的合作商店,可以升为国营(合作社)商业。在1967—1972年间,慈溪县供销社的浒山合作旅社、合作饭店、合作照相馆和鄞县鄞江菜饮部等商店上升为国营商业企业。1966年"文化大革命"开始后,合作商店的体制变化不大,维持正常经营。农村个体私商作为"资本主义尾巴",受到批判和取缔而几近绝迹。不少合作商业人员被列为资产阶级范畴而遭受不适当的对待。1971年7月,贯彻执行省革委会〔1971〕41号通知,对城镇的合作商店,进一步改造为供销社的"三代"店(代购、代销、代营);对"三代"店的经营管理,实行"三统、二不"(人员统一调配,资金统一使用,业务统一经营;不搞核算,不搞积累)政策。是年起,全区合作商店实行以直接过渡或为供销社代购、代销、代营形式进行改造。1973年至1975年,基于合作商业已经发展为集体所有制企业,开始招工,充实合作商店职工队伍。是年,各县内务局陆续安排800名待业青年和上山下乡知识青年参加合作商店工作。其中慈溪县内务局安排到合作商店的有250人,鄞县内务局安排210人,余姚县内务局安排180人,奉化县内务局安排120人,镇海内务局安排80人。

1976年4月,省革委会对县以上集体所有制单位的劳动工资列入计划管理。同时,各县合作商店职工试行退休办法,除职工死亡待遇与国合(商业、供销社)企业略有差别外,其他如个人医疗待遇、病假工资待遇、各类假日待遇等,均与国合商业的标准执行。10月,粉碎"四人帮"后,全区农村集体商业重新复苏,逐步落实有关政策,恢复一批合作商店。但由于长期以来受"左"的影响,对合作商店过多地、不适当地限制,特别是长期以来不准增加人员,加之合作商店没有退休制度,人员得不到更新和充实,老弱病残人员比重相当大,不少合作商店变成"老年店"。又基于当时对合作商店实行的"三代"政策,即合作商店的全部资金交供销合作社记存,为供销社代购、代销、代营,供销社给予合作商店相当于全部店员工资、福利、费用的手续费,使合作商店长期以来尚未得到相当的重视和发展。

党的十一届三中全会后,供销合作社重新恢复。对农村合作商店重新再认识,迅速落实对合作商店的政策,纠正"左"的看法和不公正的对待。供销社主动协同有关部门帮助合作商店解决一些重大困难问题,贯彻"统筹安排,积极扶持,因地制宜,适当发展"的方针,从而使农村合作商店有了发展生机,重新恢复原来的格局并得到适度发展。1979年11月15日,全国供销合作总社印发《关于办好集体商业的意见》。12月,宁波地区行政公署颁发〔1979〕98号文件,调整落实集体商业所有制政策,各县供销社将"三代"店恢复为合作商店,属集体所有制性质。但此时,全区各县供销社系统合作商店人员构成发生重大变化,原有的小商小贩均年高而退休,店员全系下乡知识青年、城镇待业人员和复员军人。在职人员中,1970年以后进店的新职工占80%,业务技术上出现青黄不接现象。又基于个私经商户的大量增加,经营竞争日趋激烈,且集体商业的人员不断增加。在此情况下,集体商业的发展困难问题诸多。1978年4月5日,国务院批转商业部、财政部、供销合作总社、国家劳动总局《关于合作商店实行退休办法的报告》,对合作商店实行退休制度。1979年3月10日,商业部、财政部、供销合作总社、国家劳动总局联合发出《关于合作商店提取工资附加费问答的通知》,1979年6月13日,全国总工会、商业部、供销合作总社联合发文《关于合作商店建立工会组织的通知》等,这都对促进全区集体商业的巩固和发展起到积极作用。

1980年,根据省供销社〔1979〕98号和宁波地区行政公署〔1980〕102号,切实贯彻党和政府对集体商业的政策从过去的利用、限制、改造,改变为"加强领导,统筹安排,大力扶持,积极发展"的方针。明确合作商业是社会主义性质的公有制经济,它与国营商业、供销社长期并存,协调发展。11月,全国供销合作总社在《关于农村集体商业的情况和意见》中,要求供销社加强对合作商业的批发业务,在货源上给予支持,把合作商业的业务经营纳入计划,并作为基层供销社考核内容之一。是年,鄞县、慈溪、余姚等供销社对先后成立基层组织股,各基层供销社普遍建立商管组,负责本地区集体商业的思想政治、劳动工资、计划统计和财务会计等全部管理工作。

1982年,余姚、镇海、奉化、宁海、象山县供销社相继成立基层组织股,基层供销社也建立商管组。是年,全区合作商店的人员结构发生很大变化,大量吸收待业青年、工人子女进单位,还安排一批转业复退军人,占合作商店总人数的30%。1983年,各县供销社集体商业的商品销售、费用和利润等三项指标由县供销社下达,并同基层供销社的经济指标一起进行检查与考核。1984年起,商业部召开全国集体商业工作会议,印发〔1984〕1号文件通知,省供销社印发《关于加强合作商店管理工作的通知》,要求通过建立合作商店综合性或行业性的公司等联合组织,进行领导体制改革。市政府《关于改革合作商业体制的意见》(宁政发〔1984〕66号),对合作商业改革提出的基本要求是,从业务经营、企业管理、内部分配等方面放宽政策,真正做到"独立核算,自负盈亏,自主管理,按劳分配"。随后,各县政府均下发改革集体商业领导管理体制的通知,由此拉开全市合作商店改革的序幕。同年6月,鄞县姜山供销社率先试行合作商业管理体制改革,撤销供销社商管组,建立集体商业总店,管理姜山地区合作商业,并兼营业务。7月27日,市政府〔1984〕99号批转市供销社《关于改革城区集体商业管理体制的意见》,建立市第二土产日杂、副食品、物资回收公司,归口于市供销社直接领导管理;建立慈城、庄桥、洪塘商业综合公司。9月,鄞县邱隘供销社撤销商管组,建立邱隘集体商业总店。11月,奉化溪口、萧镇供销社建立商业综合公司,是与当地供销合作社脱钩而建的独立的经营管理体系。棠云、莼湖两地亦建立商业综合公司,但尚未与供销社脱钩。

鄞县第二商业总公司于1984年11月成立,供销社归口的集体商业全部划归县第二商业总公司领导管理。12月,慈溪县第二商业总公司成立,国营、供销合作社归口的集体商业全部划归慈溪县第二商业总公司领导管理。以上2个县的第二商业总公司均作为县政府直属部门,行使局级行政管理权限。自此,集体商业(合作商店)脱离长期以来由供销社归口管理而自成系统。到年底,全市已建立和批准集体商业经济联合机构58个,其中基层级总店13家、公司37家,市、县级公司8家(市区3家公司由市供销社直接领导)。

20世纪八九十年代,合作商店为国家超量接收安置大批知青、待业人员、复退军人、统配统招、顶替招工和落实政策人员等。整个职工队伍已从原来的小商小贩为主体改变为基本上由待业青年、"知青"、复退军人等人员组成。在全市范围内,农村集体商业人员占整个农村商业人员的一半,网点遍布各地农村,经营着为广大群众日常需要的生产、生活资料和零星土副产品、废旧物资收购,以及大部分农村饮服业,与农业生产和农民生活关系极为密切。全市商业形成以供销社、国营商业、第二商业、个体商业和社会各种商业经营机构互相竞争、互为补充的流通经营体制格局。

2000年至2002年,各县(市)区供销社归口的合作商店全面完成产权制度改革和理顺职工劳动关系任务。

第二节 合作商店改革与发展

供销社归口管理的合作商店流通体制改革起步较早。党的十一届三中全会以后,农村经济体制改革方兴未艾,推行各种形式的经济责任制。全区供销社归口的合作商店以此为契机,充分发挥在农村流通领域中的助手和补充作用,把计划调节和市场引导结合起来,建立起"多渠道,少环节"的城乡流通格局,从而多种形式的经济责任制也应运而生,实行管理体制和经营机制改革,打破了干好干坏一个样的"大锅饭"现象。

1978年,宁波地区供销社归口管理的合作商店网点2833个,农村代购代销网点2278个,职工总数13775人,年销售额11640万元。1979年,合作商店率先在全市供销社系统中推行经济承包责任制,先在饮食服务业中开展,然后是纯商业,全面地推行经营承包责任制。当时,合作商店的经济体制形式主要有两种:第一种是"三代"店;第二种是合作商店(组),其中"三代"店又有三种形式:一种是全民办集体,人员统一使用,经营由供销社统一核算;一种是人员固定,简易核算,积累上交供销社;再一种是独立核算,积累留店,仍保持合作商店的经营方式。

1980年,宁波地区行政公署〔1979〕98号、〔1980〕102号通知,进一步加强合作商店领导与管理,统筹安排,大力扶持,并与供销社长期并存,协调发展,调整落实集体商业所有制政策。其中慈溪县供销社恢复组织合作商店58个1330人,清退"三代"店积累资金105.9万元,拨出联合公积金20万元,用于合作商店改建新建营业用房。县农业银行发放短期贷款1377万元,县财税局对89个合作商店减免税款11万元的照顾。鄞县供销社清退"三代"店积累资金和拨出联合公积金80万元,争取县财税局减免合作商店税款12.5万元。同时,将11个供销社所属或购销分站、商店、门市部或食品厂调整为集体性质的商店或加工厂。1979年至1980年底止,原有74个"三代"店全部恢复为独立核算、自负盈亏的合作商店,并归还这些商店在"三代"期间应得的利润共48万元,还让给集体商业营业额500万元。动用县联合公积金29万元和各店自筹款20.9万元相配套,在9个镇购买和建造营业用房7445平方米,使合作商店的营业设施得到较大改善。

全区合作商店内部进一步加强经营承包责任制。主要有以下八种形式:(1)集体所有,集体承包,超额利润分成或利润定额超奖欠赔;(2)柜组集体承包,费用自理,盈亏自负或柜组核算,费用定率,见利分成,亏损全赔;(3)以销定率计酬;(4)定额计件工资制(集体工厂);(5)定额到人,费用包干,超额有奖,欠额赔补;(6)资金、费用自理,盈亏自负;(7)职工离店承包,留职停薪,缴纳营业税和管理费。

1980年10月开始,市供销社本级系统归口管理的合作商店实行经营责任制。先在市区中东副食品商店、庄桥费市合作商店等7个单位试行经营责任制。经过试点,到1982年底止,共有42个合作商店推行经营责任制。1983年,除庄桥煤球店和副食品加工厂外,计有88个商店全面实行各种不同形式的经营责任制,占所有核算单位的97.8%,占所有职工的96.55%。主要有五种经营责任制形式:全额利润提成;超定额分成;拆账工资制;指标到人超额分成;职工离店承包。同时实行工资浮动。

从1981年开始,通过试点,合作商店从饮食业开始,逐步向全行业推行多种形式的经营责任制。镇海区供销社合作商店至1983年,全县135个合作商店全面落实经营责任制,主要形式有以下六种:(1)利润定额上缴,超额分成,短少全赔。实行这种责任制的有8个商店,26个柜组,126个职工;(2)利润定额上缴,盈亏包干。采用这种形式的有11个商店,40个柜组,146个职工。(3)全额利润分成或全额分档分成,同比例奖赔。这类形式的有99家商店,1295个职工。(4)联销联利,定率计酬。实行这种形式的一般是规模较小的乡村下伸店,有50个柜组,76个职工。(5)净利拆账制度。主要是理发、服务行业。有4个商店,30个职工。(6)个人承包。主要是水产、饮食行业。已承包的有188个职工,其中离店承包128人,在店承包60人。在全区供销社归口管理的661家合作商店、3003个门市部中,已有607家合作商店、2701个门市部实行经营责任制,分别占单位总数的92%和89.25%。其中超额利润分成的89家,全额利润分成的376家,工资浮动、奖赔挂钩28家,计件拆账32家,利润包干、盈亏自负25家。全区合作商店经营网点有1.2万个,在职人员1.1万人。

1982年,全区各县供销社继续采取积极措施,支持集体商业的发展。慈溪县供销社调整充实合作商店经理59名,对34家商店进行整顿,对227家商店开展财务自查互查。浒山、长河、周巷、观城等供销社还帮助合作商店改善经营设施,兴建营业用房108间3625平方米。鄞县供销社对191家合作商店普遍实行小组承包和个人承包后,经济效益比上年增长28%。是年,全区归口合作商店683家,从业人员增加11879人,接近供销社职工的总数。1982年与1979年相比营业网点由2519个增加到3491个,营业额上升到16136万元,比上年增长15.4%,比1979年增长近一倍,相当于供销社生活资料零售额的50%,实现利润由176万元增加到292.3万元,增长13.2%。自有资金由830万元增加到1372万元,网点面积由109464平方米增加到217738平方米,其中自有网点由20894平方米增加到82387平方米。近三年来向国家缴纳税金1516万元,安置待业青年5000人,使4677名老职工享受退休保养待遇。

1983年4月14日,国务院颁发《关于城镇集体所有制经济若干政策问题的暂行规定》,进一步明确集体商业企业具有法人的资格,各有关部门对待集体商业应同国营商业一样,在政治上一视同仁,在经济上平等对待。12月15日,商业部、供销社召开全国集体商业工作会议,印发《关于改变归口集体商业管理办法的意见》,规定集体商业可根据自己的特点和需要,在协商一致的基础上,建立自己独立的联合机构,联合机构是经济实体,也可以是不脱离原单位工作的协调管理机构。从体制上冲破长期以来归口于供销社管理的依赖关系,真正实现自主经营、民主管理。

1984年5月,各县政府先后召开集体商业体制改革工作会议,进一步解放思想,放宽政策,为合作商店放权松绑,采取"一包""三改"为主要内容的改革。"一包",即全面推行经营承包责任制;"三改",即改干部任免制为选聘制,改固定工资制为浮动工资制,改职工固定制为合同制。对独立经营能力较强的地区,逐步建立农村集体商业独立的管理体系。11月11日,省供销社印发《关于加强合作商店管理工作的通知》,通过调整放宽政策,进行领导体制改革,全市各县合作商店进一步深化改革,转换经营机制,完善经营承包责任制。尤其是鄞县、慈溪第二商业总公司自成系统后,大力拓展商埠,兴办综合性商场,开办工厂。开展代购代销、联营分销,经营范围和经营项目进一步扩大,并且把商场、经营部、批发部作为业务依托,经营业务有了进一步发展和扩大,企业的经济效益有长足的发展和提高。年底,全市独立核算合作商店938家、经营网点4797个,基本实行不同形式的经营责任制,在合作商店14634名职工中,有1516名职工与商店签订个人承包合同。全年合作商店销售额2.2亿元,实现利润346.79万元。其中,市区102家合作商店销售额比上年增长33%,利润增长16%。

1985年,全市合作商店共有独立核算单位949家(含慈溪、鄞县供销社合作商店),营业网点4751个,职工14147人。全年实现销售额25524万元,增长16.5%,利润360万元,增长16.3%。鄞县、慈溪县供销社妥善处理好与县第二商业总公司资产等有关问题,供销社代管的合作商店公积金,按账面数移交给县第二商业总公司;合作商店原已租用的房屋,仍归合作商店使用,县级专业公司和基层供销社分别与基层二商公司签订协议。镇海、北仑等区虽也建立第二商业总公司,包括宁海、奉化、余姚等县合作商店亦尝试改革独立管理的经营体系,但仍隶属于县供销合作社和基层供销社管理。

1987年11月,根据市委〔1987〕28号"市供销社所属的集体零售商店(不含废旧物资回收企业),按属地一次性划归到区"的文件通知,市供销社所属120家商店、215个网点划归到区:(1)市第二土产日杂公司下属的全部7家独立核算零售企业及属下的20个门店;(2)市果品食杂公司所属的全部10家独立核算零售企业及属下的38个门店;(3)城区基层供销社(江东、江北、海曙、洪塘、庄桥、慈城)归口管理的集体商业综合公司(或总店)所属全部企业包括零售商店、批发部、收购站、工厂(场)、饮食服务业等,计独立核算单位62家,下属的157个店、部、站、厂(场)等。全市合作商店有908家,经营网点4810个,职工13664人,退休人员5765人。1988年,全市60家合作商店试行合股经营或租赁经营办法。投入基本建设资金,增加网点,开拓经营门路,扩大服务领域,为乡镇企业组织原辅材料和推销产品。余姚市合作商店新建网点40个,其中投资220万元,兴办中小型商场10个,经营面积5063平方米。市第二物资公司从单纯收购向加工利用发展,购置仓库2000平方米,投资30万元,添置加工机械设备12万元,加工废钢铁800吨,创利15万元。是年,全市供销社归口管理的合作商店营业额42443万元,比上年增长31.9%;实现利润460.6万元,增长36.5%。1989年,市供销社根据商业部《集体所有制企业条例》,对基层供销社归口管理的合作商店进行机构调整、或撤并改革。如庄桥供销社及费市、洋市、周盛分社等23家"代购、代销"店予以歇业。是年,全市合作商店销售额37969万元,下降4.5%;实现利润184.77万元,下降48.6%。发生亏损企业100家,亏损面13.1%。

1990年,市供销社针对合作商店负担过重、经营困难和市场疲软等情况,以文件形式上报市政府,要求解决集体商业的有关若干政策问题,一是要求集体商业同全民企业统筹相一致,实行全市社会统筹,以解决集体商业负担过重问题;二是减轻集体商业税负及各种摊派费过重问题,要求对经营困难,年人均创利在200元以下的合作商店给予减免营业税50%,免缴所得税的优惠照顾;三是要求在每个集镇(区)具备条件的集体商业经营卷烟批发业务,凡对乡村企业生产需要的原辅材料亦应允许经营。择优扶持,选劣兼并,遏疲止软,扭亏增盈。通过争取政府和有关部门的支持,落实优惠政策,全年减免税赋40万元。是年,实现销售额32146.2万元,减少15.3%;利润负96万元。

1991年,全市供销社集体商业共有独立核算单位638个。其中商业466个,饮食业124个,服务业20个,商办工厂28个,经营网点4318个。是年营业额3.14亿元,利润亏42万元,自有资金4645万元。年末职工人数10427人,退休(保养)5069人。其中,市供销社城区归口管理的集体商业共有独立核算单位29个,经营网点118个,营业额1193万元,利润负3.5万元,所有者权益152万元,职工人数468人,退休(保养)284人。1992年9月,余姚市开利物资公司与省内外30多家企业管理建立业务关系,组织钢材760多吨,销售额300余万元。北仑区与上海联营建立的科卫医疗器材经营部销售1339.37万元,创利37.5万元。鄞县、慈溪市二商系统年销售分别达到1.5亿元、1亿元,利润分别达100万元、27万元。6月,省政府办公厅《转发省商业厅、省供销社关于搞好集体商业若干意见的报告的通知》浙政办〔1992〕14号文件出台后,各级政府先后对集体商业在深化改革、转换经营机制方面提出"推行合股经营、改进管理体制、实行兼并、实行承包租赁、调整经营结构和网点布局"等改革意见,作出放宽政策,扶持集体商业发展的措施。镇海、北仑、余姚、奉化等区(市)政府先后对集体商业出台若干扶持政策。是年,全市集体商业销售额42689.8万元,增长24.8%。市区集体商业销售额1309.7万元,比上年1108万元增长18.2%。全市归口集体商业共有独立核算单位611个,营业网点4023个,职工9907人,营业用房面积24.2平方米。

1993年,全市有2家合作商店实行股份合作制试点。象山县爵溪合作商店和余姚市2个合作商店先后实施解体。全市供销社合作商店297个(不含鄞县、慈溪县供销社二商总公司,下同),实现销售额21772万元,所有者权益2796万元。年末职工4559人,退休(保养)2887人。其中城区归口管理的集体商业共有独立核算单位24个,经营网点108个,营业额1326万元,所有者权益181万元,职工379人,退休(保养)389人。

1994年,全市合作商店进行多种形式的改革试点。象山县供销社合作商店有一半解体;镇海区第二商业总公司与区政府有关部门共同制定扶持集体商业的优惠政策6条;奉化市供销社在对合作商店进行"资产量化到人重新合股经营"试点改革,其中鲒埼、方门2个合作商店实行这一办法后开始摆脱困境,经济效益逐步提高。市供销社与体改办联合发文加以全面推开。

1995年,江北供销社北郊分社河东、上陈、徐家、大坝、张家代销店,江东供销社东郊分社道士堰代销店撤销歇业。是年,全市供销社集体商业共有独立核算单位187个,其中市城区有慈城、庄桥、洪塘等3个商业综合公司,独立核算单位20个。1996年,全市供销社合作商店共有独立核算单位161个,其中市区18个,镇海区14个,北仑区34个,奉化市18个,余姚市48个,宁海县19个,象山县10个。年销售额9553.8万元,比上年减少11.9%。

1997年后,各县(市)区政府和供销社先后出台供销社集体商业改制政策,授权县级供销社具体负责基层供销社归口管理的合作商业的资产评估等事宜,并分别由土地、房产、财税等部门确认其评估结果。对于职工理顺劳动关系的经济补偿金和退休人员安置费等费用,根据企业的实有净资产按一定标准和比例发放。余姚市供销社对19家亏损的合作商店实施歇业。市供销社对所属19个合作商店组建为9个商社,合作商店的人员、资产再一次优化配置,收到较好成效,实现利润21.6万元,增长25.6%,9家商社无一亏损。是年,全市供销社合作商店所有者权益340.2万元,比上年增长6.9%。年末资产总额461.7万元,比上年增长1.76%。

1999年起,各县(市)区供销社相继成立集体商业改制领导小组,对合作商店实施改制。改制内容主要是"明晰企业债权债务，明确职工身份，资产公开拍卖"。因企业之间资产质量差异，故职工解除劳动合同经济补偿标准，按当地政府文件政策规定和企业实际情况，对职工工龄进行经济补偿。2000年至2002年，镇海、北仑、宁海、奉化、余姚、象山等6县（市）区供销社对所属170家合作商店全面实施产权制度改革，3000多名职工理顺劳动关系。全市供销社归口管理的合作商店除个别组建股份合作制以外，其余基本淡出市场。

第三节 合作饮食、旅社业及其他服务业

中华人民共和国成立前，农村饮食服务业大多以个体经营为主，分布面广，主要有饭店、点心店、客栈（旅馆）、理发、染坊和修补等门类。合作商店中的饮食、旅社和其他服务业，在社会主义私营商业改造前的1953年，宁波专区各县共有私营饮食商店近1000家，从业人员1500多人，分别经营大饼、点心、酒酿、糕团、面食、饭店和住宿等行业，其中私有客栈245家247人。农村个体服务业1200多户，从业人员1562人，分别经营照相、理发、船埠、箦器、印染、雕刻等行业。

1955年，各县供销社相继在各基层供销社所在的区公所所在地集镇办起旅社，计有28个，其中鄞县供销社在邱隘招待所后，横溪、天童、莫枝、望春、凤岙、鄞江、樟村等供销社开设旅社7个。余姚、慈溪、奉化、镇海县供销社分别办起旅社7个、842个。1956年，私营商业实行社会主义改造后，全区饮食业中160人转入当地供销社，660人参加合作商店（小组），转入他业221人，保留私营的有38家，领取定息者92人。各县合作商店理发行业在1956年社会主义改造中，大都组成合作商店（小组）。20世纪60年代前，由于各地农村交通不便，以肩挑剃头担子的理发多见。乡镇及周边的大村落当以理发店理发为主。

1957年，饮食商贩组织合作小组，供销社饮食经营网点增至780个，职工1936人。1958年，各县供销合作社饮食、旅社合作小组升级，撤并为合作商店，店铺锐减，人员外调。各县合作商店相继办起饮食店40余家，均归属各所在地供销社管理。是年10月，饮食合作商店（小组）基本上都过渡为人民公社供销部的网点组成部分。1961年至1962年，根据中央商业工作40条和商业工作问题的决定，调整商业管理体制，除供销社自办饮食店外，饮食服务业都恢复建立合作商店和合作小组。至1962年底，全区饮食经营网点1360个。其中慈溪县供销社308个582人，鄞县供销社109个681人。其后10年中，饮食合作商店的网点和经营状况基本未变。1972年，全区各县有108名饮食商店职工过渡到供销社。1978年3月，省供销社和全国供销合作总社确定鄞县为农村饮服工作联系点。1979年，各县供销社普遍建立县饮食服务公司，管理全县饮食商店，县供销社成立基层组织股，负责管理全县合作商店，并将原由供销社经营的饮食商店全部转为合作商店经营。

1981年，各县基层供销社集体商业以政府拨款及公积金借支和企业筹资等形式新建饮食服务业经营网点。其中鄞县财政拨款65万元，陆续新建、扩建咸祥、塘溪、横溪、五乡、姜山、鄞江、古林、布政、集士港等饭店、菜馆，经营条件有所改善，店面容量也有所扩大。1982年以后，经营体制改革，随着个体、私营及乡镇企业餐饮业的迅速发展，乡村企业也兴办餐厅、饭店、宾馆等，全市集体饮食商店随之减少，经营网点范围和营业额逐年缩小和下降。1984—1985年，慈溪、鄞县供销社归口管理的饮食、旅社和其他服务业，由新成立的鄞县、慈溪第二商业总公司统一负责管理。

20世纪80年代中期以后,随着商品生产发展和旅游业兴起,饮食业和旅游迅速扩张发展。而供销社归口合作商店中的饮食、旅社、理发、照相业大多数因市场竞争激烈,日渐衰落。洗染、刻字、修理钟表业亦在20世纪80年代先后被淘汰。1991年,集体商业饮食服务业网点145个,从业人员349人;理发商店4个,从业人员12人。其中市区1家,从业人员8人。1993年,全市供销社系统饮食服务业网点118个。至1994年,饮食服务业网点减至35个,从业人员247人;理发商店4个,从业人员8个;照相摄影9家,从业人员30人。其中市区1个,从业人员4人。1998年,饮食服务业网点仅有30个,从业人员198人。

2000—2002年,全市供销社集体商业实施产权制度改革和理顺职工劳动关系,饮食、旅社业及其他服务业大多予以歇业,抑或是转制给职工。

第四节　代购代销代营店

20世纪70年代初,宁波地区农村基层供销社实行代购、代销和代营(简称"三代"店或称"下伸店",下同)。这是"文化大革命"后期的产物,它是由农村基层供销合作社实行贫下中农管理的商业网点的组成部分,是连接农村社员居民最前沿的商业阵地,是那个时代的音符。农村"三代"店接受当地供销社和公社所辖生产大队的双重领导,其商品库存和流动资金由供销社垫付,商业房屋由生产大队自筹,供销社按月付给租赁费。按照国家统一的商品价格、政策、计划、制度,实行商品的代购、代销、代营,并由供销社负责统一盈亏。实行"三代"店,弥补当时基层供销社、合作商店经营网点的不足,又解决农村网点少、社员群众购买日用消费品的困难,颇受当地生产大队社员的欢迎。

1966年,"文化大革命"开始后,农村集市虽存,但上市的农副产品受到计划经济商品供应条条框框严重限制,生产大队集体生产和社员个人生产的农副产品均不准上市交易,成交量甚少,而当时农村的日常生活用品,诸如烟、酒、糖、盐、猪肉等商品按计划实行凭票、凭券、凭卡供应,紧俏工业消费品更是凤毛麟角。且当时农村基层供销社处于"文化大革命"运动之中,供销社理事会、监事会制度被否定,社员代表大会被迫停止召开。一方面县供销社、合作商店面临着营业额下滑的态势,另一方面又对农村社员和居民在生活资料需求供应上带来极为不利的影响。

1970年9月起,全区供销社贯彻执行"发展经济,保证供应"的总方针,面向农村,面向大众,扩大地产地销商品的经营,积极组织经济适用的大路货的生产和供应。对建立供销店和代购代销店,必须把当地群众经常购买的日用杂品切实经营好,并提出贫下中农管理农村商业的号召。是年10月,慈溪县供销社率先在浒山镇湾底大队进行"三代"店试点,吸收3名农村社员组织代购代销店,并开展废旧物资代购、小件生产资料和日用杂品代销等,实行贫下中农管理,由生产大队大队长任贫管会主任,负责对"三代"店的检查监督工作。该县在农村建立33个"三代"店,从业人员55人。1971年,贯彻执行省革委会〔1971〕41号通知,进一步加强对城镇合作商店经营管理,将其改造成为国营企业的"三代"店,实行"三统、二不"政策。全区合作商店以直接过渡或为供销社代购、代销、代营形式进行改造。其中,慈溪县农村基层供销社组织"三代"店增加到173个,人员458人。鄞县供销社实行以直接过渡为"三代"店的形式进行改造。至年底,集镇的71家合作商店改为供销社实行"三代"店;在乡村的428个合作商店中,其中有148个改为当地供销社直接的代销店。至1972年底,在全县52个公社、750个生产大队中,大部分的生产大队都设有合作商店的下伸店,共有660余名服务人员在"三代"店工作,其中合作商店职工有420多人。

各县供销社根据上级供销社的文件精神,明确农村"三代"店的性质与职能相关的规定和要求,即在不改变合作商店属性的前提下,代表供销社做好生产大队区域范围内的百货杂品、生活用品的保障供应,把农民的农副产品以及废旧物资收购上来,为"发展农村经济,保障供应"服务。至1972年,全区农村合作商店和"三代"店星罗棋布,成为农村商品网点的一个亮点,并由此形成县供销社—基层供销社—合作商店—下伸店四级经营网络。"三代"店的经营人员一般只配1—3人,其中1名服务人员由大队推荐选拔,或由贫下中农积极分子或生活较困难者担任,服务人员的报酬由所在大队靠劳动等级记工分,供销社按劳动力工分值拨款给生产大队,外加10%—20%工分作为服务人员交给大队的公共积累资金,服务人员可与社员同等享受大队一切待遇。供销社所属的合作商店派1—2名职工到"三代"店工作。"三代"店房屋大多数是2间以上,经营面积在30平方米至60平方米不等。由于"三代"店在营业服务中能紧贴群众,体现供销社商业密切群众的特点,对支援农业生产,方便群众生活起到较好效果,被当地村民称作为"便民放心店"。"三代"店开设在所在生产大队的中心、路口旁,或村子里人气最旺的地方。虽然没有统一的标准店式店样,但基本具备一般商店的功能,如在店门前的墙上挂着一块木质匾牌,用红漆写的"代销和代营店"几个大字,有的干脆在墙面上写着店名,有的还在白砌的墙上用红字写就"发展经济,保证供应"标语字体,显得格外的醒目。

1972年4月,省革委会〔1971〕41号文件指出:"为进一步改革供销集体商业(合作商店)流通管理体制,采取逐步向供销社过渡的办法。"5月起,鄞县、慈溪、余姚等县供销社对在基层供销社的"三代"店进行过渡的试点工作。经省商业局〔1972〕13号文件批准,正在将"三代"店职工过渡到供销社(全民性质),其他合作商店和职工也准备过渡到供销社之时,但后来由于供销社的全民所有制体制也恢复到集体所有制性质的原因,各县合作商店尚未全面过渡,仍保持原有的合作商店(集体所有制企业)属性。1974年,全区各县有近80%的公社对当地供销社实行贫下中农管理。慈溪浒山供销社仲寿分社进行"依靠贫下中农管理农村商业"的试点后,至年底全县设有"三代"店164个,从业人员218人。是年6月,按照省供销社文件通知,经过推荐选拔,全区各县有近200名生产大队的青年农民或是生产骨干,作为培养对象,进入供销社职工队伍,充实到供销社有关部门担任经理,并大都以管理合作商店和下伸店为主。随着农村网点建设的发展需要,农村"三代"店逐年增加。各基层供销社投入增加商品铺底资金,以进一步扩大销售,大多数生产大队对"三代"店的营业场所也进行修缮和扩建。到年底,全市各县农村有"三代"店500多家,作为供销社在农村的下伸点,发挥不可替代的补充作用。

1976年,全区供销社农村"三代"店2278个,职工人数5680人,其中生产大队社员2300人。宁波市郊区"三代"店107个,职工人数302人。1978年6月起,宁波地区供销社开始整顿农村"三代"店。同时,对合作商店管理作出具体措施,其中包括业务发展、经营管理、资金安排、职工培训、劳动报酬、盘货制度等内容,以进一步加强对合作商店、"三代"店的扶持与发展。是年,在全区设有4563个"三代"店,其中设在各生产大队的"三代"店1929个,下伸店1203个,人员2836人。实行"贫管"1760个,计2452人;供销分社和购销站156个,合作商店621个,人数8432人。全区平均1.34个大队就有1个网点,已超过全省平均1.95个大队有1个网点的水平,基本上达到能使农民就近购买商品的要求。

党的十一届三中全会后,随着农村商品流通体制改革的深入,个体经营如雨后春笋,迅猛发展,网点遍及全市各县各乡镇、村。在此情况下,合作商店经营困难也随之加大。而大部分改为农村"三代"店的合作商店仅收"三代"期间的手续费而利润大减。为此,各县供销社为扶持合作商店的发展,将个别基层供销社所属的有关店(站、厂)转让给合作商店经营,并划拨转让这些商店当时的年营业额。

1979年3月,省供销社转发国务院〔1979〕188号文件,关于"生产大队设立的代购代销店,仍实行为供销社代购代销的办法,不能改为大队的商业企业,可自行到外地开展购销工作"的通知。12月,根据宁波地区行政公署颁发〔1979〕98号通知,宁波地区供销社对农村"三代"店进行整顿,逐步将"三代"店恢复到原来的独立核算、自负盈亏的单位,并调整落实集体商业所有制政策,加强管理和指导,建立和健全必要的管理制度。是年,全区"三代"店940个门市部、4446名从业人员逐步恢复为独立核算、自负盈亏的合作商店。

1980年,鄞县供销社与开设在农村"三代"店所在的公社生产大队,在妥善处理好库存商品、人员和财务等有关工作交接后,全县"三代"店全部撤销,恢复为合作商店。至此,鄞县从1971—1980年在农村的"三代"店完成它的历史使命。余姚、宁海、象山、镇海、北仑等县供销社也将"三代"店全部恢复为独立核算、自负盈亏的合作商店。1985年4月,慈城供销社设立半浦分社新华村横河头等35个"代销代购"店。9月,庄桥供销社在费市开设2个"代销代购"店,江北供销社在湾头开设4个"代销代购"店。1986年9月,慈城供销社、洪塘供销社所属的22家"代销代购"店改为个体经营户,收回铺底资金及财产。1988年,慈溪市供销社在全县农村设有"三代"店215个,从业人员240人。奉化县供销社有"三代"店429个,服务人员473人,以后慈溪市供销社的"三代"店逐步闭歇。1989年,庄桥供销社及费市、洋市等23家"代购代销"店歇业。1990年3月,洪塘供销社裘市分社的西洪等7家"代购代销"店闭歇。1995年,江北供销社北郊分社的河东、上陈、徐家、大坝、张家代销店,江东供销社东郊分社道士堰等6家代销店撤销歇业。

1995年后,全市供销社系统"三代"店撤销(闭歇)或转为个体经营,全部退出历史舞台。

第三章　农村集市贸易

农村集市,俗称"市日",依照农历日期开市贸易。农村集市贸易主要是指农村居民在固定地点互通有无、调剂余缺,进行集中贸易的场所,是农村组织商品流通进行商品交换的一条不可缺少的渠道。这种贸易的参加者主要是农村集市所在地农民、手工业者和其他乡村居民,他们之间的买卖活动是生产者向消费者的直接出售,是生产者之间的商品交换。

第一节　集市贸易的变迁

宁波原始集市贸易的形式,起源于战国时期,今鄞州区宝幢一带有海民持海货进行交易。六朝至唐,随人口繁衍和土地开发逐渐形成集市,唐末草市(七月半市)兴旺。宋代,宁波为浙东商品集散地。南宋宝庆年间,宁波鄞县形成8个集市。清嘉庆三年(1798),宁波黄古林开设草席交易市场,集市有席行23家,年产草席1000余万条,畅销国内及日本、南洋、欧、亚、非等国。至光绪初年,宁波集市形成城乡一体化格局。

光绪三年(1877),宁波(鄞县)乡村的集市达70余个,中心集市有鄞江桥市、卖面桥市、姜山市、黄公林市、莫枝堰市、横溪市、徐东埭市、胡家坟市、韩岭市、梅墟市、邱隘市、五乡碶市、咸祥市、瞻岐市等10余个。民国初年城乡集市与清末大致相同。1923年,鄞县县政府制定菜市场管理规则。在农村,蜃蛟弄市、高塘桥在1921年和1923年由乡人投资建成小菜场。农村的集市一般每旬举办2—3次贸易,梅墟、段塘、横溪、前徐、咸祥、管江市集分别以箔业、竹业、米市、陶瓦、鱼货和粮食交易为大宗而著名。樟村、黄古林以季节性的贝母、席草交易形成专业集市。1930年以后,随着城市交通发展,人口增加,宁波城中建立7个菜市场,乡村集市共有80个,最盛者东乡为梅墟、宝幢、五乡碶、莫枝堰市;南乡为姜山、横溪市;西乡为黄古林、凤岙市;东南乡为韩岭、宝幢市和前徐、下应市;西南乡为鄞江桥、栎社、石碶市。1946年,整顿宁波城区菜市场。次年4月,宁波成立物价评议委员会,定期评议重要物品物价。1948年8月19日起,实行全国限价,后因商品奇缺,抢购成风,导致物价飞涨,限价最终失败。宁波解放初,宁波老市区投机囤积之风猖獗。1949年6月,市军管委会撤销银圆市场,禁止银圆买卖和流通。中华人民共和国成立以后,国家适时地开放农村集市贸易,保护农民在集市贸易中的合法权益,这也是在农村的一项重要的经济政策。11月,国营商业抛售棉布、粮食、食油、香烟、胶鞋等商品平抑市场。

宁波集市贸易是农村商品流通领域中另一条重要渠道,它随着历史的发展而发展,起到商品流通的补充作用。1950年3月21日成立宁波专区供销合作总社。5月起,全区各县的粮食收购由中国粮食公司宁波分公司或各县粮食部门委托供销合作社代办。1953年至1956年,各县供销合作总社代办粮食收购点和油料购销业务先后划归各县粮食部门管理。

党的十一届三中全会以前的各县农村集市贸易均由供销社为主体进行管理。改革开放后,各县重建县工商行政管理局,管理职能从供销合作社析出,单独负责管理农贸市场、培育与建设工作。

第二节　统一市场的建立和开放农村集市贸易

在国民经济恢复时期,国家采取一系列政策措施,实行在全国统一下的以地区管理和地区平衡为主的物资经营调拨制度,从而稳定市场,加强社会主义商业的领导力量,为建立国内统一市场打下扎实的基础,进一步巩固社会主义经济的领导地位。当时农村集市贸易是在国家政策许可的范围内,在市、县工商行政部门和县供销合作总社的管理下进行的。1950年,宁波市、县人民政府相继成立工商行政管理科,根据宁波地委颁发的《加强市场管理暂行办法》,严厉打击投机倒把,严格控制物价,稳定市场,并开始重新登记核定各类工商企业、私营工商业,随之全区各县物价逐步稳定,农村集市贸易逐步恢复、发展,并通过建立市场交易所,举办物资交流会等形式,有力地推动农村商品流通发展。1月,宁波老市区建立粮食市场,颁布交易管理暂行规定。4月,宁波专区供销合作总社、县级供销合作总社相继建立后,受国家委托,领导全区农村商业,包括集市贸易管理,代办粮食收购,农副产品主要由供销社收购和推销。5月起,全区各县的粮食收购由中国粮食公司宁波分公司和各县粮食局委托县供销合作总社代办。11月,成立专区棉花联合采购委员会,公布联合采购暂行规定。

1951年1月,成立宁波市市场管理委员会。3月,建立全市花纱布等专业市场5个,花纱布商品集中交易,实行议价、核价及购销汇报制度,禁止栈单买卖,抬价压价。1953年,专业市场改变硬性议价、限价及限制私商运销利润等做法,取缔交易登记制,同时加强铜料、牛皮、棉花等购运管理。12月起粮食、食油、棉花、棉布等先后实行统购统销和派购政策。通过1950年、1951年市场交易管理和1952年两次调整公私关系,逐步恢复集市贸易。1952年6月,鄞县取缔鄞江镇牙行,建立市场交易所。7月,首次在鄞江镇举办"六月六"庙会,尝试初级市场物资流通交易,历时3天,参加交易的商户有525家,经营者3000余人,3天批发成交额804万元,零售成交额7000余元。此后,交流会以集镇为中心,以供销社为主体,时有举行。1952年,各县供销社系统均在当地县城或在宁波设立批发、调拨机构,以中转区域商品的购销,农村商品流通业渐趋活跃。1953年,国家对粮食、食油、棉花等重要物质先后实行统购统销,禁止私商、小贩自由买卖,农副产品由供销社统一组织收购和推销,全市集市绝大多数废弃,仅少数大集镇时有零星交易。是年,供销社代国家收购稻谷时捎带商品,以占领农村市场份额,与此同私商竞争。此后,供销社年年送货下乡。严厉打击资本主义商业中的"五毒"行为,进一步巩固供销社在农村市场经济的领导地位。

1953年,国家对粮食、食油、棉花等重要物质先后实行统购统销后,粮、油购销业务先后划入当地粮食部门管理,同时关闭粮食、棉花及食油类市场。各县贸易市场由供销社管理,并按当地镇乡范围配备市场的专(兼)职管理员。1954年1月,宁波老市区粮食、花纱布市场关闭。7月,中央颁发《关于加强市场管理和改造私营商业的指示》。8月,省供销社商字〔1956〕30号《关于加强初级市场领导和对农村私营商业社会主义改造试行意见》。国营商业部门开始接管专业市场,国营、供销社商业统管粮、油、花纱布批发。

1953年至1955年,各县供销合作总社代办粮食收购点和油料购销业务先后划归当地粮食部门管理。1954年至1956年,以各县供销社为主体对私营工商业社会主义改造基本完成后,大量的农村集市被撤销。其时商品统一纳入计划,所有商品一律由供销社和合作商店供应。1956年10月24日,国务院发布《关于放宽农村市场管理问题的指示》《恢复国家领导下的自由市场(集市贸易)的指示》,全区农村市场贸易再度兴起。同月,省供销社在鄞县进行开放农村贸易市场试点,除统购统销和计划管理商品外,允许小土产、小杂货等上市,产销直接见面,商品交换一度活跃。鄞县在1956年至1957年间相继开放农村市场,建立鄞江等11个乡镇的农村集市贸易,对粮棉油统购统销和主要经济作物实行予购政策。各县供销社选择一两个镇乡进行放宽自由市场的试点工作。慈溪、鄞县建立市场管理委员会,并分别在主要集镇建立市管会。是年下半年起,宁波城乡先后开放自由市场,允许农副产品完成统购任务后上市交易。由此,国家控制主要农副产品,切断城乡资本主义的经济联系,壮大社会主义商业的力量。特别是通过1956年对私营商业社会主义改造以后,形成全区统一的农村贸易市场格局。

1956年以后,各县商业局与供销社合并,各县政府工商行政管理科并入县商业局,市场管理职能由县商业局工商行政管理股(科)代为执行。1957年3月15日,省人民委员会发出关于开放国家领导的农村自由市场的指示,并确定一、二、三类商品的经营范围。对农副产品分为三类,第一类为国家统购的农产品;第二类为国营商业或委托供销社统一收购的农产品;第三类为自由市场购销的农产品。8月,国务院颁发《关于国家计划收购(统购)和统一收购的农产品和其他物资不准进入自由市场的规定》,凡属国家规定计划收购的农产品,如粮食、油料等,一律不开放自由市场,全部由国家计划收购;属于国家统一收购的物资,如生猪、茶叶、牛皮、木材、中药材、水产品、和废旧物资,统一由供销社和国营商业统一收购,不准在市场上出售;不属于计划收购和统一收购的物资,仍然开放国家领导下的自由市场。是年,绝大部分县成立市场管理委员会,抽调专人办公。原来没有市场管理组织的地区也组织市管会或市管小组。据余姚、新昌、嵊县三县统计,在有集散地的乡集镇成立有各部门200余人参加的61个市管会或小组。余姚县供销社还指派10名干部为市管专职干部,一般的市管会下设业务检查、价格管理、宣传管理小组。进一步加强行政管理,取缔黑市投机。鼓励农民出售家禽、淡水产品、小土特产等三类农副产品,规定外来单位采购农副产品,须向县商业局登记,到指定单位采购,严禁向生产者直接收购,制止农业社干部和社员从事远途贩销,农村集市贸易逐渐得到恢复和发展。

1958年"大跃进""人民公社化"时期,供销社、合作商店并入当地人民公社供销部。其时,农村市场实行国营商业经营,限制取缔集市贸易,市场商品供应短缺。在农副产品收购中,商品由公社统一购销,一度出现强迫命令和"共产风",农村自由市场被管死,市场供应紧张,限制、取消集市贸易,全市集市贸易被迫停止。11月,除省定计划商品109种、统配商品144种、统一收购商品32种外,另外规定毛线、胶鞋、水产品等30余种不得自由采购。老市区查处市场案件4889起。是年起,宁波市政府规定出境旅客携带农副产品限额。

表4-1 1958—1981年宁波老市区出境旅客携带农副产品限额规定

年份	粮食类（公斤）	肉食类（公斤）	家禽类（公斤）	蛋品类（公斤）	水产类（公斤）	食油类（公斤）	草席类（公斤）	其他
1958	2.5	5	2	2.5	—	—	—	火腿2只
1959	2.5	1.5	1	1	2.5	—	—	蔬菜5公斤
1961	2.5	1.5	2	1.5	2.5	—	1	竹、草制品8件
1972	5	2.5	2	—	—	1	—	棉花1公斤、棉絮1条
1975	5	2.5	1	—	2.5	1	2	
1981	15	7.5	—	5	7.5	2.5	3	茶叶、食糖各2.5公斤

注：上述规定，于春节或其他重要节日前，由市政府公布通告规定，1982年以后此规定取消

1959年，全区农村贸易市场基本消失。1960年至1962年三年困难期间，商品供应紧张，市场管理严格，当时国家对商品实行分三类管理，即第一类的粮食、棉花、油料等，由国家计划收购和计划供应，不得自由交易；第二类是工业原材料和生猪、茶叶、毛竹、木材等农产品，由国家统一收购，完成交售任务后有多余或国家规定的留用部分需出售的，仍卖给国家；第三类相关物资完成交售任务后，允许就近到市场上交易，但不得超过国家零售价，不准远途运销。1960年1月，全区各县逐步恢复城乡集市贸易。宁波地区农村原有365个集贸市场，停办后又恢复337个。11月，中央发布《关于农村人民公社当前政策问题的紧急指示》，规定农村社员分配自留地政策长期不变，鼓励社员发展家庭副业，有计划组织集市贸易，至年底，全区逐步恢复集市贸易。各县供销社根据中央、省、专区供销社要求，在主要集镇普遍建立集市贸易专（兼）市管员。其中慈溪县供销社根据县内初级市场开放的需要，配备专职市管员1人，兼职市管员102人，专司各主要集镇市场管理，主要职责是维护市场正常贸易，核定集市中心价格，取缔无证商贩，打击投机倒把活动，从而形成市场管理网络。当时浒山镇农贸市场是中央和省集市贸易联系点。1961年，贯彻国民经济"调整、巩固、充实、提高"的方针，农村集市贸易全面得到恢复。慈溪县建立26个市管会和18个市场管理小组，共有专（兼）职市场管理员411人，并在较大集镇建立9个居民义务管理小组，有70多名居民参加义务管理。1962年全县34个集市贸易成交额为1240万元。1961年宁波老市区（不含郊区）集市贸易成交额1300万元（含货栈成交额），1962年增至2060万元。鄞县于1962年从宁波市析出恢复建制后，重建县级市场管理委员会，工作人员编制23名，其中县级市场管理委员会工作人员2名，全县11个乡镇集市管理人员21名，进一步贯彻"加强管理、缩小范围、逐步替代、区别对待、因地制宜"的方针，个体经营行业逐步由国营和供销社代替。1962年，宁波农村市场贸易日趋活跃，上市品种、数量多，全区集市贸易成交额15000万元，比上年增加一倍以上，价格水平比上年下降40%以上。是年，贯彻集市贸易"活而不乱，管而不死"的方针，一、二类物资进入市场大幅增加。慈溪浒山、镇海柴桥农村产品流通额合计为18.32万元，其中合同采购12.04万元，集市贸易成交额6.72万元。通过集市交易的产品占农村产品上市总值的比重，一般在10%—20%。据调查，慈溪县约占19.9%，鄞县占19.8%，奉化县约占19.7%。1963年3月，党中央、国务院颁发《关于严格管理大中城市集市贸易和坚决打击投机倒把的指示》，提出"对大中城市集市贸易，应当采取加强管理、缩小范围、逐步代替、区别对待、因地制宜的方针。凡是可以由国营商业和供销合作社代替的，应当积极地采取措施，逐步代替。"并规定"公进私退"，控制上市商品范围，缩小集市成交比重。宁波老市区肉食、熟食、水果、

蔬菜、水产等个体经营行业,逐步由国营、供销合作社代替。11月,除蔬菜、枝柴、柴爿、小水果外,凭自产自销证上市交易,次年准许粮油入市交易。从此,宁波各县集市贸易与全国一样,规模逐步缩小,有的关闭。1964年又改为只准向国家粮油交易所投售,集市贸易复趋萧条。

1966年至1976年,"文化大革命"期间,受极"左"路线的干扰,集市虽存,但因上市产品限制甚严,集市贸易被当作资本主义批判,正常的集市贸易活动当作投机倒把被狠狠打击;禁止生产队集体农副产品和农民个人的粮、棉、油、木材、水产、草席等计划外农副产品均不能上市;不准农民经商、远途运销;不准集体单位到集市、农村社队采购物品,从而造成农村集市交易萧条冷落,成交量甚少。1978年,党的十一届三中全会以后,国家实行改革开放,再次开放集市贸易,鄞县鄞江的传统物资交流会率先恢复。1979年政策逐步放开,又在全区各地相继开放粮食、油料、竹木等货物和小商品市场,并取消限制白肉、水产上市的规定,允许社员个人自销海水产品、草席、竹木及制品;允许个体商贩、社员贩运少量鲜活商品、零星土杂产,上市商品成交量逐年扩大,集市交易渐趋旺盛。其时农村农贸市场多以街为市、以路为集,设施简陋。由此,各县供销社相继设立60个集市贸易服务部,开展为买卖双方代过称、代保管、代兑小钞、代算账等服务项目。次年,允许完成收购任务的集体农副产品(除棉花等6种外)、三类工业品及试销产品上市。各县乡镇市场贸易逐步向"法制化、规范化、制度化"的管理要求发展。

党的十一届三中全会以前的宁波农村集市贸易包括竹木制品、耕牛交易均由县供销社为主体进行管理。1979年9月15日,浙江省革命委员会制定《关于农村集市贸易管理暂行规定》,要求商业、供销等部门紧密配合工商行政管理部门共同管好市场,全市各县或先后重建工商行政管理局,从县供销社合署办公中析出。自此,市场培育与发展、市场管理与建设等工作由各县工商行政管理局管理。

第三节 粮、油、竹木、耕牛交易

粮食收购

民国时,宁波为浙东粮食集散地。宁波老城区江厦街、濠河头、江东灰街一带是米行(栈)、米店、米厂集中地,舟山渔民、慈溪和余姚棉农、庵东盐民及绍兴、新昌、嵊县、上虞等地粮商咸集经营。鄞县四乡的各主要村镇均有粮栈、店,其中五乡、宝幢、韩岭、大嵩、姜山、甲村、鄞江桥和凤岙等地是农村主要的粮食集散地。抗日战争时期,交通封锁,粮源先紧后断,奸商乘机囤积粮食,粮价飞涨。1941年,鄞县政府令诸业商人限期出售囤积谷、麦、棉、纱等,令粮食业公会按日办理存粮登记。1943年,注册登记粮食业公司、行号。抗日战争胜利后,货币贬值,棉纱一度作等价物,宁波城区纱棉交易甚盛。1945年,由于日军大量搜刮军粮,粮价暴涨,6月9日,宁波江东、濠河头有贫民百人涌入米店、米厂、米摊抢米,接着在鼓楼附近,西门等处亦相继掀起抢米风潮。1949年1月20日,中共鄞县三区区委为使群众度过年关,夜袭前虞粮站,夺得稻谷万余斤,烧毁全部田亩册存根。

解放初,奸商囤积粮棉,操纵市场,各县人民政府采取抛售粮棉、实行采购登记、动员私商出售等办法,保障农民利益,不使谷贱伤农。稳定、平抑市场粮棉价格,打击投机。同时以优待价供应大米,主要为中国粮食公司代销。1950年1月成立市粮食市场管理委员会,市国营贸易公司通过老市区10家消费合作社(后扩至为42个代销点),向居民、社员供应平价米。4月,中粮公司宁波分公司成立,委托农村供销社代购代销大米。并从外地调入米、谷、面粉，折合原粮5.65万斤，采购当地农村粮食0.56万斤，宁波专区供销合作总社又拨出财政粮3.4万吨投放市场，时有销售点（代销点）300余个。5月起，中国粮食公司宁波分公司委托鄞县供销合作总社代办粮食收购。全县设立20个供销社粮食代购点，并有7家私营粮商，中国粮食公司奉化办事处也在鄞江桥设立营业所，此营业所于1952年12月1日撤销。1951年起，逐步确立国营商业对粮食市场的领导地位。次年中粮公司宁波分公司收购粮食折合大米9.44万吨，增长41.04%。慈溪县扩大粮油供应业务，当年供应大米179742担，食油2085担。1952年，慈溪县与中粮公司实行粮食经营分工，城区由中粮公司自营，乡镇由基层供销合作社代购代销。至1955年，粮食代购代销业务划归县粮食局统一经营。1952年11月，宁波粮食分公司撤销后，鄞县粮食局委托县供销合作总社代办粮食收购。其时粮食收购不定任务，农村余粮或售给供销社及收购点，或到集市交易。1953年，国家限制私商经营粮食，动员农民把余粮卖给国家，鄞县供销社在全县设立30个粮食代购点。宁波老市区有私营粮行4家、零售米店96家、面粉行3家、糠店9家。1952年至1953年，宁波老市区大米零售经营比重：中粮公司各占22.88%和60.45%，国营零售公司各为34.95%和10.88%，供销社各占14.23%和9.77%，私营粮商为13.53%和18.9%，农民为14.41%。1953年11月，宁波老市区80家私营粮店合并为55家代销店，连同国营零售公司10个，合作社35个，共有销售点100个。12月起，国家实行粮食统购统销政策，严禁私商自由经营粮食和集市自由贸易。老市区居民开始实行凭粮食证购粮。

1954年起，粮食部门委托供销、消费合作社代销糠麸等饲料，至1955年，农村"三定"提留饲料量，城镇畜禽饲养户由粮食部门发给的饲养购买证、票，定点供应。3月，全区建立国家粮食市场157个，允许农民在完成征购任务后进场调剂余缺、交换品种，但不准私商经营，是年成交粮食2743吨。其中，宁波老市区设立粮食收购点276个，供应点651个，收购粮食42.91万吨，销售33.33万吨，超过供应计划的23.55%。其中在1953年至1955年间，各县供销社先后将粮油等业务划给划归粮食部门统一经营。1954年5月，鄞县邱隘、古林镇首设国家粮食市场，在完成统购统销任务后，允许农民到粮市进行交易和品种交换。

1955年，实行粮食定产、定购、定销到户政策。余姚县粮食市场成交粮食1400吨，占全省总成交额的10%。次年，老市区撤销白沙等4个粮食市场。1957年10月，根据国务院"关于粮食统购统销的补充规定"，关闭粮市，至1961年重新恢复。1963年成立粮油交易市场6个，至9月成交粮食960吨，1964年12月，又停办粮食市场。生产队和社员的余粮只准向国家粮油交易所投售。"文化大革命"期间，取消粮油集市贸易，严禁粮油自由买卖。1979年，粮油市场重新开放。全区各县在各镇乡等地重新开设粮油交易市场。1983年以后，国家粮食流通体制改革，粮食市场全面开放，实行多渠道经营，允许国营商业、供销社、合作商业和农民经营粮食购销业务。

菜（棉）油收购

宁波食用植物油料以菜籽油为主。棉籽油辅之。解放初，食油仍由私商经营。1951年，建立中国油脂公司宁波分公司，油料交易由国家统一管理。1954年1月，油菜籽、棉籽、油茶籽实行计划收购，食油实行计划供应。6月，由中国油脂公司宁波分公司委托供销社代购方式实行统购，禁止私商收购，当年统购油菜籽1780吨、棉籽20468吨。1955年，宁波市郊、鄞县、余姚、慈溪作为油菜籽统购地区，统购比例占总产量的45%。是年，各县成立油脂公司，农村各基层供销社根据所属乡、镇常住人口数，凭购油证按每人每月定量数销售,以不突破计划为限。同时将油料购销业务划入粮食部门管理。1956年11月,建立宁波市油脂公司,次年4月并入市粮食局。1957年7月以后改为凭证购油凭票供应,油票分季发放,分月使用,隔月作废,票面不作定量的规定。1966年起,在"文化大革命"期间,取消粮油集市贸易,严禁粮油自由买卖。1977年,根据地、市革委会《关于打击投机倒把,加强市场管理的通知》,粮食、棉花、油料等商品一律不准上市交易。1979年,粮油市场重新开放,各县在镇乡重新开设粮油交易市场。

竹木交易

明大顺年间(1457—1464),鄞县横溪、咸祥、凤岙等地已形成定期交换山货竹器的集市贸易。民国时期,横溪、凤岙的竹木交易市场十分活跃。1931年,宁波城区有竹木业81家。1941年宁波沦陷后,因交通运输封锁,货源受阻竹木行减至30家,抗日战争胜利后一度兴旺。

中华人民共和国成立初期,竹木业集市交易实行多渠道自由购销,以个体私营经营为主。1950年,供销合作社建立后开始收购毛竹和木材等。1956年4月,毛竹收购实行计划管理、差额调拨。8月起,国家规定,毛竹、木材统一由供销社收购,其他单位和个人不得到产区采购,生产队和社员个人不允许进入集市自由交易。1957年,全区竹木市场开放,允许竹木及制品到集市中出售,但价格不得超过国家规定的牌价,不准转手贩卖、弃农经商、远途运销。由于加强对毛竹、草席、席草、咸草、柴炭的市场管理,供应情况趋向缓和,黑市交易骤减。市供销社和工商部门组成的检查小组,在城乡接合部或交通要道设点检查,共查获私运毛竹12000支。是年起,毛竹列为国家二类物资,由供销社统一经营,在物资、资金上大力支持竹农生产,收购毛竹256.9万支。当年市场毛竹供不应求,市供销社从余杭等地采购毛竹5万余支调入宁波市、镇海、慈溪县等地供应市场。1962年,国家把竹木改为派购,遂关闭竹木交易市场。但竹木的高价外流和黑市交易仍十分猖獗。市供销社继续在交通要道进行设点检查,查获私运毛竹。以后每年开展设点检查,查扣非法竹木。1968年5月,市供销社、市工商部门组成的检查小组,在港口码头和交通要道,加强巡逻检查,实行经常性与突击性检查的办法,共查获私运毛竹9.6万支,查扣非法交易的木材300立方米,粮食和粮食复制品17000余斤。鄞县供销社取缔横涨等8个竹木黑市交易市场。1972年4月,为保护山林资源,鄞县樟村供销社在密岩、乌头门设立检查站,对外运的木材、毛竹、枝柴、竹木成品或半成品进行检查,仅两个月查获黑市外流案件216起,查扣木材69.5立方米,毛竹300余支,各种竹木器成品、半成品200余件。1975年上半年,鄞县横溪市场上几度取缔的竹木黑市交易市场又开始抬头,梅林、金峨等地的部分生产队利用在横溪的"队间"(仓库)作黑市交易。在横溪区委的统一领导下,县打击投机倒把办公室会同县供销社、公安、税务、工办、治安联防等部门,组织力量,进行突击清查,查出龙竹6000余支,毛竹500余支,木材105立方米。同时,取缔横溪镇外围的禄广桥、上庙、双石岭3个黑市交易市场。1967年至1976年全县共查扣木材566立方米,毛竹7.4万支。1979年,开放竹木制品贸易市场,允许社队和个人的竹木及制品在完成国家收购任务后上市交易。各县农村贸易市场的竹木制品买卖双方议价交易。同时,供销社改变收购方式,设立贸易有限公司服务部,开展竹木制品的代购代销代理业务,后各县重建工商行政管理局,竹木制品的市场交易管理由当地工商行政管理局负责。

耕牛市场交易

耕牛是重要的农业生产资料,在农业机械化未完全实现之前,耕牛畜力仍然起着重要作用。宁波耕牛向来有自繁自育之传统。耕牛买卖向由用户与养户直接成交,或牛市交易。老牛更新,余缺调料一般通过牛市场交易,买卖交易价格经双方协议成交,或通过中间人(即敲鞭)作价。

中华人民共和国成立前,鄞县、慈溪、余姚、镇海、象山、宁海等县均设有耕牛市场。比较有名的有奉化江口牛场,创办于清朝光绪年间,利用坟滩、河边空地作为场地,历年来耕牛交易规模之大、上市之多、路线之长、牛源之广,远近闻名。因江口乃为台州、黄岩、天台、新昌、临海、余姚、慈溪、镇海等地南来北往的必经之路。每逢农历五、九奉化江口集市,各耕牛拥至江口牛市,少则百余头,多则上千头。

中华人民共和国成立后,奉化江口、宁波南门、宁海梅林等为区内较大的耕牛交易市场,尤以江口为最。当时由各县有关部门共同组成耕牛市场管理委员会,对区域内的耕牛市场进行领导和管理。并委托供销合作社兼管,负责耕牛市场具体交流调剂工作。

奉化江口耕牛市场于1951年建立,1950年至1952年为奉化江口牛市场最旺盛时期,每逢集市有50多个县市的耕牛前来参加交流。1952年3月,上海"口一联"老板每市向江口牛场购买100头菜牛支援抗美援朝战争,可见牛场当时的盛况。1953年上市耕牛约2万头,当时称为华东第一牛市场,也是全国重点耕牛交易市场之一。1955年11月,江口牛场由奉化县供销社接收,定名为"奉化县供销社农业生产资料批发站江口牲畜交流服务所"。1957年2月,牛场升格为奉化县供销社直属经营单位,独立核算,贯彻执行"内部调剂为主,外地采购为辅,品种以耕牛为主,菜牛为辅"的经营方式。在农业合作化进入高潮期间,为农业社社员无偿义务评价入社耕牛8347头。1958年,江口牲畜交流服务所过渡到人民公社供销部,并以江口为中心,分设下陈、白杜、方门、康岭交易场。1964年起,牛市场由供销社负责管理。1980年3月14—16日,奉化江口耕牛市场召开春季耕牛交流会,参加交流的有鄞县、镇海、临海、黄岩、玉环、定海等12个县供销社代表2100余人次。三天共成交耕牛194头,比上年成交79头增长145.6%,相当于1980年或1981年的全年成交数。

余姚县供销社耕牛组织供应工作始于1955年2月,当时全县春耕中缺牛1031头。为帮助农民解决缺牛问题,供销社与农民签订代办合约400份,订耕牛467头。县供销社派人到天台、黄岩、温岭等地采购到耕牛389头,调剂耕牛108头。1956年2月县供销社接收牲畜市场以后,一直把解决耕牛不足列为支农主要任务之一。当年就向外地采购耕牛1415头,市场调剂1756头。以后除市场正常交易外,每年召开春、秋两季耕牛交流会。1961年8月,低塘供销部兴办牲畜饲养场,买入荷兰公牛1头,价2780元,用于配种。据1974年至1977年统计,全县交流会共成交耕牛7113头,向外地采购耕牛1627头。为贯彻耕牛"自繁自育为主,调剂供应为辅"的方针,重视种牛选、配种和医牛工作。1974年至1977年统计,全县采购公牛189头,为生产队配种母牛1017头,医牛50头。

鄞县供销社于1956年2月改造和接收鄞江、横溪、横街、宁波南门4个耕牛市场,是年春耕上市耕牛7600头,成交2763头。1963年,供应耕牛479头,调剂2972头,1967年至1979年供应耕牛7567头,年平均582头。1973年后,机耕地面积增加,耕牛余缺由牛市调剂。1980年起以调剂为主,横溪牛市场停业,鄞江、横街牛市场转由当地生产队开办,宁波南门牛市场于1985年3月移交段塘镇粮丰大队,鄞县供销社不再经营耕牛。

慈溪县供销社开展耕牛组织供应业务始于1956年3月,是年供应耕牛16头。1958年,召开耕牛交流会3次,成交耕牛932头,菜牛846头。1971年至1976年,每年平均组织供应耕牛312头。1977年组织供应耕牛344头,调剂1272头,并为生产队配种耕牛184头。1979年,组织供应耕牛3580头,成交

1374 头。1980 年,交流会成交耕牛 1682 头,成交总额 163 万元。

象山县供销社农资公司自 1965 年开始经营耕牛,是年经营耕牛 310 头,但亏损 2 万元,而不再经营。

1955 年,全区供销社系统收购菜牛 8456 头,为历史上最高年份。1951 年至 1955 年,宁波牛价每头年平均为 126 元。1961 年至 1962 年,全区耕牛价格从 1958 年的最高控制黄牛 295 元涨到 800 元,水牛 365 元猛涨到 2000 多元。余姚廊下牛市场曾出售给嘉兴供销社一头大水牛,价格高达 4300 元,运回嘉兴后卖给东棚公社许家大队售价 4400 元,为当时省内历史上所罕见。1962 年开始耕牛价格回落,1963 年黄牛 600 元,水牛价格平均价 1400 元。价格回落的原因:一是贯彻执行以调整为中心的"八字"方针以后,市场形势好转,价格稳定,集市贸易中其他物资价格不断下降,因此,耕牛价格也逐渐回落;二是耕牛公养与私养并举的方针贯彻,耕牛饲养量逐渐增,上市量也多,供养关系日趋缓和,促使牛价回落;三是市场恢复后,实行有计划的议价,稳定了耕牛价格。至 1985 年耕牛每头平均价为 900 元至 1000 元。

1956 年春耕前,全区供销社系统接受 58 个私商及其他部门经营的牲畜市场,并新建 27 个,组织调剂耕牛 20862 头,向外采购供应 3248 头,义务性为农民评价入社 74180 头,基本上解决耕牛不足问题。耕牛市场主要为区域内各县交流调剂服务。全区的生产队、社员需要购买耕牛或出售耕牛,凭本公社介绍信可以进入市场买卖;区外采购单位来采购耕牛,须先向供销社办理手续,再介绍到市场采购。鄞县望春供销社于 1956 年底带领 19 名农业社代表向产地采购耕牛 221 头。

1957 年,全区供销社采购供应耕牛 4300 头。1957 年之前,全区牛市场上市耕牛较多,成交量也大。1958 年,耕牛折价入社后,社员私养也告绝迹,故耕牛交流调剂基本中断,耕牛市场处于停顿状态。从其后几年供销社经营耕牛的情况来看,主要有以下几个原因:一是耕牛是活口商品,在经营过程中要有一套必要的设备和技术的管理员,否则就会出现耕牛掉膘、质量下降,甚至死亡的情况;二是耕牛季节性很强,供销社经营后如稍不注意,延误季节,就会长期积压,致使耕牛体质下降,不但影响农业生产,而且对供销社带来亏本。1962 年奉化县江口牛市场就亏本 3 万多元。1961 年后,社员私养逐渐恢复。根据省人委指示,要逐步地恢复与建立区内耕牛市场,故上市耕牛数量增加,如奉化县江口牛市场 1962 年上市耕牛达 4896 头,比上年增加 10 倍。是年,全区供应耕牛 5272 头,1965 年 5600 头,1966 年改由县自行采购调剂。

"文化大革命"期间,养牛政策和牛市场正常交易受到影响。1970 年开始,全区养牛生产大幅度下降。1971 年,上海市农资公司调剂给慈溪、余姚县耕牛 970 头。1973 年,宁波地区商业(供销社)投资 7 万元,在宁海县建立 12 个基地大队,该县至 1980 年末耕牛存栏 820 头。其中公养 121 头,私养 65 头。1980 年,全区供销社收购菜牛 1667 头。1984 年下半年起,耕牛市场开放,自由买卖。随着农村生产大队解体,实行联产承包责任制后,农村耕地分散,再加上农业机械化速度加快,除部分地区尚使用畜力耕种外,大部分耕牛已作菜牛饲养,故耕牛成交量甚小,供销社不再经营。

第五篇

经营服务

供销社业务经营始于建社之初,与社会跌宕兴衰共荣。1950年,建立宁波专区供销合作总社和各县供销合作总社。在党和政府的领导下,全区供销社承担国家计划商品的购销业务和生产、生活资料供应等任务,对基层供销社负有管理、指导、协调、监督和服务的职能。当年由省财政厅、省供销社拨给宁波专区供销合作总社大米50万斤分配到各县供销社开展业务经营。农村市场实行以供销社为领导的新的经济秩序,经营业务按计划以收购粮油、猪牛、中药材、茶叶等商品,同时以供应烟、酒、糖、煤油、盐、日用百货等生活资料为主,其后业务经营扩大到农副产品收购、废旧物资购销、农业生产资料组织供应等。1955年,各基层供销社相应设立棉布、百货、文具、副食、药品、日杂、水产、交电五金、生产资料、土特产等专业商店及门市部,各分社也设有相应供应专柜与混合柜台。1956年,供销社在担负农副产品、废旧物资的购销,农业生产资料组织供应和农村生活资料采购供应等方面发挥在农村商品流通中的主渠道作用。

党的十一届三中全会以后,尤其是1983年恢复"三性"体制改革以来,全市供销社加大商业设施投入和商业网络建设,实施品牌策略,在市区和农村中心集镇拓展商埠,先后开拓市区、农村中心集镇设立众多的综合性商场和零售商店,增强市场竞争力和发展实力。1985年,国家明确不再下达农副产品统购派购任务,分别实行合同定购和市场收购,除部分合同定购物资以外,不受经营分工,经营层次和行政区划的限制,实行自由购销,多渠道流通。

20世纪80年代中后期至1996年间,是全市供销社系统经济体制最活跃和经济发展扩张时期。供销社以市场为导向,大力开拓经营业务,扩大经营规模,开拓新的经济增长点。供销社系统为农业生产、农村经济和农民生活提供各种经济、科技、信息等全方位服务。据1996年统计,全市供销社系统经营网点2528个,其中零售网点2410个,饮食服务业网点118个;营业面积116.76万平方米,综合服务站58个,农村代购代销436个;社员人数925078户,其中农民社员795539户。实现总销售74.24亿元,综合经济效益1.4亿元,资产规模达到56.45万元,所有者权益15.68亿元。农副产品加工出口交货值4.16亿元,外贸进出口总额3065万美元,位列全国供销合作社系统第二位。

跨入21世纪后,尤其是在全市供销社系统实施"两项制度"改革后,各级供销社重建经营网络和基层组织网络体系,加快发展经营,突出供销社主责主业,积极调整发展战略和经营思路,从注重商品经营转向资本经营与商品经营并重,寻求社有资产保值增值的新途径,特别是从城市化发展趋势中探索资产快速增值和积累的新途径。积极参与和推进农业产业化经营,大力发展现代流通新业态,以现代经营方式改造和建立农村现代流通网络。至2005年,全市供销社系统初步形成三大特色经营板块,即传统商品经营板块,包括农资、再生资源、农产品、日用消费品及烟花爆竹等;工业、物流园区和商品交易市场等;对外经济贸易。2006年以后,全市供销社系统创新体制机制和组织形式,找准新的发展定位,实施"新网工程"建设,构建农村现代流通体系,着力打造农业生产资料、生活资料连锁网络经营,兴办农民专业合作社、村级综合服务社,建立再生资源长效管理机制和加强基层组织建设。充分发挥全市再生资源行业管理、农产品营销网络体系、农资连锁经营和服务、农信担保、农产品经纪人培训等职能作用,把组织社会服务力量与为农服务相结合,促进公共服务资源与为农服务有机结合,开辟新的经营领域,寻求新的经济增长点,整体形势呈现出新的活力,实现供销社经济的持续稳定增长。2010年,全市供销社系统拥有连锁经营和配送业务的企业12家,其中消费品连锁企业4家,连锁经营网点1779个,比2005年的441个增加

1338个,连锁经营额36.41亿元,比2005年的12.72亿元增加23.69亿元,年均增长23.41%。

2014年至2015年,全市供销社综合改革,精心谋划和探索推进各项改革创新举措,为经济持续健康发展增添强大的发展后劲。制定并组织实施全市供销合作社综合改革和发展战略,坚持"改造自我,服务农民"为主线,力争完成产业转型升级的"二次创业",开创供销合作事业为农利农惠农工作新局面,走出一条具有供销特色发展新路子,使全市供销社经济总量实现新扩展。2015年,全市供销社系统实现经营总收入281亿元,增长11%;实现利润9917万元,增长28.4%。

第一章 农副产品购销

第一节 农副产品购销总况

1950年建社之初,供销社逐步开展农副产品购销业务,主要是为山区推销竹、木、柴、炭,并为中国茶叶公司代收购茶叶,后扩展到棉、麻、茶、盐、粮食等八大类40余种品种。1951年,全区供销社通过组织举办农副产品交流展览会和大力推销农副产品,销路逐渐被打开。全区农副产品收购额2296万元。1952年,供销社开始收购土畜产品。1954年起,棉花实行统购统销,供销社代国家计划收购棉花。全区供销社系统农副产品收购的主要品种有小麦、稻谷、什粮、皮棉、麻袋、桐油、油菜籽、棉籽、鲜蛋、毛猪、毛皮、草籽种、贝母、木犁、草包、草席、席草、枕席、草帽等,还有毛竹(毛篙竹、杂竹、柄竹、毛料等)、木柴、木炭、大豆、蚕茧、茶叶、春笋、榨菜、蜂蜜、杨梅、桃子、黄麻、苎麻、烟叶等。

1959年,国务院下达商品分级管理办法,把全国的商品按其重要程度和调剂范围的大小,划分为三类:第一类是关系国计民生的商品。在农产品中有粮食、棉花、油料。其经营政策、全部计划由国家集中管理。第二类是生产集中,供面广或生产分散,但需求保证重要供应和出口的重要商品。农副产品中的猪、蛋、羊毛、羊皮、茶叶、蚕茧、柑橘、贝母、草籽种、毛竹、棕片、草席、土纸和某些中药材等,由国务院有关部、委确定经营关系,实行"统一计划差额调拨,品种调剂,一年或几年一定"的管理办法。第三类是除一、二类商品以外的所有商品。国务院不实行直达计划,根据需要经与地方协商。安排一定调拨任务外,其余均由地方安排,纳入计划。

1961年,国家实行统购、定购(派购)和自由收购政策,棉花属第一类统购,第二类统购的有蚕茧、茶叶、木炭、毛竹、草席、草籽种和各种皮张,此外为第三类农副产品,可自由议价购销。同时实行奖售政策。是年,全区农副产品采购总值10490万元。1963年,全区供销社系统完成农副产品收购总额13950万元,比上年增长18.77%。其中畜产类增长15.6%,特产类增长6.2%,副食品类增长21%,日用工艺品类增长15.2%,土产类减少8.7%。1977年,全区供销社农副产品收购总额12096万元。1978年,全区供销社收购总额13560万元。

党的十一届三中全会以后,随着农村经济体制改革和产业结构调整,供销社作为农村商品流通的主渠道,为发展商品生产提供多功能服务,进一步加强农副土特产品的收购和推销。1979年,全区供销社积极发展多种经营,全区供销社系统设有农副产品经营机构786个。是年,全区供销社系统农副产品收购总额16425万元,增长9.65%。1980年,全区供销社农副产品收购总额18589万元,增长13.17%。其中一、二类增长16.4%,三类增长21.4%。主要产品如棉花增长14.1%,茶叶增长16.4%,蚕茧增长7.8%,土纸增长14.5%,土陶增长6%,兔毛增长40.4%,猪肠衣增长22.7%,废钢铁增长41.6%。

1981年,全区供销社农副产品收购总额在棉花大幅度减收的情况下仍然达到16100万元。1982年,全区供销社收购总额22513万元,增长39.8%,达到历史最高水平。1983年,国家对棉花、茶叶、蚕茧、毛竹、柑橘等一、二类农副产品实行统购派购。全市80多个基层供销社、县级公司与495个生产单位和一批专业户实行农商联营农副产品,品种达50种,联营总额1500多万元,是年,全市供销社收购农副产品总额24656万元。1984年,全市供销社系统农副产品收购总额34278万元。1985年起,国家不再下达农副产品统购派购任务,分别实行合同定购和市场收购,使供销社在农副产品收购上基本失去国家指令性计划的保证。是年,收购各种农副产品总额21839万元,全市供销社系统收购的农副产品占社会农副产品收购总额13.4亿元的16.3%。

1983年至1987年,全市供销社发放农副产品预购定金、生产扶持资金及利息补贴等5000万元,其中收购农副产品16.2亿元,平均每年每户农民320多元。1985年至1987年,全市供销社为农民代储代运农副产品80余万吨。

1993年,农副产品价格体系由过去单一的计划管理改革为双轨价格并存,并逐步向除极少数商品外实行市场调节过渡。国家直接定价的比重,在农民出售的农产品总额中占25%左右。全省撤销茧、丝、坯绸、绢纺原料出省实行准运证管理制度。收购农副产品主要品种有茶叶、棉花、黄(红)麻、蚕茧、蜂蜜、苹果、柑橘、毛竹、草包、土纸、草席等11大类。是年,全市供销社系统农副产品收购总额2.95亿元。1994年,全市供销社农副产品收购总额7.92亿元。1995年,全市各级供销社抓好棉花、蚕茧、茶叶等大宗农产品,农副产品的销售升幅较大,全年共实现销售额12.38亿元。

从20世纪90年代末期开始,随着农村经济发展,各种机构参与农副产品收购,竞争愈发激烈。供销社已逐渐失去农副产品收购的主渠道作用,收购锐减。1997年至2000年平均收购农副产品为7.14亿元,而市供销社系统的农副产品专业市场在2001年总成交额达6.46亿元,得益于农批市场的服务方式创新,服务领域拓宽。2000年至2002年,市供销社系统企业改制后,以浙江海通集团、慈溪徐龙食品、宁波海静食品、宁海果蔬市场、鄞县联华食品和紫云堂食品等为核心的股份制农业龙头企业推行贸工农一体化经营模式,发展农副产品深加工、出口创汇等,同时借助慈客隆、新江厦超市连锁店等经营开辟异地市场。2002年,全市供销社系统购进农副产品金额13.63亿元。

2010年,全市供销社系统农副产品收购总额6.46亿元,2011年为17.96亿元,2013年为31.24亿元,2014年33.67亿元。2015年,全市供销社系

宁波市品牌农产品品控物流中心

统农副产品经营企业17家（农产品展示展销中心4家），农副产品额收购28亿元。

表5-1　1951—2015年宁波市供销社系统农副产品收购量

单位：万元

年　　份	收购金额	年　　份	收购金额	年　　份	收购金额
1951	2296	1981	16100	1995	123800
1952	6107	1982	22513	1996	104800
1953	7235	1983	24656	1999	28000
1956	7733	1984	34278	2000	29000
1957	14576	1985	21839	2002	136300
1958	15468	1986	25687	2003	168700
1961	10490	1989	34000	2010	64600
1962	11745	1990	39000	2011	179600
1963	13950	1991	40000	2012	243900
1977	12096	1992	40247	2013	312400
1979	16425	1993	29500	2014	336700
1980	18589	1994	79200	2015	280000

第二节　棉　花

宁波是浙江的主要棉产区，也是浙东地区棉花主要集散地。中华人民共和国成立后，党和政府非常重视棉花工作，把棉花定位为关系国计民生的重要战略物资，在各个历史时期，都采取多种政策措施，促进棉花生产发展。宁波棉花早在西汉时期，就开始种植。宋代以后棉花种植面积逐年扩大，然品种低劣，产量甚低。元代，三北地区盛产棉花，余姚有70%农民从事棉花种植。明朝统治者曾以税赋政策促进棉花生产，出版植棉技术书籍，劝民植棉。当时浙江产棉以杭州湾南北两岸平原地区最为普遍，主产地在宁波府属各县，并以产自余姚的"浙花"著称，而且部分棉花织成的土布出口外销。在清代，余姚、慈溪仍是棉花主产区之一。晚清时，宁波迅速成为棉花与棉布的出口地。光绪十二年（1886），宁波棉业交易所成立，慈溪、余姚、上虞等县所生产的棉花由宁波港出口美国、日本。当年宁波出口棉花2689吨，翌年增至5813.5吨。

民国时，棉花逐渐成为宁波的主要经济农作物。镇海、鄞县、慈溪、余姚为产棉区域，象山、宁海亦有种植。1919年，国民政府提倡改良棉花品种，省实业厅筹建省立棉种试验场于余姚县龙泉乡（今慈溪横河镇），使棉花种植进一步扩大，棉花质量有了提高。同时，组织棉花合作社，组织棉花运销。1920年种植棉花55.13万亩，产皮棉4600吨。至1933年种植棉花97.57万亩，产皮棉10325吨。1935年，省联合社指导余姚联合社试办棉花合作远销，计1595.92担。抗日战争爆发后的1941年，日寇侵占宁波，棉花出现滞销，宁波棉农纷纷改棉种粮，棉花生产日趋萎缩。抗战胜利结束后的1947年，全市种植棉花80.59万亩，至1949年种植棉花下降至48.83万亩。

1948年，余姚县设有花庄近50家，慈溪县观海卫有花庄40余家。在宁波市区有丰泰、同泰、宏大、五昌等花庄专营棉花购销，宁波和丰纱厂等亦在产地设花庄收购。其他各县都有私设的棉花收购和棉花经营坐庄,其时宁波棉花收购均为私人经营。1949年10月,国家实行以国营经济为主导,国内贸易自由的政策,对棉花和其他农副产品,基本上通过市场自由购销。1949年至1953年,国民经济处于恢复时期。中央人民政府对棉花这一重要物资制定公司企业"联购"经营的政策。1950年,宁波专区供销合作总社和各县供销社建立后,棉花大部分逐由供销社收购,小部分仍由私商收购。是年9月,省供销合作社和省花纱布公司签订合约,委托宁波专区供销合作总社承办棉花代购业务,开始在余姚、慈溪、镇海、鄞县、宁波市等地产棉区的供销社设站代收棉花。10月,余姚县供销社中花公司成立,设立5个收棉站,至1952年设有14个收棉站;镇海县设立4个收棉站,鄞县设立3个收棉站。1951年慈溪县供销社设有16个收棉站,至1954年设有21个收棉站。奉化县于宁波解放后开始种植棉花,1954年由省花纱布公司委托收棉,至1983年不再收购棉花。当时供销社收购棉花后采取边收购、边加工、边销售的办法,以满足纱厂的正常需求。

棉花收购

1950年,全区供销社棉花收购746.25吨,本棉385.6吨,麻皮67.5吨。1951年,慈溪、余姚、县供销社开展棉花信托存实的办法为省花纱布公司收购棉花,使棉农惜售顾虑大为释放。鄞县、镇海县供销社开展自办存实的办法收购棉花。全区供销社收购棉花9440吨,本棉481.2吨,麻皮125吨。1952年8月,省供销社按照中央购棉会议精神,与省花纱布公司签订棉花代购合同,接收省花纱布公司设在余姚、观海卫、瓜沥等4个办事处,以及余姚、观海卫等6个收货站和宁波收花处。余姚县成立采购委员会,实施棉花预购,严格市场管理,肃清投机奸商,使集体售棉有了进一步的发展。1952年,棉花收购11020吨,其中余姚县供销社收购8002吨,慈溪县供销社收购2293.6吨。

1953年3月,余姚、慈溪县等地供销社收棉站首创组织流动收购小组,带秤带袋带款下乡,串村挨户,超额完成收棉任务。国家实行棉花计划收购,棉花实行统购统销,委托供销合作社统一收购、加工、调拨、分级管理,实行指令性计划,慈溪、余姚两县成立联合统购办公室,供销社组织农村社队集体售棉。宁波从1954年起实行棉花统购统销。10月,国务院为建立棉区的需要,调整区域,在慈溪、余姚、镇海3县的北部建立慈溪县,从而使慈溪县成为"浙江棉仓""百里棉乡",亦为全省植棉最多的县,并设棉花收购站21个,籽棉加工厂10个。余姚县建立棉花统销组,后又成立棉花收购委员会,办公室设在供销社。是年,全区棉花收购14495吨,其中余姚县供销社收购1213.3吨,慈溪县供销社收购7043.4吨。1955年,宁波市供销社委托私营轧花厂代为加工和民间棉花私商经营,共销售皮棉1.5万吨,其中工业用棉1.25万吨,其余按计划外调。7月,慈溪建立棉花采购管理站,专业办理棉花采购、加工、调拨和运交等业务。是年,全区供销社棉花收购26235吨,其中慈溪县供销社收购10698.1吨,并开始供应优待物资,共计优惠供应粮食1317吨,棉布277余万尺,肥料7710吨。

1955年至1956年,慈溪县新建5个轧花厂。1956年,实行社会主义改造,私营轧花厂公私合营,归口于供销社管理。至1957年底统计,宁波地区供销社棉花加工工厂11家,旺季时有职工(临时工)2251人,年加工皮棉15234吨。1961年增至16家,职工2667人,年加工皮棉23950吨,后棉花收购站、加工厂合一。1956年,棉花收购32500吨。1957年,全区供销社棉花收购36748吨,平均亩产87公斤(1955年亩产77斤,1956年亩产24斤)。其中,慈溪县44.6万亩棉花平均亩产皮棉101斤,列为全国第一批实现《全国农业发展纲要(草案)》规定的指标县。1958年,开展棉花生产"千斤籽棉"运动,售棉"放卫星"。全区供销社棉花收购39220吨,收了"过头棉"。1959年,余姚县泗门区供销社应永正研制"三角移苗刀"农具获得成功,该区40%棉花区采取这种育苗办法,生产效率大为提高,损伤率减少5%,受到棉农的一致好评。是年,全区棉花收购24660吨,1960年供销社收购棉花28895吨。

1962年,全区棉花收购32420吨,增长27.56%。1963年,贯彻国务院和全省棉麻生产工作会议精神,省社宁波专区办事处提出棉花收购多项措施,当年收购棉花34610吨。1964年,国务院通知,增加棉花预购定金20%—25%,规定每收购50公斤皮棉奖售粮食7.5公斤、化肥35公斤、布票20尺。各级供销社根据地区专署棉花生产办公室的通知要求,贯彻落实棉花预购政策,凡计划种植棉花的生产队集体生产的棉花,按照国家下达的生产计划,扣除国家规定的自留量外,全部进行预购,付给生产队的预购金一律不计息。1966年至1973年,余姚、鄞县、镇海供销社5个轧花厂下放到社队,慈溪、象山县供销社轧花厂部门或一个车间下放到社队。1964年,全区供销社系统棉花收购43650吨,其中慈溪县供销社收购15785吨,余姚县供销社收购3956.65吨。1965年,宁波棉花种植面积达72.57万亩,总产量5.12万吨。供销社棉花收购52630吨。1966年棉花收购41250吨,其中慈溪县供销社收购13903.4吨,余姚县供销社收购5479.25吨。20世纪60年代中期开始,慈溪、余姚等棉区的轧花厂改为代加工经营,盈利逐年增加。1971年至1977年,宁波农业生产受到很大挫折,棉花生产连续7年滑坡,出现"以粮挤棉"现象。1977年,棉花收购26180吨,其中慈溪县供销社收购7904吨,余姚县供销社收购2860.9吨。1978年,全市棉花收购40700吨。

党的十一届三中全会以后,农村逐步推行联产承包责任制,棉农种棉积极性充分调动,种植面积和产量显著回升,国家提高对棉花收购价格,实行超购奖励和粮棉挂钩、超购奖粮等一系列政策措施,使宁波棉花生产呈现出前所未有的快速发展好势头,供销社棉花收购实行以户交售,以户开票,以生产队结算的办法。1979年,慈溪县在五洞闸公社开展地膜覆盖植棉试验,根据3个公社、2个农场、9个点的8.61亩棉田的试验,地膜覆盖平均亩产皮棉82公斤,比不覆盖地膜亩产60.5公斤多收21.5公斤,增产35.5%。省政府推广这一植棉新技术。慈溪、余姚等地地膜覆盖棉田40多万亩,供销社供应薄膜200万公斤。是年,全区棉花品质、长度准确率分别达到98.5%和99.1%。又鉴于超基数部分加价30%,全区供销社收购棉花34675吨,为棉农增加收入790万元。全区亩产皮棉达117斤以上,比上年73斤增产60%以上,一举扭转7年不上百的低产徘徊局面,全区重上棉花百斤纲要,县县增产,尤其是慈溪县棉花平均亩产达120斤。由于棉花增产、品质提高、价格调整等因素,棉农总收入比上年3346万元增加2626万元,每个社员增加32.3元。1980年,全区供销社系统收购棉花38584吨,棉短绒3910吨。全区售棉单位从1980年14.4万个猛增到16.2万个。1981年棉花收购27950吨,棉短绒4125吨。1982年,农村实行家庭承包责任制,棉花投售单位从1979年的13.48万个(生产队)增至25.9万个。当年基层供销社设立棉花收购站66个。宁海县的长街、余姚县的泗门和慈溪县的逍林等棉花收购站,一度从早到晚卖棉排长队,造成公路阻塞,河

慈溪棉花

道被售棉船只封流。由于采取"三定二约"的收购方法,使棉花收购有序进行,全区收购棉花40470吨。平均亩售120.9斤,增长68.3%,为1970年以来最高的一年。1983年收购棉花45600吨,增长12.67%。

1984年,全市供销社设立棉花收购站94个,总秤支240支,按户分卡记账,约时约票投售,共有投售户32.22万户。当年棉花丰收,棉花收购67065吨,棉短绒5335吨,为历史最高。其中余姚县供销社收购籽棉29309.2吨,皮棉1019.8吨,亩收皮棉179.2斤,其中有7个乡亩收皮棉超双百斤,使全县21万棉农增加收入1764.4万元,人均增加收入84元。1985年,国家取消棉花统购统销政策,计划调拨改为自由选购。据慈溪县供销社统计反映,该县植棉39.2万亩,亩收皮棉96.86斤,总收购量为18982.3吨,比上年降低50%以上。而棉花质量也低于上年,平均品级3.84级,平均长度27.15毫米,平均衣份率39.59%。1—4级纺棉占收购量的70.39%,其中1—2级仅占6.36%。收购棉花量下降,主要原因:一是1984年棉花丰收后,以为棉花供大于求,鼓励和动员调减棉田,压缩产量,宣传了30多年的"光荣棉""爱国棉"不讲了,植棉的责任和光荣感淡薄,棉农积极性下降。二是棉花收购价格偏低,农作物之间比价不合理所致。如余姚泗门区5.88万亩棉花的产值950万元,而在棉田套种的5万亩榨产值却高达1800万元。据慈溪第二农场和五洞闸乡调查,几种主要农作物的每亩净收入是:棉花177.85元、水稻202.09元、西瓜430.44元、辣椒444.22元、玉米180元、榨菜360元。二是取消奖售粮,棉农口粮偏紧,纷纷要求转种粮食和其他效益高的农作物。是年,受"棉花涨库"影响,国家又取消棉花收购奖粮和扩大棉田补助粮的优惠、调低计划收购基数、压缩种植面积和控制棉花增长的相关政策,致使棉田大幅减少。全市植棉70.3万亩,是年棉花收购34105吨。其中慈溪县供销社棉花收购9491吨,余姚县供销社棉花收购7393.15吨。

"六五"期间(1981—1985年),宁波棉花生产发展较快。据统计,宁波市"六五"期间平均年植棉75.5万亩,比"五五"期间(1976—1980年)的72.56万亩增长4.05%;"六五"期间平均年产量达92.14万担,比"五五"期间65.31万担增长41.1%。"六五"期间比"五五"期间的平均单产提高32.03斤。这10年间,总产量最高为1984年,达69800吨,亩产181.7斤,最低为1977年,总产量25950吨,亩产仅73斤。"六五"期间年平均收购量为43975吨,基本上满足市内纺织企业用棉,并逐渐减少和停止"美棉""埃及""伊拉克"棉花进口。

1986年,全市植棉61.8万亩,减少12.1%,比"六五"期间平均年植棉75.5万亩,减少13.7万亩,下降18.15%,是近十几年来种植最少的一年。鄞县、象山、滨海、宁海等县基本上无"二膜"棉种植。针对上述情况,全市供销社系统签订棉花订购合同3.2万份,实行定额考核,规定"三定二约"制度,严格执行价格制度。9月,全市供销社99个棉花收购点开秤收购,设置收购秤支198支,安排结算窗口160个,设置试轧车473台,电测仪291台。是年,棉花收购32385吨,短棉绒4335吨,销售棉花66560吨,其中纺织工业用棉48400吨,絮棉2000吨,出口棉8150吨,拨交国库储备棉1000吨,其他用棉6700吨。

1987年,全市供销社收购棉花25360吨,比上年减少21%。但由于棉花品质好于上年,加价比例增加,收购价格增长8.1%。全市有棉花加工厂17家,年加工皮棉2万吨、棉短绒2500吨,销售皮棉4.57万吨。1988年,由于棉花受灾减产、价格偏低和农民惜售等因素,棉花收购工作困难甚大。全市棉花收购量13338吨,减少48.5%。其中,余姚特产公司收购棉花2486吨,棉短绒720吨,销售棉花4768吨。而市内纺织用棉和其他用棉需要量在10万吨以上,供需矛盾突出。收购量下降的主要原因,一是经济作物价格猛涨,棉花收购价格加不大,比较效益差。如种西瓜、辣椒干每亩收入700—800元,而种棉花一般收入在100元上下；二是棉花遭受苗期阴寒，中期干旱，桃期台风，以致产量大幅减少。

1989年，各地供销社从扶持农副产品生产出发，棉花收购重点抓好政策宣传、秉公检验、优质服务、民间轧花车管理等重要环节，使全年棉花收购量在受灾严重的情况下达到17631吨，其中余姚市供销社收购量却增加78.2%。1990年，全市纺棉供应紧张，地产棉收购增加省外调入棉花按计划完成，并代理地方进口棉，保证棉纺企业的正常生产。市特产公司将低档棉与省外串换纺棉，先后串换纺棉6200吨，为市棉纺企业作出贡献。是年，全市植棉51.82万亩，供销社收购棉花31566吨，进口苏丹棉花2300吨，代理商业部进口棉花22000吨。1991年，全市棉花种植面积50.76万亩，供销社收购棉花36314吨，增长15.2%。收购量占全省的60%以上，是历史上仅次于1984的第二个高产年。总产量和收购量分别占全省的54.85%和55%商品率96%，平均等级三级，长度28.75毫米，衣分39.46%，亩产75公斤。慈溪是宁波棉花生产的主产区，1991年总产量和收购量分别占全市的60%和61.58%。

1992年，全市供销社收购棉花36400吨。1993年，全市棉花合同定购面积45.56万亩，实际种植面积为40.1万亩，减少18.4%。由于全国性棉花减产歉收，省外调拨棉花难度较大，而且价高质次，导致全市棉纺企业面临停工停料，特别是乡镇小厂无计划供应，设法插手或委托个体商贩高价收棉。为此，市供销社在公安、工商部门协助下，控制交通要道，打击棉花不法收购行为，同时千方百计从外地调入棉花3200吨，又从新疆调运3500吨。年内完成落实市内5800吨的调拨任务，保证地方棉纺企业正常生产。

1994年，全市棉花实种面积40.75万亩，比上年增加0.65万亩。但6月上、中旬，全市境内遭受两次特大暴雨的袭击，有14.5万亩棉花受淹。8月又遭受干旱及9月份的台风影响，导致棉花生长不好。全市棉区供销社派出250多人次到棉区进行技术服务指导，加强棉花生产后期管理，喷药防治，确保秋桃保铃增产。全市98个供销社棉花收购站，严格收棉纪律。在收棉季节，配有"三水一室"，做到早开秤晚打烊。慈溪市供销社落实新棉收购资金专项贷款1.2亿元，41个收购站人员全部到位，棉花收购10725吨。其中慈溪道林棉花加工厂销售计划外棉花1200吨。是年，全市供销社棉花收购21000吨。

1995年，慈溪、余姚、宁海、鄞县棉花主产区供销社为扶持棉花生产，共派出300多名干部职工到产棉区的7个县（市）区、49个乡镇、1058个村，广泛向棉农宣传收购政策及优惠、扶持政策。余姚市供销社出台棉粮挂钩，发放预购定金，扶持棉花规模经营，优惠供应地产碳铵和薄膜等五个方面收购优惠政策；象山县供销社预拨棉花挂钩化肥；镇海区棉花加工厂设3个收棉站，落实棉花标准仓库4000平方米，全市300万元的棉花收购资金到位，落实棉花种植面积41.7万亩，完成市政府计划104.25%。各级供销社普遍建立种棉大户档案和联系制度，全市植棉8亩以上的大户达17495户，承包棉地面积30.74万亩。组织供应地膜800多吨，按棉地面积每亩预拨50斤标氮。宁海县长街供销社建立棉花大户联络站，所属棉花厂印发《棉花生产管理信息》300多份，越溪、胡陈、茶院、力洋等地分别建立棉花协会。慈溪庵东供销社棉花专业流通协会共有36名会员户，植棉面积363亩，引进推广"泗棉3号""覆膜尿素""利丰收""快杀灵"等优种，实施"化学调控、测土配方、统防统治"。全市共提供贴息资金500万元，使棉花生产克服前期恶劣气候带来的影响，收购期间又组织近5000名人员投入收购第一线，累计投放收棉资金1.72亿元，年棉花收购量22145吨。是年，市特产公司在棉花产销形势逆转的情况下，销售额仍达4.41亿元。按照国家有关政策，为市棉花纺织企业退税3800万元，获财政补贴960多万元。

1996年，全市发放棉花生产扶持贴息资金500万元，引进优良棉种，组织供应棉田农用地膜、化肥、农药喷雾机等农用物资。慈溪、宁海等地供销社组建的棉花专业生产协会，面向植棉大户，提供综合服务,优先优惠供应物资等服务受到棉农欢迎。全市供销社系统设置收棉网点98个,建立5000多人的棉花收购队伍。慈溪、余姚供销社收购棉花大幅度增加,共收购皮棉11900吨,增长49.48%。是年,共棉花收购19261.7吨,增长37%,兑现挂钩化肥19261.7吨,折尿素9630.85吨。1997年10月,由市棉花集团公司为核心,各县(市)区特产公司、31家棉花加工厂联合组成宁波市棉花集团,旨在适应棉花流通体制改革和市场经济发展需要。是年,由于受11号台风严重影响,棉花产量锐减,质量下降,全市40万亩棉花平均减产50%以上,至年底仅收购皮棉8220吨,而正常年份棉花收购在17500吨左右,总体上市纺织企业能够消化。但低档棉(四级以下)由于不使用或很少使用,导致供销社销售困难,库存积压。全年共销售棉花9593.64吨,销售额1.49亿元,其中销往省外的棉花5041.65吨,占52.55%。销售各类棉纱、化纤纱1873.65吨,销售额3136万元。至年底,宁波市棉花集团公司已储备和代储国储棉、地方储备棉共24318.39吨(其中地方储备棉1000吨)。是年,市计委下达粮食挂钩化肥分配计划的通知,全市1997年粮油定购计划任务为3亿公斤,需安排化肥9.6万吨标准氮肥,折合尿素4.8万吨,对农民的供应价格按省政府规定的每吨为1600元(尿素)执行。

1998年2月13日,市供销社呈报市政府《关于要求妥善解决棉花拖欠款几点建议的报告》,引起市政府领导的高度重视,并作了重要批示。至1998年1月,全市棉纺企业拖欠供销社棉花企业棉花款已高达2.03亿元,其中拖欠市特产棉花集团公司棉花款7000万元,拖欠时间绝大部分在一年以上。这些被拖着货款的棉花有地产棉、省外棉和进口棉,是市特产棉花集团公司和各县(市)区特产公司根据本市计委下达的计划供应的。棉花拖欠款始于1996年,当时国务院为解决棉纺企棉花拖欠款问题,曾令工商银行分三次下达棉花专项贷款70亿元,其中宁波市为2.61亿元,而市工行仅解决1.235亿元,尚有1.375亿元未到位,拖欠问题难以解决。因此,根据1997年下半年中国农业发展银行、全国供销合作总社《关于制止赊销棉花的紧急通知》,要求供销社棉花企业必须限期收回全部货款。此后,市和各县(市)区特产公司加紧棉花款催讨,但进展甚微。7月,全市7家县(市)区供销社、棉花(特产)公司、17家棉花加工厂,共配备棉花收购人员近3000人,其中棉花检验人员344人;设立91个棉花收购站,配收购秤91支,开设结算窗口91个,并帮助衔接收购资金。对棉花厂、收棉站计算机操作及"一试五定"的各类专业人员分别进行培训。9月9日起,余姚、慈溪、北仑、镇海等地供销社棉花收购站相继开秤收购新棉。至9月20日,余姚、慈溪、北仑三地共收购新棉折合皮棉29460吨,增长42%。是年底,市特产公司储备棉花共计15000吨。

1998年,市供销社依托宁波港优势建立2万吨级的棉花中转库,当年中转销售棉花达17332吨。5月,余姚市土特产总公司改组为股份合作制企业,并与临山棉厂、泗门棉厂、低塘棉厂、第三棉纺织厂合并组建特产棉花公司,当年工业产值7000万元,销售6680万元,创税利300万元。1999年,慈溪、宁海、余姚、象山等县(市)供销社根据当地棉花生产格局,调整撤并棉花加工厂、收购站,并建立县(市)统一的棉花收购经营体制,慈溪市供销社在调整撤并的基础上组建新的棉麻公司,逐步把各厂、站棉花主营业务并入棉麻公司,并对棉花企业着重做好剥离综合业务、归并棉花经营、分流棉企职工的改革工作,保留20个收购站点,并相应设置收购秤支和结算窗口。余姚市供销社对棉花企业实行"一个头"经营,并率先实行棉花收购合同订购制,所属余姚市特产棉花公司签订购销合同的棉农达到2.64万户,占余姚棉农总数的97%。市特产棉花集团公司面对全国棉花供大于求、棉纺企业欠款额度大的严重困难和棉花流通体制重大改革的契机,组建棉花专业经营公司,对棉花实行划片包干,积极向下游产品延伸,开拓棉纱经营,上半年实现销售额 1.17 亿元,增长 172%,逐步实行棉花业务与"三产"经营分线的运行机制,稳固和扩大棉花经营阵地,新增国储棉 9300 吨,使承储的储备棉总量达 3.36 万吨,经销各类棉纱达 3318 吨,棉花经营 6000 余吨;全年收回棉纺企业拖欠款 2000 万元。同时,市供销社系统棉花收购企业克服棉价下调、收棉标准调整带来的压力,按照收购资格认定标准,开设 65 个棉花收购点,及时协调周边收棉价格,并通过外购外销、替代进口、串换棉纱等方式大力开拓市场渠道,经受自 1998 年以来棉花流通体制改革的冲击,全市供销社系统棉花经营总量比上年大幅度增长。

进入 21 世纪后,宁波主要棉花产地分布在慈溪、余姚、宁海、北仑等县(市)区。2001 年,余姚市棉花种植面积趋于回升势头,种植面积达到 5.5 万亩—至 6 万亩,比上年上升 20%—30%。由于 2000 年种植面积减少,总产量减少。北仑区供销社因棉农向外投售,仅收购 3000 斤籽棉。

全市供销社系统棉花收购、加工企业从 1999 年底开始进行改制,至 2002 年基本解体歇业,或成立合作制(股份合作制)企业,棉花收购锐减。2003 年,宁海、慈溪、余姚、北仑等供销社在基层供销社改制后,重组棉花收购网络,调整站点设置,努力解决棉农尤其是零星种植地区棉农的"卖难"问题,方便棉农投售。是年,北仑区棉农种棉 800 亩,北仑区供销社分别在梅山、郭巨等乡镇设立收购站,10 月 26 日开秤收购,头 5 天收购 3 万多斤籽棉。

2004 年以后,随着棉花流通体制改革的不断推进,供销社系统棉花收购企业基本淡出经营。

表 5-2　1978—1992 年皮棉销售量

单位:吨

年　份	销售量	年　份	销售量	年　份	销售量
1978	18705	1983	34005	1988	36730
1979	23795	1984	37040	1989	29694
1980	24155	1985	39390	1990	31110
1981	21535	1986	42405	1991	32510
1982	32545	1987	45780	1992	37856

棉花进出口

1987 年 2 月,宁波列为计划单列市后,为全市棉花行业的做大做强提供了契机。商业部棉麻局、中纺棉花进出口公司于 1989 年确定宁波港作为全国八大进口棉接收口岸之一,承担国家进口棉的接港、中转、经营业务。1989 年 5 月,市特产公司首次直接进口 7000 吨巴基斯坦原棉,市棉花检验站对市内 4000 吨 24800 多包外棉顺利完成进口棉的过磅、记码、回皮、插样、检杂、测水等检验任务。1990 年,市特产公司在商业部支持下,以低价订购 2400 吨苏丹棉,串换给广东、福建等省作民用絮棉,还设法将低档棉与省外串换,先后串换 6200 吨,并将国内储备棉供应纱厂,为工厂降低进口成本 100 多万元。

1990 年至 1991 年,市特产总公司利用宁波港口优势,争取中央和地方进口业务代理经营,年平均接收进口棉花 1.5 万吨。1991 年,全市棉花生产和收购分别达 3.84 万吨和 3.63 万吨,收购量占全省的 60% 以上,而宁波作为产不足销的缺棉地区,国家每年安排宁波市的计划棉花约有三分之一是进口棉。是年,市特产公司争取棉花接收进口、组织出口和品种串换,使棉花销售额从 1987 年的 5800 万元,增加到 1991 的 2.53 亿元,利润也由 52 万元上升到 429 万元。1989 年至 1991 年,已陆续代理中纺棉花进出口公司,接收美国、巴基斯坦、苏丹等国原棉6万多吨,其中1992年1.8万吨,自营进口历年平均约为0.5万吨。1984年、1985年、1991年三年,因棉花产大于销或品种调剂需要组织出口1.1万吨。

在棉花进出口组织工作中,市特产公司从订货到接港分运涉及市内外18个单位和部门,市特产公司恪守信誉、严格把关,形成一整套行之有效的对外贸易、进出口检验、中转联运等办法,进出口费用始终保持在全国较低水平,曾多次受到商业部、宁波市政府、中纺棉花进出口公司和福建、江苏和省内用户的好评。另外,市供销社系统有棉花加工工厂16家,年生产能力为8万吨,在"七五"期间(1986—1990年)共投入技改资金1500万元,加工质量符合出口要求,其中有5个"皮棉、棉短绒"产品获部优质产品称号。

1992年,市特产公司争取商业部支持以低价订购2400吨苏丹棉,通过国家计划串换给广东、福建等省作民用絮棉,同时将国内储备棉供应给市内纱厂,为纺织企业降低进口成本100多万元。1992年利用国家储备指标,将积压在库的6500吨进口棉转入国家储备。12月,宁波市政府呈报国务院经济贸易办公室《关于要求赋予宁波市棉花进出口经营权的请示》(甬政发〔1992〕266号),经审批同意,决定将宁波市的棉花进出口经营任务落实给宁波市特产公司。1994年,经国内贸易部批准,市特产公司投资1200万元,在北仑港区新建1.5万平方米进口棉中转储备库,投入300万元完成380平方米棉花检验用房的改造工作。是年,市特产总公司接收中转进口棉5万余吨。

全市棉花经营形成进口棉中转接收、国库棉、国(地)产棉花收购供应3个重点,特别是进口棉中转大幅度上升,成为全国第二大中转港。市特产公司地方进口棉比省进口棉平均每吨降低成本50元,仅此一项就为纺织企业降低成本75万元。至1994年,为棉纺厂退税3800多万元,办理财政补贴960多万元。

1989年至1995年,市特产总公司累计接收国家进口棉15.6万吨。1997年,利用配额进口棉花6800吨,代理接港棉花3300吨。除按计划用于宁波当地外,还转口到广州、福建、重庆、广西、江苏、上海、浙江等7个省(市)自治区,充分发挥宁波港的辐射功能,同时也缓和宁波市用棉花紧张状况,促进全市纺织工业出口创汇。1998年,市特产公司依托宁波港优势建造2万吨级的棉花中转库,利用港口优势,棉花企业大进大出,经营棉花达17332吨,年棉花进口中转量仅次于上海港,使宁波港成为全国第二大进口棉中转港口。

第三节 蚕 茧

蚕茧是仅次于粮食、棉花的大宗农产品,是宁波的经济特产之一,以蚕茧为主要原料的丝绸业,则是产区农民经济收入的主要来源,宁波工业生产的优势和特点,在国民经济和对外贸易中占有重要地位。蚕丝比其他天然纤维、化学纤维都好,素有"纤维皇后"之称。蚕茧还具有商品率高、鲜活性强、收烘技术要求严等特点,在生产、收烘、调运、储存等方面都有很多特殊性。

宁波蚕桑生产有着悠久的历史。春秋时,越王勾践在复国图强的策略中,把发展蚕桑作为重要内容,越国领地的句章县自然将农桑业作为主要的生产方向。而中国丝绸早在2000多年前就驰名海外,享有"丝国"之称。南宋时,鄞县、慈溪、余姚、奉化等地盛产蚕丝。民国时,蚕茧由丝厂或茧行经营。宁波解放以前,蚕桑生产分布多在鄞县、奉化两地的部分山区、半山区,数量很少,仅4000多亩面积,1200多担产量。1949年底,宁波仅有桑园2900亩,桑叶产量880多担,产蚕49.3吨。

蚕茧收购

蚕茧分春茧、夏茧、早秋、中秋和晚秋五期,春茧占全年产量50%以上。从1987年起改为四期,早秋并入中秋发种饲养。宁波解放后,蚕茧仍沿袭以前的经营方式,以自产自销为主。1950年,宁波行署贯彻中央"关于大力发展蚕丝生产"的号召,动员开辟新蚕区,积极发展蚕桑生产,并把蚕茧列为二类派购商品,由国家全额收购。1951年,由中国蚕茧公司组建的省春茧联购办事处,委托供销社办理部分地区蚕茧的代购包烘业务。1952年起,浙江省蚕业改进所积极帮助鄞县、奉化、宁海等县发展蚕桑,使宁波蚕桑生产得到恢复和发展。当时,蚕茧(丝绸)统一由供销合作社代收、代烘、代运,部分销售到上海。是年,收购蚕茧86.2吨,其中鄞县供销社收购17.57吨,并在樟村、后隆、横街、韩岭、塘溪、瞻岐、少白、金峨设立8个收购蚕茧站。

1954年,全区收购蚕茧118.9吨,其中鄞县供销社收购蚕茧62吨,奉化25吨,宁海15吨,慈溪县供销社收购蚕茧8.5吨,土丝26市斤。1955年,全区收购蚕茧117.5吨,其中奉化县供销社在裘村乡曹村曹王庙建立全县第一个收蚕站,当年收购284担。1956年,国家采取预购蚕茧等措施,蚕茧产量有较大幅度的增长。是年收购蚕茧130.5吨,其中双宫下脚茧投售较多。1957年5月,国家规定蚕茧委托供销合作社统一收购,不得自由买卖。全年收购蚕茧102.4吨,其中鄞县供销社收购63吨,奉化30吨。余姚县供销社于是年春开始收购蚕茧20担。1958年慈溪县供销社收购土丝1877斤,蚕茧385担。宁波传统养殖多为春蚕,1959年后,提倡春、夏、早秋、中秋、晚秋五期饲养。春茧占全年产量的50%以上,烘茧是将已化蛹鲜茧收购进站,立即铺格进烘,鲜茧经两次干燥机后成为干茧,冷却后打包运送丝厂加工。

从1949年5月宁波解放初到1960年,全区蚕桑生产面积扩大一倍多,以后每年8%的速度持续上升。1961年至1963年,遭受自然灾害,蚕茧歉收。以后几年,虽然政府实行奖售棉布、煤油、化肥等政策,但蚕茧生产未有好转。1961年,收购蚕茧108.9吨,其中奉化县供销社收购54.3吨,鄞县供销社收购40.2吨。1962年,全区供销社收购蚕茧81.1吨,比上年增长71%。鄞县蚕农出售蚕茧,每担蚕茧奖化肥200斤,棉布10尺,煤油4斤。1964年蚕茧收购70.3吨。1964年,奉化县供销社设有曹王庙、尚田、莼湖、溪口、大桥5个收茧站,1978年又设康岭、大堰、杨村、尚桥4个收茧站。

1965年至1966年,贯彻"发展经济,保障供给"总方针后,推广种植无杆密植桑,桑园有了较大发展。1965年,全区供销社收购蚕茧82.9吨,1968年收购224.4吨,1977年收购蚕丝757吨。1978年,由于近年来毁桑现象严重,全区桑园27623亩,比1976年34600亩减少近7000亩,加上春蚕低温缺叶和夏蚕持续高温,对蚕茧生产带来严重影响。而蚕桑价格虽然作过几次调整,但现行价格仍然偏低。1955年每担蚕茧中心价75元,1962年提高100元,1974年又调整到111元。但蚕桑生产成本就高。据调查,每亩桑地产量76斤蚕茧成本83元,净收益也只27元,不及其他农作物经济效益高。但仍管这样,是年供销社仍收购蚕茧826.1吨。

1979年,供销社蚕茧收购826.1吨。为全区3个丝厂提供三分之一的原料。1980年,全区新发展蚕桑2500多亩,改造低产老桑园120亩,引进推广桑、蚕优良品种2个。全区从事蚕桑生产的有109个公社、1552个蚕桑生产单位。国家确定收购蚕桑基数,超基数议价收购政策,实行定收购基数办法,从而调动蚕农种桑的积极性,全区供销社投放茧款330多万元。当年,收购蚕茧906.5吨,增长9.7%,金额336万元,平均每担190元,创历史最高水平。主产地奉化县莼湖供销社扶持同山大队50亩桑园,加强肥培管理,提高桑叶产量,亩桑产茧300斤,亩桑产值560元,为全区最高水平。1981年,全区逐步形成奉化莼湖、方门,鄞县章水,宁海岔路4个重点产区,占总面积的47%。产茧量为17847担,产量占全市一半以上。随着农副产品价格开放,蚕茧收购价格相对降低,是年收购蚕茧913.3吨。其中鄞县供销社收购480吨,奉化县供销社收购362吨,宁波市供销社收购21.6吨,增长6.9%。1982年,收购蚕茧879吨。1983年,改为按固定比加价收购,65%按牌价,35%按牌价加价15%收购,奖售化肥仍不变。1984年,收购蚕茧617.2吨。1985年,收购蚕茧670.4吨,其中奉化供销社收购224吨,余姚供销社收购246吨,鄞县供销社收购195吨,慈溪供销社仅收购6吨。1986年收购桑蚕丝(干折鲜)325.2吨。1987年,全市供销合作社配有蚕茧专职、兼职辅导员53人,聘请农民辅导员30人,提供良种桑苗151万株,发放蚕种14.6万张,拨专用化肥2155吨,投放资金8.56万元,设收蚕站51个,有收烘场地、仓库2.63万平方米,当年收购蚕茧677.6吨。1989年,全市供销社系统设有蚕站27个,收购蚕茧527.3吨。其中奉化县7个(裘村、尚田、莼湖、溪口、康岭、大堰、杨村)收购站,当年奉化县供销社收购量为139.1吨。1990年,全市收购蚕茧590.5吨。1991年,收购蚕茧757吨,比上年增长28%。同时继续实行蚕茧化肥奖售政策,即每收购50公斤鲜茧供应平价标氮50公斤。是年,鄞县、余姚、奉化、宁海、象山供销社9个蚕茧收购站投入资金35万元,用于扩建、新建(维修)蚕茧收烘设备项目。1992年5月,为做好全市蚕茧收烘工作,市供销社、市丝绸公司联合召开蚕茧收烘培训会议,各县(市)特产公司业务主管茧站站长、主评、助评、丝厂代表共50余人参加会议。会议基本汇集全市蚕茧收烘第一线的主要业务人员,这是市供销社系统近年来一次较大规模的系统性业务培训。会议认为,蚕桑生产随着国际市场由畅转滞,竞争相当激烈,要严格执行价格政策和评茧标准,按省鲜茧补正规定细则操作,标准在250克以下再拣下茧,下茧要按国家下茧标准执行,真正体现优茧优价、劣茧低价的原则。是年,每50公斤中准价(干壳量9.2克)鲜茧收价为440元。目评收购价格按上年规定执行。同时按省政府文件规定,蚕茧奖售化肥只限于仪评上茧,每50公斤鲜上茧奖售标氮50公斤。是年,收购蚕茧762吨。1993年,全市供销社收购蚕茧1040吨。宁海县供销社收购达5068担,收购额超历史的260万元。1995年,蚕茧主产区的宁海、鄞县、奉化、象山等供销社配备105名技术辅导员,设立28个茧站,配备500多名干部职工负责春蚕收购工作,做好设备维修等收购准备,并千方百计为蚕农实现产前、产中、产后全程服务。宁海县供销社在长街、力洋岔路、一市等4个蚕茧主产区基层供销社组织技术人员下村上门,重点辅导蚕农把好簇关,提高春蚕质量,并发放优良蚕种7520张,增长24.2%;全县收购春蚕3237担,增长24%,上茧率达96%,上茧平均价格865.2元/担,试点引进的方格簇茧张产量35.4公斤,价格937元/担。奉化市6个茧站把1330张蚕种分送到12个乡镇2000多户蚕农手中,春蚕收购期间,对进站茧子一律实行仪器评茧,取样进烘灯,干壳量计价,按质论价,保证春蚕收购质量,是年收购春蚕950担,平均每担价格900元。全市供销社系统在蚕茧经营面临政策性亏损的情况下,仍坚持收购,努力减少茧农损失,基本实行干壳量检验、仪器评价,用目评的也严格执行国家最高限价规定,收购春蚕6592担。当年收购蚕茧329.6吨,增长45.33%,占全市产量的三分之二以上;平均收购价格1728.71元/百公斤;上茧率97.48%;全市春茧平均张产量为27.79公斤。在全市丝厂生产不景气的实际情况,改变单一销售局面,内外结合,采取"走出去""请进来"等方式,积极联系杭嘉湖地区客户,使蚕茧销售好于往年。

1996年,省政府对丝绸行业实行贸工农一体化政策,理顺蚕茧收购管理体制,桑园面积和蚕茧产量得到稳定。1998年,全市供销社春茧收购175吨。1999年5月,全市供销社春茧主要集中在宁海、奉化、余姚和象山,据上述4个县(市)供销社的9个收购点统计,是年共收购春茧160吨。2002年企业转制后,全市保留奉化市供销社尚田蚕茧收购站,并更名为"奉化市供销合作社联合社蚕站",营业场地2060.3平方米,2008年后因外县收购蚕茧流入减少,仅收购蚕茧67.5吨。

收购政策

1952年5月,省商业厅规定,凡本省境内新产的蚕茧,概由中蚕公司委托供销社收购或自行设收购站,省内其他公私厂商一律不得收购;茧丝商贩其现存干茧在0.5吨以上者,均须向当地工商行政机关办理存货登记,准许其凭证按统一规定价出售。1953年,华东区蚕茧收购工作会议规定:江浙两省上茧全部由国家收购,严防私商乘机投机倒卖。1957年,省规定宁波产茧县为计划收茧地区,所产蚕不分品种类别,均由各地供销社统一收购,其他任何单位和个人一律不得进行收购和销售活动。1961年4月,省人民委员会规定蚕为合同订购的二类产品,根据国家下达的收购指标,参照生产大队的"三包"指标,协商确定订购指标。超额部分,30%按国家收购价卖给国家,70%归生产大队自行支配。1963年,省人民委员会规定自留茧量为实际产量的10%。

1961年开始,实行蚕茧奖售,规定每收购100公斤鲜蚕茧,奖售化肥100公斤、粮食20公斤。1962年每收购100公斤蚕茧,改为奖售化肥200公斤,布票20市尺、煤油票4公斤,取消粮奖。1966年取消棉布奖售,改为售百斤茧奖售标准氮肥100斤,至1979年,蚕茧奖售政策多有变化。

1980年起,国家实行确定收购蚕桑基数,超基数议价收购政策,实行定收购基数办法,超基数部分按县平均价加价15%,一定五年不变。收购量实行省和县四六分成,40%由省分配国营丝厂,60%由县安排;收购量达不到基数,按比例扣减县得的茧量。1981年,省政府规定,农副产品收购要归口经营,明确蚕茧由国家指定的供销社统一收购,其他单位不准经营,在完成国家收购任务后,只准卖给国家,但不准上市交易。1985年,省人民政府对蚕茧取消派购,从春蚕开始,各蚕茧经营单位直接同蚕农及其联合体协签收购合同,合同以外的蚕茧自由上市实行议购议销。同时依照蚕茧质量和供求情况,改奖售化肥为换购化肥奖售,规定蚕茧奖售化肥改作生产补助用肥。由市供销社、市丝绸公司按收购合同切块下达给各县统一包干使用,与种桑、养蚕、收茧挂钩。1988年又改称奖售,每担奖售化肥100斤。

1993年,省政府规定,蚕茧由丝绸公司统一经营,委托供销社负责"三代"业务,鼓励丝绸公司、供销社和丝厂组成茧站联合收茧。1994年5月,省物价局、省工商局、省供销社、省丝绸公司联合印发《关于做好夏秋蚕茧经营工作的通知》,统一规定蚕茧收购价格为每50公斤650元(中准级鲜上茧干壳量9.2毫克,上车茧率100%)。1998年6月5日,省供销社转发省政府办公厅《关于切实做好今年蚕茧生产和经营管理工作的通知》(浙合业〔1998〕165号),规定春茧收购价格每50公斤(9.2克干壳量)为730元,等差价仍维持上年水平,按质论价,不得任意抬级抬价或压级压价。2001年,贯彻国务院办公厅《国务院办公厅转发国家经委关于深化蚕茧流通体制改革意见的通知》(国办发〔2001〕44号)。

第四节 茶 叶

宁波地处东海之滨,是浙东历史文化名城,又为古老茶乡,茶叶需求量大、面广,茶文化历史悠久,又是全国12个年产千吨以上的重点产茶省、市之一。茶叶是宁波重要经济作物和大宗出口创汇商品,也是山区经济的一大支柱产业。因宁波茶叶产地广阔,高低山茶叶品质差异较大,南片、北片,春、夏、秋茶品貌、风格均有差异。

宁波产茶历史悠久,距今已有1600多年。晋代《神异记》曾记载,有一位叫虞洪的余姚人,在瀑布岭采集树高叶大的瀑布茶。在唐朝时,茶叶产区已基本形成。在明清时期,茶区已遍布各地。民国时,各县县城均有大小不一的茶铺店馆,宁波城区有周恒升、周成泰、王日茂等茶叶铺店50余家,安徽会馆(今苍水街东段,古称茶场庙)内设茶叶市场,每日有市。茶叶大部分由茶行、茶栈(茶厂)收购。新茶上市,外地客商云集,委托当茶行深入产地收购,小商小贩走村串户收购后转售给茶行或茶栈加工装箱船运外销。民国二十六年(1937)前,宁波作为茶叶运销集散地,茶行、茶栈普遍设立,主要从事茶叶购销活动。抗日战争时期,宁波茶业衰落,茶园荒芜,茶叶滞销,茶农生活相当困难,被逼逃荒流亡。

中华人民共和国成立后,各级人民政府十分重视茶叶生产。茶叶主产区的鄞县、奉化、象山、余姚等地,在20世纪50年代,重点垦复荒芜茶园,开拓新型茶园。当时茶叶由中国茶叶公司宁波分公司和省土产公司茶叶部设点收购,供销合作社与私商同时收购茶叶。

茶叶收购

1949年10月,茶叶由省土产公司茶叶部设点收购,私营茶商允许自行收购。1950年1月,浙江省人民政府召开全省第一次茶农代表大会,动员迅速恢复发展茶叶生产。宁波各县供销社纷纷设立茶叶指导机构,鼓励茶农走集体化的发展之路。当时全区茶区有4县、20个乡,是年供销社收购茶叶9364担(468.2吨),其中奉化县供销社收购绿茶120吨,余姚县供销社收购绿茶70吨,镇海县供销社收购绿茶120吨,鄞县供销社收购绿茶100吨。

1951年,中国茶叶公司宁波公司为减少收购环节,保护茶农利益,在毛茶收购中采取委托各县供销合作社的土特产部门和基层供销社代购。是年,收购茶叶507吨。其中余姚县供销社收购254吨,鄞县供销社收购90吨。1954年起,国家对私营工商业进行社会主义改造,规定私商不得进入茶区采购、贩运茶叶。是年,全区供销社共设30个收茶站,配备人员200余人,收购茶叶615吨。1955年,全区供销社收购茶叶335吨。1956年,宁波专区和各县供销社成立茶叶工作委员会,加强对茶叶生产、采购工作的指导,贯彻"对样评茶,干湿兼看,好茶好价,次茶低价,按质论价"的价格政策。号召茶农做到"片片下山,颗叶还家"。随着生产的发展和采购方法的改进,推广新式茶具,供应杀青机、揉捻机、介块机、介块筛火煸等。共设45个收茶站,配备人员400余人,设流动站40个,参加人员100余人,深入到偏僻零星产区进行串门上门收购,收购茶叶50余万斤。全区当年收购茶叶502吨。

1957年,农村自由市场开放,但茶叶仍定为统一收购和分配货源产品,任何单位和个人不得直接收购和经营。供销社积极辅导茶叶采制技术,建立民主对样评茶制度。是年,全区供销社系统收购茶叶640吨。1958年8月,国务院规定茶叶为二类农副产品,实行计划收购。供销社在集中茶区设立茶叶收购站,专门担负茶叶收购任务。零星产区设收购点,设专人负责茶叶收购。

1958年至1962年,受"大跃进"运动影响,宁波茶叶生产大起大落,遭受严重挫折,提出"大办""特办"的口号,推行四季采茶,片叶下山,大购大销。1958年,收购茶叶990吨。经此大采摘以后,致茶树严重损伤,茶叶生态平衡遭到严重破坏,茶叶产量显著下降,严重挫伤茶农的生产积极性。1961年,全区供销社收购茶叶335吨,1962年收购茶叶350吨。1963年至1964年,全区供销社贯彻宣传毛泽东主席提出的"以后山坡上要多多开辟茶园"的指示和第三次全国茶叶会议精神,大力开展现有荒山荒地,积极发展茶业生产。1963年收购茶叶502吨。1964年,推行产销合同制,发放预购定金,供应优良菜籽、茶苗,规定投售茶叶100元,奖售化肥20公斤—25斤,并组织茶农学习先进栽培技术,是年供销社收购茶叶增至610吨。

1965年,茶叶收购预购定金由供销社根据定金额度向人民银行贷款后发放,并负责收回。供销社在经济措施上制定合理的茶叶收购价格、奖售政策,是年茶叶收购660吨。1967年,全区供销社收购茶叶840吨。1968年收购茶叶810吨。自1969年后茶叶收购每年递增20%以上。1970年,茶叶曾敞开供应。1971年,茶叶销售计划由省自行安排。全区供销社系统设有茶叶收购站32个,收购点68个,全年收购茶叶1705吨。此年宁海县引种茉莉花,投售香花茶85吨。1975年收购茶叶3475吨,1977年收购茶叶4595吨。

党的十一届三中全会后,实行"茶叶确定收购基数、超基减税、加价让利"的政策后,进一步调动茶农积极性,有力地促进茶叶生产的迅猛发展。据统计,1956年全区茶叶面积4万亩,1978年发展到17.7万亩,茶叶产量从1965年1.3万担,1978年增加到10.9万亩。茶叶价格逐步调整,以1952年的收购(四等八级)每担40元为百分之一百,则1957年为135元,1962年167元,1963年200元,1966年220元,1972年222元,至1978年为230元。1966年,全区春茶前期气温偏低和夏茶持续高温,狠抓茶叶采摘关,夺得全年丰收。全区供销社收购茶叶5079吨,增长10.5%。

1979年,收购茶叶6975吨,茶叶检验准确率达98.39%。余姚县恢复和发展仙茗(瀑布茶)。1980年,全区供销社设有茶叶收购站128个,其中鄞县18个、余姚22个、奉化19个、慈溪6个、宁海31个、象山23个、镇海9个。年收购茶叶7787吨,其中余姚收购1006吨,奉化收购403吨,鄞县收购485吨,市供销社收购138.9吨,慈溪收购85吨。是年,余姚县供销社兴办精制茶厂(余姚茶厂),占地57亩,厂房1.2万平方米,年加工能力5万担。1982年,国家放开茶叶统购统销政策。是年,全市茶叶产量26万担,供销社收购茶叶12245吨,茶叶产值达4000万元,其中余姚供销社收购茶叶2360吨,鄞县供销社收购茶叶2460吨,慈溪县供销社收购茶叶256.7吨。1983年,在全市茶叶产量年年增产的情况下,茶叶基本上由供销社包收,收购量年年增长。由于近几年市场出现滞销后,实行按春、夏、秋分比例和计划外收购。镇海县柴桥供销社与镇海茶厂、沙溪大队联合推销茶叶,规定由大队提供计划外茶叶400担,由工厂负责精制加工,供销社验收、推销,所得纯利,按规定比例分成。全市推销计划外茶叶3.5万多担。是年,收购茶叶11025吨,减少10%。

1984年6月,国务院批转商业部《关于茶叶流通体制改革的报告》,除边销茶继续实行派购外,内、外销茶彻底放开,实行议价议销。是年,全市供销社收购茶叶9615吨,产值2900万元,连同上年积存陈茶3.5万担,供销社共承担推销茶叶22.22万担。1986年,全市供销社组织400多名干部职工到茶叶产区、茶叶承包户(组),了解到茶叶生长情况,沟通市场信息,与茶农签订收购合同,发放预购定金192万元,提供化肥5500吨,制茶用煤1万余吨,及茶机、水泥等大批物资。全年收购茶叶9835吨(春茶4274吨),增长21.1%,平均担价343元,占全市茶叶总产量的75%,供销社收购量、平均担价和投放金额均超过历史最高水平的1983年。是年,茶叶普遍实行茶肥、茶煤、茶机挂钩,开展技术服务,并根据市场行情实行价格上浮或返利,既促进茶叶生产又支援外贸出口,全市通过供销社收购的茶叶20.5万担,总投放额3500万元,为历史最高年份。茶农从价格上浮和利润返还中得到的实惠近1000万元。

1986年,余姚县供销社投资60万元自办和联办初制茶厂15家。1987年,全市通过供销社收购的茶叶达11095吨,增长12.9%,占总产量的73%。总投放资金3500万元,增长28.2%。是年成立的宁波茶叶联合公司及所属的宁波茶叶拼配厂,直接与国际接轨出口创汇为发展茶叶生产、调节市场和出口茶叶起到蓄水池作用。各县供销社新建的茶叶精制厂,消化当地农民生产的毛茶。县级茶叶公司和精制茶厂采用"两块牌子、一套班子",与乡镇政府、供销社、茶农联合兴办初制茶厂。在销区直接开设茶叶经营部。基层供销社开拓为乡镇茶厂代收毛茶业务。全市供销社设有127个茶站,300多名茶叶技术人员;26家茶叶精制厂,年生产能力为25万担。茶叶的系列化服务体系已初具规模,已形成茶煤、茶肥、茶机等物资供应挂钩网络;茶叶生产、初制、精加工已经配套;茶叶收购、调拨、储存、内外贸已经有一定的基础,对全市茶叶生产的稳定和发展起到十分重要的作用。

1988年,茶叶在"双轨制"价格体制的情况下,多由茶农自销,使供销社收购每况愈下。针对这个状况,供销社在促进茶叶生产方面,共发放贴息预购定金465万元,提供专项化肥9300多吨、煤炭2.1万吨、茶机用油110吨、农药30余吨,还帮助茶农添修茶机具500多台。5月,鄞县供销社土特产公司与绍兴茶厂联营建立鄞县茶厂,对市下达的调绍兴茶厂500吨毛茶以及鄞县茶厂所需毛茶,由县土特产公司负责调拨。杖锡精制茶厂只加工杖锡乡内收购的茶叶,或由供销社代购;赤水、大皎、樟村、龙观乡收购的茶叶调县精制茶厂加工;东吴、宝幢、天童乡收购的茶叶调天童精制茶厂加工;福泉山茶场自行加工。是年,全市供销社系统收购茶叶12612吨,增长13.6%。

茶叶由农村基层供销社按国家定价组织收购。经县供销社所属公司按计划调拨给农村基层供销社所属的国营茶厂。茶厂按"原收原交"的交接制度接收毛茶,并支付县、基两级的管理费和手续费,缴纳4%的工商税和8%的农林特产税及一定比例的省级管理费,经精制加工后调拨给出口拼配厂或销区一级站(厂)。从20世纪80年代后期开始,各县供销社收购的茶叶改由县茶厂、县茶叶公司委托基层供销社代收购或加工经销。如奉化县供销社在裘村、尚田、莼湖、溪口、康岭、大堰、斑溪、斑竹、棠云、萧镇等茶叶主产区设立茶叶收购站18家,收购金额695万元,占当年供销社农副产品收购金额的35.4%。

1989年,收购茶叶10915吨,并避免持续数年的争购大战,全年出口茶叶4429吨,创汇952万美元。1990年,全市供销社系统与1656个茶叶生产单位签订10490吨的收购合同,发放茶叶预购定金835万元。5月底,共收购春茶4413吨,比上年增长17.4%。总体来说,茶叶虽然产大于销,但照常收购,茶叶收购达到10285吨,且茶叶质量有所提高。是年,市茶叶联合公司成立,以市茶叶公司为龙头,拼配厂(年加工能力5000吨)为依托,各精制茶厂为基础组建的。统一政策、统一价格、统一标准、分头精制、统一拼配、出口,以股集资,按资分红返利。拼配出口茶叶3000吨,两年返利给联合体成员企业300多万元。

1991年,收购茶叶8487吨,数量虽然比上年减少17%,但质量提高,茶农收入有所增加。市内茶叶出口体制尚未理顺的情况下继续扩大收购和推销,并承担积压亏损损失,以保护茶农利益。余姚市出口茶叶拼配厂出口茶叶创汇800多万元,成

茶叶

为余姚市创汇大户。1993年，茶叶经营逐渐放开，流通活跃，多家争购。但毛茶收购仍实行购销中心指导价格（中准价），与上年持平，即四级八等遂炒青每百公斤为408元，其他一至七特级、一至十四等毛茶（遂炒青、温炒青、平炒青）以及脚茶价格维持上年水平。奉化市溪口、莼湖、裘村供销社和市特产公司收购绿茶60.8吨，翌年仅收购绿茶33.8吨。1993年，全市供销社收购茶叶6500吨，减少23.3%。

1994年起，宁波地区面临茶叶滞销、库存量增大、资金紧缺的严峻形势，各地供销社为保护茶农利益，支持出口创汇，克服种种困难，筹措收购资金，通过多渠道借款、由各县（市）区政府协调、银行贷款等办法，落实茶叶收购资金1100万元。慈溪茶厂收购春茶250吨，平均收购价格每斤6元左右，并通过上海一家茶叶公司代理出口业务，出口销售茶叶1000吨，年产值突破1000万元。是年，全市供销系统收购茶叶5000吨。1995年，贯彻落实省供销社转发省标准计量局《关于加强茶叶标准及标签管理的通知》，茶叶产区供销社派出200余名技术人员到茶区引导茶农扩大优茶生产，帮助茶农增产增效。市茶叶公司仅经营珠茶就达1500余吨。北仑茶厂与上海茶叶公司合作，承接出口茶叶拼配匀堆装箱业务，全年加工出口茶叶2000吨。是年，全市供销社收购茶叶4500吨。

1998年3月，市棉花集团公司在获得自营出口权后，积极与国外客商联系，依靠长期积累的信誉获得欧洲、非洲及南亚地区外商的信赖，至6月通过自营出口的茶叶交货值达250万美元，8月又接到100万美元的订单。1—7月，出口茶叶已逾7000吨，交货值9000余万元，全年茶叶突破万吨，价值1.14亿元。还通过上海、江西、福建等省市茶叶进出口公司的代理经营出口业务，光为上海茶叶公司加工生产的"天坛"牌珠茶就达1500吨。

2000年7月，市茶叶联合公司针对欧盟等国实行茶叶新的农药残留量指标准入后，对中国茶叶出口到欧美等发达国家市场带来极大的影响，国内除极少部分地区茶叶农药残留量指标符合欧盟新的标准外，大多数茶叶都被拒绝进入欧盟，国内主要的茶出口商都把目光瞄准非洲市场，由此引发茶叶出口交货价格持续下跌，销售形势十分严峻。该公司从提高商品质量和服务水平入手，一方面稳固原有的珠茶客户，另一方面大力拓展眉茶市场，眉茶出口量比上年增长88%以上。2000年1—10月，完成出口创汇900万美元，比上年同期有较大幅度的增长，茶叶出口量在全国茶叶出口企业中名列第五位。2001年11月，成立宁波海田茶叶进出口有限公司，公司注册资本500万元。2000年至2001年，该公司经有关口岸公司代理出口茶叶6000多吨，创汇800多万元。2002年2月12日，宁波海田茶叶进出口有限公司获得进出口经营权。

2000年至2002年，全市供销社系统实施"两项制度"改革，各县供销社所属茶叶公司（茶厂）、收购站股份制改革，与供销社脱钩或解散，停止经营和收购业务，遂淡出茶叶市场。2003年以后，市茶叶联合公司通过自营出口销售各类茶叶，开辟出口创汇的拳头产品。各县（市）区供销社通过兴办茶叶公司，领办、参办专业合作社，为茶农发展生产流通、提高茶叶加工附加值等服务。

2003年6月，宁波二号桥市场开设茶叶市场，营业面积3168平方米。该茶叶市场充分挖掘茶叶资源优势，扩大产销直供渠道，填补宁波市茶叶专业经销市场的空缺。同年6月，北仑区供销社同余姚同益茶叶公司联合成立宁波同益茶叶有限公司，注册资本612.5万元，这是北仑区供销社与余姚民营企业合资兴办的出口创汇型农业龙头企业。是年，该公司拼配出口茶叶2800吨，出口创汇470万美元；收购本地茶叶6000多担，创利100万元。2004年上半年收购茶叶2915吨，销售2535吨，创汇557.82万美元。2003年至2005年，公司筹集300万元用于技术改造，建成9条生产线，并自主研发一套大型茶叶深加工设备,引入小包装流水线25条,处于国内领先水平。加工的茶叶主要销往西非、中亚等国,其自创"同益行"品牌在国际上赢得较高声誉。2005年,加工茶叶9472吨,销售额1.26亿元。宁波同益茶叶有限公司从成立到2006年,收购本地茶叶1000余吨,出口加工茶叶20000吨,出口创汇3500万美元。

第五节 毛竹(竹制品)

竹类产品(包括毛竹、篙竹、各种杂竹、笋及其半制品、制品)是重要的生产、生活资料和出口物资。在计划经济时期,供销社是经营竹类产品的主渠道。各地供销社为搞好竹类产品流通,满足工农业生产和人民生活需要,促进资源开发利用,作出了重要贡献。

宁波各地毛竹品有毛竹、刚竹、淡竹,还有笋用竹、观赏竹等,毛竹种植最广。明嘉靖十七年(1538年),奉化始培育大毛竹,亦称大毛筒。明、清时,毛竹生产已具规模。民国时期,竹林遍及山区,培育粗放。1932年,奉化有竹林6万亩,1934年鄞县毛竹1万亩,产竹100万担。1949年,全市毛竹13.73万亩,年采伐274.6万支,毛笋产量约0.5万吨。

宁波解放前,产地毛竹由私人、山货行坐庄收购,销地由竹行经销。20世纪30年代,奉化城内"挹素斋翻簧竹器"名扬全国。奉化县石门大毛竹历史悠久,中华人民共和国成立后,曾三上北京,在全国农业展览会上展出,最后一次展出是在1957年7月,岩头乡石门三大队一株毛竹筒长24米,眉围17市寸,重250市斤。宁波竹林分布主要在四明山地区,余姚、奉化、鄞县、象山等地是毛竹产地。毛竹分为毛篙竹、杂竹、柄竹、毛料等。毛竹蓄积量在500万支以上,年收购量在50万支以上的有余姚、奉化、鄞县等3个县。毛竹面积在万亩以上的重点公社(乡)有20个:鄞县(龙观、云洲、爱中、梅林);奉化县(葛岙、岩头、棠云、甘坪、董利);余姚县(南山、黄明、鹿亭、晓云、让贤、四明山);宁海县(民主、双峰、西溪);象山县(下沈、下洋)。

毛竹收购

旧时毛竹采伐、购销均由私人和私商经营。1950年,供销社建立后开始收购毛竹,积极为山民推销毛竹,当年收购毛竹13万支。1951年收购毛竹37万支。1952年毛竹实行自行购销,多渠道流通。毛竹购销由供销社、生产单位、私人和私商等经营。1956年4月,毛竹收购实行计划管理、差额调拨。是年受"八一"台风影响,毛竹成片被折,非正常收购毛竹增至636.9万支,为历史上收购数量最多年份。1957年,毛竹列为国家二类物资,由供销社统一经营,在物资、资金上大力支持竹农生产,当年收购毛竹256.9万支。因是年毛竹供不应求,为此,市供销社从余杭等地调来毛竹5万余支供应市场,毛竹调入的还有镇海、慈溪等县。1958年,全区毛竹高指标过量采伐、"放卫星",供销社以后两年共收购毛竹748.3万支。

1959年至1961年三年自然灾害困难期间,部分山区损竹林兑换粮食,购多养少,三年非正常收购毛竹997.2万支。1961年,在农副产品收购上,批判和纠正"收购过头"的做法,毛竹收购量有所下降。是年9月,省社宁波专区办事处在鄞县凤岙地区开展"购销合同"试点,签订收购毛竹等农副产品计金额90万元。1962年,毛竹改为派购,宁波地区毛竹收购、销售、调拨指标,均由地区计划经济委员会统一管理，供销社按计划负责统一收购、分配、调拨、供应。7月起，交售毛竹实行奖售粮食和棉布政策，后又多次调整奖售品种、数额。1965年，收购毛竹184.2万支。

"文化大革命"时期，毛竹收购量减少，1969年收购81.7万支，历来毛竹外调的宁波地区反而调入毛竹20万支补缺，后逐步恢复，收购量逐渐回升。1971年起，宁波沿海地区所需渔用大毛竹，原从省外调入，改由宁波地区的产竹县按计划调拨供应。1973年，省供销社确定建立奉化、鄞县、宁海等县大毛竹商品生产基地，凡符合商品生产基地标准的，每亩补助抚育费5元。宁海县双峰公社公路开通后，年出售毛竹从1万支增加到3万支。

1978年，由于毛竹价格偏低，国家收购任务较难完成，而销区由于毛竹供不应求，出现黑市买竹现象。每支毛竹价格以9寸口径计算，1952年为0.378元，1957年为0.683元，1962年为0.76元，1978年价格为0.79元，产值仍然很低，毛竹流向黑市交易。以后又随着农副产品价格逐渐开放，毛竹用途逐渐被钢材、塑料所代替，市场出现滞销。国家规定二类农副产品在完成计划外，毛竹实行议购议销政策。1978年收购毛竹160.7万支。

党的十一届三中全会以后，竹类产品流通进一步活跃，加工产品大幅度增加。1979年，全区竹林46.6万亩，蓄积量8600万支。是年起竹区实行队有户管的承包责任制，国家按收购金额每百元补助化肥40斤。当年供销社收购毛竹163.7万支，其中奉化收购40.60万支，鄞县收购49.30万支。1980年，全区毛竹林面积63.8万亩。建立24个万亩毛竹公社基地，1200亩大毛竹基地和36000亩毛竹丰产基地，还有杂竹林13万亩。全区毛竹蓄积量为9215万支，相当于历史最好水平，是年，全区毛竹一度管理失控，砍伐过量，共计砍伐量为900余万支。当年供销社收购153.3万支。1981年，收购202.3万支，1982年收购199.7万支。1983年，毛竹市场开放，收购毛竹193.7万支，1984年收购毛竹182.7万支。1985年，取消毛竹收购计划，放开经营，供销社收购毛竹大幅度下降，是年收购毛竹29.28万支。1986年，收购毛竹13.7万支。

1987年后，对毛竹收购单位开征"两费两金"，企业内部难以消化，由此供销社市场竞争能力削弱，收购逐年锐减。是年收购毛竹仅8.1万支，有的供销社基本退出毛竹收购阵地。1990年，供销社收购毛竹1.2万支，1992年0.6万支，1993年2.41万支，1994只有0.34万支。1995年以后，宁波山区毛竹收购和销售仍较困难，主要原因是城乡家庭的日用杂品已被耐用新颖美观的塑料和铝制品所取代，大量建筑用的毛竹也被牢固安全的

毛竹林

钢管代替,需求量最大的篾簟、竹笋等也改用水泥晒场和麻袋、塑料编织袋,供销社收购毛竹甚少。

竹制品

竹制品系山农传统副业,统称山货,由专营或兼营山货的商店购销。粗编有竹椅、扫帚、竹笤、竹簟、淘箩、饭篮等;细编有香篮、挂篮、篾席、茶具等。清朝时期,余姚、奉化、鄞县、宁海等地所产的精细竹编已行销省内外。1934年,鄞县(宁波)有草木藤竹贩卖业180家。1943年,浙东抗日民主政府在余姚梁弄开办茭湖山货合作社,推销山货。

宁波解放前,山货一般自产自销,或到集市行销。宁波解放初,山区竹制品大量积压。1950年,供销社开始收购山货,购进竹笋2万担、扫帚3.8万把。1952年5月,供销社组织经销山货,销往省外,是年销售额9.43万元,稻区订购山货额2.67万元。1957年,山货实行计划收购,由供销社按计划供应毛竹给手工业社、组,并收购其产品。20世纪70年代,塑料、铝制品代替部分竹制品,竹编更新换代,推出动物、盘托、篮、瓶、盆等200余个品种,销往日本、美国等20多个国家和地区。1979年,全区供销社系统开展三类农副产品议购议销。是年5月,鄞县凤岙供销社组织召开竹器交流会,订立议购议销合同的产品有5万多件。1980年12月起,除竹簟仍按计划收购外,其余山货均由市场调节,看样订货。1983年全部实行市场调节,供销社只少量收购 1987年,全市供销社系统订货加工竹品产值1000余万元。20世纪90年代初,供销社收购和加工的竹制品基本淡出市场。1993年,奉化市供销社与台湾新大方鞋业有限公司合资兴办中新竹制工艺品有限公司,年产竹凉席1.5万条,其中80%由台方销往国外。

第六节　浙贝母

浙贝母简称浙贝,是中药"浙八味"之一。主要分布在鄞县西乡的樟村、龙观、鄞江一带。主产地在樟村(今属海曙区),又称樟村贝母。因其原产地在宁波象山,还称为象贝母,简称象贝。浙贝母分为元宝贝、珠贝2种。自明代起,浙江省普遍使用贝母,成为民间使用的灵效秘药。至清康熙年间,浙贝母种植由象山县传入鄞县樟村一带,因其经济价值高,贝母大面积扩种,成为樟村一带主要的家庭副业。据《鄞县通志·食货志》记载,1933年在樟溪河谷至鄞江一带东西40千米,南北15千米的地区,贝母的种植面积就达5500亩,总产量400吨左右,樟村贝母占80%。樟村鄞江责任贝母远销合作社,年营业额百万元。

鄞县是全国浙贝母主要产区,年产量占全国总产量一半以上。宁波解放前,由药行、行贩、商贩收购。1925年8月,鄞县樟村19个村种植贝母户组织成立象贝生产合作社。1933年3月,樟村贝农成立堇江责任贝母运销合作社,年营业额百万元。1949年鄞县贝母种植面积约1477亩,总产量240吨。

1951年,鄞县贝母种植面积约1530亩,总产量360吨。当年,鄞县供销社开始收购贝母,收购贝母78吨。1952年至1953年,贝母由宁波市土产公司和省供销社驻宁波办事处委托供销社收购,年平均收购量为276.5吨,1956年改为鄞县基层供销社收购。1955年,贝母种植面积约1737亩,收购贝母383.5吨。1957年7月,贝母派购到户,生产者必须按牌价交售给供销社,是年收购贝母348吨。

1960年以后,遭遇连续三年自然灾害,粮食减产,为扩大粮食作物面积,贝母种植面积减少,生产受到限制，供需矛盾突出，鄞县贝母生产量仅占需要量的20%—30%。1961年起，实行奖售粮食化肥政策，当年收购贝母294吨。1964年贝母种植面积减少到981亩，生产总量降至154.6吨，供销社收购量也只有154吨。此时起，宁波产的贝母成为紧缺的中药材，纳入国家计划统购管理。1966年至1978年，鄞县供销社年平均收购贝母量为252吨，其中1977年为327吨，1979年319吨，1980年345吨。党的十一届三中全会以后，实行改革开放，国家取消贝母统购任务，浙贝母生产得到迅速发展，种植面积逐年扩大。1981年提高贝母收购价格，每百斤提高到320元至350元，超过收购基数再加价30%，当年收购为286吨。1983年，实行家庭联产承包责任制，1984年收购贝母406吨。1985年，贝母种植面积扩至2495亩，又开放贝母市场。1987年供销社收购贝母量396吨。

浙贝母

1988年，贝母种植面积3498亩。浙贝销势转俏，价格竞争尤为激烈。供销社收购贝母204吨，投放资金404万元。1989年，浙贝产量高、库存大，处于停收状态，供销社贝母收购量仅为35吨。1990年，鄞县供销社为县医药公司代购并开展自行经销贝母业务。是年，收购贝母138吨，1992年收购贝母80吨。1993年以后，由于贝母使用量下降，鄞县医药公司代收购也停止，再加上收购价格偏低，农民不愿意出售，供销社收购贝母基本上处于停止状态。

第七节 草 席

草席是夏令时期的生活用品，是宁波传统名牌特产。宁波草席，尤其是鄞县生产的"宁"牌草席。主要产地在鄞县西乡黄古林、石碶、栎社（今海曙区）及奉化县一带。鄞县生产的"宁席"，因编工精致细密，着体凉爽舒适而享誉全国。相传六七千年前就有苇席出土。远在唐代开元（713—741）时期，鄞县境内西乡农民以种草织席为家庭副业，所产草席闻名四方。至宋代，草席生产具有相当规模，古林成为全国草席的主要生产基地与贸易集散地。据《浙江通志》记载："建炎三年十二月（1129）浙东制置史张俊，与金人战于明州西门，俊见民间多织席，遗兵领取之，以重席复于路，金骑践席上，皆足滑而朴，斩获甚众"。可见鄞县一带民间织席已很普遍。从地属越国的"越席"，到建置为州级行政机构时的明州称为"明席"，随着明州改为宁波后，又简称为"宁席"，因宁波简称甬，亦可称"甬席"。清嘉庆三年（1798），年产草席100万条，鄞县西乡织席者有10万余人。当时宁波开设大小草席行23家，资金200万元。黄古林作为草席交易集散地，形成专业市场，交易兴旺。清同治四年（1865）输出草席59.23万条。光绪十一年（1885）输出草席118.73万条。宣统二年（1910）输出294.27万条。清代以前，宁波草席行销国内外。民国二十一年（1932），鄞县一地有大小席行68家，大的席行有资本1万多元。上市旺季大量收购，销往苏、鲁、皖、闽、粤等省和天津、上海、武汉等市，并外销日本、南洋、欧洲。抗日战争前，黄古林有施兴隆、德裕、德大、坤房等席行20余家,商贩百余家,宁波老城区有天水吉等席行、席庄20余家。民国三十年(1941),宁波城厢有席行30家。宁波沦陷期间,日商设立青廷公司,专收购加工草席。此后,受国内战争影响,国内外销路受阻,草席生产下降。中华人民共和国成立初,草席生产逐渐恢复和发展,草席上市量500万条。

草席收购

1950年上半年开始,供销社开始收购草席。宁波专区供销合作总社在鄞县黄古林设点,宁波土特产公司收购16万条。鄞县西乡基层供销社普遍设立采购站,收购草席46.7万条,奉化县供销社收购26.18万条。是年,共收购草席104.88万条,同时私商亦争相收购草席。1951年,奉化江口供销社设点收购草席。1952年,供销社赊销肥料,订立预购合同,扶持席农生产,是年收购草席300万条。其时全市私营草席行收购量逐年减少,先后停业或转行。1953年,全区供销社收购草席270万条,其中鄞县供销社收购239.67万条,奉化供销社收购草席30.33万条。1954年,鄞县供销社收购草席402.1万条,占全省供销社系统的79.15%。私营草席行收购量逐年减少。1954年4月下旬,周恩来总理出席日内瓦国际和平会议时,曾携带鄞县黄古林白麻筋草席40条,赠送国际友人,受到许多国家和地区领导人的喜爱,使黄古林草席誉满世界。

1954年至1955年,各级国营土产公司和手工业联社先后将所经营的草席业务移交给当地供销社。1955年收购草席272.1万条。1956年,草席列为国家计划派购物资,由供销社统一经营,按省计划进行购销调配。是年,收购草席195.3万条。1957年3月,省人民委员会规定草席为国家委托供销社统一收购的二类农副产品,完成收购任务后,允许农业社和农民自产自销。全区收购草席390万条,占全省57.2%,大部分由鄞县收购。1961年,在主产区收购时奖售粮食、棉布。次年,凡完成派购计划奖售实物,超额投售奖现金。1962年,对草席和席草的收购实行奖售政策,规定每收购50公斤席草奖售化肥6公斤,布票2.5市尺。1966年后,取消奖售,改按种草面积供应化肥。1979年,恢复奖售,每收购50公斤席草奖售化肥3.5公斤。1984年起停止奖售。1962年9月起,草席收购实行购8留2,留成部分由供销社议价收购,价格一般比牌价高一倍到一倍半。1963年取消加价,调高收购价23%。是年调整草席价格,鄞县36寸草席每条由1.05元调整为1.3元。1964年4月,省供销社通知,草席在完成收购任务后的多余部分,除自留外,动员全部卖给国家。1965年,为解决草席厂原料困难增加草席地500亩。是年,供销社收购草席493万条,占全省供销社系统的43%。

1966年至1976年,鄞县供销社收购草席平均每年344.8万条。其中1967年曾达到440万条,为这十年草席收购量最高的一年。1968年6月,省物价委员会通知,为保证粮田面积,鄞县席草收购价调低13%,草席调低7%。

奉化县供销社在20世纪60年初三年自然灾害期间,草席收购量徘徊在1万条左右,1966年草席收购39.01万条。1975年后先后帮助竺家等8家草制品厂发展草席生产,还加工出口纱枕席、枕席、沙发席等小商品。1967年,余姚、上虞等县先后引种鄞县席草,发展草席生产,成为新的草席产区。

1975年至1977年,供销社收购草席量平均额都突破100万元。1975年,鄞县供销社利用蟋蟀草、牛筋草,经过采拾、挑选、漂染,加工编织成"冠帽"出口。1975年至1980年,共收购野生草11.3万斤,加工成"冠帽"37万余顶,每顶价2.40元,共收入80万余元。1978年,由于席草价格偏低,影响农民生产积极性,一些公社生产大队重粮轻草,不愿种席草。所以几年来国家计划面积连年种植不足,如鄞县计划种植面积10400亩,1977年实际种植3081亩,1978年只有2795亩。1978年收购草席276.7万条。1979年6月,省物委和省财办联合通知,根据粮价提高的情况,决定鄞县36寸黄双丙级草席每条由1.47元提高到1.73元。当年收购草席304.4万条,其中著名的"洋花"(白麻筋)草席从年产30万条减到3万条,供需矛盾突出。

1977年至1979年,奉化县供销社与省土产公司联合研制钢铁结构的电动织麻经席机,先后投入资金10万元,安排钢材200吨试制成大小型号样机两批40多台,每台成本2000多元,分发各产区试用,1980年后停用。1980年,席草冬种面积近20000亩,其中自留地种植6000亩左右。3月7日,为促进鄞县特产草席的发展,扩大贸易信托交流,建立"鄞县草席公司"。1980年,收购草席298万条,其中奉化县供销社收购草席47.34万条。宁波市供销社收购席草208万斤,其中调拨给市草席厂141万斤。

1981年9月,省人民政府批转省供销社请于报告,要求草席产区政府控制种草面积。是年全区席草面积2.05万亩,收割草席22400亩,产草28.4万担。供销社收购草席292万条。编织草帽1000万顶,加上其他草制品,总产值1500万元。1982年收购草席276.4万条。1981年,鄞县草席行销东南亚、欧非洲等10多国家,年出口草席30多万条。席草是供销社统一收购的主要农副产品之一。生产大队除分配给社员织席、编帽外,均由当地供销社收购。供销社收购的席草分别供应给草席厂和织席原料不足的社队,以及安排枕席、草帽等草制品生产。

1983年前,草席(草制品)属国家二类商品管理。1983年后,草席取消派购,自由经营,当年收购草席195万条。是年,鄞县凤岙公社草席专业户戴富记生产的白麻筋草席,质量为全国之冠,上海凭侨汇券供应,成为恢复"宁席"名牌的标兵。

1984年,全市收割草席下降到8670亩。7月,鄞县土特产公司中分设鄞县草席公司和贸易信托公司。当年除供销社主渠道外,经营草席的还有5个乡、27个村的乡镇企业和800名农民购销户。供销社收购量比重下降。是年收购草席160万条,减少18%。由于草席减产供求紧张价格上涨,如28寸黄双草席,原乙级收购牌价每条1.41元,议价1.8元,上涨价2.4元;41寸黄双乙级草席原价2.96元涨到3.3元。1985年,草席产地鄞县实收席草面积17000亩,其中本草14500亩,日本蔺草2500亩,每亩产量1200斤左右,产席草20万担,比上年10万担增加一倍。是年,供销社收购草席239万条,增长49.87%。草席增产的原因有三方面,一是加工草席的席草比上年增加,原料有了保证,二是一批原来从事编织草席的劳动力重操旧业,三是银行、税收、工商等部门对草席收购加强了管理,有利于供销社收购和掌握货源。鄞县草席公司为了恢复草席信誉,在白麻筋草席上盖上"定制白麻筋,鄞县草席公司监制"字样。县内4家草席厂席草帽产量500万顶,供销社收购200万顶。

1986年,草席主产区鄞县,席草收割面积达2.09万亩,总产量10580吨。收购价每吨440—460元,是年收购草席240万条。1987年,收购白麻筋席、纱筋席、旅行三折席等139万条,减少42.1%。由于白麻筋草席价格调高,上市量增多,供需矛盾缓和。1987年至1988年,奉化县供销社收购草席只有4万条左右。1988年,供销社收购草席105.5万条,大幅度减少,主要原因是草席随着种植蔺草效益显著和乡镇工业展迅速发展,挤缩本草种植面积和编织劳动力,本草资源减少。鄞县1985年席草种植面积2.1万亩,1986年席草种植面积1.42万亩,是年席草种植面积0.9万亩,相反蔺草面积逐年扩大,主要原因是蔺草收益高,如一亩本草收入270元左右,而蔺草收入在1270元左右,高出近4倍。

1977年至1990年，收购草席平均每年120万条，其中鄞县供销社1989年收购草席达到416万条，是建社以来收购草席最多的一年。1990年，收购草席92.6万条，1991年收购草席116万条。1992年以后，草席市场进一步开放，席商上门收购，抬级抬价，又鉴于乡镇企业自主收购草席或开办蔺草制品厂，原来做席的年轻妇女都加入乡镇企业做工，做席的都是一些上了年纪的人，故供销社草席收购量逐年下降。1993年，鄞县供销社、宁波（华盛）集团总公司组建鄞县华盛蔺草制品厂，后建立县工艺蔺草制品联营三厂、望春蔺草厂、与香港合资企业甬嘉工艺品有限公司，专门从事蔺草制品加工，出口日本。是年，收购草席56万条，出口2.37万条。1994年销售草席33.52万条。

黄古林草席

蔺草也是鄞县一大传统经济作物，自1978年从日本引进，至1987年推广种植面积3738亩。1994年，鄞县土特产公司蔺草制品厂共收购蔺草17.5万公斤，生产榻榻米6万多条出口日本，产值达170万元。宁波华盛集团公司委托省工业品进出口公司代理出口蔺草制品累计出口值70万美元。是年，鄞县被农业部誉为"中国蔺草之乡"。次年，鄞县供销社所属的土特产公司和华盛进出口公司自办或联办了华盛、力太、凌创等3个草制品厂，拥有厂房2863平方米，烘干机62台，织机74台。鄞县供销社工艺蔺草制品联营三厂开发生产烘箱115台。1996年，全市席草产区集中在鄞县西乡撤扩并前的12个乡镇，年种席草0.8万亩至2万亩。各乡镇都有大小不等的草制品市场。鄞县西乡席草产区有50多家企业专业经营草制品，还有古林、望春、高桥、凤岙、栎社、鄞江等供销社以及乡镇企业都继续和开展草制品经营。是年，蔺草加工的榻榻米在日本市场销势坚挺，省内外众多的加工企业纷纷到宁波产地盲目抬价抢购，结果一些加工企业的产品销不出、销价下降，导致库存积压经营亏损。蔺草收购价格从1996年的每亩3000元，1997年下降到800元。1999年，鄞县供销社工艺蔺草制品联营三厂加工榻榻米和提花席30万条。2000年鄞县华盛、恒昌、三联等3家蔺草制品厂年加工榻榻米和提花席60万条。2000年至2002年，供销社系统"两项制度"改革后，鄞县供销社土特产公司歇业，所属蔺草制品加工企业逐转为民营或股份合作制企业，草席收购退出竞争性领域。

表5-3　1951—1990年主要土特产品收购量

年　份	棉花（吨）	茶叶（吨）	蚕茧（吨）	毛竹（万支）	贝母（吨）
1951	9440	468.2	—	37	78
1952	11020	507	86.2	121.1	310
1953	11010	505	105.3	237	243
1954	14495	615	118.9	401.6	251
1955	26235	335	117.5	448.2	383.5
1956	32500	502	130.5	636.9	399
1957	36748	640	102.4	256.9	348

续表

年　份	棉花(吨)	茶叶(吨)	蚕茧(吨)	毛竹(万支)	贝母(吨)
1958	39220	990	152.9	392.7	353
1959	24660	1245	168.4	401.4	400
1960	28895	1045	197.6	346.9	369
1961	25415	335	108.9	248.9	294
1962	32420	350	81.1	624.8	331
1963	34610	502	63.2	210.4	244
1964	43650	610	70.3	188.8	154
1965	52630	660	82.9	184.2	154
1966	41250	790	123.2	144.6	181
1967	37545	840	150.7	144.2	196
1968	52315	810	224.4	102.6	202
1969	43890	1110	296.9	81.7	219
1970	40750	1360	388.6	87.1	195
1971	20385	1705	436.9	98	230
1972	27990	2315	652.3	104.3	285
1973	28085	2525	649.4	122.5	289
1974	33455	2980	710.8	95.1	288
1975	32625	3475	764.7	146.4	288
1976	27170	3875	787.4	144.8	271
1977	26180	4595	757.1	169.2	327
1978	40700	5079	826.1	160.7	313
1979	34675	6975	826.1	163.7	319
1980	38584	7787	906.5	153.3	345
1981	27950	9737	913.3	202.3	286
1982	40470	12245	879	199.7	432
1983	45600	11025	699.1	193.7	452
1984	67065	9615	617.2	182.7	406
1985	34105	8120	670.4	29.3	354
1986	32385	9835	653.4	13.7	168
1987	25360	11095	677.6	8.1	396
1988	13338	12612	428.1	11.7	204
1989	17631	10915	527.3	5.2	35
1990	31566	10285	590.5	1.2	138

第八节　果　菜

宁波地处东南沿海,属温带和亚热带果树地带,气候温和,自然条件优越,干鲜果菜品种繁多,品质优良。民国时,奉化水蜜桃、镇海金柑、慈溪和余姚杨梅,鄞县小白西瓜等当地传统果品特产大多通过宁波集散地销往省内外,宁波老城区有陆万兴等20多家水果行经营。

1949年7月,建立国营贸易公司经营干鲜果品。1950年4月起由供销社经营,并供应良种、肥料、农药,并辅导果品培育技术,发放扶持资金,签订收购合同。1953年,供销合作社经营的干鲜果菜有160多种,经营稳步上升。1957年,省供销社规定西瓜、果蔗、荸荠等3种鲜果为上调商品。1961年扩大到梨、枇杷、菱角、梅干、百合干、山核桃、香榧、南枣、蜜枣、栗子、藕粉、生姜、鲜笋、洋葱、笋干、榨菜、萝卜干、霉干菜等26种果菜为上调商品,每年由省下达调拨任务,产地在完成调拨任务后方可自行安排销售。

20世纪60年开始,对山核桃、香榧、白果、南枣、蜜枣、霉干菜、金橘、文头米、百合干、泡片、莲子、黄花菜等干鲜果菜采取换购、奖励办法,对柑橘实行奖售,发放预购定金。1971年起,由省农业、省商业厅联合下达西瓜、榨菜、果蔗等8种果菜品种植面积、产量和上调计划。1979年后,全区供销社系统在做好干鲜果品经营的同时,积极组织区外调入,以满足市场需求。调入的果品主要有苹果、香蕉、菠萝、红枣、黑枣、桂圆干、荔枝干等10多种。1984年,果品市场开放,供销社除自营经营果品外,以代购、代销、代储、代运等方式提供服务。

柑　橘

宁波是全省柑橘生产重点市之一。栽培历史悠久。据《禹贡》记载:"吴越之国有大木焉,其名为柚。"说明柑橘栽培至少已有2000多年的历史。民国时,柑橘由私商经销,中华人民共和国成立后,供销社开始经营柑橘。1955年宁海县供销社开始收购橘子,当年仅收320斤。1956年,柑橘列入派购商品,象山供销社收购橘子14.5吨。1957年国家委托供销社统一收购。1961年派购柑橘实行奖售,其中化肥奖售:每50公斤外销橘5公斤,内销橘3.5公斤,等外橘2公斤,至1973年不分内外销一律每50公斤奖售化肥5公斤。1965年,全区柑橘种植面积3000亩。产区供销社配备柑橘生产辅导员并采购种苗,供应化肥、农药,发放生产扶持资金。奉化县供销社无偿贷款5万元(其中国家无偿贷款3万元)拨给大桥、萧镇、莼湖镇3个村搞好柑橘生产试点。1967年宁波大旱,柑橘生产一落千丈,收购甚少。

20世纪70年代起,宁波及象山、宁海、奉化等县(市)供销社长期聘请柑橘生产技术辅导员,加强发展柑橘生产技术辅导。据1974年统计,上述4个县、市供销社共聘请技术辅导员20人。在每年生产季节,都组织举办1—2次柑橘技术学习班。如宁海县供销社1975年至1978年的四年中,就为橘农培训生产技术人员1180人次。1975年,奉化县供销社收购柑橘3668担(一部分由奉化食品厂制成罐头外销,一部分供居民食用)。1978年,全区柑橘种植面积从1965年3000亩发展到4万亩。产地县供销社发放生产扶持资金380万元。省供销社发放生产扶持资金93万元,扶持建立宁海县团结塘、青珠塘的万亩良种高产柑橘基地,当年收购柑橘4923吨,增长50%,比1975年收购140担增加数百倍。主要因素是柑橘经济收益高,以无核枯为例,从定价以来,每担平均在15元左右,每亩产值达270元左右,这也是其他经济作物所不及的。6月,农林部农业局和全国供销合作总社土产果品局联合在浙江黄岩召开会议,确立宁海、象山为柑橘商品基地。

党的十一届三中全会以后,柑橘生产迅速发展。1979年,全区柑橘种植面积5万亩,其中新发展柑橘15000多亩,年产橘10500吨,分布在全区149个公社、1345个大队。其中百亩以上种橘大队和国营橘场165个,有千亩以上大型海涂柑橘场4个。年产量超过1万吨的有象山、宁海等县,超过4000吨的有宁波市郊。是年,省供销社发放生产扶持资金10万元,扶持象山县高塘公社成片栽培柑橘。当年全区收购柑橘7492.7吨。柑橘生产已成为宁海、象山等县的一项主要多种经营项目。1980年,全区柑橘种植面积7.56万亩。是年,出现乡镇企业多渠道竞购的情况,外流也比较严重,又由于柑橘由统一收购改为购六留四,全区产橘量9500吨,供销社收购量减至4146.5吨。但其中宁波市供销社收购柑橘535.7担,增长100.2%。

1981年,全区柑橘种植面积7.11万亩。省政府对柑橘生产、价格等采取确定基数,先牌价、后议价等措施。省供销社发放给生产扶持资金86.15万元,并安排部分钢材、木材、水泥及肥料等,扶持宁海县的团结塘、青珠塘、象山群英塘、奉化飞跃塘等柑橘生产基地。同时改进收购办法、重视价格调节,当年收购柑橘9805.6吨。其中牌价4570吨,比1980年增长30%。随着柑橘投售量增加,不仅扩大市场鲜销和军需,还有力地支援食品工业,扩大国家外贸出口。据奉化、宁波、象山等3家食品罐头厂统计,1974—1981年,全区共调给鲜橘原料14.35万担。

1983年,全市柑橘面积发展到10.24万亩,已形成基地的有宁海团结塘、青珠塘,象山群英塘,奉化飞跃塘等4个海涂橘场,面积8490亩。是年,各地供销社加强收购力量,实行就地就厂收购。同时奉化县副食品公司、县食品厂与鲒埼公社14个生产大队联营建办1620亩橘子生产基地,投资13万元。投产后供销社按牌价收购70%。慈溪县观城供销社与西埠大队联办柑橘场。象山县土产公司、基层供销社与产橘生产队、承包户搞联营,收购完成派购任务外橘子,生产单位交售议价橘子100万斤,供销社收购后提供化肥和技术辅导。宁海县长街供销社与社队6家罐头厂、8家菜厂、5家食品厂联合推销橘子,订立合同108万元。当年供销社收购柑橘6061吨。调出县外计划7.55万担。

1984年,国家对柑橘由派购改为放开经营,柑橘从二类调整为三类,取消了奖售和预定金,实行议购议销。全国供销合作总社颁布柑橘收购的统一规格新标准。1985年,柑橘产量空前丰收。全市供销社收购柑橘11305.5吨,比上年增长2倍以上。宁海长街、力洋、桥头胡3个供销社设立27个收购点,共收购柑橘49447担,比上年同期增长10倍以上。象山高塘供销社建立柑橘交易批发市场后,收购柑橘11200担,比上年同期1000担增长10以上。象山南庄供销社为县食品罐头厂代购柑橘18395担。象山县副食品公司为橘农保鲜橘子4100担。

1986年,由于橘子罐头销路不畅,橘子罐头加工普遍减少鲜橘上市价低于上年,全市收购柑橘9852.9吨,减少9%。柑橘价格放开搞活后,各地提级抬价争购原料的现象比较普遍,使是柑橘平均收购价格由1980年每50公斤20元到1986年猛升到50元,也造成工厂产品成本上升,罐头质量下,销售困难。至1987年9月,全市积压橘子罐头5万多箱。1988年,收购柑橘6916.3吨,减少51%。主要原因是经营难度大所致。收购初期,全市指导收购价每担85元,新橘登市后,橘农新橘待沽,各工厂为抢原料,竞相抬价,收购价超过1元,而供销社因一时缺乏资金,反而收不上来。

1989年,对市场销售平滞的柑橘农产品,供销社主动承担责任,千方百计扩大收购推销。全市共收购柑橘12.6万担,增长14.5%。是年,市供销社、象山县副食品公司"温州蜜柑普通常温仓库防腐保鲜试验项目"获省供销社1984—1988年科学技术进步三等奖。1990年10月,市物价局、供销社联合发出通知,对柑橘收购,一级无核橘产地收购指导价格为每50公斤55元,上浮幅度10%,基本保持上年价格水平。为避免产生"卖橘难"等问题,或防止发生抬价抢购现象,市供销社成立柑橘购销联合体,由市果品公司牵头,各产橘县(市)区供销社公司和部分基层社(厂)参加,统一商标、统一规格、统一包装、灵活经营。当年一次订货会就签订合同2400吨,使宁波无核橘远销全国14个大中城市。全年,供销社收购柑橘14676.9吨,其中与柑橘购销联合体成交1700吨。

1991年,全市供销社收购柑橘8679吨,减少5997.9吨。其中宁海县供销社收购柑橘1500吨,增长11%。1992年,收购柑橘15900吨。是年,宁海县供销社向东北三省调出柑橘1050吨,占收购总量的50%以上。1993年,全市收购柑橘15750吨,调运省外6000吨。象山县供销社自元旦开始至4月收购5000吨柑橘。1994年,收购柑橘18250吨,调运省外及出口9000吨,其中宁海海静食品公司收购鲜橘1965吨,生产橘子罐头1420吨,销往日本市场。1995年,宁海长街力洋、岔路供销社充分利用当地丰富的鲜橘皮资源加工陈皮,销往临安县56吨;通过海静食品公司出口日本,1993年至1995年累计出口陈皮350吨,创汇23万美元。是年10月成立的宁海柑橘产销专业合作社,成立3个月就收购运销鲜橘6000余吨,占全县柑橘县外销量的九分之一。全国百强基层社之一的北仑区大碶供销社1993年至1995年三年中,收购橘子、金柑、桂花、青梅、黄桃等农副产品240余万公斤。奉化市果制品厂把橘子、青梅、李子等加工成蜜饯和果脯,是年仅青梅、橘子就收购加工产值达800多万元,创汇40万美元。是年,全市供销社系统收购柑橘25000吨。

2000年至2002年,供销社实施企业产权制度改革和理顺职工劳动关系,收购柑橘基本淡出市场,继而以参控股企业继续从事柑橘收购业务。

附:柑橘防腐保鲜技术的试验与推广

1984年,宁波市科委为减少柑橘的腐烂损耗,延长市场鲜橘供应期和加工期,选立"柑橘防腐保鲜技术研究"课题,并由市供销社为主组织承担。1984—1985年,市供销社牵头组织象山、宁海县供销社副食品公司及镇海县邬隘乡农科站、鄞县凤岙乡凤林村柑橘专业户等单位实施。根据宁波柑橘生产特点,选定"温州蜜柑普通常温仓库防腐保鲜综合技术"为主攻方向,采用上海市农药研究所研制的新防腐剂抑霉唑、上海市塑制品研究所制成的保鲜薄膜和上海市神州造纸厂试制的各种防腐纸,进行柑橘防腐试验,对比筛选,取得试验好效果。主试验场地象山县公司东谷湖仓库两年平均损额11.79%,其中烂耗占0.99%,柑橘品种基本保护原有风味。

1985年,根据经济效益对比,每担增加10.29元。如象山县副食品公司防腐保鲜柑橘3000担,以每担7.58元计算,直接经济收入2.27万元,并帮助橘农储存1.5万担,为调节市场淡旺季,稳定柑橘价格,提高糖水橘罐的加工质量起到积极作用,受到国内同行的重视,《中国果品研究》发表宁波试验报告。在省农科院召开的经验交流会上,该技术被评价为"新军突起,效果良好"。经过两年努力,于1986年1月25日在市科委召开的评审会上通过评审,并先后获宁波市科委和省供销社科技进步三等奖。在此基础上,运用举办短训班、印发科技资料、召开现场会、开办函授班、技术咨询、上门辅导和供应物资等多种方法,向柑橘经营部门和广大橘农介绍科研成果。推广抑霉唑、多

柑橘

菌灵、托布津、高分子膜、京二B、紫胶3号涂料等高效低毒防腐剂和塑保鲜薄膜、防腐纸。1985年象山县橘农储橘750吨,1986年象山、宁海县储橘2100吨,1989年全市储橘增加到2万多吨。1990年因柑橘减产,储量下降到1万多吨。据统计,1985年至1990年,全市储橘总量约6万吨,增加收益1000多万元,出现了一批储橘几十吨的专业户,成为宁波柑橘储藏工作中的中坚。如象山县东谷湖仓库储藏柑橘6年,年年取得好效果,1989年储橘7.2万公斤,时间60—70天,平均损耗仅为5.53%(其中烂耗1.85%)。1990年储橘1.94万吨,储橘70天平均损耗8.8%(其中干耗5.7%,烂耗2.1%)。

1991年,柑橘防腐保鲜技术获全国供销社系统科技兴农成果奖。此成果的推广,为进一步发展宁波柑橘生产,解决卖橘难问题,搞好储藏保鲜,防止滞销而发生的大面积腐烂,起到积极作用。

杨 梅

杨梅是中国的特色水果。浙江杨梅在数量和质量上均为全国之首,而杨梅在宁波水果业中独树一帜,占有十分突出的位置。

杨梅栽培距今已有2000多年历史。据余姚市发掘的新石器时代的河姆渡遗址考证,远在7000年前,余姚已有野生杨梅问世。在明代就培育出几个优良品种。据明朝嘉靖《余姚县志》记载,"产烛湖山者,其种曰荔枝,曰湖南,其味冠诸果"(烛湖山今属慈溪市)。中华人民共和国成立初,宁波杨梅种植面积约6000多亩,产量5万多担,以后逐年发展。宁波杨梅主要分布在余姚、慈溪、奉化等县,

余姚杨梅

奉化、鄞县也有杨梅种植。杨梅品种较多,有乌种、红种、粉红种和白种等。其中余姚、慈溪的荸荠种杨梅最为著名,汁多味甜,产量高而稳定,较耐储藏和运输,是国内著名的鲜食和罐藏加工良种,栽培面最大,1984年占全省总面积的39%。

1953年开始,慈溪、余姚县供销社收购杨梅。是年,慈溪县供销社收购杨梅69.56吨,余姚县供销社收购杨梅121吨。1956年起,由供销社代运代销杨梅,运至上海。是年,收购杨梅812吨,其中余姚供销社收购杨梅628吨,并在产地设点收购杨梅代运代销,当年运往上海杨梅481吨,为农民增加收入19244元。1960年,市场农副产品紧缺,供销社对杨梅的收购由代运改为收购经销,价格由供销社统一,规定荸荠种杨梅价格每担为8元,早大种杨梅每担为6.5元。是年,收购杨梅309.1吨。1961年起,杨梅开始出口外销至香港、西欧、东欧等国家。1962年杨梅列为三类商品,除计划收购外,经销、代运代销并行,生产队可就近销售,当年供销社共收购945吨。其中余姚供销社收购785.75吨。

余姚、慈溪杨梅价格,20世纪50年代每50公斤收购价6.4元,1961年议购价17.20元,1962年议购价20元,1963年议购价11元。

1963年,宁波杨梅开始用保温火车运销北京、天津、吉林、黑龙江等地。是年,供销社收购量增至3330.8吨。1964年,余姚县供销社收购杨梅2013吨,其中代运代销到上海的有1001吨。全国供销合作

总社果品局在上海召开的果品座谈会上肯定余姚县供销社代运代销杨梅的做法。

1965年至1978年,杨梅收购价每50公斤基本维持在8元左右。市场开放后,议购议销价上升,1983年为18元,1985年为27.3元。1969年开始,杨梅由供销社包收包销。1972年至1973年,从余姚运往北京、天津、黑龙江等地的杨梅有3个制冷列车。1972年起,余姚县供销社试产杨梅干97.7吨,从1972年至1979年共加工杨梅干638吨。1972年至1976年还试制杨梅汁。1979年以后,随着销路的扩大,杨梅鲜果价格上升和罐头工业的发展,晒干、榨汁都已停止生产。1973年,慈溪县供销社收购杨梅4931.95吨,创历史纪录。

1978年后,杨梅产量增加。1979年,余姚县杨梅主产地横河区划属慈溪县后,余姚县杨梅面积仅剩8700亩,但此后政策放开,到1985年杨梅面积达46950亩。是年组织送货进城的收购方式,由供销社牵线搭桥,解决包装和车辆,组织生产队把杨梅送到销地供销社或加工单位。

1980年,杨梅种植面积25800亩,产量20万担,达到历史最高水平,约占全省总产量一半左右。主要分布在慈溪、余姚县的12个半山区、山区公社。重点种植大队有30多个,其中年产量在100万斤左右的4个大队,是当地的一项重要经济收入来源,比重占农副业的65%。是年,供销社收购杨梅2708.9吨。1981年,全区杨梅种植面积33421亩,总产量23.3万担,比1978年增加11万担,比1980年增产一成半多。产区比较集中在慈溪横河、观城和余姚丈亭等3个区12个公社。是年,供销社收购杨梅4898.95吨,其中区内外鲜销2143.6吨。其余如奉化县食品厂收购杨梅原料154万斤,加工杨梅罐头975吨,出口外销560吨,内销415吨。象山罐头厂收购杨梅原料17万斤。宁波罐头厂杨梅原料188万斤,加工杨梅罐头1128吨,出口外销702吨(其中销往法国荸荠种罐头131吨,其他国家571吨)。

1982年以来,实行多渠道流通体制,供销社对杨梅通过合同定购,并试行由县级公司、基层供销社、乡三方面联营收购的办法。是年,收购杨梅2581.7吨,其中余姚县供销社收购2449吨。后随着农村经济的发展,农民自销量增加,价格调高。1983年,全市杨梅种植面积已发展到75000亩,有千亩以上的公社(乡)10个。产区供销社做好联营收购业务。慈溪县龙南供销社与产杨梅重点大队联购联销,由大队负责采摘、验收,供销社负责销售、调运。是年,杨梅收购价每50公斤18元,收购杨梅2356吨。1981年至1983年,供销社收购杨梅8348.9吨。1984年杨梅收购价每50公斤为27.3元,当年杨梅收购2684吨。

1985年,全市杨梅种植面积已达10.8万亩,其中投产3万多亩,年产量约占全国四分之一。杨梅总产量30万担,比上年减少20%。农副产品基本上取消统派购后,供销社在农副产品收购上失去了国家指令性计划的保证。是年,收购杨梅2595.1吨,其中余姚县供销社收购772.5吨。1989年,收购杨梅907.2吨,1990年骤减至59.4吨,1991年只收20.3吨。1992年以后,供销社仅少量收购杨梅。

桃　子

宁波栽培桃历史悠久,从余姚河姆渡遗址中发现野生桃核,说明先人在7000年前已食用野生桃。据《幽明录》记载,汉明帝永平五年(公元63),剡县(现新昌县,原属宁波管辖)的刘晨等人在天台山取谷皮,迷不得返,粮食乏尽。遥望山上有一桃树,大有子实……各啖数枚,而饥止体充,复下山……这个美丽的传说发生地应归四明山。据《奉化市志》记载,早在500多年前的明代,奉化就盛产土生的红桃、白桃。明嘉靖《象山县志》载:"产桃名夏白桃,又名雪桃,大如拳,皮肉包皆白,近核深红,不粘核,味甘鲜,浙产当以为冠。"桃子主要分布在奉化、鄞县、镇海、余姚等县,奉化以水蜜桃、黄肉桃为主要品种。

宁波(奉化)水蜜桃栽培已有100多年历史,是闻名的传统特产。据奉化地方史记载,清光绪九年(1883),奉化剡源乡(今溪口镇)三十六湾老农张银崇从上海黄泥墙引进上海水蜜桃,自行繁殖种植,因其品质优异,取琼浆玉露之义,定名为玉露桃。经长期选种改良,有平顶玉露、尖顶玉露、迟花玉露和大玉露等多种优良品种系列,主产区为奉化县。玉露水蜜桃以鲜美多汁,入口易溶,味浓甜而芳香,在市场中享有盛誉。

奉化水蜜桃

中华人民共和国成立后,供销社就收购桃子,并配备兼职辅导员传授栽培技术。1951年至1957年,全区供销社系统收购桃子年平均量在100吨左右。1960年,奉化县从美国引进"爱保太"第一代黄桃品种,在后琅试种。当时奉化食品厂无偿供应苗木,对黄桃基地给予经济补贴,收购价比玉露水蜜桃提高30%,每担为18元。是年,奉化食品厂在陈家岭开辟黄桃基地40亩,邀请浙农大、浙江农科院专家进行栽培技术辅导,试验品种杂交,从而使黄桃生产有很大发展,产量迅速上升。

20世纪50年代,奉化玉露水蜜桃,每50公斤收购价15元,1961年议购价25元,1963年收购牌价20元,议价22元,1965年后又恢复到20世纪50年代收购价15元的水平。市场开放后,1985年议价上升到30元左右。1957年水蜜桃产量只有20万公斤。1958年人民公社化,桃园发展较快,至1961年收购水蜜桃6086担,1966年收购5021担。以后由于水蜜桃作为罐桃原料不理想,奉化食品厂从国外引进黄桃新品种,1971年以后,罐桃原料逐步被黄桃取代。1981年后,奉化县供销社水蜜桃收购数量逐年减少。从此,奉化名产玉露水蜜桃专供鲜销。1966年,全区供销社收购桃子251吨。嗣后,每年供应化肥(标准氮肥)200吨,扶持农户自产桃子地或生产基地。

20世纪60年代引进黄桃品种后,奉化县供销社代食品厂收购黄桃,在莼湖、裘村、尚田、溪口、大桥等地设立8个固定收购点。1972年收购黄桃30400担。1978年,全区供销社系统收购桃子1471吨。1980年,全区有桃树1.7万亩,其中水蜜桃0.5万亩,产量约5万担。是年,收购桃子4231吨。1986年,收购黄桃3500吨,1987年收购桃子3127吨,其中水蜜桃178吨、黄桃2949吨,1990年收购6135.6吨,其中水蜜桃1111.3吨、黄桃5024.3吨。1991年,奉化市供销社收购黄桃2000吨。1993年以后,供销社除自营经销桃子外,收购桃子量甚少。

金 柑

宁波是金柑著名产区。元至正《四明续志》载:"金柑出慈溪,饱霜者甘。"清康熙二十七年(1688)《花镜》载:"金柑,一名金豆者,树只长尺许,结实如樱桃大,皮光而味甜。橘植于盆内名目可观,多产于浙之宁波。"清嘉庆四年(1799)时,镇海金柑自海道传入日本静冈县,被称为宁波金柑。清雍正《浙江通志》记:"金柑出马岙沙岐(今北仑区大榭岛)者佳。"光绪《镇海县志》称"吾县所产金弹味最甘,曰牛奶味次之",遂有宁波金柑为最佳之称。1949年,金柑园2000亩,产量250吨。金柑品种主要有金弹、圆金柑、金枣、山金柑、杂种长寿金柑等五类,其中金弹品质最佳,誉为"柑中皇后"。

镇海县是宁波金柑主产区。1952年开始由供销社收购,当年收购6吨。1956年,金柑园种植3050亩,产量363吨,供销社首次收购金鲜柑275吨,多运销北京、天津、江苏、上海、杭州、宁波等16省市。1963年收购金柑439吨。1977年首销香港金柑5吨。1978年,金柑园种植5122亩,产量1674吨,收购增至1339.2吨,销往香港50吨。1980年收购517.7吨,加工1305吨。

1983年,市场开放,加工厂直接收购,当年供销社收购金柑534.1吨,因亏损,运销香港中止。是年,镇海县柴桥、郭巨、三山供销社与产金柑生产队开展销售联营,生产大队提供金柑5400担,全部按国家牌价付给货款,推销后所得纯利按50%分成。1984年,实行议购议销,提高金柑收购价格,当年收购533.9吨,因亏损,运销香港中止。1985年收购金柑774.2吨,加工324吨。1987年、1990年仅收购金柑共573.3吨。1992年以后,供销社收购金柑基本淡出市场。

榨 菜

榨菜是一种城乡居民喜爱的副食品。鲜榨菜的生产,分冬榨菜和春榨菜两种。宁波多以冬天种植,春季收割,称春榨菜。榨菜是利用芥菜的瘤状茎(俗称菜头)经拣菜、腌制脱水、修剪、整形、分级、淘洗、上榨等独特的工艺处理,再配以辅料,装甏而成,即为上市佐餐的榨菜。

中华人民共和国成立后,榨菜主产地为慈溪、余姚等县,利用棉花冬闲地套种。1956年,土副产品实行经营分工,榨菜列入省管二类商品,县级经营,每年由省供销社下达调拨计划,收购量逐年上升。1962年开始余姚泗门区引种试种榨菜。1963年,余姚低塘供销社开始收购鲜榨菜175吨,加工成品50吨。1965年前,全区主要靠四川省等地调入。1965年后在余姚县推广棉地套种榨菜。1968年,余姚县低塘、泗门等供销社开办榨菜加工厂,年加工鲜菜40万公斤,供应当地市场并销往外地。慈溪县除收购加工一部分榨菜外,尚有2万担榨菜由群众自行制腌制,但效果不理想。因此土制榨菜由供销社收购,一律不搞集市交易。1972年,收购榨菜1027吨。1973年,宁波地区多种经营办公室介绍余姚县桥头公社在粮田套种、间种榨菜叶还田的经验。余姚县供销社帮助郑巷公社建立2亩榨菜籽基地,培育良种,还每年安排一定的专用化肥等物资。1975年榨菜总产量已超过6万担,到1985年面积猛增到57333亩,产量达到103万担。1974年,榨菜实行计划种植和计划收购。慈溪县供销社收购榨菜3050吨。1976年收购榨菜7360吨。

1979年冬,宁波气候寒冷、久旱,慈溪县榨菜植株病毒大流行,造成1980年榨菜大幅度减产。而这一年鲜榨菜实际收购价格,每50公斤最高达4.64元,比正常年份每担平均价高出1.40元左右。鲜榨菜收购价格过高,又刺激生产的发展。1980年,供销社收购榨菜1180吨。1981年,余姚、慈溪县榨菜种植面积10.7万亩,比上年4.5万亩扩大1.38倍,产量65万担,增加1.6倍。余姚县的泗门区供销社与省内外要货单位签订榨菜供应合同37万担。是年,供销社收购榨菜量增至6495吨。1982年,榨菜从二类改为三类商品,允许产销见面,价格随行就市。榨菜种植面积12万亩,按产量计算折实面积5万余亩,产鲜菜头255万担,加工成品榨菜96万担。余姚泗门和慈溪观城是重点产区大面积套种,面积和产量要占全区一半以上。此外,宁海、鄞县等零星产区也有近万亩,成品菜2万多担。由于供销社部门在肥料、物资、资金方面都给予支持榨菜生产,供销社收购榨菜5010吨。

1983年,慈溪县逍林、庵东、长河供销社分别与8个社队合办蔬菜加工厂,开始榨菜收购、加工、销售联营,供销社共投入18万元,加工鲜榨菜头665万斤,利润分成供销社、社队四六开。是年,全区收购榨菜2815吨,其中余姚县供销社收购榨菜1163吨,减少42%。1984年,榨菜市场开放,实行多渠道经营,省供销社不再下达榨菜收购、调拨计划。是年,余姚、慈溪等县供销社相继生产小包装榨菜。

1982年至1984年,余姚县供销社外销出口榨菜271吨。1981年至1984年,为榨菜生产提供氮肥160吨,建厂和加工用水1464吨。时设有泗门、曹娥、海塘等3个供销社榨菜厂。1985年,全市榨菜种植面积8.7万亩,减少20%。其中余姚县5.7万亩,增长10.3%;慈溪县2万亩,减少57%,其他县各约1万亩。由于加工设备、包装、辅料等跟不上鲜榨菜生产的发展,不少社队和农户自行土法腌制的劣质榨菜倾销市场,损害榨菜的声誉,造成榨菜滞销。全市总产量125万担,减少2成。是年,供销社收购榨菜1860吨。1987年收购榨菜2395吨,1988年以后收购榨菜多由农民专业户和乡村加工厂自行推销。1990年,供销社收购榨菜减至930.4吨,1991年收购榨菜603.6吨,1993年锐减至150吨,1994年以后榨菜收购量甚少。

鲜笋(毛笋)

鲜笋俗称"毛笋",笋是竹的幼龄状态。毛笋(又分春笋、冬笋两种)、乌笋、黄壳笋、龙须笋和鞭笋等,尤为出名的是鄞县大雷(今属海曙区)黄泥拱笋。通过加工,有罐头笋、羊尾笋和笋干等。据光绪《句章土物志》记载:"笋类不一,四时皆有,山中人晒干作脯,盈筐压担,苍茫直运。"凡有竹的地方都有笋生产,盛产竹笋的为宁波奉化、鄞县、余姚、宁海、象山等地山区。

宁波解放前,竹笋由私商收购。旧时山农将鲜笋晒干后到集市行销,上乘笋干还销往宁波、上海等地。1945年,余姚县左溪乡金岙、冠佩、岭下、章雅山、龙坑、石门、鲁夹岙6个村以及梁弄镇等浙东革命根据地,在浙东区党委和民主政府领导下,先后办起毛笋合作社,开拓毛笋销路,打破敌人经济封锁,帮助革命根据地人民度过春荒。宁波解放后,毛笋主要以当地销售和加工笋干为主。1950年农村基层供销社成立后,开始设点与私商交叉收购竹笋。由于竹笋上市数量大,季节性短,旺季市场集中,容易霉变,不能久存。初上市时供不应求,旺季供过于求,价格也趋于两头高、中间低的状况。1951年,余姚县每50公斤平均收购价3.5元,是年余姚县供销社收购竹笋2500吨,1952年为2041.85吨。鄞县供销社收购竹笋1800吨,1952年为1760吨。1955年,奉化、鄞县、余姚等地供销社办起食品厂,已有少量毛笋进行加工,竹笋产销矛盾才渐趋缓和。以后每年一到旺季,由供销社收购站或设点收购。1956年8月1日,特大台风过奉化、鄞县境地,大片毛竹吹折,影响次年毛笋生产,收购量有所降低。是年,全区供销社仅收购毛笋416.89万公斤,其中奉化县供销社收购138.96万公斤,鄞县供销社收购123.6万公斤。1958年"大跃进"运动期间,由于毛竹砍伐过多,影响毛笋生产和收购。1963年,国家对毛笋收购价格提高后,毛笋生产逐步上升。是年,收购毛笋398万公斤,其中奉化县供销社收购111.84万公斤,鄞县供销社收购110.3万公斤。1967年遭受长久干旱,影响毛笋生产,1968年仅收购毛笋46万公斤,其中奉化县供销社只收购8.72万公斤(毛笋339担、小竹笋1405担),鄞县供销社收购15万公斤。

20世纪60年代末至70年代,主产区供销社收购毛笋价格按照市物价、市外经贸委、地区供销社有关收购价格计划或指导意见执行。后随着全区食品工业的发展,需求量增加,价格上涨,从而刺激了毛笋生产。1969年至1979年,全区每年掘笋平均在30万担左右,其中供销社收购毛笋在20万担左右,年产值500万元。1980年,由于春雨量沛,竹山出笋多,产量高。全区春毛笋产量约31万担,比上年增产三成半，其中竹农向供销社投售20.3万担，平均每担议价16.92元。全区春毛笋产值达640万元，增长28%。如鄞县凤岙公社大雷大队有毛竹山6253亩，其中养竹山1560亩，掘笋山4693亩，产春笋135万斤，余姚南山供销社陈巴大队有竹山1340亩，产春笋25万斤。1983年，春笋单产低。全市65万亩毛竹山平均每亩只有50公斤。供销社收购春笋156万公斤。1985年，毛笋主产区余姚、奉化县多数竹山是出笋大年，鄞县出笋是小年。由于竹制品滞销，原竹销势疲软，竹农纷纷开始多掘笋。是年春笋总产量为52万担，比1983年增产20%。全区供销社春毛笋收购24万担。而宁波、奉化、象山等3家国营罐头食品厂和产地区、乡以及供销社办的食品厂生产加工清汁笋、油焖笋和水煮笋约需原料30多万担，比往年增加一倍多。1986年，收购毛笋200万公斤，1987年为160.3万公斤，1988年179.6万公斤，1990年790万公斤。1991年，全市春毛笋总产接近100万担，对毛笋到厂接收价格实行最高限价，每公斤定为1.40元。是年，通过供销社收购推销的毛笋5600余吨。

1995年，毛笋大丰收。奉化、鄞县、余姚、象山、宁海等县（市）供销社在春笋上市季节，积极组织收购大量鲜笋。奉化市溪口供销社针对春笋市场鲜销富裕，加工罐头有余等情况，急农民所急，千方百计增加收购量，及时把4万多公斤雷笋加工成羊尾笋干供应给沪、杭、甬等城市，同时办起竹凉席厂，开发利用当地的毛竹资源。宁海海静食品公司收购毛笋688吨，加工、外销水煮笋335吨；鄞县联华食品公司上半年加工水煮笋1308吨。1997年，全市有竹林面积93.7万亩，其中毛竹81万亩，小杂竹（含雷竹）12.7万亩，特别是笋竹两用山和专业掘笋山面积成倍增加，达31万亩。是年，春笋销售是继上年柑橘"卖难"后的又一"卖难"问题，供销社千方百计解决卖难问题，尤其是鄞县、奉化、余姚等竹笋重点产区供销社抽调专门人员，建立春毛笋购销队伍。又由于宁波竹笋销售主要靠加工水煮笋出口国外，1996年以来，水煮笋在国际市场上销路不畅，成交量下降，导致宁波市加工水煮计划减少，加工水煮笋要比上年减少三分之一左右，造成春笋销售形势严峻。如鄞县联华食品厂上年加工45万斤春笋，库存仍有5万多斤。春笋下降价格，平均每公斤产地收购价约1元左右又比上年1.5元下降三分之一。

1998年，春竹笋产量达到12.4万吨左右，但比上年大丰收约减两成，仍比前几年有较大幅度增产。市供销社组织力量对全市春笋产销情况进行调查。从2月中旬开始，全市供销社抽调300多名领导干部业务骨干，开展调查研究和产销衔接工作，深入到全市春笋产区的98个乡镇、3500多个行政村、10多万竹林承包户调查春笋产量情况，建立352个春笋收购网点，对地处偏僻的设置临时收购网点，方便山农投售，并与全市150多个城镇蔬菜批发企业、经营单位调查和落实要货计划；到省内外30多个城市菜篮子供应单位和加工厂建立产

大雷黄泥拱笋

销关系。宁海海静罐头厂、慈溪冷冻厂、奉化中山罐头厂、北仑食品厂、鄞县联华食品厂等 10 多家加工企业开足马力，扩大加工计划，消化地产春笋。2000 年以后，供销社收购毛笋基本淡出市场。

表 5-4　1978—1990 年主要果菜收购量

单位：吨

年　份	柑　橘	杨　梅	金　柑	榨　菜	萝卜干	芦　笋
1978	4923	5813.7	1339.2	2410	1438.3	—
1979	7492.7	6250.9	1076.8	1415	1805.2	—
1980	4146.5	2708.9	517.7	1180	1620	—
1981	9805.6	4868.5	1089.7	6495	2009.1	
1982	6953.6	2281.7	1281.2	5010	1639.1	209
1983	6732.8	1198.7	534.1	2815	1998.6	53.7
1984	2286.4	1793.4	533.9	2100	1793	82.5
1985	11303.5	2595.1	774.2	1860	1151	132.5
1986	9852.9	810	493.9	2345	430	250
1987	10250	1193.8	417	2395	379.2	325
1988	6916.3	1137.6	76.8	20151.1	385.4	256.3
1989	12869	907.2	101.2	964.5	639.7	234.8
1990	14767.9	59.4	156.3	930.4	43.6	181.8

第九节　土畜产品

土畜产品是牲畜、禽兽的皮、毛、肠、蹄、角等的统称。具体分皮张、鬃尾、绒毛、肠衣、羽毛等。畜产品可供工业、军需和人民群众生活的需要，也是重要的出口商品。中华人民共和国成立初期，全区的畜产品除供销社土畜产公司收购一部分外，绝大多数仍由私商经营。1952 年开始，供销社代购畜产品。1954 年全面开展收购畜产品。1957 年畜产品归供销社经营，对畜产品的经营分工、人员配备以及调拨作价等作出一系列的规定。1958 年，全区供销社系统开展"小秋收"运动，把野生植物原料采集、收购、加工、利用工作，作为土产品生产和收购的重要组成部分。10 月，畜产品开始实行分类管理，牛皮、山羊皮、绵羊皮、小湖羊皮、羔皮、绵羊毛、山羊毛、猪鬃毛、肠衣、羽毛等 10 类，划为一类商品，由中央计划管理，其余除乱鸡毛、杂畜毛等以外，均划为二类商品，由地方计划管理，实行全购全调。1958 年"大跃进"运动中实行"大购大销"，畜产品简化为 90 个品种、181 个等级。当时提出"见皮就收，见毛就买"的口号，资源遭受破坏，挫伤了群众的生产积极性，货源减少，收购下降。1961 年起，国家为鼓励畜产品投售的积极性，先后对兔毛、绵羊毛、山羊毛、羊皮、猪羊肠衣、羽毛实行奖售，每出售 1 斤，即奖售 1—2 市尺布票。1963 年全国统一畜产品收购规格。1972 年修订畜产品规格和调整部分差价，取消地区差价和季节差价，实行全省统一价。

党的十一届三中全会以后，畜产品的生产和市场情况起了新的变化，供销社贯彻集体与户养并举的方针,在畜产品业的养殖、技术、资金等方面加以支持。1979年,"三多一少"新的流通体制逐步形成,大部分土产品开展议购议销。1981年1月,省政府调整农副产品市场管理商品目录,将兔毛、羽毛、猪鬃毛连同原来的牛皮、羊皮、绵羊毛列为二类派购商品。1984年3月,调整派购品种。减少羽毛、猪鬃毛,即从原来6种减为绵羊毛、兔毛、牛皮和羊皮等4种,并规定完成派购任务后的商品和非派购品种允许多渠道经营。1985年起,畜产品市场全面放开。

兔 毛

宁波各县农村均有饲养家兔的历史,尤其三北农村素有零星养兔的习惯,大多是长毛兔。1952年起兔毛收入提高,各县相继引进"安哥拉"兔种,饲养迅速增加。1953年底,国家实行统购统销。1954年,中国食品公司宁波分公司成立后,委托供销社代办收购兔毛。1956年开始,兔毛收购流通渠道单一,由宁波地区供销社和各县基层供销社为上级畜产品公司代购,开始采取毛、绒分别计价和混合计价等办法进行收购,并作为外贸商品出口。

1960年,中央提出发展食草动物的指示后,推动了群众饲养长毛兔的积极性,促进长毛兔的生产。1961年对出售兔毛实行布票奖售。1962年,奖售选购券,凭券可以购食糖、卷烟、布票和其他日用品。1966年奖售布票减半,1968年取消。20世纪60年代,兔毛收购改为分季节计价的办法。1964年收购兔毛4.88万公斤,1966年9.53万公斤。以后养兔数量时起时落,1971年收购兔毛3.14万公斤,1975年为7.19万公斤。1971年,推广兔毛"四分收购"的办法,"四分"就是分级采毛、分级计价收购、分级堆放、分组包装调运。把养兔场户的生产投售,与供销社的分级验收、保管、调运等结合起来。由于推广这个办法,兔毛质量得到提高。

党的十一届三中全会以后,党在农村落实各项经济政策,长毛兔生产采取集体与户养并举的方针,饲养量又大幅度上升。各县供销社在种兔技术、资金、服务等方面加以大力支持。1978年,中国土畜产进出口总公司首次从联邦德国引进120只德系"安哥拉"兔种,分配给奉化、新昌、绍兴县3个良种场试养。是年,供销社收购兔毛4.97万公斤。1979年,全区长毛兔存栏50万只,全年收购兔毛8.6万公斤。慈溪县建立兔毛出口商品基地,调入良种兔4105只,发放无息贷款10.93万元,新建25个集体兔场、10613笼,建立长河公社等8个长毛兔生产基地,存栏12.34万只。1980年,全区供销社系统投放兔毛生产无息贷款118.77万元,调剂良种兔19.31万只,补贴14.62万元。建立1200个基点户和120个基点场,使全区兔子存栏达到64万只,增长62%,创历史最好水平。供销社配备辅导员312人,对养兔户进行培训,扶持养兔户,收购量增长。是年,收购兔毛13.6万公斤,超过省下达计划22%,其中余姚泗门区供销社设立11个兔毛收购点,收购兔毛1.2万公斤,慈溪县供销社收购兔毛1.81万公斤。1981年,省政府将兔毛从三类商品调整为二类商品。是年,全区收购兔毛18.6万公斤,其中慈溪县供销社收购兔毛2.94万公斤。奉化县推行良种人工授精,特设亭下等5个人工授精站,交配种兔520只。产仔兔2100只,产毛率提高一倍以上。宁波市郊区342个集体兔场,基本实行"四定一奖"等责任制,经营积极性大为提高,收购兔毛9147公斤,增长72.5%。1982年,国际市场兔毛需求量下降,出口受阻,价格下跌,兔毛产大于求,引起长兔毛存栏减少的连锁反应,各级供销社为保护兔农利益,纷纷实行赔本收购。是年,收购兔毛22.8万公斤,其中慈溪县供销社收购兔毛3.55万公斤,超历史收购记录。1983年,全区各级良种场43个,拥有西德纯种兔3.4万只,比上年增加2.2倍;长毛兔饲养"两户"

（专业户、重点户）5383户；纯种兔22000只，比年初增加一倍。是年3月，宁波地区供销社在鄞县勤勇大队召开全市长毛兔生产会议，要求各级供销社做好长毛兔生产服务和收购工作。宁波地区日杂畜废公司、鄞县土产公司与天童公社勤勇大队联办长毛兔良种场，地、县公司投资15万元，大队投入2万元。慈溪县拨出饲料粮，安排供应每只纯种兔饲料粮10斤，鼓励良种繁育。是年，全区收购兔毛15.6万公斤。1984年，市场放开，受当年兔毛收购价格突破每公斤二百元大关的刺激，出现长毛兔养殖的热潮。是年2月，市供销社召开兔毛生产总结会议，部署长毛兔生产规划。各级供销社有长毛兔辅导员312人，帮助养兔户解决笼建木材110立方米，水泥115吨，砖头10万块，饲料30万斤，重点抓好鄞县勤勇村等43个良种兔场。全市共繁仔兔13万只，年末存栏达到47万只，比1983年增加12万只。是年，收购兔毛10.74万公斤。1985年，全市长兔毛存栏85.5万只，比年初45.9万只增长86%。饲养在30只以上的"两户"达12817户，比年初13.62万只增长2.72倍。办起家庭百兔场562个，比年初323个增长74%。镇海、宁海、象山、慈溪等县供销社派员出省组织兔毛引种1500只，慈溪县日杂畜废公司调种三项补贴资金21500元，鄞县勤勇村良种兔场春季可繁母兔80只，生下小兔531只。从而带动全市"两户一体"种兔春繁的实施进程。到5月底，全市春繁仔兔7万只，省外调入15000只，存栏由年初的35万只上升到42万只。3月，余姚县泗门供销社开设兔子门诊部，给12000多只兔子打了预防针，有1500多户养兔户带兔上门就医。4月10日，宁波市畜产品公司和余姚县日用杂品公司联合举办的余姚兔毛市场开业，先后接待省内外客商400余人，成交额35000元，许多养兔户投售大量的优质兔毛。当年全市供销社系统收购兔毛14.26万公斤，其中余姚县3.68万公斤，镇海县5.98万公斤，慈溪县4.57万公斤，鄞县1.36万公斤，市郊收购1.1万公斤。

1986年，宁波畜产品公司与慈溪县日杂畜废公司联合在浒山镇开辟兔毛交易市场，扩大兔毛交易。4月起，在全省范围内实行兔毛收购保护价，各地供销社与当地养兔专业户、重点户签订兔毛购销合同，凭兔毛购销合同规定的数量、等级比例收购；对合同外的兔毛灵活收购，价格根本市场需求情况随行就市。是年兔毛还受国际市场的影响制约，国内兔毛供过于求，曾出现大量杀兔的局面，为避免兔毛生产的大起大落现象，宁波畜产品公司落实兔毛购销合同，开展基数兔毛收购业务，全年供销社收购兔毛40.45万公斤，为历史最高收购量。1987年，国际市场对兔毛需求下降，兔毛及其产品从热销走向低迷，收购兔毛237吨，减少41.4%。是年，慈溪县浒山兔毛市场成交兔毛2.9吨，并与慈溪县第一棉纺厂建立联系，提供低档兔毛5.35吨。1988年，养兔业衰落，从原来的顶峰160万只兔毛存量，到是年的25万只。兔毛收购量连年下降，是年收购兔毛1833公斤，兔毛资源一年少于一年。1990年，供销社仅收购兔毛1080公斤，1993年收购5030公斤。1994年以后，由于兔毛价格变动和流通渠道多样化，兔毛收购量逐渐减少。

羽 毛

羽毛是鸡毛、鸭毛、鹅毛（包括野禽毛）的统称，是制作衣、被、纱、枕垫等主要原料，经济价值高，也是传统的出口商品。尤其是公鸡的红领毛为羽毛之上品，在国际市场上十分畅销。1952年起，供销社开始收购。当时羽毛来自一家一户，比较分散。供销社除固定设点收购外，主要是依靠流动担贩和农村社员利用农闲时间挨家挨户收兑。尤其是春节期间，沿街串巷、走村串户，以纸、火柴、糖等兑鸡鸭毛，这也是传统的商品交换习惯。供销社收购的羽毛曾采用毛、绒分别计价和混合计价等收购办法，收购后统一交于宁波畜产品公司加工成品，然后由上海进出口公司向欧美、日本出口。1956年，私营工商业社会主义改造后，羽毛由宁波地区畜产公司统一经营。根据羽毛生产零星分散的特点，采取国营公司设门市部自收，委托供销社代购，组织小商贩下乡收购。1958年，羽毛列为计划管理商品，由供销社统一收购，逐级上调。

20世纪50年代末至60年代初，生产、收购政策多变，羽毛收购一度被限制。后为了传承和照顾历史习惯，部分公社先后办起羽毛加工场，为供销社代加工。各县基层供销社收购站安排人员，开展羽毛换兑业务，作临时商贩登记，发卡换兑。1960年，羽毛收购改为分季节计价。1961年收购羽毛11.34万公斤，其中鄞县供销社收购6900公斤，慈溪县供销社收购5000公斤，奉化供销社收购4050公斤，1968年收购7.4万公斤。1972年起，全年按统一价格，收购统货羽毛8.35万公斤。慈溪县根据历史习惯，安排生产队社员2000人开展羽毛换兑业务。奉化县供销社收购0.88万公斤。以后国家实行羽毛投售提成奖励的规定，收购量有所提高。1979年起加工成半成品标准毛调省里，当年收购羽毛9.98万公斤。1980年开始，羽毛收购分别毛、绒按质论价，是年收购羽毛9.7万公斤。余姚日用杂品公司收购鸡毛31000公斤，经加工出口，价值40多万元。1981年，收购羽毛15.64万公斤。1984年，羽毛放开经营，收购13.61万公斤。1985年收购35.2万公斤，为历史最高收购量。慈溪县有几千人从事羽毛购销活动，小的串乡走户，大的走南闯北。是年，慈溪供销社收购羽毛量为5.64公斤，鄞县收购量为4.96公斤。以后羽毛收购量逐年下降，1987年5.64万公斤。1988年、1989和1990年各为353公斤、559公斤和71公斤。1993年以后，供销社只有零星收购羽毛。

皮 张

皮张有制革皮张和制裘皮张之分。早期的制革皮张以牛皮为主，其次有猪皮、山羊皮、麂皮、狗皮等10余种。制裘皮张以猸子皮、狢子皮、黄狼皮、狸子皮、香狸皮、家猫皮、狗熊皮为主，还有青（黄）鼬皮、豹皮、狼皮、水獭皮等。家生和野生动物畜皮是工业的重要原料，多数还换取外汇。1955年起，各级供销社开始收购皮张。1955年至1956年，慈溪县供销社收购牛皮1000张，奉化县、鄞县供销社各收购1200张、1100张。1956年，全区收购裘皮，加工成褥子、工艺挂毯等商品，经上海、北京等口岸公司出口，并代收购野生动物杂皮，有貉子、香狸、狸子、草狐等，数量在15万张至17万张之间。1958年后，野生动物杂皮减少，收购量减少，年收购6万张至7万张。

1965年后，发展家兔皮生产，因兔皮质地轻软，可加工成褥子、服装、帽子、皮领等制品及壁毯等工艺品，经济价值高，宁波家兔生产日益发展，供销社年收购3万张至5万张。后转向饲养长毛兔、兔皮减少。

"文化大革命"期间，皮张生产受到影响，杂皮减少。1970年仅收购2000张。1971年收购牛、羊、兔杂兽等皮张9.69万张。其中杂兽皮6.85万张，占70%。1978年收购皮张10.57万张，其中杂兽等皮7.62万张，占72%。1981年，收购皮张11.55万张。1982年起，放开牛皮收购，各地的皮革加工厂直接收购牛皮。1984年畜产品市场开放，实行多渠道收购，当年收购皮张17.83万张。其中杂兽皮7.92万张，占44%；山羊板皮7.8万张，占43%。1985年收购皮张17.8万张，其中牛皮2.87万张。

1986年，收购牛皮3.51万张，山羊皮2197张，绵羊皮111张，小湖羊皮357张，家兔皮1386张，黄狼皮10730张，杂皮67455张，其中狗皮26570张，家猫皮21866张。水貂皮2961张。1987年，外地菜牛大量涌入宁波市场，各地牛贩子活跃市场，牛皮收购量猛增，是年供销社收购牛皮63848张，增长82.3%。1988年，全市供销社收购皮张122366张，其中慈溪县供销社收购牛皮49116张，鄞县供销社收购杂皮45610张,奉化县供销社收购杂皮11649张。1990年,全市供销社仅收购皮张23281张,1993年收购牛皮67823张,1995年收购牛皮25601张。1996年以后,供销社皮张收购甚少。

表5-5　1971—1984年主要皮张收购量

单位:张

年份	总数量	牛皮	山羊板皮	绵羊皮	杂兽皮	家兔皮
1971	96977	15032	641	10594	68543	2167
1972	108078	16280	832	11546	75761	3659
1973	98980	14509	1513	12787	61692	8476
1974	107590	10261	4050	13158	67814	12307
1975	124167	10808	6643	9612	83444	13660
1976	116653	9435	9230	5507	84353	8128
1977	98588	8311	9526	2670	73974	4107
1978	105733	7290	14800	2203	76203	5237
1979	84742	5432	19074	2063	55603	2570
1980	112323	5749	22059	2464	78739	33142
1981	115540	4074	18623	1815	89354	1674
1982	89034	6279	1950	948	78189	1668
1983	134264	14504	12120	1184	103482	2974
1984	178289	20500	78000	—	79200	589

注:1979年至1982年不含市区、原镇海县。1978年至1981年山羊板皮不含家养狗皮、猫皮

肠　衣

民国前,宁波境内的猪、牛羊小肠多作食用。民国时,有厂商收购肠衣,主要用于加工灌制香肠、腊肠。宁波老市区、慈溪各有收购、加工肠衣厂2家,收购、加工后以半成品销往上海。中华人民共和国成立后,开始重视综合利用以增值,时有国营畜产品公司设点收购肠衣。1951年,国家贸易部确定肠衣为特许出口物。1953年开始,供销社收购猪肠衣,当年收购1.95万根,1954年增至27.73万根。

1957年,加强研究牲畜副产品的综合利用,产量稳步提高,品种不断增加。加工产品以盐渍猪肠衣为主,另有盐渍绵羊、肠衣、山羊肠衣、干猪肠衣、猪膀胱、双套干猪肠衣、套管干猪肠衣等品种。1957年,收购干猪肠衣43.44万根。1958年上半年以前,收购的干猪肠衣半成品均调往上海出口。1958年5月20日,商业部在上海召开全国牧畜副产品利用经验交流会,提出"全面发展,充分利用"的方针,全区供销社认真执行统一收购政策,所属食品加工厂制订规划,落实措施,扩大收购和加工。下半年起,供销社加工为成品出口。当年收购干猪肠衣31.21万根。1959年至1962年分别收购干猪肠衣为14.7万根、12.65万根、4.04万根、7.26万根。后国家为鼓励出口创汇,实行奖售政策,1963年增至37.26万根。1964—1971年,在接近50万根至60万根之间徘徊。1972年,供销社肠衣收购增至93.93万根。1973年至1975年各为118.18万根、128.71万根、122.46万根。后因畜牧业发展快速,肠衣资源丰富,出口量却增加不多,肠衣市场出现供大于求的局面。1976年肠衣收购量下降至81万根,1977年为50万根,1978年为60万根。

进入20世纪80年代后,为适应市场竞争,调整产品结构,增产适销新品种,肠衣产量逐年增加,供销社收购量保持持续稳定。1980年收购肠衣为102万根,1981年增至158万根。1984年市场开放后,当年收购102.98万根,此后供销社逐步退出肠衣经营。

猪鬃

民国时,猪鬃多由民间换糖、挑担串乡走村收购后,加工成板刷、鞋刷等生产、生活用品,供应内外市场。宁波解放初由私营猪鬃作坊收购并加工为成品鬃出售。1955年起,省畜产公司委托宁波地区农村基层供销社就地收购猪鬃原料毛。1957年,省社宁波专区办事处以统货收购、采取分等计价办法,购入后供猪鬃厂加工成品,以供工业使用。1958年,猪鬃列为国家一类商品,实行计划管理。

1966年起,受生猪剥皮制革增多的影响,宁波地区猪鬃产量和收购量逐年减少。1973年,猪鬃调整为二类计划商品,收购量有所增加,是年收购291箱(每箱40公斤),以后每年收购量在180箱至240箱之间。1980年增至493箱,1981年增至733箱,为历史最高收购量。1982年至1984年猪鬃收购各为710箱、380箱、521箱。1985年起,省里不再下达猪鬃收购计划,允许上市自由交易,当年收购猪鬃385箱。1986年,因国际市场需求起伏不定的影响,收购量剧减,当年下降至32箱。以后供销社不再经营猪鬃收购业务。

猪禽蛋收购

民国时期,猪、禽、蛋由私商购销或农民自销,市场调剂余缺。1949年冬,鄞县栎社供销社建立开始收购生猪,是年该县上市的1.73万头中,农民自宰1.35万头,供销社收购仅0.38万头。1950年起,供销社为国营商业食品公司代购禽蛋业务。建立于中华人民共和国成立初期的宁波老市区三市的小猪交易市场,历史以来一直是浙东最大的仔猪集散地,当时由农业部门负责兽医检疫。1953年,原市郊甬江公社为加强仔猪市场管理,委派公社兽医站和供销社共同管理。后于1984年移交给海曙区农林局管理。1952年,多数畜产品实行计划、凭票供应。宁波地区商业、供销社有效组织货源,收购家禽,主要是鸭,扩大肉类的销售。当年全区销售猪肉9.02万头,其中宁波老市区销售猪肉1.8万头。

1954年起,禽蛋业务改为自营,农村基层供销社开始收购鲜蛋。5月,中国食品公司宁波分公司成立,统一管理肉禽蛋行业。9月起,国家对生猪实行派养派购政策。12月,中共中央提出统筹兼顾、归口管理、按行业进行社会主义改造的方针。1955年12月,宁波老市区44家猪肉羊肉店分别成立猪肉业、羊肉业公私合营组织。1956年3月,国家对生猪实行派购政策,撤销专业市场,生猪收购和屠宰交由国营商业部门接管经营。

1957年2月,省人委规定,生猪属第二类物资,由国营商业或委托供销社统一收购,农业社和农民不得从事运销,不得同非国家委托或批准的企业单位和个人直接签订买卖合同。对市区养猪户采购小猪不出门,场外交易坚决取缔的办法。是年,食品公司和部分供销社统一收购生猪16.13万头,销售13.55万头,其中宁波老市区销售生猪3.97万头。1960年4月,国家对生猪收购政策采取奖售政策。省政府规定每收购1头肥猪,优待供应精饲料20市斤。1961年4月增至40市斤至60市斤,并供应猪肉3市斤、卷烟2条、卫生衫裤1件或汗衫2件,或胶鞋1双,且按生猪毛重给投售者留肉10%。1962年2月起,奖售随猪禽蛋货源多缺、市场日用工业品供求状况及猪禽蛋的牌价、市场差价高低,随时调整奖售品种和数量。唯家禽收购奖售历时最短,仅1962年5月至1963年8月,鲜蛋自1962年4月至1982年6月。生猪自1960年试行至1984年结束。

1963年,肉类除计划收购外,还实行议价收购。当年收购生猪12.08万头,销售12.89万头,其中宁波老市区销售5.5万头。1964年,猪肉供贯彻"面向省内,面向农村,扩大推销"的原则,对城镇居民实行平价凭票供应;对农村实议价放开供应。慈溪供销社抽调基层供销社主任、采购员64人向台州、平湖、诸暨、义乌等16个县(市)采购苗猪46338头,外调生猪10677头。1965年生猪生产恢复发展,放宽派养派购任务,至1975年11月,国家不准个体屠宰工私宰和出售肉类,重新实行统一收购、统一调拨、统计核算政策,生猪计划到队,任务到户。1973年,全区生猪生产年末存栏104.11万头,为历史最高年份。1977年,收购生猪44.03万头。1979年,调整生猪收购价格,每担由48元提高到62元,销售价格不变。养猪户按收购量进行50%返销。是年,生猪生产年末存栏97.94万头,生猪收购量85.45万头,为历史最高年份。1979年,收购生猪85.4万头。收购家禽(包括鸡、鹅、鸭等)41.62万只。1980年有较大幅度下降,仅收25.14万只。其中白鹅主产区的象山县供销社仅收购9万只。

20世纪80年代初开始,供销社基本退出猪、禽、蛋购销业务。2002年7月,鄞州区供销社参股建立宁波方兴食品有限公司,经营生猪屠宰业务,这是一个具有年屠宰生猪40万头能力的现代化企业。生猪实行统一屠宰后,全区原有的18个乡镇27个生猪屠宰场即时关闭。是年,该公司配置10辆白肉配送车,负责全区近20个乡镇农贸市场40个配送点的白肉定时定点配送。区内销售占总量62%,宁波城区销售占32%。2003年,宁波方兴食品有限公司生猪定点屠宰中心白肉配送网络建成,实行"瘦肉精"检测和病死猪销毁制度。中心屠宰生猪337581头,检出病猪1366头,对其中208头作高温处理,1158头作销毁处理。鄞州区白肉配送覆盖率达90%以上。2004年至2008年,宁波方兴食品有限公司生猪定点屠宰中心共屠宰生猪2256097头,检出病猪7051头,其中617头作高温处理,6343头作销毁处理。销毁猪内脏22608千克。2004年至2007年,区财政支出115.04万元作为检出病猪补偿。2015年,宁波方兴食品公司重视肉品质量安全关,切实抓好宰前宰后瘦肉精检测,抽检比例严格把牢外地猪10%、市内6%—8%,年平抽检率8%以上。认真做好病死猪无害化处理,全年共处理病死猪652头,占总屠宰量3.4%,病变内脏组织65760公斤,统一定点焚烧处理,确保市场供应安全、平稳。是年,生猪屠宰总量达到47万头,创历史第二位。

第二章　农业生产资料供应

农业生产资料是一种特殊商品，搞好农资流通是服务"三农"的一项重要工作。农资流通具有政策性、季节性、地域性、运力要求、使用技术性强的特点。农业生产资料供应是供销合作社的传统经营项目。计划经济时期，化肥、农药、农膜等主要农资商品实行计划分配，并由供销社负责统一经营。1998年，农资流通体制和流通渠道发生变化，国家取消国产化肥指令性生产计划和统配收购计划，由化肥生产和经营企业自主购销。进入21世纪后，全市供销系统构建农资连锁网络体系。2008年，市供销社以市农资公司为龙头，以各县级农资公司为平台，通过联合、重组、加盟等形式整合全市农资经营资源。

1950年3月，宁波专区供销合作总社成立以来，国家在农业生产资料供应政策上经历计划供应、农资专营、放开经营等3个阶段。供销社系统围绕为农服务这个宗旨，根据供销社点多面广和生产资料这个特殊商品，按各个时期的供应政策做好农资供应工作。

第一节　农资供应总况

计划供应

宁波农业以稻作为主，耕作精细，故农业生产资料需求量大、品种多、季节性强。建社初期，农民多以使用农家肥料为主，购买肥料很少。全区供销社系统贯彻"以农家肥为主，商品肥料为辅"的方针，努力扩大肥源，满足农业生产需要，并以供销社为主体担任全区农业生产资料供应的任务。1950年，农村基层供销社供应生产资料的主要品种有豆饼、肥田粉、大明珠、草干种、牛骨、骨粉等。1952年，各县供销社相继设立生产资料组，各基层供销社设立农业生产资料门市部。1954年，宁波地区农业生产资料公司成立，主要经营化肥、农药、中小农具等农资品种。嗣后，经营品种和服务项目日益增多。是年，全区生产资料供应总额2900万元。1956年，合作化大发展后，针对农村生产资料需求上的新情况和新变化，全区供销社贯彻"农家肥料为主，化学肥料为辅"的方针，农资部门开展生产资料劳动竞赛活动。在组织机构方面，进一步充实与健全，全区141个基层供销社都建立生产资料专业商店，设立分销站530处，配备干部1550人，比上年增加一倍。县以上供销社配备干部800余人，比上年增加57%。是年，全区生产资料供应总额3980万元，增长40%。1957年，全区供销社系统农业生产资料供应总额达2811.12万元，完成年计划的109.7%，比上年减少29.37%。1962年，全区农业生产资料供应总额8158万元，完成年计划的107%，增长10%。其中，市供销社农资供应额616.5万元，增长31.2%。1965年，全区供销社系统的农业生产资料供应基本做到落实时间早，品种多，数量足，质量好，而且进一步推广化肥、农药新品12种。

1966年下半年起，因受"文革大革命"的影响，全区供销社系统一时失去原有的组织领导，购销业务从上到下缺乏系统的研究和安排。整个供销社系统处于参加"文化大革命"为主的形势中。在农业生产资料供应上，采取"抓革命，促生产"的方针，维持必要的日常供应。此后连续几年未有政策性的变化。1977年，农业生产资料供应总额7509万元。1978年，生产资料供应总额7800万元，增长3.9%。

1979年，化肥供应实行以肥换粮政策，克服重粮棉生产，轻多种经营的倾向。支农物资不仅数量多，而且供应及时。是年，农资供应总额10272万元，增长31.69%。平均每亩耕地使用165市斤，比1978年增加45斤，其中用于水稻的氮肥约有15万吨，平均每亩130斤，比1978年增长50%，是历史上最多的一年。在支持社队发展多种经营中，全区供销社供应化肥273733万吨，提供2000余件机械设备，180多万元生产扶持资金，以及大量的水泥、钢材、竹木原材料、种畜、种子，使全区多种经营获得新的发展。其中，新发展的茶叶21000多亩，柑橘15000多亩，蚕桑1300多亩。此外，全市供销社农资系统还开展以节约运费为重点的增产节约运动，使农用物资直拨率达到90%以上，共为企业节约开支91万元。1980年，农资供应总额11288万元，增长9.9%。1982年，化肥供求矛盾比较突出。通过加强计划肥料的调运及计划外采购到化肥12900多吨，氮肥22000吨，磷肥19623吨，基本保证全区粮棉生产的需要。是年，农资供应总额11132万元。1983年，农村全面实行联产承包责任制和"两户一体"农业结构。供销社在农资供应方法上，对地产化肥实行"全年一次性分配、张榜公布、分季供应"的办法。是年，全市供销社系统农资供应总额11840万元，增长6.3%。共发放1287万元预购定金，配备900名辅导员，建立126个技术信息问讯处，326个化肥服务站，1625个配药站等，从资金、技术、信息等方面支持农村商品生产的发展。

1984年，全市供销社系统农资供应总额16610万元，增长40.28%。1985年，全市供销社供应化肥、农药、薄膜、毛竹、农机具以及种子、种畜、种苗、饲料等各种农资销售总额16259万元，仅固体氮肥达28.8万吨，比上年增加1万多吨，全市平均每亩耕地使用化肥150多市斤。1986年，做好以粮棉为重点的农用物资组织供应工作。全市农资销售额18400万元，增长13.3%，供应各种化肥41.26万吨，超额完成全年购销计划任务。特别是在化肥计划分配和奖售化肥减少的情况下，农资系统从省内外组织7万吨计划外氮肥和2万吨磷肥，使全市化肥供应量比上年增长20%以上，平均每亩耕地使用化肥达110公斤。是年，发放各种预购定金644万元，生产扶持资金197万元，为农民代储代运各种物资40多万吨，代销农产品3160万元。为实行茶肥、茶煤、茶机挂钩，共提供化肥5500吨。

1987年，宁波市计划单列，而粮食计划未被列入，农资化肥资源仍由省下达给市里。是年，全市供销社系统农资销售总额1.8亿元。全市370万亩耕地平均每亩可施化肥135公斤以上，创历史最高。

农资专营

1988年，贯彻国家关于农资专营的政策。市、县两级农资公司和基层供销社开始实施化肥、农药、农膜专营。建立由农资公司统一进货、统一调拨、统一定价的管理体系。供销社农资部门统一将农资商品销售给农民，其他部门和个人一律不准经营。是年，宁波市农资公司组织到计划外尿素220多吨，从粮食附加税中补贴议转平化肥差价480万元、农地膜补助206万元，用留成外汇进口钾肥比调剂外汇进口便宜240多万元，支援"7·30"灾害化肥财政补助和市农资公司让利70万元等，上述约可使农民获得近千万元的实惠,政府和农民群众较为满意。1988年共供应各种农业生产资料28444万元,增长58%。

1989年是农资实行专营的第一年。市供销社印发《关于化肥、农药、农膜专营的实施细则》(宁供业〔1989〕21号)的通知,广泛推行"四公开、八不准、一监督"制度,层层建立监察审计机构,积极开展农资专营工作的检查、整顿。是年,全市供销社农资销售额33536万元,增长17.9%。采购计划外化肥8万吨,紧俏农药415吨,弥补货源缺口。各类挂钩、奖售及专用肥提前兑现,计划外尿素平均综合价为全省最低。农资市场由混乱转向稳定,假冒伪劣情况得到基本控制。宁波、余姚、慈溪、鄞县等5个市(县)农资公司和鄞县古林供销社等9个单位分别受到商业部和省、市政府的表彰。余姚市泗门供销社生产资料商店的"国产复合肥肥效"试验研究及应用获省供销社1984—1988年科学技术进步奖。

1990年,农资实行专营第二年,全市供销社农资部门严格执行供应政策和专营纪律,保障供应,平稳价格,千方百计稳定农资市场,有力地促进粮棉等主要农产品的丰产丰收。是年,全系统农资供应总额3.5亿元,其中化肥、农药、农膜供应量分别比上年增长7%、9.8%、11.2%。部分县(市)区供销社还开展丰产承包、综合防治、有偿服务工作,使科技兴农和系列化服务工作取得新的突破。市农资公司、市特产公司和慈溪市供销社、余姚市农资公司分别被评为商业部先进单位。1991年,全年生产资料供应总额5.18亿元,比上年增加1.68亿元。慈溪、余姚、鄞县、宁海等部分地区初步形成县(市)、区、乡、村四级供应和技术服务网络,宁海县农资公司成立全省第一家"农资科技服务总站",从而有力地推进农业社会化服务建设。是年,全市农资部门还参与"吨粮田""双百棉"建设16万亩,优惠供应专项化肥1691吨、农药68吨,让利9万元,推广测土配方施肥130余万亩,促进农业科学技术的进步。市农资公司开辟市内省外农资市场,与10多个省(市)农资公司建立业务关系,采取品种串换、边境贸易、代理业务等,年成交额7000多万元。1992年3月,贯彻省政府办公厅浙政办〔1992〕8号《关于认真做好化肥、农药、农膜专营工的通知》,全市供销社农资部门做好以传统性的农资专营为重点的各项支农工作,使农资市场继续保持基本稳定,供应价格低于全省水平。是年,农资销售总额30600万元。

放开与连锁经营

1993年,农资放开经营后,市场出现多渠道竞销的局面。各级供销社农资部门积极做好农资储备与供应,是年农资销售总额3.4亿元,减少10.8%。1994年,粮挂平价化肥政策取消后,尤其是实行新税制后对农资经营的一些具体政策未予明确,国家仍下达保量不保价的化肥资源政策。是年上半年,农资放开经营后一度供应渠道混乱,严重冲击供销社的农资经营业务。供销社农资部门及时组织落实春耕农资货源,落实尿素5.5万吨,钾肥、磷肥、复合肥4.97万吨,各类农药2000吨,农地膜1500吨,满足春耕需求。下半年,贯彻国务院国发〔1994〕45号《关于改革化肥等农业生产资料流通体制的通知》,市供销社与市工商局联合印发《关于清理整顿农资市场的通知》(宁供业〔1994〕109号),对全市农资经营单位和个体经营户进行清理。同时明确由供销社农资公司为农资供应主渠道和2个辅助渠道(农业"三站"和化肥生产企业自销)经营,其他任何单位和个人一律不得经营农资商品。是年,实现农资销售额3.38亿元,与上年持平。虽然农资经营出现政策性亏损,但仍把尿素价格每吨降到1400元以内,并向政府部门提出建设性的意见,以尽量减少尿素限价后出现的负效应。

1995年,全市农资流通体制改革步伐加快,探索农资经营新模式,积极推进县、基两级连锁和联网经营。市供销社及市农资公司成立管理委员会,以市农资公司为连锁总部,基层供销社生产商店为连锁店,对尿素等化肥农药和农膜、部分农具实行统一进货、统一作价、统一调拨、统一差率分配、统一销售政策的"五统一"经营模式,发挥系统联合优势,建立农资经营连锁体系。是年,市供销社依托宁波港优势建立2.2万吨级的化肥储备库,农资中转辐射15个省、市。市农资公司作为全市生产资料组织供应的龙头企业,承担系统内组织牵头沟通工作,规范实施"五统一"联购分销体制。是年,实现农资销售额14.54亿元,比上年增加3倍多。

1996年,省、市政府关于粮棉挂钩化肥新政策出台后,市供销社农资系统在"保量、稳价"的前提下,深化农资流通体制改革,积极开展农资连锁和联销经营,制定"自律公约",推出"放心承诺",严格执行"四公开、八不准、一监督"制度,使全市农资价格平均下降10%左右。市农资公司在全国农资系统率先实施"放心工程"建设,并采取以商补农等办法补贴农资经营,确保农资供应总量平衡和粮挂化肥的兑现,鄞县、慈溪等地组建的种植大户协会还对资金短缺的大户所需农资商品进行赊销。全市79个基层供销社相继加入农资连锁网络,常年供应网点达300多个。不仅对当地的农资供应做到货足价平,而且还利用自身所在地区的优势,向市内、省外地区辐射,如市农资公司充分利用宁波港口和石化厂的优势,与华东地区的一些省、市农资公司建立起销售网络,向外销售化肥6000多万元。在是年7月召开的全国农资系统工作会议上,国务委员、全国供销合作总社主任陈俊生表扬"宁波市农资工作搞得不错",并要求在全国范围内进行推广。《人民日报》《浙江日报》分别刊载宁波市农资工作的连锁经营经验,市政府决定给予宁波市供销社以通报表彰,并对农资工作成绩突出的有关人员奖励10万元。是年,全市供销社系统农资销售额15.66亿元,增加1.12亿元,增长7.7%。

1997年,市农资公司积极争取落实市政府关于粮棉挂钩尿素政策性亏损补贴、议转平补差、淡季储备贴息等优惠政策。鄞县、余姚、奉化、宁海等县(市)供销社及时调运叶青霜、敌敌畏等农药供应;甬北农资公司建立流动销售小组实行定点定时供应农资商品的办法,既占领阵地又方便服务农民。是年,市农资公司被全国供销合作总社授予"在销售农资商品'千县万社无假货活动'中有突出成绩的集体"称号,这是浙江省唯一获此荣誉的农资企业。为此,《宁波日报》刊登《开拓农村市场,加快自身发展——宁波市供销社系统主要经济指标居同类城市首位》的专题报道,其中对农资经营、管理服务工作进行报道。1997年,由市农资公司在全市农资系统内,按照自愿、平等、互利的原则,吸纳县(市)区农资公司参加连锁经营,从而形成市、县、基三级农资连锁网络,县、基连锁面进一步扩大,全市76家基层供销社中有73家基层社与县(市)区农资公司实行连锁经营。

1998年,在国家流通体制实行重大改革的情况下,市供销社在农资供应中主要采取以下四条措施,一是集中资金,控制源头,保证总量。二是加强以防止假冒伪劣农资商品为内容的质量管理,配合工商、技监等部门开展打假保农业行动,查处无证经营坑农行为,维护市场秩序,保护农民利益。三是延伸供应网点,抢占市场阵地。四是开展"上门调查、预约登记、送货到村"等多种"连农怀"农资优质服务系列活动。各地基层供销社农资供应部门通过开展送货上门服务等多种形式,坚持科技先导,优质服务,通过农资商品的售前、售中、售后的用药用肥指导,及时通报病虫害情报、信息,以录像、广播、《农资简报》等宣传载体向广大农民介绍农资科技知识、推广新品种,庄稼医院坐堂门诊、下乡出诊。是年,全市供销社农资销售总额12.25亿元,其中市内零售1.97亿元,市外销售比例高达84%。1999年,市供销社参照省级化肥风险资金办法,由市财税局、物价局、供销社3家联合商定,建立宁波市级化肥风险资金制度。市、县两级农资公司积极与镇海炼化等化肥生产企业加强产销衔接,提高淡季储备能力,优化商品结构,立足于控"氮",稳"磷",增"钾",春耕期间可供化肥 15 万吨。

2001 年 4 月,贯彻落实中央有关整顿和规范市场秩序工作会议精神,制订供销系统实施方案,落实具体措施。组织各县(市)区供销社 750 多个农资供应网点开展商品质量自查、互查和自纠自查活动,并对慈溪、镇海、象山、宁海、奉化等县(市)区供销社农资供应网点进行重点抽查,对净化、规范系统农资市场起到推进作用。市农资公司吸纳 37 家有发展潜力的基层农资网点,统一挂牌为"宁波市农业生产资料公司特约经销单位",实行"统一标识,统一进货,统一管理"。并在商品质量、价格和信誉保证等方面"约法三章",对违约或年度考核不合格者摘牌并扣罚信誉保证金。慈溪市供销社在原慈溪市农资公司改制后,另外出资组建由慈溪市供销社控股的四海农资公司;镇海区供销社单独组建全资的农资储备公司。市、县两级农资公司还大力发展总代理、总经销商品经营,探索直销式经营等,提高农资商品的规模效益,降低经营成本。市农资公司仅"两总"经营的复合肥品种就达 10 余个。是年,全市供销社农资企业销售化肥总量达到 55.43 万吨、农药 9987 吨、农膜 2940 吨。

2002 年,市、县两级农资公司发挥龙头优势,联合基层供应服务网点发展连锁经营和一体化经营,北仑区农资公司在基层农资部门改制后,先后三批整顿、调整、发展农资供应网点 29 家,并重新办理农资连锁供应网点营业执照,总数达到 51 家;奉化市供销社将原基层社农资网点并入奉化市农资公司作为其下伸网点,并重新注册登记 43 个网点的营业执照,逐步实现农资的一体化管理和连锁经营。鄞州区供销社于是年 3 月牵头成立县级农资行业协会,吸纳全区 90 家农资经营主体为会员单位。2005 年,慈溪、余姚农资公司率先推进农资连锁经营,建成 300 家连锁农资店,有效遏制农资市场竞争过度、秩序混乱的局面。市农资公司与余姚市供销社等联合组建农资连锁有限公司,建成 70 家连锁农资店。慈溪市兴合农资配送有限公司成立,设立化肥、农具、农药、农化服务 4 个业务部,配备送货车辆 8 辆。建成全省规模最大的农资超市,开办农资连锁店 52 家,遍布各镇(街道),全年储备尿素 6600 吨。余姚市甬舜农业生产资料有限公司正式配送经营,下设 3 家农药配送分公司,205 余家连锁店,城乡覆盖率达 100%。市农资公司和鄞州区供销社联合组建的鄞州区禾丰农资连锁有限公司,对区域内 100 多个连锁供应网点进行装潢。宁海、象山、北仑等县供销社启动筹划农资连锁经营,创建一批村级农资示范店,可以说是政府对农资工作空前重视,供销社积极性空前高涨。

2006 年 2 月 13 日,鄞州区供销社在原农资公司歇业的情况下,与市农资公司、新江厦连锁有限公司三方联合经营农资业务。通过连锁加盟的方式,替代原来与基层供应店的关系,以市场化的运作替代过去的全资计划式的经营方式。对全区农资网点进行全面整顿和规范,原 118 家农资网点,经验收合格的 113 家,并设立 6 家农资直销店,并与区外 91 家农资经营网点建立经常性的业务合作关系。同时区政府下拨 216 万元专项资金,用于农资网点的建设改造;对化肥农药储备贴息按实结算,下拨贴息款 44.78 万元。8 月 18 日,镇海区农业生产资料行业协会成立。该协会由全区 25 家农资企业组成,由区供销社牵头组建,并出资进行工商登记注册。象山、北仑等县(区)先后出台推进农资连锁经营的政策,与市农资公司联合组建农资连锁龙头企业,建立配送中心,全面推进基层连锁网点建设。奉化市供销社对农资市场采取"五不"方针(即农资服务队伍不散、阵地不丢、网络不破、服务不减、高残农药不卖),确保供销社在为农服务中的主力军作用,该市固定和临时农资供应网点达到 205 个,比实行农资专营时增加 15 个,并实施电脑联网规范化管理。10 月 6 日,象山县丰润农资有限公司成立,注册资本 1500 万元。由宁波海阳总公司(象山县供销社)出资 1020 万元、市农资公司出资 480 万元,所属农资经营连锁网点 118 家。

10月8日,市农资公司与各县(市)区农资连锁经营龙头企业联合成立全市农药购销联盟。为全市农资连锁网点提供优质优价的农药产品。镇海炼化明确全年供应全市12万吨优质尿素指标,统一由市农资公司协调和调拨,全市已发展农资连锁经营网点600余家,农资销售额7.43亿元。

2007年,新发展农资连锁门店100家,总数806家。是年,向农民供应各类化肥35万吨,农资供应总额8亿余元。对外与台州市社合作组建农资联合体,对内组建全市农资流通行业协会,集中优势资源开展联合经营和服务。5月25日,甬台农资有限公司开业。该公司由市农资公司与台州市农资公司、鄞州区禾丰农资公司、余姚市甬舜农资公司4家企业合资组建而成。年底,宁波市供销社农资连锁经营示范店评选揭晓,余姚市兰江街道石婆桥农资连锁店等25家农资连锁店被评为农资连锁经营示范店。奉化市农资公司以16456.94万元主营业务收入入围中国农资流通协会发布的2007年中国农资流通县(市)销售百强企业名单榜第52位。2008年,全市供销社系统供应各类化肥35万吨,农资供应总额6.23亿元,市场占有率回升到80%以上。全市供销社系统建有912家基层农资连锁店,8家农资连锁经营龙头企业,6家农资配送中心,共有小农资连锁店1795家,从业人员3090人。2月,鄞州区禾丰农资连锁有限公司首办宁波市供销社农化服务中心,建成一个资源共享、信息互通、即时通报、及时反馈、决策果断的信息服务平台。12月,宁海县丰庆农资配送储备有限公司改造重组,注册资本1000万元。余姚市兰江街道石婆桥农资连锁店等25家农资连锁网点被评为市供销社系统农资连锁经营示范店,其中余姚8家、象山5家、鄞州4家、北仑2家,慈溪和奉化各为3家,慈溪市、鄞州区供销社被评为市供销社系统农资连锁经营优胜单位。

2009年,新增农资连锁经营门店64家,累计976家,全市农资连锁经营服务网络初步建成,基本覆盖全市农村。3月20日,市政府发文,确认市农资公司为全市农资商品地方储备企业,承担全市农资商品化肥、农药两项储备任务,每年由市财政给予农资储备补贴。4月,鄞州区供销社制定《星级农资经营单位建设标准》《小农资店规范建设补助办法》。5月,宁海县丰庆农资配送储备有限公司启动经营,这是宁海县唯一经政府批准的农资连锁配送储备批发企业,下属农资经营网点110家。奉化市供销社组建农业生产资料有限公司,农资配货项目动工建设。至年底,全市除镇海区外,市供销社和7个县(市)区供销社均组建农资连锁经营龙头企业,共有连锁门店976家。全年农资供应总额9.4亿元。

2010年至2014年,市供销社农资系统顺应现代农业发展的新要求,市、县两级供销社较好承担起农资储备和市场调控任务,农资商品"联采分销"平台建设不断深化,推进农资商品直供配送,连续五年开展春耕、双夏"支农惠农"优质服务活动,确保全市农资货源充足、质量安全,价格低于周边地区。

2010年9月3日,宁波市甬丰农资股份有限公司成立,标志着全市供销社系统在农资流通领域进入大联合、大发展的新阶段,全市供销社农资系统初步形成以乡镇(街道)、村级两级农资连

2019年,江北区优质稻米栽培技术培训暨春耕备耕启动会在甬丰现代农业服务中心举行

余姚市供销社现代农业服务中心

2011年3月20日,市供销社机关组成送肥小分队到鄞州区高桥镇岐阳村为种粮大户送尿素

2011年12月10日,市供销社和中国农资传媒联合主办的首届中国高端特种肥料行业发展论坛在宁波南苑环球酒店举行

锁经营门店为网络终端(时有农资连锁门店984家)、县级农资公司为区域网络骨干(有7家县级农资公司)、甬丰农资股份公司为龙头的布局,是相对合理、经营规范、运作高效、协调发展的多元化、连锁化的农资流通体系。12月,市政府办公厅同意市甬丰农资公司为全市农资商品储备企业,承担全市农资商品储备任务。全市各类农资商品销售达40万吨,实现销售额9.3亿元,市场占有率80%。慈溪兴合农资公司、鄞州区禾丰农资连锁有限公司、余姚甬舜农资公司和奉化市农资公司等4家企业获评"浙江省诚信农资示范企业"。其中,市甬丰农资股份有限公司、鄞州区禾丰农资连锁有限公司被中国农资流通协会、中华合作时报社、中国农资传媒评为"2009—2010年全国百佳优秀农资经销商"。

2011年,奉化市农资配送中心工程(4200平方米仓储,9700平方米综合楼)建成投入运营。市甬丰农资公司组建成立以来,基本确立全市化肥、农药购销龙头地位,并与河南中原大化、山东聊城鲁西、安徽昊源化工、浙江晋巨化工等国内知名企业达成区域总经销协议,逐步实施大宗化肥品种和农药的联购分销。尿素、进口复合肥、四明碳铵等品种基本实现"统一采购,区域分销"的运作,有16个国产复合肥品种进入联购联销平台,争取到区域总代理商品60多种,农药配送额近2000万元,实现全国总代理产品1个,浙江省区域代理产品10个,宁波市总代理产品达到50余个,并联合中华合作时报社、中国农资传媒,举办首届中国高端特种肥料行业发展论坛。同时推动高端特种肥料在宁波市域内的推广和使用。鄞州区禾丰农资连锁公司与舟山禾丰农资签订经销协议,取得在舟山地区的农资商品全权经营。是年,全市供销社系统农资销售额14.42亿元,增长55%。

2012年,全市供销社农资系统农资销售额15.9亿元,增长10.2%。慈溪市兴合农资配送有限公司、余姚市农业生产资料公司、宁海县丰庆农资配送储备有限公司、宁波市甬丰农业生产资料股份有限公司、宁波北仑甬港农业生产资料有限公司、奉化

奉化区农业生产资料有限公司

化肥卸货

慈溪市兴合农资配送有限公司

2011年3月,宁波市委副书记、市长刘奇考察农资网点

市农业生产资料有限公司、鄞州区禾丰农资连锁有限公司等被评为省供销社系统农资龙头企业。全市农资现代经营服务网络全面建成,农资连锁经营网络覆盖全大市。到2012年底,形成以乡镇(街道)、村两级农资连锁经营门店为网络终端(农资连锁门店993家),县级农资公司为区域网络骨干(7家县级农资公司)、市级农资企业为网络龙头的布局,是相对合理、经营规范、运作高效、协调发展的多元化、连锁化的农资流通体系。至年底统计,已成立1家市级农资行业流通协会,7家县级协会;建成1家市级农化服务中心,庄稼医院156家,拥有庄稼医生近600人;建成农作物病虫害专业化防治服务组织8家。

2013年全市供销社农资系统销售额16.9亿元,增长6.3%。2014年8月,市甬丰农资公司率先引入的大型自动化配方肥生产线。11月5日,全市首条自动化配方肥生产线正式投产,日产配方肥100吨,一批次2吨即可生产。自产配方肥投入使用后,进一步节省农民用肥成本,比农户自行施用复合肥亩均可进一步节约成本50元以上。象山县农资配送中心竣工验收,鄞州农资配送中心开工建设,余姚农资配送中心完成土地摘牌。江北甬丰现代农业服务中心挂牌成立,市农资公司建设的临山、栲栳山、杭州湾、植物工厂等一批现代农业示范项目运行出产。12月,余姚市舜昌动物药业有限公司等17家农资经营企业信用等级被评定年度A级单位,宁波杭州湾新区海潮兽药经营部等409家农资经营企业信用等级被评为B级单位。是年底统计,全市供销社系统农资公司9家,农资配送中心10家,农资连锁经营网点1019家。

2015年，全市农资系统农业社会化服务平台快速起步，以现代农业综合服务中心建设为抓手，努力推动从农资供应服务商向现代农业综合服务商转变，促进转型升级。市、县供销社依托社有农资企业组建公司制运营主体，建成江北庄桥、慈溪长河、象山龙兴、镇海九龙湖、奉化尚桥等5家现代农业综合服务中心，逐步充实服务内容，向农民提供产前要素供应、产中技术服务、产后产品销售等一站式服务。是年，全市供销社系统农资经营企业12家，农资销售额15亿元。其中，供应化肥16.01万吨；建设试验示范田2.7万亩，推广农田病虫害防治面积23万亩。

宁波市供销合作社开展农技培训

奖售和农资政策

计划经济时期，化肥供应主要由奖售化肥和计划分配两个方面组成，少量化肥实行敞开供应（包括议价供应部分）。1951年，省供销社对贫苦农民实行赊销贷肥政策，同时对社员优待供应化肥。1953年，国家停止肥料赊销，由人民银行统一发放农业贷款，供销社对农民实行现销供肥。1954年开始，为促进农业合作化，对组织起来的农民优先供应化肥。1956年，省供销社在供肥方案中规定，化肥供应以农场、农业生产合作社、互助组为主，给予优先供应，对贫苦个体农民予以适当照顾。1958年人民公社化以后，化肥逐级分配到生产队，只供应集体，不供应个体农民。1961年开始，国家对化肥、农药实行计划供应，统一定价政策，化学肥料在农业生产中推广，主要为粉剂和高毒农药。同时，对棉麻、茶叶、蚕茧等主要农产品收购实行化肥奖售政策。供销社根据生产队投售农副产品的数量，按奖售标准计算，供应化肥。1962

化肥仓库

鄞州区禾丰农资公司装运农资商品现场

年，国家对部分农副产品实行化肥奖售，对中药材、良种繁殖、杂交制种、发展茶叶和蚕茧等供应专用化肥。省人民委员会扩大农产品收购的化肥奖售有棉花、黄麻、蚕茧、食糖、柑橘、油料、生猪、丝瓜络、粮食、蜂蜜、中药材、草籽种和出口猪等。

1966年，对麦冬实行奖售。1969年，省革命委员会生产指挥组决定取消各种奖售化肥。因取消奖售化肥后农民不积极投售农产品，对收购工作不利，1970年又恢复奖售化肥。以后奖售化肥的农产品不断增加。1973年，对茶叶、烟叶、蚕茧等实行奖售，除奖售外还有换购、补助化肥的形式。1978年，对农产品收购的化肥奖售品种，调整为氮肥70%，磷、钾、复合肥为30%。其中对水稻和春花作物的化肥，有奖售部分，也有按种植面积实行计划分配。1979年，为适应农村联产到户生产责任制的贯彻落实，全面推行奖售化肥以卡代票，一次性与生产队社员见面，实行"一年早知道"，以利于农民有计划用肥，合理施肥。1982年，推行农村家庭承包责任制后，供应化肥由原来生产队集体购买，变成一家一户购买，带来供销社售肥工作量大增。慈溪、余姚、象山、鄞县基层供销社肥料供应点由原来256个增加到294个，营业人员从原来1851人增加到2411人。1983年，水稻化肥采取按计划面积与产量相结合的分配办法，同时对粮食、油料的定购任务，实行与化肥挂钩的办法。化肥奖售政策从1961年开始到1983年实行20多年来，中间虽有作物品种变化和奖售比例的增减，但对粮棉等主要农产品的奖售政策变化不多，这对促进农产品的发展起到较大作用。

1984年，随着供销社体制改革的不断深化，同时改革化肥的经营管理制度，由原来的"统一计划、统一分配、统一价格、统一调拨"的做法，改为视市场供求情况，分别管理的办法。一是对优质化肥如尿素、硫铵、进口钾肥、复合肥等继续实行分配的办法；对氨水、磷肥实行按需分配，敞开供应；对碳铵实行按量按需分配、计划供应和敞开供应相结合；对计划外购进的高价化肥，实行自由选购。二是改革化肥奖售政策，以适应农副产品购销政策调整的新形势。除国务院和省政府规定有统派购的农产品继续实行奖售外，凡已退出统派购的农副产品，一律相应地退出奖售。对非统派购的品种，供销社根据国家需要和市场供应情况，可以向农民和生产单位以优质化肥换购必需的农副产品。换购的品种、数量、标准、起讫日期，均由双方确定，并签订合同。三是减少化肥经营环节，地产化肥由原来县、基两级经营改为县公司和基层社联营。利润分配上小下大，一般控制在县公司35%—40%，基层社65%—70%。

1987年，贯彻执行国务院和省政府规定，对化肥等主要农资商品，除供销社和生产化肥企业外，其他单位未经工商行政部门批准不得经营。同时对地产碳铵实行统一计划、统一安排分配。1989年9月，国家对化肥、农药、农膜等主要农资商品实行专营。1994年，贯彻国务院国发〔1994〕45号《关于改革化肥等农业生产资料流通体制的通知》，市供销社、市工商局联合下发《关于清理整顿农资市场的通知》（宁供业〔1994〕109号），对全市现有的农资经营单位和个体经营户进行清理，对确定符合经营资格的企业和经营单位，重新登记，继续保留经营农资资格；对不确定符合经营资格和条件的企业和经营单位，予以注销登记。并明确由一个主渠道（即供销社农资公司）和两个辅助渠道（农业"三站"和化肥生产企业自销）经营，其他任何单位和个人一律不得经营农资商品。1995年起，农资流通体制改革，实行农资放开和连锁经营，探索农资经营新模式。1998年，国务院颁布《关于深化化肥流通体制改革的通知》（国发〔1998〕39号），正式取消国产化肥指令性生产计划和统配收购计划，国家对化肥流通的管理由直接计划管理为主改为间接管理为主。流通管理实行"一主两辅"的政策，即以供销合作社及农资公司为主渠道，"农业三站"（植保站、土肥站、农技推广站）和企业自销为辅渠道。1999年，贯彻省政府《关于要求各地为稳定化肥市场和价格建立化肥风险资金和化肥储备制度的通知》（浙政发〔1999〕7号），建立市级化肥风险资金制度。

2006年12月11日起，根据中国加入WTO的承诺，化肥分销业务（包括批发和零售）实用对外资开放。2013年11月，市政府决定，自2014年起建立市级农资淡季储备制度。2014年，财政预算安排600万元，专项用于农资商品储备费用补贴，以后年度根据储备任务调整及相关储备费用变化相应调整预算规模。储备实施单位为宁波市甬丰农资公司。

表 5-6　1954—2015年农资商品供应总额

单位:万元

年　份	供应金额	年　份	供应金额	年　份	供应金额
1954	2900	1986	18400	2009	94000
1956	3980	1987	18000	2011	144200
1957	2811	1988	28444	2012	159000
1958	4890	1989	33536	2013	169000
1959	5680	1990	35000	2015	150000
1962	8158	1991	51800		
1964	5260	1992	30600		
1977	7509	1993	34000		
1978	7800	1995	145700		
1979	10272	1996	156600		
1980	11288	1998	122500		
1984	16610	2006	74300		

第二节　有机肥料

有机肥料,亦称"家用肥料"或"土肥料",主要包括人粪尿(便)、厩肥、堆肥、绿肥、饼肥、沼气肥等。具有种类多、来源广、肥效较长等特点。民国时,宁波农村农民多数习惯施壅农家自积土肥、猪牛厩肥和草木炭等。商品肥料只有饼肥、牛骨粉、明矾、渔杂肥及城区粪肥,均由私人经营。1950年,供销社建社初期,经营少量化肥,主要供应硫酸铵(肥田粉)和牛骨粉。初期以赊销、贷款等方式向农民提供有机化肥。供销社经营的有机肥料主要有杂肥、绿肥二类:

杂　肥

宁波解放前,宁波农民以饼肥、灰肥、河泥、人畜肥等农家肥为主。中华人民共和国成立初,宁波老市区有大茂牛骨行经营骨粉,多销往郊区、鄞县乡村和奉化养草籽种地区。1950年,各地供销社建立后,组织经营杂肥。贯彻"农家肥料为主,商品肥料为辅"的方针,积极做好肥料的组织供应工作。还组织群众开展积肥、种肥、养肥和造肥工作。当时供应杂肥的主要品种有牛骨粉、豆饼、菜籽饼、棉籽饼、明矾、酱渣、卤晶、石灰、蛳灰、鱼杂肥等。是年,鄞县供销社供应肥田粉25吨,牛骨粉18.6吨。慈溪县供销社供应肥田粉22.45吨,酱渣28.8吨,棉籽饼19吨。奉化县供销社供应肥田粉16.2吨,牛骨粉13.6吨。各县供销社除省供销社统一拨给货源外,自行派员到骨粉产地内蒙古、河北、山东、东北等地组织骨粉。1951年,省供销社决定饼肥一担起批,按零售价的95.6%折算给供销社社员,农会会员按1%折价优惠。1950年至1954年,以豆饼、菜籽饼、棉籽饼为主,1955年起饼肥减少由化肥和其他肥料所接替。

1952年开始,饼肥由供销社统一经营。重点供应主粮产区和棉、麻等经济作物区。区内有菜饼、桐饼、棉饼、卤晶等,由当地供销社收购供应,还对贫苦农民和社员赊销贷肥。是年,省供销社计划调拨骨粉供应各县供销社,其中供应鄞县骨粉419吨,余姚县骨粉425吨。1953年,贯彻全国供销合作总社提出的"以地性肥料为主就地取材、就地加工、就地供应"方针,各县供销社开展棉桐籽和牛骨收购,加工饼肥。是年,省供销社下拨牛骨粉给宁波专区农业生产资料批发站经营,共供应骨粉3800吨。1954年下半年起,省供销社根据省平衡计划,对宁波专区站按原价调拨结算下拨骨粉。1955年供应骨粉6870吨,1957年供应7524.7吨,1958年供应12479吨,后因骨料紧张,1959年降至1923吨,次年采购杂骨进行加工,用"以骨返粉"办法供应。

1959年至1960年,由于猪、牛、羊货源减少,全区供销社开办的8个颗粒肥料厂生产15000多担颗粒肥料供应给农民,有的县供销社还帮助农业社自制颗粒肥料。象山县供销社农业生产资料经理部和基层供销社组织人员到海岛和水产集散地帮助生产队收集利用鱼肥,石浦、南田供销社建造鱼肥池(储量10吨),还备好竹篓、草袋交给渔船,把鱼头、鱼尾、鱼骨、鱼肚肠等收集起来作肥料。奉化大桥江口等地发现泥炭资源可做农田基肥,于是奉化供销社在大桥镇光明村建造颗粒肥料加工场,以泥炭、霉烂垃圾掺合发酵为原料,半年生产粒肥13.5万公斤,后因肥效差、成本高,难以维持而停产。1958年,由于化肥供应不足,各县供销社还组织苦楝树、酱渣、皮屑、脚爪、毛发等10种土杂肥18余吨。以后各县以绿萍、田菁等代替土肥。

1960年,镇海、鄞县、宁海、象山县供销社共组织各种鱼杂肥计5吨多。宁海县山区基层供销社还组织探肥队登高山攀峻岭、钻山洞,发掘大量的机干泥、香灰土和鸟粪等肥料。余姚县供销社开办石灰厂,以满足农业用灰需要。象山县生产过蛎灰,供县内使用。1961年,省农资公司和宁波专区生产资料站组织人员到省外采购,并通过全国物资交流会与各产区联系订货,多方组织骨粉货源。同时组织协作采购团,向东北、西北、西南地区采购。通过协作采购,年供骨粉5000吨左右,使骨粉供应状况有了好转。至1962年供应骨粉5902吨,比1960年增长84%。1962年,根据宁波市委要求,全市40多万亩绿肥每亩需要施用骨粉5斤,宁波市供销社共组织到骨粉21994担,比上年增加2.5倍。1963年,国务院提倡杂骨利用实行"先胶后肥",骨胶厂所产的骨粉按供骨量60%返还供骨单位。从此,骨粉分配实行"以骨换粉"的办法。1966年,宁波地区农资公司不再代省经营骨粉,改由县、基两级供销社经营。

慈溪庵东卤晶由省盐业公司组织生产,由慈溪庵东区供销社收购后,统一由省供销社生产资料经营管理处平衡计划,组织产销订立购销合同,按计划调拨区县供销。1972年,计划内卤晶改由慈溪县盐业公司收购调拨,计划外卤晶仍由庵东供销社收购调拨。1981年以后,市场开放,卤晶实产销直接挂钩。庵东卤晶年产量3500吨左右。1968年外调4473.7吨,1969—1973年平均每年外调2211吨,1976—1980年平均每年外调1601吨。

1970年以后,骨粉列为三类物资,除省调拨骨粉外,各县农资公司向省外采购。1979年以后,全部自行采购供应,供应量随着化学磷肥的增加而日趋下降,后渐由磷肥取代骨粉。

绿 肥

绿肥俗称草子,分草子(学名紫云英)和黄花(苜蓿)。曾是农作物的主要肥料,对改良土壤,增加肥力,具有很大作用。草子种籽主要产于鄞县、奉化,苜蓿种籽产于慈溪、余姚,除每年满足本地需要外,还调往省内外。奉化县的红花草籽种优于黄花草籽种,农户收获后,除部分留用外都投售于市场。中华人民共和国成立以后,供销社担负草籽种的收购、调剂和供应任务。1951年慈溪县供销社收购草籽种220担,供应1036担。1952年国家规定草籽种列为供销社统一收购调拨供应物资。1954年贯彻"就地收购、就地供应"的方针,全区种植绿肥面积达153.6万亩。1955年,供销社收购紫云英种籽1132吨,苜蓿种籽522吨;外调紫云英种籽394吨,苜蓿种籽209吨。

1956年,鄞县、奉化县素有的紫云英种籽质量最好。当年,鄞县、奉化代省留种紫云英7.5万亩,两县收购、外调草籽种392万斤。慈溪、余姚代省留种苜蓿6000亩。1961年,省确定鄞县、奉化县为红花草籽种商品基地。1957年,草籽种列为供销社统一收购的二类农副产品。主产区鄞县、奉化的草籽种由当地供销社统一收购。1971年又增加宁波(市郊)、余姚县。20世纪60年代以后,随着化学肥料的推广使用和不与春粮争面积的政策实施,绿肥多数由纯种改为间种,草籽种的供应量逐年减少,收购也随之减少。1961年以后,宁波地区逐步推广试养绿萍。绿萍又名满江红,是一种有固氮作用的水生绿肥。

1964年,各县供销社配合农业部门开展宣传,进行试验示范,并组织调剂供应养萍工具和培绿萍所需的磷肥、薄膜、小竹等物资。是年,鄞县供销社指导乡村农民试养绿萍、田菁获得成功。1966年,省农业厅、省供销社等部门印发《关于推广稻田养萍的通知》。宁海县供销社组织人员到温州学习,向乐清聘请养萍师傅,各基层供销社配备辅导员,参与农田养萍试验。试验证明,早稻田养萍作肥料,一般能增产稻谷一成左右,从而逐步在全县推广。1970年全县稻田养萍1.5万亩,1975年为8.4万亩,1977年发展到10.7万亩,74%以上的生产队养了绿萍。为此,宁波地区供销社和省农资公司先后在宁海召开现场会,推广养萍经验。

1967—1976年,农业生产三熟制(春粮、早稻、晚稻)播种面积不断扩大,化学肥料不能满足晚稻基肥,供销社配合农业部门,试验推广水生水稻基肥"三水一绿"(水葫芦、水浮莲、水瓜子〈革命草〉和绿萍),并作为支农的重点项目来抓,帮助指导社队利用河滨、池塘和其他水面放养"三水一绿",即"三水"与河泥拌和制成沤肥,作晚稻和其他作物的肥料,"一绿"(绿萍)可作早稻田厮肥。由于"三水一绿"不占农田,繁殖快,产量高,水面绿化有较大发展。1974年,慈溪县"三水一绿"面积达14274亩,其中水面绿化10231亩。后来,由于化肥生产增加,而"三水一绿"植物生长难过严冬,养户繁殖均有困难,致使未能延续推广。1975年,宁波市、镇海县试行早稻套种田菁作为晚稻肥料。田菁过去一直在海涂上种植,以改良盐碱土,并利用它的茎秆枝叶和籽实,为改良盐碱土壤和供应各地试种需要。在棉、茶、桑等作物间套种,压青作肥料。1978年,宁波地区农资公司在宁海城关和鄞县鄞江等地建立萍种繁殖基地,帮助缺种县调剂萍种20万公斤。是年,全区棉田套种田面积比1977年增长44.74%;"三水"面积比1977年增长21.8%。稻田养萍面积比1977年增长15.2%,如宁海县长街区大湖大队16生产队的147亩稻田1977年至1978年间,逐步扩大稻田养萍90%以上,套种田70%,做到有机肥料与化肥的合理施用。1977年每亩粮食产量1176斤,比1976年增长26%,1978年达到每亩1504斤,又比1977年增长27.8%。1980年,贯彻"自留互剂,就地解决"的指示,调整草籽种的生产方针和购销政策,由生产队自选、自繁自留、自用为主,供销社调剂为辅,商品由二类改为三类,价格下放到县,开展议购议销。1986年后交由县种子公司购销,从1987年开始供销社不再经营草籽种。1990年以后人工养殖绿肥基本消失。

第三节 化学肥料

化学肥料,简称"化肥",也称无机肥料,是用化学和(或)物理方法制成的含有一种或几种农作物需要营养元素的肥料。按营养素划分为氮肥、磷肥、钾肥、复合肥、菌肥和微量元素肥等。化学肥料的特点是成分单纯、营养价值高、用量少、肥效快、肥劲猛。中华人民共和国成立后,通过经济宣传工作,化学肥料逐步推广使用。1950年,供销社建立后,即为省土产公司代销化肥,并以2%的优惠价优待供销社社员和农会会员。是年,根据全国供销合作总社关于开展肥料业务的指示,以现购现售为主,结合赊销订购的办法。赊销订购的对象,主要是以种植农作物的农民和贫雇农为主。

1951年,由国家拨肥贷款,委托供销社经营肥料。1952年,国家向农村推广化学肥料,同时规定肥料全部由供销社统一经营和管理。肥料货源大部由省外调入或进口,以氮、磷、钾化肥为主,由省供销社统一计划、统一分配、按级负责、各负盈亏,宁波专区、市和各县供销社也建立经营机构,按肥料分配计划,采购、调拨和供应。1952年1月起,肥料供应业务全部由供销社统一经营。20世纪50年代,供销社经营的化肥主要有两大类:氮肥类有硫酸铵、硝酸铵、硝硫酸铵、硝酸铵钙、氯化铵、石炭氮、氨水等;磷肥类有普通过磷酸钙、重过磷酸钙、钙镁磷肥、硼肥、钾肥等,共有20余个品种。其中单含一种营养素的称单质肥料,含2种营养素以上的称复合肥或混合肥料。1954年,全区供销社农资系统供应化肥1037吨。1955年10月,宁波地委批转省社宁波办事处党组《关于1956年化肥重点供应合理分配的方案》中提出,要切实贯彻"以就地取材,就地加工,就地供应服从调配,大力发掘地方肥源为主,外来商品肥料为辅"的方针,按照不同作物,合理分配的原则,有计划重点供应。20世纪60年代以后,化学肥料品种逐年增加,农民开始重视氮、磷、钾多元素化肥配合施用,氮肥由原来的硫酸铵发展到优质高效的尿素。1961年6月,根据全省新化肥试验工作会议精神,全区供销社农资供应部门做好新化肥试验工作。新化肥主要有氨水、钙镁磷肥等5种。20世纪70年代起,推广"5406"固氮抗生菌肥,试制土氨水肥、碳铵等。

1976年至1988年,全区供销社年平均销售化肥31万吨左右。1989年,农资实行专营后,化肥销售有较大幅度的增长。据统计,1989年至2015年全市供销社农资系统年均销售各类化肥45万吨左右。

供销社经营化学肥料主要是氮肥、磷肥、钾肥、复合肥、菌肥与微量元素、明矾、石膏等。

氮 肥

1950年开始,供销合作社配合农业部门推广硫酸铵,供销社先试点赊销供应。通过施用,增产效果显著。1952年全区得到普遍推广。1955年,实行计划供应,优先供应农业互助组、生产合作社。次年,按种植面积预售。1961年,棉、麻等收购奖售氮肥。硫酸铵、尿素实行统一分配。1964年,市及余姚县建小化肥厂。是年起,农业已普遍施用化学肥料,因固体氮肥货源不足,供销社开始试验推广液体氮肥——氨水,肥效明显。还推广农业生产队自造氨水储存池,以便淡季多储农忙急用。1966年,全区供销社供应氮肥6.3万吨,其中氨水4.1吨。20世纪70年代初,宁波各县办起了化肥厂,氨水供应量增加。1970年供应氮肥7.58万吨,其中氨水4.95万吨。1979年起,供销社实行以肥换粮政策,以1公斤标准氮肥换购1公斤原粮。1983年改为按播种面积每亩分配化肥2.5公斤,再按征购粮食任务每100公斤分配2.5公斤。1982年以后因运输不便,供应量减少,供应氮肥22万吨。1983年供应氮肥29.64万吨。1987年，供应氮肥33.2万吨，其中计划供应占34.1%，尿素占30%。1988年内尿素14.1万吨，增长19.2%。碳铵19.7万吨，减少9.3%。1990年，供应氮肥35.48万吨，其中计划占59.2%，尿素占40.2%。1993年供应氮肥26.59万吨，其中尿素11.14万吨，碳酸氢钠15.36万吨。1999年供应氮肥35万吨。

磷　肥

1953年开始推广使用磷肥，是年供应磷肥131吨。1956年供应4222吨，货源主要来自南京、云南、安徽等地。1958年，宁波硫酸厂生产过磷酸钙，开始供应地产磷肥。次年货源不足，仅供应3182吨，其中供应绍兴钢厂生产钙镁磷肥1660吨。

"文化大革命"运动期间，鄞县下应磷肥厂投产，磷肥供应上升。1970年供应磷肥3.64万吨，1978年增至7.19万吨。1982年磷肥7万余吨，1987年为9.24万吨，1990年增至13.66万吨，1993年供应8万吨。1971年，余姚磷肥厂筹建开始，余姚县供销社农资公司给予多方面扶持。1974年，该厂磷矿原料不足，余姚县供销社农资公司派人到江西等地落实磷矿，并解决其运输问题。同时为减少工厂亏损，改为由供销社委托工厂加工的形式，直到1984年止，共生产磷酸钙9万吨，县供销社承担了亏损93.7万元，平均每吨亏损10.4元。1975年，磷肥货源紧张，供需缺口较大，供销社农资系统派员向江西、湖南采购磷矿石，并委托加工成磷矿粉。1977年起推广化学钾肥氯化钾、硫酸钾，以后逐年增加。1980年，磷肥供应分别增至26.92万吨和10.46万吨，次年增加供应计划外议价化肥。1983年供应磷肥85048吨。1987年，供应磷肥8万吨。1988年供应磷肥11.4万吨。

钾　肥

1956年，推广供应钾肥。是年供应青海产硫酸钾肥18吨，1957年供应160吨。当时农民对化学钾肥尚未引起重视，因此销售不大。20世纪60年代，年供应量为500吨至800吨。1973年以后，供销社与农业科研部门在水稻、大小麦等作物上进一步开展钾肥和氮、磷肥多次配试，证明钾肥对大小麦、早稻、晚稻等都有较好的增产效果，农民逐渐喜欢施用。1973年至1978年全区供销社平均供应钾肥1000吨左右。后因需求量增加，1979年供应钾肥2005吨，1982年钾肥5358吨，1983年钾肥9612吨。1979年，推广使用钾肥、磷酸二氢钾等。1988年，供应钾肥1.59万吨，比上年增长21.3%。

复合肥

自1973年开始少量供应进口含氮、磷、钾等复合肥。1974年供应复合肥753吨，后国产复合肥投入市场，1979年供应复合肥4629吨。1985年，供应复合肥4849吨，1987年增至10790吨。1989年，余姚市泗门供销社生产资料商店的"国产复合肥肥效"试验研究及应用获省供销社1984—1988年科学技术进步奖。1990年，供应复合肥9760吨，1991年，复合肥供应比上年增长87.5%。1993年供应复合肥增至2.36万吨，1998年供应4.5万吨。此外，还供应过磷酸二氢钾，作水稻根外肥。

从20世纪90年代至21世纪初，国内大型复合肥厂陆续建立，逐替代进口复合肥。2006年，宁波甬丰农资公司供应复合肥23万吨，鄞州区禾丰农资连锁有限公司供应复合肥6.79万吨。2010年，镇海炼化厂停止尿素生产后，全市各供销社农资部门立即组织外省优质尿素，消除由镇海炼化厂停止尿素生产而带来的负面影响。

菌肥与微量元素

1958年至1961年,试产推广细菌肥料、微量元素,后多积压报废。

1975年开始,推广磷酸二铵、磷酸二氢钾等微量元素和植物生长刺激素,并推广"5406"菌肥,用以稻谷拌种催芽。1976年推广硼砂用于解决油菜花而不实问题,推广钼肥喷绿肥。1978年供应"5406"菌肥单从水稻伴种就推广13万斤,比1977年增长49.6%;化肥深施121万亩,比1977年增长10.8%;微量元素、钼与磷酸二氢钾及腐植酸类肥料都获得大面积的推广。全区稻谷催芽2880万斤,比1977年增长40%,催芽谷种3161万斤;供应硼肥7吨,钼肥5.5吨。1979年供应硼肥20吨。1983年供应硼肥37吨,"5406"菌肥25吨,钼肥因价格昂贵仅销售0.27吨,后均未经营。

明矾、石膏

中华人民共和国成立初期,石膏、明矾以专业土产公司为主经营。1952年,各县供销社经营石膏,按计划调拨供应。1953年,供销社直接向产地平阳矾矿进货。1959年供应明矾2638吨、石膏7610吨。1960年,余姚县供销社派员到山西太原调运石膏1000吨。1961年以后冬播绿肥面积扩大,石膏供应量相应增加。1965年供应明矾174吨、石膏90吨。1966年以后,明矾改向温州五交化站进货。后因其他肥料增加,不再供应。

表5-7　1953—2015年几个主要年份化肥供应量

单位:吨

年　份	化肥总量	尿　素	碳　铵	氨　水	磷　肥	钾　肥
1953	131				131	
1954	1037				1037	
1955	3132				3132	
1956	4240				4240	18
1958	2478				2478	
1959	3458				3182	276
1961	12020				12020	
1966	116808	19381	4576	41190	53661	
1970	112351	12154	14183	49527	36487	
1975	111792	9013	18324	55277	30896	1282
1978	238653	20470	50965	94907	71951	360
1979	273733	33009	76338	101726	60655	2005
1980	336811	45431	118141	104641	65700	1931
1981	320931	31786	133150	82918	70744	2336
1982	329505	25099	173481	55184	70383	55358
1983	369312	54673	181527	38452	85048	9612
1984	384179	65931	206676	28216	70476	12880

续表

年份	化肥总量	尿素	碳铵	氨水	磷肥	钾肥
1985	349347	84399	171056	14849	68681	10362
1986	412659	98143	211127	10192	86508	6689
1987	437528	115358	216678	—	92487	13005
1988	466572	135918	197005	4577	113628	15464
1989	478037	141691	201656	2806	116162	15722
1990	516505	148209	205114	1495	13667	25020
1991	556400					
1994	220000					
1995	379700					
2001	554300					
2006	300000					
2007	350000					
2009	350000					
2010	400000					
2011	540000					
2012	520000					
2013	555000					
2014	481000					
2015	400000					

第四节　有机农药和化学农药

有机农药

有机农药，也称土农药。是指利用生物活体或其代谢产物对害虫、病菌、杂草、线虫等有害生物进行防治的一类农药制剂。远在3000多年前，农民就开始使用杀虫药剂。1000多年前已经应用过硫、铜、油类及植物性的杀虫剂。明朝万历二十五年（1596年），李时珍编纂的《本草纲目》就是一部较完善的药物学，其中叙述1892种药物，不少可以用来防治农作物病虫害的侵害。

民国时，宁波农民除虫多用土农药，如以石灰硫黄合剂、烟梗、烟末、棉油皂、茶子饼、雷公藤、闹羊花等土农药防治水稻螟虫、铁甲虫，但效果甚微。供销社自1950年起开始组织供应土农药，主要有石灰硫黄合剂和棉油皂。1956年起，供销社发掘土药货源，是年供应黄茶苞、羊舌头根、断肠草、雷公藤等11种土药源，用于防治稻热病、棉蚜、豆虫等病虫害。1958年至1961年，化学农药供应不足，2700余人上山采摘闹羊花、雷公藤等22.5万斤。1971年，推广黑光灯诱蛾、滴油杀蚼、糖醋诱蛾、草把诱蛾等土法治虫。当时鄞县供销社生产资料站技术员虞月亭与农民一起先后研制单方配成土农药制剂100余种，复方混合制剂10多种，编技术资料30余种，被誉为农药的"土专家"。1973年，供应棉油皂10万公斤、烟末20万公斤。

1978年，全区供销社系统施用土农药174.96万斤，比上年增长24%。后因化学农药普及推广，各种土农药、土办法逐步停止，至1987年仅使用石硫合剂、"705"、烟沫敌百虫合剂、茶子饼浸出液汁等。1990年停止销售使用土制农药。

化学农药

化学农药，简称"农药"，是指农业上用于防治病虫害及调节植物生长的化学药剂。化学农药是战胜农作物病虫害、夺取农业增产增收的重要农资商品。20世纪50年代，宁波使用农药防治。供应品种只有六六六粉、滴滴涕等杀虫剂，西力生、赛力散等杀菌剂，以及漂白粉、冰醋酸、硫黄块、福尔马林等蚕用农药。供销社建社初期，供应农药品种有限，主要是石灰硫黄合剂和棉油皂等土农药，之后化学农药供应品种、数量逐渐增加，供销社遵循"常年储备，季节供应，有备无患"的供应原则，认真做到"合理用药、安全用药"。1952年，根据中央关于农药供应工作的指示，由供销社负责农药经营。县级供销社委托基层社代销，手续费为1.50%，其中农药供应以现售为主，赊销为次。1954年重新制定农药推广供应办法，除六六六粉以外，农药（械）全部实行赊销。是年，供应农药6.8万担。1956年，供应农药8.7万担，1957年为9.2万担。

1958年，全区推广"1605"（乙基对硫磷）、"1059"（内吸磷）农药为主，滴滴涕与其他农药为辅。是年，销售农药47000担，增长56.6%。1959年以后，帮助生产队建立配药站，做好农药安全使用的技术辅助，到1962年全区供销社共建立配药站2890多个。1961年，全区农资供应部门做好新农药试验工作。新农药主要有敌百虫、马拉松、石灰氮等。1976年供应化肥14520吨，1978年供应化学农药16203吨。1981年后，随着农村经济体制改革不断深化，在肥药供应上发生新的变化，由通过以生产队为单位的成批购买改变为以社员或专业户为单位小量零星购用农药为主。1982年，供应化学农药8074吨，1983年供应农药7429吨。1986年，农药产销行业发生变化，供销社系统的农药库房由积压转向紧缺，这一现象尤以"双夏"季节最为明显。全区到6月末农药库存比上年减少29%，其中甲胺磷、井冈霉素等货源偏紧。草剂农药销路大开，供应农药4270吨，比上年同期增长8%，1—11月全区共销售各种草剂521吨，比上年同期大幅度增长。全市农药销售量4270吨，增长8%。农民施药已从过去偏重于治虫逐步发展为治虫、防病、除草并重。广谱、高效、长效及小包装农药受欢迎。是年，引进国产杀灭菊酯、溴氰菊酯等农药12000公斤（升），还新进40%稻虫净36万公斤，以及磷胺原油、35%甲基硫环磷等10万公斤的杀虫剂新品种及农药小包装。1987年，国务院和省政府规定，化肥、农药、农膜等重要农资商品，除供销社农资公司和生产企业外，其他单位未经工商行政管理机关批准，不得经营。是年，供应化学农药4995吨，增长16.9%，其中销量增长较大的是各除草剂，销售723吨。甲胺磷、"1605"等广谱高效治虫农药增销较多。20世纪80代农村实行联产承包责任制，以村为单位建立配药站，供销社补贴农药差价1%—1.5%，至1987年全市农村有配药站1047个。1989年，财政补贴甲胺磷、杀螟松、乐果、"1605"农药销售，并由粮食附加税列支，每年支出200万元。

1987年至1989年推广化学除草效果俱佳。1988年9月，国家对化肥、农药、农膜等重要农资商品实行专营。供销社供应的农药品种有：敌百虫、乐果、"1605"、甲胺磷、杀螟松、杀虫双、叶蝉散、菊酯类、呋喃丹、硫酸铜、稻瘟净、稻脚青、托布津、叶青双、井冈霉素、多菌灵、杀虫醚、三氯杀螨醇乙磷利、久效灵和化学除草剂等20余种。是年,供应农药5265吨,增长5.4%。除草剂越来越被农民认可,需求量供应量增加较多,全市销售1037吨,增长44.5%。杀虫剂(敌敌畏、敌百虫、乐果、甲胺磷)减少54.2%、27.1%、5.7%、52.2%。市农资公司的"稳杀得"除草剂在主阔叶作物田应用推广研究项目、"新农药防治瘟病"试验与推广项目和象山县农资公司的草甘膦在茶、桑、果三园及稻板麦田上的推广应用项目获省供销社1984—1988年科学技术进步奖。

1989年,全市统一分配的敌百虫等28个农药品种,以及中央分配和地方进口的农药,实行产需衔接的马拉松等9个农药品种。是年,供应农药5877吨,增长14.2%。紧俏农药415吨,弥补货源缺口。1990年,供应农药6699吨,除草剂1431吨,全市供销社系统有配药站1200个。

1991年供应农药8366吨。是年起为庄稼求医买药,改变过去盲目用药成本高见效差的问题。全市供销社系统65个庄稼医院求医配药门庭若市,农资商店农药柜年销售460万元,增长26%。

1992年供应农药6400吨。1992年至1995年,市及各县农资公司先后引进4%颗粒剂、农得丰、伏草星等10万公斤,供应农药年均5678吨,主要用于水稻大田除草。此外,还引进高效盖草、精稳杀得、扫弗特等品种,化学除草在各县农村广泛推广应用。1993年至1996年,根据果蔬生产的需要,引进葡萄灵、西瓜灵、西瓜重茬胶悬剂、禾果素、木虱净等11000公斤,这类农药对桃、梨木虱病虫害有较强的针对性,深受果农欢迎。1993年,化学农药销售7206万元,其中销售供应甲胺磷567.8吨,稻虱净17.5吨,呋喃丹410.5吨,克瘟唑10.3吨,托布津20.7吨,叶青双41.5吨,井冈霉素375.3吨。

1995年,实行"五统一"(统一进货、统一调拨、统一价格、统一差价、统一销售)联购分销体制,即对"1605"、杀虫双、三唑磷、扑杀灵、井冈霉素、草甘膦、丁草胺、绿草隆等10个农药商品实行"五统一"购销体制。是年,供应农药4853.4吨,增长22.66%。1997年以后,引进新农药的品种有8%大生、25%甲霜灵、20%好年冬、50%速克灵等计7600公斤(公升)。还针对市场竞争与拓展业务的需要,组织过一些高资价、高效端的进口新农药品种。同时,面对农业生产耕作方式的改变,直播秧田、抛秧田、机耕插秧的推广,对新农药提出新的要求,引进直播星、直播青等品种。对新品种农药的引进,一般采取掌握先少量,后增量的办法。

进入21世纪以后,特别是建立宁波市甬丰农资有限公司和各县(市)区建立农资连锁有限公司以来,所引进的新品种农药大都是多品种、少数量、小包装的,适合农户需要,既环保又安全,大多具有高效低毒的农药。2000年11月,市政府办公厅印发《关于禁止、限制使用部分高毒高残留农药品种和饲料添加剂的通知》(甬政办发〔2000〕169号),进一步明确禁止使用、限制使用部分高毒高残留农药品种和饲料添加剂,广泛宣传《农药管理条例》《兽药管理条例》《农药安全使用规定》《农药合理使用准则》。同时,对列入禁用的14种有机磷高毒杀虫剂、高残留农药和2.4-D等不安全品种(包括混配制剂),其在全市范围内供应和使用期限到2001年10月底。是年,市农资公司救灾储备农药主要有20%叶双青、20%三环唑、5%

甬丰农资公司无人植保机喷洒农药

井冈霉素、50%甲胺磷、18%杀虫双、50%甲基"1605"、25%扑虱灵等7个农药品种,储备数量115吨,计金额102.6万元。2004年,逐步淘汰一批高毒、高残留农药,引进一批低毒高效的农药。是年,共淘汰20余种高毒农药,引进阿维菌素、苏云金杆菌等高效低毒生物农药近70种。2006年,做好晚稻褐飞虱防治工作,全力组织锐劲特、噻嗪酮、毒死蜱、扑虱灵等对口防治药剂的应急储备、调剂和供应工作,确保全市粮食生产农药供应。是年,余姚、慈溪、鄞州、奉化、象山、宁海等县(市)区农资连锁配送中心及经营网点的储备对口农药超过100余吨。各地的储备供应量能达到晚稻每亩全面防治三次的要求。2010年,为使种植用户使用方便安全,农药商品包装、含量实现多样化,农药商品含量最小的为5克,最大的为1000克。农药包装一般由塑料袋、塑料瓶、玻璃瓶等。绝大多数在50克装内,液体类(除草剂外),一般以100毫升至200毫升为主,适合农户使用。

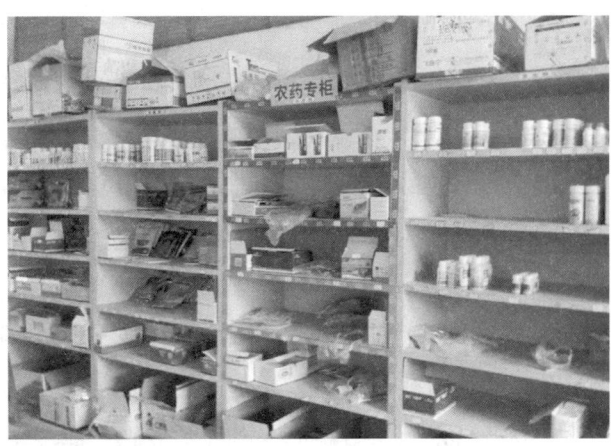
农药专柜

农药仓库

2011年,鄞州区实施水稻病虫害统防统治面积扩大到6257亩,组建以队、组为形式的禾丰农资统治专业服务队,并在姜山、古林、集士港、云龙等乡镇开辟试验田20亩,对有机肥、水稻专用肥、美国FMC水稻田新型除草剂等优质化肥、农药进行试验示范,取得较好效果。2013年,供应农药0.8万吨,减少34.7%,2014年供应农药1.5万吨。2015年底统计,宁波市甬丰农资连锁有限公司农药拳头产品有若干种,其中有宁波地区总代理的瑞士进口杀虫剂:福戈、顶峰,杀菌剂:爱苗;由美国进口的除草剂:秋跃,韩秋好,杀虫剂:好年冬、家保福;由德国进口的杀菌剂:扑海因、9080等。

化学农药主要有杀虫、杀菌、除草、灭鼠四大类:

杀虫类 20世纪50年代初,农户除虫是采用红心石(红砒)、氯砒酸(白砒)以及砷酸铝、砒酸铝等。1951年开始组织供应杀虫剂等化学农药,品种有六六六粉、滴滴涕(二二三)等,以及有机氯杀虫剂、硫酸铜、西力生、鱼藤精、赛力散等杀虫剂,以后逐年增多。1955年开始供应进口"1605""1059"等有机磷杀虫剂。1958年至1961年,广泛采伐加工植物性和生物性土制农药,利用毒草、烟梗、烟沫、蛔壳灰等用以除虫防病,其中1957年供应农药2848吨。

1960年,镇海县庄市、骆驼及鄞县邱隘、姜山等公社约10万亩水稻首次由飞机施喷农药治虫。是年起,开始增加供应有机氯制机,如乐果、敌百虫、889、马拉松、杀螟松等杀虫剂,以及稻瘟净、稻脚青、井冈霉素、退菌特、福美双、敌枯双、多菌灵、托布津等杀菌剂。1962年至1965年,对水稻白枯病采用在秧田每亩用生石灰25公斤或硫酸铜消毒,可基本控制苗期发病。1963年,供销社销售农药5835吨,多系省内农药厂所产。是年,全省有26个县在棉区大量推广"1059"剧毒农药,造成多人中毒,其中慈溪县中毒7179人次。1964年,省供销社、农业厅、公安厅、卫生厅联合下达通知,要求各地严格执行《有机磷剧毒农药安全使用实施办法》和《剧毒农药经营管理安全条例》。1965年增加敌百虫、乐果、西力生等农药。1977年供应除草剂66吨,作小面积试验。1979年后由分配调拨改为合同供货,各县供销社农资公司与生产厂家签订合同。

由于有机氯制剂对人畜有积累性中毒的弱点,并对虫类产生抗药性,20世纪70年代后期,此类有机氯制剂农药停止生产,逐步退出市场,代之以有机磷和拟菊酯类以及其他高效、低毒、低残留农药。1980年,贯彻省供销社颁发《农药安全供应试行守则》。是年起,推广新农药叶蝉散,以及引进长效农药扑虱灵,使稻飞虱得到有效控制。到年底,确定棉花抗病品种86-1为当家农药品种,至1982年扩大至25.2万亩,1983年达37万亩。1981年早晚稻多选用西力生、稻瘟净、克瘟散、托布津等。1984年淘汰氯粉剂,六六六粉和二二三液因毒素残留高,于1984年10月起停止使用,代之以甲胺磷。1984年,农药库存中除托布津、多菌灵、呋喃丹等少数品种紧俏外,除虫农药主要是"1605"、甲胺磷、杀虫剂双、叶蝉散,防病农药井冈霉素、稻脚青、叶青双等。是年8月,市政府发出通知,农药是有毒的特殊商品,除农资公司(基层供销社生产商店)外,任何部门和单位一律不准经销代销。甲胺磷、乐果等高效农药不得向菜农供应,并严禁在蔬菜、瓜果上使用。1985年,推广使用杀虫双水剂。是年起,农药由供销社和农业部门同时经营。1988年后农药由供销社专营。至1999年,对水稻螟虫防治采用高效、低毒、低残留的"杀虫双""三唑磷"农药。进入21世纪后,开始采用性诱芯防治水稻二化螟,取得一定效果。

杀菌类 1950年起,供销社组织供应的杀菌农药有硫黄、石流合剂、硫酸铜、波尔多液松香、松碱合剂、水银制剂1号、漂白粉、稻宁、稻脚青、西力生、赛力散、敌锈钠、敌稻瘟、克瘟散、代锌森、代锌铵、福美双、多菌灵、稻瘟净、井冈霉素、托布津、叶青双等。20世纪60年代末,因西力生、赛力散等农药可使人体严重慢性中毒,危害人畜安全,1971年国家对此类农药宣布停产,并禁止进口,供销社当即停止供应。当时供应防病杀菌农药较好的有托布津、多菌灵、叶青双、井冈霉素等,其中以井冈霉素供应量大,1990年供应300余吨,占各类农药总量的8%。

除草类 供销社于20世纪60年代初,开始推行化学除草剂除草。当时供销社供应的除草剂有2,4-滴、2,4-滴丁酯、五氯酚钠、敌稗等。70年代末开始推广供应除草农药,主要品种有除草醚、二甲四氯、绿麦隆、丁草胺、杀草丹、禾大壮、稳杀得、草甘膦等,年销售量20吨至30吨。各种除草农药性能与防除植物不同,可供应选用。而除草剂既省工又省力,水旱地均可使用,深受农民乐用,供应量增加快。1978年全市供销社农资系统销售农药12932吨,其中除草剂164吨。1980年供应除草剂60吨,1990年激增到2000多吨,占各类农药总供应量的30%。1982年,宁波市农资公司引进杀草丹秧田除草剂,郊区7个供销社、分社试验,平均杀草率达90%以上,早晚稻推广1.7万亩,基本解决秧田除草问题。推广油菜喷硼7976亩,推广在麦稻田喷磷酸钾35550亩。同时用川化018防治白叶枯病,全年防治面积1.3万亩。1989年11月,市农资公司"稳杀得"除草剂在主阔叶作物田应用推广研究项目、新农药防治瘟病的试验与推广项目,象山县农资公司的"草甘膦"在茶、桑、果三园及稻板麦田上的推广应用项目获省供销社1984—1988年科学技术进步二等奖。

1990年,全市除草面积达367万亩次,占总面积的60%左右,销售除草剂1427吨,金额707万元。

灭鼠类 20世纪50年后期开始,供销社供应灭鼠农药的有磷化锌、呋喃丹、磷铵原油等,既可杀虫又可用于灭鼠。20世纪80年代末供应的灭鼠药物多是菌药,磷化锌已被淘汰。

全面推广化学农药防治病虫害,促进了农业生产的发展。但是长期使用化学农药,也带来了人畜中毒和环境污染。为解决化学农药使用的弊病,国家提高化学农药的生产质量,发展一批高效低毒和无残毒的化学农药,逐步限制高毒、高残留农药的使用。1973年起,在果树、烟草、茶叶等食用作物上禁止使用六六六粉和滴滴涕。1975年淘汰赛力散、西力生高残留农药。1975年贯彻全国植保会议精神,执行"预防为主、综合防治"的植保方针。1978年起,推广使用菊酯类新农药和化学除草剂。1983年,中央农牧渔业部、卫生部颁发《农药安全使用规定》和农业部颁发《农药安全使用标准》,严禁在蔬菜上使用甲胺磷、"1605"、"1059"、磷胺、呋喃丹、氧化乐果、杀虫醚以及六六六、二二三、999除草剂等高毒、高残留农药。长期使用的有机氯农药,逐步被限制或淘汰。20世纪90年代,供销社还供应农种植物生长激素如二四滴、赤霉素(即902)、叶面宝等农药,但数量不多。

第五节　中小农具(农用薄膜、农药械)

中小农具

宁波农业发达,中小农具品种较多。20世纪50年代初,影响农业生产较大的传统中小农具可分为铁、木、竹、棕、麻五大类。铁制类有锄头、铁耙、铁锹、铁臂、桑剪、柴刀、镰刀、草刀、沙尖、犁头等,木制类有木犁、木耙、稻桶、粪桶、水车、车盘、粪勺、犁架、农船等,竹制类有竹箩、竹篱、土箕、竹筐、扁担、割草篮、谷筛、遮粮等,棕制类有棕衣、种田绳等,麻制类有牛绳、犁索、箩绳等,品种多达百种以上。品种繁多,规格复杂,需求量大,地区习惯间有差异,且挑选性强。至20世纪60年代初,塑料制品增加,不少中小农具由塑料代替竹木棕麻制品。改革开放后,随着农业机械化的出现和发展,这些传统的中小农具,基本废弃或消失。

宁波解放前,中小农具多数由产销市场调剂,由农村手工场、店兼营或商贩贩卖,或由手工业者下乡串门定货修制。还有一部分是农民自备原料,请匠加工,自制自用。中华人民共和国成立以后,各地供销社逐步组织供应中小农具。1951年开始,为促进个体手工业劳动者组织起来,建立手工业生产社(组),供销社直接安排当地手工业生产社(组)加工生产各类小型农具。至1953年,全区90%以上的基层供销社与当地手工业社建立代购、订销、包销等各种形式的产销关系。1953年购进农具168万件,比1952年25万件增加143万件。1954年,中小农具实行产销挂钩,与手工业联社签订产销结合合同。供销社根据农业生产的需要,实行有计划安排。同时推广供应新式农具。是年,购进农具192万件。至1954年从专区到各级基层供销社建立农资经营机构,供销社成为经营中小农具的主要渠道,并采购原材料就地加工就地供应,部分基层供销社以"前店后场"的形式,自行加工制作后供应。

1955年,农业生产合作社集体生产走向高潮,使用传统老式手工农具不能适应大面积耕种需要,群众要求农具革新。而供销社负有引进新式农具加以推广供应的职责。是年起,开始引进的新式农具有双轮双铧犁、双人(单人)脚踏打稻机、插秧机、抽水机等。1956年,手工业者基本实现合作化,各县手工业联合社建立,供销社与手工业联社进行中小农具分工,地产地销由手工业直接供应,社区以外农具由供销社采购供应,但仍建议来料加工业务。是年,供销社增加供应抽水机、打稻机、双轮双铧犁、华东水田犁等,并培训双铧犁手,供应抽水机 363 台,举办各种性质的大小培训班 380 多次,训练有资质双铧犁农具手 21000 余人,打稻机手 18000 多人,农药技术师 5000 多人。1957 年,供应中小农具额 148.24 万元,水利毛竹 10 万支,土箕 10 万担,供应打稻机 1425 架,抽水机 286 架 1.9 万台,水田犁 4.13 万台,插秧机 7.6 万台,山东大镰刀 62 万把。插秧机在推广使用中,因秧苗不合规定操作不便,机秧插隙仍要人工去补空填缺,费工费力效益不佳,未被普通推广。市郊区供销社旧式农具需求量增大,供应车板 20 万张,竹箩 500 担,扁担 1260 把,锄头 2350 把,土箕 800 多担等,其中海曙供销社南门生产资料商店当年营业额就有 20 多万元。

1958 年后塑料制品逐渐取代棕、木制农具。部分木制农具如车板、料勺、戽斗等由塑料制品所代替。1958 年至 1962 年供应抽水机 478 台、零配件 56 万元。引进的新式农具有双轮双铧犁、双人（单人）脚踏打稻机、插秧机、抽水机等。由供销社讲授技术,田头操作示范,负责包教、包会、包修。1961 年,贯彻落实中央《关于农村人民公社当前政策问题的紧急指示信》和省供销社通知,对质量不好的农具实行退赔政策。1958 年至 1960 年间,向农民退赔双轮双铧犁 1.5 万台,水田犁 2.89 万台,大镰刀 31 万把,合计 660 万元。是年,供应抽水机 478 台,农机配件 203 万元。1962 年,供应农具 34.55 万件。是年 7 月,实行奖售,拨出大米、布票换购,当年收购竹箩 4.64 万双,竹簟 3.63 万张,遮粮 4467 张。是年,供应打稻机 435 架,抽水机 1119 台,次年 4 月,抽水机移交农机部门供应。供应双铧犁 7834 架,退回 5312 架,主要原因是质量仍旧不过关。1963 年因竹箩供应不足,推广土晒场,1964 年铺石板地、水泥晒场 1.2 万张（按竹箩面积计算）。1972 年建 7.8 万张,当时农村生产大队队队有土晒场。1973 年,土晒场保有量 47.5 万张,每一生产队平均 22 张,后发展到队队有水泥晒场。1973 年,铁、木农具由各县供销社资料公司统一安排原材料,基层供销社组织经营。并开始以卖带修补农具,推广尿醛树脂胶粘修木制农具,"307"胶水粘修铁制农具（统称"两胶"）,开办尿醛树脂胶工厂 9 个,设立以卖带修门市部 125 个,生产尿醛树脂胶 2350 公斤,修复木器农具 13300 件,节约木材 64 立方米。1975 年,生产尿醛树脂胶 3100 公斤,修复木器农具 15000 件,销售"307"胶水 3000 公斤,修复喷雾器等铁制农具 8600 件。通过胶修胶补,使船橹、扁担等长期紧缺问题基本得到解决。如鄞县有近万条农船缺橹严重,供销社从 1973 年开始胶接船橹 2.32 万条,缺船橹的问题得到解决。1977 年,全区供销社系统设胶修胶补门市部 71 个,社、队胶修点 534 处,供销社先后培修补技术员 1200 余人,农户可就近修补。是年,胶修各种农具 4.2 万件。粘补胶品种主要有尿醛树脂胶、环氧脂胶、聚氨酯、氯丁胶、丁-04 胶、农机胶、热熔胶等。胶补项目从竹、木铁农具扩大到拖拉机、抽水机等机械农具。

20 世纪 70 年代,脚踏打稻机改成为油机打稻机,进而又改为电动打稻机,而山区田丘高低限制,仍以人力脚踏打稻机为方便。1977 年后,抽水机、打稻机、插秧机等农业机械由农机系统供应,供销社除尚保留少数零配件外不再经营。是年,国家计委把胶补农具列入新技术推广重点项目,宁波地区供销社与农业局制订推广计划。1978 年,全区 84% 的公社、36% 的大队建立"两胶"修理站。共有社、队胶修点 1711 处,为社队修胶补农具 16260 件,节省农本 2 万多元。鄞县供销社有 42 个公社、390 大队开展修胶补农具工作;象山县供销社帮助社队新建起 187 个胶修点,余姚县新建 26 个胶修点,慈溪县供销社修补点发展到 79 个,宁波市供销社在郊区基层社建立 13 个胶修点。是年,全区供应中小农具 589 万件。1979 年,竹木原材料管理政策放宽,手工农具直接交易品种增加,供销社供应品日渐减少。

1980 年,供应中小农具 394 万件。修补竹木、铁制农具 5 万余件,喷雾器 2.1 万架。1982 年,中小农具377万件,农用毛竹39.7万支。1983年,中小农具328万件,农用毛竹53万支。1983年后不再统配原材料,由基层供销社自行安排,产销见面。1985年,供应中小农具213万件。各县基层供销社设立常年和季节性铁、竹、木农具加工场,修复和加工农具。1986年,供销社按照"管卖、管用、管效果"的服务原则,开展预约销售、送货上门、修理农具、代装农具等各项服务项目,年供应农具188万件。1989年,供应农具154万件。维修和租赁农机具17000多件。镇海区骆驼供销社农具加工场自1963年建场以来,坚持常年制新和修旧,年制新量在5000件以上。是年,加工竹木农具8000余件,育秧棒3万多根,并为农民维修600多件。通过加工场供应的农具质量好,价格低,如平耙每张78.20元,低于市场价20%,深受农民欢迎。

1990年,供应中小农具121万件,修理农具2万余件。1993年供应中小农具132万件,1995年供应中小农具59.5万件,增长23%。1997年,供应中小农具110万件。以后随着农业机械化的发展,中小农具供应量逐年减少,至2000年后,供销社农资系统因"两项制度"改革等原因,中小农具供应基本淡出市场。

农用薄膜

供销社于1964年开始推广农用薄膜覆盖秧田育秧苗、农作物越冬,防止春寒烂秧,效果很好,农民乐于使用。1966年,供应农膜360吨,以后扩大使用于其他经济作物的育苗育秧。至1970年全市供应薄膜682吨,1975年313吨,1977年465吨。1978年,农用薄膜供应756吨。1979年,改进农用薄膜供应办法,重点保证早稻育秧,兼顾其他经济作物育苗育秧的需要,如多种经营、林、木、水产"三水一绿"、蔬菜、茉莉花、养蚕越冬。实行计划供应,合理分配,凭生产大队证明供应,享受农用优惠价。是年,供应农用薄膜1010吨。20世纪70年代末,推广聚乙烯地膜,用于棉花等旱地作物。1980年,宁波市政府通知规定,凡生产队购买农用薄膜育,每吨由公社补贴100元,生产大队补贴50元。1983年,推广地膜,地膜比薄膜还薄,成本低,不仅秧田可用,蔬菜秧、瓜秧、菌类均可使用,需求量逐年增加,供不应求。是年4月,省政府为推广地膜育棉,扶持棉花生产,下拨100万元给慈溪、余姚、镇海、宁海、上虞、萧山等六县育棉10万亩,每亩补贴10元。其中慈溪县地膜育棉4.9万亩,除省拨款49万元外,县财政又增加拨41万元。是年,供应农膜1997吨(地膜1137吨)。

1983年以后,推广农业生产家庭联产承包责任制,农膜的购买、使用、保管,除部分集体单位外,大部分落实到农户。1986年,供销社供应农膜1244吨,1987年供应薄膜1362吨,1990年增至1827吨。1988年9月,国家规定化肥、农药、农膜等重要农业生产资料实行专营。1991年供应农膜1932吨,1992年供应农膜2600吨。是年10月,因由8、9月两次受台风暴雨影响,农田受淹严重,市二轻工业管理局、市供销社、向轻工业部增拨600吨聚乙烯进口减免税指标,用于翌年农用地膜的生产和供应工作。1993年供应薄膜1832吨,1995年供应农膜1744吨,1997年供应薄膜1820吨。至1999年后供销社农资系统因转制等原因,薄膜销售锐减。进入2000年后,尤其是全市供销社组建农资连锁经营网络以后,农用薄膜继续由供销社农资连锁公司供应。2013年,供应农膜4000吨,增长28.7%。2014年至2015年,供应农膜各4500余吨。2001至2015年,供销社年均供应农用薄膜1600吨。

农药械

农药械是为保护农种植物免遭病虫害侵害而喷洒农药的动力机械。中华人民共和国成立之初,随着农药使用量的增加,药械需要增多,当时以推广人力喷雾器为主。1952年,供销社开始经营喷雾器及零配件。供应主要是手摇背负式、机动背负式、推车式及担架等喷粉器。后从东欧引进背包式喷雾器,从日本引进高压喷雾器,价高销量少。1953年,慈溪横河镇开始使用人力喷雾器。镇海县供销社供应52型喷雾器。1954年,农业部、全国供销合作总社、中国人民银行联合通知规定,经营药械由银行贷款,农业部门按贷款计划订货,并制定销售价格,委托供销社代销。1955年,药械列为全国供销合作社管理商品,由全国供销合作社统一组织订货,按分配计划调拨,基层供销社经营。是年,奉化县农场推广使用肩背手揿喷雾器、喷粉机。鄞县引进手摇式喷雾器。奉化县推广使用肩背手揿喷雾器、喷粉器。1956年上海产工农16型背负式、金华14型背负式、宁波压缩式喷雾器投入市场,年销售1.58万架。1957年,全区供应农药械7.1万元,供应农械2101架。是年,肩背手揿喷雾器、喷粉器由背负式压缩、单管喷雾器替代。

1958年,省人民委员会决定,药械由省供销社统一组织经营。是年,全区供销社系供应农械6050架,喷雾器5300架,喷粉器750架。慈溪县第二农场首先试用机动喷雾器,并引进日本共立背负式机动喷雾(粉)器、丸山担架式机动喷雾器等。1959年,药械列入国家工业生产计划。1964年至1971年,省农资公司先后扶持全省8家药械厂定点生产药械和零件,其中有慈溪浒山农药械厂和镇海贵泗五金厂。

20世纪60年代,继续推广使用人力喷雾(粉)器等植保农机械。至60年代中期粉刷农药被可湿性农药所取代,改以喷雾器。喷雾器有背包式、手提压缩式、往复式等。配装的药桶亦由铁制改为玻璃钢制成,轻便耐用,工效高,为农民所欢迎,是喷雾器的当家品种。当时供应药械最多的是16型玻璃钢手摇喷雾器。1965年供应喷雾器1.1万架。1971年,供应喷粉器2万架。是年,慈溪产WD-055铜质单管喷雾器投入市场,慈溪县观城供销社在开展"以卖带修"业务的同时,帮助生产队建立修理站142个,配有修理人员200多人,达到每个队都有修理站。1972年,慈溪县供销社开展喷雾器"拆零"供应计328架。宁海县试用高压喷雾器,并引进入东方红18型机动喷雾器。鄞县引入手推式工农36型机动高压喷雾器。1976年,鄞县、余姚县部分基层供销社参加省农资公司组织到河北省东光县学习修理喷雾器技术。至1977年,全区供销社建立修理点65个,为生产队修理喷雾器3万多架。1978年,供应农药械2万架,比上年增长50%。1979年供应农药械2.26万架,1980年供应农药械2万架。1980年后,药械实行产销挂钩,由县级公司直接向工厂订货,并自行向外采购。1981年,农村实行家庭联产承包责任制,喷雾器销量大增,供销社供应3万架,1982年供销社供应增加到5.23万架。

1983年,随着市场开放,除供销社外,社队企业、农机公司以及个体户也经营药械,形成相互竞争的局面。供销社按省农资公司要求,各供销社要货计划进行平分配和调拨,并推行购销合同制。是年,供应喷雾器增至9.57万架,1984年喷雾器销售量锐减到6.18万架,1986年销售喷雾器4.05万架,1990年销售喷雾器3万余架。全区社会喷雾器保有量40万架,户均0.33架。1985年,省(市、县)公司、基层供销社喷雾器三级经营改为县公司、基层供销社二级经营,并将原省(市)级公司的经营费率2%返回给县级公司,以提高县级公司经营积极性。

从20世纪90年代起,农机具发展到机动、电动喷雾器。动力型喷雾器大多由县农机公司经营,供销社经营除少量手动式喷雾器外,其他农药机械全部放开。1990年,各县转发市供销社《关于做好中小农具进货质量把关的通知》,要求基层供销社对现有库存中的中小农具进行质量自查,发现质量不合格的产品,从县农资公司进货的,由县农资公司负责解决,自行采购代销的,一律退回厂方,不得再销。

1993年,供应喷雾器3.22万架,1995年为1.72万架,1997年供应喷雾器3.37架。2000年至2002年,各县(市)区供销社农资公司和基层供销社生产商店"两项制度"改革后,不再经营农药械。

供销社经营食品机械和柴油机、番茄刨、玉米刨等业务始于20世纪50年代末,当时人民公社大修水利,供销社供应建造水库用具如载重人力车、水库启闭机、绳索等。至70年代由物资、农机系统接手供应食品机械和柴油机、番茄刨、玉米刨等。

表5-8　1954—2015年几个主要年份农药(农药械)、中小农具、薄膜销售量

年　份	化学农药(吨)	喷雾器(架)	农具(万件)	农用薄膜(吨)
1954	1037	26000	192	
1956	4350	36000	352	
1957	1425	19865	456	
1976	9576	24350	426	456
1977	13000	25640	512	465
1978	16203	20544	589	756
1979	13960	22606	458	1010
1980	12932	20455	394	1411
1981	9974	30129	381	1308
1982	8074	52366	377	1136
1983	7429	95783	328	1997
1984	4839	61793	251	1945
1985	3953	45888	213	1225
1986	4274	40550	188	1244
1987	4995	39311	174	1362
1988	5265	35728	168	1875
1989	5877	35682	154	1568
1990	6699	30749	121	1827
1993	7206	32240	132	1832
1994	3957	11000	45	1308
1995	4853	17150	59.5	1744
1997	10966	33650	110	1820
2001	9987			1500
2014	15000			4500
2015	14000			4500

第三章　生活资料供应

在计划经济时期,宁波城乡人民生活资料供应,分别由国营商业和供销社承担,其中日用杂品、副食品等的经营不论城乡,均由供销社负责供应。1978年改革开放后,尤其是1993年以后,随着市场经济的深入发展,生活资料供应逐渐打破原来的地域界线,经营范围、经营品种和供应方式不受城乡分工限制,完全进入市场制。

第一节　供应品种和方式

中华人民共和国成立以后,供销社生活资料经营品种由少到多,发展较快。1950年3月,宁波专区供销合作总社建立后,就立即开展群众最需要的粮食、油盐、布匹等生活必需品供应,日用工业品为次;城市消费合作社主要经营米、油、糖、肥皂等。是年,宁波专区供销合作总社相继从省供销社下拨大米50余万斤,分配到各县供销社分设在农村集镇的供应站。

1950年至1951年,农村基层供销社纷纷建立后,生活资料品种扩大到大米、玉米、食盐、食糖、黄酒、煤油、麦粉、生油、菜油、酱油、黄豆、蚕豆、生仁、中西药品等;日用品供应主要是头油、肥皂、火柴、香烟、毛巾、棉布、桐油、搪瓷制品及各种小百货等。宁波市城区消费合作社主要经营米、油、糖、肥皂等生活资料。

1952年,根据省供销社〔1952〕164号指示,宁波专区供销总社确定生活资料的经营范围分为三类:第一类为必需经营的商品,计有大米、食油、煤油、食盐、食糖、火柴、肥皂、纸烟、絮棉、棉布、土布、毛巾、鞋袜等13种;第二类为经常经营的商品,计有面粉、胶鞋、木柴、黄豆、猪肉、干果、水产、草帽、矿烛、煤油、草席、针织品、文化用品等34种;第三类为停止经营的商品,计有老碱、玻璃器、阳伞、瓷器等12种。经营范围调整后,各县供销合作总社停止零售业务,集中力量搞好对基层供销社的批发业务,基层供销社则主要是搞好零售,原则上不做批发业务(除推销土产外)。供应商品对社员实行优惠价,其中粮食、棉布、副食品、日用品等四类优惠3%,食盐5%,煤油7%。同年11月宁波市合作总社成立,负责管理市区消费合作社和郊区基层供销社,做好宁波老市区居民的生产资料供应工作。1954年,国营商业和合作社划分经营范围:供销社主要经营手工业品及国营商业不经营的生活资料。

1954年9月,全国实行棉花统购统销政策,棉布、卷烟、猪肉等凭票供应,其中棉布一年一定。全省布票通用,收票范围只限棉布类商品。1962年后浙江省布票可与上海市通用。在计划经济时期,国家先后实行凭票、凭券、凭卡、特需、军需、侨汇、高价、奖售等供应办法。1955年,根据国营商业与供销社在批发业务上以商品分工和地域分工相结合的原则,供销社开展批发业务,掌握"批发要前进,零售有进有退"的经营原则,以辅助国营商业的不足,便于对私营商业的安排与改造。是年6月,省社宁波专区办事处、市供销社按照省供销社《关于供销社副食品经营管理方案》《关于供销社生活资料开展批发业务的意见》等有关文件精神,经营农村日用杂品、副食品和工业品等共有10大类610多种商品,加上国营商业不经营的商品,共计15类685种。是年起,供销社对社员优惠供应的商品全部取消。1956年,全区供销社对私营商业完成社会主义改造后,在全区形成国营商业、供销社为主,合作商业和个体商业为辅的商业零售格局。1957年,全省商业部门的业务分工作了新的调整。供销社主管农副产品(粮、油除外)和农业生产资料的采购和供应,以及废品的收购,并担负农村市场中部分或全部日用工业品、副食品的供应。1958年6月,省社宁波办事处和宁波专员公署商业局合并,至1961年分开期间,供销社仍主营生活资料和农副产品收购以及农村市场供应安排。

20世纪60年代初,日用工业品短缺品种较多,实行计划分配的商品有167种,属国营系统分配的商品为152种,其中五金交电38种,针织品35种,百货34种,文化用品15种,化工10种,糖果9种,烟酒6种,调味品及干鲜果5种;属供销社系统分配的为碗、筷、缸、锅等15种。1961年,贯彻全省商业局长会议精神,在城乡供应困难的情况下,组织工业品下乡,压缩城市供应,增加农村供应。1963年,继续贯彻城乡需要的工业品优先供应农村的原则。1962年,根据中共中央、国务院关于国营商业和供销社分工的原则,供销合作社经营品种有九大类:日用杂货、陶瓷器、棉麻制品、草制品、干鲜果菜、南北货、炊事用具、中西药、医药器具工业品等,基本上恢复到1957年以前的分工状况。根据奉化县江口地区的调查,供销社年底经营的零售商品品种达1689种,比年初扩大348种。工业品经营上与中央决定保持基本一致,即对农工业品的批发业务,在没有国营批发机构的地方,可由供销社兼营批发,一直沿用到1983年。

1960年至1962年,对食糖、黄酒、食油、肥皂、火柴、毛线、胶鞋、绸缎、呢绒等21种生活必需品采取一系列凭票限量的供应办法。1962年,市供销社印制购货券,供应生活资料必需品。1963年,中共中央印发《关于商业工作问题的决定》,按照党中央提出的关于"发展经济,保障供给"总方针,对生活资料供应继续采取1962年政策,需要调整的是在52种二类产品中,将纸筋、生漆、稻草3种列为三类产品。对一、二类产品奖售上,按照重要产品奖售工业品多于一般产品的原则作了部分调整。在生活资料供应上,尽量减少凭购物卡、券购买商品,增加敞开平价供应商品。由此,农村基层供销社和综合商店经营的品种增加到1700多种。基本上满足农民多方面的需求。1964年,由于前几年农业生产连续遭受严重的自然灾害,市场商品供求矛盾比较突出,供销社为安排人民群众生活,根据国、合分工,对全区的枝柴、煤球实行必保供应,对农村15种生活必需品实行凭票供应。同时,继续贯彻城乡兼销工业品优先供应农村的方针。

1966年下半年起,因受"文化大革命"的影响,整个供销社系统处于参加"文化大革命"为主的形势中。在业务经营上,采取"抓革命,促生产"的方针,维持于必要的日常经营。但由于搞"大批判",市场上红布、灰布、黄沙卡、红漆、纸张等商品奇缺,供需矛盾突出。除此之外,连续几年未有政策性的大变化。1969年,全区供销社根据上级有关通知,做好知识青年上山下乡必要的生活必需品的组织供应。

20世纪70年代起,商品可供量逐渐增加,计划商品从1972年的106种降至1979年的78种。

1975年,进一步贯彻"两个优先"的原则,对18种主要商品实行统筹兼顾,合理安排,采取定量发票或组织供应。1978年,全区供销社系统生活资料经营扩大到食盐、食糖、黄酒、白酒、肥皂、煤油、香烟、棉布、绸缎、手表、自行车、缝纫机、陶瓷、图书、中医药品、水产品、工业品等。从销售情况分析,生活资料中的次序是吃用穿住,吃住受货源条件限制,用穿选择性强。以21种主要商品排队分析,比上年增长的有

19种,其中增长幅度较大的是烟酒糖、暖水瓶和灯泡;减少的是棉布、呢绒2种。1979年以后,随着全区农业生产迅速发展,农村购买力大幅增大,消费结构发生变化。流通领域经过体制改革,开放搞活,供销社经营品种不断增加,经营范围不断扩大。1980年,主要生活资料有25种,除白酒、水产品、棉布的销售量有所减少外,其余22种均有大幅度增加。其中自行车、缝纫机、晶体管收音机、涤纶混纺布、呢绒、绸缎、黄酒增长30%以上。1982年,全省供销社系统开业最早的集镇商城是慈溪观城供销社商场,经营品种在8000种以上,既有中高档耐用消费品,又有日常生活必需品,小到针头线脑,大到冰箱彩电,以满足多层次消费需求。

1983年起,随着市场经济的发展,供销社系统实行体制改革,恢复"三性"制度。生活资料购销逐渐打破地域封锁,经营范围、经营方式和经营品种不受城乡分工的限制,积极开拓市场,改进购销方法,批零兼营,建立工业品综合商场,发展横向经济联系。当时,除主要几种工业品仍按计划分配外,余皆实行市场调节。1988年,计划分配商品仅保留18种,且实行计划内、计划外价格双轨制,即粮油等仍实行凭票凭证计划供应外,其余副食品仅在节日期间临时性发票优惠供应。同时议价副食品充满市场,地域内个体经商户林立,任意随处自由先购,顾客可从市场购买所需的计划内商品。12月,国务院印发《关于严格控制社会集团购买力压缩开支的紧急通知》,确定的19种专控商品,实行定点供应。市供销社确定市工业品公司、市土特产商店、市家具装潢商店、宁波炊事具用品商店以及12家基层供销社商场和分社作为专控商品的定点供应商店。1990年起,生活必需品全部敞开供应。是年,据对全市供销社87个大中型商场的不完全统计,经营品种在2000种至3000种的有35家,3000种至5000种的有21个,5000种以上的有31个。慈溪供销大厦1990年开业,经营百货、针纺织品、副食品、五金交电等15000个品种。

1993年以后,生活资料批零市场全部放开。全市供销社系统以大中型商场为重点,全面开拓经营,全方位参与市场竞争。是年,宁波新江厦商城开业,经营品种达60000余种。1994年,宁波美乐门商城开业,经营品种50000余种,宁波南苑鞋城经营品种15000多种。1996年,全市供销社系统在农村集镇和县城兴建的中心商场(商业大厦)共有180个,至1999年经营品种上万种的供销社商场就有近百家。2000年底,全市供销合作社系统转制,逐渐退去竞争性领域。

第二节 生活资料零售额

生活资料零售额,现称消费品零售额。1951年,全区供销社系统生活资料零售额1870738元。其中慈溪县供销社供应额163961元,鄞县156892元,镇海县76190元,象山县146400元,奉化县152079万元,宁波市区消费合作社及郊区基层供销社743644元。1953年底,国家实行粮食统购统销政策。对社员商品供应实行优惠价。其中粮食、棉布、副食品、日用品等4类优惠3%,食盐5%,煤油7%。是年10月,宁波专区供销合作总社举办第一次物资交流会,成交金额128.91万元,其中百杂、副食品占56%,工业品占38.9%。全年专区供销社生活资料零售额1867542元,占社会商品零售额的33.6%,特别是农村小集镇的供销社上升幅度更大,宁波市庄市供销社占的比重为52.4%,鄞县凤岙供销社占的比重为47.6%,初步显示农村供销社的作用。

1955年,省供销社印发《关于供销社副食品经营管理方案》《关于供销社生活资料开展批发业务的意见》。是年,各县、城区农村基层供销社在各乡镇、自然大村逐步建立生活商店,实施工业品优先供应农村,组织工业品下乡。1956年,私营商业完成社会主义改造后,在全区形成国营商业、供销社为主,合作商业和个体商业为辅的3条商业零售渠道。1957年,省社宁波专区办事处所属副食、日杂站(公司)组织采购副食、日杂品110万元,鄞县、慈溪、余姚、上虞、绍兴、新昌、奉化等县供销社组织货源450万元投放市场。农村基层供销社副食品加工范围和数量不断扩大,并开展店、站、仓的商品调剂。在改进供应方法上,采取赶船、背包、挑担,送货上门,到工地、到会场、到田头;召开小型交流会,夜间交易,早开门、晚打烊。当年,宁波老市区副食品货源紧张,市副食品公司组织各类南北果品95万元,还组织389万元蔬菜等农产品支援上海、舟山、杭州等地。是年,全区供销社系统生活资料供应总额为7096.91万元。其中,酒类87255担,增长73.9%;卫生裤衫26748打,增长26.6%;煤53814担,增长17.8%。但食糖、食盐、棉布、胶鞋等商品比上年下降2.9%—19.4%。

1958年,全区供销社系统生活资料销售额6700万元,减少6.4%,供应总额占宁波地区社会生活资料零售总额的34.6%。1961年9月,全区供销社系统参加华东地区物资交流会,合同成交额为1378.94万元。1962年3月和7月,组织全区供销社参加全国两次三类物资交流会,交易总额647万元。是年5月起,供销社开展自营业务,全区建立12个县(市)贸易货栈,109个集镇上建立农村集市贸易服务部。这一年开展自营业务经营额3700万元,全区生活资料供应总值21100万元,增长13%。卷烟、酒类、棉布、毛线和胶鞋等都比上年增长,生活资料销售额占社会生活资料零售总额的35.2%。1961年,全区各县相继建立贸易公司(货栈)。1962年,全区各县贸易货栈自营业务总营业额5000万元,其中市供销社营业额500万元,创利49万元。1961年至1964年,市供销社贸易货栈与国内440个县(市)建立业务关系,通过货栈代理和自营供应副食品7.75万吨,向外推销地方工业产品105种,计230万元。1963年7月13日至8月1日,全区12个县供销社参加在上海召开的全国第三类物资交流会,与全国23个省(市)业务部门签订购销合同总额437.12万元,其中购进223万元,销售213万元。是年,宁波市及市郊的生活消费资料销售额1231万元,增长19.26%,其中棉布增长79%,肥皂增长57.5%,搪瓷制品增长52.5%,毛线、呢绒、人造布、丝绸都有成倍增长。1964年,全区供销社系统生活资料供应总额比1963年增长13%,1965年生活资料销售总额10235万元。

1966年下半年起,因受"文化大革命"的影响,各地供销社一时失去原有的组织领导,购销业务从上到下缺乏系统的研究和安排。整个供销社系统处于参加"文化大革命"为主的形势中。在业务经营上,采取"抓革命,促生产"的方针,维持于必要的日常经营。1977年,全区供销社系统生活资料销售总额24535万元,1978年为26486万元,增长7.9%。商品零售额占宁波地区社会商品零售总额的比重为51.3%。1979年,各县级公司和基层供销社先后派出800人次到广东、福建、江西、安徽、上海等地和省内采购到各种副食品、针纺织品、日用百货、交电五金、建筑材料等计划外商品达4000余万元,占总销售额的10%左右。余姚县供销社4个专业公司、12个基层供销社一年来调入计划外货源1383万元,供应计划外商品1272万元。宁波地区土产公司对部分商品实行跨区供应,直接向零售单位和消费者开展批发业务,超额完成524万元的销售任务。宁波地区日杂公司推销各种滞销积压物资和部分日用品30多万元。此外,不少零售企业开展以卖带修、送货下乡、流动供应、早晚服务、代客缝补、预约登记、展销会、交流会等服务活动,仅奉化、余姚、象山3县供销社"双夏"期间增设早晚服务部123

个,临时供应点101个,送货小分队149个,共551人、223只车(船、担),极大地方便社员群众购买。是年,全区供销社系统生活商品零售额27654.55万元,增长4.4%。其中手表、毛线、涤纶混纺布、半导体收音机、食糖增长50%以上,农村市场日趋活跃,实现购销两旺。

1980年,全区供销社系统共向20余个省市采购计划外、议购价商品达2723.9万元。宁波市郊区供销社与30多家社队建立业务往来关系,销售日杂、副食品60万元;市土产日杂公司、副食品商场、群庙商场、明州商店、慈城副食品商店等举办各种展览会、交流会9次,增加营业额330万元。全系统生活资料销售额28906万元,增长4.5%。商品零售额占社会商品零售总额比重为38%。1981年,全区供销社系统组织计划外适销对路商品4600多万元,同时,翻建并扩大商业经营网点,增强销售竞争力,实行多种形式的经营承包责任制。全年实现生活资料零售总额31000万元。在销售连续两年大幅度增长,而在粮棉减产的情况下,又比上年增长7.3%。吃、穿、用、住等商品全面增长,其中自行车增长70.8%,缝纫机增长42.3%,手表增长21.3%,呢绒增长27.7%。

1982年,随着农村商品经济的发展,购买力明显提高,消费结构发生较大变化,供销社新增电视机、电风扇、啤酒等品种。实现生活资料零售总额31972万元,商品零售总额占全区社会商品零售总额的33.2%。在连年大幅度增长和百家竞销的情况下,商品零售总额又比上年增长3.3%。其中电视机、手表、缝纫机、自行车、毛线、呢绒、化纤布、绸缎、床单、白酒、食糖等增长20%以上。全区供销社系统普遍开展优质服务活动,组织开展交流会和展销会。仅慈溪、鄞县、宁海3个县供销社入秋以后就举办商品展销会12次,销售额达800万元,还先后在5个主要集镇设立国合联营的批零兼营商店。宁海县力洋供销社与县百货公司联营后,批发品种增加241种,批发额增长76.5%,零售额增长37.8%。慈溪观城供销社商场还直接与宁波市8家工厂企业建立联销业务,年增销售额320万元。

表5-9　1978—1982年主要日用工业品、杂品零售供应量

品　名	单　位	1978年	1979年	1980年	1981年	1982年
食盐	吨	33774	27143	27355	25491	29613
食糖	吨	6896	12799	14515	11739	14873
火柴	件	70637	83064	95277	101976	84879
肥皂	箱	96649	146319	181117	198357	219918
黄酒	吨	19462	24436	35575	41199	42334
白酒	吨	6210	7567	7566	8221	9933
啤酒	吨	6513	6890	7240	7980	4033
棉布	百米	8709	179642	179661	157651	169508
毛线	百公斤	1518	2202	2644	2575	3373
涤棉布	百米	22118	34980	54829	62555	49605
呢绒	百米	806	1096	1587	2365	3889
绸缎	百米	7683	8785	11809	11368	14033
手表	百只	220	330	403	479	870
自行车	百辆	185	202	284	485	689
缝纫机	百架	131	137	174	261	339
电视机	百台	31	31	36	37	56

续表

品 名	单 位	1978年	1979年	1980年	1981年	1982年
收录机	百台	25	28	31	35	40
电风扇	百台	26	45	75	83	57
电冰箱	百台	27	38	49	55	60
洗衣机	百台	16	25	34	38	50
煤油	吨	5389	5508	5813	6061	5186
卷烟	箱	86396	90914	96878	96665	91776

表5-10　1983—1990年主要日用工业品、杂品零售供应量

品名	单位	1983年	1984年	1985年	1986年	1987年	1988年	1989年	1990年
食盐	吨	36973	40922	29777	31228	46404	50594	38864	36334
食糖	吨	15687	17134	20031	25066	22373	19638	16799	13569
火柴	件	104421	105502	74388	66625	61249	64065	79191	52289
肥皂	箱	245960	253129	208766	170325	130277	141294	126572	70530
黄酒	吨	39665	34481	24192	24175	18938	15373	11771	8772
白酒	吨	7369	6838	5593	6997	7266	8648	9462	7330
啤酒	吨	6278	11570	14591	22537	23531	24056	19185	16496
棉布	百米	180113	112795	139105	139985	141478	47719	91435	14924
毛线	百公斤	3797	4211	5133	5951	7133	7255	4746	4294
涤棉布	百米	63943	49823	54310	49552	56708	43490	30948	8183
呢绒	百米	5281	7694	8715	10493	10638	12065	9394	1538
绸缎	百米	16653	19211	23476	22571	19965	23555	16329	3445
手表	百只	919	1007	1302	759	780	857	672	560
自行车	百辆	863	1076	1000	1049	928	1370	861	161
缝纫机	百架	383	391	372	378	392	394	217	152
电视机	百台	89	200	341	349	351	415	307	45
收录机	百台			104	158	195	226	165	27
电风扇	百台	90	99	406	560	721	1145	939	309
电冰箱	百台			35	113	142	282	192	43
洗衣机	百台			31	57	69	173	127	13
煤油	吨	4901	6142	5219	4728	4609	5056	4598	5338
卷烟	箱	94203	102848	93573	102031	104264	148856	125712	92007

1983年，根据农村购买力日益增长和市场新变化情况，积极疏通和扩大工业品流通渠道，大力组织工业品下乡，并采取工商、商商联营等灵活多样的购销形式，扩大商品货源，活跃消费品市场。在旺季市场和元旦、春节期间，全市供销社系统自行采购计划外货源15632万元。其中16种主要副食品中，共安排货源164299担，其中苹果32800担，桂元干6330担。是年，实现商品零售总额39953万元，增长1.2%。尤其是自行车、电视机、缝纫机、手表、毛线、棉布、棉布化纤布、纯化纤布、啤酒等商品的增长幅度

均在20%以上,日用工业类增长6.9%。

1984年,市、县供销社工业贸易中心相继开业,建立57个乡镇企业服务部,生活资料购销逐渐打破地域封锁,经营方式、范围和品种不受城乡分工的限制,除主要几种工业品仍由国家按城乡比例按计划分配外,余皆实行市场流通。在此情况下,全市供销社系统向外组织各种日用工业品达17089万元,占全部供应商品42%以上。国庆前,宁波市、宁海、象山、余姚、镇海县贸易中心和奉化县副食品贸易中心开业。据6家贸易中心统计,仅开业3天成交额达2100万元。其中市供销社贸易中心又举办大型交流会,交易额400多万元。11月16—18日,市供销社召开宁波市首届商品交易会,交易会共设11个样品馆,展出商品8000多种,签订合同797份,成交额2299.84万元,其中现货交易961万元,占41.8%;期货成交1338万元,占58%。为乡镇企业提供原辅材料、推销产品330万元。是年,全市供销社系统实现生活资料销售额40587万元,增长1.5%。1985年,市副食品商场充分利用闹市区优势,发展横向经济联系,吸引省内外客户来宁波设窗口,开商路,与250家工厂、批发企业建立购销关系。该公司水果经营部为省内外水果经营单位代销水果700多万元。在国庆、中秋节日期间,组织到山东烟台苹果3.14万担,河北鸭梨2500万担,进口香蕉、广东香蕉各1000担,漳州早橘500担,各种罐头供量达3万多箱。市土产日杂公司组织瓷碗20万只、瓷盆18万只、铁锅1万只。市特产公司在节日期间供应省分配的优质絮棉500担。同年10月22至24日,市供销社贸易中心召开秋季供货会,展出商品1500多种,慈溪、奉化、镇海等地的供销社所属工厂也进会展销,3天成交额200万元。该贸易中心还与60多个厂矿企业、45个产品基地建立稳固的购销关系,销售这些工厂产品1336万元,占销售额的27%以上。其中甬产新乐牌洗衣机、凤凰牌电冰箱,在省内外供销社系统形成统一市场,全市58个供销社经营单位向贸易中心采购洗衣机2.5万台,电冰箱1000余台,与鄞县产席地区乡镇企业实行草席产销联营,销售草席85600条。慈溪县观城供销社商场与27家省内外厂商建立直接进货关系,年营业额602万元,增长24%,实现利润29万元,增长47%。慈溪逍林供销社新浦分社直接与上海、南昌、杭州、宁波、舟山等地5家菜市场、2家蔬菜批发部、2家蔬菜加工厂建立经销、代销关系,推销各种蔬果150余万斤。镇海和滨海区供销社与上海、南京等市建立友好联系,销售腈纶衫裤、毛线等地方产品100余万元,还到上海举办"镇海籍"同乡会,又邀请上海百货、交电、针织等29家公司到镇海举办"上海市优质工业品拥军爱民下乡展销会"。

1985年,在工业品经营中,各级供销社全年组织计划外货源27645万元,约占全市工业品供应一半以上。为乡镇企业提供原辅材料、推销产品8200万元。全市供销社52个综合性商场打破以国营县公司为唯一依托的进货模式,主动向县外商业部门和工厂进货,向外采购商品总值9860万元,占全部进货额的20%左右,年销售额8522万元,相当于全市生活资料零售额的18%。全市共建有县、市贸易中心7个,年营业额10148万元;各种批发网点549个,其中批发给集体和个体商业的金额21326万元,增长25%,相当于全市生活资料零售额的45%。1985年,实现生活资料销售额46717万元,增长15.1%,创历史最好水平。加上农资销售额16259万元,全市供销社商品零售额占社会商品零售额26.7亿元的23.8%,与1980年38%比重下降14.2个百分点。国营商业零售额比重由37.6%降至29.7%,其他集体商业比重由23.7%升为31.3%。

1986年上半年,各级供销社共举办展销会25次,并采取送货下乡,上门供应,沿街设摊,扩大批发点,降低起批点等措施,生活资料销售从6月开逐月上升。国庆、中秋节日期间,市副食品公司水果经营部、市果品食杂公司从南北各地组织文旦、菠萝、哈密瓜、青果、苹果等计34个车皮计700吨,组织到各色瓶酒1.5万多箱投放市场,联合举办月饼、瓶酒、糖果等3个展销会。市副食品公司建立水果交易市场,与全国13个水果主产省市400多家经营单位和专业户建业务关系,仅香蕉一项,从1984年10月与广州3家单位联营以来,累计投放市场250万公斤。1985年至1986年,市副食品公司水果经营部、市果品食杂公司与广东联营香蕉,共联营香蕉1755.6吨。市社贸易中心、市第二土产日杂公司组织到各类小商品3万多件,投放市场。市社贸易中心通过与41家供销社商场联合展销新乐牌洗衣机,销往农村的洗衣机2300台,全国有58个供销社经营单位通过市供销社贸易采调新乐牌洗衣机2.5万台。鄞县供销社采购到紧俏的计划外商品2655.5万元。慈溪县供销社15家商场与省内外280多家、440多个批发企业直接进货的商品占商场零售额的55%。奉化县供销社直接与当地酒厂挂钩后,全县80%黄、白酒和50%的啤酒货源纳入供销社渠道。镇海区工业品公司与上海50多家工厂建立业务关系,购进百货针棉织品300多万元。全市各级供销社与省、市2850多家工厂企业建立正常的业务关系,组织到计划外商品38677万元,占全部商品销售量的70%左右。全市8家工业品公司年营业额达8523万元,61家商场营业额达11481万元,相当于全市生活资料零售额20%以上。为乡镇企业提供原辅材料、推销产品11481万元。

1986年,全市供销社系统与省内外2850多家工厂建立正常的业务关系,组织计划外商品38677万元,占全部商品销售额的75%。是年,生活资料零售额51483万元,增长10.2%,超过全省供销社系统增幅8.6%的水平,仅次于杭州,居全省第二。全系统共组织各种生活资料总值9.56亿元,比1985年增长28.7%。1987年,全市供销社在农村大集镇和县城建有综合商场76个,批发网点从上年578个增加到742个,批发额达46681万元,其中批发给集体和个体32401万元。直接从工厂或产地等地自行组织货源49894万元,主要商品有电视机26395台,自行车62981辆,棉布及化纤布774万米,毛线57万公斤,木材45289立方,钢材3000余吨。为乡镇企业提供原辅材料和推销产品12121万元。鄞县供销社开展彩电代理业务,共组织紧俏商品18560万元,占商品购进总额的33.15%,有效地满足农村市场需要。

1988年,生活资料销售疲软,全市供销社销售总额70117万元,减少8.2%。虽有提价因素,但实际零售总额为76369万元,增长36.3%。商品零售额占社会商品零售总额的比重为17%。年内,市供销社本级公司安排供应各类商品3580万元。其中市果品食杂公司到山东落实苹果18个车皮;市副食品公司组安排货源总额为1650万元,比上年952万元增长73.3%。市供销社在余姚龙山大厦发起成立市供销社大中型商场购销集团,至年底,购销集团内部共成交金额600多万元,绝大多数是紧俏商品,成员商场销售额达14610万元,其中零售额7161万元,创利321万元。为乡镇企业提供原辅材料和推销产品11514万元。

1983年至1988年,全市供销社商品购进额年平均递增率12.89%,商品销售额年平均递增率16.51%,利润平均递增率9.34%。1989年4月起,市场一直处于疲软状态。各级供销社经营重点由重进货转向推销;经营品种由高档、大件转向中低档、大路货;经营方式由深购远销、大进大出转向立足当地、多品种、少批量、勤进快销。市工业品公司等7家企业列为彩电专营单位。全系统举办组织大小展销会600多次,仅市供销社自行组织和合办的3次商品大联销,就回笼货币315万元。组织80家商场举办"迎国庆商品大联销",销售近千万元。市土产日杂公司、宁波洗衣机总厂凤凰冰箱厂及重点商场三方联合销售,销售冰箱2000多台。市副食品公司水果经营部年水果交易额达4420万元。余姚县供销社举办"全县冬季商品大汇展",成交额60多万元。鄞县供销社参加鄞江桥"十月十庙会",销售70多万元,全年代理彩色电视机6100多台。10月,全市供销社77家商场全面开展迎国庆商品大联销活动,联销10天,实现销售额1000多万元。

1990年7月,市工业品公司举行凤凰电冰箱城乡优惠大联销,销售冰箱5000多台。市社所属公司参加郑州全国交流会成交额达600万元,在全省供销社商品交流会上成交额达720万元。全系统发行图书1222万册,营业额1130万元,占全市图书销售总额的30%。全市供销社系统组织送货865次,销售额9860万元;赶市设摊4650次,销售额800万元;展销2300次,销售额5620万元;有奖销售650次,销售额12310万元。慈溪供销大厦、鄞县西凤商场、三江商业大楼、余姚财物中心等销售势头旺盛,不仅为拓宽工业品经营闯出新的路子,而且显示供销社较强的经营能力。卷烟批发业务除基层供销社外,部分县级供销社的副食品公司也获准经营;有12个经营网点获准经营金银首饰。市工业品公司和8个县(市)区级的工业品公司,形成市、县、集镇辐射广大农村的工业品经营网络。慈溪市供销社工业品公司全年销售4646万元,增长57.5%,并与9个基层供销社和57个分社签订联购分销协议,全年批发给基层社的销售额1970万元,返利给基层供销社17.6万元。1990年,全市供销社系统生活资料销售额6.85亿元。其中慈溪市社销售1.9亿元,增长15.3%,创历史最高纪录,为全省前茅。县以上(主要是商场)零售额2.6亿元,增长24.5%。全系统生活资料零售中县以上的零售额所占比重从过去的不到10%上升到近40%。其中大中型商场购销集团26家商场销售额2.2亿元。可见城镇的综合商场尤其是县城以上的商场已成为供销社经营工业品的骨干。

1991年,全市供销社生活资料零售额7.7亿元,增长12.4%。使供销社零售占社会总零售的比重保持在16.9%,基本维持上年水平。是年,全市87个基层供销社已经批准彩电专营74家,经营彩电零售点107家,9家县以上工业品公司均获批发经营权,3家县供销社与县公司直属商场也批准为彩电专营单位。10家商场(公司)全年零售进口录像机7258台,比上年增加4.8倍。其中慈溪市供销大厦零售进口录像机达1680台,远远超过当地商业局系统的零售额。发挥商场购销联合体"集团军"优势,26家成员单位年销售额约3.5亿元,比上年增加一倍。推销家用电冰箱20214台,其中通过市工业品公司销售宁波凤凰冰箱7000余台,成为推销地方产品的主渠道之一。鄞县供销社参加首届"商之乡"贸易节成交额1184万元。为乡镇企业提供原辅材料和推销产品13200万元。1992年,全市供销社系统增加第二批进口录像机定点经营单位13家。与此同时,各地供销社冲破地区和行业界限,全面开拓新的经营领域,如新办加油站、粮油行、黄金屋、服装城、宾馆、舞厅、儿童乐园以及建材装潢、房地产开发等。鄞县供销社西凤商场坚持天天开夜市,夜市营业额占日营业额三分之一。奉化市尚田供销社"奉化市建筑装潢材料公司"开业。余姚、慈溪市和鄞县供销社配合有关部门举办"杨梅节""服装节""商之乡"等活动,以节引市,以市兴商。是年,全市供销社生活资料零售额首次突破10亿元,比上年增长29.8%。1993年,全市供销社系统建有综合商场36个、专业商店45个。商业网点重心向城市和中心集镇转移,初步形成以慈溪、余姚两市供销社为代表的商业辐射式布局,即以城区为中心向农村辐射;以鄞县为代表的辐集式布局,即以基层社进城办商场,对宁波市区商业中心形成环形包围;以奉化、镇海两市(区)为代表的均衡式布局,即占领辖区重点镇形成鼎足之,如奉化集中发展大桥、溪口、莼湖三大镇,镇海在城关镇建大型商场后,又投入900万元相继在贵驷、庄市、骆驼三镇各建一个中型商场。慈溪市家交电总汇开业5个月实现销售600万元。慈溪浒山供销社的金山商厦扩建后,建筑面积和营业面积扩增到8000平方米和5600平方米,成为基层社商场的首位。12月31日,投资8000万元的宁波新江厦商城开业,成为鄞县供销社系统开设在市区规模最大、设施最新的现代化商业窗口，也使市供销社系统1万平方米以上大型商场在宁波市区实现零的突破。是年，全市供销社系统商品零售总额16.1亿元，其中为乡镇企业提供原辅材料和推销产品1.5亿元。

1994年，宁波美乐门商城开业8个月，销售额达到1.3亿元，宁波新江厦商城开业一年销售达到2.3亿元，在宁波市商界独占鳌头，实现年销售1.73亿元。慈溪市供销社在浒山城区段建成8个工业品综合商场，实现销售额4.5亿元。市供销社还与市新华书店改革现行的进货包退货（或称代销）为进销不退货的图书购销形式。是年，全市供销社系统生活资料零售额22.7亿元，增长40.99%。其中为乡镇企业提供原辅材料和推销产品7.19亿元。1995年，奉化市工业品公司仅销售西湖牌彩电一种商品销售额就近千万元，大桥供销社总代理商品销售额占总销售额一半左右。以鞋类经营为主的宁波南苑鞋城，以机电产品为主的金海商厦等紧跟市场行情，开拓经营领域，发展多角经营，逐步形成一业为主，多业并举的经营格局，形成集团化经营趋势。象山县供销社回笼资金600万元，新建3个综合商场。宁波美乐门商城兼并市供销社物资、通利公司2个批发企业，实现优势互补。在全市13家销售上亿元的商场中供销社占7家，其中宁波新江厦商城销售额3.7亿元，分别居全市第二位和全省第一位。在余姚等部分县（市）供销社中，商场年销售额已占到半壁江山，大型商场也越来越成为供销社的支柱产业。是年，全市供销社系统消费品零售总额24.48亿元，增长7.8%，比全市社会商品零售增长18.8%高出13.89个百分点。

1996年，全市供销社系统拥有（商场）商店495家，副食品商店500家，百货日用杂品商店219家，综合商店和其他专业商店927家。市供销社本级工业品批发市场2个，农副产品批发网点4个，零售经营网点156个。是年，以联购分销、连锁经营、总经销、总代理等营销网络优势和营销手段的综合运用，刺激了农村市场，使供销社家交电商品消费业态中形成良好的态势。宁波美乐门商城、新江厦商城分别推出"售后服务联系章"制度和"今日我当营业员""文明用语18条"活动，新开海鲜楼、舞厅、咖啡厅和书店。宁波新江厦商城以总销售4.04亿元、零售3.55亿元、利润652万元的业绩，三项指标排名全省供销社系统重点商场第一。象山县、鄞县、慈溪市等供销社对农村图书发行进行规范化管理，获得较好的社会效益和经济效益。余姚市供销社发挥食盐经营权优势，组织食盐供应榨菜户，创造良好的经济效益。全市供销社系统为乡镇企业提供原辅材料和推销产品7.13亿元，全年生活资料零售额24.16亿元。在商场联合会42家成员中，14家重点商场总销售19.19亿元，增长21.21%；综合效益7567万元，增长26.3%；利润2965.8万元，增长87.86%。综合效益和利润均占全系统50%以上。

表5-11　1996年度宁波市农村市场12个主要家交电商品销售情况

商品类别	单位	数　量	增幅（%）	商品类别	单位	数　量	减幅（%）
摩托车	辆	10759	28.71	自行车	辆	80455	16.6
彩电	台	44638	13.39	黑白电视机	台	7410	20.6
照相机	架	8413	8.88	录音机	台	18905	15.79
洗衣机	台	32333	15.67	电风扇	台	58315	10.33
电冰箱	台	37202	2.58	录像机	台	10130	28.33
空调器	台	10956	27.07	脱排油烟机	台	18952	10.21

1997年，实施"名牌、名店、名市场"战略。宁波美乐门商城服装经营面积增加到4000平方米；宁波

南苑鞋城引进名牌商品经营,逐步发展成为区域总代理、总经销(简称"两总"),商品已有近百种。市土产日杂总公司"两总"产品已达10多种,销售额超百万元。市合立贸易发展总公司扩展中心商场、庄桥商场、湾头商店等。宁波新江厦商城开展"两总"业务,其中科龙空调增加销售700万元,并加盟北京亚飞汽车销售网络,开展14个品牌的小汽车、面包车、货车销售,成为宁波市首家也是唯一一家销售汽车的商场,被市政府列为"十大实力工程",评为全国零售大型二类企业。是年,为乡镇企业提供原辅材料和推销产品7.04亿元,全市供销社系统生活资料零售23.13亿元。

1998年1月,慈溪大厦雅戈尔专卖店开业,至1999年,共有杉杉、雅戈尔、里安纳、飞蒙、花花公子等5个品牌的专卖店,年销售额超2000万元,1999年销售额3000多万元。是年3月,宁波新江厦商城组组建股份制企业,重点发展名牌产品总经销、总代理,以取得价格优势。知名童装品牌"懒猫"、广东"永利王"男皮鞋、"斯乃纳"童鞋实行省总代理或厂方直销,瑞士"劳力士"等名表与香港同价销售。全年共售出各种汽车212辆,销售额1920万元,书店营业面积1600平方米,图书品种增至3万多种,成为全国最大的商场书店,全年图书销售达到1413万元。投资200万元,开设甬上第一个修鞋处,引进雷达表维修设备,开出市内最大的商场家电维修中心。11月28日,慈溪市供销社慈客隆开业,营业面积2500平方米,至年底销售额达633万元。

1999年,宁波美乐门有限公司每星期组织开展一次商品促销活动,还到慈溪市举办黄金饰品展销会,并成立规范化的社区服务公司,拓展商务。宁波南苑鞋城探索定牌加工经营,全年销售额达3658万元。市日杂总公司集中力量抓好生活用纸的品牌化经营,全年销售额1500万元,增长50%。宁波南苑旅游社率先将总代理制移植于旅游业。市华达汽车服务公司争取到埃索润滑油的省总经销权,全年销售车用润滑油2000吨,年销售成品油2.35万吨。慈客隆超市有限公司配送中心与280多家厂建立直接供货关系,其中"两总"品牌50多个,经营品种达11000多个。商品全部实施统一采购、统一配送。同时专设市场拓展部,并配备6名专职区域营销员,为150多家农村集镇个私商店提供商品配送服务。

2000年至2002年,全市供销社所属企业实施"两项制度",全市供销社系统的副食品商店、商场等大多予以歇业,或转为股份合作制、股份有限公司等。由此,全系统的生活资料供应基本淡出市场。2003年开始,各县(市)区供销社实施基层供销社重组试点,积极探索经营服务综合体新途径,开展以农村主要集镇地的原基层供销社商场和原有经营网点,充分改制后剩余资产用于拓展连锁超市,积极参与市场竞争。

表5-12　宁波市供销合作社1951—2015年几个主要年份消费品零售额

单位:万元

年　份	零售额	年　份	零售额	年　份	零售额
1951	187.07	1985	46717	2004	152051
1953	186.75	1986	51483	2005	191480
1957	7096.91	1988	70117	2006	236837
1958	6700	1990	68500	2007	320863
1964	10235	1991	77000	2008	404955
1977	24535	1992	100000	2009	415242
1978	26486	1993	160000	2010	416416

续表

年　份	零售额	年　份	零售额	年　份	零售额
1979	27654	1996	241600	2011	528130
1980	28906	1997	231300	2012	538360
1981	31000	2001	113045	2013	623270
1982	31972	2002	105867	2014	657814
1984	40587	2003	133823	2015	401033

烟花爆竹

20世纪50年代，全区、县级供销社先后建立日用杂品经营部、土特产公司等，专司烟花爆竹的批发与零售。1954年，宁波专区日杂公司建立，负责全区烟花爆竹和行业管理。1956年，宁波市土产日杂公司建立，开始经营烟花爆竹。80年代初，市土产日杂公司投入资金100万元，在姚江大闸路建造3个专用防爆仓库，达到国家安全标准。长期以来，市供销社系统经营的烟花爆竹品在铁路宁波东站到货后，经姚江防爆仓库中转、集散。

1984年1月6日，国务院颁发《中华人民共和国民用爆炸物品管理条例》，进一步明确市供销社依法行使政府委托烟花爆竹的管理职能，合理设置经营网点，组织优质货源，开展优质服务，加强安全管理，承担全市烟花爆竹的专营工作。

1985年，烟花爆竹的批发业务统一由市、县供销社所属日杂公司负责经营，所有经批准经销烟花爆竹的单位，应向所在地供销社日杂公司进货，不得向外进货，不得转手批发。1986年12月，市公安局会同市财办、市供销社、市公安局等单位对市社所属的土日杂公司送鉴的73种烟花爆竹商品进行试放和严格审查，其中有55个品种投放市场。对上述已批准的品种，按规定销售，挂销售许可证营业，以后如增加新品种，须报经有关部门批准。1987年，市土产日杂公司拓宽进货渠道，是年购进烟花爆竹品3000箱，主要有鞭炮类、地下旋转类、吐珠类、线香类、造型玩具类和组合烟花类等七大类142种。1988年春，经市公安局确认，有122种烟花爆竹品准许在宁波老市区销售，并规定一律由市土产日杂公司批发，各县（市）区也由所在供销社日杂公司统一经销。1989年，省公安厅浙公治〔1989〕97号文件规定："烟花爆竹只能由供销社的日杂公司经营，没有日杂公司的，应由市、县供销社指定一家公司经销。"1991年7月，宁波市烟花爆竹安全经营管理办公室设立，由市公安局一名处长任办公室主任，市工商局一名处长和市土产日杂公司副经理王学平任副主任，办公室设在市土产日杂公司内。办公室主要职责和任务是：布置、监督、检查全市烟花爆竹安全管理工作；总结交流和推广各地安全经营管理工作经验，负责确定在市内准许销售的烟花爆竹品种和计划的衔接工作；组织烟花爆竹专管员及培训工作等。同时，明确烟花爆竹统一由县以上供销社土产日杂公司组织批发购销，其他单位和个人一律不得批发经营。

1995年1月1日，市政府印发《宁波市区禁止燃放烟花爆竹的规定》，即日起在市区禁止燃放烟花爆竹。2003年9月，经市第十二届人民代表大会常务委员会第五次会议通过和省第十届人民代表大会常务委员会第六次会议批准，12月起，经过市供销社、市公安局等部门的多年努力，烟花爆竹开禁工作获市政府批准。市区长达9年的烟花爆竹禁放终于开禁。2000年，国务院办公厅印发《关于加强烟花爆竹生产经营安全监督管理和清理整顿的紧急通知》，再次重申包括"供销社负责烟花爆竹的经营管理职能，要完善购销管理机制，做好统一归口经营工作"等管理职能。2001年1月，贯彻省公安厅、供销社联合实施对全省烟花爆竹市场经营实行市场准入证制度。3月，市供销社转发省供销社《关于印发浙江省烟花爆竹批发经营年检验审办法的通知》(浙合业〔2001〕34号)，省供销社确定宁波市土产日杂公司、慈溪市日用杂品公司、鄞县日用杂品公司、象山县日用杂品有限公司、象山县日杂废品公司为第一批具备烟花爆竹批发经营资格条件企业，并重新申领民用爆炸物品销售许可证。

2002年，省政府办公厅《转发省公安厅等部门关于切实加强烟花爆竹安全管理意见的通知》，进一步明确烟花爆竹批发业务由县以上供销社所属的日用杂品公司或专业(专营)公司统一经营。是年2月，为充分利用烟花爆竹经营权，促进市区烟花爆竹市场规范有序运转，由宁波市供销社、市土产日杂有限公司、市烟花爆竹公司主要经营者共同出资组建宁波市海田烟花爆竹有限公司，三方出资比例分别为51%、30%、19%。全市的烟花爆竹由海田烟花爆竹有限公司归口专营。2003年5月，全市供销社系统10家烟花爆竹批发企业经营资格年检合格，即宁波市海田烟花爆竹有限公司、宁波市北仑区土产日杂有限公司、宁波市镇海区八方日用杂品有限公司、宁波市鄞州兴合烟花爆竹有限公司、象山县烟花爆竹专营有限公司、象山县石浦烟花爆竹有限公司、象山县日用杂品有限公司、宁海县工业品有限公司、奉化市土特产日杂有限公司、慈溪市烟花爆竹专营有限公司、余姚市日用杂品有限责任公司。全市烟花爆竹零售经营网点2021个。

2006年1月，国务院印发《烟花爆竹安全管理条例》，市供销社按照条例和省安监局〔2005〕47号通知规定，不再担负烟花爆竹的管理职能，全市供销社系统烟花爆竹经营工作统一移交归口于市安全生产监督管理局管理。是年，全市供销社系统烟花爆竹批发经营企业11家。2014年，全市供销社系统烟花爆竹销售额1185万元，增长20%。2015年，全市供销社烟花爆竹经营企业6家，烟花爆竹配送中心2个，烟花爆竹零售门店100家。年销售额1422万元。

第三节　综合性商场建设

1978年之前，宁波各县供销社的不少商店经营设施比较陈旧，在城乡尚无规模较大的综合性商场，在乡镇的基层供销社百货商店起了主要的销售作用。1978年，党的十一届三中全会以后，随着农村商品经济的迅猛发展，人民生活水平不断提高，农村市场的消费结构、购买力流向和流通体制发生很大变化。逐步形成百家经商、竞争激烈的态势，打破了供销社在农村独家经营的格局。从20世纪80年代初开始，全区供销社系统审时度势，以变应变，先后在县城、集镇中心开设综合性商场。80年代中后期，市供销社提出"巩固农村，发展城镇，打入城市"的发展战略。1982年11月，全省第一家基层供销社综合商场——慈溪观城商场建成开业，建筑面积1700平方米，首开工业品下乡先河。由此，掀起基层供销社城镇商业网点建设的热潮。1983年至1988年，慈溪县供销社县在城区和13个主要集镇建成21个综合性商场(商店)。1986年，全市供销社系统新建综合性商场29个，累计61个。其中规模较大的鄞县供销社营业大楼，面积4300平方米，投资264万元。是年10月，滨海区(1987年7月改为北仑区)柴桥供销社商场开业。11月，奉化县江口供销社灵峰商场开业，营业面积1569平方米。1987年，余姚、象山县供销社工业品大楼相继建成开业。鄞县天童供销社江东区大河路开设百货商场,姜山、望春、凤岙、天童、大嵩、五乡等供销社商场等相继开业。

1983年至1987年,全市供销社兴办大中型工业品商场76个。1988年3月,商场总数达到77家,总营业面积5万余平方米,年销售额32389万元,部分商场还参与和组建商场联合体。1989年1月,鄞县供销社经营大楼和慈城供销社百货大楼相继开业。是年8月15日,海曙供销社三市商场开业。9月,镇海供销大厦开业。10月,象山供销大厦服务楼开业。12月15日,慈溪市供销大厦开业,经营面积7466方米,投资800万元,成为当时宁波市供销社系统最大的综合商场。

1990年,新建余姚市供销社购物中心和鄞县供销社西凤商场。1991年,新建和扩建一批规模适度,功能较全,档次较高或有一定经营特色的综合商场或专业商店,使全市供销社商场增至90家。其中当年新办相当规模的商场3家,改建、扩建旧商场20余家。奉化市供销社投资2500万元兴建的供销大厦破土动工,总建筑面积1.53万平方米。慈溪市供销社投资703万元,对金山商场(后为金山商厦)进行扩建,建筑面积8500平方米。鄞县横溪供销社在江东曙光路开设三江商业大楼,经营面积950平方米。奉化大桥供销社商场经过扩建,新设"儿童之家",配有各种大型游艺机,成为奉化首家集经营、服务娱乐为一体的新型商场。

1992年,市供销社和鄞县、奉化、慈溪等县(市)供销社兴建6个大厦(大楼)项目,投入资金2亿元左右,其规模之大,投入之多是前所未有的。其中慈溪市供销社的慈溪大厦动工兴建,投资总额1757万元。是年7月5日,镇海区供销社兴建园南商场,投资800万元。市副食品公司所属的宏伟商场投资450万元,全面扩展装修后于9月20日开业。鄞县凤岙供销社"商业大楼"、天童供销社五乡"天元商厦"、姜山供销社"狮山商场"陆续开业。是年,全国供销社系统销售百强中慈溪供销大厦列第16位、余姚购物中心第41位、慈溪金山商场第96位。慈溪供销大厦还获全国供销社"百家最佳效益"称号。

1993年,镇海供销社投入900万元相继在贵驷、庄市、骆驼三镇各建1个中型商场。慈溪市家电交电总汇开业,慈溪浒山供销社的金商厦扩建后,建筑面积、营业面积分别增加到8000平方米和5600平方米,成为基层社商场的首位。是年8月8日,慈溪市供销社所属建材大厦开业,该大厦高5层,总面积4500平方米。9月,奉化市莼湖供销社投资建造的莼湖商场开业,建筑面积825.6平方米。12月28日,奉化市副食品公司奉城交易中心开业,营业面积7300平方米。同月30日,奉化市大桥供销社"天鹅商场"开业,营业面积3300平方米,是当时奉化最大的商场。12月28日,投资近亿元、建筑面积17000平方米,坐落在市江东区中山东路101号的宁波新江厦商城建成开业,成为鄞县供销社系统开设在市区规模最大、设施最新的现代化商业窗口,也使市供销社系统1万平方米以上大型商场在宁波市区实现零的突破。

1994年,各县(市)区供销社继续加大投入,新建商场等综合服务设施11个,宁波市区、鄞县、慈溪、余姚县(市)供销社新增的商场面积达3万多平方米。其中慈溪供销大厦、观城供销社金海大

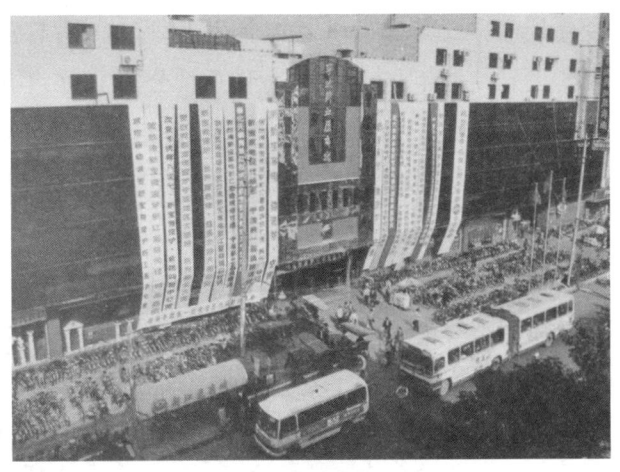

1993年12月28日,宁波新江厦商城开业

厦、观城城隍庙综合市场等开业投入运营。慈溪大厦楼高18层,总建筑面积24677平方米,是当时慈溪市规模最大、楼层最高的商业网点。同时在浒山城区段329国道线两翼建成8个工业品综合商场,总营业面积3.52万平方米,累计投资1.37亿元,慈溪市浒山供销社继上年扩建金山商厦后,又新建6000多平方米的工贸大厦,慈溪市浒山供销社和金山商厦跃入全国供销社系统百强社第三位和"百强商场"第84位。总投资4700万元、总建筑面积31600平方米的鄞县大嵩、邱隘、鄞江、望春、樟村5大商场相继开业。4月28日,位于海曙区中山东路137号的宁波美乐门商城开业,营业面积1.1万平方米。9月18日,北仑区供销社港城商厦开业。下半年慈溪大厦和宁波南苑鞋城等相继开业。至年底统计,全市供销社系统在主要城镇兴建35家大中型商场,年销售额占全系统零售总额的60%以上,年销售超亿元的商场有7家,创利5000多万元。是年,全国供销合作总社发布1994年全国供销合作社系统销售"百强商场"排名,宁波新江厦商城、余姚市龙山商场、慈溪供销大厦、宁波市美乐门商城、余姚市购物中心、浒山金山商厦等名列第22位、32位、37位、38位、54位、84位。市供销社被评为全国供销社系统基本建设管理先进单位。

1995年,全市供销社建设商场(大厦)20余个,总投资2.3亿元,其中慈溪供销大厦二期投资5000万元,建筑面积20000平方米。新建奉化溪口美乐门商城,建筑面积2173.7平方米,使宁波美乐门商城的信誉与溪口旅游胜地的地理环境优势得到有机的结合。鄞县供销社江东明楼商场开业,投资600多万元,建筑面积1100平方米。鄞县姜山供销社商场开业,投资1300万元,建筑面积5800平方米。慈溪市周巷供销大厦开业,经营面积4500平方米;慈溪城区供销社城东连锁店开业,慈溪市逍林供销社在城区开办全国首家杉杉专卖店。余姚购物中心三期工程相继建成,宁波协港商场、余姚丈亭联谊商场相继开业。年内,全市共有13家基层供销社集镇中型商场先后建成。宁波新江厦商城、宁波美乐门商城、慈溪供销大厦等6个商场进入全国供销合作社系统"百强商场"行列,宁波新江厦商城零售额稳居全省系统内和全市各大商场第一位。宁波美乐门商城、宁波新江厦商城、慈溪大厦、余姚龙山商场、慈溪供销大厦等成为全市重点商场。

1996年,全市供销社系统大中小型商场(商业大厦)累计180家。市供销社和余姚、鄞县、慈溪等市(县)供销社在巩固城区大型零售业优势地位,开拓发展商业设施的同时,一批大小中型商场在农村中心集镇相继建成开业,其中有万隆、丈亭、河姆渡、梁弄、周巷、泗门、横河、北仑商场(大厦),在建的有宁波美乐门海光、宁海供销大厦、象山县大象等大中型商场。据年底统计,营业面积2000平方米以上的综合商场15个,其中市以上4个,市以下11个,总营业面积4.24万平方米,从业人员1868人,年销售额8.95亿元。是年,全国供销合作总社公布1996年度全国供销合作社系统销售"百强商场":宁波新江厦商城以销售额33245万元列"百强商场"第9位,宁波慈溪大厦销售额列第15位,宁波美乐门股份有限公司以销售额2.68亿元列第20位,余姚市龙山商场以销售额1.54亿元列第61位,宁波慈溪供销大厦以销售额1.19亿元列第96位。

1997年,新建大中型商场6个。其中慈溪市供销社建成板材大厦、晶都大厦、观城商场扩建工程、观城城隍庙综合市场三、四期工程等项目。慈溪观城商场于是年12月扩建重新开业,营业面积5000平方米。余姚市供销社有3家大中型商场开业,营业面积27000平方米。其中余姚中联超市开设面积1500平方米的文化超市。此外,尚在建设中的有宁海的供销大楼、果蔬市场、象山石浦供销大厦、白象商厦等项目。1998年3月,象山石浦供销大厦开业,总投资800万元,营业面积2100平方米。慈溪市供销社开设慈溪大厦、慈客隆超市和专卖店6家。1999年12月,全国供销合作总社发文《关于1999年度供销社系统大中型商场排序情况的通报》:宁波新江厦股份有限公司以销售额3.64亿元位居全国供销社系统第12位,宁波美乐门集团股份有限公司以销售额1.54亿元列第48位,余姚市购物中心以销售额1.30亿元列第65位,宁波慈溪大厦以销售额1.29亿元列第66位,宁波中联超市股份有限公司以销售额1.11亿元列第81位,慈客隆以销售额1.09亿元列第82位,余姚市龙山工业品集团有限公司以销售额8988万元列第99位。

第四节 连锁(超市)经营

1995年初,根据全国供销合作总社、国内贸易部关于"大力发展连锁商业"服务于"三农"的总体思路和要求,全市供销社系统充分利用供销系统商业设施优势,大力发展连锁经营业态,优化企业组织结构,增强企业规模经营活力。是年,宁波新江厦商城试办连锁店5家,经营面积达2200平方米;宁波美乐门商城投资4000多万元,开设市区柳汀、孔浦、镇海炼化、慈溪逍林、奉化溪口等5家连锁商场,营业、仓储及附属设施建筑面积达7000多平方米。其中溪口美乐门商城连锁店,建筑面积2173.7平方米。以专业经营鞋类商品的宁波南苑鞋城在慈溪市区办起鞋业连锁店。慈溪市城区供销社商场、北仑新碶供销社新港商城、鄞县鄞江供销社等办起连锁店4家。是年,连锁经营销售额占全市供销社系统生活资料零售总额的30%左右,充分显示连锁经营的活力。

1996年,宁波美乐门商城连锁店建成3家,总数8家。宁波新江厦商城新设县内集镇连锁店5家。慈溪供销大厦逍林连锁店、金山商厦阳明连锁店等建成开业。余姚购物中心加盟上海联华超市。另外,宁波汽车配件市场、宁波南苑鞋城新增连锁经营网点3家。1997年,宁波美乐门商城连锁步伐加快,拥有连锁商场、网点14个,营业面积10000平方米,网点辐射范围涉及市区、近郊、镇海、鄞县、慈溪、奉化等地。余姚市供销社的宁波中联超市股份有限公司成立,这是全省首家股份制超市公司,至1998年已发展农村连锁店28家,

宁波美乐门商城咏归连锁门店

1998年销售额8418万元,创利税707万元。至年末,全市供销社系统各类连锁店总数已近40家。

1998年,慈溪市供销社与上海华联超市兴办慈溪大厦华联超市连锁店,并在新城大道南端创办本土超市——慈客隆超市有限公司,营业面积2500平方米,以"廉、便、全、优"新的商业业态激起慈溪市区消费者的购物热情。同时,慈客隆有限超市以连锁经营模式抢占市场,先后在城区和主要集镇发展连锁店10家,并与杉杉、雅戈尔、海尔等厂家联姻组建专卖店和专卖厅8个。慈溪逍林供销社在观城、周巷及市区主要商场设立专卖厅5个。1999年,连锁经营与联合经营渐成气候。各零售商业探索联合经营,通过组建配送连锁网络与加盟系统外大型超市两种形式,在农村大力发展连锁经营。慈溪慈客隆、余姚

中联等商场大力发展农村超市连锁业,年销售额超亿元。其中,余姚中联超市股份公司在余姚市内外城镇开办连锁店28家;慈客隆超市有限公司已发展连锁店5家。宁波新江厦商城的书店连锁、宁波南苑加油站连锁也形成一定的规模。此外,有4家城镇商场加盟上海联华等大型连锁企业。慈溪市供销社连锁经营实现销售1.9亿元,创利150万元,销售额居全国连锁企业第88位。

进入21世纪以后,尤其是在企业相继改制转体后,大部分工业品综合商场转为民营、股份合作制企业,或因旧城改造撤除部分综合商场,由此,市供销社系统的综合性商场大幅锐减。但同时经过改制,整合资源,一种新的连锁经营模式、新的经营业态进入市场,绽放出美丽的色彩。2000年9月,宁波新江厦股份有限公司抓住供销社转制这一契机,投资1900万元,率先收购鄞县姜山供销大楼、邱隘汇鑫商厦、咸祥购物中心、望春港都商厦等4个原供销社营业用房11000平方米,组建连锁分公司,开设连锁经营网点,以替代农村集镇生活资料供应。同时,新开上虞图书连锁店和大碶百货连锁店各1家,超市连锁店达到6家。鄞县鄞江供销社银河大厦加盟上海华联超市后,又在樟村、东钱湖镇开设2个连锁分店,为改制后的基层供销社寻找新的经济增长点作出有效的探索。

慈溪市供销社以慈客隆超市有限公司为龙头企业,在城区新建大卖场、超市,拓展农村连锁超市。开设慈客隆超市坎墩、长河、匡堰、胜山连锁店和观城、掌起连锁直营店,杭州湾新区也加盟慈客隆。至年底已建成连锁超市店18家。慈溪市供销社还开设宁波浙东杉杉服饰有限公司连锁店。

2001年10月,宁波新江厦股份有限公司出资2000万元,组建宁波新江厦连锁超市有限公司,开拓农村消费市场,开设6家超市连锁店。慈客隆购物中心开业,该中心由"慈客隆"租赁慈溪市供销社系统内原慈溪大厦营业用房经营。购物中心经营面积1万多平方米,更以商场办连锁超市、超市办购物中心的新业态,形成商业优势互补,互相渗透的格局。是当时慈溪市最大的超市大卖场。至此,慈客隆超市有限公司在新城大道店、购物中心2家大卖场外,还在宗汉、坎墩、开发区、解放西街、三北大街等街道和社区共开设直营、加盟店6家;在全市12个乡镇农村开设直营、加盟店13家;还在余姚市泗门镇开设加盟店。慈客隆购物中心已连续两年进入全国连锁业百强行列。

2005年初,省委、省政府提出实施"千镇连锁超市、万村放心店"工程建设意见,全市供销社系统利用现有经营网络资源和组织优势,参与"千万工程"建设。分别依托新江厦连锁超市公司拓展宁波市区及周边、依托慈客隆超市公司与部分县(市)供销社合作向全市拓展。连锁经营模式除传统的百货、日用品、菜篮子外,已在家电、通信、石油、钟表、眼镜等领域拓展。慈客隆、宁波新江夏、奉化通源等商贸龙头企业商品销售增长较快,其中慈客隆销售达到11.6亿元,位居宁波市连锁超市销售额的第二位。是年9月,慈客隆超市有限公司与国内商业连锁企业排名第二的华润集团签订合作协议。经过资产重组后,加快农村放心便利店建设,把经营延伸至宁波市各县(市)区。是年,慈客隆新开8家超市,7家便利店,累计拥有超市和连锁店118家,成为以农村市场为主的连锁超市龙头企业,连续六年进入全国连锁业百强行列。

宁波新江厦超市连锁超市配送中心在鄞州区高桥开工建设,总投资3200万元,占地2.33公顷,建筑面积2.3平方米。新建连锁超市门店8家,全年销售额近3.5亿元。据2002—2005年统计,连锁超市覆盖鄞州区20个乡镇(街道),门店总数88家。建设和改造新型农家店124家,是年末,全市供销社系统已有连锁超市97家,直营、加盟和便利放心店450家,年销售额达19亿元。

2006年2月,慈溪供销社华润慈客隆超市有限公司投资新建的浒山教场山店、观城新店开业,营业面积均超5000平方米,年销售额分别超亿元。至2006年底,共有直营、加盟、便利等连锁门店125家,年销售额达13.85亿元,跨入超市全国百强企业行列。4月28日,宁波南苑鞋城投资百货业,营业面积1.2万平方米的南苑柏隆购物中心在慈溪开业。宁波新江厦连锁超市有限公司和鄞江银河超市有限公司落实"农村放心店"连锁企业建设任务,开始在区内各乡镇(街道)建立网络配送,尝试以合同加盟形式将小型零售店纳入配送范围,共建成连锁超市26家,经营面积5.7万平方米,连锁超市覆盖全区各乡镇(街道)。同年9月,奉化市供销社积极参与"放心店"建设,组建成立奉化市通源商贸发展有限公司,配备12车辆统一运送,拥有350家加盟连锁店,为全市远离城镇的425家农村放心店配送货源,2007年配送金额2100万元,2011年连锁配送额1.25亿元,2007年11月被奉化市政府确定为"奉化市第二家农村放心配送中心",被省供销社授予"浙江省供销社系统参与'万村千乡工程'建设优秀企业"称号。

余姚市供销社创办新华联商厦,借助供销社在农村的知名度、美誉度以及网点资源,向周边县(市)农村拓展日用消费品连锁经营。12月,宁波浙东供销超市有限公司、宁波浙东供销家家福超市有限公司成立,发挥各自优势,进一步加快日用消费品连锁经营步伐,改造、提升农村放心店。12月16日,浙东供销超市公司投入200万元,在革命老区余姚梁弄成功开出首家超市样板店,营业面积1600多平方米,经营商品达1万多种,是附近大岚、四明山、梁弄三镇最大的现代化超市。

2007年,慈溪市慈客隆兴办长河、坎墩等超市连锁及超市店、便利店20家。投资1000万元对原慈客隆购物中心进行升级改造,并将超市经营业态调整为百货、日用品等为主新的经营模式,其中营业面积1.2万平方米商区已开业。年初合作投资签约的城区大道华润万家生活广场建设项目动工兴建,总建筑面积4.5万平方米。2008年1月17日,合资成立奉化通源供销超市有限公司。4月8日,宁波浙东供销超市有限公司投资设立象山浙东供销超市有限公司。5月25日,由象山县供销社和浙东供销超市有限公司联合投资600多万元兴办的象山县供销社配送中心成立,经营面积3500平方米,配送专司车辆10余辆,承担全县567家放心店及超市的配送任务。宁波新江厦股份有限公司、华润慈客隆超市有限公司股权结构进行调整,但仍然是供销社成员企业。是年,宁波新江厦连锁超市有限公司成立网络配送子公司,负责179个村级连锁超市、便利店的商品配送,商品配送率85%,新增开连锁门店15家、便利店10家。全区连锁便利店达到32家,村级农家店276家,经营面积51103平方米,占全区农家店总数的70%,全年实现营业额5.1亿元。12月31日,华润慈客隆投资新建位于中央商务区的华润万家老浒山店开业,营业面积2.2万平方米,经营品种超过3万种,首日销售达203万元,前三天销售达578万元。年底统计,全市供销社系统累计有6家超市连锁龙头企业,经营网点753家,年销售额30.9亿元。

2009年1月,奉化通源商贸发展有限公司配送中心实施农村放心示范店及零售店升级开工建设。华润慈客隆、新江厦、浙东供销超市等连锁龙头企业继续拓宽市内外市场,新增连锁超市和便利店43家。此外,参与"家电下乡""家电以旧换新"等活动。新江厦连锁超市通过自建、兼并、租赁等多种方式发展连锁超市,实施经营扩张,将村级放心店延伸到自然村,新建城镇连锁店10家、放心店50家,连锁销售额达到5.28亿元。年底统计,全市供销社系统共建成城区连锁超市3家、城镇超市30家、村级放心店326家,总数796家,配送网店超2000家。全市供销社系统年销售达到38.2亿元。据宁波创业创新风云榜揭晓,慈客隆、新江厦超市有限公司入选2009年宁波市服务业纳税20强企业,分别列17位和19位。

2010年,浙东供销超市、新江厦连锁超市、慈客隆、奉化通源等商贸龙头企业连锁网点不断向乡镇、村推进,全年新发展连锁超市和便利放心店89家。全年实现连锁销售额31.5亿元。慈溪市供销社与台资企业——开太百货集团公司合作,改造慈溪大厦商场,筹建高档时尚的购物中心。奉化市供销社投入自筹资金281万元,完成对配送中心及80家零售店的升级改造。慈溪市供销社位于城区新城大道与北二环路交界处的华润万家慈溪香格里拉店建成投运,总投资4亿元,总经营面积3.2万平方米。是为慈溪市单体经营面积最大的都市型大卖场。至年底,慈溪市供销社系统有5000平方米以上的综合性商场(超市)6家,连锁店、便利店139家,总经营面积2.5万平方米,从业人员5000多人,年商品销售20.72亿元。是年,全国供销合作总社公布大中型商场排列:宁波新江厦商城列大中型商场181位,年销售5.4亿元。华润慈客隆超市有限公司共有10家连锁超市入选。宁波新江厦连锁超市有限公司入围中国连锁经营百强榜和中国快速消费品连锁百强榜。2011年,全市供销社新增连锁超市(便利店)100家,累计895家,实现销售额36.45亿元。2012年,全系统新增各类超市、便利店108家,累计拥有1003家连锁门店。实现连锁销售额39.65亿元。

2013年,浙江华润慈客隆超市、宁波英特药业有限公司入选"2012年度慈溪市'十强'商贸流通服务业企业",宁波大桥生态农庄入选"2012慈溪市'十佳'旅游业企业"。2014年,是供销社综合改革的元年,全市供销社系统消费品经营连锁企业以综合改革为契机,继续拓展农村消费品市场,日用消费品零售额持续增长,零售额回升明显。全年商品零售额为36.2亿元,占全供销社系统零售总额的55%。2015年,全市供销社系统生活资料零售额40.1亿元,增长10.77%。

第五节　饭店(宾馆、招待所)

1978年前,全区各级供销社建有的招待所(旅社),规模均不大。1981年起,新建扩建(改造)招待所(旅社),各县供销社大都建有中小饭店或招待所。其中鄞县鄞江供销社旅社规模较大,设施比较齐全,旅社用房面积2000多平方米,有客房40间,床位200张,膳宿配套。

1985年3月,鄞县供销社育王楼饭店建成开业,是当时鄞县最大的旅游饭店。育王楼饭店位于育王寺西侧,距宁波16千米。1988年完成第二期工程,总投资897万元。饭店占地面积35000平方米,土建面积14100平方米,有双人标准客房102间,高级套房4套,床位360多个,均有卫生设施、电话、彩电。设有多功能厅、贵宾厅等,有大小会议室9个、大小餐厅6个,可供600人同时用餐。饭店设中央空调、闭路电视、全国直拨电话及出租汽车。11月,余姚市供销社、宁波国际信托咨询公司、香港远邦贸易公司三方合作经营"龙山宾馆"奠基。龙山宾馆建筑面积11026平方米,投资640万元。1988年1月1日,龙山宾馆开业。1987年11月30日,市供销社印发《关于做好台胞探亲旅游期间供应工作的通知》,确定鄞县育王楼、奉化溪口龙门饭店、余姚大厦和象山供销大厦为第一批接待台胞入住的宾馆。

1988年1月,余姚龙山宾馆与香港方合资,总投资1000万元,其中香港投入资金27.5万美元。是年,全市供销社系统饮食业经营网点50个。1989年至1991年,全市供销社系统投资3600万元,建成5家大中型饭(宾馆),建筑面积3.3万平方米,430间客房,1200个床位,1600个餐饮座位。1991年11月,宁波南苑饭店正式开业。1992年,余姚市购物中心与香港美联投资有限公司合资经营宁波太平洋大酒店,总投资1.28亿元,其中余姚方30%(投资额为3840万元),占地面积30440平方米,建筑面积45600

平方米,于1994年竣工。1993年2月2日,奉化市供销社奉化大酒店奠基,1996年1月开业。

1995年初,宁波南苑饭店被评为"三星"级饭店,年中又被评为全省星级称心宾馆。1995年9月,扩建南苑饭店,占地面积7680平方米。总建筑面积23000平方米,建设标准客房300套及其配套设施;总投资为1.6亿元。1996年,全市供销社饭店群建设稳步发展。奉化大酒店、慈溪大酒店开业,全市供销社系统大中型宾馆增至6家。是年1月22日,奉化大酒店落成开业,该酒店由宁波海田集团总公司与奉化市供销社联合投资,按三星级标准建造。总建筑面积22000平方米,总投资8000万元。6月,宁波南苑饭店二期工程扩建,总投资2.6亿元。主体建筑高99米,饭店拥有包括总统套间、高级商务套房在内的各类客房共318间套;拥有中西餐厅、宴会厅、风味餐厅、食街等用餐点,共1500个餐位;配备现代化设施的各类大小会议室、多功能厅、商务中心、商场等附属设施。是当时宁波市规模最大、硬件设施最好的商务酒店。1999年5月26日,投资近3亿元的南苑饭店二期工程竣工开业,这是市供销社历史上规模最大的投资项目。是年,新建的南苑饭店被国家旅游局评为"五星级饭店",获评浙江省首批五星级饭店。这是全国、省供销合作社系统首家五星级饭店。其后几年,先后获中国服务业500强企业,中国饭店业最具规模(影响力)的30家饭店管理(集团),全国供销社系统先进集体,浙江省知名商号企业,浙江省先基层党组织,宁波市文明单位等多项荣誉称号。2000年3月,市政府批复同意宁波南苑饭店三期工程选址在南苑饭店西南侧,占地13000平方米,其中主体建筑2层,一楼建筑面积2000平方米,二楼建筑面积2000平方米,总投资概算4800万元。是年9月,慈溪市供销社与上海锦江国际旅馆兴建"锦江之星"连锁宾馆,该项目计划投资800万元。

2000年起,全市供销社系统酒店(饭店)进行产权制度改革和理顺职工劳动关系,较大酒店如宁波南苑饭店、慈溪大酒店等相继改制成为股份合作制企业,供销社占有相当比例的股份,其余酒店业先后退出竞争性领域。其中2001年9月底,奉化大酒店以820万美元(折算人民币6781万元)转让给斯洛伐克共和国AGARTHA(阿格勒达)国际贸易公司,转让后的奉化大酒店由外商独资经营。

第六节 专业市场

宁波市供销社系统兴办专业市场始于20世纪80年代初期。1983至1987年,宁波市和各县(市)区供销社先后兴建6家农副产品批发交易市场,规模虽不大,但经营品种比较齐全,并与省内外2500多家企业、批发市场和农民专业户建立较为稳固的业务关系。1986年市场交易额3600万余元,1987年市场交易额6000万元。1988年11月1日,宁波市农副产品综合批发市场开业。1989年10月1日,宁波市农副产品综合批发市场(宁波二号桥市场,下同)开业。全市县以上供销社兴办农批市场9家,为农村专业户提供交易场所,推销产品,年交易额1亿元以上。

进入20世纪90年代,全市供销社系统因地制宜创办各类专业市场、特色市场和综合性市场,促进产销直接见面,降低交易成本,拓宽农产品流通渠道,取得较好成效。特别是二号桥市场,堪称宁波市最大的农贸市场,规模之大在当时供销社系统乃至整个宁波商贸流通行业都是奠基性、开先河的创举。1990年,在全市供销社系统兴办的19家市场中,行业分类有综合性批发交易市场6家,副食品专业市场3家,水果批发专业市场3家,建筑装潢材料专业市场2家,还有模具材料、禽蛋饲料、摩托车配件、旧货、蔬菜等专业市场5家。1991年，宁海、象山、镇海、余姚、鄞县等县（市）供销社新建扩建5个农副产品批发市场。宁海县政府批准宁海县供销社兴建农副产品批发市场，规划占地20亩，投资200万元。余姚市供销社与工商局在余姚镇联办副食品批发市场，经营面积1000平方米，投资24万元。是年，仅10家县级以上农批市场就成交和推销各种农副产品3.2亿元，增长70%，有效地促进城乡和地区农副产品交流。

1992年，市供销社在市区和慈溪、宁海、奉化、象山等县（市）落实县级以上各类批发市场7家，征地面积136亩。宁波市农副产品综合批发交易市场二期工程竣工开业。至此，该市场总建筑面积达9000平方米，可容纳500多个固定摊位。象山石浦副食品公司和工商局联合兴办的石浦农副产品综合交易市场于是年4月5日开业，占地3000平方米，建有各类用房30余间660平方米，棚屋600平方米，是当时象山县最大的农副产品综合交易市场。是年7月，宁海县供销社所属宁海县牲畜交易市场开业，市场占地1800平方米，设有交易大棚800平方米，投资35万元。9月28日，北仑区供销社农副产品综合批发市场开业，营业面积7800平方米。10月20日，余姚市南门副食品市场开业，首期工程建筑面积500平方米，投资350万元，设摊250个。年底统计，全市供销社系统兴办的19家市场，全年成交额9.4亿余元。

1993年，新建农批交易市场6个，其中7月宁波市土产日杂总公司建设的市建材物资市场开业，占地面积7000平方米。是年12月，奉化市副食品公司前期投资120万元兴建的奉城交易中心开业，占地面积9500平方米，经营水果、蔬菜、烟酒、水产等。年底统计，全市供销社系统市场总数20个，总面积5.5万平方米，年交易额12亿元。其中宁波二号桥市场营业额超5亿元，成为全市最大的规模市场之一。

1994年，农副产品批发交易稳步市场，除宁波二号桥市场已发展为规模市场外，宁海农副产品交易市场仅用三年时间就发展成为宁波南三县的区域性市场，年交易额突破2.5亿元；慈溪观城城隍庙市场建成仅半年交易额突破亿元。1995年，宁波海田果蔬市场投资2000万元，当年建成。宁波二号桥农批市场三期工程竣工投入使用，至1996年底，市场总建筑面积达1.8万平方米，其经济效益、社会声誉及规模设施不但在宁波地区及至浙东地区均有相当的知名度，成为宁波市四大骨干市场之一，并被全国供销合作总社编入《中国供销合作社基本建设画册》名录。慈溪观城城隍庙市场继续扩大规模，增加经营品种；宁海县农批市场日益兴旺，果蔬市场开始动工兴建。是年，全市供销社系统市场交易额突破30亿元，其中二号桥市场达20亿元。1995年，全市供销社系统批发市场成交额39.6亿元。

1996年，新建灵桥摩托车配件市场、观城汽配市场、骆驼禽蛋市场4个。其中镇海区骆驼禽蛋市场，占地6000平方米。新增交易市场场地2.5万平方米，是年11月18日，建材物资市场（二期）建成开业，市场占地面积1.88万平方米，营业面积11000平方米，至2001年市场面积达2.8万平方米，年交易额12亿元，成为宁波地区规模最大、最具影响力的大型建材物资市场。据统计，全市供销社系统交易市场20个，营业面积14余万平方米，其中交易面积5万平方米，附属设施4万平方米。是年，市场交易额突破50亿元。

1997年，市建材物资市场交易额超过12亿元，成为立足省内、辐射华东地区、浙东地区最大的木工类商品交易集散中心，并被评为宁波市首批重点商品交易市场，跻身全国供销社建材市场四强行列。宁波美乐门股份有限公司创办全省首家电脑市场——宁波市电脑市场，经营面积1000多平方米。5月28日，余姚市土特产公司、农资公司相继建成宁波规模最大的货物运输交易市场、浙东家具市场。9月，余姚市农资公司建成浙东家私城。交易场地8000多平方米（彩色钢棚顶），营业面积1300多平方米。12月，宁海县果蔬批发市场建成开业，日果蔬交易量达60—70吨，高峰时超过100吨，年交易额逾10

亿元,在全国供销社批发市场中名列第四位,有力地促进县域经济的发展。

1998年上半年,宁波市电脑市场又先后三次滚动开发宏伟商场3000平方米场地,入场经营户从最初的30家增至80家。据统计,市电脑市场从1997年4月至1998年12月累计交易额突破3.2亿元。抽样调查结果显示,同期市区家庭电脑拥有率从期初的2.8%增长到期末的10%。是年,全市供销社系统有各类批发市场34家(其中7家为农副产品批发市场),建筑面积28.8平方米,其中交易场地17万平方米,各类附属设施9.7平方米。1998年市场交易额72.4亿元,利税2352万元。1999年,新发展宁波美乐门通讯器材市场、电脑市场海光分场、果品公司二号桥市场四期、土产日杂公司的建材市场六期等项目建设。9月,宁波美乐门公司电脑市场开办第二个分场,总经营面积12000平方米,进场经营户350个,至年底交易额1亿元,成为计算机及相关商品的重要集散地。是年,全市供销社系统共有市场34家,交易面积20.39万平方米,年交易额达90亿元。

2000年9月,慈溪市四海装饰市场开业。总投资1000万元,市场总经营面积7500平方米,进场交易的经营户有80余户,其中10%直接来自企业厂方。2002年,根据全国供销合作总社对系统内的批发市场经营情况排名,市二号桥市场(第25位)、宁海蔬果市场(第122位)、余姚浙东家私市场(第135位)、海田果品市场(第141位)均名次靠前。2004年,余姚浙东家私城和北仑甬港再生资源交易市场相继开业。2008年,受国际金融危机影响,全市供销社系统所属贸易市场经受严重考验,至是年11月统计,市供销社系统市场实现交易额28亿元,与上年持平,基本抑制市场交易滑坡的趋势。2010年,全市供销社系统商品批发市场7个,其中农副产品批发市场5个、再生资源交易市场1个。全年实现市场交易额31亿元,增长10%。宁海县蔬菜果品批发交易市场经过国家发改委全国重点农产品批发市场信息系统建设项目验收,被列为全国供销合作社系统大中型批发市场。

2011年,全市农产品市场交易额41.4亿元。是年,宁海县模具城工贸区日用电子交易市场项目总投资7.78亿元,用地120亩,总建筑面积21万平方米,于2009年启动建设,建设周期为5年,主要建成综合商务区、模配交易区、日用电子交易ABC区和商贸服务中心等四大功能区。宁海模具城免费为中小企业开展各类检测300余次,为企业减少生产成本70万元;累计2000多家中小企业群发供求信息150余次;累计为中小微企业在职员工培训2000多人次,其中中高级管理人员培训1000余人次。

2012年,全市农产品市场交易额44.9亿元,增长8.4%。宁海模具城有限公司被确定为"宁波市小企业创业示范基地",成为该县唯一一家获此荣誉的企业,全市共5家企业入围。2015年,全市供销社系统商品批发交易市场增至22个(农副产品批发市场4个、农副产品集贸市场15个、再生资源交易市场2个、其他市场1个)。

专业市场选介

宁波供销二号桥市场 宁波二号桥市场前身是市农副产品综合批发交易市场,始建于1987年,1988年11月1日,市农副产品综合批发交易市场开业。因市场位于二号桥附近而得名。1989年10月1日,市供销社借着举办宁波市农副产品展销会的契机,正式宣布宁波二号桥市场开业,设摊位170个,主要经营包括副食品、调味食材、茶叶以及办公用品等数万种商品。1991年,市场交易额2亿元,1992年4亿元,1994年19亿元。

1995年,市场投入1582万元进行扩建改造。1998年2月,被评为"宁波市重点商品市场"。2000

年6月,二号桥北区茶叶市场开业,经营总面积16000平方米。进入21世纪以来,宁波二号桥市场年交易均在10亿以上。2003年,被评为"浙江省区域性重点商品市场""浙江省百强市场""宁波市重点市场"等。2004年,二号桥市场改制新组建二号桥市场有限公司,拥有市场建筑面积3.8万平方米,经营摊位1200多个,配套仓库1万平方米,累计投资8470余万元。市场南、北两区土地面积达18744.8平方米,其中南区一楼为宁波门类最全的副食品批发交易市场区,二楼是日用工业品市场区,经营品种齐全;北区一楼为宁波市区唯一的茶叶市场。2006年,宁波二号桥市场被国家国内贸易局首批确定为重点联系批发市场,获浙江省二星级文明市场、宁波市信用市场等称号,被江东区命名为骨干企业、二星级市场。2007年,场内有经营户775户、市场管理人员70余人,日均客流量达2万多人次。2010年11月,被省工商局命名为省区域性重点市场。

2014年7月,市政府将宁穿路二号桥地块改造纳入旧城区块改造项目,并实施启动。2015年12月12日,老二号桥市场搬迁正式启动。随着二号桥市场的顺利搬迁,宁穿路旧城区块改造开发和区域形象提升工作也进入新的阶段。2016年1月10日,宁波供销二号桥市场正式开业,老二号桥市场从此退出历史舞台。新二号桥市场位于在江北区孔浦街道路林村风华路61号,与路林水产市场隔街相望。市场主体是三层楼建筑,全框架结构,占地34亩,建筑面积3万多平方米,总投资1亿元,在硬件配套和消防等设施方面按最新标准

宁波新二号桥市场糖果批发部

建设。经营商品有40个大类3万余种,主要经营副食、茶叶和日用百货等,其中一楼是副食品、茶叶区。2016年,市场从业人员2200余人,交易额12.5亿元,日均客流量4.5万人次。2019年,在纪念中华人民共和国成立70周年,在"宁波10大时代地标"群众投票评选中,宁波供销二号桥市场名列第六位,为10大地标中唯一的市场类主体。2020年,市场交易额为13亿元。

宁海县蔬菜果品市场 宁海县蔬菜果品市场创办于1998年12月,前身是宁海县果蔬批发市场,隶属于宁海县供销社。2002年1月改制成立有限责任公司,县供销社控股97%。市场曾历经三次建设,两次搬迁。2010年11月,市场搬迁至目前所在的物流园区。新市场占地50亩,建筑面积2.75万平方米,总投资1.2亿元,市场设施完备、功能齐全,设有果品交易区和粮油交易区,主要经营水果粮油的批发和零售。配套有冷藏保鲜、食品检测、信息发布等功能区块,是宁海及周边县市果品、粮油的主要交易平台,也是宁海县上规模的一家大型综合性市场。先后被评为全国优秀果品市场、全国绿色市场、国家农业部定点市场、全国供销合作社重点龙头企业、省级骨干农业龙头企业、省级模范集体、县五星级农业龙头企业等。

2012年以来,市场年均成交额超10亿元。商品辐射周边奉化、象山、三门等6个县(市),其中果品交易区年交易额2.5亿元。粮油交易区年交易额近6.7亿元,每年帮助农户、合作社、龙头企业搭平台销售近1.3亿元。市场一贯秉承"为农服务、助农增收"的服务宗旨,发挥龙头企业带动作用,鼓励当地农户发展种植业,联结、自办基地近5000亩,带动农户4000余户。2019年,通过市场交易平台,帮助果农

销售地产水果8800余吨,占市场销售总量的近三成。此外,积极联系省内外大型商超和果品公司,通过举办展览会、推介会等方式,向外推广销售宁海水果,为宁海地产水果走向全国作出应有的贡献。

宁海县模具城 2001年初,宁海县模具城动工建造。市场控制规模面积1500亩,实际可使用1000亩,涉及建设资金12亿元。宁海县供销社利用县政府出台的优惠政策和土地出让增值部分的600万元投资,通过"四两拨千斤"的杠杆效应,吸收社会资金的不断投入,政府带动效应达1∶60.67,来促进模具城的滚动式发展。是年,模具城一期工程征地100亩,规划建造26幢厂房和一部分配套用房,总建筑面积25200平方米,其中模具加工区15600平方米,模钢模配交易区5800平方米,物业管理、科研、培训多功能综合楼3800平方米,首期总投资为2950万元,并于年内完成开张。宁海县供销社投入资金200万元与全国最大的电子商务公司——北京8848公司签署合作协议,共同开发、运行国内第一个区域性网上交易市场——8848宁波网上交易市场试营业。2003年,宁海县模具城通过一、二期开发,新增实物性净资产近亿元,而且已成为全国第一家"中国模具生产基地"。一期、二期工程占地346亩,投入1.1亿元,已有217家企业入城生产。2004年,宁海模具城规划由原500亩调整到1500亩,三期工程占地439亩。其中,与省工商职业技术学院联合办学,设立分校(占地100亩)。至2005年底,宁海模具城建有标准厂房近40万平方米,配套用房1.7万平方米,综合大楼6500平方米。进驻800余家模具相关企业,聚集数控铣、精雕加工、热处理、锻打、皮纹、设计研发等一系列模具相关产业,从业人员超过1万余人。

宁海模具城创建以来,模具城分期建设、合理规划、分块布局,完善上下游产业链,集聚孵化一批又一批模具企业。一是助推蝶变。如联鑫、益群、赛平等近50家小企业,经过几年的助推发展,逐渐形成规模,现年产值均已超过1000万元;二是协同合作。区块内完整的产业链,使企业改变原来单打独斗的传统思维,互补合作,承接业务以及专业服务能力更是优势明显;三是行业领先。锻打、热处理、皮纹等项目的规模和技术水平在全省甚至全国模具行业都处于领先地位。2011年,为继续开拓创新、做大做强"中国(宁海)模具城",模具城工贸区建设列入县政府重点项目。项目位于模具城东(原竹木市场区块)、上桥村南,占地面积约120亩。自东向西分别规划商务、住宅和商贸三大区块。2013年6月,模具城工贸区一期商贸区块——金桥广场启动建设。金桥广场项目占地面积11381平方米,总建筑面积34662平方米。2017年10月30日交付使用。

2005年以来,宁海模具城先后被评为省级塑料模具高新技术特色产业基地、省级小企业创业示范基地、宁波市中小企业公共服务平台、宁波市中小企业技术服务平台等称号。2006年,被中国模具工业协会授予"中国(宁海)模具城"称号,2008年至2011年连续四年获宁波市人民政府颁发的创业创新风云榜"年度优秀服务平台"奖,被评为"2009年度浙江省供销系统十强社有企业",2013年获"国家中小企业公共服务示范平台"称号,全市仅模具城一家平台入围。2018年,金桥广场市场以整体租赁运营形式,通过县公共资源交易中心向社会专业市场招商团队公开招标。是年5月

宁海县模具城

10日,宁波市川佰创业服务有限公司中标。双方约定市场租赁合作期限为10年(2018年7月1日至2028年6月30日),中标后由运营方注册宁海县模具交易管理有限公司负责招商运营。至年底完成市场70%以上的招商工作,36家商户入驻,租赁面积约7400平方米。2019年1月25日市场正式开业。

浙东家居装饰市场

浙东家居装饰市场位于余姚市半山路268号,原为浙东家私市场,1997年9月开业运营,占地面积3.3万平方米,建筑面积4.3万平方米。9月8日开业,是当时余姚唯一一家专业家私市场。2000年,浙东家居装饰市场先后进行一、二期改造或开发建设,开发面积分别为12000平方米和5500平方米。2003年,余姚市供销社投入4000万元用于家私城扩建,营业面积扩展42030平方米,经营面积27400平方米。2004年4月,市场改造后重新开业,并更名浙东家居装饰市场。2004年以来,该市场被评为"省四星级文明规范市场",并连续三年被评为"宁波市信用市场",2011年被评为"省行业百强优秀企业"。2012年9月,余姚市供销社再次投资近3000万元对浙东家居装饰市场进行全面改造,从外观设计、市场布局、产品引进、服务管理等方面重新定位升级,完善软硬件设备,全面提升市场经营档次,引入高端品牌,从而实现"品质性"突破,力争使其成为姚虞慈"小三角"地区家居行业的航母。

2010年8月,浙东家居装饰市场创建成为省四星级文明规范市场

第四章　再生资源回收利用

再生资源回收(俗称废旧物资回收)利用是指在社会生产和生活消费过程中产生的,已经失去原有全部或部分使用价值,其中包括金属和非金属边角废料、废液,报废的各种设备和运输工具,城乡居民和企事业单位出售的各种废品和旧物。经过回收、加工处理,能够使其重新具有使用价值的各种废旧物品,包括废旧金属、报废电子产品、报废机电设备及其零部件、废造纸原料、废轻化工原料、废玻璃和其他可利用的废旧物。废旧物资回收利用是供销社的传统经营业务,一直来担当再生资源经营流通的主要角色,承担政府赋予的行业管理和指导职能。

第一节　废旧物资收购

民国时,宁波老城区有废麻袋、旧料瓶、碎玻璃、衣庄、废花、废纸、旧书、旧货、废五金、废金属、头发等18个废旧物资收购行业,有牌号店摊175户,其中座商95家、摊贩80户,多系失业贫民、贫困农民或逃荒者。宁波解放后,宁波老市区有座商70家,旧货摊贩126户。供销社建立后开始经营废旧物资。当时由各县供销社为主设立的回收网点与农副产品收购点综合在一起,统称农副产品收购商店或门市部。收购品种主要有废棉、废布、破鞋、废麻、头发、废纸、旧书、废钢铁和其他废有色金属等,后又增加废橡胶、废塑料、废铝、废瓶、废骨等品种。1951年,废品收购座商与旧货摊贩等私商联合经营,设立破布、废纸、杂铜联营处。次年,供销社开始经营废旧物资。

1952年,宁波专区供销合作总社土产公司成立,专司废旧物资经营和管理,并设立杂铜收购站。1954年10月,全区基层供销社设有废旧物资收购站227个。1955年,宁波老市区设立的废品行业划归市手工业联社,设立收废站4个。其中宁波专区供销合作总社所属土产公司杂铜收购站划归市供销合作社。

1956年,全区供销社系统收购废品收购额295万元,比上年增长16%。其中废铁2915.15吨,什铜382.5吨,废锡282.15吨。1957年,宁波市手工业联社4个收废站复归市供销社日用杂品批发站。是年,宁波市废旧物资回收公司建立,主营废旧物资、报废的设备和运输工具、金属材料、厂矿企业残次品、清仓物资、日用杂货、五金工具、纸制品,建筑装潢材料、汽车货物运输等。1958年,宁波老市区有300余个座商、摊贩组成合作商店、合作小组8个,划归市供销社管理。是年,全区供销社系统收购废品收购额368万元,增长25.2%。其中废钢铁68303担,增长50.7%。当年收购什铜7300斤,片铜32万斤,片锡5500斤,破橡胶8.85万公斤,破布旧花19.9万斤,片纸6万斤。其中老市区废钢铁回收量比上两年增加9倍。

1959年,宁波老市区增设江厦街、后塘街收购站,开始收购旧轮胎、赛璐珞、杂镍和废锌等。1962

年,废旧物资回收由集体、个人代购,供销社经营。宁波老市区归属市供销社公私合营5家,小商贩151户,共390余人。1965年,省供销社土产公司宁波公司成立。1972年,宁波市废旧物资回收公司改名为市再生资源回收利用公司,至1991年改名为市再生资源回收利用公司。1976年,市物资局成立金属回收公司,与市供销社本级再生资源回收企业一同从事报废汽车回收(拆解)业务。

1977年,全区供销社系统废旧物资收购总额373万元。1978年,在纪念周恩来总理对废旧物资回收工作题词20周年的强劲东风推动下,城乡各地利用各种宣传工具广泛发动,全区供销社系统广大职工深入到大队、居民区、厂矿企事业和机关部队上门收购,掀起轰轰烈烈的废旧物资回收高潮。同时,充分发挥合作商店、下伸店和"三代"店的作用,在全区4563个"三代"店中,已开展收购的占60%。有9个供销社已达到全面代购。鄞县邱隘、奉化城关、余姚城北、象山石浦、慈溪浒山、长河等6个供销社回收金额分别达到10万元以上。是年,全区废旧物资收购总额411万元,增长10.1%。

1979年,全区供销社系统废旧物资收购总额415万元。1981年收购441万元。1982年废旧物资回收额首次突破500万元。1978年至1983年,宁波供销社系统回收废旧物资总值2609万元。其中废钢铁146345吨,杂铜961.5吨,废铝锡166.65吨,废铝568.45吨,废纸、破布、废麻等造纸原料87637吨,废橡胶、废塑料等化工原料10974吨。1984年12月,宁波市废旧物资回收公司开办市第二物资回收公司。是年,全市供销社废旧物资回收额1457万元,1985年废旧物资回收额1758万元,其中废钢铁4.98万吨,杂铜316.2吨。是年,在清仓中对剩余的废旧物资、闲置设备及旧电器、家具进行余缺调剂20万元。

1986年,全年废旧物资收购51727吨,增长3.3%;收购总额1781万元,完成年计划的122.8%,增长1.3%。全市除鄞县、江北、镇海、象山、奉化等县供销社增加外,慈溪、余姚、宁海3县供销社均有下降。1987年,废旧物资市场放开后,竞购激烈。各地供销社积极采取多种形式加强回收工作,如开展节日突击回收,发动个体专业收购户串街走村等灵活经营办法,主动上门与工厂签订定购合同,定期下厂收购。另外,随着工业生产的发展,废旧物资销路大开,也促进了收购,仅收购废钢铁59382吨,增长14.8%。是年,全市供销社系统废旧物资回收总值2611万元,增长46.6%,

1988年,废旧物资回收额大幅度上升,回收总值4765万元,增长82.5%。1990年9月,市再生资源利用公司、物资回收利用公司在市区开展废旧物资突击回收活动。每天出动250余人,编成35个组,配备45辆黄鱼车和15辆汽车,到机关、工厂、学校、街道等单位和居民上门突击回收废旧物资,共回收废旧物资1869.5吨,其中造纸原料579.5吨,废旧金属710吨,碎玻璃等500吨,旧木器家具200件,投放金额53.25万元。

1952年至1990年,全市供销社系统回收各种废旧物资计4.32亿元。其中废金属、废塑料、废旧轮胎、破布、废棉麻、废纸等收购量情况简述如下:

废金属　民国时,旧货担、兑糖担收购居旧铜废铁,转售给打铁店加工锄头、铁耙等。1952年,宁波专区供销合作总社土产公司组织小商贩收购废钢铁。1953年收购111吨。1957年,设立收购站,收购2425吨。1958年,大办钢铁,发动群众投售钢、铁、铜、锡等废旧金属,收购10262吨。至1966年,收购废钢铁主要供应市动力机厂、铸造厂、马铁厂和镬厂。以后外调上海、杭州、江西等地。1969年开始生产废钢铁压块。1980年起,部分压块供应宁波钢铁厂。1984年,回收废钢铁奖励钢材,收购58636吨。1985年6月,实行指令性计划管理。1987年,取消指令性计划,开放废钢铁市场,当年回收5.93万吨,并开展供材返料业务。1953年至1990年,回收废钢铁1016万吨。加工废钢铁压块3.47万吨,其中冷压块2.68万吨,热压块7872吨。

1952年,宁波专区土产公司设杂铜收购站,收购铜、铅、锡、铝、锌、镍等废旧有色金属。1955年划归市供销社。1967年,杂铜不准个人经营,1984年后开放自由购销,1990年回收杂铜1796吨。1953年起,开始收购废锡废铝等其他有色金属。1955年列入国家收购计划,不得自行购销。1975年起允许自行购销,回收量下降。1976年,回收废定影液、镜子玻璃钢、热水瓶胆、镀银件等,从中提炼银,至1986年,回收银子700.51公斤。以后不再提炼。

废塑料 1957年开始,供销社收购废塑料,以赛璐珞为主。1960年回收塑料鞋底和农用薄膜。1970年起,随着乡镇塑料加工业的兴起,废塑料需求猛增,扩大收购工业塑胶8种。1990年,收购废塑料891吨。1991年至1996年,共计收购废塑料4800余吨。

废旧轮胎废纸等 1960年始,供销社收购废旧轮胎,数量不多,主要是作船舶靠岸防护用品。1978年收购202吨,收购量为历史最高。1990年减至86吨。1976年至1990年共计收购1611吨。1954年,供销社开始收购废纸。1956年,供销社废品站收购旧衣、旧棉絮、废纸,供宁波东风造纸厂作原料。1957年,市废品经理部开始收购碎玻璃、旧料瓶,供玻璃厂作原料。1958年,老市区组织破布合作社,归市废品经理部管理。次年起,供外地造纸厂作原料。1959年收购纱厂下脚废棉,作包装衬料、加工再生棉花或劳保用品,收购废麻作造纸原料或包装用。1962年2月,造纸厂原料紧缺,供销社组织138个流动担、车,串街上门收购废纸,当年收购1557吨。1959年起,供外地造纸厂作原料。1964年,经营残次纸张业务,收购旧水泥袋供应奉化县造纸厂。1972年后供应市防水材料厂生产油毛毡。1990年共收购破布、破布鞋1615吨。1976年,向外采购废纸供宁波东风造纸厂生产黄版纸。后包装印刷工业发展,废纸紧俏。1990年收购废纸9961吨,回收碎玻璃、旧料瓶3235吨。

1991年,全市供销社系统废旧物资回收值实绩7500万元。废旧物资回收网点306个,从业人员1243人。1992年,废旧物资回收值实绩15948万元,增长113.7%。1993年,废旧物资回收值实绩3.56亿元,增长24%。

表5-13 1953—1995年几个主要年份废旧物资纯购进量

单位:吨

年份	总值(万元)	杂铜	废铝	废铝锡	废钢铁	废橡胶	破布鞋	破布	废麻	废纸	废塑料	废棉	废轮胎
1953	—	99	—	14	111	—	—	—	—	—	—	—	—
1958	2196	2754	19	3897	10262	263	—	—	—	—	—	—	—
1959	811	495	13	219	4488	223	450	1499	1473	1423	—	1467	—
1960	692	394	8	104	5162	154	392	1193	1235	1642	—	540	—
1965	539	124	314	68	4777	217	537	672	662	1402	—	466	—
1970	—	76	22	30	9382	296	435	1402	1343	1992	—	—	—
1975	501	49	41	19	19576	429	492	1265	1054	3333	688	704	—
1980	923	244	173	48	38412	307	537	2648	1514	9220	695	772	62
1985	1758	322	86	46	50065	742	280	3053	836	13023	1065	886	92

续表

年份	总值（万元）	杂铜	废铝	废铝锡	废钢铁	废橡胶	破布鞋	破布	废麻	废纸	废塑料	废棉	废轮胎
1990	6725	1796	308	23	89359	515	32	1583	524	9961	891	742	86
1995	9866	3200	450	30	118230	610	230	1600	420	14320	1200	800	90
合计	53078	17615	3530	3110	1027294	15771	13169	58731	33515	184642	16256	18805	1701

1996年，全市供销社系统废旧物资回收值2.57亿元，增长26.27%；废旧物资销售2.95亿元，增加2800万元，增长10.53%。1997年，全市供销社系统废旧物资回收值达4.20亿元，增长63.7%。其中回收报废汽车（拆解）近2000辆。是年，市供销社本级再生资源企业有加工（拆解）场地1.7万平方米，从业人员职工504人，其中专家技术人员28人。1998年，全市供销社系统再生资源行业从业人员3200名，其中市供销社本级从业人员超过1000人。2000年，全市供销社系统再生资源企业实施产权制度改革和理顺职工劳动关系，基层供销社废品回收点的业务随之停止。收购量减少，基本淡出经营。至此，全市供销社系统废品回收业务基本被私营回收企业（个体）所代替，废旧物资回收经营业务完全进入市场化运作。改制后，全市供销社系统现存的再生资源企业为数不多。市供销社作为再生资源行业管理部门，继续承担政府委托的行业管理职能。

2001年，全市共有废旧物资经营公司、收站点1506家，其中生产性废旧金属经营网点1013家，专业性公司和经营网点150家，其他都是社会委托的收购户。2003年，全市登记注册从事废旧物资回收、利用、加工的经营企业有105家，从业人员3000余人。其中宁波市老三区60多家回收企业。全市废旧物资总量达到130万吨，成交额76亿元，分别比上年增长18%和15%，创历史新高。2006年，全市经过审核批准并领取工商营业执照的再生资源回收企业（含个体经营户）1300余家，从业人员2.8万人。2007年，镇海再生金属加工园区经

宁波迥隆物资回收有限公司堆场

营规模再创新高，全年新拆解再生金属110万吨，实际销售58亿元，并逐渐从加工型园区向物流型园区转变。2011年，全市累计生产型资源综合利用企业43家，利用废弃物537万吨，综合利用产值55亿元。

2005年至2013年，据不完全统计，全市年均回收再生资源总值为130万吨至140万吨，成交额在76亿元至80亿元之间。其中主要品种为废旧金属45万吨至50万吨，废纸28万吨至30万吨，废塑料30万吨至45万吨，废橡胶8万吨至10万吨，至废旧电器及电子产品4万吨至6万吨，碎玻璃6万吨至8万吨，旧家具7万吨至8万吨，破布料4吨至5万吨等。2014年，全市再生资源回收企业1756个，总回收营业额73亿元，销售总量200万吨，利润728万元，上缴税收1685万元。其中，市供销社系统5家再生资源回收企业、再生资源连锁管理企业166个，年销售18466万元，各类再生资源回收量达到192万吨。

2015年，全市有证照社会网点共有2100个，其中江北区78个、海曙区170个、鄞州区388个、镇海区147个、北仑区164个、奉化区175个、余姚市498个、慈溪市289个、宁海县74个、象山县102个；专

业分拣中心12个；交易市场3个。从业人员32000余人，回收的个体户数量950个，建有再生资源回收网点的社区数155个，具备深加工能力的企业比重为2%，企业平均仓储设施面积500平方米。其中市供销社再生资源经营企业9家。具有初级以上职称900人。据不完全统计，2015年实现再生资源回收总量210万吨，其中年回收交易废钢铁80万吨、废有色金属20万吨、废纸50万吨、废塑料30万吨、废橡胶5万吨、废家具15万吨、旧纺织品10万吨，总销售额120亿元，利润650万元，上缴税收1668万元。全市再生资源回收利用行业为宁波市垃圾分类、减少垃圾占地和环境污染，最大限度地进行再生资源循环利用，为宁波社会经济的发展作出积极贡献。

第二节 再生资源回收实事工程建设

再生资源回收体系建设是一项系统工作，涵盖面广，涉及社会经济、环境等各个领域，机制和制度上的保障对再生资源回收体系建设的开展至关重要。为此，市政府主导推进可再生资源回收体系建设，建立高效的组织领导和工作机制，采取行之有效的措施和相关政府。市供销社承担实事工程建设具体工作，市级有关部门协助共济，有力地推进全市再生资源实事工程和回收长效管理机制建设。

2004年2月，经宁波市十二届人大二次会议审定通过的"可再生资源回收网点进社区"建设项目，列入市政府实事工程，并由市供销社负责该项"实事工程"建设工作，使市供销社这一再生资源传统经营业务和管理进入一个新的发展起点。是年3月，建立市政府分管副市长任组长，市发改委、规划、国土、财政、环保、供销社等部门参加的可再生资源回收实事工程领导小组，领导小组办公室设在市供销社，抽调专门人员开展日常工作，明确领导小组及其办公室和成员单位的工作职责，形成完善的组织保障体系，并建立和健全工作例会制度、工作协调制度、信息通报制度和督查制度。4月22日，市供销社建立以社主任为组长的可再生资源回收实事工程实施小组，实施小组下设办公室，承担实事工程建设具体工作。9月20日，市供销社上报市政府《关于加快推进市中心城区可再生资源回收网络进社区实事工程建设工作有关事项的请示》和《关于宁波市中心城区可再生资金回收网点进社区实事工程的实施意见》。

2005年，宁波市被列为全国24个再生资源回收体系建设试点城市。市供销社编制完成《宁波市中心城可再生资源回收设施规划》《市可再生资源回收实事工程建设的实施意见》，市政府以甬政发〔2005〕115号、138号文件印发实施，从而构建宁波市中心城区回收网络体系。是年4月，市世美再生资源开发有限公司成立，该公司作为市供销社承担再生资源回收实事工程建设的实施部门，具体组织开展全市再生资源社区回收站建设、回收从业人员培训、回收业整治、收废网络服务中心和加工交易集散中心项目筹建、参与全市再生资源回收体系建设工作目标考核评价以及争取中央财政专项补助资金、洽商项目合作等方面工作。其中市再生资源交易集散中心项目获国家发改委服务业发展引导资金支持，并被市委、市政府列为市发展循环经济标志性工程。

7月起，市再生资源实事工程试点工作正式启动。市供销社按照"统一规划均布局、净化环境、方便群众、规范管理"的要求，在江北区文教街道完成可再生资源回收网络进社区的试点工作。新建改建4个新的社区回收站，整合规范2个原有回收网点。统一回收网点标志、标识、装饰；统一规范回收车辆和经营行为，并对这些网点的回收人员进行上岗培训。这6家新建和整合的社区回收站建成和运行，使江北区文教街道形成高效、规范、便利、洁净的社区回收网络,为全市全面推进可再生资源回收体系建设起到示范作用。7月6日,市供销社出台《关于海曙、江东、江北三区废旧物品回收车临时通行的暂行规定》。7月13日,市政府办公厅《关于印发宁波市中心城区保留摩托车、人力三轮车管理工作方案的通知》,明确市供销社负责再生资源回收人力三轮车行业管理和车辆资源配置,并制定车辆使用和从业人员规范;统一保留整车的外观、车型,核发用途标识;配合有关部门做好保留车辆和从业人员的管理工作。至年底,市中心城区可再生资源回收实事工程建设由三区扩展至包括鄞州区在内的四区范围,市江北区再生资源交易集散中心项目启动准备工作进展顺利。慈溪市再生资源回收实事工程建设已列入政府实事工程,宁海县则列入该县循环经济项目,北仑区基本完成建设;余姚、镇海、象山等市(县)已列入规划。

2006年,宁波市再生资料回收实事工程建设领导小组成立,替代市再生资源办公室工作职能。市政府与江北、江东、海曙、鄞州区政府分别签订实事工程建设目标管理责任书,并制定《2006—2007年宁波市可再生资源回收实事工作建设工作目标考核办法》(甬政发〔2006〕26号),对实事工程建设列入各级政府的绩效考核。是年2月,市财政局、可再生资源回收实事工程领导小组联合发文《宁波市可再生资源回收实事工程社区回收站建设专项资金补贴办法》(甬财工〔2006〕126号),并制定《社区回收站建设标准》。3月,市可再生资源回收实事工程被列入省发展循环经济"991行动计划"百项重点实施计划项目,被市委、市政府确定为"中提升"战略项目。市供销社实施建设集回收、整理、分拣、市场交易、加工利用为一体的现代化城市资源回收利用体系,计划新建可再生资源交易市场,年交易额45万吨;新建可再生资源回收站172个。7月,出台《市中心城区再生资源回收人力三轮车管理规范》。9月15日,市政府制定《关于提出中心城区发展水平的若干意见》,成立实施"中提升"战略领导小组,市长毛光烈为领导小组组长,市供销社为领导小组成员单位之一。9月25日,市政府办公厅印发《关于印发宁波市实施"中提升"战略目标任务分解的通知》和《关于印发宁波市实施"中提升"战略工作目标责任考核暂行办法》文件,明确10个主要责任单位、9个市级主要责任部门和16个市级主要配合部门。市供销社为9个市级主要责任部门之一。9月27日,宁波市政府与市供销社签订《宁波市实施"中提升"战略——市供销合作社(2006—2010年)目标责任书》。10月9日,印发《关于建立宁波市供销社实施"中提升"战略可再生资源回收设施建设项目领导小组的通知》,承担可再生资源回收设施建设项目日常具体工作。11月23日,《宁波市再生资源回收体系建设试点城市实施方案》通过国家有关部委评审。宁波市作为全国"十一五"可再生资源回收体系建设24个试点城市之一,试点实施方案通过商务部评审。是年,市中心城区全年建成并通过验收使用的网点50个,统一配置新型环保回收车辆350辆,培训从业人员420人。"绿色小屋"亮相江北区。江北区首批7个社区再生资源回收网点通过验收并投入使用。海曙区五年任务一年完成,创建城市社区行之有效的"海曙模式",借鉴海曙经验,其他各区也积极探索行之有效的运行和管理机制。宁波市和镇海区供销社再生资源行业协会被评为市先进民间组织。

2007年,各县(市)区再生资源实事工程建设逐步启动,相继制发《关于再生资源回收实事工程建设实施意见》,明确供销社为再生资源回收实事工程建设监管单位,再生资源回收实事工程建设办公室设在供销社,由业务副主任兼任办公室主任。大部分县(市)区都确立政府主导的工作机制,组建成立领导小组和工作班子。并在一些中心镇(街道)开展试点工作。3月27日至5月20日,市供销社和市公安局联合开展废旧金属收购业专项整治行动,共检查废旧金属收购业站、点3500余家次,查处偷盗、破坏农用、水利、电力等设施治安案件128件;破获涉及农用、水利、电力等设施犯罪刑事案件166起;抓获违法犯罪嫌疑人200人，缴获赃款赃物73.2万元。同年9月至12月，市、县两级供销社及再生资源办公室对全市1706家再生资源经营者分别从企业基本情况、经营指标、回收品种、回收渠道、加工能力和运输能力等六个方面进行备案登记工作。对合格者颁发由国家统一制定的"再生资源回收经营者备案登记证明"。同时，培训市中心城区回收网点建设和从业人员565人，总数达998人；在全省率先实行职业技术等级考试鉴定资格，先后两次对128名回收经营人员进行培训和考核，其中75名取得再生资源回收职业技术等级（初级）证书，52人取得中级证书。宁波市的实事工程建设工作得到全国供销合作总社和省供销社等上级部门的高度肯定。是年，全市可再生资源回收实事工程领导小组通报2007年实事工程工作目标考核情况，海曙区、鄞州区评为一等奖，江北区为二等奖，江东区为等奖。

2008年，再生资源实事工程建设进入收尾阶段，全市累计完成城区回收网点94家，培训从业人员1218人。按照"车型统一、外观统一、标识统一、基本密封"的要求，统一制作350辆回收人力车，在老三区投放运行，并制定实施《宁波市中心城区可再生资源回收人力三轮车规范管理办法》，制定印发《宁波市社区可再生资源回收站服务规范》《回收行业"八不收"规定》《生产性废旧金属回收登记验证制度》等制度。鄞州区政府印发《鄞州区可再生资源回收长效管理机制的实施方案》，同时鄞州区再生办印发《鄞州区可再生资源回收长效管理机制的实施细则的通知》，印发《鄞州区可再生资源回收网络建设和行业管理制度汇编》，有力地推动该区再生资源回收长效管理机制建设。慈溪市供销社对区域内1000余家无证回收点进行综合性整治，仅在浒山街道取缔无证网点100余家；举办两期专业培训和执业资格证书考试，有97人领取再生资源回收职业资格证书，至年末该市有证照的废旧物资回收经营网点577家，从业人员5万余人。

2009年，市区收废网络服务中心筹建工作是市再生资源回收实事工程建设的重要项目，也是利用科技手段实现再生资源交易流通、循环利用的服务平台。网站按照"先覆盖中心城区，逐步联结县（市）区"的建设思路，在调研、制定方案基础上，完成网页设计和制作，已注册上线试运行（网址：www.nb5r.com），初步具备政策资讯、咨询服务、行情报价、展示展销、供求信息等功能。各区再生资源回收体系建设工作开始提速。市中心城区新建社区再生资源回收站17家，累计建成并通过综合验收社区回收站111个，占规划网点114个的97.4%，其中海曙、江东、镇海、鄞州全面完成规划网点建设任务。镇海区实施流动收购集中居住堆放点模式，投入900万元专项资金，8个规划点全部建成并投入使用，可容纳468户收购户入驻。鄞州区投入1000万元对农村社区回收市场进行长效整治，新建乡镇示范站19家，社区（乡村）回收站74家，规范原有网点200家，全区农村社区回收网络基本形成，覆盖率达95%。余姚、慈溪、北仑、宁海等地在试点乡镇（街道）已建成一批示范性社区回收站，并进一步扩大建设范围，慈溪市供销社开展绿环保回收示范网点的试点工作，建成白沙路锋达、天元百两、胜山尧忠、兴波、陆中等废旧物资回收示范点5个。余姚对新建回收网点每个补助3万元，老网点改造每个补助1万元。宁海新建回收示范点4个。每个回收网点内都张贴公布"八不准收购规定"和"营业回收守则"，并公开投诉电话和意见箱，每个营业网点和有证有照的流动收购（三轮车）人员都接受行业主管部门和当地街道社区双重管理；回收网点都建立回收物品收购登记簿，定期和不定期接受行业主管部门和公安部门的检查。市区交易集散中心江北片项目完成征地，通过省政府建设用地审批等手续，着手项目设计、争取政策等工作。"镇海模式""鄞州模式"成为全国各地学习借鉴的样板，2009年共接待省内外来甬学习考察团18批次200余人次。是年，全市培训再生资源从业人员248人，累计培训1466人。

2010年，全市建成84家回收站并投入使用，主要分布在市老三区和鄞州、镇海的部分区域。海曙区是绿色小屋发展的样板，在该区8个街道74个社区里，已建成26家回收站。3月8日，市政府办公厅出台《关于进一步规范和发展再生资源回收工作的通知》（甬政办发〔2010〕51号），市财政实施对全市再生资源回收企业的政策扶持。全市再生资源回收利用体系建设快速推进，完成市中心城区114个政府规划网点建设，基本形成市中心城区社区回收网络体系。鄞州、镇海建成覆盖全区的再生资源回收网络，推动完成再生资源行业地方性立法，探索建立长效管理机制，市供销社及6个县（市）区供销社被政府赋予再生资源回收行业行政管理职能，经营服务能力明显增强。推进再生资源回收设施建设，江北片交易集散中心项目引进合作伙伴，研究制定合作开发方案。宁海再生资源综合市场已完成征地拆迁等前期工作；慈溪再生资源回收交易中心列入该市重点项目。鄞州区已通过验收回收示范站15个，新建社区（新村）回收网点78个，规范有证回收站221个。鄞州区政府制定《再生资源回收长效管理机制》，相关做法在各县（市）区推广，获评市再生资源工程建设优秀奖。余姚、慈溪、北仑等地在试点乡镇（街道）建成一批示范社区回收站。是年底，市世美再生资源开发有限公司投资400万元的市再生资源回收网站开始上线运行。

2011年，市政府将再生资源回收体系建设工作被列为政府的实事工程。全市再生资源回收体系建设继续全面推进，长效管理机制逐步完善，龙头引擎带动整合试点，再生资源回收体系探索长效管理。按照市政府常务会议"可再生资源交易中心的建设要坚持公司化运行原则，近期以市供销社为主组建"的纪要精神，为实施市再生资源加工交易集散地中心江北片项目（位于江北市园区，占地29.4亩，总投资1.02亿元），宁波市供销社、慈溪市供销社和慈溪中宁废旧回收有限公司三方出资组建宁波市宝元再生资源开发有限公司。市供销社全面推进建立完整、先进的废旧商品回收体系，并作出12个工作方案和具体工作步骤和措施，确保该项工程再创新进展、再上新台阶。

在市中心城配备规范统一的人力流动收废运输车辆350辆。在江北区尝试开展"龙头企业+社区网点"的连锁经营运行模式，逐步向其他区域推进，探索建立长效管理机制。切实履行行业管理职能。对中心城区已建成的114家社区回收网点进行专项检查。市世美再生资源开发有限公司从2005年4月成立至2011年底，投入项目资金2150万元。其中社区回收站建设共计1000万元，收废网络服务中心建设221万元，收废人力三轮车购置105万元，回收从业人员培训147.5万元（培训人员2950人，每人培训费500元），全市回收体系建设工作考核评价工作经费补助259万元（2006—2009年）。各县（市）区推动再生资源回收体系建设从城市向农村延伸，助力幸福美丽新家园建设，全市已建成回收站100多家、回收示范站50多家，共容纳800多户的拾荒收废集中居住点（回收中心站）9个，交易市场4个。鄞州区供销社在15个乡镇（街道）建成回收示范站（每家占地2000平方米以上）15家、社区（新村）回收站（营业面积40平方米以上）78家、规范改造回收网点221家、取缔无照经营回收点15个，率先建成城乡一体化的再生资源回收网络体系。镇海区供销社通过建设8个占地面积5.2万多平方米的再生资源流动收购集中居住堆放点，有500户流动收购户入驻，进行集中管理，有效地解决农村流动收废存在的脏、乱、差和环境污染等突出问题，净化农村环境。北仑区供销社积极主动参与该区"美好家园"建设百日攻坚行动，开展废旧物资回收行业集中整治，共整治各类废旧物资回收点216家，其中整治违章搭建的无证收购站、点170家，清理面积2万多平方米，清理垃圾逾千吨，获区政协提案优秀奖。慈溪市供销社组织开展"五道"（6条主河道、国道、省道、县道及村镇主要道路）两侧再生资源回收点整治,对各镇(街道)分解落实45家回收点整治任务,实施河道生态保护为主要内容的"河长制"集中行动,取缔无证回收点7家,整改、限期搬迁的有证回收点31家。余姚市供销社不断扩大示范回收站建设。奉化市供销社制定再生资源回收网络建设方案,启动网点建设试点。宁海县供销社以项目为带动,启动建设交易市场、中转集散站、社区回收网点"三位一体"的再生资源回收体系,筹建在线收废公共服务网络平台等。

2012年,市中心城区全面完成社区废旧物资回收站建设目标任务后,把回收网点建设重心转到市辖县(市)区城镇社区和乡镇农村。宁海县、鄞州区政府出台文件,明确建设规划、扶持政策、工作措施等,并把这项工作列入县目标管理考核内容。至年底统计,全市已建成投用分散式农村回收站292家,城镇社区回收站218家家,示范回收站50多家,整顿规范行政村回收站217个,乡镇集中收购居住点10处,交易集散市场4个,整合规范后纳入回收体系的社会回收企业100家。随着回收网络建设的持续推进和规范运作,有效解决再生资源行业的脏、乱、差现象,促进城市形象改观和城市品位提升。宁波宝元再生资源开发有限公司、宁波市北仑区甬港废旧物资交易市场有限公司、宁海县再生资源有限公司被省供销社评为全省供销社系统再生资源龙头企业。

2009年至2012年,贯彻实施《宁波市再生资源回收利用管理条例》,全市共推行实施行业规章制度13项,依法取缔无证无照经营户550家,整治各类违章800余起,培训再生资源从业人员3500多人。

2013年5月,市供销社等四部门联合发文《关于开展再生资源回收行业治理整顿专项行动的实施意见》(甬供经联发〔2013〕5号),联合开展为期半年的再生资源行业整治活动。经整治,全市查处无证无照回收点1126家,超范围和占道经营233家,关闭353家,拆除违章建筑67家,违章面积2.6万平方米;查处48家违法经营户。全市建成社区(村)回收网点2200多家,其中城镇社区回收网点218家,示范回收站80多家,拾荒收废集中居住点8个。世界银行贷款支持的宁波市垃圾分类和减量利用工作在海曙区白云街道、江东区百丈街道、江北区文教街道试点推行。市财政下拨200万元扶持中心城区再生资源回收网点建设,其中正常营业的79家回收网点获补助资金138.5万元,5家示范网点获改造资金10万元,190辆社区收废三轮车获更新资金51.5万元。市再生资源行业协会举办两期从业人员岗位培训班,共计190人次,选派13名再生资源回收企业管理人员参加全国再生资源高级技师培训,并获再生资源高级技师证书,市区完成12家再生资源回收企业的联合审批。宁海再生资源交易市场1期工程竣工投入使用,浙江(慈溪)再生塑料产业基地基本建成,象山再生资源市场建成投入使用。市再生资源行业协会、鄞州区再生资源行业协会、镇海区再生资源行业协会被授予国家5A级行业协会。市再生资源行业协会被市委授予先进社会组织称号,奉化市再生资源行业协会会长王宗宝被评为宁波市先进社会组织先进个人。

2014年,慈溪市供销社探索再生资源回收管理公司制运行,完成6家区域分公司的组建工作。占地50多亩的象山再生资源交易市场建成投用,入驻经营户21户;占地96亩的宁海再生资源交易

2012年5月,余姚市供销社创建成为再生资源回收示范站

市场一期工程完成竣工验收,完成投资1.4亿元。鄞州区供销社建立全区再生资源回收网点详细档案。全市累计建成规范化再生资源回收站点2300多家,示范回收站134家,农村流动收废集中堆放点8个。镇海区再生资源回收行业协会被评为5A级行业协会。

2010年至2014年,市供销社履行再生资源回收行业管理职能,大力推进全市再生资源回收体系建设,市中心城区114个规划回收网点于2010年率先建成,建成规范化再生资源回收站点2300多家,示范回收站134家,农村流动收废集中居住堆放点8个,集散交易市场2个。2015年,宁波在全国率先建立"变废为宝"的再生资源回收利用体系,被国家商务部列为回收体系建设试点城市。建立统一管理、统一标识、统一衡器的社区回收站,在市三江片区,交易集散中心的建设以中山东路为界,分为江北片和鄞州片。交易集散中心满足区域内除规划设立的社区便民回收网点外的所有回收企业集中进场堆放、分拣、整理、初级加工、交易需要。一个遍布全市、网络纵横的再生资源回收加工体系已初步形成,并逐步向产业化方向发展,"破烂王"成为"正规军"。2015年,全市有各类再生资源回收企业1700多家,从业人员3.2万余人。

第三节　再生资源项目投资建设

2001年2月,镇海区供销合作社承建的镇海再生资源物流园区正式破土动工。该加工园区是由镇海区人民政府主办,镇海区供销合作社承建的专业进行进口再生资源加工的新型物流园区,坐落在宁波市镇海港区。园区规划面积200公顷,其中绿化66公顷。园区四周隔离界河及道路用地32公顷,实际净占地102公顷。首期投入近5000万元(含土地)。2003年入园企业16家,加工拆解量18.2万吨,产值6.2亿元。该园区被国家环保总局列为全国唯一的进口再生金属资源"圈区管理"试点园区。2004年4月起正式启用海关国检管区、全程计算机智能化管理系统,开始实行园区封闭式管理。严格执行"四不准"封园管理制度,探索出一条充分发挥自身区位优势,积极参与发展循环经济,谋求供销事业新发展的良好途径。2004年入园企业36家,加工拆解量58.5万吨,产值18.3亿元。至2005年,入园企业64家,加工拆解量88.2万吨,实现销售产值41.2亿元,上缴国家税收7.3亿元。2003年至2005年,园区加工利用进口再生金属资源164.9万吨,与开发原生矿相比,仅有色金属类(剔除拆解利用的钢铁类)就节约214.9万吨标准煤,节水1.1亿吨,少排固废5423.8万吨,少产生二氧化硫3.3万吨。2005年底,园区已投入建设资金5.9亿元,开发面积136公顷。2003年初,北仑区供销社与宁波外资企业物资公司共同投资注册500万元,成立北仑甬港废旧物资有限公司。该公司在霞浦街道陈华段329国道北边征地88亩,建造北仑甬港废旧物资交易市场,总投资3000万元,于2004年5月建成开业。建成后的交易市场把分散在新碶、大碶、霞

浙江再生塑料产业基地

浦等街道的废旧物资个体经营户统一入场规范运作,依法管理。2009年5月,由省供销社、省再生资源有限公司、慈溪供销社等兴办的浙江再生塑料产业基地项目开工,产业基地规划用地183亩,总建筑面积142978平方米,总投资4亿元,可年产再生塑料粒子13万吨,塑料制品3万吨。该项目被商务部确定为全省唯一入选的全国再生资源回收体系建设试点单位,列入《浙江省发展循环经济"991行动计划"重点项目2008年度实施计划》,这是宁波市唯一一家列入该计划的项目。2011年1月25日,宁波市宝元再生资源开发有限公司(以下简称宝元公司)成立。宝元公司由市供销社(市世美再生资源开发有限公司)、慈溪市供销社和慈溪中宁废旧回收有限公司三方出资组建,注册资本4000万元,其中市世美再生资源开发有限公司出资800万元,慈溪市供销社出资600万元,慈溪中宁废旧回收有限公司出资2600万元。承担市再生资源交易集散中心江北片项目开发建设和项目建成后运营任务。市再生资源交易集散中心江北片项目位于江北马径村,占地29.4亩,规划建设建筑面积为20750平方米,项目总投资概算13865万元,其中土地购置费4051万元,土建工程建设安装费4946.9万元,设施设备购建费3719.73万元,其他费用1147万元,年集中堆放、分拣、加工、交易集散再生资源能力为15万吨。该项目是宁波市再生资源回收实事工程和"中提升"项目。

2013年,市供销社配合宝元公司为再生资源交易集散中心项目建设做了一系列前期工作。原定在是年春节后项目开工,后因特殊原因宝元公司停止运作,项目停顿。2014年,占地50多亩的象山县再生资源交易市场建成投用,入驻经营户21户。占地96亩的宁海县再生资源交易市场一期工程年内完成竣工验收,完成投资1.4亿元。

2015年,宁波市法院对再生资源交易集散中心江北片项目开发的29.4亩土地进行拍卖。市供销社为了使该项目延续,指令宁波供销集团公司下属全资子公司——宁波市再生资源总公司参与竞拍,将该块土地以3831万元价格拍得。

第四节　再生资源回收行业管理

建社后,供销社就开始经营废旧物资。当时由各县合作总社为主设立的回收网点与农副产品收购点综合在一起,统称农副产品收购商店或门市部。后随着基层供销社的纷纷建立,普遍设立废品收购站。

1952年,宁波专区供销社土产公司成立,专司废旧物资经营和管理,并设立杂铜收购站。1954年,全区基层供销社废旧物资收购站227个。1955年,老市区废品行业划归手工业联社,设立收废站4个;宁波专区土产公司杂铜收购站划归市供销社。1957年,市废旧物资回收公司建立。1965年,省土产公司宁波公司成立。1972年,市废旧物资回收公司改名为市再生资源回收利用公司。1984年12月,开办市第二物资回收公司。1987年,国家经委等四部委印发《国务院关于加强再生资源回收利用管理工作的通知》,明确规定供销社再生资源回收企业经营范围包括报废汽车。1988年6月,印发《宁波市供销社关于开展纪念周恩来总理为废旧物资回收利用工作题词30周年活动的通知》。同时表彰市供销社本级系统废旧物资突击回收月活动涌现出来的9个单位先进集体和7名先进个人,颁发奖状,并给予奖励。

1990年10月,贯彻落实公安部、国家工商行政管理局联合下发《关于加强废旧金属收购站点治安和打击清除销售赃物活动的通知》(公安发〔1900〕26号)。1991年6月,市供销社再生资源管理办公室成立,钟和南任市供销社再生资源办公室主任,周文庆任副主任。建立宁波市废旧金属业治安联防办公室,办公室设在市供销社内,下设治安联防队,抽调10人,由市再生资源回收利用公司、市物资回收利用公司和市物资局所属金属回收公司三单位派人组成。

1992年4月,市公安局、工商行政局、供销社、物资局联合印发《关于清理整顿和加强废旧金属市场管理的通知》。6月,市供销社再生资源办公室成立,负责全市再生资源行业管理,并建立市废旧金属业治安联防办公室,办公室设在市供销社内,下设治安联防队,人员10名,由市金属回收公司、市再生资源回收利用公司、市物资回收利用公司三单位派人组成。1994年1月,公安部颁发《废旧金属收购业治理管理办法》(公安部令〔1994〕第16号)。2月,市供销社为市政府草拟《宁波市废旧物资行业管理暂行办法》《宁波市再生资源管理办公室职能》。4月,贯彻转发省供销社《关于认真贯彻〈废旧金属收购业治理管理办法〉的通知》。7月22日,市政府办公厅印发《关于加强废旧金属市场管理的通知》(甬政办发〔1994〕30号),其中对废旧金属的回收,仍执行国家有关规定,由各级供销社和物资局所属的回收公司或受其委托的单位,按现行两系统的经营渠道、业务分工负责经营。报废、更新汽车由物资系统回收公司经营。经营废旧金属的单位和个人,由当地供销社或物资局核发的委托代购证,由公安机关核发特种行业许可证后,报工商行政管理机关批准方可经营。

1994年8月,市社会治安综合治理委员会印发《关于深入开展社会治安的五项治理的通知》,明确废旧物资收购专线治理工作由市供销社为主实施。1995年,全国供销合作总社恢复成立后,国务院及有关部委先后在有关文件中指出,准许供销系符合条件的再生资源企业经营报废汽车回收业务。全国供销合作总社也指出,有些地方老旧汽车更新办法只允许物资系统企业回收报废汽车的做法,是不符合国务院协调意见精神的,实际上是在排斥供销社的合法经营权和管理权。直到1998年2月4日,市政府同意市供销社再生资源总公司作为报废汽车回收(拆解)业务定点企业。1996年,国务院国发〔1996〕36号通知,规定凡经营回收和加工生产性废旧金属的企业,必须经所在地人民政府指定的业务主管部门审批。市供销社作为废旧物资回收业务主管部门,实施主体明确。1997年3月10日,宁波市供销社再生资源管理办公室更改为"宁波市再生资源管理办公室",忻红兵任市再生资源办公室主任,免去钟和南再生资源办公室主任职务。1998年,全市各县(市)区再生资源管理办公室均设在供销社,管理体制进一步得到理顺。1999年12月13日,市政府印发《关于宁波市供销社审批制度改革实施方案的批复》(甬政办发〔1999〕199号),规定:"经宁波市审批制度改革领导小组审核,报市政府批准,同意保留供销社生活、生产性废旧金属回收经营资格等审批事项,由市供销社再生资源办公室审核委托办理。"

2000年至2002年,全市供销社系统废旧物资回收企业改制,经营网点缩编,收购量减少,基本淡出经营。2000年7月,市政府印发《宁波市审批制度改革若干规定》,规定市供销社负责执行对"生活性废旧物资、生产性废旧金属回收经营资格"的审批工作。据此,市供销社再生资源管理办公室负责对"生活性废旧物资、生产性废旧金属回收经营资格"的审批核准工作。同时,市再生资源办公室工作人员从原来的2人增为4人,负责对要求经营废旧行业的申请者进行审查,对经营企业和个人实行依法收购的行业管理。

2001年4月28日,市供销社印发《关于宁波市废旧物资回收企业全面整治实施意见》(甬供业〔2001〕36号)。7月12日,全国供销合作总社〔2001〕3号批复宁波市供销社:"废旧金属经营管理是特种行业管理。"1991年国务院印发《国务院关于加强再生资源回收利用管理工作的通知》(国发〔1991〕73号)通知指出："供销社作为行业主管部门之一,应切实负起责任,继续配合有关部门做好工作。"8月24日,市供销社转发省供销社、省经贸委《关于进一步加强废旧金属回收管理工作的通知》,进一步明确废旧金属回收是供销社再生资源企业的主管业务。2002年,市政府甬政办发〔2002〕211号通知,重申全市再生资源回收加工行业归口于市供销社行业管理职能。2003年6月18日,宁波市再生资源行业协会成立。通过行业协会组织进一步加强对全市废旧物资回收行业管理,协会起草《宁波市再生资源回收利用管理条例(草案)》,提交市十二届人大常委会,作为人大立法的重要条例予以登记备案。市和各县(市)区供销社再生资源办公室先后出台《再生资源管理办法》《金属回收岗位责任制》《废旧物资回收业安全管理制度》《再生资源行业暂行规定》等10多个制度,还先后制定再生资源行业《营业守则》《登记验证制度》《情况报告制度》《安全管理制度》《发票管理制度》《检查制度》《例会奖惩制度》《卫生管理制度》等有关制度。2004年,省审改办在行政许可证清理中,继续认可国务院国发〔1996〕36号文件精神,国务院在第一批、第二批行政改革中,取消公安部对生产性、生活性废旧金属特种行业审批制,仍保留供销合作社对生产性、生活性废旧金属特种行业市场准入的审批管理制度。

2007年9月至12月,根据商务部《再生资源回收管理办法》和省经贸委《关于开展再生资源回收经营者备案工作的通知》有关要求,市、县供销合作社及再生资源办公室对全市1706家再生资源经营者分别从企业基本情况、经营指标、回收品种、回收渠道、加工能力和运输能力等六个方面进行备案登记工作,对合格者颁发由国家统一制定的"再生资源回收经营者备案登记证明"。2008年1月31日,市政府办公厅印发《关于调整宁波市可再生资源回收实事工程领导小组成员名单的通知》(甬政办发〔2008〕34号),领导小组下设的办公室设在市供销社。5月,市财政局、市供销社联合印发《市中心城区再生资源社区回收网点运行专项奖励资金使用管理暂行办法》(甬财政〔2008〕458号),制定实施《市中心城区可再生资源回收人力三轮车规范管理办法》《市社区可再生资源回收站服务规范》《回收行业"八不收"规定》《生产性废旧金属回收登记验证制度》等制度。2009年3月1日,《宁波市再生资源回收利用管理条例》正式颁布实施,这是宁波市继哈尔滨、石家庄市后出台的第三个地方性法规,为全市强化行业管理,推进再生资源回收体系建设提供法律保障。同时,市政府明确确认市供销社为全市回收管理法定的主管部门,各县(市)区供销社(除镇海区、象山县外)也被相应确认为当地再生资源回收管理部门。

2010年,经过2009年地方立法、政府授权之后,市供销社和各县(市)区供销社继续承担再生资源回收行业管理部门的行政职能。2011年,编制《再生资源回收联合审批办理指南》《关于开展再生资源回收联合审批试点工作的通知》,规范行业准入条件和联合审批运作流程,办理窗口设在市供销社再生资源办公室。2012年1月18日,印发《关于成立宁波市供销社再生资源管理办公室的通知》(甬供办〔2012〕2号),以替代市再生资源管理办公室有关职能工作。

2013年,编制《宁波市再生资源回收体系建设"十二五"及中长期规划》,明确提出建立科学的回收产业运作模式,夯实基层回收网络体系,提升分拣加工交易中心功能,打造先进的回收拆解基地,提升行业管理与服务水平。8月28日,市编委办同意市供销社经济发展处增挂再生资源回收管理处牌子,增加中层领导职数1名(副处级)。2014年,市政府印发《宁波市人民政府办公厅关于加快建立完整的先进的再生资源回收体系的实施意见》,市供销社与市发改委联合印发《宁波市再生资源回收体系建设中长期规划》。2015年,《宁波市再生资源回收利用管理条例(草案)》提交市十三届人大常委会第十一次会议审议。10月,市政府印发《关于推进宁波市可再生资源回收实事工程建设的实施意见》。是年,郎文琴任市供销社再生资源管理处处长。2019年,市供销社承担的全市再生资源回收行业管理工作移交于市商务局。

附:浙江再生塑料产业基地简介

浙江再生塑料产业基地坐落于慈溪市桥头镇,由省再生资源集团有限公司控股的浙江再生天桥置业有限公司开发建设和运营管理,实施园区化管理,是一个集废塑料回收、分拣、加工、科研、物流和商贸于一体的跨区域专业化再生塑料加工贸易园。基地占地面积183亩,投资40000万元。浙江再生天桥置业有限公司注册资金为5000万元,分别按照90%、5%、5%的比例由浙江省再生资源集团有限公司、慈溪市供销社、慈溪市桥头镇资产经营公司出资。产业基地总建筑面积142978平方米,其中废旧塑料生产经营用房和物流式仓储建筑面积137670平方米,大型污水处理站、变电站、科研服务楼、固体废弃物处理中心建筑面积5308平方米,整个园区规划生产、交易、回收、仓储、公建配套和综合服务六大功能区,打造综合服务、商务服务、信息服务、物流服务、研发设计、物业服务六大服务中心。园区建成后可容纳经营户300户、生产户66户进行生产、经营。物业服务正常运转,其中1800立方米/天污水处理厂、10千伏双回路变电站和540立方米/天消防水池及泵房工程自2011年1月实现正常运营。

自2008年3月产业基地开发建设工作正式开始以来,项目开发建设单位按照"统一规划、统一建设、统一运营管理"的原则,主要开发建设工作提前完成。2010年至2012连续三年名列当地政府纳税前三名,极大地体现供销社企业的社会责任,并初步实现社会、经济和环境效益并举。

浙江再生塑料产业基地的被列为商务部第二批再生资源集散市场试点单位(浙江省唯一一家)、国家级循环经济试点省示范基地、浙江省循环经济试点基地、浙江省发展循环经济"991行动计划"重点项目、宁波市循环经济示范园区、宁波市循环经济十大案例优胜奖等多项荣誉,并蝉联2009—2010年度中国最具品牌影响力的工业园区和2011年最受入园企业好评工业园区。2010年,产业基地建成投入运行后,在经济效益方面,增强产业基地内经营户和加工户的废旧塑料回收、加工和交易集散能力,提高综合实力和市场竞争力。2010年至2015年,共计营业收入24958万元,创利2089万元。在社会效益方面,公司与国内外知名环保设计单位(院所)的合作,投资2500多万建设大型污水处理厂、废气处理工程,解决废塑料再生利用产生的污染问题,打造再生塑料的环保品牌。2013年,慈溪市政府着手制定废塑料新标准和新规范,产业基地面临巨大的退房和退租压力。在废塑料大规模整治的不利条件下,产业基地积极寻求发展方向。自2014年4月起确定产业基地整体转型方案,经慈溪市政府同意,出台《浙江再生塑料产业基地转型发展方案》。市政府遂关闭烟墩废塑料市场,经营户可搬迁至慈溪大桥塑料城。为承接老市场搬迁,按照转型方案提出的"经营与仓储分离"要求,公司对7幢和8幢厂房进行物业改造,以供老市场经营户入驻交易办公使用。

2015年,公司一方面着力解决基地受慈溪市政府废塑料整治影响以来的一系列历史遗留问题,另一方面着手培育慈溪大桥塑料城,投资设立慈溪大桥高分子塑料科技公司和浙江慈东供应链管理公司,延长公司产业链,走可持续发展道路。

第五章　供销社多种经营

第一节　供销社工业

　　1950年建社伊始,全区供销社开始接收、承购民国时期合作社财产,建立新型的供销社工业,社有工业开始起步。当时工业生产重点以粮棉油等农副产品加工为主。当年,慈溪县供销社建立加工棉花厂,职工64人。1951年,余姚县供销社作价盘入私营米厂1家、私营铁器修理铺3家;鄞县供销社承购私营竹器、铁器修理合作社3个。1952年,"三反""五反"运动以后,全区闭歇的私营企业逐渐增多,供销社承购部分私营企业。余姚县供销社在接收浒山农具厂后,新建逍林棉花加工厂(1954年,余姚、慈溪县调整行政区域,浒山农具厂、逍林棉花加工厂归慈溪县供销社);慈溪县供销社接收观城棉花工业社。是年,慈溪县供销社共有三北酱油厂等5个工业企业,基层供销社附属工业企3个(掌起桥铁业加工厂、观城海晏庙轧花厂和庄桥碾米厂)以及3处轧花厂。1953年,慈溪、奉化县供销社兴办食品酿造厂。1954年,全区供销社系统拥有棉花、食品、糖果、碾米、油脂、金属、木材、日用陶瓷、缝纫、皮革、化肥(骨粉)等加工厂162家。

　　1955年至1958年,余姚县供销社新建彭桥、低塘、临山、环城、泗门等5个棉花加工厂和1家建材厂,共有15个工业企业。慈溪县供销社共有工业企业40家,其中轧花厂16家。鄞县供销社于1956年办起凤岙食品厂,至1958年共有50家社办工厂,其中为生产服务的25家,为生活服务的15家,为工业服务的10家,产值70万元。镇海县供销社共有社办企业5家,其中镇海食品厂生产橘饼和金橘饼。奉化县供销社办起奉化食品厂、酱品厂、溪口新民糖果厂等,其中奉化食品厂主要生产水蜜桃罐头和鸭肉罐头。宁海县供销社办起工厂3家,其中宁海县罐头蜜饯厂生产糖水杨梅、清水马蹄罐头。

　　1958年,按省人民委员会改进商业体制与工商分工的通知,独立核算的企业大多数过渡为国营企业。棉花加工和食品工业也随国、合合并划归于国营商业部门。1961年,供销社恢复建制后,接收国营商业部门划回企业32家。通过整顿,全区供销社工业企业42家。1963年上升至53家。慈溪县供销社工业企业14家,其中有范市棉花加工厂7家和观城等6个供销社综合厂。鄞县供销社工业企业15家,奉化县供销社工业企业4家,镇海县供销社为3家,宁海县供销社为2家。1961年,供销社与商业局分开后,一度划出的农产品加工厂、食品厂,从粮食、国营商业等部门划回供销社。1966年,进入"文化大革命"时期,除了几家轧花厂、茶厂外,其他诸业大多数陷于停工、半停工状态。1978年后,全区供销社工业年销售在百万元以上的仅慈溪县、鄞县供销社。是年,鄞县酱品厂被评为省供销社学大庆先进单位。

　　党的十一届三中全会后,供销社体制改革,社办工业不断扩大经营范围,开拓新的服务领域,工业开始稳步发展,逐渐使供销社工业进入一个新的发展时期。1981年,全区供销部门食品加工厂(场)117家,共生产各种食品6000多万斤,产值4000万元,还恢复和发展传统名牌产品。余姚、象山茶厂,鄞县酱品厂、慈溪观城酱品厂相继完工投产。其中,奉化县茶厂建成投产,投资额83.6万元,占地54亩。余姚县供销社与省供销社机械物资处联营新建"余姚县供销水泥预制品厂"。

1982年,全区供销部门食品加工厂生产各种食品8695万斤,产值3371万元。1983年,全市多数供销社单独设立工业股,专人负责工业管理工作。1984年,市供销社系统开始大办工业,大抓工业,社办工业得以真正起步发展。是年,鄞县供销社下属的鄞县草制品厂与中国工艺进出口公司上海分公司联营,建立鄞县工艺制品联营厂,产值457万元,年利润36万元。慈溪周巷食品厂扩大汽水生产,产量比上年增加7.2倍。镇海县柴桥食品厂生产的福寿山金橘饼,奉化县溪口食品厂生产的千层饼,慈溪县长河食品厂生产的"三北"豆酥糖,慈溪周巷食品厂生产的精制麻酥糖等,在国内市场比较畅销,还远销新加坡等国际市场。是年,全市供销社工业总产值13320万元,利润450万元。1985年,全市供销社系统兴办工业发展到128家,职工人数8083人,固定资产2500万元。工业总产值从上年的13210万元增加到17692万元,利润从450万元增加到576万元,分别比上年增长33.9%和28%。

1986年,贯彻省供销社工业会议提出的"积极发展商办工业,扩大商办工业自主权,增强企业活力"要求,市供销社先后召开两次工业会议,提出对商办工业实施工业总产值、产品销售、利润等三项指标考核。市、县供销社普遍设立科技工业科(室),基层社设立工业组。年底统计,共有工业企业299家,全年实现工业总产值1.82亿元,占全省供销社工业产值的21.87%,创利689.73万元,增长4%和19.64%,工业利率占商业利润的17.09%。1987年,各县供销社在普遍设立工业股的同时,还专设工业公司,实行"两块牌子、一套班子"。是年,实现工业产值16425万元,创利912万元,增长30%。1988年,工业总产值17739万元,增长8%;利润1150万元,增长26.1%。1989年,实现工业产值19161万元,利润1276万元,比上年增长10.96%。产值、利润在全国14个单列城市供销社系统中名列第一,在全省供销社系统居第三位。全市供销社系统38家工业企业实现百万产值、利润分别占总产值和利润的62.2%和70.45%。

1990年,全市供销社系统工业企业247家,实现工业产值2.06亿元,产品销售3.05亿元,分别增长7.2%和26%。其中44家企业的产值突破百万元大关。1991年,全市供销社系统年产值上百万元的企业增至80家,其产值和利润约占全市供销社工业的80%左右。工业企业从年初247家调整为234家。实现工业总产值4.37亿元,销售4.5亿元,利润1061万元,分别增长21.6%、47%和58.6%。1992年,供销社工业总产值突破5亿元,增长10%;销售近5亿元,增长11%;利润1100万元,增长3.6%。1993年,工业生产总产值5.43亿元,销售收入6.87亿元,利润1551万元。1994年,全市供销社商办工业企业176家,工业总产值按1990不变价为55308万元,现行价为65619万元,创利1233万元。

表5-14 1994年度宁波市供销社26家工业重点企业

单位:万元

企业名称	总产值	固定资产	利润额	职工人数
北仑茶厂	962	240	6	150
北仑棉纺厂	717	236	7	150
北仑食品厂	380	69	12	92
宁波天工制衣有限公司	1220	483	9	280
宁波海静食品有限公司	2541	556	38	187

续表

企业名称	总产值	固定资产	利润额	职工人数
宁海胡陈港棉花厂	541	349	9	177
宁波高合羽绒制品有限公司	3427	462	57	157
宁波浦港食品有限公司	1057	541	42	359
象山县振兴针织厂	657	89	5	100
宁波联华食品有限公司	802	468	10	106
鄞县茶厂	1255	492	10	102
鄞县工艺蔺草制品联营三厂	1383	322	73	50
鄞县望春工艺蔺草制品厂	531	95	46	41
鄞县商业精密制造厂	895	134	82	130
余姚市低塘棉花采购加工厂	784	192	11	107
余姚市第三棉纺织厂	2366	1014	13	354
余姚市泗门棉花采购加工厂	1901	441	56	197
余姚市临山棉花采购加工厂	1123	313	60	205
宁波金鑫茶叶实业总公司	6029	1182	109	294
宁波富迪毛针织有限公司	1485	888	66	140
镇海食品冷藏公司	875	247	46	46
慈溪浒山棉花加工厂	981	545	5	288
慈溪观城棉花加工厂	1781	514	17	401
慈溪逍林棉花加工厂	789	589	3	175
宁波路佑果汁有限公司	342	503	亏53	40
宁波大统食品有限公司	5051	1335	257	854

1995年，全市供销社系统166家工业企业，工业总产值8.36亿元（现行价，下同），增长17.9%，销售收入8.02亿元，增长17.5%；利润545万元。1996年工业总产值8.13亿元。1998年，根据市政府关于企业改制的文件精神，市供销社提出分两年时间基本完成社办企业改制目标的阶段性任务。1998年至1999年，共有26家工业企业实施转制。1999年，工业产品销售10.36亿元，增长23.71%；利润1606.6万元，增长71.95%。1999年至2002年，全市供销社系统工业企业全面完成"两项制度"改革。除保留一些较大规模的参控股外向型工业企业外，其余供销社工业企业全部退出市场。

第二节　外贸经济

宁波市供销社系统对外贸易始于20世纪80年代中期。其发展历史历经可分为五个阶段。

第一阶段在20世纪80年代中期，党中央提出对外开放的发展战略，宁波市为首批开放的沿海14个城市之一。市供销社系统主要采取"三来一补"、工业经济外向化为主要模式的对外经济技术合作发展路子。1988年5月,为贯彻宁波市人民政府关于"全方位,多渠道发展外向型经济新格局"的指示,市供销社曾上报市人民政府,要求建立市供销社对外经济贸易公司,提供出口茶叶、棉花、畜产品、速冻蔬果、针织品和蜂蜜等主要农副产品,并请市外经委审批,尝试挂靠市外贸企业、通过异地供销社外贸自营权企业或本级"三资企业",并相应设置宁波市供销社外贸货源部、开展外贸自营进出口业务。

第二阶段是20世纪90年代初、中期,邓小平南方谈话"思想再解放点、胆子再大点、步子再大点",极大地鼓舞供销社外经贸战线的干部职工。市供销社系统调整走以争取外贸经营权、自主开展国际贸易、招商引资、大力创办"三资"企业为主要模式的发展路子。1992年5月,市供销社设立宁波市进出口公司进出口八部,以本系统各级公司、工厂企业为主,积极开展以出口创汇为主要形式的一系列涉外贸易合作和服务。1993年7月,市供销社成立宁波海田集团总公司,进一步加强与国际合作联盟加强合作关系,并加入世界贸易中心网络,在香港等地设立经营窗口,开展外贸进出口经营业务。是年,宁波海田集团总公司与日本三井物产(株)、丸红商事(株)、八百伴(株)、韩国高合商事(株)、英荷壳牌石油公司等世界著名的跨国公司建立稳固的贸易关系,参加国内的各种出口商品交易会和国外的展销会20余次。

第三阶段是20世纪90年代后期,市供销社系统争取政府支持,扩大申报综合性集团企业、工贸合一的公司外贸经营权。整合资源和优势,增加出口农产品品种,开拓创新,使外贸经济走上新的台阶。

第四阶段是世纪之交前后,积极应对"中国入世"面临的机遇和挑战,宁波供销社系统积极推进以企业股份制改造为主的现代企业制度建设,外贸经营从被动到主动,从深层次激发供销外经贸战线开拓创新、抢抓机遇的激情和士气,从而全面开创供销社外贸经济的新局面。

第五阶段是2005—2015年,外向型经济快速发展,充分利用港口优势发展对外贸易,全方位出口农副产品和其他轻纺工业品等,从区域流通逐步走向国际市场,取得卓越成效。

第三节 外贸经营方式和管理

自营出口

20世纪70年代前,宁波市供销社按照计划经济和商品分工的原则,收购当地的商品货源,外贸商品供货给五大口岸之一的上海,外贸商品为土畜产品、粮油食品、手工艺品等。70年代后,改由宁波对外贸易专业公司统一收购,再供货调往沪、穗、津口岸。80年代起,宁波市货源改由省级外贸公司出口为主。

1988年前,供销社主要任务是发展出口商品生产,组织出口货源。出口渠道主要有三条,一是通过省供销社所属的3个进出口公司,有茶叶和畜产品;二是通过省、市外贸公司代理,主要是棉花、蜂蜜等;三是自找口岸从深圳、厦门、黑龙江、上海等地有出口权的单位联营出口,主要是蔬菜、针棉织品、草制品。

1988年1月,宁波市列为计划单列城市后,经对外经贸部批准,直接对外自营出口。当时宁波拥有外贸自营权的专业公司有7家,但宁波市供销社申报外贸经营权的请示暂未批复。因此,尝试挂靠市外贸企业或通过异地供销社外贸自营权企业或本级"三资企业",开展外贸自营出口业务,实施"借船过海"的办法。

先期:1988年11月,利用"三资政策优惠",有限许可三类商品外贸经营。市供销社与直属企业宁波华达汽车服务公司在招商洽谈、签约备货、报关装运、结汇分配等环节上,开展进出口部分工合作,实现自营出口贸易。

次期:1989年3月至1992年2月,挂靠在政策赋予注册在宁波小港开发区、许可经营三类商品的"宁波经济技术开发区商业物资总公司""宁波经济技术开发总公司"等。由市供销社异地设立"自主经营、自负盈亏"的进出口三部、进出口五部,实现自营进出口贸易。

后期:1992年3月至1996年12月,一方面挂靠宁波市进出口公司,自主经营、自负盈亏的进出口八部,实现自营进出口贸易;另一面是利用可享受境外企业政策待遇(允许形式多样国际贸易、外汇所有自由流动),在宁波保税区成立宁波市供销社独资的宁波保税区海田经贸经济联合发展公司。

进口贸易

市供销社系统自行进口贸易企业不是很多。1984年,宁波作为沿海14个开放城市之一后,率先成立第一家地方性外贸公司——宁波市经济技术贸易公司。该公司主要承担宁波市技术和设备的进口任务。1988年,宁波市开展自营进出口业务、赋予进口权的单位扩大到市各专业外贸公司。化肥农药、棉花等大宗战略物资的进口则主要由中央属、省属化工进出口公司和全国供销合作总社外贸公司代理。

1993年后,能直接经营进口业务,主要是有规模、有稳定增长业绩的宁波海田国际贸易公司,还有宁波华达汽车服务有限公司、宁波新江厦集团股份有限公司、宁波海田纸张经贸有限公司,还有自需性生产要素的进口,如"大统"的先进机械设备、"新海"电子产品的关键材料。

委托进口

委托进口主要是市供销社系统从事农业生产、乡镇经济、自身发展所需的工农业生产资料和原材料、城乡生活资料的进口贸易。主要有两种形式:自营进口、委托进口。市农资公司进口化肥农药,市特产公司(宁波棉花集团公司)进口美加棉和市土产日杂公司进口镀锌板、三夹板等商品。如1995年,市农资公司以与专业外贸公司联营方式,进口化肥6万吨约1200万美元,农药50万美元;市特产公司进口美棉2.5万吨约4000万美元;市土产日杂公司进口三夹板40万美元、镀锌板350万美元;宁波华达汽车服务有限公司进口润滑油和汽车配件400万美元。进口总额达5500万美元。

中转代储

中转代储是为了适应沿海宁波化肥生产发展、农资化肥季节储备和大进大出的需要,顺应商业部国棉代储的战略需要,宁波市农资公司、宁波棉花特产公司都在宁波口岸的镇海建设大型仓储设施。

外贸管理

1983年,全市各级供销社开始重视发展外贸管理工作,健全组织机构,多数县供销社单独成立工业股,专人负责外经贸工作。1984—2005年,市供销社对外经济贸易工作由社主任主管,1名副主任分管,在此期间,计划业务科负责对外经贸工作。

1988年前,市供销社系统发展出口商品生产,组织出口货源,出口渠道主要有三条,一是通过省供销社所属的3个进出口公司,有茶叶和畜产品;二是通知省、市外贸公司代理,主要是棉花、蜂蜜等;三是自找口岸从深圳、厦门、黑龙江、上海等地有出口权的单位联营出口，主要是蔬菜、针棉织品、草制品等。

1988年，宁波市列为计划单列城市后，经对外经贸部批准，直接对外自营出口，但宁波市供销社申报外贸经营权的请示却暂未批复。因此，尝试挂靠市外贸企业或通过异地供销社外贸自营权企业或本级"三资企业"，开展外贸自营进出口业务，市供销社增设外经处。1992年6月，市供销社外经处1名副处长分工负责外贸经营开拓，1名副处长分工专事招商引资工作。1993年，科技工业处与外经处合署办公。1997年后，为有益于供销企业外贸经营权的争取、外贸自营业务的开展（对各级外经贸部门），增设市社进出口处，与外经处、科技工业处"三处"合署办公。

1994年5月4日，宁波海田集团总公司获外经贸部批准，被赋予进出口经营权，并定位于综合商社式企业，坚持规模效应、市场多元、以质取胜和进出口并重等四个战略。同月，正式组建"宁波海田集团总公司进出口公司"。宁波海田集团总公司设立28个进出口部，即宁波海田集团总公司特产、果品、成衣（农资）、八达（物资回收）进出口部，进出口九部，拆船物资进出口部，进出口十部，土畜产进出口部，通利、物资进出口部，美乐门、南苑、万润、华达、合立、副食品进出口部，万隆（余姚）、海阳（象山）星海（宁海）、华盛（鄞县）、四海（慈溪）、通源（奉化）、镇海、北仑、海曙、江东、慈城、进出口部和慈溪东方服装进出口部，从而形成宁波海田集团总公司进出口公司的外贸体制和运行机制。

1995年12月20日，宁波海田集团总公司宁供司〔1996〕2号关于下达《宁波海田集团总公司进出口业务管理细则》的通知，对合同的编号、信用证管理和存档、换汇成本的控制和审批、外运管理、进口管理、系统内各进出口部的管理、代理业务管理、样口管理等作出具体的规定和要求。1999年，全国供销合作总社公布"全国供销合作社进出口十大企业"和"全国供销合作社出口龙头企业"名单，宁波海田集团公司名列"全国供销合作社进出口十大企业"第3位；宁波海田集团公司、宁波海通食品集团有限公司分别名列"全国供销合作社出口龙头企业"第3位和第11位。

在世纪之交、中国"入世"前后，全市供销社县级以上的集团型企业、工贸实业型企业申报外贸经营权获得批准，也加入宁波供销社系统自营外贸进出口行列。从1998年秋至2002年春，宁波出口茶叶拼配厂、宁波新江厦集团股份有限公司、慈溪四海集团进出口公司、宁波海田纸张经贸有限公司、鄞县华盛集团总公司、奉化市通源集团总公司相继获得外贸经营权。2000年，宁波市供销社企业自营出口有两类企业。一是已获得外贸经营权的综合性商贸公司或集团公司，二是"三资"类企业，时有三资企业10多家（含发散模式的子"三资"企业）。2001年，慈溪海通食品集团有限公司入选全国食品工业优秀龙头企业。2003年6月，市供销社机关机构改革，"三处"职能划归于经济发展处。是年，宁波海田国际贸易公司通过改制，易名为宁波海田国际贸易股份有限公司。2005年，宁波海田国际贸易公司股份内部转让，新股份结构为：宁波市社占45%股份，经营者及员工占55%股份。是年底，全市供销社系统拥有自营进出口权企业42家，其中贸易流通型6家、"三资"类企业36家。2009年，受国际金融危机影响，市供销社为鼓励农产品出口，对海田国贸公司出口农产品实行奖励，即出口每一美元奖励人民币0.10元。

2011年9月，宁波海田国际贸易有限公司更名宁波海田控股集团有限公司。至2015年，宁波供销集团公司占宁波海田控股集团有限公司股份为39%。后调整占股36%，其余64%股份由该公司经营层及职工持股。2012年，全国供销合作总社发布2012年全国系统"百强企业"榜单，宁波海田控股集团有限公司榜上有名，列第31位。宁波海田控股集团有限公司获评宁波市外贸龙头企业和出口大奖企业。

中国对外贸易500强企业论坛发布"2012中国对外贸易500强企业排名"榜单,宁波共有8家企业入围。其中宁波海田国际贸易股份有限公司进出口总额7.33亿美元,排名在482位。

第四节　进出口贸易额

出口交货值是内外贸分割历史阶段的外向型经济指标。1984年前无出口交货值统计,1984年全市供销社出口交货值4585万元。1985年,出口交货值近3500万元,供货企业6家。1986年,全市供销社工业出口交货值4633万元(创汇约1448万美元,内定汇率3.20元/美元),占全市供销社系统工业总产值18232万元的25.41%;出口供货企业8家。1987年,全市有外向型企业11家,其中合资企业2家。向外贸供货金额为1.08亿元,其中直接出口创汇690万美元,有10家创汇企业,有茶叶、蔬菜、纺织品、草制品等四大类产品打入国际市场。由市供销社系统组织收购、加工农副产品货源,提供外贸部门出口5445万元,其中茶叶1506万元,棉花1440万元,畜产品1500万元。是年,进口的商品主要是化肥、农药,以及进口车的机油和零配件,年进口额约4000万元。进口商品用汇金额831.33万美元,其中农资商品为750万美元。机油等类由市华达汽车服务公司自进,外汇自筹。1988年,出口创汇企业增加到16家,创汇产值4940万元,创汇1062万美元,人均创汇额5047美元。外贸收购额3952万元,增长69.47%。投资420万元、年产出口珠茶5000吨的市茶叶拼配厂于年底竣工。市畜产品公司年内办起3个厂,其中羽绒加工厂还成为全市第二家获得外贸生产许可证的羽绒加工厂。余姚茶厂兴办一家广播器材厂,与航天部研究所合作,生产家用多频道电视机天线,图像清晰,通过部级鉴定,并填补国内空白。镇海针织厂与上海针织十厂联营后,年产值282万元,出口T恤28万件,创汇59万美元。1989年,出口创汇企业增加到24家,出口交货值6644万元,创汇1786万美元。出口产品达24种以上,产品远销欧美、日本和港澳等国家和地区。1990年,出口交货值7169万元,创汇1319万美元。奉化第二食品厂投资35万元,引进加工脆梅流水线。慈溪冷冻厂利用外资投入30万美元,年生产速冻蔬菜4078.60吨,增长33.58%,产值首创千万元大关,达1028万元,增长69.22%;实现利润102.82万元,增长19.39%。市供销社、宁海县供销社与日本三井物产株式会社、布袋罐头食品株式会社合资设立宁波海静食品有限公司,贸易得到较大发展。1994—1996年三年累计出口金额超过1000万美元,公司由合资初期的单一橘子罐头,发展到橘子、水煮笋、黄桃、板栗、小黄瓜等系统产品。

1991年,出口交货值9205万元(创汇约2474万美元,内定汇率3.70元/美元),占全市供销社系统工业总产值43741万元的21.04%;出口供货企业25家;进口额3.3亿元。其中,出口交货仍以农副产品为主,但结构在调整、拳头商品在增加,果蔬食品及纺织品比重已超茶叶3个百分点。主要出口商品:茶叶5330吨、速冻蔬菜5437吨、水煮笋824吨、橘子罐头1700吨、脆梅326吨、羽绒被1.58万条(套),还有针织坯布服装、榻榻米席、测电笔等。宁波海静、大统2家食品企业直接出口的橘罐、速冻蔬菜250万美元,且产品质量高,很受外商青睐。1992年,新办6家"三资"企业,累计有13家,引入外资由原来的215万美元增至395万美元。扣除茶叶等国家统一出口的一、二类商品外,自营出口105万美元,通过供销社提供的出口交货值1.5亿元,创汇3652万美元。1993年,出口创汇企业有35家,完成出口交货值2.32亿元;自营出口122万美元;收购加工出口值实绩3.17亿元。新增农副产品加工出口企业8家,总数33家,新建"三资"企业5家。有30多家直供出口厂家都获得出口商品的商检许可证。宁波海田集团总公司与日本、韩国等世界著名的跨国公司建立稳固的贸易关系,还加入世界贸易中心网络,在香港设立经营窗口,参加国内的各种出口商品交易会和国外的展销会20余次。

1994年,自营出口创汇1480万美元,其中外贸公司出口480万美元,"三资"企业出口创汇1000万美元。出口交货值2.5亿元。进出口总额622万美元,居全国供销社系统首批获得进出口经营权企业的第二位。1995年,以加工出口为重点,搞好农产品流通服务。慈溪冷冻总公司以脱水蔬菜、速冻蔬菜为主要产品,已发展成为集团型企业,出口创汇500万美元,增长25%;宁海海静食品有限公司在原生产的清汁笋和糖水橘子出口免检,全部销往日本市场的基础上,又开发清水板栗、粒粒橙等新品种,仅橘子罐头一项就消化地产柑橘4000吨,又成功开发"冰糖雪耳燕窝"饮料26吨投放市场。宁波浦港食品有限公司开发生产的海茵牌"绿海宝"海带被列入1993年新产品试制计划。宁波高合羽绒公司全年生产羽绒被16.5万条,产值4500万元,均比上年增加一倍以上,成为全市最大的羽绒制品加工出口企业。宁波海田集团总公司进出口总值3058万美元,增长39.2%,其中自营出口2475万美元,创汇2320万美元,增长360%,进出口规模在全市21家市级外贸专业公司中位列第16位,创综合经济效益100万元。出口交货值3.71亿元(创汇约4470万美元,挂牌汇率8.28元/美元),占供销工业总产值6.56亿元的56%,增长43%。

1996年,自营出口2580万美元,外贸进出口总额3065万美元,与上年持平,名列全国供销社系统第二位。农副产品加工出口交货值4.16亿元,增长18.8%。宁波海田集团总公司自1994年5月获得进出口权以来,累计进出口额突破4000万美元。是年,慈溪市冷冻总公司以出口创汇额1077万美元位列全国供销社系统工业出口创汇100万美元以上企业第8位,宁波京鑫茶叶实业公司(658万美元)位列第11位,宁波高合羽绒制品公司(199万美元)位列第41位,鄞县蔺草制品有限公司(179万美元)位列第44位,宁波海鲜食品有限公司(177万美元)位列第45位,宁波联华食品有限公司(127万美元)位列第64位,宁波新海打火机有限公司(124万美元)位列第68位,鄞县望春蔺草制品厂(121万美元)位列第69位。1997年,自营出口2054多万美元,出口创汇4974美元。宁波海田集团公司在全国供销社系统69家拥有自营进出口权的企业中,以进出口总额3070万美元位列第7位,出口额位列第6位;慈溪冷冻厂在全国供销社系统出口创汇前10名中以1710万美元业绩列第5位;市供销社在全国兴办"三资"企业最多的10个省(市)、自治区供销社中位列第9位。

1998年,自营出口2980万美元,实现进出口总额6456.3万美元,其中出口4866.3万美元,进口1590万美元。外贸销售实现3.1亿元。全市供销社系统拥有宁波海田、慈溪四海、宁波茶叶、鄞县新江厦等4家专业外贸公司,还有慈溪海通、宁海海静、慈溪新海等10余家集贸工农、贸工技为一体的加工出口企业,拥有自营进出口权企业5家。宁波海通食品集团公司跻身于全国5000家最大食品工业企业序列,年出口创汇2000万美元。宁波出口茶叶拼配厂自营出口茶叶1万余吨,产品销售1.2亿元。宁海县供销社外贸出口值5003万元。在全国供销社系列100家企业出口创汇(百万美元以上)排名中,宁波市供销社系统占有5家企业。其中,宁波海田集团总公司自营进出口总额4083万美元,列7位;慈溪海通食品集团有限公司自营出口1572万美元,列第9位。

1999年,自营出口8448万美元,出口交货值6.63亿元。12家自营进出口企业全年实现进出口总额1.31亿美元,增长96.42%,居全国各省(市)自治区、计划单列市供销社前列。宁波海田国际贸易有限公司进出口总额8300多万美元,其中出口7269万美元,居全国供销社系统第4位。宁波海田纸品公司年销售进口纸张达4000吨。宁波出口茶叶拼配厂生产出口茶叶1.18万吨,产品销售收入1.46亿元。宁波海田集团总公司名列"全国供销合作社进出口十大企业"第3位。

2000年,宁波海田国际贸易有限公司自营出口12121万美元。出口额列全市外贸企业第7位。在出口商品中,机电产品继续优化,已占总出口的50%以上,轻工日用品占24.8%,服装纺织16%,机电、轻工日用品和服装纺织成为公司出口的三大支柱;出口市场已向多元化方面发展,欧美市场继续大幅度增加,占45%以上,亚洲市场20.5%,美洲市场19.1%,澳洲市场10%,出口国家和地区达到75个。

2001年,自营出口18190万美元,出口交货值80549万元(创汇约8476万美元)。是年,自营进出口总额2.85亿美元。以农副产品深加工为主的社办工业出口交易值8.05亿元。2002年,全市供销社拥有自营进出口权企业15家。进出口贸易额近3亿美元,其中自营出口15414万美元。2003年,进出口贸易总额4.57亿美元,增长50%以上。宁波海田国际贸易公司通过改制,易名为宁波海田国际贸易股份有限公司(宁波海田国贸)。2004年,完成进出口贸易额7亿美元,其中宁波海田国际贸易公司6.1亿美元,增长25.6%。2005年,充分利用港口优势发展对外贸易,外向型经济快速发展,从区域流通逐步走向国际市场。宁波海田国贸进出口总额7.5亿美元,增长26%,连续三年外贸增长率保持在30%左右,进入全市外贸企业前三名,浙江省20强,全国500强行列。2006年,全市农产品加工出口额稳定在8亿元以上。慈溪海通公司被评为"全省十佳出口农产品企业";宁波海静公司入选"2006年全国成长型中小企业100强"。2007年,实现进出口总额10亿美元,宁波海田国贸公司以营业收入68.5亿元入围"中国服务500强",列第161位。另据中国海关统计数据排出2007年度"中国外贸200强"中,宁波市有4家企业入围,其中宁波海田国贸公司以出口值5.87亿美元,名列第170名,经营规模继续占全市前三甲。2009年,全年实现进出口总额7.2亿美元,减少26%,宁波海田国贸公司以4.8亿美元的出口额仍居全市第二位,被评为2009年宁波市外贸10强企业。2010年,外贸进出口总额达到9.32亿美元。2012年,实现外贸进出口总额7亿美元。宁波海田国际贸易公司位列中国"对外贸易500强企业排名"榜第482位,并列全国供销合作社系统"百强企业"榜第31位。2013年,实现进出口总额8.33亿美元。宁波海田控股集团有限公司被评为市外贸龙头企业和出口大奖企业。

2014年,全年进出口贸易总额达53.32亿元,增长4.93%。其中,进口0.65亿元,减少0.6%;出口52.67亿元。增长5%,增幅较大的企业主要是宁波海田国际贸易股份有限公司,进出口贸易额37.46亿元,增长10%;慈溪徐龙食品集团进出口公司进出口贸易额4.33亿元,增长6.4%;奉化瑞丰进出口公司进出口贸易为928万元,增长9.2%;海曙供销有限公司进出口贸易额为418万元,增长105%。2015年,市供销社系统外贸进出口贸易额47.04亿元,其中出口贸易额45.02亿元,进口贸易额2亿元。

中国对外贸易500强企业——宁波海田控股集团有限公司

出口商品品种

20世纪80年代初,全市供销社系统供应出口的货源主要是农副产品和畜产品类,包括茶叶、棉花、柑橘、冻菜、浙贝、麦冬、丝瓜络、盐渍菜、兔毛、肠衣、水豹皮、黄狼皮等，这些出口商品大都是供销社的传统经营商品。1985年至1986年，出口商品主要是珠茶、绿茶、精制红茶、速冻蔬菜、纸草帽、榻榻米席等农副产品和兔猪等畜产品。出口国家地区为东南亚、日本、非洲等国家和地区。1987年，主要产品是纺织品、工艺品类。其中有T恤衫、纸制品、动物标本等数百个货号品种；各种水产罐头、橘子、黄桃、杨梅等水果罐头；清汁笋、冬笋、芦笋、蚕豆、清水马蹄等蔬菜罐头以及福寿山牌金橘饼、蜜饯等。

1989年至1992年，出口商品：橘子罐头、丝绸服装、定牌水表、调压器、节日灯、丝瓜络制品、钢卷尺等。1993年，出口商品主要为男西服、系列T恤衫、系列水表、音乐机芯、打火机等。1994年出口商品新增：蔺草制品、木制工艺相框、男女童装等。1995年，新增出口商品：条斑紫菜、水产品等。1996年，出口主要品种以农副产品（食品罐头、水煮笋、茶叶）、蔺草制品、机电产品、羽绒制品、打火机、纺织服装为主。

2000年以来，主要出口各种商品："天坛牌"系列珠茶、绿茶、红茶、"卡依之"牌果汁；200多种速冻（脱水、保鲜）果蔬制品、脆梅制品、罐藏蜜橘和各种罐装果蔬制品、水煮笋、鱼类水产、金柑盐坯、羽绒服装及系列羽绒制品、丝绸服装和制品、西服成衣、针织羊毛衫（T恤衫）、针织男女服装和童装、针织文化衫、针织围巾、浴巾浴衣、睡衣睡裤及系列制品、沙滩裤、蔺草席垫及系列制品、工艺纸草帽、各种草制品、丝瓜络制品、圣诞礼品、节日灯、沙滩椅凳及旅游配套用品、系列工艺相框、系列文具用品、电动工具、各式打火机、系列水表、音乐机芯、微型轴承、去皮机、测电笔、开关部件等。

表5-15　1994年宁波市供销社商办工业出口创汇10万美元以上企业统计

单位：万/美元

企业名称	创汇额	出口主要产品	出口国家或地区
宁波海静食品有限公司	238	食品罐头	日本
宁波大统食品有限公司	529	冷冻蔬菜	日本
宁波新海火机制造公司	46	打火机	美国、泰国
宁波富迪针织有限公司	144	羊毛衫	新加坡、中国香港
宁波东方服装有限公司	138	服装	美国、沙特
宁波逍林脱水加工厂	52	脱水蔬菜	日本
宁波逍林丝瓜络厂	102	丝瓜络制品	德国
慈溪茶厂	56	茶叶	由市茶叶公司出口
慈溪火机厂	74	打火机	美国、泰国
宁波联华食品有限公司	51	水煮笋	日本
鄞县茶厂	105	珠茶	由省茶叶公司出口
鄞县欣欣工艺品厂	24	工艺小木船	香港
宁波工艺草制品厂	21	工艺纸草帽	中国香港、日本
鄞县工艺蔺草制品联营三厂	166	草席	日本
鄞县望春工艺蔺草制品厂	49	草席	日本
宁波高合羽绒制品有限公司	241	羽绒被	日本

附：宁波市供销社系统"三外"企业备忘录

（一）外贸进出口经营权企业

宁波海田集团总公司（宁波海田国际贸易有限公司）（1994年）、宁波出口茶叶拼配厂（宁波茶叶联合公司、宁波海田茶叶进出口有限公司）（1998年）、慈溪四海集团进出口公司（2000年）宁波新江厦集团股份有限公司（宁波新江厦商城）（2000年）、鄞县华盛集团总公司（2001年）、奉化市通源集团总公司（2001年）、宁波海田纸张经贸有限公司（2003年）。

（二）"三资"企业36家（蔬果食品18家、纺织服装6家、轻工机电6家、置业三产6家）。

余姚龙山宾馆（1985年8月14日批准，1988年1月1日开业）、宁波华达汽车服务有限公司（1986年11月成立，1987年4月1日开业）、宁波甬艺脱水食品有限公司（1988年4月15日成立，6月投产）、宁波大统食品有限公司（1989年11月成立）、宁波海静食品有限公司（1990年11月27日成立）、宁波胜特针织服装有限公司（1991年1月成立，1991年9月投产）、宁波高合羽绒制品有限公司（1991年5月15日成立，1991年9月正式投产）、宁波汉通装潢发展有限公司（1992年9月3日成立）、宁波协港国际贸易公司（1992年10月3日成立）、奉化天工制衣有限公司（1992年10月17日成立）、宁波浦港食品有限公司（1992年11月25日成立）、宁波路佑果汁有限公司（1992年成立）、宁波寇华置业有限公司（1993年10月成立）、上虞四海食品有限公司（1993年成立）、宁波慈溪东方制衣有限公司（1993年12月1日成立）、宁波通达食品有限公司（1995年成立）、宁波海田科技实业有限公司（1995年12月29日成立）、鄞县紫云堂水产食品有限公司（1993年6月26日成立）。另外，还有宁波镇海再生金属材料经贸有限公司、宁波美乐门汤姆熊娱乐中心、宁波海田茶业有限公司、宁波南苑娱乐有限公司、鄞县高岗屋食品有限公司、鄞县联华食品有限公司、鄞县甬加食品有限公司、宁波丰源果菜业有限公司（奉化莼湖）、奉化万达电子有限公司、宁波福特继电器有限公司、宁海永佳文具有限公司、宁波爱尼制衣有限公司、宁波鑫源食品有限公司、宁波余姚茶业有限公司、上海宏海食品有限公司、宁波迪新针织服装有限公司、宁波徐龙鳗业食品有限公司、宁波新海电子制造有限公司、宁波华原沐浴用品有限公司等。

（三）外向型工业企业

宁波供销社系统外向型工业企业45家（蔬果食品19家、纺织服装7家、轻工机电6家、置业三产6家）。其中：宁波华达汽车服务有限公司、宁波胜特针织服装有限公司、宁波畜产品总厂（宁波高合羽绒制品有限公司）、宁波出口茶叶拼配厂（宁波海田茶业有限公司）、宁波明州茶厂、镇海兔毛加工厂、上海针织十厂镇海分厂、镇海毛巾制衣厂、宁波北仑（滨海）茶厂（宁波同益茶叶有限公司）、宁波蜜饯厂、北仑梅山棉纺织厂、鄞县紫云堂水产食品有限公司、鄞县高岗屋食品有限公司、鄞县酿造食品厂（鄞县联华食品有限公司）、鄞县工艺草制品联营厂、鄞县草席厂、鄞县工艺蔺草制品联营三厂、鄞县商业针织服装厂、鄞县茶厂、奉化莼湖果汁厂（宁波丰源果菜业有限公司）、奉化中山罐头厂、奉化天工制衣厂（奉化天工制衣有限公司）、奉化东海丝织厂、奉化不锈钢制品厂、奉化精制茶厂、宁海罐头蜜饯食品厂（宁波海静食品有限公司）、宁海永佳剃须刀厂（宁海永佳文具有限公司）、宁海兴华塑料厂、宁海茶厂、宁海异型铜管厂、象山县副食品罐头厂（宁波浦港食品有限公司）、象山振兴针织厂（宁波爱尼制衣有限公司）、象山石浦水产品冷冻厂、象山县茶厂、余姚茶厂（余姚精制茶厂）、余姚泗门蔬菜制品厂、慈溪冷冻总厂（宁波大统食品有限公司）、宁波路佑果汁有限公司、上虞四海食品有限公司、宁波通达食品有限公司、宁波甬艺脱水食品有限公司、宁波迪尔新羊毛衫厂（宁波迪新针织服装有限公司）、慈溪东方服装厂（宁波慈溪东方制衣有限公司）、慈溪三北服装厂、慈溪新海打火机厂（宁波新海电子制造有限公司）、慈溪逍林丝瓜络制品厂（宁波华原沐浴用品有限公司）、慈溪茶厂。

第六篇

为农服务

为农服务历来是供销合作社的办社宗旨,是供销合作社的立社之基,也是富民兴社的必然之路。今称为农服务,亦谓"三农",即服务于农村、农业、农民。1978年以前,根据当时农村经济以稻谷为主,附加其他农副产品为辅的传统生产特点,供销合作社的主要任务是发展经济,保障供应。充分利用供销社在农村的组织、经营服务网点等资源,从资金、人员、物资、技术和信息等方面,为农民提供产前、产中、产后一系列服务,积极促进农村经济和农业生产的发展,极大地发挥供销社在农村商品流通领域中的主渠道作用。党的十三届三中全会以后,随着计划经济逐步转向市场经济,农村经济发生历史性的转变,逐渐由传统农业向现代农业转变,由自给半自给经济向着商品经济转化。供销社系统以农村经济改革和发展为契机,积极拓展服务内容,如为农民解决肥药、种植、庄稼求医、统防统治、农副产品深加工等方面的问题和困难,为乡镇企业提供原辅材料,为农民推销农副产品等,从单一的经营服务向多种途径、形式的综合服务转变;以单纯的支援农业生产服务向农业增产、农民增收转变。

进入21世纪以来,党中央、国务院高度重视"三农"工作,连续多年下发关于农业农村工作的1号文件。坚持由流通服务向全程农业社会化服务延伸,向全方位城乡社区服务拓展,积极发展农民合作社、综合服务社、农资连锁网络和消费、金融、土地托管等新型合作服务组织以及行业协会等社会团体,推进新农村现代流通网络建设,提升农产品流通服务水平,在加快推进农业农村现代化,促进农民增收致富,促进乡村振兴。

第一章　为农业社会化服务

第一节　农资供应服务

供销社建立以来,一直把为农资供应服务当作一项经常性的重要工作来抓,而且常抓不懈。根据农村春耕种植、夏收夏种、秋收秋种等不同季节和特点,积极开展各类为农服务活动。1983年8月,地、市供销社合并后,市供销社系统围绕各个农事季节,扩大农资商品货源,及时做好供应服务工作。全市供销社系统建立和健全126个农技信息问讯处,326个化肥服务站,1625个配药站,配备900名辅导员。从资金、技术、信息等方面支持农村商品生产的发展。1985年,农资实行多渠道经营后,积极做好农资系列化服务。建立化肥和农药服务站1200多个,技术服务组织147个,配有120名信息服务人员和1043名技术服务人员,通过向农村专业户印发信息资料9万多份,举办技术讲座250余次,培训农民17800人次,上门咨询服务500余人次,帮助农民掌握农资商品管理技术和科学知识。从而形成市、县、基三级农资服务网络。

1989年,农资实行专营第一年,市供销社印发《关于化肥、农药、农膜专营的实施细则》通知。是年,全系统共举办各类农资培训班61期,对农资系统9个专业公司、基层供销社481个供应网点的3500名干部职工轮训一次。广泛推行"四公开、八不准、一监督"的管理制度,层层建立监察审计机构,共设立监督电话195只,举报箱136只,意见簿300本。1990年,为发展供销社技物结合、科技支农的优势,全市供销社系统建有信息服务组织78个,技术服务组织365个,技术辅导员774人。年内共创办35家"庄稼医院",派出300余名农技人员与农业部门联合在138个乡参与近30万亩"吨粮田""模式片""丰产棉"工程建设,开展10多项肥药新品种试验。部分县(市)区供销社开展丰产承包、综合防治、有偿服务工作,使科技兴农和系列化服务工作取得新的突破。市农资、特产公司和慈溪市供销社、余姚市农资公司分别被评为商业部先进单位。

1991年,全市建立68家"庄稼医院",64家"作物诊所",1556个肥药站,初步形成县(市)、区、乡、村四级供应和技术服务网络。宁海县农资公司成立全省第一家"农资科技服务总站",各基层供销社均配有专职中心辅导员、庄稼医生,提供病虫害警报信息动态、新肥新药试验,及时了解农业大户生产上的疑难杂症。1992年,在全市150个乡镇中设立136个信息服务点,供销社举办的庄稼医院从年初82家发展到122家,村级综合服务站由35家发展到90家。1993年,农资放开经营后,供销社系统发挥主渠道作用,在全市150个乡镇中设立120家"庄稼医院"、90家村级服务站、150多个配药站及130多个信息咨询服务点等。1996年,开展"春耕""双夏"优质服务月活动,建立全市粮棉大户档案、大户联系制度,出台一系列对大户的优惠措施。鄞县、慈溪等地组建的种植大户协会还对资金短缺的大户所需农资商品进行赊销。市农资公司在全国农资系统率先实施"放心工程",推出为农服务承诺活动,开展农资连锁,树立农资系统新的形象。1997年,全市供销社农资部门以"量足、价格低于毗邻地区、服务优"为标准,坚持服务与经营并举。市农资公司克服市场竞争激烈的沉重压力,既保证粮棉挂钩化肥顺利兑现,又积极采购计划外农资商品,满足农业生产需要。在市农资公司的积极争取下,落实市政府关于粮棉挂钩尿素政策性亏损补贴、议转平补差、淡季储备贴息等优惠政策。为全市农资部门减轻工作减力。在11号台风后,针对虫害严重的情况,又多方组织农药尽量满足供应。鄞县、余姚、奉化、宁海等县供销社及时调运叶青霜、敌敌畏等农药供应;甬北农资公司建立流动销售小组实行定点定时供应农资商品的办法,既占领阵地又方便服务农民,出色地完成"春耕""双夏""冬种"农资供应任务。是年,市农资公司被全国供销合作总社授予"在销售农资商品'千县万社无假货活动'中有突出成绩的集体"称号,这是浙江省唯一获此荣誉的农资企业。1998年3月,市供销社印发《关于加强农资商品质量管理的通知》(甬供业〔1998〕35号),各地供销社在农资服务上,开展"上门调查、预约登记、送货到村"等多种"连农怀"农资优质服务系列活动。市农资公司坚持科技先导、优质服务,通过农资商品的售前、售中、售后的用药用肥指导,及时通报病虫害情报、信息,以录像、广播、《农资简报》等宣传载体向广大农民介绍农资科技知识、推广新品种,庄稼医院上午坐堂门诊、下乡出诊。1999年,在春耕期间提供化肥15万吨,建立10亩土地以上种植大户档案18265户,为大户送肥药28900吨,优惠供应肥药18261吨。

2003年起,在传统农资供应体系已经基本转轨的态势下,以发展现代经营方式改造供销社经营网络。对一些零星、僻远的农资网点,各地尝试实行委托经营,由供销社和经营者订立协议,约定经营范围、服务要求、违法违纪处理等条款,强势推进农资连锁网络建设,农资连锁经营成为供销社为农服务的突破口。2007年,加快实施"农资放心工程"建设,开展创建农资连锁经营示范店活动,开展诚信经营和农资科技服务活动。对专业合作社和种植大户实行优惠让利,送肥送药上门。慈溪市供销社举办"春季农资商业展销会",共展销新肥、新药、优质农机、种子等农用物资600多种;举行农资应用技术推介讲座

7期。宁波海通集团聘请国外技术专家,为基地农民传授农产品标准、农业安全、种植技术等先进技术,并运用先进的检测设备,免费为基地农户提供土地、水、气检测,发展绿色农产品基地。

2008年,全市已有912家基层农资连锁店,8家农资连锁经营龙头企业,6家农资配送中心,农资连锁网点实行统一采购、统一配送、统一服务标准、统一价格、统一门面标设,实行网络化管理,完成覆盖全市第一阶段目标任务。制订12项优质服务措施,举办优惠促销活动26场次,召开推广会、订货会10场次,优惠供应尿素1477吨,优惠金额22万元。3月20—22日,北仑区供销社举办首届农药新产品推介会,介绍百诺杀菌剂、人农杀菌剂、卡德龙除草剂、迅驰杀虫剂等一批高效低毒环保的农药新产品。2009年7月至8月中旬,市供销社组织开展系统第一届"双夏"农资供应优质服务月活动,优惠供应尿素1.1万吨,其中对600多户百亩以上的种粮大户、专家合作社供应优惠尿素4500多吨,优惠幅度100元至300元/吨,让利100多万元。2010年,开展第二届春耕、双夏"支农惠农"优质服务活动。6月25日至8月10日农资供应优质服务月活动期间,共优惠供应各类优质化肥、农药等农资商品近3万吨,其中尿素以低于市场价60元/吨的优惠价供应,优惠让利总额超100万元。在全市980多家农资连锁门店中,新购置茶水桶、饮水机器300多个,脸盆1000多只,毛巾2000多条等,一批防暑用品免费供农民使用。是年,余姚、慈溪、鄞州等市(区)供销社和市甬丰农资公司评为市供销社"双夏"农资供应优质服务一等奖,奉化、宁海、镇海、北仑等县(市)区供销社为二等奖。2011年3月21日,全市供销社系统"农资惠农保春耕"专项行动启动,为农村专业合作社和种植大户提供化肥、农药、薄膜等农资直供直送服务,确保备春耕生产顺利进行。6月15日,第三届"双夏"农资供应优质服务月活动启动仪式在余姚三七市镇田螺山粮食专业合作社举行。活动期间,以低于市场价60元/吨的优惠价格向农户供应尿素近万吨,优惠让利总额超100万元。是年,开辟农资新品种试验田50亩,邀请专家现场讲解农药喷施技术和水稻虫防治知识30余次,发放相关宣传资料3000多份。象山县利用手机信息平台发布农资价格、病虫害防治技术、灾害性气象信息等10期1500余条;鄞州区利用短信平台为当地农户提服务信息。全市984家农资连锁网点延长营业时间,农资配送中心增加值班人员。

宁波市供销合作社举办春耕农资服务月生产专题培训班

2012年,组织开展"农资惠民保春耕"专项行动和"双夏农资供应优质服务月"活动,以"农资供应惠农、科技创新强农、优质服务助农"为主题,积极开展农资优惠供应和送肥下乡、科技下乡等系列活动,全系统优惠让利近200万元。服务月中调集优质尿素1万吨,以优惠价供应农户,优惠让利120万元,共供应各类农资商品52万吨;市供销社向种粮大户和特困户赠送化肥25吨,价值11.4万元,赠

甬丰农资公司开展农资优良服务月活动

送进口农药900余箱,价格16.5万元。会同农技部门专家为农民提供测土配方施肥、地力提升、病虫害防治等农技咨询服务,举办农技讲座,发放农技宣传资料;组织"庄稼医生"下村下田。宁海县供销社"宁海农资网"开通运行。2013年,继续组织开展春耕、"双夏"农资供应优质服务月活动。在"双夏"农资供应活动中,供应各类农资商品3万多吨;向农业"两区"(粮食生产功能和现代农业园区)内专业合作社、家庭农场、种粮大户等直供6000吨,让利200万元;开展测土配方施肥用药、微肥应用及病虫害防治等各类农技讲座、培训等52场次,印发技术宣传资料1万余份。鄞州、奉化供销社设立"800为农服务器热线",象山、宁海供销社通过手机短信平台等及时向农民发送病虫害预报信息和气象信3000余条。鄞州区供销社在晚稻用肥前,第一时间配送全区种粮大户水稻配方肥300余吨;镇海区供销社向种粮户发放尿素优惠供应票,以每包尿素(40公斤)优惠25元的优惠价供应100吨;余姚市供销社直接送化肥到农户田头800余吨,优惠供应尿素2100吨,复合肥600吨,累计优惠18万元;慈溪市供销社为"两区"农业企业、专业合作社、种粮大户和生活特别困难的农户,以平均低于市场价200元/吨的价格供应化肥1600吨,优惠让利32万元;奉化市供销社优惠供应农资商品3万元;宁海县供销社农资直供试点从原来的12家增至26家;象山县供销社优惠供应省外指定品牌尿素和阿康复合肥800吨、农药183吨,优惠金额达6万余元。

2009年至2014年,市、县供销社顺应现代农业发展的新要求和农民群众的新需求,承担起农资淡季储备和市场调控任务,农资商品"联采分销"平台建设不断深化,推进农资商品直供配送,连续五年开展春耕、双夏"支农惠农"优质服务活动,确保全市农资货源充足、质量安全,价格低于周边地区。

2015年6月20日至7月30日,宁波市甬丰农资公司举办"双夏"农资供应优质服务展销活动。活动期间,公司内所有农资商品优惠供应(惠农让利30万元)。同时,组织各类化肥5000吨,供应各县(市)区农资配送企业,以每吨化肥低于市场价60元的价格,通过全市农资配送企业实行优惠供应。

附:农资连锁网络

1995年,全市农资流通体制改革步伐加快,积极探索县、基两级农资连锁和联网经营新模式,充分发挥系统联合优势,建立以市、县农资公司为连锁总部,基层供销社生产商店为连锁店的经营体系。

1996年,全市79个基层供销社相继加入农资连锁网络,农资供应网点达300多个。不仅对市域内的农资供应做到货足价平,而且还利用自身所在地区的优势,农资销售渠道辐射到区域外埠65个单位,向外销售化肥达6000多万元。1997年,相继制定市、县农资连锁经营实施细则,明确由市农资公司在全市农资系统内,按照自愿、平等、互利的原则,吸纳县(市)区农资公司参加连锁经营。同时,76家基层供销社与县(市)区农资公司实行连锁经营,从而基本形成市、县、基三级农资连锁网络。2001年,在全市750多个供销社农资供应网点中开展商品质量自查、互查和自纠活动,加强农资供求服务网中的龙头企业建设,减少环节,降低流通费用,减轻农民负担,用经济和行政的办法建立农资经销连锁店。市农资公司吸纳37家有发展潜力的基层农资网点,统一挂牌为"宁波市农业生产资料公司特约经销单位"。2000年至2002年,全市农资企业实施"两项制度"改革。改制后,绝大多数县(市)区供销社农资企业转为股份制,原基层供销社生产商店大都歇业或转为个体经营,农资供应主渠道被严重削弱。

2005年,市供销社依托市农资公司的龙头带动作用,把农资连锁经营作为供销社为农服务的突破口,强势推进农资连锁网络建设。慈溪、余姚农资超市公司率先推进农资连锁经营。慈溪市兴合农资配送有限公司开办农资连锁店52家,遍布各镇(街道),辐射市内主要的农业园区与农产品基地;余姚市甬舜资料有限公司完善和健全205余家连锁店的网络体系;鄞州区供销社着手对区域内100多个连锁供应网点进行装潢,扩大农资供应知名度。宁海、象山、北仑等县供销社启动筹划农资连锁经营,结合村级综合服务社建设,创建一批村级农资示范店。2006年,鄞州区禾丰农资连锁有限公司对全区农资网点进行全面整顿和规范,原118家农资网点,经验收合格的113家,并设立6家农资直销店,并与区外91家农资经营网点建立经常性的业务合作关系。余姚市供销社已建立农资连锁经营网点235家,实现区域农资全覆盖。市农资公司会同各县(市)区农资连锁经营龙头企业联合成立全市农药购销联盟。象山县丰润农资有限公司下属经营连锁网点118家,象山现代农业服务中心1家。2007年5月22日,市供销社出台《关于规范农资市场推进农资连锁经营的实施意见》,是年,全市有25家农资连锁店被评为市供销社农资连锁经营示范店。

2007年5月,鄞州区禾丰农资章水连锁店成立

鄞州区禾丰农资连锁有限公司(2015年摄)

市供销社系统农资部门经过2008年至2010年对全市1878家小农资连锁企业的整顿和改造,至2010年年底统计,全市共有农资连锁配送企业7家,连锁经营网点970家,基本实现连锁网络全覆盖,在全省率先完成小农资店规划的整治任务。2011年,农资连锁网络服务继续完善,稳步推进农资商品直销供应工作。余姚、鄞州、奉化等地农资公司根据现代化农业发展需要,在处理好农资连锁门店利益关系的基础上,积极探索向专业合作社、种粮大户等开展农资商品直供的途径,减少流通环节,降低农业生产成本。

2015年,全市供销社系统共有农资连锁配送中心10家,连锁经营网点974家。

表6-1　2015年宁波市供销合作社系统农资连锁店统计

区　域	农资连锁店家数	供销社农资配货中心
镇海区	20	1
北仑区	61	1
鄞州区	131	1
慈溪市	134	1
余姚市	222	2
奉化市	118	1
象山县	150	2
宁海县	138	2
合计	974	10

第二节 统防统治和测土配方

2009年6月,鄞州区禾丰农资有限公司成立农资植保防治服务专业合作社,为宁波市首家专门从事农田植保防治服务的专业合作社。该合作社开展植保、测土配方、病虫害防治咨询等服务,推出植保防治服务公约,即由公司配货中心负责订单式配送农药等多项服务措施,当年施药成本比周围农户低30元,产量比周围普通农户要高。是年,全市供销社系统举办安全用药、科学施肥农技推广会39场次,农技咨询服务28场,召开种植业大户座谈会29次,发放各种农技资料1.2万多份,建立科学施肥用药推广示范田7个,送农资商品到户、到田5000人次。

2010年,举办安全用药、科学施肥农技推广会33场次,农技咨询服务66场次,各类农技培训班、专业讲座48场次,与种植业大户召开座谈会22次,发放各种农技资料1万多份,提供技术培训、信息咨询20272人次,提供种子、种苗服务804万元。新成立的5家植保专业合作社,累计承接统防统治面积3.7万亩。鄞州区禾丰植保服务专业合作社规定合作社社员每年每亩只要交98元,即可享受全年病虫害防治、测土配方、施药等农技服务,并承诺产量不低于周边农田。承接外包面积2000亩,统防区水稻每亩均产达到1350斤,同比增产10%以上,每亩农田成本比周边农田降低10%左右,产量比周边农田高10%左右,增产增效优势明显,周边农户纷纷要求加入。同时在姜山、古林等地分别建立9个试验示范田,面积2万亩,与区农林局合作建立减量施肥用药试验核心功能区5000亩。奉化市农资公司、慈溪市四海农机专业合作社等也开展同样的尝试,收到较好的效果。2011年,根据市政府办公厅《关于全面推进农作物病虫害专业化防治工作的意见》,市供销社印发《关于切实抓好农作物病虫害专业化防治工作的通知》(甬供经〔2011〕58号),积极推进"公益植保、绿色植保"建设,不断提升供销社系统在农作物病虫害防治中的服务能力和服务水平。鄞州、江北、余姚、慈溪、奉化、宁海等县(市)区供销社6家植保专业合作社、20支专业服务小组,全面推广农田病虫害统防统治服务。是年,全市供销社系统建立科学试验示范田8855亩;开展测土配方施肥15703亩;提供种子种苗服务804万元;提供技术培训、咨询服务12524人次;发放科技资料10961份;提供市场信息服务7754条。承接统防统治服务面积4万亩,基本达到成本比周边农田降低10%左右,产量增长10%左右的要求。

2012年,印发《农作物病虫害专业化防治工作评价实施办法》(甬供经〔2012〕69号),建立和完善组织机构和绩效评价机制。全市供销社系统组建8家专业植保服务组织,成立62支专业防治作业队,承接统防统治服务面积15.35万亩,占全市服务面积80%以上;为"两区"(农业粮油生产功能区和现代农业园区)开展测土配方面积6万余亩。同时,为农户提供测土配方施肥、地力提升、病虫害防治等农技咨询服务,举办专家技术讲座16场次,发放宣传资料8000余册,推广使用高端特种肥料和高效低毒环保农药。余姚市供销社、余姚市

甬丰农资公司测土配方化肥生产现场会

农林局、浙江大学、宁波市农业技术推广总站等在余姚市低塘镇西郑巷村公园广场联合举行2012年高产高效测土配方施肥推广启动会,开展200余亩水稻高产高效栽培和科学施肥示范工作。市供销社农作物病虫害专业化防治绩效奖一等奖:余姚市甬舜农资公司;二等奖:鄞州区禾丰农资公司、奉化市农资公司、宁海县丰庆农资公司;三等奖:象山县丰润农资公司、镇海区绿源农资公司、慈溪市兴合农资公司;特别奖:市甬丰农资股份公司。

2013年,落实农田病虫害统防统治服务面积18万亩,占全市计划总面积的90%。全市有9家专业植保服务组织、225家庄稼医院、103支专家防治队伍,开展测土配方施肥用药、微肥应用及病虫害防治等各类农技讲座、培训52场次。是年,余姚市供销社被评为市供销社系统农作物病虫害专业化防治组织一等奖;鄞州区、奉化市、宁海县供销社为二等奖,象山县、镇海区、慈溪市供销社为优胜奖。余姚市甬舜农资公司被评为农作物病虫害专业化防治绩效奖一等奖;鄞州区禾丰农资公司、奉化市农资公司、宁海县丰庆农资公司为二等奖;象山县丰润农资公司、镇海区绿源农资公司、慈溪市兴合农资公司为三等奖;市甬丰农资股份有限公司为特别奖。

2015年5月11日,市供销社组织举办无人植保机操作培训班开班仪式暨全市首家无人植保机"7S"开业,首家浙江省植保无人机"7S"落户宁波并投入运营。5月17日,全市首届植保无人机实地操作在甬丰现代综合服务中心种植基地举行,并到江北现代农业园区进行封闭式实际操作培训。至此,宁波市甬丰现代农业服务中心已经能够提供无人植保机包括整机销售、租赁、零配件供应、维修、飞防培训、推广、代防代治等全面服务。同时,建成江北庄桥、慈溪长河、象山龙兴、镇海九龙湖、奉化尚桥等现代农业综合服务中心5

无人机飞防田间作业

家,有效开展农业实用技术培训、市场信息服务、测土配方施肥等服务项目。全市建设试验示范田2.7万亩,推广农田病虫害统防统治面积达20万亩。是年,鄞州区禾丰农资公司、奉化市农资公司、余姚市甬舜农资公司、慈溪市兴合农资公司、宁海县丰庆农资公司、象山县丰润农资公司、镇海区绿源农资公司、北仑区甬港农资公司、市甬丰农资股份公司等9个企业被评为市供销社系统农作物病虫害专业化防治绩效奖。

附:庄稼医院

宁波市供销社系统创办庄稼医院,始建于20世纪80年代末。1989年,随着农村改革的不断深化,全市农村出现一大批具有一定规模的种粮大户、专业户和重点大户,这对科学种田、发展养殖业提出了更高的要求,也对供销社为农服务提出新的要求。全市各县基层供销社积极筹建试办庄稼医院,采取农资辅导、农技咨询、优质服务、组织培训、印发宣传资料等形式,及时向农民提供肥药、农作物生产和病虫害防治等科技服务。

1990年8月,根据商业部农资局制定的《关于庄稼医院规范标准》,市供销社组织市农资公司有关人员,对农村基层供销社创建的庄稼医院进行逐一验收,全市第一批12家合格的庄稼医院应运而生:余姚市泗门,宁海县环城,北仑区柴桥、长山、大碶,镇海区骆驼、庄市,奉化市西坞,鄞县古林,象山定山,慈溪市逍林、周巷等基层供销社庄稼医院。上述庄稼医院具有一定的规模,共配有40名庄稼医生,28名技术顾问,其中高级农艺师5名,农艺师10名,技术员12名。院内普遍设有新品种肥药专柜,无公害肥药专柜,农村科技书籍专柜,门诊处方处,配药处,休息处,以及供农民阅读的科技书报、各种标本、挂图、技术资料等。庄稼医院开业后,据统计,共为农民庄稼门诊3.5万人次,处方8000余份,深受农民大力欢迎。慈溪市农资公司投资10万元创办的庄稼中心医院,聘请3名庄稼主治医师、7名医生,轮流坐堂或下基层出诊、会诊。是年底,全市供销社系统共创办庄稼医院35家。

1991年,贯彻落实《浙江省庄稼医院规模化条例》《浙江省庄稼医院规模化考核办法》,全市供销社系统共建有庄稼医院68家、作物诊所64家。1992年,新发展庄稼医院56家。是年,余姚市泗门供销社等12家庄稼医院被评为省供销社规范化庄稼医院。1993年,全市150个乡镇中设立120家庄稼医院。

1994年,受农资市场激烈竞争,多渠道冲击的影响,部分供销社重经营、轻服务思想,放松对农资科技工作的重视,作为体现企业间接效益和社会效益的农资科技工作受到极大的冲击,有些县级农资公司和部分基层供销社科技机构以及庄稼医院随之撤、并、停、转;科技人员亦因此而转行、跳槽或被安排其他工作而流失。庄稼医院的发展处于停滞状态。1995年起,市供销社重启庄稼医院。主要抓农资科技服务机构人员设置、庄稼医院和作物诊所的内部管理,农资科技队伍建设再次引起重视,农资信息网络和价格监控体系开始形成和完善。从市、县公司到基层供销社都配备农资专职干部,各生产商店配备兼(专)职辅导员。开展以编农资简讯、登黑板报、发放宣传资料等形式的技术信息宣传工作,并采取庄稼医院坐堂门诊与地头出诊相结合的方式,接受农民咨询和求医问药。同时,积极开展新肥、药品种的引进试验工作,引导农民科学种田。是年底,全市供销社系统庄稼医院恢复到50家。

1996年,市供销社部署加强全市农资科技工作,明确规定对县级农资公司及规范化庄稼医院进行考核验收,并根据《浙江省农资科技服务工作考核办法》文件精神,对庄稼医院实行定性与定量考核,并规定"宁缺毋滥、宁精勿杂,坚持发展、巩固规模"的建设及考核原则。是年,全市供销社新增庄稼医院10家,累计60家。1997年,全市供销社系统有20家庄稼医院被评为省供销社系统规范化庄稼医院。1998年,北仑区大碶等19家庄稼医院通过省级规范化庄稼医院年审。1989年至1998年,全市供销社系统共组织举办16期庄稼医生培训班,培训人员730人次。2000年,农资企业改制后,庄稼医院一度停滞不前,2008年后再度兴起。2009年,首批32家新型庄稼医院通过

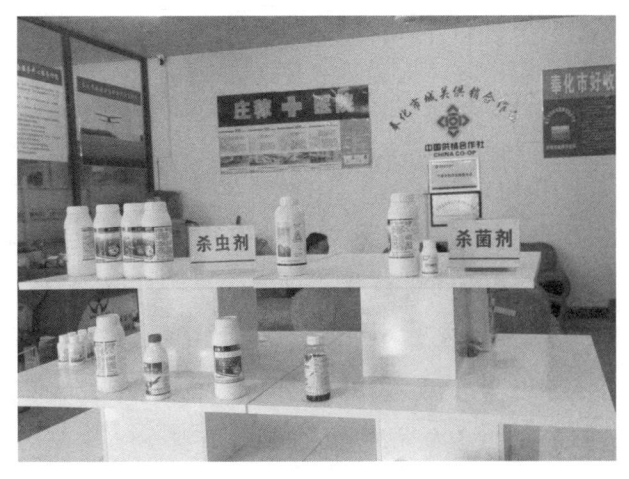

庄稼医院农药展示

综合验收挂牌开业,其中县级中心庄稼医院3家。每家庄稼医院配备1—3名庄稼医生,并建立农村图书阅览室、专用咨询电话等。中心庄稼医院还同当地农村110联网,聘请农林部门专家兼职,建立短信平台发放病虫害情报,添置必要的检测设备等。庄稼医院主要功能为:坐堂为农民解答病虫害防治、用肥用药等各种难题;开展农作物病虫害统防统治、土壤测试、地情分析等工作;推广科学种田、科学施肥用药等;为农民提供产前、产中、产后系列服务。是年,全市供销社农资流通企业培训农资经营人员和庄稼医生6期617人,有413人经考核取得庄稼医生职业资格证书,161人取得农资营销员资格证书。

庄稼医生查看病虫害

2010年,新建庄稼医院49家,累计81家。是年3月,市供销社举办第七期庄稼医生培训班,培训人员40人。7月9—11日,市供销社第八期庄稼医生培训班在北仑举办,来自北仑、镇海区的47名农资连锁经营户参加培训。2011年,全市新建庄稼医院79家(其中农机服务队10个),累计160家。2012年,新增庄稼医院46家,累计达到206家。其中通过验收的规范化庄稼医院120家。是年,全市供销社系统有专业技术队伍和庄稼医生近600人,为农业"两区"开展测土配方服务面积达6万余亩。

庄稼医院

2013年,新建庄稼医院19家,累计225家,已建9家专业植保服务组织,拥有103支专业防治队伍,推广农田病虫害统防统治服务面积18万亩。2014年,新建庄稼医院14家,累计239家,推广农田病虫害统防统治17.2万亩。2015年,新建庄稼医院24家,累计263家,庄稼医生600多人。这些庄稼医院和庄稼

甬丰农资公司无人植保飞防服务队

医生紧紧围绕春耕、夏收秋种生产,开展农技咨询、培训和测土配方服务,帮助农民科学施肥,安全用药。各农资植保和机耕作业型合作社,还为农户提供从播种、插秧,到田间管理、收割等在内的托管式、保姆式一条龙服务。

第三节　农副产品收购(加工)服务

1981年,全区供销部门食品加工厂(场)117家,共生产加工各种食品6000多万斤,产值4000万元,还恢复和发展一些传统名牌产品,丰富农村市场供应。余姚、奉化、象山茶厂、鄞县酱品厂、慈溪观城酱品厂相继完工投产。1982年,全区供销社系统农副产品收购额34260万元。1983年,食品工业总产值3579万元,增长2.98%。慈溪周巷食品厂扩大汽水生产,产量增加7.2倍;余姚县城南食品厂组织送货上门,增设转批点,开展批发业务;镇海县柴桥食品厂生产的福寿山金橘饼,奉化县溪口食品厂生产的千层饼,慈溪长河食品厂生产的三北豆酥糖,周巷食品厂生产的精制麻酥糖等畅销,深受农民欢迎。

1984年至1986年,全市供销社系统兴办农副产品加工企业85家。其中1984年,奉化县莼湖供销社新办饲料、彩蛋加工、丝织、冷库、孵坊、养鸡、蜜饯、动物实验加工等12个厂(场);鄞县凤岙供销社建办食品、养鸡、饲料、彩蛋加工厂4个。1987年,全市供销社系统收购农副产品,开展加工服务,如蔬菜速冻、禽蛋加工、鲜货冷藏、果蔬罐头。是年,收购加工的出口货源9850万元,增长40%以上。其中慈溪冷冻厂加工出口的速冻蔬菜就有2198吨,创汇130万美元。"金橘饼""千层饼"又获市"金鹰奖"。新产品"速冻杨梅"保鲜技术通过省级鉴定,慈溪冷冻厂蔬研究所成功开发省内首创的外销速冻椰菜、毛笋和蚕豆。10家创汇企业中已有茶叶、蔬菜、纺织品、草制品等四大类产品打入国际市场。此外,鄞县工艺制品厂投资32万元,引进蔺草席织机等设备,增产榻榻米2万条,提花席1万条,多创税利41万元,外汇30多万元。

1988年,市畜产品公司兴办3个羽绒加工厂。余姚市供销社的1万纱锭棉纺厂从1988年5月投产7个月来,已产棉纱383吨,产值172万元。年产出口珠茶5000吨的市茶叶拼配厂竣工投产。全系统有16家创汇企业,实现农副产品出口额4500多万元,增长95%。1988年,出口茶叶2425吨,速冻蔬菜2408吨,脱口蔬菜48吨,工艺纸草帽52万打,榻榻米9万条,食罐55万吨,青梅坯33吨。1989年,出口各类茶叶4429吨,速冻蔬菜4096吨,水煮笋262吨,食品罐子502吨,工艺纸草帽150万打,榻榻米5.1万条。奉化第二食品厂投资35万元,引进加工脆梅流水线,实现销售191.3万元,利润12.1万元。慈溪冷冻厂年生产速冻蔬菜4078.60吨,增长33.58%。宁海茶厂的眉茶,象山、余姚茶厂的精制茶,宁波出口茶叶拼配厂的拼配珠茶按国际标准组织生产。市果品食杂公司所属副食品厂研制保健营养食品——芝麻胡桃粉获"1990宁波国际游食品节"二等奖。1990年,全市供销社系统农副产品购进额40917万元。1991年,全年通过供销社提供出口的货源达9509万元,增长32.6%。海静、大统2家食品企业直接出口的橘罐、速冻蔬菜就有250万美元,引进日本青刀豆、荷兰豆、一寸蚕豆、草莓等新品种,推广种植面积4700多亩,经供销社收购、加工、出口创汇150万美元。当年,全市供销社出口商品额2.56亿元,增长70%,其中挂靠省市专业外贸580万美元。

1993年,农副产品购进额为29452万元。1994年,以加工出口为重点,推进农产品流通服务。慈溪冷冻总公司以脱水蔬菜、速冻蔬菜为主要产品,出口创汇达500万美元,增长25%;宁海海静食品有限公司开发清水板栗、粒粒橙等新品种,仅橘子罐头一项就消化地产柑橘4000吨,又成功开发"冰糖雪耳燕窝"饮料26吨投放市场。象山浦港食品有限公司开发生产的海茵牌"绿海宝"海带被列入1993年新产品试制计划。宁波高合羽绒公司全年生羽绒被16.5万条,产值4500万元,成为全市最大的羽绒制品加工出口企业；鄞县、奉化等供销社开发紫菜海带饮料等出口新产品,宁波华盛食品有限公司速冻蔬菜生产线投产,鄞县三江水产食品联营厂试制成功雪菜原汁,投入宁波、上海市场试销。象山县供销社还与浙江农业大学实行科工联合,建立象山县山海资源科研中试基地。1995年,慈溪冷冻总公司生产加工速冻、脱水蔬菜,年总产量达800余吨,产值超亿元,创汇800余万美元。宁波海静食品有限公司收购春笋688吨,生产水煮笋370吨,其所生产水煮笋、糖水橘子罐头免检出口,95%销往国外市场,鄞县联华食品有限公司生产水煮笋1308吨,产值1200万元。象山浦港食品有限公司、奉化中山罐头厂生产的水煮笋、糖水橘子也大部分出口创汇。慈溪市浒山供销社仅仅大白蚕豆一个品种,就收购4000余吨,占该市场总产量的70%,95%销往国际市场,创汇98万美元。全系统农副产品深加工产品销售收入达5亿余元。进出口总额3058.9万美元,增长392%,其中出口创汇2475万美元。农副产品收购加工供应出口3.54亿元,增长30.6%。

1996年,全市供销社系统实现农副产品收购值3.89亿元,增长14.53%。象山、宁海、鄞县等柑橘产地的供销社从年初开始就派出销售人员走南闯北寻找销售市场,使地产柑橘源源不断地跨长江、越黄河、出山海关,运往各大城市,部分远销香港和俄罗斯市场。全年茶叶收购量比上年增长43%。慈溪浒山供销社年收购蚕豆4000吨,占慈溪市总产量90%。奉化溪口供销社新成立的竹笋专业合作社,把当地50多吨的雷笋加工成风味特产羊尾笋干,销往杭州、上海等城市。宁海县力洋供销社利用丰富的橘皮资源,加工成国内外市场畅销的陈皮,全年加工量达360多吨。奉化市供销社的宁波丰源果菜业有限公司生产加工青梅600吨,金橘500吨,春毛笋350吨,实现产值1000余万元,出口800余万元,创综合经济效益80余万元。慈溪冷冻总公司已发展蔬菜基地2万亩,引进和种植国外优质品种,开发绿色食品。鄞县大嵩供销社引进荞豆面积达650亩,收购66万公斤。鄞县高岗屋海苔开发有限公司引进条斑紫菜新品种,开发海域350亩,放养冷冻网2100张,加工条斑紫菜700万张,实现产值150万元。鄞县紫云堂水产食品有限公司加工出口章丁鱼130吨,创汇55万美元。是年,全市供销社系统农副产品加工出口交货值达41600万元。

1997年,宁波地区21.4万亩柑橘丰收,总产量达到23.9万吨,然而由于受全省和全国柑橘产量大幅度上升的影响,加上全市柑橘品种单一,90%以上为大叶尾张无核橘,属橘罐加工原料,又因近年来国际及国内橘罐市场价销路欠佳,加工大幅度下降,出现柑橘"卖难"。全市供销社系统按照市政府关于柑橘紧急促销会议精神,宁海、象山、奉化、北仑、鄞县柑橘产区供销社在产区超额完成市下达的365万斤促销计划,实际完成489万斤;上述供销社向宁波市区及慈溪、余姚、镇海等促销柑橘538万斤,完成市政府下达502万斤计划的107%。在产销区实际收购柑橘1027万斤的同时,宁海、象山柑橘重点产区供销社还向市外、省外及柑橘加工企业辐射。如宁海县供销社组织2000多名干部职工在抓好市内产销两地253万斤收购调运供应的同时,还辐射到东北、中俄边境贸易及外地加工企业1000多万公斤。是年,全市供销社促销柑橘3000多万斤,为市政府下达促销计划的300%,积压柑橘已基本销完。1998年初,象山县农产品信息中心开业,并依托2家省外贸公司,分别组建茶叶、柑橘专业合作社,专司为外贸公司和罐头食品生产厂家组织柑橘货源,内外销柑橘总量达4000吨。9月组建的象山农副产品购销中心至年底收橘3300吨,占全县柑橘产量的十分之一,成为象山县最大罐头橘收购单位。鄞县高岗屋海苔开发公司利用"全浮式二荐养殖"技术,养殖坛紫菜350亩,条斑紫菜450亩,加工坛紫菜500万片,条斑紫菜350万斤,产值250万元。宁海县供销社斥资收购位于明港镇占地200多亩的宁海海洋渔业公司资产,组建宁海卡依之食品有限公司,生产水煮笋、甘蓝菜、蚕豆等产品,实现产值1000多万元。慈溪海通集团与慈溪杨梅主产区横河镇大山村组建"慈溪万紫杨梅酒有限公司",合作开发杨梅系列产品,就地收购加工后投放市场,使资源优势迅速转化为产品优势。并累计建立各类农副产品生产基地2万余亩,引导农民种植70余种农副产品,收购各种农副产品5万余吨,给农民带来2000余万元的收入。并采用"公司+农户+市场"的模式,使农民通过基地解除"卖难"之忧。企业自身也得到迅速发展,1998年产品销售收入达1.65亿元,创汇1572万美元,利税1538万元,步入全国最大食品加工企业行列。全市供销社系统有13家社办企业列入宁波市农业龙头企业,有2家企业列入浙江省农业创汇龙头企业。农业龙头企业已建立各种农副产品生产基地7万亩,每年为当地农户增加经济收入近5000万元。

1999年,大力兴办和发展农副产品加工型企业、农批市场、专业合作社、新型农产品贸易企业等四类农业龙头企业,推进农业产业化经营流通服务,加强与农民的利益关系。主要采取四种形式:一是企业向农民(主要生产基地)供应优良种子,优惠供应生产资料,提供技术培训,收购农户农产品;二是以契约制度,原则确定相对稳定的价(或保护价),企业与农民建立相对稳定的产销关系;三是企业从加工、销售、经营获得的利润中,建立生产风险基金,以丰补歉返还给农民,调节市场风险带来的影响;四是企业与产地农户和村级经济组织组建有限责任公司或股份合作制,形成经济共同体。慈溪市先后投资兴办的浙江海通食品集团、慈溪茶厂、宁波华源沐浴用品有限公司等一批农业龙头企业,开发利用当地农产品资源,开展农副产品深加工。海通食品集团在全市10多个乡镇建立果蔬基地2万亩,基本形成一镇一品或一村一品的生产布局。慈溪市供销社有加工经营果蔬、茶叶、丝瓜络、棉花等农副产品的龙头企业7家,年产值超2.5亿元。宁海海静食品有限公司落实外销柑橘罐头生产计划4200吨(约需原料柑橘7000吨,占宁海全县柑橘总量12%),比上年增长50%。象山县农副产品购销中心与加拿大客商签订800吨的柑橘出口合同。是年底,全市供销社系统已确认年销售超亿元的农业龙头企业2家(海通集团、徐龙鳗业),超5000万元的龙头企业1家(市茶叶公司),超千万元的龙头企业8家(海静食品、京鑫茶叶、浒山棉厂等)。

2000年,全市各类农产品加工企业建立各种农副产品生产基地7万亩。农产品贸易企业积极发展"订单农业""超市农业"。中日合资企业联华食品有限公司年加工生产水煮笋、速冻蔬菜500吨。是年,全市供销社系统各类农副产品加工企业100多家,年消化市内农副产品4万担以上。2001年,象山县农力生食品有限公司按"公司+基地+农户"这一产业组织格局运行,自2000年6月至2001年4月,生产加工各类出口罐头4000吨、菁菜1万余担,销售额3000多万元。奉化通源食品有限公司收购加工青梅325吨、荞头150吨、金枣132吨。宁波乡亲浓食品有限公司收购加工茶叶10000担、陈皮1200吨、小水果800吨、蚕茧500担。宁波海静食品有限公司与日本布袋食品、三井静冈支店等合资10年来,共生产各类罐头32032吨,全部出口日本等国。是年,全市供销社系统农副产品购进额4.63亿元。2002年,浙江海通食品集团有限公司投资2亿元兴建11万平方米的科技食品生产园区,生产果蔬成品增至5万多吨,年加工产值6亿多元,成为全国最大的食品加工基地之一。省级农业龙头企业——宁波海静食品有限公司,在原有基础上易地新建占地面积65亩的厂房,年柑橘加工量达到1万多吨,占全县总产量的十分之一。宁海县果蔬市场,对本县果农进场交易的水果免收进场交易费,仅此一项全年就达20余万元。市场每日水果交易量平均达160吨,交易额为20万元至25万元。

2003年，浙江海通食品集团股份有限公司与日本、美国等外商合资成立宁波海通大雄食品有限公司和浙江海通全必客食品有限公司。浙江海通集团、宁波海静食品、宁海果蔬市场、鄞县联华食品和紫云堂食品等农业龙头企业，已发展农产品基地25万亩，带动当地农户7万户，年收购加工农产品30余万吨，农产品市场交易额10余亿元，助农增收近亿元。是年4月，象山县农渔产品营销配送中心成立，分别在上海的铜川、曹安市场和宁波三江超市设立象山农渔产品销售点，与40多家餐饮宾馆、3家超市、10多家高校及企事业单位食堂建立配送业务关系，是年销售额达到6000万元。北仑区供销社"同益茶叶""谷泰食品"2家企业注册成立。"同益茶叶"生产加工当地茶叶，解决茶农卖难问题；"谷泰食品"专业收购加工当地农副产品，其中以加工当地梅山一带所产的竹笋为主。是年，全市供销社系统农副产品购进额16.88亿元。

浙江海通集团

2004年初，奉化市供销社组建成立奉化名特优农产品展销中心，主要经营奉化水蜜桃、羊尾笋干、芋艿头、茶叶等六大主导产品，实行统一注册、统一销售、统一包装。海静食品产品外销实现年产值6500万元，同益茶业年出口1030余万美元。2005年10月，市供销社、市蔬菜公司和慈溪市供销社合作兴办的杭州湾跨海大桥生态农庄开业。农庄占地1400亩（其中水域200亩），集农业种植、水产养殖、园艺培植、农业观光、度假培训、餐饮娱乐于一体，尝试让农业由单一的种植业向生态农业、休闲农业、旅游农业发展，成为慈溪发展现代农业的一个新亮点。浙江海通食品集团股份有限公司整合厂区布局，形成以宁波慈溪、余姚、上海松江为中心的三个核心生产园区，即慈溪、余姚以果蔬加工，上海松江以中高档食品生产为主的定位。年销售3.6亿元，"卡依之"商标被认定为"中国驰名商标"，"脱水菜心"品种被农业部认定为"中国名牌农产品"。海静食品有限公司通过新建和技术改造，年产罐头能力达到1万吨，全县四分之一的柑橘为该公司加工生产，全年加工生产罐头8000吨，销售达8500万元，还投资200万元建立500亩黄桃生产基地，联系柑橘基地5000亩，成为橘农的"大本营"，发展果品生产的"领头羊"。北仑区供销社"同益茶叶""谷泰食品"2家企业自2003年成立三年来，收购本地茶叶1000余吨，出口加工20000吨，2005年收购本地茶叶400余吨，收购梅山乡哺鸡笋9万多公斤，春晓镇大头菜近21万公斤，金柑35万公斤，解决了当地农民卖难问题。

2007年，全市供销社系统加工各类农产品40多万吨，产值达10多亿元；通过组织农产品展示展销，全年销售额超亿元。当年农副产品购进额4.73亿元。2008年，全市供销社系统农副产品购进额6.73亿元。2010年，全市各地建立种植业、养殖业商品基地232个，种植面积87250亩，联结

2010年8月，省供销社主任史济锡考察浙东绿色农产品公司

农户18832户,帮助农民实现收入7.4亿元。是年,全市供销社系统实现农产品购进额6.46亿元。2011年,各县(市)区供销社凭借各自农批市场、超市、企业、专业合作社和农产品经纪人等资源优势,探索实践各种形式的农超、农企、农社等产销对接。如镇海区供销社培育扶持金菜篮蔬菜专业合作社,实施蔬菜购销模式,将农户蔬菜直配到学校、机关和企事业等单位;余姚绿色农产品展销中心与农产品龙头企业建立产销合作,抱团开拓市场。全系统农副产品购进额17.96亿元,增长28.57%。

宁波市镇海绿安菜篮子配送有限公司配送车辆

2012年,全市供销社系统实现农副产品购进额24.39亿元,增长35.6%,实现农产品营业额达到50亿元。全年组建培育市级农产品流通企业5家,县级3家;搭建3个农产品产销服务平台,成立宁波市农副产品流通协会;成立农产品经纪人协会2家,其中市级1家,县级1家。

2014年9月16日,市供销社合作社承建的淘宝"特色中国·宁波馆"上线运行。12月12日,宁波馆宁海分馆上线运行。慈溪市、奉化市、镇海区供销社与"易购吧"合作,快速拓展线上交易、线下配送业务网络。是年,全市供销社系统有农副产品企业6家,农副产品配送中心5个,农副产品连锁网点25个。农副产品购进额33.67亿元,增长7.8%;实现农副产品销售额51.5亿元,增长57%;市场交易额24.9亿元,增长7.4%。

2015年,全市供销社系统农副产品购进额28亿元,实现农副产品销售额55.5亿元。

附:农产品展销展示

2004年8月1日,奉化市供销社兴办的奉化市名特优农产品展示展销中心开业。2006年8月15日,上海甬海供销农产品有限公司成立,在上海静安区的28个社区设立销售网点,供应宁波农产品。9月18—28日,由省农业厅上海营销服务中心和上海华联吉买盛购物中心有限公司主办、浙江名优农产品配送一条街和上海甬海供销农产品有限公司承办的"宁波名特优农产品展"在上海吉买盛超市的彭浦、同心、江湾3个大卖场进行。此次展销活动是全市供销社系统联合促销农产品的成功尝试,也是宁波农产品与上海超市大卖场的一次成功合作。

2008年,慈溪、宁海等市(县)供销社相继成立名优特商品展销中心,与上海销售平台有效对接。1月12日,由慈溪市供销社、光明食品集团、上海甬海农产品有限公司联合创办的"沪浙名优农产品慈溪配送中心"开业。5月12日,"生态宁海"名特优商品博览会在宁海县名特优产品购物中心开幕。该博览会为期一周,是第六届中国(宁海)徐霞客开游节重要活动之一。与此同时,"吃住宁海"沪甬杭三地宁海美食节也正式拉开帷幕。宁波主要集中在宁波日月宾馆、云海宾馆及宁海前童三宝等3家酒店、餐馆展开。美食原料由宁海名特优产品购物中心统一配送。10月22日,宁海名特优商品购物中心在嘉兴旅游购物中心开设专区,设有21个展示高柜、4个中岛陈列柜,展出包括淡、海水产,禽畜加工品、果蔬产品、工艺品等六大系列近200多个品种。11月21日,中国柑橘之乡——浙江象山·柑橘推介会在哈尔滨市举行。

2009年初，市供销社举办首届迎春优质农产品展销会。10月23日至25日，宁波名特优农副产品展示展销会在上海静安区吴江路步行广场举行，全市50多家农产品生产、经营企业的七大类500多种特色农产品参展，共销售农产品305万元。在此期间，市供销社还举行宁波名特优农产品推介会，宁海果蔬市场有限公司、象山英姿专业合作社等8家农产品供应商与上海华联超市、龙安食品有限公司等8家经销商签订总额1.6亿元的农产品购销合作协议。11月19日至20日，象山县柑橘推介会在吉林省长春市举行。此次活动由市供销社和象山政府联合主办，这是继沈阳、哈尔滨后，连续第三年在东北主要城市举办的象山柑橘推介会。象山柑橘主承销商——象山英姿果蔬专业合作社与客商代表签订1.2万吨的柑橘购销合同和长期合作协议。宁海名特优商品购物中心、余姚浙东绿色农产品公司等农产品流通企业和奉化香茗、象山英姿等专业合作社在国内10多个城市建立销售网点，举办农副产品展示展销会。全市供销社系统实现新增销售208.4亿元，完成市政府新增200亿元的拓市场任务。

2010年初，市供销社举办第二届迎春优质农产品展销会，4天展期现场交易额达450万元左右。是年元旦，市农产品流通协会联合浙江天德集团在鄞州姜山镇举办迎新春名特优农产品展示展销会。元月下旬，组织近百家市内农业龙头企业、农民专业合作社、农产品经纪人和协会会员单位在沪举办农产品展示展销会。12月23日至24日，市供销社和象山县政府在中国最大的农产品集散地——山东省寿光农产品物流园，联合主办象山能大蔬菜推介会。象山能大果蔬专业合作社与客商代表签订6000吨的蔬菜购销合同。2011年2月5日至8日，市供销社举办第三届迎新春宁波优质农产品展示展销会，150个摊位4天交易额450万元。9月16日，位于江东区白鹤新村的海田农产品超市开业。这是市供销社农产品经营公司直营的首家社区生鲜农产品平价超市。11月15日，"2011·满洲里象山蜜橘推介会"在满洲里国际大酒店举行。象山英姿果蔬专业合作社与当地销售商达成6000吨蜜橘购销合同，专供俄罗斯市场。

2012年1月5日至8日，市供销社举办第四届迎新春宁波优质农产品展销会，展区7000多平方米，设有200多个标准展位，展销期间交易额500余万元。4月26日，慈溪市农产品展示展销中心开业暨宁波市名优茶叶展销会举办仪式在慈溪农展中心举行。是年底统计，全市供销社系统建成2家营业面积在2000平方米以上农产品展示展销中心，参与建成7家村农贸市场，在市中心城区以生鲜农产品为主的社区连锁超市，并尝试在大型连锁超市设立"生鲜专柜"；在长三角多个城市设立农产品展示展销窗口，在上海静安区50多个社区发展配送服务点100多个。每年的春节前举办全市供销社系统名特优农产品暨年货展销会，供销社会展品牌正逐步形成。2013年1月16日至21日，宁波市供销社举办第五届迎新春宁波优质农产品展示展销会，展区5000平方米，设有208个标准展位，实现交易额1125万元。5月28日，市供销社联手宁海县政府在宁蔬果品市场举办"宁海白枇杷推介会"。7月23日，北仑区供销社名特优农副产品展示展销中心开业。10月24日，市供销社2013农产品产销对接会在鄞州区委党校举行，全市54家农民专业合作社和8家农产品经营连锁企业参与对接洽谈，现场签订购销协议1200万元。是年，还先后举办宁海白枇杷宁波推介会、象山海产品南京推介会、象山柑橘北京推介会、奉化水蜜桃萧山推介会等农产品展销推介会9场，组织农产品生产经营主体参加各类展销会或博览会4场。2014年1月，市供销社举办第六届迎新春优质农产品展销会，实现交易额1350万元。12月12日至15日，市供销社组织13家企业参加由农业部、全国供销总社、中国贸促会和海南省政府主办的国际热带农产品冬季交易会,宁波农大食品有限公司、宁波光森粮油食品公司与海南省三亚市供销社等单位签订3500万元的干鲜果品、富硒米和花生油等农产品采供意向协议。是年,全市供销社系统组织农产品加工企业参加海南海口、江西南昌、浙江杭州和义乌、上海等地各种形式的农产品展示展销会达10多次。

2015年1月,市供销社举办第七届迎春优质农产品展销会,展销会展区总面积5000平方米,实现交易额1500万元,网上交易额547万元。7月24日至27日,市农副产品流通协会组织30多家会员企业参加淡季菜篮子商品展销。9月3日至5日,市农副产品流通协会组织10多家本地优质农产品加工企业参展2015宁波国际旅游节。

2015年1月30日,市供销社第七届迎春优质农产品展销会举办

2016年10月11日,省供销社主任邵峰在鄞州农产品展示展销中心视察

第四节　新网工程建设

2006年起,市供销社系统实施"新网工程"建设。2月,市供销社通过市发改委、市财政局、市贸易局向国家发改委和商务部申报的再生资源回收工程项目和再生资源回收体系建设项目扶持资金获得批准,共获国家发改委2006年度服务业建设项目中央预算内专项资金400万元。

2007年,全国供销合作总社印发《新农村现代流通服务网络工程专项资金管理暂行办法》。是年,市供销社获财政部、全国供销合作总社"新网工程"专项资金108万元,转拨给余姚市供销社甬舜农资有限公司。2008年,市供销社获国家财政部、全国供销合作总社"新网工程"专项资金355万元。奉化环球花木专业合作社向国家申报槭树小苗扩种项目获国家财政支持,被批准列入国家农业综合开发项目。该项目总投资1429万元,其中国家财政支持300万元,宁波市财政支持360万元。2009年,获中央财政"新网工程"专项资金474万元,其中贷款贴息项目资金92万元,以奖代补项目资金382万元。主要用于慈溪兴合农资配送中心开工项目120万元(新建仓储4500平方米);宁海县果蔬批发市场改造资金扶持92万元;奉化通源商贸有限公司农村放心示范店配送中心及零售店升级改造资金30万元;奉化农资公司连锁配送网络改造项目资金40万元;市农资农化服务项目资金120万元;慈象海鲜配送有限公司农副产品信息服务项目资金40万元;余姚临山味香园葡萄合作社便民惠民服务项目资金32万元。上述474万元扶持资金由宁波市财政下拨到相关的县（市）区财政局，资金全部拨付到项目单位。2010年，获中央财政"新网工程"专项资金（农产品营销网）补贴的有8个项目，其中鄞州区禾丰农资连锁有限公司农化服务项目补贴60万元，余姚市甬舜农业生产资料有限公司的农化服务项目补贴60万元，市供销社农副产品信息服务项目补贴100万元，宁海县果蔬批发市场改造项目补贴90万元，慈溪市益大禽业专业合作社鸡胚产业化经营惠民（公益性）服务项目补贴30万元，象山英姿果蔬专业合作社柑橘收购加工物流配送中心建设项目补贴30万元，奉化市通源商贸发展有限公司农村放心示范店配送中心及零售店升级改造项目补贴60万元。

2011年，全市供销社系统有5个项目获中央财政"新网工程"专项扶持资金695万元。其中，奉化市农资连锁配送中心项目资金补贴160万元，慈溪市农产品展示展销有限公司农产品展示展销中心项目资金补贴180万元，宁海县模具城工贸区日用电子交易市场项目资金补贴232万元，象山县烟花爆竹专营有限公司配送中心项目资金补贴70万元，宁海县丰庆农资农化服务项目资金补贴53万元。中央财政"新网工程"专项资金政策支持力度逐年加大。自2007年中央财政设立该专项资金，已有25个项目获专项资金补助，累计达到2106万元。是年9月，还获得财政部、商务部下达市再生资源利用回收体系建设试点资金1600万元。宁波大桥生态农庄"农村复合型污染水体修复与分质利用技术中试与示范"项目获国家农科成果转化60万元资金支持，这是慈溪市环保类项目首次获国家农科成果转化资金支持。市供销社会同市财政局制定《国家发改委、商务部下达的再生资源回收利用项目专项资金的使用方案》，随着江北片项目的开工建设，第一期800万元落实到位。是年底，市供销社向全国供销合作总社财会部上报《宁波市供销合作社新网工程建设整体情况汇报》（甬供财〔2011〕26号），对2006—2010年"新网工程"整体推进情况作了总结回顾，执行情况总体是好的，得到全国供销合作总社的肯定。

2014年，慈溪市供销社农资服务推进会召开

2012年，全市供销社系统又有5个项目获全国供销合作总社"新网工程"专项资金1099万元，其中宁海县供销社再生资源交易市场贴息资金157万元，宁海县模具城工贸区日用电子交易市场项目贴息366万元，象山县农资配送中心项目财政补助246万元，奉化市供销社农村放心店配送中心建设工程财政补助200万元等。据统计，2006年至2012年累计30个项目获中央财政"新网工程"专项资金3205万元。7月，市供销社、市财政局组成的联合检查组对2010年至2011年全市"新网工程"专项资金补贴的13个项目进行检查，总体运行情况良好。2013年，全国供销合作总社、国家农业综合开发办公室印发《关于批准慈溪市供销社2013年国家农业综合开发新型合作示范项目实施方案的请示》，同意慈溪市周巷镇年产750吨优质蔬菜基地扩建项目总投资为390万元。其中，中央财政补助资金65万元。慈溪市宝绿蔬菜专业合作社、象山鱼得水水产专业合作社争取到2013年度全国供销合作总社农业综合开发新型合作示范项目补助资金计165万元。

据2014年统计，中央和市财政累计拨付市供销社"新网工程"和为农服务专项资金共计9032万元。

第五节　农产品电商服务

2013年,市供销社与宁波好尔万家公司合作打造都市农产品电子商务物联平台,并于是年11月8日正式上线运行,通过"O2O"电子商务平台向宁波市区居民供应生鲜农产品。是年下半年,市供销社受市政府委托,启动筹建淘宝"特色中国·宁波馆"工作,由市供销社、北仑区供销社、宁波正秀农业开发有限公司三方合作成立宁波供销农产品电子商务有限公司,注册资本500万元,由该公司负责运营"特色中国·宁波馆"项目建设。在实际筹建过程中,因各方对电商这一新型经营模式、经营理念不一致,宁波馆项目建设进展不顺,合作未果,进行重组。

2014年,宁波供销集团公司全资组建成立宁波供销电子商务有限公司(以下简称宁波供销电商公司),注册资金1000万元。引入专业团队,推进淘宝"特色中国·宁波馆"项目的建设。是年9月16日,淘宝网"特色中国·宁波馆"开通仪式在象山举行。宁波馆是宁波市人民政府与阿里巴巴的淘宝网合作,具有公益性质的农特产品电商服务平台,开馆首日,实现销售额300多万元,开馆活动期间,实现农产品销售额1500万元,至年底实现销售额5000余万元。宁海县供销社负责运营的宁波馆宁海分馆12月12日上线运行。慈溪市社、奉化市社、镇海区社与"易购吧"合作,快速拓展线上交易、线下配送业务网络。至年底统计,全市供销社系统已有5家企业自建电子商务平台,3家企业使用社会电子商务平台,全市系统通过电子商务平台实现销售额2.78亿元。

2015年,市供销社积极推进"中国特色·宁波馆"网络平台建设,整合宁波特色农产品资源对接国内各大主流电商平台资源,对接入驻"供销e家"、亚马逊、腾讯拍拍、顺丰优选等国内知名电商平台,成功上线京东特产中国宁波馆和1号店中国特色宁波馆。3月至5月,京东"中国特产·宁波馆"、建行的"善融·宁波馆"相继上线,至是年11月已有35家电商企业进驻,销售商品包括电子产品、日用品、食品、服装等10多个种类,其中"双十一"当天发货超12万件,销售额突破5000万元。6月16日,淘宝"特色中国·象山馆"开馆,至11月16日,平台交易额突破800万元。10月10日,由宁波供销电商公司和余姚市供销社合资组建的余姚供销电商公司正式成立。公司着力建设"美丽四明山"智慧旅游电商平台、淘宝"特色中国·余姚馆"。

至2015年底,宁波馆平台年总交易额达到2.05亿元。

表6-2　2014—2018年宁波市农产品电商平台建设情况统计

名　称	所在平台	上线时间
淘宝特色中国·宁波馆	淘宝网	2014.09
京东中国特产·宁波馆	京东	2015.03
善融·宁波馆	建行善融平台	2015.05
淘宝特色中国·象山馆	淘宝网	2015.09
淘宝特色中国·余姚馆	淘宝网	2016.01
融e购·宁波馆	工行融e购平台	2016.08
融e购·余姚馆	工行融e购平台	2016.10
淘宝特色中国·慈溪馆	淘宝网	2017.03
美丽四明山	微信和App	2017.07
够阿拉(阿拉go)	微信和App	2018.03

表6-3　农产品商家孵化情况统计

时间	孵化商家数	其中：千万级商家数
2014年	67	1
2015年	127	4
2016年	229	6
2017年	231	12
2018年	242	16
合计	896	39

表6-4　宁波市供销系统农产品上行营销活动情况统计

时间	活动次数	活动流量（人次）
2014年	6	792
2015年	24	2605
2016年	27	3154
2017年	24	3958
2018年	20	2312
合计	101	12821

第六节　农产品经纪人

在计划经济时代，农产品经纪人是指那些在农村不"安分守纪"、头脑活跃、信息灵通、胆大敢闯的群体。在农闲时节，利用城乡之间或不同地区的购销差价进行买卖或中介代理，来赚取利润和代理费用。这一群体规模很小，但生命力极强。具有明显的"个体"行为特征，其经纪活动也具有很强的区域局限性。

党的十一届三中全会以后，农产品经纪人虽然在一段时间内作为"投机倒把"仍为法律所不容，但在实际生活中，除棉花、粮食等实行国家统购统销，政策较严外，其他如柑橘、西瓜、蚕豆、大蒜、榨菜等经济类作物的购销政策环境已明显宽松，通过中介连接产销两端，成为20世纪80年代宁波市农村农副产品流通的主要渠道之一。20世纪90年代以来，经纪人队伍也日益壮大，组成成分也日益多样化。且早期的经纪人已不满足于中介服务和代理，而是涌现了一大批从事农产品购销的经营大户，经过多年的发展，已从原来单一从事经纪撮合赚取佣金者（或称捐客），逐步转变成为创办现代农业园区、农民专业合作社、农业专业协会和农产品加工、销售、储运、科技、信息等企业的领军人物，生产营销一体化，经营领域广阔，产业链条延伸。

2000年以后，农产品经纪人队伍发展仍处于自发阶段。从业人员素质参差不齐，无序竞争，压级压价、欺行霸市、损害农民利益的现象也时有发生。针对这一现象，加强对农产品经纪人的职业素质和技能培训被纳入各级政府的工作日程。2003年8月，劳动和社会保障部和全国供销合作总社联合制定的

《农产品经纪人职业标准》正式列入《国家职业分类大典》。农产品经纪人作为一种职业名称被国家和社会所承认,农产品经纪人职业技能培训鉴定工作也随之在全国各地展开。2004年,市委、市政府决定在全市范围内实施"百万农村劳动力培训工程"以后,宁波市农产品经纪人培训工作进入一个规范、健康的发展阶段。

2006年开始,市供销社从职业资格层面培训农产品经纪人。9月19日至24日,由市供销社和市妇联联合举办全市首届农产品经纪人职业技术鉴定培训示范班,培训内容为市场营销、农产品专业知识、市场信息采集、会计核算、经济合同等和相关法律知识,来自全市各地的55名农民经纪人(包括15名女经纪人)参加培训班。经过培训和职业资格考试,他们都获得由劳动和社会保障部及全国供销合作总社联合颁发的农产品经纪人资格证书,成为宁波市第一批持有国家职业资格证书的农产品经纪人。2007年,市供销社举办第二期农产品经纪人培训班,有53人参加培训,累计有108名农产品经纪人取得由国家颁发的职业资格证书。12月23日,由市供销社主管的市农产品经纪人协会成立,这是全省第一家市级农产品经纪人协会。首批吸纳会员158人,其中单位会员38家,个人会员120人。单位会员主要为从事农产品流通服务的农业龙头企业(市场)、各级供销社、各类农民专业合作社;个人会员主要为全省各地的农产品经纪人。2007年底统计,全市从事农产品营销的组织和经纪人3000余个(人),承担着全市农产品销售量的70%以上。在促进地方经济发展,推动农业产业化经营和结构调整,助农扩销增收,繁荣城乡市场等多方面发挥着重要的作用。

2007年11月19日,宁波市第二期农产品经纪人培训班举办

2008年初,市供销社出台全市农产品经纪人培训三年规划。同时,市政府把农产品经纪人培训鉴定职能赋予市供销社。7月9日,印发《关于下发农产品经纪人培训工作经费补贴办法的通知》(甬供指〔2008〕42号)。9月9日,慈溪市农产品经纪人协会成立,首批会员有92名农产品经纪人。这是宁波市首家县级农产品经纪人协会。是年,共举办4期(第3、4、5、6期)农产品经纪人培训班,共有528人参加培训。其中有485名学员经考核和鉴定,获国家颁发的农产品职业资格证书,超额完成全年培训200名目标任务,三年1000名培训计划也完成过半。慈溪、鄞州、余姚等县(市)区供销社累计举办农产品经纪人培训班15期,受训人员近120人。11月,市供销社抽派4名农产品经纪人参加人力资源和社会保障部、全国供销总社举办的职业技能鉴定考评员培训班。其中有3人取得农产品经纪人考评员资格,1人取得农副土特产收购员考评资格,这两项专业考评员资格在宁波市还是首次。

2009年7月24日,慈溪市农产品经纪人协会女经纪人分会成立,该市从事农产品生产营销的39名女经纪人成为首批会员。10月11日,在全国首届优秀农产品经纪人表彰大会上,徐建宏、陈龙海、徐振海分别被评为"全国十大合作模范""全国十大创业模范"和"全国百佳农产品经纪人"。市供销社被评为"国家职业资格认证和农产品经纪人星火科技培训工作先进单位"。2010年6月,市供销社开展首届宁波市十佳农产品经纪人评选活动,徐传满等13人被评为"十佳农产品经纪人";孙佰桥等7人被评为优秀农产品经纪人。11月21日至24日，全市首期农产品经纪人（中高级）培训（鉴定）班在鄞州区委党校举行，来自全市的60名农产品经纪人参加培训。到年底，市供销社自办或联合县（市）区供销社和农业部门，共举办14期初级农产品经纪人培训鉴定班、1期中高级培训鉴定班，参训人员1500多人，1388人获职业资格证书，其中获中级证书的60人。2011年5月，首届浙江省百佳农产品经纪人评选揭晓，全市供销社系统有18名农产品经纪人获奖。是年9月，在全国百强农产品经纪人协会表彰会上，宁海县蔬果市场裘银芳、慈溪市果品公司余建元、慈溪市惠农果蔬专业合作社胡引飞等3人获"全国百强农产品经纪人"称号，慈溪市农产品经纪人协会获全国优秀农产品经纪人协会一等奖。

2008年至2012年，慈溪、鄞州、余姚、奉化、镇海、北仑、象山、宁海等县（市）区供销社先后成立农产品经纪人协会。2009年至2014年，市农产品经纪人协会会同市农副产品流通协会积极实施农产品经纪人培训工作。5年多来，共举办培训班29期，培训农产品经纪人3500余人，有3300余人通过考试鉴定，获得人才资源和社会保障部颁发的农产品经纪人职业资格证书，其中中级资格证书获得者500人。

2012年8月，童鹏军等13人被评为省百强农产品经纪人。12月15日，市供销社开展宁波市第二届十佳农产品经纪人评选活动，谢行张等10人被评为宁波第二届"十佳农产品经纪人"；周开全等10人被评为优秀农产品经纪人。宁波市、慈溪市2家农产品经纪人协会被评为全省首届优秀农产品经纪人协会一等奖。据统计，经供销社培训持证上岗的农产品经纪人群体完成的农产品销售额约占全市的四分之一。2014年5月，市供销社开展宁波市第三届十佳农产品经纪人评选活动，陈海珍等10人被评为"十佳农产品经纪人"。全年举办宁海白枇杷节暨农产品经纪人产销对接会、宁海胡陈水蜜桃产销对接会、宁海圣猴猕猴桃上海展销会、奉化水蜜桃助销活动、镇海九龙湖葡萄展销会等系统活动；累计组织300多家专业合作社参加各类农产品产销对接，帮助专业合作社搭建营销平台。是年11月24日至28日，市供销社在浙江经贸学院举办首期高级农产品经纪人培训班，48名中级农产品经纪人进高校进行封闭式培训。2015年11月16日至20日，举办第二期高级农产品经纪人培训班。慈溪市宝绿蔬菜专业合作社理事长沈忠宝获"全国百强农产品经纪人"称号，为宁波唯一上榜的农产品经纪人。

自2006年以来，累计共有3500余人次参加初、中、高级农产品经纪人培训，并获得职业资格证书。举办各类实用技术培训300余场次，参加培训9000人次。2015年，全市已形成一支3200余人的农产品经纪人队伍。

2012年12月28日，第二届宁波市十佳农产品经纪人表彰暨市农产品经纪人协会第二届会员代表大会在市委党校举行

受表彰的优秀农产品经纪人

第七节　农信担保服务

2005年5月，为充分发挥供销社的组织网络优势和国家开发银行的资金优势，全国供销合作总社与国家开发银行合作组建中合农业投资有限责任公司，根据全国供销合作总社要求，省供销社发函《关于投资入股中合农业投资有限公司的函》（浙合财〔2005〕41号）。投资初始注册资本1亿元，市供销社入股额50万元。后投资初始注册资本扩大到3亿元，市供销社入股额增加到100万元。全国供销合作总社合作组建中合农业投资有限责任公司，旨在为支持农业产业化经营、农村流通现代化、农村合作经济组织发展以及城乡再生资源的开发利用体系建设提供融资平台。建立这一融资平台，有利于强化供销社为农服务的功能，解决社有企业改革发展中资金瓶颈，充分利用资本市场的杠杆作用，促进供销社为农服务网络的整合。

2006年12月8日，市供销社组建市农信担保有限责任公司，注册资金在2000万元，市供销社计划投入资金700万元，争取全国供销合作总社投入500万元，发动各县（市）区供销社和市供销社归口管理企业投资300万元，尚有500万元资金无法落实。要求市财政注入资金500万元。翌年1月26日，市政府办公厅甬政办抄字第235号通知，同意市供销社在全国供销合作总社资金到位的前提下，对宁波市农信担保公司注入资金500万元，由市财政统筹安排。5月，宁波市农信担保有限责任公司成立。注册资本2100万元，其中财政资金500万元，中合联投资有限公司出资500万元，奉化、象山、余姚、宁海等县（市）区供销社各出资100万元。公司的经营目标主要为全市的农业龙头企业、种植养殖大户、各类农业专业合作社、农产品营销大户和其他为农服务企业的流动资金短缺而提供贷款担保。7月，市供销社将中合联投资有限公司投资的500万元连本带息归还，市供销社占其全部股份。8月，该农信担保公司注册成立。至年底，市农信担保公司共为7家涉农企业和专业合作社等提供800余万元的信贷担保业务。2008年，市供销合作社系统农信担保开始步入正常化运作。到年底共提供信贷担保业务60余笔，总额3000余万元。12月30日，慈溪市供销社参股的慈溪民生村镇级银行在周巷镇兴业北开业。慈溪民生村镇级银行股份有限公司是由中国民生银行、慈溪市供销社、慈溪投资经营总公司及市内实力企业管理共同投资组建的新型商业银行，注册资金为1亿元（其中慈溪市供销社参股500万元，所属海通集团参股600万元）。该银行专门为农民、农业、农村经济发展提供金融服务，同时也是供销社全力服务和支持新农村建设的一个重要载体。

2009年，市农信担保公司牵头组建设立奉化市、象山县、余姚市、宁海县4家办事处。至年底提供信贷担保总额5600万元，比上年增长86.6%，为100多家涉农中小企业、专业合作社、种养殖大户和农产品经纪人等提供资金支持，惠及农户2000多户。2010年，市农信担保继续扩网增量。市农信担保公司继续加强与银行的合作，在完善风险控制机制的基础上，扩网增量。在相关县（市）区供销社的配合下，全年共提供信贷担保7780万元，年终余额4000万元，补充风险金388万元。农信担保公司成立三年中，为250多家（次）涉农中小企业、专业合作社、种养殖大户和农产品经纪人等提供担保，担保额1.6亿元。一些专业合作社和种养殖大户经过这几年的重点扶持，得到跨越式发展。是年，慈溪市供销社投资4000万元，参与组建慈溪市农房改造建设投资有限公司，破解当地农房"两改"融资担保难题。

2011年，市农信担保公司加强与银行合作，在完善风险控制的基础上，扩网增量。全年共提供信贷担保9000多万元，年终在保额5000余万元，比上年分别增长28.57%、42.86%，累计为涉农企业、专业合作社及种粮大户提供保额2.5亿元，有效缓解许多小微涉农企业、专业合作社及种粮大户的融资难问题。是年5月，慈溪市民生村镇银行获评全国"十佳村镇银行"称号。该银行至年末，存款和贷款余额分别为11.28亿元、11.34亿元，总资产达13.86亿元，比成立之初的2008年约翻了一番。2012年6月，随着担保业务的不断扩大以及行业监管要求不断提高，市农信担保公司资本金不足问题日益显现。市供销社根据《浙江省融资性担保公司管理办法》"担保公司注册资本金必须在5000万以上"的规定，市农信担保公司的注册资金只达到规定额的60%，明显不符要求。因而按照担保行业主管部门及相关合作银行的要求，市供销社决定逐步对农信担保公司增加资本金，即向市农信担保公司增资900万元，注册资金从2100万元增至3000万元。是年在"海葵"台风过境后，市农信担保公司及时向象山、宁海等地7家受灾严重的种养大户退还收取的全部担保费用20万元，落实新的信贷，帮助恢复生产。年底统计，全年提供信贷担保1.2亿元，累计3.7亿元，年终在保额6000万元。市农信担保公司被评为全省供销社系统十佳农信担保企业。2013年1月，宁波市首家农村资金互助会农友资金互助会在镇海成立。该互助会由镇海区供销合作社指导，镇海区供销合作社及下属骆驼、贵驷、庄市3家基层供销社共同出资200万元发起兴办，吸收镇海区专业合作社的82名社员入社，社员按5000元一股出资，最高出资额2万元，汇集资金266万元。该互助会性质为民办非企业资金互助会，采取会员自愿认购股金的方式，会员股和发起单位所出的举办资金作为本金，统一委托镇海农商银行进行互助金增值及放款作业。是年8月，象山县供销社开展农民专业合作社内部资金互助会建设试点。12月5日，市供销社与市区农村信用合作联社签订战略合作协议（2013—2015年），共同推进"普惠金融工程"等项目。市农信担保公司全年提供信贷担保1.5亿元，比上年增长25%，年终在保额7000万元。自2007年市农信担保公司成立以来先后为全市的几百家种养殖大户、农业企业提供生产资金贷款担保4亿多元，为发展生产提供资金保证，使上千家农户受益，社会效益十分显著，而且公司业务每年以20%以上的速度迅速增长。

2014年，市供销社代拟市政府办公厅印发《宁波市人民政府办公厅关于开展农村资金互助会建设试点工作的意见》（甬政办发〔2014〕191号），镇海区供销社率先开启农村资金互助会建设试点，全市第二家农村资金互助会——余姚市齐昌渔业专业合作社资金互助会正式成立。该互助会由余姚市供销社指导，并由齐昌渔业专业合作社社员、临山供销合作社、市甬舜农业生产资料有限公司等共同出资100万元发起兴办，组织齐昌渔业专业合作社161名社员入会，该互助会资金主要用于支持会员发展生产经营项目，特别是农业产业化项目。是年，全市供销社已参办金融服务企业3家，包括1家市农信担保公司、1家村镇银行股份有限公司和1家融资租赁公司，注册资金分别为3000万元、1亿元和3000美元。市农信担保公司2014年为涉农小微企业提供信贷担保1.5亿元，比上年增长15.3%，年末担保余额7415万元。

2015年1月，市供销社、市金融办、市农办、市农业局、市民政局等五部门联合印发《宁波市农村资金互助会管理暂行办法》。4月，市供销社与市人保宁波公司联合印发《关于联合推农村小额贷款保证保险业务试点工作的实施意见》，与中国人寿财产保险股份有限公司宁波分公司签订战略合作协议。推出面向农户的小额贷款保证保险和助农贷款两项业务。全年，全市供销社系统新建农村资金互助会10家，累计12家，落实农业贷款150笔约5000万元。

第二章　防汛物资储备

第一节　防汛物资管理

从建社开始,供销社按照政府防汛防旱指挥部的要求,把储备任务及时落实到各储备点。市、县、基三级供销社层层确定明确分管领导,落实工作责任心强的专职人员抓好此项工作。

1983年8月,地、市供销社合并后,市供销社作为市防汛防旱领导小组成员单位之一,市、县供销社及所属土特产公司一直承担着为市、县两级政府储备和调运防汛抗洪的草包任务,建立市、县、基三级防汛草包储备点92处,同时建立市、县、基三级供销社和专业公司防汛草包储备点的通信网络,实行一把手负总责的防汛责任制,按照各级防汛防旱指挥部门的要求,进行储备、调拨。1997年,市委、市政府授予市供销社"抗灾救灾"先进集体称号。

2002年,企业改制后,对防汛物资储备管理机制进行调整。市防汛草包储备任务直接下达到各县(市)区防汛防旱指挥部并自行决定实施储备方案。各地指挥部采取服务外包形式,委托储备或自行储备。其中市城区和余姚、鄞州、慈溪、象山、镇海等地继续委托供销社储备。基层供销社因改制基本不承接储备任务。市、县两级供销社确定若干个储备点(市级在人民路仓库),日常工作委托专业公司管理。汛期,由市、县供销社根据当地防汛防旱指挥部要求统一调运使用。同时,对储备防汛物资仓库点,均须配备1—2名专职管理人员,负责储备防汛物资的日常检查、保管、清理、补充和汛期的值班、发货等工作,以确保区域内汛、旱期的安全。2012年7月6日,印发《关于宁波市供销社防汛防台工作预案的通知》(甬供经〔2012〕70号),成立市社防台防汛工作领导小组,由主任任组长,分管主任任副组长,下设市社防台防汛工作领导小组办公室,负责日常管理工作。2013年,市政府防汛防旱指挥部发文,调整部分成员单位,市供销社不再列为成员单位,也不再承担储备草包任务。

储备时间

按照市防汛防旱指挥部储备任务要求,市供销社系统防汛物资于每年4月底前储备完毕。自储备之日起至10月15日止,各地供销社储存单位的防汛草包均不得擅自动用。市区储备的防汛草包由市防汛指挥部、市供销社统一掌握使用,凭市防汛指挥部和市供销社(市土产公司)通知进行调度,任何单位不得动用。各县供销社储备的草包,由当地防汛部门掌握使用,汛期过后,由供销社转为商品销售处理。

费用结算方法

1985年前,市防汛防旱指挥部对供销社储备的防汛草包所需贷款利息、保管费用等采取包干的办法,一次性补贴供销社。防汛期间草包(编织袋)谁使用谁付钱,谁批准调拨谁负责结算货款。各地防汛草包实际储备数及费用结算，按是年10月15日实存数（包括防汛期内使用部分）分别上报县、市土产部门，统一由市土产日杂公司向市防汛防旱指挥部结算费用。

1985年前，每只草包储备费为8分，1986年调整为每只1角（包括市土产日杂公司组织管理费每只1分半）。1989年，由每只1角4分提高到每只储备费2角，包括市土产日杂公司组织管理费每只3分。1998年，防汛草包储备保管费暂定每只0.50元。2002年，每只草包储备费为0.70元。2010年起每只草包储备费为1.20元。

更新报废补贴

按照省供销社关于防汛草（麻）袋储备和报废更新补贴的有关规定，2002年前，麻袋报损5年1次，每只按1元标准补贴。草袋报损3年1次，每只按1元标准补贴。

2004年，省供销社规定，报废每只草袋补贴1元。2010年，省供销社规定，报废更新补贴，草（麻）袋由原来的每只1元调整到每只2.6元。

第二节　储备调运

20世纪50年代，全区供销社防汛专用草包储备量年平均在55万只左右。1962年，宁波专员公署和省社宁波办事处下达全区储备防汛专用草包57.9万只。其中宁波3.5万只，奉化、余姚、嵊县各5万只，舟山10万只，慈溪6万只，上虞8.5万只，宁海4万只，鄞县、绍兴、天台2.5万只，新昌、诸暨各为0.5万只和0.9万只。是年9月，受14号台风影响，全区普遍遭受暴雨侵袭。全区供销社财产、物资损失总额达200万元。全区供销社系统全力投入台风的抢险救灾工作，服务灾区。根据宁波地委防汛防旱指挥部指令，将储备的草包紧急调往奉化、余姚、慈溪、绍兴、上虞供销社等重灾区，全系统累计组织调拨草包达80万余只。余姚供销社调运草包8.6万只。慈溪周巷小安供销分社经理带领职工及时把草包运送到5里外的周家堰头。余姚供销社落实磷肥160万斤，骨粉60万斤。上虞供销社在抢救中及时供应草包7.6万只，麻袋1150只。宁波专区供销社安排和调拨化肥6000吨及其他所需物资，还组织和准备萝卜籽30万斤，大头菜籽1.5万斤。奉化、余姚、绍兴、上虞、诸暨、嵊县等6个县供应各种种子12577斤。

1963年7月，全区除诸暨县供销社外，共储存专用草包33.4万只，超过省社指定储存31.0万只，其中已有22万只下放到基层和险要地区。据余姚、宁海、奉化等9个县供销社统计，共准备专用毛竹2.5万支，麻袋11000多只，麻绳25000斤，黄麻135000多斤，竹罩5000多张，还有土箕、扁担、杠棒等。1964年至1970年，全区供销社防汛专用草包储备量平均在47万只左右。

20世纪70年代，全区供销社系统防汛草包储备平均量45万只。1981年至1987年，全市供销社防汛草包储备平均量45万只。1989年至1994年，市供销社系统防汛草包储备平均量50万只。

1995年5月，全市落实防汛草包储备任务数50万只。8月，遭受第7号台风正面袭击，造成山洪暴发，耕地被毁，作物受淹。市供销社共紧急调拨草包5.5万只供救灾之需。调运羊镐、铁锹送往重灾区；争取到全国供销合作总社救灾化肥1万吨，调运灾区补种秋杂粮，力争把损失降低到最低限度。慈溪慈客隆、宁波新江厦超市和二号桥市场等企业备足雨衣、雨靴、蜡烛等抗灾所需物品。市供销社会同市林业局和奉化、余姚、鄞州三地供销社做好120万元毛竹重灾区灾后恢复生产所需肥料补助资金的下拨落实工作。1997年3月，全市供销社落实防汛草包储备54万只。7月底，11号台风侵袭给海塘造成严重灾害损失，慈溪、余姚、鄞县等县（市）供销社，根据市防汛防旱指挥部指令，将储备的草包紧急调往象山、宁海等重灾区，全系统累计调动草包131万只，为50.3万只储备量的2倍以上。后又向市外、省外组织调运到象山、宁海等地防汛草包63万只。市供销社农资公司除下拨救灾平价化肥1500吨外，各级农资部门针对灾后病虫害多发特点，着重调运叶双青75吨（其中市农资公司组织18吨）、敌敌畏23吨等农药供应。重灾区供销社主要供应网点在抗灾期间均延长营业时间，柴机油做到24小时供应。象山供销社紧急调运草包1万只连夜押运到重灾区高塘，由高塘供销社承担灾后蔬菜供应工作，又为7户特困户送去4200元慰问金。灾区供销社部门还从外地调入大量饼干、方便面、榨菜等副食品，满足灾区居民生活需要。1998年，计划防汛草包储备任务50万只，全市供销社系统92个储备点实际储防汛草包53.7万只。

1999年，储备防汛草包55.55万只，超计划11%完成储备任务。市建材物资市场从5月初开始定期检查姚江闸门水位涨落情况，并全部检查、疏通市场的下水道，解决排水问题，整修、加固市场的棚顶，防止雨水渗漏；主动联系保险公司到市场现场办公，鼓励经营户积极参保。2002年，宁波市防汛草包（含编织袋）储备任务直接下达给各县（市）区政府防汛防旱指挥部负责实施，储备方式由各级防汛防旱指挥部自行决定。同时，继续委托供销社储备的有余姚、鄞州、慈溪、象山、镇海等地，据4月底统计，全市供销社系统储备防汛草包总数26.3万只。2004年至2006年，储备防汛草包平均为26万只。2008年2月，遭遇50年一遇的雨雪冰冻灾害，市供销社第一时间启动应急预案，各县（市）区供销社积极组织落实抗雪防冻物资，全系统紧急调拨草包5万只供救灾之需；并把联系电话告知"81890"服务平台，实行24小时值班。余姚市供销社连夜从富阳调运羊镐、铁锹和工业盐送往重灾区；调运储备1万吨化肥，其中氮肥4000吨、钾肥200吨、复合肥5300吨、磷肥1000吨。市供销社会同市林业局和奉化、余姚、鄞州三地供销社做好100万元毛竹重灾区灾后恢复生产所需肥料补助资金的下拨落实工作。由于对雨雪冰冻灾害高度重视，反应及时，措施有力，团结协作，所做工作得到政府和有关部门的肯定，"关键时刻还是供销社叫得应"。2009年，全年防汛草包（麻袋）、编织袋48万只，其中草包（麻袋）34万只，编织袋14万只。

2012年7月，市供销社储备防汛草包3万只。余姚市供销社定点储备麻袋4.5万只，编织袋2万只。鄞州区供销社咸祥、鄞江、古林、横街4个储备仓库，共储备5.5万只防汛麻袋（草包、编织袋）。

2013年10月6日至7日，强台风"菲特"及其强降水给全市特别是余姚造成重大经济损失。市供销社成立救灾工作领导小组，扎实开展抗洪救灾和生产自救工作。10月10日，市供销社接上级指令，立即动员全系统多方筹集，紧急组织2万把铁锹、2万把扫帚和8000只畚箕等救灾物资，分两批发车运往余姚。市供销社组织机关及所属企业干部职工捐款58600元，组织1000吨化肥陆续无偿拨付给余姚、奉化、鄞州、江北等地。市甬丰农资公司立即向外组织调入化肥2万吨，农药1800吨，以供灾后全市恢复农业生产所需。600名庄稼医生和农技人员分别到田间地头，指导受灾农户开展生产自救。各县（市）区供销社通过多方渠道筹集救灾物资，随即分批发车运往余姚。余姚市供销社开展生产自救行动迅速，该市农资公司将未受损的优质农资以每吨降价300元优惠供应给农户；浙东供销、家家福超市全部商品以会员价进行销售。慈溪市供销社接到防汛物资调拨令后，向水利局和横河镇政府分别紧急运送编织袋5000只、400只,为防汛救灾工作提供物资保障。慈溪市兴合农资公司在接到余姚市农资公司支援请求后,紧急调运100只喷雾机送至余姚市卫生局,用于灾后防疫。慈溪海通时代果蔬农场自11日起,每日向横河镇灾区群众送上农场自产的1000斤新鲜青菜,并随带矿泉水、饼干等物资,帮助灾民渡过难关。

2015年,台风"灿鸿"给宁波农业生产带来巨大损失。市供销社立即行动,做好灾后农资供应和服务工作,制定灾后无偿赠送化肥方案,在货源、价格、质量、服务等方面作出安排,调拨尿素425吨,无偿赠送给受灾农户。市、县农资公司向受灾严重的农民专业合作社和农户免费供应化肥近1000吨,计160万元。

第三章 政策扶持和对口帮扶

第一节 政策扶持

建立和完善供销社专项扶持资金和为农服务专项资金机制,是党和政府赋予供销社的一个重要职能。进入21世纪以来,全市供销社系统为农服务专项资金逐年增加,各县(市)区供销社为农服务专项资金机制也全面建立和完善。专项资金和为农服务专项资金主要集中用于供销社系统农资、农产品、日用消费品、再生资源等流通网络建设和有关项目的开发以及基层组织建设,并且向为农公益性服务方面实行倾斜。尤其是在"新网工程"实施后,更使供销社在为农服务体系中扮演十分重要的角色,充分发挥供销社在农业社会化系列服务中的不可替代的作用。

提取专项资金

根据党和国家有关为农服务的政策,为支援农业生产,发展多种经营,市供销社按照财税部门规定,提取为农服务资金。几十年来,全市供销社系统在支援农业生产上都给予一定的资金扶持。扶持资金主要用于政府倡导的农业产业化项目和为农服务事业,其中包括农村生活资料、生产资料、农副产品收购、加工等。提取资金来源主要有以下五个方面:一是按盈余分配比例提取的扶持生产专项资金;二是产前发放的预定金以及贴息贷款;三是发展农村商品生产下拨的专项扶持生产资金;四是向国家和上级争取扶持生产的专项资金;五是扶贫结对无偿提供的生产发展资金。

1976年前,全区供销社系统按盈余分配比例提取一部分的生产专项资金,主要用于发放茶叶、草席、蚕桑、棉花等扶持资金、肥料补贴和预定以及贴息资金等。1977年后,按照省供销社规定,设立"生产扶持资金"项目,按税后留利20%的三分之二提取,用于种植业、养殖业和农产品加工业的发展,扶持土副产品的生产,可以给生产队和农民无息贷款或无偿贷款,解决其对生产基地的建设、种子种苗的购买等生产资金的需要。后由于财务体制和会计制度的变化,资金提取比例也随之变化。1990年,"生产扶持资金"改为"为农服务资金"。1989年起,按市财政局文件精神,棉花基础设施费用按棉花收购计划总值的1%提取。1992年,按全系统年营业额的0.5%统筹计提和使用网点建设资金。1996年起,按年营业收入的0.5%在全系统统筹计提和使用为农服务专项资金。2004年起,各级政府出台农资储备扶持政策,建立农资储备风险基金。同时出台建立村级综合服务社、专业合作组织建设费用以及考核奖励费等的专项资金扶持政策。2006年起,全市供销社系统贯彻实施"新网工程"建设工作,全系统内的新农村现代流通服务网络工程项目包括扶持资金、贷款贴息资金等,经审报批准后,可获得中央、地方财政的有力支持。2010年起,专设"宁波市供销社为农服务专项资金",面向供销社涉农领域。

专项资金(物资)、预购定金和贴息资金

1955年至1964年,据不完全统计,全区供销社系统发放扶持生产资金、预购定金贴息资金等12600万元。主要用于扶持发放茶叶、草席、蚕桑、棉花等资金、肥料补贴、预购定金和贴息资金。1977年6月,省供销社批准象山县在高塘公社建设列入省重点的5000亩柑橘基地,拨给农副产品生产扶持资金10万元,钢材20吨,水泥40吨,并要求在1980年前完成基地的定植和生产配套任务。1978年,省供销社发放生产扶持资金93万元,主要用于建设宁海县团结塘、青珠塘万亩良种高产柑橘基地。是年,宁波地区财政局、供销社对鄞县、奉化、余姚、象山县17872亩的毛竹丰产基地补助标准氮肥53616吨。

1979年至1980年,全区供销社发放用于多种经营的生产扶持资金298万元,分配杂交水稻补助化肥1000吨。1979年,省供销社发放生产扶持资金10万元,扶持象山县高塘公社成片栽培柑橘。1980年,全区供销社发放各种预购定金1332万元,生产扶持资金118万元。1981年,省供销社发放生产扶持资金86.15万元,其中扶持宁海的团结塘、青珠塘、象山群英塘、奉化飞跃塘柑橘生产基地,并安排部分钢材、木材、水泥及肥料等。省供销社下拨给鄞县、慈溪等县供销社国家流动资金10万元、扶持资金4万元;拨付给镇海县供销社7万元。1982年,宁波地区供销社、农业局根据市计委文件精神,拨给各县杂交水稻繁育、晚稻生产补助化肥4200吨。1983年6月,宁波地区供销社、农业局拨给象山、宁海、奉化、鄞县、余姚、慈溪等县夏秋旱粮试验示范、良种繁育、棉种繁育、杂交水稻繁育等补助化肥1533吨。

1983年至1987年,全市供销社系统发放农副产品预购定金、生产扶持资金、利息补贴及联营投资资金等,先后为农民提供近5000万元资金。其中,1983年至1984年,全市供销社系统发放预购定金1539万元,各种生产扶持资金92万元;1985年,以联营投资等形式,为农村商品生产提供198万元资金;1986年,发放农副产品预购定金836万元,其中茶叶预购定金192万元,生产扶持资金197万元;1987年为1500万元。

1988年,供销社从粮食附加税中补贴议转平化肥差价480万元、农地膜补助206万元,同时用留成外汇进口钾肥比调剂外汇进口化肥,使农资企业节资240多万元。为支援"7·30"灾害所造成的损失,市财政补助化肥给市农资公司,让利共计70万元。1989年,市财税局同意市供销社1990年度棉花基础设施费用按棉花收购计划总值的1%提取,其中10%由市特产总公司统一调剂使用。全市7个县(市)区和市特产总公司棉花基础设施费用分配指标额度为55.76万元,1990年为150万元。市政府安排一次性分配给余姚、奉化、宁海县(市)救灾备荒种子50吨,补助氮肥20吨。市茶叶联合公司发放茶叶贴息定金465万元,其中市茶叶联合公司贴息就11万元。全市县、基两级供销社按政府补救政策,尿素供应实行平价,政策性补亏达100万元。1988年至1990年,全市供销社系统获财政平价尿素补亏金额500多万元。1991年,棉花基础设施费用分配指标额度为150万元。是年,全市基层供销社农资企业减免税351万元。

1992年开始,市供销社每年按系统年营业额的0.5%统筹计提和使用网点建设资金,这对促进供销社系统更新重点基础设施、改善经营条件、增强企业发展后劲等方面起到极为重要的作用。当年供销社农资部门争取各级政府、财政部门农资商品(化肥、农药、农地薄膜)价格、储备贴息贴补近1000万元。

1993年3月,市供销社与市财税局商定,同意1994年度棉花基础设施费用仍按棉花收购计划总值的1%提取,其中10%由市特产总公司统一调剂使用。全市7个县(市)区和市特产总公司棉花基础

设施费用分配指标额度为150万元。是年4月,市计委下达给市供销社1993年专项平价化肥分配计划总量为8400标准吨,其中救灾3000吨,扶贫1000吨,良种培育用肥1500吨,林业育苗用肥300吨,农场用肥1000吨。国定棉花奖售化肥每担35公斤,全市收购40万担棉花国家奖售化肥1.4万吨,其中73.8%计10332吨由中央下拨平价化肥实物,还有26.2%议转平,差价由内贸部核拨。是年,各县(市)区供销社农资系统获各级政府、财政部门给予的农资价格补贴、淡季农资储备贴息870.5万元。

1994年,供销社农资系统获各级政府财政部门给予的农资价格补贴934.2万元。市特产总公司按照国家有关政策,为市棉纺企业退税3800万元,办理市财政补贴960万元。11月,全市7个县(市)区和市特产总公司棉花基础设施费用分配指标额度为271万元。1995年,全市农资供应价低于全省平均价格水平,政府补贴农资经营,市、县两级财政对农资直接价格补贴为956万元,其中余姚210万元、慈溪220万元、鄞县300万元、镇海52万元、北仑74万元、象山50万元、宁海20万元。是年,棉花基础设施费用分配指标为369万元,其中慈溪市214万元、余姚市70万元、宁海县37万元、象山县11万元、市特产总公司37万元。12月,市政府同意免缴市农资公司水利建设资金50万元。

1998年3月,市政府印发《关于落实1997年粮棉挂钩尿素补亏政策等有关问题的协调会议纪要》,由于对农民挂钩化肥的供应价执行每吨1600元(尿素)没有变,致使经营单位产生政策性亏损600万元,因此,由市财政局、供销社和用肥县(市)区政府各负担三分之一,其中市财政承担三分之一,计200万元。市农资公司因承担化肥淡季储备任务而发生的储备利息支出,由市财政贴息,额度控制在60万元以内。6月15日,市政府对1998年度农资商品救灾储备(尿素2000吨、农药100万元)费用补助40万元。11月16日,市政府给予解决粮棉挂钩尿素补亏370万元及淡季储备贴息86.71万元。1999年12月,提取网点建设资金、为农服务专项资金3060万元。2000年,市供销社系统获市财政今冬明春尿素淡季储备费用320万元。2001年3月,市供销社系统获市财政农资商品淡季和救灾储备(化肥)补贴412万元,提取为农服务专项资金和网点建设资金各为2100万元。

2003年1月,市政府拨付市供销社系统尿素淡季储备费用320万元、救灾储备费用92万元,以确保农资工作的落实。同时,继续计提为农服务专项资金2515万元(实际提取825万元)。象山县供销社东海、宏森源专业合作社被列为市、县菜篮子工程项目,争取到农发基金、科技项目经费、商贸(菜篮子)工程等资金累计60余万元。鄞州区大嵩蔬菜专业合作社争取国家技改专项贴息贷款100万元。

2004年,市供销社积极争取政府出台农资储备扶持政策。象山县建立20万元农资储备风险基金,给予20万元储备贴息补助,并一次性拨给15万元仓库修理基金。鄞州、余姚、奉化等区(市)政府也出台相应的储备扶持政策。是年9月,市政府办公厅拨给市供销社农业服务资金70万元,重点用于村级综合服务社建设。12月15日,市财政局、市供销社联合印发《关于下达村级综合服务社补助资金的通知》,补助共计70万元。其中慈溪市供销社14万元,象山县供销社13万元,宁海县供销社9万元,奉化市供销社和市供销社各8万元,北仑区供销社、余姚市供销社、鄞州区供销社各5万元,镇海区供销社3万元。

2002年至2004年,全市供销社系统用于发展专业合作社(协会)、村级综合服务社开办资金达250多万元。

2005年,市供销社〔2005〕27号文件,对2005年度兴办的村级综合服务社经验收合格,每个村级综合服务社补助资金为2.5万元。市财政局、市供销社联合发文,拨付50万元专项扶持资金用于村级综合服务社建设。2005年至2007年,市财政、县(市)区供销社共投入扶持村级综合服务社建设资金600万元。2006年起,贯彻实施"新网工程"建设。2007年,市供销社系统获财政部、全国供销合作总社"新网工程"专项资金108万元,转拨给余姚市供销社甬舜农资有限公司。是年全系统各种财政扶持资金汇总达5000多万元,既是历史之最,也是全省之最。其中市财政从2007年起每年安排200万元列入预算,支持供销社发展村级综合服务社,安排300万元支持供销社发展农资连锁经营;拨出500万元扶持成立市农信担保公司;安排农资淡季储备补助150万元;核销停息挂账政策性亏损900余万元。2008年,获中央财政部、全国供销合作总社"新网工程"专项资金355万元。同时,市政府同意追加农资储备商品补贴资金100万元。奉化环球花木专业合作社向国家申报槭树小苗扩种项目获国家财政支持,被批准列入国家农业综合开发项目。项目总投资1429万元,其中国家财政支持300万元,市财政支持360万元。市、县两级财政下拨毛竹恢复生产所需的化肥资金补助200万元(市、县两级财政各负担50%左右),其中余姚、奉化市、鄞州区各为50万元、30万元、20万元。4月,余姚市供销社对7个重点毛竹受灾乡镇(街道)的14.5万亩竹林实施化肥优惠供应,分发7万张毛竹灾后恢复生产化肥供应优惠票,每吨优惠10元,所需70万元扶持资金由宁波市、余姚市两级财政补助50万元,余姚市供销社甬舜农资公司让利20万元,帮助毛竹灾后恢复生产。

2009年,市供销社为农服务专项资金列入市级财政年度预算。是年,全市供销社系统获中央财政"新农村现代流通服务网站工程专项资金"计474万元,其中贷款贴息项目资金92万元,以奖代补项目资金382万元。主要用于慈溪兴合农资配送中心开工项目120万元(新建仓储4500平方米),宁海县果蔬批发市场改造资金扶持92万元,奉化通源商贸有限公司农村放心示范店配送中心及零售店升级改造资金30万元,奉化农资公司连锁配送网络改造项目资金40万元,市农资农化服务项目资金120万元,慈象海鲜配送有限公司农副产品信息服务项目资金40万元,余姚临山味香园葡萄合作社便民惠民服务项目资金32万元。获市、县两级财政扶持资金1000多万元(市、县两级供销社自筹扶持资金200万元),其中农资连锁经营补助资金165万元,村级综合服务社专项基金补助198.4万元,用于兴办村级综合服务社专项补助。获市政府追加农资储备补贴50万元,用于农产品加工龙头企业。

2010年5月,市财政局与市供销社联合印发《宁波市供销合作社为农服务专项资金管理暂行办法》,专设"宁波市供销社为农服务专项资金",明确为农服务专项资金进入市财政预算,每年800万元。2010年实际获得928万元,获中央财政"新网工程"专项资金(农产品营销网)474万元。其中,鄞州区禾丰农资连锁有限公司农化服务项目补贴60万元,余姚市甬舜农业生产资料有限公司的农化服务项目补贴60万元,市供销社农副产品信息服务项目补贴100万元,宁海县果蔬批发市场改造项目补贴90万元,慈溪市益大禽业专业合作社鸡胚产业化经营惠民(公益性)服务项目补贴30万元,象山英姿果蔬专业合作社柑橘收购加工物流配送中心建设项目补贴30万元,奉化市通源商贸发展有限公司农村放心示范店配送中心及零售店升级改造项目补贴60万元。是年,市财政拨款专用资金31.8万元,用于农资营销员培训;拨款40万元,用于开拓市场补助;拨款50万元,用于市农资配送中心项目;拨款34万元,用于奖励优秀专业合作社、协会。宁海县供销社果蔬市场迁建工程建设(占地48亩,建筑面积3.1万平方米,总投资5000万元),获财政扶持145万元。

2011年,全市供销社系统有5个项目获中央财政"新网工程"专项扶持资金695万元。中央财政"新网工程"专项资金政策支持力度逐年加大。自2007年中央财政设立该专项资金,已有25个项目获得专项资金补助,累计2106万元。3月,获市政府农村工作办公室、财政局农村实用人才培训补助22

万元。5月,市政府追加2011年度农资商品淡季储备补贴150万元。9月,宁波大桥生态农庄"农村复合型污染水体修复与分质利用技术中试与示范"项目获国家农科成果转化60万元资金支持,这是慈溪市环保类项目首次获得国家农科成果转化资金支持。11月,市政府增加农资储备贴息补助资金100万元。象山金林、英姿2家专业合作社获"农业综合开发供销总社新型合作示范项目"资金160万元,市级财政配套192万元;慈溪市绍根果蔬专业合作社获市、县农机部门智能化农业设施项目资金300多万元。同年,争取落实市财政"宁波市供销社为农服务专项资金"计860.43万元,农资淡季储备补贴400多万元。市财政下达给各县(市)区2011年度农村村级农贸市场建设专项资金补助135万元。市供销社下达给各县(市)区供销社领办、参办2011年度村级综合服务社建设专用资金165.3万元,为农服务专项资金104.23万元。2012年,全市供销社系统累计有5个项目获全国供销总社"新网工程"专项资金1099万元。

2006—2012年,累计30个项目获中央财政"新网工程"专项资金3205万元。是年5月,争取落实市财政"宁波市供销社为农服务专项资金"1200万元,下达各县(市)区供销社(村级综合服务社、农资连锁门店及庄稼医院、涉农培训、"双夏"农资优质服务活动、农产品服务、农作物统防统治、村级农贸市场、优秀专业合作社及协会)等补贴533.75万元;市甬丰农资股份有限公司的农资智能化管理、防治绩效奖励、"双夏"优质服务活动、现代化农业要素市场项目等102万元,市源和农产品服务项目12万元。

2013年初,争取市财政局支持市农产品协会用于迎新春展销会专项补贴55万元。全国供销合作总社、国家农业综合开发办公室同意慈溪市周巷镇年产750吨优质蔬菜基地扩建项目总投资为390万元。9月23日,市政府同意从2014年起建立市级农资商品淡季储备制度。从2014年起财政预算安排600万元,专项用于农资商品储备费用补贴。10月,宁海县供销合作社所属模具检测中心获外贸公共服务平台建设补助资金155万元;宁海县供销合作社所属华正信息技术有限公司的"基于物联网的机床智慧制造与故障诊断信息化服务平台研究与应用"项目获市科技局科技项目经费60万元。省供销社、省青年创业就业基金会联合发文奖励给市供销社系统创业合作发展基金优秀农产品经纪人协会扶持资金9万元,奖励给宁波市供销社系统创业合作发展基金奖励和扶持资金45万元。

2014年,市财政局支持市农产品协会用于迎新春展销会专项补贴53万元。中央和市财政累计拨付"新网工程"和为农服务专项资金共计9032万元。2015年4月,市级财政下达给市供销社为农服务专项资金741万元。10月20日,市级财政新增2015年度市供销社为农服务专项资金1359万元,除已补助金额265万元外,补助金额为1094万元。

第二节 扶贫帮困

宁波市供销社积极响应党和政府号召,历来把扶贫助农和对口帮扶当作一项重要工作来抓。20世纪70年代以来,区、县级供销社实行包片、基层供销社包村、分社包组、农技员包户等形式,层层建立扶贫联系点,助农脱贫致富。据1971年至1976年不完全统计,全区供销社系统争取政府扶贫补助化肥1300吨。

1978年,全区供销社系统补助各县扶贫化肥250吨。其中市供销社补助给江北、慈东、妙山、半浦、江东、洪塘公社等扶贫化肥30吨。1983年4月,省供销社拨给宁波地区扶贫补助化肥(标准氮肥)250吨,用于各县、乡镇扶贫。1985年,省民政厅、供销社拨给宁波市郊区3个公社扶贫化肥(标准氮肥)112吨。1986年,省民政厅和省供销社拨给扶贫补助化肥55吨,扶持有关县、乡镇的农村贫困户种好责任田。1987年,市供销社分配给宁海、余姚、奉化3县12个乡扶贫补助化肥190吨,市郊粮田补助化肥214吨。1988年初,市供销社一次性拨出专项化肥400吨用于扶贫和救灾。平价下拨给各县(市)区扶贫补助化肥(标准氮肥)370吨。分配给宁海县13个乡、区公所扶贫化肥400吨。各县(市)区供销社扶持化肥960吨。分配给市区江东、江北、海曙粮田补助化肥21.4万公斤。是年起,市供销社委派郎岳卿到宁海县白溪乡开展蹲点帮扶工作。1989年2月22日,市政府召开市贫困地区经济开发会议,市供销社扶贫干部郎岳卿受到表彰和奖励。1990年,市民政局、市供销社下拨扶贫化肥370吨供应给奉化、宁海、象山等县24个贫困乡镇,按国家平价供应,并采用"扶贫化肥专用票"的供应办法。市老区贫区经济开发领导小组、市供销社发文,市政府一次性分配给余姚、奉化、宁海县(市)23个贫困乡镇扶贫化肥1000吨。4月,市供销社王前线挂职到宁海县白溪乡担任乡长助理,开展蹲点帮扶工作。1991年2月,市供销社根据市计委下达的化肥分配计划,下拨28个贫困乡1991年扶贫化肥(标氮)400吨,其中宁海县168吨、奉化市103吨、余姚市99吨。6月,安排给各县(市)贫困地区镇海大化价标氮1200吨,其中宁海县577吨、奉化市1192吨、余姚市231吨,均按国家平价供应。7月,安排给贫困地区计划价农药甲胺磷20吨,其中宁海县8.2吨、奉化市5.17吨、余姚市6.7吨。8月,安排给7个县(市)区镇海"大化价"专项化肥1400吨。8月,在全市扶贫开发工作会议上,市供销社王前线受到表彰。同月,市供销社张战英挂职到宁海县白溪乡担任乡长助理,开展蹲点帮扶工作。

1992年,按照市计委文件通知,下拨各县(市)贫困乡扶贫化肥770吨。是年10月,市供销社吴建裕挂职到宁海县岔路镇乡担任镇长助理,开展蹲点帮扶工作。1993年5月,为帮助市重点扶持的老区贫困镇乡搞好粮食生产,提高粮食自给率,根据市政府关于1993年安排专项平价扶贫化肥(标氮)的要求,市老区贫区经济开发领导小组和市供销社联合发文《关于分配1993年扶贫化肥的通知》(甬老贫〔1993〕7号),分配扶贫化肥(标氮)800吨,其中分配给宁海县454吨,余姚市192吨,奉化市154吨。12月,又继续分配扶贫化肥给宁海县100吨,奉化市、余姚市各50吨。

1994年3月,市供销社根据市老(贫)区经济开发领导小组办公室和市目标管理考核领导办公室《关于对市级机关挂钩扶贫单位进行目标责任制考核的通知》,进一步加强对扶贫单位——宁海县岔路镇指导帮助,作为扶贫牵头单位的市供销社明确一名领导和一个处室分管扶贫工作,并落实一名挂职镇(乡)长,蹲点帮助工作,并与市粮食局、市乡镇企业局、建设银行等扶贫配合单位共同搞好调查研究,帮助制订限期脱贫规划,在资金、物资、技术、项目、人才、信息引进和劳务输出上给予支持和帮助。是年,市供销社徐国荣到宁海县岔路镇开展蹲点帮扶工作。1987年至1994年,据不完全统计,省、市供销社拨给各县扶贫补助化肥(标准氮肥)累计达3500多吨。

1998年,市供销社被评为市级扶贫工作先进单位,郎岳卿被评为扶贫工作先进个人。1999年,市供销社被列为市级机关扶贫工作牵头单位,在市级机关103个单位扶贫工作综合考核中得分为99分,并列为第一名,被评为市级扶贫工作先进单位。2003年,是省、市建立科技特派员联镇驻村第一年,根据市政府统一要求,市供销社派机关干部吴建裕到慈溪市浒山街道驻镇(村)开展工作,2004年起改为农村指导员驻村服务,市供销社联系点为慈溪市道林镇振兴村(后调整为破山村、道路沿村),先后派吴方洪、田启朗、刘文清、滕亚强、冯培荣、赵健何等驻村开展工作。2006年,根据市委要求,市供销社与象山县新桥镇高塘村扶贫结对。2006年至2010年,市供销社领导多次带队到联系村进行调查研究,为该村发展集体经济和新农村建设出谋划策,制定村发展规划,并从人力、物力和资金等方面给予支持。5年共拨付扶贫资金50万元。

2008年春节前,市供销社领导分别带队到联系村——慈溪市逍林镇逍路沿村和破山村走访,看望慰问48人(户)次,发放慰问帮扶资金70000元。2010年12月,市供销社落实市委关于对口帮扶工作的要求,对口帮扶贵州雷山县项目资金4万元。2011年,根据市政府要求,市供销社调整向象山县新桥镇高塘村派驻农村工作指导员,先后派机关干部刘波、王前线、郑科达、林松波、刘金英等开展驻村帮扶工作。是年,拨付扶持资金10万元用于改善村公共设施;帮助完善村级综合服务社1家。2012年9月,开展"干部进社(村)入企,一线解难创优"活动,向帮扶村、镇赠送化肥25吨;出资20万元建设高塘村建设农贸市场1个。2010年至2012年,市供销社被评为市级农村工作指导员工作先进单位。2013年,市供销社拨付资金40万元,用于高塘村道路硬化建设。7月,市供销社拨付贵州安龙县项目资金4万元。

2014年8月1日,国务院决定每年10月17日设立为"扶贫日"。2014—2015年市供销社组织机关干部职工捐款3万余元,给象山县新桥镇高塘村。

2015年7月16日,甬丰农资公司把425吨尿素免费发放给受灾较严重的江北区费市村种粮大户

第七篇
体制改革

宁波市供销社自1950年建立至1978年间,商品流通均沿袭传统的计划经济管理体制,即商品分工、城乡分割的体制。一直以来始终在农业生产资料供应、农副产品收购、生活资料供应等方面发挥主渠道作用。党的十一届三中全会以后,农村经济体制改革方兴未艾,推行各种形式的经济责任制。1983年起,供销社恢复"三性"体制改革,并以此为契机,改革全民所有制为集体所有制,改革流通管理体制、改革经营机制,打破一切束缚生产力发展的桎梏,把供销社办成群众集体所有的合作经济组织,充分发挥供销社在农村流通领域中的主渠道作用。1989年以后,随着计划经济向市场经济的转变,供销社抓住改革发展的历史机遇,改革管理、经营体制和用工及分配制度,进一步完善经营承包责任制,试行股份合作制、股份制,使供销社事业持续快速发展,经济实力明显增强。

1993年开始,随着市场经济体制的建立,进一步探索改革农村商品生产服务体系,以建立现代企业制度为方向,以产权制度和劳动人事制度为核心,以企业体制转换,加大资产重组力度,优化企业组织结构和提高企业整体素质为目标的改革。至2004年,全市供销社系统全面完成改制转制工作。2003年起,全市供销社系统围绕建设"活力、实力、和谐供销社"主题,找准新的发展定位,并实施开放强社战略,构建为农服务流通体系。推进供销社新的经营服务体建设,大力兴办农民专业合作社、农村综合服务社组织和各类协会。紧紧抓住新型供销社改造、提升和服务功能,推进联合办社,加强合作共赢。2015年,以推进供销社综合改革为切入点,依托行业龙头企业,拓展新型经营业态,发展连锁经营,加快农村现代流通网络建设和电子商务建设。在积极参与农业产业化经营与服务的同时,打造农业社会化服务平台,成功完成产业转型升级的"二次创业",使供销社的经济实力实现新的扩张,并不断朝着健康可持续的方向发展。

第一章　管理体制改革

供销合作社是按照自愿、互助、互利、民主、平等的原则,把农民社员组织起来的合作经济组织。建社以后,社员代表大会制度在供销社曲折发展中逐步健全和完善。民主办社、民主管理是供销社的一项基本制度。在供销社的发展和改革的历史进程中,都贯彻这一基本制度。同时,随着改革的深入,社务委员会、职工代表大会制度得以建立,这是供销社内部管理必不可少的制度,是集职工智慧和力量的有效途径,是推动供销社企业改革与发展的真正动力。

第一节　社员代表大会

社员代表大会是供销合作社的最高权力机构。其职权主要是通过或修改本社章程,选举或罢免理事会、监事会成员;审查和批准上届理事会、监事会、社务管理委员会的工作报告及财务状况报告;审查和批准本社经营方针及业务发展规划和措施;选举出席上级社社员代表大会代表;讨论和决议其他重要问题。社员代表大会闭会期间,由常设机构理事会负责执行社员代表大会决议和一切日常工作,并由监事会负责监督。

地、市供销合作社社员代表大会

1950年3月21日,宁波专区供销合作总社成立。11月12日,召开专区第一次合作工作者代表大会,布置整理基层供销社方案,对各县供销社提出具体的工作要求。1951年8月召开第二次合作工作者代表大会,会议的中心议题是部署第二次整理基层社和安排购销业务工作。1953年3月,宁波专区供销合作总社改名为省社宁波专区办事处,至1965年撤销,其工作并入专署财贸办公室。因省社宁波专区办事处是省社派出机构,故未召开过社员代表大会。1952年11月1日宁波市合作总社成立。成立之初,由于条件尚未成熟,没有召开社员大会。1953年,市合作总社改名为市合作社。至1954年,曾召开首届一次、二次合作社工作者会议,主要是贯彻上级供销社关于整理基层供销社会议精神,研究部署市区消费合作社和基层供销社整理工作。1955年5月,经上级决定,撤销市合作社。由于撤销市合作社以后出现不少问题,最主要是缺乏一个统一的领导管理机构,于是在1957年4月,根据省供销社意见,成立宁波市供销合作社。

1957年4月15日,市供销合作社召开首届第三次社员代表大会暨宁波市供销合作社成立大会。选举产生宁波市供销合作社首届理事会理事17人:段锡昌、陶健甫、王能丰、李常学、邓实富、邱焕如、陈耀堂、曹宗兴、徐凯、张秀英、江奇、李成芳、周秀英、陈阿康、罗大梅、朱长根、蔡阿定。监事会监事5人:隋傅义、徐申康、严阿堂、鲍阿友、仇全根。段锡昌任主任,陶健甫任副主任。

关于社员代表大会届次问题,市供销合作社曾于1952年至1954年间先后召开两次合作社工作者代表会议,均写明为第一届一、二次合作社工作者会议。经考证,当时主要由于市合作总社撤并及名称变化频繁,没有分清"合作社工作者代表会议"和"社员代表大会"之间的区别,而是将1953年至1954年召开的两次合作社工作者代表会议作为首届一、二次社员代表大会的会衔,可见当时对"合作社工作者代表会议"与"社员代表大会"的名称概念和届次是混乱的。一般认为,1957年4月召开的市供销合作社首届第三次社员代表大会暨宁波市供销合作社成立,应确认为市供销合作社首届第一次社员代表大会。

1964年1月6—9日,市供销合作社召开第二届社员代表大会第一次会议,出席代表98人。会议听取工作报告,审查和批准财务工作报告;通过章程(计八章三十九条);选举理监事会成员和出席省社代会代表。市供销合作社第二届理事会由段锡昌、门宜荣、李信成、虞戴康、锡敬田、黄裕敏、王勇进、陈耀忠、钱忠坤、俞阿华、邱灿夫、倪祖华、忻元法、袁金根、戴旭华等组成,段锡昌为理事会主任,门宜荣、李信成为副主任。监事会由隋傅义、吴秉然、马强根、洪立刚、林修鸿、葛文柯等组成,隋傅义为主任,洪立刚为副主任。"文化大革命"期间,社员代表大会制度被取消。1983年8月,地、市供销合作社合并,建立宁波市供销合作社,当时未能及时召开社员代表大会,也未成立市联社。直到30年后的2014年才召开市供销合作社联合社第一次代表大会。

2014年10月28日,宁波市供销合作社联合社第一次代表大会召开,标志着宁波市供销合作社联合社正式建立,并实施代表大会、理事会、监事会"三会"领导管理体制。大会共有正式代表102人,选举产生首届理事会理事25人,监事会监事13人。至此,市供销社"三会"体制正式确立,领导管理体制基本定型。2015年7月6日,市供销社召开第一届理事会第三次全体会议。2019年5月22日,市供销社召开第一届理事会第八次全体会议,增选李斌为理事会理事、理事会主任。2020年6月,市供销社召开第二届代表大会,李斌当选为理事会理事、理事会主任。

区县(市)供销社社员代表大会

1950年1月至6月,镇海、余姚、慈溪、奉化、象山、宁海、鄞县等7个县级供销合作总社成立。各县供销社在成立初期,因条件尚未成熟,没有正式召开社员代表大会。1951年,《农村供销合作社章程准则(草案)》颁布,规定供销合作社最高权力机关是社员代表大会。1950年11月至1951年9月,各县合作社先后召开两次合作社工作者代表会议。会议主要是贯彻全国合作总社代表会议和上级供销社关于整理基层供销社的文件精神,巩固已有建社的成果。会议通过总结供销社成立以来的工作,在提高代表对合作社性质及工作方针认识的基础上,布置对基层供销社的整理工作。嗣后,各县供销社不再召开合作社工作者代表会议,改为召开社员代表大会,并行使其职权。

1952年至1957年,全区各县供销合作社先后召开社员代表大会。会期一般3至4天,正式代表、邀请列席代表为50人至300人不等,正式代表为县级供销社、基层社和社员;邀请列席代表为县委、法院、农林局、商业局、税务局、工会、人行等。理事会成员由10人至25人组成;监事会由7人至15人组成。

1958年6月,供销社与商业局合并。1961年,国、合商业分开,陆续恢复供销社建制。是年11月至翌年1月,奉化、鄞县、慈溪、余姚、镇海、象山、宁海等7县供销社先后召开社员代表大会。社员代表大会主要内容一般都是总结建社以来的工作,进一步宣传供销社性质、任务和作用,运用回忆、对比和算账的方法,对到会代表进行社会主义宣传教育,落实各项购销任务。同时,县级供销社代表大会选出出席上级供销社社代会代表。

1964年,根据中央关于商业工作问题的决定,按照社章规定和上级社的文件精神,全区各县供销社均分别召开社员代表大会。出席会议的代表一般为100人至500余人(正式代表为县、基层社和社员),还邀请列席代表(包括监事、县监委、法院、税务局、工会、人行、生产联社、工商联)。同时,选举产生出席省供销社代表大会正式代表。从各县供销社召开的社员代表大会实践证明,社员代表大会起到显著作用:一是进一步密切社群关系,极大地促进社员投售农副产品的积极性;二是通过供销社恢复以来的工作报告的讨论,肯定供销社在支援工农业生产,为群众生活服务等方面的巨大作用;三是深刻教育供销社干部职工进一步树立为生产、为生活服务观点和社员当家作主的思想,调动工作积极性。

1966年,"文化大革命"开始后,供销社理事会、监事会制度被否定,社员代表大会停止召开。1970年,党中央提出贫下中农管理农村商业的号召,供销社贯彻全省财贸工作会议精神,走政治建商道路,实行由当地党委一元化领导和工农兵监督。1971年,全区基层供销社包括归口的合作商店(农村下伸店)试行贫下中农管理商业的体制。1973年10月,省商业厅印发《依靠贫下中农管理农村商业的意见(试行稿)》,具体规定"贫管"的基本任务和管理制度。1975年,地区和各县政府先后召开贫下中农管理商业工作会议,布置基层供销社全面开展"贫管"工作。多数县准备在1976年下半年召开贫下中农管理工作经验交流议,以进一步加强和巩固贫下中农管理农村商业工作。正值此时,"四人帮"被粉碎,形势变化很大,贫下中农管理商业工作会议没有召开。至1975年底,全市80%以上的公社实行对当地供销社的贫下中农管理。1976年粉碎"四人帮"以后,"贫管"组织停止活动。

党的十一届三中全会后的1979年至1981年,根据党中央关于实行"调整、改革、整顿、提高"的方针,全区供销社系统开始恢复性整顿,积极开展经过一系列拨乱反正等工作。

1983年3月,按照中共中央〔1983〕1号文件和省人民政府〔1983〕5号文件《关于加快供销社体制改革的试行意见》精神,宁波地委建立全区商业体制改革领导小组,地区供销社建立体制改革领导小组,分别到奉化、慈溪、余姚、鄞县等县供销社,开展基层供销社体制改革试点。当地党委、政府建立由县政府领导参加的商业体制改革领导小组,帮助各县基层供销社开展体制改革,以恢复和增强供销社组织上的群众性,管理上的民主性,经营上的灵活性,将供销社恢复为合作商业组织。建立健全民主管理制度,推进民主办社。是年8月,地、市供销社合并建立宁波市供销合作社后,对铺开供销社体制改革工作作了全面部署,并发文提出五方面主要任务:一要把供销社办成名副其实的合作商业,坚持"三性"的完整性;二要推行经营承包责任制,提高企业管理水平,克服捧"铁饭碗",吃"大锅饭"的思想;三要改革人事劳动制度,做到干什么能上能下,职工能进能出;四要将县联社办成名副其实的经济实体,要在经营灵活性方面下功夫;五要加强思想政治工作,开展"五讲四美三热爱"活动,不断改进服务态度,努力提高服务质量,更好地为社员群众服务。至是年底,全市7个县供销社全部召开社员代表大会,将县供销合作社改称为县供销合作社联合社,民主选举产生理、监事会及成员。全市入股社员92.74万户,入股农户占全市农户总数82%,股金总额370.4万元,比体改前175.3万元增加1.1倍。从而始以恢复供销社组织上的群众性和管理上的民主性,开创供销社工作的新局面。

1987年,供销社初步恢复农民群众集体所有的合作商业。全市80%以上农户参加供销合作社组织,社员的民主管理制度得到恢复。各县级供销社均召开社员代表大会,成立县级供销合作社联合社,并实行监事持证巡视供销社工作制度。全市增选107名农民理事和69名农民监事,理、监事会中的农民代表分别占三分之一和二分之一。代表产生办法由社员民主推荐或大队(单位)党支部提名推荐,经民主协商广泛征求意见后张榜公布。代表任期两年。1989年,全市8个县(市)区供销社先后召开社员代表大会4—6届(次)。换届后,实行社务委员会替代社员代表大会,实行社务委员会集体领导和监督下的主任负责制,这标志着全市供销社系统领导体制改革已基本完成。社务委员会形成县、基两级的工作网络,监督社务活动,实行民主管理企业。

2000年至2002年,全市供销社系统全面实施产权制度和理顺职工劳动关系。2003年以后,积极参与为"三农"服务,构建农业现代化"三社一会"建设,并着重探索恢复建立"三会"制度。

2012年6月,宁海县供销社作为全省供销社系统第一批"三会"制度的试点单位,在时隔25年后召开第四届代表大会,恢复建立代表大会、理事会、监事会"三会"领导管理体制。2013年12月29日,余姚市供销社召开第七届社员代表大会,选举产生理事会、监事会及其领导班子,全面恢复"三会"制度。2015年7月23日,镇海区供销社召开代表大会,成立镇海区供销合作社联合社,设立代表大会、理事会、监事会"三会"制度。12月4日,象山县供销合作社联合社第五届代表大会召开。选举产生理事会、监事会成员。12月5日,慈溪市供销合作社联合社召开第五届代表大会,选举产生新一届理事会、监事会成员。

基层供销社社员代表大会

1950年，农村供销社建立后，根据宁波专区供销总社通知，各县社村基层供销社结合土改工作，召开合作社代表会议。1952年至1957年，全区农村基层供销社分别召开第一次社员代表大会，选举产生理、监事会或临时理、监事会，并形成民主管理制度。1958年，实行人民公社化后，基层供销社改为人民公社供销部，各级供销社社员代表大会中止。1961年，国、合商业分设，供销社陆续恢复。是年底，全区534个基层供销社已召开第二次社员代表大会的有374个。1966年4月，省商业厅通知指出："基层供销社应当建立健全理监事会等民主管理组织，按期召开社员代表大会"。但实际上，此时正值"四清"和发动"文化大革命"的交织期。6月，"文化大革命"开始后，供销社社员代表大会制度停止执行，民主管理制度再度被排斥。

20世纪70年代开始，全区农村供销社始由贫下中农代表参加管理供销社工作，取代原有的民主管理制度。1976年10月，粉碎"四人帮"，"贫管"组织陆续停止活动。1983年，全市供销社系统恢复"三性"改革中，改"官办"为"民办"，由此决定把社员代表大会定位为供销合作社的最高权力机构。8月，宁波地、市供销社合并后，在奉化江口供销社进行建立社员代表大会试点工作，下半年在全市供销社系统普遍推开，至年底87家基层供销社全部召开社员代表大会，建立社员代表大会制度。自此以后，农村基层供销社一般均按期召开，社员代表大会制度趋于完善。

1989年起，全市基层供销社根据社章规定，按时召开社员代表大会，后建立社务委员会，以取代理事会、监事会，实行主任负责制。

理事会

20世纪50年代初期，各县供销社社员代表大会均按照社章规定，设立理事会，为各届社员代表大会的权力机构，其正副主任由理事会提名选举产生。理事会是同级供销社的执行机构。各级供销社理事会均由同级代表大会选举产生。一般设理事会3人至12人，从中产生主任1人，副主任1人至3人。理事任期两至三年，可连选连任。理事会主要职责是认真贯彻执行党的路线、方针，认真执行政府的政策、法规和社员代表大会的决议，组织实施上级社下达的各项任务，审查批准所属企业和基层供销社的经营、财务计划，制定各项管理制度和工作责任制度。代表本社与有关方面签订合同或协议，并组织实施。指导和督促基层供销社改善经营管理，提高经济效益和社会服务效益，组织开展劳动竞赛。按照党管干部的原则，管理基层供销社干部职工的教育、培训、考核、调配、奖惩及劳动工资。授权决定本社各种财产的租赁、购置、转让或抵押。代表本社向国家银行取得贷款，仲裁社员之间的经济纠纷。召集社员代表大会，按期向社员代表报告工作，受理社员代表提案和办理章程规定的其他事项。理事会召开的会议，须有三分之二以上理事出席，决议的事项过半数以上通过方为有效。理事会开会时必须通知监事会派员参加。

"文化大革命"期间，社员代表大会制度被搁置，理事会的正副主任由上级任命。党的十一届三中全会以后，恢复供销社集体性质的合作经济组织，民主管理制度逐步建立和健全。1983年，在恢复供销合作社的"三性"体制改革中，改"官办"为"民办"，把社员代表大会定位为供销合作社的最高权力机构，在社员代表大会之下分别设理事会和监事会。1984年，全市供销社系统体制改革工作取得新的进展，增选农民理事69名。1985年,全市又有17名农民代表当选为供销社理事主任。1986年,各级各供销社按照社章规定,及时召开社员代表大会,做好换届选举工作。通过选举,全市供销社系统有69名农民当选为供销社理事。1989年,各县供销合作社相继召开社员代表大会。改革县供销合作社联合社的领导体制,撤销理、监事会,建立社务委员会,实行主任负责制,这标志着全市供销社领导体制改革已基本完成。2000年至2002年,全市供销社系统"两项制度"改革基本结束。2009年,国务院印发《关于建立健全供销合作社理事会、监事会机构设置》(国发〔2009〕40号),积极探索恢复建立"三会"制度的新路子。

2012年至2015年,宁海县、余姚市、象山县、宁波市、慈溪市、镇海区、象山县供销合作社先后召开代表大会,重新构建"三会"(代表大会、理事会、监事会)管理体制。

2014年10月28日,宁波市供销合作社联合社第一次代表大会召开,标志着市供销合作社联合社正式建立并实行代表大会、理事会、监事会"三会"领导管理体制。2020年6月,宁波市供销合作社联合社第二次代表大会召开。理事会由主任一人、副主任、理事若干人组成,每届任期五年。理事会主任、副主任任免由市委提名,经理事会民主选举通过,报市人民政府公布。成员理事实行单位替补制。在市社代表大会闭会期间,主任、副主任、理事变动的,由理事会履行相关手续。实行理事会主任负责制,理事会主任为市供销社的法定代表人。常务理事会是理事会的常设机构,由理事会主任、副主任和是理事的市供销社其他班子成员组成。

监事会

监事会制度是供销合作社治理机制的基本制度,是社员代表大会闭会期间的常设权力机构,是供销社依法治社和按章管社的实现形式。监事会的主要职责是:监督检查理事会对党和政府的政策、法规、上级指示和社员代表大会决议执行情况,并向代表大会报告工作;监督检查本社及所属企业的经营方针、服务方向、经营作风、财务收支以及完成国家计划情况;监督检查工作人员违法乱纪,并向理事会或上级提出处理意见;监督检查基层社监事会工作,总结交流工作经验;受理社员群众、基层单位的来信来访;对理事会的工作提出建议或质询。从供销社建立和发展的历史经验来看,建立社员代表大会,作为供销社最高权力机构,在社员代表大会上民主选举产生理事会和监事会,理事会作为执行机构,监事会作为监察机构,这种形式是比较适宜的,并非可有可无,也不能由其他组织形式来代替。县级供销社建立后召开的历届社员代表大会,所设的监事会及成员大都由县副县长、县监委及法院、税务局、工会、人行、生产联社、工商联、商业局、农林局派员兼任监事会正、副主任和监事会成员。基层供销社所设的监事会及成员大都由当地镇(乡)副镇长、乡长派员兼任监事会正、副主任和监事会成员。

1983年,恢复供销社的"三性"改革,改"官办"为"民办",把社员代表大会定位为供销合作社的最高权力机构,在社员代表大会之下分别设理事会和监事会。是年,全市供销社企业相继恢复建立社员代表大会制,成立监事会。监事会一般由10人至15人组成。根据社章规定,各县供销社和基层供销社均设立监事会,其成员由社员代表大会民主选举产生,是社员代表大会闭会期间的监督机构,与同级理事会机构并列。从各级供销社建立后召开的历届社员代表大会来看,所设的监事会及成员大都有县副县长、县监委及法院、税务局、工会、人行、生产联社、工商联、商业局、农林局派员兼任监事会正、副主任和监事会成员。基层供销社所设的监事会及成员大都由当地镇(乡)副镇长、乡长派员兼任监事会正、副主任和监事会成员。建立监事会以来,围绕体制改革这个中心,在检查监督各级供销社认真贯彻执行党的方针政策、法令和社员代表大会决议,端正经营方向和经营作风,查处干部职工违法案件和受理社员信访等方面做了大量工作,并摸索了一些经验。

1986年,全市供销社系统有215名农民当选为监事,从而进一步加强农民对供销社的管理和监督。12月,市供销社召开系统监事工作座谈会,传达省社监事工作座谈会精神,总结肯定全市供销社从恢复"三性"改革、建立监事会以来所做的工作,明确要求各级监事工作要围绕体制改革这个中心,深入调查研究,听取社员意见,参与拟订改革措施,协助和监督理事会搞好体制改革。监事会的办事机构和工作人员要按照省供销社要求进一步充实和加强。同时要建立内外监督代表小组,加强监督网络,切实发挥作用。继续配合有关部门查处有关违反政策、物价制度、财政纪律、以权谋私、违法乱纪和渎职案件。

1987年至1988年,各县供销社均配备专职正、副监事会主任,相继建立监事会办公室,配置1—2名专职干部负责监事、纪检和信访工作。县级大部分公司、基层供销社明确一名书记或副书记为兼职监督员,形成县、基两级管理的监事工作网络。除配备专职监事会主任外,根据工作需要配备专(兼)工作人员。初步形成监事会工作网络。同时,还制定供销社监事工作条例,建立县、基两级监事副主任列席理事会的各种会议制度。凡是理事会召开研究重要工作的会议,监事会副主任均列席;建立例会制度,定期听取理事会工作报告。在建立和健全监事会组织机构的基础上,加强对下级监事会工作的指导,大都建立例会制度,与理事会碰头制度。有的还建立监事会下级巡视制度和设立意见箱制度。配合司法部门和纪委开展对经济犯罪和违法渎职案件的查处;监督、协助理事会认真处理社员代表提案和来信来访工作,使监事会工作逐步制度化和经常化。

各县供销社开展监督检查社务活动,主要做了以下几方面工作:一是政策监督,重点是对购销政策、物价政策的监督检查。监督的重点放在重要生产资料和关系国计民生的重要生活资料,特别对化肥、农药、农用薄膜等重要农用物资加强政策监督。二是经济监督,各县供销社配备专职审计干部,聘请特约审计员。各基层供销社相继成立3人至5人的内部审计小组。监事会与内审组织主动配合理事会对所属企业进行效益、财务和离任审计,促进供销社内审工作。据统计,全市87个基层供销社及所属分社(商店)先后进行效益和财务审计,审计出有问题资金405.68万元,有问题商品290万元。同时对度量衡器进行整顿和改制,共查验衡器11356件,其中对1579件衡器进行改制。三是物价监督,县、基两级监事会先后配合理事会的物价部门重点检查农资和工业品价格情况,组织互查与突击抽查相结合,共查处罚没款69.5万元。

1988年起,各县供销社监事会每年提出工作意见,积极参与、支持和监督供销社改革发展和各项管理。是年底统计,全市供销社系统建立基层供销社93家(其中城区基层供销社6家)、专业公司73家,监事会设立专兼监察员。各基层供销社以分社即以乡、镇为单位,建立社员代表小组。各代表小组,由基层供销社监事会统一领导,布置工作,开展监督、检查,基本形成监事工作的网络体系。1989年,各县(市)区供销社召开监事会、社员代表小组长会议25次,交流经验,征求意见,进一步加强民主协商对话,积极开展"三评一议"活动。对社员代表的意见、建议,及时予以答复、整改,督促理事会认真处理社员代表的提案,做到事事有答复,件件有着落,使之工作有计划,行动有目标。1991年,贯彻落实省供销社监事主任会议精神,并将《省监事会议材料汇编》150余册复印发至各级监事领导成员,作为监事工作的业务读本,并制定印发《监事工作条例》,作为各级监事会的行动规范和工作准则。

进入21世纪后,特别是2009年国务院《关于建立健全供销合作社理事会、监事会机构设置》(国发〔2009〕40号)颁发以来,积极探索恢复建立"三会"制度的新路子。2012年至2015年,宁海县、镇海区、余姚市、宁波市、慈溪市、镇海区、象山县等县供销社先后召开社员代表大会,实行代表大会、理事会、监事会"三会"领导管理体制。2014年10月28日,宁波市供销合作社联合社第一次代表大会召开,重新构建"三会"管理体制。监事会工作进入一个新的阶段。

2015年至2016年,围绕深化供销社综合改革工作,重点推进监事会组织机构建设,完善监事会治理架构、制度体系和工作规则,加强社有资产、各级财政专项资金监督,为供销社改革发展新突破提供有力保障。先后印发《宁波市供销合作社联合社社有资产监督管理暂行办法》《宁波市供销合作社联合社关于加强监事会工作的指导意见》《宁波市供销合作社联合社监事会工作规则、宁波供销集团公司监事会工作规则、宁波市供销合作社联合社社有企业监事会工作规则(试行)》(社甬供监〔2016〕4号)等3个文件。2015年,市供销社监事会主任钟毅君《关于加强供销社社有企业治理体系和治理能力建设的一些思考》调研报告获省供销社"2013—2015年调研课题"一等奖。

2020年6月,宁波市供销合作社联合社第二次代表大会召开。监事会由主任一人,副主任、监事若干人组成,每届任期五年。监事会主任任免由中共宁波市委提名,经监事会民主选举通过,报市人民政府公布。

社务管理委员会

社务管理委员会是20世纪80年代中后期由原供销社的理事会和监事会改组而来的,是供销社的集体决策机构,是加强供销社民主管理的需要。实行主任负责制,直接对社员代表大会负责。社务委员会是社员代表大会闭会期间的常设机构,有权决定供销社的重大问题,它代表社员群众的意志,符合合作社的原则。社务委员会是供销社所有者的代表,而供销社的经营权则由社务委员会聘任的主任来行使,有利于实现两权分离。其主要职责是讨论修改章程,制定和废除供销社有关规章制度,受理社员代表提案,维护社员群众利益,讨论决定经营发展规划及财务方案,负责召开社员代表大会,审查提交社员代表大会讨论决议的工作报告,开展纪检监察工作,保证党和国家方针政策的贯彻落实和法律法规的严格执行。

1980年,在供销社改革初期,省政府转发省供销社《关于扩大基层供销社自主权试点工作情况和意见的报告》,提出建立和健全企业民主管理制度,其中之一是要建立职工代表大会制度,由职工代表大会选举产生社务管理委员会,并把职工代表大会作为基层供销社的权力机构,社务管理委员会是基层供销社的行政集体领导机构,而社员代表大会则是监督机构。1983年恢复供销合作社的"三性"体制改革,改"官办"为"民办",把社员代表大会定位为供销合作社的最高权力机构,在社员代表大会之下分别设理事会和监事会。1987年,根据国务院批转国家体改委《关于深化国营商业体制和供销合作社体制改革的意见》,全市供销社系统开始试点"两会合一"工作,即职工代表大会、社务管理委员会合一,实行县供销社和基层供销社社务管理委员会的行政领导体制。6月,鄞县供销社率先在樟水供销社建立全市第一家基层供销社社务委员会。社务委员会作为社员代表大会闭会期间的常设机构,其成员多数为农民社员,是供销社所有权的代表,聘请主任负责经营管理,以进一步解决供销社所有权和经营权分离的问题。

1989年起,各县(市)区供销社相继建立社务委员会,实行主任负责制,建立县、基两级供销社社务委员会制度,由社务管理委员会替代理、监事会的工作职责,并形成工作网络。这标志着全市供销社领导体制改革已基本完成。4月,市供销社印发《关于供销社社务管理委员的实施意见的通知》,确定:(一)基层社务委员会的组成人员一般5人至12人;县供销社的社务委员会由10人至15人组成。(二)社务委员会的领导成员,设会长1人,副会长1人至2人,(三)社务委员会的职权。是监督社员代表大会决议的贯彻执行,审议和决定供销社重大问题,包括选聘和解聘供销社主任,决定供销社重大事项,听取社员意见,召开社员代表大会等。(四)实行主任负责制。基层供销社主任人选由县供销社和各社社务委员会协商后,由基层社社务委员会聘任,副主任由主任提名,经社务委员会批准后聘任。县供销社主任、副主任由县委组织部、人事局考察后提名,由社务委员会聘任;各级主任、副主任任期一般为三年。主任是企业的经营者、法定代表人,统一负责企业思想政治、行政管理、业务经营工作,对社务委员会负责。在实行主任聘任制的同时,实行主任任期目标责任制和经济审计制。

1990年,继续推进供销社体制改革,有步伐、分层次通过换届建立基层社、县级联社社务委员会。是年底,全市有44个基层供销社选举产生社务委员会,占总数的48.3%,委员360人。鄞县、余姚相继成立县级联社社务委员会,北仑、余姚、鄞县、慈溪、镇海等县(市)区供销社成立基层社社务委员会,奉化、宁海、象山供销社完成建立基层社社务委员会40%以上。

1991年,贯彻省供销社《基层供销社社务委员会工作条例(试行)》的通知。是年上半年,全市1个县供销社和42个基层供销社结合换届选举产生社务委员会,共有委员360人。下半年,余姚市12个基层社都建立社务委员会。慈溪市12个基层供销社换届后,全部实行社务委员会制度,设委员5人至9人(其中农民委员半数以上),名誉会长由区镇领导担任,会长各1人,任期五年。至年底,基层供销社普遍召开社员代表大会,全部建立社务委员会。民主选举产生社务委员会领导成员,实行主任负责制。由社务管理委员会替代理、监事会的工作职责,并实行主任负责制、任期目标责任制和离任审计制。

1993年,国务院发布《全民所有制工业企业转换经营机制条例》,全市供销社系统进行以转换经营机制,提高经济效益为重点的改革。此后,社务管理委员会的职能逐步消失。

第二节 职工代表大会

1956年,根据党委领导下的职工群众监督制度的有关规定,省社宁波专区办事处发文提出建立职工代表大会制的要求。是年1月,慈溪县浒山区供销合作社、鄞县邱隘供销社开展建立职工代表大会的试点工作,召开职工代表大会。职工代表的产生比例是职工总数的15%至30%,并制定《职工代表大会章程》,章程阐明职工代表大会与社员代表大会、工会委员会的关系;社员代表大会是供销社的权力机关。职工代表大会是在党组织领导下的职工群众监督的主要形式;职工代表大会也并不改变工会的性质,职代会通过的决议,委托工会委员会办理日常工作。3月,省社宁波专区办事处充分肯定慈溪县浒山、鄞县邱隘供销社建立职工代表大会制试点经验,并向全区作通报介绍。

1957年,全区大部分基层供销社均建立职工代表大会制度。以后随着国合合并、人民公社化、"四清运动"和"文化大革命"的开展,供销社职工代表大会的组织形式随之消失。1980年3月,省政府转发省供销社《关于扩大基层供销社自主权试点工作情况和意见的报告》,提出建立和健全企业民主管理制度,其中之一是要建立职工代表大会制度,由职工代表大会选举产生社务管理委员会。并把职工代表大会作为基层供销社的权力机构,是年起,全区基层供销社试行建立职工代表大会制度,企业的重大问题交于职工代表大会讨论议决,改变过去"丫环管钥匙,当家不作主"的状态。慈溪观城供销社率先建立职工代表大会制度。许多基层供销社试点还实行民主选举中层干部和柜组长制度。余姚县陆埠供销社和鄞县凤岙供销社还在县供销社的指导下,直接选举理、监事会正、副主任。1982年以来,根据全国人大五届五次会议通过的《中华人民共和国宪法》第16条"国营企业依照法律规定,通过职工代表大会和其他形式,实行民主管理"的规定,各县供销社系统开始推行建立职工代表大会制度,实行民主管理。全区大部分基层供销社和县级公司分别建立职工代表大会制度。职工代表大会制度的建立是供销社内部管理必不可少的制度,是集聚职工智慧和力量的有效途径,是推动企业改革与发展的真正动力。

1983年,供销社实行恢复"三性"体制改革,全区全面恢复建立社员代表和理、监事会的民主管理制度。1984年,省供销社通知,鉴于供销社已恢复建立包括职工代表在内的社员代表大会,为避免同一企业出现两个权力机构,各级供销社不再建立职工代表大会制,各县供销社所属公司、工业企业仍保留职工代表大会制度。1985年,市供销社发文指出,在坚持社员当家作主的基本民主制度的前提下,必须保证职工群众管理企业的民主权利。职工代表大会是职工群众参加企业民主管理的基本形式,是职工群众在企业中行使民主管理的权力机构。它在不违背国家法律、法规和社员代表大会决议的前提下,行使下列职权:听取和讨论企业领导的工作报告、经营计划、财务计划以及企业管理等方面的问题,并提出意见和建议;讨论决定职工福利基金、劳动分红、奖励基金的使用,以及职工奖惩办法、住房分配方案等有关职工切身利益的重要事项;讨论通过企业内部经营责任制形式、承包方案及企业管理方面的重要规章制度;评议、督促企业各级领导干部,并提出批评和表彰的建议;选举或推荐供销合作社所属的店、站、组和门市部的负责人。同时规定,基层供销社的工会组织是职工代表大会的工作机构。

1987年,根据国务院批转国家体改委《关于深化国营商业体制和供销合作社体制改革的意见》,全市供销社系统开始实施理事会和监事会改组为社务管理委员会"两会合一",实行社务管理委员会的行政领导体制。是年,市供销社本级所属公司、城区基层供销社实行经理(主任)负责制,初步确立经理(主任)在企业内部的中心地位。实施党、政分开后,党、政、工三方各司其职,相互配合,共同治理企业。工会独立行使职能进一步得到加强。1988年,市供销社本级系统19个公司、基层社建立健全职工代表大会制度。职工代表参政议政,行使职权,进一步加强民主管理。基层工会还开展职工民主评议工作,对本单位的领导干部实行民主监督、民主考评。凡属应由职代会审议的问题,基本上都召开职代会通过或决定。如企业工资调整方案,3%晋级名单等,都由职代会审议通过。特别是3%晋级,经理行使提名权时,充分尊重职工的民主权利,在广泛听取各方意见、民主测验的基础上,召开职工代表大会通过。1989年,全市供销社系统县以上73家公司、87家基层供销社基本建立职工代表大会制度。

1991年5月,转发市总工会《关于制定下发对侵犯职工代表大会职权行为处理的暂行规定的报告》的通知,要求各基层单位重视和加强职工民主管理,切实保障企业职工主人公地位,有效防止侵犯职工代表大会职权行为的发生。1992年,进一步发挥职工代表大会的作用,落实职代会制度所赋予的权力范围。市供销社本级单位效益工资的分配和经营机制转换以及职工奖惩等方面的问题,都由职代会通过后实施。如市农资公司等工会还能做到会前会后的报告制度。1993年9月,省体改委、省供销合作社联合发出关于印发《浙江省供销社企业转换经营机制试行办法》(浙合组〔1993〕51号),其中企业年度经营状况和经营成果,应当向职工代表大会或职工大会报告。1994年8月,市供销社党委印发《关于加强和完善职工代表大会制度的若干意见》,提出企业副职以上领导干部进行民主评议的内容,主要是以企业领导干部的任期目标和岗位责任制为依据,对领导干部德、能、勤、绩、廉等进行全面评议。评议的方法,首先由企业领导在职工代表大会上作述职报告,然后组织职工代表采取书面填表形式,并采取无记名投票的方式进行民主测评,经职工代表大会同意后报送上级供销社备案,再向职工代表大会和领导干部反馈。

2000年至2002年,全面实施企业产权制度改革和理顺职工劳动关系。企业有关转制改革方案等重大事项均经职工代表大会讨论、审议通过后实施。2004年以后,转制企业与供销社脱离隶属关系。

第三节　供销社机关机构改革

1983年,根据中共中央、国务院《关于实施机关机构改革的决定》,市供销社在抓好恢复"三性"体制改革的同时,按照市委要求,进行机关体制改革。由"官办"改为"民办",恢复集体所有制性质,退出政府序列,实行自主经营、自负盈亏、照章纳税、依法经营的管理体制。经费实行自收自支,享受局级机关同等待遇,机关工作人员保留国家干部身份,工资、福利待遇参照市(县)级机关。

1984年,根据党中央、国务院有关文件精神,供销社在恢复集体所有制性质后,继续承担着两个方面的工作职能,即一方面继续为工农业生产和人民生活服务;另一面担负着部分的国家指令性计划、储备重要物资以及专营、专供商品的行业管理等管理职能。1992年,市供销社机关机构改革采取实质性的步骤,首先深化机关内部改革,对市供销社中层干部实行聘任制,对机关工作人员实行优化组合,相应分流一些机关工作人员,以增强机关激励机制和约束机制。并先后办起宁波通利经营公司、进出口八部、拆船公司(与省物资局联办)等企业。实行由市供销社为一个头实行"工效"挂钩,总包总挂总算,内部分级管理。在产供销方面实行直接管理,人物财方面进调控、调配;办理工商法人登记手续,从单纯的管理型转向管理经营型方向发展。同时,经市人事局同意,胡国荣、罗宗彪、包银虎、俞慈行、田启朗、张碧英等5名全民(集体)企业干部,经考核符合干部条件进入机关工作。1993年7月10日,市财办、市计委、市体改办联合批复,同意组建宁波海田集团和宁波海田集团总公司。集团总公司隶属于市供销社,内部实行"一套班子、两块牌子"管理,向集团化和经济实体转轨。1993年至1994年,象山、鄞县、慈溪、镇海、北仑、奉化、宁海县(市)区供销社分别组建成立集团和总公司,实行"两块牌子、一套班子",由县供销社正副主任兼任正副总经理,并按原有供销社管理体制运行。1994年,宁波海田集团获得进出口经营权,成为内外贸易并举的大型贸工集团。同时,兴办宁波海田集团总公司物资经营部等3家企业。慈溪市供销社先后创办4家企业。1995年初,中共中央、国务院《关于深化供销合作社改革的决定》(中发〔1995〕5号),进一步明确供销合作社是以农民社员为主体的集体所有制的合作经济组织,提出"政企分开""社企分开"的原则,规定各级供销合作社理事会是本级社集体财产(包括所属企业财产)的所有权代表和管理者,并进一步明确供销社的职能与任务。5月24日,市供销社上报市机构改革领导小组办公室《关于宁波市供销合作社职能配置、内设机构和人员编制方案(草案)》(宁供政〔1995〕39号)。8月11日,根据市政府《关于政府专业经济部门成建制转为经济实体,机关人员分流若干问题的实施意见》,呈文市党政机构改革领导小组《关于宁波市供销合作社机构改革有关问题的情况和要求》(宁供办〔1995〕71号)。

1999年5月12日,市供销社上报市政府《关于要求将市供销社机关经费开支列入市级财政预算的请示》(甬供办〔1999〕41号)。12月7日,市政府发文《关于解决当前供销合作社几个突出问题的通知》(甬政发〔1999〕253号),其中对县以上供销社可以按照"一社两体"的要求,以本级经济实体组建集团公司,作为本级社有资产的营运主体,按现代企业制度的要求,建立与成员企业的母子公司关系,实现社企分开,引进市场化的治理机制、用人机制和分配机制。县级供销社对基层供销社资产负有重要管理职能,在正确处理好县、基两级社资产所有权的基础上,积极探索资产一体化管理,由县联合社统一营运县、基两级社资产。在县域或更大范围内实行供销合作社资产和经营网络的重组。

2001年,全市各级供销社以实现社企分开、开放办社、改造联合社的工作开始起步。在全市、县机关机构改革中,供销社机构定性、人员身份、经费保障尚未明确落实的情况下,市、县两级供销社积极争取要求明确政府授权的商品和行业的经营及管理职能,清晰对联合社社企分开、职能转换、社有资产保值增值和为农服务等职能,确保对系统的组织、指导、管理服务职能顺利实施。

2002年9月,市政府办公厅《关于印发宁波市供销合作社联合社职能配置、内设机构和人员编制规定的通知》(甬政办发〔2002〕211号),明确宁波市供销合作社机关依照公务员法管理,定为正局级单位,核定机关编制25名,办公经费纳入财政预算。内设办公室、政治处、财务审计处、经济发展处、合作指导处5个处(室)。所需经费列入市财政预算。余姚市、鄞州区、象山县、奉化市等供销社机关机构改革方案出台,重点是明确供销社机构定性、人员身份、经费来源,明确政府授权行业管理职能,积极争取供销社机关所需经费列入当地财政预算(或财政补贴)和在编人员的个人身份问题。并按照当地政府要求,对工作满一定年限的原机关工作人员,可一次性安排离岗退养;对机关原混岗使用的企业人员,一次办理解除劳动关系的手续,不再保留企业身份;原供销社系统所属改制企事业单位的党、政、工等组织实行属地管理,即移交所属乡镇(街道)管理。

2003年2月14日,市供销社向市人事局提交《关于宁波市供销社机构改革实施方案》(甬供办〔2003〕13号)的报告。2月28日,市人事局依照国家公务员法管理规定和要求,同意市供销社周信浩等37名工作人员参照公务员法管理,过渡为依照单位公务员;同时将郭竞雄等4人,同意过渡为依照单位公务员,办理离岗退养手续;同意5名机关混岗人员过渡为依照单位工勤人员,并办理好有关手续。6月,市供销社完成机关自身机构人事改革。时机关在编实有人数42人,经市编委和有关部门批准,允许暂时实行自然减员,最终达到编制37名的要求。12月,根据市委办公厅甬党办〔2001〕33号文件精神,同意王定英提出辞去公职,发给一次性辞职补贴费。至年底,市供销社机关实有领导职数为主任1名,副主任3名,副巡视员1名,正处级3名,副处级5名。

2006年12月,省委、省政府《中共浙江省委、浙江省人民政府关于深化改革充分发挥供销合作社在新农村建设中重要作用的意见》(浙委〔2006〕106号),对供销社的改革发展方向、职能定位、体制编制、优惠政策等作了较为明确的规定,明确"县和县以上供销合作社联合社受同级党委、政府领导,联合社机关参与群团组织机构管理,本着精简高效的原则,核定相应的事业编制。"2007年,根据市人事局甬人公〔2007〕20号文件精神,市供销合作社参照公务员法登记,核定35人进入参照公务员法管理名单。另有2名原机关编制工作人员,根据其本人意愿退出参照公务员法管理。

2008年9月,市政府批准同意市供销社"三定方案"。核定内设机构设5个职能处室,即办公室、政治处、财务审计处(社有资产管理处)、经济发展处、合作指导处。核实机关事业单位编制25名,另外老干部工作人员2名,共计27名;领导职数:主任1名,副主任4名,正、副处长8名。12月,省人事厅批复,同意慈溪市、余姚市、奉化市、鄞州区、镇海区、北仑区、象山县、宁海县等8个供销社机关参照公务员法管理。2009年5月,市供销社组织各县(市)区供销社机关56名过渡人员参加"参公"考试全部合格,至7月,市供销社系统在全省供销社系统率先整体完成机关完成"三定"和人员"参公"管理工作,理顺供销社组织体系。供销社体制定位工作全面落实,为全市供销社系统的长治久安打下管理体制基础。

2013年12月27日,宁波供销集团公司成立。同时,报请市政府批准,将工商登记的企业法人单位——宁波市供销合作社更名为宁波供销集团公司,并按规定重新登记宁波市供销社机关为事业法人单位,参照公务员法管理。2014年10月28日,宁波市供销合作社联合社第一次代表大会召开,标志着宁波市供销合作社联合社正式建立,并实施代表大会、理事会、监事会"三会"领导管理体制。至此起,全市供销社系统体制基本定型。市供销社作为参照公务员法管理的事业单位,但实际上,本级一直沿用企业法人"宁波市供销合作社"的称谓,直到2014年6月才向宁波市事业单位登记管理局正式登记"宁波市供销合作社联合社"为事业单位,获准领取事业单位法人证书(事证第133020000789号)。

2014年11月1日起,启用"宁波市供销合作社联合社"印章,原"宁波市供销合作社"印章同时停用。原市供销社资产归入宁波供销集团公司管理。2016年12月23日,在基本完成构建各区县(市)、乡镇农合联组织体系的基础上,宁波市农民合作经济联合会成立暨第一次会员代表大会召开。市农合联理事长由宁波市政府副市长担任,常务副理事长由市供销社主任担任,宁波市农民合作经济联合会牌子增挂在市供销社。2020年4月22日,宁波市编委办根据省委〔2006〕106号文件通知,明确市供销社参照群团组织机关管理,取消原事业单位法人登记。市供销社领取参照群团组织机关代码证,代码证号码:11330200MBID893444。

第二章　流通体制改革

供销合作社作为一种社会经济组织,主要从事城乡商品流通并为"三农"服务,通过自身的经营,满足城乡居民生产、生活需要。随着经济社会发展和社会环境的改变,供销社各类经营主体也随之不断进行组织创新、经营创新和服务创新。改革开放后,尤其是1983年供销社恢复"三性"体制改革以来,宁波市供销社系统不断改革流通管理体制,推动供销事业永续发展。

第一节　合作制组织

中华人民共和国成立之初,合作制就是社会主义经济的重要形式之一,之后在人民公社制度下,农业生产合作制、供销合作社、信用合作社又成为合作经济的"三驾马车"。

在中国,供销合作社组织起初是由农民入股组建的,是农民自我服务的合作经济组织。它的性质也是农民自己的合作经济组织。许多资料表明,中华人民共和国成立初期刘少奇、朱德等老一辈革命家对供销社都有一系列重要指示,都强调供销社是农民自己的组织这个性质。但是,在计划经济体制下,供销社的性质发生很大的改变,几次体制变化后,供销社的性质就慢慢地从农民自己的合作经济组织,变成政府的一个部门或全民或大集体的企业。这个性质的变化和中国当时的计划经济体制有着密切的关系。因为在20世纪50年代初期,推行农副产品的统购统销和生产资料的垄断经营,供销社承担起政府配置资源的职能,也只能走这条路。这是供销社的历史背景。

1949年5月浙江解放后,省人民政府就成立"浙江省合作大队",派出220多人,分赴杭州、宁波、温州等地发动组建合作社。10月,全省供销合作社第一届社员代表大会召开,单独成立省供销合作社联合社,到1951年全省农村普遍建立供销合作社组织。1950年3月21日,宁波专区供销合作总社成立。到是年6月底各县相继成立供销合作总社,农村基层供销社从无到有,从小到大发展壮大起来。其时由农民群众为主体集资入股组织起来的农村基层合作社组织属于集体所有制性质。在组织体制和经营业务上曾享受国家政策的大力扶持和政府的大力帮助。在资金方面,国家银行对供销社实行无息或低息贷款,解决供销社初期资金短缺的困难。当时组建农村供销社,主要是为了响应国家号召,迅速发展生产,加快商品流通,方便和满足广大群众生活、生产需要,同是也为了解决农民买难卖难、解除私商盘剥和稳定市场物价问题,并保证对农村农民组织的互助组在肥料、农药、种子等生产资料的供应且给予价格上的优惠。农民可自愿入股加入供销社,于是供销社成为农民入股创办的集体所有制性质的合作经济组织。农村基层供销社在农副产品收购和生活、生产资料商品的供应方面基本满足了群众需要,也充分起到农民办社为农民的作用。经过初步发展,逐步确立供销社为农村经济发展服务的历史地位。

1950年7月,《中华人民共和国合作社法(草案)》规定:"供销合作社是农民及其他劳动人民自愿地联合起来,凑集资金,建立起来的自己的商业组织,亦是农民群众集资入股兴办起来自我服务组织"。根据此文件精神,供销合作社是在党和政府领导和扶持下的合作社组织,属于半社会主义性质的经济合作组织。1953年,国家实行国民经济建设的第一个五年计划。为贯彻执行过渡时期的总路线和总任务,由党和政府委托,以供销合作社为主体担负全区农村市场管理,对私营手工业、私营商业实行社会主义改造和计划商品的供应、采购等业务,并随着购销业务日益发展,集体积累不断增强,基层供销社逐步由半社会主义转为社会主义性质。1954年宪法规定,合作社经济是劳动群众集体所有的社会主义经济。

1953年至1956年,随着城乡社会主义改造进行和市场形势变化,国营商业与供销合作社进行过三次分工。第一次是1953年底,主要按经营对象分工,即国营和地方国营的产品,由国营商业收购,对私营企业的加工订货,通过国营商业有计划地进行;手工业产品由供销合作社收购和统一经营。第二次分工是1954年7月,改为按城乡分工,即国营商业负责城市市场的领导、公私合营比重的掌握、价格的统一规定和对私商的改造等;供销合作社负责农村市场的领导、公私合营比重的掌握、农副产品的收购、价格的掌握和对农村私商的改造等。第三次分工是在1956年基本完成生产资料所有制的社会主义改造以后,国、合商务实行按商品分工和城乡分工相结合的原则进行调整,即国营商业主管日用工业品和一部分生产资料(五金、交电、化工、石油)的收购与供应;供销合作社主管农副产品(粮食、油料除外)和农业生产资料(不包括大型农具和水利工具)的采购供应以及收购,并统一经营农村的批发业务,基层供销合作社还担负农村市场中部分或全部日用工业品和副食品的供应。

随着以上分工的变化,供销合作社各级领导管理体制也作了相应调整。1954年1月29日,中共中央在《关于农村供销合作社工作的决议(草案)》中进一步明确,"农村供销合作社是农民自愿联合起来的合作商业,一种属于社会主义性质的劳动人民的集体经济组织",是年7月召开中华全国合作社第一次代表大会,将中华全国合作社联合总社更名为中华全国供销合作总社。至此,全国形成了供销合作社独立的组织体系。1955年,中央决定手工业合作社与供销合作社分开,至1956年宁波地区各县相继建立县手工业联合社,并从县供销合作社中析出。

鉴于国营商业和供销合作社的几次分工与合作,供销合作社在所有制性质上几度变更,经历了多次体制改革。历史上曾经两次转为全民所有制,又两次退回到集体所有制。但不管其体制和性质怎么变,供销合作社始终是农村商品流通的主渠道,肩负着农村生产生活资料供应和农副产品收购的重要任务,执行国家粮棉油统购统销的政策任务,在发展生产、保障供应、服务城乡群众、推动农村社会经济发展等方面,发挥不可替代的历史作用。

1950年至1957年,是供销合作社建立和发展的黄金时期。在党和政府的领导和扶持下,宁波专区供销社系统大力倡导和组织合作社经济,通过自上而下建立各级合作社机构,业务经营和管理制度得到健康的发展与完善,商品零售额占到农村商品零售额的70%左右,具体表现在以下三个方面:第一,供销社的一切经营管理活动,都紧紧依靠党和政府的领导,深深地扎根于群众之中。供销社成为党在农村工作的得力助手和农民在经济上的重要支柱,同时供销社逐步建立和完善民主管理组织和制度,被农民群众亲切地称为"我们自己的供销社",从而为供销社事业的发展奠定坚实的基础。第二,在购销活动中,供销社坚持政治为中心,以服务群众为宗旨,不以赢利为目的,而是通过价格优惠、购销合同等一系列经济措施,积极引导农民在供销环节上联合起来,使农民增产增收,体会到合作集体经济的优越性,同时对农业合作化起到积极的推动和促进作用。第三,农村基层供销社根据以集镇为中心,按经济区域建社的原则,发展组织,扩大经营业务,并通过对私营商业的社会主义改造,改变私有制为公私合营,或公有制性质,占领农村市场,使农村市场成为社会主义统一市场的基础。

第二节 全民所有制

中华人民共和国成立初期,在国民经济中存在着五种经济所有制成分,即在国内市场上参与商品流通的有国营商业、合作供销社商业、个私商业、资本主义商业和国家资本主义商业等五种不同性质的商业体制。党和国家的政策是发展壮大国营企业,扶植合作供销社商业,对资本主义商业采取利用、限制、改造的政策,对个私商业则是领导他们组织起来,走合作化道路。

1958年至1978年,中国经历"大跃进"运动、国民经济调整和"文化大革命"以及粉碎"四人帮"以后的两年徘徊。在这长达20年的时间里,供销合作社经历不少动荡和波折,在所有制属性上几经改变,在徘徊曲折中前进。1958年4月,国家财政部、第二商业部通知:"供销合作社停止执行所得税制度,改按利润入库,并实行利润分成。"于是把供销社过去按集体所有制经济执行的财税政策,改为按国营商业对待,改变了原有的集体所有制性质。在"大跃进"运动中,基层供销社一度下放为人民公社的供销部。县以上供销合作社第一次与国营商业领导机关合并,成为各级政府的商业行政机关。整个国合商业统一归属于人民公社供销部管理,内部管理制度基本上执行国营商业的制度。供销合作社成了"官办"商业,由集体所有制过渡为全民所有制,原来由小商小贩组织起来的合作商店(组)也"一步登天",也变成国营商业,农村集市贸易基本上停止。整个城乡市场基本上由国营商业独家经营,大部分商品实行统购包销,一度造成商品流通不畅,农村商业削弱的局面。

1959年9月,根据中共中央《关于商业工作问题的决定》的通知,开始恢复供销社集体所有制性质。1960年下半年,党中央提出国民经济实行"调整、巩固、充实、提高"的方针,对改进商业工作发布一系列指示,决定恢复供销合作社。1962年,中央决定恢复中华全国供销合作总社。9月,省社宁波专区办事处根据中共中央《关于商业工作问题的决定》和省供销社通知,重申供销合作社为集体所有制性质,是国营商业的有力助手,并将已经"过渡到国营商业和供销社内部的小商小贩划出,重新建立合作商店(组)"。恢复农村集市贸易,明确农村集市贸易是社会主义统一市场的一个组成部分,从而使宁波城乡流通渠道单一的局面有所改变,农村市场日趋活跃,供销社开始恢复生机和活力。

1965年12月,国务院决定将各级供销社的资金,除社员股金外,全部转为国家资金。其时的供销社集体所有制性质混同于全民所有制。但在"文化大革命"中,国民经济调整时期的许多行之有效的政策措施被批判和否定,供销社又一次受到冲击。1969年开始,全区农村基层供销社推行"贫下中农管理农村商业",改由人民公社领导和管理,并改变财务体制,各级供销社实现的利润直接上缴财政,亏损由财政补贴。在这种情况下,不少供销合作社丢掉优良传统,滋长"官商"作风,疏远同农民的关系。但经过供销合作社干部职工的努力,继续在支援农业生产、保障人民生活基本需求方面做了大量工作,仍维持一定的信誉。基于"左"倾思想的严重影响,供销事业的发展受到严重挫折。

1970年,供销合作社第二次并入国营商业,并再次纳入全民所有制经济轨道。全区各县供销合作社也与商业局第二次合并,成立商业局革命领导小组,对外称县商业局,由商业局领导管理供销合作社,供销社又一次由全民、集体混合所有制转变为全民所有制性质。1975年2月,周恩来总理在病重住院期间曾提出:"要把供销合作社恢复起来,替农民说话。"是年,国务院决定恢复全国供销合作总社,全区供销社亦随之逐渐恢复为合作经济商业组织。1977年12月,国务院宣布,供销合作社已经发展成为全民所有制性质的商业。1978年,复建供销合作社,与商业局第三次合并,并改为全民所有制商业。

第三节　恢复"三性"体制改革

1978年12月,党的十一届三中全会召开,决定把党和国家的工作重点转移到社会主义经济建设上来。实行对外开放,对内搞活经济的政策。在流通领域,国家放宽和调整商品购销政策,改革农副产品派购制度,逐步建立起多种经济形式、多条流通渠道、多种经济方式、少环节、开放式的新流通体制。供销合作社事业也发生历史性的转折。

1982年1月1日,中共中央批转《全国农村工作会议纪要》中指出:"农村供销合作社是城乡经济交流的一条主要渠道,同时也是促进农村经济联合的纽带。要恢复和加强供销合作社组织上的群众性、管理上的民主性和经营上的灵活性,使它在组织农村经济生活中发挥更大的作用"。是年11月,浙江省召开商业工作会议,决定对供销合作社进行恢复"三性"的体制改革。基层供销合作社应当恢复合作商业性质,即集体所有制性质。县级供销合作社应当成为基层供销合作社的联合经济组织。按照中央确定的供销合作社体制改革的方向和原则,恢复社员代表大会和理(监)事会等民主管理制度。1983年1月,中共中央颁发《当前农村经济政策的若干问题》,指明供销社的改革方向,并围绕从全民所有制改为集体所有制,从"官办"改为"民办"这个核心问题,改革不适应商品经济发展的经营机制和管理体制。2月7日,宁波地区行政公署印发《关于抓紧供销社体制改革的通知》(宁署〔1983〕4号),主要内容和任务是:(一)恢复供销社"三性"(即组织上的群众性、管理上的民主性、经营上的灵活性),搞好清股、扩股,开好社员代表大会,制定章程,选举产生理监事会,实行民主管理。(二)进一步推销农副产品积极组织工业品下乡,疏通流通渠道,促进商品生产和商品交换的发展,解决农民"卖难""买难"的问题。(三)实行以承包为中心的各种形式的经营责任制,进一步搞好农村商业工作,提高企业经济和社会服务效益。并提出在供销社体制改革中,要认真处理七个方面的政策问题。

1983年1月,宁波地区行署确定奉化县首先试点,要求各县在试点的基础上分批推进,在年内结束,并成立县级供销合作社联合社。宁波地区供销社于是年1月上旬进驻奉化江口供销社开展试点工作,又召开全区财贸工作座谈会,着重部署各县全面开展供销社体制改革的试点工作,确定全区第一批试点的10个基层供销社。2月下旬,宁波地区行署在奉化召开商业体制改革会议,交流试点经验。4月起,全区供销社系统开始推进以恢复"三性"为重点的供销社体制改革。8月,宁波地、市供销社合并,建立宁波市供销合作社。是年,全区82个基层供销合作社在清股分红、增股扩股、民主选举社员代表的基础上,召开社员代表大会,选举产生理、监事会。7个县供销合作社相继建立联合社,并调整基层供销社建制。市供销社成立第二土产日杂、第二副食品、第二物资回收公司,调整5个所属公司的领导班子,中层干部也陆续配齐。

1984年1月8日,宁波地区行署印发《关于抓紧供销社体制改革的通知》(宁署〔1983〕4号),在奉化县进行改革试点的同时,要求各县在试点基础上分批推进改革,并明确提出宁波地区以经济区建社的原则。是年3月8日,在市委、市府和各级党委直接领导下,全市供销社系统组织200多名干部,各县选择1个基层供销社(全市共8个基层社)进行体制改革试点,并制订改革方案。5月2日,市委〔1984〕28号文件批转市供销社《关于深入进行供销社体制改革的几点意见》的通知,在全市95个基层供销社全面铺开体制改革。6月,根据市委、市政府〔1984〕28号《关于深入进行供销社体制改革的试行意见》,各县供销合作社改为供销合作社联合社。

全市供销社系统在恢复"三性"的基础上,按照中共中央《关于1984年农村工作的通知》和国务院副总理田纪云提出的"五个突破"的指示精神,进行财务管理制度、劳动人事制度、分配制度、经营范围、服务领域和价格管理制度等五大"突破性"改革,取消对农民入股的限制,促进供销社在经济上与农民的紧密相连;突破分配上制度上的限制,进一步落实经济责任制,真正体现按劳分配、多劳多得的原则;突破物价的限制,允许供销社在商品价格的定价上有一定的灵活性;政府为供销社"松绑、放权",扩大自主权,激发企业内在动力。供销社改革的重点逐步转移到为农村商品生产服务,紧紧围绕为农业、农村、农民服务的根本宗旨,发展和完善为农服务体系,发展商办工业,发展多种形式的经济联合,发展供销社的教育事业,使供销社的改革向深度和广度上发展。同年,各县政府均印发改革集体商业领导管理体制的通知,从而拉开全市各县集体商业改革的序幕。原属供销社系统归口管理的合作商店,多数以区、镇建立综合公司(总店),县设总公司。11月,成立鄞县第二商业总公司,原归口于供销社管理的集体商业企业归属鄞县第二商业总公司管理。12月,成立慈溪市第二商业总公司,原归口于供销社、商业局管理的集体商业企业划归慈溪市第二商业总公司管理。以上两个县的第二商业总公司均作为县政府直属部门,行使局级行政管理权限,管理全县合作商业,同时经营业务。自此,集体商业(合作商店)脱离长期来由供销合作社归口管理而自成系统。镇海、北仑建立第二商业公司,专司所属合作商业,但仍归属于供销社管理。余姚、奉化、宁海、象山4个县(市)供销社以社区为单位各种形式组建合作商业总店或商业综合公司。如奉化县溪口区成立溪口商业综合公司,下属有溪口综合商店、饮食商店、副食品加工厂、印刷厂等。随后又成立萧镇商业综合公司,这两个商业综合公司均为自主经营、独立核算、自负盈亏,与当地供销合作社脱钩而建的独立经营管理体。棠云、莼湖两地亦建立商业综合公司,但尚未与供销社脱钩自成经营体系。市供销社建立慈城、洪塘、庄桥等3个商业综合公司和第二土产、物资、副食品公司。

1985年,市政府印发《关于继续深入进行供销社体制改革若干政策的规定》,供销社体制改革主要内容包括以下五个方面:(一)深入改革的基本要求和三年内达到的目标。继续围绕改"官办"为"民办"这个核心,把供销社改成完全独立核算、自负盈亏、自主经营、由群众民主管理的主体。重点抓好:(1)放手扩股集资。继续增加社员股金占供销社自有资金的比重。(2)简政放权。按照中央《关于经济体制改革的决定》提出的6个权力,把权力真正下放给企业。县级公司和县供销社本身按集体所有制财务制度执行,实行独立核算,自负盈亏。(3)扩大经营范围,调整经营结构。要从单纯的经营型转变为经营、生产、服务型。坚持"一业为主,多种经营",以适应商品生产发展和社会的需要。开拓商办工业,大力兴办新的第三产业,奋战三年,在努力搞好为农村经济服务的前提下,实现利润比1984年翻一番。

(二)加快县级公司改革的步伐。(1)业务经营权。企业在保证完成国家和上级下达的计划前提下,可以自主开展各项业务活动,确定经营方式和服务项目。(2)劳动人事权。经理由县供销社任命,副经理由经理提名县供销社公布,中层干部均由本单位自行任免并报县供销社备案。企业有权确定内部机构设置和人员配备。有权向社会上和系统外择优录取、招聘人员(招聘长期合同工必须执行上级计划)。经理有权对职工进行调动、任免、升迁,实行严格的考核和奖励,但开除处分须报县供销社批准。(三)财务管理权。企业有权使用自有资金参加联营。对所属经营部门允许实行独立核算,自负盈亏,单独纳税。企业业务经营费可在商品销售总额的千分之二范围内按实列支。凡完成县供销社下达的年度利润指标的企业,可在税前按全部职工总数提取2.5个月工资额的奖励;按固定职工工资总额在税前提取5%的企业基金;按商品销售总额的5%在税前列支简易建筑费;运输车辆除按综合折旧率提取折旧基金外,可按每行驶千吨公里规定标准提取大修理基金。(四)积极发展商办工业。新办工业可参照各县政府规定的乡镇企业有关政策执行。(1)基层供销社、公司和县供销社新办的企业,允许实行多种经济形式,实行独立核算,自负盈亏,自主经营,落实经营承包责任制。(2)供销社办工厂所需资金,主要靠自身积累,也可采取职工集资、社员入股、带资投劳等办法。可按工业销售额在税前提取1%的新产品、新技术开发基金。(3)发掘、引进人才、开发智力。所需教育基金可在工资总额的1.5%范围内列支。(4)适当给予减免税照顾。对专门生产酱油、豆制品、糕点等食品以及饲料加工等企业,在1990年以前,按规定税率减半征收所得税;对新办冷库、仓库、食品和节能企业,免征工商所得税两至三年。凡完成主管部门(县供销社、公司、基层供销社)下达的年度产值销售、利润指标的工厂,按计税工资总额在税前提取5%的企业基金;从1985年1月起,固定资产折旧定为8%至10%;企业业务经营费可在商品销售总额的千分之二范围内按实列支。(五)建立对企业领导实行责权利相结合的责任制。

1983年至1985年,经过三年改革,恢复基层供销社的集体所有制性质。全市供销社系统的改革取得重大突破:一是确立"以经济区建社"的原则,调整基层供销社建制。地区供销社根据宁波地委(宁署〔1983〕4号)文件精神,1984年全市95个农村基层供销社以中心集镇(经济区)调整建立87家基层供销社。宁波地区建社的做法得到省供销社的认同并向全省作了介绍。到1985年,全省基层供销社调整为967个,比体改前1981年的1124个减少157个。在这次体制改革中,全国供销社系统也基本采用以经济区域建社的原则。二是清股扩股,落实社员股权与分红权。全市供销社系统入股社员达991406户,占全市农户总数82.8%;股金总额370.4万元,比体改前的170万元增加1.1倍。在清股扩股基础上,对社员股金分红作了规范。三是推进民主办社,建立健全民主管理制度。1983年上半年在奉化江口供销社进行试点,到年底87家基层供销社全部召开社员代表大会,建立社员代表大会制度。重新制定社章,选举产生理事会、监事会。全市增选107名农民理事和69名农民监事,理、监事会中的农民代表分别占三分之一和二分之一。是年,县级供销社也召开社员代表大会,成立县供销合作社联合社。当年,宁波正处于地、市合并期间,合并后的宁波市供销合作社尚未及时召开社员代表大会,也未成立合作社联合社,直到2014年才补上这一课。四是逐步推进经营体制改革,适应放开、搞活的新形势。1983年8月,地、供销社市合并后,建立宁波市供销合作社。1984年9月20日成立宁波供销社贸易中心,作为经营体制改革的尝试,打破供销社不能在市区经营工业品的分工,也打破计划经营的传统,自行采购计划外商品和物资供应市场。1984年,在市委、市政府直接领导下,组织200余名干部,各县选择1个基层社(全市8个)进行体改试点。市体改工作试点由市财政办、市供销社和奉化市政府组成联合工作组,于3月8日进驻奉化江口供销社,进行基层供销社扩权改革试点。5月2日,市委批转市供销社《关于深入进行供销合作社体制改革的试行意见》(市委〔1984〕28号),就适应开放、搞活、多渠道流通新形势,增强基层社经营上的灵活性问题明确提出:要"打破传统狭隘的圈子,积极扩大经营范围和服务领域,促进商品生产。凡是农民在产前、产中、产后以及生活上需要服务的,供销社都要积极去办,不设部门、行业和地区的限制。"供销合作社"经营范围不受商品分工限制,除国家法令指定的个别品种外,凡农民生产生活需要的都可以经营"。1984年,全市供销社兴办工厂、旅游和运输服务项目92个,有6个贸易中心相继开业,供销社的经营范围和服务领域有了新的突破,在促进农副商品生产发展方面取得较好成效。1984年,全市供销社系统商品销售总额14.86亿元,到1993年达到55.30亿元。五是实施战略性调整,推进供销社快速发展。1985年,国家明确不再下达农副产品统购派购任务,分别实行合同定购和市场收购。全市供销社系统抓住这一历史性机遇,实施战略性调整,加快发展步伐,逐步形成城乡结合,内外并举,多业发展的供销社经济新格局。1984年,全市已新建57个乡镇企业服务部、28个运输服务部、63个修理租赁服务部、11个农副产品批发市场、56个贸易货栈、26个工业品商场、73个技术信息服务站,179个购销网点、13个加工厂(场)、16600平方米仓库、5座冷库、34辆(条)车船。六是城乡结合,基础设施大投入。1983年,全市第一家基层供销社商场——慈溪观城商场建成开业。由此掀起基层供销社城镇商业网点建设的热潮。1982年9月,鄞县天童供销社投资120万元建成建筑面积3300平方米的育王楼饭店,这是宁波市供销社系统第一家比较现代化的旅游酒店。1985年,慈溪供销社从日本引进设备创建慈溪冷冻(后发展为浙江海通集团有限公司),是全省、市供销社系统第一家补偿贸易企业,占地11987平方米,建筑面积5719平方米,1985年加工补偿出口蔬菜529吨。

1987年,根据中共中央〔1987〕5号、国务院〔1987〕55号文件通知,各县供销社按照合作社联合社的原则,着重抓好企业内部领导体制和经营机制的改革。开始推行主任负责制试点工作,为改革供销社领导管理体制进行新的探索。改革原来由社党支部领导下的书记负责制改为主任负责制,改革领导决策程序,建立社务会议制度,企业经营管理中的重大问题,由社务会议讨论决定。1988年,全市供销社系统的体制改革向纵深发展。1989年,全市供销社系统实施以领导任期目标责任制为核心的"五制一体",即主任经理负责制、任期目标责任制、经营承包责任制、经济审计制、思想政治工作责任制的管理体制。重点抓好主任经理负责制、任期目标责任制、经营承包责任制。95%以上企业实行主任经理负责制、任期目标责任制(经营承包责任制)。

1987年至1990年,各县供销合作社改革现行领导体制,建立社务委员会,取代理事会、监事会,并实行主任负责制。基层供销合作社社务委员会会长由区、镇政府分管财贸的副区(镇)长担任,基层供销合作社主任由原来的县(市)区供销合作社任命制改为聘任制。领导体制改革后,设立的社务委员会为县(市)区供销合作社代表大会闭会期间的常设机构,行使民主管理和监督的职能;县(市)区供销合作社工作在党委领导下实行主任负责制,根据党管干部的原则和民主程序,正、副主任人选由县(市)区委提命、公布。同时对供销社性质作了明确的规定:供销合作社是以农民为主体的集体所有制的合作经济组织,县供销合作社是全县供销合作社的联合组织。通过领导体制改革,全市供销社已基本达到政企分开,自负盈亏,建立较好的经营机制和体制管理,实力进一步增强。

第四节　棉花流通体制改革

中华人民共和国成立以后,宁波棉花购销流通体制大体经历自由贸易、统购统销、合同定购以及棉花流通体制市场化改革这四个历史阶段。

棉花自由贸易　供销社成立之初,国家实行以国营经济为主导,国内贸易自由的政策。对棉花和其他农副产品,基本上通过市场自由购销。1951年3月,省人民政府向棉区提出有关棉花生产、收购、奖励政策,实施棉粮比价,等级差价,优棉优价,贷肥贷种,推行棉花预购(即按预购总值十分之一发放大米、肥田粉、豆饼)等措施。是年8月,省人民政府将棉花收购任务全部委托供销社经营,不准私商经营。9月,华东贸易部、华东合作总社颁发《关于1951年新棉收购的联合通知》,新棉统一由花纱布公司和合作社收购,私营纱厂参加联购而不直接向市场收购。对棉商则从地区差价上加以限制。棉花收购做到检验与民主评级相结合,由花纱布公司、合作社和棉农各派1人,组成评级小组,依照规定标准,实行民主评级。1953年9月9日,政务院颁发《关于实行粮的计划收购和计划供应的命令》,1953年底棉花自由贸易阶段结束。

棉花统购统销　1954年起,宁波产棉县按照国家棉花统购统销政策,由供销社统一收购、加工、调拨,分级管理,实行指令性计划。统购统销借助国家政权的强制力量,让棉农把生产的棉花全部卖给国家,全社会所需的棉花统一由国家来供应,价格也由国家统一规定。棉农自己用的棉花和品种必须经国家批准后才能留下;城乡居民则凭棉花(布)票供应。除棉花外,粮食、食油、猪肉、水产品等生活资料也严格控制,必须凭国家印发的票证才能供应。

1954年9月,省政府印发《浙江省1954年棉花计划收购暂行实施办法》《市场管理办法》,规定凡棉农所产棉花,除用以缴纳公粮和自己留用部分外,其余一律按国家计划和价格全部卖给国家,不准卖给私商;取缔私商经营原棉,禁止棉花自由买卖,由合作社代国家进行计划收购,对私营土纺土织、加工厂进行登记,加以管理。10月,省财政经济委员会确定余姚、慈溪、镇海、鄞县、宁海县为棉花统购任务县,随即慈溪、余姚两县成立棉花联合统购办公室,各县供销社组织农村社队集体售棉。

棉花统购统销政策是中国一项影响深远重大战略决策,这个决策既是一个涉及农产品购销的经济政策,又是一个影响全局的根本性政策,而且对中国历史悠久的手工棉纺织业产生重要而深远的影响。因为在中华人民共和国成立初期,国家大力发展工业,需要大量的资金,由此国家用工农产品价格"剪刀差"的形式实现农业积累向工业转移的这样一种工业化建设资金的积累方式。"剪刀差"是国家对农产品的收购价格低于其价值,而卖给农民的工业品又高于其价值,从而达到把农业积累资金转移到工业领域的目的。此后,虽经各种政治运动,国家根据不同时期的形势,对棉花政策屡有调整,但在计划经济体制下,以"统购统销"为基本政策,始终把棉花商品掌握在国家手中。棉花统购统销政策延续30余年之久,于1985年取消棉花统购。

棉布票证制度是棉花统购统销政策的产物,居民到供销社购布必须持国家印发的凭证。1954年9月15日起,棉布实行凭票供应。1954年至1982年,对民用布定量和凭票供应范围相应作了多次调整。1983年开始不发布票和絮棉票,敞开供应。

1960年,贯彻执行棉花检验相符率(公差)指标。产棉区供销社执行"一试五定"与民主评级相结合的棉花检验制度。"一试五定"：批批试轧定衣分,对照标准定品级,手扯尺量定长度,仪器电测定水分,手拣估测定杂质。1961年,棉花属一类统购品种,"先留后购",实行奖售大米、化肥、棉布政策,其中以生产大队为单位,凡收购皮棉100市斤,奖售化肥30市斤。1961年至1966年,产棉区供销社执行省供销社提出的收购棉花要做到随到随收、见新就收的政策。1967年,贯彻毛泽东主席"必须把粮食抓紧,必须把棉花抓紧,必须把布匹抓紧"的指示,棉花市场管严管死。1970年开始,为支援棉花生产需要,实行奖售化肥预拨办法,按省下达的棉花生产计划面积,在每年4月底以前,亩预拨化肥20公斤。其中1972年国家颁布棉花收购新标准,棉花品质由原来12个等级改为7个等级,以3级为标准,7级以下为级外棉。棉花等级差价率和长度差价率标准,即等级分1—7级和等外级。等外棉差价率作过几次变动。级差24%执行到1983年,从1984年开始等外级分为外一24%,外二10%;1986年调整为外一30%,外二17%;1987年调整为外二38%,外二25%。实行棉花收购新标准,兼顾国家、集体、个人三者利益,体现党在农副产品收购的政策精神,起到指导生产、提高产品质量的作用。

棉花统购统销政策渐行渐止　党的十一届三中全会以后,以农村家庭联产承包责任制为标志的农村改革,拉开了中国改革的序幕,棉花产业实现历史性的转折,棉农种棉积极性得以充分调动,种植面积和产量显著回升,国家提高对棉花收购价格,实行超购奖励和粮棉挂钩、超购奖粮等一系列政策措施。宁波棉花生产呈现出前所未有的快速发展好势头,供销社棉花收购实行以户交售,以户开票,以生产队结算的办法。1978年,产棉区实行粮棉五定(棉田面积、棉花产量、交售任务、自产粮、口粮标准)和粮棉挂钩、超售奖粮的办法。8月起,提高棉花统购基数的收价10%。1979年4月,国务院决定对棉花计划收购实行超购超奖办法。1980年后,随着农村以户承包责任制的全面推行,农民投售棉花贷款结算从以队为单位非现金结算,改为户售户结,现金结算。1981年,省农委、财办联合发文,再次强调棉花由供销社统一收购、统一经营,其他任何单位和个人均不得收购和经营。

1983年12月,国家停止对城乡居民发放布票、絮棉票的统销政策,纺织品、针织品和絮棉敞开供应,结束长达30年纺织品和民用絮棉短凭票供应的历史。1984年前,每超购一斤皮棉奖粮两市斤。1984年,允许等外棉上市。1985年,中共中央、国务院印发《关于进一步活跃农村经济的十项政策》,对实行30多年的棉花统购统销政策进行改革,取消棉花统购,改为合同定购,计划调拨改为自由选购。按四六比例加价,即收购量60%按统购牌价收购,不奖粮、肥;40%按超购价加30%收购,并奖励化肥,每百公斤皮棉奖化肥70公斤,交售棉花加价12%(级外棉不加价),定购以外的棉花,允许农民上市自销,也允许工厂与棉农直接协商收购。

棉花取消统购统销,改为合同定购这项改革,对中国农村经济改革具有重要意义。虽然之前也几经改革,但大都是围绕"统购统销"单轨制这一环节,有着浓厚的计划经济特征。而这次改革的核心是将市场机制引入棉花供求的调节,这是棉花收购政策改革的重大突破。棉花流通体制经过1985年的改革,进入政府直接控制与自由交换并存的"双轨制"时期。

1987年,国家对棉花的收购、供应、调拨、库存和出口指标仍实行指令性计划管理。是年,国务院决定棉花收购价格恢复到1985年的水平,规定在全国棉花合同定购任务完成前,不开放棉花市场。实行棉花与粮、油、肥、农药挂钩,国家对棉花的收购、供应、调拨、库存和出口指标,全部实行指令性计划管理。并规定棉花由供销合作社统一收购,其他单位和个人均不得收购和经营。省政府明确规定收购价由原来的正"四六"比价加价调整为"五五"加价,每售50公斤皮棉奖售化肥由原来35公斤增为40公斤。同时收购价实行"倒三七"比例加价,即超购加价部分提至70%,棉区还采取地方性贴农措施,1988年至1989年,国家对棉花收购恢复专营。1988年3月12日,省政府〔1988〕12号文《关于改进棉麻生产销售管理的通知》,规定棉花在国家规定的"倒三七"比价外的临时补贴,由每50公斤皮棉从1987年的5元提高到15元,继续由工业、外贸用棉单位和负责供应絮棉的供销社承担。为此,市供销社印发《宁波市棉花调拨供应实施办法》(宁供业〔1988〕254号)的通知,对棉花计划管理、供应、组织服务、经济责任等提出具体规定和要求。1989年9月1日,国务院印发《关于做好1990年度棉花收购和调拨工作的通知》,规定棉花由供销社统一收购,统一经营,不开放棉花市场,不搞价格双轨制的决定,其他单位和个人一律不得收购、经营棉花。

1991年起,市计委、市供销社、市纺织工业局每年分季或分月下达纺棉、絮棉供应计划,对地方进口棉、国家储备棉、絮棉调供等计划作出安排。市特产公司纺棉供货给市和丰纺织厂、万信纱厂;慈溪市特产公司供货给慈一棉、慈二棉;余姚市特产公司供货给余一棉、余姚棉纺厂;宁海县特产公司供货给宁海棉纺厂;镇海、北仑区特产公司供货给镇海棉纺厂;象山县特产公司供货给石浦棉纺厂。1994年2月,国内贸易部等五部委联合发文《关于加强棉花调拨计划管理的通知》,进一步强调县级以上供销社为棉花调拨供应计划执行单位;省间棉花调拨实行取货制;棉花资源由国家统筹安排。5月,针对部分棉区出现棉花黑市议价买卖问题。市供销社上报市政府《关于制止棉花黑市议价买卖的建议》,要求重申棉花由供销社"统一收购、统一经营"的政策,坚决取缔民间轧花车和个体商贩收购及无照经营,给棉农一定的优惠政策,控制农资价格。10月,市供销社、市工商局、市公安局等部门联合颁发《关于加强棉花市场管理的通告》,明确棉花(包括级外棉短绒)由供销社的棉花经营部门统一收购、经营,其他任何单位和个人一律不得收购、经营棉花。余姚市、慈溪市、象山县政府加强棉花市场管理,分别采取净化棉花市场的管理措施,并分解落实乡镇棉花收购计划,实行奖罚挂钩。

1995年9月,省工商局、省供销社印发《关于加强棉花市场管理的通告》(浙合特〔1995〕22号),明确指出棉花(包括级外棉棉短绒)由供销社的棉花经营部门统一收购、经营(良繁区的棉花委托良种棉加工厂代收购、代加工),其他任何单位和个人一律不得收购、加工和销售。

从1978年以来,棉花流通体制改革步伐从未间断过,一直围绕棉花的供求变动在"松放—紧收"的循环圈内打转。如通过合同定购和部分放开经营与市场等途径,对棉花收购体制进行市场化改革;20世纪80年代后期,棉花进入紧缺阶段,加大管制力度至1988年和1989年完全恢复国家专营;1992年预期棉花过剩,当年提出"三放开"(放开经营、放开市场、放开价格)。

棉花流通体制市场化改革 1998年4月,全国供销合作总社印发《关于棉花购销政策调整后有关问题的紧急通知》,从1998年4月20日起适当降低棉花收购价格并实行政策指导价,同时放开棉花购销价格。12月,国务院国发〔1998〕42号文件规定,从1999年起,棉花收购价格按照市场形成价格的原则,由购销双方协商确定,国家不再作统一规定。1999年6月,放开国内棉花流通渠道和价格,使棉花流通体制在朝着市场化方向的改革又推进一大步。8月,省工商局、省技术监督局出台《浙江省棉花收购、加工资格认定实施管理试行办法》。省工商局和省供销社联合印发《关于加强棉花市场管理的通告》,要求进一步加强棉花市场管理,对非法生产、销售、使用小轧花机、土打包机和新上籽棉加工项目的要坚决取缔;对非法收购、加工、经营棉花的企业和个人必须坚决依法打击以切实维护正常的棉花流通秩序。

进入21世纪后,宁波主要棉花产地分布在慈溪、余姚、鄞州、宁海、北仑等县(市)区。2001年,中国加入世贸组织,棉花市场全面放开。全市供销社系统棉花收购、加工企业从1999年底开始进行改制,至2002年基本解体歇业,或成立合作制(股份合作制)企业,棉花收购锐减。2002年7月,全国供销合作总社印发《关于自觉服从改革发展大局积极稳妥推进棉花流通体制改革的紧急通知》(供销办字〔2001〕50号)。8月,国务院发出《关于"一放,二分,三加强",走产业化经营路子的通知》,"一放"就是放开棉花收购,打破垄断经营,这是改革的核心;"二分"就是社企分开,储备与经营分开,是改革的关键;"三加强"就是加强国家宏观调控、加强棉花市场管理和加强棉花质量监督,这是改革成功的重要保证。"走产业化经营路子"就是大力推进棉花产业化经营,这是棉花流通体制的根本方向和长远目标。

第五节 现代企业制度

现代企业制度是一种适应社会主义市场经济要求的企业制度,是以市场经济为基础,以企业法人制度为主体,以公司制度为核心,以产权清晰、权责明确、政企分开、管理科学为条件的新型企业制度。

1991年开始,全市供销社系统基本形成经营专业特色明显,专业市场优势明显,突现经济结构合理的格局。探索建立现代企业制度,以公司制和股份制为主要形式,努力实现投资主体的多元化。从产权制度、分配制度、管理制度等生产关系方面较好地解决企业制度建设中的深层次问题,因而有效地促进生产力的发展。在体制与机制上全面与"产权清晰、权责明确、政企分开、管理科学"的现代企业制度接轨。

1992年,贯彻商业部、省供销社《中华人民共和国城镇集体所有制企业条例》《商业企业实施细则》通知,市供销社积极尝试建立现代企业制度。11月,宁波南苑饭店改制为系统内首家股份制企业,对市果品总公司的股份合作制进行试点。市、县供销社进行"一社两体"(供销合作社本级经济实体和系统联合体并存)的改革活动。1993年,全市供销社系统以建立现代企业制度为目标,重塑供销合作社的活力机制。市供销社组建宁波海田集团(总公司),使本级企业逐步实现资产运行、经营管理集团化。

1993年至1994年间,全市供销社系统积极推行现代企业制度改革。各县供销社先后建立集团和集团总公司。集团和集团总公司由各县(市)区供销社所属公司和基层供销社企业组成。这些组建的集团总公司具有以下六个特性:一是实行独立核算,自负盈亏。保留供销合作社联合社牌子,保持供销社体系,实行"一个机构、两块牌子"。总公司的职能为经营、协调、服务、管理,隶属当地政府领导,受政府委托或授权的有关职能,并以供销合作社联合社名义行使职权。二是集团总公司的职责、权限以及一整套的内部运转体系均按批准的总公司章程办理。三是总公司实行任期目标责任制,与政府签订任期目标责任书,主要明确利润、销售、资产增值等责任,一定三年不变。四是市、县财税部门与总公司签订合同,集团核心企业和紧密层企业由总公司一个头实行所得税目标管理,统一解缴。营业税、产品税、增值税等流转税,解缴渠道维持现状,一定三年。五是集团核心企业和紧密层企业由总公司一个头实行工效总挂总提。具体均由市、县劳动局、财税局和总公司订立合同确定。六是总公司总经理为企业法定代表人。总公司总经理、副总经理的任免,按现行干部管理权执行。在劳动用工上,推行全员劳动合同制。在分配上实行岗位工资与激励机制相结合的分配制度。在经营上,进一步调整经营结构和经营形式,大力拓展商埠,兴办综合商场,发展外向经济。在价格上,企业根据市场价格规律和供求关系自行定价。至年底,全市供销社系统有股份制试点企业2家,股份合作制3家,市、县两级供销社所属公司多数还改建为总公司。

1994年,各县(市)区供销社逐步按集团机制管理和运行,在精简机构,提高效益的同时,多数县级供销社向集团化和经济实体转轨,加快转换经营机制步伐,落实企业自主权,逐步形成经营、管理、决策、投资的运行模式,发挥供销社系统的规模优势和资源配置优势,实现本级供销社(集团总公司)自有资产的保值增值,促进供销合作事业的发展。全市供销社有5家单位组建股份(合作)制。其中6月,市果品总公司作为全市财贸系统股份合作制改革首批企业转制,转制后机制相对灵活,经济效益逐年增强,1994年综合效益268万元,1996年达到648万元,三年累计公积金95.8万元,结余"工效"工资420万元,提取网点基金80万元,为建立现代企业制度打下坚实的基础。1995年5月15日,全国供销合作总社正式恢复成立。宁波市和各县(区)市各级政府相继召开有关会议,听取供销社改革发展情况的汇报,讨论供销社改革发展的有关政策,主要议题是政府在税收方面、资金方面、抽资承包、网点设施建设和工资收入分配等方面给予支持。同时,要求各乡镇政府继续支持供销社深化改革,要尽量减少对供销社的各种形式的集资和摊派。各有关部门要在各自的责权范围内尽量给予支持,为供销社创造一个宽松的经营环境,进一步推动供销社深化改革、强化服务、加快发展。同年下半年,各县(市)区供销合作社贯彻印发《国务院副总理朱镕基、国务委员陈俊生在中华全国供销合作社第二次代表大会的讲话和工作报告》。朱镕基在讲话中提出供销合作社的改革方向问题。国务委员陈俊生提出供销合作社应主要遵循以下十方面的指导方针:(1)真正把供销合作社办成农民群众的合作经济组织;(2)切实搞好综合服务;(3)强化民主管理;(4)与农民群众结成经济利益共同体;(5)加强农村综合服务网络建设;(6)更好地发挥农村商品流通主渠道作用;(7)进一步完善经营责任制;(8)化大力量加强基层供销合作社建设;(9)加强国际合作,发展外向型经济;(10)努力搞好精神文明建设。10月10日,市供销社转发市体改委等六单位《宁波市鼓励企业兼并的若干意见》,要求各县(市)区、市社各公司和城区基层社鼓励优势企业兼并其他企业,推进存量资产合理流动和优化重组减轻兼并企业负担,促进经济发展。11月,市体改委、经委、财政局联合发文《宁波市城镇集体企业股份合作制试行办法》,以进一步加大改制力度。宁波美乐门商城兼并市副食品公司、市供销社物资公司、通利经营公司等。全市供销社系统建有规范化的股份制企业2家,股份合作制企业10家,有限责任公司1家。

1996年4月,市政府印发《关于转发市财办等部门关于深化改革加快发展商品流通若干意见的通知》。7月,宁波美乐门商城被市政府列为30家现代企业制度试点单位,宁波海田集团总公司等6家市供销社系统企业及1063名自然人共同发起改组宁波美乐门商城为股份制公司,成立宁波美乐门股份有限公司,成为市社本级第三家股份制企业。改制后,宁波美乐门股份有限公司兼并市副食品公司、供销物资公司,大力发展连锁业,积极开拓"总代理、总经销"经营、物资贸易,兴建宁波电脑市场、海光商厦等,形成多元化经营体系,被市政府确定为市"实力工程"企业。9月,市土产日杂总公司成功改组为股份合作制公司,同时通过社属企业间的内部兼并,消化一批微利、弱小或亏损企业,重新组合后开始发挥新的优势。10月14日,印发《关于深化企业改革,强化内部管理的若干规定的通知》(甬供办〔1996〕161号)。是年底统计,市供销社本级11家企业完成股份合作制改革。

1997年9月,相继完成市物资回收利用总公司、市再生资源总公司等2家企业的股份合作制改造工作。市特产总公司以棉花流通体制改革为契机,以特产棉花集团公司(原特产总公司)为核心,以其为主投资的独立法人为紧密层,联合全市范围各县(市)区特产公司、棉花加工厂及棉花收购职能的基层供销社作为松散层,组建宁波特产棉花集团,开展集团化经营。宁波南苑、美乐门等2个集团股份有限公司按照《公司法》要求,进一步健全法人治理机构和内部组织设置。宁波南苑股份有限公司逐步调整、理顺与下属子公司的法人、行政、财务等关系,将自身改组为集团公司。宁波美乐门股份有限公司在实行公司与商城二级管理的基础上,理顺职能机构与经营部门的关系,推动有关行业的发展。至年底,市供销社直属企业改制工作基本完成。主要有四种形式:第一种形式是股份有限公司,即宁波南苑股份有限公司、宁波美乐门股份有限公司。第二种形式是股份合作制企业,即宁波市果品总公司、宁波市土产日杂总公司、宁波市物资回收公司、宁波市再生资源总公司。第三种形式是有限责任公司,即宁波冠华置业有限公司、高合羽绒制品有限公司、华达汽车服务有限公司;另外是内资联营企业宁波保税区海田投资有限公司。第四种形式是集团和商社,即宁波海田集团和集团总公司、宁波市棉花集团公司和宁波南苑商社。是年,各县(市)区供销合作社有6家企业实行股份制改造。

1999年5月13日,市供销社印发《宁波市供销合作社关于深化企业改革的若干试行办法》(甬供业〔1999〕43号),对企业改制形式、资产评估、股权设立、股权转让和鼓励企业职工自谋职业等方面提出具体规定和要求。年底统计,在市供销社本级11家企业中,已实行股份制企业2家(宁波南苑股份有限公司、宁波美乐门股份有限公司),股份合作制4家(宁波市果品再生资源总公司、宁波市物资回收利用总公司、宁波市土产日杂总公司),有限责任公司4家(宁波华达汽车服务有限公司),未改制的市供销社全资企业4家(市农资、特产、进出口、茶叶公司)。

2000年以后,市供销社按照现代企业制度的要求,对本级企业进行"放小、参大、控优"改革,实施资产重组,以明晰企业产权,理顺职工劳动关系,明确债权债务,建立规范的法人治理机构,加快改制工作步伐。2004年,市供销社本级企业全面完成"两项制度"改制任务。

2013年12月27日,宁波供销集团公司成立,该公司由市供销社整合旗下控参股企业股权和社有资产等资源设立。建立现代公司制度,授权经营社有资产,负债资产保值增值等。

第六节 供销社综合改革

2013年,市供销社积极谋划新一轮改革发展思路,启动新一轮社有企业管理体制改革。7月,市供销社召开系统转型发展研讨会,初步确立供销社改革发展的总体思路,着力实现"三个转变""五个突破",从而吹响新一轮社有企业改革发展的号角。11月,市供销社通过组织开展对转型发展的重点难点的专题调研,形成可行性的工作方案,选择社有企业管理体制改革作为深化改革的突破口。12月初,印发《宁波市供销合作社关于深化社有企业管理体制改革的实施意见》(甬供办〔2013〕57号),就深化本级社有企业管理体制改革提出实施意见。12月27日,宁波供销集团公司成立,注册资本11000万元。宁波供销集团公司是由市供销社整合旗下控参股企业股权和社有资产等资源设立的,对社有企业从分散管理转向集团化管理,形成企业法人这一全新的管理架构。从管理经营转向管理资产,从行政化管理转向市场化管理,建立和健全现代企业制度。宁波供销集团作为独立的自主经营法人,代表市供销社履行出资人职责,负责管理下属子公司,即宁波海田置业有限公司、市农业生产资料有限公司、宁波二号桥市场有限公司、市再生资源总公司、市供销社农产品经营公司、市农信担保公司等股权和资产。通过现有子公司或以后新设子公司,集团公司主要在农资供应、农产品流通、农村商贸服务业、投融资平台、农业社会化服务、再生资源回收利用、进出口贸易等领域拓展业务。

2014年1月,中共中央、国务院印发《关于全面深化农村改革加快推进农业现代化的若干意见》,全面定调2014年及今后一个时期农业农村工作,其中把"加快供销合作社改革发展"专列一项,要求"发挥供销合作社扎根农村、联系农民、点多面广的优势,积极稳妥开展供销合作社综合改革试点。按照改造自我、服务农民的要求,创新组织体系和服务机制,努力把供销合作社打造成为农民生产生活服务的生力军和综合平台。支持供销合作社加强新农村现代流通网络和农产品批发市场建设。"各级供销合作社要积极参与"三农"工作的具体事项,虽然中央1号文件连续多年聚焦"三农"工作,但将加快供销合作社改革发展单列一项尚属首次。7月9日,根据省供销社将宁波供销社列为省综合改革试点单位的通知,印发《宁波市供销合作社综合改革试点实施方案的通知》(甬供指〔2014〕35号)。7月11日,全市供销社综合改革试点动员部署大会召开,综合改革试点启动。7月25日,市供销社召开党委扩大会议,传达学习习近平总书记6月24日在中华全国供销合作总社成立60周年之际作出的关于"在新的历史条件下,要继续办好供销合作社,发挥其独特优势和重要作用"重要批示。学习李克强总理重要批示精神和汪洋副总理重要讲话精神。7月31日至8月1日,在江北慈城召开县(市)区供销社主任会议,部署加快供销社综合改革、确保社有企业稳步发展、坚持抓好自身建设等三方面工作。

2014年是供销社综合改革全面启动的一年,有六项工作任务取得有效突破:一是理顺社有企业管理体制。成立宁波供销集团公司和宁波供销资产经营公司,初步建立起供销社与集团公司一体化运行的组织架构,逐步健全社有企业法人治理结构和基本管理制度,探索建立机关、事业、企业编制人员互通任职的新途径。二是理顺供销社联合社管理体制。完成宁波市供销合作社联合社事业法人登记工作,成功召开第一次代表大会,建立和实行代表大会理事会、监事会"三会"领导管理体制。三是强势推进基层组织体系建设。深入实施《宁波市供销合作社基层组织建设三年行动计划》,发挥供销社基层经营服务网络优势,扎实推进生产合作、供销合作、信用合作"三位一体"新型基层组织建设,快速推进重大项目建设,社有经济稳步发展。全年新建新型供销社23家,77家新型基层社总经营收入10.5亿元,比上年增长106%。四是积极谋划区域农事服务中心建设。按照"全要素供给,全产业链服务"的构想,建立公司制的运营主体,整合政策咨询、技术指导、农资供应、农机作业服务、技能培训、农产品销售、金融支农等服务项目,为区域农业生产提供一站式、保姆式、订单式服务。江北、镇海2个农事服务中心已建成。五是建成全市农产品电商服务平台。市社负责建设运营的淘宝"特色中国·宁波馆"9月16日上线运营,开馆3个月实现交易额5010万元,成为宁波农产品直销全国的政府性、公益性、唯一的农产品电商服务平台。六是探索建设多元化的金融支农服务平台。提请市政府出台《宁波市人民政府办公厅关于开展农村资金互助会建设试点工作的意见》,与市金融办等部门联合印发《宁波市农村资金互助会管理暂行办法》。发挥系统联合优势,与省社兴合集团合作筹建注册资金2亿元的融资租赁公司开业;市农信担保公司全年为涉农小微企业提供信贷担保1.5亿元;与市区信用联社、建设银行等金融机构合作开展农村金融服务。是年,全市供销社系统实现销售总额240亿元(同口径统计280亿元),同比增长15%左右,7个县级供销社销售总额实现20%以上的增长。汇总利润8500万元,比上年增长10%。宁波供销集团公司实现营业收入35亿元,增长10%;利润总额4700万元,增长10%。

2015年3月23日,中共中央、国务院《关于深化供销合作社综合改革的决定》,提出供销社综合改革的指导思想和目标任务。同月,宁波市委、市政府出台《关于统筹城乡发展促进农民收入持续普遍较快增长的若干意见》(甬党发〔2015〕7号)文件,为全市供销社推进2015年度重点工作提供政策支持。3月28日,印发《宁波市供销社2015年工作要点的通知》《2015年主要工作责任分解的通知》,提出全市供销社系统和宁波供销集团公司主要经济发展指标。对实现"六个新突破"(农业社会化服务平台建设新突破,实现农村电子商务服务平台新突破,实现金融支农服务平台建设新突破,实现供销社基层组织建设新突破,实现项目建设新突破,实现管理体制改革新突破),提出33个主要工作目标任务,全力打造生产合作、供销合作、信用合作"三位一体"新型供销社。4月16日,市供销社召开全市供销社系统干部大会,专题传达学习《中共中央国务院关于深化供销合作社综合改革的决定》。到2015年底,供销社综合改革取得初步成效。一是全市供销社管理体制改革构建新格局,市、县两级供销社建立并实行代表大会、理事会、监事会"三会"领导管理体制。二是构建联合社机关主导的行业指导体系和社有企业支撑的经营服务体系。各县(市)区供销社均组建成立社有资产运营主体,理顺社有资产运营主体与下属企业关系,提升社有企业管理的规范化水平,促进效益增长。双线运行体系初步建立。三是社有资产监管进一步加强。市供销社制定实施《社有资产监督管理办法》,有力执行审计监督、监事会监督和纪检监察监督。市县联合合作工作有了新的起色。有序推进市县农资企业交叉持股、一体化经营;发挥宁波供销电商公司技术优势协调推进县域农产品电商销售和服务平台建设,强化市县供销社之间的有机联系。四是做好改革试点。慈溪市社作为全省首批"三位一体"农合联建设试点单位,已建立县、乡两级农合联组织体系、引导乡镇农合联实体化运作、建立资产经营公司和农民合作基金。全年新增新型基层供销社23家,累计新建、改造和提升新型基层供销社100家,新建专业合作社107家,累计443家,其中新建专业合作社联合社11家,累计25家。推进农业社会化服务平台建设,建成江北等现代农业综合服务中心5家;供应各类化肥16.01万吨;建设试验示范田2.7万亩,推广农田病虫害统防统治面积20万亩。全年新建农村资金互助会10家,累计12家,提供互助贷款共840.6万元。市农信担保公司全年为农户提供农信担保1.5亿元,累计6.6亿元。宁波供销集团与浙江省供销社兴合集团合作,组建成立注册资金2亿元的融资租赁公司,开展医疗行业融资租赁业务。市供销社与中国人民保险公司宁波分公司合作开展贷款保证保险和助农贷款业务,落实农业信贷150笔,约5000万元。全市供销社系统实现总经营收入267.86亿元,同口径比较,比上年增长11%;实现利润9917万元,增长28.4%。

第三章　经营机制改革

供销合作社经营机制改革初期的激励机制,依然带有计划经济的色彩。1981年至1982年,贯彻执行省人民政府有关文件规定,供销社企业全年发放奖金总额控制在2个月标准工资总额内,人均标准工资统一,地、市按50元,县按48元;奖金增长幅度不高于劳动效率增长幅度。1983年起,全市供销社系统进行恢复"三性"体制改革,由"官办"转为"民办"。在实现供销合作社向民有、民营、民享管理体制的回归后,较长一段时间内,供销合作社的改革围绕着内部经营机制展开,主要是搞活激励机制。1984年开始,逐步建立和完善经营承包责任制、任期目标管理责任制、经营四放开、社有个营等形式的经营机制改革。1997年以后,进一步健全和完善现代企业制度,实施产权制度改革等。

第一节　经营承包责任制

1978年以后,国家实行"对内搞活、对外开放"的经济政策,经济体制改革逐步由计划经济向社会主义市场经济转变,供销社的经营体制随之发生变化。推行供销社经营责任制,是在农业生产责任制的启发推动下逐步发展的。1979年,供销社归口管理合作商业的饮食服务业率先试行经营责任制,并取得初步效果。

1980年,宁波地区供销社选择14家全民企业进行经营责任制试点,其中区供销社4家,分社和商店7家,工厂3家。主要形式是试行柜组核算,计分算奖办法。是年,在试点的基础上逐步推开。宁海县供销社18个单位有15个建立岗位责任制,367个柜组普遍实行柜组核算。余姚、象山、鄞县供销社和宁波市城区基层供销社也较普遍建立岗位责任制。1981年,城区的洪塘、庄桥、慈城供销社所属16家核算企业试行"拨制"经营责任制,即商品验收、保管、盘点、复价、升溢、商品销售、收货、报账管理制度;建立短货缺货责任、出纳现金缺款责任、票证遗失责任等工作责任制。市副食品公司中东、新江副食品商店和洪塘集体饮食业实行全额利润提成经营责任制。1982年下半年开始,余姚泗门、鄞县大嵩等地供销社试行一批小组和个人经营承包责任制,效果显著。宁波地区供销社因势利导总结推广这一经验,使之遍及全区供销社各个角落。到年底,已有1142个门店(市)部和个人实行这种经营承包责任制,据其中255个承包组初步统计,承包后月营业额比承包前增加12.8%,利润增长17.8%。1983年,根据全国供销合作总社《关于扩大基层社自主权试点的几点意见》,全市供销社系统开始进行经营机制改革试点,逐步转变"不官不民,不政不企"的传统经营机制,扩大企业自主权,加强为农服务体系建设。同时,又基于供销合作社行业多、工种复杂、服务范围广、网点分散等特点,在选择经营责任制的形式方面,因店制宜、因地制宜。在企业经营管理上,逐步建立多层次、多形式的经营承包责任制,并在实践中进行不断的改革和调整完善。是年底,全区供销社已有98%的668个核算单位实行各种形式的经营责任制。

1984年7月27日,市政府批转市供销社《关于市社各公司推行和完善经营责任制的意见》(市政〔1984〕99号)。全市基层供销社调整核算体制,普遍推行经营责任制。核算单位从原来的111个增加到490个,扩大专业商店和分社一级的经营管理自主权和税后盈余支配权。全市95个基层供销社、3838个商店柜组全部建立经营责任制。经营责任制的主要形式有以下五种:一是确定经济指标,联购联销、联产联销考核,超基数分成,完不成赔补;二是以岗位定责,百分计奖;三是部分基层供销合作社的边远山区小型网点和以劳务为主的行业实行由集体和个人承包,全奖全赔;四是规定万元销售额含工资量,联销计酬;五是利奖定率,见利分成。但是无论采取什么形式的责任制,都必须体现或遵循责、权、利相结合,兼顾国家、社员群众、企业和职工个人的利益,职工劳动所得同劳动成果相联系等原则。余姚、鄞县、慈溪等县供销社三分之一以上分社(专业商店)、四分之一柜组,分别采取八种不同形式的承包责任制。1985年3月,市供销社贸易中心、市农资公司、市副食品公司、市物资回收公司、市东港汽车服务公司、市特产公司、市畜产公司等7家公司实行"利奖挂钩"的经营责任制,原则上按1984年实际利润的实发奖金计算利奖率,以利奖率乘以1985年利润基数,即为1985年的基本奖。是年4月,市供销社下达《关于1985年各公告经营承包利润基数和利奖挂钩办法的通知》,企业完成基数利润,可提取和发放核定的基数奖金,超额完成基数部分,按核定的利奖率提取和发放基数奖金;完不成基数利润同比扣减基本奖金。

1986年,全市各级供销社继续调整核算体制,对县级公司、基层供销社(分社、商店;部门、柜)实行三级核算考核,以"以利润定额,联奖定额,超额分成,缺额赔补"的形式,建立"资金、费用、利润"三定的考核制度。年初,为调动县级公司更好地为基层社服务的积极性,确定对县级公司实行按商品总销售、利润、安全生产和为基层社服务情况作综合考评的经营承包责任制,采取完成有奖,超额按固定比例提分红奖金;完不成减奖,不到90%赔薪的经营责任制。对基层供销社实行经济效益和社会综合效益考核,采取完成有奖,超额按固定比例提分红奖金;完不成减奖,不到90%赔薪的责任制。对企业领导干部(县级公司、基层社副经理或副主任以上干部)实行"三定一奖"的岗位责任制。"三定",即一定经济效益,规定商业、工业利润达到县社下达的争取指标;二定社会服务效益,规定纯购进、农副产品购进、废旧物资购进、农资商品销售、生活资料销售、商品批发额等六项指标达到争取指标;三定精神文明建设,规定领导班子和党风建设、创文明单位活动、职工教育、民主管理等四项指标达到要求。"一奖",即根据"三定"指标经考核记分后,按得分多少给予现金奖励。同年3月,市供销社对市第二土产日杂公司、市物资回收公司和市果品食杂公司等7家商店、农资商店、棉花包装服务站,继续实行"定额利润、定额奖金、超利分成、缺额扣薪、工资浮动"的经营责任制。对市果品食杂公司所属中东等6家商店,实行"定额利润、全额提成、缺额扣薪、工资浮动"的经营责任制,工资浮动比例一律确定为20%。8月,印发《关于所属各公司进一步完善经营责任制的意见的通知》。9月起,市社所属10个公司和6个城区基层供销社及下属的85个独立核算单位全面实行新的经营责任制。实行两个月,有6家企业利润比上年平均增长77%,3家公司利润增长10%以上,1家公司的所属2个部门扭亏增盈;6家基层供销社也有不同程度的增长。实行"工奖捆浮"的职工3786人,占职工总数的95.92%,人均"工奖捆浮"工资12.50元,占职工平均工资18.6%。实行"工奖捆浮"责任制,把个人劳动所得和劳动贡献紧紧地联系在一起,使职工树立"企业盛我盛,企业衰我衰"的新观念。

1987年2月,市供销社印发《关于下达利润承包基数及利奖挂钩办法的通知》,实行利奖挂钩办法。

同月,印发《关于小型零售商业、饮食服务业租赁经营试行办法的实施意见》,到年底统计,市区有20家小型商业实行租赁经营。在改革企业领导体制方面,市区和各县先后有40个单位实行经理(厂长)负责制。在改革企业经营机制方面除了面上继续完善"工奖捆浮"等多种形式经营责任制以外,按照"两权分离"原则和供销社实际,在市区和宁海、象山、镇海、北仑等县(区)供销社先后与财税部门实行目标所得税承包责任制。8月,市供销社与市财税局签订所得税承包合同,合同规定以1986年实际上缴数为基数,每年递进6%,一定四年不变。其中市供销社与市财税局签订所得税承包合同,即1986年除市畜产品公司外的所属企业实际所得税153万元为基数,每年递增6%,一定四年不变。超额部分留归市社按比例用于企业技术改造,开拓业务经营和发集体福利事业,提取奖金,不足部分由市社全额赔补。

1988年,全市各县(市)区供销社推行所得税目标承包。改原来的八级累进缴纳改为定额包干制度,分别与财税局签订三至五年的承包合同,即以1987年实缴数为基数,从1988年起,每年环比递增6%,利润不足,由供销社全赔,超过全留,并可将其中15%用作职工分配,调动了干部职工的经营积极性。形式上有的是市、县(区)供销社直属企业一个头承包,有的是全系统(包括基层社)承包,有的是一个基层社、一个公司承包。是年,有26家企业试行招标承包,63家小型微利企业实行租赁经营。年底统计,市供销社和8个县(市)区供销社全面实行所得税承包责任制,其中1988上半年开展的4个县(市)区供销社实行全系统一个头统包。承包基数、递增幅度、分成比例大多比较合理,从而调动企业经营积极性,促进经济效益的增长。1988年市和各县(市)区供销社所得税承包基数1175.24万元,超额分成430万元。10月,市供销社代表所属江东、江北、海曙、庄桥、慈城、洪塘供销社与市财税局签订所得税承包合同,向市财税局统一承包应交所得税额,实行核定基数、递增包干、超收全留、歉收全赔的承包形式,承包期为三年。是年,市供销社本级企业实现商品销售总额23480万元,实现利润806万元,分别增长34%和60%;全年实现工业产值1805万元,利润191万元,分别增长26%和42%。

1990年,市供销社与市财政局签订所得税承包合同。承包基数以1990年应交所得税270万元为标的,每年递增6%,一定三年不变。1991年3月,市供销社《关于下达第二轮承包指标等有关问题的通知》(宁供财〔1991〕52号),对所属农资、特产、物资回收、果品、再生资源回收、土产日杂、工业品、副食品、畜产品等9家公司1991年至1993年经营责任制内容、形式和期限,基数的确定,收益分配,承包风险基金等作出具体的规定。是年8月,根据市政府《关于全民所有制企业继续推行和完善承包经营责任制的通知》(甬政〔1990〕29号)文件精神,市财政税务局(甲方)与市供销社(乙方)签订所得税承包合同,即乙方所属江东、江北、海曙、庄桥、洪塘、慈城(包括其所属江北区工业品批发公司)供销社,统一由乙方向甲方承包。各核算单位按税法规定向财政交纳所得税,按实交额,由市社统一结算。应交的所得税额,实行定死基数、超收分成、歉收赔补的承包形式。承包期定为三年。

1992年至1993年,贯彻《浙江省供销社企业转换经营机制试行办法》。1992年,印发《宁波市供销社关于深化企业改革,促进经济发展的若干试行办法》(〔1992〕180号),对不同企业提出如下实施意见:一是对集镇主要商场(店)和较为稳定分社、站,可实行工奖捆浮或百元工奖含量的分配形式。二是对地处偏远、经营规模较小的自然商店和微利、保本及亏损单位可推行"资金铺底、核定指标、确保上缴、全奖全赔"抽本承包责任制。三是农副产品购销可实行季节性单项承包。四是生产商店实行"双效"考核。五是行政管理人员,按其岗位责任、劳绩大小和企业的经济指标完成实绩进行考核,实行活分活值,以分计酬。尤其对一些"微小偏亏"企业引入乡镇企业和个私经营机制,实现抵押承包,全奖全赔、抽本抵利、"公有私营"等力度较大的改革模式,使一些企业开始摆脱困境。1994年,各地供销社对资产增值保值企业实施资产增值额、保值额和管理指标相结合的考核方式;对资产减值企业实现资产负值额和管理指标挂钩的考核方式。慈溪市供销社确定以历年来各级理事会下拨的资金或投入的资本和企业在长期经营中积累所形成的资产作为资产基数,由税前按规定计提的网点建设基金、补充流动资金、固定资产折旧费和企业税后留利等10组成资产增值指标,根据前三年的实际资产增值水平核定基层社和直属企业的资产增值率,并根据资产的保值增值程度实行效益工资(或称资产保值增值奖),结合资产和人员的规模建议规模工资(或称责任奖),分别对企业法人代表实施考核。象山县供销社对达到核定的资产增值保值额、承包款收缴率、抽本资金回收率,企业法人代表年考核可得规定的奖励,超过部分金额按2%奖励。对资产负值企业,达到核定的资产增值保值额、承包款收缴率、抽本资金回收率,企业法人代表年考核可得规定的奖励,超过部分金额按1%奖励。鄞县供销社对所属公司、基层供销社试行资产经营承包责任制的同时,尝试"一社多制""一厂多制"的责任制形式,部分企业通过转卖、租、包等方式,将小门店、小工厂(车间)的所有权或经营权一次性或期限内让渡、转让给个人。

1997年,重点是完善经营责任制,深化分配制度改革。市农资公司对业务经营部门指标落实分解到人,利奖挂钩到人,并实行岗位风险基金抵押制度。市海田进出口公司对业务员引进竞争机制,按人定基超利分成,使各业务部门自营进出口量增幅达60%。市果品总公司对海田果蔬公司实行全员风险承包,对灵桥鲜果公司实行个人风险抵押承包。江东供销社推行全员风险抵押承包责任制,并完善责、权、利。市合立贸易发展有限公司、慈城供销社等单位巩固、完善基层网点的"抽资承包"经营责任制,激发职工的工作积极性,减少闲置网点,同时引导"抽资承包部门向租赁经营合伙经营和股份合作制转向"。结合小城镇建设规划抓紧盘活存量资产,发展种植、养殖业,参与农业产业化。此外,市物资回收利用总公司撤并扭亏无望的江东回收公司,扩大海曙、江东回收公司废旧物资经营规模。市合立发展贸易发展总公司闭歇甬城物资经营公司,撤销业务一部、二部,组建总公司业务部。

第二节　任期目标责任制

经理(主任)任期目标责任制,是把经理(主任)任期内最终实现的各项指标和工作任务与经理(主任)责、权、利紧密结合的一种科学管理制度,按照所有权和经营权分离的原则,从国家、企业、职工、消费者四方面利益必须承担的责任和依据对其进行考核的一种形式。

1987年4月,市畜产品公司、市农资公司、市土产日杂公司,慈城、江北供销社为第一批推行经理(主任)负责制试点单位,实行任期目标责任制。7月,印发《市供销社关于下达经理(主任)任期目标责任制的试行规定的通知》。10月8日,印发《市供销社关于企业领导干部年终一次性奖惩办法的通知》,对所属企业领导干部年终一次性奖惩考核办法,与市副食品公司、市土产日杂公司等6家单位签订任期目标责任制。

1988年3月,市供销社印发《关于市公司深化改革若干问题的规定》,对公司机构设置和人员调配、招用、奖金提取和分配、费用支出等作出具体的规定和要求。对市区6个公司推行经理(厂长)负责制的同时,实行民主推荐、群众评议和竞选的形式,开始引入竞争机制,改变以往单纯由组织部门考核、上级委任的办法,增加透明度。全市供销社系统已有49个基层供销社、40个市(县)公司、25家县属工厂,即半数以上企业实行经理(厂长)负责制和任期目标责任制。实行党政分开,由行政领导聘任副职和中层干部;实行行政领导任期目标责任制和离任审计制。改革原来由党支部领导下的书记负责制,改变领导决策程序,建立社务会议制度,企业经营管理中的重大问题,由社务会议讨论决定,初步确立经理(厂长)在企业中的中心地位。1989年,各县(市)区供销社先后印发关于完善承包责任制的若干规定,将全年的工作目标和经济指标层层分解落实、分级承包到公司、商店,各基层企业制订年度执行计划,落实到柜组和个人,做到责、权、利相结合。年终由上级部门进行责任制和目标管理考核,按两个效益指标考核情况发放奖金,同时企业干部实行任期工资浮动制。

  1993年,国内贸易部和国家体改委联合印发《关于推进供销合作社经营机制改革几点意见》,省体改委和省供销合作社联合印发《浙江省供销社企业转换经营机制试行办法》《关于推进供销合作社经营机制改革几点意见的通知》,各县(市)区政府相继批转关于供销社(集团)总公司所属基层供销社和直属企业转换经营机制试行办法。各县(市)区基层供销社和专业公司分别实行主任负责制和经理(厂长)负责制,全面推行大额风险承包、租赁承包、联销联利计酬、百元销售工奖含量计酬等多种形式的经营承包责任制,试行按资产增值率考核奖罚领导班子,探索新的资产经营形式。慈溪市供销社以"理事会投入资本"或"公积金"作为经营资产的基数为母项,按前三年实际平均税前计提额的70%加上前三年税后留归企业积累部分(包括上交)作为子项,核定资产增值率,年终达到核定资产增值率的有奖,建有股份制股份合作制试点企业三家。1996年,经理(厂长)责任制考核办法进一步完善,继续实行绝对额考核的资产保值增值责任制,层层落实企业内部经营责任制,各级供销社在实践中均探索不同形式的责任制。对重点商品如农资等,进行重点调整和完善集体经营责任制,并定岗、定人、定责任,明确责权利。各单位的固定资产折旧基金、简易建筑费,必须足额提取。年终,各级供销社根据各单位经营目标的完成情况及经营规模、经济效益、贡献大小和执行制度情况等,分档考核计奖。在分配上向业绩优秀者倾斜度,并积极探索以相对增值率为主要考核依据的资产保值增值责任制。各企业的多项指标改为以资产保值、增值为主的考核,由原来考核绝对额改为考核资产的相对增值率,资本金按"两则""两制"的规定核定,保值增值率原则上按现有企业资产的占有情况和该资产在实际业务经营中所发挥的作用、企业现有的经营优势、市场竞争能力、企业知名度等无形资产,结合历年经营责任制完成情况及机构变动、行业调整等因素,分别为发展型、巩固型、生存型三类,按此类型核定保值增值。

  1997年以后,全市供销社系统建立健全资金、增值税发票、费用及进货和商品库存等管理制度,并把管理工作列入企业领导干部的责任制考核内容,同时加强对商品缺货、短款和进货环节的重点掌控;对流动资金、固定资产投资、长期投资和流动负债进行排队,进一步增强目标管理责任制自我约束自觉性。

第三节　经营"四放开"

  1986年起,全市供销社系统试行"经营四放开"或称"四放开"(经营、价格、用工、分配放开)改革,分配改革逐步推行。企业经营在国家政策允许范围内逐步过渡为自主、自由经营;商品价格逐步放开;企业招工实行合同制,改变过去招工统一由国家分配工作的机制。

1990年至1991年,省供销社开展"四放开"改革试点,市供销社选择13家企业进行"四放开"试点。1991年上半年,"四放开"改革,起步较早的如余姚马渚、慈溪逍林、奉化溪口供销社和市农资公司等单位也初见成效。下半年,市供销社委派工作组在溪口供销社进一步落实以放开经营为重点、放开价格为手段、放开用工为突破口、放开分配为动力的"四放开"试点改革。

1992年2月,市政府印发《关于基层供销社深化改革试点意见》的通知,召开全市基层社主任以上干部会议进行专题部署。各县(市)区供销社分别选择2个以上基层供销社和直属公司开展试点工作,因地制宜向面上推开。全市供销社系统确定"四放开"试点单位的余姚市工业品公司、马渚区供销社,慈溪市逍林供销社,奉化市溪口供销社,象山县工业品公司、爵溪供销社,镇海区贵驷供销社,北仑区大碶供销社,鄞县工业品公司、天童供销社,市社所属市特产公司、市农资公司、市土产日杂公司、市果品公司、市再生资源回收利用公司、江北供销社、江东供销、洪塘供销社、庄桥供销社等19家单位。上述试点单位主要实施以转换经营机制,提高经济效益为重点的"四放开"改革试点,分别制定《岗位技能工资制实施细则》《全员劳动合同制实施细则》等相关管理制度。余姚马渚、鄞县天童、奉化溪口等供销社通过改革,出现活力增强,经营扩大,转亏为盈等好势头。11月,印发《宁波市供销社关于深化企业改革,促进经济发展的若干试行办法》(〔1992〕180号)的通知。是年,全市81个基层供销社已有三分之二开展"四放开"改革。年末,全市基层供销社总利润达392万元,增长62%,亏损总额由402万元降至390万元。1993年,对部分县以上专业公司也进行"四放开"和"三项制"改革。其中,市社直属有3个公司开展试点,尤其是市农资公司还试行"商社"模式,宁波南苑饭实行股份制试点,使企业经营业务有了较大扩展,年营业额达2.9亿元,实现利润460万元。

通过"四放开"改革,在价格放开上,除省、市以上国家定价、国家指导价、计划内农资价格继续按现行规定执行外,其余商品价格和营业性收费标准,企业可以自行灵活定价,所有上柜商品都明码标价,接受物价及有关部门和群众监督。在分配放开上,进一步理顺国家、企业与个人的责、权、利关系,扩大企业自主权。在经营上,冲破传统的经营范围和服务领域,积极参与市场流通,逐步形成业外与业内经营并举格局,扩大购销业务,充分发挥供销社在农村商品流通中的重要作用。

第四节　社有个营

社有个营,又称"抽资承包责任制",指的是在坚持资产属供销社所有的前提下,由职工个体经营的一种责任制方式。这是基层供销社深化改革,结构调整的重要内容,是适应市场经济体制,加快转换经营机制,保证集体财产保值增值,增强企业活力的一种资产经营新形式。其主要形式是实行"三自两保",即职工(或合伙)自筹资金,自主经营,自负盈亏;保留职工身份不变,保证足额上缴承包款。其实质是企业内部的利益机制改革。对供销社而言,明晰产权,保证资产所有权和收益权。对职工而言,保证经营权和分配权,在个人收入分配上,以按劳分配为主,并带有按资分配和经营风险因素。推行"社有个营"责任制,是为加快基层供销社调整经营和网点结构,转换经营机制,制止、扭转部分基层供销社、分社、门店的效益滑坡和严重亏损现象,增强企业活力。

1982年,余姚泗门、鄞县大嵩供销社试行一批小组和个人经营承包责任制,效果十分显著。宁波地区供销社因势利导总结推广这一经验。到年底,全区供销社系统有三分之一门店、柜组和个人实行这种经营承包责任制。据其中255个承包组初步统计,承包后月营业额比承包前增加12.8%,利润增长17.8%。1991年,国家进入三年治理整顿阶段的最后一年,这一年全市81家基层供销社汇总利润仅76万元,陷入前所未有的困境。主要原因是,基层供销社长期在计划经济条件下依赖国家政策支持而生存,除农资外,已无计划物资经营;其次是市场日益放开,购买力快速流向城市,农村市场则是个体商贩蜂起,挤占了原有供销社的市场份额和生存空间,经营维艰。在深入调研的基础上,市供销社提出"开拓一块,巩固一块,放开一块"的经营机制调整原则。"开拓一块"主要是集中力量建设中心集镇经营设施,开展适度规模经营;"巩固一块"是抓好农资等重点经营业务;"放开一块"则是在边小微亏企业中,借鉴个体经营机制,推行"社有个营",以活对活参与市场竞争。1992年,全市基层供销社谨慎地迈出"社有个营"改革的第一步,困境中的基层供销社,在小范围内对边小微亏的生活资料门店进行以抽本缴利为主要内容的"社有个营"试点,强化利益机制和竞争机制,以全面激活边小微亏企业,走出低谷。实行抵押承包、全奖全赔、抽本抵利"公有私营"等力度较大的"社有个营"的改革模式,还推行百元含量制、联销联利制、岗位技能制、抽本交利制、"双效"计酬制等"一社多制"形式,使一些企业开始摆脱困境。对这一改革举措,当时争议不少,有人认为这是供销社搞私有化,造成集体资产流失,影响集体经济发展,弱化了为农服务。然而当年亮丽的财务报表,初显改革成果,全市81家基层供销社当年汇总利润638万元,比上年的76万元增长7倍多。实行"社有个营"改革的基层供销社阻滑扭亏的效果更为明显,实现了基层供销社消肿、节支、集中等三大目标。对效益的追求成为"社有个营"迅速推开的直接动力,从而拉开全市供销社系统"社有个营"改革序幕。

1993年,全市基层供销社"社有个营"改革全面铺开,年初还持保留态度的余姚市供销社,9月则在面上迅速推开。慈溪市供销社从下半年推行后至年末,有250个经营门店实施"社有个营",占经营门店总数的92%;有271家门店(柜组)实行抽本承包经营,抽回铺底资金442万元,收缴承包费60万元。鄞县供销社至年底有13家基层供销社291个柜组517名职工实行"社有个营",抽回铺底商品232万元,上缴利税91万元。奉化市和宁海县供销社的"社有个营"已达90%左右。奉化市供销社将地处山区的小微偏亏斑竹供销社并入溪口供销社,棠云社并入萧镇社,10个基层社232个门店(柜组)640余名职工实行社有个营,其中有8个实现减亏或增盈。宁海县西店供销社14个门店(柜组)50名职工,经招标竞争后标的达到41.3万元,铺底资金66.5万元,承包职工3天内收回全部铺底资金。象山县供销社10家基层社已形成"社有个营"为主体的多种经营责任制形式并存的新格局,在全部448个经营部门(柜组)和1500名职工中,393个部门(柜组)和820名职工参与"社有个营",分别占87.7%和54%,企业开始逐渐复苏,是年扭亏增盈。同时将爵溪、高塘2个合作商店解体,对连续亏损的涂茨供销社实行精简改革试点取得实绩性效果,人员从原来的143人减至41人,分流102名,一次性发给每人数千元至1万元不等的经济补偿金(遣散费),并按有关规定享受养老保险金,分流人员不再与供销社发生经济联系。余姚市11个基层社的642个门店(柜组)1764名职工实行"社有个营",占基层门店(柜组)总数的88.16%,职工总数68.3%。部分县(市)区供销社还试行把偏小微亏门店直接转为个体(私营)经济的改制形式。至年底统计,全市79家基层供销合作社(1992年撤并2家)的3846个生活资料门店(柜组)中,已有65个社2547个经营门店实行"社有个营",占门店(柜组)总数的66.8%。参与承包人数2781人,组合职工3522人;铺底资金6786.62万元中抽回2079.7万元,占30.5%;全年承包款2290.59

万元至年末收回950.17万元。撤并81个经营门店；出租189个，营业面积15814平方米；拍卖65个，面积22278平方米，金额406万元。当年，全市基层供销合作社汇总利润713万元，比上年增长11.8%，高于全系统平均增长率7.45个百分点。

1994年，"社有个营"的面继续扩大，几乎覆盖全市供销社边小微亏的生活资料门店。9月15日，省供销社、省体改委印发《浙江省基层供销社"社有个营"责任制实施办法（试行）》，进一步明确"社有个营"范围和内容、实施办法，并制定"社有个营"责任制合同书（样本）。实践证明，"社有个营"，对制止经济滑坡、保证集体资产保值增值、调动职工积极性、提高服务质量等均有积极作用。从全市基层供销社实行"社有个营"责任制的情况来看，是一项成功的经营责任制形式，企业效益与职工收入亦同步增长。据对奉化市和北仑区供销合作社的抽样调查，1993年"社有个营"职工年收入一般在7000元左右，高的数万元不等，而同期集体经营的职工人均年收入为4000元左右。1994年，集体经营的职工人均年收入约5000元，"社有个营"职工年收入少的一般在1.2万元以上，中等的在3万元左右，还有更高的。"社有个营"当初是作为"没有办法的办法"推出的，但在实施中却显现出旺盛的生命力，根本原因是符合按市场配置资源的经济规律，抓住理顺分配关系这一关键，最大限度地调动职工的经营积极性。

1994年底统计，全市77个基层供销合作社，3846个生活资料门店，已有2880个边小微亏生活资料门店全部实施"社有个营"，约占全市基层社生活资料门店的75%。全市基层社汇总利润1005万元，比上年增长41%。承包款收缴率达98%，抽回铺底资金1600多万元。1995年，进行第二轮"抽资承包"责任制试点工作，探索经济发展新模式。供销社"社有个营"的经营模式进一步得到推广和完善，规范和完善"抽资承包"责任制，坚决制止和纠正农资经营网点的"社有个营"。象山、奉化、余姚、鄞县等地普遍进行第二轮"抽资承包"责任制，分别制定、完善操作办法。各级基层供销社企业内部普遍实行定岗、定员、优化组合、竞争上岗、招标承包、工奖与效益捆浮、资产总承包及分部门、分专业承包等形式的责任制，充分引入竞争机制和风险机制。在购销方式上，尝试合同制、联营制、代理制。如各县的农资公司与各基层社加强联系，实行农资商品联购分销，利益分成等的半紧密型经营机制。慈溪市供销社"社有个营"发展到405个，共1245人，销售额8798万元。鄞县供销社"社有个营"发展到389个柜组714名职工，共铺底资金1416.46万元，已抽回铺底资金964.4万元，上缴承包费720万元。同时还对"社有个营"招标办法作出具体规定，如鄞县钱湖供销社对"社有个营"的竞标者，规定退标的不得重新参加退标部门的招标，其中有3个退标部门重新招标后，一次性收缴承包款13万元。象山县供销大厦除家电、黄金珠宝、钟表柜组外，其余29个营业柜组均实行全额责任制形式，由承包者个人自筹资金，自主经营。对承包款的解缴商品资金的抽资、风险抵押及违反合同条款的处罚等重要内容重新作了规定。

1996年，市供销社直属企业和城区基层供销社及时调整经营结构，普遍完善抽本交利、人员组合、商品交接等一系列制度。是年，全市供销社抽资承包3406人。其中，市社直属企业和城区供销社停薪留职86人，抽资承包328人。全市大多数基层供销社顺利地完成第二轮"抽资承包"任务。1997年，各县（市）区供销社根据省、市、县政府关于实行国有、集体企业转制改革的要求，加大经营责任制改革力度，深化"抽资承包"经营责任制，继续抓大、活中、放小，实行"一社多制"，实行分片、分块、分柜、分间、整体和同类商品经营门店的重组联合等多种形式的抽资承包。城区的江北、江东、海曙、慈城等4个供销社"一社多制"改革有所进展，年内新增12个抽资承包柜组，总数达100个。宁波南苑集团公司对所属小企业实行多种形式的"放权让利"政策；宁波海田集团进出口公司对业务员实施"费用、工资包干，见利对半分成"责任制;市土产公司实行岗位工资全额浮动,按月考核;宁波美乐门集团有限公司对富余人员实行商品推销额提成制等。各县供销社对所属的中心商场、供销大厦(大楼)大都实行每人每月的工奖捆浮、全员风险抵押责任制。对县属企业、基层供销社要重点完善修正"抽资承包"责任制,继续巩固完善内部机制,对抽资承包暴露出来的诸如承包人遇退休后库存商品处理、承包期与承包人劳动期交叉等问题,作了积极有益的探索。同时对70%的抽资承包部门过渡为租赁经营,并对集镇商场试行股份制改革。慈溪市城区供销社金海大厦对原集体经营的6个经营部实行"社有个营"经营责任制,由经营者一次性买断库存商品,实行自筹资金、自主经营、自负盈亏。慈溪建材大厦所属8个部门和北仑区三山供销社采购商店实行风险抵押承包。鄞县横溪、鄞江供销社在集镇商场试行单体股份合作制改革。余姚市供销社在大中型商场中推行"核定人员、核定资金、毛利考核、竞争上岗、风险抵押、奖赔同例、库存核实"考核办法。

1999年下半年开始至2002年,全市基层供销社因企业"两项制度"改制,"社有个营"或"抽资承包"等经营责任制亦随之终止。

第五节　企业整顿、升级

1982年3月,中共中央、国务院颁发《关于国营工业企业进行全面整顿的决定》,强调企业"抓管理,上等级,全面提高企业素质"。9月,宁波地区行署召开企业整顿会议,地区供销社也同时召开供销社整顿动员大会,认真研究部署整顿工作。同时,在全区选择5个基层供销社、1个县级公司和1个县茶厂进行试点。参加试点工作的49名干部分别由县供销社一手把带领进点整顿。至年底,着重抓好试点供销社领导班子的整顿和经济领域斗争工作,试点单位又结合开展体制改革试点工作,为争取1983年全面恢复基层供销社"三性"体制改革摸索出经验和办法。

1983年8月,地、市供销社合并,建立宁波市供销合作社。各县供销社相继成立企业整顿领导小组,建立一支由127名精干组成的工作班子。在抓好供销社恢复"三性"体制改革的同时,开始实施企业全面整顿工作。确定161家企业列入系统整顿规划。主要形式是搞点划样,分类指导,以点带面,总结交流。着重搞好"五项整顿"(整顿和完善经营责任制,整顿和加强劳动纪律,整顿财经纪律,整顿劳动纪律,整顿和建设领导班子);开展"三项建设"(建设一种既有民主,又有集中的领导体制,建设一支又红又专的职工队伍,建设一套科学文明的管理制度);开展"六好企业"(三者兼顾好,产品质量好,经济效益好,劳动纪律好,文明生产好,政治工作好)。在整顿期间,各级供销社本着"加强整顿,打好基础,提高管理素材"的宗旨,开展企业内部各项基础管理的整顿,各基层企业联系实际,拟订或修订从领导到职工,从职能部门到柜组的各项规章制度;普遍举办财务人员培训班,进一步加强财政纪律,提高财务业务水平,加强财务基础工作;从劳动组织上,加强纪律整顿,开展劳动组合,采取领导与职工,商店到柜组相结合和自愿组合等形式,既安置富余人员又调动经营积极性。余姚市泗门供销社制定21项规章制度,37种岗位责任制,进一步增强全社职工的责任性,全面落实商品采购、调运、验收、保管等环节上的责任,所属泗门分社财产损失比1983年减少一半。大多数企业由于加强基础管理,基本上做到人定岗,岗定责,人人有专责,事事有人管,工作秩序井然有条。甬江、庄桥、慈城3个郊区基层供销社按照《宁波市财贸企业整顿验收标准试行细则》，分别制订规章制度，对发现的问题，采取限期补课，力争提前验收合格。是年底，全市7个县63个县级公司（厂、站）和95个基层供销社逐步开展整顿工作，其中20个单位通过整顿验收。

  1984年2月，市企业整顿领导小组批转市供销社印发的《关于供销合作社企业整顿验收标准施行细则》，共分6个方面内容，25条验收标准，80条细则。规定标准分为1000分，及格分为800分。同月，市供销社在北仑区柴桥供销社召开企业整顿座谈会上，镇海县供销社、庄桥供销社、市副食品公司专题介绍整顿企业的经验做法，是年下半年起，普遍开展企业整顿验收合格后的自查、补课工作，并分别对20个验收企业进行"回访"复查。全年列入企业整顿的161个企业，有130个验收合格，占总数80%，其中镇海、慈溪、城区办、市社所属规划内8个单位提前整顿，验收合格，发给合格证书，并按规定发给验收合格企业一次性奖金。对供销社归口管理的10家合作商店也进行整顿验收。1985年底，有160家企业经过整顿验收合格，其中县级公司46家，基层供销社93家，社办工厂21家。占应完成总数的99.37%。

  通过企业整顿，企业的基础管理进一步加强，职工队伍素质有一定的提高，企业的经营责任制不断完善，精神文明建设得到加强，企业活力增强。全系统选拔一批政治素质好、懂业务、会管、能开拓的中青年干部进入领导岗位。领导班子的年龄、文化、专业结构趋向合理。整顿前，企业领导班子人数480人，整顿后为597人，增加117人；整顿前，领导班子的平均年龄为45.9岁，整顿后为41.5岁，下降4.4岁；整顿前，职工文化补课合格率14.9%，整顿后为83.9%，业务技术合格率为84.91%；整顿前，参加大中专学习的只有97人，整顿后为1003人。在为农服务上，供销社与农民经济联营297个，总金额225万元。建立商品生产技术服务组织97个，配备专（兼）职技术服务人员576人，为农民举办各种培训班84期6560人次。创办信息服务网点386个，发行各种信息刊物91224件。为农民发放生产扶持资金454万元。为农民代运、代储各类物资43136吨。提供各种农用物资16259万元。在生活资料供应方面，供销社为乡镇企业提供原辅料和推销产品8200万元。千方百计向外组织紧俏的电视机、电冰箱、洗衣机、自行车、缝纫机等货源，满足农民需要。全年自行组织计划外货源达27645万元，占全市工业品供应一半以上。企业的经营范围进一步扩大，并打破狭隘的经营圈子。年底统计，全市供销社系统新建贸易中心7个，乡镇服务部57个，农副产品批发市场6个，工业品商品52个，新办工厂219个，以及新建一批仓库、冷库和购销网点。1985年全市供销社系统销售额12.35亿元，增长13%；利润4035.6万元，增长12.5%，其中市区937万元，增长43%；工业总产值1.89亿元，创利600.6万元。

  1987年7月，贯彻省供销社《关于加强供销社企业管理，搞好企业升级工作的通知》（浙合指〔1987〕35号），成立宁波市供销社企业管理领导小组，负责对全市供销社企业管理和升级工作的规划、协调、指导、检查。各县（市）区供销社、市属公司（处）、城区供销社也建立相应的企业管理领导小组，建立全市系统联络员制度，不定期召开联络员会议，研究解决工作中的具体问题。是年9月，市供销社对所属企业先进企业标准考核，采用省级标准考核。对获得省、市级先进企业的，按照省、市政府有关规定，在信贷、工资、奖金等方面予以优惠。当年有5家企业审报年度市级先进企业。1988年7月，市供销社在奉化县召开企业管理座谈会，部署开展企业升级工作的意见。是年，企业上等级工作有了新的进展。对全市90个基层供销社开展一次包括资金利税率、社区范围内人均供应生产、生活资料值、收购农副产品值、职工人均创利、人均占有公积金等在内的摸底调查，并与主任（经理、厂长）任期目标结合起来。年底，经过验收和评审，北仑区大碶供销社、慈溪冷冻厂、慈溪县周巷供销社、鄞县古林供销社、鄞县凤岙供销社、慈城供销社、江北供销社等5家单位被批准为市级先进企业。

1989年上半年,经考核验收,慈溪冷冻厂、余姚茶厂、余姚市日用杂品公司、鄞县古林供销社、北仑大碶供销社、慈溪周巷供销社等6家单位通过省级先进企业审定,其中慈溪冷冻厂兼报国家二级先进企业。市特产公司、宁海县特产公司、北仑郭巨供销社、北仑茶厂等17家单位达到市级先进企业标准。宁海茶厂的眉茶,象山、余姚茶厂的精制茶,宁波出口茶叶拼配厂的拼配珠茶都已按国际标准组织生产。到年底,全市共有19家企业成为市级先进企业,4家企业进入省级先进企业行列。1990年,认真做好1988年度先进企业的复查和1989年度先进企业的调查工作,做好1990年度上等级企业的规划指导工作。是年,有4家基层供销社升级为市级先进企业,2家基层供销社获评省级先进企业称号。市特产公司通过1989年度市级先进企业考核审评,成为市属企业中第一家市级先进企业。全市累计有27家企业跻身省、市级先进行列。

第四章 "两项制度"改革

第一节 明晰企业产权

从20世纪90年代初开始,随着市场取向的改革逐步深入,全市供销社系统按照"产权明晰、权责明确、政企分开、科学管理"的现代企业制度要求,对所属企业实行股份制、股份合作制、集团公司等形式,有计划推进产权多元化的改革,探索公有制经济发展的多种实现形式和有效途径,充分发挥劳动合作和资本相结合的特点优势,形成"经营灵活,运作有效,权责明晰,约束强化"的市场竞争主体,逐步建立现代企业制度,构筑起经济利益共同体,增强企业凝聚力,扩大企业规模,提高经济效益。但随着市场经济的快速发展和各项改革的深入推进,一方面,广大农民走向市场迫切需要有力的组织保证和正确的引导,另一方面供销社自身发展中也出现一些与农村经济发展不相适应的新情况、新问题。主要是与"三农"的关系弱化,经营机制不活、经营业务退化,人员负担及债务包袱沉重,经济效益不高等问题日益突出。虽然相继对社有企业实施扩大经营自主权、承包制等多种形式的改革,但从总体上来看,社有企业的产权制度改革整体推进的力度不大、层次不深。

产权制度改革势在必行,这也是供销社的内在要求。1993年9月起,根据省体改委、省供销社联合发出的关于印发《浙江省供销社企业转换经营机制试行办法》(浙合组〔1993〕51号),市供销社发文,对企业的资产和经营形式、直属企业的经营权和责任、供销社与政府的关系等方面提出具体的意见和要求。其中,各级供销社实行所有权与经营权适当分离的原则;直属企业对授予其经营管理权的财产享受使用权,实行独立核算,自负盈亏,并负有保值增值的责任。

1998年,贯彻省政府浙政〔1998〕12号《关于加快流通产业改革与发展的通知》,市供销社印发《关于以产权制度改革为核心进一步深化企业改革的意见》,选择适合企业特点的产权组织形式,采取股份制、有限责任公司、兼并、租赁、出售、闭歇等多种形式的产权制度改革。1999年,按照中发〔1995〕5号、国发〔1999〕5号文件和市政府甬政发〔1999〕253号《关于解决当前供销合作社几个突出问题的通知》,确定供销合作社改革和发展战略,从有利于农业和农村经济的发展、有利于增强供销合作社实力的要求出发,努力适应市场经济发展的规律和合作经济的特点,继续坚持农村、城市、海外市场"三结合"路子,着重为农业生产提供有力保障,为繁荣全市农村经济服务;进一步抓好农业生产资料供应和服务,继续发展贸工农一体化、产加销一条龙的服务组织,积极兴办各类农产品批发市场和农业龙头企业,努力开拓农产品的流通渠道;拓展新型业态,发展连锁经营。积极推进供销合作社体制改革,加大基层供销社调整力度,大胆探索开放式、多元化、社会化、市场化的合作经济多种实现形式,构筑供销合作社新的产权制度、组织制度、管理制度和营销格局。

2000年,宁波市在全国率先打响一场以产权制度改革和理顺劳动关系(简称"两项制度")为突破口的国有企业改革攻坚战。市供销社按照市委、市政府的统一部署,拉开全市供销社系统"两项制度"改革序幕。实施产权制度改革,是供销社内在的发展要求。产权制度改革的主要内容,在明晰企业产权的基础上,实行投资主体多元化,在社有资产退出一般竞争性领域的同时,引进其他社会法人和自然人资本。在这个过程中,一批长期亏损、资不抵债、扭亏无望的企业,实施破产和关闭,从而堵住社有企业资产流失的漏洞。更多的企业则是通过资产核销、提留、剥离后,按照公平、公开、公正的原则,将净资产向原企业人员或社会进行转让,组建新的有限责任公司。在企业改制中,将农资、医药、食盐等重要为农服务行业收归县级供销社实行一体化经营;将一部分零星网点置换给职工用于支付理顺劳动关系补偿金,并鼓励职工多渠道、多形式拓展为农服务网络。宁海、奉化、镇海、象山、余姚等县(市)区对改制后的剩余资产,由县供销社统一管理,成立资产经营中心,或资产经营公司等专门管理机构,负责系统内的资产经营和管理,并落实专人负责。

2001年,全系统77家基层供销社,已基本完成转制的基层社72个,完成率为93%;131家县以上企业中,完成转制的122家,完成率94%。全系统3.2万名职工中,已有3万余名职工转换身份,共支付改制成本9.5亿元。根据供销社经济发展和服务"三农"的需要,在已改制企业中,市、县供销社对18家骨干企业实行控股或独资经营,对31家企业实行参股;对已改制基层社,撤并46家,暂保留31家基层供销社。2002年,全市供销社系统"两项制度"改革基本结束。年底统计,全市供销社系统184家县以上企业、76家基层供销社完成改制任务,3.8万余名在职职工转变身份,由"国有城镇集体企业职工"转变为"社会人",真正实现劳动力的社会化、市场化。1.8万名离退休人员和3800余名享受补助的遗属得到妥善安置。共支付改制成本11.5亿元。改制后,全市供销社系统保留控股企业18家,参股企业22家,基层供销社28家。并通过变现资产,偿还社员股金,基本化解12.02亿元保息分红社员股金和集资款的风险,到2001年底下降到1.7亿元。通过改制,不但为企业卸下历史包袱,增强市场竞争力,更重要的是,新设立的企业按现代企业制度要求,建立全新的法人治理机构,形成有效的激励机制和约束机制,真正成为自主经营、自负盈亏的市场主体,爆发出前所未有的生命力,为激发市场主体的微观活力发挥积极作用。

第二节　直属企业改制

市供销社直属企业明晰产权始于1992年,是年宁波南苑饭店实行股份制试点,改组为宁波南苑股份有限公司,成为全市流通企业首批股份制改革试点单位。1993年,有6家直属企业改制为股份制合作企业,市级公司多数改建为总公司,所属经营部改为分公司。市农资公司组建宁波南苑商社,开展资本经营运作。宁波畜产品公司解体。1994年,市果品总公司成为全市财贸系统股份合作制首批转制企业。1995年,宁波美乐门商城列入市现代企业制度改革试点单位。1996年9月,作为市现代企业制度试点企业之一的宁波美乐门商城完成股份制改造,成为市社本级第三家股份制企业。市土产日杂总公司改组为股份合作制企业。1997年9月,市物资回收利用公司、市再生资源总公司相继改组为股份合作制企业。市特产总公司以棉花流通体制改革为契机,以特产棉花集团公司(原特产总公司)为核心,以其全资、控股企业为紧密层,联合全市系统内相关企业组建宁波市棉花集团。

1997年,市供销社直属企业明晰企业产权制度改革基本完成,建立了以法人治理的现代企业制度。主要有四种形式:第一种形式是股份有限公司,即宁波南苑股份有限公司、宁波美乐门股份有限公司。第二种形式是股份合作制企业,即市果品总公司、市土产日杂总公司、市物资回收公司、市再生资源总公司。第三种形式是有限责任公司,即宁波冠华置业有限公司、市高合羽绒制品有限公司、市华达汽车服务有限公司;另外是内资联营企业——宁波保税区海田投资有限公司。第四种形式是集团和商社,即市海田集团和集团总公司、市棉花集团公司、宁波南苑商社。1998年8月,根据市政府和省供销社关于加快企业改革步伐的要求,市供销社印发《以产权制度改革为核心进一步深化企业改革的意见》(甬供业〔1998〕87号),要求在两年内完成市社本级企业的转制工作,子公司一级的转制在1999年底前全部完成。对基础比较好、规模大、有发展潜力且带有政策性经营业务公司,由市社独资兴办或绝对控股,实行扶优扶强措施。稳定发展一块,对净资产规模比较大、发展前景好的股份有限公司,重点是抓好子公司的转制工作。放开搞活一块,对净资产相对较小的股份合作制和有限责任公司,试行放开搞活"一司多制"改革,可用存量调整、增量投入和置换产权的办法,实际投资主体的多样化。淘汰调整一块,总的原则是通过存调整、产权置换、人员压缩等办法,从不同企业管理的实际出发,探索最有效的改革措施和形式,做到既符合市场经济和现代企业制的要求,又充分体现市供销社企业自身的特点。是年9月,宁波海田集团总公司完成对高合羽绒制品有限公司的破产兼并工作。原宁波高合羽绒制品有限公司的全部债务、亏损,由宁波海田集团总公司承担,全部资产包括固定资产、流动资产、债权等归宁波海田集团总公司所有;对1400万元的银行贷款实行挂账停息,本金分期归还。宁波美乐门股份有限公司改制为宁波美乐门集团股份有限公司;完成第一批子公司转制,如宁波海田纸品商场、金星广告公司的产权多元化改制工作。改制后企业名称为宁波海田纸张有限公司,股本总额135万元,其中市再生资源总公司投入70万元,职工以现金投入65万元。金星广告公司原系宁波美乐集团公司下属全资企业,注册资本20万元,改制后,吸纳职工股9万元,其中3名主要经营者入股6万元,分别占总资本的45%和30%。还完成市茶叶公司与特产公司的分设工作;市土产公司、果品总公司分别与市建材物资市场、市农副产品综合批发市场进行"司场合一"的尝试。

1999年初,国务院印发《关于解决当前供销合作社的改革和发展问题的通知》(国发〔1999〕5号)。4月,市供销社出台《宁波市供销合作社关于深化企业改革的若干试行办法》(宁供业〔1999〕43号),标志着全市供销社系统以产权制度改革为核心,整体搞活社有企业为目标的新一轮企业改革启动。同时,制订本级企业改革总体方案。10月25日,上报市财办《关于市供销社企业改革发展思路和设想的报告》(甬供业〔1999〕93号)。12月7日,市政府印发《关于解决当前供销合作社几个突出问题的通知》(甬政发〔1999〕253号),其中明确对供销合作社改制企业涉及土地使用权处置,可享受《宁波市国有企业改革中划拨土地使用权管理暂行规定有关政策》(甬政发〔1999〕81号),其余部分的出让金经财政审核后返还给市供销社;对供销社在用的土地、房产按照现状依法确认,租用的房管公房,原则上划归供销社,转向为国有资本,符合市政府甬政发〔1997〕244号通知精神的,可享受该通知中的有关税费优惠政策;对因城镇建设需要而拆除的供销合作社的非住宅用房,按照《宁波市城市建设房屋拆迁管理办法》《宁波市城市建设房屋拆迁管理实施细则》有关规定办理。

2000年4月12日,市供销社成立体制改革清产核资领导小组。6月,上报市政府《关于宁波市供销社企业改革总体方案的请示》(甬供业〔2000〕77号)。7月,印发《关于市供销社直属企业产权制度改革的若干意见》(甬供业〔2000〕89号)的通知。9月20日,重新上报市政府《关于宁波市供销社企业改革总体方案的请示》(甬供业〔2000〕98号)。市政府同意市供销社企业改革总体方案,主要内容是:(一)基本情况。市供销社直属企业11家,其中2家是股份制企业(南苑集团股份有限公司、美乐门股份有限公司),4家是股份合作制企业(土产日杂公司、物资回收公司、果品总公司、再生资源总公司),1家是有限责任公司(华达汽车服务公司)。市社全资企业4家(农资公司、特产总公司、茶叶公司、进出口公司)。上述企业共有职工2787人。离退休人员1009人,遗属、精减和保养人员158人。由市供销社归口管理的基层供销社4家(江东、江北、海曙、慈城供销社),职工1048人。离退休人员962人,遗属、精减和保养人员177人。两者合计在册职工3835人。离退休人员1971人,遗属、精减和保养人员355人。(二)改革总体思路和基本框架。通过"放小、参大、控优"的办法。1.市供销社作为本级社有集体资产的所有者,授权海田集团总公司营运社有资产。2.海田集团总公司分别采取控股、参股和不参股的办法进行改制,从总体上搞活企业。(1)对市土产日杂总公司、市华达汽车服务有限公司、市物资回收总公司、市再生资源总公司等企业,社有资产最大限度地退出,帮助搞好公司制改造。(2)对市农资总公司、市特产总公司等企业,实行绝对控股经营。(3)对市果品总公司、进出口公司、茶叶公司等企业,实行相对控股经营。(4)对标志城市形象的宁波南苑集团股份有限公司和宁波美乐门股份公司实行参股经营。(三)以股份有限公司和有限责任公司为改制的主要形式。一种是成建制改制,另一种是主辅分离,总公司与主营业务子公司合并后,与其他子公司同时独立改制。第三种是母体不变,二级改制。(四)对归口管理的基层供销社,在明晰产权、明确职工身份的前提下,保留母体,实行多种形式的改革。(五)对企业清产核资和资产评估,股权设置、股本设置和法人治理机构等问题,作出有关规定和要求。

2000年,市供销社7家直属企业完成产权制度改革任务。市再生资源总公司剥离资产重组为市再生资源总公司;市海田纸张经贸公司改制为市海田纸张经贸有限公司;市物资回收利用总公司成建制进行产权置换,新建物资回收有限责任公司;茶行、铁厂等企业也较好地进行产权置换或重组,还依靠自身力量积极努力处理本级的债务包袱、社员股金等历史遗留问题,累计压缩债务6亿元、清退社员股金2亿元。同时着重做好主动变现解套和城建拆迁赔偿两项工作,如市再生资源公司灵桥路办公楼和物资回收公司灵桥路小网点的出售变现、江北、慈城医药商店转让、果品公司灵桥路非经营性资产转为经营性资产,并将明星广场地块这样的大型资产的盘活解套作为资产结构调整的重点工作抓紧进行。此外,由于城市建设需要,渔浦巷、一副、濠河街等地块的拆迁涉及近10家公司,其中4家企业1754平方米的无房产证建筑和临时建筑也办理确权手续,获赔偿365万余元。市供销社与各企业在争取国有划拨土地改为批租,公管房无偿划拨,土地、房产确权领证,以及"三家抬"人员等政策方面,做了大量的衔接和落实工作。其中仅无证房产,就已有10家企业的25处计24201平方米,领取房产证32本;所属企业一批房产历史遗留问题得到解决。

2001年,是"两项制度"改革关键的一年,也是企业改革的攻坚年,经济发展格局的调整年,更是历史遗留问题的集中处理年。市供销社制定相应的可操作性较强的实施意见,各直属企业和基层供销社(包括商业综合公司)制订改制方案,上报市国有企业改革和发展领导小组办公室复核审批后实施,其中涉及土地、房产(国有直管公房)、股权、社员股金、债权债务、财税等政策处理问题,按照市政府出台的有关政府文件规范操作资产处置。改革转制中有任何问题及时向市国有企业改革和发展领导小组办公室复核和市供销合作社联系。各所属企业均成立改制领导小组,明确时间安排。按照市政府和市供销社的有关政策规定,积极、稳妥地推进企业的产权制度改革工作。是年,市土产日杂总公司改制为市土产日杂有限公司;宁波美乐门集团股份有限公司改制为宁波美乐门集团股份有限公司;江东供销合作社改制为江东供销有限公司;宁波南苑集团股份有限公司改制为南苑饭店、南苑鞋城有限公司、市中油南苑石油有限公司;江北供销合作社改制为宁波市合力贸易发展总公司。

2002年5月,对原直属企业已完成产权、用工制度改革的未控股企业的党组织、工会、共青团等组织关系,由改制企业委托,自愿申请接受市供销社相应组织的领导和管理,经批复同意后确立隶属关系,同时对其他事务,由双方签署管理协议书予以明确。协议书主要内容为:市供销社在本身职责范围内为改制企业提供的服务有六项;改制企业承担的义务与责任有四项,其中改制企业每年按注册资本在200万元以上的每年缴纳2万元,注册资本在200万元以下的每年缴纳1万元。是年,宁波海田国际贸易有限公司改制为宁波海田国际贸易有限公司。市社直属企业的改制完成或接近完成。

2003年,海曙供销社改制为海曙供销有限公司。2001年至2003年统计,市供销社本级12家直属企业和城区4家基层供销社、3家集体企业实施产权制度改革。2004年,直属企业改制工作进入扫尾阶段。通过改制,累计理顺劳动关系达5600余人,支付各类补偿及社会统筹资金达10089万元。同时,在完成直属企业改制以后,与企业签订管理协议书,时间为两年。同意并签订挂靠协议的单位有:宁波南苑集团股份有限公司、市中油南苑石油有限公司、宁波南苑鞋城有限公司、宁波二号桥市场股份有限公司、宁波海田果品交易市场有限公司、市特产棉花有限公司、市土产日杂有限公司、江东供销有限公司、海曙供销有限公司、市华达汽车服务有限公司、宁波海田纸张经贸有限公司、市物资回收有限责任公司等12家企业。市供销社作为甲方,在职责范围内为乙方企业提供如下服务:转发上级有关文件,传达有关政策;组织开展工作信息交流;帮助乙方协调与政府有关部门关系;在乙方办理政府职能部门规定需要甲方签字、盖章等手续时,甲方酌情代为签字、盖章;配合政府有关职能部门对乙方的综合治理、安全保卫、社会稳定和公益事业等工作进行指导;对乙方职称评定、人员培训等劳动人事工作提供必要的协调。作为乙方的企业承担以下义务和责任:按照上级党委、政府要求做好各项工作;向甲方提供的情况必须真实、准确、及时;因乙方向甲方提供服务而可能造成的损失、引发的责任由乙方承担,如由此对甲方造成损失的,由乙方全额补偿;每年向甲方缴纳服务费,缴费标准按乙方注册资本定(注册资本在200万元以上的每年缴纳2万元,注册资本小于200万元的每年缴纳1万元),乙方作为独立法人依法享有权利,对其经营活动和内部管理行为独立承担责任;甲方作为出资人按出资份额享受权益、承担义务。

2005年,加强对控股、参股企业的分类指导和管理,牢牢守住农资、棉花、茶叶、废旧物资、烟花爆竹等传统阵地,加快建设行业协会等中介组织。按照市场经济规律和《公司法》等法规,正确行使出资人的权利和义务,严格防止社有资产流失,实现资产效益最大化。是年12月9日,转发市政府《关于在城乡联动发展中加强供销合作社工作的若干意见》(甬供经发〔2005〕49号)。2008年8月底统计,市供销社直属企业账面总资产19.56亿元(其中棉花储备1.87亿元),负债15.75亿元,所有者权益3.81亿元,其中社员股金8000万元。直属企业行政划拨用地21.6万平方米,国有直管公房1.13万平方米。按市政府现行改制政策,直属企业预计核销不良资产1.5亿元,理顺职工劳动关系的补偿金及各项提留1.4亿元,产权转让价款及职工个人股本一次性到位优惠折扣1500万元。城区基层供销社账面总资产5500万元,其中固定资产1668万元,流动资产3755万元,总负债3375万元,其中流动负债3391万元,所有者权益 2125 万元。

2013—2015 年,实施深化社有企业管理体制改革。社有企业管理体制改革的主要任务包括:组建宁波供销集团公司,统一管理市社投资(控股)企业;组建宁波供销资产经营公司,由供销集团公司授权管理规模较小或股份较少的成员企业股权等零散资产;进一步理顺社有企业资产隶属关系;完善企业管理与人员考核激励机制等。

表 7-1 宁波市供销社本级企业产权制度改革时间及企业名称变化

年份	改制企业名称	改制后企业及新建企业名称
2000 年	宁波市再生资源总公司	宁波市再生资源总公司(剥离资产重组而成)、市海田纸张经贸有限公司
	宁波市物资回收利用总公司	宁波市物资回收利用有限责任公司
2001 年	宁波市华达汽车服务有限公司	宁波市华达汽车服务有限公司
	宁波市土产日杂总公司	宁波市土产日杂有限公司
	宁波美乐门集团股份有限公司	宁波美乐门集团股份有限公司
	宁波市江东供销社	宁波市江东供销有限公司
	宁波南苑集团股份有限公司	宁波南苑饭店、市南苑鞋城有限公司、市中油南苑石油有限公司
2002 年	宁波海田国际贸易有限公司	宁波海田国际贸易有限公司(现更名为宁波海田控股集团有限公司)
2003 年	宁波海曙供销社	宁波海曙供销有限公司
2004 年	宁波市果品总公司	宁波市二号桥市场有限公司(剥离资产重组而成,市供销合作社控股)、市海田果品交易市场有限公司
	宁波特产棉花集团公司	宁波特产棉花有限公司
2005 年	宁波市慈城供销社	宁波慈城供销有限公司
	宁波市农业生产资料公司	宁波市农业生产资料有限公司

表 7-2 2010 年宁波市供销社 10 家控参股企业基本情况

序号	企业名称	市供销社股份(%)	业务范围	2010 年度销售额(万元)
1	宁波海田集团总公司	100	资产管理	
2	宁波市农业生产资料有限公司	93	农资购销	15,567.70
3	宁波海田国际贸易有限公司	45	商品和货物进出口、外贸服务	320,053.00
4	宁波市二号桥市场有限公司	50.8	市场出租及管理	254,571.40
5	宁波市海田烟花爆竹有限公司	51.5	烟花购销	269.40
6	宁波市农信担保有限责任公司	83.3	贷款担保	
7	宁波市世美再生资源开发有限公司	90	再生资源回收利用项目投资开发	

续表

序号	企业名称	市供销社股份（%）	业务范围	2010年度销售额（万元）
8	宁波市海田纸张经贸有限公司	34	纸张销售	13,421.60
9	宁波市海田信息网络科技服务有限公司	97.8	信息技术服务外包	
10	宁波美乐门商贸有限公司	72.7	商业用房出租	

注：数据来自2010年度宁波市供销合作社统计报表

附：直属企业理顺职工劳动关系情况

1998年，宁波市开始实施企业产权制度和用工制度改革。1999年5月13日，印发《宁波市供销合作社关于深化企业改革的若干试行办法》（甬供业〔1999〕43号）的通知，对所属企业改制形式、资产评估、股权设立、股权转让和鼓励企业职工自谋职业等方面提出具体规定和要求。市供销社本级企业实施下岗职工"三家抬""三三制"等政策，其中解除劳动关系的职工122人、下岗155人。12月，贯彻执行市政府《关于解决当前供销合作社几个突出问题的通知》（甬政发〔1999〕253号），在理顺职工劳动关系中，剥离一块资产用于理顺职工劳动关系时所需要的经济补偿等费用，对年龄较大的分流人员可提留一块资金，衔接好社会保障关系，在全市实施基本医疗保险制度改革后，供销社可以用一部分资金一次性划入社会保险机构的办法，解决离退休人员医疗费等问题。对社办企业和基层供销社的下岗正式职工，统一纳入当地再就业工程，按市及当地政府有关规定执行。到年底统计，市供销社本级企业落实下岗职工"三家抬""三三制"等政策，落实本级企业下岗535人、"三家抬"464人的经济负担问题，减轻企业的压力，促进企业富余人员的分流工作，并通过系统内再就业服务中心调剂、系统外劳务输出、发展新项目安置等方式，安置"保留关系"，到"其他单位上岗"形式的劳务输出有100余人，分流一批改革调整中产生的富余人员。

2000年9月20日，市供销社上报市政府《宁波市供销社企业改革总体方案的请示》（甬供业〔2000〕98号），成立市供销社企业改制领导小组，各企业建立改制领导小组，制订工作计划，负责搞好企业改制和理顺职工劳动关系。（1）关于理顺职工劳动关系问题，按照市政府甬政发〔2000〕33号和市劳动局甬劳〔2000〕80号文件通知。主要采取三方面措施：一是所有职工都必须变更原劳动合同关系，与改制后的新企业重新签订劳动合同，明确双方的责权利关系；二是鼓励职工领取工龄补偿金后自愿与企业解除劳动合同关系；三是提倡职工与企业签订短期劳动合同，并给予一定的工龄补偿金作为个人股本向企业入股；四是对少量仍签订长期劳动合同的职工原则上不给予工龄补偿金。（2）关于"三家抬""企业内退"人员政策问题。凡进入"三家抬"年龄段的职工，原则上都要实行离岗领取生活费的办法。但对企业领导层人员和人事、财会骨干，鉴于改制工作需要，除本人要求外，可推迟执行；原各企业实行的职工内退管理办法，与现行政策不符，应予终止。（3）关于对改制企业的离退休职工、"三家抬"人员、遗属、精减、保养、退职和符合市劳动局〔2000〕80号文件规定范围的伤、病、残人员等，在社会化管理未实行前，由新组建的企业负责管理，其所需费用在改制时，按有关政策足额提留。该项费用必须设立专户，专款专用，不得挪作他用。

2001年2月,根据市政府专题协调会议纪要(甬政专题会议纪要〔2001〕8号)意见,市供销社对理顺职工劳动关系制定实施意见,规定所属各直属企业和基层供销社的全体干部职工(包括内退、内部待岗与下岗、原离店承包、停薪留职、外借等人员),按"转换职工身份,适当经济补偿,承认工龄,续接社保"的基本要求和有关政策,所有职工一律转换身份,变"单位人"为"社会人",理顺职工劳动关系。具体经济补偿待遇、社保续接、费用提留及相关政策待遇如下。(一)根据市政府甬政发〔2000〕34号《关于批转市劳动局关于市属企业理顺劳动关系的若干意见的通知》,按规定提足理顺劳动关系所需的经济补偿金及提留各项资金,以切实维护职工的切身利益。(二)单位在册职工理顺劳动关系的经济补偿金的基准日一律以市供销社批复文件为准,企业与职工所签订劳动合同及涉及劳动关系的协议以基准日一律废止,超过基准日理顺劳动关系的人员也按基准日计算。(三)1984年6月30日前参加工作的职工,其理顺劳动关系补偿金,按每满一年工龄发给896元至1792元(宁波市规定的最高限额)标准计发。1984年7月1日以后参加工作的,即每满一年工龄,发给前12个月的月平均工资。(四)到2004年底前可以退休的职工全部进入"三家抬",与企业签订理顺劳动合同协议后,其生活费待遇标准按市政府规定发放,不发经济补偿费。(五)2005至2009年底前可以退休的职工,根据本人意愿选择"两保"的人员,由企业一次性向市社保机构上交足额的基本养老保险金和基本医疗费(含个人缴费部分),到法定退休年龄领取退休金,或选择领取经济补偿金。无论选择哪一种办法,其与原企业的劳动关系解除,并签订解除理顺劳动合同协议书。(六)2010年1月1日以后到达退休年龄的未被新企业吸纳的原企业职工,解除劳动合同后,领取经济补偿金,离开企业,变为"社会人"。(七)改制企业的离退休职工、"三家抬"人员、遗属、保养、精减、退职和符合市劳动局〔2000〕80号文件规定的伤、病、残人员等,在社会化管理未实行前由企业转制后新组建的企业负责管理。其所需费用在改制时按有关政策足额提留,该费用必须设立专户,专款专用,不得挪作他用。(八)所有被改制后新企业吸收接纳的人员,均与新企业签订有期限的劳动合同,可按标准提留相关费用,其改制前应计发的经济补偿在重新签订劳动合同时予以明确,待其退休或劳动合同解除,由新企业一次性缴纳。(九)对土地征用工,按规定每人增发征地补偿费。

2003年底统计,市供销社本级企业理顺劳动关系3893人,累计支付职工工龄补偿、退休职工等各类提留资金15450万元。2004年,市供销社本级企业改制工作进入扫尾阶段。据统计,累计理顺劳动关系5600余人,支付各类补偿及社会统筹资金10089万元。自此,市供销社本级企业全面理顺职工劳动关系。

第八篇

综合管理

1978年以前，全市供销社系统的经营管理是以行政管理为主，业务管理为辅。20世纪80年代以后，随着改革的深化和职能的转变，供销社企业管理从当初的行政管理职能逐步向经营服务过渡，以企业经营管理为主要内容，并从建立现代企业制度入手，强化为农服务管理，并不断完善，逐步形成在社会主义市场经济条件下的现代企业管理体制格局，使供销合作事业走上与新常态相适应的发展轨道。综合管理主要内容有劳动人事、经济、财务等，其他管理工作散见于有关章节。

第一章　劳动人事管理

劳动人事管理是供销社内部管理的重要组成部分，其基本职能是根据国家有关劳动、人事等方面的法律法规，结合单位生产经营等工作任务，合理安排人员，提高劳动效率，选拔、配备、考察、考核干部，工资、职称评定管理等。

第一节　劳动制度

用工制度及人员变化

中华人民共和国成立初期，供销社系统干部职工主要是从当地土改积极分子、乡农会干部和生产能手中招用。当时基层供销社组织路线是"依靠贫雇农，团结中农，中立富农，与私商作斗争，打击投机"，吸收社员干部注重出身成分。1950年9月，宁波专区供销合作总社在全区范围内招考青年知识分子80人、会计5人。是年，宁波专区供销合作总社所属经营部门职工193人。其中，接收省干部学校学员65人。据1950年底对36个基层供销社统计，社员干部身份中，贫雇农出身的占51%，中农出身的占20%，工商自由职业者占27%，富农占2%。

1951年，省政府为加强对新吸收人员的审查和批准手续，新吸收人员必须履行五个方面的手续：（一）本人填写自传、登记表、呈缴本人学历，进行体格检查，经人事部门审查，上报批准。（二）审查标准：必须政治纯洁，来历清白，具有一定技术或相当工作能力且体格健全。（三）参加工作后，对直接经管财务或带有机密性工作之人员，须有2—3个可靠之人作保。（四）吸收人员须经过试用期三个月。（五）对凡特别聘请之人员，及经过各种代表会议选举之人员，不适合于上述（二）（三）条之规定，已离职人员，再要求工作时，说明离职原因，如符合条件，按规定办理手续后方可任用。是年3月6日，宁波专区供销合作总社发文，要求全区各级供销社认真做好对新吸收人员的了解审查和批准手续工作。

1953年开始，供销社实行职工退休、退职可由其子女顶替编制的办法，成为供销社的正式工。是年

11月,省供销社通知,规定基层供销社凡是季节性或临时性业务需要,编制临时工计划需报县级供销社审查批准。

1954年至1956年,全区供销社担负起对农村私营商业社会主义改造。到1956年底止,全区农村私营商业人员除参加公私合营、合作商店、合作小组外,挑选一批有经营管理能力的人员过渡充实到供销社队伍,计3189人。1958年,供销社与国营商业合并。是年9月,全区基层供销社下放人民公社,成为人民公社供销部,人员也随之下放。基层供销社业务骨干被抽调"大办钢铁",搞农业、修水利,使供销社骨干力量减少,职工队伍质量明显下降。其时,供销社也由集体所有制变为全民所有制,职工的招收调配也按全民所有制的办法执行,职工由国家统一分配,统一安排,干部由选举制改为任命制。1961年9月,供销社恢复以后,供销社职工的招收和调配继续按照全民所有制的办法执行。同时,将并入供销社的农村合作商店、合作小组全部划出,但仍保留合作商店职工3000余人。

1963年至1965年,按省政府规定,供销社职工除自然减员有一名子女顶职外,其余尚未变动。"文化大革命"期间,实施职工"统包统配"的劳动制度。供销社招收职工没有自主权,对分配来的职工只能进不能出。1970年以后,供销社开始试行贫下中农管理,吸收一批贫下中农进供销社工作。1971年后,基层供销社逐年吸收一批符合留城条件的初、高中毕业生和下乡知识青年、复退军人以及农村人员(亦工亦农)进供销社工作。1972年,供销社除烈士、因工因病死者子女可继续照顾顶替外,一般职工子女停止顶替招收。1978年,省供销社下达给宁波地区供销社全民、集体招工指标1100名,由省劳动局统一下达招工指标给地区、市、县劳动局,再转下达招工指标给供销社执行。1978年,国务院颁发《国务院关于工人退休、退职的暂行办法》(国发〔1978〕104号)。是年9月,国务院批转《商业部、供销社、劳动总局关于合作商店实行退休办法的报告》(国发〔1978〕195号),全区供销社正式开始实行退休制度,并规定企业退休、退职的条件等,凡符合规定要求的,均可办理退休、退职手续,领取养老费。是年,全区供销社系统(包括合作商店)共有系统职工5000余人办理退休、退职手续。

1979年,根据国务院国发〔1978〕104号文件规定,恢复顶替制度。供销社规定在招工指标中可招收一定比例的本系统职工子女以鼓励招工。1979年起,宁波地、市供销社所属公司及郊区基层供销社招工计划由省供销社通知下达;临时用工使用计划由地、市供销社下达给所属企业。1979年至1981年,地、市供销社退休职工890人,按此退休人数编制,经劳动部门招工指标,安排退休职工子女顶替进供销社工作。全区供销社系统建立学徒制度,学徒期限一般为2—3年。

1980年,全区供销社系统共有职工14300人,合作商店职工12900人。由于几年来,供销社系统老职工大批退休离职,新职工大批招收顶替,使1978年以来新入伍的青年职工占到全区供销社职工总数的三分之二左右。1982年开始,全区供销社系统人事劳动制度进行初步改革,企业招工按劳动部门下达的招工指标,向社会公开招工,通过考试考核择优录取。市供销社对本级企业每年下达用工计划,即每年职工控制数、招工人数、临时工计划,并实施监督,未经批准,不得突破。基层供销社新招的职工开始实行劳动合同制。是年,宁波地区供销社所属企业有固定职工439人,其中地区特产公司69人,农资公司96人,土产果菜公司78人,省社储运公司8人,省社化肥经营处13人。此后,全区供销社系统职工主要来自供销学校分配的各类专业毕业生、知青、部队转业干部、复退军人和劳动部门招工安排以及外单位调入的人员。

1983年5月,宁波地区供销社印发《改革基层供销合作社若干管理制度的通知》,对基层供销社招聘用工授权为:决定学徒工转正、定级和辞退;使用1年以上的合同工,要计划上报县供销社,经批准后由基层供销社考察,择优雇用,签订合同,报上级供销社备案;使用季节性费用工,由基层供销社自行雇用。是年,通过公开招考,择优录用742人为供销社合同制职工,投资带劳400人。年底,市供销社本级系统共有职工4793人,其中全民人员2749人,集体人员2044人。1984年7月起,全面推行劳动用工合同制,将过去由劳动部门统招统配,改变为根据企业业务需要有计划地招收合同制职工。即由供销社按劳动部门的招工指标,下达招工计划,规定招工条件,向社会公开招工,通过考试考核,择优录取。同时基层供销社可以根据工作需要将招收的经营业务骨干、食堂厨师、驾驶员等人员(含农村人口),通过招工指标或特招的形式转为合同制职工。是年,全市供销社系统招收录用合同制职工1500人,安排顶替、知青、军转、复退军人180人,招收农村农民合同工196人。全市供销社系统职工27217人。1985年,招收录用合同制职工1100人,安排顶替、知青、军转、复退军人210人,吸收7800多名农村劳动力和1443名农民合同工进供销社工作。以后每年按照劳动部门的招工计划和人事局、民政局安排顶替、知青、军转、复退军人工作等要求,供销社尽力做好招聘、分配安置工作。1986年,贯彻国务院《国营企业实行劳动合同制暂行规定》《国营企业招用工人暂行规定》《国营企业辞退违纪职工暂行规定》《国营企业职工待业保险暂行规定》。是年起,市供销社分年、分季下达市社直属公司和基层社招收全民、集体和农民工以及临时用工计划。5月,市供销社社本级企业招收"亦工亦农"辅导员25人,为集体合同制职工。招工对象是在1975年至1978年间为农业生产资料和农副产品多种经营辅导工作人员。9月起,根据市劳动局文件通知,供销社除特招驾驶员、厨师等个别特殊工种外,均取消内招,但病亡职工和1960年底以前参加工作的退休职工子女通过招工考试,在同等条件下优先录用。1987年,全市供销社系统全部职工26913人。1988年,招收合同工450人,累计临时用工4230人。其中,市供销社本级企业招收城镇集体长期合同工、农村合同制工人40人,累计临时用工1400人。1989年,贯彻市劳动局《关于严格控制招用农村及外来劳动力、清退压缩计划外用工的通知》,开展超计划部分的农村及外来劳动力清退工作。市社本级企业临时用工清退压缩到1120人。是年,全市供销社系统全部职工41386人,其中供销社职工27722人,合作商店职工13664人。

1990年以后,供销社系统进一步扩大企业自主权,市、县级公司和基层供销社可以根据经营需要招收合同制职工。1992年9月,市供销社对本级系统劳动人事制度改革作出部署,一是对坚持所属单位控编制度,把好调控关;二是从严掌握标准,把好进人关;三是严格办理程序,把好手续关。市供销社所属市农资公司、市果品食杂公司和江北供销社进行劳动制度改革试点,打破干部与工人、固定工与合同制职工的身份界限,实行能上能下。对试点企业的全体职工(含各类干部、原固定工和合同制职工)都要与企业签订劳动合同。

1993年,市供销社印发《关于对所属企事业和城区基层社人员编制进行核定的通知》,核定企业职工编制总数3850人,每年按编制人数进行控制。是年,市供销社接收分配省内供销学校中专毕业生37人。1993年,全市供销社系统全部职工32939人,其中市供销社本级系统干部职工3828人。1996年,全市供销社系统全部职工29354人,其中基层供销社77个,职工人数15156人;归口集体商业单位86个,职工2867人;离休人员274人,退休(退职、保养)人员6538人。市供销社本级(包括下属单位)全部职工人数2502人,其中干部(包括全民企业)365人。城区基层供销社4个,职工人数1011人;离休人员53人,退休(退职、保养)人员1819人;归口集体商业单位3个,职工289人。

2000年至2004年,全市供销社系统184家县以上企业,76家基层供销社实施产权制度改革和理顺职工劳动关系,共有3.8万余名职工转变身份,全部理顺职工劳动关系;1.8万名离退休人员和3800余名享受补助的遗属得到妥善安置。共支付改制成本11.5亿元。改制后的2004年,全市供销社系统保留县以上控股企业18家,参股企业22家,基层供销社28家。2008年1月,根据《劳动合同法》有关规定,实行劳动合同制或非全日制用工制度。是年底统计,全市供销社系统从业人员8509人。其中市供销社本级企业员工1978人,城区基层供销社员工54人。2010年,全市供销社系统社有社涉企业从业人员10881人,2015年为11023人。

职工调配

1983年地、市供销社合并之前,全区供销社系统职工因工作需要调配到外单位工作,或外单位职工调入,由本人申请提出调动报告,并附有关调入(调出)方同意接收证明,分别经企业和上级供销社审核,劳动局审核同意后,才能办理调动手续。1988年3月,市供销社印发《关于市公司深化改革若干问题规定的通知》,其中对公司机构设置、人员调配等作出有关规定,即市社本级系统公司之间的中层(包括集体编制的经营骨干)以及中层以下干部、职工的调动,经双方公司同意后,可自行办理调动手续;系统外人员调入和本系统人员的调出,仍由市供销社审批。1991年,市供销社本级系统企业职工因工作需要调配到外单位工作,或外单位职工调入本单位工作和招收各类大中专毕业生,先由本人申请提出调动报告,并附有关调入(调出)方同意接收证明,经企业和市供销社政治处审核,主任室审批,并经市劳动局审核同意后,由政治处办理调动手续。调动人员按政治处开具的调动单,办理调动手续。系统内调动工作的,亦需经企业和市供销社政治处审核,主任室审批,并经市劳动局审核后,由人事部门办理调动手续。1991年5月,贯彻省供销社浙合人〔1984〕228号通知,市供销社发文作出规定,凡由供销社培养分配的大中专毕业生,除组织上决定调动外,原则上都要为供销社服务不少于10年后方可申请往系统外流动。在服务期间内无故要求调往外系统的人员,若是由供销社培养的毕业生,按规定收取培训补偿费。

1996年10月14日,市供销社印发《关于深化企业改革,强化内部管理的若干规定》(甬供办〔1996〕161号)的通知,对职工调动作出有关规定:一是从外系统调入人员(含城区社调入市公司)和招收各类大中专毕业生,均报市社政治处审核,主任室审批,未经批准任何单位不得擅自招用或调入人员。二是职工调离本系统(含辞职、解除合同、除名、开除等)由企业决定,中层正职以上人员须报市社批准。各类人员因本人原因离开本系须交回原归个人使用的集体财产,补交单位为个人支付的有关培训费用,妥善处理遗留问题;原为照顾职工本人而安排在本系统的亲属应同时调离。

2000年至2002年实施"两项制度"改革以后,职工调动、招用等由企业自行决定,除由本人申请提出调动报告,调入(调出)方同意接收证明,经企业主管领导同意,并经市人社局审核后,由人事部门办理调动手续,填写劳动合同中止(终止)证明、养老保险转移单等,按规定做好职工养老保险、失业保险及社会保险转交等工作。

第二节　干部人事制度

地、市供销合作社机关人员变化

县以上供销社干部职工主要由各级党政统一分配。1950年3月21日,宁波专区供销合作总社成立。机关工作人员来源主要是军转南下干部、干校毕业和地委委派、店员抽调以及民国时期合作社的部分人员。是年,宁波专区供销合作总社机关干部40人。1951年,省人民政府提出新吸收人员必须履行五个方面的手续。是年,宁波专区供销合作总社机关干部77人,1954年机关干部60人。1955年至1964年机关工作人员平均人数55人。1952年11月1日,宁波市合作总社成立,时有机关工作人员36人。1955年9月,省供销社印发《浙江省供销合作社及各专区办、县(市)社行政机构定员编制暂行规定》,全区供销社定员编制人数紧缩20%。省社宁波专区办事处编制控制人数41人,但实际人数55人。县级供销社行政机构定员编制,根据所辖基层供销社大小,全区县级供销社分为两类,其中一类为鄞县、余姚、慈溪县供销社和宁波市供销合作总社,编制人数为32人至36人;另一类为奉化、镇海、宁海县供销社,编制人数为22人至25人之间。1957年,省社宁波专区办事处编制人数为40人。宁波市供销社编制人数为25人。1958年至1978年,地、市供销社机关编制平均人数分别为35人、30人左右。1979年,宁波地区供销社编制数为36人,实际工作人员为29人。市供销社编制数为35人,实际工作人员为39人。

1983年8月,地、市供销社合并,建立宁波市供销合作社,机关工作人员为53人。以后随着机关工作人员离退休的逐年增多,市供销社人员编制控制在40人左右。1992年,市供销社深化机关内部改革。在市编委会核定机关编制数范围内,实行定编不定人,符合招干条件的由系统内自行调动。1993年,市供销社机关工作人员56人。1996年,市供销社机关工作人员50人,1997年市供销社机关工作人员49人;机关离退休人员43人,负担遗属补助2人。1998年,机关干部职工56人,其中工人身份6人(2人为驾驶员)。1999年,市人事局核定市供销社机关编制,共有在编行政人员49人。2001年,市供销社机关工作人员42人,其中高级职称4人,中级职称14人,初级职称16人;大专以上学历33人,中专及高中7人,初中2人。

2002年,根据市政府甬政办〔2002〕211号文件通知,市供销社被确定为正局级事业单位,参照公务员法管理,编制数27名,单位领导职数5名,实有人数45人,其中行政管理人员35人,后勤工作人员5人,经费全额纳入财政预算。2003年2月28日,市人事局依照国家公务员法管理规定,同意市供销社机关周信浩等37人参照公务员法管理。郭竞雄等4人过渡为参照单位公务员,同时办理离岗退养手续(离岗退养时间为2002年7月1日)。仉永林等5人过渡为参照单位工勤人员。2004年,市供销社机关工作人员38人。2007年,根据市人事局甬人公〔2007〕20号文件通知,市供销社参照公务员法登记,有35人进入参照公务员法管理名单。另有2名原机关编制工作人员,根据其本人意愿退出参照公务员法管理。2008年,市供销社机关干部人数32人,其中副厅局级1人,正县处级11人,正乡科级9人,科员1人,非领导职务20人。

2015年,市供销社机关核定人员编制数27名,实有工作人员30人。

干部管理权限和任用

建社伊始,干部人事制度从无到有逐步规范完善。干部录用、调动、提拔、任免和奖惩等事项实行分级管理和审批制度,并建立干部人事档案。1952年11月,省供销社发文规定:基层供销社干部由社员代表大会选举,理事会通过,县供销社批准;县供销社所属的县级公司党、政领导由县供销社任免公布,基层供销社和县级公司的干部由县供销社管理。宁波专区供销合作总社和宁波市合作总社党政领导分别由宁波地区专员行署和宁波市委任免。宁波专区和市供销社所属公司党、政领导分别由专区和市供销社任免公布。各县供销社党、政领导干部任免,按照干部管理权限分别由县委、县政府发文公布。

1958年,全区基层供销社并入人民公社供销部后,干部由选举制改为任命制。其中,郊区基层供销社和鄞县、镇海县农村基层供销社下放到当地人民公社供销部直至1962年市、县分开期间,基层供销社的党组织负责人和理监事会的正、副主任由地区专员行署和宁波市委任免。

1963年至1977年,各县基层供销社党政负责人由县委或区委任免。1978年起,地、市供销社所属企业党政负责人由地、市财办发文任免;企业中层干部由地、市供销社发文任免。1982年以后,全区供销社人事劳动制度进行初步改革。对干部任命和职工奖惩等作出有关规定:一是干部由任命制改为选聘制,供销社理、监事会正副主任,由社员代表大会选举产生,基层供销社正、副主任报县供销社党委审批;市、县供销社正副主任分别报市、县委审批。1983年8月,地、市供销社合并后,全市供销社系统劳动人事制度进行积极的改革与探索。特别是人事制度方面,县、基两级供销社领导成员,由任命制改为选举制。各级供销社理、监事会正副主任,由社员代表大会选举产生;基层供销社正、副主任报县级供销社党委审批;市、县供销社正、副主任分别报市、县委审批。1983年起恢复"三性"体制改革,各级供销社相继召开社员代表大会。通过民主选举,全区供销社共选举出307名基层供销社正、副理事(监会)主任和33名县联社正、副主任。各县供销社在改革基层供销社若干管理制度中,明确基层供销社人事管理职权:任免本社经理、副经理、厂长、副厂长和组长、副组长。

1984年7月27日,市政府批转市供销社《关于市社各公司推行和完善经营责任制的意见》,其中明确市供销社所属各公司经理、书记,由市供销社任免;副经理由经理提名,市供销社批准;中层干部均由本单位自行任免。

1986年以来,进一步加强干部人事管理,建立干部人事任免、干部选拔、后备干部制度及离退休干部的管理和考核制度。任职干部在严格考核考察后,经市供销社党委集体研究任用。对干部的考核主要是对企业领导班子的战斗力、工作业绩、清正廉洁及其成员的德、能、勤、绩等方面实施全面考核,着重选拔优秀的后备干部人选。

1988年7月,市委组织部、市编委、市人事局联合印发《关于市级国家机关行政职务设置的补充通知》,市供销社机关列入干部聘任制单位,同时设置处级调研员。是年10月,根据市委组织部〔1988〕46号《关于在市属部委办局继续试行首长助理制的通知》精神,经市供销社党委研究推荐,经组织考核、竞选演讲、提问、答辩、对话等形式,以及政治素质、知识能力、演讲水平的书面计分测评,经市财办党组研究,市委组织部批准,张方砚任市供销社主任助理。1989年起,各县供销社召开社员代表大会后,撤销理、监事会,建立社务委员会,实行主任负责制。后因形势和政策变化,县供销社正、副主任和党委正副职书记由县政府、县委任命。县供销社机关党支部书记由县直机关党工委任命。所属基层供销社正副主任、县级公司正副经理由县供销社任免;基层供销社党支部正副书记由县供销社党委提出任免建议,由当地党委任免。基层供销社分社主任、商店(站)经理和县级公司正副股长、批发部正副经理等均由企业自行决定任免。

1990年,按照"党管干部"的原则,全市供销社系统修订干部管理权限。(一)属县级供销社党委管理干部范围:县供销社内设科室正、副职及机关党支部支委,其中组织人事正科级调配前需征得县委组织部同意;县级直属公司、基层供销社的党政正副职、基层供销社党支部成员(在乡镇的党支部及支委属当地党委和县供销社党委双重领导);县供销社所属所有企业的工会正、副主席。(二)属县级直属公司人事管理权限:所属单位的股(室)、门市部、批发部、仓库、车间、班组等中层正副。(三)属基层供销社人事管理权限:所属商店、分社、厂、站的中层正副职。1991年,市供销社党委对本级企业干部的选拔任用,统一实施考察考核,经集体研究任用。实施先任命基层供销社主任助理、后提任副主任的组织形式。同时对所属公司正、副职由于年龄原因退居二线的,实施任命协理员的形式过渡的办法。1992年,根据全国总社、省供销社关于深化"三项"制度改革的文件精神,市供销社上报市政府《关于市供销社机关改革几个问题的请示》(宁供政〔1992〕36号),要求市政府对供销社机关实行定编不定人,在市编委核定的编制数范围内,系统内人员进出,根据市人事局规定的招干条件自行调动原则,实行干部的上下交流。1993年,根据全国供销总社、省供销社和市委关于公开推荐与考试相结合选拔领导干部的文件精神,市供销社开始建立健全领导干部的选拔、录用、任免、考核、轮换等制度,并试行助理制。在干部人事制度上进行突破,兴办实业,鼓励机关工作人员下企业任职,实行双向选择,能上能下。是年9月,省体改委、省供销社联合印发《浙江省供销社企业转换经营机制试行办法》(浙合组〔1993〕51号),其中对企业领导班子的任免按规定程序办理,对参控股和中外合资企业,供销社派往的董事、董事长按干部管理权限,分别报本级供销社批准或备案后提名、委派。

1994年,市供销社印发《关于重申企业领导干部有关注意事项的通知》,对所属企业拟任企业中层以上干部的,必须报市供销社政治处后提交市社党委讨论决定,对企业财务、人事科(股)长人选变动,应继续执行事先申报制度,在征得市社同意后方可任命。3月,市供销社确定实施百名人才引进工程,重点是引进外贸专业人才和经营业务骨干,实际引进80余名大中专毕业生和中青年骨干,并举办各种培训班5期,培训外贸业人员、中青年后备干部340人次。1995年,坚持"能上能下""德才兼备"的原则,调整和选配部分公司和城区基层供销社的领导班子,重视后备干部的选拔和培养,重视人才引进。是年,引进大中专毕业生和业务骨干42人,建立滚动式后备干部队伍100人。1996年,人才"双百"工程进展顺利,继续实施"百名人才引进"工程的同时,开始实施"百名后备干部"工程,对后备干部实行滚动式管理,大胆起用政治素质好、经营能力强、管理水平高、开拓意识强的年轻干部,按后备与在职2:1比例建立起"百名后备干部库"。对年轻干部实行下派挂职,交流轮岗,设立助理制等方式,有计划地让年轻干部到工作环境比较复杂、条件比较艰苦的地方进行锻炼。10月14日,印发《关于深化企业改革强化内部管理的若干规定》(甬供办〔1996〕161号)的通知。对加强企业领导班子建设,深化干部管理体制改革作出有关规定:(1)各单位(市社公司、校、城区社)领导班子助理以上人员任免,由市社政治处负责考察并向市社党委提出建议人选,由市社党委讨论决定,发文任免。(2)各单位财务科长的任免,应先向市社政治处提出建议人选,财务处协同政治处负责考察,由市社党委讨论决定由市社政治处发文任免。(3)各单位中层干部的任免,应先征询市社政治处意见,由政治处向主任室汇报后,公司决定任免,并报政治处备案。(4)实行领导干部离岗报告制度,各单位领导班子副职以上人员因私、因公离开本市4天以上,须在离市3天前向市社政治处报告。(5)严格执行领导干部回避制度,企业领导的配偶和直系亲属安排在本单位工作必要经市社批准;有聘用权的干部不得聘用近亲、姻亲任直接领导的职务及岗位。(6)各单位副职以上领导干部的工资、年度奖金、住房安排须报市社政治处审核,主任室审批。(7)各级领导干部不准私自经商办企业;不准为亲友、子女、配偶经商提供优惠条件;不准将经营活动的回扣、中介费据为己有。是年底统计,市供销社本级企业干部人数898人,其中事业单位10人,企业单位888人。具有大中专以上学历的213人。9—10月,为进一步严格干部考核任免程序,对机关干部从德、勤、能、绩四个方面进行定性和定量的分析测评。对所属15家单位的领导班子进行全面考核,通过民主评议、个别座谈等形式,广泛听取群众意见,从政治观念、民主作风、组织能力、工作实绩等十个方面进行定性和定量分析。余姚、鄞县、慈溪、奉化等供销社均对所属企业领导班子进行全面考核。

1999年,市供销社顺利地完成本级企、事业单位领导班子的换届工作,分期分批对所属的12家公司、1个学校、4个城区供销社的班子进行认真的考察、换届工作。其中调整后,企事业单位领导班子成员为52人,有25人岗位作了调整,其中岗位提升有10人,岗位变动8人,未续聘7人。年龄结构也都有相应的变化,平均年龄从调整前的43.74岁降到42.6岁,其中党政一把手由47.32岁降到46.56岁。

2000年至2002年,全市供销社系统企业基本完成产权制度改革和理顺职工劳动关系。市供销社所属17家企业的全民身份的188名干部同时理顺劳动关系。此后,所属参控股企业的党、政领导班子仍由市供销社任免,内设处(室)的正、副处长报经市委组织部同意后,由市供销社党委任免。2003年,根据市政府《关于印发宁波市供销合作社联合社职能配置、内设机构和人员编制规定的通知》文件精神,市供销社机关由原来的8个处(室)调整为5个,设8个正副处级领导职位(5正3副),并决定对这8个职位全部实行竞争上岗。通过工作动员,自愿报名和民主推荐,有13人分别参加1个或2个职位竞争,并经过考评组考评和民主测评以及考察、公示等阶段,最终确定聘任8人(政治处主任还须市委组织部考察任命)。

2007年,根据市人事局甬人公〔2007〕20号文件通知,市供销社参照公务员法登记,有35人进入参照公务员法管理名单。另有2名原机关编制工作人员,根据其本人意愿退出参照公务员法管理。2008年9月,经市政府批准同意市供销社"三定方案"。核定市供销社内设机构设5个职能处室,即办公室、政治处、财务审计处(社有资产管理处)、经济发展处、合作指导处。核实机关事业单位编制25名,另外老干部工作人员2名,共计27名;是年12月,全市8家县(市)区供销社经省人事厅批准,同意参照公务员法管理。2009年2月,市委组织部、人事局印发《宁波市市直机关单位中层(处级)干部选拔任用工作实施意见》,市供销社实施机关新一轮中层干部选拔任用工作。2012年10月26日,印发《宁波市供销社中层领导干部任期考核及部分领导职位选拔任用工作实施方案》,对中层干部任期考核、竞争上岗(竞争上岗职位、选拔任用条件)等作出具体规定。1992年至2015年,市供销社机关转干、接收大中专毕业生、录用公务员、调入和接收军转干部共20余人。

第三节　工资制度

建社以来,劳动工资计划、增资升级等按照劳动人事有关部门和上级供销社有关文件规定执行。供销社创建初期,机关工作人员工资级别等均按照国家机关工作人员规定执行。县供销社所属的县属企业和基层供销社的职工执行集体所有制或按全民所有制工资管理办法执行。当时,干部职工的工资制度主要形式有供给制、包干制和薪资制三种。其中享受供给制待遇人员的供给标准,均按省政府规定的标准执行。薪资制的对象主要是新招用的社干,以家庭经济状况作为评薪的主要依据,以"折实单位"计算,发给工资。

1950年3月,省商业厅制定供销合作社薪资等级标准。规定月工资最高108个折实单位(每个折实单位0.6925元),共有36级,每级级差2—3个折实单位。同时,对薪资制人员重新进行评薪,以本人德才、工作技能、工作态度和政治表现作为评薪的主要依据,改变过去以家庭经济状况作为评薪主要依据的做法。是年7月起,试行"包干制"(小包干),即除服装、技术津贴、保健费、养老优待金、住房等仍然供给外,其余实行包干。1952年7月,政务院颁发《各级人民政府供给制工作津贴标准及工资制工作人员工作标准》《各级人民政府机关技术人员工资制标准》,全区供销社系统的干部职工均按上述工资标准执行。是年12月,贯彻执行省供销社《关于调整农村基层供销社干部工资暂行办法》。1953年5月11日,省供销社印发《关于县以上合作社供给制工作人员改为薪金制待遇的几项规定》,规定本省县以上供销合作社,所有按供给制待遇工作人员不分干部或勤什工一律从5月起,改为薪金制待遇。1954年6月2日,省供销社印发《农村基层合作社工作人员暂行工资标准的规定(草案)和各县(市)供销社及基层供销合作社定员编制暂行规定》。11月27日,省供销社转发全国供销合作总社《关于颁发农村基层合作社工作人员暂行工资标准的规定》。12月23日,省供销社转发全国供销社合作总社《关于县以上各级供销合作社业务经营机构工作人员工资标准及有关事项的规定》,根据各县工资类别,供销社和业务经营机构及基层供销社工作人员的工资标准按省供销社制订的工资标准执行。

1955年6月,省供销社印发《关于各级供销合作社工作人员工资标准》,改革现行工资制度,统一实行货币工资制。职工实行八级工资制,全面提升工资,采取等级计算工资。县以上供销社行政管理人员按国家机关工作人员货币标准执行,即自十三级122元至三十级18元;县以上供销社业务经营机构工作人员工资标准:自九级76.5元至二十二级18元;农村基层供销社工作人员的工资标准:自一级67元至十六级18元。1956年,贯彻执行省供销社规定五套工资标准:《县(市)以上供销合作社工作人员工资标准》《基层供销合作社营业员工资标准》《县、市以下基层供销合作社行政管理人员工资标准》《大、中城市郊区基层供销合作社行政管理人员工资标准》《勤杂人员工资标准》,其中县以上供销合作社行政管理人员执行国家机关行政工作人员工资标准的九级至二十七级;业务部门人员的工资一级至十九级,即对应国家机关九级至二十七级工资标准,并采用一职数职,等级线上下交叉的工资标准。是年起,对公私合营企业实行工资改革。1958年,人民公社化运动,社会商业人员过渡为供销社的成员,工资实行靠级的办法;合作商店、公私合营过渡的职工工资仍按原工资标准执行,由合作小组过渡的,参照合作商店的工资水平,由群众评议,报归口的县级供销社批准。1962年9月,省社专区宁波办事处印发《关于办理学徒工转正、评级工作的通知》,规定学徒工办理正式职工转正手续,第一年工资为24元至26元;工作满一年,一般定为一级至二级工资(一级工资28.5元,二级工资31元),表现特殊好的,最高不得超过三级工资(35.5元)。10月10日,转发省供销社《关于企业工人职员法定节日加班工资待遇的规定》。省社专区宁波办事处发文规定,各县供销社所属公司、经理部、贸易货栈的经理和基层供销社主任在节日加班的,一般应予补假,不发加班费补贴,对其他一般业务人员在节日加班,确实不能补假的,均可发给加班工资。1963年7月,根据劳动部、全国供销合作总社联合通知,省供销社规定宁波地区基层供销社正副主任执行国家机关新的工资标准。县以上供销社的行政管理人员及业务机构工作人员按原规定的工资标准择优升级。同时调整职工工资,工资升级面不小于40%。慈溪、余姚、鄞县等县基层供销社按四类地区的工资标准评定工资级别,由一级66.5元至八级25元。8月,新颁发工资标准,简化工资标准。全区供销社将原来按经营商品分类规定营业员工资标准合并为一套工资标准。即县以下基层供销社除正副主任执行国家机关工资标准外,其他人员执行《县以下基层供销社工作工资标准》,使全区供销社工资标准大体得到统一。12月,省社宁波办事处和市供销社机关及所属企业部分职工从是年8月起调整工资,共计250人。

1966年,"文化大革命"开始后,停止对新职工的转正定级工作。1968年1月,国务院通知,职工的转正定级工作恢复进行。1972年调整部分职工和工作人员工资。1975年,对新招收的精减职工的工资待遇,实行半年熟练期,熟练期待遇按一级工工资发给,熟练期后定为二级工。

1977年8月,贯彻执行国务院通知,调整部分职工工资,升级面按40%的比例进行分配。1978年,全区供销社系统职工工资升级,其中市供销社所属企业1768名职工中,职工工资升级面达50%。1978年,国务院颁发《国务院关于工人退休、退职的暂行办法》(国发〔1978〕104号)。是年9月,国务院批转《商业部、供销社、劳动总局关于合作商店实行退休办法的报告》(国发〔1978〕195号)。全区供销社正式开始实行退休制度。1979年至1986年,市供销社本级系统25名中华人民共和国成立前参加革命工作的退休老职工改办离休手续并享有县级工资待遇。1979年,对生产工作成绩优异,贡献较大的职工进行调资升级,增资面为2%。是年10月,贯彻国务院关于职工升级的几项具体规定:职工的升级面,以10月底职工人数中的1978年底以前参加工作的固定职工和计划内临时工为基数,按40%计算分配。12月,转发省劳动局《关于下乡知识青年招为正式职工后的工资待遇的通知》。

20世纪60年代至70年代,供销社系统分别执行过国家粮价、副食品(国贴、省贴)生活、卫生交通费、福利费等工资性补贴。1978年,市供销社本级企业建立管理岗位津贴制度,并按规定对从事废旧物资、畜产品的工作人员实行岗位津贴,以后屡有调整。1980年3月,地、市供销社机关开始实行基本工资加奖励工资制度。5月,贯彻执行《全国商业企业工作标准》,调整企业工资类别,全民企业升级面达43.6%,集体企业升级面达74%。11月,根据省、市劳动局《关于调整部分企事业单位突出偏低工资标准的通知》,规定供销社系统统一按下列工资新标准执行,即一级30元,二级35元,三级41元,四级48元,五级55元,六级63元,七级73元,八级84元。

1981年至1983年,全区供销社系统贯彻执行省政府关于发放奖金的有关规定,全年发放奖金总额控制在2个月标准工资总额内,人均奖金标准统一为地、市按50元,县按48元,奖金增长幅度不高于劳动效率增长幅度。1982年,贯彻执行国务院《企业职工奖惩条例》(国发〔1982〕59号),对获评为各级各类先进工作者、劳动模范及记功奖励者,在物质上发给一定的奖金或工资晋级。是年起,按照省供销社劳动工资计划的通知,宁波地区供销社每年对各县供销社下达劳动工资总额计划,并实施监督,未经批准,不得突破。宁波地区、市供销社劳动工资计划由省供销社下达。1983年,按照省有关规定对工资在70元以下的基层供销社正副主任(书记),分别给予6元至12元的职务补贴。8月,地、市供销社合并以后,根据省供销社下达的劳动工资计划的通知,对本级所属公司、城区基层供销社下达劳动工资计划,并予以适当平衡和调剂。10月,调整机关部分工作人员、企业单位职工的工资。全市基层供销社实行职务补贴。其中基层供销社的正副书记、理事会正副主任,月基本工资在70元以下的,可以享受职务补贴,但基本工资加职务补贴不能超过70元。补贴标准分为每月6元至9元。

1984年7月,对原执行供销、商业、粮食业务人员工资标准的职工,改靠企业管理人员的工资标准。供销社体制改革后,扩大企业自主权,建立职工浮动晋级制度,浮动晋级面为职工总数的5%,县级供销社正副股长以下的人员晋级,由社理事会审批;正副股长级干部的晋级按干部分管权限审批。职工的固定晋级按国务院《职工奖惩条例》的规定执行。7月27日,市政府(市政〔1984〕99号)批转市供销社《关于各公司推行和完善经营责任制的意见》,明确所属各公司和机关行政管理人员,以岗位责任制的执行情况和所属企业各项经济指标完成情况为考核内容,其奖金按所属企业和劳动分红基金的平均数提取和发放。同时,在税后盈余中提取企业基金,用于对先进生产(工作)奖励和对有特殊贡献的职工浮动晋级、领导人员职务津贴和福利等。同年9月,贯彻执行省供销社(浙合人〔1984〕228号)通知,分配到基层供销社工作的大中专毕业生,见习期享受定级工资待遇,分配到县以上供销社及所属企事业单位的大中专毕业生见习期,执行见习期工资待遇。12月30日,根据市政府关于企业整顿验收合格后晋级的规定,市供销社印发《关于企业干部职工工资晋级办法的通知》,对所属企业整顿验收合格后的干部职工,成绩显著者实行3%固定工资晋级和5%—10%的浮动工资晋级。

1985年1月,市供销社本级企业工资进行套改,按照浙政〔1985〕91号文件附件对照表,商业6—1级均以降级套入新的工资标准。根据市政府〔1985〕122号文件,所属企业领导干部工资执行《宁波市国营企业干部工资标准》,其他职工的起级工资标准为37元。是年12月,改革国家机关、企事业单位工作人员的工资。各县供销社机关工作人员工资调整由县人事部门办理;企业按工资类别套改新拟工资标准,企业干部、职工分别按《宁波市国营企业干部工资标准表》《浙江省国营商业、粮食企业业务人员套改新拟工人工资标准对照表》执行。供销社系统职工工资由工资、津贴、加班工资和奖励工资等4个部分组成。基本工资津贴,按照国家和地方劳动部门的文件规定执行,加班工资由各单位自行确定,奖励工资由各级考核评定。7月,根据国务院国发〔1984〕67号文件第9条的规定,对全市供销社系统企业整顿验收合格的基层供销社、市(县级)公司和工厂的管理人员工资晋升一级,即每月分别增资6元至8元。

1984年至1985年,市供销社发文对贡献较大的职工进行晋级奖励,晋级奖励指标不得超过职工总数的3%,企业领导干部晋级人数一般不超过领导总数的20%。1986年9月起,市供销社所属10家公司和城区6个基层供销社普遍实行"工奖捆浮"责任制。实行"工奖捆浮"的职工3786人,占职工总数的95.92%,人均"工奖捆浮"12.50元,占职工平均工资18.6%。10月起,对部分职工进行调资,合同制职工工资性补贴按本人月标准工资的15%计发。11月,省劳动人事厅、省财政厅、省供销社《关于供销合作社系统贯彻〈省人民政府关于发布贯彻执行国务院改革劳动制度四个规定的实施细则的通知〉的补充通知》。指出:"供销社系统仍实行集体所有制的劳动工资计划管理体制,劳动工资计划由省、市(地)、县三级供销社审批管理"。供销社下达的劳动工资计划也是指令性计划,按规定程序办理。12月,贯彻执行国务院、劳动人事部通知,适当解决企业工资问题,由政府统一安排工资调整或按职工人数及工龄长短或按工资总额实行工效挂钩。1987年7月,根据市企工改〔1986〕28号文件精神,对所属企业职工按人均每月1.80元计算增资额度。对1980年前参加工作的,可增加一档工资。9月,对1986年至1987年度贡献较大的职工进行晋级奖励,干部职工的晋级奖励指标不得超过职工总数的3%。市供销社本级企业的工资奖金由人均每月64.79元,提高到110.30元,增长63.12%。1988年,市供销社所属公司和城区基层供销社开始实行工效挂钩办法,以市社系统为单位和市挂钩,原则上以1987年实际完成数(实现税金、利润等)、工资总额作为基数上报,最高浮动比例1∶0.7,最低1∶0.3。是年12月,市供销社对市农资公司等16个单位下达专业技术职务聘任制增加工资控制指标的通知。

1989年1月起,市供销社本级企业实行"工效挂钩",即基本工资总额同实现税利挂钩。以市社系统为一个头同市进行总挂钩,即9个公司、6个基层供销社、3个商业综合公司。核定挂钩人数为4733

人(含临时费用工人数431人),挂钩的工资基数635万元,1990年核定挂钩的工资基数610.8万元,核定税利基数为1158万元。挂钩浮动比例1∶0.75。10月,慈城、江北供销社于1988年被批准为市级先进企业,执行37元起档工资,同时增加企业领导浮动一档工资。市果品食杂公司、茶叶公司、市副食品公司执行37元起档工资,干部标准工资按《宁波市国营企业干部工资标准表(三、四)》执行。是年,市供销社本级系统实现税利1925万元,比市工改办核定的"工效挂钩"基数1158万元,增加767万元,按规定提取效益工资200万元,各挂钩企业实际已提取161万元,尚有39万元调控数。市社所属18家"工效挂钩"企业中有9家共有2158名职工可增加一档工资。

1990年,市供销社所属"工效挂钩"企业实现税利1436.75万元。"工效挂钩"的18家企业,有4家企业经济效益较好,职工工资升级面达80%,另有2家企业职工工资升级面分别49%和68%。经与市劳动局协调同意,尚有的12家企业分别采取三种情况进行适当解决,即基层供销社适当解决升级面;对苦、脏、累行业进行照顾性解决升级面;对市区2个亏损企业以核算单位计算升级面,解决亏损企业中盈利核算点职工的升级问题。经测算,12家企业1989年至1990年两年平均人数2855人,增加工资升级档数1075档。同年12月,市特产公司批准为1989年市级先进企业,职工工资从36元提高到37元,其所属的宁波东方针织厂领导干部根据市政府〔1985〕122号文件精神,所属企业领导干部工资执行《宁波市国营企业干部工资标准(四)》,其他职工的起级工资标准为38元。同月,鉴于1985年企业工资套改,按照浙政〔1985〕91号文件附件(三)对照表进行,即从商业6—1级均以降级套入新的工资标准。因此,根据省供销社1990年8月下达《关于适当解决供销社部分业务人员工资遗留问题的意见》,市供销社企业在"八五"工改前执行原商业业务6—1级的1989年底在册正式职工和"八五"工改后退休人员,符合条件的在贯彻国发〔1989〕83号、甬劳薪〔1990〕15号文件的基础上,再升一档工资。当年,市供销社本级企业职工年平均工资为2197元。比上年2192元增长0.26%。是年底统计,全市供销社系统除宁海县供销社外,都实行"工效挂钩"。全市供销社系统企业数191个,职工人数33030人,其中实行"工效挂钩"企业160个,"工效挂钩"职工人数29379人。人均月增资15.55元。

1991年前,市供销社所属企业"工效挂钩"向市财政、劳动部门分头包干,实行总包总挂总算。挂钩浮动比例1∶0.7系数。5月,在基层供销社工作的大中专毕业生见习期满后,表现好的或已聘任为助师以上专业职称的,在现行标准工资基础上向上浮动一级工资。7月,贯彻省社关于加强供销社系统人才管理工作意见的通知精神。11月,对市社所属公司、城区基层社职工1989年、1990年两年工资实施正常升级。1992年5月,市果品食杂公司、市农资公司、江北供销社等3家企业定为市财贸系统劳动工资制度改革试点单位,在上年度工资总额6%的幅度内计提工资性补贴,列入成本,不直接发给个人由企业统筹使用,其中用于建立职工待业风险基金不少于20%,用于企业补充养老保险不少于20%,用于医疗费补助基金不少于30%。对上岗人员试行岗位技能工资,即技能工资、岗位(职务)工资两大单元构成,通过测评,结合考核劳动实绩,确定不同岗位、不同技术水平的工资系数。试点企业按上岗职工人均不超过20元用于基本工资制度改革。12月,市劳动局、市财税局核定市供销社所属各公司、城区基层社职工平均人数4585人,基本工资总额基数758万元,其中税前列支奖金141万元,实现税利1245万元,挂钩浮动比例按各企业的经济效益,分别控制在0.3—0.7之间。1993年9月,省体改委、省供销社联合印发《浙江省供销社企业转换经营机制试行办法》(浙合组〔1993〕51号),明确企业工资总额依照本级供销社规定工资总额与经济效益挂钩的办法确定。7月起,市供销社干部学校(培训中心)行政人员基础工资标准表（五），按正规成人学校的工资起级标准执行。全市供销社系统实行企业工资总额与经济效益挂钩。"工效挂钩"企业在按规定可增提用于职工分配的收入中，应提留一定比例的工资后备基金，以丰补歉。企业领导班子成员的工资标准、等级和工资晋升按干部管理权限规定确定。2013年8月13日，市人社局同意市供销社《关于2013年度事业单位绩效工资总量核定的函》，确定市供销社培训中心绩效工资总量为40.73万元，人均绩效工作水平为8.146万元，即在原绩效工资总量的基础上上浮10%，从原核定标准低于现事业单位绩效工资水平"托底线"人均7.6万元增加到人均8.146万元。

从20世纪50年代初至2015年，宁波地、市（县）级供销社机关工作人员（包括离退休干部）的工资（增资）、补贴等均按国家人事部门的有关规定执行。

第四节　落实政策和平反工作

1976年，粉碎"四人帮"以后，特别是党的十一届三中全会以来，党中央下发一系列有关落实政策工作的文件。地、市供销社在党委政府的领导下，通过学习文件，提高认识，统一思想，建立组织，全区供销社系统重视落实各项干部政策和经济政策，开始集中复查和纠正"文化大革命"中和"文化大革命"前的历史老案，平反和纠正一批冤、假、错案，并按政策规定解决善后问题，使历年来特别是"文化大革命"以来的冤、假、错案得到纠正。是年，解决本级系统29个人的一般历史问题，从而调动各方面的积极因素，促进社会安定团结。

1979年，对全区供销社系统65个错划右派作了改正，128人的冤、假、错案得到纠正，362个干部职工在历次运动中遗留的问题得到妥善解决。使全区供销社系统555名干部职工落实政策，恢复名誉。此外，全区供销社对1958年中的334户小商小贩被错划为私方人员的问题也得到纠正。1981年，根据宁波地委组织部〔1979〕49号文件精神，宁波地区供销社为41人落实政策，其中对方泽民等17人错划右派问题予以改正，反右复查改正2人，历史遗留问题改正3人。

"文化大革命"中受到审查复查改正16人，还为2人由退休改正为离休。1983年7月，宁波地区供销社对王兆章等14人错划右派分子给予改正。是年8月，地、市供销社合并，新建宁波市供销社后，进一步加强对本级系统内解决历史遗留问题的力度。

1988年，积极开展档案利用工作，为解决历史遗留问题提供依据。自党的十一届三中全会以来，在集中解决一批冤、假、错案中，通过查阅市供销社文书档案，其中对人员处理问题的文件有100余件，先后100余次查阅50多件案卷，使一大批问题得到有根有据的解决。至于时间久远的如财产、工资等问题，也在文书档案中找到依据。1986年至1989年，市供销社本级系统有20人落实有关政策，主要是恢复干部身份、享受离休待遇等历史遗留问题。至1990年底，市供销社本级系统落实政策工作基本结束。

第五节　专业技术职称评定

技术职称是指专业技术人员的专业技术水平以及成就的等级称号，是反映专业技术人员工作能力的标志。1950年3月,宁波专区供销合作总社成立后,对国家承认保留、中华人民共和国成立前取得职称的专业技术人员,实行专业技术职务任命制,依据专业技术人员的德才条件,参考学历、专业、工作资历,经过民主评议,按规定程序报批任命专业技术职务,享受相应职务工资。"文化大革命"期间,这项工作中断。

1977年,中共中央召开全国科学大会后,全区供销社系统逐渐实行技术职称评定工作。1980年,贯彻国务院《统计干部技术职称暂行规定》、全国供销合作总社《关于供销合作社各类业务技术人员技术职称和业务技术考核标准的规定》和省供销社《关于部署评定财会人员技术职称的通知》。从是年下半年开始,宁波地区供销社系统实施专业技术职称评定工作。

1981年2月10日,印发《关于全区供销社系统评定、授予财会人员技术职称工作的实施意见》(地供财字〔1981〕10号),由商岳樵任财会人员技术职称考评小组组长。1981年至1982年,全区各县供销社相继成立专业技术职务考核领导小组。1982年7月,宁波地区供销社经济专业干部业务职称评定小组成立,由车永康任组长,并印发《财会、统计人员专业技术职称评定工作实施意见》。1983年9月1起,国务院决定职称评定工作暂停,1985年恢复评定职称工作。1986年1月,国务院颁布《关于专业技术职务聘任制度的规定》,全市供销社系统以实施专业技术职务聘任制为核心的职称改革工作正式展开。7月,成立市供销社技术职称办公室,并成立经济、会计、统计、工程、农业等5个专业的初级评委会。医药、卫生、教师、档案及饭店旅游专业等专业,由于市供销社不具备成立初评委条件,委托行业主管部门代评,制定初级评委《评审规则》《评审纪律》。

1987年8月,市供销社经济专业初级技术职务评审委员会成立。9月,市供销社在市副食品公司进行商业经营企业专业技术职称聘任制试点。10月,组织直属单位84人参加全省会计人员专业知识考试。1988年2月,市供销社印发《关于开展专业技术职务聘任制工作的意见》《关于成立初级技术职务综合评审委员会的通知》,市社本级系统职称工作全面铺开。12月,市供销社同意市农资公司等16个单位实行专业技术职务聘任制,并办理聘任手续,同时印发《关于实行专业技术职务聘任制增加工资控制指标的通知》。

1989年10月,转发市人事局《关于对专业技术人员建立档案和开展年度考核的通知》。通过建档年度考核,推进供销社购销业务的完成和经营管理水平的提高。1990年,专业技术职务评聘工作转入常态化管理,即建立年度考核制度和规范业务档案管理。6月,印发《关于对专业技术职务评审聘任工作进行复查的安排意见》(甬供职〔1990〕94号)。市供销社组织12人分两个检查验收小组,对各单位的评聘工作的相关手续、岗位职责、考核制度和业务档案等逐项进行查验,并在市再生资源公司召开经验交流会,推广市再生资源公司和市特产公司的经验做法。据统计,市社所属16个公司、城区基层供销社,2个事业单位(社干校、幼儿园),职工总人数4171人,各类专业人员1140人。涉及9个专业系列(经济、财会、统计、工程、农艺、文档、教师、卫生和医药)。经过审核评审,被确认具有任职资格人数606人。11月,印发《关于开展企业思想政治工作人员专业技术职务评定工作的安排意见》。

1991年11月,建立宁波市供销社企业政工专业初级职务评审委员会,江圣澜为主任,姚茂生、葛龙川为副主任。12月始,市果品食杂公司开展政工技术评定试点工作。1992年3月,印发《关于认真做好首次企业思想政治工作人员专业职务评定工作进行检查验收的通知》(宁供党〔1992〕4号)。5月,对所属企业政工专业职务定编设岗,即设有党委会的企业,设高级政工师、政工师岗位各1个;设有党支部的企业,设政工师岗位2个,助理政工师岗位5个;设有基联工会(女工委)的企业,设政工师岗位1个,助理政工师岗位1个;设区社团总支的企业,设助理政工师岗位1个。是年起,首次对全日制大中专毕业生进行定职,对专业技术人员进行年度考核。

1993年1月3日,县(市、区)以上供销社本级实施政工职称评聘工作。5月,印发《关于开展1993年度专业技术职务评聘工作的通知》(宁供职〔1993〕62号)。1995年,印发《关于做好专业技术职务任职资格评审工作的通知》,将企业思想政治工作人员专业职务评聘工作转入经常化管理。是年底统计,全系统共有专业技术职称专业人员3459人,其中具有高级技术职称的5人,中级技术职称的203人。1996年6月10日,印发《关于做好1996年度专业技术职务任职资格评聘工作的通知》(宁供政〔1996〕89号)。市供销社所属18家公司、城区基层供销社、1家事业单位(市社干校),职工总人数4410人,在职在岗各类专业人员1130人,占职工总数的25%。涉及10个专业系列(政工、经济、会计、统计、工程、农业、档案、教师、饭店旅游、医疗及卫生)。至10月底统计,市供销社本级企业在职在岗共有任职资格人员762人,其中高级1人,中级71人,初级690人,占现有专业人员总数的67.4%。

1997年以后,职称评定、聘任工作按有关文件规定正常化推进,并逐步实行专业技术评聘分离制度。

专业技术职务任职(聘任)人员名录

1982—2015年,宁波市供销社本级及直属企业助师级以上专业技术职务任职资格名录如下:

1982年3月,楼承渝、姜开舒、鲍耀敏、邱林岳、邵虎岭等7人评为助理农技师,陈全健评为农技师,张方砚评为助理商品检验师,钱小清、董秀娣评为助理农技师,王芦奋、王凉、张加方等3人评为助理农技师,吴永生、缪宏章、项瑞贵等3人评为助理工程师。7月,张方砚、陈全健等2人评为工程师。1983年2月,葛根娣、徐国荣、蔡国芬、胡国荣、陈玉芳等5人评为助理统计师。4月,金益斐评为工程师。5月,冯柏年、潘友益、张明禄、陈章利、徐晓霞等5人评为助理会计师。

1988年2月,冯根义评为经济师。6月,胡丽娟评为助理馆员。7月,应定棣评为经济师,毛佩佩评为医师,王秀珍评为幼儿园一级教师,孙佩莉、洪健、吕桂玲、杨淑芬、李亚君等5人评为幼儿园二级教师。9月,徐晓霞评为会计师,项瑞贵、吴永生、楼传根、钟廷麒、顾建华等5人评为农艺师,冯优美评为畜牧师,葛根娣、陶舜玉、王泉龙等3人评为统计师。10月,潘友益评为会计师,冯国标、吕林炎、沃志哉、周文庆、邵云彪、曹家棠、仇扬熙、汪秀富、陈森伟、刘波、黄有玉、黄美玲等12人取评为助理经济师,钟国锋评为助理工程师。12月,经市供销社初级技术职务综合评审委员会考评,乐志明等190人具有会计专业技术初级职务任职资格;蔡国芬等7人具有统计专业技术初级职务任职资格;葛楚职等173人具有工程专业初级技术职务任职资格;毛积良等17人评为农业专业初级技术职务任职资格。

1989年2月,方智元、盛荣祥、包天娇、张仁甫、郁善武等6人评为助理经济师,唐月娥、沈藕英等2人评为助理会计师,周富清评为助理统计师。3月,王敦宗评为经济师。5月,范焱、傅志翘、王松涛、徐心田等4人评为经济师。6月,王兆能、张世杜、陈庆华、裘国璋、王安宁、严万龙、叶永祥、葛龙川等8人评为经济师,郑学浩、颜德厚、冯柏年等3人评为会计师,郎岳卿、王凉、王维成等3人评为农艺师。7月,应剑萍评为助理馆员,陈钢评为助理工程技术师,黄兴龙、钟毅君、郭竞雄、谢冬对、郑奋玉、粟茂生、孔繁励等7人评为助理经济师,张知中、戴佩珍、赖福宁、陈长新等4人评为助理会计师,徐国荣、钱惠玉、腾亚强等3人评为助理统计师。1990年2月,倪锋朝评为助理经济师,葛时波、郑芬评为工程技术员;施和森、傅丹华、陈炯评为助理工程师,陈仲朝评为助理农艺师,黄一咏评为幼教二级教师。10月,吴建裕评为助理畜牧师,项兴国、王振江等2人评为助理工程师,刘能淑、韩维江等2人评为助理经济师,阮杰评为幼教二级教师。

1991年2月,市供销社聘任下列12人专业技术职务。经济师:范焱;助理经济师:葛龙川、徐启康、曹再裕、江圣国、郁善武、洪玉书、张仁甫、盛荣祥、包天娇、汪秀富;经济员:曹国强。8月,包银虎、孙伟敏、杨象岳、张育鸣、李耀东、李建跃、王福金、李建华、韩则飞、徐琍萍、陈国强等11人评为助理会计师,孙亚萍评为助理统计师,赵永兵、钱钢、王学平、陈炳泽、钟南和、王依明、商伟国、王继怡、胡长奋、谢贯忠、汪荣恩、叶维书、高富国、朱承龙等14人评为助理经济师。9月,余慧、顾国平、张霞珍等3人评为助理经济师,应慧仁、罗红平评为助理会计师,邬烈军、金海良评为助理工程师。12月,陈仲朝、王海生、施和森、尤伟平等4人评为工程师。

1992年5月,许文江、徐兴国、钱亚君、陈永儒、陈渭舟、姜文生、王向平、柳丽芬、雷显珍、章国芬、温流生、陈基栋、俞慈行、裘双桂、陈正国等15人评为助理政工师。9月,宋建国、黄祖亮、周爱玉、陈超宗、殷龙德等5人评为助理政工师,赵保国、戴企云、周承彪、王家良、王瑞坤、沈通义等6人评为助理农艺师,同月,黄山忠、朱雪泉、洪秀娟、金月辉、胡德锋、杨君渊、刘庆祥、忻红兵、贺纹波、周小焰、沈跃明、任建宏、张才定、王丽伟、林剑英、张韧、应永芳、陈统一、赵迪熊、赵国平、蒋德麟、曹国强、王猛飞、冯永明、袁亚新、陈阿实、赵国丰、盛明德、徐善鹤、蒋守德、倪家俊、虞积凡、竺志芳、吴志敏、龚兆继、吕志富、俞鑫炜、翁善纲、朱国强、毛照彬、高标仁、周慎大、李新定、陈建成、欧阳小平、陈德良、劳国民、张银兰、陈富麟、王荣甫、翁莉娥等51人评为助理经济师,姜廉敏、顾黎民、胡泽阳、应惠娣、沈婉英、申剑萍、姚小刚、李德祥、弗仁康、原凤珠、应广法、徐亚琴、丁夏萍、王雅香、倪亚咪、张春江、施丽芳、徐才有、阮海荣、林凤琴、邱忠伟、汤莉莉、邢建军、孟基尔、贝新荣、朱玉英等26人评为助理会计师,冯长胜、黄珍、陆孝发、叶长坤、孔万程等5人评为助理工程师。

1993年1月,张知中评为会计师,王国琪、刘富贵、童金棠、张保安、郑月娣、郑桂明等6人评为政工师。3月,陈一心评为工程师。5月,岑铣评为工程师。9月,夏立义、金涌洋、胡吉南、洪雷鸣、邱在云等5人评为助理经济师,王力伟、傅建林等2人评为助理工程师,陈春波、江映红等2人评为助理会计师。10月,聘任徐启康、王兴华、曹再裕、严万龙等4人为经济师;聘任陈仲朝、王海生等2人为工程师;聘任石世铵、贺万良、冯培荣、倪国华、吴德成、俞鑫炜、赵国丰、郁善武、曹国强、张仁甫、盛荣祥、黄锡义等12人为助理经济师;聘任朱华锋、乐志明等2人为助理会计师。同月,陈健、陈锡恩等2人评为助理工程师;赵胜亮、童国强、王明德、吴明岳、杨光德、玄甲武、范三寅、陈亚静、邬烈军、刘利伟、张仲新、陆家舟、乐加裕、徐恩国、王玉君、赵伯洋、胡国华、傅亦民、陈正德、毛旭初等20人评为助理经济师。11月,聘任王德润、刘荣文、张保安为政工师,聘任裘双桂为助理政工师。12月,邹永明评为高级经济师,蔡国芬评为统计师,叶南山评为工程师。

1994年3月,栗茂生、黄兴龙、黄锡义、徐国荣等4人评为经济师,罗宗彪、徐明浩、王定英、余珊弘、朱伟平、沈亚芳、林启望等7人评为助理经济师。6月,陈汉忠、石永兴、龚佩珊、曹志康、王依明等5人评为政工师。7月,傅志军、张莉萍、叶文君、罗雨农、赵惠芬等5人评为助理政工师。9月,陈奇评为助理农师,裘戴波、应君等2人评为助理经济师,虞永飞评为助理工程师。11月,段百聪评为助理工程师。12月,励慧芳、栗茂生等2人评为高级政工师,阮杰评为幼儿园一级教师。同年,市供销社公布1993年至

1994年全国经济专业技术资格考试合格人员名单:(1)中级:金月辉、王猛飞、张霞珍、乐志明、刘能淑、韩维江、王继怡、倪峰影、类强华、王燕君、应剑萍、张韧、吴香兰等13人;(2)初级:沈明强、王海明、庄燕、王耐萍、鲍锦屏、李永浩、袁恩康、章招娣、傅红辉、姜曙、郭翠霞等11人。

1995年1月,缪宏章评为高级工程师,付丹华评为工程师。7月,刘飞龙取得中级专业技术职务任职资格。9月,傅国斌、黄全跃、高建成、姚亦君、虞国宏、黄海清、张水平、叶红仙、谢金水、钱源中、范依青、周凯、毕忆鸿、徐涛等14人评为助理经济师,张义恺评为助理农艺师;周散根评为助理会计师,鲍冯强、柴锡珍等2人评为助理工程师。11月,钱惠玉评为统计师。12月,顾开夫评为工程师。1996年8月,房淑贤、叶纪良等2人评为助理工程师,胡伟芳评为助理工程师。9月,周明伟、金吉林、张君、甘泉、任志炎、范政策等6人评为助理经济师,王志良、朱宗建、王向平、史永进、汪旭东、张静静、范涌等7人评为助理会计师,陈宏毅评为主管中医师;方绿化、朱海忠等2人评为中药师。10月,沈红艳评为助理馆员。11月,裘雪琴、王洪、徐永川等3人评为助理政工师。12月,陈刚评为土建工程师,裘双桂、周爱玉等2人评为政工师,张春江、倪亚咪、姜雅静、陈建波、韩国芬、刘能淑、陈晓梅等7人评为会计师,应彤然、任立勤、洪毅、郭伟丽、邓寒峰、李建霞、陈建芬、葛丰等8人评为助理会计师。

1997年5月,石永兴、裘双桂聘为政工师。6月,姜廉敏、顾国平、孙亚萍、裘戴波、郑艳华、林志勤、王红明等7人评为会计师,方永苗、吴建芬、殷波、翁力军、沈学玲、胡德锋、钱辛安、林显明、王雅敏、黄燕等10人评为助理会计师。8月,钱军、胡爱云评为助理政工师。9月,金纪春、卓坚定评为助理工程师,严亚菲、余志颖、葛宏伟、陈志华、蒋岚、范广勇、陈如波、王仁富、陈卫方、陈培良、曹浔峰、黄永鉴、邬素芳等13人评为助理经济师。10月,仇跃红、许海波、朱静、陈桂清、何宇瑾、黄英、孙强、叶芹、孔玲君、濮豪华、陈丽娜、张幼春、刘玉瓶、王蓓、张慧征、陈亚、陈巍、王滢、乐芳莉、郑月娣、吴雅红、刘淼、陈飞燕、金梅珍、叶美珍等25人评为中级营业员。11月,张知中评为高级会计师,黄锡义评为高级经济师,汪雅斐、洪涛、翁素杰、杨姜立、庄冶等5名大中专毕业生首次确定具有助理会计师职务任职资格。12月,石永兴评为高级政工师,张碧英评为政工师。

1998年2月,叶南山评为高级工程师。5月,陈益军、黄蕾、洪秀娟、郭伟丽、陈春波、徐幻娟、周红琴、张优素、李建霞、应亚飞等10人取得会计师专业技术职务资格,孙曙红、洪峰华、韩维光、马卫娟、滑肖磊、徐星纲、吴斌、周静徐驰等9人评为助理会计师。6月,郭伟丽取得注册税务师执业资格。7月,缪岳震取得助理政工师专业技术职务资格。9月,庄智广、玄甲午、楼建国、黄党生等4人评为助理工程师,周正生、姜凌云、马伟、林美红、孙琦、李亚红、王晓慧、许鸿敏、任辉、杨勤丰、吕永权等11人评为助理经济师,施红波、俞菁、杜红梅、詹颖、邓飞、白明、林敏、孙强、张泠、王炜等10人评为助理会计师,王婵永、毛水康、林雷君、张志坚、张云飞、张艳丽等6人评为取得助理工程师,陈方雄、郑碧寅、周文红、杨忠国、刘屏、徐永利、沈艳青、周雪芬、林俊英、邵宏亮、王俊峰、王勤芬、杨静、徐宏、周建平、郑伟明、周利平、郑建平、余东根等19人评为助理经济师,汪敏忠评为助理工艺美术师,龚先波、赵莉华、刘萍等3人评为助理会计师。10月,唐伟群、周散根等2人评为会计师,庞慧军、王耐平、傅超英、陈燕、徐坚英、姜建峰、章国芬、侯俏春、周华、叶春、吴琳、钱晓恩、杜嘉明、卞戎荣、郑晔等15人取得会计初级任职资格。11月,吴建裕、王朝晖、姚小刚、俞蓉蓉、胡世云、唐蓉晖、张水平、吕豪若、余珊弘、黄党生等10人取得经济专业技术职务(中级)资格。12月,黄锡义评为高级经济师;周小焰、胡伟芳等2人评为助理工程师,罗雨农、陈建成、宋光华等3人取得政工师专业技术职务资格;楼建明评为中药师。

2000年1月，聘任朱华锋为助理会计师，石永兴为高级政工师，黄锡年为高级经济师，石世铵为助理经济师，乐志明为经济师，王乐庆为会计师，钱仲达为助理经济师，钱钢为助理经济师，王海生为工程师，张才达为助理经济师，忻红兵为助理经济师，郁善武为助理经济师，盛荣祥为助理经济师，冯永明为助理经济师，俞鑫伟为助理经济师。同月，陈仲朝评为高级经济师；范政荣、张君明、甘泉、张军平、盛晖、谢贯忠、虞永飞等7人取得中级经济专业技术职务资格。2月，姚亦君取得经济专业（中级建筑）任职资格。4月，陈建波取得统计专业中级职务任职资格，徐玉珊取得统计专业初级职务任职资格，石峰取得助理工程师任职资格。11月，朱雷、刘远、顾晨、贺敏、叶茜等5人取得助理经济师任职资格；徐幼云、余波等2人评为助理会计师；王继标、蒋辉、项国杰等3人评为助理工程师。12月，施和森评为高级工程师。

2000年底，市供销社机关和学校工作人员具有专业技术职务任职资格的有：高级经济师：陈仲朝、黄锡义；经济师：郑根富、裘国璋、徐国荣、吴建裕、严万龙、余珊弘、黄党生；助理经济师：郭竞雄、钟毅君、谢冬对、孔繁励、郑奋玉、徐明浩、王定英、吴德成；经济员：张战英、田启朗。高级会计师：张知中；会计师：冯培永；助理会计师：朱华锋、包银虎、赖福宁、腾亚强。高级政工师：栗茂生、石永兴；政工师：龚佩珊、陈汉忠、张碧英。统计师：钱惠玉；助理统计师：吴美春、胡国雄。工程师：王海生、金海良；助理工程师：吴方洪。高级工：倪永林、牟爱国、蒋家琪。驾驶员技师：倪永林、牟爱国。农艺师：楼承渝。助理会计师：施丽芳；助理经济师：邱辉云、林益谦。讲师：王贤琴。助理馆员：杜嘉明。

2001年2月，张宁象、郑颖红等2人取得经济专业技术职务（中级）任职资格，葛时波、杨静、胡德峰、张义恺等4人评为经济专业技术职务（中级）任职资格。5月，陈菲、殷波、洪力等3人评为会计师，王海霞、蒲宁、顾海萍、毛其力、吴森灿、王孝杰、黄争红等7人评为助理会计师。8月，俞红婷、金静评为助理经济师，曹静照、娄彩霞、牟俊宇、郑建达、朱剑锋、朱马光、施加强、邬勤红、徐烨、陈静姣、方清涛、范骁、沈坚等13人评为助理会计师。11月，张玲萍取得经济"商业管理"中级技术职称任职资格。年底统计，市供销社直属企事业单位中的经济、政工、工程、农业、卫生、教育、会计、统计、档案和其他专业技术人员等共计548人。2002年4月，赵粉侠、王月琴、陆亚佩、朱鲁玲、陈芳、陈志强、黄莲霞、卓娅、邵燕君、薛亚波等10人评为助理会计师。2004年10月，杨财富聘任为高级工。12月，舒国信聘任为高级工。2005年9月，徐之红聘任为助理工程师。12月，高静静、张瑛聘任为助理会计师。2009年9月，胡启文、叶金良、张宁、高磊、薛昌、任东旭、郑杰、滕明丽、卢人宇、吴栋、陈筱宇、贝芊、应芳芳、陈林、俞鑫等15名大中专毕业生首次确认具有初级专业技术职务资格（助理经济师）；杜嘉明聘为助理馆员，欠芊聘为助理会计师，冯培荣聘为会计师，胡国荣聘为助理统计师。10月，俞红婷确认具有省档案中级专业技术资格。至2015年，潘潇聘任助理工程师，张挺聘任助理工程师，汤镇庆评为经济师，陈静红评为实验师。

第六节 非领导职务设置

1983年起，宁波市供销社机关开始实施非领导职务设置工作。非领导职务是与领导职务对应级别相同。即正、副主任从工作岗位上退下来后或升任巡视员、副巡视员的改称；正、副处长改称调研员、副调研员，或按照职数比例升任的调研员、副调研员。主任、副主任科员、科员，亦按照职数比例升任。

1988年，宁波市实行计划单列，根据市委组织部、市编委、市人事局《关于市级国家机关行政职务设置的补充通知》精神，从7月起，市委组织部将市供销社机关列入干部聘任制单位，同时设置处级调研员非领导职务岗位。

1993年8月14日，《国家公务员暂行条例》规定，将公务员职务分为领导职务和非领导职务两类。对非领导职务的设置与管理作出规定，即非领导职务层次在厅局级以下设置为办事员、科员、副主任科员、主任科员、副调研员、调研员、副巡视员、巡视员等8个层次，享受相应的级别和待遇。1997年3月，市委组织部、市人事局发文《关于非领导职务设置实施办法》，按设置条件设置非领导职务，主任科员、副主任科员与科员的职数比例按2∶1设置，其中主任科员不得超过主任科员、副主任科员总数的50%。退居二线的处级干部改为调研员或副调研员，仍保留原职级待遇；正、副主任岗位上退下来的改称巡视员、副巡视员，由市委、组织部门发文下达，级别不变。

2018年12月29日，《中华人民共和国成立公务员法（修订草案）》，根据新修订的公务员法，过去的"非领导职务"表述将成为历史，取而代之的是"职务"与"职级"并行的运行模式，将非领导职务改为职级。明确综合管理类公务员职级序列由高至低依次为：一级巡视员、二级巡视员、一级调研员、二级调研员、三级调研员、四级调研员、一级主任科员、二级主任科员、三级主任科员、四级主任科员、一级科员、二级科员。2019年6月起，对管理类公务员职级进行套改。

巡视员（副巡视员）名录

1983年，王兴启、洪立刚、林修鸿、何邦德任市供销社巡视员。1985年，郑忠辉、徐阿五任巡视员。1987年，车永康任巡视员。1992年，江圣澜任巡视员，姚茂生任副巡视员。

2008年，陆玛杰任副巡视员。2009年，周信浩、李猛进任巡视员。2014年10月，钱建国、包银虎任巡视员、胡立明任副巡视员。2015年，王万有任巡视员。2019年1月，崔存世改任副巡视员。5月，陈树生任巡视员。6月，对管理类公务员职级进行套改晋升，陈树生、王万有套改二级巡视员；崔存世套改一级调研员。2020年5月，张战英套改一级调研员。

调研员（副调研员）名录

1983年10月，王月娥任市供销社党委办公室调研员。1985年12月，张铨根任正处级调研员。

1988年9月，陈庆华任计划业务处正处级调研员，王竹芳任财务会计处正处级调研员。冯积发任组织指导处副处级调研员，王维成任科工业处副处级调研员，张战英任办公室副处级调研员，郭竞雄任江北办事处副处级调研员。1989年1月，张战英任办公室副主任，免去其副处级调研员职务；王安宁任办公室正处级调研员；包荷英任人事保卫处副处级调研员。3月，赖福宁任正处级调研员，郭竞雄、王维成任副调研员。

1990年4月，杨修桂任人事保卫处副处级调研员。1991年9月，王维成任副处级调研员。1992年6月，周孝甫任基建储运处正处级调研员，冯积发任组织指导处正处级调研员，8月，王前线任政治处副处级调研员。1993年11月，石永兴任政治处正处级调研员；张铨根任办公室正处级调研员；叶永祥任计划业务处正处级调研员，免去其计划业务处处长职务；周德成任工业处正处级调研员，免去其工业处处长职务；邹永明任组织指导处正处级调研员，免去其组织指导处处长职务；严万龙任外经处副处级调研员,免去其外经处副处长职务;黄锡义任计划业务处副处级调研员,免去其计划业务处副处长职务;张战英任计划业务处副处级调研员,免去其计划业务处副处长职务;冯培荣任政治处副处级调研员。

1994年8月,严万龙任进出口处副处级调研员,免去其外经处副处级调研员职务。1995年3月,石立玉任办公室副处级调研员。12月,严万龙任科技工业处副处长,免去其进出口处副处级调研员职务;陆逢年任办公室副处级调研员,免去办公室副主任职务;徐明浩任科技工业处副处级调研员,免去其科技工业处副处长职务。1996年1月,黄锡义任计划业务处正处级调研员。1997年4月,郑芬玉任计划业务处副处级调研员,郎岳卿任计划业务处副处级调研员,龚佩珊任人事保卫处副处级调研员,5月,毛和均任人事保卫处副处级调研员。

1998年5月,徐国荣、钱惠玉任计划业务处副处级调研员,严万龙、徐国荣、钱惠玉任经济发展处副处级调研员;11月,郑学浩任计划业务处正处级调研员,石立玉任副调研员;石永兴、吴德成任政治处调研员;王前线任政治处副处级调研员;黄锡义任经济发展处调研员;郑根富、石立玉、陆逢年、谢冬对任办公室副处级调研员。是年底统计,调研员石永兴、郑学浩、黄锡义;副调研员王前线、毛和均、龚佩珊、冯培荣;办公室副调研员石立玉、谢冬对、陆逢年;业务处调研员黄锡义,副调研员钱惠玉、朗岳卿、徐国荣、郑芬玉。1998年底统计,市供销社机关工作人员离退休时技术职称为:调研员周孝甫(1990年退休,下同)、王安宁(1993年)、冯积发(1994年)、叶永祥(1994年)、张铨根(1996年)、邹永明(1994年)、周德成(1996年)、陈庆华(1992年)、王竹芳(1991年);副调研员钱忠坤(1980年)、王月娥(1986年)、李伯勋(1981年)、包荷英(1993年)、金益斐(1990年)、杨秀桂(1991年)。

2000年11月,蒋定浩、栗茂生任人事保卫处正处级调研员。2003年6月,石永兴、吴德成任政治处调研员,黄锡义任经济发展处调研员,郑根富、石立玉、陆逢年、谢冬对任办公室助理调研员,王前线任政治处助理调研员,严万龙、徐国荣、钱惠玉任经济发展处助理调研员。2004年底统计,市供销社调研员:石永兴、吴德成、黄锡义;副调研员:王前线、郑根富、石玉立、谢冬对、陆逢年、徐国荣、钱惠玉、严万龙。2005年12月,严万龙任经济发展处调研员,郑根富任办公室调研员。

2006年8月,陈汉忠任办公室调研员,张知中任财务审计处(社有资产管理处)调研员。2010年4月,王前线任政治处调研员,石立玉任办公室调研员。12月,徐国荣任经济发展处调研员,黄党生任政治处调研员。2012年2月,裘国璋任经济发展处调研员。谢冬对任办公室调研员,张碧英任经济发展处副调研员。11月,徐明浩任合作指导处调研员。2013年7月,胡文庭任政治处副调研员,吴军任政治处副调研员,郎文琴任经济发展处副调研员。2014年底统计,市供销社调研员黄党生、石永兴、王前线、裘国璋、吴德成、郑根富、黄锡义、吴美春、王学兴、徐明浩、谢冬对;副调研员:赵健何、徐国荣、钱惠玉、张碧英、胡文庭、吴军、郎文琴。2015年,刘文清任合作指导处副调研员。2016年4月,王前线任政治处调研员。8月,张碧英任办公室调研员,赵健何任办公室调研员。2017年7月,滕亚强任经济发展处副调研员,吴方洪任政治处副调研员。2018年11月,任君任经济发展处副调研员。

2019年6月,对管理类公务员职级进行套改晋升。赵健何、张碧英任二级调研员。吴方洪、刘文清、滕亚强、任君任四级调研员。2020年6月,余珊弘任资产管理处一级调研员,吴方洪任政治处三级调研员,刘文清任合作指导处三级调研员,滕亚强任经济发展处三级调研员;林松波任财务审计处四级调研员,郭斯本任政治处四级调研员,金海良任经济发展处四级调研员,刘金英任合作指导处四级调研员,田启朗任政治处二级调研员,任君任资产管理处四级调研员,免去其经济发展处四级调研员职务。

主任科员(副主任科员)、科员名录

1986年1月,毛和均、包荷英任副主任科员。12月,王安宁、杨修桂、张世杜、王志明、俞心意、徐英康、李长根、顾定芳、张祖庚、毕惠玉任副主任科员。陆逢年、徐明浩、严万龙、郑芬玉、裘国璋、郭竞雄任科员。余珊弘任办事员。1988年10月,王志明任办公室主任科员,顾廷芳任计划业务处主任科员,毛和均、钟毅君任人事保卫处主任科员,谢冬对任基建储运处副主任科员。1989年2月,王凉任计划业务处主任科员,谢冬对任基建储运处主任科员,郑芬玉任组织指导处主任科员,戴佩君任财务会计处主任科员,颜德厚任财务会计处副主任科员,余珊弘任计划业务处科员,王定英任科技工业处科员。

1992年10月,郎岳卿任计划业务处主任科员;徐国荣、钱惠玉任计划业务处副主任科员;龚佩珊任政治处副主任科员。11月,滕亚强、胡国荣任计划业务处科员;田启朗、张碧英任办公室科员;金海良任基建储运处科员;吴建裕任政治处科员;罗宗彪任组织指导处科员。1993年12月,龚佩珊任市社人事保卫处主任科员,徐国荣任计划业务处主任科员。1994年2月,张世杜任人事保卫处主任科员,钱惠玉任计划业务处主任科员。8月,余珊弘任财务会计处副主任科员,胡国荣、腾亚强任计划业务处副主任科员,王定英任进出口处副主任科员,张碧英任办公室副主任科员。1997年12月,黄党生任基建储运处主任科员。

1998年5月,吴建裕任政治处副主任科员,金海良任基建储运处副主任科员。7月,黄党生任基储处主任科员。9月,余珊弘任财务会计处主任科员。12月,赵健何任工业外经处主任科员。是年底统计,政治处主任科员钟毅君,副主任科员吴建裕;办公室副主任科员张碧英,科员田启朗;业务处副主任科员滕亚强;财会处主任科员余珊弘;进出口处副主任科员王定英;基储处主任科员黄党生,科员金海良。1998年统计,市供销社机关主任科员顾廷芳(1989年退休,下同)、王凉(1989年)、王志明(1989年);副主任科员张祖庚(1988年)、李杨成(1991年)、俞心意(1991年)、颜德厚(1992年);科员沈赞华(1983年)。2001年9月,吴方洪任计划业务处主任科员。2004年3月,张碧英任政治处主任科员,吴建裕任政治处主任科员,金海良任经济发展处主任科员,滕亚强任财务审计处主任科员,田启朗任合作指导处副主任科员。10月,刘文清任合作指导处主任科员。2005年底统计,市供销社主任科员:黄党生、吴建裕、张碧英、金海良、余珊弘、滕亚强、赵健何、吴方洪、刘文清;副主任科员:田启朗。2008年1月,刘金英任主任科员;7月,刘波任副主任科员。

2011年9月,刘波任办公室主任科员。是年底统计,主任科员:吴建裕、张碧英、刘金英、吴军、田启朗、吴方洪、刘文清、金海良。2013年11月,林松波任经济发展处主任科员。2016年1月,应一栋任合作指导处主任科员。2017年1月,郭斯本任政治处主任科员,刘金英任合作指导处主任科员。免去其政治处主任科员职务。免去吴方洪合作指导处主任科员职务;免去滕亚强经济发展处主任科员职务。2019年9月,胡苹任财务审计处二级主任科员。11月,徐雷任政治处二级主任科员。12月,对管理类公务员职级进行套改晋升。林松波任政治处一级主任科员,免去其经济发展处二级主任科员。刘波任办公室一级主任科员,应一栋任合作指导处一级主任科员,金海良任经济发展处一级主任科员,郭斯本任政治处一级主任科员,胡苹任财务审计处一级主任科员,刘金英任合作指导处一级主任科员。2020年6月,免去林松波政治处一级主任科员职务;徐雷任资产管理处二级主任科员,免去其政治处二级主任科员职务。免去刘波办公室一级主任科员职务,免去应一栋合作指导处一级主任科员职务。

第七节 安全生产（经营）管理

建社以来，地、市供销社一直重视安全保卫和安全生产（经营）工作，建立和健全安全（经营）工作责任制。安全保卫工作领导小组组长、副组长，分别由地、市供销社主任、分管该业务的副主任兼任，日常工作由有关科（处）室负责。

1952年，宁波专区供销总社组成2个安全生产检查组，分别对宁波市、鄞县、镇海县18个基层供销社生产商店、仓库进行安全生产抽查，发现安全隐患23处，立即整改的有18处。1953年2月，宁波专区供销合作总社印发《关于全区供销社系统安全保卫工作职责和制度的通知》。1954年至1958年，据不完全统计，全区各县供销社安全生产大检查共有45次，参加检查人数达万余人次。

1961年，全区供销社系统开展以防火、防霉为中心的安全保管5次大检查，有千人参加防霉对口检查。仅余姚、宁波、绍兴、嵊县、舟山、诸暨象山等7个县（市）供销社统计，就检查16个供销社、292个分社和19个附属加工厂，计302处仓库，及时发现并反晒整理遭到不同程度受潮、霉变、虫蛀、锈损的价值计94.7万元的2785吨商品。1962年，省社宁波办事处组织力量开展一次以防火为中心，防盗窃为重点，结合商品维护的冬防安全大检查。参加检查人数1241人，检查全区13个县（市）188个基层供销社所属的供销部门、二级站、1426个物资储存部门，共查出安全隐患1449条，其中有关消防设备不配套、灭火机失效漏气的876条。

1965年至1978年，据不完全统计，全区供销社系统开展安全生产大检查30多次。1977年，宁波市供销社消防队成立，至1980年组织消除演习3次。1980年3月，宁波地区供销社印发《关于供销社系统安全保卫工作职责和制度的通知》。是年起至1983年，宁波地区供销社系统连续开展四次"安全月"活动，对2500余名基层领导和骨干进行一次安全和违纪案例教育，并组织3次，分13个检查组，分别对全区供销社所属仓库、工厂（场）、商店进行全面检查，查出不安定隐患128条，整改116条。1981年，宁波地区供销社评出系统治安保卫先进单位14个、积极分子212人。其中市供销社本级系统共评出治安保卫先进单位4个、积极分子42人。1981年2月，宁波地区供销社印发《关于做好安全保卫工作几项具体规定的通知》。1982年，全区供销社"四无"仓库活动全面推广后，实现"四无"仓库8.88万平方米，占全区现有仓库总容量20%，其中县以上8.31万平方米，占县以上仓库总数48%。1983年，市供销社所属企业评出治安战线先进集体7个、积极分子56人，其中治安保卫人员45人，义务消防队员9人，调解员4人。在此基础上，评选出市供销社本级治安先进集体5个、先进个人10人。1986年11月24日，市供销社印发《关于印发防火安全领导小组职责的通知》（宁供储〔1986〕229号）。1987年6月，调整市供销社安全生产领导小组，安全日常管理工作以市社人保处、基储处为主办理。同月，印发《宁波市供销社关于安全生产（经营）管理制度》。1990年，市特产公司等四单位被评为市供销社安全保卫先进单位，金秉义等5人被评为先进个人。1991年8月，印发《宁波市供销社机关执行治安保卫工作条例》，并附《门卫安全管理制度》《现金、票证安全管理制度》《危险物品、物资仓库安全管理制度》《仪器设备、贵重物品安全管理制度》《消防安全管理制度》《暂住人口治安管理制度》。1992年，市供销社与所属10个公司、6个城区基层供销社签订道路交通安全奖罚合同。

1991年底，市供销社所属企业有14支义务消防队。1992年5月，市供销社消防队改建为市供销社消防联防队。1997年9月,消防联防队办公室设在宁波美乐门商城。1997年至2000年,市供销社本级系统共组织举办消防队员培训班4期,开展消防实地演练5次。

1993年11月,印发《关于调整市供销社社会治安综合治理领导小组成员的通知》。1994年,市供销社对所属企业领导班子考核中,综合治理安全工作考核均占30%以上的比重,每年市社与所属单位"一把手"签订综治安全责任书。

1995年至1999年,市供销社每年组织评比年度安全(综合治安)合格、达标单位。1995—1998年连续四年被市公安局评为市级优秀警队。1996年至1999年,市供销社连续三年被评为市财贸系统安全综治目标管理合格单位。1997年,市供销社被市财政贸易办公室评为安全储运(综治)目标管理工作合格单位。1998年,宁波美乐门集团股份有限公司经济民警分队被省公安厅评为省级优胜警队,1999年荣获市公安局颁发的集体二等功。2001年,市供销社被市财政贸易办公室评为综治安全目标管理合格单位。2003年,市供销社被评为市级综治合格单位。2004年1月,印发《关于调整社会治安综合治理和安全生产领导小组成员的通知》(甬供政〔2004〕2号)。2006年3月24日,印发《关于宁波市供销社重特大生产安全事故应急救援预案的通知》,成立市供销社重特大生产安全事故应急救援指挥组,负责对本级系统内重特大生产安全事故应急救援工作的指挥。指挥组下设4个工作小组,即联络组、处置组、保障组、宣传组,并建立重特大生产安全事故应急救援指挥组本级系统成员单位21个。2008年7月9日,市安委会甬安委办(〔2008〕36号)通知,增补市供销社为宁波市安全生产隐患排查治理工作领导小组成员单位,牵头负责废旧物资回收利用经营安全生产隐患排查治理工作。

2010年,市供销社获市级部门安全生产考核奖励费15000元。2014年1月,印发《市供销社安全管理制度》《宁波市供销社机关办公楼消防安全事故应急预案》,建立市供销社突发消防事故现场应急指挥部,统一组织领导和指挥协调事故处置应对与救援工作。现场应急指挥部总指挥由市社主任担任,指挥部下设疏散、抢险、引导救护和保障4个行动小组,分别由市社班子成员任组长。是年,市供销社安全生产目标管理责任制考核等次为优秀。2015年1月23日,全市供销社系统安全生产与综治维稳工作会议召开,与各县(市)区供销社,所属企事业单位签订安全生产与综治维稳目标管理责任制书。6月17日,特邀市安全生产法律法规专家对本级单位的21名安全生产管理部门负责人宣讲《中华人民共和国安全生产法》。

安全事故

失窃事故 1951年至1960年,全区供销社系统发生盗窃案件150余次,失窃商品金额10余万元。1961年,发生失窃事故140余次,绝大部分是基层供销社的商店、批发等营业场所,被窃棉布1万余尺,布票1257尺,粮票2880斤,副食品1000斤,现金6000多元和其他日用百货等物资,共损失金额4万多元。1962年,全区供销社系统发生失窃事故116次,失窃商品金额8余万元。其中5月,鄞县石碶供销社段塘综合商店失窃商品,合计金额2000余元;市供销社所属郊区供销社发生盗窃案件8起,损失金额2560元。1964年,全区供销社系统发生失窃事故213次,失窃商品金额10.3万元。1965年,宁波市和7个县供销社所属企业发生失窃事故89次,失窃商品金额4.5万元。

"文化大革命"期间,据不完全统计,全区供销社系统发生失窃事件180次,失窃商品金额15万余元。1978年,发生失窃事故96次,失窃商品金额9.6万元。

1981年，全区供销社系统发生失窃事件15次。其中3月17日，鄞县横溪供销社甲村购销站失窃现金3285元；12月16日下午，樟水供销社会计在县人民银行兑换国库券6000元（每张1000元），从宁波市濠河站上1路公共汽车去汽车南站，到达樟水供销社后发现在右上角衣袋里的国库券6000元和26元备用金被窃。1982年，全区供销社系统发生盗窃案161次，失窃金额4.3元，已破案44次，追回金额2.1万元。1984年1月13日，宁波市畜产品公司存放在宁波仓储公司常洪仓东二楼的兔毛被盗，计150.5斤，失窃价值7316元。1986年2月1日晚上，庄桥供销社费市分社被窃去尼龙袜子1200多双以及床单、气压热水瓶等商品，价值1800元。2月27日晚，滨海区大碶供销社邬隘分社灵峰综合商店被窃去"三洋"牌、"三台"牌、"荣华"牌收录机5台，价值3691元。3月1日至4月5日，镇海区供销社连续发生6起被窃事故，损失金额12361元。其中镇海区供销社贸易中心清川商店连续两次被盗，共窃去沪产"如意"牌14英寸彩电1台，收录机1台，照相机3架，价值2900元。镇海贵驷供销社临江分社杜家桥合作商店被窃去现金1172元。3月24日上午，奉化江口供销社采购商店出纳员孙某某去银行提取现金返回途中，被一犯罪分子猛击一拳，抢走现金1000元。9月19日，鄞县古林供销社布政分社被窃坦克中的柴油12675斤，计金额2550元。11月25日，鄞县塘溪供销社管江分社失窃现金1500元。

1987年，全市系统发生盗窃案40次，损失金额24100元。其中1月2日晚，江北供销社孔浦商场商品被窃，损失金额2200元。12月15日，市果品公司采购供应站上游牌香烟224条被窃，损失金额1209元。

1988年6月10日，市物资回收公司金属经营部姚江仓库被窃白银6.3公斤，计价值3465元。6月12日晚，鄞县邱隘供销社梅墟分社被盗家交电商品计价值1564元。同月16日晚，鄞县邱隘供销社梅墟分社又被盗家交电商品计价值2590元。1989年1月7日晚，奉化江口供销社灵峰商场副食柜被窃香烟140条，价值6500元。1月29日，慈溪浒山供销社白沙、仲寿分社先后被盗香烟、棉布、自行车等，价值11122元。2月1日，慈溪观城食品厂保险箱被盗，窃去现金8292元，国库券1000元。2月27日，奉化溪口供销社驻甬工作组香烟提货单20750元被盗。3月19日，市再生资源回收利用公司料瓶批发部不锈钢经营部被盗铜带332.8公斤，价值9320元。3月20日，奉化市畜废公司皮张仓库被盗黄狼皮221张，价值4918元。3月24日，宁海县土产畜废公司被盗高档兔毛4145元。3月26日，宁海长街供销社被盗商品值3800元。9月25日晚，宁海县西店供销社被窃香烟，金额17600元。

1990年4月8日晚，海曙供销社建材经营部被盗黄杂铜884公斤，计金额8660元。5月22日晚，江东供销社江东仓库被盗黄杂铜1334公斤，计金额14000元。1991年1月26日晚，市果品食杂公司农副产品交易批发市场的经营客户被盗香烟558条，价值19660元。3月7日，鄞县再生资源回收公司财务室保险箱被撬，失窃现金4000元。3月26日，慈溪观城供销社商场被窃去自行车7辆、三轮车1辆及棉布等商品，价值17000元。6月3日，鄞县供销社机关和县工业品公司失窃，被窃现金8700元，有价票证1210元。6月5日，海曙供销社会计室被窃现金4750元。是年，损失千元以上的盗窃案件就有17起，金额达8.8万元。

1993年5月17日上午，象山供销大厦黄金屋被盗，失窃金项链、金手链等饰品15件190克，价值计23364元。9月10日，市副食品公司物资经营部业务员张某某裤袋里装着13000元现金乘中巴车回单位，在车上被窃去现金6900元。1994年，全市供销社系统发生被盗事故16次，损失金额达12.3万元。1996年，全市供销社系统发生被盗事故14次，损失金额9.3万元。1998年至2004年，据不完全统计，全市供销社系统发生被盗事故90余次，损失金额达48.6万元。其中1998年全市供销社系统发生被盗事故25次,损失金额达16.3万元。

交通事故 1958年,全区供销社发生车祸事故3起,伤残4人,经济损失6500元。1961年,发生重大车祸事故2起,死亡2人。1962年至1965年,发生车祸事故11起,伤残13人。1978年,发生车祸事故2起,伤残3人。1983年,全区供销社系统发生车祸事故6起,死亡1人。1984年,全市供销社系统发生车祸事故共8起,损失金额8560元。1985年,发生车祸事故共5起,损失金额3600元。1986年,发生公路交通事故27起。其中,重大交通事故2起,造成2人死亡;一般事故25起,重伤1人、轻伤4人,直接经济损失17500元。1987年1月23日,宁波化肥经营处驾驶员童某某在宁波锅炉厂附近发生重大车祸事故,撞倒北郊乡一农民致其死亡。1988年,发生交通事故19,损失金额52602元,死亡10人。1989年,发生交通事故10起,损失金额48000元,死亡4人,重伤1人。1990年,发生交通事故6起,损失金额8600元。1991年3月14日上午7时许,宁海县供销社储运公司一辆东风半挂货车,在宁海县城至石浦地段同一辆迎面驶来的三轮卡车相撞,造成3人死亡、1人轻伤的特大交通事故。1992年2月6日21时,鄞县姜山供销社驾驶员吴某某驾驶金杯面包车由宁波姜山途经三里村附近,将姜山粮管所一骑自行车横穿公路职工撞倒,致其抢救无效死亡。2月9日6时,宁波交通技校驾驶员周某借用邱隘供销社玩具厂小轿车在江南公路1号桥附近,与一辆载客三轮摩托车正面相撞,摩托车被撞翻后油箱起火烧毁,造成1名24岁女乘客当场烧死。2月17日8时,象山县定山供销社驾驶员陈某驾驶钱塘江5吨货车到丹城保养场保养车辆,途径上盘岭下坡处一个村庄时,撞倒由右往左横穿公路的6岁男孩,经抢救无效死亡。1997年,全市供销社系统发生交通事故12起,伤残13人,死亡2人。1998—2004年,发生交通事故15起,伤残14人。

火灾、灾害及其他事故 1957年10月9日,公私合营慈溪县供销社坎墩棉花加工厂失火,损失皮棉20689斤、籽棉600斤、棉籽10000斤,以及其他物资,损失金额达31057元,灼伤1人。1958年2月1日上午,慈溪县坎墩棉花加工厂大皮带发生故障。在此瞬间,引擎工沈某某用双手推动皮带,不幸左手被辗进大皮带与引擎起轮之间,其身随着动力的转动也随之甩动,当副厂长兼车间管理发觉实施紧急停车,沈某某经急救未见成效后而亡。1960年,全区供销社系统发生商品霉变、虫蛀、锈损等损失达10多万元。1961年,全区供销社系统发生火灾9起,烧毁营业房屋、仓库50余间,死亡3人,损失达20万元。其中1月18日下午1时40分,余姚县大岚供销部失火,烧毁楼房5间、平屋5间,折毁房屋7间,商品及职工私人财物全部遭焚毁,经济损失62842元,还有2名职工被大火烧死。10月至11月。慈溪长河、坎墩棉花加工厂连续发生四次火灾,共损失金额39000余元。是年10月,受26号台风侵袭,全区供销社房屋倒塌和被洪水冲走的瓦房500余间,奉化、余姚、象山、绍兴、诸暨、嵊县、天台、上虞等县供销社经济损失142500元。

1961年10月至1962年,慈溪县有4个稻谷、棉花加工厂连续四次发生火灾,损失金额39000元。1962年,市供销社本级企业遭受灾害事故,商品损失8912元。1967年2月7日上午7时,鄞县姜山供销社棉布、百货门市部房屋失火。烧毁房屋15间,计430平方米,共损失财产46400元,其中商品35000元,固定财产11400元。1968年12月5日6时,鄞县凤岙供销社爱中购销站和爱中合作商店发生火灾,共计损失53561元。其中爱中购销站火灾损失50010元。1970年至1978年,全区供销社系统发生大小火灾50余起,损失金额70余万元。1980年,全区供销社系统发生火灾12起,损失金额65203万元。其中6月13日中午,镇海柴桥供销社生产商店发生火灾,祸及居民17户,损失金额37000元。1981年,全区供销社系统发生火灾事故5起。其中1月26日下午,象山县岑晁供销社一辆北京牌130汽车,去石浦运货的路上失火,损失14000元。5月21日,余姚县泗门供销社蔬菜商店,因电线老化引起火灾,2名女青年被烧死,伤1人,经济损失2000元。12月23日,宁海县农资公司2号机帆船失火,损失9000元。1983年,9月2日,象山县西周供销社营业用房因邻火蔓延损失92000元。9月16日,慈溪县部分地区遭受龙卷风袭击,周巷棉花加工厂精忠收花站受灾严重,倒塌房屋、棚屋782平方米,压死3名临时工,重伤9人、轻伤12人,损坏棉花7万斤,以及自行车40余辆及职工的部分私物,共损失20万元左右。9月18日,市副食品公司水果批发部11891担苹果被烂耗损失,剔除常年10%的损耗,其损失金额达22万元。

1984年3月4日,慈溪县观城供销社糖果饼干厂因在灶头楼阁上堆放辣椒干引起火灾,烧毁房屋9间,损失12000元。1985年9月26日中午,慈城供销社商业综合公司炒货工场失火,烧毁工场间房屋和部分设备及商品,损失40000多元。10月30日深夜,镇海骆驼供销社团桥饮食商店因一居民家起火殃及,被烧毁房5间,商品损失金额35000元。12月30日凌晨1时,宁海县黄坛供销社收购站仓储因电线陈旧发生火灾,烧毁仓库1间及部分商品,损失6600元。1987年,全市供销社系统发生火灾6起,损失金额10400元。其中1月22日下午2时,鄞县莫枝供销社副食商店办公室失火,损失金额1628元。2月13日下午4时,鄞县瞻岐供销社2间仓库失火,损失金额1000元。1988年7月29日夜至30日凌晨,宁海、奉化、余姚等县(市)突遭特大暴雨袭击,全市供销社系统受灾严重,损失巨大。据统计,受淹损坏大小仓库、营业场所、厂房1600余间,其中冲毁倒塌96间,冲垮围墙1300余米,受灾损失茶叶5740余担,化肥1900余吨,农药220吨,食品罐头2.1万箱,共计直接经济损失954万元,其中宁海县社系统损失718万元,奉化县社系统损失236万元。2县供销社职工受灾395户,损失达80万余元。8月8日凌晨,第7号台风正面袭击宁波,全市供销社系统直接损60多万元。10月17日,洪塘供销社裘市分社水产门市部发生火灾,损失2647元。11月11日,宁海县梅林供销社凤潭分社棉百部因电线老化短路引起火灾,损失1.5万元。

1989年8月21日晚,余姚市境内发生特大水灾,余姚市供销社有17个基层单位875间房屋进水,水位高达1米左右,直接经济损失40多万元。12月25日晚,象山县南田鹤浦合作商店发生火灾,烧毁6间房屋及商品等,损失6万余元。1991年,全市供销社系统发生火灾事故3起,直接经济损失16万元。其中2月5日,象山县岑晁供销社仓库发生火灾,直接经济损失2万余元。3月13日23时,宁海县深圳供销社大蔡供销分社发生重大火灾,烧毁6间两层和2间平房及全部商品,价值13.9万元。1992年2月26日13时45分,鄞县栎社供销社采购商店草席收购仓库(栎社中街)发生火灾,烧毁5间平屋仓屋顶和仓内席草18700公斤,草包1200只,价值25844元。经查,该起火灾事故是由于操作人员在收购席草时,将烟蒂丢入垛底的乱席草中所致。是年8月至9月,宁波遭受16号、19号两次强热带台风影响,全市死亡13人,其中奉化市供销社职工2人。据奉化市供销社统计,系统内24企业,有18家企业受灾,合计损失696万元。

1993年6月3日晚10时,象山供销大厦自行车堆场(露天)发生火灾,烧毁自行车110辆,直接经济损失37000元。7月16日晚,奉化市莼湖供销社洪溪购销站发生火灾,损失13万元。1994年,市供销社系统发生火灾4起,直接经济损失金额20余万元。其中5月9日,鄞县栎社供销社一退休职工家发生火灾,财产损失近万元。火灾发生后,该社开展"献爱心、显真情"募捐活动,捐款额为1753元。7

月2日,奉化市莼湖供销社洪溪购销站因电线老化发生火灾,烧毁房屋和商品价值13万元。10月12日晚,市合立贸易发展总公司洪塘生产资料商店裘市生产门市部发生火灾事故,经济损失4.5万元。1998年5月22日下午4时20分左右,宁波市果品总公司下属的二号桥市场三期二楼东交易区发生严重火灾,过火面积1500平方米,经济损失300余万元。由于市委、市政府领导高度重视,有关部门密切配合、大力支持,火灾损失被控制在最低限度,善后工作进展顺利,市场于5月30日恢复营业。

2000—2015年,企业转制后,全市供销社进一步加强安全生产(经营),未出现重大的安全事故。

第二章 经济管理

第一节 物价管理

中华人民共和国成立后,国家采取积极的政策和措施,稳定市场物价,安定人民群众生活。建社初,宁波专区供销合作总社十分重视物价管理工作,实行"统一领导、分级管理"的体制。物价管理的基本职能是贯彻执行"稳定市场、稳定物价"的方针,按照规定的物价管理权限和政策,制定和执行各种商品的价格,运用各种差价、比价等手段,稳定市场价格,促进工农业生产发展和农村商品流通的顺利进行。

中华人民共和国成立初期,国内五种经济成分并存,供销社在党和国家领导下,参与市场调节,平抑物价,主要采取以下物价管理办法:(1)接受国家或国家商业委托,代购重要农副产品,收取一定的手续费,代购价格一般高于市场价格;(2)供销社自营土特产品,按照产、运、销有利的原则,制定购销价格;(3)供销社供应社员的商品实行优惠价格,一般比市场价格低5%—8%;(4)供销社内部作价根据上级社为下级社服务的原则,经营费率分配一般是上少下多。1952年12月,贯彻全国供销合作总社《合作社掌握供销价格的几个原则》,宁波专区供销合作总社开始建立物价制度有关规定,是为物价制度建设的雏形。1954年7月,政务院财政委员会颁布《关于国营商业与合作社城乡初步分工的决定》,规定供销社的价格管理由内部管理转为市场管理。是年8月,贯彻执行省供销社制发《浙江省供销合作社物价工作与制度暂行实施草案》《浙江省基层供销合作社物价工作与制度暂行实施草案》,进一步加强物价管理工作,正确执行价格政策,以加强对初级市场的领导,从而为建立县、基两级供销社物价工作的任务与制度奠定初步基础。1955年8月,省社宁波专区办事处印发《慈溪县供销社贯彻执行省供销社物价会议精神和两个"实施草案"的经验通报》,介绍给各县供销社参考。1956年10月,省社宁波专区办事处印发《供销物价管理工作与制度》,规定物价工作职责、制定与调整价格的程序和手续、商品分等论价办法,制定物价管理的十项制度,即定价制度、调价制度、复核校对与牌价制度、统一商品归类编号制度、牌价登记制度、牌价差错报告制度、审价制度、责任制度、移交制度和保密制度。1958年,供销社与国营商业合并,基层供销社的物价由国营商业统一管理。1961年,国合分设后,恢复1958年国合合并前的物价管理办法。是年10月,贯彻省供销社印发《关于第三类农副产品的经营和价格管理的试行办法》。11月,省人民委员会颁发《关于市场管理若干问题的决定》,规定供销社对三类农副产品及完成统派购计划后多余的农副产品开展自营业务,实行议购议销。

1963年,结合商品全面审价,全区供销社建立商品牌价备查簿制度。1964年11月,省人民委员会颁发《浙江省统一管理价格的产品(商品)目录》,授权省供销社管理收购价格的产品共有90种,其中农副产品76种,废品14种;管理销售价格的有农副产品23种,农资商品50种,其中化肥19种,农药20种,农渔具8种。"文化大革命"时期,宁波地区关闭农村集市贸易,取消农副产品议购议销,出现单一的商品流通渠道,供销社多种价格形式也变成单一的计划价格管理。1967年,贯彻中央和国务院"8·20"通知,全面冻结物价。从此,物价管理实行高度集中,其时价格的变动都由政府物价部门批准下达,供销社没有定价权,许多商品价格不能根据市场、成本等情况变化而及时进行调整,一些农副产品购销价格严重倒挂,农资商品价格长期实行低价政策,供销社农资供应部门承担了国家政策性亏损。

1972年7月,省革委会生产指挥组印发《浙江省物价管理试行办法》,规定物价管理的范围、物价管理权限的划分,价格的制定和调整以及抓好物价队伍建设等有关内容。1977年,恢复建立供销社后,省供销社管理收购价格的产品共有83种,其中农产品68种,废品15种;管理销售价格的有农副产品35种,日用杂品6种,农资商品44种,其中化肥17种,农药22种,农药械5种。其余产品均由地、市、县管理,基层供销社和专业公司无权定价。是年2月,印发《基层供销合作社物价管理制度》,规定物价工作任务、纪律,物价人员职责,物价管理细则等。

党的十一届三中全会后,全区县、基层供销社进一步健全和完善物价工作制度,加强物价管理,配备专(兼)职物价管理人员。1979年,全区基层供销社和县(市)级公司共有物价管理人员168人,其中专职57人,兼职98人。是年,农副产品收购除统派购任务内的继续实行国家计划价格外,恢复对三类农产品和统派购任务以外的一、二类农产品的议购议销。1980年起对榨菜等农产品实行浮动价格。

1982年7月,国务院颁发《物价管理暂行条例》。1982—1983年先后对1079种由国家统一定价的小商品下放为工商企业协商定价,实行市场调节。1983年,供销社实行体制改革,简政放权,扩大企业自主权。12月,省物价委员会等部门印发《浙江省农产品价格分级管理目录试用办法》,供销社收购的农副产品由68种减少到20种,废品收购由15种减少到4种。从此,全市各县供销社及基层企业对农副产品和废旧物品有了较多的定价权。

1984年4月起,改革供销社物价管理体制。8月,根据省政府转发省供销社《关于深入进行供销合作社体制改革的试点方案》,印发《宁波市供销社改革物价管理试行办法》,对农副产品、废旧物资、日用工业品、副食品、农资商品的价格管理作出新的规定,同时开放小商品价格,实行经营单价自主定价。其中对一、二、三类农产品,除少数品种外允许随行就市,计划外农资商品可按国家规定自行定价。是年起,供销社对农民需要的生产、生活资料诸如彩色电视机、自行车、食品、肥皂等可以分别实行"代理价""优惠价"等形式。1985年1月,省管理化肥销售价格由17种减少到12种,农药由28种减少到6种;对络麻等8种农副产品实行指导性价格。是年起改革统派购制度,供销社经营的农副产品,除棉花实行合同定购外,其余全部放开。价格管理上除棉花、棉短绒、茶叶、柑橘、兔毛、小湖羊皮、毛竹、草席等10种仍由省里掌握外,其余全部放给各地管理。1987年8月,贯彻执行《浙江省基层供销社物价管理试行办法》,主要内容包括商品定价、调价制度;经营商品价格登记制度;商品明码标价制度;实行物价检查制度;物价事项联系报告制度等内容。具体内容是:1.商品定价、调价制度;2.经营商品价格登记制度;3.商品明码标价制度;4.实行物价检查制度;5.物价事项联系报告制度。浙江省放开缝纫机、手表、自行车、收录机、电风扇、电冰箱、电视机等耐用消费品和卷烟价格。9月,国务院颁发《中华人民共和国价格管理条例》。从此,生活资料消费品基本结束计划经济体制条件下的物价管理政策。

1988年,市物价局、市供销社联合印发《关于农业生产资料作价的规定》。1989年2月23日,市物价局、市供销社联合印发《关于化肥、农药、农膜专营价格管理的暂行规定》,提出七方面规定,同时印发《关于日用工业消费品定价办法的几个具体规定》,对各单位向外地采购的国家定价商品(省政府指名的

10种商品除外)、批零兼营企业批发零售价、同一商品进价高低不一的定价办法、零售单位定价办法、劳务费处理、商品调价依据等方面作出具体规定和要求。4月,下达毛茶购销价格的通知,毛茶收购中心指导价格在1988年中心指导价格的基础上,总水平提高15%,允许上浮5%。7月,贯彻转发省供销社《关于基层供销社价格管理制度的通知》。1991年,国家对商品价格逐步放开。2月,省物价局印发《加强企业活力的若干价格政策措施(试行)的通知》(浙价〔1991〕50号),规定除明确实行管理的商品继续实行分级管理外,其余价格一律放开,由企业自主定价。是年,全市供销社系统进一步加强物价管理工作,各基层单位建立由领导、物价、财会、业务人员组成的物价管理小组,建立一套较为完整的物价管理制度和运行体系,尤其是农资、棉花价格,严格执行国家和上级部门的有关物价政策和规定,认真做好物价管理和监督工作。是年,市供销社被评为"商业部、全国供销社系统物价统计报告先进单位"。

1992年,市供销社被评为省供销社系统物价统计报告工作一等奖。1994年,国家取消农资商品专营,改为农资商品自主经营。1999年2月,国务院相继发布《关于深化化肥流通体制改革的通知》《关于深化棉花流通体制改革的通知》,明确提出生产资料价格建立政府指导下市场形成价格的机制,农资商品价格、棉花收购价格主要由市场形成,供销社不再安排专门的物价管理人员。2002年后,供销社企业实施"两项制度"改革,全市供销社系统的物价管理机构和人员也随之撤销。

第二节　计划统计

供销合作社统计是国民经济计划的一个重要组成部分,通过基本统计和典型调查,运用统计分析方法,主要以数量方面来研究和反映供销商业经济现象本质及其发展变化的规律,是供销社经济管理中的一项重要工作。供销社的计划统计工作经历三个阶段:一是从建社初期至1978年的计划经济阶段;二是1979—1998年的计划经济与市场经济相结合的阶段;三是1999年全面进入市场经济阶段。

计划管理

计划管理的基本职能是:在调查研究的基础上,制订商品流转计划,分析商品流转计划的执行情况,促进商品流转计划的顺利完成,为供销社改革发展提供科学依据。

1950年6月,全国供销合作总社召开计划统计工作会议,作出《关于建立与加强合作社计划统计工作的决定》,并印发《全国合作社计划工作暂行办法》。是年起,宁波专区供销合作总社开始编制商品流转计划,初步建立起计划的定期编制、执行、检查和分析制度。各县及基层供销社则配备兼职统计人员,仅编制简单的购销业务计划。1952年2月,宁波专区供销合作总社印发《宁波专区各级合作社计划工作暂行办法(草案)》,使计划工作有章可循。全区县级供销社建立计划编审委员会或计划工作领导小组,并建立起商品流通计划的历史档案,使全区供销社系统的计划管理工作逐渐纳入轨道。1953年,国家开始进行有计划的经济建设。重要工农业品实行计划收购、计划分配。供销社计划遂以商品流转计划为中心,逐步扩大到财务、劳动工资、基建、生产加工等,按年、季编制上报下达。是年,宁波专区供销合作总社、市合作总社结合开展增产节约运动,贯彻落实计划制度,并随着供销社事业的发展,业务量逐渐扩大,计划统计管理工作逐渐完善,开始有了比较完整的业务计划、组织发展计划的编制与统计。

1954年,省供销社召开计划工作会议,阐明供销社计划是整个国民经济计划的组成部分。计划工作的中心是领导农村市场和稳定市场,计划部门的主要任务是研究和掌握党的方针和政策,审查和平衡计划。是年12月,省供销社颁发《浙江省供销合作社计划制度》,规定县(市)供销社为计划的基层编制单位,基层供销社向县供销社编报按季分月的商品购销计划和对私商的批发计划。县以上供销社和批发部门编报的年度和季度计划包括:业务、财务、劳动工资、组织发展、加工企业、基本建设、运输以及各种专业计划。1957年,根据国家"统一计划、分级管理、权力适当下放和制度尽量简化"以及"谁管什么业务、谁管什么计划"的原则,各县供销社健全和完善计划工作建制,配足计划统计员。是年,全区供销社系统共配备专(兼)职计划统计员450人,并形成一套计划编制、下达、执行和检查的完整制度。1959年8月,省供销社规定商品实行三级管理。第一类指关系国计民生的重大商品,共38种,由国家集中管理;第二类指凡是生产集中,供应面宽,或生产分散,需要保证重点地区供应或出口需要的重要商品,由国家授权主管部门管理,共293种;除一、二类外,其余的均为三类商品,省社宁波专区办事处计划商品目录共390种。同月,省供销社制定10项计划统计制度,其中计划制度规定:年度计划包括商品流转、外贸、财务、劳动工资、干部教育、生产企业、基本建设、运输等八种。季度计划包括商品流转、外贸、财务、运输等四种。9月,为适应农村人民公社化及商业流通体制变化的新情况,省社宁波专区办事处制定《商业计划统计制度》。

1961年,对部分重要农副产品实行物资奖售办法,以鼓励农民生产和出售。奖售对象,凡是集体生产、集体投售,以奖化肥、粮食为主,个人生产、投售,以奖工业品为主。奖售形式,集体单位签订购销结合合同,个人以现货换购。奖售标准和品种由省统一规定。国家对农副产品实行统购、定销、自由购销的政策是:第一类统购商品中的棉花,由国家下达到生产大队,再由当地供销社与生产大队签订合同。第二类定购商品由国家计划下到供销社,由供销社与生产大队、生产队或社员签订定购合同。有蚕茧、茶叶、毛竹、羊毛、牛皮、土纸等20种。除上述一、二类以外的其他农副产品,均可在集市上自购自销,供销社可按议价收购。

1962年1月,《浙江省供销合作社计划管理试行办法》,明确计划管理原则与权限、计划的编制,计划的组织执行等内容,并附发供销社系统计划管理商品目录,即一、二、三类商品133种。1964年1月,全国供销总社制定《商品分级管理办法》,对供销社主管的商品划分为三个类别管理。第一类为关系国计民生必须统一安排的商品,由全国总社确定商品政策,统一平衡计划管理购销调存全部指标,共36种;第二类为关系人民生活和生产比较重要的商品,由省政府或省供销社确定商品政策、管理购进、调拨指令63种;第三类不属于上述两类的全部商品,由省、市(地区)、县(市)自行规定和安排。

1966年,"文化大革命"开始,计划管理制度被当作"管、卡、压"而遭到批判,计划工作处于瘫痪状态,至1971年才逐步恢复正常。1970年,"商品流转计划"改为"商品收购、调拨计划",实行"统一计划、差额调拨、品种调剂、一年一定"的办法。1978年2月,省供销社印发《浙江省供销社计划管理暂行办法》,规定实行独立核算的供销社企业为计划的起编单位,县以上供销社为综合编制单位。应编报的年度计划包括商品流转、商业机械、物资供应、财务、劳动工资、教育、加工企业、科学研究、商业网、基本建设、运输等11种。同时明确对主管的商品分为三个类别,一、二类分别由省计委和省供销社计划管理,并下达调拨计划,产地在完成调拨计划后,其余部分以及其他三类商品归市、县供销社自行安排。

党的十一届三中全会以后,供销社计划管理进行一系列的改革。1979年以后,供销社计划管理转为"计划调节与市场调节相结合,以计划调节为主"的形式。省管商品范围缩小,农副产品收购政策调整,统派统购商品逐年减少。1981年,全国供销总社将4个总值计划(农副产品收购、废旧物资购进、农业生产资料销售、生活资料销售)由指令性制表改为备案性指标。1985年,国家先后取消对农副产品的统派购政策和日用工业品的统购统销政策,代之以经济合同制,计划工作的重点转移到以市场经济为中心。因此,供销社系统内对部分重要商品实行指令性、指导性计划和市场调节加以管理。是年,市供销社系统编制计划目录为19个品种,比1978年编报的118种,减少83.9%。1986年3月,国家计委、商业部印发《关于改革商业计划工作的若干规定》,进一步减少计划品种,下放管理权限。主营商品计划分别由省计委和省供销社作出相应规定,分三种情况进行管理。一是由省计委指令性计划管理的有棉花、棉纱、棉短绒、黄红麻、茶叶、蚕茧、废钢铁、统配化肥、农药、农膜、铁锅等,由省计委和省供销社平衡安排,联合下达;二是由省供销社指导性计划管理的商品有苎麻、废铝、废铅锡、废杂铜、地产化肥等,经省公司通过专业会议协商后,由省供销社下达;三是由地(市)供销社根据当地实际确定商品品种,下达收购和调拨的指导性计划。

1988年起,市供销社上报商品流转计划(草案)报告,主要分两部分,一是对上年商品流转计划执行情况作说明;二是对当年商品流转计划安排意见。是年7月20日,省供销社、市供销社联合发文,决定从是年起,商业部管理的主要计划商品的购销调拨、基建、财务、科技、物资等各项指标,对宁波市供销社实行计划单列,并赋予相当省一级的经济管理权利。其中对统配化肥(粮挂化肥)、农用薄膜、进口农药、棉花、棉短绒、棉用物资及黄红麻等计划基数作出协调意见。对市供销社系统有关基建项目、技改项目和自身建设补助材料,由市供销社直接上报商业部(供销社)有关司局审批列项解决;特种公积金(互助合作基金),从是年起自行上缴给商业部5%公积金;市供销社系统以后的商品流转、财务管理、基本建设、技术改造等计划和执行情况,在上报商业部的同时,抄报省供销社和有关省公司。1991年,实行计划统计上岗证制度。1992年,将棉短绒和"1605"乳剂等6种农药由指令性计划改为指导性计划管理,实行合同订购,并建立储备调节制度;将铁锅和杀虫剂等商品由指导性改为放开经营,取消废铜、废铝、废铅锡、废钢铁的收购计划管理。

1993年以后,随着市场经济的确立和经济不断发展,物资供应充足,计划管理逐步取消。1998年,国家放开化肥、农药和棉花市场后,到1999年,计划管理完全取消。

统计制度

统计工作与计划工作相辅相成,密不可分。1950年8月,中央合作事业管理局颁发《全国合作社统计表暂行办法》,按照全国、省供销社统计工作的部署,宁波专区供销合作总社着手选配人员,开始建立统计原始记录,填制、汇总上报规定的统计报表制度。定期会审、汇总上报本社和所属单位的统计报表,做好统计数据分析,为供销社经营管理提供依据。1951年7月,贯彻执行省供销社转发的《全国供销、消费合作社统计报表制度》规定,全区供销社建立定期报表制度。分日、旬、月、季、半年和年报等周期。商品流转统计报表分基层社和县以上供销社两类表式。基层供销社报表有:"组织资金统计表""业务简速月报表""零售商品统计表""农副产品推销统计表"。县级供销社报表有:"组织概况统计表""商品供应统计月报表""农副产品推销统计月报表""综合报表"。为及时反映当时五种经济成分共存和彼此消长等情况,报表除设购、销、存等基本指标外还在商品的购进和销售对象指标中分别设立上级社、国营企业、公私合营企业、私营企业及为国家代购代销等栏目。1952年,全区供销社系统着手整理统计有关资料,按照月、季、年分单位分指标,逐个登记成册,存档备案。根据商品流转的需要,除全国总社规定必报的商品外,省供销社又规定增补推销、业务必报商品59种。全区大多数县级供销社建立统计(计划)工作部门,配备专(兼职)统计员189人。

1953年1月开始,贯彻执行中央关于"贯彻从严,要求从低,逐步提高"的原则,简化报表制度。按填报范围分为基本统计报表和业务统计报表,填报范围主要是社会商品零售额、零售量、私营商业改造等,并制定一套与各专业业务管理相适应的统计报表和统计指标。供销社全面建立统计制度,初步形成统计文字分析和统计数据原始记录制度。省社宁波专区供销社组织5名工作人员深入基层,开展调查研究,重点是调查农村购买力和农民对生产、生活资料的需要情况;农村市场中的国、合和私商之间的变化;农副产品的产、供、销和集市贸易的变化情况等。1954年9月起,为反映供销社对农村私营商业进行社会主义改造的进展情况,在报表中增设委托私商代购、代销、经销、与私商联购分销等指标。11月,全国供销总社颁发《全国供销合作社统计报表制度》,规定基层供销社填报的报表有简速月报、供应商品零售月报、批发月报、进货来源季报、农副产品收购月报等5种。省供销社根据需要又补充供应商品零售和农副产品收购两种快速旬报。各种报表,除保留对私营商业改造的指标外,还增加国营工业、手工业等指标。

1956年,根据省供销社通知,将分级汇总改为逐级汇总,加强电讯报表,简化表式月报,设立供应商品和农副产品季报。是年,统一各级供销社报表格式。统计报表格式由基层社和各级联社使用,同时取消分级汇总,采取逐级上报办法。全区供销社系统推行统计员会审汇编、订正定案的工作方法。1957年,贯彻执行省供销社制定的第一个实行统计制度,报表只有"各级供销社购销存总额快速月报""商品购进、销售、库存月报表"两种,商品目录分13个大类169种必报商品。

1957年,省社宁波办事处贯彻省供销社颁发的《浙江省供销社统计制度》,组织举办两期统计制度培训班,有110人参加。1958年,"大跃进"运动开始后,全区供销社系统全面普及统计数据图表化。是年,供销社与国营商业合并,从1959年起执行国营商业统计制度。当时对于各项管理制度"大破大立",一些必要的统计报表、指标和目录被取消。1960年,省供销社对统计制度作了修订,重新增加统计内容,仅表式月报的必报项目就有38个类别819种商品,并规定全部由基层供销社起报。1961年,国民经济实行"调整、巩固、充实、提高"的方针,在供销社商业统计报表中增加商品销售按高价、平价、议价、市价和农产品收购按统购、派购、议购收购等指标,并且恢复职工收支调查。1962年,恢复执行《浙江省供销社统计制度》。将原来的购进和销售指标改为"国内纯购进""国内纯销售"。制度规定的必报目录分18大类300种商品,其中电讯报商品81种,电讯月报145种,表式月报和季报300种,省外调入和调出分别填报25种和193种。全区供销社系统根据不同行业的特点,全面开展建立和巩固统计原始记录工作,进一步提高统计数字的质量。8月,省社宁波专区办事处就慈溪县逍林、鄞县邱隘供销社关于开展建立和巩固统计工作的经验向全区作了通报介绍。

1963年,贯彻落实国务院颁布的《统计工作试行条例》,全区供销社加强统计业务建设,举办两期统计工作培训班,有150余人参加培训。同时,加强原始统计记录工作,以进一步提高统计数据质量。1964年4月,慈溪县、鄞县供销社分别作为全国、省供销合作社农村市场工作联系点。1965年1月,贯彻执行全国供销合作总社修订的《供销合作社定期统计报表制度》,统计内容作了精简。基层供销社业务部门只需填报3个指标71个目录;采购部门须填报4个指标68个目录;县以上供销社业务部门须填报13个指标193个目录。1967年,供销社统计制度进一步简化,原来的总值、供应、采购3种报表合并为1种,取消县以上供销社商品流转月报。

1970—1978年,商业统计制度不断修改和完善,全区供销社先后恢复按月、季、年逐级上报制度。报送方式分为电讯、纸质报表等形式;按报送期限分为月报、季报、年报;其间有旬报、周报、五日报、日报;按填报内容分,有总值表、类值表、商品表、综合经营服务表等。1970年,全区供销社按规定,统一建立按月、季、年逐级上报制度。报送方式分为电讯、纸质报表等形式;按报送期限分为月报、季报、年报;其间有旬报、周报、五日报、日报;按填报内容分,有总值表、类值表、商品表、综合经营服务表等。1978年,商业部颁发《关于商业统计工作条例实施细则》。4月起,全区供销社系统开展统计同工种竞赛和统计填报部门进行对口互学互查活动。主要是检查统计工作人员的思想建设和队伍建设状况;检查统计基础工作建设情况;检查统计纪律执行和发挥作用情况;检查统计数字的正确程度等。年底,共评选出统计工作劳动竞赛先进集体12家,先进个人25人。1979年11月,全国供销合作总社贯彻国务院《关于加强统计工作,充实统计机构的决定》,向各级供销社发出通知,要求围绕供销社的任务,加强统计基础工作,准确、及时、全面反映供销社经营管理中的新情况和新问题,不断提高统计分析的质量;进一步加强统计机构,充实统计人员,要求县级供销社要配备3至5名统计人员,基层供销社至少配备1名专职统计人员,并保持相对稳定。是年底,全区供销社配备专(兼)职统计员460余人。

1980年,在全区供销社系统中开展建立农村市场联系点活动。建立150多个农村市联系点,加强统计职能,及时编写调查报告,如春耕、"双夏"物资供需情况调查报告,多种经营、商品流通的调查报告、市场信息和商品流转计划执行情况的分析等。同时在报表中设置议价购进总值和猪禽蛋议价购进和议价销售等指标,类值和商品目录略有增减变化。1981年,贯彻落实全国供销合作总社颁发的《关于加强和改革供销社统计工作的通知》,强化统计数据的质量和统计调查分析;组织统计业务管理培训三期,受训150余人,建立调研联系点,以适应新形势下对统计工作的要求。11月,地区供销社发文,对1982年全区供销社系统的电讯、表式月报的报送时间和汇总办法作出具体的规定,同时对统计月、年报表采取轮流汇总的办法。

1982年,全区供销社系统继续开展统计同工种竞赛活动,共评选出统计工作劳动竞赛先进集体13家,先进个人26人。1983年,各县供销社以统计为主的股室8个,统计人员111人。1984年1月,《中华人民共和国统计法》颁布实施。1—3月,市供销社举办三期统计培训班,有80人参加。11月,贯彻执行《浙江省1985年供销社基本统计报表制度》,规定供销社编报的商品流转基本统计报表共4种,即商品流转电讯月报表、商品流转表式月(季)报表、主要商品调(售)出省外分省市月(季)报表、供应商品自行组织货源(季)报表。报表主题指标有国内纯购进、调入,国内纯销售、调出、出口、库存等。统计报表必报目录分18个大类254种商品。1986年3月11—31日,市供销社先后两次组织全市各县(市)区供销社、城区办事处、市社各公司对统计法执行情况和统计质量进行检查。

1988年1月,市供销社印发《宁波供销合作社计划统计管理制度》《基层供销社统计工作责任制》。2月,下达《关于商品流转统计制度问题的通知》,对电讯统计月报、市场预测、各类报表上报时间、传递方式等提出具体要求。6月,根据省供销社关于租赁单位必须执行供销社统计报表制度的规定,即供销社与租赁给集体或个人经营的小型国营零售商业企业发生的业务,统计时仍按国营零售商业企业对待。

1989年，市供销社印发《关于开展统计工作竞赛活动》，对统计工作优胜单位和个人分别给予奖励，对虚报、瞒报、拒报、伪造、篡改统计资料，造成不良影响的有关情况和人员，按统计工作监督管理条例，进行认真查处。至1991年，全市供销社系统全面建立统计报表互审汇编制度，开展同工种劳动竞赛。各基层单位在自查基础上，由各县供销社统计部门每年组织一次统计数字质量检查，确保统计工作的质量和准确性。

1990年，供销社执行新的商品流转统计报表制度，即增加国内纯购进、国内纯销售指标，并将国内纯购进、国内纯销售，自供销社系统内及国营商业部门的调拨等项目进行汇总。该指标项目的调整，能够反映出全市供销社系统企业总的购销规模。1994年，市供销社根据省供销社关于商品流转统计报表调整的文件精神，取消国内纯购进、国内纯销售及供销社系统内及国营商业部门的调拨额指标。总购进额重新划分为"自生产者购进""自批发零售部门购进"指标，总销售额划分为"零售""售给批发零售贸易部门""售给农民农业生产用"等指标。

1996年4月，国家统计局印发《关于严格执行工业总产值统计新规定的通知》，省供销社再次对供销社统计报表制度进行重大修改，在基本报表中增加《综合经营性月报表》《综合服务统计年报表》。同时，作出供销社系统饮食服务业统计报表的有关规定，即供销社经营的饮食业、旅店业、摄影业、修理业和其他服务业均属统计填报范围；基层统计报表起报后，由县供销社汇总统计，并按全国供销合作总社要求，统一表式逐级上报；统计报表按月上报，并随同商品流转统计报表一并上报。

1999年，省供销社颁发新的《供销合作社统计报表制度》，将单一的商品流转统计改为综合统计。在指标体系设置上，取消沿用已久的"国内纯购进""国内纯销售"指标，在总值表中设置"商品购进总额""商品销售总额"，用以反映供销社业务活动总量。在内容上将商品代购代销额、饮食服务营业额和利润、社办农产品与社办工业销售额、商品交易市场交易额、资产经营收入、其他收入等11项指标，作为基本报表指标执行上报，将类值表由10个类增加为18个类，将商品表由90个减至52个。

2001年，省供销社将《商品流转总值月报表》改为《供销社系统商品经营总额月报表》，将《供销社系统综合经营统计月报表》并入《供销社系统商品经营统计月报表》。2006年，省供销社对统计制度又进行修改，统计报表种类为《供销社主要商品经营统计月报表》《供销社综合经营统计月报表》《供销社新网建设统计月报表》《供销社农村综合服务社发展情况表》《供销社企业法人单位基本情况调查表》《供销社发展放心店情况统计表》《供销社各行业协会、合作经济组织联合年报调查表》。2010年，市供销社与上级供销社系统联网，实现统计信息系统自动化。2012年，市供销社被省供销社评为全省供销社系统统计同工种竞赛二等奖。

2013年，鄞州区供销社获评全国供销合作总社统计工作示范单位。2014年6月18日，市供销社印发《关于要求建立宁波市供销社系统控参股企业统计名录的通知》，要求各县（市）区供销社将投资各类企业，包括全资企业、控股企业、参股企业以及以各类形式投资的经营单位，要求完整填

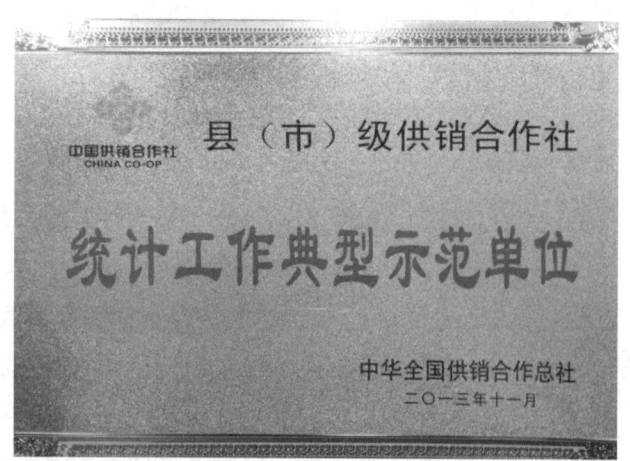

2013年，鄞州区供销合作社被评为全国供销合作社系统统计工作典型示范单位

写并报市供销社。

2015年2月，市供销社印发《宁波市供销合作社联合社参控股企业统计工作管理办法》（甬供经〔2015〕9号）。3月18日，印发《宁波市供销合作社联合社参控股企业统计工作管理办法》（甬供经〔2015〕10号），对统计工作基本任务、统计对象、工作机制、工作职责、统计人员资源、统计纪律、统计报表、统计数字差错订正、统计工作考核等提出具体要求和规定。5月26日，印发《关于要求上报综合统计报表的通知》，要求各县（市）区供销社、宁波供销集团公司及各子公司每月10日前汇总填报综合经营月报、财务状况月报、投资建设月报、基本情况年报、人员工资年报等报表。

第三节　仓储运输

建社初期，供销社商品流通量有限，一般由经营企业自搬自运或代办储运。以后随着购销业务的不断扩大，商品吞吐量增多，设立专区储运站，专司货物运送。1950年3月，宁波专区供销总社成立后设立储运科。1952年11月，市合作社成立后设立业务科，专人负责储运工作。1983年8月，地、市供销社合并，新建宁波市供销合作社，专设基建储运科，负责全市供销社系统储运管理工作。

进入20世纪90年代以后，全市供销社系统储运业管理，按设施设备的归属分别由各类公司指定专人具体负责，专业储运企业作为独立的企业法人单独经营和管理。储运业在形式上，以分散附属配置为主，组织专业性的储运企业较少；在经营方向上，以对内配合服务为主，单独对外经营所占比例不大；在效益上，绝大部分设施设备的功能是围绕所属公司的主营业务开展服务，自身不直接体现经济效益，只有专业储运企业在经营上实行独立核算。

仓储管理

建社后供销合作社利用庙宇、会馆、民房和土地改革中政府分配的房屋等作为仓库，农村基层供销合作社大都是前店后仓，结构陈旧，设备简陋。1950年至1951年，全区供销社系统承购私营商业的门店和仓库计4.5万平方米。

1952年6月，省供销社制定《仓库管理暂行条例》，规定仓库工作人员岗位责任制；商品出入库管理；商品储存养护；仓库安全检查等规章制度。1954年至1956年，私营工商业的部分仓库随私营工商业的社会主义改造划给各级供销社。1956年，全区供销社新建竹篾结构仓棚115处，建筑面积3.6万平方米。1957年8月，省供销社颁发《仓库管理实施细则》《仓库安全责任制实施细则》《仓库损耗定额管理暂行办法》，后由于各种运动不断，这些制度没有得到很好的落实。但各级供销社在商品入库、验收、保管、出库、安全保卫等方面都自订制度。1958年，时值人民公社化运动，基层供销社下放到公社供销经理部，仓库建设极少。

1959年，全区供销社系统试行"六无一快"仓库鉴定办法。"六无"：无火警、无霉烂变质、无残破锈损、无虫蛀鼠咬、无差错盗窃、无工伤事故；"一快"：商品出入快。是年起，全区仓储部门普遍建立商品备查簿，库存商品设定关卡，随时记录商品出入库。1960年，贯彻学习《浙江省商业厅关于仓库管理责任制的通知》，建立商品入库和出库复核制度。鄞县、余姚、上虞、奉化、慈溪、宁波、嵊县等12个县（市）供销社还加强仓库消防安全及值班巡逻制度。

1961年，全区供销社系统开展以防火、防霉为中心的安全保管5次大检查，仅余姚、宁波、绍兴、嵊县、舟山、诸暨象山等7县（市）供销社，就检查16个供销社、292个分社和19个附属加工厂，共计302处仓库，及时发现受潮、霉变、虫蛀、锈损的价值计94.7万元的2785吨商品。至1965年，全区供销社新建仓库16.52万平方米。

1962年，省社宁波专区办事处、市供销社先后建立完善仓储工作的各项规章制度，明确仓库工作人员的职责。1963年，全区14个县供销社先后制定《供销合作社仓储工作暂行规定》《基层供销社仓储管理暂行办法》等，各级供销社配备专（兼）职仓储人员。1965年，全区8个县供销社和宁波市供销社配备仓库保管员1200余人。全年，开展防火防盗防霉等仓储安全教育12次，参加1300余人次，并经常性进行仓储自查互查活动。1966年，"文化大革命"开始后，仓库管理制度也受到冲击。1977年11月，全国供销合作总社印发《供销合作社仓库管理的若干规定试行（草案）》，规定仓库工作人员职责，仓库安全检查，商品出入库，商品储存养护等具体要求。1978年，全区供销社系统仓库、堆场面积48万平方米。建立和健全以岗位责任制为中心的仓库制度，主要内容有商品进出仓验收、复核、养护、值班保卫、用火用电安全、消防安全、清洁卫生等。1980年，贯彻公安部《仓库防火管理规则》《浙江省供销社开展"四无"仓库活动试行办法》。"四无"即无火灾盗窃、无霉烂变质、无虫蛀鼠咬、无差错事故。是年起，全区供销社系统开展以防火为中心的"四无"仓库工作竞赛活动，并在慈溪县、鄞县供销社进行试点。1981年，"四无"仓库工作竞赛活动在全区供销社系统全面推开。

1983年，恢复"三性"体制改革后，市供销社重视仓储管理工作，开展"四无"仓库工作竞赛活动，经常性地组织仓储安全大检查，所属公司、城区基层供销社开展仓储安全对口竞赛，建立和健全仓储工作人员岗位责任制。市社建立基建储运科，专司基建储运管理。

1985年，全市供销合作社系统仓库、堆场面积68.8万平方米，冷库21座5463吨。宁波3000吨果品冷库、慈溪冷冻厂等建成投产。商品养护、安全管理工作进一步加强，全市供销社系统已有65%仓库面积实现"四好四无"标准。1986年，全市供销合作社系统仓库、堆场面积为75万平方米，冷库26座6100余吨。1987年全市供销社仓库、堆场面积已达70多万平方米。1989年，市特产公司、市农资公司被评为商业部"四好四无"仓库先进单位，慈溪逍林供销社被评为省供销社"四好四无"仓库先进单位。

1990年，全市供销社系统继续开展"四好四无"仓库竞赛活动，市特产公司、象山县农资公司被评为省供销社"四好四无"仓库先进单位。市农资公司等17个仓库为市供销社系统"四好四无"仓库先进单位。

1980年至1991年，全市供销社系统开展"四好四无"仓库竞赛活动取得明显成效。其中1985年各县（市）区直属公司、基层供销社和市社本级企业仓库有65%基本达到"四无"要求。共有108家企业被评为市供销社系统"四好四无"仓库先进单位。1986年12个企业被评为市供销社系统"四好四无"仓库先进单位，有6家企业受到全国供销合作总社和省供销社表彰。1994年，全市供销社系统仓库面积78.38万平方米，其中分布在县级专业公司（农资、棉麻、茶叶、果品、畜产、废品、日杂、土产、储运）35.7万平方米，基层供销社42.68万平方米。1998年，全市供销合作社系统仓库、堆场面积64.53万平方米。其中拥有2万吨级化肥中转储备库，2000吨级农药储备库，1.5万吨级棉花中转储备库各一座。1999年，全市供销社系统仓库、堆场面积62.26万平方米。2000年，全市供销社系统仓库、堆场面积59.6万平方米。

运输管理

建社初期,供销社供应的生产、生活资料和农副产品收购,其商品运输主要靠交通运输部门、民间运输组织和个体运输户承运,水路以航运公司或以自备木船为主。在偏僻的乡村,山区供销社开展扁担肩挑、板车等运输;市区雇用人力货车、黄包车、小木船等承运工具。供销社需运的重要商品,按期向国营铁路、航运、公路等交通部门报送运输计划。

1956年,根据"及时、准确、安全、经济"的原则,合理组织商品运输,全区供销社系统贯彻"四就"(就工厂、就车站、就码头、就仓库)的直拨办法,减少中间环节,节约运费130余万元。1960年,全区供销社开展"四保"(思想、任务、安全、质量)、"一奖"劳动竞赛活动。省社宁波专区办事处储运站汽车队积极组织驾驶员、保养工实行定车定人和保养修理、休息三结合的使用车辆制度,全年平均月产车吨公里提高到12414吨,运输物资23345吨,弥补运输工具的不足,保证重点物资的调运。1961年,各级供销社编制商品运输计划,逐级参与交通部门共同平衡运输能力计划,保证重点,层层落实。同时密切关注支援农业生产"战役"物资的调运,如在"双夏"抗旱物资调运时,充分利用回程空车船,组织木炭4万公斤,仅7月份象山、绍兴、上虞、嵊县、慈溪、余姚、奉化、鄞县、镇海等9个县供销社计划调运燃料、农药、排灌设备等物资6053吨,有力地支援当地农业生产。1962年,省社宁波办事处印发《供销合作社运输管理办法》。实行运输管理工作"六无一快两提高"(无错运、无缺少、无损坏、无失窃、无积压、无迂回环节;商品运输快;提高运输计划正确性、提高运输装载量)。1963年以后,慈溪、鄞县、余姚、上虞等县供销社建立储运站,负责供销社系统铁路中转运输管理。1971年,市供销社所属的农资、特产、畜废、日杂、副食品等公司配备货运车11辆。

1974年6月,宁波市供销社印发《商品铁路运输计划管理办法》,由市供销社牵头,统一办理铁路中转调运业务。1978年3月,宁波地区供销社印发《自有运输汽车管理试行办法》,进一步加强自有运输汽车的管、用、养、修等管理。3月,建立宁波市供销社汽车队,1984年8月更名为宁波市东港汽车服务公司。1989年5月,市东港汽车服务公司合并于市农资公司,但仍继续保留宁波市东港汽车服务公司牌子,实行"两块牌子、一套班子"。11月,撤销宁波市东港汽车服务公司。原市东港汽车服务公司在市华达汽车服务公司的股权转入市农资公司。进入20世纪80年代以后,随着农村商品经济的不断发展,供销社自备运输车辆(木船)贯彻面向农村、面向社会,为农村社员和个体工商户提供运输服务。各县(市)区供销社储运公司(汽车队)坚持一业为主,兼营其他,兴建汽车修配厂(车间)、配件门市部、中转服务部、综合经营部等。

1985年,全市供销社系统运输能力显著提高,共有客货车辆425辆。1986年有客货车辆494辆,运输船131只,1987年客货车为490辆。1987年10月,奉化县供销社购进大型客车,兼营客运业务,运营线路在大桥至班溪跸驻(水碓头)、大堰的横山、柏坑山区和宁奉公路,极大地方便山区旅客进城办事。1988年底,该县供销社汽车运输公司有职工50人,货运汽车8辆,总载重44吨;客车5辆,座位233个,设有具备汽车"三保"修理设备的300平方米修理车间一个。已发展成为"客货兼运、运修皆备"的运输企业。1981—1984年连续四年被评为省、地市级先进运输单位。1989年,由于附属于供销社各类储运公司的运输设备不直接产生经济效益,而专业公司经营中储存、运输的业务量普遍不足,出现储运设施、设备闲置情况。为盘活资产,增加经济效益,所以部分设施被改作经营场所,部分设备老化后被淘汰,不再投入更新资金,从而使储运设施设备的数量逐年减少。1990年,全市供销社系统有客货车辆565辆。1993年12月,宁波南苑汽车出租运输租赁公司开始投资出租车营运。1995年,储运业竞争激烈,全市供销社系统储运业经营相继出现亏损,有6个县(市)区供销社关闭专业储运企业,尚存的4个专业储运企业经营项目也在减少,除1家实力较强的自己经营外,其余3家均靠出租承包方式经营。整个储运业经营步履维艰。

1998年,全市供销社系统有8个县(市)区供销社和14家市社所属单位的储运业,有各种运输车辆153辆,储运设施的绝大部分分散配置于各公司中,未自成一体。专业性储运企业4家。具体情况如下:

(一)慈溪供销社储运公司,隶属慈溪市供销社,位于慈溪浒山镇,有职工82人。公司下设货物中转站3个,汽车维修厂1个,主营货物中转、汽车修理。1997年中转物资6.8万吨,汽车修理主要是开展东风汽车、桑塔纳轿车特约维修。1997年起出现亏损。

(二)北仑郭巨供销社冷冻厂位于郭巨新碶头,工厂有300吨冷库1座,主营冷藏鱼品、制冰。由于冷藏行业竞争激烈,从1992年起效益下降,1994年出现亏损40万元。1995年底采取承包方式,由外人经营,年收取承包费24万元,但该企业30名职工下岗需分流,实际上企业仍然处于亏损状态。

(三)宁波南苑汽车出租运输租赁公司,隶属市供销社所属的宁波南苑股份有限公司。有管理人员5人,轿车41辆,主营出租车运营。采取车辆出租给外人承包运营,企业收取出租费的方式间接管理。

(四)宁波海田出租运输租赁公司,隶属市供销社所属的宁波华达汽车服务有限公司。时有管理人员5人,轿车6辆,货车7输,吊车1辆,主营出租车和货物运输。采取车辆出租给外人承包运营,企业收取出租费的方式间接管理。

2000年后,全市供销社实施企业产权制度改革和理顺职工劳动关系。市供销社系统4家储运企业相继退出市场运行。

第四节　工作目标责任制考核

建社以来,供销社始终把工作目标责任制考核作为加强企业管理的重要内容来抓。20世纪80年代以后,市供销社层面的工作考核主要分三个方面,一是市委、市政府对市供销社工作目标管理考核;二是全国总社、省供销社对市供销社销售、利润总额、所有者权益、基层社建设、流通服务等综合业绩目标管理考核;三是市供销社对各县(市)区供销社和本级直属公司及城区基层供销社综合业绩目标管理考核。本节仅就全国总社、省供销社有关考核通知、结果,市供销社对各县(市)区供销社工作责任制考核情况作一记述。

1978年之前,市供销社系统工作考核主要是对年初制定的工作计划和经济指标在年终进行对照检查和总结评比,以精神奖励为主,并予以奖状。1979年,根据省总工会、省财政局〔1979〕财企1061号文件规定,对评为年度系统先进的企业和个人,坚持精神奖励为主和物质鼓励为辅的原则,即先进集体可发给奖状,先进个人可发给荣誉证书,并给亲属送报喜。物质奖励,即先进工作者的年度奖金每人不超过15元;基层先进集体的年度奖金每人不超过4元。1983年8月,地、市供销社合并,成立宁波市供销合作社。市供销社开始实施对各县供销社工作目标责任制考核。当时,市供销社对各县供销社考核主要是销售、利税、内部管理等指标,一年一定,工作考核与奖惩挂钩。1986年,市供销社对所属各公司、城区基层供销社领导干部试行年终一次性奖励办法,即完成年度确定的五项工作目标,超额完成承包利润基数5%的,每个企业领导干部可给100元以内的奖金;超额完成10%以上的,发200元以内的奖金;超额完成20%以上的,发300元以内的奖金。未完成工作目标和年度利润指标的,除不得奖外,再予以20元—100元的经济扣罚。

1988年起,省供销社对市、地、县供销社领导班子责任制奖考核,采取"多指标(6项)考核,计分算奖,业绩突出加分,工作差距明显扣分"的办法,同时,明确宁波市供销社及所辖各县(市)区供销社的领导班子年度责任制考核办法由宁波市供销社自定。8月,印发《宁波市供销社关于建立县(市)区供销社领导班子年度责任奖的试行办法》。1989年2月,印发《宁波市供销社1989年两个文明建设责任制考核目标》(〔1989〕39号)的通知,提出30项工作任务。是年,省供销社对市、地、县供销社领导班子责任制考核,按职工人均购进、人均销售、人均创利,经济包袱处理、税后盈余分配等指标,按百分制考核形式,完成和超额完成有奖。市供销社对县(市)区供销社领导班子责任奖考核,按国内纯销售购进、纯销售、实现利润、新增自有资金、工业产品销售和实现利润等。按百分制考核形式,完成和超额完成有奖。主任所得奖金可高于班子平均水平的30%—40%。发生亏损或班子成员中有严重违法、违纪案件的,取消责任制评定资格。

1989年起,普遍推行主任(经理)、厂长任期目标责任制。责任制考核的主要是资产保值增值的主要指标、保值增值考核的附加指标、设立特别奖、扣奖项目等四大块。1990年,印发《市供销社关于1990年度企业领导干部责任制考核的通知》,经济效益指标(销售、利润、费用水平、流动资金周转、有问题商品及资金控制)、社会服务效益指标(服务质量、业务经营、执行政策)、企业素质指标(班子队伍建设、管理制度、安全经营)。所属公司利润指标以1989年标的数加一个规定的环比为基数指标,城区基层供销社以1990年标的为基数指标。1992年起,省供销社对各市、地、县供销社经济指标考核按职工人均总购进、职工人均总销售、职工人均创利、职工人均新增自有资金、流动资金周转、省社下达的经济包袱控制目标、社办工业产品产销率等7项经济指标。6月,市供销社对各县(市)区供销社领导班子责任奖考核内容继续实行多项指标考核办法,即职工人均总购进、职工人均总销售、职工人均总创利、职工人均总新增自有资金、完成省社下达的经济包袱控制、社办工业利润等6个方面。同时对加、减分和不发责任奖的作出具体规定。市供销社所属公司、城区基层社领导班子年度责任奖考核内容主要分企业经营效益指标、企业发展与管理指标、社会服务效益指标三大块、15个方面具体子项,采取计分和评分相结合的办法,凡能量化的均确定考核指标计分算奖,不能量化的采取评分计奖。三项指标总分要求达到100分,60分以下不计奖。同时对考核对象、奖金分值和分配作出规定。

1993年3月,市供销社对所属公司、城区基层社考核内容主要有两大项,即总销售额、综合效益。对完成销售额、综合效益指标的企业法人代表(含党务正职),奖金原则上由市社发给,副职奖金按法人代表的70%发给。8月,省体改委、省供销合作社联合印发《浙江省供销社企业转换经营机制试行办法》(浙合组〔1993〕51号)的通知,对供销社企业的资产和经营形式、直属企业的经营权和责任、供销社与政府的关系等方面提出具体的意见和要求。其中对直属企业必须全面完成本级供销社下达的各项承包指标,对其经营管理的资产负有保值增值责任。对未完成本级供销社下达的上缴利润、上交款项等承包指标的,应当用企业的风险押金、工资后备基金和企业留利补交。发生经营性亏损,企业领导班子和职工应当承担责任,包括核减企业工资总额,领导班子和直接责任人不得领取奖金。对因失职、渎职或滥用职权而使企业财产造成重大损失的,要追究行政和经济责任,给予相应的行政处罚和经济处罚。9月,市供销社下达各县(市)区供销社五项经济指标责任制考核办法,突出强调社有资产的保值增值指标和风险抵押。是年,省供销社对9个市(地)供销社责任制考核,宁波市供销社责任制考核得分136分,列居全省第2位,总销售额、所有者权益分列第3位、第1位,予以通报表彰。在69个县(市)级供销社中,慈溪、余姚、鄞县、奉化、宁海、象山等县(市)供销社总销售额分别列第4、10、17、26、30、36位;慈溪、余姚、鄞县、奉化、象山、宁海等县(市)供销社所有者权益分别列第2、8、9、22、26、30位。宁波市供销社所辖各县(市)供销社领导班子责任奖由宁波市供销社考核决定。

1994年2月,市供销社印发《县(市、区)供销社领导班子责任制考核办法》,以资产保值增值为核心内容,进一步完善经营责任制。同时,对城区基层供销社试行资产经营保值增值总承包,对宁波海田集团紧密型企业和海田集团总公司实行经营承包责任制。6月,市供销社对1994年度考核目标作相应调整,主要原因是由于农副产品和废旧物资由免税改为征17%增值税,虽能抵扣10%进项税,但实际税负增加7%;农副产品和废旧物资收购因无进项税发票,价税分离后相应减少14.5%销售量。较大的鲜果,基本上由经销改为代理制,既不再列入购进也不再列入销售;税制改革后,在销售额中,经销商品改为代理制而未计销售额,另外基层供销社大多数实行"社有个营",销售额难以全部纳入统计。另外是税负、人工费增加。年底,经市供销社考核,慈溪市、鄞县、余姚市供销社责任制考核得分110分,镇海区供销社得分100分,北仑区供销社得分80分,奉化、宁海、象山等县(市)社分别得分50分。按每分值100元计算。

1995年,市供销社先后出台出口创汇奖、引资奖等单项奖,修订直属企业经营考核办法,部分单位实行"确定基数,超奖欠赔上不封顶"及"全奖全赔"等形式的经营责任制。对城区基层供销社经营责任制考核办法,继续实行资产保值增值总承包。

1996年,市供销社对各县(市)区供销社和市本级企业继续实行综合目标管理考核办法,并对本级企业全面推行风险抵押承包制度,对超额完成考核指标的企业适当加大其主要负责人的奖励力度。1月7日,市供销社宁供业〔1996〕3号《关于下达城区基层供销社1996年经营责任制考核办法的通知》,考核内容主要包括综合效益、企业管理、党的建设和精神文明建设;考核办法是根据年度综合效益基数,完成得奖,超基数部分按规定的提奖比例给予奖励,具体有六方面考核细则,并对考核指标、关于加分、扣分和否决因素等方面提出具体规定。

1997年,省供销社印发《关于1997年度浙江省供销社系统经营规模、综合经济效益排名榜的通报》:(1)宁波市供销社本级以总销售额314624万元居市(地)供销社第1位,以综合经济效益(利润+提留)4354万元居市(地)供销社第3位。(2)慈溪市、余姚市、鄞县、奉化市、宁海县、象山县分别以销售额254552万元、137539万元、118163万元、31643万元、28950万元、27526万元居县(市)供销社第2、6、8、26、29、30位。(2)慈溪市、鄞县、余姚市分别以综合经济效益(利润+提留)3280万元、2209万元、1790万元居县(市)供销社第1、3、7位。省供销社发文《关于表彰1997年度主要经济指标综合考核先进单位的通报》,经对各市、地、县供销社1997年度四项经济指标、经营规模和实现综合经济效益等方面综合考核,宁波市供销社居市(地)供销社第3位。慈溪市、余姚市、鄞县供销社分别居县(市)供销社第2、3、10位。市供销社发文《关于1997年度县(市)区供销社领导班子责任制管理考核奖情况的通报》,

慈溪市、余姚市、鄞县供销社领导班子责任奖按省社考核结果执行,即考核分分别为143分、138分、112分。五县(市)区供销社根据经营管状况,考虑受灾等因素,考核结果:宁海县60分,象山县、奉化市、镇海区供销社分别为40分,北仑区供销社为30分。责任考核奖按每分值100元计算,县(市)区供销社副职原则上按主任(法定代表)所得奖金的70%计算。

1998年2月18日,宁波海田集团总公司印发《关于下达1998年度经营管理责任制考核方案的通知》,对市社各公司、城区基层社经营管理责任制的考核内容(精神文明建设和企业管理)、综合经济效益和考核办法等作出具体的规定和要求。是年,省供销社发文《关于1998年度市、地、县供销社领导班子责任制奖考核结果的通报》,宁波市供销社得分131分,名列全省供销社系统第3位;县级供销社综合考核结果,慈溪市供销社得分135分,列全省供销社系统第2位,鄞县、宁海县、余姚市供销社分别得分95分、90分和90分,分别列13位、并列14位。奉化市、象山县供销社经济指标体现为亏损,但工作成绩比较明显,各计15分;对不单独列报表的北仑区、镇海区供销社年度发生亏损不给奖。按1998年度考核规定,省供销社考核核定计发的责任奖,按每分分值100元计算。3月,市供销社下发《关于1998年度县(市)区供销社领导班子责任制管理奖考核奖情况的通报》,经综合考核,慈溪市供销社得分140分,余姚市供销社得分105分,鄞县供销社得分100分,宁海县供销社得分100分,奉化市供销社得分60分,镇海区供销社得分50分,北仑区供销社得分50分。责任制考核奖按每分值100计算,县(市)区供销社副职原则上按主任(法人代表)所得奖金额的70%左右计算奖金。

同年末,市供销社印发《关于1999年度县(市)区供销社领导班子责任制管理考核奖结果的通报》,慈溪供销社120分,余姚市供销社110分,宁海县供销社120分,鄞县供销社100分,镇海区供销社80分,北仑区供销社80分,奉化市供销社70分,象山县供销社70分。责任制考核奖按每分值100元计算,各县(市)区供销社副职原则上按主任所得奖金金额的70%左右计算奖金。

2000年,市供销社对县(市)区供销社主任责任奖考核办法作如下规定:主要经济目标有两大块内容,一块是本级经营目标,包括总销售额、综合经济效益和进出口总额;另一块是全系统的为农服务目标,重点是农资零售总额(因全市调减粮棉种植面积,相应调低指标)和工业产品销售收入(供销社工业企业主要是农产品加工企业)。是年,市供销社获全省供销社责任制考核一等奖;宁海、慈溪、北仑等县(区)供销社为二等奖,奉化、鄞县、镇海、余姚等县(市)区供销社为三等奖;象山县供销社为四等奖。同时,宁波市、慈溪县供销社获评全省供销社系统财会工作目标责任制考核一等奖;宁海、北仑、奉化、鄞县、余姚等县(市)区供销社为二等奖;镇海区、象山县供销社为三等奖。慈溪市、宁海县供销社被评为全市供销社系统责任奖考核一等奖;余姚、鄞县、奉化、北仑、镇海等县(市)区供销社被评为二等奖;象山县供销社被评为三等奖。

2001年,市供销社首次获评全国供销合作社系统综合业绩考核一等奖(此年是全国供销合作总社首次实施全系统年度综合业绩考核)。市供销社,慈溪市、宁海县、镇海区供销社被评为全省供销社系统责任制考核特等奖;北仑区、鄞县、余姚市供销社被评为一等奖;奉化市、象山县供销社为二等奖。宁波市、慈溪市供销社获省供销社财会工作考核特等奖,北仑区、鄞县、奉化市、余姚市、宁海县供销社获一等奖,镇海区、象山县供销社获二等奖。慈溪市、宁海县、镇海区、鄞县供销社被评为全市供销社系统责任制考核特等奖,余姚市北仑区供销社评为一等奖,奉化市、象山县供销社评为二等奖。2002年,市供销社获全国供销合作社系统经济效益优胜单位一等奖。市供销社、慈溪市供销社获省供销社系统责任制考核特等奖;余姚市、鄞州区、宁海县和镇海区供销社为一等奖;奉化市、北仑区、象山县供销社为二等奖。慈溪市、宁海县、镇海区供销社被评为全市供销社系统责任制考核特等奖,余姚市、鄞州区、北仑区供销社为一等奖,奉化市、象山县供销社为二等奖。2003年,市供销社连续三年获全国供销合作社系统经营绩效考核优胜单位一等奖。市供销社、慈溪市供销社获省供销社系统责任制考核特等奖;北仑、镇海、鄞州、余姚、宁海等县(市)区供销社获一等奖;奉化市、象山县供销社获二等奖。宁波市、慈溪市、余姚市、北仑区供销社被评为省供销社系统财会工作考核特等奖,镇海区、鄞州区、宁海县供销社为一等奖,奉化市供销社二等奖,象山县供销社为三等奖。慈溪市、宁海县、镇海区供销社被评为全市供销社系统责任奖考核特等奖,余姚市、鄞州区、北仑区供销社为一等奖,象山县、奉化市供销社为二等奖。

2004年,宁波市供销社连续第四年获全国供销合作社系统经营绩效考核优胜单位一等奖。市供销社、慈溪市供销社获省供销社系统责任制考核特等奖,北仑区、镇海区、鄞州区、余姚市、奉化市、宁海县、象山县供销社获省供销社系统责任制考核一等奖。慈溪市供销社获全市供销社系统责任奖考核特等奖,北仑、镇海、鄞州、余姚、奉化、宁海、象山等县(市)区供销社获一等奖。

2005年11月26日,全国供销合作总社《关于对2005年供销合作社系统综合业绩进行考核的通知》(供销厅合字〔2005〕73号)。主要经济指标考核内容调整为:利润增长率、净资产收益率、资产负债率、盈利面、销售总额增长率等。是年,市供销社获全国供销合作社系统经营绩效考核优胜单位一等奖。市供销社、慈溪市供销社、宁海县供销社获省供销社系统责任奖考核特等奖;镇海区、鄞州区、余姚市、奉化市、象山县供销社为一等奖;北仑区供销社为二等奖。同时,余姚市供销社获省供销社系统责任奖考核创新发展奖。慈溪市、宁海县、余姚市供销社获市供销社系统责任奖考核一等奖;镇海区、鄞州区、奉化市、象山县、北仑区供销社获市供销社系统责任奖考核二等奖;慈溪市、余姚市、宁海县、象山县、鄞州区、奉化市供销社获市供销社系统兴办村级综合服务社优秀奖;慈溪市供销社获评市供销社系统连锁经营先进单位。2006年至2008年,市供销社连续获全国供销社系综合业绩考核计划单列市和副省级省会城市优胜单位一等奖。

2009年11月26日,全国供销合作总社印发《关于全国供销合作社系统综合业绩考核奖励试行办法的通知》(供销财字〔2009〕74号),对获得特等奖、一二等奖的提取奖金和发放等作出具体规定和要求。是年,市供销社获全国供销社系统综合业绩考核计划单列市和副省级省会城市优胜单位一等奖,这是市供销社连续第九年获全国供销合作社系统综合业绩考核一等奖。宁波市、慈溪市、余姚市、宁海县供销社被评为省供销社责任奖考核特等奖,鄞州区、奉化市、北仑区供销社为一等奖,镇海区、象山县供销社为二等奖。2010年12月23日,省供销社印发《关于浙江省供销社系统综合业绩考核办法(试行)》的通知(浙合指〔2010〕65号),共分主要经济指标、"新网工程"建设、基层组织建设、社有企业发展、专项工作等四个方面22项具体内容。是年,市供销社获评全国供销社系统综合业绩考核计划单列市和副省级省会城市优胜单位一等奖。市供销社、慈溪市、宁海县供销社获省供销社系统综合业绩考核特等奖,鄞州区、余姚市、奉化市供销社获一等奖,象山县、镇海区、北仑区供销社获二等奖。

2011年1月6日,省供销社印发《浙江省供销社系统综合业绩考核办法(试行)》,原省供销社考核办法停止执行。新考核办法规定:考核指标内容主要为经济指标、"新网工程"建设指标、各类连锁网络、农副产品市场交易额、再生资源收购额、基层组织体系建设指标、社有企业发展指标、项目建设、专项工作指标、为农服务资金、获得政府各类扶持资金、获得政府授权专项职能或受到政府表彰、开展或参与农村金融试点、供销合作社标识覆盖率、政务信息工作考核、开展各类涉农培训等16项。12月12日,省供销合作社印发《关于浙江省供销社系统2011年度综合业绩考核办法的通知》,考核办法对考核对象、考核指标、数据填报、考核程序作了具体的规定,其中考核总分调整为150分,分项考核分作了相应调整;对相关指标既考核绝对值,又考核增长率。是年,市供销社荣获全国供销合作社系统综合业绩考核计划单列市和副省级省会城市优胜单位一等奖,连续第11年获全国供销社系统优胜单位一等奖。宁波市、鄞州区、宁海县、慈溪市、北仑区供销社被评为省供销社系统综合业绩考核特等奖;余姚市、奉化市、象山县供销社为二等奖。余姚市、慈溪市、鄞州区供销社和市甬丰农资公司被评为市供销社工作考核一等奖;奉化市、宁海县、镇海区、北仑区等供销社为二等奖。

2012年,市政府同意市供销社从2012年起执行《全国供销合作社系统综合业绩考核奖励试行办法》(供销财字〔2009〕74号)。3月,省供销社印发《浙江省供销社系统2012年度综合业绩考核制度单项奖考核办法的通知》(浙合指〔2012〕95号)。9月,印发《关于宁波市供销社农作物病虫害专业化防治工作评价实施办法(试行)》《关于印发宁波市供销社农产品营销体系建设工作评价实施办法的通知》(甬供经〔2012〕68号)。是年,宁波市供销社获全国供销社系统综合业绩考核计划单列市和副省级省会城市优胜单位特等奖。宁波市海田控股集团有限公司被授予全国供销合作社系统"百强企业",名列第31位。宁波市、慈溪市、鄞州区供销社被评为省供销社系统综合业绩考核特等奖,象山县、宁海县、镇海区、奉化市供销社为优秀奖,北仑区供销社为优良奖。

2013年,市供销社获评全国供销社系统综合业绩考核计划单列市和副省级省会城市优胜单位特等奖。省供销合作社发文《关于2012年度全省供销社系统单项奖业绩考核结果的通报》(浙合指〔2013〕7号)。其中,慈溪市、鄞州区、余姚市、宁海县供销社被省供销社评为县级供销社经济20强;宁波市、奉化市供销社被评为全省供销社为农服务先进单位;宁波市、慈溪市、象山县供销社被评为全省供销社农产品现代流通体系建设先进单位;宁波海田控股集团有限公司、宁波市甬丰农资股份有限公司、鄞州区禾丰农资连锁有限公司被评为全省供销社50强企业;宁海县供销社被评为全省供销社"三会一社"制度建设先进单位;宁波市、慈溪市供销社被评为全省经营服务体建设先进单位;宁波市骆驼供销合作社、余姚市泗门供销合作社被评为全省供销社50强基层社;奉化市环球花木专业合作社等13个合作社被评为全省供销社百强农民专业合作社;宁波市、慈溪市供销社被评为全省供销社农产品经纪人协会建设先进单位。11月22日,市供销社印发《宁波市供销合作社关于2013年度全市供销社系统单项奖业绩考核结果及奖励通报》(甬供经〔2013〕53号)。(1)慈溪市、宁海县、象山县、镇海区供销社获全市供销社系统农产品营销体系建设组织绩效奖,余姚市、奉化市、象山县、鄞州区、北仑区供销社获二等奖。(2)余姚市、奉化市、鄞州区、北仑区供销社获全市供销社系统农作物病虫害防治组织奖,慈溪市、鄞州区、宁海县、象山县、镇海区供销社获二等奖,象山县、镇海区、慈溪市供销社获优胜奖。(3)余姚市甬舜农资公司、奉化市农资公司、鄞州区禾丰农资公司获全市供销社系统农作物病虫害防治绩效奖,慈溪市兴合农资公司、宁海县丰庆农资公司、象山县丰润农资公司、镇海区绿源农资公司为二等奖,特别奖为市甬丰农资股份公司。

2014年,市供销社获评全国供销社系统综合业绩考核计划单列市和副省级省会城市优胜单位一等奖;全市供销社系统综合业绩考核特等奖为余姚市、宁海县供销社;一等奖为鄞州区、慈溪市、奉化市供销社;二等奖为象山县、镇海区、北仑区供销社。2015年,市供销社连续第15年获全国供销社系统综合业绩考核优胜单位一等奖、全省供销社系统综合业绩考核特等奖。

第三章 财务会计

财务会计工作是企业管理的重要组成部分,其基本职能是按照党和政府各个时期的方针政策、法律法规和财政制度,对商品流通中的资金运作以及体现的经济关系进行记载、核算、审计和分析。加强财务监督,遵守财政纪律,为决策层当好参谋;加强经济核算,加强各项资金和财产使用管理,服务企业开展业务活动,确保社有资产保值增值。

第一节 财务制度

1950年,宁波专区供销合作总社和各县供销社成立后,均建立财会科(股、组)。县级供销社的财务管理、会计核算、基层供销社财务辅导均由县级供销社财务部门负责。1983年8月地、市供销社合并,成立宁波市供销合作社后,设立计划财会科,1985年调整为财务会计科,1987年改为财务会计处,2002年设立财务审计处(社有资产管理处)。

1950年,宁波专区供销合作总社按上级供销社通知,县以下基层供销社不设专业批发机构,实行统一核算、统一盈亏、统一分配的定期报账财务管理体制。1952年,贯彻全国供销总社《各级合作社联合社财务管理暂行通则》和省供销社《浙江省农村供销合作社财务管理暂行通则》,宁波专区供销合作总社由点到面推行新的统一的财务会计制度。是年10月起,各级供销社实行向国家缴纳所得税的财务管理体制,同时在供销社系统内实行基金调剂的管理制度。

1953年1月1日,执行新税制。1955年营业税率一律由2.5%改为3%缴纳。1956年起,供销社实现的利润按照21级全额累进税率征收所得税外,并随同所得税附征办法,在实现利润中提取一定比例和所得税一并上缴国家。1963年将累进税率改为比例税率。1983年1月1日起,明确供销社恢复为集体所有制性质,基层供销社恢复缴纳工商所得税,税率为39%,基层供销社所属的饮食业为20%。

1952—1957年,贯彻执行省供销合作社《关于各级供销社财务管理原则》,全区各级供销社实行独立核算,自负盈亏,基金调剂的财务管理制度。1961年,供销社仍执行国营商业会计制度。是年9月,按照全国供销总社的要求,实行统一计划、分级管理、分级核算、各负盈亏、基金调剂,实行向国家缴纳所得税的制度。1962年初,全国供销合作总社印发《关于基层供销社财务会计制度暂行规定》《县及县以上供销社会计核算的几项规定》。6月,省商业厅印发《关于执行中华人民共和国商业部系统财务会计制度(草案)》的修订补充规定。10月25日,商业部印发《关于核定流动资金试行办法》。12月12日,商业部印发《关于财产清查盘点的试行办法》《关于财产损失处理的试行办法》。

1964年12月,按照全国供销总社和省供销社关于简化供销社会计报表的通知,开始先行简化月度会计主要指标表、资金平衡表和利润计算表。1966年1月,国务院批准改革供销社的财务管理体制,供销社的自有资金除社员股金外,全部转为国家资金,由全国供销总社统一管理。会计将资金平衡表改为资金表。1971年,各县供销社贯彻执行省商业厅制定的《浙江省商业企业统一的财务会计制度(试行)》。1973年,贯彻执行财政部、商业部联合印发的《商业企业财务管理若干问题的规定》。省商业厅印发《浙江省商业企业财务会计制度(修改稿)》。

1978年,省商业厅转发商业部颁发的"八项财经纪律",即:(一)商业企业的资金、商品和物资,任何单位、任何个人不得抽调挪用。不准把流动资金用于基本建设和财政性开支职工个人借款,应当由福利基金或职工互助储金解决,不得占用流动资金。(二)严格遵守结算纪律,贯彻"钱出去,货进来,货出去,钱进来,钱货两清"的原则。除国家规定外,不准予收付货款、赊销商品和拖欠货款;不准乱搞协作,以物易物和商品走后门。不准超越经营范围进货和削价私分商品。(三)各项专用基金,必须贯彻先收后支的原则;严格按照规定提取和使用,不准随便多提和超支。(四)严格遵守现金管理制度,销货款要及时存入银行,不准携带到外地采购商品;不准挪用现金和"白条顶库";不准签"空头支票",套用银行现金。(五)一切财产、现金和物资的收付,都必须按照规定办理,不准弄虚作假,打埋伏,搞"小家当",各种财产损失和溢余,都必须认真查对清楚,及时处理,不得隐瞒不报或长期不作处理。(六)各种费用开支,必须严格遵守财务制度和开支标准。不准乱挤成本,乱摊费用。不准随意扩大开支范围和提高开支标准,增加费用开支;严格禁止请客送礼、铺张浪费和虚报冒领等行为。(七)应当上缴的各项财政款项和专用资金,必须按照规定及时、足额上缴,不得迟缴、少缴,应当下拨的各种款项必须及时拨交所属单位,不得扣留挪用。(八)经管商品、财产、物资、资金的人员,在调动工作时,必须按照规定办理交接手续,否则不准离职。

1982年,省供销社印发《会计基础工作质量检查计分标准》。1983年,省供销社印发《关于下达浙江省供销社系统盈余分配意见的通知》《关于基层供销社盈余分配的意见》(浙合财〔1983〕145号)。规定社员股金分红基金不超过留利额的10%,但最高不多于社员股金金额的15%;独立核算的饮食服务业实现的利润,扣除按国家规定可计税时扣除的项目后,按20%的比例税率缴纳所得税;县以上供销社企业实行利改税,执行八级超额累进所得税制度。1985年3月,印发《宁波市供销社关于第二步利改税后若干财务问题的通知》。县以上供销社以独立核算单位为所得税缴纳和结算单位,所得税按季预缴,年终结算,亏损财政不补;职工基本奖金按人均2.5个月(140元)列支。并按照集体企业性质免征奖金税和基层供销社能源交通建设基金以及建筑税等;允许把大修理基金、业务费用在税前按实列支;提高运输工具折旧率;税后盈余上交10%给上级社外,其余按照大部分用于业务发展基金的原则,有权自行分配;下放修理费、控购商品、生产性设备和固定资产购置的审批权等。5月,市供销社印发《关于上缴省社管理费的通知》,按省社、省财政厅文件通知,省社所需的管理费,按县以上各级社所属独立核算企业实现的销售(营业)收入的千分之一点五比例在税前提取,由市、县供销社汇缴省供销社。

1986年1月,贯彻实施《供销合作社会计制度》。2月17日,印发《宁波市关于控购商品审批权限的通知》,对购买摩托车、彩色电视机、汽车等17种商品分别由市供销社、城区办初审,送财税部门审批。2月27日,印发《宁波市供销社关于1986年若干财务问题和有关会计事项的通知》。通知规定,企业利润(计税利润)按八级累进率缴纳所得税,地方附加税,按季预缴、全年结算。能源交通重点建设基金,仍按税后盈余15%缴纳。职工基金,税前部分仍按两个半月工资额列支。超基数奖励基金,按经营承包责任制规定的利奖率,报市供销社批准后提取。企业计税利润,除缴纳所得税和能交基金、提取职工基金外,其余按季逐级汇缴,由市供销社集中分配。其中流动资金统一由市供销社调剂,建设资金按30%返还企业,劳动分红按1985年分配原则全部返还企业。省、市供销社行政管理费和退休保养统筹金一并采取定额上缴办法,一年一定,分季平均在季中1个月内上缴。核定上缴金额为:市农资公司12万元,市副食品公司12万元,市物资回收公司9万元,市社贸易中心18万元,市畜产品公司12万元,市特产公司12万元,市东港汽车服务公司1万元。共计76万元,其中调剂给市区和郊区集体商业11.25万元。固定资产折旧,按年综合折旧率5%计提。12月,转发省供销社《关于供销合作社会计制度若干问题的补充规定》,对增设教育费附加、待业保险金支出、房产税、职工基金(包括职工、社员的集体福利、自费调资、职工奖金、分红和缴纳奖金税)等作出具体的规定和要求。

1987年2月,国务院国发〔1987〕55号文件指出,"各地要切实保障供销合作社独立自主经营的权力,任何部门不得平调、转移和侵占供销合作社的资金(包括公积金和各种专用资金)",对供销合作社的资产产权关系问题作出六方面的暂行规定。5月7日,市供销社、市财税局联合发文《关于贯彻执行浙江省集体所有制商业财务会计制度(试行)的若干补充规定》。10月8日,市政府〔1988〕60号文批转《关于深化供销社体制改革的意见的通知》,各县财政局和县供销社先后联合发文《关于深化供销社体制改革中调整若干财税政策的通知》。关于供销社调整若干财税政策主要内容是:(一)继续扩大社员股金或以集资形式兴办企业,社员股金息红收入一次性在25元以下的免缴个人收入调节税。(二)建立农资商品储备。银行优先解决贷款,财政贴息;对供销社营业税,仍实行分片测定免税商品比例,按商品实际零售额减除享受的免税比例作为计税零售额,按规定税率缴纳营业税。(三)在完成承包经营责任制上交指标的前提下,从实现利润中税前提取10%的农村商品基地建设基金。(四)基层供销社独立核算单位从1988年起,所得税超过30%部分,实行减半征收。按农副产品收购总额和商品销售总额提取5%在税前提取简易建筑费,固定资产年综合折旧率由现行的公司6%、基层社7%,统一改为8%,汽车年折旧率改为20%。(五)业务费可在商品销售总额的千分之二范围内按实列支,零售企业按千分之二零点五,批发企业按千分之二零点二五。(六)对新办小集体工业企业经批准可在一年内减免三税和所得税。(七)县级供销社对有问题商品和有问题资金的处理权限从原来的1万元扩大到3万元。同年12月8日,市供销社、市财税局联合发文《关于恢复城镇集体商业企业提取企业基金的通知》,凡全面完成考核指标的企业,可按工资总额(计提职工医药福利基金的工资总额)提取5%的企业基金,其中20%用于劳动竞赛和先进生产者奖励,80%用于职工福利及设施,弥补医药福利基金。

宁波市计划单列后,各县(市)区供销社原上缴省供销社的"互助合作基金"自1988年起不再上缴,改为直接上缴市社,再汇交商业部。是年上缴商业部互助合作基金42万元。其管理办法按省供销社浙合财〔1987〕159号《浙江省供销社互助合作基金管理暂行办法》执行。11月,市供销社按照市财税局〔1988〕1183号通知,从1989年起,所属特产公司、茶叶公司、农资公司、土产日杂公司、工业品公司等实行承包的单位及基层供销社,在完成当年财政核定的上缴财政任务的前提下,提取市场调节基金。一律按商品销售额的千分之一提取,在所得税前列支,按季预提,年终结算。

1988年起,全市各县(市)区供销社推行所得税目标承包。改原来的八级累进超额所得税制度改为定额包干制度,分别与财税局签订3年至5年的承包合同。1992年8月,市财政税务局印发《关于集体企业若干财务问题的通知》,对集体企业职工福利基金、教育经费、工会经费的工资基数及财务处理,提高集体企业固定资产单位价值标准,以及集体企业差旅费开支、夜餐费补贴标准等作出具体规定。9月,省供销社转发《省财政厅关于固定资产单位价值标准、修理费等规定的通知》。1993年1月,省供销社印发《浙江省供销社社务委员会关于供销合作社资产产权的几项规定的通知》(浙合财〔1992〕2号),7月1日起,市供销社系统全面实施新的财务、会计制度。9月,省体改委、省供销合作社联合印发《浙江省供销社企业转换经营机制试行办法》(浙合组〔1993〕51号),对供销社企业的资产和经营形式、直属企业的经营权和责任、供销社与行政的关系等方面提出具体的意见和要求。1994年1月起,贯彻国务院《中华人民共和国企业所得税暂行条款》和国内贸易部及省财政厅、省供销社《关于布置企业执行新税收条例有关会计处理规定和要求》,废除八级超额累进所得税制度,统一税率为33%。2月,省供销社印发《有关新税制实施后会计处理规定的通知》。3月,转发省供销社印发《关于转知财税体制改革方案出台后有关主要规定的函》。4月,省供销社印发《财政部、国家税务总局关于企业所得税若干优惠政策的通知》《转发企业所得税会计处理的暂行规定的通知》。7月,省供销社印发《关于"社有个营"财务管理和会计核算的若干意见》。8月,宁波海田集团总公司根据国家财政部颁发的《企业财务通则》,印发《宁波海田集团总公司财务管理制度(试行)的通知》,对财务管理体制和主要任务、主要内容、财务报告与分析作了具体规定。

1996年10月14日,印发《宁波市供销社关于深化企业改革,强化内部管理的若干规定》(甬供办〔1996〕161号),作出有关规定:一是企业各类固定资产购置、变卖、报废、转让,单价在10万元以上的生产性固定资产,单价1万元以上其他固定资产报市供销社审批(专控商品等按规定程序办理)。二是企业各类资产评估,评估结果确认必须报市社财会处审定。三是本级企业网点资金提取及上缴市社管理费,按市社与财税部协商数额提取上缴。四是有问题商品、资金核销权限与上年度销售额挂钩。年销售额1亿元以下企业,核销一事一物在1万元以上的由市社审批(年销售额每增加1亿元,审批额度相应增加1万元)。五是继续执行"四不准"规定,不准向系统外单位出借资金,不准为系统外单位提供经济担保,不准炒卖股票、经营期货,不准向私营企业和个体企业投资。六是本级企业税后利润分配按市社分配方案,由企业分配,报市社财会处审定。基层社由本级理事会决定,报市社财会处备案,市社控股股份制及合资企业由董事会讨论决定,报市社财会处备案。七是总公司、基层社法人代表变更,50万元以上系统外的长期投资、基本建设,20万元以上装修工程,企业年度经济效益等审计由市社统一实施、认定。八是按工商、财税等部门有关规定,需邀请会计师事务所等社会中介机构进行的验资、审计、资产评估,由市社财会处统一牵头进行。九是鼓励推行各种类型的经营责任制,在强化考核的基础上,加大给予对企业发展作出贡献的干部职工的奖励力度。是年起,市供销社在全省供销社系统率先推行直属企业财会科长由市社考核任免。

1997年9月23日,市供销社与财政局联合印发《宁波市供销社企业财务管理制度》(甬财政商〔1997〕544号),对企业财务管理体制、财务计划编制、资金管理、资产管理、成本费用管理、分配管理等作出明确规定。是年,市供销社在全省供销社系统财务管理和会计报表考核中获得第一名。2002年,根据市政府转发市财政局《关于明确市本级财政预算追加审批程序意见的通知》,市供销社被确定为全额拨款一级预算单位,按照市财政局每年下达的行政单位预算的通知,做好编制本级部门预算工作。2010年,市供销社做好编制行政类项目预算工作,严格按照2010年机关"三公"经费支出预算控制数,统筹、节约、合理安排年度支出计划,加强审批和监督管理,建立和完善内部财务管理制度。

2015年,市供销社财务管理工作围绕"深化社有企业管理体制改革年"活动,做好企业投资主体变更,完善社有资产管理长效机制,制定健全和完善社有资产管理办法、社有企业财务制度、社有企业综合业绩考核等监督管理办法;编制市社机关年度财政预算经费;对投资项目开展前期可行性研究,期中的监督管理,期末的绩效评估等,促进低效或闲置资产盘活增效。各级供销社财会部门利用企业财务报表网络直报的信息资源优势,加强财务分析力度,及时掌控变化动态;加强对重点领域、重点指标的分析,及时准确、全面真实反映供销合作社经济运行态势;加强对企业发展质量和效益分析。

第二节　会计制度与核算

会计与财务相辅相成,不可分割。会计的基本职能与财务管理相一致。具体任务是真实、准确、完整、及时地记载核算单位财产资金的运行状况,全面客观地反映经济效益,并根据会计制度的有关规定,实行会计监察。

会计制度

建社初期,尚未有统一的会计制度。供销社的账务记载,按横式、直式、借贷、收支等项目实施。1950年1月,宁波专区供销总社贯彻执行全国供销社制定的统一会计制度(试行),召开全区供销社新会计制度培训会议,对新会计制度进行学习、讲解,先后制定自营、代理等各项业务的会计核算和操作程序,初步建立起会计工作制度。6月,贯彻执行《浙江省合作社所属机构暂行统一会计制度(草案)》后改为执行华东合作事业管理局制定的会计制度,科目分"资产""负债""收益""损耗"等四大类。会计处理原则是"权责发生制",核算形式采用"单一科目传票制"。下半年起,全区各县供销社开始执行《农村供销社及城市消费合作社会计制度》,开始对基层供销社实行"定销售、定资金周转、定费用率、定利润和定人均劳动量"的定额管理。

1951年1月,贯彻执行全国供销合作总社制定的《全国基层社会计制度(草案)》。1953年起,全区供销社系统全面执行《县级以上供销社及城市消费合作社会计制度》《农村供销社会计制度》。1954年,贯彻执行《会计制度修正补充规定》《拨货计价实物负责制》。1956年,贯彻执行《各级供销社统一会计制度》《公私合营、合作商店会计制度》,推行"记账凭证制""包装物管理""统一凭证"等办法。全区供销社系统实行"系统经营、分级管理、统一核算盈亏"的会计管理制度。同时,将代理国家和上级社的代购代销业务改为自营业务核算,建立上级社对下级社及所属单位会计决算报告审批制度。1956年至1957年,全区供销社实行《各级供销社统一会计制度修改补充说明》以及《各供销社统一会计制度修订简化草案》。1958年,供销社与商业局合并执行国营商业会计制度。根据基层供销社体制和业务发展需要,增设"公积金""公益金""奖励基金""调剂基金""拨入资金""拨出资金""预缴所得税"等7个科目。

1959年,省商业厅对商业企业的"单表代账"问题发出通知,规定供销社必须设立会计总账、商品账、产成品和结算往来账户。1961年,供销社仍执行国营商业会计制度。9月,按照全国供销合作总社、省供销社的要求,基层供销社统一计划、分级管理、分级核算、各负盈亏、基金调剂,实行向国家缴纳所得税的制度,但折旧不缴国库。12月,省供销社、省商业局联合通知,要求各级供销社对账簿进行一次检查,彻底纠正"以单代账""以表代账""无账会计"的错误做法。1962年初,贯彻执行供销合作社的会计制度。按照全国供销合作总社颁发《关于基层供销社财务会计制度暂行规定的会计核算》《县及县以上供销社会计核算的几项规定》,暂行性进行过渡。1963年1月,省供销社印发《供销社会计制度》。3月,省供销社制定供销社会计制度补充规定,对会计工作的任务明确为:真实、正确、全面、及时地记录,反映各项财政资金的增减变化与经营成果,对会计核算组织形式为中央、省(市)、县、基层供销社四级核算。1964年12月,根据全国总社和省供销社关于简化供销社会计报表的通知,开始先行简化月度会计主要指标表、资金平衡表和利润计算表。1965年12月,贯彻落实全国供销合作总社颁发的《关于基层供销合作社会计制度(草案)》,规定改借贷记账法为增减记账法,1984年又恢复借贷记账法。1966年,贯彻落实商业部颁发的《会计制度第一步改革方案》,全区供销社的纯销售额"指标"可以利用统计数字填列,也可以用发票统计数字填列;随后"公积金"科目又改为"国家流动资金"科目;"预缴所得税"科目改为"上缴利润""利润留"科目。而此时正值"文化大革命"时期,会计工作削弱,尚未实行会计账务调整。1970年10月,全区供销社与商业局仍执行国营商业会计制度。1972年12月,贯彻实施《浙江省商业会计制度》。1976年1月,开始执行全国供销总社颁发的《供销合作社会计制度》。1978年起,贯彻执行商业部、供销合作总社《会计工作"二十四"条》,对全区各级供销社会计工作进行整顿,从而使会计基础工作和核算工作有了较大提高。同时贯彻落实商业部、供销合作总社颁发的《十项会计纪律》:(一)一切会计数字都必须真实可靠,不能弄虚作假隐瞒问题真相。(二)一切原始凭证必须认真审核,并由审核人员签字盖章。发现错误要按规定查出更正,不得任意涂改、撕毁、抽换或伪造凭证。(三)记账凭证必须写明日期、编号、摘要、金额及附件张数。有关内容必须与原始凭证完全相符,必须有制票、复核和会计主管人员签章。有关现金收付事项必须有"收讫""付讫"戳记和出纳人员盖章。(四)填制记账凭证,必须有合法的原始凭证为根据,一切会计账簿的记载,必须有合法的凭证为根据。各种明细账簿,必须随时逐笔登记,不准将多日的不同经济事项一次汇总记账。(五)一切会计账簿,必须按照会计制度规定设置。除另有规定的以外,一律不准以单、表代账。(六)登记会计账簿,必须严格遵守记账规则。字迹必须清楚、端正,数字不得跨行空格。账簿启用表必须填充齐全,承前页、过次页以及月、季、年结算手续,必须及时办理。(七)一切会计账簿记录,必须定期核对,保证账账、账货(物)相符。发现错误,必须按规定及时更正,不得任意涂改、撕毁、抽换或伪造假账。(八)会计报表必须根据账簿记载编制,账表数字必须一致,编出后必须经过审核,并由制表、复核和会计主管人员、企业主要领导人盖章,加盖公章,始得上报。(九)一切会计档案,包括原始凭证、记账凭证、账簿、报表,都必须妥善保管,定期装订成册,写明起止日期、编号,并由经手人盖章,无论是否届满保管期限,非经批准不得销毁。在办理移交时,应列入移交清册,并严守保密制度。(十)会计人员和现金出纳的责任必须分清,不得由一人兼办。会计人员调动时,必须将经营的账目交接清楚,交接不清的不准离职。

进入20世纪80年代后,全区供销社系统重视和加强会计基础工作。1982年,开展会计基础工作的自查互查,全面提高会计核算的质量。1983年地、市供销社合并后,县级供销合作社陆续改为基层供销社的联合社,实行独立核算,自负盈亏,实行向国家缴纳所得税制度。1984年,恢复实行"实行独立核算、自负盈亏、基金调剂和缴纳所得税"制度。

1985年5月,印发《关于编报供销社系统自办工业企业会计报表的通知》,要求各级供销社兴办的新集体工业企业，都应当按月编制工业企业会计报表。对会计报表的报送程序和时限，会计报表表种及报表编制中应注意事项，严肃财政纪律和遵守财务制度等方面提出具体要求。同时印发《宁波市供销社关于编报第三产业单位会计报表的通知》，要求系统内所属新开拓的全部独立核算的第三产业单位，均应按月编报会计报表。对报送表种、报送时间和注意事项作了具体的要求和规定。

1987年，根据《会计专业职务试行条例》和《浙江省会计专业职务试行条例实施细则》规定，印发《宁波市供销社系统各级会计专业职务基本职责和岗位责任制实施意见（试行）》。1991年8月，贯彻省供销社转发省财政厅《浙江省会计核算软件管理办法（试行）》（浙合财〔1991〕118号）。9月，贯彻执行商业部、财政部新颁布的《供销合作社会计制度》，从1992年开始执行，新的会计制度设置98个会计科目。10月，转发商业部《关于贯彻实施国务院发布的〈总会计师条例〉意见的通知》。12月，市供销社对市所属公司、城区基层社会计决算提出四方面19个具体内容的要求。主要是对清理核实往来款项、催缴承办款、经济包袱、削价处理积压商品、企业盈亏、提取有关基金、年终结算账务等提出具体规定和要求。1992年2月，市供销社开展会计电算化工作，要求各县（市）区供销社在6月底之前完成购机、人员培训；与省供销社同步实行全市会计报表通讯联网，并逐步开展记账核算、财务分析等软件开发及应用工作。市供销社所属各公司和城区基层社在年底实行全系统的通信网络，并实行会计上岗制度，实施主办会计责任奖考核实施办法。

1993年起，贯彻执行财政部颁发的《商品流通企业会计制度》。这是一次财务会计制度的重大改革，改革主要内容是：对所有企业财务会计制度进行统一规范；实行资本保值原则，建立企业资本金制度，明确产权关系；改革固定资产折旧制度，实行分类折旧促进企业技术进步；改革成本管理制度，采用制造成本法，将当期发生的费用和销售费用直接计入当期损益，以简化成本核算，真实反映当期经营状况；采用国际通用报表体系，使财务会计信息成为国际通用语言，理顺国家与企业的分配关系，实现利润分配规范化。该制度还特别增设"所有者权益"科目。6月10日，印发《宁波市供销社关于新旧会计制度转轨中若干具体问题的处理意见》（宁供财〔1993〕67号），对固定资产、福利基金、无形资产、减免税处理、补亏年限、业务招待费、计提商品基地建设基金等方面提出15个处理办法和具体要求。7月22日，贯彻执行省供销社《供销合作社新旧会计制度衔接账务处理办法》（〔1993〕22号）。9月27日，印发《宁波市供销社关于市区供销社系统会计报表汇总、上报办法（试行）的通知》（宁供财〔1993〕103号）。自此，市供销社财务实行政企分开独立核算，分别有三个基本核算账户：（1）行政账户，执行行政单位会计制度。（2）市供销社（企业）账户，是市供销社直接管理的社有资产核算账户，执行企业制度（小企业会计准则）。（3）宁波市海田集团总公司账户（总公司于1993年12月建立），是市供销社的全资公司，属管理型企业，与市供销社"两块牌子、一套班子"，执行企业会计制度（小企业会计准则）。2家单位的法人代表由市供销社主任担任。

1994年起，国家实行财税改革，取消减免营业税及税前还款政策。4月，市供销社印发《关于上缴资产占用费试行办法的通知》（宁供财〔1994〕36号）。取消对直属公司收缴专用基金和定额上缴行政管理费（但不包括税后盈利）的办法改为上缴资产占用费。依据企业正常投资收益和负担确定各公司上缴额按占用理事会资金的不同比例计算，即以1986年底各公司占用理事会资金的10%加上1993年6月底减去1986年底占用理事会资金后差额的6%作为上缴金额，一定两年不变。上缴总额的60%部分仍以管理费形成解缴，其余在税前提取部分中列支，若有不足由未分配利润弥补。

1995年,转发财政部《关于印发企业交纳土地增值税会计处理规定的通知》。根据《中共浙江省委、浙江省人民政府关于贯彻落实中发〔1995〕5号文件深化供销合作社改革的若干意见》(省委〔1996〕3号)"供销合作社企业可按销售(营业)收入的0.5%提取为农服务专项资金,在费用(成本)中列支,专项用于供销合作社支农服务设施的建设和改造"的要求,市财政局每年出具"关于同意统筹计提、专项使用为农服务专项资金"的财务联系卡,同意市供销社在核定总额内按销售收入的0.5%在系统内控股企业统筹计提为农服务专项资金,上缴后由市供销社专项用于为农支出。

1998年,贯彻执行财政部《关于股份有限公司会计制度——会计科目和会计报表》。1月15日,根据全国供销合作总社印发的《关于供销社社员股金管理办法》和省供销社有关意见精神,印发《宁波市供销社关于规范社员股金管理的几点意见》(甬供财〔1998〕7号),对社员股金的吸收、使用,实行保息分红、社员股金的管理等作出具体规定和要求。其中,社员股金应主要用于供销社的农副产品收购;供销社社员股金实行保息分红,股息按银行同期利率在税前列支;历史形成的各股金,要求各单位进行一次全面的清理、核对;供销社吸收的社员股金、社员社股金,应按照财政部〔1993〕财会字第35号《关于印发〈商业流通企业新旧会计制度衔接账务处理办法〉的通知》规定,在实收资本科目下设"社员股金""社员社股金"子目核算或设"社员股金""社员社股金"科目核算。在资产负债表中填列在"实收资本项"。上交联合社的社员股金在"长期投资"科目下设"上交股金"子目核算。4月,全国供销合作总社通知要求停止按"保息分红"吸纳股金。

2000年7月1日,《中华人民共和国会计法》实施。市供销社财会处组织全系统会计上岗人员分三期进行《会计法》培训,有254人领到《会计法》培训合格证书。2002年起,市政府确定市供销社为全额拨款一级预算单位,对社有经营性资产和机关经费资产进行分账核算,并通过分设行政、经营和宁波海田集团(总公司)三套账务进行日常核算,分别执行《行政单位会计制度》和《企业会计制度》。2008年1月1日起,贯彻执行财政部新修改的《企业会计准则》,计14章160条。会计科目设置为资产类、负责类、所有者权类、成本类和损益类。2013年12月,宁波市海田集团总公司账户更名为宁波供销集团公司。宁波供销集团公司是市供销社的全资公司,属管理型企业,与市供销社"两块牌子、一套班子",执行企业会计制度(小企业会计准则)。

会计核算

建社初,贯彻1950年1月省供销社颁发的《浙江省合作社暨所属机构暂行统一会计制度(草案)》。在制度执行过程中,宁波专区供销合作总社先后制定自营、代理等各项业务的核算工作。

1956年,按照《各级供销社统一会计制度》规定,零售商业企业商品、代销商品、饮食企业商品,一律按照"拨—制"的规定,以零售价核算。1958年至1961年国、合商业合并期间,零售企业继续实行"拨—制"。1958年,全区供销社会计按借贷记账法进行核算,并使用资产负债表。会计核算推行"以表代账"法。1960年将资产负债表改为资金平衡表。1966年4月,贯彻全国供销社总社颁发《基层供销社会计制度(试行草案)》《供销合作社会计制度第一步改革方案》,1967年1月起,将"借款贷记账法"改为"增减记账法",实行资金收付记账法。1971年又改为资金增减记账法。1985年11月,根据全国供销合作总社《供销合作社会计制度》、省供销社《供销合作社会计制度补充规定》文件要求,市供销社系统改增减记账法为借贷记账法。恢复"公积金""固定资产折旧"科目,同时为正确核算损益,恢复保留库存商品进货费用的规定,增加"预提费用"科目。在损益方面增加"商品调价损益""代营业务收支"的规定。1992年,全市供销社系统与省社同步实行全市会计报表通讯联网,并逐步开展记账核算、财务分析等软件开发及应用工作。1996年,按省供销社通知,要求供销社系统逐步实现会计核算和财务管理的电算化。

进入21世纪后,市供销社系统全面实行会计电算化,会计凭证的编制、记账、汇总、报表、会计指标分析等全部通过电算化程序完成。

拨货计价实物负责制 建社初期,实行柜组责任制,商品短缺一般由柜组长负责。1953年实行《供销社会计制度》时,试行《基层供销社供应零售商品拨货计价实物负责制办法》。

1954年,实行商品盘存计销办法。其中,市供销社在所属副食品公司、土产公司推行"拨货计价实物负责制"试点。此后这一制度全面推开。是年底,全区有120个供销社推行"拨货计价实物负责制"办法,对供应商品的购进、运输、验收、保管、变价、盘点、交接、销售、损耗等10环节,建立责任人岗位责任制,以改进商品管理。零售单位的库存商品按零售价计账,会计开设进销差价账户,登记核算商品的进价与销价的差额,以库存商品总额账户核算控制实物负责人的经营商品。按月盘点分别核算出进货商品、已销商品和库存商品金额。这对简化基层供销社会计账务,减轻会计人员和营业员的劳动强度,扩大商品购销起到较好作用。1956年,《省供销社会计制度》中规定,零售商业商品、代销商品饮食企业商,一律按照拨货计价实物负责制办法的规定,以零售价核算。1957年,全面实施按月进行商品盘点制度。同时对商品零售商店、分社推行划码计销、生产资料和农副产品实行逐笔开票制度。1958年至1961年国、合合并期间,零售企业继续实行拨货计价实物负责制办法。1963年至1964年,省社宁波办事处和各县供销社先后组织举办培训班12期,全区供销社系统会计人员以及商店、分社、柜(组)报账员,培训学习全国供销总社修改补充的《拨货计价实物负责制办法》,全面推行商品与资金定额管理办法。

"文化大革命"期间,拨货计价实物负责制受到冲击,出现制度松弛,手续不完备,盘点无监督等现象。1978年后,各级供销社对拨货计价实物负责制进行全面整顿。1979年,宁波地区供销社把检查整顿拨货计价实物负责制列入企业管理的主要任务之一。强调拨货计价实物负责制是零售商业管理的重要制度,提出严格验收商品;健全商品计销手续和商品备查簿;实行三盘点(月终、变价、交接),并重新翻印《拨货计价实物负责制》文本,以进一步完善拨货计价实物负责制办法。

简易核算 党的十一届三中全会后,全区供销社系统对基层供销社所属的分社进行财务改革,实行分社和商店(柜组)简易核算,改变过去营业员只管买卖,不管核算的问题。1980年,在全区基层供销分社普遍实行柜组简易核算。1982年在基层供销社推行"统一领导、分级管理、分线核算、各负盈亏"的管理办法,开展社、店(站)、柜组三级核算。县以上企业(公司)普遍实行分大类核算。

20世纪90年代以来,全市供销社系统随着改革改制的不断深入,总结出一套适用于各种经营责任制形式的核算办法,建立新的考核、核算管理体系。

第三节 盈余分配

全市各级供销社每年税后盈余或利润留成,均按当年规定的分配比例,安排各项基金和社员股金分红。

基层供销社盈余分配

20世纪50年代,供销社的盈余分配的基本原则是兼顾国家、集体和职工三方面的利益。根据有关政策规定,盈余分配按其比例进行分配。1951年建社初期,对基层供销社的盈余分配,除按规定缴纳所得税后的利润额,按以下比例分配:公积金60%、公益金10%、建设基金10%、教育基金5%、社员股金分红15%—20%。1952年至1958年间盈余分配的比例时有变化调整:公积金2%—60%、公益金5%—10%、建设基金10%、教育基金5%—10%、社员股金分红10%—20%。其中1952年新增奖励基金5%。1954年,基层供销社提取公益金3%—7%,1955年至1956年改为3%,1961年至1964年改为2%,1967年停止提取。

1957年,简化盈余分配比例:公积金60%,建设基金10%,教育基金10%,公益金5%,社员股金分红20%(每股分红额不超过股金的8%)。1958年人民公社化以后,人民公社供销部在实现利润中提成10%交由公社使用。基层供销社提取的教育基金和建设基金全部上缴县供销社统一掌握使用。1962年,供销社系统税后盈余在先按全年职工工资总额提取5%的奖励基金后,按以下比例分配:公积金55%、调剂基金14%、公益金2%、建设基金3%、教育基金3%、社员股金分红20%。1963年至1969年间盈余分配的比例时有变化调整:公积金55%、奖励基金5%、公益金2%、建设基金10%、教育基金5%—10%、社员股金分红10%—20%(按每股分红额不超过股金的8%)。1964年,税后盈余仍按全年职工工资总额提取5%的奖励基金外,提取公积金不少于55%,调剂基金14%、建设基金3%、教育基金3%、社员股金分红20%。1965年,改公积金为补充流动资金,提取比例与上年相同。1967年3月6日,根据省商业厅〔1967〕45号通知,市供销社下达《关于1967年度基层供销社年终盈余分配标准的通知》。规定社员分红占盈余6%,奖励基金占盈余6%,公积金占盈余1%。1969年3月,根据省商业厅〔1969〕49号通知,1968年盈余分配标准与1967年的规定比较略有变动,即奖励基金改按工资总额2.5%提取,其余四项(社员股金分红、公益金、补充流动资金、上缴盈余)不变。1972年,省供销社逐年下拨"扶持生产资金",用于供销社经营的农副产品。1976年,基层供销社按利润留成额的20%,作为扶持农副产品基金和补助商业机械化资金,以保证重点使用。1977年,贯彻执行省供销社《供销合作社扶持生产资金使用管理办法》,扶持生产资金的使用范围,只能用于供销社归口的品种。1978年,改变基本折旧基金和简易建筑费提取使用比例:基层供销社提取的基本折旧基金,除50%上缴后,余50%留给企业,用于固定资产的更新改造,废止原规定在商品流通费中开支简易建筑费的办法。

1979年,贯彻落实《浙江省供销合作社试行企业基金的规定》,从1978年起,在全面完成商品购进额、销售额、利润额、费用水平、资金周转天数等五项主要指标的前提下,基层供销社的盈余分配比例是:按股金总额提取分红基金;可按职工工资总额提取5%的企业基金(用于职工奖金和集体福利);完成商品销售额、利润额、费用水平等三项指标的前提下,可按职工工资总额提取3%的企业基金。其余100%再分配,用于补充流动资金40%、建设基金25%、扶持生产资金15%、调剂基金20%。

1980年,开始扩大基层供销社自主权,基层供销社按税后(纯商业税率为39.39%、饮食服务业税率为20.2%)利润提取社员股金分红1.61%、企业发展基金35%、调剂基金12%、集体福利基金12%(其中40%用于奖励)。

1980年至1983年,基层供销社按税后盈余的10%提取扶持土副产品。1984年起包括在公积金中提取。1981年11月,贯彻省供销社《供销合作社扶持土副产品生产资金使用管理办法》。是年起,在基层供销社利润提成中,提取2%作为职工教育基金,并规定职工教育基金的管理和使用办法。1982年起,全省供销社系统试行职工基金制度,对完成国家计划按一定比例提取的企业基金仍按原规定执行。是年12月,全国供销总社规定,基层供销社盈余除上缴调剂基金(不超过20%)外,其余全部留作自用。1983年,供销社对社员股金分红作出如下规定:(一)社股金分红基金不超过留利额的10%,但最高不多于社员股金额的15%,最低不少于股金按银行一年定期存款利率计算应得的数额;亏损的基层供销社按最低标准分红,在自有流动资金中支付。(二)独立核算的饮食服务业实现的利润,扣除按国家规定可计税时扣除的项目后,按20%的比例税率缴纳所得税。按规定缴纳国家能源交通重点建设基金后,按留利额提取7%的职工基金和2%的科教补助基金外,其余一律转入建设基金。(三)在税后盈余中,对职工基金、主任(经理)基金、购销人员出差生活费补贴,应按季提取。

1985年,调剂基金改为互助合作基金10%。其中:上缴省供销社30%、上缴市供销社20%、上缴县供销社50%,公积金不低于50%;社员股金分红及集体福利不超过40%。1986年1月,根据省供销社、省财政厅通知,决定对固定资产综合折旧统一按6%提取,简易建筑费按销售额的0.5%额度按实列支。独立的工业企业,可按产品销售收入的1%提取技术改造和新产品开发基金。12月,省供销社《关于下达1986年税后盈余分配规定的通知》规定:扣除15%能交基金后的税后盈余分配如下:社员股金分红基金最高不得超过股金总额的7%。扣除社员股金分红基金的余额按100%再作如下分配:互助合作基金占10%,公积金不低于50%,职工基金不高于40%。1987年9月,转发《浙江省供销合作社联合社互助合作基金管理暂行办法》,凡参加联合社的社员均应向联合社交纳互助合作基金。各县供销社所属企业以县级供销社为单位,一定三年不变。基层供销社按税后盈余的6%向县供销合作联合社上缴互助合作基金(其中4%留在县社),县以上企业按税后盈余的8%提取互助合作基金,由县联社上缴省联社。互助合作基金是社员集体所有的财产,主要用于举办联合性、公益性、互助性的合作社事业。12月,贯彻省联社、省财政厅通知,恢复城镇集体企业提取企业基金,按职工工资总额的5%提取。

1988年,各县(市)供销社按照上级有关通知精神,先后制定供销社系统财务管理若干问题的通知,对税前成本(费用)中列支应提的各项资金、基金规定具体项目:

(1)商业网点建设资金,零售企业按销售额的5%,批发企业按销售额的2.5%,按月计提,可跨年使用。(2)技术开发基金,基层社和县以上的工业企业,按销售总额的1%,按月计提,可跨年使用。(3)职工奖励基金,商业和工业企业,按职工月标准工资计提2.5个月的奖励基金;独立核算的饮食服务业可计提3.6个月的奖励基金。(4)福利基金,按职工月工资标准总额的11%计提。(5)工会经费,按职工月标准工资、副食品补贴、加班工资、夜餐费、职工奖等工资总额的2%计提。(6)业务活动经费,商业批发企业按销售额的0.5%,零售企业按销售额的1.5%,工业企业按销售额的1%,按月计提,可跨年使用。(7)教育经费,按职工月工资标准总额的1.5%计提。(8)加班工资,可在全年人均1个月标准工资额度内,按实计发加班工资。(9)企业基金,按职工月工资标准总额的5%计提。

1989年,供销社将互助合作基金改为按利润总额提取4%的特种公积金,然后再分配企业基金50%,职工基金50%。并从超额利润的23%至26%计提用于职工分配。

20世纪80年代末至90年代初,各县供销社分别与当地财政局签订一定三年的计税利润目标承包合同,按合同计税利润基数上缴所得税,超基数部分全额留给企业作为税后利润进行分配。完不成计税利润基数的所有部分,由企业自有资金补足。1994年1月起,执行国家统一所得税率。

1990年8月,建立提取推销费、业务活动经费和修理基金制度,即批发额按销售收入千分之二,零售按千分之五提取推销费;宁波市外销售的,按销售万分之五;市区、县(市)区外销售的,按销售万分之三;市区、县(市)区内销售的,按销售万分之二提取业务活动费;按固定资产原值4%提取修理基金。1996年7月,规定固定资产折旧基金简易建筑费和商品削价基金必须按财务制度规定提取,最低不得低于下达的两费提取额度,即固定资产修理费必须在固定资产原值2%使用完毕;商品削价基金必须按商品销售额的5%提取使用。

县以上企业的盈余分配

20世纪60年代以前,县级供销社直属企业的盈余分配与基层供销社相同。1979年,实行所得留成与实现利润挂钩。1980年,县以上供销社直属企业实现的利润列为地方财政收入,留成部分由县供销社与当地财政结算退库,一直执行到1982年。1983年,实行利改税,1985年改为在扣除股金分红,能源交通建设基金后作为100%分配。其中公积金不低于50%,职工基金不高于40%,上缴互助合作基金10%。1986年,市供销社转发《浙江省供销合作社联合社互助合作基金管理暂行办法》,规定县以上企业按税后盈余的8%提取互助合作基金。是年12月,省供销社印发《关于下达1986年税后盈余分配规定的通知》,规定扣除15%能交基金后的税后盈余分配如下:社员股金分红基金最高不得超过股金总额的7%。在扣除社员股金分红基金的余额按100%再作如下分配:互助合作基金占10%,其中县以上供销社企业全额上缴省供销社(省供销社将其中50%上缴商业部);基层供销社由各县供销社汇总后将其中3%上缴省供销社,3%上缴市(地)供销社,4%由各县(市)留用。公积金不低于50%,职工基金不高于40%。

1988年,印发《宁波市供销社关于下达税后盈余分配规定的通知》(宁供财〔1988〕316号),通知对可分配盈余、分配项目和计算办法等提出具体规定和要求。1989年,互助合作基金改为特种公积金,在税前按利润总额的4%提取,税后盈余分配企业发展基金50%,职工基金50%。1991年5月25日,市供销社发出通知,要求各县(市)区供销社将县以上企业应缴互助合作基金计30.68万元汇入市社,并统一解缴中商部。是年,省供销社下达1991年税后盈余分配规定的通知,一是在分配之前,允许扣除社员股金分红基金,明确社员股金分红率为:税后盈余额除以(社员股金+公积金)乘以100%。社员股金利息按当地银行贷款利率计算,或按财税部门同意的允许在税前列支的利息计算与税后盈余中提取的分红基金合并统一分配。社员股金年保息分红额最高不得高于社员股金总额的15%。其他按规定允许在税后盈余直接列支的项目。二是扣除上述项之后的余额再作分配,互助合作基金,县以上企业和基层供销社分别按8%和6%上缴;职基金提取比例不得高于40%,凡"工效挂钩"的县(市)社,已将奖金核入挂钩工资总额并实行总挂总提的,职工基金的提取比例一般按20%掌握;公积金扣除互助合作基金和职工基金后的余额全部转作公积金,用于补充流动资金、建设资金、扶持生产资金和科教补助基金,其中用于补充流动资金的比例为30%—50%。三是实行所得税目标承包的分成收入和联营业务税后分利收入应纳入企业的税后盈余分配,具体分配比例,除承包合同另有规定外,参照上述原则分配。

1992年,市供销社本级企业盈余仍按第二轮经营承包合同规定进行分配:(1)市所属公司分配。职工基金按实现利润加简易建筑费,乘利奖率计算。利奖率:市农资、特产公司为8%;其余各公司为15%。福利其金(即书报费、卫生费)按税后实发数计提,人均不超过按规定发放核准。职工集资分红按集资额年不超15%计算,减去税前列支部分分配。上缴市社盈余按可分配盈余减职工集资分配额计算,市农资、特产公司为30%,市物资公司为10%,其余各公司均为20%。生产发展基金,即可分配盈余减去上述三项分配后的余额,其中流动资金不少60%。个别企业因还贷、补亏、简易建筑费等原因,不敷上述三项分配的,其差额冲减公积金。减免所得税承包收入,按财政规定单独分配。(2)基层社分配。社员股金分红,同市公告"职工集资"分红分配。上缴市社盈余按分配盈余减去社员股金分红6%计算上缴。职工基金分两块,一是可分配盈余减社员股金分红的49%计算;二是简易建筑费和用利润弥补上年亏损,换算为税后盈余的49%计算。生产发展基金,同市公司分配。减免所得税承包收入,按财政规定单独分配。是年12月,全市供销社系统特种公积金35.13万元解缴商业部。

2006年以前,供销社利润分配顺序:提取10%法定公积金;提取5%—10%的公益金,用于职工集体福利;向投资者分配利润。2006年以后,利润分配顺序:按照2005年10月新的《公司法》提取10%法定公积金;经股东会或股东大会决议提取公积金;向投资者分配利润。

第四节　资金管理

流动资金

流动资金是指供销合作社企业全部的流动资产,分为自有和借入两个部分。流动资金主要是扩大业务经营、增加盈利、公积金积累;其次是社员股金和吸收资金。资金管理的范围主要有商品资金、非商品资金和结算资金三大类。

1950年3月,宁波专区供销合作总社成立后,国家拨给各县供销社大米经营;基层供销社主要靠筹集社员股金开展业务经营。宁波专区供销合作总社所属土产、日杂、畜废等公司由于资金短缺,除向银行借款一部外,主要靠国家委托供销社开展农副产品代购代销政策来支持供销社经济发展。供销社商品资金主要来源有四方面:一是银行短期贷款;二是政府拨款;三是靠国拨和地拨资金充入流动资金;四是靠国营商业扶植(代购代销)。1953年,全国供销合作总社要求商品资金占流动资金的比例必须达到80%以上,日用品及货币资金占8%,结算资金控制在12%以内。1958年"大跃进"运动中,在大合大并、大购大销浮夸风的影响下,至1959年底全区供销社系统造成有问题商品和资金312万元。

1960年,根据省供销社部署开展"三清"(清资金、清账目、清库存)工作要求,全区供销社加强结算资金管理,资金使用管理走上正轨。是年,全系统清理出有问题商品269.3万元,有问题资金68万元。

1962年,全区供销社系统通过"三清"运动,共清查出有问题商品480.3万元,有问题商品资金78万元,处理456.3万元。其中地区生产资料、日用什品、土产、副食品等4个二级站为10.23万元,宁波市供销社所属公司及部分郊区基层社为15.23万元。1963年,全区供销社系统开展轰轰烈烈的增产节支群众运动,依靠和发挥广大职工的智慧,减少商品流转环节,改进商业运输路线,扩大车站、码头、工厂、仓库的直拨直运,节省运输费40.4万元。建立和健全各项管理制度,原来以表代账,实物负责等混乱现象基本得到控制。是年,清理出长期积压商品269万元,分别采取设摊推销、加工改制、系统调剂、削价出售等办法,至年底已处理82%以上。

1966年至1976年"文化大革命"期间,供销社系统资金管理又走放权的老路。1979年3月,贯彻全国供销合作总社、省供销社《关于做好有问题商品处理工作的通知》。是年,全区供销社系统普遍开展清产核资工作,103个应清查的单位,共清查出有问题商品669.8万元,有问题资金88万元。通过余缺调剂、加工改制、专人处理悬案等,376万元有问题商品和48万元有问题资金得到处理。

  1980年,清查出有问题资金、商品159万元。1982年把加强资金管理,合理运用资金作为提高经济效益的突破口,抓住三个重点,一是进货关,建立"五员"会审制度;二是合理摆布库存,减少资金占用;三是继续清查仓库,重点抓处理。当年处理有问题商品占全部有问题商品的81.3%。1985年,转发市政府《关于控制消费基金的通知》,消费基金的控制范围是指国家机关、全民和集体所有制单位的工资性支出,重点是工资、加班工资、各类奖金和工资性的津补贴等。消费基金的审批权限:市局级以上机关行政事业单位由市人事局负责审批;全民和集体所有制单位由主管局审批。控制消费基金实行厂长(经理)、主办会计、主管局长负责制。是年,全市供销社系统清理和处理各种有问题商品2600万元,有问题资金1248万元,压缩商品库存,加速资金周转,使企业经营管理有所改善,经济效益有新的提高。1986年,开展财务、税收、物价大检查活动,继续清查和处理有问题资金和商品,进一步加强资金和财务管理。是年11月,贯彻《浙江省供销合作社现金管理若干规定》,对现金出纳人员的职责、库存现金、销货款、采购现金、现金支票和其他现金的管理等作出具体规定。到年底,共清理出有问题资金805万元,通过处理共追回各种贷款592万元;清理出有问题商品1115万元,处理1374万元(包括上年未处理部分);报废、清理损失311.2万元。从而改善商品库存结构,加速资金周转,减少各种"水分"。年末,全部流动资金占用44641万元,资金周转比上年加速4.3天,资金运用较为合理。

  1987年至1988年,贯彻执行国务院《现金管理暂行条例》和中国人民银行《现金管理暂行条例实施细则》,进一步加强资金管理。1987年清理有问题商品1465万元,收回有问题资金582万元。1989年3月,根据市委市政府〔1988〕60号《关于深化供销社体制改革的意见的通知》,市社各公司在完成承包上缴指标的前提下,可以在实现利润中提取10%的商品基地建设基金。同月,市社各公司、基层社试行商品削价准备金提取办法,即按商品批发额的千分之二,商品零售额的千分之五提取商品削价基金。是年,全市供销社系统组织以"双清"为重点的财务大检查,及时处理2065万元有问题资金和有问题商品。1990年6月,印发《宁波市供销社关于进一步加强资金管理的意见》(宁供财〔1990〕106号),对建立和完善资金计划、定额管理、改善资金和商品结构、加强资金成本管理、加强对承包企业资金管理、控制固定资产和联营投资、加强资金管理等方面提出具体规定和要求。8月,市供销社、财税局联合发文《关于提取推销费、业务活动经费和建立修理基金等制度的实施意见》,全系统计提4%的修理基金近1000万元,提取削价准备基金500万元,减免800万元。清理出有问题商品2341万元,有问题资金786万元;处理消化损失754万元。其中,市供销社本级企业年末有问题商品220万元,比年初减少58万元。1991年5月,全市供销社系统1990年底共有批发库存商品32400万元,对商业部分配市供销社系统削价处理商品额度为690万元(其中由省供销社分配的额度90万元),市供销社直属公司削价处理商品额度370万元,财税部门予以免交营业税51万元。是年,全市供销社系统待处理损失、待摊费用、未弥补历年亏损,及有问题商品和有问题资金中的损失部分等各种经济包袱达4000万元左右。处理有问题商品千余万元,包括商品残损霉变和短缺损失等。1992年,继续强化资金管理。加强领导负责资金管理责任制,实行资产总量控制,健全资金定额管理,把定额落实到部门、柜组,把资金使用效益与责任制奖赔结合起来进行考核;不断调整和优化资金结构,把好进货关,加强商品盘货工作;推行保本保利期分析,定期分类库存结构;压缩结算资金,严禁控制预付货款。在加速处理经济包袱方面,采取很多行之有效的措施和办法,清理、回收商品、资金3911万元,但期末余额依然惊人(有问题商品1246万元,有问题资金1331万元,两项估计损失1117万元),挂账损失达925万元,未弥补亏损1672万元,合计经济"包袱"4387万元。1993年,做好消化、处理有问题商品和资金工作,处理有问题商品和资金计1700万余元。是年10月,印发《宁波市供销社关于加强资金管理的若干规定》,主要是对所属供销社及所属企业的财会机构健全内控稽核制度。一切现金、银行收支凭证必须由会计主管人员逐笔审核;现金日记账,日记日结,账实相符;一切货币收支都必须纳入财会部门结算中心,不准搞"小金库""账外账",不准越过财会部门直接向下属经营机构挪取货币;自有资金和借入资金只能用于本单位的经营业务和投资需要,不准向外部任何单位和个人出借。1994年8月,根据省供销社、省国有资产管理局联合发文《关于供销社企业资产清查中两个政策问题的通知》,对各级供销社所属企业占用的资产进行最后的核实,重新核定企业所有者权益及其占用的全部资产价值总量。从下半年起,全市供销社系统开展清产核资工作,重点加强资产管理和清欠工作,并组织专门力量清理有问题资金和有问题商品。宁海、象山等县供销社清欠力度大,并用法律手段解决相当一部分陈旧账,减少经营失误,避免集体资产的流失。市供销社以海田集团公司的名义出台资金管理制度,制定奖罚措施。

1995年6月末,全市供销系统外各类应收款、预付款项达4.4亿元,占全部流动资产60%以上,资产负债率高达77%。大额结算资产占用形成的高负债、高利息不仅严重制约经济效益的进一步提高,还形成一定程度的风险和隐患。为此于是年8月印发《宁波市供销社关于加强资金管理、清理压缩结算资金的通知》,对结算资产进行一次全面、彻底清查,重点是系统外的各种应收款、预付款和对外长、短期投资。在市社各公司和城区基层社开展"三压缩"工作,加大力度压缩结算资金,结算资产占用率由上半年的60%下降到46%,结算资金实际占用额减少1.37亿元,下降14个百分点。鄞县、慈溪市供销社结算资金占用分别减少800万元和900万元;象山县供销社半年内回收各类应收款180万元,内外部欠款分别下降90%和45%。

1996年5月,市供销社制定关于资金管理、费用管理、商品资金管理、增值税发票管理、财务费用提取等方面的具体规定。1997年,制定印发《宁波市供销社关于企业管理制度》,其中对财务资产管理和监察审计等方面提出具体规定和要求,并从原来离任审计扩大到摸底审计和案件审计,追缴拖欠公款。同时,实施以资产保值增值为中心的责任制管理办法,建立资金调剂中心,实行投资项目严格审批制度,减少投资风险。余姚市供销社规定严禁企业为外系统企业拆迁户借资金、提供担保。象山县供销社健全资金使用管理责任制和风险机制,加大"清欠"力度。北仑区大碶供销社合并下属企业开户银行,统一资金管理。慈溪市供销社加强对社员股金管理制度,降低风险度。

1998年5月,市供销社按规定计提、使用网点建设资金计870万元。其中,市农资公司500万元,市特产棉花集团公司(含茶叶公司)200万元,宁波美乐门集团股份有限公司40万元,市果品总公司30万元,其他100万元。主要用于宁波南苑饭店二期工程、宁波二号桥市场经营服务中心四期工程和市建材物资市场扩建等。1999年11月,根据国务院办公厅转发国家计委等部门《关于清理核查供销合作社财务挂账意见的通知》(国办发〔1999〕83号)、国家计委等七部门联合印发《关于开展清理供销合作社财务挂账及其财务处理工作的通知》(计经调〔1999〕1733号)和市政府《关于开展清理核查供销合作社财务挂账工作的通知》(甬政办发〔1999〕140号)通知,开始清理核查供销合作社财务挂账。财务挂账是指各级供销合作社所属企业或基层社在1993年1月1日至1998年12月31日(棉花企业截至到1999年8月31日)期间,实际发生的自身无法弥补的没有形成有效资产的各类损失占用的银行信贷资金和财政性资金及其他资金。清理核查和调查核实从1999年11月15日起至2000年1月20日止。为确保全市清理核查工作的顺利进行,成立清理核查供销合作社财务挂账领导小组,领导小组组长由市政府副秘书长叶胜强担任,市计委、财政局、审计局、供销社和有关银行为成员单位,下设办公室在市财政局。

2002年9月16日,财政部、国家计委、全国供销合作总社等七部委社发文给市财政局《关于核复供销合作社财务挂账及其财务处理问题的通知》(财建〔2002〕225号),确认市供销社系统累计财务挂账36.47万元。1992年底前老挂账647万元,1993年以来新增财务挂账35.827万元。

2005年2月4日,市供销社上报市政府办公厅《关于宁波市可再生资源回收实事工程2005年试点及有关工作所需资金方案的请示》(甬供财〔2005〕48号)。4月20日,市政府办公厅(甬政办抄第〔2005〕54号)复文,经请示市政府领导,同意市财政局意见,即市可再生资源回收实事工程2005年试点及有关工作所需经费暂由市供销社垫付,待可再生资源回收实事工程整个方案通过审核和所需经费核实后再提交市政府确定。10月19日,市供销社发函至市财政局《关于要求将宁波市可再生资源回收实事工程建设资金列入财政预算的请示》(甬供实事〔2005〕38号)。市可再生资源回收实事工程项目投资概算总额为11355.5万元。2006年12月25日,市供销社致函市财政局《关于要求拨付宁波市可再生资源回收实事工程2006年度工作经费和申报2007年度经费预算的报告》(甬供财〔2006〕44号)。全年,共需拨付财政资金1096万元。2007年,安排市可再生资源回收实事工程财政预算5470万元。其中,完成35个社区回收站建设,收废网络服务中心建设项目资金,交易集散中心建设资金概算等。是年12月29日,市供销社转发财政部《关于下达供销合作社1993年以来中央新增政策性挂账补贴预算指标的通知》(财建〔2006〕952号),下达宁波市财政局2006年供销合作社1993年以来中央新增政策性挂账补贴预算指标为6101万元,其中,本金消化资金5403万元,利息补698万元(2004年9月1至2006年11月30日期间的利息补贴;此前应补利息财政部已于前年度拨付给相关银行和地方财政)。预算科目列2006年"2628中央处理供销社挂账补贴"科目,2007年列"2150912处理供销社挂账利息补贴科目和"2150913消化供销社挂账本金补贴"科目。

2010年5月4日,市财政局、市供销社印发《宁波市供销社为农服务专项资金管理办法(暂行)》(甬财政〔2010〕411号)。2011年7月18日,根据中合联办〔2011〕5号《关于征求中合联投资担保有限公司增资扩股及调整部分股权结构意见的函》,市供销社将投资于中合联投资担保有限公司的出资额调整为100万元。2013年1月31日止,市供销社为控股企业的银行授信的最高额度担保金额为61112万元,期末,实际发生的担保责任余额为20371万元。2015年,印发《宁波市供销社社有资产监督管理暂行办法》,切实履行社有资产监督管理职责。

社员股金

社员股金是社员在入社时按照《供销合作社章程》规定"凡是要成为供销社社员的,都必须持有供销社的股份"向供销社投入的资金,也是供销社的一种原始资本。20世纪80年代前,吸收股金的主要对象是区域内的农民群众,后发展到城镇居民和供销合作社职工。

建社初期，按照当时供销社章程的规定，社员入社，一次性缴清股金。农民入社每股分2元、3元、4元、6元四档，可以是现金，也可以是实物折款。社员缴纳股金后，发给股票。股票为记名式，不得转让，不得抵偿债务。1951年起，全区基层供销社按税后盈余额中提取一定比例用于偿付社员股息。1951年后为税后盈余的20%，1952年10%，1954年起又恢复20%，限额分红最高占股金额的8%。

1955年，各地基层供销社在修改章程中，对每人入社时认股数量作了新的规定：社员入股，股金每人至少1股，至多20股，每股金额不少于1元。以后由于形势发展，根据国家政策，经过多次增股扩股工作。1956年，对社员股金进行第一次全面清理。在清理股金、核实股权的基础上，继续发动社员入股，同时进行第一次分红，并换发社员证。社员股金分红，原则上每两年进行一次。1957年至1963年，股金分红按股金额的8%分给。计划经济时期，发放社员股金分红基本上是紧俏的日常生活必需品，如火柴、肥皂等商品。供销社股金作为一种长期应付款而存在，用于供销社的经营（生产）发展。供销社社员股金分红最低不低于银行一年定期存款同等利率。

1961年起，各地基层供销社，规定社员股金每人至少一股，多者不限。是年起，社员股金分红按采取发放实物的方式，发放"金额购货券"，由社员自行选购商品。

1962年3月，根据宁波地委转发省社宁波办事处关于扩股增股的要求，省社宁波专区办事处印发《关于全部清理供销社股金和换发新社员证工作的通知》，要求各地供销社对社员股金进行全面核对，逐个落实；分清界线，填发新证；宣传教育，检发新证。全区供销社通过增股扩股工作，增加股金35万元，累计股金74万元。1963年，全国供销合作总社《关于扩大供销合作社社员股金的报告》，指出允许社员多入几股，但不是不限制。为此，各县供销社又作出规定，社员股金一般每人最多不超过25股。1961年至1964年，发放股金分红分别以肥皂、卷烟、红糖等实物。1965年，按股金金额的5%现金分红。1966年至1977年期间，停止股金分红。1978年恢复股金分红，补发1966年至1977年的红利。按社员股金5%提取，按利润总额6%分红。1980年至1982年规定提取比例10%，但不超过股金额的15%为限进行分红。

1983年，全市供销社系统在恢复"三性"体制改革中，普遍开展清股扩股和分红。对基层供销社的社员股金，逐村逐户进行清理，落实社员股权。并规定入社者至少1股，最多10股，集体最多20股，股金一次交清。同时，坚持"入股自愿，退社自由"的原则，对过去社员入股的股数和每股金额的差异，采取凑足整数，每股1元或2元，最多不超过5元的办法，予以统一登记。每个社员入股的股数也确定一个最高限额。在清股扩股基础上，对社员股金分红也作了规范，按不超过盈余的10%分红，但最高不多于股金额的15%，最低不少于银行最高定期存款利率。亏损的基层供销社，按银行最低定期利率，全部在自有资金中支付。股金分红一般以社员需要的商品兑现。是年，全市7个县供销社全部建立县联社。入股社员991406户，入股农户占全市农户总数的82.8%，股金总额374.8万元，比体改前175.3万元增加1.1倍。

1984年，随着建设投资热潮的逐步出现，供销社出于对快速发展的渴望，运用社员股金筹集资金的优势，开始突破入股的限制，提出入股的四个不限，即对象不限，金额不限，时间不限，地区不限。由此，出现入大股的现象，如慈溪县供销社当年新吸收社员股金194万元，相当于上年扩股股金的4倍。其中入股千元以上的397户，5千元以上的28户，万元以上的6户，全县供销社累计股金281.8万元，占全县基层社自有流动资金总额的21.5%。4月，省供销社印发《关于社员股金的几项规定》，规定从1984年1月起，按农行贷款利率计算支付利息，年终后随股金分红一并发给社员。6月，国务院〔1984〕96号文件,明确规定"供销社社员股金实行保息分红"。保息部分按银行一年期贷款利率列入费用开支,分红部分按税后盈余的10%提取,实行分红保息部分在内最高为股金额的15%。同年下半年起,余姚、奉化、慈溪、余姚等县供销社为体制改革试点单位,对社员股金分红基金实行按企业年自有资金与盈余之比计算出社员股金分红率,按率提取,盈余多的多提,盈余少的少提,没有盈余的不提。社员股金利息按农业银行贷款利率计算,按季在税前列支,与股金分红一起分配给社员。是年,全市供销社系统新增社员股金1064.5万元,比上年股金374.8万元增加1.84倍。

1985年,各地供销社继续放手吸收农民入股和集资,发展带劳投资等新的合作形式,以进一步密切供销社同农民的经济联系。全市供销社系统股金总额达2075万元,在1984年增加1000万元的基础上又增加700多万元,股金占基层社自有流动资金比例达20%以上,农民集资277万元。仅通过上述股金分红和劳动所得报酬,全年约可使农民增加经济收入800多万元。1986年,积极吸收农民入股集资,联办各种企业,吸收农民参与供销社工作。全年吸收社员资金701万元,全市供销社系统社员股金总额达2500万元,占基层供销社自有流动资金总额22.3%,农民集资253万元。有2600多名农村农民被吸收为供销社职工,有的已经成为基层企业骨干,农民仅从上述分红和劳动报酬所得的经济实惠约600多万元。1987年底,全市供销社系统社员股金总额2457万元。

1990年,全市供销社系统入社农户87万余户,股金总额3910万元,占基层供销社自有流动资金的29.4%。1992年1月,省供销社在下达1991年税后盈余分配规定的通知中,明确社员股金分红率为:税后盈余额除以(社员股金+公积金)乘以100%。社员股金利息按当地银行贷款利率计算,或按财税部门同意的允许在税前列支的利息计算与税后盈余中提取的分红基金合并统一分配。社员股金年保息分红额最高不得高于社员股金总额的15%。1995年9月,市财办、市供销社印发《关于宁波市供销合作社社员增股、扩股的若干规定》(宁供财〔1995〕82号),对入社原则、对象,扩股程序、用途等作出12条有关规定和要求。1996年7月,印发《宁波市供销社关于贯彻实施供销合作社股金管理办法的意见》(宁供业〔1996〕100号),要求各级供销社、公司(学校)、城区基层社和机关各处室共同做好增股扩股工作,吸收更广泛的农民、城镇居民和供销社工作人员入股,并提出入股的金额、分红等具体规定。到1996年底,全市供销社系统社员股金和集资款达到8.93亿元,其中绝大部分用于固定资产投资建设。1997年底,全市供销社系统社员股金和集资款高达12.02亿元,其中社员股金9.84亿元,为历史最高。市供销社本级社员股金达2亿元。这为供销社大投入提供有力的支撑,促进企业的发展,但也使1999年以后的供销社企业产权制度改革和理顺职工劳动关系带来重重困难。1998年,中国人民银行通知,要求供销社系统停止按保息分红吸收社员股金。国务院国办发〔1998〕126号文件,明确要求各地供销合作社均不得新办独立的股金服务机构,原股金服务部等机构必须立即停止办理或变相办理存贷款,从而使供销社面临深重的清退压力。是年,按照"内紧外松、压缩总量"的原则,加强社员股金管理,累计清退社员股金总额3.66亿元。

1997年至1998年,市供销社本级企业社员股金开始减量,股金减少3000万元,压缩到1.39亿元。至翌年6月30日止又压缩到1.02亿元。到2000年8月底止,市供销社本级社员股金总量降到8770万元,剩下的社员股金压缩工作难度越来越大,个别企业已经出现挤兑的苗头。其中,宁波美乐门股份有限公司吸纳的社员股金4900万元,用经营收入或资产置换取得的现金清退1800万元的社员股金。

1999年,贯彻《国务院办公厅转发中国人民银行整顿乱集资乱批设金融机构和乱办金融业务实施方案的通知》、国务院《关于股金管理的"三不准"规定》、全国供销合作总社《关于印发〈关于清理整顿社员股金,防范和化解风险的实施意见〉的通知》以及市政府《关于解决当前供销合作社几个突出问题的通知》。3月,印发《宁波市供销社关于规范社员股金管理的几点意见》,对社员股金的吸收、使用、保息分红、社员股金管理等作出具体规定和要求。其中,社员股金应主要用于供销社的农副产品收购;供销社社员股金实行保息分红,股息按银行同期利率在税前列支;历史形成的各股金,要求各单位进行一次全面的清理、核对。4月,全国供销合作总社通知要求停止按"保息分红"吸纳股金。5月,印发《宁波市供销社关于认真做好社员股金清退工作的通知》,按照"控制总量,压缩规模,分步清退,规避风险,严防挤兑"的要求,采取资产变现偿还一块,转为股本稳定一块,清理债权、债务支付一块等各种有效办法分期转退,平稳过渡。在市、县两级政府及有关部门的重视下,多方筹措资金、层层抓好落实,年末,全市供销社系统清退社员股金1.8亿元,尚有社员股金7亿元。

2000年,社员股金清退工作有序推进,到年底清退社员股金累计近4亿元,由最高峰时的12.02亿元,减少到3.4亿元,超额完成年初确定的当年清退目标。2001年,变现房地产5亿余元,与债务合并转让实物资产近10亿元,清退社员股金1.9亿多元。到年底,市供销社本级社员股金下降到4179.6万元,有效地防止社员股金风险的爆发。2002年,各县(市)区供销社通过盘活房产变现等途径清退社员股金近4亿元,其中慈溪市供销社清退社员股金1.26亿元,尚有余额800万元;鄞州区供销社清退社员股金1.60亿元,尚有余额10万元;余姚市供销社清退社员股金7500万元,尚有余额100万元。2003年,市供销社本级企业尚有800余万元社员股金。2008年底统计,市供销社和海田集团"实收资本"账面反映,社员股金余额分别为258.20万元、783.76万元,全部转为账户往来户(应付款),每年按银行贷款利率结算股利。

第五节　内部审计

内部审计是适应现代企业不断发展的需要,是独立监督和评价企业财务收支、经济活动的真实性、合法性和效益的行为,以严肃财政纪律强化自我约束、加强经济管理、实现经济目标。内审的特点既对企业的经济活动实施监督,又为企业的经营管理提供服务,其根本目的是促进企业提高经济效益。而内审工作必须紧紧围绕这一主题,寓监督于服务之中,促使内审工作向经济效益及内控制度延伸,为深化供销社改革保驾护航。

1983年8月,地、市供销社合并,建立宁波市供销合作社后,由计划财会科负责内部审计工作。1985年调整为财务会计科,1987年改为财务会计处,曾一度将审计工作挂靠在政治处。2002年设立财务审计处,专司系统内审工作。1983年,市供销社首次开展财务审计大检查活动,组成3个自互查组,以原宁波地区供销社所属5个公司、市供销社所属4个公司和城区3个基层供销社各为1个互查组,分别对所属52个核算单位进行自查,在自查基础上进行互查。

1989年,贯彻省供销社《浙江省供销合作社内部审计工作暂行办法》《浙江省供销合作社企业经理(主任、厂长)离任经济责任审计试行办法》。1991年,按照省供销社转发国家审计署《关于对供销社系统审计问题的通知》,全市供销社建立年度经济效益审计制度、法人代表离任经济责任审计和专项经济事项审计制度。1992年7月28日，印发《宁波市供销社系统内审工作试行办法》（宁供审〔1992〕138号）的通知，对系统内审机构的设置、主要任务、基本职权、审计程序、审计人员等方面提出具体的规定和要求。是年，全市供销社系统内审机构有46个，内审人员120人，其中专职审计人员24人。

1994年至1995年，贯彻全国供销合作总社《关于供销合作社系统内部审计规定》和省供销社审计处关于转发审计署《关于印发加强和改进固定资产投资审计工作几点意见的通知》。1996年，印发《宁波市供销社关于加强内部审计工作的通知》。1998年至2010年，全市供销社系统按照内部审计工作的要求，开展经常性的审计，内部审计覆盖面达到100%。1998年，建立内审机构137个，其中独立内审机构29个；配备内审人员289人，其中专职审计人员48人。培训各类审计人员180人。1999年，印发《宁波市供销合作社关于内审工作的意见》。

2001年至2003年，全市供销社系统内审机构有48个，其中独立内审机构9个，配内审人员118人，其中专职内审人员18人。2003年，贯彻执行《审计署关于内审工作的规定》。2007年，建立内审机构的有12个，其中独立内审机构5个。配备内审人员128人，其中专职内审人员27人。

2009年6月，贯彻市委办公厅转发《宁波市领导干部经济责任告知办法（试行）的通知》。是年9月至11月，市审计局对市供销社主任周信浩2006年1月至2008年12月期间的经济履行情况进行审计。2011年至2015年，全市供销社系统坚持经常性的内审工作检查，切实加强社有资产运作、公共资金使用管理、用人制度执行等关键环节监督管理。尤其是联合有关部门着重就供销社涉农资金使用情况进行全面的审计核查，发现问题立即下发整改意见，敦促其限期整改。

第六节　经济效益

供销社的经济效益是指劳动消耗与所取得有用成果的比较。1950年，全区供销社系统商品销售额410万元，至1957年增加到11300万元。1962年销售额56400万元，1978年销售额82687万元，利润1800万元，1981年销售额91900万元，利润2209万元，资产总额12300万元。1982年销售额102580万元，利润2395万元，资产总额12900万元。

表8-1　1983—2015年宁波市供销合作社系统主要经济指标统计

年份	营业收入（万元）	利润总额（万元）	资产总额（万元）	所有者权益（万元）
1983	125360	3520	139000	19860
1984	148600	3616	153600	25050
1985	164500	4035	165600	28560
1986	1613500	3566	176800	30379
1987	161134	3762	185600	32580
1988	195700	5066	228600	38920
1989	201300	3965	268600	45320
1990	307000	3965	325600	54000

续表

年份	营业收入(万元)	利润总额(万元)	资产总额(万元)	所有者权益(万元)
1991	369000	3544	368500	68520
1992	452860	3555	386500	78950
1993	492768	3710	395173	89560
1994	525000	5100	425600	112890
1995	727200	6055	436900	122100
1996	742400	5502	564500	156800
1997	624900	2342	488000	145890
1998	657300	2136	553500	135800
1999	681917	2307	547890	125600
2000	506820	4279	523800	118560
2001	519800	3256	468200	102560
2002	751400	7739	401700	119200
2003	823100	8702	463060	161100
2004	974800	9796	452194	149792
2005	1019700	10797	594642	159464
2006	1288000	11434	550159	180072
2007	1460000	13400	743900	223489
2008	1563792	14236	798906	232008
2009	1620000	14600	821279	247029
2010	1930000	15636	862083	266891
2011	2190000	16819	926343	294863
2012	2336800	17285	1338722	400448
2013	2607700	12700	1395404	435022
2014	2823700	7725	984697	328209
2015	2810000	9917	966000	338977

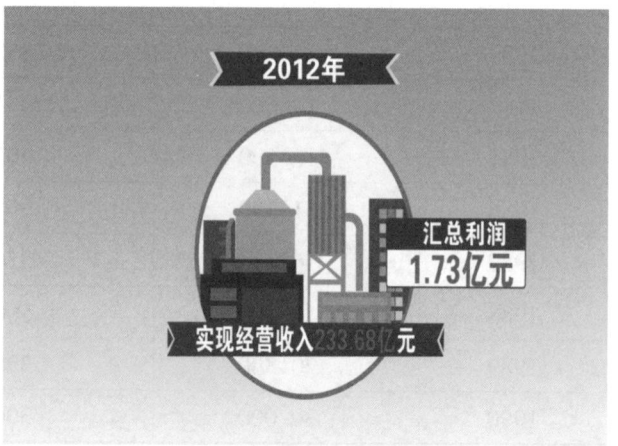

第七节 社有资产

社有资产是指市供销社控制并拥有的各种形式的资产，以各种形式对企业的投资收益以及由供销社使用的国有土地及房管房使用权，其他依法认定为供销社所有的各种权益。市供销社是本级社集体资产（包括所属企事业资产）的所有权的代表和资产的管理者。21世纪以来，市供销社履行社有资产监督管理职责，制定印发《宁波市供销社关于社有资产监督管理暂行办法》。2002年设立财务审计处（社有资产管理处）。2019年8月，增设社有资产管理处，进一步完善落实向出资企业派驻董事、监事制度，加快构建联合社机关主导的行业指导体系和社有企业支撑的经营服务体系。

从建社开始至1977年，市供销社本级资产总值只有700多万元，随着供销社的不断发展而逐年增加。实行改革开放后，至1986年资产总值达76000万元。从20世纪90年代开始，随着资本市场的发展，供销社基本建设投资不断增加，并出现多种投资所形成的投资权益，社有资产的范围进一步扩大，资产总值扩张加快。1996年市社本级系统资产总值达到145600万元。2000年后，供销社因企业改制、退还社员股金等因素，社有资产锐减。但以后随着经营拓展与扩张，资产总值又迅速增长，2005年市供销社资产总值达到309067万元，2015年本级资产总值237263万元；所有者权益72083万元。

表8-2 1994—2015年宁波市供销合作社本级资产总值统计

单位：万元

年 份	资产总值	年 份	资产总值
1994	132000	2005	309067
1995	134500	2006	218023
1996	145600	2007	255634
1997	156800	2008	238102
1998	168940	2009	216138
1999	204100	2010	215533
2000	195600	2011	161192
2001	208000	2012	264072
2002	286800	2013	259558
2003	219797	2014	221053
2004	199363	2015	237263

表8-3 1994—2015年宁波市供销合作社本级固定资产增值统计

单位：万元

年 份	固定资产净值	年 份	固定资产净值
1994	20320	2005	28032
1995	25460	2006	31100

续表

年　份	固定资产净值	年　份	固定资产净值
1996	26000	2007	28132
1997	27650	2008	26383
1998	28156	2009	25125
1999	28690	2010	24568
2000	26560	2011	23467
2001	25680	2012	22078
2002	28690	2013	21404
2003	30125	2014	19384
2004	31300	2015	18173

表8-4　1994—2015年宁波市供销合作社本级系统所有者权益汇总

单位：万元

年　份	所有者权益	年　份	所有者权益
1994	30528	2005	45929
1995	31560	2006	41123
1996	32568	2007	44459
1997	30251	2008	42972
1998	30250	2009	42902
1999	30100	2010	43174
2000	26500	2011	46694
2001	15890	2012	68464
2002	11729	2013	70343
2003	37333	2014	71642
2004	43237	2015	72083

第九篇
党群组织

1983年8月,宁波地、市供销合作社合并,宁波市供销合作社党委建立以来,紧紧围绕市委、市政府各个时期的中心工作,以服务大局、建设队伍为根本,积极推进党组织的政治思想、组织、作风、制度和党风廉政建设,充分发挥党组织领导核心作用和党员的先锋模范作用,努力开创供销社党建工作新局面,为确保供销社各项工作任务顺利完成提供强有力的政治保证,有力地促进全市供销社系统的物质文明和精神文明建设。

宁波市供销社系统的工会、共青团、妇女等组织也发挥各自的职能作用,为全市供销合作事业的发展壮大作出应有的贡献。

第一章　共产党组织

第一节　原宁波地区供销合作社党组

原宁波地区供销合作社党组的前身是宁波专区供销合作总社党支部,成立于1950年3月21日。1952年3月改建为党组。1953年10月,宁波专区供销合作总社改名为浙江省供销社宁波专区办事处。1958年6月,宁波专署决定,省供销社宁波专区办事处与宁波专署商业局合并。1961年10月,恢复省供销社宁波专区办事处,同时建立党组。1964年7月,省人委决定撤销省供销社宁波专区办事处党组。1965年2月,宁波专署正式决定,将省供销社宁波专区办事处工作并入专署财贸办公室。

1978年1月,经宁波地委决定,成立宁波地区供销合作社,同时成立宁波地区供销合作社党组。1983年8月,地、市供销合作社合并,原宁波地区供销合作社党组并入新成立的宁波市供销合作社党委。

表9-1　宁波地区供销合作社党组成员名录

党组织名称	任期	姓名	职务	任职时间	免职时间
宁波专区供销合作总社党支部	第一任	金声	书记	1950.03	1952.03
省社宁波办事处党组		金声	书记	1952.03	1953.10
省社宁波办事处党组		陶健甫	成员	1952.03	1952.11
省社宁波办事处党组		李德实	成员	1952.03	1953.10
省社宁波办事处党组		高子彬	成员	1952.03	1953.10
省社宁波办事处党组		高太怡	成员	1953.01	1953.10
省社宁波办事处党组	第二任	张照田	书记	1953.12	1954.09
省社宁波办事处党组		李德实	成员	1953.11	1954.09
省社宁波办事处党组		高子彬	成员	1953.10	1953.12

续表

党组织名称	任期	姓名	职务	任职时间	免职时间
省社宁波办事处党组	第二任	高太怡	成员	1953.10	1953.12
省社宁波办事处党组		廉　凯	成员	1954.01	1954.09
省社宁波办事处党组	第三任	李高斗	书记	1954.10	1957.08
省社宁波办事处党组		李德实	成员	1954.10	1951.12
省社宁波办事处党组		廉　凯	成员	1954.10	1957.08
省社宁波办事处党组		何德邦	成员	1957.01	1957.08
省社宁波办事处党组	第四任	谢端木	书记	1957.08	1958.07
省社宁波办事处党组		廉　凯	成员	1957.08	1958.07
省社宁波办事处党组		何德邦	成员	1957.08	1958.07
省社宁波办事处党组	第五任	谢端木	书记	1962.07	1964.07
省社宁波办事处党组		王本亭	成员	1962.07	1962.12
省社宁波办事处党组		何德邦	成员	1962.07	1964.07
省社宁波办事处党组		廉　凯	成员	1962.07	1964.07
宁波地区供销合作社党组	第六任	毛绳祖	书记	1977.12	1982.02
宁波地区供销合作社党组		车永康	成员	1977.12	1980.12
宁波地区供销合作社党组		车永康	副书记	1980.12	1982.02
宁波地区供销合作社党组		李　坚	成员	1977.12	1978.10
宁波地区供销合作社党组		商岳樵	成员	1977.12	1981.07
宁波地区供销合作社党组		何德邦	成员	1978.06	1982.02
宁波地区供销合作社党组		姚茂生	成员	1981.09	1982.02
宁波地区供销合作社党组	第七任	车永康	书记	1982.02	1983.08
宁波地区供销合作社党组		姚茂生	成员	1982.02	1983.08
宁波地区供销合作社党组		何德邦	成员	1982.02	1983.08
宁波地区供销合作社党组		王兴启	成员	1982.02	1983.08
宁波地区供销合作社党组		孔繁义	成员	1982.02	1983.08

第二节　宁波市供销合作社党委

中共宁波市供销合作社委员会前身是宁波市合作总社党支部。1952年11月1日，成立宁波市合作总社。1953年2月，建立中共宁波市合作总社支部委员会。1955年5月，上级决定撤销宁波市合作总社。1957年4月又成立宁波市供销合作社，6月8日，建立中共宁波市供销合作社总支委员会，同月27日，改建为党组。1958年4月，市人委决定，市供销合作社并入市商业局。

1961年8月，市商业局与供销社分开，恢复宁波市供销合作社机构，同年12月建立党组。1965年10月，市委决定，市供销合作社再次并入市商业局。1978年5月，市委决定，宁波市供销合作社与市商业局分开，成立宁波市供销合作社，并建立宁波市供销合作社党组。

1983年5月,省委决定,宁波地、市合并。8月,地、市供销合作社合并,成立宁波市供销合作社,并建立中共宁波市供销合作社委员会。2014年10月,宁波市供销合作社联合社第一次代表大会召开,改称中共宁波市供销合作社联合社委员会。

表9-2 宁波市供销合作社党委(党组)成员名录

党组织名称	任期	姓名	职务	任职时间	离职时间
宁波市合作总社党支部	第一任	陶健甫	党支部书记	1953.02	1955.06
宁波市合作总社党总支	第一任	段锡昌	党总支书记	1957.06	1957.12
宁波市供销合作社党组	第一任	段锡昌	党组书记	1957.06	1958.04
宁波市供销合作社党组	第一任	陶健甫	成员	1957.06	1958.05
宁波市供销合作社党组	第一任	周玉壁	成员	1957.06	1958.04
宁波市供销合作社党组	第二任	周恩斯	党组书记	1961.12	1962.12
宁波市供销合作社党组	第二任	门宜荣	成员	1961.12	1963.09
宁波市供销合作社党组	第二任	黎明	成员	1961.12	1962.03
宁波市供销合作社党组	第二任	刘芳礼	成员	1961.12	1962.03
宁波市供销合作社党组	第二任	周永康	成员	1961.12	1963.02
宁波市供销合作社党组	第二任	陈恒义	成员	1962.06	1963.02
宁波市供销合作社党组	第三任	段锡昌	党组书记	1963.10	1965.12
宁波市供销合作社党组	第三任	门宜荣	成员	1963.10	1964.12
宁波市供销合作社党组	第三任	李信成	成员	1963.10	1965.12
宁波市供销合作社党组	第三任	门宜荣	代书记	1964.11	1965.12
宁波市供销合作社党组	第三任	洪立刚	成员	1964.11	1965.01
宁波市供销合作社党组	第三任	郑忠辉	成员	1965.07	1965.12
宁波市供销合作社党组	第四任	郑忠辉	党组书记	1978.05	1982.02
宁波市供销合作社党组	第四任	洪立刚	成员	1978.05	1982.02
宁波市供销合作社党组	第四任	陈耀忠	成员	1978.05	1979.12
宁波市供销合作社党组	第四任	徐阿五	成员	1980.01	1982.02
宁波市供销合作社党组	第四任	林修鸿	成员	1980.08	1982.02
宁波市供销合作社党组	第五任	徐阿五	党组书记	1982.02	1983.08
宁波市供销合作社党组	第五任	洪立刚	成员	1982.02	1983.08
宁波市供销合作社党组	第五任	林修鸿	成员	1982.02	1983.08
宁波市供销合作社党委	第六任	车永康	党委书记	1983.08	1987.04
宁波市供销合作社党委	第六任	王兆能	副书记	1983.08	1987.04
宁波市供销合作社党委	第六任	徐阿五	委员	1983.08	1985.12
宁波市供销合作社党委	第六任	姚茂生	委员	1983.08	1987.04
宁波市供销合作社党委	第六任	孔繁义	委员	1983.10	1987.04
宁波市供销合作社党委	第六任	孔万华	委员	1985.12	1987.04
宁波市供销合作社党委	第七任	江圣澜	党委书记	1987.04	1993.02
宁波市供销合作社党委	第七任	王兆能	副书记	1988.02	1991.12

续表

党组织名称	任期	姓名	职务	任职时间	离职时间
宁波市供销合作社党委	第七任	葛龙川	副书记	1991.12	1993.02
宁波市供销合作社党委		姚茂生	委员	1987.04	1992.06
宁波市供销合作社党委		孔万华	委员	1987.04	1993.02
宁波市供销合作社党委		孔繁义	委员	1987.04	1992.03
宁波市供销合作社党委	第八任	葛龙川	党委书记	1993.02	1994.09
宁波市供销合作社党委		励慧芳	副书记	1993.09	1995.03
宁波市供销合作社党委		陆玛杰	委员	1993.12	1995.04
宁波市供销合作社党委		孔万华	委员	1993.02	1993.10
宁波市供销合作社党委		石永兴	委员	1993.02	1994.12
宁波市供销合作社党委	第九任	励慧芳	党委书记	1995.04	1997.11
宁波市供销合作社党委		陆玛杰	副书记	1995.06	1997.11
宁波市供销合作社党委		朱华锋	委员	1995.06	1997.11
宁波市供销合作社党委		陈仲朝	委员	1995.06	1997.11
宁波市供销合作社党委		石永兴	委员	1994.12	1997.11
宁波市供销合作社党委	第十任	周信浩	党委书记	1997.11	2009.11
宁波市供销合作社党委		朱华锋	委员	1997.11	2005.01
宁波市供销合作社党委		朱华锋	副书记	2005.01	2007.11
宁波市供销合作社党委		李猛进	委员	1997.08	2007.11
宁波市供销合作社党委		李猛进	副书记	2007.11	2009.11
宁波市供销合作社党委		包银虎	委员	1997.12	2009.11
宁波市供销合作社党委		钱建国	委员	2006.03	2009.11
宁波市供销合作社党委		陈仲朝	委员	1997.11	2000.01
宁波市供销合作社党委		石永兴	委员	1997.11	2007.12
宁波市供销合作社党委	第十一任	谢群华	党委书记	2009.11	2013.02
宁波市供销合作社党委		李猛进	副书记	2009.11	2013.02
宁波市供销合作社党委		包银虎	委员	2009.11	2013.02
宁波市供销合作社党委		钱建国	委员	2009.11	2013.02
宁波市供销合作社党委		张战英	委员	2009.11	2013.02
宁波市供销合作社党委		钟毅君	委员	2012.10	2013.02
宁波市供销合作社联合社党委	第十二任	蒋旭灿	党委书记	2013.02	2015.04
宁波市供销合作社联合社党委		李猛进	副书记	2013.02	2013.12
宁波市供销合作社联合社党委		张战英	委员	2013.02	2015.04
宁波市供销合作社联合社党委		钟毅君	委员	2013.02	2015.04
宁波市供销合作社联合社党委		陈树生	副书记	2014.08	2015.04
宁波市供销合作社联合社党委		王海寅	委员	2014.05	2015.04
宁波市供销合作社联合社党委		钱建国	委员	2013.02	2014.10
宁波市供销合作社联合社党委		王万有	委员	2015.01	2015.04

续表

党组织名称	任期	姓名	职务	任职时间	离职时间
宁波市供销合作社联合社党委	第十三任	詹鑫华	党委书记	2015.07	2018.12
宁波市供销合作社联合社党委	第十三任	陈树生	副书记	2015.04	2019.04
宁波市供销合作社联合社党委	第十三任	张战英	委员	2015.04	2019.04
宁波市供销合作社联合社党委	第十三任	钟毅君	委员	2015.04	2019.04
宁波市供销合作社联合社党委	第十三任	王万有	委员	2015.04	2019.04
宁波市供销合作社联合社党委	第十三任	王海寅	委员	2015.04	2016.11
宁波市供销合作社联合社党委	第十三任	黄建华	委员	2015.08	2018.08
宁波市供销合作社联合社党委	第十三任	崔存世	委员	2018.08	2019.04
宁波市供销合作社联合社党委	第十四任	李斌	党委书记	2019.05	
宁波市供销合作社联合社党委	第十四任	陈树生	副书记	2019.05	2021.07
宁波市供销合作社联合社党委	第十四任	张战英	委员	2019.05	2020.06
宁波市供销合作社联合社党委	第十四任	钟毅君	委员	2019.05	2020.06
宁波市供销合作社联合社党委	第十四任	王万有	委员	2019.05	
宁波市供销合作社联合社党委	第十四任	崔存世	委员	2019.05	2020.01
宁波市供销合作社联合社党委	第十四任	戴建国	委员	2019.08	
宁波市供销合作社联合社党委	第十四任	王文轩	委员	2020.06	

第三节　各区县（市）供销合作社党组织

1950年，鄞县、奉化、镇海、慈溪、余姚、宁海、象山等县供销合作总社成立后，相继成立党支部、党总支基层组织。1956年，鄞县供销社成立党组，1984年成立党委。1978年，象山供销社成立党组，1983年成立党委。1979年，奉化县供销社成立党组，1990年成立党委。1986年，镇海区、余姚市供销社分别成立党委。1985年，宁海县供销社成立党委。1987年，北仑区供销社成立党委。1988年，慈溪市供销社成立党委。2016年，海曙区供销社成立党组。

表9-3　镇海区供销合作社党委书记名录

党组织名称	职务	姓名	任职时间	离任时间
镇海区供销合作社党委	书记	赵鼎贵	1986.03	1994.01
镇海区供销合作社党委	书记	汪卫国	1994.01	1995.06
镇海区供销合作社党委	书记	贺满祥	1996.04	1997.09
镇海区供销合作社党委	书记	胡明杰	1997.09	2008.08
镇海区供销合作社党委	书记	翁婉群	2008.08	2013.01
镇海区供销合作社党委	书记	包临江	2013.01	2014.06
镇海区供销合作社党委	书记	鲁佰军	2014.06	2015.07
镇海区供销合作社联合社党委	书记	鲁佰军	2015.07	2019.10
镇海区供销合作社联合社党委	副书记（主持工作）	郑宏雷	2019.10	

表9-4 北仑区供销合作社党委书记名录

单位名称	职 务	姓 名	任职时间	离任时间
北仑区供销合作社党委	书 记	王承裕	1987.03	1989.06
北仑区供销合作社党委	书 记	周源明	1989.06	1992.04
北仑区供销合作社党委	书 记	朱亚宝	1995.01	1997.10
北仑区供销合作社党委	书 记	邬志刚	1997.10	2000.12
北仑区供销合作社党委	书 记	沃祖定	2000.12	2007.04
北仑区供销合作社党委	书 记	傅伟达	2007.05	2012.11
北仑区供销合作社党委	书 记	柴善华	2012.11	2016.11
北仑区供销社联合社党委	书 记	马 鹰	2016.11	2018.12
北仑区供销社联合社党委	书 记	张旭波	2020.04	

表9-5 鄞州区供销合作社党委(党组)书记名录

党组织名称	职 务	姓 名	任职时间	离任时间
鄞县商业局、供销社党组	书 记	沈增贵	1956.01	1963.02
鄞县商业局、供销社党组	书 记	吴如贵	1963.02	1968.07
鄞县商业局、供销社党组	书 记	黎 明	1970.05	1978.07
鄞县商业局、供销社党组	书 记	张 林	1978.07	1978.08
鄞县供销合作社党组	书 记	蔡瑞棠	1978.08	1979.07
鄞县供销合作社党组	书 记	张 林	1979.07	1980.10
鄞县供销社联合社党组	书 记	蔡瑞棠	1980.10	1984.12
鄞县供销社联合社党委	书 记	叶阿锵	1984.12	1987.12
鄞县供销社联合社党委	书 记	黄继华	1988.04	2005.07
鄞州区供销社联合社党委	书 记	裴渭干	2005.07	2014.06
鄞州区供销社联合社党委	书 记	胡岳明	2014.06	2019.02
鄞州区供销社联合社党委	书 记	钱 磊	2019.02	

表9-6 奉化区供销合作社党委(支部、党组)书记名录

党组织名称	职 务	姓 名	任职时间	离任时间
奉化县合作总社党支部	书 记	赵承和	1951.07	1953.07
奉化县供销合作社党支部	书 记	张玉启	1953.07	1955.01
奉化县供销合作社党支部	书 记	高子彬	1955.01	1962.05
奉化县供销社联合社党总支	书 记	纪贵章	1962.05	1965.05
奉化县供销社联合社党总支	书 记	夏庆余	1965.05	1979.05
奉化县供销社联合社党组	书 记	周彭年	1979.05	1984.02
奉化县供销社联合社党组	书 记	黄国庆	1984.07	1990.06
奉化市供销社联合社党委	书 记	裘林岳	1990.06	1997.10
奉化市供销社联合社党委	书 记	任啸舟	1997.10	2002.01
奉化市供销社联合社党委	书 记	司徒飞轮	2005.03	2012.05
奉化市供销社联合社党委	书 记	葛黎明	2013.04	2016.05
奉化市(区)供销社联合社党委	书 记	朱正天	2016.05	

表9-7　海曙区供销合作社党组书记名录

党组织名称	职务	姓名	任职时间	离任时间
海曙区供销合作社党组	书记	张忠浩	2016.12	2019.12
海曙区供销合作社党组	成员	潘信伟	2019.12（主持工作）	

表9-8　余姚市供销合作社党委书记名录

党组织名称	职务	姓名	任职时间	离任时间
余姚市供销社联合社党委	书记	蒋国良	1986.12	1990.07
余姚市供销社联合社党委	书记	陈如乔	1990.07	1993.02
余姚市供销社联合社党委	书记	姜国梁	1993.02	2001.01
余姚市供销社联合社党委	书记	谢隆昌	2001.01	2004.12
余姚市供销社联合社党委	书记	李国建	2004.12	2007.05
余姚市供销社联合社党委	书记	茅克强	2007.05	2011.10
余姚市供销社联合社党委	书记	孙利华	2012.02	2013.06
余姚市供销社联合社党委	书记	诸建立	2013.06	2016.08
余姚市供销社联合社党委	书记	赵阳军	2016.08	2019.11
余姚市供销社联合社党委	书记	杨宇光	2019.12	

表9-9　慈溪市供销合作社党委书记名录

党组织名称	职务	姓名	任职时间	离任时间
慈溪市供销社联合社党委	书记	杨文宝	1988.11	1989.06
慈溪市供销社联合社党委	书记	苏利冕	1989.06	1992.12
慈溪市供销社联合社党委	书记	虞廉君	1992.12	1998.03
慈溪市供销社联合社党委	书记	张伟男	1998.03	2006.07
慈溪市供销社联合社党委	书记	方翔	2006.07	2014.12
慈溪市供销社联合社党委	书记	叶钊君	2014.12	2017.02
慈溪市供销社联合社党组	书记	沈信波	2017.02	2019.01
慈溪市供销社联合社党组	书记	陈菊蓬	2019.01	

表9-10　宁海县供销合作社党委书记名录

党组织名称	职务	姓名	任职时间	离任时间
宁海县供销社联合社党委	书记	胡家田	1985.09	1987.03
宁海县供销社联合社党委	书记	徐自读	1987.03	1993.04
宁海县供销社联合社党委	书记	胡家田	1993.04	1997.12
宁海县供销社联合社党委	书记	张东凯	1997.12	1999.12
宁海县供销社联合社党委	书记	贝跃东	1999.12	2011.08
宁海县供销社联合社党委	书记	田启仲	2011.08	2015.12
宁海县供销社联合社党委	书记	高剑峰	2015.12	2019.01
宁海县供销社联合社党委	书记	陈云苍	2019.01	

表 9-11　象山县供销合作社党委（党组）书记名录

党组织名称	职　务	姓　名	任职时间	离职时间
象山县供销合作社党组	书　记	郑友庆	1978.03	1979.02
象山县供销合作社党组	书　记	周金发	1979.05	1983.07
象山县供销合作社党委	书　记	张华生	1983.07	1984.07
象山县供销合作社党委	书　记	曹英宝	1984.08	1986.09
象山县供销合作社党委	书　记	张雪明	1986.09	1990.03
象山县供销合作社党委	书　记	楼可平	1990.05	1992.03
象山县供销社联合社党委	书　记	薛先豪	1992.03	1997.11
象山县供销社联合社党委	书　记	董传铭	2002.12	2005.10
象山县供销社联合社党委	书　记	祝秀雷	2005.10	2011.08
象山县供销社联合社党委	书　记	陈锦华	2011.09	2018.01
象山县供销社联合社党委	书　记	张尔一	2018.01	

第四节　基层党组织

一、原宁波地区供销合作社基层党组织

宁波专区供销合作总社机关党支部　1950年3月21日,宁波专区供销合作总社成立,同时建立宁波专区供销合作总社支部委员会,金声任党支部书记,至1952年3月宁波专区供销合作总社党支部改建为党组止。1983年8月,地、市供销社合并,原宁波地区供销合作社党组织并入新成立的宁波市供销社党委。

宁波地区农业生产资料公司党支部　宁波地区农业生产资料公司党支部建立于1954年4月。1983年8月,地、市供销社合并,成立宁波市供销合作社党委后,并入宁波市农业生产资料公司党支部。公司党支部历任书记：周自谦、沈金华、张希禹、俞阿华、王兴启。历任副书记：王福海、金晓。

宁波地区特产公司党支部　宁波地区特产公司党支部建立于1976年1月。1983年8月,地、市供销社合并,成立宁波市供销合作社党委后,并入宁波市特产公司党支部。公司党支部历任书记：朱安之、王德润。历任副书记：朱安之、张希禹、叶萱璋、王福海。

宁波地区副食品公司（站）党支部　宁波地区副食品公司（站）党支部建立于1956年1月。1983年8月,地、市供销社合并,成立宁波市供销合作社党委后,并入宁波市副食品公司党支部。宁波地区副食品公司（站）党支部历任书记：商岳樵、张忠天。历任副书记：刘一民、叶园善、章启道。

宁波地区土产、日杂、畜废等站（公司）党支部　宁波地区土产、日杂、畜废等站（公司）党支部建立于1954年1月。1983年8月,地、市供销社合并,成立宁波市供销社党委后,并入市供销社所属有关公司党支部。

宁波地区土产、日杂、畜废等站（公司）党支部历任书记：俞俊甫、商岳樵、姚茂生、金晓、王兴启、金锡亮。历任副书记：朱安之、张希禹、崔善祥、殷龙德、沈小春、范蓉芳。

二、宁波市供销合作社直属机关党委

1953年3月,建立宁波市合作总社党支部,陶健甫任书记,任职至1955年6月。1957年6月,市合作总社党支部改为党总支,段锡昌任书记,任职至是年12月,同月,市合作总社党总支改为党组。

1983年8月,地、市供销社合并,成立宁波市供销合作社党委。11月,市供销社机关党支部召开党员大会,选举王兆能、郁义康、金明咸、叶永祥、王竹芳为支部委员。王兆能任首届机关党支部书记,郁义康任副书记。1989年2月,机关党支部改选,孔万华任第二届机关党支部书记,石永兴任副书记。1992年7月,市供销社机关党支部改为党总支,由励慧芳任机关党总支书记,石永兴任副书记。下设机关4个党支部,即机关第一、第二党支部和机关离休、退休干部党支部。1993年9月,赖福宁任机关党总支副书记,免去石永兴机关党总支副书记职务。1996年6月,陆玛杰兼任市社机关党总支书记,免去励慧芳机关党总支书记职务。1998年,市供销社机关党委所属第一、二党支部共有党员40人;机关离休党支部党员6人,机关退休党支部党员24人。2000年,市社机关党委共有所属2个党支部,2个机关离退休干部党支部,共有党员80人。

2003年3月,根据市直机关党工委、市委组织部《关于明确有关单位机关党组织隶属关系的通知》,市供销社机关党组织从4月起隶属于市直机关党工委。是年6月,蒋定浩任市供销合作社机关党委专职副书记。8月,经市直机关党工委同意,召开选举大会,市供销社首届机关党委成员由陆玛杰、蒋定浩、陈汉忠、张战英、吴德成等组成,陆玛杰任市社机关党委书记,蒋定浩任副书记(专职),陈汉忠任组织委员,张战英任宣传委员,吴德成任纪检委员。2007年5月,钱建国任市社机关党委书记。2008年8月,吴德成任市社机关党委专职副书记。是年,市社机关党委属下有4个党支部,共有党员81人,其中机关第一支部党员18人,第二支部党员19人,机关离休干部和退休干部党支部党员44人。2011年7月,市供销社机关党委换届选举,新一届直属机关党委由钱建国、王前线、黄党生、钟毅君、余珊弘等组成。钱建国任机关党委书记,王前线(专职副书记)、黄党生任副书记。市社机关所属党支部按"公推直选"方式同步进行换届。

2013年,市供销社直属机关党委所属有第一党支部、第二党支部、离休干部党支部、退休干部党支部等4个基层党组织,共有党员80人。2014年5月,市社直属机关党委委员分工作如下调整:机关党委书记钱建国负责机关党委全面工作;副书记王前线负责机关党建工作,副书记黄党生负责机关纪检工作;组织委员钟毅君负责组织、青年工作;宣传委员余珊弘负责宣传、群众、工会工作。并重申机关党委主要工作职责:(1)制定市社机关党建工作规划,对机关各支部工作进行指导。(2)负责机关党组织的思想、组织、作风、纪律建设和党员教育管理工作。(3)组织和指导机关各党组织的党员干部职工的政治理论学习和培训。(4)负责机关党风廉政建设工作。协助市社纪委对机关党员干部的监督。(5)指导机关各党组织做好思想政治工作,开展社会主义精神文明建设。(6)负责机关各党支部书记、副书记职务任免工作。协助机关干部人事部门对机关干部进行考核和民主评议。(7)负责和管理机关工会、共青团、妇女等工作。(8)完成市社党委交办的有关工作。

2015年8月28日,市供销社召开机关党员代表大会,选举产生新一届直属机关党委和机关纪律检查委员会。市供销社直属机关党委由陈树生、王学兴、胡文庭、忻红兵、吴军、刘伟义等组成,陈树生任书记,王学兴、胡文庭(专职)任副书记。王前线不再担任机关党委专职副书记职务。机关纪律检查委员会由王学兴、刘波、郑科达等组成,王学兴任书记。同年9月,根据市委关于调整规范市直单位有关党组织隶属关系的通知,市社党委将所属的宁波供销资产经营公司党支部、市农资公司、甬丰农资公司联合党支部、市二号桥市场公司党支部、宁波海田控股集团党支部、宁波供销商业发展有限公司党支部、市土产日杂公司党支部、浙江南苑控股集团党委等8个基层党组织与市社机关第一、二党支部,离休、退休干部党支部一并归属市供销社机关党委管理。是年底统计,市供销社直属机关党委共有12个基层党组织,党员人数298人。

2016年8月,田启郎任市社直属机关党委副书记、纪委副书记,免去王学兴市社机关党委副书记、纪委书记职务。2018年10月26日,市供销社召开直属机关党员代表大会,选举产生新一届机关党委和机关纪委组成人员。会议选举陈树生为新一届机关党委书记,王学兴、胡文庭(专职)任副书记,王露明、吴建裕、郑碧寅、钱钢为委员。王学兴任纪委书记。

表9-12　宁波市供销社直属机关党委(党支、支部)正(副)书记名录

党组织名称	职务	姓名	任职时间	离职时间
宁波市合作总社党支部	书记	陶健甫	1953.03	1955.06
宁波市合作总社党总支	书记	段锡昌	1957.06	1957.12
宁波市供销社机关党支部	书记	王兆能	1983.11	1989.02
宁波市供销社机关党支部	副书记	郁义康	1983.11	1989.02
宁波市供销社机关党支部	书记	孔万华	1989.02	1992.07
宁波市供销社机关党支部	副书记	石永兴	1989.02	1992.07
宁波市供销社机关党总支	书记	励慧芳	1992.07	1996.09
宁波市供销社机关党总支	副书记	石永兴	1992.07	1993.09
宁波市供销社机关党总支	副书记	赖福宁	1993.09	1996.06
宁波市供销社机关党总支	书记	陆玛杰	1996.06	2000.05
宁波市供销社机关党总支	副书记	赖福宁	1996.06	2000.05
宁波市供销社机关党委	书记	陆玛杰	2003.08	2007.05
宁波市供销社机关党委	专职副书记	蒋定浩	2003.08	2007.05
宁波市供销社机关党委	书记	钱建国	2007.05	2015.08
宁波市供销社机关党委	专职副书记	吴德成	2008.08	2011.07
宁波市供销社直属机关党委	专职副书记	王前线	2011.07	2015.08
宁波市供销社直属机关党委	副书记	王党生	2011.07	2015.08
宁波市供销社直属机关党委	书记	陈树生	2015.08	2018.10
宁波市供销社直属机关党委	副书记	王学兴	2015.08	2016.10
宁波市供销社直属机关党委	专职副书记	胡文庭	2015.08	2018.10
宁波市供销社直属机关党委	副书记	田启朗	2016.08	2018.10
宁波市供销社直属机关党委	书记	陈树生	2018.10	
宁波市供销社直属机关党委	副书记	王学兴	2018.10	
宁波市供销社直属机关党委	专职副书记	胡文庭	2018.10	

三、所属基层党组织

2018年底统计,市供销社党委所属共有10个基层党组织,党员人数298人。其中机关党支部2个,离退休干部党支部1个,企业党委1个,企业党支部8个。

宁波市供销社机关第一党支部 宁波市供销社机关第一党支部建立于1992年7月,赖福宁任机关第一党支部书记。2000年5月,陆玛杰兼任机关第一党支部书记,赖福宁任副书记。2003年8月,换届选举,支委会由陈汉忠、蒋定浩、吴德成组成,陈汉忠任书记。2008年8月,钟毅君任机关第一党支部书记,委员张碧英、黄党生。2010年3月,换届选举,石玉立、黄党生、王前线为新一届支部委员,石玉立为党支部书记。2014年3月,吴军任机关第一党支部书记,王前线任宣传委员,黄党生任组织委员。2018年9月,吴建裕任机关第一党支部书记,委员俞红婷、郭斯本。

宁波市供销社机关第二党支部 宁波市供销社机关第二党支部建立于1992年7月,郑学浩任机关第二党支部书记。2000年5月,张战英任机关第二党支部书记。2003年8月,换届选举,支委会由张战英、徐明浩、吴美春组成,张战英任书记。2008年8月,张战英任机关第二党支部书记,委员徐明浩、余珊弘。2010年3月,换届选举,钟毅君、徐明、余珊弘为新一届支部委员,钟毅君为党支部书记。2014年3月,王露明任机关第二党支部书记,委员余珊弘任、田启郎。2018年9月,王露明任市社机关第二党支部书记,委员郑科达、何良。

宁波市供销社机关离退休干部党支部 1984年2月,建立市供销社机关离休干部党支部,何德邦任书记。1992年7月,市社机关党支部改为党总支后,设立机关离休干部党支部和机关退休干部党支部。林修鸿任机关离休干部党支部书记,徐阿五任机关退休干部党支部书记。1996年6月至2003年8月(包括期间换届选举),林修鸿续任机关离休干部党支部书记,徐阿五续任机关退休干部党支部书记。2004年2月,林修鸿任机关离休干部党支部书记,赖福宁任机关退休干部党支部书记。2018年9月,市供销社机关离休、退休干部2个党支部合并为市社机关离退休干部党支部,吴方洪任机关离退休干部党支部书记。

宁波供销资产经营公司党支部 宁波供销资产经营公司党总支建立于2014年6月,同月市再生资源总公司党支部与宁波供销资产经营公司党总支合并。2018年12月,宁波资产经营公司党总支更改为党支部。该公司党支部党员51人,忻红兵任党支部书记。

宁波市农资公司、甬丰农资公司联合党支部 1978年10月,建立宁波市农资公司党总支。1985年3月改为党支部。1990年1月,宁波东港汽车服务公司党支部曾并入市农资公司党支部,并建立党总支。2010年3月,换届选举,朱华锋任书记,刘信德为副书记。该公司至2011年,历任党支部(党总支)书记为陈阿德、王仁密、叶燕荣、朱华锋。副书记为郁义康、郑明桂、叶燕荣、项瑞贵、郁善胜、刘信德。2011年10月,市供销社党委发文,撤销市农资党总支,成立市农资公司、甬丰农资公司联合党支部。赵国丰任联合党支部书记,全磊任副书记。2015年4月联合党支部改选,赵国丰任书记,全磊任副书记。2019年11月联合党支部改选,全磊任书记。

宁波供销二号桥市场有限公司党支部 宁波供销二号桥市场有限公司是市果品总公司改制而来,而市果品总公司的前身是市第二副食品公司,该公司党支部最早成立于1984年12月,党支部书记为吴尧生。1985年12月并入市副食品公司党委管理,后市第二副食品公司改名为宁波市果品食杂公司,并建立党支部。1988年5月,建立市果品食杂公司党总支。1992年10月,市果品食杂公司更名为"宁波市果品总公司"。1994年6月,市果品总公司改组为股份合作制改企业。2004年改制,改称宁波二号桥市场有限公司党支部,钱钢任党支部书记。2011年3月,钱钢任宁波二号桥市场有限公司党支部书记。公司历任党支部(党总支)书记:吴尧生、郝进才、钱钢。副书记:陈和存、张保安、钟南和。

宁波海田控股集团有限公司党支部　宁波海田控股集团有限公司党支部前身是宁波海田集团进出口公司党支部,建立于1994年12月。2009年3月,公司党支部改称为宁波海田国际贸易有限公司党支部。2011年9月,宁波海田国际贸易有限公司党支部更名宁波海田控股集团有限公司党支部。1994年12月起,王海生任公司党支部书记。

宁波南苑控股集团有限公司党委　宁波南苑控股集团有限公司党委前身是宁波南苑饭店党支部,建立于1990年6月。1992年改称宁波南苑股份有限公司党支部。1994年11月,改建为宁波南苑股份有限公司党总支。1999年4月,宁波南苑股份有限公司党总支改建为宁波南苑集团股份有限公司党委。2005年4月,换届选举,张宁象任党委书记。2009年11月,宁波南苑集团股份有限公司党委改为浙江南苑集团股份有限公司党委,并进行换届选举,张宁象任党委书记,陈小辉、刘伟义任副书记。2012年4月,换届选举,管惠俊任书记,刘伟义任副书记。2015年1月,浙江南苑集团股份有限公司党委更名为宁波南苑集团股份有限公司党委。

宁波南苑集团有限公司历任党委(党支部、党总支)书记:范蓉芳、乐志明、周为斌、张宁象、刘伟义、管惠俊、郑碧寅。副书记:张碧英、陈小辉、刘伟义、郑碧寅。现该公司党委党员66人。现任浙江南苑控股集团有限公司党委书记郑碧寅。

宁波供销商业发展有限公司党支部　宁波供销商业发展有限公司党支部建立于2015年7月。陈飞燕任该公司党支部书记。

宁波市土产日杂有限公司党支部　前身是宁波市土产、日杂、农副、农土部(公司)党支部,最早建立于1958年1月。1978年6月,建立市土产日杂公司党支部。1981年2月,市土产日杂公司党支部改建为党总支。公司历任党支部(党总支)书记:陈恒年、郑宝福、徐阿五、俞阿华、韩玉镇、陈阿德、刘荣文、曹再裕、闻光兴、钱仲达、王学平。副书记:闻才兴、郭世诚、姜文生、闻光兴、陈阿德、曹再裕、陈富麟、陈建成。王学平任该公司党支部书记。

宁波市供销社培训中心党支部　宁波市供销社培训中心党支部前身是市供销社职工中等专业学校(筹)党支部,建立于1990年9月,王天锦为党支部书记。1996年2月,陆逢年为党支部书记。2000年1月,楼承渝任党支部书记。2013年10月,换届选举,冯培荣任党支部书记。该培训中心历任党支部书记为王天锦、陆逢年、楼承渝、冯培荣、汤镇庆。2019年1月,汤镇庆任培训中心党支部书记。

四、合并(闭歇)、迁移属地管理的基层党组织

宁波市副食品公司党委　宁波市副食品公司党支部建立于1953年1月。1961年10月至12月,钱忠坤曾任所属贸易货栈党支部书记。1977年,市副食品公司党支部改建为党总支。1978年6月,市副食品公司党支部改建为党委。1981年4月改为党总支。1983年10月又改为党委。1988年4月改为党总支,至1995年12月,市副食品公司被宁波美乐门商城兼并,其公司党组织也并入宁波美乐门商城党委。该公司历任党委(党支部、党总支)书记:章启道、徐凯、何良忠、周玉碧、李信成、刘玉水、门宜荣、钱

忠坤、吕连臻、潘静、郝进才、陈汉忠、包天娇、张保安。历任副书记：龚泉、陈仁云、姜文生、郝进才、陈汉忠、殷龙德、郑福根。

宁波市再生资源总公司党支部 宁波市再生资源总公司党支部前身是市物资回收公司党支部，建立于1957年1月。1972年2月，更名为市再生资源回收公司党支部，1983年10月改建为党总支。1993年2月，市物资回收公司党支部更名为宁波市再生资源总公司党总支。2014年2月，市再生资源总公司党支部并入宁波供销资产经营公司党支部。公司历任党支部（党总支）书记：郑宝福、徐阿五、顾实标、韩玉镇、张承玺、殷龙德、金锡亮、钟南和、贺万良、忻红兵。副书记：李世芳、闻才兴、张承玺、陈跃棠、周大虎、荊传明、钟南和、范蓉芳、段龙德、金锡亮。

宁波市物资回收有限责任公司党支部 宁波市物资回收有限责任公司党支部前身是市第二物资回收公司党支部，建立于1984年9月。

1989年4月14日，建立宁波市物资回收利用公司党支部。1993年2月，更名为"宁波市物资回收利用总公司党支部"。2000年12月，宁波市物资利用公司整体改制为宁波市物资有限责任公司，并更名党支部名称。2003年12月，换届选举，唐恩伟任书记。2005年12月，傅志军任书记。2015年后，该公司党支部迁移至市区街道党委属地管理。公司历任党支部书记：金锡亮、唐恩伟、傅志军。副书记：陈建成、傅志军。

宁波市第二土产日杂公司党支部 宁波市第二土产日杂公司党支部建立于1984年10月。1988年5月，鉴于市第二土产日杂公司所属零售企业下放给区以后的实际情况，市供销社党委决定，将市第二土产日杂公司与市工业品公司合并，隶属于市工业品公司管理。该公司党支部随之并入市工业品公司党总支管理。

公司历任党支部书记：陈和存。副书记：陈和存、陈建成。

宁波市第二副食品公司党支部 宁波市第二副食品公司党支部建立于1984年12月。1985年12月并入市副食品公司党委管理。吴尧生曾任党支部书记。

宁波市供销社劳动服务公司党支部 宁波市供销社劳动服务公司党支部建立于1985年3月。1990年后闭歇。苏平曾任党支部副书记、书记。

宁波市特产棉花有限公司党支部 宁波市特产棉花有限公司前身是宁波市特产公司，其党支部建立于1976年1月。1983年8月，地、市特产公司机构合并后，更名为宁波市特产公司党支部。1989年1月，建立市特产（茶叶公司）党总支。1993年4月，市特产公司党总支更名为宁波市特产总公司党总支，1997年8月更名成立宁波特产棉花集团党总支。1998年2月，建立市茶叶联合公司党支部。2001年8月，组建宁波市特产棉花有限公司党支部。公司历任党支部（党总支）书记：朱安之、王德润、陈富麟、朱国光、王乐庆、徐启康。副书记：朱安之、楼承渝、张希禹、叶萱璋、王福海、徐启康、刘荣文、张保安、王乐庆。2015年后，宁波市特产棉花有限公司党支部迁移至市区街道党委属地管理。

宁波茶叶联合公司（宁波茶叶拼配厂）党支部 1990年1月，宁波茶叶联合公司（宁波茶叶拼配厂）从市特产棉花有限公司分离出来，单独建制，并建立党支部，支部书记为朱国光。2012年6月，宁波茶叶拼配厂党支部换届选举，朱国光任书记，张保安为副书记。2014年2月，宁波茶叶拼配厂党支部并入宁波市供销资产经营公司党支部。

宁波市畜产品公司党支部 宁波市畜产品公司前身是华东区畜产分公司浙江支公司宁波收购组，创办于1951年。1983年8月,地、市供销社所属公司机构合并后,更名为宁波市畜产品公司。是年11月,建立宁波市畜产品公司党支部。至1999年宁波市畜产品公司闭歇。公司历任党支部书记:沈小春。副书记:姜开舒、苏平。

宁波高合羽绒制品有限公司党支部 宁波高合羽绒制品有限公司党支部建立于1993年6月。1998年9月,宁波高合羽绒制品有限公司被宁波海田集团兼并。公司历任党支部书记:徐明浩、宋光祥。副书记:钟毅君、朱承龙、宋光祥。

宁波市海田纸张经贸有限公司党支部 宁波市海田纸张经贸有限公司党支部建立于1996年4月。公司历任党支部书记:忻红兵、李德祥。副书记:李德祥。2015年后,市海田纸张经贸有限公司党支部迁移至江北工业园区党委属地管理。

宁波市华达石化有限公司党支部 宁波市华达石化有限公司党支部建立于1984年5月。1990年1月,该公司曾并入市农资公司党总支。2012年8月,换届选举,孔繁励任市华达石化有限公司党支部书记。2015年后,市华达石化有限公司党组织迁移至市区街道党委属地管理。公司历任党支部书记:王天锦、宋建国、孔繁励。副书记:江忠、郑明桂、王耀南、周良明。

宁波美乐门集团股份有限公司党委 1993年7月,建立宁波美乐门商城党支部。石永兴任党支部书记,黄锡义任副书记。1994年3月,宁波美乐门商城党支部改建为党总支,石永兴任党支部书记,黄锡义任副书记,1995年6月改建为党委。1998年,更名为宁波美乐门集团股份有限公司党委,时有党员400人,其中离退休党员180人。2005年12月,宁波美乐门集团股份有限公司更名为宁波美乐门商贸有限公司。2006年2月,宁波美乐门集团股份有限公司歇业,该公司党委也随之撤销。公司历任党委(党支部、党总支)书记:石永兴、黄锡义。副书记:黄锡义、张莉萍、石世铵。

宁波市供销社通利经营公司党支部 宁波市供销社通利经营公司党支部建立于1993年2月,至1995年2月被宁波美乐门商城兼并。公司党支部书记:张战英。副书记:胡国荣。

宁波市供销社贸易公司党支部 宁波市供销社贸易公司党支部建立于1984年3月。1987年1月,撤销宁波市供销社贸易公司,划归市供销社工业品公司。公司历任党支部书记:金锡良、范蓉芳。

宁波市供销社贸易中心党委 宁波市供销社贸易中心党委建立于1984年7月。1989年12月,市供销社贸易中心变更为"宁波市供销社大楼"。1991年6月,市供销社大楼更名为宁波市供销社物资公司。公司党委书记:韩镇玉。副书记:陈阿德。

宁波市供销社物资公司党支部 宁波市供销社物资公司党支部建立于1991年9月。公司党支部书记:陈阿德。副书记:冯培荣。

宁波市供销社工业品公司党支部 宁波市供销社工业品公司党支部建立于1987年2月。1988年4月改建为党总支。1991年7月,市工业品公司经营机构调整,工业品公司所属部门分别划归市社有关专业公司。公司党支部书记:陈阿德。副书记:范焱。

宁波市供销社江北办事处党组 宁波市供销社江北办事处党组建立于1987年4月。该党组为市供销社党委派出机构,受市供销社和江北区党委双重领导,负责慈城、洪塘、庄桥和江北等4个基层供销社党组织管理。1988年12月撤销。周德成曾任办事处党组书记。

宁波市海曙供销有限公司党支部 宁波市海曙供销有限公司前身是海曙供销合作社,最早是消费合作社,建立于1949年冬至1950年春。1960年隶属于市供销社甬江办事处。1961年,调整隶属于甬江供销社管理。甬江供销社党支部建于1964年1月。1979年12月,改建为党总支,时任书记为汪明羞。1984年3月,甬江供销社分设海曙、江东、江北3个供销社。是年3月,建立海曙供销社党支部。2001年10月,海曙供销社改制为海曙供销有限公司。该公司从建立党支部开始,由市供销社和当地乡(街道)党委双重管理,党支部正、副书记任免由市供销社党委发文。产权制度改革和理顺职工劳动关系后,公司党支部划归市区街道党委属地管理。1979年后公司历任党支部书记:汪明羞、赵惠芬、裘双桂、盛永祥。

宁波市江东供销有限公司党支部　1984年3月,甬江供销社分设海曙、江东、江北3个供销社。同月建立江东供销社党支部。

2001年5月,江东供销社改制为江东供销有限公司。该公司从建立党支部开始,由市供销社和当地乡(街道)党委双重管理,党支部正、副书记任免由市供销社党委发文。产权制度改革和理顺职工劳动关系后,公司党支部归市区街道党委属地管理。1979年后公司历任党支部书记:汪明羞、汪凯章、赵惠芬、冯永明;副书记:鲍岳清、俞慈行、包其康、芦定山。

宁波市合力贸易发展总公司党支部　1984年3月,甬江供销社分设海曙、江东、江北3个供销社。同月建立江北供销社党支部。1994年3月,经市供销社决定,将江北供销社、庄桥供销社、洪塘供销社3个基层社(包括集体商业)合并,联合组建宁波市合力贸易发展总公司党支部。其中,庄桥供销社党支部建立于1979年2月。历任党支部(党总支)书记:杜天益、郁善武。副书记:魏敖生、陈文。洪塘供销社党支部建立于1984年3月。历任党支部书记:洪玉书、赵国丰。2002年,市合力贸易发展总公司完成改革,公司党支部由市供销社和当地乡(街道)党委双重管理,党支部正、副书记任免由市供销社党委发文,后因党员人数不足,党组织和党员迁移当地街道(社区)党委属地管理。公司历任党支部书记:郭竞雄、裘双桂、郑福根、刘荣文、曹国强、郁善武、缪岳震。副书记:郭竞雄、裘双桂、缪岳震、沈耀明、沈跃明、曹国强。

慈城供销有限公司党支部　慈城供销有限公司前身是慈城供销社。最早是消费合作社,建立于1949年冬至1950年春。1960年隶属于市供销社甬江办事处。1961年,调整隶属于甬江供销社管理。慈城供销合作社党支部建立于1964年1月。1979年1月重建党组织。1984年8月改建为党委。2006年全面完成产权制度和理顺职工劳动关系后,于2012年2月改建为党支部,傅亦民任党支部书记。该公司从建立党支部开始,由市供销社和当地乡(街道)党委双重管理,党支部正、副书记任免由市供销社党委发文。2018年公司党支部归市区街道党委属地管理。公司历任党支部(党委)书记:陈修文、俞鑫炜、傅亦民。副书记:范焱、罗银樵、傅亦民。

浙江省农资公司宁波化肥经营处党支部　省社农资公司宁波化肥经营处党支部建立于1983年4月。1989年11月,省供销社决定,原委托市供销社代管的宁波化肥经营处的劳动人事等管理改由省农资公司管理。化肥经营处历任党支部书记:胡士龙、温流生。副书记:蒋永满、胡士龙、温流生。

浙江省供销社宁波仓储运输公司党支部　省供销社宁波仓储运输公司党支部建立于1982年1月。1989年11月,省供销社决定,原委托宁波市供销社代管的宁波仓储运输公司的劳动人事等管理改由省农资公司管理。公司历任党支部书记:朱永芳、余如荣。副书记:沈祖跃、余如荣。

第五节 党建工作

加强党的领导是做好供销社工作的根本保证,完善基层党组织是实现党领导的基本条件。建社以来,宁波专区、市供销社党委(党组)根据《中国共产党章程》有关规定,加强基层党组织建设,建立健全党的组织机构,充分发挥党组织的战斗堡垒作用和党员的先锋模范作用,为供销事业提供坚强有力的政治保证。

党组织和党员整顿

1951年至1954年,宁波专区供销合作总社党组开展整党运动,学习中央《整风文献》,并根据省供销社整顿基层供销社的通知精神,通过批评与自我批评,克服居功骄傲情绪、官僚主义、命令主义作风及少数人贪污腐化、违法乱纪等问题,纯洁党员干部队伍。1956年2月,省社宁波专区办事处党组印发《各基层供销社政治工作人员配备职务范围及当前政治工作意见》《关于1956—1957年主要政治工作规划和措施》,在全区供销社基层党组织整顿中,开展社会主义新形势教育活动。1958年,进行社会主义建设总路线教育,各级供销社党组织逐渐形成"三会一课"(党小组会、支委会、支部大会、党课)制度。1958年至1959年,省社宁波专区办事处、市供销社在本级系统党员干部中开展整风运动。

1961年6月起,全区供销社贯彻落实党中央提出的"调整、巩固、充实、提高"方针,改进商业工作若干规定,开展整风、社教和增产节约运动,解决在工作中的思想问题。1962年,根据宁波地区行署要求,开展对党员、干部进行甄别工作,甄别范围:从1958年至1961上半年,凡是在右倾、正党正社、改造落后等运动中,受过批判和党纪、团纪、行政处分及刑事处分的干部、党员和社员。总体要求是,各级供销社应以党支部为核心成立甄别工作小组,确定专人负责该项工作,先进行内部分析排队,后再做好甄别工作。1963年6月,开展"五反"(反对贪污盗窃、反对投机倒把、反对铺张浪费、反对分散主义、反对官僚主义)运动。7月,省社宁波专区办事处党组印发《关于整顿基层组织工作的意见》《关于党组对当前工作的安排的通知》,进一步贯彻落实党的八届十中全会精神和商业工作的决定,全面开展整顿干部思想作风和工作作风,抓好党员干部政治思想工作。12月,宁波专区办事处制定党政会议制度四项,其中党组会议每月召开两次,基层党支部会议每月一次,党小组的组织生活一月两次。1964年8月,农村"四清"运动开始,省社宁波专区办事处机关开始参加"五反"运动,贯彻学习中共中央《关于目前农村若干问题的决定》(简称"前十条")和《关于农村社教育运动中一些具体政策的规定》(简称"后十条")。运动的重点是整顿党内那些走资本主义道路的当权派,后因"文化大革命"开始,"四清"运动中止。

1966年"文化大革命"开始后,党组织活动停止。1971年后全区基层供销社党组织恢复活动,开始整党运动。11月,贯彻传达中央关于"九一三"事件的文件,揭批林彪反革命集团罪行;开展以落实"三要三不要"(要搞马克思主义,不要搞修正主义;要团结,不要分裂;要光明正大,不要搞阴谋诡计)基本原则为主要内容的整风运动。1974年,批林整风在全区供销社系统展开,同时整顿党组织,对1974年以来发展的党员和提拔的干部进行逐个审查。

1977年至1983年,开展党内整顿,肃清林彪、"四人帮"反革命路线的流毒和影响;整顿所属基层党组织领导班子,开始恢复供销社"三性"体制改革。其中,1978年宁波地、市供销社党组分别召开会议,重点布置整顿基层党组织领导班子问题。1981年,宁波地、市供销社按照党内政治生活的《若干准则》,建立党员组织生活制度,规定党组成员必须每两个月过好一次组织生活,按照机关党支部的规定按时参加党小组民主生活会。是年起,全区基层供销社党组织逐渐恢复,建立和健全"三会一课"制度。1983年,贯彻学习《中共中央关于整党的决定》。1984年9月至1986年,按照市委、组织部通知要求,全面开展整党活动。

1984年9月起,市供销社机关第一批整党开始,制订整党工作方案,成立整党工作领导小组。整党的总体要求是进一步批判和否定"文化大革命",消除"左"的影响,统一思想,整顿作风。1986年上半年,市供销社机关全体党员顺利通过党员登记,同时修订市社机关14项规章制度。下半年,市社所属13个公司党组织,有398名党员参加第二批整党,参加整党的党员除2名缓期登记一年,1名被取消预备党员资格外,其余全部通过党员登记。是年,市供销社党委、机关党支部、党小组和党员层层制订党风责任制,建立一年两次的党委民主生活会、一月一次党小组织生活会,机关每周二、四下午学习制度。1987年,市供销社党委开展机关作风整顿,重新修订党委党风责任制,制定《市供销社领导班子成员目标管理责任制》《关于市供销社争创先进党支部和优秀党员的条件的通知》等。1991年,开展思想作风整顿工作,进行党的理想宗旨和群众路线教育,成立市社教育领导小组,制定《党委定期研究党建工作制度》《党委领导学习制度》《党委民主生活会制度》《民主评议党员制度》《双争目标管理制度》《党风责任制》等制度。1996年,印发《关于党建和精神文明建设工作实施量化考核实施意见》,市供销社及所属各公司、城区基层供销社均建立中心组学习制度。

进入21世纪后,根据市委各个时期的中心工作,及时开展对所属企事业党组织和党员干部的思想作风、纪律整顿教育工作。

党组织和党员民主评议

1988年,市供销社党委召开党建工作会议,开展企业党政分开工作。是年2月,印发《关于开展党员考评及"双争"评比工作的实施意见》,试行基层企业党支部工作目标管理考核制。是年,通过考评和评比,市社本级系统95%以上党员合格,其中6人基本合格,2人不合格。同时评出市供销社先进党组织3个,优秀党员12人。是年底,市社机关全体人员和直属企业代表等80余人对社领导班子进行民主评议,内容包括政治思想、工作作风、工作业绩、工作效益及班子自身建设等方面。

1989年4月,市供销社印发《关于推行基层企业党支部工作目标管理考核制的意见》。是年,有3个企业党组织、7名党员被评为市供销社本级系统先进党组织和优秀党员,19名党员受到表扬。1990年3月,印发《宁波市供销社关于切实加强企业党组织建设的通知》(宁供党〔1990〕1号),在市社本级系统推行厂长(经理)负责制。4月,印发《市供销社党委会议制度》《市供销社党委成员、主任助理联系县(市)区供销社的主要任务及分工》,健全修订"民主评议党员制度""双争目标管理制度""党风责任制"等制度。所属各公司的党总支(支部)普遍设立专职书记或副书记,并配备一名专职党务工作人员。9月,根据市委《关于在部分单位进行党员重新登记工作的通知》,市供销社机关党员重新登记工作从9月初开始至11月底基本结束,市社机关55名正式党员经社党委审批,全部准予重新登记。12月,印发《关于市供销社机关改进作风、勤政廉洁的意见》《宁波市供销社关于党员领导干部民主生活会有关问题的通知》。1991年10月,印发《宁波市供销社党委民主生活会制度》《民主评议党员制度》《双争目标管理制度》等。1992年5月,市社党委召开基层企业党建工作研讨会,学习贯彻邓小平的南方讲话精神,进一步加强基层党组织建设和干部队伍建设。按时做好基层党组织的换届选举工作,调整充实部分公司及城区基层社的党组织领导班子;建立两级后备干部队伍,其中确立公司级后备干部67人,并提拔13名骨干。1994年至2004年,市供销社党委及基层党组织按照上级党委要求分别进行开好党员领导干部民主生活会,对照在政治立场、政治纪律、群众观点、思想作风、工作态度、学习情况和清正廉洁等方面的基本情况,开展批评与自我批评,对照条件,找出差距,提出整改措施。

2005年,结合党员先进性教育活动,把党员领导干部民主生活会纳入先进性教育活动分析评议阶层的重要环节。共向市级有关部门及各县(市)区供销社、有关企事业单位,以及党员群众发放征求意见稿396份,先后召开群众监督员、企事业单位和离退休干部等3个专题座谈会,走访10多个有关部门、县(市)区供销社和有关企事业单位,上门听取意见,共归纳出对市社党委的意见建议15条、班子成员意见建议28条。4月22日,市供销社党委召开民主生活会,全面总结党的十六大以来个人在思想、工作作风和廉洁自律等方面的情况,从世界观、人生观、价值观以及坚持科学发展观和正确政绩观、权力观、地位观、利益观等方面剖析存在问题的思想根源。

2006年至2012年,市供销社党委根据《党员领导干部廉洁从政若干准则》,重点对照《廉政准则》规定的52个"不准"和党政领导干部选拔任用工作四项监督制度,逐条进行检查,对应报告的个人有关事项逐项作出说明,对存在问题剖析原因,开展批评和自我批评,同时制定具体整改措施,明确责任,逐条抓落实。2011年,宁波市委办公厅公布《关于2000年至2002年民主评议机关工作情况的通报》,市供销社民主评议情况受到表扬。

2013年至2015年,市供销社党委按时召开党员领导干部民主生活会。总体上按照《党章》和"照镜子、正衣冠、洗洗澡、治治病"的总要求以及中央、省、市委明确的"不严不实"具体表现问题清单,认真开展批评和自我批评。三年共提出整改任务31项,具体整改措施49项,并由市社领导牵头,落实责任处室和协办处室。

党建目标管理

1983年,在基层党组织中开展"争创先进党支部、争当优秀党员"活动。是年起,开展评选市社级先进党组织和优秀党员活动。1983—1987年,有15个直属企业党支部被评为市供销社本级系统先进党支部,71名党员被评为优秀党员。1988年,为贯彻落实党中央提出的"党要管党,从严管党"的原则,市社党委及基层党组织开展"双争"目标管理活动,建立党风责任制、"三会一课"制度、民主生活会制度、党员联系制度、党员活动日制度等。

1989年4月,印发《宁波市供销社党委关于推行基层企业党支部工作目标管理考核制的意见》,将基层党组织目标管理和考核内容分为党员教育、组织建设、作风纪律建设和保证监督作用四个方面12个项目,并采取定量分数逐项考评记分,以百分制评定。是年底,经考核检查,有3个企业党组织、7名党员被评为市社本级系统先进党组织和优秀党员,19名党员受到表扬。1995年,印发《关于开展党的基层组织建设目标管理的实施意见》《宁波市供销社基层党组织目标管理考核核标准》,汇编《企业领导班子建设制度》等六大类制度。7月,分别建立市社主任室和7个处室联系21家直属企业制度。1996年,印发《宁波市供销社关于下达党的建设和精神文明建设工作考核方案的通知》。1997年1月,印发《宁波市供销社关于在机关干部中开展"奉献于事业,服务于人民"主题活动教育的通知》,学习贯彻党中央《关于进一步加强国有企业党的建设工作的通知》,进一步加强企业党组织建设。1999年10月,印发《关于推行企业公开制度、加强职工民主管理的实施意见》(甬供党〔1999〕20号),市社建立企务公开领导小组,所属各公司、基层社亦建立以党组织负责人为组长,纪检、工会主席为副组长的企务公开领导小组。是年,各基层党组织积极开展创建党员活动室活动,15家企业建立党员(党支部)活动室。

2000年,在党员干部中开展"三讲教育回头看"、"警示"教育、"三个代表"重要思想以及十五届四中、五中全会精神的教育活动。市供销社本级系统每季度举行一次党课,组织警示教育活动40多批次,3620人次参加。建立企业改制实行审计评估、诫勉、谈话、函询、重大事项等报告制度。2002年5月,对市社原直属企业已完成产权、用工制度改革的未控股企业的党组织关系,由改制企业委托,自愿申请接受市供销社相应组织的领导和管理,经批复同意后确立隶属关系。

2005年至2006年,结合党员先进性教育活动,探索建立新形势下党员长期受教育、永葆先进性的长效管理工作机制,制定从党员教育培训、监督管理、评价考核、组织处理和党员发展和考核评价"三会一课"等方面的规章制度10项。2008年2月,印发《宁波市供销社关于规范基层党组织目标管理考核意见的通知》。2010年5月27日,贯彻转发《市委组织部、宣传部关于深入开展以学习科学发展观服务型党组织为主题内容的创先争优活动的实施》。2011年,贯彻执行《中国共产党党内监督条例》《中国共产党和国家机关基层组织工作条例》《宁波市党的基层组织党务公开实施办法》《市直机关基层党组织党务公开实施细则》,是年9月1日,印发《关于宁波市供销社机关党委党务公开实施方案的通知》(甬供机〔2011〕2号)。

2012年至2013年,开展党组织建设年活动。贯彻学习《中国共产党党和国家机关基层组织工作条例》,党委中心组理论学习12次,机关集体学习46次,领导干部参加综合素质培训17人次,机关干部参加脱产学习和网上学院培训4人次,参加公务员综合类素质培训12期36人次,网上学习2200学时。开展"星级"党支部活动,市社机关第一、二党支部被市直机关党工委评为四星级基层党组织,机关离休党支部、退休党支部被市直机关党工委评为二星级基层党组织。认真实施党务公开制度,落实"一岗双责"制,严格"党员承诺服务制""首问责任制""AB岗工作制""责任追究制"等制度,坚持实施绩效对账,实时公开机关人员工作绩效,并在年中和年底对承诺践诺情况进行梳理和公布,对每个党员履诺情况进行点评。2014年,学习贯彻党的十八大,十八届三中、四中全会和习近平总书记系列重要讲话精神,积极开展"中国梦想·美丽宁波"微型党课、"好书共读、结对联学"等活动。推进"两新"党组织建设工作,形成市供销社"三农服务员"党建品牌。开展"最具创意组织生活案例"征集活动,全面推广开展"机关党员服务群众工作法""服务型党组织星级评定""星级争创""培育党建服务品牌"等活动。是年,市供销社机关党委被评为市直机关党建工作成效明显单位。

2018年10月10日,市供销社举办微型党课比赛活动

2015年初,市供销社党委召开全系统第一个党建工作会议,对进一步加强基层党组织目标管理工作提出具体要求。8月28日,市供销社新一届直属机关党委和纪委成立,并根据市委组织部关于调整规范市直单位有关党组织隶属关系的通知,将所属的宁波供销资产经营公司党支部、市农资公司甬丰农资公司联合党支部、市二号桥市场公司党支部、宁波海田控股集团党支部、宁波供销商业发展有限公司党支部、市土产日杂公司党支部、浙江南苑控股集团党委等8个基层党组织与机关党委(机关第一、二党支部,离休、退休干部党支部)合并,纳入市供销社机关党委管理。

政治思想和作风建设

1950年建社起至1952年,根据宁波地区专署部署,各级供销社党组织组织学习《土地法》。1951年1月起,宁波专区供销总社设立党的报告员制度,组织学习《中国共产党三十年》《惩治反革命条例》。1953年至1955年,宣传贯彻党中央提出的过渡时期总路线,全区供销社系统党员受教育面达到98%以上。采取各种形式组织学习马克思主义基本原理、经济建设常识等,开展《宪法(草案)》宣传活动。1954年起,逐步在基层党组织中建立党课制度。1956年,全区供销社系统开展社会主义新形势教育,组织学习毛泽东《关于正确处理人民内部矛盾的问题》《再论无产阶级专政的历史经验》。2月,省社宁波专区办事处印发《各基层供销社政治工作人员配备职务范围及当前政治工作意见》。7月,印发《关于1956—1957年主要政治工作规划和措施》。1957年3月,省社宁波专区办事处党组印发《关于发展监察通讯员做好监察工作的通知》,是年区、县级供销社设立监察领导小组,各基层供销社设立监察通讯员制度。

1958年开始,全区各区供销社组织开展以社会主义建设总路线、"大跃进"、人民公社化为中心内容的宣传活动。1960年开展"反右倾"斗争,以大鸣大放形式批判"右倾思想"。1961年6月起,全区供销社贯彻落实党中央提出的"调整、巩固、充实、提高"方针,开展社教和增产节约运动,解决工作和思想问题。主要学习毛泽东《人的正确思想是从哪里来的?》、刘少奇《论共产党员的修养》等,以后学习《毛泽东语录》及《毛泽东选集》(第一、二卷)。1962年,开展形势教育运动,采取军事形势教育与经济形势教育相结合的办法进行,同时贯彻执行《中共中央、国务院关于厉行节约的紧急通知》,省社宁波专区办事处和市供销社分别制订节约实施计划,号召基层党组织和党员坚决向铺张浪费和不爱护公共财物的现象作斗争。1963年,全区供销社党组织普遍开展回忆对比、忆苦思甜活动,进行供销社社史、集体史教育。开展学雷锋活动和"五反"运动。次年,重点学习中共中央《关于目前农村若干问题的决定》《关于农村社教育运动中一些具体政策的规定》,强调社教运动的性质是解决社会主义和资本主义的矛盾。

"文化大革命"期间,宣传贯彻"无产阶级专政下继续革命的理论"教育。1971年11月,贯彻传达中央关于"九一三"事件的通知,揭批林彪反革命集团罪行,开展以落实"三要三不要"基本原则为主要内容的整风运动。1976年10月,"四人帮"被粉碎,长达10年的"文化大革命"结束。

1978年,宁波地区供销社党组贯彻学习党的十一届三中全会公报,深揭狠批"四人帮",拨乱反正。开展清查运动,纯洁组织。1979年至1980年,开展实践是检验真理的唯一标准大讨论。1981年,贯彻学习党的十一届六中全会公报和《决议》,全区地、县、基三级供销社的630名主要负责人分别集中参加《决议》学习班,各县供销社机关共举办学习政治理论培训班三期,参加干部150余人,1983年8月,地、市供销社合并建立中共宁波市供销合作社委员会后,主要贯彻学习《邓小平文选(1975—1982)》,举办读书班6期,参加干部260人。

1987年4月,全面开展坚持四项基本原则的正面教育活动,组织学习《坚持四项基本原则,反对资产阶级自由化》、邓小平《建设有中国特色的社会主义》。11月26日,印发《关于开展学习贯彻党的十三大文件安排的通知》,举办学习贯彻党的十三大精神报告会和培训班两期,参加人数100余人次;组织举办六期青工政治轮训班5期,有300余人参加。1988年3月,开展马克思主义理论教育活动。组织举办两期培训班,共有110名市社机关、各公司中层以上干部和城区基层社负责人参加。1989年,组织机关党员干部和所属各公司、基层供销社的党政工团负责人传达学习中央领导同志重要讲话精神。一致表示,坚决拥护党中央、国务院为迅速制止动乱、稳定局势所作出的一系列重大决策,坚决拥护国务院关于北京部分地区实行戒严的果断措施。7月,印发《宁波市供销社关于认真学习贯彻党的十三届四中全会精神的通知》(宁供党〔1989〕13号)。8月,积极开展"双清"活动,1989年9月至1990年3月,市供销社连续举办9期党员轮训班,参加轮训的党员560人,至1990年,所属企业800多名党员普遍进行以爱国主义、社会主义、艰苦奋斗、遵纪守法为内容的正面教育。

1990年,印发《宁波市供销合作社关于组织学习马克思主义哲学的通知》《关于进行基本国情与基本路线教育的实施计划的通知》《关于社会主义若干问题的学习纲要》。举办企业领导干部读书会,50人参加;培训哲学理论骨干25人;培训社会主义若干问题的学习骨干20人。1991年2月,开展"双基"教育、形势任务教育、反对和平演变教育和党的基本知识学习等活动,举办两期市社机关、所属公司和城区基层供销社骨干思想作风整顿培训班,16期青工"双基"教育培训班,培训人数分别达到480余人、1400余人。所属18家基层单位参加学习的党员692人。在组织党的知识竞赛中,市果品公食杂公司队获本级系统一等奖,市副食品公司和土产日杂公司队分获二等奖,市化肥经营处和江东供销社队分获三等奖。市供销社组队参加市财贸系统15个局党的基本知识竞赛,获第一名。1992年,印发《宁波市供销社党委关于认真学习宣传党的十四大文件的通知》,开展反和平演变教育、"双基"教育和学英雄争贡献演讲等活动,举办党的十四大文件学习会、培训班7次,思想作风整顿培训班2次,参加人员300余人。1994年至1995年,学习贯彻党的十四届三、四、五中全会文件精神,学习邓小平视察南方时的谈话、《邓小平文选》(第三卷)、《建设有中国特色的社会主义》等重要讲话和文选。同时,组织党员学习孔繁森事迹活动,举办1期40余人参加的入党积极分子培训班,组织机关、所属企业党员150人到上海党的一大会址参观,到杭州烈士纪念馆瞻仰,参观嘉兴南湖革命纪念馆,进行党的历史传统教育。

1996年,学习贯彻江泽民总书记关于"讲学习、讲政治、讲正气"的重要讲话精神,开展学理论、学党章的"双学"活动,成立学习领导小组,对支委以上干部进行不少于20天的培训,集中安排3个专题进行学习教育。9月,开展评选"十佳"干部活动,所属党组织党员干部和职工积极参与。市供销社党委中心组被市委评为全市(县)局级党委理论学习先进中心组。1997年5月起,开展"追求上进、追求创新、追求一流"的"海田"企业精神大讨论活动。

1995年至1997年,市供销社本级系统开展建设有中国特色社会主义理论和党章学习轮训,共举办轮训班8期,党员参训率达到90%以上,支委以上干部100%,圆满完成党员轮训任务。1998年3月,印发《关于认真学习贯彻〈中共中央在全党深入学习邓小平理论的通知〉的学习计划安排的通知》(甬供党〔1998〕22号),从而掀起学习邓小平理论的高潮。1999年7月,召开"三讲"(讲学习、讲政治、讲正气)教育动员大会,印发《宁波市供销社领导班子"三讲"教育实施方案的报告》(甬供党〔1999〕5号)。8—9月,召开"三讲"教育第一、二、三阶段小结和第二、三、四阶段动员大会;9月底召开"三讲"教育总结大会。2000年2月,印发《关于开展学习贯彻党的十五届四中全会精神主题教育活动的实施意见》。是年,市社党委举办4次本级系统党课,参加人员500余人次。3月31日,组织举办以宣传现代企业制度为主要内容的系统党课,所属企业单位120多名党员参加。

2002年至2003年,组织学习江泽民总书记"5·31"讲话和"三个代表"重要思想,掀起学习贯彻党的十六大精神和"三个代表"的热潮。2003年8月6日,印发《关于认真学习〈纲要〉和胡锦涛总书记重要讲话的通知》(甬供党〔2003〕5号)。2005年至2006年,开展保持共产党员先进性教育活动。2005年1月,印发《关于建立宁波市供销社保持共产党员先进性教育活动领导小组的通知》,第一批先进性教育活动迅速启动。2月,印发《关于宁波市供销社党委第一批先进性教育活动实施方案的通知》(甬供党〔2005〕2号)和《关于宁波市供销社党委成员参加先进性教育活动的工作方案》(甬供党〔2005〕3号)。3月22日,印发《关于宁波市供销社第一批先进性教育活动思想发动、学习培训阶段工作总结的通知》(甬供党〔2005〕6号)。5月20日,召开保持共产党员先进性教育活动第二阶段总结暨第三阶段动员大会。6月27日,召开保持共产党员先进性教育活动总结大会。

2007年,开展"树新形象创新业绩"主题实践活动,深入学习贯彻党的十七大精神,紧紧围绕科学发展观和构建和谐社会的总要求,大力宣扬社会主义荣辱观,打击邪气,树立正气。2008年,开展以"学习贯彻党的十七大,我为供销作贡献"为主题的宣传教育实践活动。2009年3月12日,市供销社召开深入学习实践科学发展观活动动员大会。5月,举办供销社系统深入学习实践科学发展观活动专题培训班;参加市委深入学习实践科学发展观活动领导小组开展的"服务企业破难解困"主题交流工作,同时组织全体党员联系学习党的十七大和十七届三中全会精神,认真学习《毛泽东、邓小平、江泽民论科学发展》和《科学发展观重要论述摘编》等重要文献。8月底,召开深入学习实践科学发展观活动总结大会。2011年1月21日,印发《宁波市供销社关于开展"思进思变思发展、创业创新创一流"主题教育实践活动的实施意见》(甬供党〔2011〕3号)。3月,召开"思进思变思发展、创业创新创一流"的"三思三创"主题教育实践活动动员大会。组织"三思三创"主题教育实践活动解放思想大讨论,举办理论研讨会,交流论文27篇。市社党委班子成员带领机关党员干部,深入基层蹲点,走访专业合作社、基层社、企业、农户40多家,召开座谈会20余次,形成一批高质量的调研成果。在纪念建党90周年活动中,组织开展党史教育、党建知识竞赛、歌颂党的系列文艺会演等系列活动。

2012年2月29日,印发《宁波市供销社关于开展"干部进社(村)入企一线解难创优"活动的实施意见》,完成调研课题5个,确定发展瓶颈难题4个。11月28日,召开系统学习贯彻党的十八大精神动员大会。2013年3月,印发《宁波市供销社党委关于改进工作作风严明工作纪律的实施办法》,严格执行"党员承诺服务制""首问责任制""AB岗工作制""责任追究制"等制度,7月5日,印发《关于开展"中国梦·每个人要担当起责任"主题教育实践活动实施方案》,开展"中国梦·我的责任"主题读书征文活动,市社机关各支部推荐10篇征文参加评选,表彰、交流优秀征文3篇。7月30日,印发《宁波市供销社党委深入开展党的群众路线教育实践活动实施方案》,按照市委统一部署,认真贯彻"照镜子、正衣冠、洗洗澡、治治病"总要求,深入开展党的群众路线教育实践活动。8月,召开以"推进党的群众路线教育实践活动深入开展"为主题的党支部书记座谈会;市社领导到各区县(市)供销社开展党的群众路线"走亲连心"活动。9月,开设党的群众路线教育实践活动专题党课;市社领导班子及其成员对照检查材料提出修改意见。11月,举行群众路线教育实践活动党委专题民主生活会通报会。2014年4月29日,市供销社机关党委印发《关于在全市供销社系机关党组织开展"深改革、强规范、提能效"作风建设专项行动的通知》(甬供机〔2015〕1号)。7月9日,印发《宁波市供销合作社综合改革试点实施方案的通知》(甬供指〔2014〕35号)。

宁波供销集团公司年会召开

2015年4月29日,印发《关于在全市供销社系统机关党组织开展"深改革、强规范、提能效"作风建设专项行动的通知》(甬供机党〔2015〕1号)。5月26日,召开市供销社"三严三实"(既严以修身、严以用权、严以律己;又谋事要实、创业要实、做人要实)专题教育部署会,扎实开展"三严三实"教育活动。7月,市社党委理论学习中心组召开"三严三实"专题教育学习会。8月,召开市社本级系统"三严三实"研讨会暨扎实开展"三严三实"专题教育推进会。

第六节 纪检监察

1984年4月18日,建立中共宁波市供销合作社纪律检查委员会(以下简称纪委),王兆能任书记,孔繁义任副书记。6月14日,市供销社党委印发《关于设立企业纪律检查委员的批复》(宁供党字〔1984〕45号),王竹芳任市社机关党支部纪律检查委员。陈永儒任市副食品公司党支部纪律检查委员,闻光兴任市土产日杂公司党总支纪律检查委员,闻才兴任市物资回收公司党总支纪律检查委员,叶燕荣任市农资公司党总支纪律检查委员,叶萱璋任市特产公司党支部纪律检查委员,黄敏任宁波畜产公司党支部纪律检查委员,余如荣任宁波仓储运输公司党支部纪律检查委员,邱镇基任镇海化肥经营处党支部纪律检查委员,金锡亮任市社贸易公司党支部纪律检查委员,王耀南任市供销社汽车队党支部纪律检查委员。

1987年6月,市供销社党委决定,增补蒋定浩、赖福宁、陆逢年为市供销社纪委委员。1992年3月,石永兴任市供销社纪委副书记。5月,励慧芳兼任市供销社纪委书记,免去王兆能纪委书记职务。7月,赖福宁任市供销社纪委副书记,郑学浩任纪委委员。1995年6月,陆玛杰任市供销社纪委书记,免去励慧芳纪委书记职务。2000年,赖福宁任市供销社纪委副书记。2003年8月,市供销社首届机关党委成立,吴德成任纪律检查委员。2006年2月,吴德成任市供销社专职纪检干部。2010年12月8日,市直机关党工委批复同意,成立市供销社机关纪委由吴德成、钟毅君、余珊弘等3人组成,吴德成任书记。2011年7月15日,市供销社机关党委纪律检查委员会由黄党生、余珊弘、钟毅君等3人组成,黄党生任书记。2014年7月,钟毅君任宁波市纪律检查委员会驻宁波市供销社纪检组组长。2015年8月,王学兴任市供销社机关党委纪委书记。11月23日,市委甬党干〔2015〕206号文,撤销宁波市纪律检查委员会驻宁波市供销合作社联合社纪检组,原纪检组人员职务同时免去。12月24日,市供销社召开干部会议,市纪委宣布任黄华斌为市纪委驻市粮食局、市供销社纪检组组长。

2016年8月,田启朗任市社机关党委纪委书记,免去王学兴市社机关党委纪委书记职务。2018年10月,王学兴任市社机关党委纪委书记,免去田启朗市社机关党委纪委书记职务。

表9-13 宁波市供销社纪委(直属机关党委纪委)正、副书记名录

机构名称	职务	姓名	任职时间	离职时间
宁波市供销社纪委	书记	王兆能	1984.04	1992.05
宁波市供销社纪委	副书记	孔繁义	1984.04	1992.05
宁波市供销社纪委	副书记	石永兴	1992.03	1992.05
宁波市供销社纪委	书记	励慧芳	1992.05	1995.06
宁波市供销社纪委	副书记	石永兴	1992.05	1992.07
宁波市供销社纪委	副书记	赖福宁	1992.07	2010.12
宁波市供销社纪委	书记	陆玛杰	1995.06	2010.12
宁波市供销社纪委	委员	吴德成	2003.08	2006.02
宁波市供销社纪委	专职纪检委员	吴德成	2006.02	2010.12
宁波市供销社直属机关党委纪委	书记	吴德成	2010.12	2011.07
宁波市供销社直属机关党委纪委	书记	黄党生	2011.07	2014.07
市纪委驻市供销社纪检组	组长	钟毅君	2014.07	2015.12
宁波市供销社直属机关党委纪委	书记	王学兴	2015.08	2016.08
市纪委驻市粮食局、供销社纪检组	组长	黄华斌	2015.12	
宁波市供销社直属机关党委纪委	书记	田启朗	2016.08	2018.10
宁波市供销社直属机关党委纪委	书记	王学兴	2018.10	

纪检监察教育

1985年,根据中央关于打击严重经营犯罪活动(简称"经打")的一系列指示精神,纪委配合党委抓好系统内"经打"工作。1985—1989年,全市供销社系统配合市、县两级检察部门先后立案查处400多件经济犯罪案件。立案审查475人,给予党纪处分的41人,政纪处分的234人,刑事处分的66人,追回赃款额140余万元。

1988年10月7日,市供销社印发《机关工作人员清政廉洁的若干规定》《市供销社行政经费管理制度》《关于下去工作时就餐问题给各地的一封信》等。是年,市供销社本级系统共拒收钱物46人次,计13220元。1989年,市供销社印发《宁波市供销社廉政建设方面近期抓好8件事》《农资专营廉政建设的通知》。所属19个公司、基层社先后制订公开办事制度有关规定,如市副食品公司制订《纠正行业不正之风措施8条》;市再生资源回收利用公司制订《文明经商公约五条》;江北供销社制订《文明经商优质服务10条规定》;市土产日杂公司制订《服务守则8条》;市农资公司制订《确保农资专营七条规定》;宁波化肥经营处制订《做好化肥专营5条规定》;宁波仓储运输公司制订《廉政办事制度10条规定》。全年,共举办党纪党风、廉政建设、职业道德学习班215场次,受教育18000人次。

1990年12月,印发《关于市供销社机关改进作风、勤政廉洁的意见》,重点抓好纠正行业不正之风。

12月,市社纪委对市果品食杂公司党员汤某某赌博事件,作出给予留党察看一年处分。1991年6月,举办纪检干部培训班,受训25人。8月,印发《宁波市供销社关于支持改革开放,促进经济发展的意见》(宁供党〔1992〕22号),1993年7月,省社宁波仓储公司尧某某因犯贪污罪被江北区人民法院判处有期徒刑一年,缓行一年的一案,经市供销社纪委研究决定,给予开除尧某某党籍的处分(市供销社纪委宁供纪〔1994〕1号)。

1994年5月,印发《关于重申企业领导干部有关注意事项的通知》(宁供党〔1994〕14号)。1995年5月,印发《市供销社关于会议、接待就餐标准的规定》。1998年,市供销社重点抓好中央"八条"规定的贯彻落实。一是集中清理通信工具,移动电话全部折价卖给个人,并建章立制,做好规范管理工作;二是对公务接待普遍采用审批、定点、限额、财务单列等管理制度,认真执行接待费用向职工代表大会报告制度;三是加强会议管理,严格控制会议数量、范围、规模、时间和经费。1999年,市供销社印发《关于对干部诫勉制度实施意见》《关于对干部实行函询和谈话的暂行规定》。2000年,印发《关于市供销社在党员干部中开展警示教育的通知》(甬供党〔2000〕18号),组织警示教育活动40多批次,3620人次参加。

2000年至2002年,市供销社所属本级企业受党纪律处分5人。其中,市果品总公司李某某利用工作上的便利,擅自为他人营利活动提供经济担保,给集体资产造成严重损失,市社纪委给予李某某开除党籍之处分。宁波保税区金星国际商贸公司冯某某、胡某某在任职期间走私进口普通货物,偷逃应缴税额110.99万元,根据宁波市中级法院(中院甬刑初字第〔2001〕110号),其行为已构成走私进口普通货物罪,判处有期徒刑两年,缓刑三年。市供销社党委给予冯某某、胡某某留党察看两年的处分。

2008年4月28日,印发《关于宁波市供销社廉政预警机制建设实施意见(试行)的通知》(甬供党〔2008〕8号)。4月起,市委巡视组对市供销社党委进行巡视。11月4日,召开巡视情况反馈会,市委巡视组长应伟明通报巡视情况会。2010年,印发《宁波市供销社关于建立健全惩治和预防反腐败体系2008—2012年工作规划》。

2011年3月,市供销社机关工作人员签订执行"四条禁令"承诺书。5月10日,印发《宁波市供销社专项检查工作方案》。7月,市供销社党委对市农资公司"小金库"问题(总金额914.34万元。主要用于为职工增发工资、发放年终奖金、弥补职工应缴的个人所得税等),根据中央治理"小金库"工作领导小组办公室《关于明确"小金库"治理工作中有关问题的通知》,作出如下处理意见:(1)免去朱某某、刘某某、王某某、姜某某公司党内外职务;朱某某不再担任公司董事长职务;取消2011年度考核奖。(2)公司职工从"小金库"取得的收入必须全额限期退还。(3)建议市甬丰农资股份公司按《公司章程》规定,免去朱某某董事长、刘某某副总经理职务,并免去王某某、姜某某相应职务。8月,成立市社廉政风险防控机制建设领导小组,印发《机关廉政风险防控机制建设实施方案》,全面开展廉政风险点排查。通过整理,确定廉政风险点89个,提出针对性防控措施79条;对廉政风险预防、监控、处置等阶段的措施作了具体化明确,建立预警机制,市社机关19名处级以上干部全部建立个人廉政档案。

2012年,市供销社纪检监察工作主要做了以下四方面工作:一是组织学习《中国共产党党员领导干部廉洁从政若干准则》《干部选拔任用工作条例》《党章》等有关规定,进行《廉政准则》情况专项检查。对7名选任的处级干部进行任期考察;对5个企业党支部进行换届,选拔任用和考察换届工作严格执行有关规定和纪律,无违规违纪情况发生。二是开展领导干部从政道德教育,组织学习讨论《领导干部廉洁从政教育读本》《领导干部从政道德启示录》、市纪委编印的警示教材等,集体观看《苏共亡党亡国二十年祭》警示教育片；组织"读书思廉"征文活动，共征集到思廉文章30篇，评出优秀文章7篇。三是纪检监察工作紧紧围绕"新网工程"建设、"可再生资源利用实事工程"建设、"社有资产管理"等中心任务，重点开展加强机关执行议事规则、社有资产管理规定、大额资金使用规定等制度情况的督查。在组织实施重点工作、重大项目时，做到重要会议纪委人员参与，程序制度执行主动接受纪检监督，保证纪检监察工作作用的发挥。四是组织开展《廉政准则》执行情况检查，对照遵守"八个严禁""52个不准"进行自查，不断推进机关廉政风险防控机制建设。

2013年初，修订完善《宁波市供销社党风廉政责任制实施细则》，党风廉政建设责任制网络图，责任分解到人，形成一级抓一级的责任网络体系，与本级企业签订"廉政责任状"。3月16日，印发《市供销社落实〈宁波市建立健全惩治和预防腐败体系2013—2017年实施细则〉工作措施》（甬供党〔2014〕18号）。6月至7月，开展执行机关公务用车制度改革纪律规定情况自查自纠、机关人员和社属企事业单位中层以上干部会员卡项清退、机关处级以上领导干部落实工作和生活待遇规定的集中检查等。

2014年，严格落实"两个责任"，即党组织主体责任和纪委监督责任。组织学习《中国共产党廉洁自律准则》《中国共产党纪律处分条例》。4月，制定《市供销社企事业单位年度绩效考核办法》，将党风廉政建设内容纳入单位整体考核，实施机关工作人员"岗位对责绩效对账"考核。8月5日，印发《宁波市供销合作社社有企业领导人员廉洁从业实施细则》（甬供党〔2014〕10号）。

2015年2月15日，召开党风廉政建设和反腐败工作会议，成立党风廉政建设和反腐败工作领导小组，市社党委与机关部门负责人及所属企事业单位领导签订党风廉政建设和反腐败工作责任书。5月中下旬，组织人员对所属企事业单位落实党风廉政建设和反腐败主体责任情况进行一次检查，派出7个检查组，分别由市社党委成员带头，对所属企事业单位和机关廉政建设情况进行全面的检查。年内对新提任的4名处级干部进行廉政谈话，严格执行《党政领导干部选拔作用条例》，干部选拔任用"一报告两评议"工作，对拟任的干部在网站进行公布，接受广大群众的监督。6月25日，印发《宁波市供销社关于"六廉"工作实施计划》的通知（甬供党〔2015〕14号）。8月17日，印发《宁波市供销合作社党风廉政建设责任制实施细则》《宁波市供销合作社党风廉政建设和反腐败工作组织领导与责任分工》的通知。11月，组织纪检监察、监事会、财务审计部门组成的工作组，对所属企业在严格落实"三重一大"集体决策方面，尤其是对涉农专项资金和中央、省市财政专项资金使用管理情况进行专项检查。其中对一家公务经费管理不规范的参股企业的直接责任人员进行诫勉谈话，对一名免于刑事处罚的企业党员按规定给予党内严重警告处分。

打击严重经营犯罪活动

1985年，市供销社党委根据中共中央关于打击严重经营犯罪活动（以下简称"经打"）的一系列指示精神和市委的统一部署，配合市、县两级检察部门，在全市供销社系统开展打击严重经济犯罪工作，积极查处一批经济违法案件。年底统计，全市供销社系统查处各类经济违法案件145件172人，贪污、受贿等非法所得金额21万元，检察院立案侦查的26件28人（万元以上的案件3件），逮捕犯罪嫌疑人16人，全部作出有罪判决。有3人被开除党籍，87人获行政处分，其中14人被开除公职，追回赃款16.9万余元。对提高干部职工的法制观念，健全企业经营管理制度，促进党风、民风和社会治安的好转，都起到积极作用。

1986年6月，全市供销社"经打"工作会议召开，会议分析供销社系统经济违法犯罪的主要表现，同时要求坚持"两手抓"的方针,用一年左右的时间把经济犯罪的嚣张气焰压下去,把供销社"经打"工作深入开展下去,抓出成效。是年,全市供销社系统已揭露经济案件231起,立案侦查人数262人,其中贪污案144件,万元以上不满3万元的有11人,5000元以上不满1万元20人,2000元以下不满5000元59人,其他172人,涉案总金额117万元,追回赃款88万余元。1989年,全市供销社系统共立案查处各类经济案件116件,涉及人员129人,其中万元以上大案8件。年内结案95件110人,追缴赃款31.6万元,受到刑事制裁9人,给予党纪、政纪处分60人。

1985—1989年,全市供销社系统先后立案查处经济违法犯罪案件,409起。其中贪污案件252件,占总立案件数的61.7%。立案审查人数475人,其中1万元以上不满3万元的为21人,千元以上不满1万元的为234人;涉及基层社主任级的有10人,党员50人;受到党纪处分的有41人,受到行政处分的有234人,受到刑事处分的有66人,追回赃款139.38万元,有力地打击经济犯罪活动。

第二章　群团和老干部工作

第一节　工　会

1950年3月21日,宁波专区供销合作总社成立。1952年11月1日宁波市合作总社成立。当时宁波专区、市供销社工会组织也成立过,但无文件资料查考。当时工会负责人均为兼职,未设立专职工会干部。1953年10月,宁波专区供销合作总社改名为省供销社宁波专区办事处。1954年后,全区基层供销社大都建立基层工会组织,基层工会活动开始照常活动。

"文化大革命"开始后,供销社工会组织瘫痪,被迫停止活动。1978年后,各级供销社逐渐恢复工会组织。1983年8月,地、市供销合作社合并,成立宁波市供销合作社。当时市供销社机关工会尚未建立,也未配备工会专职干部。1984年后,市供销社配有兼职的工会干部。1990年12月,市财贸工会供销社工作委员会成立,陈汉忠任市财贸工会供销社工作委员会主任。1996年1月,赖福宁任财贸工会供销社工作委员会主任,免去陈汉忠市财贸工会供销社工作委员会主任职务。2003年11月21日,市供销社机关工会第一届委员会成立。委员会由包银虎、王前线、石立玉、刘初萌、张碧英等5人组成,包银虎选为工会主席,王前线为工会副主席;余珊弘为机关第一届工会经费审查员。工会任职期五年。2004年至2005年,市供销社机关工会被评为市级先进职工之家。2008年12月8日,市供销社机关工会第二届会员大会召开,钱建国、王前线、石立玉、刘初萌、张碧英等5人当选为机关工会第二届委员会委员,钱建国当选为新一届工会主席,王前线为副主席,余珊弘为工会经费审查员。2014年2月,市供销社机关工会第三届会员大会召开。钱建国、王前线、田启朗、余珊弘、张碧英等5人当选为机关工会第三届委员会委员。钱建国当选为新一届工会主席,王前线为工会副主席,余珊弘为工会经费审查员。

2016年8月15日,市供销社机关工会第四届委员会成立。委员会由钟毅君、张碧英、田启朗、王红明、刘金英等5人组成,钟毅君当选为工会主席,张碧英为工会副主席,余珊弘为工会经费审查员。

履行职能

20世纪50年代至60年代初,供销社工会配合行政深入贯彻面向生产、做好供应保障工作。全区供销社系统工会开展一系列的职工政治思想教育,极大地提高职工群众的社会主义觉悟与劳动热情。1950年3月,宁波专区供销合作总社成立后,贯彻执行《宁波市劳资关系暂行处理办法》。

1956年,全区供销社系统大力发展互助储金会的组织,到年底,全区供销社发展互助储金会398个,参加人数25400余人,占会员总数的44%。解决救济困难费26300元。

1954年至1963年,各级工会组织参与开展社会主义劳动竞赛活动。1954年,工会配合行政开展社会主义劳动竞赛,全区供销社系统增产节约25万元。1958年,开展劳动竞赛,增产节约65万元,共评选出先进集体89个,先进柜组895个,先进个人4560人。1963年,各地供销社都召开劳动竞赛动员大会,制订具体措施和节约指标,特别是推行班组核算的工厂,普遍建立生产会议制度。

"文化大革命"期间,供销社工会活动停止。1980年,宁波地区供销社各级工会开展以增产节约为中心的社会主义劳动竞赛和为"四个现代化"立功活动。全区供销社系统18个基层单位、56个分社、367个柜组开展劳动竞赛。通过劳动竞赛,收到明显效果,全区供销社系统增产节约96万余元。共评选出先进集体166个,先进柜组162个,先进个人585人。

1986年,工会组织开展以"三创"(创新、创优、创水平)为主要内容的社会主义劳动竞赛活动,成立"双增双节"劳动竞赛领导小组。市副食品商场青年南货柜、市特产公司棉麻科、慈城县供销社妙山分社被评为市级劳动竞赛先进集体;市副食品公司干批部102号仓库、市工业品公司第一门市部、市特产公司白沙仓库、市农资公司肥料科、市第二土产公司灵桥土产商店瓷器柜、江东供销社东郊分社被评为市供销社系统劳动竞赛先进集体。

1981年至1986年,工会组织开展企业"四好""四无"先进仓库活动,成效显著。1989年,开展"双增双节"和社会主义劳动竞赛活动,增产节约60余万元。1990年,根据市总工会《关于建立职代会(或职工大会)报告制度的通知》,市供销社所属公司和基层供销社有60%的工会建立职代会;对已经到期的15家基层工会进行换届选举。8月,市供销社工会在市区各公司、城区基层社开展"人人献计献策"活动。共收到合理化建议800余条。市农资、特产、副食品、物资回收公司和慈城供销社被评为市级"先进职工之家"。1991年,深入开展建设"职工之家"活动,有8个单位进行"职工之家"验收,有3家被评为"先进职工之家",有1家被评为"模范职工之家"。1993年,积极开展"我为企业献一策"活动,所属18家基层工会组织工会会员参与该项活动,共收到献计献策150余条,被行政领导采纳的有30多条。1994年10月28日,省商业厅、粮食局、供销社、省财贸工会联合印发《关于加强国合商业小企业工会组织建设和职工民主管理的通知》(浙财贸工字〔1994〕32号),通知指出,企业实行"国有民营""社有个营"和其他形式的改革,不能把工会合并或归属于有关部门,更不能随意撤销,已经合并或擅自撤销的应及时纠正过来。工会主席在任期内不要随意调动,确因工作需要调动的,应征得本级工会委员会和上级工会同意。

1997年,深入贯彻《劳动法》。工会组织参与企业民主管理,坚持每年召开1—2次的职代会制度。2000年,市供销社本级企业工会积极开展征集合理化建议活动,共收到1000余条建议,内容涉及企业改制、经营管理、财务管理、劳动用工分配、精神文明建设等方面。

2000年至2004年,企业实施"两项制度"改革,工会组织积极参与企业改制方案的制订,企业改制方案经职工代表大会讨论通过后实施。2002年5月,市社对直属企业已完成产权、用工制度改革的未控股企业的工会组织关系,由改制企业委托,自愿申请接受市供销社相应组织的管理,经批复同意后确立隶属关系。2005年,工会积极参与文明城市创建和参与宁波市社区创建等活动。2006年,工会组织学习贯彻《全民道德实施纲要》,开展"学习型机关"创建活动。2007年至2015年,机关工会积极参与"三思三创"、先进性教育、党的群众路线教育、作风建设、学习型机关及全民阅读、反腐倡廉教育、"三严三实"、供销社综合改革等重大活动。

职工维权

维护职工合法权益是工会的基本职能。工会组织以《劳动法》《劳动合同法》为依据,代表和维护职工的民主权利,并以协调企业产权关系、调节劳动关系、调解劳动争议,保护职工劳动权益为主旨,进一步提高职工的经营积极性和创造性,推动企业生产的发展和经济效益的提高。

1985年至1989年,市供销社本级所属企业工会参与职工维权、调解劳动争议,据不完全统计,共有250余次,切实保障职工的劳动权益。1992年,工会配合行政认真做好职工社会养老保险统缴工作。所属企业系统职工均参加社会养老保险,按规定为职工缴纳养老、失业、生育、医疗保险基金,以及为职工缴纳住房公积金。

1993年9月,省体改委、省供销合作社联合印发《浙江省供销社企业转换经营机制试行办法》通知,对供销社企业的资产和经营形式、直属企业的经营权和责任、供销社与政府的关系等方面提出具体的意见和要求。其中企业年度经营状况和经营成果,应当向职工代表大会或职工大会报告。1994年,市供销社所属企业开展企业签订劳动集体合同的试点工作。工会与企业根据《劳动法》签订集体合同,主要内容包括:"劳动报酬、安全卫生;工作时间,休息休假;生活福利,职工培训;劳动纪律、违约赔偿及合同纠纷"等七个方面。通过集体合同的签订,明确企业与职工的权利和义务,规范企业和职工的行为,调整企业的劳动关系,确保企业与职工的合法权益,使企业的改革和经济建设健康发展。年底,市供销社本级系统有18家企业签订集体合同。

1995年1月,市供销社发出通知,要求各级工会按照《企业法》《劳动法》的有关规定,坚持和完善职工代表大会和职工大会制度,经营门店和柜组要建立健全民主管理小组,经营者要定期向职工代表大会和职工大会报告工作。企业用工、分配等重大问题均需经职工代表大会或职工大会审议。工会对改革方案、承包(租赁)人的确定、承包(租赁)基数的核定、用工、分配、福利等进行全过程的参与。

1996年,市供销社工会配合行政继续推行全员劳动合同制度。依据有关法规规定,允许职工工龄在15年以上的签订无固定期限劳动合同,其他职工可续订或自谋职业。所属宁波美乐门商城、宁波南苑股份有限公司、市特产公司、市果品总公司、市土产日杂总公司等14家企业签订全员劳动合同,6家企业经职工代表大会讨论,通过集体合同决议,签署集体劳动合同。

1997年,深入贯彻《劳动法》。工会组织参与企业民主参观,坚持每年召开1—2次职代会。配合行政方与经营决策、方案制订、讨论经营责任制,修订劳动纪律和奖惩制度。主动为职工办理养老保险和财产保险,对职工生病住院和天灾人祸等特殊情况给予救济补助。每逢元旦春节,对离退休干部、困难职工进行慰问等。

1999年至2004年,企业在改制中,配合行政参与企业资产评估,对调整下来的下岗职工合理安排,规定本级企业新经济增长点均应按一定比例安置一部分老企业下岗职工。市供销社直属企业召开职工代表大会,讨论和通过《关于劳动合同管理办法》《规范化服务奖惩规定》《企业员工与企业解除或终止劳动关系的实施办法》《企业职工离岗退养、待岗、自谋职业等有关规定》《各类假期管理办法》《企业产权制度改革和理顺职工劳动关系方案》等,切实维护职工的合法权益。

疗休养活动

1988年,根据省供销社关于组织开展疗休养活动的通知,市供销社工会做好系统疗休养安排工作。

是年,组织全市供销社系统520名职工参加省供销社组织的疗休养活动,1989年有654名职工参加省供销社组织的疗休养活动。1990年,全市供销社系统安排职工疗休养328人,1991年安排职工疗休养240人,主要疗休养地为北戴河、建德、雁荡山、杭州等地。1991—1992年,根据省供销社下达的职工休养名额计划,下达给各县(市)区供销社、市社各公司、城区供销社职工休养名额380人,分12批次到雁荡山、莫干山等地疗休养。

1993—1998年,据不完全统计,全市供销社系统工会组织职工疗休养1300人次。2000年1月19日至20日,市供销社机关工会组织全体会员到义乌疗休养。2004年起,市供销社机关工会组织机关干部职工每年到省外进行一次疗休养活动。2004年到井冈山,2005年到延安,2006年到湖南张家界、韶山,2007年到贵州黄果树,2008年到山西,2009年到重庆、九寨沟,2010年参观上海世博会,2011年至2015年,分别到云南、河南等地疗休养。

第二节 团 委

1950年3月,宁波专区供销合作总社成立,1952年11月成立宁波市合作总社。当时宁波专区、市合作总社直属公司、城区基层供销社的共青团组织也相继成立,负责人均为兼职,未设专职团干部。1954年,全区14个县及基层供销社建有280个团支部,团员5600人。1957年,全区基层供销社建有328个团支部,团员6500人。1964年,绍兴、上虞等县供销社划出后,全区8个县及基层供销社有156团支部,共有团员2945人。

1983年8月,地、市供销合作社合并,成立宁波市供销合作社。原宁波地区供销社所属公司团组织分别并入市供销社所属有关公司。市供销社本级企业共有共青团员348人,30岁以下青年1257人。10月,共青团宁波市供销社首届第一次代表大会召开,郁义康任团委书记,石永兴任副书记。1986年,建立市供销社工业品公司、市土产日杂公司团支部。宁波化肥经营处、宁波仓储运输公司、市特产公司团支部改选。上述建立和改选的团总支(团支部)委员会一般由3—5人组成,未设团书记(或副书记)。9月25日,共青团宁波市供销社第二次代表大会召开,出席会议代表83人,选举产生新一届市供销社团委,委员会由王前线、乐志明、忻红兵、应剑萍、张战英、贺万良、钱亚君、韩颐滨等8人组成;张战英、王前线任团委副书记。是年底统计,市社团委所属有市副食品公司、市社贸易中心、市物资回收公司、市特产公司、市畜产品公司、市农资公司、市东港汽车股份公司、市仓储运输公司、市化肥经营处、市果品食杂公司、市第二土产公司、市第二物资回收公司等14个团支部。

1987年6月,市农资公司团支部改选。8月,市副食品公司新一届团委改选。1988年3月,宁波化肥经营处、宁波仓储运输公司、市工业品公司团支部改选。1989年,市特产公司、市副食品公司、市果品食杂公司、市土产日杂公司、市畜产品公司、市再生资源回收利用公司、市农资公司、市仓储运输公司、市华达汽车服务有限公司、市化肥经营处团支部改选。市农资公司、市特产公司团总支成立,均未设团支部书记。市社幼儿园团支部成立,周君任团支部书记。1992年9月19日,市社共青团宁波市供销社第三次代表大会召开,会议代表88人,其中专(兼)职团干23人,团员代表27人,各类先进14人,女代表24人,产生新一届委员会7人。冯培荣任市供销社团委副书记,免去王前线、张战英市供销社团委副书记职务。

1996年1月,共青团宁波市委同意增选周凯为市供销社第三届团委委员,主持日常工作。4月,裘戴波任市特产总公司团支部书记。7月10日,宁波海田集团总公司团支部成立,黄峰任团支部书记。8月,倪亚咪任市汽车服务有限公司团支部书记。是年,市社团委所属共有11个团委(团支部),团员1260人,全年发展新团员61人。1997年2月,共青团宁波市供销合作社第四次代表大会召开,委员会由张水平、汪佩群、周散根、周凯、黄峰裘、戴波、楼建国等7人组成,周凯任市供销合作社团委副书记(主持工作)。3月20日,王旭军任宁波高合羽绒制品有限公司团支部副书记。张水平任宁波南苑集团有限公司第二届团委书记。4月,张利萍任宁波美乐门股份有限公司第二届团委书记,汪佩群、裘雪琴任副书记。12月,陆听听任宁波农资公司团支部书记。

1998年5月,吴建芬任市再生资源总公司团支部副书记。1999年3月,宁波海田集团进出口总公司团支部换届选举,戴华任团支部书记。4月,宁波茶叶联合公司团支部成立,王佩民任团支部书记。宁波南苑饭店团总支第一届委员会成立。2000年1月,市供销社团委鉴于市农资公司团员数达不到建立团支部最低要求,同意撤销市农资公司团支部。8月3日,共青团宁波南苑集团股份有限公司第三届委员会由朱雷、郑佳宁、邓飞、赵大川、洪力、俞燕尔等6人组成,朱雷任书记,邓飞任副书记。2003年4月28日,共青团宁波南苑饭店股份有限公司第四届委员会由胡晓磊、谷小君、田涛、吴森灿、邬静娜等5人组成,由胡晓磊任书记,谷小君任副书记。

2004年,市供销社本级企业产权制度改革和理顺职工劳动关系基本完成后,团员人数急剧减少。10月,免去周凯共青团宁波市供销社委员会副书记职务。除宁波南苑集团等还保留共青团组织并开展正常工作外,其余转制后企业团组织迁移属地管理。至2015年,本级企业因团员不足、超龄,或自行闭歇。

团组织活动情况

1963年,在全区供销社系统团员和青少年中掀起"学习雷锋"热潮。1977年,开展"学雷锋精神、走雷锋道路"活动。1979年,开展"学雷锋、树新风"活动。1986年3月6—12日,市供销社团委组织所属企业团组织100余名团员参加宁波大学建造工程义务劳动。

1987年8月至10月,市供销社团系统开展"新时期共青团员的形象"大讨论,共开展大讨论15次,参加人数200余人。1989年,市供销社团委和所属团干部教育和引导广大团员青年自觉做到在思想上、行动上与党中央保持高度一致。是年,余姚市龙山商场张秀芳、慈溪市庵东分社封惠军、慈溪市浒山镇早晚商店张国新、奉化市西坞供销社余惠君被评为团市委青年服务标兵。市副食品商场、宁波畜产品公司团支部被评为市供销社系统先进团支部,市土产日杂公司王向平等3人被评为优秀团干部,市副食品商场楼剑虹等13人被评为优秀团员。

1990年,3月,市农资、畜产、土产、再生资源等4个公司团组织开展"学雷锋、为您服务"活动,为离退休干部打扫卫生、购买日常生活用品等。开展"双增双节"、优质服务、技术比武、突击队等活动。在评选企业开展"服务明星竞赛活动"中,有10名青年团员获市供销社"服务明星"称号。

1991年,各级团组织开展"为您服务""雷锋在我心中"等各种公益活动120余次。开展以"建功立业"为主题的各项活动。市农资公司、市土产日杂公司、市供销社幼儿园团支部被评为市供销社先进团支部;钱亚君、陈建波、鲍晓明等3人被评为优秀团干部;刘利伟、斯君增、胡启文、徐黎明、孙威、汪涛、贺敏、张空、李茹荣、陈炯等10人被评为优秀团员。

1992年至1993年,市供销社团委印发《关于开展"迎旺季优质服务"竞赛活动的通知》《关于开展创青年示范岗位和争当青年岗位标兵活动的通知》。1995年,宁波美乐门商城被评为市级先进团组织,裘雪琴被评为市级优秀团干部,陈永波被评为市级优秀团员。宁波美乐门百货团支部、商城科室团总支,南苑饭店团总支被评为市供销社先进团组织。俞蓉蓉、邵燕红、竺伟荣、张水平、傅国伟、裘雪琴等6人被评为市供销社优秀团干部;王春光、柴志宏、章招娣、周惠芬、林鸿、洪涛、陈永波、顾晓英、汪佩群、钟燕吟、陈婷霞、陈飞燕等12人被评为优秀团员。

1996年5月,市社团委组织举办"迎回归·五爱"知识竞赛活动。宁波美乐门股份有限公司在商场广场举行"迎回归倒计时百日百米长卷抒爱国情怀"活动。市农资公司、宁波南苑鞋城团总支组织团员观看电影《鸦片战争》并撰写读后感35篇。团委举办团干部培训班,所属单位31名团干部参加培训班,并邀请团市委青工部部长朱建国、团市委组织部部长林雅莲分别为学员作《新时期怎样开展企业团工作》《团的基础管理及怎样当好一名团干部》。6月,组织开展"庆回归·颂海田"演讲比赛,并推选出49个金点子汇编成册。宁波美乐门股份有限公司团委还举办可持续发展理论研讨会,团员青年提交30多篇论文。11月,在市劳动局总工会、团市委等单位举办的市"海鸥杯"客房、餐厅服务操作系统技术竞赛中,宁波南苑饭店的客房部、餐饮部2名青工分别获评服务操作系统技能一等奖,并获团体二等奖,有3名青工被授予"市宾服务青年技术能手"称号。是年,市供销社团委、宁波美乐门股份有限公司团委被评为市级先进团组织,美乐门股份有限公司汪佩群被评为市级优秀团委委员。宁波美乐门有限公司百货团支部、南苑鞋城团总支、南苑饭店团总支、农资公司团总支被评为市供销社先进团组织;汪佩群、陈燕飞、竺波、沈华、裘戴波等5人被评为市供销社优秀团干部。周散根、李建霞、竺蔷薇、朱斌、干红霞、俞蓉蓉、邵燕红、毛煜、陈芳英、桂树君、章招娣、楼建国、卞戎荣等13人被评为优秀团员。

1997年5月4日,举办"五四"联欢晚会。市供销社团委获宁波市青少年文化艺术节优秀组织奖。宁波美乐门股份有限公司团委组织的大合唱《美乐之歌》《歌唱祖国》获宁波市青工文化艺术会演二等奖,并获团市委"宁波市十大红旗团委"称号。宁波南苑饭店总机班获"浙江省青年文明号标兵"称号;宁波美乐门商城男装商场衬衫柜被命名为省级青年文明号;美乐门商城小家柜、南苑饭店总机班获省级青年文明号重新认定。市供销社团委、美乐门股份有限公司团委获市级先进团组织称号,周凯、周散根、汪佩群被评为市级优秀团干部,张水平被评为市级优秀团干部,俞蓉蓉被评为市级优秀团员。宁波美乐门有限公司团总委、南苑鞋城团委、土产日杂总公司团总支被评为市供销社先进团组织;汪佩群、吕宁、顾晓英、陈永波、沈华等5人被评为优秀团干部;吴永权、黄永鉴、乐宏斌、徐奕、沈霞、陈飞燕、俞蓉蓉、干红霞、竺波、王海威、梁作为等12人被评为优秀团员。

1998年,市供销社团委围绕"双推"(推优入党、推干荐才)、"双结"(党组织与团支部结对,团支部与离退休、困难职工结对)、"双创"(创"青年文明号""青年示范岗")等重点开展系列活动。有80%以上的团支部与一名以上离退休干部或困难职工结对;推广"导师带徒"形式,结成帮教对子20对;动员全社共青团交纳特别团费,为长江、嫩江、松花江流域发生洪灾地区捐钱捐物3335元;举办有40余名大中专毕业生参加的就业专题培训班;向有关部门推荐优秀青年人才15人;发展团员30人。宁波美乐门商城团总支、市土产日杂总公司团总支获市级先进团组织称号;周凯、胡巍峰、吕宁获市级优秀团干部称号;胡亚飞、洪力获市级优秀团员。宁波美乐门商城团总支获市级"青年文明号百日竞赛"活动组织奖。宁波美乐门有限公司团总委、南苑鞋城团总支、市农资公司团支部被评为市供销社先进团组织;汪佩群、俞蓉蓉、陈芳英、陈永波、朱心怡被评为市供销社优秀团干部,竺蔷薇、陈含东、杨斌、李曾、高建成、郑佳宁、王瑛、梁作为、桂树君、马林被评为优秀团员。

1999年3月5日,宁波美乐门股份公司、南苑集团团委分别组织团员青年参加"3·5"青年志愿者行动活动。美乐门股份公司团委与共建单位海曙巡特警大队在商城广场开展便民服务。宁波南苑鞋城团总支青年志愿者在阳光广场举行商品展卖活动。5月4日,由市供销社团委主办、宁波南苑集团有限公司团委承办的"五四"青年联欢会在金龙饭店歌舞厅举行。6月15日,市供销社、共青团宁波市委印发《关于进一步深入开展创建"青年文明号"活动的通知》(甬供办〔1999〕53号)。8月6日,市供销社团委印发《关于要求组织团员青年学习顾德欢同志〈我的遗嘱〉的通知》(甬供团〔1999〕6号),将市关工委主任张永祥在市供销社"爱党、爱国、爱岗"报告会上介绍的顾德欢同志《我的遗嘱》予以印发。顾德欢在抗日战争时期任浙东区党委委员、宣传部长、秘书长,解放战争时期任浙东临委书记、第二游击纵队政委,中华人民共和国成立后历任宁波第一任地委书记、浙江省副省长、中国科学院党组成员、电子研究所所长、党委书记,离休后任中国科学院顾问。他一生严于律己,把一切献给了党、献给了人民。

2000年3月1日,市供销社团委印发《关于表彰1999年先进团组织和优秀个人的通知》。先进团组织:宁波美乐门商城团总委、南苑饭店团总支;优秀团干部:汪佩群、陈飞燕、杨斌、孙晓琪、叶春、林金史;优秀团员:赵大川、毛静静、侯霞、陈晓静、栗艳、夏磊。

2001年4月9日,市供销社团委印发《关于表彰2000年先进团组织、优秀团干部、优秀团员的通知》。先进团组织:宁波美乐门商城团总支、南苑饭店客房团支部;优秀团干部:洪力、陈飞燕、丁艳云;优秀团员:凌晨、蔡樱、张红丹、徐恩、竺蔷薇、崔晓峥、陶妮君、钟燕吟、吟栗艳。

2002年以后,市供销社本级企业在基本完成"两项制度"改革后,团员人数急剧减少。

第三节 妇委会

宁波专区、市供销合作社自建社以后,按照上级供销社和宁波专署、市妇联的要求,相应建立妇女组织,并分别由宁波专区、市供销合作社政治副职兼任负责人。1950年至1953年,宁波专区、市供销合作社妇女组织宣传贯彻《婚姻法》,全区各级供销社利用召开会议、业余宣传队、黑板报、拉横幅等方式,进行广泛宣传,职工受教育面达到90%以上。

1957年,全区供销社开展争创"五好家庭"(勤俭持家清洁卫生好、爱国爱党集体主义思想好、生产工作好、尊老爱幼教育子女好、团结友爱互助合作好)活动。1980年,开展"五好家庭"(学习生产工作好、尊老爱幼家庭和睦好、团结互助邻里关系好、计划生育教育子女好、移风易俗勤俭持家好)创建活动。

1981年,进一步健全和完善女职工委员会(小组)组织建设工作,至1982年,全区供销社系统95%以上企业相继建立女职工委员会(小组),分别由工会女干部担任女工委员会(小组)主任(组长)。

1983年8月,地、市供销合作社合并后,市供销合作社建立妇女管理小组,配备妇女兼职干部。1986年以来,全市各级基层工会组织中均设女工委员会,由一名女主任专抓妇女管理工作。

1990年12月,市财贸工会供销社工作委员会成立,工会有一名委员兼抓妇女工作。1991年3月,召开"三八"节妇女职工座谈会。1995年3月6日,市供销社召开"庆三八,迎四大"市社直属公司及机关女干部座谈会。4月起,开展"五个一"活动,即读一本爱国主义好书,提高思想觉悟;在本职工作岗位上精通一门技术,提高业务素质;提一条合理化建议,增强主人翁责任感;为老弱病残奉献一颗爱心,加强社会公德意识;为供销社出一份力,把巾帼建功立业活动推上新台阶。

1996年,市供销社响应市总工会号召,开展"巾帼建功""巾帼奉献"活动,举办女工管理培训班,有60人参加。2003年12月31日,市供销社机关第一届妇女委员会成立,妇女委员会由张碧英、柴美月、钱惠玉3人组成,张碧英任副主任。2004年起,机关妇女委员会按市社党委中心的工作要求,切实做好妇女工作。诸如组织开展有益于妇女身心健康的各项文体活动,做好机关在职女职工妇科专项检查和安康互助保险等工作。

第四节　老干部工作

老干部是党和国家的宝贵财富,是党的干部工作一个重要组成部分。建社后,老干部工作一直由政工副职分管。1963年3月,省社宁波专区办事处、市供销社分别转发宁波地区行署《关于进一步做好老干部生活困难补助工作的通知》,对机关老干部生活困难补助工作提出有关规定和要求。

1964年起,按照市委组织部、人事部门规定,办理机关干部退休手续,1973年起办理干部离休手续。当时离退休干部的工资、医疗、住房、各类补贴以及活动经费等均由单位承担。因此,地、市供销社坚持做好机关离休干部"基本政策待遇不变,生活还要略为从优"原则。1978年,国务院颁发《国务院关于工人退休、退职的暂行办法》(国发〔1978〕104号)。9月,国务院批转《商业部、供销社、劳动总局关于合作商店实行退休办法的报告》(国发〔1978〕195号)。全区供销社正式开始实行退休制度,并规定企业退休、退职的条件等,凡符合规定要求的,均可办理退休、退职手续,领取养老费。对1949年9月底之前参加革命工作的地委级正副干部、1942年底之前参加革命工作的县委级正副干部,1937年底之前参加革命工作的干部可以离职休养,工资照发。以后规定凡是1949年9月底之前参加革命工作的干部都实行离休的办法。1979年至1986年,市供销社本级系统25名1949年10月1日前参加革命工作的退休老职工改办离休手续并享有县级政治、生活待遇。

20世纪80年代开始,地市供销社根据省、地、市委组织部《关于在元旦、春节期间开展走访慰问老干部活动的通知》,在每年春节、老年节期间开展慰问老干部活动,而且作为一项制度,年年坚持下去。1984年,市供销社建立机关离休干部党支部,建立一月两次学习制度,并设立"老干部活动室"。1986年起,老干部工作由社党委专职副书记分管,党委办公室一名干部兼职做好老干部管理服务性工作,所属基层党组织把做好老干部工作列入议事日程。是年2月,市供销社党委发文,规定凡是按规定离休干部和局级以上退休干部能传阅的文件、资料和重要会议该听的报告,都要通知他们参加;对机关和系统内的离休干部,落实应有的政治、经济待遇。重大节假日,上门慰问,探望生病住院老干部;对离休干部抗日战争时期参加革命工作22名和解放战争时期参加革命工作29名(其中享受县团级待遇18名)在住房分配上优先解决。是年,组织老干部健康疗养集体活动,并与东海舰队举行军民联欢会,参观"海空雄鹰四团"的展览会。

1987年,市供销社本级系统享受县、团级干部待遇25人,其中团职军转干部10人。1988年,按照住房政策文件精神,落实机关老干部住房面积达标人数48人。从1978年以来,解决老干部住房困难数

45人。是年,市供销社机关建有离退休干部党支部4个,活动室3个,53名离休干部建有家庭档案,组织所属单位29名离休干部到宁海温泉疗养。1989年4月,转发市委组织部、市人事局《关于严格执行退(离)休制度有关问题的通知》。5月,印发《关于离休干部公用经费和特需经费仍由市供销社管理使用的通知》。1990年2月,根据市委老干部局通知,实施全市离休干部费用统筹办法,市社本级企业56名离休干部,由企业上交规定费用,统一由市老干部局、劳动局和公费医疗机构办理发放和报销,落实企业离休干部的各项应有的待遇。5月4日,宁波市供销社关心下一代协会(简称市社关协)第一批会员71人,推选姚茂生为会长,林修鸿、孔繁励为副会长。至年底,市社关协组织发展到18个,共有会员221人,到年底市社关协走访慰问老干部30人次。1991年7月,市社关协结合建党70周年活动,组织80多人参加的革命传统教育会,市社关协会员发展到250余人。

1990年至1992年,先后印发《关于认真做好离休干部优质服务工作的意见》《关于认真做好离休干部优质服务工作的意见》。从1992年起,按照市政府《关于宁波退休干部管理服务暂行办法》,在市区建立退休干部活动日。

1993年8月,市供销社组织召开20世纪五六十年代在市供销社工作过的老干部联欢会,参加会议40余人,会议的主题是"联络感情,重温历史,展望未来,共创供销社事业"。从是年开始,每年召开机关和所属企业离退休干部座谈会。

1993年至1997年,市社关协共组织调查研究和宣传教育活动40余次,提出建议和要求20多条,走访慰问老同志100多次,活动组织节假日一些寓教于乐活动20余次。1996年6月19日,市供销社党委印发《关于进一步做好老干部和关协工作的补充通知》(甬供党〔1996〕29号)。5月8日,组织机关离退休干部一行30余人参观镇海至北仑隧道。1997年7月,组织机关离退休干部20余人到奉化溪口游览。9月,组织离退休干部钓鱼比赛。2000年10月18日,组织机关离退休干部一行20余人到绍兴柯岩参观学习。28日,组织机关部分离退休干部钓鱼活动。

2002年3月25日,市供销社召开18级以上离休干部座谈会,通报企业改制情况。是年,市供销社关协发展基层关协组织16个,会员300人。市供销社直属企业和本级机关离退休人员共计2008人,其中企业离休干部43人,市社机关离休干部6人。2003年1月,分别召开机关离休干部、退休局级干部离退休干部迎春团拜会活动,并由市社领导成员分别带队慰问机关、企业离休干部何德邦、郁善武、陈阿德、江圣澜、车永康、陈德荣、戴乾东、乌松月、胡秀菊等。年内,还组织两次原转制企业领导班子副职以上退休老同志外出参观活动。

2000年至2004年,在全面完成"两项制度"改革后,企业退休职工统一纳入当地乡镇(街道)、社区管理。其中在乡镇(街道)参加学习的企业退休干部,实行供销社和当地政府双重管理,其活动经费由供销社划拨,在机关的离退休干部仍由供销社管理。2005年7月起,市供销社党委决定,建立每年两次的工作通报制度和春节团拜会制度,定期向老干部汇报工作情况。2006年7月28日,市机构编制委员会办公室核定市供销社老干部管理人员编制2名,翌年重新核定市供销社老干部管理人员编制1名。

2005年至2007年,组织老干部到杭州湾跨海大桥、镇海金属园区、宁海模具城、奉化滕头村、镇海炼油厂、招宝山等地参观;组织观看由市新四军研究会和宁波服装博物馆联合拍摄的《战火中的四明被服厂》采访纪实片,收看市供销社系统改革开放纪实片《锐意改革,再创辉煌》等。2008年,建立市社机关离、退休老干部党支部和4个党小组活动日。汶川大地震后,机关离、退休干部共计捐款8200元。11月

20日,郎岳卿获市退休干部"庆盛会、迎奥运"知识竞赛一等奖。2009年6月,根据省委组织部浙组通〔2009〕38号通知规定,给予林修鸿、裘定富、韩瑞娟、李传平、杨忠、张佑、张希禹等7位抗战老同志提高享受副司局级医疗待遇。2010年,市社领导班子带头探望、慰问生病住院老干部20余次,走访慰问30次。2011年6月10日,印发《宁波市供销合作社离、退休老同志走访慰问服务管理细则》。组织召开两次老干部座谈会,邀请老干部代表参加市社重要会议和重大活动。

2008年至2014年,组织机关离退休干部先后到象山影视城、宁波博物馆、院士林、杭州湾跨海大桥、生态园区植物工厂、余姚现代农业服务中心、宁波二号桥市场等地参观游览近20次。

2012年12月,印发《宁波市供销合作社老干部管理细则》,对老干部学习制度、工作情况通报制度、春节团拜会制度、生病住院慰问服务管理等作出具体规定。

2015年,市供销社召开老干部工作领导小组会议、活动2次、座谈会3次,举行老干部情况通报会3次,举办老干部读书会6次,参加135人次,组织老干部党支部书记培训班2次,走访慰问离退休干部32人次,帮扶特困离休干部4人。10月,按照国务院、中央军委关于《纪念中国人民抗日战争胜利70周年的通知》,对市社尚健在的林修鸿、裘定富、张希禹、杨忠、韩瑞娟、李传平等6位抗日老战士发放纪念章,并发放给林修鸿、裘定富2位老同志每人一次性慰问金5000元。是年,市供销社机关、企事业单位共有离退休干部66人,其中离休干部2人,退休干部64人;离退休干部党员50人,其中离休干部党员2人,退休干部党员48人。

表9-14 截至2015年宁波市供销社本级企业离休干部名录

单 位	姓 名	性别	出生年月	职 别
宁波市再生资源总公司	叶干生	男	1929.09.30	副处级
宁波市再生资源总公司	荆传明	男	1927.12.13	副处级
宁波市再生资源总公司	周文庆	男	1934.07.19	正科级
宁波市土产日杂有限公司	王琴佩	女	1930.08.02	正科级
宁波市农业生产资料有限公司	张希禹	男	1920.02.01	副处级
宁波市农业生产资料有限公司	张 佑	男	1920.11.01	副处级
宁波市农业生产资料有限公司	王福根	男	1925.08.16	正科级
宁波市农业生产资料有限公司	杨 忠	男	1929.12.15	副处级
宁波市农业生产资料有限公司	钱友三	男	1930.09.04	副处级
宁波特产棉花有限公司	朱安之	男	1919.03.23	副处级
宁波特产棉花有限公司	王昭礼	男	1921.12.20	副处级
宁波慈城供销有限公司	李登才	男	1928.06.20	正科级
宁波慈城供销有限公司	王凤年	女	1931.07.20	正科级
宁波美乐门商贸有限公司	韩瑞娟	女	1927.11.28	副处级
宁波美乐门商贸有限公司	毕 胜	男	1938.06.07	正科级
宁波美乐门商贸有限公司	李传平	男	1925.06.24	副处级
宁波美乐门商贸有限公司	冯根义	男	1931.12.07	正科级
宁波美乐门商贸有限公司	王寿松	男	1932.10.05	副处级
宁波美乐门商贸有限公司	冷长天	男	1931.05.24	副处级
宁波市二号桥市场有限公司	王柏寿	男	1922.12.28	正科级

表 9-15　截至 2015 年宁波市供销社本级系统参加抗战离休干部名录

单位	姓名	出生年月	参加革命时间	离休时间
宁波市供销合作社	林修鸿	1926.12	1942.02	1985.04
宁波市供销合作社	裘定富	1925.01	1940.09	1983.03
美乐门商贸公司	韩瑞娟	1927.12	1942.12	1982.11
美乐门商贸公司	李传平	1925.06	1945.06	1984.06
宁波市农资有限公司	杨　忠	1929.11	1943.11	1982.11
宁波市农资有限公司	张希禹	1920.02	1940.08	1982.11

表 9-16　截至 2015 年宁波市供销社本级系统参加解放战争离休干部名录

单位	姓名	出生年月	参加革命时间	离休时间
宁波市供销社	孔繁义	1933.02	1948.09	1992.02
宁波市农资公司	王福根	1925.08	1949.07	1985.04
宁波供销资产公司	王寿松	1932.10	1947.02	1992.11
宁波市副食品公司	冯根义	1931.12	1949.08	1992.01
慈城供销合作社	李登才	1928.06	1946.08	1982.12
慈城供销合作社	王凤年	1931.07	1949.07	1985.07
宁波供销资产公司	叶千生	1929.09	1949.05	1985.07
宁波供销资产公司	周文庆	1934.07	1949.07	1985.07
宁波供销资产公司	薪传明	1927.12	1947.12	1988.01

表 9-17　截至 2015 年宁波市供销社离休干部和副局级以上退休干部名录

序号	姓名	原单位及职务	类别
1	孔繁义	宁波市供销合作社党办主任	离休
2	裘定富	宁波市供销合作社科长	离休
3	李传平	宁波美乐门商贸公司	离休
4	王寿松	宁波美乐门商贸公司	离休
5	荆传明	宁波市再生资源总公司	离休
6	叶干生	宁波市再生资源总公司	离休
7	周文庆	宁波美乐门商贸公司	离休
8	韩瑞娟	宁波美乐门商贸公司	离休
9	李登才	慈城供销社党办主任	离休
10	王凤年	慈城供销社一般干部	离休
11	杨　忠	宁波市农资公司副经理	离休
12	车永康	宁波市供销合作社主任	退休
13	洪立刚	宁波市供销合作社副主任	退休
14	陆玛杰	宁波市供销合作社副主任	退休
15	周信浩	宁波市供销合作社主任	退休
16	李猛进	宁波市供销合作社巡视员	退休
17	包银虎	宁波市供销合作社副主任	退休

第五节　信访工作

建社后,由一名副主任分管信访工作,并落实秘书股(科)、办公室接待处理群众来信来访工作。1953年2月,印发《宁波专区供销合作总社关于做好群众来信来访工作的通知》。1957年10月10日印发《关于处理群众来信来访和接待来访者工作的暂行办法的通知》,是年共收到来信来访66件,结案62件。主要反映商品货源及安排问题,揭露小商小贩服务质量低、抬价出售、抢购套购、非法牟利、佣金不合理等问题。1962年,宁波地区行署、市委成立来信来访领导小组,省社宁波专区办事处、市供销社为地区行署、市委来信来访领导小组成员单位。1963年11月,地、市委办公室印发《关于市级机关处理和接待人民来信来访问题的若干规定》,省社宁波专区、宁波市供销社分别建立信访登记、请示、转办、催办、报告、存档等制度。

1964—1981年,地、市供销社年平均受理来信来访70件—80件。主要反映1959—1960年整顿商业队伍、1970—1972年"一打三反"时清洗、开除人员等历史遗留问题;精减下放人员要求安排工作及解决户粮关系问题;要求落实政策、平反、工资调整等事项。1982年,宁波市委建立党政领导接待群众来访日制度,市供销社参加市委信访接待日工作。1983年8月,地、市供销社合并,建立宁波市供销合作社后,至1984年,市供销社机关配备兼职信访干部,明确职责,落实任务,把信访工作列入精神文明建设考核内容,进一步落实信访工作责任制。1985年2月,印发《宁波市供销社人民来信来访工作责任制》,是年共收到信访件41件,接待来访者150人次。1986年,市供销社答复市人大代表、政协委员的建议、提案6件。1988年答复市人大代表、政协委员的建议、提案4件,1990年"两会"代表或委员建议、提案3件。1991年至2015年,承办市人大代表、政协委员的建议、提案40件。

1994年,贯彻省人民政府第53号令发布《浙江省信访处理规定》。1995年,全国供销合作总社印发《关于进一步做好供销社系统信访工作的通知》,省供销社印发贯彻实施《浙江省信访处理规定》通知,市供销社按照"分级负责,归口办理"的原则,施行"逐级上访"制度,严格控制越级上访,进一步加强信访工作管理。1999年6月30日,国务院《信访条例》颁布,市供销社印发《关于宁波市供销合作社信访工作领导责任制的通知》,建立集体上访处理接待协调领导小组。2001年7月,宁波美乐门股份有限公司尚有大量职工股金需归还,造成连日来数十名持股人多次催讨社员股金,情绪十分激动。针对这一情况,市供销社领导和信访干部及时到现场办公,积极做好解释说服工作,稳定持股人的情绪。在市政府支持下,通过迅速协调,帮助解决资金,终使催讨股金风波得以平息。

2003年后,市供销社信访工作做到专人负责,认真接待,积极妥善处理好各类信访件。2010年,建立市供销社信访预警和报送制度。2015年,江东区政府正式启动对宁波二号桥市场地块的征收工作,二号桥市场部分经营户因不满搬迁安置方案,多次上访"维权",造成市场不稳定现象,引起市委、市政府的高度重视。市委书记刘奇作出批示,江东区政府、市供销社全力做好经营户的引导工作,经营户聚集上访等不稳定事件妥善平息。

第十篇

供销文化

文化是民族的血脉，是人民的精神家园。当今时代，文化和经济日益交融，文化对经济发展的推动作用日益凸显。企业文化作为企业发展的灵魂，是推动企业持续高质量发展的核心竞争力之一。供销文化是社会主义先进文化的重要组成部分，是广大干部职工的精神支柱，是推动供销事业持续发展的不竭动力。

宁波市供销社历来重视"两个文明"和企业文化建设。在加强物质文明建设的同时，始终把精神文明建设摆在工作的重要位置，传承弘扬供销发展史中的"扁担、背篓"精神，广泛开展"文明在供销"等活动，把创建文明单位、加强企业文化建设作为提升企业凝聚力和向心力、员工归属感的重要措施来抓，着力打造温馨、积极向上的和谐工作环境和人文环境。紧紧围绕供销社改革发展战略，凝练企业历史精华，通过对供销社历史传统文化、现代文化的总结、归纳与阐释，以"为农、诚信、创业、合作"为使命，追求"忠诚、敬业、务实、创新"供销精神，凝心聚力，使企业文化接上地气、彰显特色，进而形成独特的供销文化。

第一章　精神文明建设

党的十一届三中全会以来，实行经济体制改革，传统计划经济体制逐步转换为社会主义市场经济体制，企业文化建设的环境开始转变，特别是现代企业制度的建立，为创建供销特色的企业文化创造有利的法律环境，企业文明创建和文化建设取得明显成效。

第一节　文明窗口、文明单位建设

1981年3月，根据省供销社《关于深入开展文明礼貌活动的通知》和宁波地区行政公署关于开展"五讲四美"文明礼貌活动的要求，宁波地区供销社发文，在全区供销社系统中开展以"五讲四美"（即讲文明、讲礼貌、讲卫生、讲秩序、讲道德和心灵美、语言美、行为美、环境美）为主要内容的文明礼貌活动。据统计，全区基层供销社营业部门普遍订立《文明经商守则》《营业员守则》《服务公约》《乡规民约》等，通过"五讲四美"文明礼貌活动，进一步树立供销社文明窗口的新形象，初步形成共建"两个文明"建设的良好氛围，使广大职工的精神面貌和商店的经营作风有了显著的改变。好人好事层出不穷，仅慈溪、余姚、鄞县、奉化四县供销社职工拾金不昧的事例就有450件。全区各县供销社共评出服务优良商店20家，优秀营业员40人；基层级服务优良商店21个，优秀营业员102人。其中，市供销社评出服务优良商店2个，优秀营业员5人；基层级服务优良商店5个，优秀营业员20人。

1982年,地区、市供销社开展"全民文明礼貌月"活动。重点整顿店容店貌,改善服务态度,提高服务质量。共评出基层级先进集体45个,积极分子92人。评出市社级先进集体5个,优秀营业员10人。1983年,开展第二个"全民文明礼貌月"活动。并与"五讲四美""文明经商,礼貌服务"等活动相结合,组织全体干部职工开展"三优一学"(优质服务、优良秩序、优美环境和学雷锋、学先进)的劳动竞赛。创造一个能专心致志地进行社会主义两个文明建设,树立供销商业新风的优良环境,据1981—1983年统计,全区供销社系统通过开展"两个文明"建设活动,共评选出基层先进集体803个,先进个人2886人。其中,市供销社先进集体15个,积极分子25人;市级先进集体6个,积极分子10人。

1984年4月,市供销社印发《关于进一步开展"五讲四美三热爱"活动的通知》,把建设文明单位(包括文明商店、文明供销社、文明站点、文明修理店、文明仓库、文明工厂)作为基本形式和基本内容,制定供销社"六好企业""六好职工"标准。是年,评选出市供销社本级先进集体16个,先进个人30人,积极分子15人。

1986年,全市供销社系统有55家单位被授予"文明经商单位"或"双信单位"。其中,宁波畜产品公司、市副食品商场被评为市级文明单位;市副食品商场南货柜、江北物资回收商店后马回收站、海曙供销社段塘分社生产采购商店被评为市级"优质服务文明经商"先进集体。钟汉菊、徐家玉、沈皓建、严孝根、孙秀珍、柴文元、黄宝根、严莲等8人被评为市级优秀营业员。张铨根、徐英康两个家庭被评为市级"五好家庭"。宁波副食品商场青年南货柜、江北物资回收商店后马回收站被评为市财贸系统"优质服务、文明经商"先进集体,8名职工获市财贸系统优秀营业(服务)员。

1987年,市供销社建立精神文明建设领导小组,制定创建文明单位标准和具体细则。3月,召开本级系统党支部书记会议。是年,全市供销社系统有10家单位被评为省供销社系统文明服务单位,34名职工被评为省供销社系统文明服务先进个人;77个单位被市政府授予"文明经商单位"或"双信单位"。

1988年,开展"文明经商、优质服务"和"十业百家"竞赛活动。5月,在"十业百家"优质服务达标竞赛活动中,全市供销社系统有51家商店被评为"文明""双信单位",宁海县供销大楼商场、江北供销社孔浦商场、江北物资回收商店后马回收站、象山石浦利航商场被评为优胜单位,市土特产商店、北仑区新碶供销社工业品商店受到表扬,市副食品商场章杏玉等16名营业员被评为优秀营业员,市供销社还获得市政府颁发的"无鼠系统"旌旗。

1989年,市副食品公司等6个单位、19名职工被评为市财贸系统"十业百家"优质服务优胜单位和优秀营业(服务)员。市农资公司、象山石浦日杂废品公司被市委、市政府命名为第二批市级文明单位。1990年,开展"比服务态度、比劳动纪律、比工作责任性、比吃苦精神、比清正廉洁"的"五比"活动和"居安思危"大讨论,有力地推动精神文明建设,涌现出许多先进典型,如市果品杂食公司水果经营部66名职工,800平方米营业场地,一年中各类水果吞吐量达31540吨,销售额5071万元,实现利税110万元,并拒收客户馈赠,上交馈赠现金2500元和价值1700元礼品,拾金不昧金额1400元。市土产日杂公司欧阳小平长期外出采购,有一次由于连日奔波病倒在异乡,又接到岳母病危的消息,但他坚持在汕头,妥善处理30万元预付款,当他风尘仆仆赶回家时,却未能赶上岳母的葬礼。市物资回收利用公司江北回收商店拣到手表及时送还给货主;市土产日杂公司、再生资源公司、市果品公司、市仓储公司职工分别拾到金戒指、手表和几十元到上千元数目不等的现金归还失主或主动上交。市土产日杂公司汪祥福等3人奋不顾身救起落水群众,不留姓名,悄然离去。市农资公司任建宏在出差广州时,协助失主追回数万元丢失巨款。宁波南苑饭店经理刘波、党支部书记范蓉芳为饭店开业筹划和经营管理,抱病奋战;市再生资源李松年、畜产品公司贺国忠、仓储公司俞惠丰、果品公司副食厂严明芳、胡鑫利等与职工同劳动,装卸搬运货物。市农资公司驾驶员王午樵一心为工作,一年中几乎没有过上一个星期日。市特产公司经理徐启康在公司1986年以前进单位的职工均已分配住房的情况下表示,公司职工未解决住房,他将不换新房。职工称赞他是"信得过经理"。

1991年,宁波市果品食杂公司水果批发部等35个部门被评为农服立功竞赛活动先进集体,市农资公司陈连舫等53人被评为农服立功竞赛活动先进个人。1993年8月,在市社本级系统开展"90年代宁波商人形象"大讨论和"文明在供销"等系列活动。其中,市土产日杂公司开展优质服务争"三创"(创文明单位、文明柜组、文明职工)活动;市农资公司举办征文演讲会和智力竞赛活动;市副食品公司以宏伟商场为突破口,提出"我爱商场,我爱本职,购物在江厦,满意在宏伟"的口号;市物资回收公司开展5个专题大讨论;市华达汽车服务公司提出14个讨论题目;市果品总公司开展"爱宁波,爱果品,爱岗位,我为果品献一计""评选十佳优秀职工"活动;市再生资源总公司闲置设备调剂中心对顾客进门做到口勤、脚勤、心勤;市土产日杂公司郑亚珍拾金不昧,邵亚萍主动冒雨帮顾客送货,史志浩帮顾客送货去赶轮船等。通过系列活动,推进供销社精神文明建设向纵深发展。

1994年,开展"文明在供销"系列活动。宁波南苑饭店把美化和净化企业环境,列为"文明在南苑"系列活动的第一内容,制定实施细则,专人负责。灵桥路的果品批发市场货物堆放整齐有序;宏伟商场抓店容店貌,经营大厅整洁悦目。市果品总公司通过精神文明"三重"建设取得明显效果,一重情操,组织参观滕头村、郊游观灯会、钓鱼比赛等活动,培养干部职工的良好情趣。二重情感,为45岁以后老职工进行体检,为每个职工送上生日蛋糕,为职工解决子女入托等,加强感情投资。三重效用,通过"爱果品爱岗位"大讨论,倡导合理化建议等活动,增强主人翁意识,激发干部职工的生产经营热情。

1995年,宁波美乐门商城团委组织员工举行近百名员工义务献血活动,无偿献血近2万毫升,在宁波市商界属首创,引起市民广泛关注,时任市人大副主任项秉炎、副市长陈守义到商场看望献血者,并对商城员工义举给予高度评价。是年,宁波美乐门商城小家电商品部获首批全国"青年文明号"称号。宁波美乐门商城家交电商场、宁波新江厦商城家电商场、宁波南苑饭店总机班、慈溪供销大厦化妆品柜被评为全省内贸系统"青年文明号"。市供销社系统的慈溪供销大厦、象山县日杂废品公司、宁波市农业生产资料公司、鄞县供销社宁波西凤商场,继续保留文明单位荣誉称号。宁波美乐门商城交电商场、新江厦商城家电商场厨具柜南苑饭店总机班、慈溪供销大厦化妆品柜等4家单位被团省委、省供销社评为"青年文明号"。宁波南苑饭店被评为市财贸系统创建文明卫生城市先进集体,缪宏章、韩惠康为先进个人。12月,市供销社召开"创建文明"工作总结暨表彰会议。授予宁波市美乐门商城、市再生资源总公司物资经营部、市物资回收总公司江北公司等单位先进集体和19名先进个人。市果品总公司还奖励给国家级优秀乒乓球运动员应荣辉(系该公司职工子弟)2室1厅住房一套,以表彰其历年来多次在国际大赛、国家邀请赛中获优异成绩,为国争光、为宁波市争光。

1996年3月,印发《宁波市供销社关于落实1996年港城文明建设责任目标的意见》《关于下达党的建设和精神文明建设工作考核方案的通知》,是年,在市社本级企业中开展评选"十佳"干部活动,经评选,"十佳"干部为:(1)最佳总经理:宁波南苑股份有限公司总公司乐志明,美乐门股份有限公司总经理黄锡义;(2)最佳书记:宁波美乐门股份有限公司党委书记石永兴;(3)最佳工会主席:市特产总公司工会主席张保安;(4)最佳财务科长:宁波南苑股份有限公司财务科长顾黎明,市农资公司办公室主任王勤奋;(5)最佳团支部书记:宁波美乐门股份有限公司百货团支部书记顾晓英;(6)最佳子公司经理:宁波合立贸易发展总公司甬北农资公司经理赵保国,市物资回收总公司江北公司经理柳琴珍;(7)最佳机关工作人员:市供销社办公室周凯。宁波美乐门商城小家电部获评全国"青年文明号"、市"两街一路"青年文明号样板等称号;鄞县大嵩供销社获评全国供销社系统文明服务示范单位。宁波市农业生产资料公司汽车分公司、宁波美乐门商城小家电柜、宁波美乐门商城服装商场、宁波新江厦商城家电商场、宁波南苑饭店总机班、宁波西凤商场电讯柜等被命名为省"青年文明号"。

1997年2月,市供销社制订印发《精神文明建设"九五"规划》。3月,宁波美乐门商城小家电柜在全市召开的"青年文明号"百日竞赛誓师大会上,代表全市13个全国青年文明号单位向全市各级"青年文明号"和创建集体发出倡议书。8月起,在本级企业中开展"文明在供销社"和"追求上进、追求创新、追求一流"的海田企业精神大讨论活动,充分挖掘"海田"企业精神内涵。是年,宁波南苑饭店总机班获省"青年文明号标兵"称号;宁波美乐门商城小家电柜、宁波新江厦商城家电商场橱柜、宁波南苑饭店总机班、慈溪供销大厦化妆品柜、宁波西凤商场电讯柜通过省级青年文明号重新认定;宁波美乐门商城男装商场衬衫柜被新命名为青年文明号。宁波美乐门商城、新江厦商城、鄞县大嵩供销社3家单位获评全国供销合作社"文明服务示范窗";慈溪供销大厦、余姚市购物中心、象山县日杂废品公司、宁波美乐门商城、市农业生产资料公司、宁波南苑鞋城、宁波新江厦商城、北仑区大碶供销社医药商店、宁波西凤商场、象山县日杂废品公司等10家企业被市委命名为市级文明单位。宁波美乐门商城被评为市"十佳"文明示范窗口单位。

1998年1月,《浙江省创建文明城市竞赛活动工作任务及评分标准(1997—1998年)》(甬供政〔1998〕8号)印发。4月30日,市供销社举行"创建港城文明目标考核责任书"签字仪式。是年,市社本级企业的干部职工支援长江受灾地区捐款10万元和一大批救灾物资。宁波南苑集团股份有限公司开展各种内容的沙龙、"金点子"征文活动,出刊《南苑青年》简报,自编自演电视录像《营业员服务规范》,组织"少儿朗诵比赛"和学雷锋献爱心等活动。宁波南苑鞋城举行以"爱岗敬业、无私奉献"为主题的服务技能知识竞赛。市特产棉花集团公司制定《中层干部精神文明建设考核细则》,还设置"精神文明建设工作会议记录""宣传教育活动登记""双创(安全、卫生)检查情况登记""培训竞赛活动登记""合理化建议登记""创建物资器材登记""好人好事登记"等项目的创建资料台账。宁波美乐门集团公司职工秦苏撰写的《平易待人,苦心"掌舵"——记美乐门商城行政科林经理其人》一文,获市财贸工会组织的"敬岗爱岗、优质服务"征文一等奖,宁波新江厦商城被评为市财贸系统"创三优、送真情迎春商品大联销活动"优胜商场;宁波美乐门商城鞋帽部、日化专柜组,宁波新江厦商城百货商场黄金一柜、电讯柜,宁波南苑鞋城女鞋童鞋部被评为最佳柜组。是年底,省供销社印发《关于授予顾惠娟等2443名同志浙江省供销社系统"敬岗爱岗"荣誉称号的决定》,宁波市供销社系统339名干部职工榜上有名。其中获"敬岗爱岗"荣誉称号的县级供销社主任3人:慈溪市供销社虞廉君、奉化市供销社裘林岳、鄞县供销社黄继华;获"敬岗爱岗"荣誉称号的基层供销社主任26人:俞鑫炜、郁善武、周仁法、沈为民、朱廷良、鲁杏桂、张新华、范丁逸、岑松乔、张百旺、沙新民、张振才、刘国良、罗荣武、占帮裕、张冠伦、周建国、叶宗湖、洪万生、蒋善富、张胜法、王惠民、施君杰、王辰耀、叶正伟、李世民;获"敬岗爱岗"荣誉称号的省(部)级以上劳动模范称号的有宁波美乐门股份有限公司黄锡义、慈溪市周巷供销社倪腾千、宁海县环城供销社鲍作益等3人。宁波美乐门股份公司被评选为全市"十佳职业道德建设"先进集体,同时被省供销社评为"浙江省供销社系统文明服务示范"单位。宁波美乐门商城小家电柜、宁波南苑饭店总机班、南苑鞋城鞋专柜被评为市级青年文明号,市农资公司被评为市财贸系统"十佳"职业道德建设先进集体,陈燕飞为"十佳"职业道德标兵。

1999年6月,市供销社团委印发《关于进一步深入开展创建"青年文明号"活动的通知》。6月,市精神文明建设委员会对1997年以前的市级文明单位进行复评,慈溪供销大厦、余姚市购物中心、象山县日杂废品公司、北仑区大碶供销社医药商店、宁波美乐门商城、宁波西凤商场、市农资公司、宁波南苑鞋城有限公司符合市级文明单位条件,继续保留荣誉称号。同时,新命名宁波美乐门商城服装商场衬衫组、小家电柜,南苑饭店总机班、南苑鞋城"南苑鞋"专柜、新江厦商城家电商场橱具柜、西凤商场电讯柜、余姚大酒店前厅客房部总服务台、奉化大酒店宴会组、市茶叶公司经营部、宁海县蔬菜经营部、浙江海通食品集团公司商务中心等11个单位为市级"青年文明号集体"。10月,宁波美乐门商城、宁波新江厦商城、余姚市购物中心等3家企业被省供销社继续授予全省供销合作社系统文明服务示范点称号。12月,宁波美乐门股份有限公司小家电部被全国创建青年文明号活动组委会评为"全国青年文明号"称号。

2000年,印发《宁波市供销社关于商贸、餐饮宾馆、市场文明建设的评分标准》。宁波南苑鞋城获评2000年全国"诚信单位"和省级无假冒伪劣商品商场、省级"百家购物放心店"、市级文明单位。2001年,开展实施"青年文明号信用建设示范行动"活动。慈溪大酒店总台、宁波美乐门商城小家电柜、美乐门商城服装商场衬衫柜、宁波新江厦商城家电商场厨具柜、宁波南苑饭店总机班获省级"青年文明号"称号,宁波南苑鞋城获省"第四届消费者信得过单位",市农资公司、宁波美乐门商城、南苑鞋城、南苑集团公司和南苑饭店被命名为市级"文明单位"称号。

2002年至2003年,市供销社成立创建全国文明城市活动领导小组,在本级系统开展"创文明行业、让人民满意"主题活动。宁波南苑鞋城有限公司被评为宁波市首批"文明商场";宁波南苑饭店股份有限公司、宁波南苑鞋城有限公司、宁波新江厦股份有限公司等3家企业被市委、市政府命名为市级文明单位。2014年6月,宁波市总工会对2013年市级企业文化"五个一工程"百佳样板单位进行命名表彰,慈溪海通集团公司榜上有名。10月,宁波模具检测中心获省"青年文明号"称号。

第二节　文明机关创建

1982年3月28日,宁波地区供销社印发《关于开展供销合作社系统"文明礼貌月"活动的通知》,4月,宁波地区、市供销社分别制定《机关工作人员开展"五讲四美"活动公约》《市供销社机关工作人员"五讲四美"活动守则》。1987年,根据商业部《关于加强商业系统精神文明建设的意见》(〔1987〕1号)和《宁波市文明单位评选管理办法》通知,建立市供销社精神文明建设领导小组,由社党委书记负总责,制定市供销社机关和本级企业创建文明单位标准和细则。1997年2月,市供销社机关制定印发《精神文明建设"九五"规划》,规划分为党建工程、干部工程、廉洁工程、创建工程、平安工程,同时加大精神文明建设力度,把党建和精神文明工程建设任务列入年度考核目标,增加精神文明建设在综合考核目标中的比重。

2010年6月8日,市供销社印发《关于创建文明机关工作规划的通知》(甬供党〔2010〕8号),成立市社文明机关创建工作领导小组,组长为谢群华,副组长为李猛进、包银虎、钱建国、张战英,下设办公室,由钱建国兼任办公室主任。创建内容主要是市社班子坚强有力、机关勤政为民、队伍素质良好、内部管理规范、工作实绩明显、创建工扎实等六方面。6月10日,印发《宁波市供销社文明机关创建活动责任分解表的通知》(甬供党〔2010〕38号),分解表分六个方面31条具体内容,并落实有关牵头处室和部门。6月25日,印发《市供销社文明机关创建工作2010年度实施计划的通知》,要求机关各处室进一步加强组织领导,统一思想认识,创建工作扎实,推进常态发展,并在学习氛围浓厚,思想品德高尚,倡导高效廉洁,服务优质高效,环境优美,内部管理规范等方面有新的突破。

2013年,按照市文明办《市文明机关考核细则和标准》,市社机关积极做好内部硬件和软件设施以及整洁环境卫生,重新对机关党支部活动室和文体活动室进行布置,有关制度上墙公布,做好创建文明机关的台账(政治理论学习、机关党支部工作、党风廉政建设、群团工作、各项规章制度、政治思想教育、信访安全、会议纪要、有关资料和图片)等。2015年,经市委办、市府办、市文明办验收,市供销社被市委、市政府命名为2014—2015年度市级文明机关。

第二章 文化建设

供销社历来重视企业文化建设,在企业文化理念、人文文化、礼仪文化和廉政文化等方面逐步形成自身独有的特色。供销文化建设是供销社队伍建设的重要内容,它不仅是提高全体干部队伍整体素质的关键,而且是推进供销社事业和为农服务的重要动力,更能使供销社广大干部职工凝聚成一个坚强的整体,充分发挥和激励工作的主动性和创新性,进一步提高工作效能,塑造和提升供销社形象。改革开放以来,供销社紧紧围绕改革发展战略,从实际出发,讲究经营之道,传承供销发展史中的"扁担、背篓"精神,追求"忠诚、敬业、务实、创新"的供销社精神,着力打造温馨、积极向上的和谐工作环境和人文环境。全力打造独具特色的供销文化,推进企业竞争力,促进企业经济效益的不断增长。

第一节 供销精神

建社以来,宁波市供销社系统一直把发扬"扁担、背篓"精神作为供销社的精神支柱,接力奋进的供销社人,练就"忠诚、敬业、务实、创新"的供销精神,成为"扁担、背篓"精神的传承人。1997年,市供销社印发《精神文明建设"九五"规划》,进一步加大精神文明建设力度,把党建和精神文明工程建设任务列入考核目标。经过广泛讨论、总结提炼,充分挖掘企业精神内涵,首次提出培育和塑造"追求上进、追求创新、追求一流"的宁波海田企业精神,初步形成市供销社精神理念。

2005年,市供销社党委把发扬供销传统文化与弘扬时代精神有机结合起来,在集思广益、达成共识的基础上,提出"忠诚、敬业、务实、创新"的供销精神,也就是价值观的定位,使之成为宁波市供销社推进"二次创业"的强大精神力量。"坚持合作制理念,热爱供销合作事业,爱岗敬业,甘于奉献,求真务实,开拓创新,提高为'三农'服务的能力,努力创造一流业绩"成为供销社系统党员干部的共识和行为准则。2012年,开展以社会主义荣辱观、爱国主义、国情市情、革命传统、领导干部从政道德、国防、改革开放、时代精神等为主要内容的党性教育。按照建设社会主义核心价值体系总要求,组织开展"价值观"大讨论。经过总结提炼,形成以"忠诚、敬业、务实、创新"为主要内容的供销社系统核心价值观,使供销社精神的内涵不断得到延伸。

2014年10月,市供销合作社联合社召开第一代表大会,在提出今后目标和任务的同时,十分强调加强供销社文化建设,追求"忠诚、敬业、务实、创新"的新时代供销精神,弘扬供销社服务"三农"、务实创新、互助合作的价值理念,增强系统干部职工的认同感与归属感;大力传播供销社为农服务的新做法、新成效,塑造新时代供销社的形象与品牌,为供销社改革发展营造良好的内外环境。

"忠诚、敬业、务实、创新"的宁波供销精神,概括宁波市供销社从计划到市场、从传统到现代、从单纯供销合作到生产、供销、信用"三位一体"综合合作过程中的群体性创业创新精神,它既与供销传统文化一脉相承,又与创业创新为核心"宁波精神"相贯通,蕴含着追求成就的热情、意志和敢试、敢闯、讲究实效、敬业等谋求科学持续发展的因素。通过弘扬供销精神,把思想文化的软实力提升到一个全新的高度,成为供销社改革开放大发展的强大精神动力,成为重要供销文化基因,使宁波市供销社创造一个又一个率先改革发展的优异成绩。

第二节　人文文化建设

市供销合作社历届党委(党组)重视文化的感召作用,倡导以人为本的人文关怀,通过情感教育与交流,增强干部职工的归属感,打造领导与干部之间相互理解信任,干部与干部之间相互尊重,干部与职工和谐进取的团队。

优化学习氛围,增强供销文化的辐射力

市供销社党委把人文文化建设作为一项经常性的工作来抓,坚持以人为本,开展形式多样的人文活动,提升凝聚力和向心力和归属感,着力打造积极向上的和谐工作环境和人文环境。20世纪80年代以来,根据市委、市政府各个时期的中心工作、思想政治学习任务,每年印发《市供销社党委中心学习组学习计划》《机关干部政治理论学习计划》。所属基层党组织亦同步制定学习计划,贯彻学习,同步推进,优化学习氛围,增强供销文化的辐射力。

2002年以后,随着企业"两项制度"改革的全面完成,工作职能的转变,将学习型党组织建设作为一项重要工作来抓,坚持用科学理论不断武装领导班子成员头脑,坚定理想信念,加强党性锻炼和世界观改造,增强班子整体素质,提高领导和驾驭全局的能力。坚持党委理论学习中心组集体学习制度,倡导班子成员在学习中结合实际,谈思想、谈体会、谈认识;深入基层搞调研,有力指导企业深化改革;注重把学习成果转化为谋划工作的思路、促进工作的措施、做好供销社工作的动力。开展网上政治理论和业务学习,邀请有关专家、学者上课辅导等,极力营造浓厚的学习氛围。2011年,机关干部参加脱产和网上学院培训40人次、参加公务员综合素质培训12期46人次、网上学习约有2000学时。2012年机关干部参加脱产和网上学院培训40人次、参加公务员综合素质网上学习约2200学时。2013—2015年,机关干部的学习培训突出专家讲座、领导讲课和参加市委组织的培训,突出业务和综合素质的学习,重视发挥电化教育、网上教育和自学等手段。加强学习实践互动,把听、思、谈相结合,采取组织考察、专题讨论等活动,拓宽知识面,使理论与实践紧密结合。

开展劳动竞赛,增强供销文化凝聚力

开展社会主义劳动竞赛是供销社一贯以来的优良传统。供销社在各个时期都开展不同形式的劳动竞赛、技术操作比赛和各类知识竞赛活动。

1950年3月,宁波专区供销合作总社建立初期,根据全国供销合作总社颁布的《全国合作社劳动竞赛奖励暂行办法》通知,印发《关于开展劳动竞赛活动的通知》,要求各县合作总社组织基层供销社之间

开展以"四制"(计划制度、合同制度、财会制度、统计制度)"五标"(商品资金周转率、费用率、利润率、定员定额率、商品损耗率)为主要内容的劳动竞赛。各县供销合作总社共评选出基层供销社先进集体78个,先进个人142人。1953年10月,省社宁波专区办事处、市供销社根据中华全国合作总社提出的在全国合作系统开展增产节约社会主义劳动竞赛活动的要求,开展以"四找""四算"为内容的增产节约运动,以进一步提高企业经营管理能力,拓宽劳动竞赛的范围。全区各县供销社建立劳动竞赛工作领导小组,深入开展增产节约社会主义劳动竞赛活动。1954年,省社宁波专区办事处印发《关于开展社会主义劳动竞赛的通知》,在全区供销社系统各行业掀起社会主义劳动竞赛的热潮。通过劳动竞赛活动,各县供销社共评出基层供销社先进集体125个,先进工作者680人。1956年3月,省社宁波专区办事处召开社会主义劳动竞赛大会,向全区供销社发出进一步开展社会主义劳动竞赛倡议书。12月,根据《浙江省供销社系统社会主义竞赛奖励暂行办法和合理化建议奖励办法(草案)》通知,印发《关于基层供销社进一步巩固提高劳动竞赛开展评比工作的指示》《劳动竞赛评比奖励暂行办法》。年底,全区各级供销社共评选出县、基先进工作者1473人,先进单位316个,并按照奖励办法给予奖励。1957年,全区供销社系统深入开展以反对浪费为中心、节约"一厘钱"精神的增产节约运动。从形势教育入手,发动群众找漏洞,分析危害,结合整改,健全和完善规章制度。开展"五好"企业、"六好"职工竞赛活动。据宁波专区15县的153个基层供销社统计,共增产节约资金111.75万元,提出合理化建议3186件,评选出先进单位401个,先进工作者1378人。

1956年至1957年,各县供销合作社先后召开社会主义劳动竞赛表彰大会,表彰先进集体和先进个人。1959年,开展增产节约为中心的"六好"红旗竞赛活动,共评选出先进单位310个,先进工作者1100人。

1962年至1965年,贯彻落实全国供销合作总社《关于开展"五好"基层供销社和"六好"职工竞赛运动的通知》。开展经常性的社会主义劳动竞赛和短距离的劳动竞赛活动。据统计,全区各县供销社共评出基层供销社先进集体280个,先进工作者650人。其中1963年,全区供销社系统开展轰轰烈烈的增产节支群众运动,依靠和发挥广大职工的智慧,减少商品流转环节,改进商业运输路线,扩大车站、码头、工厂、仓库的直拨直运,节省运输费40.4万元。清理出长期积压商品269万元,分别采取设摊推销、加工改制、系统调剂、削价出售等办法,至年底已处理82%以上。

1966年至1976年,以突出政治为中心,开展"四好"单位、"五好"职工和评选学习《毛泽东选集》积极分子的活动。全区供销社系统广大干部职工发扬"扁担、背篓"精神,以"鞍钢宪法"和"大庆精神"为指导,积极开展不同形式的社会主义劳动竞赛。在"文化大革命"期间,"以阶级斗争为纲",把挂帅绝对化,但劳动竞赛这一形式始终坚持下来,形成供销社劳动竞赛的规模化、制度化,并得到有序的开展。

1977年,全区供销社系统以大庆、大寨人为榜样,开展以"比学习,赛觉悟;比干劲,赛贡献;比团结,赛风格"为主要内容的社会主义劳动竞赛。基层供销社开展"四查四评四记"活动,即春节、春耕、"双夏"和"三秋"四个季节以后,分别对各部门、各人岗位的工作进行一次检查、评比和记优活动。全区各县供销社共评出先进集体(包括柜组、门市部)890个,先进个人2570人。

1978年以后,各县供销社在组织开展社会主义劳动竞赛活动中,主要形式是单位间的对口赛、同工种竞赛,并结合春耕、"双夏"和"三秋"支农服务工作,组织开展生产资料、农副产品采购和饮食服务业等劳动竞赛活动。

1982年6月,宁波地区供销社印发《关于举行全区商业、供销青工操作比武大会的通知》,比赛项目分棉布放、量、卷、裁,珠算,自行车组装,半导体收音机组装,捆扎瓶酒、罐头、三角包、斧头包,烹饪操作,包子、馄饨操作,水蔬"一口清"操作,屠宰全能操作,卖肉操作,农药鉴别和常用农药药性笔试,遮目鉴别中草药,废品回收检验等13个内容。10月,宁波地区商业、供销社青工操作比武大会召开,全区供销社系统有1150多名职工参加上述项目的选拔赛,取得较好的比赛成绩。

1988年后,开展社会主义劳动竞赛活动主要是以"双增双节"活动为主,充分发挥工、青、妇等组织的作用。1992年,开展以"三高一创"为主要内容的劳动竞赛。各县基层供销社工会积极发挥工会组织的参与职能,都建立劳动竞赛领导小组,制定实施方案,开展多种形式的扩销促销竞赛活动。

进入21世纪后,随着社有企业"两项制度"改革不断深入,全市供销社系统大规模的劳动竞赛活动不再经常性的举办。其中全省供销社系统的财会、统计同工种竞赛活动形成历年常规化,且坚持至今。2006—2015年,新发展时期,新的社会性竞赛项目丰富多彩。供销社系统依托自身资源和特点,经常组织和参加,如电商比武、垃圾分类等竞赛活动,宣传供销社,彰显供销社职工的技能风采。

活动兴社,增强供销文化感染力

从20世纪80年代以来,全市供销社系统企业相继建立"职工之家",并建置工会图书室、文体活动室、党支部(党员)活动室等设施。这些环境场地为开展供销文化提供一个良好的硬件保证,使供销文化的感染力和吸引力不断增加与扩张,为供销社文化建设提供良好的平台。许多单位还通过建立陈列室,集中展现供销社职能工作、为农服务风采;展览各项荣誉,先进典型,全面反映供销社历史和经济发展的基本面貌,传承、彰显传统文化精髓。

各级供销社工会组织按照上级工会规定,安排先进工作者或会员职工到省内外疗休养等活动,尤其是组织开展趣味性强、参与度高、品位高雅、陶冶情操的文化艺术活动。1988年9月,市供销社举行《迎国庆文艺晚会暨第一届文艺汇演》,各县(市)区供销社、市社所属公司、城区基层社共有26个节目参加会演。

1989年9月27日,举行迎国庆文艺晚会暨第二届文艺会演,文艺会演节目以自编自演创作为主,主题鲜明,结合优质服务、文明经商中先进事迹和高尚的职业道德风尚,集中反映供销社系统改革发展的典型事例和精神风貌。各县(市)区供销社、市社所属公司有28个节目参加会演。节目主要有歌曲、舞蹈、哑剧、小品、相声、独角戏、地方剧、独幕短剧、魔术、杂技、诗朗诵等。文艺会演结束后,对获得一二三等奖的以及编导以一定的精神鼓励和物质奖励。1990年7月,市供销社举行首届围棋选拔赛,市土产日杂公司王黎明、市果品

工会组织推球比赛

食杂公司叶建雄、鄞县樟水供销社俞朝晖分获个人一、二、三名。1991年,在纪念党成立70周年期间,组织开展以"党在我心中"为主题的系列活动,召开颂党演讲会、颂党书画展览、党的知识竞赛、系统文艺演出晚会等活动。其中庆祝七一书画展有140人次参展,作品有毛笔82幅、硬笔109幅、画24幅、木刻

10幅,分别评出一、二、三等奖,有16人获奖,还举行拔河、舞蹈、乒乓球、中国象棋等比赛。

1992年,组织举办技术操作比武、乒乓球比赛等活动。8月,市供销社代表队参加省供销社系统第二届围棋赛,获团体总分第五名,市土产日杂公司王黎明获个人第五名,并参加商业部系统选拔赛。9月14—16日,工会举行首届乒乓球比赛,慈城供销社获男子团体第一名,市果品食杂公司、市再生资源公司分获第二、三名;市副食品公司获女子团体第一名,市土产日杂公司、市农资公司分获二、三名;市再生资源回收公司董定康、市农资公司陈玉芳分别获男、女单打冠军。1991年10月5日,举办'91供销社系统金秋文艺调演会,市社机关及所属9家企业联袂表演19个文艺节目。1994年10月20日,举行市社所属公司和基层社卡拉OK演唱比赛,朱贤波获一等奖,徐浩、蔡淑君、李建霞获二等奖,陈琴琴、张敏芳市、洪强、余一心、裘国璋获三等奖。11月21日,市果品食杂总公司的潘颖和任秋雄在市财贸系统交谊舞大赛中获第一名。1996年11月8日至17日,举行首届"海田杯"篮球赛,宁波美乐门股份有限公司、市特产总公司、市果品总公司代表队分别获冠、亚、季军。1997年11月15日,举行市社本级企业扑克牌比赛。1998年11月,工会举行第二届乒乓球比赛,市社机关和所属单位共选派15个男子代表队、7个女子代表队参赛。市果品总公司男子代表队获男子团体第一名,市农资公司、宁波南苑集团股份公司男子代表队分别获男子团体二、三名;宁波美乐门股份公司女子代表队获女子团体第一名,市茶叶公司、市物资回收公司女子代表队分别获女子团体二、三名;市果品总公司陈祖炜获男子单打第一名,宁波南苑股份公司赵大川、慈城供销社柴静儿分别获男子单打二、三名;宁波南苑股份公司陈玉芬获女子单打第一名,市农资公司李建霞、茶叶公司姚奋分别获女子单打二、三名。1999年4月28日,为庆祝五一国际劳动节,丰富职工的文体生活,增进干部职工的友谊和团结,市供销社工会、团委举办迎第二届拔河比赛,市社直属企业和城区基层供销社12支代表队参赛,市特产公司代表队获第一名,市再生资源总公司代表队获第二名,宁波南苑集团股份有限公司代表队获第三名。1997年5月,市供销社团委获宁波市青少年文化艺术节优秀组织奖,宁波美乐门股份有限公司团委组织的大合唱《美乐之歌》《歌唱祖国》获宁波市青工文化艺术会演二等奖。

工会举办中国象棋比赛

2002年11月20日至21日,宁波南苑鞋城有限公司在东阳市横街影视城召开"南苑鞋城第五届厂商联谊会暨南苑鞋城诗歌朗诵会",用诗歌和散文的形式,歌唱党的十六大,赞颂"三个代表"重要思想,回顾发展历程,展望美好未来。2006年,市供销社参股投入的宁波大桥生态农庄素质教育基地建设初见成效,经慈溪市委宣传部、教育局、

工会组织拔河比赛

广电局、妇联、团市委、科委等单位联合考评,授予宁波大桥生态农庄"慈溪市青少年素质教育基地"称号。2008年3月13日、3月19日,市供销社举办两次以《科学发展观》《科学发展观的历史定位与实践价值》为题的党课,机关及所属22个企事业单位共有221名党员参加。2011年7月1日,在宁波南苑环球国际大酒店举行纪念建党90周年歌咏会,市供销社机关及8家社属企业联袂贡献18个文艺节目,深情回顾党的奋斗历程,讴歌党的光辉业绩,奏响新时代奋进的凯歌,充分表达永远跟党走的赤诚之心。2012年8月6日,市供销社系统参与浙江省"2012·国际合作社年活动周"活动,活动周以"合作社,幸福你我他"为主题,组织开展摄影比赛、合作经济优秀论文评选等一系列活动。市供销社楼承渝《用信息化提示供销社的经营、服务和管理能力》、鄞州区供销社史利明的《论基层供销社重组的几点思考》论文获合作经济优秀论文奖,余姚市供销社吴蒙棣的摄影作品《高山云雾茶》获摄影比赛三等奖。8月30日,慈溪市供销社举行"海通杯·秀出我的风采"文艺会演活动,会演共有23个精彩节目,表演者以饱满的热情和丰富的艺术表现力呈现供销人的风采。

2015年2月,第六届"感动余姚"新闻人物揭晓,耕耘沃野30年的"农资当家人"——临山供销社主任胡国森当选。12月30日,由中华合作时报社、全国供销合作总社信息中心、全国供销合作总社声像中心、中国合作经济杂志社联合举办"寻找扁担传人"评选活动,余姚市供销社主任诸建立获"红背篓"奖。

帮困救灾献爱心,增强供销文化的向心力

建社以来,供销社始终把帮困救灾献爱心当作一个重要工作来抓,通过行政、工会和发动职工群众,积极做好访病问苦、困难救济等工作。从20世纪60年代开始,省社宁波专区办事处、市供销社根据地区行政专署和市委关于开展做好春节困难补助工作的文件精神,每年对生病住院的老干部、困难职工进行慰问,发放生活困难补助金,安排好生活。各县供销社、基层供销社、县级公司通过工会或争取上级工会发放职工困难补助金、捐款捐物等形式,访病问苦,为职工办实事,解决生活上困难,使困难职工倍感组织上对他们的关心和温暖。

1988年7月29日夜至30日凌晨,百年不遇的特大洪水袭击宁海、奉化等地,后又遭受7号台风正面袭击。两次遭灾,全市供销社系统直接经济损失达1100多万元。其中,宁海县供销社损失730多万元,奉化县供销社损失280多万元,余姚市供销社损失50多万元。在灾情发生后的第一时间,市供销社领导立即带领机关人员前往宁海、奉化县灾区了解灾情,慰问群众,并与当地供销社研究落实各项救灾措施。市农资、特产、土产等公司纷纷派出人员奔赴灾区,进行对口援助。鄞县供销社将15吨尿素、3000元现金送到宁海县社。北仑区供销社将10吨尿素、2000元现金送到宁海县社。镇海区供销社及时将10吨尿素、200箱榨菜、1690件衣服送往宁海县社。市农资公司紧急调运、串换救灾化肥1500吨、碳铵155吨、敌敌畏2.5吨。市土产日杂公司计划下拨瓷碗13万只,油毛毡300卷。宁波畜产品公司支援玻璃5箱。庄桥供销社也调出5吨碳铵。市供销社拨出4万元救助款,迅速捐赠各类衣服639件,市社团委发动各公司团员青年捐赠衣服800件,现金1600元。

1991年7月15日,杭嘉湖地区遭受严重水灾,根据市政府作出关于无偿提供救灾尿素1000吨的决定,市农资公司将1000吨尿素送往受灾地区,其中湖州市450吨,嘉兴市450吨,杭州市100吨。是年8月,安徽省遭受特大洪涝灾害,当地供销社系统也遭受到巨大损失,市供销社深表同情,特致电安徽省

供销社表示深切慰问,并将市社和鄞县、余姚、镇海、宁海等县(市)区供销社捐赠棉毯5000条送往安徽省供销社。9月,安徽省部分地区发生水灾。根据商业部和省供销社对口扶持的要求,市供销社将市社直属企业和余姚、慈溪、宁海等县(市)区供销社捐赠的近7万元钱物统一送至安徽省供销社,其中慈溪市供销社1万元直接送交阜阳市供销社。是年,重点做好困难职工的救济补助,补助生活困难费19600元。1994年7月,根据国内贸易部、国务院三峡工程建设委员会移民开发局〔1994〕180号《关于深入开展对口支援三峡库区流通部门移民工作的通知》,市供销社对口支援万县市五桥区供销社。是年,市供销社机关和直属企业共向贫困地区捐送衣被10170件,市特产公司、市果品总公司员工捐赠现金3000元。1995年,宁波市见义勇为奖励基金会成立,市供销社捐赠见义勇为奖励基金3万元。

1997年8月26日至29日,为帮助受11号台风肆虐的重灾区人民重建家园,市供销社所属各单位积极行动支援灾区,许多离退休干部不顾年老体弱专程赶到市供销社捐款,至8月29日,市社本级企业3355名干部职工共捐献73097元。10月,响应市委、市政府关于支援贫困地区、开展"扶贫济困送温暖"捐赠活动的号召,动员所属企业踊跃捐献衣被,至11月18日,在短短一个月时间内,共募集衣被15498万件,现金7750元,其中宁波美乐门股份有限公司就捐赠衣物6473件,现金1500元;市土产日杂总公司捐赠衣物1400件。通过市扶贫办赠给贵州省黔东南苗族侗族自治州。是年,市供销社被市扶贫济困送温暖捐赠活动领导小组评为"扶贫济困送温暖"先进集体。

1998年8月,长江流域遭受历史上罕见的严重洪涝灾害。市供销社积极开展"扶贫济困送温暖、支援灾区"捐赠活动。至9月15日,共向灾区人民捐款87359元,其中市供销社机关8370元,宁波美乐门集团公司16898元,市特产棉花集团公司10915元,市农资公司6170元,宁波南苑集团公司6368元,市供销社干部学校900元,市供销社进出口公司2308元,市土产日杂公司5300元,市合立公司1570元,市果品总公司10030元,市高合羽绒公司365元,海曙供销社885元,江东供销社1070元,市华达汽车服务有限公司900元。共捐献各类衣物计17506件,其中市供销社机关465件,市农资公司264件,宁波南苑集团公司1539件,市特产棉花集团公司1004件,宁波美乐门集团公司8988件,市土产日杂公司1122件,市果品总公司1890件,市物资回收公司653件,市供销社进出口公司141件,宁波汽车华达服务有限公司430件,市供销社干部学校181件,海曙供销社492件,江东供销社337件。圆满完成市委、市政府交给的捐款捐赠衣被任务。市供销社被宁波市委评为"扶贫济困送温暖支援灾区"活动先进单位。

1999年9月30日至10月27日,市供销社本级企业组织开展"扶贫济困送温暖捐赠活动"。市社机关和直属14家企事业单位的干部职工共捐衣物11155件,现金1091元,再次向贵州贫困地区人民献出一份爱心。2000年春节期间,市供销社机关5名领导和16名处级干部共慰问困难家庭10户,送去慰问金4000元。市土产公司职工邹君萍因患直肠癌,3月7—13日开展"奉献爱心,扶贫解困"活动,资助其5650元。12月,市供销社机关和直属企业干部职工踊跃开展慈善"一日捐"活动,共捐款37513元。

2002年2月、12月,市供销社领导分别慰问帮困结对户陈德荣、胡秀菊、戴乾东、徐新龙、吕连臻、何德邦、李章本等,送去慰问金各1000元。2003年6月2日,一对中年夫妇带着一面"扶贫济困,奉献爱心"的锦旗专门来到市供销社主任办公室,请求宣传基建处陈刚长期扶贫助困的感人事迹。经了解,该袁姓夫妇家住海曙区丰柏街39号,系享受低保的特困职工家庭,一家三口,丈夫失业,体弱多病,妻子弱视、无业,女儿先天弱视。陈刚在2000年时,从《宁波晚报》上了解到市慈善总会选定一批急需资助的学生,经慈善总会安排,当时刚读高中二年级的袁家女儿开始接受陈刚的资助。2000年秋季到2002年夏季两个学年中,陈刚为袁家女儿支付1400元学费,还不时赠送学习用品。有时还到其家里送去衣服、生活用品和现金。逢年过节还专门买上鸡、肉上门慰问。袁家1994年因拆迁搬到现住址后,因生活困难,一直住在白坯框架结构的房子里,一家三口住在大通间里生活不方便,陈刚就雇了小工,一起帮袁家砌起砖墙隔开房间。当袁家夫妇上门道谢,机关同志称赞他做好事不张扬,而他也只是说:"像这样的困难家庭,需要社会的帮助,我也只是做了一些我觉得该做的事。"

2005年春节,市供销社机关5名党委成员和16名处级干部慰问困难家庭10户,送去慰问金4000元。是年3月,在开展党员先进性教育活动中,市供销社领导和党员干部走访困难、患病党员共25人,送去慰问金26000元。2008年3月17日,在"5·12"汶川大地震发生后,全市供销社系统干部职工发扬"一方有难,八方支援"的精神。至5月20日止,全市供销社系统捐款累计达117.51万元,其中市供销社机关和本级企业74.2万元;各县(市)区供销社43.36万元,捐款在10万元以上的有宁波南苑集团25万元,镇海再生金属园区10万元。21日,全国供销总社发出倡议,号召全国供销社系统对口支援四川等地受灾兄弟供销社,市供销社第一时间积极响应,半天时间认捐额达40万元,支援对口支援灾区供销社灾后重建。全市供销社系统党员又投入交纳特殊党费,特殊工会经费等行动,至27日统计,共收到机关和本级企业"特殊党费"71162元。据不完全统计,全市供销社系统爱心捐款达200多万元,进一步彰显供销社企业和干部职工在汶川大地震发生后有大爱、团结抗灾的崇高精神。

2009年,市供销社党委对东航烈士遗属吴淑明(原市土产日杂公司)、因公牺牲的军人遗属周宪芳(市果品公司)发放住房困难补贴各为5万元和4万元。2013年七一前夕,开展结对帮困慰问活动。共走访慰问党员群众23人(户),送去慰问金16000元。积极组织机关干部开展义务植树、结对助学、无偿献血等公益活动。走访结对帮困党员46次,送去慰问金32000元。10月初,"菲特"台风带来暴雨造成全市大面积洪水灾害。开展捐款救灾活动,全市供销社系统共捐款21万元。市再生资源协会在行业中开展互相帮助送温暖、送关心活动,共捐款3.4万元,体现协会的社会责任。

2015年2月7日,市农副产品流通协会常务副会长兼秘书长裘国璋,带领理事单位宁波农大食品有限公司总经理王鸣春等人,把书画义拍所得价值2万元的物资捐赠给江北区庄桥街道敬老院、宁波国家高新区梅墟街道敬老院和海曙区西门街道老年医疗康复医院。

第三节 廉政文化建设

1984年4月,市供销合作社纪律检查委员会建立后,把廉政文化建设作为党风廉政建设的重要组成部分来抓,积极推进廉政文化进机关。20世纪90年代以来,通过开展以"为民、务实、清廉"为主题等一系列廉政文化建设活动,营造机关"以廉为荣"的廉政文化氛围。

1994年,加强党员干部的党风廉政建设教育,提高廉洁自律的自觉性,进一步转变领导作风和机关工作作风,树立实事求是,求真务实的精神。市供销社纪委组织机关党员干部和所属企业党组织负责人等50余人到市廉政文化教育基地参观学习,接受党风廉政教育。1998年6月,组织"党风廉政建设教育"报告会,邀请市纪委领导到会讲课,市社机关党员干部、所属公司和基层供销社主任(经理)、党支部书记等70余人参加。2004年,开展学习《中国廉政文化丛书》(廉政理论、廉吏、廉政格言警句、廉政故事、廉政漫画)教育活动。组织机关党员干部认真学习《党风廉政建设》《中国监察》《反腐败导报》《中国廉政文化研究》《党风文汇》等有关内容,并持之以恒抓好理想信念和党风党性教育。2000年,市供销社每季度组织一次系统党课,参加500余人次;组织"警示"教育活动40多批次,参加3620人次。

  2003年1月,市供销社党委班子成员积极参加市委组织的干部轮训班,组织观看郑培民先进事迹报告录像和"梁祝杯"中国廉政漫画展,进行爱国主义和艰苦奋斗教育,进一步增强廉政文化的凝聚力。2007年,开展廉洁自律,警钟长鸣教育年活动,组织机关党员干部集中观看反腐败典型案例录像教育片。通过观看录像、反腐败典型案例分析、讨论等形式,提高机关党员干部的政治敏锐性和政治鉴别力,从而形成浓厚的学习氛围,使机关廉政文化的价值内涵得到丰富,人文基础更加坚实,党风廉政教育更具有亲和力,参透力不断增强。下半年,根据市纪委、市直机关党工委《关于廉政文化进机关活动实施意见》,制订廉政文化进机关活动实施方案,对搞好廉政文化进机关活动作出具体的安排和步骤。2010年,开展机关"效能建设提升年"活动。通过"强三治、促三政"(强化治懒、治庸、治散,促进机关的勤政、优政、廉政),建立行为规范、公开透明、廉洁高效的工作运行机制。活动内容主要突出办事效率、服务态度、依法行政、廉洁勤政等方面,涵盖效能建设"八项制度""四条禁令"、机关日常管理制度、工作人员岗位职责以及服务态度等。2011年,机关廉政文化教育开展形成常态化、制度化。在纪念中国共产党成立90周年系列活动中,组织机关党员干部参加全国反腐倡廉知识竞赛活动,机关党员干部参与率100%,还开展廉政风险管理,查找单位和个人廉政风险点,加强风险管理,建立预警机制,形成防控体系。

  2012年7月至8月,市社党委分别组织两次题为《共产党员领导干部必须做道德建设的楷模》《把握发展机遇,明确定位任务,推动供销社事业又好又快可持续发展》的党课和主题讲座。机关全体党员和所属企业党组织负责人120人参加。在开展"全民阅读"活动中,机关党委组织"读书思廉征文"活动,共撰写调研和体会文章30余篇,评选出优秀征文7篇,推动机关廉政文化建设。

  2014—2015年,认真落实党风廉政建设责任制工作,以开展党的群众路线教育实践活动为契机,进一步抓好廉政文化教育,构建不敢腐、不能腐、不想腐的新常态,扎实推进党风廉政建设责任制进程,不断增强反腐倡廉的自觉性。认真学习习近平总书记一系列重要讲话精神,坚定对马克思主义的信仰,坚定对中国特色社会主义的信念,实现中华民族伟大复兴之梦。

第三章　素质教育

职工的素质,是指职工与其承担的工作责任相适应的各方面的素养。建社以来,供销社把经常性的思想政治教育渗透到各项业务经营活动之中,把思想教育与办社宗旨教育有机地结合起来,与职业思想、纪律、道德、技能结合起来,与各个时期的工作重点结合起来,进一步增强职工的凝聚力。在职工素质教育中,着重进行思想政治、职业道德、业务技能、文化、法律知识等方面的教育培训。

第一节　思想政治教育

1950年3月,宁波专区供销总社建立后,根据党在各个历史时期政治思想理论的发展和任务,有效地开展职工思想政治理论学习与宣传教育。12月,宁波专区供销合作总社在市区消费合作社和郊区基层供销社中建立18个学习小组。主要学习《土地改革法》《新民主主义经济与合作社》《中华人民共和国合作法(草案)》,大力宣传社会主义建设总路线,破除迷信,解放思想。通过学习,进一步认识新民主主义合作社的性质、目的。鄞县、镇海、余姚、奉化等县供销社共有536人次参加"整社""三反"等内容的培训。

1954年,省供销社开办宁波专区供销社训练班,至1958年撤销止,共举办训练班4期,受训人员1200人。1956年起,贯彻全国供销合作总社《关于开展基层供销社巡回教育的指示》,在全区供销社系统开展巡回教育运动,建立巡回教育制度。全区各级供销社相继成立教育研究委员会(小组)。各县(市)供销社配备1—2名专(兼职)教员和若干名学习辅导员。巡回教育主要由各县(市)供销社领导干部下基层巡回报告。巡回教育主要内容是包括对基层社职工进行党的路线、方针、政策教育,宣传先进思想和先进经验开展社会主义劳动竞赛教育,对农村私商改造的意义目的和方针政策,供销合作社为实现农业发展纲要而奋斗等内容的教育,教材由省供销社编写,市、县供销社则根据实际需要进行补充。是年,省社宁波专区办事处在宁波先后开办8个班级,共有312人参加教育培训。鄞县供销社开展巡回授课25次,听课1960人次;余姚县基层供销社听课面达到86%。

1957年,全区供销社系统开展肃反工作,查清和处理反革命和坏分子以及部分贪污盗窃分子,纯洁了组织,同时继续开展巡回教育,加强政治思想教育,受训干部职工3000多人。1958年6月,县以上供销社与商业局合并,但对基层供销社的巡回教育工作仍保留下来,后因开展"整风"运动,巡回教育停顿。

1963年12月,省供销社印发《关于设置专职巡回教育的暂行办法》。至翌年8月,全国供销总社通知恢复巡回教育制度,全区供销社系统遂重新恢复开展巡回教育活动。省社宁波专区办事处和各县供销社先后印发抓好巡回教育的意见,每个基层单位建立健全学习制度,成立业余学习委员会,组织学习小组。其中,鄞县供销社以辅导学习毛泽东著作为主,在基层供销社中建立70余个学习小组;余姚县供销社还在偏僻地设立教育点,聘请35名兼职辅导员到点授课。1964年以后,全区供销社系统巡回教育工作基本取消。

20世纪60年代,除开展巡回教育工作外,主要贯彻落实调整国民经济八字方针;宣传中共中央《关于城乡社会主义教育》和毛泽东主席有关"文化大革命"的指示,动员干部职工学习毛泽东著作等,并建组毛泽东思想宣传队。全区供销社系统涌现一批学习毛泽东思想的积极分子。

20世纪70年代,主要是大力宣传"农业学大寨""工业学大庆"以及毛泽东主席关于"深挖洞、广积粮、不称霸"和"备战备荒为人民"等重要指示;声讨林彪反党集团罪行。1976年10月,为悼念毛主席逝世,全区供销社系统开展《毛泽东选集》(一至四卷)的通读活动。到6月底统计,全区供销社系统50%左右的职工通读《毛泽东选集》(第二卷),还有30%的职工已读第三、四卷。《毛泽东选集》出版发行后,80%的职工读完第四卷。其中有三分之二以上干部职工100%读完《毛泽东选集》(第五卷)。

1977年,根据宁波地区地委文件精神,全区各级供销社掀起认真学习马列主义和毛主席著作的热潮,深揭狠批"四人帮"罪行;开展以"双学"(工业学大庆、农业学大寨)教育活动。进一步加强领导,采取各种有效措施,提高党员干部和职工群众学习的自觉性。1978年,掀起"双学"活动高潮。3月,全区供销社学大庆、学大寨大会召开,总结交流"双学"运动工作的经验,表彰一批先进集体和先进个人。所属宁波地区钢铁厂等12个单位和鄞县古林供销社虞瑞财等6名职工分别被评为宁波地区供销社"双学"先进集体和先进个人。全区供销社系统161个单位、209名职工分别被评为县级"双学"先进集体和先进个人;有800个单位、3309名职工被评为基层级"双学"先进集体和先进个人。

党的十一届三中全会后,各级供销社把政治思想、理论教育和法制教育作为加强社会主义精神文明建设的有效载体,普遍进行形势宣传教育。1979年2月,宁波地区供销社召开系统工作会议,提出重点工作转移的规划,具体提出以学好业务、搞好购销、支援生产、改善管理、增加积累等八方面的工作要求,以及评比先进具体标准。1980年,全区各级供销共评出196个先进集体,647个先进柜组,2867名先进工作者。

1981年,贯彻学习党的十一届六中全会公报和《决议》,开展宣讲活动,受教育的职工6600余人次。是年,全区各级供销社共评出先进集体196个,先进柜组647个,先进(生产)工作者2867个。1982年,学习宣传党的十二大文件精神。

1985年,开展第一轮青工政治轮训,至年底全市供销社系统青工政治轮训应补数为16826人,通过轮训合格13058人,青工政治轮训合格率77.6%,超额完成市政府下达的应训面60%的任务。1986年,全市各县供销社共举办450期政治轮训和业务技术培训班,受训职工22900余人次。青工政治轮训面达85%,普法教育面75%以上。其中,市供销社本级系统青工政治轮训面50%,已有2555名青工取得政治轮训合格证书,合格率为95.8%。

1987年5月,印发《市供销社关于开展第二轮职工政治轮训工作的意见》。是年6月,举办第二轮政治轮训和普法教育师资培训班,受训人数60人。全年职工第二轮政治培训,完成面达到40%。1988年,市供销社所属公司、城区基层供销社举办马克思主义理论教育轮训班8期,对市区近800名党员普遍轮训一次,并试点部署以爱国主义、社会主义、艰苦奋斗、遵纪守法为内容的正面教育,第二轮政治轮训率累计达90%。1989年,市供销社所属公司配备一名专职政工干事,专抓日常性的职工思想政治工作和理论学习。

1990年,印发《宁波市供销社关于进行基本国情与基本路线教育的实施计划的通知》。市社本级系统共组织脱产、半脱产培训80余场次,4100余人参加学习,受教育面达90%以上。各县(市)区供销社培训干部400多人,分四个专题进行教育,教育面达95%。1991年,开展"双基"教育和形势任务教育活动,各县(市)区供销社抽调机关及县级公司、基层供销社的部分骨干组成"双基教育组"巡回演讲、辅导。是年,全市供销社系统组织各种辅导课1250堂,"双基"教育演讲会、知识竞赛等活动200多次,受教育面达到96%以上。市供销社本级连续举办7期《关于社会主义若干问题纲要》干部培训班和16期青工"双基"教育培训班,培训人数分别达到480余人次和1400余人次。

1995年至1996年,抓党建带动精神文明建设,振奋干部职工的精气神。紧紧围绕"学习孔繁森""纪念抗日战争胜利50周年"等主题,开展党员学理论、学党章和企业形势任务教育活动。1996年,宁波美乐门商城列为市商贸系统首家形势任务教育活动单位,开展"我为'九五'建功"大讨论;慈溪、余姚等市供销社评选农资、棉花线为农服务先进个人;宁海县供销社树立先进典型,掀起比学赶帮热潮;鄞县供销社围绕创强社工程工作中心,开展"比支农、比服务、比管理、比形象、比效益"的社会主义劳动竞赛。市供销社所属企业"双学"培训任务基本完成。

1999年,全市供销社贯彻中央5号文件和全国供销合作总社、省供销社关于供销社改革的文件精神。讲透改制的重要性、必要性和各项政策,使改制人人皆知,深入人心,形成浓厚的改制氛围,也使广大职工看到改制是大势所趋,也是振兴供销社经济的从业之路。从而较大程度地提高干部职工对改革的心理承受能力。

2000年至2004年,市供销社召开两次本级系统政工会议,进一步加强对企业改革的宣传力度,紧紧围绕企业发展,为企业转制改革创造良好的条件和环境。2007年至2009年,开展深入学习贯彻党的十七大精神,围绕科学发展观和构建和谐社会的总要求,把融入中心、服务大局、结合实际、注重创新的基本思想渗透于思想政治工作之中,大力宣传践行社会主义荣辱观,弘扬社会主义道德,打击邪气,树立正气。2012年,党的十八大召开后,组织干部职工及时收看、传达,开展党的十八大精神学习教育。2013—2015年,围绕"转作风、优服务、破难题、惠民生"这一主线,发动干部职工积极推进经营创新、组织创新、服务创新。进一步解放思想,明晰科学发展思路,大力推动转型升级,创新发展思路,争创一流业绩。真正把供销社建设成为农业社会化服务的骨干力量、农村现代流通的主导力量。

职业道德、普法教育

思想道德、普法教育建设是社会主义精神文明建设的重要内容,是提高职工队伍素质、塑造供销社行业形象的基础性工作。1985年开始,全市供销社系统开展"九法一例"(宪法、刑法、经济合同法、民法通则、刑事诉讼法、民事诉讼法、婚姻法、继承法、兵役法、治安管理处罚条例)活动,各县供销社普遍建立"普法"领导小组。是年,共组织举办20期"普法"培训班,受训人数800多人。

1986年1月,印发《宁波市供销社关于开展普及法律常识教育的意见》,建立"普法"领导小组,所属18个直属公司、基层供销社成立由分管书记(经理、主任)和工会、保卫、共青团等有关部门64名负责人参加的普法领导小组和办公室。是年3月,有52人参加市社组织举办的普法师资培训班,280余人参加第一期全脱产普法教育学习班。全市供销社系统普法教育面达到75%以上。80%以上干部学完"九法一例"。1987年,市社本级系统共举办普法教育班25期,受训人员3500人,普法教育面完成75%以上。征订法律读本1万余册,印发学习资料15000份,举办图片展览20次,开展法律智力竞赛35次。

1988年2月起,市供销社共举办商业职业道德教育培训班89场次,受教育人数1万多人次。全市供销社系统425个门市部重新修订、完善服务公约、柜台纪律、营业员守则;整顿173个商店、分社,并设立意见簿和意见箱。6月,市供销社召开供销社系统窗口行业职业道德教育建设经验交流会,进行总结交流。全市供销社系统基本完成普法教育任务。1989年,举办职业道德学习班215场次,受到教育18000人次。6月,市供销社组织企业主任(经理)、厂长和财务等部门负责人等800余人参加市、县司法部门举办的企业经济法岗位培训班。

1991年9月,印发《关于全市供销社系统开展第二个五年法制宣传教育规划的通知》(宁供指〔1991〕145号)。组织举办职业道德师资培训班,参加人数40人;举办普法培训班50期,参加人数3000多人。1994年,重点学习《社会主义法制建设基本知识》《刑法》《行政处罚法》《公司法》《经济合同法》《产品质量法》《价格法》《税法》等法律法规,组织人员对所属企业进行"二五"普法教育实施考核验收。市供销社被市委评为"二五"普法教育先进集体。1995年,印发《市供销社关于深入开展社会主义职业道德建设工作的意见》,以促进供销社"两个文明"建设。全市供销社参加普法学习并经考试合格的人数达到应参加学习人数的89%。

1996年10月,根据全国供销合作总社《关于在系统内开展法制宣传教育的第三个五年规划》和市委转发《宣传部、司法局关于在公民中开展法制教育的第三个五年规划》的通知,印发《关于在系统内开展法制宣传教育的第三个五年规划》(甬供业〔1996〕166号),建立普法领导小组。是年,组织干部职工开展"三个主义""三观""三德""五爱"(爱国主义、集体主义、社会主义;世界观、人生观、价值观;社会公德、职业道德、家庭美德;爱祖国、爱人民、爱劳动、爱科学、爱社会主义)教育活动。市供销社本级企业领导班子受教育面达到100%,一般党员及中层以上业务骨干达到95%以上,全体职工达到90%以上。

1997年2月,印发《宁波市供销社关于机关领导干部和工作人员从政道德规范和职业道德、社会公德、家庭美德行为规范》,在本级系统开展"三五"普法和"三爱"(爱祖国、爱人民、爱社会主义)教育活动,受教育职工达5600人次。5月,结合开展"海田精神"大讨论活动,召开"海田精神"研讨会,围绕"追求上进、追究创新、追求一流"的海田精神,组织机关处室人员在调查研究的基础上分廉政建设、后备干部、资产管理、生产经营、进出口贸易、工程管理、财务管理和推进农业产业化等8个专题撰写的调研论文并进行评比。所属公司、城区基层供销社共提交15篇论文进行交流。

1998年,举办领导干部普法培训班、两期职工普法培训班和法律知识答题竞赛,有80余人参加。2002年,宣传贯彻《公民道德建设实施纲要》《浙江省公民道德规范》,开展"我为供销社改革、管理、发展"献计献策活动,共征集建议意见120条。2003年,贯彻学习党的十六大精神主题教育、保持共产党员先进性教育宣传活动。从2006年开始,组织开展社会主义荣辱观教育活动。对党员干部教育的重点是,成为树立社会主义荣辱观的表率,做到用权讲"官德",做事分荣辱,用模范言行和人格魅力树立良好形象,为群众作出榜样。2011年,印发《宁波市供销社"六五"普法规划》《宁波市供销社2011年普法工作实施意见》,建立市社普法教育领导小组。2013年4月8日,印发《宁波市供销社关于法制宣传教育工作的实施意见》(甬供安〔2013〕17号),进一步明确法制宣传教育工作的指导思想和工作目标,并就普法教育的主要任务、对象等提出具体要求。2015年,市供销社机关和所属企事业单位按照建设"法治宁波"的总体要求,通过深入开展法制宣传教育,积极培育企业法治文化,不断提高诚信企业建设,努力构建和谐劳动关系,进一步提高企业法治化管理水平。

第二节 文化学历教育

"百年大计,教育为本"。供销社为了不断提高干部职工文化、业务技术水平,以适应供销事业发展的需要,从建社开始,一贯重视职工的教育工作。以后随着职工队伍的不断扩大,职工教育在方式方法、教育内容上,呈现出多样化,收到较好的效果,促进和提高干部职工的综合素质,为供销事业的发展奠定扎实的基础。

1952年3月,省供销社计划在宁波专区供销合作总社设立训练班。1954年2月,省供销社发文正式建立宁波专区供销社训练班。至1957年,共组织举办四期业务、文化培训班,共计有1200人参加。1958年,县以上供销社与商业部门合并,宁波专区供销社训练班也随之撤销。1965年7月,慈溪县供销合作社职业学校成立。1977年,鄞县、奉化县供销社建立职工学校。1979年12月,贯彻《省供销合作社系统干部职工培训工作暂行规定》,要求各县供销社创造条件建设有校址、有专人、长期办的训练班或供销职工学校。1980年1月20日,建立省社干校宁波分校。宁波分校设在镇海,借用镇海仓库筹建处1000平方米办公楼作为校舍,该分校仅举办两期基层供销社主任培训班。至1984年2月,省社干校宁波分校撤销。

1981年,全区供销社将教育重点放在对1968年至1980年期间的初、高中毕业而实际文化达不到初中毕业程度的青壮年职工进行文化补课。初级文化补课的内容:公共课为初中语文、数学,专业课视工种不同选读物理或化学等,经地区、市(县)职工教育管理委员会或教育局统一命题考试,合格者发给文化补课合格证书。是年,全区供销社系统有1150名青年职工参加文化补课教育。同时,奉化、鄞县、余姚、象山等4个县举办扫盲短训班,通过集中扫盲,使147人摘掉文盲帽子。

1982年,全区供销社系统有近6834人参加初中文化补习,占应补职工总数14422人的47%(包括全民、集体企业)。有312名职工摘掉文盲、半文盲的帽子。

1983年8月,宁波地、市供销合作社合并,成立宁波市供销合作社。是年,全市供销合作社系统有10400多名职工参加各种业务技术和文化补课学习。其中,有8800名青壮年职工参加文化补习,到年底,累计有7015名职工考试合格,占应文化补课的45.7%。1984年,全市供销社系统办起4所县级供销社干部职工学校,配有专职教育干部和教师87人,兼职教师188人,培训基层领导骨干和专业技术人员近1000人次,输送近300名职工参加电大、业余大学、函授大学和中专学习。青年职工的初中文化补课合格率已达71%,其中市社所属企业达87%,提前一年完成文化补习任务。1985年,青工文化补课应补数11230人,合格9338人,合格率为83.4%。其中市区、奉化、镇海、鄞县等供销社青工文化补课合格率达90%以上。从而全系统基本完成职工初中文化补课和初级技术补课的任务,"双补"已达到中央规定的高限要求。市供销社干部职工学校与市第十四中学联办供销商业职业高中班,招收学生43人。此外,全市供销社系统还输送990多名职工分别参加电大、业大、函大和中专学习。1986年,参加各类型培训班学习的干部、职工达25000人次,这是全市供销社系统近年来办班类别最多、培训期数和受训人数最多、培训任务最重的一年。举办各类文化补习班241期,受训职工15800余人次。参加高中文化学习的有437人,参加大中专学习的有998人。市供销社所属企业组织230多名职工参加大、中专和高中学习,其中220多名职工大中专毕业。市供销社干部学校自办电大班2班共70人,高中班4班,联办职业高中班3班。全市供销社系统"双补"任务基本完成。

1988年,全市供销社系统输送400多名职工参加大、中专学习,职工素质得到进一步提高。是年,市供销社所属有7个单位、5名教育工作者被评为市级成人教育先进单位和先进工作者。1988—1990年,市土产日杂公司、市果品食杂公司被评为市供销社职工教育先进集体;市果品食杂公司贺纹波、市土产日杂公司陈亚珍被评为职工教育先进工作者。

1989年8月28日,宁波市供销社职工中等专业学校成立,作为市供销社系统培训干部和职工的基地。1990年1月9日,建立宁波市供销合作社干部学校,并与市供销职工中等专业学校(筹)实行"两块牌子、一套班子"。这是当时宁波市教育系统办学中教育基地建设最好的一所成人中专之一。

1996年10月,市供销社干部学校试办经济管理大专班,首创系统开办大专班的纪录。此期大专班为期一年半,采取半脱产形式,来自市社各直属公司、城区基层社、余姚市社等45名学员参加学习。1997年10月10日,市供销社干部学校第二期大专培训班开学,招收学生45人。1998年,在全面完成97级经营管理大专班的教学任务,有44名学员顺利毕业。3月12日,市供销社与省供销社职工学院继续在市供销社干部学校设点举办成人高等教育班。招收专业为企业经营管理,学制一年半,教育形式为半脱产;招生50人。1999年4月,47名在职职工经过一年学习,顺利完成市供销干部学校大专专业证书班的各项学习任务,经考试合格,获得成人高等教育大专证书。

第三节　业务技能培训

建社之初,全区供销社系统业务培训,主要是通过组织业余学习,开办各类培训班,选送人员参加上级部门培训等形式进行。1950年10月,宁波专区供销合作总社组织举办消费合作社经理培训班,有60人参加。1952年至1953年,举办四期棉、茶、茧、畜产品等培训班,有130人参加。1954年,省供销社正式建立宁波专区供销社训练班。组织四期培训班,参加培训的基层社主任、业务骨干、计统和财会人员共1200人。此后,全区供销社各类业务培训逐步形成制度,一般安排在每年春节以后或业务淡季进行。

1955年至1961年,据不完全统计,宁波专区供销合作总社组织各类业务培训班85期,其中举办20期土产采购商店经理、棉麻收购站站长培训班,举办15期生活商店经理培训班,举办19期合作商店经理培训班,举办统计、物价培训班10期,举办21期营业员培训班。受训人员共计6000多人。在此期间,还选送骨干参加上级社及有关部门组织的培训,其内容主要有会计、统计、物价、棉、麻、茶、茧、农资、畜产品等方面的业务知识。其中1951年1月,中国茶叶总公司在杭州举办第一次制茶干部培训班,专区供销社有10余人参加。

1952年6月,余姚、慈溪2县供销社派职工16人参加省供销社棉、麻治虫培训班,回县后随之在棉区组织开办短训班。1958年,举办三期土产药材收购、加工企业、统计、批发站会计训练班,有450人参加。1957年，宁波市供销社举办三期会计、统计、物价训练班，有135人参加；举办四期小商贩培训班，参加人数2010人次。1961年至1964年，据不完全统计，宁波专区14个县供销社共举办各种业务训练班150多期，参加人员6000余人次。1964年2月，省社宁波专区办事处组织举办会计训练班两期，有198人参加学习。是年5月，又有98人参加省农业干部学校培训棉花、黄红麻收购验收技术。

1966年，"文化大革命"开始后，全区供销社系统除单一的政治学习外，职工业务技术培训亦受到冲击。1978年，开展"双学"活动。镇海、奉化、余姚、鄞县等县供销社相继召开全县性的业务技术操作比武大会。是年4月，宁波地区供销社发文，要求全区76个基层供销社和39个县以上公司、厂、站，在1980年前有60%以上的单位建成"大庆、大寨式"企业。1979年开始，职工业务技术培训重新摆到议事日程。地区供销社制订《1981—1982年职工教育五年规划》，全区各县供销社相继采取措施，恢复对职工的业务教育，普遍开展岗位练兵、技术比武、考工考核、举办长会短训班等。据不完全统计，全区各级供销社共举办各种短训班211期，培训各种专业人员和领导骨干5900多人，参加技术操作表演赛1500多人次。

1980年，全区供销社系统掀起学习业务、技术和岗位练兵的热潮。慈溪县供销社举办八期专业培训班和两期经理短训班，培训860人。鄞县供销社组织举办短训班203期，培训5260人，还挑选12名选手组成业务技术操作组，巡回全县7个点进行操作表演。奉化县供销社在溪口举行11个行业、70名操作能手参加的表演，有600余名职工参加观摩。余姚县供销社举办业务操作比赛，有62名操作能手进行技术操作比武。宁波市供销社组织举办各种短训班30余期，参加人员560余人次。

1979年至1980年，地、市、县供销社和所属公司举办专业或综合性的短训班389期，培训13000多人次，占职工总数的三分之一以上。全区各级供销社自编业务教材5900多份。全区被评为省供销社系统科研技术革新成果二等奖的5项、三等奖的3项，获评科技机械先进集体2个，积极分子1人，奉化县945名新职工中有253名成为骨干，分别担任柜组长、核算、会计、统计员等职。据鄞县、奉化、象山、慈溪、宁海等5个县统计，1979年从青年职工中提拔为县公司经理、基层社主任、分社和商店经理的就有298人。

1981年开始，全区供销社将教育重点放在"文化大革命"以来青壮年职工的技术业务培训。1981年至1982年，全区供销部门初步建立起职工教育体系。鄞县等4个供销社分别单独建立教育股，鄞县、慈溪等3个县供销社建有培训基地。各级基层社、县公司还因陋就简办起26所职工业余学校（补习班），全区专兼教育职干部139人，专兼职教师166人。两年来，共举办各类形式短训班1014期，参加人数30296人次，其中商店经理和各种专业技术骨干有12600人次。

1982年11月，宁波地区供销社与地区商业局、团地委联合举办全区供销、商业系统青年职工操作比武大会，供销社系统有17名青年职工取得业务技术前三名的好成绩。1983年8月，地、市供销社合并后，市供销合作社专门下达开展业务补课和培训计划，各县供销社通过职工学校等途径，按照技术补课和文化补课要求交叉进行。

初级技术补课，主要是根据全国供销合作总社1979年制定的《供销合作社系统各类业务技术人员技术职称与业务技术考核标准》。选用省供销社等编写的《初级业务人员应知业务常识》等教材，凡经市、县统一考试合格者，发给省劳动局印制的初级业务技术补课合格证书。

1981年至1985年，全市供销社系统累计业务技术补课合格12180人，平均合格率76.8%。1985年至1987年,市供销社本级系统企业新增160多名大专毕业生,补充各类企业管理人才和专业技术力量,且大多数已成为各类工种岗位上的骨干,其中有6人走上企业管理岗位。

1984年7月,市供销社对所属各单位的青壮年职工进行两次业务技术统一考试,应试基础知识和珠算两课。其中,参加基础知识统考有1328人,合格1283人;参加珠算考试1294人,合格955人。全市供销社系统初级技术补课合格率达45.1%,其中市社所属公司达到82.9%,提前一年完成初级技术补课任务。是年,县级供销社4所干部职工学校,配有专职教育干部和教师87人,兼职教师188人,培训基层领导骨干和专业技术人员近1000人次。1985年,全市供销社系统初级业务技术补课应补数为12226人,合格10226人,合格率84.8%。在全市供销社系统基本完成初级业务技术补课任务后,转入中级业务技术培训。

1979年至1985年,市、县(区)供销社重新恢复各种专业业务短期培训,其内容除棉、茶茧收购检验、农资辅导、会计、统计、物价、柜组核算等外,还开展商品陈列、家电维修、市场信息、新职工上岗培训等。据市区及镇海、鄞县、慈溪、余姚、奉化等县社统计,先后有1.1万人次参加。

1986年,共举办各种短训班30期,受训职工2500人次,中级技术培训面达16.7%,超额完成市下达的15%指标。其中市供销社举办首次中级业务技术培训试点班,所属13个单位40余人参加培训,5月7—20日,以长会短训的形式,对57名物价干部进行物价业务知识培训。12月,印发《关于宁波市供销社商业营业员珠算等级合格率标准及鉴定办法的通知》,对营业员业务技术等级的珠算要求,分为初、中、高三个等级,初、中级考核加减算、乘算两个单项,高级考核加减算、乘算、除算三个项目。凡达到《全国珠算标准》普通级的六级,为市级供销社商业营业员珠算技术初级标准;达到四级的为中级标准;达到三级的为高级标准水平。

1987年,共举办250多期业务技术培训班,受训职工14520余人次。中级业务技术培训面达到36%,超过市规定的有关要求。1988年4月,市供销社所属公司50名学员参加由商业部、中央电视台等10单位联合举办的《服务工作全面质量管理》电视讲座,考试全部合格。其中市果品食杂公司中东副食品商店副经理洪益女以89分的成绩名列榜首。市供销社评选表彰洪益女等10人为质量管理电视讲座优秀学员。是年,继续开展中级业务培训和岗位轮训,全市参加中级业务培训人数累计达4240人,占应培养人数的58.5%,参加各类专业技术培训11137人。

1989年3月,举办市供销社系统青工珠算技术选拔赛,1—6名全能选手分别为:奉化市供销社单锡萍、宁海县供销社任莉春、象山县供销社王美平、镇海区供销社汤萍萍、宁海供销社徐丽君、慈溪市供销社姚国定。4月,全省供销社举行青工珠算比赛,市供销社获团体第四名,谢建伟获乘算第五名,王丽丽获加减算第六名,崔咸方传票算第七名。3月至6月,市供销社举办三期职工中级业务技术联合培训班,共有160人参加。5月至6月,委托市供销社干部学校举办各县(市)区供销社县公司经理、厂长、组织人事工作岗位培训班三期,参加学习的干部累计120人。9月,举办全市供销社系统财会知识竞赛,余姚、奉化、慈溪市供销社代表队分别获团体一二三等奖;余姚市供销社晁坚获个人一等奖,韩华丰、胡伟奋获二等奖;奉化市供销社张雪兰、李远杰和宁波市供销社包银虎获三等奖。

1991年3月,市供销社举办物价员培训班,参加培训人数106人。举办商品养护培训班,各县(市)区供销社6个副食品公司、部分基层供销社和棉花、茶馆加工厂的仓库主任、保管员等85人参加学习。召开政务信息工作研讨会,参加培训人数62人。4月,召开全市供销社系统商流统计研讨会,参加培训人数97人。市农资公司委托省农技师范学校举办为期一年的庄稼医生函授班,入学的有各县(市)区及市郊部分基层社农技服务人员共70人。8月,举办第四期基层社主任(县公司经理)岗位培训班,参加培训人数53人。10月,举办首届烹饪技术选拔赛,周鹏鸣(宁波南苑饭店)、戴龙毅(鄞县育王楼饭店)、朱锡军(宁波南苑饭店)分别获一、二、三名,并参加省供销社系统烹饪技术大奖赛。市区6个基层供销社分社(部门)经理有90%通过培训取持证上岗资格。市供销社干部学校(培训中心)举办各种培训班40期,受训人数2500人次。

1992年,印发《关于开展职工高级业务技术培训的意见》(宁供教〔1992〕3号),规划目标到1995年力争使全系统具有高级业务技术水平的职工达到占业主技术职工总数的5%左右,到2000年达到占业主技术职工总数的10%左右,市、县公司及所属商店(部)和基层供销社中型商场高级工比例要超过上述指标。初步形成初、中、高三级比例4∶5∶1的业务技术职工队伍。3月,组织举办三期财务会计培训班,96人参加培训。5月,举办"证券投资与股票交易知识"培训班,有150人参加。6月,在市社供销学校举办为期6天的"麦特科姆"(宁波)教育法培训班,参加人数46人。7月。举办为期5天的推销、采购、公关知识培训班,171人参加。

1993年2月,宁波南苑饭店举办为期3天培训班,有110人参加,主要学习服务技巧、市场营销、公共关系等内容,其中鄞县供销社天鹅饭店有30人参加。5月至6月17日,市供销社举办四期财务通则和会计准则培训班,各县(市)区供销社和所属企业的财会科长和主办会计等500人参加新会计制度学习。

1991年至1993年,市供销社干部学校(培训中心)组织承办各类培训班117期,培训各级干部职工达7250多人次。1994年,市供销社本级系统引进80余名大中专毕业生和中青年骨干。并举办各类培训班5期,培训外贸业务人员和中青年后备干部340人次。

1995年9月,印发《宁波市供销社本级企业全员培训计划》,市供销社本级先后举办29期培训班,参训干部职工达2115人次;举办健康教育培训三期,参加280人次,经考核,"健康知识知晓率""健康行为形成率"分别达到70%和60%。11月,市社本级系统39名经理、业务骨干参加省企业经济法岗位培训,并获得省司法厅颁发的浙江省企业经济法岗位培训合格证书,市特产总公司王龙飞、宏伟商场夏乐光、市物资回收公司陆鸿飞被评为优秀学员。

1996年,全市供销社组织举办各业务技术和岗位培训班26期,参训人员1475人次。宁波美乐门商城、宁波南苑公司股份有限公司等13个单位完成第二轮全员培训任务。先后组织举办各县(市)区基层供销社主任培训班和县级公司总经理培训班三期,参训人员135人。8月,举办所属公司、城区基层供销社业务员培训班两期,参加人员80人;组织举办会计规范、现金流量表、会计电算化、会计准则专题培训班四期,受训人员80人次。

1997年,全年举办培训班和学历教育11期,培训540人次。7月,市供销社组织所属公司人事干部培训班,有48人参加。宁波美乐门股份有限公司、宁波新江厦商城被市财政贸易办公室评为1996—1997年度职工技能培训先进单位。

1998年5月19日,市供销社举办价格法培训班,70余人参加培训。7月,宁波南苑鞋城举办商品标签知识培训班,请市技术监督局专业人员上课,40余人参加。8月至9月,宁波南苑鞋城又利用营业淡季对全体员工进行为期半个月的职业技术培训,参训人数670人次。开展消防安全教育培训,市社本级企业义务消防员和柜组长以上骨干60余人参加,还举办卫生知识培训和计划生育培训,育龄对象300余人全部参加培训。10月,宁波美乐门集团公司9名干部职工参加国家国内贸易局和国家质量技术监督局联合举行的"全国商品监督员上岗资格"统一考试,全部合格,并取得商品监督员上岗资格证书。

2000年,市供销社本级企业深入开展全员培训工作取得明显成效。宁波南苑饭店营业员、服务员均按高中(职高)以上文化程度标准招聘,中层以上管理人员以大专以上文化程度为主体,936名员工参加五星级应知应会岗前培训,有关管理部门和特殊要求的工种共75人则"派出去"进行岗位培训,为饭店上五星级打下扎实的基础。宁波南苑石油公司组织43人次参加石油经营和消防知识全员培训班。市华达汽车公司各类培训达到155人次,人均受训3次。市果品总公司针对所属市二号桥市场安全管理复杂的情况,邀请江东区消防大队协办"消防知识"培训班,有160人参加。宁波南苑鞋城组织210人参加为期5天的规章制度、商品知识、服务技能培训。市农资公司输送12名员工到有关培训单位进行计算机上等级培训,接受大专文化程度教育。

从2008年开始,市供销社对全市农产品经纪人开展培训工作,制订农产品经纪人三年培训计划。至年底,共举办6期农产品经纪人培训班,有528人参加。其中有485名学员经考核和鉴定,获国家颁发的农产品职业资格证书。慈溪、鄞州、余姚等地供销社累计举办农产品经纪人培训班10期,受训人员近800人。11月,抽派4名农产品经纪人参加人力资源和社会保障部、全国供销总社举办的职业技能鉴定考评员培训班,其中有3人取得农产品经纪人考评员资格,1人取得农副土特产收购员考评资格,这两项专业考评员资格在宁波市尚属首次。

2008年11月28—29日,慈溪市农办和劳动局组织举办2008年农村劳动力职业技能大赛。慈溪大酒店餐饮部李盼盼获中餐宴会摆台第三名,并晋升"高级工";张培芳获中餐宴会摆台第九名,并晋升"中级工"。2009年12月,慈溪市大酒店在参加宁波市星级饭菜服务技能大赛决赛中获三星组团体一等奖。金妩萍、郑英获前厅组一二等奖;张培芳获餐饮中式宴请摆台二等奖;方修荣、叶华获客房铺床三等奖。2010年11月21日,全市首届农产品经纪人(中高级)培训(鉴定)班在鄞州区党校举行,来自全市60名农产品经纪人参加培训。2013年10月15日,市供销社在鄞州区党校举办农产品产销对接暨农民专业合作社理事长培训班,各县(市)区供销社业务科长、农民专业合作社理事长等90余人参加。

2015年6月,市供销社培训中心举办中级农产品经纪人培训班,全市95名从事农产品经营人员、专业合作社社员、家庭农场经营人员及种植、养殖大户参加培训。经考试鉴定合格者,颁发中级农产品经纪人职业资格证书。8月,市供销社委托宁波工程学院举办新型职业农民电子商务培训班,有50多名新型农业经营主体和农业种养能手、农业社会化服务人员、科技示范户参加。

第四节 干部教育培训

干部教育是指培养、训练干部,提高干部政治、文化、业务水平的教育。建社以来,供销社一直重视干部教育工作。特别是从20世纪80年代以来,宁波市供销社党委把党员干部教育视为党的干部政策的重要组成部分,干部工作中的一项重要任务来抓。

1951年至1956年,省社宁波专区办事处举办县级供销社主任、县公司经理和基层供销社主任训练班8期,有320人参加。1957年,举办基层供销社主任训练班3期,参加人数128人;举办合作商店经理训练班5期,参加人数261人。1958年,省社宁波专区办事处举办县级公司经理、基层供销社主任、商改干部训练班3期,有150人参加。1978年至1979年,宁波地区基层供销社57名主任参加省供销社干部培训学校培训。

1980年,宁波地区供销社对干部培训作出计划安排。据统计,在全区64个基层供销社、17个县级专业公司、4个二级站中,共有基层供销社主任和相当一级干部约有450人,其中已参加过省供销社培训的27人,计划在1980年至1981年两年内,将其余427名干部分期分批进行培训。是年6月15日至7月15日,宁波地区供销社举办第一期干部训练班,为期30天,培训基层供销社正副主任63人。是年底,宁波地区供销社组织举办第二期培训班,培训100人。宁波市供销社举办第二期干训班,培训110人。全年,地区和市、县供销社以及各专业公司分别举办的基层供销社主任、分社(商店)经理和各种专业技术骨干短训班就有159期7246人次。

1981年,宁波地区供销社举办培训班3期,参加人员250人,完成全区供销社系统干部培训任务。1983年至1987年,市供销社组织举办干部培训班5期,所属公司的正副科长、县公司正副经理、基层社正副主任、分社和商店正副经理参加培训班,参加人数250人。举办城区基层供销社党支部书记培训班2期,有60多人参加,同时,有30余名基层供销社干部选送各级党校、干部培训班学习。其中1984年至1987年,先后组织举办12期全市基层党组织书记、主任(经理、厂长)会议。

1987年5月,市农资公司葛龙川、市物资回收公司沈祖绍、市果品食杂公司史玲安参加第六批企业经理(厂长)全国统考合格,由省经济管理干部国家统考办公室发给合格证书。1989年4月2日至5月15日,市供销社举办第一期(市、区)基层供销社主任岗位培训班,参加50人。1990年3月6日至4月25日,市供销社举办第二期为期50天的基层供销社主任(县公司经理)岗位培训班,有47名企业领导参加。1991年3月1日至4月15日,市供销社举办第三期基层供销社主任(县公司经理)、部门(分社)经理岗位培训班,参加人数150人。4月至10月,江圣澜、王兆能、孔万华、孔繁义、张方砚参加市委第四、六、七期领导干部培训班。5月5日至30日,举办第四期全市基层供销社主任(县公司经理)、部门(分社)经理岗位培训班,参加人数150人。举办领导干部读书班,所属单位党、政、工及退二线领导干部60余人参加读书班。连续举办《关于社会主义若干问题纲要》干部培训班8期。

1992年1月,举办第五期基层供销社主任(县公司经理)岗位培训班,有50人参加。2月16日至9日,市供销社机关10余名领导干部和部分处长参加市委组织的关贸总协定培训班。3月26日至27日,举办企业党务干部培训班,有25人参加。同月27日至28日,举办社会主义教育培训班,所属公司、城区基层供销社党政工领导和负责社会主义教育的职能科室负责人等62人参加。7月,举办为期2天所属各公司、城区基层社党组织书记、工会主席培训班,有36人参加。8月,举办第六期为期25天的基层供销社主任(县公司经理)岗位培训班,有50人参加。9月,对所属公司、城区基层社的50余名45岁以下的中层以上干部进行培训。同月,市社机关副处长以上干部参加市财办组织的党建、党史理论培训班,其他机关干部参加市人事局组织的培训班。10月,葛龙川参加为期12天的市管党员领导干部建设中国特色社会主义理论读书班。陆玛杰参加市委组织部举办的宁波市第一期县局级领导干部进修班(为期一个月)。11月,举办由市公司经理、业务科长参加的关贸总协定培训班,有26人参加;举办审计培训班,有18人参加。同时,举办为期3天的中青年骨干学习班,有30余人参加。

1993年,举办基层党组织书记、工会主席培训班,经理培训班,中青年干部培训班等,共举办7期,有350人次参加学习培训。1994年,市社党委、机关干部学习《中共中央法制讲座汇编》《社会主义市场经济法律知识读本》,3月14日至26日,励慧芳参加市委组织的县局级党群领导干部政治理论学习班。9月22日至24日,举办中青年干部培训班,近50名所属公司(社)中层以上干部参加。全年,市社机关工作人员参加市委组织、人事部门组织的各类培训班6期,计80余人次。

1995年7月19日至21日,组织举办现代企业制度培训班,机关工作人员、直属企业和城区基层供销社等60余名负责人参加培训。10月25日至27日,举办有53名公司和机关中青年骨干参加的中青年干部培训班。1996年3月,组织机关干部、所属公司、城区基层供销社经理(主任)学习班3期,参训人数80余人,6月22日,包银虎参加市委第五期中青年干部培训班。9月18日,励慧芳参加省委党校中青年干部培训班。9月21日,陆玛杰、陈仲朝参加市县局级领导干部"奉献于事业,服务于人民"专题集中教育。

1997年1月,励慧芳参加省中青年干部培训班。26日至30日,包银虎参加县局级领导干部金融法律知识学习班。1998年10月27日至29日,市供销社举办中青年干部培训班,所属15家直属单位共39名中青年干部参加培训。

2000年3月12日,根据全国供销合作总社统一安排,市供销社委派周凯前往日本参加JICA(日本国际协力事业团)举办的"农民和供销合作社的协调发展"培训班。2003年2月23日至25日,朱华锋、陆玛杰、李猛进、包银虎参加市县局级干部学习党的十六大文件培训班。3月10日,周信浩参加市委组织的党的十六大主题教育工作组,为期40天。2006年4月14日,包银虎参加市委组织的县局级干部综合素质专题培训班。6月26日,钱建国参加市委举行纪念建党85周年党章辅导报告会。9月27日,钱建国参加市政府组织理论学习会。12月7日,李猛进、钱建国参加市县局级领导干部综合素质专题培训班。12月15日,钱建国参加市政府组织的观摩浙江省突发重大化学事故应急演习。

2008年1月,张战英参加市委组织部组织的第四期中青年干部培训班。3月28日,市党校教授宓红为市社机关和所属系统全体党员、干部上了一堂"科学发展观"讲座。2010年4月,胡立明参加宁波干部网上学院第七期执政能力建设专题进修班。5月,谢群华、李猛进、张战英参加市委组织部举办的第十期新任市管领导干部党性、党风教培训班。吴建裕参加市直机关党工委举办的第31期市直机关处级干部培训班。9月,李猛进参加宁波干部网上学院第八期执政能力建设专题进修班。10月,谢群华参加全国供销合作社系统新任地市(级)社主任培训班。

2011年,谢群华、李猛进参加市县(局)级领导干部综合素质专题班调训学习。是年,市社领导干部参加综合素质培训8期12人次,机关干部参加脱产和网上学院培训40人次、参加公务员综合素质培训12期46人次、网上学习约2000学时。2012年9月至10月17日,钱建国到成都四川大学参加宁波市直机关党工委组织的党务干部读书班。12月27日至29日,李猛进参加市委组织的局级领导干部学习贯彻党的十八大精神集中轮训班。是年,市社领导干部参加综合素质培训17人次,机关干部参加脱产和网上学院培训40人次、参加公务员综合素质网上学习约2200学时。

2013年,组织两次中心组理论学习读书会、机关读书心得交流会、机关党建知识竞赛和经典诗词朗诵会活动。组织机关党员干部积极参加市党员干部学习网的网上在线学习,按规定完成学习任务和考试。5月24日,市社举办党政机关公文处理知识讲座,6月8日,李猛进参加第六届"中国梦"宣讲团报告会。6月17日至21日,钱建国参加市"网上学院"脱产学习培训。9月2日至30日,张战英参加市委党校脱产学习。

2015年1月26至29日,钟毅君到北京参加全国供销合作总社组织的电子商务培训班。3月11日至13日,陈树生、钟毅君参加第15期新任市管领导干部党性党风集中教育培训班。5月6日至7日,王海寅到北京参加全国供销合作总社举办的电商研讨班。5月6日至10日,钟毅君到杭州参加全市纪检组长培训班。5月25日至28日,张战英参加市委组织部举办的"构建现代农业经营体系,促进农业现代化建设"专题培训班。5月26日至29日,王海寅参加市委组织部举办的加快电子商务发展专题培训。7月13日至17日,钟毅君参加市纪委组织的纪检干部综合业务培训班。8月5日。市供销社班子全体成员参加市委召开的市管党员干部党章党纪党规专题集中培训班动员暨专题辅助报告会。8月11日至12日,市供销社处级干部分两批参加市直机关党工委组织的党章党纪党规专题集中培训班暨专题辅助报告会。9月1日至30日,包银虎参加局级干部网上学院培训班。9月2日,陈树生参加第二期县(局)领导干部现代管理研修班,时间为两个月。11月23日至27日,王万有参加全国供销合作总社举办的社有资产经营与社有企业转型升级培训班。12月14日至17日,王万有到北京参加全国供销合作总社组织的农村合作金融暨社有资产管理业务培训班。12月28日至29日,市供销社举办首届新型基层供销社主任培训班,各县(市)区供销社分管业务工作的副主任、科长和38名新型基层供销社主任参加。

第四章　社务信息和宣传报道

第一节　社务信息

社务信息是供销社上情下达、下情上达、互相沟通的重要渠道,是提高机关工作效率和工作水平的重要途径。做好社务信息工作有利于领导掌握基本情况,为领导科学决策和指导工作服务,有利于推进供销社改革发展和"两个文明"建设事业,是推进为农民服务的重要途径。1951年10月,省社宁波专区办事处《工作简报》出刊,至1964年7月共出刊126期。1978年至1983年8月,宁波地区供销社共刊出《工作简报》68期,刊出《情况反映》30期。

1956年1月,市供销合作社《工作简报》出刊,至1965年共刊出《工作简报》162期。1981年1月,市供销社《供销工作简报》出刊,至1983年共出刊115期。1983年8月,地、市供销社合并,成立市供销合作社,创办《供销市场信息》。是年,组建114名通讯员为骨干的全市供销社系统信息网络队伍。

1985年10月28日,市供销社在原有《供销市场信息》的基础上,试办《宁波供销信息》。宁波供销信息为8开版小报,每月暂出刊一期。由市社业务信息科负责组稿、编辑和发行。还增刊《内参信息》供系统内有关领导参阅。同时,建立一批有代表性的市场行情报告点。如水(干)果、日杂固定报告点:市副食品公司红卫商场、水果批发部,市贸易中心农副产品批发交易市场、第二门市部、顺兴祥商店,市土产日杂公司灵桥门市部,市第二副食品公司长虹合作商店。建立主要农副产品季节性报告点:鄞县樟村、古林、凤岙、余姚梁弄、城关、泗门、梅溪、奉化尚田、棠云、江口、莼湖、慈溪坎西、龙南、镇海大榭、柴桥、宁海长街、象山南庄等供销社。

1986年,《宁波供销信息》共出刊29期,与全国(除台湾、青海、西藏外)的各省部分(地)市县建立信息交流关系。同时,市、县(市)供销社、专业公司开办13种信息刊物,出刊180期,共发行4万多份。

1987年9月前,市供销社办公室和各县(市)区供销社秘书部门,分别与当地党政部门建立信息通报和反馈制度。9月以后,市供销社办公室与所属8个县(市)区供销社、13个直属公司、6个城区基层供销社的秘书部门建立信息网络和通报、反馈、考核、奖励制度。全市供销社逐级确定和聘请220多名信息员。举办专业培训班7期,140多名基层信息员参加。

1988年,市供销社办公室信息报送上联省社、商业部和市委、市政府,下结所辖8个县(市)区社、89个基层社和107个市(县、区)直属企业,横联省内10个地(市)社和青岛、山东、陕西、新疆等省、市、自治区社,建立五个层次的通报制度,即第一层次是基层社和县属公司向县社办公室(秘书部门)通报;第二层次是县社和市社直属企业向市社通报;第三层次是市社和县社分别向市、县党政部门通报;第四层次是市社和县社分别向省社通报;第五层次是市社向商业部通报。形成上下贯通、纵横联系的信息网络和信息通报制度。其中各县(市)区供销社信息员向市供销社提供信息190多条,向当地党政部门报送信息112条,向省供销社和商业部通报30多条信息,居全省系统第一位。向市委、市府办通报信息25条。不但数量增加,而且录用率都较高,有的信息还被市领导批示。获得商业部办公厅、省供销社办公室和市委、市政府的好评。是年,编发28期《供销工作简报》,发送120多条有关改革开放和为农服务等方面的重要信息。

1985年至1988年6月,共向市委市政府通报82条信息,有51条被采用,采用率为62.2%,1988年采用率提高到75%,居于市级机关领先地位。其中有2条还被市委副书记和副市长分别批示。市供销社信息员连续三年被评为优秀信息员。

1989年《供销工作简报》共出刊39期,发送信息164条,被各级政府采用110条。评出市供销社系统信息工作先进单位2个,优秀信息员3人,给予表扬的信息40条。3月,市供销合作社《团讯》出刊。市工业品公司《青年园地》出刊,每月1期。11月26日,宁波市果品食杂公司创办《政工简报》(月刊),辟有"政策论坛""比一比""职工心态""诉衷肠""福利解答"等专栏。是年,共编发《供销工作简报》45期,发送信息184条,比上年分别增加15.4%和12.2%。1990年1月,《供销工作简报》改称为《信息摘编》。出刊后的《信息摘编》题材更为广泛,内容更加翔实。是年,共编发《信息摘编》48期,共发送信息231条。1992年,市供销社向上级领导部门专报信息141条,采用76条。其中商业部采用31条,得分220分,居单列市之首;省社采用43条,居11个市地社之首;编发《信息摘编》48期,发送信息231条。慈溪、余姚、象山、奉化、鄞县供销社被评为省、市社信息工作先进单位;姚后焕等7人被评为优秀(积极)信息员。9月,市供销社成立通讯报道组,张铨根任组长,郑根富任副组长,裘国璋、朗岳卿、冯培荣为组员。1994年2月,印发《关于信息和宣传报道内部稿酬制度试行办法的通知》(宁供办〔1994〕92号)。全年编发《信息摘编》30期。是年,市供销社在全省供销社系统评为信息工作先进单位的有4个,优秀信息员有5名,分别占全省供销社系统的23.5%和29.4%。信息录用得分居全市局级机关第三位,被评为市党委系统信息工作先进单位。1995年7月,调整信息稿酬支付办法,根据每季汇总和稿酬标准核准信息撰报送人的稿酬额度。是年,鄞县大嵩供销社强化为农服务改革试点经验在《信息摘编》上以连载形式刊出后,分管副市长阅后批示要求在全市基层供销社推广。

全市供销社系统建立上下畅通的市、县、基三级信息网络,坚持一年两次的信息工作例会制度,每年组织信息员培训,各县级供销社还参照市社办法分别建立信息稿酬或奖励制度。市供销社机关还对被评为信息工作先进单位和优秀、积极信息员的集体和个人年终给予单项奖。1994年,共上报专报信息150条,编发《信息摘编》49期,增刊5期计232条信息。在年度信息考核中分别在宁波市的党委、政府系统列市级机关第三位和第四位,在浙江省供销社系统各列市、地供销社第一位。

1996年8月27日,宁波市政府副市长徐杏先在市社《信息摘编》(第32期)《全国供销合作总社肯定宁波市农资工作》一文中作出批示:"市农资公司突出为农服务宗旨,积极主动为农业提优质服务,壮大为农服务的实力、后劲,这个经验值得总结。"10月8日。励慧芳《尽快实现"两个转变",努力建设供销系统实力工程》一文刊登在全国供销合作总社《参阅资源》第23期。是年,编发《信息摘编》43期,增刊10期,刊详讯103条,简讯58条。

1997年,编发《信息选编》46期,刊出详讯114条,简讯57条,上报信息74条。1999年,编发《信息选编》49期。市供销社信息工作名列市(地)级供销社第一名,获评全省供销社系统社务信息工作先进单位。2000年,编发《信息选编》21期,累计编发《信息选编》520期。2002年,信息工作分别被评为全国、省供销社政务社务信息工作先进单位。

2006年,《信息选编》共印发41期(总第646期)。4月4日,《宁波政办通报》(第20期)刊登副市长邬和民《在全市供销社工作会议上的讲话》,讲话着重叙述市供销社系统自企业"两项制度"改革以来,牢固树立服务"三农"宗旨,为农服务取得新成效,自身发展取得新进展,改革创新取得新业绩等方面情况。

2009年,市供销社被评为全国供销社系统信息工作先进单位。2010年,印发《宁波市供销社政府信息公开指南》《宁波市供销社政府信息公开目录》《宁波市供销社政务信息公开实施细则》《宁波市供销社上网信息采编、审批、发布、依申请和保密安全制度》。是年,市供销社社务信息录用得分列各地市供销社第二位,列直辖市和副省级城市供销社第三位。

2011年3月,印发《关于宁波市供销社系统信息宣传工作考核奖励办法的通知》,根据各县(市)区供销社报送并被《信息选编》采用的信息的篇(条)数和当地媒体(包括市、县两级日报、晚报和电视)报道情况,按篇(条)计分,年度总分评奖,给予信息员物质和精神奖励。2012—2015年,市供销社系统信息宣传工作按照新时期工作中心和为农服务重点,编发好相关信息。

第二节　企业形象宣传

宁波市供销社历来把通讯报道和媒体宣传作为提升供销社形象的主要工作来抓。自建社以来,地、市供销社分别编印出刊《工作简报》《供销简报》《供销市场信息》《经济信息》《供销社信息》《信息摘编》等,集中反映供销社在各个时期提供的商品信息、为农服务、经营管理等方面的报道。

1987年5月23日,省供销社电视新闻摄影组受商业部委托,到慈溪县观城供销社商场录制电视新闻片,分别在中央、省电视台播放。观城商场是全市供销社系统在农村集镇兴建的第一个工业品综合商场,曾多次受到各级领导的肯定和同行的赞誉。1990年6月,中国农资总公司和中央电视台《神州风采》摄制组到余姚市泗门供销社采访,摄制该社兴办庄稼医院,送肥、送药、送技术到农村的专题新闻。

1991年6月,慈溪市供销社借助《慈溪报》复刊之际,与《慈溪报》联合举办"供销之声"联谊文艺晚会,特邀文艺界知名人士演出,诠释重塑供销社形象。1993年7月,宁波电台1323特别节目特别报道市供销社系统经济效益在全国计划单列市中居首位的新闻,引起广大市民的广泛关注。1994年5月9日,宁波电台美乐门直播室开播,该商城专门拨出24平方米营业场地,投资30万元购置设备,由宁波新闻台进行现场直播,每日播音时间上午9时至下午1时,作为崭新的营销手段,提高宁波美乐门商城在宁波的知名度。6月,为提高市供销社(宁波海田集团)知名度,树立供销社整体形象,促进企业参与市场竞争,市供销社在《宁波日报》公开征集"宁波海田集团企徽"(作者邵裕)后,印发《统一使用海田集团"企徽"的通知》,把海田集团"企徽"作为集团内企业的统一识别标志,以扩大对外形象宣传。并要求所属公司、城区基层供销社办公地点,各商场、市场、工厂、仓库的正门、外墙或屋顶等醒目位置必须统一设置海田集团"企徽"。7月,宁海县供销社与宁海县广播站联合举办《再度辉煌——来自供销社系统的系列报道》专题节目,自7月1日起连续报道10天,收到较好的宣传效果。

1995年,鄞县供销社开展树立"十好"形象活动;奉化市供销社开展重塑供销社经营形象活动,要求所属经营部门做到"八个统一"。宁海县供销社继上年与县广播站联办《来自供销社系统的系列报道》以来,又在县广播站开辟《供销社园地》专栏。市供销社在本级企业提出弘扬"海田"企业精神后,实施名牌、名店、名市、名厂等"四名"战略,塑造供销社实力的形象,组织印发《关于组织编印宁波市供销社系统宣传画册的通知》,突出供销社系统的群体形象,重点反映改革开放以来的新成就、新面貌。1996年8月29日,《宁波晚报》刊登市二号桥市场《市农批市场成为市场"排头兵"》的报道,省打假办主任邓东旺率队突击检查二号桥市场后感慨说:"在全省近百个农批市场里面,这个市场的规范化程度可谓名列前茅。"12月23日,市政府副市长徐杏先在《关于鄞县大嵩供销社"兴办专业合作社探索为农服务途径"材料的通知》一文作出批示:"大嵩供销社兴办专业合作的经验很好,各地应该联系实际予以推广,它集生产、流通服务为一体,支持农业发,壮大自身服务实力,找到了很好的途径。市供销社应进一步总结这个经验。"

1997年3月10日,《宁波日报》刊登《开拓农村市场,加快自身发展——宁波市供销社系统主要经济指标居同类城市首位》的专题报道。报道称,市供销社系统把抓好农村、城市、海外市场对接作为重头戏,积极开拓农村市场,实现销售、效益同步增长,1996年总销售额74.24亿元,综合经济效益1.438亿元,主要经济指标居全国同类城市及全省市(地)级供销社首位。市农资公司开展农资连锁和联销经营,制订"自律公约",推出"放心承诺"加强技术服务,使全市农资价格平均下降10%,已有79个基层供销社相继加入农资连锁网络,常年供应网点达300多个。全市供销社系统实现农副产品收购值3.89亿元,比上年增长14.53%。新建专业合作社11家、专业协会8家,联合农户620多户。实现农副产品加工出口总额达4.16亿元,外贸进出口总额达3065万美元,列全国供销社系统第二位。

1998年8月23日,《宁波日报》第1版以《开展多种经营渠道,拓展国际市场,特产棉花集团茶叶出口冠全省》为题,对宁波特产棉花集团出口茶叶拼配厂拓展国际茶叶市场作了专题报道。

进入21世纪以来,市供销社进一步加大宣传报道力度。利用《信息摘编》、报刊、媒体等多种手段,在为"三农"服务、"新浪工程"建设、"三位一体"建设、再生资源长效机制建设、社有资产管理和基层组织建设等进行多方面的宣传报道,曾多次被《中华供销合作时报》《省供销合作报》《浙江日报》《宁波日报》《宁波晚报》等各级党政报刊及电视、广播采用,提升供销社整体的实力形象。2006年10月8日,宁波市供销社系统改革发展的电视纪录片《锐意改革,再创辉煌》,经过一年时间的采访、摄录,在各县(市)区供销社和市直属公司的支持配合下,顺利完成并登录市供销社网站。该片共分市供销合作社简介,服务篇——立党为公、执行为民,发展篇——发展才是硬道理,创新篇——创新是一个民族的灵魂,结束语等五部分。比较全面地反映近几年来全市供销社系统广大员工聚精会神搞改革,创新机制促发展,加强为农服务,呕心沥血,励精图治,艰辛创业的心路历程。

2008年3月27日、31日,《今日宁海》、宁海新闻网分两次以《创新迎春天》为题全面报道全国供销社系统先进单位——宁海县供销社在创建模具城、发展现代商贸服务业和坚持为农服务等方面工作中的亮点事迹。2010年,在市、县两级报刊、广播、电视等媒体上发表通讯或报道180多条

供销合作社宣传陈列室一角

（次）。2014年，宣传工作显著增强，市级以上主流媒体对供销社正面报道数量增长近一倍，《宁波日报》首次在头版报道全市供销社综合改革和第一次代表大会盛况，社会各界对供销社的印象明显改善，极大地提升供销社整体形象和社会影响力。2015年，在市级以上主流媒体报道市供销社系统改革发展成绩的频次明显增多，全年达到70余次，其中《宁波日报》头版报道两次，"宁波发布"微博播报4次，供销社社会认知度和影响力显著提升。

《商业文摘报》宁波办事处

1989年1月，《商业文摘报》宁波办事处建立。《商业文摘报》宁波办事处挂靠在市供销社。地址在江东广福街2号。聘请陈德良为负责人，聘请钟南和、赵国运为办事处顾问。《商业文摘报》为中华人民共和国新闻出版署批准，公开发行的省级报纸，由全国商报联合会秘书处管理，隶属于商业部，翌年闭歇。

《城乡市场报》宁波通讯联络站

1994年11月，《城乡市场报》宁波通讯联络站成立，挂靠市供销社，由邹永明任组长，郑根富任副组长。各县（市）区供销社相继建立城乡市场报通联组，业务上接受宁波通讯联络站指导，各县（市）区供销社所属公司、工厂、基层供销社、市社所属企业配有专（兼）职通讯员，做好报刊发行、通讯报道和广告征集等工作。

1995年1月，《城乡市场报》宁波通联站成立后召开首次工作暨通讯员会议，明确通联站工作任务，主要是扩大报纸发行，组织通讯报道，为企业提供广告咨询服务，加强供销社上下联系，共同办好报、用好报，还特聘请市供销社系统18人为《城乡市场报》宁波通联员。后由于种种原因而停办。

第三节　档案管理

建社以后，宁波专区供销合作总社和市合作总社分别建立文书档案。后经过国合商业多次撤并和地、市机构变动，职能和区域变化较大，各方面发展很快，文书档案断裂较多，以致未能建立始终一贯的档案资料管理体系。1983年8月地、市供销社合并，成立宁波市供销合作社以后，机关文书、档案管理工作，经过整理归档、清理整顿，逐步建立与完善。

1957年7月，省社宁波专区办事处按照省供销社《关于开展积存档案整理工作办法》，要求全区各县供销社整理积存档案工作，并从1958年开始全面实行以文件的六个特性进行档案立卷。1963年6月19日，印发《宁波专区供销社文书、收发、档案制度》，对公文收发、档案管理作出16条具体规定。1978年1月和5月，宁波地区供销合作社、市供销合作社分别与地区、市商业局分开，恢复宁波地区供销合作社、市供销合作社。成立之前的文书档案一直由宁波地区商业局和市商业局保管。1979年后，市供销社本级系统档案工作整顿恢复。

1983年8月，地、市供销合作社合并，建立宁波市供销合作社后，文书档案按原市供销社收发文编号延续，原地区供销社文件截止到8月底。市供销社文书档案整理采取以文件内容（问题）为主，结合作者统一立卷。此外，市供销社机关档案曾两次进档案馆：第一次是1983年12月13日，将宁波地区供销社1978—1983年文书档案133卷移交给宁波地区档案馆保存。第二次是1988年4月23日,对宁波市供销社自1953年至1980年度的文书档案稳交给市档案馆保存,移交数量共241卷。

市供销社文书档案全宗之"全宗号""目录号""案卷号"均编明于每卷之封面,而卷背上则以"宁波市供销合作社"代替全宗号"146",年份代替"目录号"。本全宗包括上述机构之文件。但不论机构如何变动,在机构分设前的文件均一贯由市供销合作社负责分类立卷。在移交市档案局集中统一保管时,由市供销合作社负责移交。本全宗号附有案卷目录一册(1953—1980年),以供检索文件。需要说明一点的是,因受"文化大革命"及机构撤并、人员变动之影响,本全宗号内文件收集不完整。

1984年1月,制定《宁波市供销社关于建立提高档案质量制度》。1985年1月1日起,市供销社建立经常性的大事记载、报送制度。3月,根据市档案馆文件制订的标准,对所属14个公司、6个基层供销社的文书档案实施全面清理整顿和文件归档,主要是采取两次"四集中"的办法,进行实地操作,即对1984年至1985年的文件归档采取集中地点、集中时间、集中人员、集中文件,共同一起组卷。4月,对所属19个公司、城区基层社的文书档案归档进行检查评分,90分以上的有6个单位,80分以上的有6个单位,70分以上的有7个单位。同时,每年档案归档时撰写序言、机构沿革、行政领导人变动等,经验收全部合格,与市档案馆联合颁发合格证书。对本社印发的文件,除少数因无保存价值未予组卷外,绝大多数都按问题性质和保存价值予以分类、分保管期限组卷。

1986年3月,印发《关于认真做好市区集体商业会计档案清理工作的通知》,主要清理1986年前企业会计凭证报表、账簿及销售发票、收款收据等所有会计核算资料。1987年5月,市供销社清理机关和19个所属单位干部档案880份,销毁材料563份,新填写履历表349份,并制定《干部档案管理工作制度》。是年,市统计局、市档案局对市供销社有关公司及城区基层社14个单位颁发统计档案清理验收合格证书。

1987年,将市商业局移交给市供销社的文书档案进行分类立卷,设立本全宗。1988年,对所属20个单位开展《档案法》贯彻执行情况进行检查,总体检查情况良好。所属单位均设有档案室,配有专(兼)职文档人员20人。市社建立档案工作协作组,即城区供销社、市区公司3个互助组,制定协作组章程,相互间进行交流互助。市供销社被市档案局评为档案先进集体。1989年,慈溪冷冻厂档案管理被评为国家二级单位,是宁波市供销社系统实现档案管理二级的第一家。

1990年11月25日,印发《关于建立市社机关档案管理领导小组和综合档案室的决定》(宁供办〔1990〕197号)。建立档案管理领导小组(兼档案鉴定小组),组长:王兆能,副组长:张铨根,成员:陈庆华、张战英、张知中、裘国璋,综合档案室主任:张战英(兼),专职管理员:张碧英。兼职管理员由市供销社各处室和市供销社各直属企事业单位人员担任,并组成档案管理网络。同月30日,印发《关于建立市社机关综合档案室若干制度的通知》(宁供办处〔1990〕14号)。市供销社被市委办公厅、市政府办公厅评为市二级机关档案管理合格单位,鄞县供销社机关档案管理达到市一级机关档案管理合格单位标准,慈城供销社档案管理经市档案局和市供销社联合考评,并经市企业档案管理升级领导小组全面审定合格,达到省级先进单位标准。

1996年11月,印发《市供销社全宗档案分类方案》,全宗档案分类采取按问题分类的方法进行,共分三大类,即文书档案(党群类、行政类、人事类、教育类、业务类)、科技档案、会计档案。同时编制文号卷号对照(合并于收发文簿),干部任免索引、文书档案案卷目录、全引目录、会计案卷目录、科技档案目录、照片档案案卷目录及全宗介绍等检索工具。1997年,市供销社被市档案局确认为1997年度档案管理认证合格单位(二级)。2013年2月4日,市供销社档案工作目标管理被认定为市一级单位。2014年,市供销社被市档案局评为首批市级机关规范化综合档案室。2015年6月,市供销社成立数字档案室建设协调小组,协调小组下设办公室,由吴建裕兼任办公室主任。11月,市档案局对市直机关103家单位进行档案工作年检,共评出免检单位33家,优秀单位24家,合格单位46家。市供销社档案属于免检单位。

第四节　社志、史料

1985年9月26日,根据省供销社关于做好史料工作的要求,建立市供销社史料工作领导小组及办公室,车永康兼任组长,办公室主任为邹永明。11月,召开全市供销社系统史料工作座谈会,对做好史料工作作出部署和要求。

1986年,各县供销社通过查阅材料、登门拜访和调查咨询等方法,基本收集宁波革命根据地和游击区的合作社史料。象山、宁海县供销社对民国时期的合作社史料基本完成搜集。据不完全统计,全市供销社系统已查阅档案3218卷,摘抄231万字,查出民国时期兴办合作社410个。其中,抗日战争前49个,抗日战争时期28个,抗日战争后333个。抗日战争时期(革命根据地)兴办合作社39个。余姚、宁海、鄞县、镇海、奉化等县供销社编印史志简讯,互通情报,交流经验,从而促进史志工作的开展。是年,各县供销社一般都建立史志领导小组及其办事机构,配备专职史料工作人员30人,兼职史料人员10人。是年11月,余姚市供销社编印《余姚市合作社史料选编(1950—1984年)》,《选编》分新中国成立前、后两册,计40万字,由徐惠正、姜节鸿、沈情远、许梦夫编纂。12月,市供销社编印《宁波市供销合作社组织史资料》,计1.35万字,由邹永明等编写。《资料》简要地记述中华人民共和国成立后,地、市供销社在基本完成社会主义改造,全面建设社会主义时期和粉碎"四人帮"以后,党的十一届三中全会以来的社会主义建设新时期(截至1985年底)的几个阶段的机构沿革概况、党政领导人名录、任职时间和主要工作机构及所属公司负责人情况。

1988年10月,宁海县供销社编纂《7·30抗灾救灾》一书,全书分4章,约6万字。1989年5月,慈溪市供销社编印《慈溪市供销合作志(1950—1988年)》,计14章,约45万字,由孙德顺、张志春主编。1989年6月,鄞县供销合作社编印《鄞县商业局、供销合作社史实考略(1950—1989年)》,计2万余字,主编过康奇、张成芳。1990年2月,奉化市供销合作社编印《奉化市供销社志(1932—1988年)》,计15万字,主编李翰屏。2009年9月,奉化市供销社编印《奉化市供销社志(1989—2008年)》,计2万字。2010年,余姚市供销合作社编印《余姚市供销合作志(1985—2010年)》。社志概括梳理了余姚市供销社机构沿革、体制改革和经营管理情况等。2011年,慈溪市供销合作社《慈溪市供销合作志》完成刊印,记述1989—2010年间慈溪市供销社改革发展、业务经营和为农服务工作的历史及现状,计6章28节,约35.5万字,由陆尊耀、熊静达主编。

2016年11月,鄞州区供销社完成《鄞州区供销合作志(1950—2014年)》,宁波出版社出版。该社志全面、系统、翔实地记述鄞州区供销社从建社以来的历史和改革发展轨迹,计9章45节,计100万字,由汪金平主编。2018年12月5日,宁波市供销合作社关于印发《〈宁波市供销合作社志〉编纂工作方案》的通知,决定编纂《宁波市供销合作社志》,暨组成社志编纂委员会、办公室和社志编辑部。

第五节 供销合作社标识

1985年9月17日,省供销社制发《浙江省供销社系统标志图案》。市供销社发文,要求在全市供销社系统中统一使用浙江省供销社标识。1994年12月起,在统一使用省供销社标识的同时,市供销社发文,把宁波海田集团"企徽"作为集团内部企业的统一识别标志。要求各单位的自备车辆、名片以及各单位的报刊、影视、户外广告,宣传画册及信笺、信封必须使用海田集团"企徽"。

2005年1月30日,全国供销合作总社第五次代表大会第三次修订的《中华全国供销合作总社章程》实施后,使用中国供销合作社标识。标识由"合"字的艺术图形、汉字"中国供销合作社"和英文"CHINACO-OP"构成,是中国供销合作社的象征和标志。2006年初,全国供销合作总社编写《中国供销合作社标识使用手册》,要求通过各地供销社广泛宣传,积极推广,把"中国供销合作社"打造成家喻户晓的品牌,成为广大农村的一道亮丽风景。是年5月20日,全国供销合作社基层工作会议宣布中国供销合作社标识正式启用。5月30日,全国供销合作总社印发《中国供销合作社标识使用手册》及配套光盘的通知。及时将《标识使用手册》及其配套光盘发放到省、地(市)级供销社和100家综合改革试点县供销合作社率先使用。同时,地(市)级供销社要指导所属系统企事业单位规范使用。按照《中国供销合作社标识使用管理办法》的要求,做好宣传、推广、应用工作,将《关于印发〈中国供销合作社标识识别规范〉和〈中国供销合作社标识使用管理办法〉的通知》(供销合字〔2006〕31号)及时转发到基层单位,力争在近两年内使标识得到全面普及使用。

2007年,市供销社贯彻落实省供销社《关于在全省系统实施推广使用中国供销合作社标识的意见》(浙合指〔2007〕25号),积极推广使用中国供销合作社标识,并发出通知,要求各县(市)区供销社、市社直属企业和所属基层供销社、控股企业以及领办、参办的农民专业合作社、农村综合服务社、农资连锁公司(包括下属农资配货中心、农资连锁经营网点)等必须在醒目位置全面使用中国供销合作社标识。

2012年5月5日,市供销社印发《关于加强供销社基层组织建设若干事项的通知》(甬供指〔2012〕29号),要求所有供销社基层组织均应统一规范使用中国供销合作社标识(注:标识图文是一个整体,不可修改或分离使用),在醒目处悬挂或张贴标识,以加强供销合作社文化传播,扩大供销社的社会认知度。务求统一规范制作和使用。至2015年底,全市供销社系统统一使用中国供销合作社标识有600多处。通过标识使用,重塑农村基层供销社形象,对农村新型合作经济组织产生积极效应。

附1:中国供销合作社徽图案(标识)释义及说明

标识由"合"字的艺术图形、汉字"中国供销合作社"和英文"CHINACO-OP"构成,是中国供销合作社的象征和标志。

社徽图案由四个"合"字组合而成。"合"字来源于"中国供销合作社"的"合"概念的内涵,"合"字本身即有"人合"之意,是区别于其他经济组织、

体现合作社社会经济基础和思想文化特色的关键字。同时"合"又有"全"的意义,表现中国供销合作社人全心全意、甘于奉献的合作社精神。每个"合"字都似一座丰满的粮仓,象征中国供销合作社作为农民的合作经济组织,以服务农业、农村、农民为宗旨,推进农业产业化,实现农业丰收、农村繁荣、农民富裕的奋斗目标。

图案外形结构呈菱形,四个面和内方与外方的八个角象征"四面八方",表现中国供销合作社合作的广泛性。图案整体似一朵盛开的鲜花,象征中国供销合作社生机勃勃、兴旺发达。图案线条明晰、庄重典雅、寓意深刻,既具有民族特色,又有较强的艺术感染力。图案主体为绿色,有淡黄和反白两种底色组合方式。

附2：中华全国供销合作总社加入国际合作社联盟

1895年,国际合作社联盟(英文简称ICA)成立。国际合作社联盟是全球最大的独立的非政府性质的国际组织,由英国合作社倡议成立,总部一直设在伦敦。1982年,国际合作社联盟迁到瑞士日内瓦。它在联合国经社理事会是享有第一咨询地位的41个机构之一。据1997年资料显示,国际合作社联盟有120多个国家参加,共有国际组织8个,国家性组织212个,拥有社员7.54亿人。它的成员组织是各个领域的全国性合作社组织,涉及农业、消费、银行、信贷、保险、工业、能源、储运、渔业、住房、旅游等行业。

《国际合作社联盟章程》规定合作社的基本价值是:自助、自主、民主、公平和团结。为履行这些基本价值,必须坚持合作社基本原则。国际合作社联盟原则是以"罗虚代尔原则"为基础而制定的,其宗旨是宣传合作社的组织原则和方针,团结、代表并服务于全世界的合作社组织,在世界范围内支持和促进合作社组织之间联络关系的互利合作与发展,推动人类社会和经济的进步,维护世界和平与安全。

2006年7月1日是国际合作社联盟第84届国际合作社日暨联合国第12届国际合作社日。国际合作社联盟确定2006年的合作社日主题是"合作社建设和平(Peace-Building Through Cooperatives)"。"合作社建设和平",在本质上有着一套促进和平的原则和价值观。团结、民主、平等这些价值观通过提供未来的经济保障,帮助世界上千百万的人民建立了和谐的社会。合作社在解决引发冲突的问题上扮演着重要的角色。在战争或暴力冲突之后,合作社能够创造条件抑制冲突的重新发生,因此也是有助于解决社会冲突,重建社区的另一种重要手段。例如,巴勒斯坦和以色列的合作社正携手进行一系列旨在改善巴勒斯坦合作社员生活的农业营销项目,并由此建立两国人民的联系。住房合作社正在参与波斯尼亚和塞尔维亚的住房工程,通过建造合作住房和在此基础上的人民间的对话,重建社区。在印尼、印度、斯里兰卡,包括一些正在发生冲突的地区,很多的合作社积极参与了海啸灾后的长期重建工作。

国际合作社联盟是全球互助精神的组织体现。它在自身120余年的历史中,一直实践着合作社价值观,积极促进着世界和平。国际合作社联盟一直追求并将继续寻求包容不同的政治、经济、社会传统,成为成员间增进理解和支持的桥梁,鼓励全世界合作社以合作社的方式合作。国际合作社联盟积极广泛地与包括联合国在内的国际组织和自身成员合作,促进合作社发展,尤其在冲突易发地区。国际合作社联盟坚信,依靠合作社企业模式推动人类可持续发展和人民的经济社会进步将为世界和平和安全作出贡献。

1985年1月,经中华全国供销合作总社的邀请,国际合作社联盟派出以副主席达努为首的代表团访问中国,对中国供销合作社的各级组织机构、组织原则、民主制度和工作职能进行了系统的考察。2月20日,在日内瓦召开的国际合作社联盟执委会上,一致通过决议,接纳中华全国供销合作总社加入国际合作社联盟,1986年10月增补为国际合作社联盟(ICA)执行委员会成员。

1988年,外国许多国际合作联盟的成员国都希望直接与中华全国供销合作总社建立经济联系,开展经贸业务往来。时任国务院副总理田纪云在会见芬兰合作社代表团时对经贸三局负责同志说:"我们的供销合作社要在经贸部挂个户头,多一条渠道做点贸易,总是好的。供销合作社加入国际合作联盟以后,同各国合作社都有友好往来关系,各国合作社都有兴趣同我们的供销合作社做买卖。供销社开了窗口,可以增加一条渠道,有些土副产品可以通过供销合作社的窗口向国外多推销一些。"随后,全国供销合作总社,上海市、浙江省供销社和厦门、广州、宁波、大连、青岛等沿海计划单列城市相继成立供销社外贸进出口公司。

1997年10月起,中华全国供销合作总社代表亚太地区担任该联盟副主席。2006年6月,全国供销合作总社印发《关于庆祝第84届国际合作社日暨第12届联合国国际合作社日的通知》。是年8月,全国供销合作总社副主任、党组副书记李春生担任ICA副主席。

2010年3月22日,中华全国供销合作社第五次代表大会修订的《中华全国供销合作总社章程》,规定中国供销合作社是以农民社员为主体的集体所有的合作经济组织,坚持实行自愿、互利、民主、平等的合作制原则。

2011年9月,全国供销合作总社合作指导部(法制工作办公室)编写的《国际合作社运动简况和中国供销合作社》记载:合作社在很多国家占有重要地位。全世界近30亿人口,即全球人口的1/2,依靠合作社企业生存。合作社提供着1亿多人的就业机会,比全球跨国公司提供就业的总数还多20%。

中华全国供销合作总社作为国际合作联盟成员,几十年来,一直致力于国际合作社事业,在国际合作社大家庭中发挥着越来越重要的作用,为推动国际合作社运动的发展作出了重大贡献。

第十一篇

荣誉记载和供销人物

第一章　荣誉记载

1950年建社以来,宁波市供销社系统的广大干部职工在精神文明和物质文明建设中涌现出一大批先进集体和先进个人。据现有资料记载,将1955年以来至2015年获得市供销社系统级以上的先进单位(集体)和劳动模范、先进工作者(单项先进)等记载于后,其中有些先进集体和个人名单散见于有关章节。

第一节　集体荣誉

1955年	
单位名称	荣誉称号
慈溪县泗门供销社曹娥供应站	全国供销合作社系统先进单位
慈溪县供销合作社	省商业局"大搞土农药"先进单位
慈溪县供销合作社	省商业局、省供销社系统"大搞营养钵打稻机"先进单位
奉化县莼湖供销社曹吴分销处	省供销合作社系统先进单位
余姚县马渚供销社方桥分销处	省供销合作社系统先进单位
鄞县凤岙供销合作社	省供销合作社系统先进单位
1956年	
单位名称	荣誉称号
慈溪县泗门区社曹娥供应站	全国供销合作社系统先进单位
慈溪县泗门区社曹娥供销站	省供销社先进单位
1958年	
单位名称	荣誉称号
慈溪县供销合作社	省供销社"大搞土农药"先进单位
1959年	
单位名称	荣誉称号
鄞县凤岙供销合作社	市供销社系统农副产品收购红旗单位
镇海县骆驼供销合作社	市供销社系统农副产品收购红旗单位
宁波市慈城供销合作社	市供销社系统农副产品收购红旗单位
1960年	
单位名称	荣誉称号
慈溪县供销合作社	省供销合作社系统先进单位
鄞县邱隘供销合作社	省供销合作社系统先进单位

续表

1960 年	
单位名称	荣誉称号
慈溪县周巷食品厂	宁波地区财贸系统先进单位
宁波市日杂经理部恒兴陶瓷商店	市供销合作社本级系统先进集体
鄞县大皎供销合作社	市供销合作社本级系统先进集体
鄞县供销社农副产品经理部	市供销合作社本级系统先进集体
鄞县茅山供销合作社	市供销合作社本级系统先进集体
宁波市慈城供销社生产商店	市供销合作社本级系统先进集体
宁波市供销社农副产品经理部	市供销合作社本级系统先进集体

1961 年	
单位名称	荣誉称号
余姚县供销合作社	省供销合作社系统先进集体
余姚县马渚供销合作社	省供销合作社系统先进集体
奉化县西坞供销合作社	省供销合作社系统先进集体
慈溪县长河供销合作社	省供销合作社系统先进集体
慈溪县浒山供销社坎西代销店	省供销合作社系统先进集体
鄞县邱隘供销合作社	省供销合作社系统先进集体
鄞县供销合作社酱品厂	省供销合作社系统先进集体
象山县石浦供销社延昌分社	省供销合作社系统先进集体
宁海县供销合作社	省供销合作社系统先进集体
宁波地区特产公司人民仓库	省供销合作社系统先进集体
宁波市畜产品购销站	省供销合作社系统先进集体
镇海县大碶供销合作社	省供销合作社系统先进集体
镇海县柴桥供销合作社	省供销合作社系统先进集体
宁波市日杂经理部恒兴陶瓷商店	市级先进集体

1962 年	
单位名称	荣誉称号
奉化县萧镇供销社生产商店	省供销合作社系统先进集体
慈溪县周巷棉花加工厂	省供销合作社系统先进集体
慈溪县泗门供销社光明生产资料部	省供销合作社系统先进集体
余姚县横河供销合作社采购商店	省供销合作社系统先进集体
象山县南庄供销合作社南堡分社	省供销合作社系统先进集体
镇海县三山供销合作社采购商店	省供销合作社系统先进集体
鄞县望春供销合作社	省供销合作社系统先进集体
鄞县供销合作社农副产品经理部	省供销合作社系统先进集体
宁波市日杂经理部恒兴陶瓷商店	省供销合作社系统先进集体
余姚县供销合作社致和食品厂	省供销合作社系统先进集体
余姚县泗门供销社生产资料商店	省供销合作社系统先进集体

续表

1962 年	
单位名称	荣誉称号
慈溪县横河区供销合作社采购商店	省供销合作社系统先进集体
慈溪县周巷棉花加工厂	省供销合作社系统先进集体
鄞县大皎供销合作社	市供销合作社本级系统先进集体
鄞县茅山供销合作社	市供销合作社本级系统先进集体
镇海县小港供销合作社	市供销合作社本级系统先进集体
镇海县大碶供销合作社	市供销合作社本级系统先进集体
镇海县梅山棉花加工厂	市供销合作社本级系统先进集体
江北区庄桥供销社生产资料商店	市供销合作社本级系统先进集体
镇海县柴桥供销社生产资料商店	市供销合作社本级系统先进集体
宁波市农副产品经理部鄞江工作站	市供销合作社本级系统先进集体
宁波市农副产品经理部土产股	市供销合作社本级系统先进集体
宁波市塔山供销合作社	市供销合作社本级系统先进集体
宁波市慈城供销社生产商店	市供销合作社本级系统先进集体
宁波市储运南门仓库	市供销合作社本级系统先进集体
宁波市洪塘留村综合合作商店	市供销合作社本级系统先进集体
宁波市日用什品经理部	市供销合作社本级系统先进集体
宁波市日杂经理部恒兴陶瓷商店	市供销合作社本级系统先进集体
1963 年	
单位名称	荣誉称号
慈溪县观城供销合作社	省供销合作社系统先进集体
宁波市供销社储运股南门仓库	市供销合作社本级系统先进集体
江北区洪塘留村综合商店	市供销合作社本级系统先进集体
宁波市日用什品经理部	市供销合作社本级系统先进集体
宁波市供销社贸易货栈	市供销合作社本级系统先进集体
宁波市日杂经理部恒兴陶瓷商店	市供销合作社本级系统先进集体
鄞县茅山供销合作社	市供销合作社本级系统先进集体
鄞县大皎供销合作社	市供销合作社本级系统先进集体
宁波市慈城供销合作社生产商店	市供销合作社本级系统先进集体
1964 年	
单位名称	荣誉称号
宁波市慈城供销合作社生产商店	市供销合作社本级系统先进集体
宁波市供销社贸易货栈	市供销合作社本级系统先进集体
江北区洪塘留村综合商店	市供销合作社本级系统先进集体
宁波市储运南门仓库	市供销合作社本级系统先进集体
宁波市日用什品经理部	市供销合作社本级系统先进集体
宁波市洪塘留村综合合作商店	市供销合作社本级系统先进集体

续表

1977 年	
单位名称	荣誉称号
慈溪县庵东供销合作社东一分社	省供销合作社系统"双学"先进集体
宁波地区钢铁厂	宁波地区供销社大庆大式寨先进单位
宁波市北郊综合商店	宁波地区供销社大庆寨大式先进单位
宁波市废旧物资公司	宁波地区供销社大庆大寨式先进单位
镇海县贵驷供销合作社	宁波地区供销社大庆大寨式先进单位
镇海县柴桥供销合作社	宁波地区供销社大庆大寨式先进单位
余姚县马渚供销合作社采购商店	宁波地区供销社大庆大寨式先进单位
余姚县低塘供销合作社	宁波地区供销社大庆大寨式先进单位
慈溪县泗门供销合作社国药商店	宁波地区供销社大庆大寨式先进单位
奉化县亭下供销合作社	宁波地区供销社大庆大寨式先进单位
宁海县城关供销合作社	宁波地区供销社大庆大寨式先进单位
象山县农资公司	宁波地区供销社大庆大寨式先进单位
象山县南田供销合作社万岙分社	宁波地区供销社大庆大寨式先进单位
1978 年	
单位名称	荣誉称号
象山石浦供销合作社延昌分社	省委命名的大庆大寨式企业先进单位
慈溪县逍林棉花加工厂	省委命名的大庆大寨式企业先进单位
慈溪县长河供销合作社	省委命名的大庆大寨式企业先进单位
余姚县马渚供销合作社采购商店	省委命名的大庆大寨式企业先进单位
余姚县历山供销分社百货部	省委命名的大庆大寨式企业先进单位
象山县农资公司一号船	省委命名的大庆大寨式企业先进单位
宁海县城关供销合作社	省委命名的大庆大寨式企业先进单位
宁波地区土特产公司炼钢厂	省委命名的大庆大寨式企业先进单位
宁波市甬江供销社北郊综合商店	省委命名的大庆大寨式企业先进单位
镇海县柴桥供销合作社	省委命名的大庆大寨式企业先进单位
奉化县亭下供销合作社	省委命名的大庆大寨式企业先进单位
鄞县章水供销合社	省委命名的大庆大寨式企业先进单位
1979 年	
单位名称	荣誉称号
慈溪县长河供销合作社	省委命名的大庆大寨式企业先进单位
鄞县供销合作社凤岙酱品厂	省委命名的大庆大寨式企业先进单位
奉化县萧云供销合作社	省委命名的大庆大寨式企业先进单位
余姚县马渚供销合作社	省委命名的大庆大寨式企业先进单位
象山县农资公司	省委命名的大庆大寨式企业先进单位
宁海县城乡供销合作社	省委命名的大庆大寨式企业先进单位
宁波市畜产品购销站	省委命名的大庆大寨式企业先进单位

续表

1979 年	
单位名称	荣誉称号
镇海县柴桥供销合作社	省委命名的大庆大寨式企业先进单位
镇海县大碶供销合作社	省委命名的大庆大寨式企业先进单位
奉化县西坞供销合作社	省供销合作社系统先进集体
宁海县供销合作社	省供销合作社系统先进集体
宁海县供销合作社	省供销合作社系统多种经营先进单位
慈溪县长河供销合作社	省供销合作社系统先进集体
慈溪县浒山供销社坎西陶山代销店	省供销合作社系统先进集体
余姚县供销合作社	省供销合作社系统先进集体
鄞县邱隘供销合作社	省供销合作社系统先进集体
鄞县供销合作社酱品厂	省供销合作社系统先进集体
奉化县西坞供销合作社	省供销合作社系统先进集体
象山石浦供销合作社延昌分社	省供销合作社系统先进集体
宁波地区特产公司人民仓库	省供销合作社系统先进集体
宁波市畜产品购销站	省供销合作社系统先进集体
镇海县柴桥供销合作社	省供销合作社系统先进集体
慈溪县庵东供销合作社	省供销合作社系统先进集体
宁波市物资回收公司东胜料瓶商店	省供销合作社系统先进集体
鄞县姜山供销合作社	宁波地区供销社"双学"先进单位
宁波市废旧物资公司	宁波地区供销社"双学"先进单位
宁波市镇安副食品商店	市供销社先进单位
宁波市土产日杂公司	市供销社先进单位
1981 年	
单位名称	荣誉称号
宁波市物资回收公司东胜料瓶仓库	省供销合作社系统先进集体
宁波市土产日杂公司日用家具商店	省供销合作社系统先进集体
鄞县邱隘供销合作社	省供销合作社系统先进集体
鄞县韩岭供销合作社采购商店	省供销合作社系统先进集体
余姚县陆埠供销合作社	省供销合作社系统先进集体
慈溪县观城供销合作社	省供销合作社系统先进集体
慈溪县农资公司	省供销合作社系统先进集体
慈溪县浒山供销社坎西陶山合作商店	省供销合作社系统先进集体
奉化县尚田供销合作社	省供销合作社系统先进集体
奉化县供销合作社汽车队	省供销合作社系统先进集体
宁海县力洋供销合作社	省供销合作社系统先进集体
象山县石浦供销合作社延昌分社	省供销合作社系统先进集体
宁波地区特产公司人民仓库	省供销合作社系统先进集体

续表

1981 年	
单位名称	荣誉称号
镇海县柴桥区供销社采购商店	省供销合作社系统先进集体
宁波地区农资公司	宁波地区供销合作社系统先进集体
宁波地区特产公司	宁波地区供销合作社系统先进集体
宁波地区土产果菜公司	宁波地区供销合作社系统先进集体
宁波地区畜产羽绒厂公司	宁波地区供销合作社系统先进集体
宁波市土产日杂公司	市供销社"四无仓库"先进单位
宁波市废旧物资公司	市供销社"四无仓库"先进单位
宁波市干果仓库	市供销社"四无仓库"先进单位
宁波市农资公司	市供销社"四无仓库"先进单位

1982 年	
单位名称	荣誉称号
宁波市物资回收公司东胜料瓶仓库	商业部先进集体
象山县供销合作社	商业部经营鲜蛋优异成绩三等奖
余姚县陆埠区供销合作社党支部	省级先进党组织
余姚县日用杂品公司	省供销合作社系统先进集体
鄞县邱隘供销合作社	省供销合作社系统先进集体
鄞县韩岭供销合作社	省供销合作社系统先进集体
慈溪县观城供销合作社	省供销合作社系统先进集体
慈溪县农业生产资料公司	省供销合作社系统先进集体
慈溪县坎西陶山合作商店	省供销合作社系统先进集体
奉化县尚田供销合作社	省供销合作社系统先进集体
奉化县供销合作社汽车队	省供销合作社系统先进集体
宁海县力洋供销合作社	省供销合作社系统先进集体
象山县石浦供销合作社延昌分社	省供销合作社系统先进集体
宁波地区特产公司人民仓库	省供销合作社系统先进集体
宁波市副食品公司耐火仓库	省供销社系统"四无"先进仓库
宁波市农资公司党支部	市级先进党组织
宁波市农资公司治保委员会	市级治保先进集体
宁波地区农资公司	宁波地区供销合作社系统先进集体
宁波地区特产公司	宁波地区供销合作社系统先进集体
宁波地区日杂公司	宁波地区供销合作社系统先进集体
宁波地区果菜公司	宁波地区供销合作社系统先进集体
奉化县供销合作社汽车队	宁波地区供销合作社系统先进集体
宁波范市棉花厂	宁波地区供销合作社系统先进集体
奉化县供销合作社	宁波地区供销社统计竞赛先进单位
慈溪县供销合作社	宁波地区供销社统计竞赛先进单位

续表

1982 年	
单位名称	荣誉称号
宁波地区土产果菜公司	宁波地区供销社统计竞赛先进单位
宁波市副食品公司天宁商店	市供销社先进集体
宁波市土产日杂公司日用家具商店	市供销社先进集体
慈城供销合作社妙山分社	市供销社先进集体
宁波市物资回收公司江北商店	市供销社先进集体
宁波市副食品公司商场	市供销社先进集体
宁波市土产日杂公司海曙商场	市供销社先进集体
庄桥供销合作社大众饭店	市供销社先进集体
甬江供销合作社北郊分社	市供销社先进集体
慈城供销社护店巡逻队	市供销社先进集体
宁波市副食品公司财会科	市供销社先进集体
慈城供销合作社财会科	市供销社先进集体
1983 年	
单位名称	荣誉称号
宁波市特产公司白沙仓库	省供销合作社系统先进集体
宁波市慈城供销合作社生产商店	省供销合作社系统先进集体
宁波市天宁副食品合作商店	省供销合作社系统先进集体
余姚县陆埠区供销合作社	省供销合作社系统先进集体
余姚县大岚供销合作社	省供销合作社系统先进集体
余姚县农资公司	省供销合作社系统先进集体
慈溪县逍林供销合作社	省供销合作社系统先进集体
慈溪县浒山棉花加工厂	省供销合作社系统先进集体
慈溪县农资公司	省供销合作社系统先进集体
鄞县鄞江供销合作社	省供销合作社系统先进集体
鄞县天童供销合作社	省供销合作社系统先进集体
奉化县供销合作社汽车队	省供销合作社系统先进集体
镇海县大碶供销合作社	省供销合作社系统先进集体
宁海县胡陈港棉花加工厂	省供销合作社系统先进集体
象山县农资公司	省供销合作社系统先进集体
宁波市特产公司党支部	市供销社先进党组织
宁波市物资回收公司	市供销社先进集体
宁波市副食品公司	市供销社先进集体
宁波市土产日杂公司	市供销社先进集体
1984 年	
单位名称	荣誉称号
慈溪县淹浦棉花收购站	商业部文明棉站

续表

1984 年	
单位名称	荣誉称号
慈溪县逍林棉花加工厂	商业部创优质产品先进单位
余姚县泗门棉花加工厂	商业部创优质产品先进单位
余姚县泗门夹塘棉花收购站	商业部文明棉站
宁波副食品公司 102 仓库	省供销合作社系统先进集体
慈城供销合作社五交化商店	省供销合作社系统先进集体
宁波市供销合作社	省供销社系统提高经营效益先进单位
慈溪县观城供销合作社商场	省供销合作社系统先进集体
镇海茶厂	省供销合作社系统先进集体
奉化县供销社汽车运输公司	省供销合作社系统先进运输单位
滨海区大碶供销合作社	市级"六好企业"
慈溪县观城商场电讯柜组	市供销合作社先进集体
市副食品公司干杂经营部党支部	市供销合作社先进党组织
市贸易中心储运党支部	市供销合作社先进党组织
1985 年	
单位名称	荣誉称号
镇海县供销合作社茶厂	商业部先进企业
余姚市夹塘棉花收购站	商业部文明棉站
慈溪县淹浦棉花收购站	商业部文明棉站
慈溪县逍林棉花加工厂	商业部优质产品轧花厂
余姚市泗门棉花加工厂	商业部优质产品轧花厂
慈溪县逍林棉花加工厂	商业部优质产品轧花厂
余姚县泗门棉花加工厂	商业部创优质产品先进单位
宁波市供销合作社	省供销社系统经济效益显著先进单位
宁波市副食品公司干果经营部	省级劳动模范集体
慈溪县淹浦棉花收购站	省供销合作社系统文明棉花收购站
慈溪县精忠棉花收购站	省供销合作社系统文明棉花收购站
余姚市夹塘棉花收购站	省供销合作社系统文明棉花收购站
滨海区新碶棉花收购站	省供销合作社系统文明棉花收购站
象山县鹤浦棉花收购站	省供销合作社系统文明棉花收购站
奉化县江口供销合作社汽车队	省供销合作社系统文明单位
慈溪县日杂畜废公司	省供销合作社系统先进集体
宁波市镇海区蔬菜公司	省供销社系统先进集体
滨海区大碶供销合作社	省供销合作社系统先进集体
宁波市慈城供销合作社	省供销合作社系统先进集体
宁波市副食品公司干果经营部	省供销合作社系统先进集体
宁波市特产公司白沙仓库	省供销合作社系统先进集体

续表

1985 年	
单位名称	荣誉称号
余姚市马渚供销合作社中心商店	省供销合作社系统先进集体
余姚市陆埠供销社生产资料商店	省供销合作社系统先进集体
慈溪市日杂畜废公司	省供销合作社系统先进集体
慈溪庵东二商公司庵东理发店	省供销合作社系统先进集体
鄞县天童供销合作社	省供销合作社系统先进集体
鄞县望春医药总店	省供销合作社系统先进集体
奉化江口供销合作社	省供销合作社系统先进集体
宁海县农资公司	省供销合作社系统先进集体
象山县南庄供销合作社	省供销合作社系统先进集体
慈溪县范市花厂仓库	省供销社"四好""四无"仓库
宁波市畜产品公司	市政府授予"六好"企业
滨海大碶供销合作社	市政府授予"六好"企业
宁波市第二土产日杂公司党支部	市供销社先进党组织
宁波市供销社贸易中心党支部	市供销社先进党组织
慈溪县供销合作社	市供销社统计先进单位
镇海县供销合作社	市供销社统计先进单位
宁波市物资回收公司	市供销社统计先进单位
奉化县供销合作社	市供销社统计报表质量先进单位
宁波市畜产品公司	市供销社统计报表质量先进单位
1986 年	
单位名称	荣誉称号
慈溪县淹浦棉站	商业部文明棉站
慈溪县逍林棉花加工厂	商业部优质产品轧花厂
奉化西坞供销社鞋子门市部	省供销社系统文明服务单位
慈溪县供销合作社	省委、省政府军转干部安置先进集体
鄞县邱隘供销合作社	省供销合作社系统文明单位
镇海区供销合作社	省级统计系统先进单位
宁波市副食品公司 102 仓库	省供销社"四好""四无"先进仓库
宁波市农资公司铜盒浦仓库	省供销社"四好""四无"先进仓库
宁波特产公司白沙仓库	省供销社"四好""四无"先进仓库
慈溪县范市棉花加工厂	省供销社"四好""四无"先进仓库
余姚茶厂仓库	省供销社"四好""四无"先进仓库
宁波畜产品公司	市级文明单位
宁波市副食品商场	市级文明单位
象山县石浦日杂废品公司	市级文明单位
宁波市副食品商场南货柜	市级优质服务文明经商先进集体

续表

1986 年	
单位名称	荣誉称号
江北物资回收商店后马回收站	市级优质服务文明经商先进集体
海曙供销社段塘分社	市级优质服务文明经商先进集体
海曙供销社生产采购商店	市级优质服务文明经商先进集体
宁波市供销社贸易中心	市级青工政治轮训先进单位
鄞县姜山供销社五交化商店	团市委青年文明岗位
宁波市副食品商场	市级"双信"单位
宁波副食品商场青年南货柜	市财贸系统文明经商先进集体
江北物资回收商店后马回收站	市财贸系统文明经商先进集体
宁波市物资回收公司调剂商场	市供销合作社先进集体
宁波市第二土产公司灵桥商场	市供销合作社先进集体
宁波市果品公司中东商场	市供销合作社先进集体
洪塘供销社土产日杂商店	市供销合作社先进集体
江东供销合作社东郊分社	市供销合作社先进集体
海曙供销合作社高塘分店	市供销合作社先进集体
宁波特产公司党支部	市供销合作社先进党组织
宁波畜产品公司党支部	市供销合作社先进党组织
1987 年	
单位名称	荣誉称号
宁波市供销合作社	全国"工业污染源调查"优秀单位
宁波市供销合作社	商业部政务信息先进单位
慈溪县供销合作社	商业部工业普查先进单位
奉化县特产公司	商业部会计基础工作先进单位
慈溪县淹浦棉站	商业部文明棉站
慈溪县逍林棉花厂	商业部优质产品轧花厂
奉化县特产公司	省级会计基础工作先进单位
宁波市供销合作社	省供销合作社系统工业统计先进单位
慈溪县供销合作社	省供销社系统工业统计先进单位
慈溪县农资公司	省供销合作社系统文明单位
宁波市农资公司	省级农资系列服务化先进集体
余姚市农资公司	省级农资系列服务化先进集体
宁海县农资公司	省级农资系列服务化先进集体
奉化县特产公司	省供销合作社会计基础工作先进单位
慈溪县淹浦棉花收购站	省供销合作社系统文明棉站
慈溪县范市棉花收购站	省供销合作社系统文明棉站
余姚市梁弄供销合作社上海商场	省供销合作社系统文明单位
象山县石浦日杂废品公司	省供销合作社系统文明单位

续表

1987年	
单位名称	荣誉称号
宁海县副食品公司	省供销合作社系统文明单位
镇海区贵驷供销合作社药店	省供销合作社系统文明单位
宁波副食品商场	省供销合作社系统文明单位
江北供销合作社孔浦商场	省供销合作社系统文明单位
奉化县西坞供销合作社	省供销合作社系统文明单位
北仑区大碶供销合作社新碶分社	省供销合作社系统文明单位
鄞县邱隘供销合作社	省供销合作社系统文明单位
慈溪县逍林棉花厂	省供销社优质产品轧花厂
慈溪县范市花厂仓库	省供销社系统"四好""四无"仓库
慈溪县逍林棉花厂仓库	省供销社系统"四好""四无"仓库
鄞县古林供销合作社	市级先进企业
慈溪县冷冻厂	市级先进企业
慈溪县周巷供销合作社	市级先进企业
北仑区大碶供销合作社	市级先进企业
慈城供销合作社	市级先进企业
江北供销合作社	市级先进企业
奉化县特产公司	市级会计基础工作先进单位
余姚市日用什品公司	市级会计基础工作先进单位
慈溪县龙山供销合作社	市级会计基础工作先进单位
宁海县副食品公司	市级会计基础工作先进单位
象山县日用什品公司	市级会计基础工作先进单位
鄞县鄞江供销合作社	市级会计基础工作先进单位
北仑区北仑茶厂	市级会计基础工作先进单位
宁波市土产日杂公司	市级会计基础工作先进单位
宁波市供销社	市机关档案工作先进单位
慈溪县供销合作社	市机关档案工作先进单位
鄞县供销合作社	市机关档案工作先进单位
慈溪县淹浦棉花收购站	市供销合作社系统棉花收购先进单位
慈溪县范市棉花收购站	市供销合作社系统棉花收购先进单位
慈溪县天元棉花收购站	市供销合作社系统棉花收购先进单位
宁波市畜产品公司党支部	市供销合作社先进党组织
宁波市特产公司党支部	市供销合作社先进党组织
宁波副食品公司水果批发部党支部	市供销合作社先进党组织
宁波副食品公司副食品商场党支部	市供销合作社先进党组织
慈溪县供销合作社	市供销合作社系统信息工作先进单位

续表

1988 年	
单位名称	荣誉称号
鄞县废品畜产公司	全国废旧物资系统先进单位
慈溪县逍林棉花厂	商业部先进集体
慈溪县淹浦棉站	商业部文明棉站
宁波市特产公司	商业部安全工作先进单位
慈溪县逍林棉花厂	商业部安全工作先进单位
宁波市供销社办公室	商业部信息工作先进集体
余姚市日用杂品公司	省级先进企业
余姚市废旧物资回收公司	省级先进企业
鄞县古林供销合作社	省供销合作社系统先进企业
鄞县废品畜产公司	省级废旧物资系统先进单位
宁波市第二物资回收公司	省级废旧物资系统先进单位
慈溪县物资回收公司	省级废旧物资系统先进单位
象山县土畜产品公司	省级废旧物资系统先进单位
奉化县畜产品物资公司	省级废旧物资系统先进单位
慈溪冷冻厂	省级设备管理优秀单位
慈溪市物资回收公司	省供销合作社系统先进集体
宁波市农资公司	省供销合作社农资系列服务先进集体
余姚市农资公司	省供销合作社农资系列服务先进集体
宁海县农资公司	省供销合作社农资系列服务先进集体
镇海骆驼供销合作社	省供销合作社农资系列服务先进集体
宁波市农资公司	宁波市为农服务先进单位
慈城供销合作社	市级先进企业
江北供销合作社	市级先进企业
余姚市日用杂品公司	市级先进企业
余姚市废旧物资回收公司	市级先进企业
余姚市梁弄区供销合作社	市级先进企业
余姚市泗门区供销合作社	市级先进企业
余姚市丈亭区供销合作社	市级先进企业
余姚市陆埠区供销合作社	市级先进企业
余姚市城北供销合作社	市级先进企业
慈溪市浒山供销合作社	市级先进企业
慈溪市庵东供销合作社	市级先进企业
奉化市西坞供销合作社	市级先进企业
鄞县废品畜产公司	市级先进企业
鄞县古林供销合作社	市级先进企业
鄞县姜山供销合作社	市级先进企业

续表

1988 年	
单位名称	荣誉称号
象山县爵溪供销合作社	市级先进企业
象山县南庄供销合作社	市级先进企业
宁波市贵驷供销合作社	市级先进企业
宁波市农资公司	市委命名为第二批市级文明单位
象山石浦日杂废品公司	市委命名为第二批市级文明单位
宁波市供销合作社	市级机关档案工作先进单位
慈溪市供销合作社	市级机关档案工作先进单位
鄞县供销合作社	市级机关档案工作先进单位
宁海县茶厂	市级"抢险救灾"先进集体
宁海县农资公司	市级"抢险救灾"先进集体
奉化县跸驻供销分社	市级"抢险救灾"先进集体
宁波市农资公司	市级"抢险救灾"先进集体
镇海区特产公司	市农产品调查工作先进单位一等奖
慈溪县特产公司	市农产品调查工作先进单位一等奖
宁波市农资、特产、畜产公司	市成人教育先进单位（1987—1988 年）
慈城供销合作社	市成人教育先进单位（1987—1988 年）
余姚市供销合作社	市成人教育先进单位（1987—1988 年）
鄞县商业职工学校	市成人教育先进单位（1987—1988 年）
宁海县供销合作社职工学校	市成人教育先进单位（1987—1988 年）
象山县供销合作社职工学校	市成人教育先进单位（1987—1988 年）
北仑区供销合作社职工学校	市成人教育先进单位（1987—1988 年）
宁波市农资公司党支部	市供销社先进党组织
宁波市土产日杂公司党支部	市供销社先进党组织
宁波市畜产品公司	市供销社安全工作先进单位
宁波市特产公司	市供销社安全工作先进单位
宁波市江北供销合作社	市供销社安全工作先进单位
宁波市庄桥供销合作社	市供销社安全工作先进单位
慈溪市供销合作社	市供销合作社系统信息工作先进单位
慈溪市供销合作社	市供销合作社机关档案工作先进单位
宁波市物资回收利用公司	市供销社档案先进一等奖
宁波市畜产品公司	市供销社档案先进二等奖
宁波市慈城供销合作社	市供销社档案先进二等奖
宁波市特产公司白沙仓库	市供销合作社系统先进仓库
宁波市农资公司洞盆浦农药仓库	市供销合作社系统先进仓库
慈溪市逍林棉花加工厂仓库	市供销合作社系统先进仓库
余姚市精制茶厂仓库	市供销合作社系统先进仓库

续表

1988 年	
单位名称	荣誉称号
宁波市土产日杂公司南门仓库	市供销合作社系统先进仓库
宁波市土产日杂公司姚江仓库	市供销合作社系统先进仓库
宁波市畜产品公司畜产仓库	市供销合作社系统先进仓库
宁波市果品食杂公司果品仓库	市供销合作社系统先进仓库
余姚市农资公司仓库	市供销合作社系统先进仓库
宁海县胡陈港棉花加工厂仓库	市供销合作社系统先进仓库
鄞县土特产公司李家草席仓库	市供销合作社系统先进仓库
象山县农资公司白墩仓库	市供销合作社系统先进仓库
象山县茶叶公司仓库	市供销合作社系统先进仓库
镇海区土产日杂公司仓库	市供销合作社系统先进仓库
奉化市大桥供销社舒家分社仓库	市供销合作社系统先进仓库
宁波市副食品商场	市供销社"重合同守信用"单位
宁波市工业品公司	市供销社"重合同守信用"单位
宁波市副食品厂	市供销社"重合同守信用"单位
宁波市果品食杂公司	市供销社"重合同守信用"单位
慈城供销合作社	市供销社"重合同守信用"单位
江北区工业品批发部	市供销社"重合同守信用"单位

1989 年	
单位名称	荣誉称号
慈溪冷冻厂	国家二级先进企业
慈溪市淹浦棉站	全国文明棉站
慈溪冷冻厂	商业部商办工业设备管理优秀单位
宁波市农资公司	商业部"四好""四无"仓库先进单位
宁波市特产公司	商业部"四好""四无"仓库先进单位
宁波市供销社办公室	商业部信息工作先进集体
慈溪冷冻厂	省级先进企业
余姚茶厂	省级先进企业
北仑区大碶供销合作社	省级先进企业
鄞县古林供销合作社	省级先进企业
江北供销合作社	省级先进企业
慈城供销合作社	省级先进企业
鄞县再生资源回收利用公司	省级先进企业
慈溪市周巷供销合作社	省级先进企业
余姚市日用杂品公司	省级先进企业
北仑区大碶供销合作社	省级先进企业
鄞县古林供销合作社	省级先进企业

续表

1989 年	
单位名称	荣誉称号
鄞县邱隘供销社百货商店	省供销合作社系统先进集体
镇海区农资公司	省供销合作社系统先进集体
奉化市江口供销合作社	省供销合作社系统先进集体
北仑区大碶供销合作社	省供销合作社系统先进集体
宁海县特产公司	省供销合作社系统先进集体
余姚市梁弄供销社上海产品商场	省供销合作社系统先进集体
余姚市城北供销合作社皇山分社	省供销合作社系统先进集体
慈溪市农资公司	省供销合作社系统先进集体
慈溪市庵东供销合作社	省供销合作社系统先进集体
宁波市华达汽车服务有限经营部	省供销合作社系统先进集体
宁波市土产日杂公司	省供销合作社系统先进集体
慈溪市供销合作社办公室	省供销合作社系统信息工作先进单位
宁波市农资公司	省级支农优质服务先进集体
余姚市农资公司	省级支农优质服务先进集体
鄞县古林供销社生产商店	省级支农优质服务先进集体
慈溪市逍林棉花加工厂	省特产系统优质产品轧花厂
余姚市泗门棉花加工厂	省特产系统优质产品轧花厂
慈溪奄东收棉站	省特产系统文明棉花收购站
慈溪范市收棉站	省特产系统文明棉花收购站
宁海县山前收棉站	省特产系统文明棉花收购站
象山县灵南收棉站	省特产系统文明棉花收购站
慈溪市供销合作社	省特产系统先进棉花检验组
宁波市特产公司	省特产"四无""四好"仓库先进集体
慈溪逍林棉花厂	省特产"四无""四好"仓库先进集体
慈城供销合作社	市级先进企业
宁波市特产公司	市级先进企业
宁波市农资公司	市级先进企业
宁海县特产公司	市级先进企业
北仑郭巨供销合作社	市级先进企业
北仑茶厂	市级先进企业
宁波市第二物资回收利用公司	市级保密工作先进单位
奉化市供销合作社	市级保密工作先进单位
镇海区贵驷供销合作社	市级保密工作先进单位
宁波市农资公司党支部	市供销社先进党组织
宁波市果品食杂公司党支部	市供销社先进党组织
慈溪市供销合作社	市供销社工业管理先进单位

续表

1989 年	
单位名称	荣誉称号
慈溪冷冻厂	市供销社工业先进企业
余姚茶厂	市供销社工业先进企业
鄞县酿造食品厂	市供销社工业先进企业
慈城供销合作社	市供销社"重合同守信用"单位
江北工业品批发公司	市供销社"重合同守信用"单位
宁波市副食品公司	市供销社"重合同守信用"单位
宁波市副食品厂	市供销社"重合同守信用"单位
宁波市食杂品公司	市供销社"重合同守信用"单位
宁波市土产公司	市供销社"重合同守信用"单位
慈溪市供销社秘书股	市供销合作社系统信息工作先进单位
奉化市供销社秘书股	市供销合作社系统信息工作先进单位
宁波副食品商场	市供销合作社系统先进单位
余姚龙山商场	市供销合作社系统先进单位
奉化西坞商场	市供销合作社系统先进单位

1990 年	
单位名称	荣誉称号
宁波市农资公司	商业部科技兴农先进单位
宁波市特产公司	商业部科技兴农先进单位
慈溪市供销合作社	商业部科技兴农先进单位
余姚市农资公司	商业部科技兴农先进单位
慈溪冷冻厂	商业部设备管理优秀单位
宁波市特产公司	省级先进企业
鄞县古林供销合作社	省供销社农资专营工作先进单位
鄞县邱隘供销合作社百货商店	省供销合作社系统先进集体
宁波市农资公司	省供销合作社农资专营工作先进单位
余姚市农资公司	省供销合作社农资专营工作先进单位
慈溪市农资公司	省供销合作社农资专营工作先进单位
宁波市供销合作社办公室	省供销合作社系统信息工作先进单位
慈溪市供销合作社办公室	省供销合作社系统信息工作先进单位
慈溪市供销合作社	省供销合作社内部审计工作先进单位
鄞县供销合作社	省供销合作社内部审计工作先进单位
宁波市特产公司	省供销社"四好""四无"仓库先进单位
象山县农资公司	省供销社"四好""四无"仓库先进单位
北仑大碶供销社中心商店交电柜	省供销合作社系统优秀 QC 小组
慈溪冷冻厂财务部	省供销合作社系统财会先进集体
镇海区骆驼供销合作社财务部	省供销合作社系统财会先进集体

续表

1990 年	
单位名称	荣誉称号
宁波市茶叶联合公司	市发展外向型经济"奉献杯"银奖
余姚市出口茶叶拼配厂	市发展外向型经济"奉献杯"银奖
慈溪冷冻厂	市发展外向型经济"奉献杯"银奖
宁海罐头食品厂	市发展外向型经济"奉献杯"银奖
北仑茶厂	市级先进企业农资专营工作先进单位
宁波市果品食杂公司	市级先进企业
余姚市泗门供销合作社	市级先进企业
余姚市泗门棉花加工厂	市级先进企业
奉化市农资公司	市级先进企业
鄞县古林供销合作社	市级先进企业
余姚市临山棉花加工厂	市级先进企业
慈溪市范市棉花收购站	市级文明棉站
慈溪市淹浦棉花收购站	市级文明棉站
慈溪市周巷棉花收购站	市级文明棉站
慈溪市四灶棉花收购站	市级文明棉站
余姚市湖北棉花收购站	市级文明棉站
余姚市临海棉花收购站	市级文明棉站
宁海县胡陈港棉花收购站	市级文明棉站
象山县林海棉花收购站	市级文明棉站
慈溪市逍林棉花加工厂	宁波市优质产品轧花厂
余姚市泗门棉花加工厂	宁波市优质产品轧花厂
宁波市优质产品轧花厂	宁波市优质产品轧花厂
慈溪市棉花签证检验站	宁波市先进棉检站
宁波出口茶叶拼配厂	市级设备管理优秀单位
余姚市供销社职工学校	市级成人教育先进单位
鄞县供销社职工学校	市级成人教育先进单位
慈溪市供销社职工学校	市级成人教育先进单位
宁波市农资公司党总支	市供销合作社先进党组织
宁波市果品食杂公司党总支	市供销合作社先进党组织
宁波市土产日杂公司党总支	市供销合作社先进党组织
宁波市特产公司	市供销社"四好""四无"仓库先进单位
象山县农资公司	市供销社"四好""四无"仓库先进单位
慈溪市供销合作社	市供销合作社工业管理先进单位
慈溪第三羊毛衫厂	市供销合作社工业管理先进单位
慈溪周巷供销社食品厂	市供销合作社工业管理先进单位
鄞县酿造食品厂	市供销合作社工业管理先进单位

续表

1990 年	
单位名称	荣誉称号
余姚泗门棉花加工厂	市供销合作社工业管理先进单位
余姚临山棉花加工厂	市供销合作社工业管理先进单位
鄞县商业玩具厂	市供销合作社工业管理先进单位
慈溪市淹浦棉站	市供销合作社先进棉站
慈溪市周巷棉站	市供销合作社先进棉站
慈溪市庵东棉站	市供销合作社先进棉站
余姚市临海棉站	市供销合作社先进棉站
余姚市湖北棉站	市供销合作社先进棉站
宁海县山前桥棉站	市供销合作社先进棉站
象山县林海棉站	市供销合作社先进棉站
镇海区湾塘棉站	市供销合作社先进棉站
北仑区新兴棉站	市供销合作社先进棉站
慈溪市棉检站	市供销合作社先进棉检组
慈溪市特产公司	市供销社调拨供应工作先进单位
宁海县特产公司	市供销社调拨供应工作先进单位
慈溪市逍林棉花工厂	市供销合作社先进轧花厂
余姚市泗门棉花加工厂	市供销合作社先进轧花厂
宁海县胡陈港棉花厂	市供销合作社仓储安全先进单位
宁波市农资公司	市供销合作社农资专营服务先进单位
余姚市农资公司	市供销合作社农资专营服务先进单位
慈溪市农资公司	市供销合作社农资专营服务先进单位
宁海县农资公司	市供销合作社农资专营服务先进单位
余姚市泗门供销合作社	市供销合作社农资专营服务先进单位
慈溪市周巷供销合作社	市供销合作社农资专营服务先进单位
奉化江口供销合作社	市供销合作社农资专营服务先进单位
鄞县古林供销合作社	市供销合作社农资专营服务先进单位
宁海县长街供销合作社	市供销合作社农资专营服务先进单位
象山县定山供销合作社	市供销合作社农资专营服务先进单位
北仑区大碶供销合作社	市供销合作社农资专营服务先进单位
镇海区骆驼供销合作社	市供销合作社农资专营服务先进单位
宁波市慈城供销合作社	市供销合作社农资专营服务先进单位
慈溪市供销社办公室	市供销合作社信息工作先进单位
奉化市供销社秘书科	市供销合作社信息工作先进单位
宁波市副食品商场	市供销社全国创建卫生城市先进单位
江北孔浦商场	市供销社全国创建卫生城市先进单位
宁波明州副食品商店	市供销社全国创建卫生城市先进单位

续表

1990 年	
单位名称	荣誉称号
慈溪市供销合作社财基股	市供销合作社基建管理工作先进集体
鄞县供销合作社财基股	市供销合作社基建管理工作先进集体
宁波市特产公司基储科	市供销合作社基建管理工作先进集体
余姚市泗门供销合作社	省供销合作社系统规模化庄稼医院
宁海县环城供销合作社	省供销合作社系统规模化庄稼医院
北仑区柴桥供销合作社	省供销合作社系统规模化庄稼医院
长山供销合作社	省供销合作社系统规模化庄稼医院
大碶供销合作社	省供销合作社系统规模化庄稼医院
镇海区骆驼供销合作社	省供销合作社系统规模化庄稼医院
镇海区庄市供销合作社	省供销合作社系统规模化庄稼医院
奉化市西坞供销合作社	省供销合作社系统规模化庄稼医院
鄞县古林供销合作社	省供销合作社系统规模化庄稼医院
象山定山供销合作社	省供销合作社系统规模化庄稼医院
慈溪市逍林供销合作社	省供销合作社系统规模化庄稼医院
慈溪市周巷供销合作社	省供销合作社系统规模化庄稼医院
宁波市特产公司白沙仓库	市供销合作社系统先进仓库
宁波市农资公司洞盆浦仓库	市供销合作社系统先进仓库
慈溪市逍林棉花加工厂仓库	市供销合作社系统先进仓库
余姚市精制茶厂仓库	市供销合作社系统先进仓库
宁波市土产日杂公司南门仓库	市供销合作社系统先进仓库
宁波市土产日杂公司姚江仓库	市供销合作社系统先进仓库
宁波畜产品公司畜产品仓库	市供销合作社系统先进仓库
余姚市农资公司仓库	市供销合作社系统先进仓库
慈溪市浒山棉花加工厂仓库	市供销合作社系统先进仓库
鄞县特产公司李家草席仓库	市供销合作社系统先进仓库
宁海县胡陈港棉花加工厂仓库	市供销合作社系统先进仓库
宁海县茶叶公司仓库	市供销合作社系统先进仓库
象山县农资公司东山仓库	市供销合作社系统先进仓库
象山县农资公司白墩仓库	市供销合作社系统先进仓库
象山县茶叶公司仓库	市供销合作社系统先进仓库
奉化市大桥供销社舒家生产仓库	市供销合作社系统先进仓库
1991 年	
单位名称	荣誉称号
慈溪市供销合作社	商业部棉花工作先进单位
慈溪市观城棉花加工厂	商业部棉花工作先进单位
宁波市农资公司	商业部农资供应工作先进单位

续表

1991年	
单位名称	荣誉称号
慈溪市供销合作社	全国供销合作社科技兴农先进单位
宁波市特产公司	全国供销合作社科技兴农先进单位
宁波市供销社办公室	商业部信息先进单位
慈溪市供销合作社	全国合作社基本建设管理先进单位
宁波市江北物资回收商店	商业部再生资源先进企业
慈溪市逍林棉花加工厂	商业部安全工作先进单位
慈溪市供销社监审科	商业部内审工作先进集体
宁波市果品食杂公司	商业部先进财会工作集体
宁波市慈城供销合作社	全国商业企业法律顾问工作先进集体
象山县供销合作社	全国商业企业法律顾问工作先进集体
鄞县邱隘供销合作社商场	全国首届商业企业优秀班组
宁波市特产公司	商业部"四好""四无"仓库先进单位
宁波市茶叶公司	商业部"四好""四无"仓库先进单位
慈溪市农资公司	省供销合作社系统先进集体
镇海区贵驷供销社	省供销合作社系统先进集体
鄞县邱隘供销社	省供销合作社系统先进集体
鄞县大嵩供销社	省供销合作社系统先进集体
奉化市副食品公司	省供销合作社系统先进集体
象山县定山供销社	省供销合作社系统先进集体
北仑区郭巨供销社	省供销合作社系统先进集体
余姚市农资公司药具股	省供销合作社系统先进集体
余姚市马渚区供销社	省供销合作社系统先进集体
宁波市特产公司棉麻调供科	省供销合作社系统先进集体
宁波南苑饭店	省供销合作社系统先进集体
慈溪市冷冻厂财务部	省供销社先进财会集体
慈溪市供销社监审科	省供销社内审工作先进集体
象山县城南供销社	省供销社柑橘购销服务先进单位
宁海县果蔬公司	省供销社柑橘购销服务先进单位
宁海县力洋供销社	省供销社柑橘购销服务先进单位
宁波市果品食杂公司	省供销社柑橘购销服务先进单位
鄞县供销社干部职工学校	省职工教育先进单位
宁波市果品食杂公司财务科	省供销社先进财会集体
鄞县姜山供销社财会组	省供销社先进财会集体
宁波市供销社办公室	省供销社信息工作先进单位
慈溪市供销社办公室	省供销社信息工作先进单位
象山县供销社办公室	省供销社信息工作先进单位

续表

1991 年	
单位名称	荣誉称号
余姚市供销社办公室	省供销社信息工作先进单位
慈溪市农资公司	省供销社农资专营工作先进单位
余姚市农资公司	省供销社农资专营工作先进单位
宁波市农资公司	省供销社农资专营工作先进单位
慈溪市庵东供销社	省供销社农资专营工作先进单位
鄞县供销社综合档案室	全省先进综合档案室
鄞县横溪供销社	全省企业档案管理先进单位
鄞县大嵩供销社庄稼医院	省供销社优秀庄稼医院
鄞县古林供销社庄稼医院	省供销社优秀庄稼医院
象山县定山供销社庄稼医院	省供销社优秀庄稼医院
象山县丹城供销社庄稼医院	省供销社优秀庄稼医院
奉化市江口供销社庄稼医院	省供销社优秀庄稼医院
慈溪市浒山供销社庄稼医院	省供销社优秀庄稼医院
慈溪市周巷供销社庄稼医院	省供销社优秀庄稼医院
慈溪市庵东供销社庄稼医院	省供销社优秀庄稼医院
宁海县长街供销社庄稼医院	省供销社优秀庄稼医院
余姚市泗门供销社庄稼医院	省供销社优秀庄稼医院
宁海县岔路供销社庄稼医院	省供销社优秀庄稼医院
宁海县环城供销社庄稼医院	省供销社优秀庄稼医院
宁波市供销合作社	市级扶贫工作先进单位
宁波市供销合作社	市级档案管理先进单位
宁波市特产公司	市级上等级企业
北仑茶厂	市级先进企业
宁波市农资公司	市级思想政治工作优秀企业
宁波市贵驷供销社	市级思想政治工作优秀企业
余姚市购物中心	市级思想政治工作优秀企业
宁波市土产日杂公司	市供销社职工教育先进集体
宁波市果品食杂公司	市供销社职工教育先进集体
宁波市特产公司	市供销社"四好""四无"仓库先进单位
宁波市茶叶公司	市供销社"四好""四无"仓库先进单位
宁波市农资公司洞盆浦农药仓库	市供销社"四好""四无"仓库先进单位
宁波市果品食杂公司果品仓库	市供销社"四好""四无"仓库先进单位
余姚市农资公司仓库	市供销社"四好""四无"仓库先进单位
余姚市精制茶厂仓库	市供销社"四好""四无"仓库先进单位
余姚市泗门棉花加工厂仓库	市供销社"四好""四无"仓库先进单位
慈溪市观城棉花加工厂仓库	市供销社"四好""四无"仓库先进单位

续表

1991 年	
单位名称	荣誉称号
慈溪市逍林棉花加工厂仓库	市供销社"四好""四无"仓库先进单位
慈溪市农资公司仓库	市供销社"四好""四无"仓库先进单位
象山县农资公司仓库	市供销社"四好""四无"仓库先进单位
象山县茶叶公司仓库	市供销社"四好""四无"仓库先进单位
象山县日杂公司批发部仓库	市供销社"四好""四无"仓库先进单位
鄞县土特产公司李家草席仓库	市供销社"四好""四无"仓库先进单位
鄞县茶叶公司仓库	市供销社"四好""四无"仓库先进单位
宁海县茶叶公司仓库	市供销社"四好""四无"仓库先进单位
宁海县胡陈港棉花加工厂仓库	市供销社"四好""四无"仓库先进单位
宁波市农资公司党总支	市供销合作社先进党组织
宁波市食杂公司水果经营部党支部	市供销合作社先进党组织
宁波市土产日杂公司联合党支部	市供销合作社先进党组织
慈溪市供销社办公室	市供销合作社系统信息工作先进单位
奉化市供销社办公室	市供销合作社系统信息工作先进单位
1992 年	
单位名称	荣誉称号
宁波市供销合作社	商业部政务信息先进单位
宁波市供销合作社	全国供销社物价统计报告先进单位
宁波市特产总公司棉花仓库	商业部"四好""四无"仓库
慈溪市供销社监督审计科	全国供销社审计工作先进单位
北仑区大碶供销社中心商场交电柜	商业部优秀 QC 小组
宁波大统食品有限公司	全国供销社"出口创汇百家"企业
慈溪供销大厦	全国供销社"百家最佳效益"企业
宁波市供销合作社	省供销社物价统计报告工作一等奖
宁波市供销合作社	省供销社系统信息工作先进单位
慈溪市供销合作社	省供销社系统信息工作先进单位
余姚市供销合作社	省供销社系统信息工作先进单位
象山县供销合作社	省供销社系统信息工作先进单位
奉化市供销合作社	省供销社系统信息工作先进单位
鄞县供销合作社	省供销社系统信息工作先进单位
鄞县邱隘供销社商场	市级模范集体
宁波市特产总公司	市级先进集体
宁波市果品总公司	市级先进集体
慈溪市供销合作社	市供销社系统政务信息工作先进单位
余姚市供销合作社	市供销社系统政务信息工作先进单位
奉化市供销合作社	市供销社系统政务信息工作先进单位

续表

1992 年	
单位名称	荣誉称号
鄞县供销合作社	市供销社系统政务信息工作先进单位
象山县供销合作社	市供销社系统政务信息工作先进单位
宁波市宏伟商场	1991—1992年市重合同守信用单位
宁波大世界鲜果公司	1991—1992年市重合同守信用单位
宁波市旧货市场	1991—1992年市重合同守信用单位
宁波市再生资源回收利用公司	1991—1992年市重合同守信用单位
宁波市土产日杂公司	1991-1992年市重合同守信用单位
宁波市炊饮机械厨房用具公司	1991—1992年市重合同守信用单位
宁波市土产日杂公司	市级抗台救灾先进单位
镇海区供销合作社	市"双基"教育先进集体
北仑区供销合作社	市"双基"教育先进集体
宁波市供销社培训中心	市"双基"教育先进集体
1993 年	
单位名称	荣誉称号
宁波市供销合作社	国内贸易部政务信息工作先进单位
宁波市供销合作社	全国供销社物价统计报告先进单位
余姚市购物中心	全国保护消费者权益优秀企业
余姚市泗门供销合作社	省供销合作社系统先进集体
镇海区骆驼供销合作社	省供销合作社系统先进集体
余姚市再生资源总公司	省供销合作社系统先进集体
北仑区大碶供销合作社	省供销合作社系统先进集体
慈溪冷冻总公司	省供销合作社系统先进集体
慈溪市浒山供销合作社	省供销合作社系统先进集体
宁海县蔬菜公司	省供销合作社系统先进集体
奉化市溪口供销合作社	省供销合作社系统先进集体
鄞县大嵩供销合作社	省供销合作社系统先进集体
鄞县商业精密铸造厂	省供销合作社系统先进集体
宁波市南苑商社	省供销合作社系统先进集体
宁波浦港食品有限公司	省供销合作社系统先进集体
鄞县大嵩供销合作社	省财贸系统先进集体
宁波市供销合作社	省供销社系统社务信息工作先进单位
慈溪市供销合作社	省供销社系统社务信息工作先进单位
鄞县供销合作社	省供销社系统社务信息工作先进单位
宁波市供销合作社	市关心下一代工作先进集体
宁波市农资公司党总支	市供销合作社先进党组织
慈溪市供销合作社办公室	市供销系统政务信息先进集体

续表

1993 年	
单位名称	荣誉称号
鄞县供销合作社办公室	市供销系统政务信息先进集体
奉化市供销合作社办公室	市供销系统政务信息先进集体
宁波市宏伟商场	连续八年评为市物价计量信得过单位
宁波海静食品有限公司	市食品卫生信得过单位
宁波大统食品有限公司	市食品卫生信得过单位
宁波南苑商社工会	1992—1993 年市级先进职工之家
宁波市庄桥供销社工会	市财贸系统工会先进集体
宁波市果品总公司工会女职委	市财贸系统女工工作先进集体

1994 年	
单位名称	荣誉称号
宁波市棉花检验站	全国供销社系统棉花检验先进单位
慈溪市农资公司	全国贸易部农资系统先进单位
宁波市供销合作社	国内贸易部信息工作先进标兵单位
奉化市溪口供销合作社	省供销合作社系统先进集体
宁波新江厦商城	省供销合作社系统先进集体
鄞县望春供销合作社	省供销合作社系统先进集体
鄞县邱隘供销合作社	省供销合作社系统先进集体
慈溪供销大厦	省级文明单位
宁波市供销合作社	省供销社系统社务信息工作先进单位
慈溪市供销合作社	省供销社系统社务信息工作先进单位
鄞县供销合作社	省供销社系统社务信息工作先进单位
余姚市供销合作社	省供销社系统社务信息工作先进单位
奉化市供销合作社	省供销社系统社务信息工作先进单位
宁波市供销合作社办公室	市党委系统信息工作先进单位
宁波南苑股份有限公司党总支	市级优秀党组织
宁波南苑股份有限公司党总支	市供销合作社先进党组织
宁波土产日杂总公司科室党支部	市供销合作社先进党组织
宁波南苑股份有限公司	市政治思想工作优秀企业
宁波宏伟商场	市"物价计量信得过单位"
宁波南苑饭店	市"物价计量信得过单位"
慈溪市供销社办公室	市供销社信息工作先进单位
鄞县供销社办公室	市供销社信息工作先进单位
宁波南苑金都	市消费者信得过企业
镇海园南商场	市消费者信得过企业
鄞县西凤商场	市消费者信得过企业
余姚财物中心	市消费者信得过企业

续表

1994 年	
单位名称	荣誉称号
余姚龙山商场	市消费者信得过企业
慈溪供销大厦	市消费者信得过企业
宁海工业品公司供销大厦	市消费者信得过企业
象山供销大厦	市消费者信得过企业
宁波美乐门商城	市供销合作社系统先进商场
宁波新江厦商城	市供销合作社系统先进商场
慈溪供销大厦	市供销合作社系统先进商场
余姚龙山商场	市供销合作社系统先进商场
余姚购物中心	市供销合作社系统先进商场
镇海园南商场	市供销合作社系统先进商场
奉化家电公司	市供销合作社系统先进商场
鄞县西凤商场	市供销合作社系统先进商场
1995 年	
单位名称	荣誉称号
宁波市供销合作社	国内贸部系统信息工作先进单位标兵
宁波市供销合作社	国内贸部商品质量监测工作先进集体
宁波市农资公司	全国农资流通系统先进单位
慈溪市供销合作社	全国供销社工业"国家队"
慈溪市庵东供销社	全国供销合作社系统科技兴棉先进集体
宁波市美乐门商城	全国商业信誉企业
宁波新江厦商城	全国商业信誉企业
慈溪金山商厦	全国商业信誉企业
慈溪市供销大厦	全国商业信誉企业
余姚购物中心	全国商业信誉企业
慈溪金山商厦	省供销合作社系统先进集体
鄞县大嵩供销合作社	省供销合作社系统先进集体
鄞县邱隘供销合作社	省供销合作社企业先进集体
宁波新江厦商城	省供销合作社系统先进集体
宁波市美乐门商城	省供销合作社系统先进集体
宁波南苑股份有限公司	省供销合作社系统先进集体
宁波市果品总公司	省供销合作社系统先进集体
北仑区特产公司	省供销合作社系统先进集体
北仑区大碶供销合作社	省供销合作社系统先进集体
镇海区骆驼供销合作社	省供销合作社系统先进集体
镇海区骆驼供销合作社烟酒批发部	省供销合作社系统先进集体
宁海县蔬菜公司	省供销合作社系统先进集体

续表

1995 年	
单位名称	荣誉称号
奉化市农资公司	省供销合作社系统先进集体
余姚市供销合作社	省供销合作社系统先进集体
余姚市泗门供销合作社	省供销合作社系统先进集体
宁波四海集团金山商厦	省供销合作社系统先进集体
慈溪市庵东供销合作社	省供销合作社系统先进集体
慈溪市浒山供销合作社	省供销合作社系统先进集体
慈溪市冷冻厂	省供销合作社系统先进集体
宁波市农资公司	省农资科技服务先进集体
宁海县农资公司	省"双夏"农资优质服务月优胜单位
余姚市农资公司	省"双夏"农资优质服务月优胜单位
宁波市供销合作社	省供销社系统信息工作先进单位
慈溪市供销合作社	省供销社系统信息工作先进单位
象山县供销合作社	省供销社系统信息工作先进单位
宁海县供销合作社	省供销社系统信息工作先进单位
余姚市龙山商场	省执行物价计量政策法规最佳单位
镇海区园南商场	省执行物价计量政策法规最佳单位
宁波南苑股份有限公司党总支	市级先进党组织
宁波市供销合作社	市级机关挂钩扶贫工作先进单位
宁波市供销合作社政治处	市组织系统先进集体
宁波美乐门商城	市级文明单位
慈溪供销大厦	市级文明单位
象山县日杂废品公司	市级文明单位
宁波市农资公司	市级文明单位
鄞县供销社西凤商场	市级文明单位
宁波市副食品批发交易市场	市"社会治安综合治理"先进单位
宁波南苑股份有限公司	市商贸系统先进集体
宁波新江厦商城	市商贸系统先进集体
慈溪市庵东供销合作社	市商贸系统先进集体
余姚购物中心	市商贸系统先进集体
宁波海静食品有限公司	市商贸系统先进集体
宁波南苑股份有限公司党总支	市供销合作社先进党组织
宁波美乐门商城第三党支部	市供销合作社先进党组织
宁波市果品总公司党支部	市供销合作社先进党组织
宁波南苑鞋城	市供销合作社系统先进商场
宁波新江厦商城	市供销合作社系统先进商场

续表

1995 年	
单位名称	荣誉称号
宁波美乐门商城	市供销合作社系统先进商场
宁波美乐门商城经济民警分队	市级优秀警队

1996 年	
单位名称	荣誉称号
宁波市供销合作社政治处	全国供销合作社系统教育先进集体
宁波市供销合作社办公室	全国供销合作社信息工作先进单位
慈溪市供销合作社	全国供销社基本建设管理先进单位
慈溪市庵东供销合作社	全国供销合作社科技兴棉先进单位
余姚市供销合作社	全国供销社"基层社建设年"先进单位
余姚市供销合作社	全国供销总社先进县(市)联社
鄞县大嵩供销合作社	全国供销社"基层社建设年"先进单位
宁波市供销合作社	全省供销合作社系统为农服务先进社
宁海县农资公司	省供销合作社为农服务工作先进集体
奉化市农资公司	省供销合作社系统先进集体
宁波新江厦新城	省供销合作社系统先进集体
鄞县横溪供销合作社	省供销合作社系统先进集体
宁波市供销合作社	省供销合作社系统龙头强社
慈溪市供销合作社	省供销合作社系统龙头强社
余姚市供销合作社	省供销合作社系统龙头强社
鄞县供销合作社	省供销合作社系统龙头强社
宁海县供销合作社	省供销合作社系统为农服务先进社
慈溪市浒山供销合作社	省供销合作社系统基层强社
余姚市泗门供销合作社	省供销合作社系统基层强社
慈溪浒山供销合作社	省供销合作社系统基层强社
慈溪庵东供销合作社	省供销合作社系统基层强社
鄞县大嵩供销合作社	省供销合作社系统基层强社
鄞县邱隘供销合作社	省供销合作社系统基层强社
鄞县横溪供销合作社	省供销合作社系统基层强社
鄞县姜山供销合作社	省供销合作社系统基层强社
余姚市泗门供销合作社	省供销合作社系统基层强社
镇海区骆驼供销合作社	省供销合作社系统基层强社
北仑区大碶供销合作社	省供销合作社系统基层强社
鄞县大嵩供销合作社	省供销社为农服务先进集体
宁波市供销合作社	省供销社会计报表优胜单位一等奖
宁波市供销合作社	省供销社财务分析优胜单位二等奖
宁波市供销合作社办公室	省供销合作社信息工作先进单位

续表

1996 年	
单位名称	荣誉称号
慈溪市供销合作社办公室	省供销合作社信息工作先进单位
余姚市供销合作社办公室	省供销合作社信息工作先进单位
奉化市供销合作社办公室	省供销合作社信息工作先进单位
宁波市供销合作社财会处	省供销合作社财务管理先进集体
慈溪市供销合作社财会处	省供销合作社财务管理先进集体
鄞县供销社干部职工学校	省职工教育先进单位
宁波市供销社党委中心组	全市县局级党委理论学习先进中心组
宁波美乐门商城	市物价计量信得过单位
宁波美乐门商城	市社会治安综合治理先进单位
宁波美乐门商城经济民警分队	省公安厅优胜警队
宁波美乐门商城经济民警分队	市级优秀警队
宁波南苑饭店总机班	宁波市模范集体
宁波市供销合作社	市老干部工作先进集体
宁波市供销合作社	市关心下一代工作先进集体
宁波南苑集团股份有限公司	市 1995—1996 年度重合同守信用单位
宁波南苑股份有限公司	市创建文明卫生城市先进集体
宁波美乐门商城	市创建文明卫生城市先进集体
宁波南苑股份有限公司	市商贸系统先进集体
宁波新江厦商城	市商贸系统先进集体
慈溪市庵东供销合作社	市商贸系统先进集体
余姚购物中心	市商贸系统先进集体
宁波海静食品有限公司	市商贸系统先进集体
宁波市果品总公司党支部	市供销合作社先进党组织
宁波南苑股份有限公司党总支	市供销合作社先进党组织
宁波美乐门股份公司第三党支部	市供销合作社先进党组织
宁波市再生资源总公司纸品党支部	市供销合作社先进党组织
宁海县供销合作社办公室	市供销合作社系统信息先进集体
奉化市供销合作社办公室	市供销合作社系统信息先进集体
慈溪市供销合作社办公室	市供销合作社系统信息先进集体
余姚市供销合作社办公室	市供销合作社系统信息先进集体
1997 年	
单位名称	荣誉称号
宁波南苑饭店	全国供销合作社系统先进集体
宁波市农资公司	全国供销合作社系统先进集体
宁波市供销合作社政治处	全国供销社系统教育先进集体
宁波市供销社合作办公室	全国供销社系统信息工作先进单位

续表

1997 年	
单位名称	荣誉称号
宁波美乐门商城	全国供销社文明服务示范窗口单位
宁波新江厦商城被	全国供销社文明服务示范窗口单位
鄞县大嵩供销合作社	全国供销社文明服务示范窗口单位
宁波市供销合作社	省供销合作社系统龙头强社
余姚市供销合作社	省供销合作社系统龙头强社
慈溪市供销合作社	省供销合作社系统龙头强社
鄞县供销合作社	省供销合作社系统龙头强社
宁波美乐门商城	省供销合作社系统先进集体
宁波新江厦商城	省供销合作社系统先进集体
鄞县横溪供销合作社	省供销合作社系统先进集体
慈溪市冷冻厂	省供销合作社系统先进集体
慈溪市浒山供销合作社	省供销合作社系统先进集体
宁波市供销社办公室	省供销社政务信息工作先进单位
余姚市供销社办公室	省供销社政务信息工作先进单位
慈溪市供销社办公室	省供销社政务信息工作先进单位
北仑区大碶庄稼医院	省供销社规范化庄稼医院
镇海区骆驼庄稼医院	省供销社规范化庄稼医院
镇海区贵驷供销社庄稼医院	省供销社规范化庄稼医院
象山县中心庄稼医院	省供销社规范化庄稼医院
象山县定山供销社庄稼医院	省供销社规范化庄稼医院
奉化市江口庄稼医院	省供销社规范化庄稼医院
奉化市大桥庄稼医院	省供销社规范化庄稼医院
宁海县中心庄稼医院	省供销社规范化庄稼医院
宁海县长街庄稼医院	省供销社规范化庄稼医院
宁海县力洋庄稼医院	省供销社规范化庄稼医院
余姚泗门供销社庄稼医院	省供销社规范化庄稼医院
余姚丈亭供销社庄稼医院	省供销社规范化庄稼医院
余姚市临山供销社庄稼医院	省供销社规范化庄稼医院
鄞县古林供销社庄稼医院	省供销社规范化庄稼医院
鄞县邱隘供销社庄稼医院	省供销社规范化庄稼医院
鄞县姜山供销社庄稼医院	省供销社规范化庄稼医院
鄞县大嵩供销社庄稼医院	省供销社规范化庄稼医院
慈溪市中心庄稼医院	省供销社规范化庄稼医院
慈溪市庵东庄稼医院	省供销社规范化庄稼医院
宁波市供销合作社	市级"抗台救灾"先进集体
宁波市供销合作社	市级"扶济困送温暖"先进集体

续表

1997年	
单位名称	荣誉称号
宁波市供销合作社团委	市共青团先进团委
宁波美乐门股份有限公司党总支	市级先进基层党组织
宁波美乐门股份有限公司团委	市十大红旗团委
慈溪市观城水产品批发市场	省二星级文明规模市场
鄞县大嵩供销合作社	省供销合作社为农服务先进社
慈溪供销大厦	市级文明单位
余姚市购物中心	市级文明单位
象山县日杂废品公司	市级文明单位
北仑区大碶供销社医药商店	市级文明单位
宁波市美乐门商城	市级文明单位
宁波新江厦商城	市级文明单位
宁波西凤商场	市级文明单位
宁波市农业生产资料公司	市级文明单位
宁波市南苑鞋城有限公司	市级文明单位
宁波美乐门商城经济民警分队	省公安厅优胜警队
宁波南苑金都	市级"消费者信得过单位"
宁波美乐门商城	市级"消费者信得过单位"
宁波南苑鞋城	市级"消费者信得过单位"
宁波新江厦商城	市级"消费者信得过单位"
镇海园南商场	市级"消费者信得过单位"
宁波西凤商场	市级"消费者信得过单位"
宁波大碶供销社医药商店	市级"消费者信得过单位"
小港供销社江南购物中心	市级"消费者信得过单位"
柴桥供销大厦	市级"消费者信得过单位"
余姚市购物中心	市级"消费者信得过单位"
慈溪市供销大厦	市级"消费者信得过单位"
慈溪市新世纪商城	市级"消费者信得过单位"
象山供销大厦	市级"消费者信得过单位"
宁波四海集团金山商厦	市级"消费者信得过单位"
宁波南苑饭店	市级"消费者信得过单位"
宁波南苑鞋城	市级"物价计量得过单位"
宁波美乐门宏伟商场	市级"物价计量得过单位"
宁海县供销合作社	市供销合作社系统柑橘促销先进单位
象山县供销合作社	市供销合作社系统柑橘促销先进单位
奉化市供销合作社	市供销合作社系统柑橘促销先进单位
鄞县供销合作社	市供销合作社系统柑橘促销先进单位

续表

1997 年	
单位名称	荣誉称号
宁波市农资公司党总支	市供销合作社先进党组织
宁波美乐门商城党支部	市供销合作社先进党组织
宁波灵桥鲜果公司党支部	市供销合作社先进党组织
宁波特产公司茶叶党支部	市供销合作社先进党组织
慈溪市供销合作社办公室	市供销合作系统社信息先进集体
余姚市供销合作社办公室	市供销合作系统社信息先进集体
象山县供销合作社办公室	市供销合作系统社信息先进集体
1998 年	
单位名称	荣誉称号
慈溪市新世纪商城	全国消费者诚信单位
宁波美乐门股份有限公司	省供销合作社系统先进集体
宁波南苑集团股份有限公司	省供销合作社系统先进集体
宁波市骆驼供销社禽蛋专业合作社	省供销合作社系统先进集体
余姚市土特产总公司	省供销合作社系统先进集体
宁波新江厦商城	省供销合作社系统先进集体
鄞县横溪供销合作社	省供销合作社系统先进集体
宁波市供销社办公室	省供销社信息工作先进单位
鄞县供销社办公室	省供销社信息工作先进单位
慈溪市供销社办公室	省供销社信息工作先进单位
宁海县供销社办公室	省供销社信息工作先进单位
宁波市电脑市场	省第三批一星级文明规模市场
北仑区大碶供销社庄稼医院	省供销社规范性庄稼医院
镇海区骆驼供销社庄稼医院	省供销社规范性庄稼医院
镇海区贵驷供销社庄稼医院	省供销社规范性庄稼医院
象山县供销社中心庄稼医院	省供销社规范性庄稼医院
象山县定山供销社庄稼医院	省供销社规范性庄稼医院
奉化市江口供销社庄稼医院	省供销社规范性庄稼医院
奉化市大桥供销社庄稼医院	省供销社规范性庄稼医院
宁海县供销社中心庄稼医院	省供销社规范性庄稼医院
宁海县长街供销社庄稼医院	省供销社规范性庄稼医院
宁海县力洋供销社庄稼医院	省供销社规范性庄稼医院
余姚市泗门供销社庄稼医院	省供销社规范性庄稼医院
余姚市丈亭供销社庄稼医院	省供销社规范性庄稼医院
余姚市临山供销社庄稼医院	省供销社规范性庄稼医院
鄞县古林供销社庄稼医院	省供销社规范性庄稼医院
鄞县邱隘供销社庄稼医院	省供销社规范性庄稼医院

续表

1998 年	
单位名称	荣誉称号
鄞县姜山供销社庄稼医院	省供销社规范性庄稼医院
鄞县大嵩供销社庄稼医院	省供销社规范性庄稼医院
慈溪市供销社中心庄稼医院	省供销社规范性庄稼医院
慈溪市供销社庵东庄稼医院	省供销社规范性庄稼医院
宁波新江厦商城	省第五届执行物价计量政策最佳单位
宁波南苑鞋城	省第五届执行物价计量政策最佳单位
宁波美乐门商城	省第五届执行物价计量政策最佳单位
慈溪供销大厦	省第五届执行物价计量政策最佳单位
余姚购物中心	省第五届执行物价计量政策最佳单位
北仑商厦	省第五届执行物价计量政策最佳单位
宁波美乐门商城	省"消费者信得过单位"
宁波南苑鞋城	省"消费者信得过单位"
宁波新江厦商城	省"消费者信得过单位"
慈溪市新世纪商城	省"消费者信得过单位"
北仑商厦	省"消费者信得过单位"
慈溪市四海集团金山商厦	省"消费者信得过单位"
宁波市供销合作社	市委扶贫工作先进单位
宁波市农业生产资料公司化肥部	市委模范集体
余姚市供销合作社	市委老干部工作先进集体
宁波市农业生产资料公司	全市十佳职业道德建设先进集体
宁波美乐门股份公司	全市十佳职业道德建设先进集体
宁波美乐门商城经济民警分队	省公安厅优胜警队(市级)
宁波美乐门股份公司	省供销社系统"文明服务示范"单位
宁波美乐门商城党支部	市供销合作社先进党组织
宁波灵桥鲜果公司党支部	市供销合作社先进党组织
宁波市特产公司科室党支部	市供销合作社先进党组织
宁波海田纸张商场党支部	市供销合作社先进党组织
慈溪市供销社办公室	市供销社信息工作先进单位
余姚市供销社办公室	市供销社信息工作先进单位
宁波市农资公司	市 1997—1998 年重合同守信用单位
宁波美乐门集团股份有限公司	市 1997—1998 年重合同守信用单位
宁波南苑集团股份有限公司	市 1997—1998 年重合同守信用单位
宁波特产棉花集团	市 1997—1998 年重合同守信用单位
宁波庄市供销合作社	市 1997—1998 年重合同守信用单位
宁波四海集团金山商厦	市 1997—1998 年重合同守信用单位
宁波新江厦股份有限公司	市 1997—1998 年重合同守信用单位

续表

1998 年	
单位名称	荣誉称号
奉化市农资公司	市 1997—1998 年重合同守信用单位
宁海县长街供销合作社	市 1997—1998 年重合同守信用单位

1999 年	
单位名称	荣誉称号
宁波市供销合作社	市委、市府扶贫工作先进单位
宁波市供销合作社办公室	省供销合作社系统信息工作先进单位
慈溪市供销合作社办公室	省供销合作社系统信息工作先进单位
宁海县供销合作社办公室	市供销合作社系统信息工作先进集体
宁波美乐门商城党支部	市供销合作社先进党组织
宁波市特产公司业务党支部	市供销合作社先进党组织
宁波市灵桥鲜果党支部	市供销合作社先进党组织
宁波海田纸张商场党支部	市供销合作社先进党组织
宁波市农资公司	市财贸系统"十佳"职业道德先进集体
宁波美乐门商城经济民警分队	市公安局颁发的集体二等功
宁波南苑集团股份有限公司	市委尊重知识尊重人才先进单位
宁波南苑饭店	浙江投资贸易洽谈会宁波团先进集体
宁波南苑鞋城	省执行物价计量法规最佳单位
宁波新江厦商城	省执行物价计量法规优秀单位
慈溪供销大厦	省执行物价计量法规优秀单位
余姚市购物中心	省执行物价计量法规优秀单位
北仑商厦	省执行物价计量法规优秀单位
宁波美乐门商城	省执行物价计量法规优秀单位

2000 年	
单位名称	荣誉称号
浙江海通食品集团公司	农业部国家重点龙头企业
宁波南苑集团股份公司	中国服务业 500 强企业
余姚味香园葡萄专业合作社	省供销合作社"十佳"农民专业合作社
宁海模具城	省供销合作社"十强"社有企业
宁波市供销合作社	宁波市党委系统信息工作先进单位
宁波市供销合作社办公室	全省供销社系统信息工作先进单位
慈溪市供销合作社办公室	全省供销社系统信息工作先进单位
余姚市供销合作社办公室	全省供销社系统信息工作先进单位
宁波南苑集团股份有限公司	市 1999—2000 年度重合同守信用单位
宁波特产棉花集团公司	市 1999—2000 年度重合同守信用单位
宁波市美乐门商城有限公司	市 1999—2000 年度重合同守信用单位
宁波市二号桥市场经营服务中心	市 1999—2000 年度重合同守信用单位

续表

2000 年	
单位名称	荣誉称号
宁波南苑饭店	第三届宁波国际服装节先进集体
宁波南苑饭店	市级社会治安综合治理工作先进集体
宁波南苑鞋城	全国商业系统"诚信单位"
宁波南苑鞋城	市级文明单位
宁波南苑鞋城	省级"无假冒伪劣商品商场"
宁波南苑集团股份有限公司党委	市级先进党组织
鄞县供销合作社	市供销合作社系统先进单位
慈溪市供销合作社	市供销合作社系统先进单位
宁波南苑集团股份有限公司党委	市供销合作社先进党组织
宁波美乐门商城党支部	市供销合作社先进党组织
宁波灵桥鲜果公司党支部	市供销合作社先进党组织
宁波土产公司日杂联合党支部	市供销合作社先进党组织
宁波特产公司业务党支部	市供销合作社先进党组织
宁波美乐门商城团总支	市供销社共青团先进单位
宁波南苑饭店客房团支部	市供销社共青团先进单位
宁波市供销合作社	市级农村工作指导员工作先进单位
2001 年	
单位名称	荣誉称号
宁波市供销合作社	全国系统综合业绩考核一等奖
宁波市供销合作社	全国供销社系统扭亏增盈一等奖
宁波市供销合作社财务处	全国供销社财务基础工作先进单位
宁波市供销合作社办公室	2000—2001年全国供销社系统政务社务信息工作先进单位
宁波南苑饭店	全国供销社系统先进集体
宁波南苑饭店	中国饭店业最具规模、最具影响力的30家饭店管理(集团)
宁波市供销合作社	全省供销合作社系统先进单位
慈溪市供销合作社	全省供销合作社系统先进单位
宁海县供销合作社	全省供销合作社系统先进单位
镇海区供销合作社	全省供销合作社系统先进单位
宁波市供销合作社办公室	全省供销社社务信息工作先进单位
宁海县供销合作社办公室	全省供销社社务信息工作先进单位
镇海区骆驼禽蛋专业合作社	省级示范性专业合作社
宁波市供销合作社	市级农村工作指导员工作先进单位
宁波市供销合作社	市属企业再就业先进单位
宁波市供销合作社	市会计决算报表工作先进单位
宁波市供销合作社	市属行业下岗职工中心工作先进单位
宁波市供销合作社	市"三五"普法教育先进单位

续表

2001 年	
单位名称	荣誉称号
慈溪市供销合作社	市供销社系统"为农服务"先进单位
宁波南苑鞋城	省级文明单位
宁波新江厦商城家电商场	省级"青年文明号"
宁波南苑饭店总机班	省级"青年文明号"

2002 年	
单位名称	荣誉称号
宁波市供销社大中型商场联合会	全国供销贸易企业协会模范会员单位
宁波市供销合作社	省供销合作社系统先进单位
慈溪市供销合作社	省供销合作社系统先进单位
宁波南苑饭店	浙江省先进基层党组织
宁波市供销合作社办公室	全国供销社社务信息先进单位
慈溪市供销合作社办公室	省供销社社务信息工作先进单位
慈溪市供销合作社	市供销社系统发展连锁经营先进单位
象山县东海水产专业合作社	省供销合作社示范专业合作社
象山县半岛蔬菜专业合作社	省供销合作社示范专业合作社
鄞县大嵩蔬菜生产合作社	省供销合作社示范专业合作社
宁海县棉农产供销专业合作	省供销合作社示范专业合作社
象山县半岛蔬菜专业合作社	市供销合作社示范专业合作社
象山县东海水产专业合作社	市供销合作社示范专业合作社
宁波市供销合作社	市级农村工作指导员工作先进单位

2003 年	
单位名称	荣誉称号
余姚市泗门供销合作社	全国供销合作社系统先进集体
宁波市供销合作社财务处	2000—2003 年全国供销社内审工作二等奖
象山东海水产专业合作社	全国供销社示范专业合作社
宁波市供销合作社办公室	全国供销社社务信息先进单位
象山东海水产专业合作社	省级示范专业合作社
慈溪市供销合作社	省供销合作社系统先进单位
镇海骆驼专业合作社	省级示范专业合作社
象山县半岛蔬菜合专业合作社	省级示范专业合作社
慈溪市供销合作社	市供销社系统为农服务先进单位
象山县供销合作社	市供销社系统为农服务先进单位
象山县半岛蔬菜专业合作社	市供销社示范专业合作社
鄞州大嵩蔬菜专业合作社	市供销社示范专业合作社
象山东海水产专业合作社	市供销社示范专业合作社

续表

2003 年	
单位名称	荣誉称号
宁波市供销合作社	市级治安综合治理先进集体
宁波市再生资源总公司	市级治安综合治理先进集体
宁波南苑饭店	市级文明单位
2004 年	
单位名称	荣誉称号
宁波市供销合作社	省供销合作社系统先进单位
慈溪市供销合作社	省供销合作社系统先进单位
宁波市供销合作社	省级为农服务先进供销社
慈溪市供销合作社	省级为农服务先进供销社
象山县供销合作社	省级为农服务先进供销社
象山县供销合作社	市供销社为农服务先进供销社
宁波市供销合作社	省供销社发展专业合作社先进单位
象山县供销合作社	省供销社发展专业合作社先进单位
宁波市供销合作社	中国·宁波国际茶文化节"最佳展示奖"
宁波市供销合作社办公室	全国供销社社务信息先进单位
宁波市供销合作社办公室	省供销社系统社务信息工作先进单位
象山县天茗茶叶合作社	省供销社专业合作示范社
象山县半岛蔬菜专业合作社	省供销社专业合作示范社
宁波乡亲浓蔬菜专业合作社	省供销社专业合作示范社
宁波市海田纸张公司批发营业部	宁波市巾帼文明示范岗
2005 年	
单位名称	荣誉称号
宁波市供销合作社	连续五年获评全国系统综合业绩考核一等奖
慈溪市海通食品集团公司	全国模范职工之家
鄞州绿盛蔬菜生产合作社	国家财政部首批农民合作社示范单位
宁波市供销合作社财会处	全国供销社会计基础工作优胜单位
宁波市供销合作社办公室	全国供销合作社信息先进单位
宁波市供销合作社	省供销合作社系统先进单位
慈溪市供销合作社	省供销合作社系统先进单位
宁海县供销合作社	省供销合作社系统先进单位
浙江海通食品集团股份公司党委	市委先进基层党组织
象山天茗专业合作社	省供销合作社专业合作社示范社
象山县供销合作社	省供销社发展专业合作社先进单位
宁波市供销合作社办公室	省供销社社务信息先进单位
鄞州供销合作社	市供销社兴办村级综合服务社优秀奖

续表

2005 年	
单位名称	荣誉称号
慈溪市供销合作社	市供销社兴办村级综合服务社优秀奖
余姚市供销合作社	市供销社兴办村级综合服务社优秀奖
宁波市供销合作社机关工会	2004—2005年市级先进职工之家
宁波南苑饭店	市级"十大顾客满意"单位
宁波南苑饭店御华楼	市级品牌服务示范岗
2006 年	
单位名称	荣誉称号
宁波市供销合作社办公室	全国供销合作社信息先进单位
宁波市供销合作社	省供销合作社系统先进单位
慈溪市供销合作社	省供销合作社系统先进单位
余姚市供销合作社	省供销合作社系统先进单位
奉化市通源公司	省供销合作社系统优秀企业
宁波大桥生态农庄	省首批三星级乡村旅游点
奉化市环球花木合作社	省优秀示范性农民专业合作社
奉化市环球花木合作社	省农业厅示范性农民专业合作社
余姚舜水蜜梨专业合作社	省级示范性农村专业合作社
象山东海水产专业合作社	省级示范性农村专业合作社
鄞州西凤竹专业合作社	省级示范性农村专业合作社
象山县浙东白鹅合作社	市级示范性农村专业合作组织
象山宏森源瓜果合作社	市级示范性农村专业合作组织
宁海县梦鼎农业合作社	市级示范性农村专业合作组织
宁海县登峰蜂业合作社	市级示范性农村专业合作组织
奉化市环球花木合作社	市级示范性农村专业合作组织
奉化市今果芋艿合作社	市级示范性农村专业合作组织
余姚市齐昌渔业合作社	市级示范性农村专业合作组织
余姚市杭州湾兔业合作社	市级示范性农村专业合作组织
余姚市禾丰辣椒合作社	市级示范性农村专业合作组织
余姚市梁弄天绿水果合作社	市级示范性农村专业合作组织
余姚市国泰农机服务合作社	市级示范性农村专业合作组织
慈溪市观海卫镇高背浦渔业合作社	市级示范性农村专业合作组织
慈溪市禽业协会	市级示范性农村专业合作组织
慈溪市杨梅产销协会	市级示范性农村专业合作组织
鄞州区西凤竹业合作社	市级示范性农村专业合作组织
鄞州区星盛生猪合作社	市级示范性农村专业合作组织

续表

2006 年	
单位名称	荣誉称号
慈溪海通食品集团公司	市农业科技先进单位
宁波市再生资源总公司	市商贸系统先进企业
2007 年	
单位名称	荣誉称号
宁波市供销合作社	全国供销社考核优胜单位一等奖
奉化市农资公司	全国农资市县百强企业
鄞州绿盛专业合作社	全国供销社示范合作社
慈溪市徐龙食品集团公司	全国供销社出口创汇龙头企业
宁波市供销合作社办公室	全国供销合作社信息先进单位
宁波市供销合作社	省供销合作社系统先进单位
余姚市供销合作社	省供销合作社系统先进单位
慈溪市供销合作社	省供销合作社系统先进单位
余姚甬舜农资公司	省供销社"农资连锁创新奖"
奉化市通源商贸公司	省供销社"千万工程"建设优秀企业
鄞州区禾丰农资连锁有限公司	省诚信农资示范企业
奉化市环球花木合作社	省林业厅示范性农民专业合作社
余姚市舜水蜜梨专业合作社	省级示范性专业合作社
慈溪市三北振慈禽业合作社	省级示范性专业合作社
慈溪市观海卫高背浦渔业合作社	省级示范性专业合作社
奉化市环球花木专业合作社	省级示范性专业合作社
象山县象山红柑橘专业合作社	省级示范性专业合作社
象山县东海水产专业合作社	省级示范性专业合作社
象山县金元蛋业合作社	省级示范性专业合作社
鄞州西凤竹业合作社	省级示范性专业合作社
鄞州区供销合作社	市供销社兴办村级综合服务社优秀奖
奉化市供销合作社	市供销社兴办村级综合服务社优秀奖
象山县东海水产专业合作社	市供销社示范合作社
鄞州绿盛专业合作社	市供销社示范合作社
鄞州西凤专业合作社	市供销社示范合作社
鄞州绿盛合作社	市供销社示范合作社
宁波市供销合作社	《宁波年鉴》先进撰稿单位
宁波市再生资源总公司	市级先进民间组织
2008 年	
单位名称	荣誉称号
宁波市供销合作社	全国供销社系统责任制考核特等奖
宁波市供销合作社办公室	全国供销合作社信息先进单位

续表

2008 年	
单位名称	荣誉称号
宁海县供销合作社	全国供销社先进单位
宁波市供销合作社	全国供销社"国家职业资格认证和农产品经纪人星火科技培训工作先进单位"
市再生资源行业协会	全国最高等级的"5A级行业协会"
奉化市环球花木专业合作社	全国优秀农民合作经济组织
慈溪市供销合作社	省供销合作社系统先进单位
余姚市供销合作社	省供销合作社系统先进单位
鄞州区供销合作社	省供销合作社系统先进单位
宁波市供销合作社办公室	省供销社信息工作先进单位
慈溪市供销合作社办公室	省供销社信息工作先进单位
宁波市供销合作社	市商贸流通服务业先进服务优胜奖
鄞州区禾丰农资公司	国内贸易部百家（农资）经销商
宁波市再生资源协会	省职业技能培训鉴定先进单位
宁波市供销合作社	省供销社"千万工程"建设先进单位
奉化通源商贸公司	省供销社"千万工程"建设先进单位
慈溪市供销合作社	市供销社拓市场先进单位
余姚市供销合作社	市供销社拓市场先进单位
鄞州区供销合作社	市供销社拓市场先进单位
宁波市再生资源总公司	市级"5A"级行业协会
慈溪市供销社大众出租汽车公司	省文明车队
2009 年	
单位名称	荣誉称号
宁波市供销合作社	全国供销社"国家职业资格认证和农产品经纪人星火科技培训工作先进单位"
宁波市供销合作社	全国供销社系统综合业绩考核一等奖
慈溪益大禽业合作社	全国供销社富农工程农民专业合作社
镇海九龙果业合作社	全国供销社富农工程农民专业合作社
镇海骆驼禽蛋合作社	全国供销社富农工程农民专业合作社
鄞州绿盛蔬菜合作社	全国供销社富农工程农民专业合作社
余姚味香园葡萄合作社	全国供销社富农工程农民专业合作社
余姚丰乐蔬菜水果合作社	全国供销社富农工程农民专业合作社
余姚马渚渔业合作社	全国供销社富农工程农民专业合作社
象山东海水产合作社	全国供销社富农工程农民专业合作社
象山天茗茶叶合作社	全国供销社富农工程农民专业合作社
宁波市供销合作社	全国供销社系统信息工作先进单位
宁波市供销合作社	中国食品博览会先进单位

续表

2009 年	
单位名称	荣誉称号
宁波市再生资源总公司	全国供销合作社"优秀行业协会"
慈溪海通食品集团有限公司	全国首批进出口质量诚信企业
宁波市供销合作社	省供销合作社系统先进单位
宁波市供销合作社	省供销社责任奖考核特等奖
余姚临山味香园葡萄专业合作社	省级模范集体
慈溪市供销合作社	省供销合作社系统先进单位
鄞州区供销合作社	省供销社拓市场工作先进单位
余姚味香园葡萄专业合作社	省供销社"十佳农民专业合作社"
余姚味香园葡萄专业合作社	全省科普惠农兴村先进集体
奉化市环球花木合作社	省花木种植业行业"十佳示范单位"
宁波市鄞州创宁粮机专业合作社	省示范性农民专业合作社
余姚市供销合作社	省供销合作社十强县级社
宁波市供销合作社办公室	省供销合作社系统社务信息先进单位
余姚市供销合作社办公室	省供销合作社系统社务信息先进单位
慈溪市供销合作社办公室	省供销合作社系统社务信息先进单位
宁海县供销合作社办公室	省供销合作社系统社务信息先进单位
宁波南苑集团股份有限公司	市旅游业发展先进单位
宁波南苑饭店	市和谐企业先进单位
宁波海田国贸公司	市级企业调查(采集)工作先进单位
宁波海田国贸公司	市级开放型建设先进企业
宁波南苑鞋城	宁波最佳责任榜样企业
宁波南苑控股集团	"宁波功勋榜企业"
宁海县供销合作社	市供销社拓市场先进单位
慈溪市华润慈客隆超市	市商贸系统先进企业
慈溪大酒店	市级优秀星级饭店
2010 年	
单位名称	荣誉称号
宁波市供销合作社	全国供销社系统法制教育先进单位
宁波市供销合作社	全国供销社系统综合业绩考核一等奖
宁波市供销社财务审计处	全国供销社会计基础工作一等奖
宁波市供销合作社办公室	全国供销社系统信息工作一等奖
宁波市供销合作社	中国食品博览会先进单位
宁波市再生资源行业协会	全国再生资源"5A 级行业协会"
慈溪市农产品经纪人协会	全国优秀农产品经纪人协会一等奖
宁波海通食品集团有限公司	全国供销合作社优秀质量管理小组
慈溪市徐龙食品集团有限公司	全国烤鳗行业首个"保健食品"

续表

2010 年	
单位名称	荣誉称号
鄞州区禾丰农资连锁有限公司	全国农资百强企业
鄞州创宁粮机专业合作社	全国农机专业合作示范点
鄞州区禾丰农资连锁有限公司	全国百佳农资优秀经销商
宁波市供销合作社	省供销合作社系统先进单位
慈溪市供销合作社	省供销合作社系统先进单位
余姚市供销合作社	省供销合作社系统先进单位
宁海县供销合作社	省供销合作社系统先进单位
鄞州区供销合作社	省供销合作社系统先进单位
慈溪市农产品经纪人协会	省优秀农产品经纪人协会一等奖
宁波市供销合作社办公室	省供销合作社系统社务信息先进单位
慈溪市供销合作社办公室	省供销合作社系统社务信息先进单位
余姚市供销合作社办公室	省供销合作社系统社务信息先进单位
宁海县供销合作社办公室	省供销合作社系统社务信息先进单位
余姚市供销合作社	省供销合作社系统十强县级联合社
宁波海田国际贸易有限公司	省供销合作社系统十强企业
宁海县模具城有限公司	省供销合作社系统十强企业
余姚市味香园葡萄专业合作社	省供销社系统十佳农民专业合作社
宁波市供销合作社	2008—2010年全省供销社农村实用人才培训工作先进单位
奉化市通源商贸公司	省供销社系统参与千万工程建设优秀企业
宁波市供销合作社	市级安全生产优秀单位
宁波市供销合作社	市保密知识竞赛优胜单位
宁波南苑饭店	市政府"甬港经济论坛"先进单位
宁波海田国际贸易有限公司	市级服务业百强企业
宁波南苑控股集团有限公司	市级服务业百强企业
宁波南苑鞋城	市级服务业百强企业
慈溪市徐龙食品集团有限公司	市级制造业百强企业
宁波市供销合作社	市商贸流通服务先进单位
象山英姿果蔬专业合作社	市级示范性农民专业合作社
象山能大果蔬专业合作社	市级示范性农民专业合作社
慈溪惠农果蔬专业合作社	市级示范性农民专业合作社
慈溪市高科果蔬专业合作社	市级示范性农民专业合作社
鄞州大嵩蔬菜专业合作社	市级示范性农民专业合作社
鄞州创宁粮机专业合作社	市级示范性农民专业合作社
鄞州区滨海蔬菜专业合作社	市级示范性农民专业合作社
鄞州区西凤竹业专业合作社	市级示范性农民专业合作社

续表

2010 年	
单位名称	荣誉称号
慈溪市高科果蔬专业合作社	市级示范性农民专业合作社
慈溪市绍根蔬菜专业合作社	市级示范性农民专业合作社
余姚市临山味香园葡萄合作社	市供销社优秀专业合作社
余姚市马渚渔业专业合作社	市供销社优秀专业合作社
奉化市环球花木专业合作社	市供销社优秀专业合作社
宁海县圣猕果蔬专业合作社	市供销社优秀专业合作社
象山天茗茶叶专业合作社	市供销社优秀专业合作社
象山东海水产专业合作社	市供销社优秀专业合作社
北仑区绿力水果专业合作社	市供销社优秀专业合作社
镇海骆驼禽蛋产销专业合作社	市供销社优秀专业合作社
宁波市再生资源行会	市供销社优秀行业协会
鄞州区再生资源行业	市供销社优秀行业协会
宁波茶叶流通专业委员会	市供销社优秀行业协会
宁波市农产品流通协会	市供销社优秀行业协会
慈溪市农产品经纪人协会	市供销社优秀行业协会
余姚市农村经济合作社协会	市供销社优秀行业协会
2011 年	
单位名称	荣誉称号
慈溪市农产品经纪人协会	全国优秀农产品经纪人协会一等奖
余姚味香园葡萄专业合作社	全国 50 佳农民专业合作社
慈溪市海通食品集团公司	中国食品工业协会科学技术奖
慈溪市民生村镇银行	全国"十佳村镇银行"
宁波市供销合作社办公室	全国供销社信息工作先进单位
宁波市供销合作社财务处	全国供销社会计基础工作优胜单位
宁波市供销合作社	全国供销社系统质量方法年先进单位
宁波市供销合作社	全国民族教育知识竞赛组织奖
慈溪市供销合作社	全国民族教育知识竞赛组织奖
宁波市供销合作社	省供销合作社系统先进集体
慈溪市供销合作社	省供销合作社系统先进集体
余姚市供销合作社	省供销合作社系统先进集体
奉化市供销合作社	省供销合作社系统先进集体
鄞州区供销合作社	省供销合作社系统先进集体
镇海区供销合作社	省供销合作社系统先进集体
北仑区供销合作社	省供销合作社系统先进集体
宁海县供销合作社	省供销合作社系统先进集体
象山县供销合作社	省供销合作社系统先进集体

续表

| 2011 年 ||
单位名称	荣誉称号
宁海县模具城	省供销合作社系统先进集体
镇海区骆驼供销合作社	省供销合作社系统先进集体
宁波市供销合作社	省供销社统计同工种竞赛评比二等奖
宁波再生资源总公司	省供销社人才培训三等奖
宁波市供销合作社办公室	省供销社社务信息先进单位
慈溪市供销合作社办公室	省供销社社务信息先进单位
余姚市供销合作社办公室	省供销社社务信息先进单位
奉化市供销合作社办公室	省供销社社务信息先进单位
宁海县供销合作社办公室	省供销社社务信息先进单位
余姚味香园葡萄合作社	省现代农业园区葡萄示范区
鄞州创宁粮机专业合作社	省级示范性农村专业合作社
镇海区骆驼禽蛋专业合作社	省级示范性农村专业合作社
奉化市通源商贸发展有限公司	省城乡连锁超市龙头企业
奉化市通源商贸发展有限公司	省重合同守信用单位
宁海县蔬菜果品市场有限公司	市级模范集体
宁波海田集团总公司	市级市场采购调查工作先进单位
宁波市供销合作社	市级农村工作指导员工作先进单位
宁波市供销合作社	市社会治安综合治理工作先进单位
宁波市供销合作社	市商贸流通业服务优胜单位
宁波南苑鞋城有限公司党支部	市级先进基层党组织
鄞州区再生资源行业	市供销社优秀行业协会
鄞州区禾丰植保合作社	市供销社优秀专业合作社
鄞州区大嵩蔬菜合作社	市供销社优秀专业合作社
镇海区金菜篮蔬果合作社	市供销社优秀专业合作社
余姚市舜水果蔬合作社	市供销社优秀专业合作社
余姚市舜南毛竹合作社	市供销社优秀专业合作社
奉化市光明果蔬合作社	市供销社优秀专业合作社
北仑区新湖岙果蔬合作社	市供销社优秀专业合作社
象山县龙顺果蔬合作社	市供销社优秀专业合作社
象山县宏森源瓜果合作社	市供销社优秀专业合作社
宁海县大沙海麻鸭合作社	市供销社优秀专业合作社
宁海县国盛果蔬合作社	市供销社优秀专业合作社
慈溪市惠农果蔬合作社	市供销社优秀专业合作社
慈溪市四海农机合作社	市供销社优秀专业合作社
慈溪市农资流通协会	市供销社系统优秀协会
镇海区农资流通协会	市供销社系统优秀协会

续表

2011 年	
单位名称	荣誉称号
余姚市再生资源协会	市供销社系统优秀协会
鄞州区再生资源协会	市供销社系统优秀协会
2012 年	
单位名称	荣誉称号
慈溪市供销合作社	全国供销合作社系统先进集体
宁波市供销合作社	全国供销社综合业务考核一等奖
宁波市供销合作社	全国供销合作社农民技能鉴定与农产品经纪人科技培训工作先进单位
鄞州区创宁粮机专业合作社	全国农民专业合作社示范社
象山县英姿果蔬专业合作社	全国农民专业合作社示范社
宁波市供销合作社办公室	全国供销合作社信息工作先进单位
慈溪市供销合作社办公室	全国供销合作社信息工作先进单位
鄞州区禾丰农资连锁有限公司	全国百佳（优秀）农资经销商
宁波市海田控股集团公司	全国供销合作社"百强企业"
宁波市供销合作社	第六届中国国际茶文化节先进单位
慈溪市供销合作社	省供销社县级供销社经济 20 强
鄞州区供销合作社	省供销社县级供销社经济 20 强
余姚市供销合作社	省供销社县级供销社经济 20 强
宁海县供销合作社	省供销社县级供销社经济 20 强
宁波海田控股集团有限公司	省供销社 50 强企业
宁波市甬丰农资股份有限公司	省供销社 50 强企业
宁波市鄞州区禾丰农资连锁公司	省供销社 50 强企业
镇海区骆驼供销合作社	省供销社 50 强企业
余姚市泗门供销合作社	省供销社 50 强企业
宁波市供销合作社	省供销社为农服务先进
奉化市供销合作社	省供销社为农服务先进
宁海县供销合作社	省供销社"三会一社"建设先进单位
宁波市供销合作社	省经营服务体建设先进单位
慈溪市供销合作社	省经营服务体建设先进单位
宁波市供销合作社	市级新农村建设先进单位
宁波市供销合作社	市商贸流通业服务优胜奖
宁波市供销合作社	省供销社农产品现代流通体系建设先进单位
慈溪市供销合作社	省供销社农产品现代流通体系建设先进单位
象山县供销合作社	省供销社农产品现代流通体系建设先进单位
宁波市供销合作社	省供销社为农服务先进单位
奉化市供销合作社	省供销社为农服务先进单位

续表

2012 年	
单位名称	荣誉称号
余姚市供销合作社	省供销合作社系统先进单位
宁波市供销合作社	省供销社农产品经纪人协会先进单位
慈溪市供销合作社	省供销社农产品经纪人协会先进单位
宁海县蔬菜果品有限公司	省供销社农产品龙头企业
宁波甬海农产品有限公司	省供销社农产品龙头企业
宁波海静食品有限公司	省供销社系统农产品龙头企业
宁波市农产品经纪人协会	省优秀农产品经纪人一等奖
慈溪市农产品经纪人协会	省优秀农产品经纪人一等奖
宁波市农信担保公司	省供销社"十佳"农信担保公司
奉化市通源商贸发展公司	省供销社日用消费品龙头企业
鄞州区杖锡花木合作社	省供销社示范性专业合作社
甬海农产品有限公司	省供销社农产品龙头企业
宁海县蔬菜果品有限公司	省供销社农产品龙头企业
宁波海静食品有限公司	省供销社农产品龙头企业
鄞州区禾丰农资连锁公司	省级农资连锁经营龙头企业
余姚市甬舜农业生产资料有限公司	省级农资连锁经营龙头企业
奉化市环球花木合作社	省供销社百强农民专业合作社
奉化市银龙竹笋合作社	省供销社百强农民专业合作社
慈溪益大禽业合作社	省供销社百强农民专业合作社
慈溪高科果蔬合作社	省供销社百强农民专业合作社
慈溪市绿峰兔业合作社	省供销社百强农民专业合作社
鄞州区绿洲果业合作社	省供销社百强农民专业合作社
象山县英姿果蔬合作社	省供销社百强农民专业合作社
余姚市临山味香园葡萄合作社	省供销社百强农民专业合作社
象山县能大果蔬合作社	省供销社百强农民专业合作社
宁海县国盛果蔬合作社	省供销社百强农民专业合作社
鄞州区滨海蔬菜合作社	省供销社百强农民专业合作社
慈溪市甬佳蜜梨合作社	省供销社百强农民专业合作社
北仑区四海粮蔬机械化合作社	省供销社百强农民专业合作社
宁海县国盛果蔬专业专业合作社	省供销社系统示范社
奉化银龙竹笋专业合作社	省供销社系统示范社
宁波市供销合作社办公室	省供销社系统信息工作先进单位
慈溪市供销合作社办公室	省供销社系统信息工作先进单位
余姚市供销合作社办公室	省供销社系统信息工作先进单位
宁波市供销合作社	市政府信息公开先进单位
宁波市供销合作社	市级农村工作指导员工作先进单位

续表

2012 年	
单位名称	荣誉称号
宁海县蔬菜果品市场公司	市级模范集体
江北甬丰农业服务合作社	市级"粮食生产先进单位"
余姚市甬舜植保合作社	市级"粮食生产先进单位"
余姚市田螺山粮食专业合作社	市级"粮食生产先进单位"
宁波新江厦股份有限公司	市商贸流通业贡献奖
慈溪市供销合作社	市供销社农产品营销体系绩效一等奖
象山县供销合作社	市供销社农产品营销体系绩效二等奖
宁海县供销合作社	市供销社农产品营销体系绩效二等奖
余姚市供销合作社	市供销社农产品营销体系绩效优胜奖
北仑区供销合作社	市供销社农产品营销体系绩效优胜奖
鄞州区供销合作社	市供销社农产品营销体系绩效优胜奖
奉化市供销合作社	市供销社农产品营销体系绩效优胜奖
镇海区供销合作社	市供销社农产品营销体系绩效优胜奖
宁波市供销社农产品经营公司	市供销社农产品营销体系绩效特等奖
余姚市齐昌渔业合作专业社	市供销社优秀专业合作社
余姚市河姆渡茭白专业合作社	市供销社优秀专业合作社
慈溪市子陵茶叶专业合作社	市供销社优秀专业合作社
慈溪市紫锦葡萄专业合作社	市供销社优秀专业合作社
鄞州区禾丰植保防治合作社	市供销社优秀专业合作社
宁海县登翠冠梨专业合作社	市供销社优秀专业合作社
象山县英姿果蔬专业合作社	市供销社优秀专业合作社
象山县能大果蔬专业合作社	市供销社优秀专业合作社
奉化市银龙竹笋专业合作社	市供销社优秀专业合作社
奉化市好收成植保专业合作社	市供销社优秀专业合作社
镇海晓华果蔬专业合作社	市供销社优秀专业合作社
北仑四海粮机蔬机械化合作社	市供销社优秀专业合作社
宁波市农资流通协会	市供销社系统优秀协会
慈溪市再生资源行业协会	市供销社系统优秀协会
宁海县农资流通协会	市供销社系统优秀协会
余姚市农资流通协会	市供销社系统优秀协会
镇海区再生资源行业协会	市供销社系统优秀协会
宁波市再生资源行业协会	全国最高的 5A 级协会
2013 年	
单位名称	荣誉称号
宁波市供销合作社	全国供销社综合业务考核一等奖
鄞州区供销合作社	全国供销社统计工作典型示范单位

续表

2013年	
单位名称	荣誉称号
慈溪市农产品经纪人协会	全国优秀农产品经纪人协会特等奖
宁波市供销合作社	中国食品博览会先进单位。
慈溪市徐龙食品集团有限公司	中国食品百强企业
慈溪海通食品集团股份有限公司	中国食品百强企业
鄞州区农乐果蔬合作社	全国供销社示范专业合作社
鄞州区滨海蔬菜合作社	全国"一村一品示范"合作社
宁波市甬丰农资公司	全国百佳（优秀）农资经销商
宁波市甬丰农资公司	中国农资行业十佳商业模式企业
鄞州区禾丰农资连锁有限公司	全国百佳（优秀）农资经销商
宁波市再生资源行业协会	国家5A级行业协会
鄞州区再生资源行业协会	国家5A级行业协会
镇海区再生资源行业协会	国家5A级行业协会
宁波市供销合作社办公室	全国供销合作社信息工作先进单位
余姚供销合作社	省供销社先进单位
宁波市供销合作社	省供销社农产品经纪人先进协会
慈溪市供销合作社	省供销社农产品经纪人先进协会
奉化为通源商贸发展有限公司	市商贸系统先进企业
宁波市农信担保有限公司	省供销社十佳农信担保公司
宁海县蔬菜果市场有限公司	省供销社农业重点龙头企业
象山县供销合作社	省供销社农产品流通建设先进单位
慈溪市甬佳蜜梨专业合作社	省供销社专业合作社示范社
宁海县力港果蔬专业合作社	省供销社专业合作社示范社
镇海绿丰农产品专业合作社	省供销社专业合作社示范社
奉化市银龙竹笋合作社	省供销社专业合作社示范社
慈溪益大禽业合作社	省供销社专业合作社示范社
慈溪高科果蔬合作社	省供销社百强农民专业合作社
慈溪市绿峰兔业合作	省供销社百强农民专业合作社
鄞州区绿洲果业合作社	省供销社百强农民专业合作社
象山县英姿果蔬合作社	省供销社百强农民专业合作社
余姚市临山味香园葡萄合作社	省供销社百强农民专业合作社
宁海县国盛果蔬合作社	省供销社百强农民专业合作社
鄞州区滨海蔬菜合作社	省供销社百强农民专业合作社
象山县能大果蔬合作社	省供销社百强农民专业合作社
北仑区四海粮蔬合作社	省供销社百强农民专业合作社
慈溪市甬佳蜜梨专业合作社	省供销社合作社示范社
宁海县力港果蔬专业合作社	省供销社合作社示范社

续表

2013 年	
单位名称	荣誉称号
镇海绿丰农产品专业合作社	省供销社合作社示范社
鄞州区绿洲果业合作社	省供销社合作社示范社
鄞州区滨海蔬菜合作社	省供销社合作社示范社
鄞州区杖锡花木合作社	省供销社合作社示范社
余姚市小曹娥龙民蔬菜合作社	省供销社合作社示范社
余姚市鹿亭高山竹笋专业合作社	省供销社合作社示范社
宁波市供销合作社	省供销社春耕服务月活动先进单位
鄞州区供销合作社	省供销社春耕服务月活动先进单位
余姚市供销合作社	省供销社春耕服务月活动先进单位
宁波市供销合作社	市"新农村建设工作先进单位"称号
宁波市再生资源总公司	市级先进社会组织
宁波市再生资源行业协会	市级社会组织工作先进单位
慈溪市新浦传福野鸭专业合作社	市供销社合作社示范社
慈溪市甬佳蜜梨专业合作社	市供销社合作社示范社
鄞州区益加益蔬菜专业合作社	市供销社合作社示范社
奉化市三禾果蔬专业合作社	市供销社合作社示范社
宁海县力港果蔬专业合作社	市供销社合作社示范社
奉化市河头果蔬专业合作社	市供销社合作社示范社
宁海县天河香榧专业合作社	市供销社合作社示范社
象山县昌茂梭子蟹专业合作社	市供销社合作社示范社
镇海区绿丰农产品专业合作社	市供销社合作社示范社
北仑经济开发区绿艺蔬菜合作社	市供销社合作社示范社
奉化市通源商贸发展有限公司	市商贸系统先进企业
鄞州区禾丰农资公司	市供销社病虫害防治绩效一等奖
鄞州区农产品经纪人协会	市供销社系统优秀协会
奉化市再生资源行业协会	市供销社系统优秀协会
宁海县再生资源行业协会	市供销社系统优秀协会
象山县农产品流通经纪人协会	市供销社系统优秀协会
北仑区再生资源行业协会	市供销社系统优秀协会
2014 年	
单位名称	荣誉称号
宁波市供销合作社	全国供销社综合业务考核一等奖
宁波市供销合作社	2013—2014 年全国供销社系统行业职业能力建设工作先进单位
宁波市供销合作社财务处	全国供销社会计基础工作优胜单位
宁波市供销合作办公室	全国供销社信息工作先进单位

续表

2014 年	
单位名称	荣誉称号
慈溪市供销合作办公室	全国供销社信息工作先进单位
镇海区骆驼供销合作社	全国供销总社基层社标杆社
余姚市临山供销合作社	全国供销总社基层社标杆社
镇海区绿丰农产品专业合作社	全国农民合作社示范社
鄞州区农乐果蔬专业合作社	全国农民合作社示范社
慈溪市宝绿蔬菜专业合作社	全国农民合作社示范社
余姚市供销合作社	省供销合作社系统先进单位
镇海区供销合作社	省供销社经营服务综合体先进单位
宁波市供销合作社办公室	省供销社系统信息宣传工作先进单位
余姚市供销合作社办公室	省供销社系统信息宣传工作先进单位
慈溪市供销合作社办公室	省供销社系统信息宣传工作先进单位
象山县供销合作社办公室	省供销社系统信息宣传工作先进单位
宁海县供销合作社办公室	省供销社系统信息宣传工作先进单位
慈溪市紫锦葡萄专业合作社	省供销社合作社示范社
慈溪市慈农果蔬专业合作社	省供销社合作社示范社
余姚市马渚渔业专业合作社	省供销社合作社示范社
宁海县富甬哈密瓜合作社	省供销社合作社示范社
象山海韵水产专业合作社	省供销社合作社示范社
宁波海通食品科技有限公司	浙江省农业丰收奖三等奖
宁波市供销合作社	全市新农村建设先进单位
宁波市供销合作社	市直机关党建工作成效显著单位
宁波市供销合作社	首批市级公共机构节水型先进单位
宁波市供销合作社档案室	首批市级机关规范化档案室
宁波市再生资源协会	市级"先进社会组织"
宁波市再生资源协会	市供销社系统优秀协会
鄞州区农产品经纪人协会	市供销社系统优秀协会
奉化市通源商贸发展有限公司	市商贸系统先进企业
2015 年	
单位名称	荣誉称号
宁波市供销合作社	连续15年蝉联全国系统综合业绩考核优胜单位一等奖、省供销社系统综合业绩考核特等奖
余姚市供销合作社	全国供销合作社百强县级社
宁海县供销合作社	全国供销社系统"电子商务示范县社"
宁波市供销合作社办公室	全国供销社系统信息工作先进单位
余姚市临山香味园葡萄合作社	全国林业产权专业合作社示范社
宁波市甬丰农资公司	全国农资流通企业综合竞争百强企业

续表

2015 年	
单位名称	荣誉称号
宁波市甬丰农资公司	全国农资行业诚信示范企业
慈溪市兴合农资配送公司	全国供销社新网工程重点企业
余姚市供销合作社	省供销合作社系统先进单位
余姚市供销合作社	省供销社"综合改革试点先进单位"
宁海县供销合作社	省供销社"综合改革试点先进单位"
宁波市供销合作社	省供销社综合业绩考核特等奖
宁波市供销合作社	省供销社统计同工种竞赛二等奖
宁海县供销合作社	省供销社"农产品电子商务发展先进单位"
象山县供销合作社	省供销社"农产品电子商务发展先进单位"
余姚市甬舜农业生产资料有限公司	省级诚信农资示范企业
慈溪市兴合农资配送有限公司	省级诚信农资示范企业
奉化市农资公司	省级诚信农资示范企业
慈溪市益大禽业合作社	省供销社示范农民专业合作社
镇海区大丰蔬菜合作社	省供销社示范农民专业合作社
宁波市甬丰农资公司	省供销社三星级庄稼医院
镇海区中心庄稼医院	省供销社三星级庄稼医院
宁波市甬丰农资公司	市首家三星级庄稼医院
镇海区中心庄稼医院	市首家三星级庄稼医院
宁波市甬丰农资公司	市级农业龙头企业
鄞州区禾丰农资连锁有限公司	市级农业龙头企业
余姚市甬舜农业生产资料有限公司	市级农业龙头企业
慈溪市兴合农资配送有限公司	市级农业龙头企业
余姚味香园专业合作社	市级示范专业合作社
宁海圣猴专业合作社	市级示范专业合作社
象山英姿专业合作社	市级示范专业合作社
慈溪宝绿专业合作社	市级示范专业合作社
慈溪益大禽业专业合作社	市级示范专业合作社
奉化银龙专业合作社	市级示范专业合作社
宁波市供销合作社	市"农产品电子商务发展先进单位"
宁波市供销合作社	2014—2015 年度市级文明机关
宁波市供销合作社	市级安全生产优秀单位
宁波市供销合作社	市职业技能电视大赛"优秀组织奖"
宁波市供销合作社	市级安全生产目标管理考核一等奖
宁波市供销合作社	市节能型公共机构示范单位

第二节 个人荣誉

1955 年		
姓　名	所在单位	荣誉称号
金传甫	奉化县城关供销社采购商店	全国商业系统劳动模范
周海潮	奉化县供销合作社	省供销社系统先进工作者
王志龙	鄞县生产资料批发部	省供销社系统先进工作者
赵桂林	慈溪县泗门供销社农资商店	省供销社系统先进工作者
林善山	象山县东港区供销社	省供销社系统先进工作者
戴柴志	余姚县临山供销社综合商店	省供销社系统先进工作者
吴光富	宁波市贸易货栈	市级社会主义建设积极分子
1956 年		
姓　名	所在单位	荣誉称号
劳裕田	慈溪县泗门区供销社	全国供销社系统先进工作者
戴柴志	余姚县临山供销社综合商店	省供销社系统先进工作者
赵桂林	慈溪县泗门供销社农资商店	省供销社系统先进工作者
虞瑞根	鄞县供销合作社	省供销社系统先进工作者
王吉祥	鄞县钱湖供销社	省供销社系统先进工作者
张守棣	鄞县章水供销社	省供销社系统先进工作者
谢生成	鄞县咸祥供销社	省供销社系统先进工作者
徐尧根	鄞县供销合作社	省供销社系统先进工作者
徐彭年	鄞县横溪供销社	省供销社系统先进工作者
1957 年		
姓　名	所在单位	荣誉称号
沈世权	余姚县供销合作社	省级先进工作者
1958 年		
姓　名	所在单位	荣誉称号
姜志生	宁波市近郊供销社	省级先进工作者
戴傲定	鄞县古林供销社	省供销社系统先进工作者
姜志生	宁波市近郊供销社	市级先进工作者
1959 年		
姓　名	所在单位	荣誉称号
应永正	慈溪县泗门区社供销部	全国群英大会社会主义建设积极分子
戴傲定	鄞县鄞江供销社	省供销社系统先进工作者
姜忠财	鄞县土产经理部	省供销社系统先进工作者
姜志生	宁波市近郊供销社	市级先进工作者

续表

1960 年		
姓　名	所在单位	荣誉称号
高志明	宁波市慈城供销社	省供销社系统先进工作者
姜志生	宁波市近郊供销社	省供销社系统先进工作者
朱定位	鄞县大嵩供销社	省供销社系统先进工作者
任申生	鄞县古林供销社	市供销社先进工作者
朱赛岳	鄞县樟村供销社	市供销社先进工作者
邱善庆	鄞县邱隘供销社	市供销社先进工作者
洪志林	鄞县宁锋供销社	市供销社先进工作者
丁立兴	鄞县天童供销社	市供销社先进工作者
张亦民	鄞县宝幢供销社	市供销社先进工作者
汪翠花	鄞县咸祥供销社	市供销社先进工作者
王时尚	镇海县骆驼供销社	市供销社先进工作者
徐小凤	镇海县庄市供销社	市供销社先进工作者
陈列品	镇海县贵驷供销社	市供销社先进工作者
张金富	鄞县金峨供销社	市供销社先进工作者
毛裕兴	宁波市贸易货栈	市供销社先进工作者
吴永兴	宁波市日用杂品经理部	市供销社先进工作者
王友法	宁波市庄桥供销社	市供销社先进工作者
缪福财	宁波市农副产品经理部	市供销社先进工作者

1961 年		
姓　名	所在单位	荣誉称号
王绍能	奉化县方门供销社	省供销社系统先进工作者
董志宏	奉化县大堰董李合作商店	省供销社系统先进工作者
苏利冕	慈溪县逍林供销社	省供销社系统先进工作者
杨长富	慈溪县龙南区供销社	省供销社系统先进工作者
张夏娣	慈溪县观城供销社	省供销社系统先进工作者
陈新为	鄞县樟水供销社	省供销社系统先进工作者
陈财林	象山县生产资料公司	省供销社系统先进工作者
冯金娥	象山县南庄供销社	省供销社系统先进工作者
毛金娥	象山县石浦供销社	省供销社系统先进工作者
鲍作益	宁海县城乡供销社	省供销社系统先进工作者
胡根土	宁海县桥头胡供销社	省供销社系统先进工作者
林茂被	宁海县副食品公司	省供销社系统先进工作者
马月英	宁波市废旧物资公司	省供销社系统先进工作者
方信花	宁波市副食品公司	省供销社系统先进工作者
汪羞甫	宁波市慈城供销社	省供销社系统先进工作者
高志明	宁波市慈城供销社	省供销社系统先进工作者

续表

1961 年		
姓　名	所在单位	荣誉称号
姜志生	宁波市近郊供销社	省供销社系统先进工作者
钟　宏	镇海县庄市供销社	省供销社系统先进工作者
李庆扬	镇海县贵驷供销社	省供销社系统先进工作者
刘猛进	余姚县城北供销社	省供销社系统先进工作者
魏阿四	余姚县泗门镇饮食商店	省供销社系统先进工作者
沈志高	余姚县四明山供销社	省供销社系统先进工作者
高志明	宁波市慈城供销社	省财贸系统先进工作者
吴永兴	宁波日用杂品经理部	省财贸系统先进工作者
吴永兴	宁波日用杂品经理部	市级先进工作者
毛裕兴	宁波贸易货栈	省财贸系统先进工作者

1962 年		
姓　名	所在单位	荣誉称号
姜忠财	鄞县农副产品经理部	省供销社先进工作者
任申生	鄞县古林供销社	省供销社先进工作者
陈孝法	鄞县日用杂货经理部	省供销社先进工作者
唐永明	鄞县农资公司	省供销社先进工作者
张金富	鄞县横溪供销社	省供销社先进工作者
陈小庆	镇海县湾头供销社	省供销社先进工作者
张宝大	慈溪县长河供销社	省供销社先进工作者
劳其棠	慈溪县周巷供销社	省供销社先进工作者
徐康渭	余姚县彭桥棉花加工厂	省供销社先进工作者
徐秀玉	奉化县西坞供销社	省供销社先进工作者
张鸿林	余姚县泗门棉花厂	省供销社先进工作者
王绍能	奉化县方门供销社	省供销社先进工作者
沈美兰	奉化县莼湖供销社	省供销社先进工作者
张鸿林	余姚县供销社	省供销社先进工作者
李似珍	余姚县城南供销社南庙商店	省供销社先进工作者
高世文	余姚县丈亭供销社龙山商店	省供销社先进工作者
王美姣	象山县南庄供销社南堡分社	省供销社先进工作者
胡全美	宁海县梅林供销社农资商店	省供销社先进工作者
程永彰	鄞县姜山供销社	省供销社先进工作者
高志明	宁波市慈城供销社	省供销社先进工作者
叶阿华	省供销社宁波土产采购批发站	省供销社先进工作者
徐松茂	宁波市日用杂品经理部	省供销社先进工作者
任申生	鄞县古林供销社	市供销社先进工作者
朱赛岳	鄞县樟村供销社	市供销社先进工作者

续表

1962 年		
姓　名	所在单位	荣誉称号
高志明	宁波市慈城供销社	市供销社先进工作者
张阿三	梅山棉花加工厂	市供销社先进工作者
马尧明	梅山棉花加工厂	市供销社先进工作者
赵宏云	白峰供销社	市供销社先进工作者
邱善庆	鄞县邱隘供销社	市供销社先进工作者
王阿全	镇海县新碶供销社	市供销社先进工作者
李阿友	觉渡供销社	市供销社先进工作者
姜志生	甬江供销社	市供销社先进工作者
张金富	鄞县金峨供销社	市供销社先进工作者
洪志林	鄞县宁锋供销社	市供销社先进工作者
丁立兴	鄞县天童供销社	市供销社先进工作者
张亦民	鄞县宝幢供销社	市供销社先进工作者
汪翠花	鄞县咸祥供销社	市供销社先进工作者
张义标	镇海县庄市供销社	市供销社先进工作者
王友法	江北区庄桥供销社	市供销社先进工作者
王云岳	镇海县大碶供销社	市供销社先进工作者
高志明	慈城供销社赭山分社	市供销社先进工作者
刘宝根	裘市供销社	市供销社先进工作者
陈小青	贵驷供销社	市供销社先进工作者
刘同德	贵驷棉花加工厂	市供销社先进工作者
徐雨香	鄞县下应供销社	市供销社先进工作者
毛裕兴	宁波市贸易货栈	市供销社先进工作者
缪福财	宁波市农副产品经理部	市供销社先进工作者
吴永芳	宁波市日用杂品经理部	市供销社先进工作者
徐松茂	宁波市日用杂品经理部	市供销社先进工作者
陈顺宏	宁波市甬江供销社	市供销社先进工作者
高志明	宁波市慈城供销社	市供销社先进工作者
毛根木	宁波市慈城供销社	市供销社先进工作者
姜志生	宁波市近郊供销社	市供销社先进工作者
唐永明	宁波地区生产资料经理部	专区供销社先进工作者
姜忠财	宁波地区农副产品经理部	专区供销社先进工作者
丁信甫	宁波地区农副产品经理部	专区供销社先进工作者
董如定	宁波地区农副产品经理部	专区供销社先进工作者
任阿四	宁波地区农副产品经理部	专区供销社先进工作者
张祥甫	宁波地区日用什品经理部	专区供销社先进工作者

续表

1963 年		
姓　名	所在单位	荣誉称号
任申生	鄞县古林供销社	省供销社先进工作者
尹云来	鄞县大嵩供销社	省供销社先进工作者
陈孝法	鄞县日用杂货经理部	省供销社先进工作者
戴阿富	鄞县邱隘供销社	省供销社先进工作者
虞瑞根	鄞县古林供销合作社	省供销社先进工作者
汪翠花	鄞县咸祥供销社	市供销社先进工作者
徐雨香	鄞县莫枝供销社	市供销社先进工作者
王吉祥	鄞县莫枝供销社	市供销社先进工作者
邱善庆	鄞县邱隘供销社	市供销社先进工作者
毛裕兴	宁波市社贸易货栈	市供销社先进工作者
吴光富	宁波市社贸易货栈	市供销社先进工作者
缪福财	宁波农副产品经理部	市供销社先进工作者
吴　永	宁波日用什品经理部	市供销社先进工作者
陈仁英	宁波市甬江供销社	市供销社先进工作者
高志明	宁波慈城供销社	市供销社先进工作者
姜志生	宁波市近郊供销社	市供销社先进工作者
韩宝章	宁波市洪塘供销社	市供销社先进工作者
1964 年		
姓　名	所在单位	荣誉称号
周信根	宁波市日杂土产经理部	市供销社先进工作者
闻光兴	宁波市日杂土产经理部	市供销社先进工作者
吴光富	宁波市社贸易货栈	市供销社先进工作者
王友法	宁波市庄桥供销社	市供销社先进工作者
顾君昌	宁波市慈城供销社	市级优秀工会工作者
1977 年		
姓　名	所在单位	荣誉称号
成荣祥	慈溪县周巷棉花加工厂	省供销社学大庆学大寨先进个人
虞瑞根	鄞县古林供销社	地区供销社学大庆学大寨先进个人
吴高加	余姚县大岚供销社	地区供销社学大庆学大寨先进个人
成荣祥	慈溪县周巷棉花厂	地区供销社学大庆学大寨先进个人
沈美兰	奉化县莼湖供销社	地区供销社学大庆学大寨先进个人
鲍作益	宁海县城关生产商店	地区供销社学大庆学大寨先进个人
1978 年		
姓　名	所在单位	荣誉称号
陆定法	慈溪县庵东供销社	全国学大庆学大寨先进个人
王顺菊	余姚县供销合作社	全国废旧物资工作先进工作者

续表

1978年		
姓　名	所在单位	荣誉称号
邵成苗	余姚县供销合作社	省革委会"学大庆先进个人"
沈美兰	奉化县莼湖供销合作社	省劳动模范
鲍竹益	宁海县城乡供销合作社	省劳动模范
虞瑞根	鄞县古林供销合作社	省劳动模范
虞瑞根	鄞县古林供销合作社	省供销社先进工作者
沈美兰	奉化县莼湖供销合作社	省供销社先进工作者
陈新为	鄞县章水供销合作社	省供销社先进工作者
张香莲	鄞县集士港理发商店	省供销社先进工作者
俞文藻	余姚县三七市综合商店	省财贸系统"双学"积极分子
沈美兰	奉化县莼湖供销合作社	省财贸系统学大庆学大寨先进个人
叶孝甫	镇海县柴桥供销合作社	省财贸系统学大庆学大寨先进个人
鲍作益	宁海县城乡供销合作社	省财贸系统学大庆学大寨先进个人
陈财林	象山县农资公司	省供销社先进工作者
1979年		
姓　名	所在单位	荣誉称号
毛金娥	象山县石浦供销社	全国三八红旗手
张夏娣	慈溪县观城供销社	全国三八红旗手
沈美兰	奉化县莼湖供销合作社	全国三八红旗手
刘猛进	余姚县城北供销社	全国"新长征突击手"
马月英	宁波市废旧物资公司	全国供销合作总社劳动模范
沈美兰	奉化县莼湖供销合作社	省劳动模范
陈财林	象山县生产资料公司	省劳动模范
马月英	宁波市废旧物资公司	省劳动模范
虞瑞根	鄞县古林供销合作社	省劳动模范
王顺菊	余姚县供销社	省级先进工作者
刘猛进	余姚县城北供销社	省供销社先进工作者
沈志高	余姚县四明山供销社	省供销社先进工作者
毛金娥	象山县石浦供销社	省供销社先进工作者
苏利冕	慈溪县逍林供销社	省供销社先进工作者
杨长富	慈溪县横河供销社	省供销社先进工作者
张夏娣	慈溪县观城供销社旅社	省供销社先进工作者
魏阿四	余姚县泗门供销社	省供销社先进工作者
张香莲	鄞县集士港理发商店	省供销社先进工作者
陈新为	鄞县章水供销社龙观购销站	省供销社先进工作者
陈财林	象山县农资公司一号船	省供销社先进工作者
冯秀烈	象山县南庄供销社采购商店	省供销社先进工作者

续表

1979 年		
姓　名	所在单位	荣誉称号
毛金娥	象山县石浦供销社	省供销社先进工作者
鲍作益	宁海县城乡供销社	省供销社先进工作者
林　茂	宁海县食品公司	省供销社先进工作者
胡根土	宁海县桥头胡区供销社	省供销社先进工作者
李世鸿	宁波地区日杂畜产废旧公司	省供销社先进工作者
方信花	宁波市副食品公司	省供销社先进工作者
马月英	宁波市废旧物资公司	省供销社先进工作者
汪羞甫	宁波市慈城供销社	省供销社先进工作者
钟宏采	镇海县庄市供销社	省供销社先进工作者
李庆扬	镇海县贵驷酱杂代销商店	省供销社先进工作者
董志宏	奉化县大堰供销合作社	省供销社先进工作者
裘林岳	奉化县江口供销合作社	省供销社先进工作者
王绍能	奉化县方门供销合作社	省供销社先进工作者
马月英	宁波市废旧物资公司	市供销社先进工作者
汪羞甫	宁波市慈城供销社	市供销社先进工作者
徐翠娟	宁波市洪塘供销社	市供销社先进工作者
1980 年		
姓　名	所在单位	荣誉称号
陈财林	象山县农资公司	全国供销社劳动模范
马月英	宁波市废旧物资公司	省级劳动模范
毛金娥	象山县石浦供销社	省供销社先进工作者
冯秀烈	象山县南庄供销社	省供销社先进工作者
林　茂	宁海县副食品公司	省供销社先进工作者
刘猛进	余姚县城北供销社	省供销社先进工作者
陈小毛	余姚县土特产公司	省供销社先进工作者
鲁新华	余姚县临山供销社	省供销社先进工作者
俞文藻	余姚三七市合作商店	省供销社先进工作者
杜祖辉	余姚农资公司	省供销社先进工作者
李世鸿	宁波地区日杂畜废公司	宁波地区供销社先进工作者
邱镇基	宁波地区农资公司	宁波地区供销社先进工作者
过兴其	宁波地区日杂畜废公司	宁波地区供销社先进工作者
秦贻忠	宁波地区特产公司	宁波地区供销社先进工作者
沈长明	宁波地区特产公司	宁波地区供销社先进工作者
王万清	宁波地区特产公司	宁波地区供销社先进工作者
裘季春	宁波地区土产果菜公司	宁波地区供销社先进工作者

续表

1980 年		
姓　名	所在单位	荣誉称号
冯根义	宁波地区土产果菜公司	宁波地区供销社先进工作者
毛信夫	宁波地区土产果菜公司	宁波地区供销社先进工作者

1981 年		
姓　名	所在单位	荣誉称号
方信花	宁波市副食品公司	省级劳动模范
史禹位	鄞县天童供销合作社	省供销社先进工作者
裘开娟	鄞县横溪供销合作社	省供销社先进工作者
杨水娟	奉化县裘村供销合作社	省供销社先进工作者
裘林岳	奉化县江口供销合作社	省供销社先进工作者
张夏娣	慈溪县观城供销合作社	省供销社先进工作者
蔡诚纬	慈溪县农资公司	省供销社先进工作者
卢万里	慈溪县长河供销合作社	省供销社先进工作者
张国权	慈溪县天元烟酒合作商店	省供销社先进工作者
钟宏采	镇海县庄市供销社	省供销社先进工作者
王友法	宁波市庄桥供销社	省供销社先进工作者
孙光兴	镇海县湾塘区供销社	省供销社先进工作者
黄朝甬	镇海县柴桥供销社	省供销社先进工作者
虞维君	镇海县大碶供销社	省供销社先进工作者
裘开娟	鄞县横溪供销社	省供销社先进工作者
潘桂琴	鄞县大嵩供销社	省供销社先进工作者
陈小毛	余姚县土特产公司	省供销社先进工作者
俞文藻	余姚县丈亭三七市综合商店	省供销社先进工作者
林　茂	宁海县供销社副食公司	省供销社先进工作者
梅安启	宁海县长街区龙浦合作商店	省供销社先进工作者
毛金娥	象山县石浦供销社	省供销社先进工作者
杜永奇	象山县墙头供销社	省供销社先进工作者
邱镇基	宁波地区农资公司	地区供销社先进工作者
周斌被	宁波地区农资公司	地区供销社先进工作者
王甫堂	宁波地区农资公司	地区供销社先进工作者
季志明	宁波地区农资公司	地区供销社先进工作者
严伟耀	宁波地区农资公司	地区供销社先进工作者
王剑波	宁波地区农资公司	地区供销社先进工作者
陈　健	宁波地区农资公司	地区供销社先进工作者
吴德成	宁波地区农资公司	地区供销社先进工作者
周渭熊	宁波地区农资公司	地区供销社先进工作者
鲍恒年	宁波地区农资公司	地区供销社先进工作者

续表

1981 年		
姓　名	所在单位	荣誉称号
沈长明	宁波地区特产公司	地区供销社先进工作者
张高富	宁波地区特产公司	地区供销社先进工作者
华惠平	宁波地区特产公司	地区供销社先进工作者
钱圣鲁	宁波地区特产公司	地区供销社先进工作者
金月辉	宁波地区特产公司	地区供销社先进工作者
朱国光	宁波地区特产公司	地区供销社先进工作者
马利庆	宁波地区特产公司	地区供销社先进工作者
黄财德	宁波地区果菜公司	地区供销社先进工作者
张明禄	宁波地区果菜公司	地区供销社先进工作者
钱惠兰	宁波地区果菜公司	地区供销社先进工作者
王厚湧	宁波地区果菜公司	地区供销社先进工作者
王建军	宁波地区果菜公司	地区供销社先进工作者
魏翠萍	宁波地区果菜公司	地区供销社先进工作者
周根法	宁波地区果菜公司	地区供销社先进工作者
徐奋强	宁波地区果菜公司	地区供销社先进工作者
徐晓霞	省社仓储运输公司	地区供销社先进工作者
徐颖斐	省社仓储运输公司	地区供销社先进工作者
包银虎	宁波市土产日杂公司	市团委新长征突击手
王友法	宁波市庄桥供销社	市供销社先进工作者
徐翠凤	宁波市庄桥供销社	市供销社先进工作者
徐亦唤	宁波市庄桥供销社	市供销社先进工作者
毛坚志	宁波市甬江供销社	市供销社先进工作者
张亚忠	宁波市甬江供销社	市供销社先进工作者
陈思明	宁波市甬江供销社	市供销社先进工作者
邵联敏	宁波市慈城供销社	市供销社先进工作者
姚荷琴	宁波市慈城供销社	市供销社先进工作者
裘家焕	宁波市慈城供销社	市供销社先进工作者
劳国民	宁波市土产日杂公司	市供销社先进工作者
鲍增初	宁波市土产日杂公司	市供销社先进工作者
唐全章	宁波市土产日杂公司	市供销社先进工作者
方信花	宁波市副食品公司	市供销社先进工作者
陈光明	宁波市副食品公司	市供销社先进工作者
陈仙芝	宁波市副食品公司	市供销社先进工作者
翁维达	宁波市副食品公司	市供销社先进工作者
周翠凤	宁波市副食品公司	市供销社先进工作者
郁义康	宁波市农资公司	市供销社先进工作者

续表

1981 年		
姓　名	所在单位	荣誉称号
傅国平	宁波市农资公司	市供销社先进工作者
吴荣宝	宁波市物资回收公司	市供销社先进工作者
李菊英	宁波市物资回收公司	市供销社先进工作者
周亚芬	宁波市物资回收公司	市供销社先进工作者
杨良炳	宁波市物资回收公司	市供销社先进工作者
陈国民	宁波市物资回收公司	市供销社先进工作者

1982 年		
姓　名	所在单位	荣誉称号
刘猛进	余姚县城北供销合作社	省级劳动模范
方信花	宁波市副食品公司	省级劳动模范
张夏娣	慈溪县观城供销社	省级劳动模范
丁秉忠	余姚县供销合作社	省级职工教育优秀教师
陈孝棠	宁波市土产日杂公司	省级职工教育优秀教师
卢世良	鄞县大嵩供销合作社	省供销社先进工作者
裘开娟	鄞县横溪供销合作社	省供销社先进工作者
潘桂琴	鄞县大嵩饮食商店	省供销社先进工作者
刘猛进	余姚县城北供销社	省级劳动模范
刘猛进	余姚县城北供销社	省团委"五讲四美"积极分子
鲁新华	余姚县临山供销社	省供销社先进工作者
张夏娣	慈溪县观城供销社	省供销社先进工作者
俞文藻	余姚县三七市综合商店	省供销社先进工作者
蔡诚伟	慈溪县农业生产资料公司	省供销社先进工作者
芦万里	慈溪县长河供销社	省供销社先进工作者
张国权	慈溪县天元烟酒综合商店	省供销社先进工作者
董志安	奉化县董李综合商店	省供销社先进工作者
林茂董	奉化县副食品公司	省供销社先进工作者
梅安启	宁海县龙浦综合商店	省供销社先进工作者
毛金娥	象山县石浦供销社	省供销社先进工作者
杜永奇	象山县墙头供销社	省供销社先进工作者
邱镇基	宁波地区农资公司	省供销社先进工作者
郁义康	宁波市农资公司	市供销社优秀党员
杨良炳	宁波市物资回收公司	市供销社优秀党员
蔡根甫	宁波市慈城供销社	市供销社优秀党员
史振生	宁波市慈城供销社	市供销社优秀党员
王友法	宁波市庄桥供销社	市供销社优秀党员
张银兰	宁波市土产日杂公司	市供销社优秀党员

续表

1982 年		
姓　名	所在单位	荣誉称号
鲍增楚	宁波市土产日杂公司	市供销社优秀党员
裘春莲	宁波市物资回收公司	市供销社优秀党员
林圣国	宁波市物资回收公司	市供销社优秀党员
王前线	宁波市副食品公司	市供销社优秀党员
陈仙芝	宁波市副食品公司	市供销社优秀党员
周翠凤	宁波市副食品公司	市供销社先进工作者
杨良炳	宁波市物资回收公司	市供销社先进工作者
王友法	宁波市庄桥供销社	市供销社先进工作者
陈恩明	宁波市甬江供销社	市供销社先进工作者
劳国民	宁波市土产日杂公司	市供销社先进工作者
邵联敏	宁波市慈城供销社	市供销社先进工作者
吴立平	宁波龙山供销社	市供销社先进工作者
蒋定浩	宁波市供销合作社	市级治保先进个人

1983 年		
姓　名	所在单位	荣誉称号
张夏娣	慈溪县观城供销社	全国三八红旗手
李夏梅	余姚县供销合作社	全国三八红旗手
陈庆华	宁波地区供销合作社	全国物价工作先进工作者
刘猛进	余姚县供销合作社	商业部劳动模范
郭昌乐	余姚县供销合作社	商业部优秀教育工作者
徐军余	余姚县供销合作社	全国总工会优秀工会积极分子
应亚芬	宁波市物资回收公司	省供销社先进工作者
方信花	宁波市副食品公司	省供销社先进工作者
盛荣祥	宁波市灵桥土产日杂商店	省供销社先进工作者
杨水娟	奉化县裘村供销社	省供销社先进工作者
杨于休	奉化县供销合作社	省供销社先进工作者
周国荣	镇海县长山供销社生产商店	省供销社先进工作者
孙光兴	镇海县湾塘区供销社	省供销社先进工作者
康耀芬	镇海县南街山杂合作商店	省供销社先进工作者
胡长云	余姚县泗门区棉花加工厂	省供销社先进工作者
鲁新华	余姚县临山供销社	省供销社先进工作者
张伯新	余姚县朗霞饮食合作商店	省供销社先进工作者
邱镇基	省农资公司镇海化肥经营处	省供销社先进工作者
张夏娣	慈溪县观城供销社	省供销社先进工作者
郑春尧	慈溪县副食品公司	省供销社先进工作者
卢松海	慈溪县庵东供销社	省供销社先进工作者

续表

1983 年		
姓　名	所在单位	荣誉称号
沈水涌	慈溪县坎西陶山合作商店	省供销社先进工作者
卢世良	鄞县大嵩供销合作社	省供销社先进工作者
陆高良	鄞县姜山合作商店	省供销社先进工作者
毛金娥	象山石浦镇供销社	省供销社先进工作者
孙高娥	象山定山供销社	省供销社先进工作者
许松寿	宁海县深甽供销社	省供销社先进工作者
胡伟江	宁海日杂畜产废旧物资公司	省供销社先进工作者
应亚芬	宁波市物资回收公司	市级劳动模范
陈福元	宁波市物资回收公司	市级先进工作者
王前线	宁波市副食品公司	市供销社优秀党员
陈仙芝	宁波市副食品公司	市供销社优秀党员
赵基细	宁波市特产公司	市供销社优秀党员
邱镇基	宁波化肥经营处	市供销社优秀党员
陈　健	宁波东港汽车服务公司	市供销社优秀党员
杨良斌	宁波市第二物资回收公司	市供销社优秀党员
盛荣祥	宁波市第二副食品公司	市供销社优秀党员
张银兰	宁波市土产日杂公司	市供销社优秀党员
金明咸	宁波市供销社	市供销社优秀党员
郁义康	宁波市农资公司	市供销社优秀党员
郁善胜	宁波市农资公司	市供销社优秀党员
裘春莲	宁波市物资回收公司	市供销社优秀党员
鲍增楚	宁波市土产日杂公司	市供销社优秀党员
吴桂灿	宁波畜产公司	市供销社先进个人
毛和均	宁波市农资公司	市供销社先进个人
施尽忠	宁波市特产公司	市供销社先进个人
卢梅青	宁波市贸易公司	市供销社先进个人
刘文裕	宁波市副食品公司	市供销社先进个人
钱利月	宁波市副食品公司	市供销社先进个人
周根发	宁波市副食品公司	市供销社先进个人
罗银樵	宁波市慈城供销社	市供销社先进个人
杨志毛	宁波市庄桥供销社	市供销社先进个人
谢董对	宁波市供销合作社	市供销社先进个人
1984 年		
姓　名	所在单位	荣誉称号
郭昌乐	余姚县供销合作社	商业部职工教育先进工作者
王锦芳	鄞县天童供销合作社	省级劳动模范

续表

1984 年		
姓　名	所在单位	荣誉称号
王锦芳	鄞县天童供销合作社	省供销社先进工作者
王寅忠	慈溪逍林供销社	省供销社先进工作者
赵炳松	奉化莼湖供销社	省供销社先进工作者
赵瑞友	余姚县低塘供销社	省供销社先进工作者
杨于休	奉化县供销合作社	省供销社先进工作者
盛荣祥	宁波市第二土日杂公司	省供销社先进工作者
汪慧萍	鄞县姜山供销社	市级先进工作者
李阿成	鄞县鄞江供销社	市级先进工作者
王柏寿	宁波市副食品公司	市"维护社会治安反扒斗争"一等奖
方信花	宁波市副食品公司	市供销社优秀党员
傅长安	宁波市贸易中心	市供销社优秀党员
刘文裕	宁波市副食品公司	市供销社优秀党员
沈长明	宁波市特产公司	市供销社优秀党员
黄才华	宁波市畜产品公司	市供销社优秀党员
郁善胜	宁波市农资公司	市供销社优秀党员
廉　平	宁波仓储公司	市供销社优秀党员
邱镇基	宁波化肥经营处	市供销社优秀党员
陈　健	宁波市东港汽车服务公司	市供销社优秀党员
陈敏伟	宁波市第二副食品公司	市供销社优秀党员
鲍增初	宁波市第二土日杂公司	市供销社优秀党员
杨良炳	宁波市第二物资回收公司	市供销社优秀党员
1985 年		
姓　名	所在单位	荣誉称号
赵炳松	奉化莼湖供销合作社	商业部劳动模范
赵炳松	奉化莼湖供销合作社	省供销社先进工作者
徐国义	奉化县江口供销社塔山饭店	省供销社先进工作者
王锦芳	鄞县天童供销社	省供销社先进工作者
陈　辉	鄞县姜山供销社	省供销社先进工作者
张必源	鄞县古林商业综合公司	省供销社先进工作者
赵瑞友	余姚市低塘供销社	省供销社先进工作者
苏家法	余姚市土特产公司	省供销社先进工作者
严秀凤	余姚市梁弄供销社	省供销社先进工作者
石　敏	余姚市茶厂	省供销社先进工作者
倪家夫	慈溪县日杂畜废公司	省供销社先进工作者
丁瑞潮	慈溪县逍林棉花加工厂	省供销社先进工作者
王寅忠	慈溪县逍林供销社	省供销社先进工作者

续表

1985 年		
姓　名	所在单位	荣誉称号
翁博凯	慈溪县观城淹浦收棉站	省供销社先进工作者
陈德行	慈溪县彭桥综合商店	省供销社先进工作者
许松涛	宁海县深甽供销社	省供销社先进工作者
陈远斌	宁海县油脂厂	省供销社先进工作者
何富贵	象山县南庄供销社	省供销社先进工作者
裘万伦	象山县石浦供销社	省供销社先进工作者
徐祥申	镇海区骆驼供销社	省供销社先进工作者
王兆云	镇海区蔬菜公司	省供销社先进工作者
吴万源	滨海区郭巨供销社	省供销社先进工作者
余多银	滨海区长山供销社	省供销社先进工作者
范　焱	宁波市慈城供销社	省供销社先进工作者
徐永川	宁波市江东供销社	省供销社先进工作者
盛荣祥	宁波市第二土产日杂公司	省供销社先进工作者
张思安	宁波市农资公司	省供销社先进工作者
陈德良	宁波市供销社贸易中心	省供销社先进工作者
邱镇荃	宁波化肥经营处	市级劳动模范
方信花	宁波市副食品公司	市级先进工作者
应亚芬	宁波市物资回收公司	市级先进工作者
黄锡州	宁波市土产公司	市级先进工作者
陈　健	宁波东港汽车公司	市级先进工作者
盛荣祥	宁波市第二土产公司	市级先进工作者
陈德良	宁波市土产公司	市级先进工作者
徐永川	宁波市江东供销社	市级先进工作者
姚永芳	宁波市慈城供销社	市级先进工作者
邱镇基	宁波化肥经营处	市级优秀党员
楼承渝	宁波特产公司	市级优秀党员
陈光明	宁波市副食品公司	市供销社优秀党员
王前线	宁波市副食品公司	市供销社优秀党员
吴永芳	宁波市供销社贸易中心	市供销社优秀党员
应亚芬	宁波市物回收公司	市供销社优秀党员
姜开纾	宁波市畜产品公司	市供销社优秀党员
张思安	宁波市农资公司	市供销社优秀党员
商德芳	宁波市特产公司	市供销社优秀党员
陈　健	宁波市东港汽车服务公司	市供销社优秀党员
陈光宇	宁波市仓储运输公司	市供销社优秀党员
邱镇基	宁波市化肥经营处	市供销社优秀党员

续表

1985 年		
姓　名	所在单位	荣誉称号
陈和存	宁波市第二土产日杂公司	市供销社优秀党员
杨良斌	宁波市第二物资回收公司	市供销社优秀党员
胡成忠	宁波市果品食杂公司	市供销社优秀党员
包荷英	宁波市供销合作社	市供销社机关先进工作者
陆逢年	宁波市供销合作社	市供销社机关先进工作者
王志明	宁波市供销合作社	市供销社机关先进工作者
陈长胜	宁波市供销合作社	市供销社机关先进工作者
徐明浩	宁波市供销合作社	市供销社机关先进工作者
谢冬对	宁波市供销合作社	市供销社机关先进工作者
郭竞雄	宁波市供销合作社	市供销社机关先进工作者
李亚君	宁波市供销合作社	市供销社机关先进工作者
姜开纾	宁波市畜产品公司	市供销社先进工作者
朱国光	宁波市特产公司	市供销社先进工作者
王勤奋	宁波市农资公司	市供销社先进工作者
汤定荣	宁波市工业品公司	市供销社先进工作者
胡新华	宁波市化肥经营处	市供销社先进工作者
郑国民	宁波市果品食公司	市供销社先进工作者
渚信良	宁波市第二物资回收公司	市供销社先进工作者
周亚芬	宁波市第二物资回收公司	市供销社先进工作者
徐天亮	宁波市江北供销社	市供销社先进工作者
徐根芳	宁波市海曙供销社	市供销社先进工作者
1986 年		
姓　名	所在单位	荣誉称号
翁博凯	慈溪县供销社淹浦收花站	市级劳动模范
邱镇基	宁波化肥经营处	市级劳动模范
邱镇基	宁波化肥经营处	市级优秀党员
楼承渝	宁波特产公司	市级优秀党员
罗　仍	慈溪县供销合作社	市级优秀党员
卢世良	鄞县瞻岐供销	市级先进工作者
倪家夫	慈溪县日杂畜废公司	市级优秀党员
胡家邦	慈溪县供销合作社	省统计系统先进个人
候鹿家	宁海县供销合作社	省统计系统先进个人
于百碌	余姚县供销合作社	省统计系统先进个人
李旭康	镇海区柴桥供销社	省统计系统先进个人
钟汉菊	宁波市副食品公司	市优秀营业员
徐家玉	宁波市副食品公司	市优秀营业员

续表

1986 年		
姓　名	所在单位	荣誉称号
沈皓建	宁波市物资回收公司	市优秀营业员
严孝根	宁波市东港汽车公司	市优秀营业员
孙秀珍	宁波市果品食杂公司	市优秀营业员
柴文元	宁波市第二土产日杂公司	市优秀营业员
黄宝根	宁波市海曙供销社	市优秀营业员
严　莲	宁波市江北供销社	市优秀营业员
王德润	宁波特产公司	市企业思想政治工作先进个人
陈光明	宁波副食品公司	市企业思想政治工作先进个人
吴尧生	宁波果品食杂公司	市企业思想政治工作先进个人
冯根义	宁波市副食品公司	市供销社优秀党员
陈光明	宁波市副食品公司	市供销社优秀党员
刘金水	宁波市物资回收公司	市供销社优秀党员
吴永芳	宁波市土产日杂公司	市供销社优秀党员
姜开纾	宁波市畜产品公司	市供销社优秀党员
朱玉山	宁波市农资公司	市供销社优秀党员
陈　健	宁波东港汽车公司	市供销社优秀党员
杨良斌	宁波市第二物资回收公司	市供销社优秀党员
宁爱民	宁波市特产公司	市青工政治轮训先进工作者
曹志康	宁波市物资回收公司	市青工政治轮训先进工作者
徐人达	镇海县长山供销社	市青工政治轮训先进工作者
陈家巩	余姚县临山供销社	市青工政治轮训先进工作者
朱子仙	慈溪县日杂畜产公司	市青工政治轮训先进工作者
徐爱萍	象山县供销合作社	市青工政治轮训先进工作者
1987 年		
姓　名	所在单位	荣誉称号
劳开宝	慈溪县供销合作社	商业部工业普查先进个人
胡余杭	宁海县胡家范棉花厂	商业部工业普查先进个人
戴东明	鄞县供销合作社	商业部工业普查先进个人
王安宁	宁波市供销合作社	商业部信息工作先进个人
胡家邦	慈溪县供销合作社	省供销社优秀统计者
林松茂	慈溪县供销合作社	省供销社优秀会计工作者
徐瑞康	慈溪县特产公司	省供销社优秀会计工作者
陆　蓉	鄞县古林供销合作社	省供销社优秀营业员
郭建明	鄞县邱隘供销合作社	省供销社优秀营业员
田丹凤	慈溪县范市供销分社	省供销社优秀营业员

续表

1987 年		
姓 名	所在单位	荣誉称号
周伟民	慈溪县观城商场	省供销社优秀营业员
余君兰	慈溪县逍林食品厂	省供销社优秀营业员
倪腾千	慈溪县周巷供销分社	省供销社优秀营业员
徐志伟	慈溪县特产公司	省供销社优秀营业员
陈国祥	鄞县古林供销社	省供销社农资系列服务先进工作者
徐成昌	宁海县供销合作社	省供销社农资系列服务先进工作者
姜 敏	象山县供销合作社	省供销社农资系列服务先进工作者
徐祥松	奉化县供销合作社	省供销社农资系列服务先进工作者
邵鹏飞	镇海区供销合作社	省供销社农资系列服务先进工作者
李旭康	滨海区柴桥供销社	省供销社农资系列服务先进工作者
胡家邦	慈溪县供销合作社	省供销社农资系列服务先进工作者
汪燕燕	宁海县供销合作社	省供销社系统优秀统计工作者
沈岳思	奉化县江口供销社	省供销社系统优秀统计工作者
王安宁	宁波市供销合作社	市优秀信息员
胡安康	鄞县天童供销社	市级劳动模范

1988 年		
姓 名	所在单位	荣誉称号
水金鸿	鄞县畜废品公司	全国废旧物资系统先进工作者
孟庆华	慈溪县龙山供销社	全国废旧物资系统先进工作者
孟庆华	慈溪县龙山供销社	省级先进工作者
翁博凯	慈溪县淹浦收花站	省级先进工作者
倪腾千	慈溪县周巷供销社	省级先进工作者
王均维	慈溪县特产公司	省级先进工作者
王安宁	宁波市供销社	商业部优秀信息员
刘国良	奉化县西坞供销社	省供销社优秀主任
卢国权	慈溪县供销社	省公安厅内保工作先进个人
应定棣	宁波副食品公司	省级优秀会计人员
胡宏才	北仑区柴桥供销社	省级优秀会计人员
杨于体	奉化县供销社	省级优秀会计人员
沈行贵	象山县供销社	省级优秀会计人员
屠规祥	宁海县供销合作社	省级优秀会计人员
周宝梁	奉化县特产公司	省级优秀会计人员
杨于休	奉化县供销合作社	省供销社先进工作者
鲍乐定	奉化县供销社服装厂	省供销社先进工作者
孟华庆	慈溪市范市供销分社	省供销社先进工作者
严仁莲	宁波市江北供销社孔浦商场	省供销社先进工作者

续表

1988 年		
姓　名	所在单位	荣誉称号
王水浩	宁波市海曙供销社段塘分社	省供销社先进工作者
孙光兴	镇海区贵驷供销社	省供销社先进工作者
董恩乐	宁波市镇海毛巾厂	省供销社先进工作者
周益丰	奉化市莼湖供销社	省供销社先进工作者
方崇新	奉化市农资公司	省供销社先进工作者
鲍乐定	奉化市供销社服装厂	省供销社先进工作者
王士国	北仑区大碶供销社	省供销社先进工作者
李旭康	北仑区柴桥供销社	省供销社先进工作者
曹　彪	宁波蜜饯厂	省供销社先进工作者
仇若申	宁海县长街供销社	省供销社先进工作者
徐智官	宁海县供销合作社	省供销社先进工作者
张义铨	余姚市供销合作社	省供销社先进工作者
翁水浒	余姚市农资公司	省供销社先进工作者
潘小芳	余姚市泗门棉花加工厂	省供销社先进工作者
王均维	慈溪市特产公司	省供销社先进工作者
翁博凯	慈溪市淹浦收花站	省供销社先进工作者
倪腾千	慈溪市周巷供销社	省供销社先进工作者
陈冠和	鄞县姜山供销社	省供销社先进工作者
张秀清	鄞县鄞江供销社	省供销社先进工作者
顾秀凤	鄞县邱隘供销社	省供销社先进工作者
张国忠	鄞县古林第二商业公司	省供销社先进工作者
谢建康	慈溪市供销合作社	省供销社优秀物价员
卢国权	慈溪市供销合作社	省公安厅内保工作嘉奖
陈海龙	慈溪市冷冻厂	省供销社优秀厂长
俞鑫炜	慈城供销合作社	省供销社优秀主任
葛龙川	宁波市农资公司	省供销社优秀经理
王安宁	宁波市供销合作社	省供销社优秀信息员
方　翔	慈溪市供销合作社	省供销社优秀信息员
徐国槐	慈溪市供销合作社	省供销社优秀信息员
沈百宗	慈溪市供销合作社	省供销社优秀信息员
邹　权	余姚市供销社	省供销社优秀信息员
康良岳	奉化市供销合作社	省供销社优秀信息员
胡根连	镇海区供销合作社	省供销社优秀信息员
陈龙海	慈溪冷冻厂	市级优秀厂长（经理）
葛龙川	宁波市农资公司	市级优秀厂长（经理）
应定棣	宁波市副食品公司	市级优秀会计工作者

续表

1988 年		
姓　名	所在单位	荣誉称号
王志明	宁波市供销合作社	市机关档案工作先进工作者
吴苗国	奉化市供销合作社	市机关档案工作先进工作者
过抗奇	鄞县供销合作社	市机关档案工作先进工作者
张凤仙	余姚市供销合作社	市机关档案工作先进工作者
曹志康	宁波市物资回收公司	1987—1988年市成教先进个人
郭昌乐	余姚市供销合作社	1987—1988年市成教先进个人
陈国华	鄞县商业职工学校	1987—1988年市成教先进个人
柴俊宁	宁海县供销社干部职工学校	1987—1988年市成教先进个人
史阿会	象山县供销社干部职工学校	1987—1988年市成教先进个人
贺信波	宁波市果品食杂公司	1987—1988年市成教先进个人
陈亚珍	宁波市土产日杂公司	1987—1988年市成教先进个人
雷显珍	宁波市副食品公司	市供销社优秀党员
陈光明	宁波果品食杂公司	市供销社优秀党员
邵石峰	宁波土市产公司	市供销社优秀党员
范　焱	宁波市工业品公司	市供销社优秀党员
葛龙川	宁波市农资公司	市供销社优秀党员
杨良斌	宁波市第二物资回收利用公司	市供销社优秀党员
邱镇基	宁波化肥经营处	市供销社优秀党员
廉　平	宁波仓储运输公司	市供销社优秀党员
徐明浩	宁波市供销社	市供销社优秀党员
张思安	宁波市农资公司	市供销社优秀购销员
金锡年	宁波市土产日杂公司	市供销社优秀购销员
柳志芳	宁波市供销社贸易中心	市供销社优秀购销员
李明忠	宁波市副食品公司	市供销社优秀购销员
刘信海	宁波市畜产品公司	市供销社优秀购销员
胡余忠	宁波市特产公司	市供销社优秀购销员
倪腾千	慈溪县周巷供销社	市供销社优秀购销员
戎国升	慈溪县龙山供销社	市供销社优秀购销员
李乾岳	慈溪县观城供销社	市供销社优秀购销员
沈国章	慈溪县工业品公司	市供销社优秀购销员
潘学义	慈溪县冷冻厂	市供销社优秀购销员
张如珍	余姚市工业品公司	市供销社优秀购销员
赵瑞友	余姚市低塘区供销社	市供销社优秀购销员
熊百川	余姚市土特产公司	市供销社优秀购销员
王明海	余姚市工业品公司	市供销社优秀购销员
孟文囡	余姚市临山区供销社	市供销社优秀购销员

续表

1988年		
姓　名	所在单位	荣誉称号
张孝世	鄞县鄞江供销社	市供销社优秀购销员
赵建才	鄞县天童供销社	市供销社优秀购销员
崔善明	鄞县姜山供销社	市供销社优秀购销员
陆建明	鄞县邱隘供销社	市供销社优秀购销员
张三阳	鄞县横溪供销社	市供销社优秀购销员
裘祥明	奉化县西坞供销社	市供销社优秀购销员
姚志行	奉化县溪口供销社	市供销社优秀购销员
周达明	奉化县副食品公司	市供销社优秀购销员
胡宏伟	奉化县大堰供销社	市供销社优秀购销员
潘建国	象山县日杂畜废公司	市供销社优秀购销员
张建锋	象山县丹城镇供销社	市供销社优秀购销员
杨　方	象山县副食品公司	市供销社优秀购销员
郑　建	象山县日用工业品公司	市供销社优秀购销员
邵援朝	象山县南庄供销社	市供销社优秀购销员
王怀恕	宁海县茶厂	市供销社优秀购销员
叶良明	宁海县工业品公司	市供销社优秀购销员
王有泰	宁海县农资公司	市供销社优秀购销员
胡信甫	宁海县力洋供销社	市供销社优秀购销员
王海良	北仑区长山供销社	市供销社优秀购销员
韩永裕	北仑区农资公司	市供销社优秀购销员
何如甫	北仑区大碶供销社	市供销社优秀购销员
翁松祥	镇海区骆驼供销社	市供销社优秀购销员
周国平	镇海区贵驷供销社	市供销社优秀购销员
林文定	镇海区农资公司	市供销社优秀购销员
何甫铭	宁波市慈城供销社	市供销社优秀购销员
沈林祥	宁波市江东供销社	市供销社优秀购销员
康良岳	奉化县供销合作社	市供销社信息工作先进个人
胡根连	镇海区供销合作社	市供销社信息工作先进个人
方　翔	慈溪市供销合作社	市供销社信息工作先进个人
1989年		
姓　名	所在单位	荣誉称号
卢月华	余姚市日杂公司	全国商业劳动模范
倪腾千	慈溪市周巷供销社	全国商业劳动模范
王安宁	宁波市供销合作社	商业部信息工作先进个人
周享康	鄞县古林供销社	省供销社优秀主任（经理）
吴万源	北仑区郭巨供销社	省供销社优秀主任（经理）

续表

1989 年		
姓　名	所在单位	荣誉称号
陈志明	余姚市梁弄区供销社	省供销社优秀主任（经理）
王均维	慈溪市特产公司	省供销社优秀主任（经理）
黄国光	象山县爵溪供销社	省供销社优秀主任（经理）
葛龙川	宁波市农资公司	省供销社优秀主任（经理）
孟庆华	慈溪市龙山供销社	省供销社优秀主任（经理）
倪腾千	慈溪市周巷供销社	省供销社优秀主任（经理）
翁博凯	慈溪市观城棉花加工厂	省供销社优秀主任（经理）
王均维	慈溪市特产公司	省供销社优秀主任（经理）
赖爱莲	象山供销大厦	省供销社优秀主任（经理）
朱宏明	象山县丹城供销社	省供销社优秀主任（经理）
朱宏明	象山县丹城供销社	省供销社优秀主任（经理）
陈龙海	慈溪市冷冻厂	省供销社优秀厂长
方　翔	慈溪市供销合作社	省供销社优秀信息员
张凤仙	余姚市供销合作社	市级保密工作先进个人
章威亚	宁海县供销合作社	市级保密工作先进个人
马安根	慈溪市浒山棉花收购站	宁波市优秀棉检员
陈秋芬	余姚市泗门棉花收购站	宁波市优秀棉检员
张亚珍	余姚市低塘棉花收购站	宁波市优秀棉检员
孙维军	慈溪市三管棉花收购站	宁波市优秀棉检员
葵庭训	慈溪市淹浦棉花收购站	宁波市优秀棉检员
毛藕花	余姚市临山棉花收购站	宁波市优秀棉检员
徐存华	宁海县力洋棉花收购站	宁波市优秀棉检员
辛运秋	宁海县长街棉花收购站	宁波市优秀棉检员
奚圣富	象山县林海棉花收购站	宁波市优秀棉检员
贺存章	北仑区新碶棉花收购站	宁波市优秀棉检员
徐建跃	宁波市副食品公司	市供销社优秀党员
傅长安	宁波市土产日杂公司	市供销社优秀党员
徐启康	宁波市特产公司	市供销社优秀党员
王午樵	宁波市农资公司	市供销社优秀党员
杨良斌	宁波市物资回收公司	市供销社优秀党员
龚佩珊	宁波市供销合作社	市供销社优秀党员
王安宁	宁波市供销合作社	商业部优秀信息员
康良岳	奉化市供销合作社	市供销社优秀信息员
胡连根	镇海区供销合作社	市供销社优秀信息员
方　翔	慈溪市供销合作社	市供销社优秀信息员

续表

1990 年		
姓 名	所在单位	荣誉称号
夏朝霞	鄞县古林供销合作社	被商业部追认为全国商业劳动模范
夏朝霞	鄞县古林供销合作社	被省政府追认为烈士
夏朝霞	鄞县古林供销合作社	被市政府追认为市级劳动模范
徐志耀	鄞县古林供销合作社	市级劳动模范
张保安	宁波市果品食杂公司	商业部优秀思想政治工作者
王安宁	宁波市供销合作社	商业部信息先进工作者
汪存芳	宁波畜产品公司	全国商业安全行车百万公里标兵
王午樵	宁波市农资公司	全国商业安全行车百万公里标兵
顾秀凤	鄞县邱隘供销社	省供销社先进工作者
张秀清	鄞县鄞江供销社	省供销社先进工作者
倪腾千	慈溪市周巷供销社	省供销社先进工作者
翁博凯	慈溪市观城棉花加工厂	省供销社先进工作者
陈冠和	鄞县姜山供销社	省供销社先进工作者
王均维	慈溪市特产公司	省供销社优秀经理
陈龙海	慈溪冷冻厂	省第二届优秀青年厂长
王安宁	宁波市供销合作社	全国供销社优秀信息员
王安宁	宁波市供销合作社	省供销社优秀信息员
徐国槐	慈溪市供销合作社	省供销社优秀信息员
郑锡敏	镇海区骆驼供销社	省供销社财会先进个人
张战英	宁波市供销合作社	市级扶贫工作先进个人
刘玲玲	余姚市供销社职工学校	市成人教育先进工作者
陈国华	鄞县供销社职工学校	市成人教育先进工作者
王定军	慈城供销合作社	市成人教育先进工作者
徐建耀	宁波市副食品公司	市供销社优秀党员
郝进才	宁波市果品公司	市供销社优秀党员
张保安	宁波市果品公司	市供销社优秀党员
李才源	宁波市工业品公司	市供销社优秀党员
赵国运	宁波市再生资源回收利用公司	市供销社优秀党员
杨良斌	宁波市物资回收公司	市供销社优秀党员
王荣甫	宁波市华达汽车服务公司	市供销社优秀党员
商德芳	宁波市特产公司	市供销社优秀党员
贺国忠	宁波市畜产公司	市供销社优秀党员
陈连舫	宁波市农资公司	市供销社优秀党员
邱镇基	宁波市化肥经营处	市供销社优秀党员
龚佩珊	宁波市供销合作社	市供销社优秀党员
徐国槐	慈溪市供销合作社	市供销社优秀信息员

续表

1990 年		
姓　名	所在单位	荣誉称号
康良岳	奉化市供销合作社	市供销社优秀信息员
胡连根	镇海区供销合作社	市供销社优秀信息员
裘国庆	象山县供销合作社	市供销社基建管理先进个人
李士忻	镇海区供销合作社	市供销社基建管理先进个人
王　凯	北仑区供销合作社	市供销社基建管理先进个人
房淑贤	宁波市副食品公司	市供销社基建管理先进个人
金益斐	宁波市供销合作社	市供销社基建管理先进个人
1991 年		
姓　名	所在单位	荣誉称号
夏朝霞	鄞县古林供销社	商业部见义勇为先进分子
王安宁	宁波市供销合作社	全国供销社信息工作先进工作者
何祺荣	鄞县姜山供销社	商业部先进会计工作者
黄信德	慈溪市冷冻厂	商业部科学技术管理先进工作者
史琳珠	鄞县育王楼饭店	商业部饮服业优秀服务员
虞伟达	慈溪市观城供销社	省供销社先进工作者
胡焕剑	慈溪供销大厦	省供销社先进工作者
屠世荣	慈溪市浒山棉花加工厂	省供销社先进工作者
陈龙海	慈溪冷冻厂	省供销社先进工作者
骆守坤	慈溪市横河供销社	省供销社先进工作者
陈仁根	镇海区贵驷供销社	省供销社先进工作者
戴安定	宁海县异型铜材厂	省供销社先进工作者
仇若申	宁海县长街供销社	省供销社先进工作者
叶宗湖	宁海县一市供销社	省供销社先进工作者
顾秀凤	鄞县邱隘供销社	省供销社先进工作者
陈秀英	鄞县钱湖供销社	省供销社先进工作者
周万荣	鄞县大嵩供销社	省供销社先进工作者
朱国良	鄞县鄞江供销社	省供销社先进工作者
陈才华	鄞县酿造厂	省供销社先进工作者
董永琪	奉化市供销合作社	省供销社先进工作者
莫嘉康	奉化市江口供销社	省供销社先进工作者
竺鹏飞	奉化市溪口供销社	省供销社先进工作者
邵援朝	象山县食品汤料厂	省供销社先进工作者
王禄西	象山县定山供销社	省供销社先进工作者
陈吉林	象山县石浦供销社	省供销社先进工作者
郁功安	北仑区郭巨供销社	省供销社先进工作者
胡旭光	北仑区柴桥供销社	省供销社先进工作者

续表

1991 年		
姓　名	所在单位	荣誉称号
谢隆昌	余姚市泗门供销社	省供销社先进工作者
张鸿林	余姚市泗门棉加工厂	省供销社先进工作者
张秀秀	余姚市工业品总公司商场	省供销社先进工作者
朱亦君	余姚市第三棉纺织厂	省供销社先进工作者
徐桂荣	余姚市茶厂	省供销社先进工作者
徐启康	宁波市特产公司	省供销社先进工作者
陈敏伟	宁波市果品食杂公司	省供销社先进工作者
朱国强	宁波市慈城供销社	省供销社先进工作者
骆守坤	慈溪市横河供销社	省供销社先进工作者
屠世荣	慈溪市浒山棉花加工厂	省供销社先进工作者
何祺荣	鄞县姜山供销社	省供销社先进会计工作者
蔡信泰	慈溪市周巷供销社	省供销社先进会计工作者
郑锡敏	镇海区骆驼供销社	省供销社先进会计工作者
董善祥	奉化市供销合作社	省供销社先进会计工作者
陈志常	北仑区供销合作社	省供销社先进会计工作者
郑尚明	象山县南庄供销社	省供销社先进会计工作者
徐挂荣	余姚市供销社茶厂	省供销社先进会计工作者
史琳珠	鄞县育王楼饭店	省供销社饮服业优秀服务员
王安宁	宁波市供销合作社	省供销社优秀信息员
姚后焕	余姚市供销合作社	省供销社优秀信息员
毛汉成	奉化市供销合作社	省供销社优秀信息员
朱财旭	象山县供销合作社	省供销社优秀信息员
徐国槐	慈溪市供销合作社	省供销社优秀信息员
夏云晓	慈溪市供销合作社	省供销社优秀信息员
陈赤敏	慈溪市供销合作社	省供销社优秀信息员
金秉义	宁波市副食品公司	市供销社优秀党员
张保安	宁波市果品公司	市供销社优秀党员
傅长安	宁波市土产日杂公司	市供销社优秀党员
徐启康	宁波市特产公司	市供销社优秀党员
刘信德	宁波市农资公司	市供销社优秀党员
赵国平	宁波市再生资源回收利用公司	市供销社优秀党员
柳琴珍	宁波市物资回收利用公司	市供销社优秀党员
贺纹波	宁波市土产日杂公司	市供销社职工教育先进个人
陈亚珍	宁波市果品食杂公司	市供销社职工教育先进个人
毛成汉	奉化市供销合作社	市供销社优秀信息员
张国龙	鄞县供销合作社	市供销社优秀信息员

续表

1992 年		
姓　名	所在单位	荣誉称号
王安宁	宁波市供销合作社	商业部信息先进工作者
欧　波	象山供销大厦	全国饮食服务业优秀营业员
欧　波	象山供销大厦	省供销社饮食服务业优秀营业员
杨慧英	余姚市龙山宾馆	省供销社饮食服务业优秀营业员
史琳琳	鄞县育王楼饭店	省供销社饮食服务业优秀营业员
虞伟达	慈溪市观城供销社	省供销社先进工作者
夏云晓	慈溪市供销合作社	省供销社优秀信息员
姚后焕	余姚市供销合作社	省供销社优秀信息员
毛成汉	奉化市供销合作社	省供销社优秀信息员
张国龙	鄞县供销合作社	省供销社优秀信息员
姚后焕	余姚市供销合作社	市供销社优秀信息员
夏云晓	慈溪市供销合作社	市供销社优秀信息员
毛成汉	奉化市供销合作社	市供销社优秀信息员
傅长安	宁波市土产日杂总公司	市级劳动模范
朱国富	宁波市慈城供销社	市级先进（生产）工作者
陈　炯	宁波市华达汽车服务公司	市级先进（生产）工作者
陈连舫	宁波市农资公司	市级先进（生产）工作者
张仁甫	宁波市江东供销社	市级先进（生产）工作者
毛诚志	宁波市土产日杂公司	市级抗台救灾先进个人
林修鸿	宁波市供销合作社	市级离休干部先进个人
董祖奋	慈溪市供销合作社	市级老干部工作先进个人
陈建南	宁海县供销合作社	市级老干部工作先进个人
叶家园	象山县南田供销社	市级关心下一代先进个人
孔繁励	宁波市供销合作社	市级关心下一代先进个人
郑根甫	宁波市供销合作社	市"双基"教育先进个人
李国勇	奉化市供销合作社	市"双基"教育先进个人
郑善璋	北仑区供销合作社	市"双基"教育先进个人
王亚琴	宁海县供销合作社	市"双基"教育先进个人
1993 年		
姓　名	所在单位	荣誉称号
励慧芳	宁波市供销合作社	国内贸易部政务信息先进组织者
王安宁	宁波市供销合作社	国内贸易部政务信息先进工作者
丁惠红	余姚市龙山商场	全国商业系统青年服务能手
黄兴龙	宁波市供销合作社	全国供销社物价统计优秀报告员
陈志明	余姚市梁弄供销社	省供销社劳动模范
庄巨坤	余姚市龙山商场	省供销社劳动模范

续表

1993 年		
姓　名	所在单位	荣誉称号
李厚悌	北仑区特产公司	省供销社劳动模范
胡焕剑	慈溪市供销合作社	省供销社劳动模范
许龙水	慈溪市长河供销社	省供销社劳动模范
周瑞纲	宁波市兴宁装饰市场	省供销社劳动模范
樊岳定	奉化市溪口供销社	省供销社劳动模范
黄继华	鄞县供销合作社	省供销社劳动模范
王惠民	鄞县邱隘供销社	省供销社劳动模范
朱晓锟	鄞县大嵩供销社	省供销社劳动模范
丁杰敬	象山县石浦供销社	省供销社劳动模范
陈　炯	宁波汽车服务有限公司	省供销社劳动模范
傅长安	宁波市土产日杂总公司	省供销社劳动模范
陈龙海	慈溪市冷冻厂	省级企业家
林修鸿	宁波市供销合作社	市关心下一代工作先进个人
王安宁	宁波市供销合作社	省供销社优秀信息员特别荣誉奖
夏云晓	慈溪市供销合作社	省供销社优秀信息员
刘信德	宁波市农资公司	市供销社优秀党员
傅长安	宁波市土产日杂公司	市供销社优秀党员
徐启康	宁波市特产总公司	市供销社优秀党员
黄锡义	宁波美乐门商城	市供销社优秀党员
乐志明	宁波南苑饭店	市供销社优秀党员
赵国平	宁波市再生资源总公司	市供销社优秀党员
陈敏伟	宁波市果品总公司	市供销社优秀党员
严万龙	宁波市供销合作社	市供销社优秀党员
柯慧敏	宁波市果品总公司	市级优秀工会工作者
王德润	宁波市特产总公司	市级优秀工会工作者
温流生	宁波市化肥经营处	市级优秀工会工作者
张银兰	宁波市土产日杂公司	市级优秀工会工作者
缪宏章	宁波市农资公司	市财贸系统优秀工会工作者
胡爱云	宁波市物资回收利用公司	市财贸系统优秀工会工作者
钱　军	宁波市果品总公司	市财贸系统优秀工会工作者
毕宝珠	宁波市副食品公司	市财贸系统优秀女工工作者
陈亚珍	宁波市土产日杂公司	市财贸系统先进女职工
刘玲玲	宁波市慈城供销社	市财贸系统先进女职工
夏云晓	慈溪市供销合作社	市供销社优秀信息员
毛成汉	奉化市供销合作社	市供销社优秀信息员
洪定迪	鄞县供销合作社	市供销社优秀信息员

续表

1994 年		
姓　名	所在单位	荣誉称号
陈龙海	慈溪市冷冻厂	国内贸易部劳动模范
章张庆	慈溪市庵东供销社	全国供销社系统优秀棉质员
郑根富	宁波市供销合作社	国内贸易部优秀信息员
励慧芳	宁波市供销合作社	国内贸易部优秀组织者
郑根富	宁波市供销合作社	省供销社系统优秀信息员
夏云晓	慈溪市供销合作社	省供销社系统优秀信息员
钟永土	鄞县供销合作社	省财贸系统优秀工会工作者
周立成	余姚市供销合作社	省财贸系统优秀工会工作者
陈敏伟	宁波市果品总公司	市级优秀党员
徐国荣	宁波市供销社	市级扶贫工作先进个人
徐启康	宁波市特产总公司	市供销社优秀党员
刘信德	宁波市农资公司	市供销社优秀党员
乐志明	宁波南苑股份有限公司	市供销社优秀党员
王朝晖	宁波美乐门商城	市供销社优秀党员
陈敏伟	宁波市果品总公司	市供销社优秀党员
柳琴珍	宁波市物资回收利用公司	市供销社优秀党员
盛　珍	宁波市再生资源总公司	市供销社优秀党员
童国强	宁波市土产日杂总公司	市供销社优秀党员
周善海	宁波华达汽车服务有限公司	市供销社优秀党员
郑奋玉	宁波市供销合作社	市供销社优秀党员
夏云晓	慈溪市供销合作社	市供销社优秀信息员
洪定迪	鄞县供销合作社	市供销社优秀信息员
姚后焕	余姚市供销合作社	市供销社优秀信息员
郑根富	宁波市供销合作社	宁波市党委系统优秀信息员
1995 年		
姓　名	所在单位	荣誉称号
胡明杰	镇海区供销社	省供销社劳动模范
陈爱生	象山供销大厦	省供销社劳动模范
刘信德	宁波市农资公司	省供销社劳动模范
朱祥堂	北仑区大碶供销社	省供销社劳动模范
陈爱生	象山供销大厦	省供销社劳动模范
郑秋培	宁海县农资公司	省供销社劳动模范
樊岳定	奉化市溪口供销社	省供销社劳动模范
任昌棋	余姚市购物中心	省供销社劳动模范
谢隆昌	余姚市泗门供销社	省供销社劳动模范
顾乃儿	慈溪市庵东供销社	省供销社劳动模范

续表

1995 年		
姓　名	所在单位	荣誉称号
虞伟达	慈溪市观城供销社	省供销社劳动模范
励慧芳	宁波市供销合作社	国内贸易部信息工作先进组织者
郑根富	宁波市供销合作社	国内贸易部信息工作先进个人
胡汉平	余姚市农资公司	全国农资系统先进个人
林亚芬	宁波高合羽绒制品公司	国内贸易部优秀质量工作者
章涨庆	慈溪市庵东供销社	全国供销社优秀棉检员
徐启康	宁波市特产总公司	省供销社优秀企业家
王惠民	鄞县邱隘供销社	省供销社企业管理先进个人
顾祖庆	北仑大碶供销社	省供销社企业管理先进个人
樊岳定	奉化溪口供销社	省供销社企业管理先进个人
刘信德	宁波市农资公司	市级劳动模范
朱祥堂	北仑区大碶供销社	市级劳动模范
胡明杰	镇海区农资公司	市级劳动模范
黄继华	鄞县供销合作社	市级劳动模范
朱晓锟	鄞县大嵩供销社	市级劳动模范
陈爱生	象山供销大厦	市级劳动模范
郑秋培	宁海县农资公司	市级劳动模范
樊岳定	奉化市供销合作社	市级劳动模范
任昌祺	余姚市购物中心	市级劳动模范
谢隆昌	余姚市泗门供销社	市级劳动模范
顾乃儿	慈溪市庵东供销社	市级劳动模范
虞伟达	慈溪市观城供销社	市级劳动模范
周　凯	宁波市供销合作社	省供销社优秀信息员
郑根甫	宁波市供销合作社	省供销社优秀信息员
夏云晓	慈溪市供销合作社	省供销社优秀信息员
丁麟被	象山县供销合作社	省供销社优秀信息员
吴直益	宁海县供销合作社	省供销社优秀信息员
柴美月	宁波市供销合作社	市信访工作先进个人
黄兴龙	宁波市供销合作社	市备春耕工作队先进个人
陈敏伟	宁波市果品总公司	市级优秀共产党员
励慧芳	宁波市供销合作社	市重才爱才先进个人
周　凯	宁波市供销合作社	市政务信息工作优秀信息员
郑根甫	宁波市供销合作社	市政务信息工作优秀信息员
吕纪明	鄞县供销合作社	市级优秀政工师
张保安	宁波市副食品公司	市级优秀政工师
缪宏章	宁波南苑商社	市创建文明卫生城市先进个人

续表

1995 年		
姓　名	所在单位	荣誉称号
韩惠康	宁波市土产日杂总公司	市创建文明卫生城市先进个人
黄锡义	宁波美乐门商城	市财贸系统创建文明卫生城市先进个人
丁惠经	余姚龙山商场	宁波市十大优秀青年
谢　江	宁波美乐门商城	省级优秀团员
陆岳兴	宁波美乐门股份有限公司	市供销社优秀党员
高怀谷	宁波美乐门股份有限公司	市供销社优秀党员
郭翠霞	宁波美乐门股份有限公司	市供销社优秀党员
陈敏伟	宁波市果品总公司	市供销社优秀党员
陈钜君	宁波南苑集团股份有限公司	市供销社优秀党员
朱国光	宁波市特产总公司	市供销社优秀党员
何增国	宁波市农资公司	市供销社优秀党员
童国强	宁波市土产日杂公司	市供销社优秀党员
李德强	宁波市再生资源总公司	市供销社优秀党员
柳琴珍	宁波市物资回收公司	市供销社优秀党员
郑明桂	宁波市华达汽车服务公司	市供销社优秀党员
陈俊元	宁波市供销仓储公司	市供销社优秀党员
包银虎	宁波市供销合作社	市供销社优秀党员
吴直益	宁海县供销合作社	市供销社优秀信息员
姚后焕	余姚市供销合作社	市供销社优秀信息员
夏云晓	慈溪市供销合作社	市供销社优秀信息员
毛成汉	奉化市供销合作社	市供销社优秀信息员
周　凯	宁波市供销合作社	市供销社优秀信息员
郑根甫	宁波市供销合作社	市供销社优秀信息员
1996 年		
姓　名	所在单位	荣誉称号
励慧芳	宁波市供销合作社	全国供销社信息工作优秀组织者
周　凯	宁波市供销合作社	全国供销社信息工作先进工作者
屠世荣	慈溪市供销合作社	全国供销合作社教育先进个人
张伟明	鄞县供销合作社	全国工普办工业普查先进个人
虞伟达	慈溪市观城供销社	省供销社劳动模范
顾乃儿	慈溪市庵东供销社	省供销社劳动模范
邵鹏飞	镇海区骆驼供销社	省供销农资科技服务先进工作者
周　凯	宁波市供销合作社	省供销社系统优秀信息员
姚后焕	余姚市供销合作社	省供销社系统优秀信息员
夏云晓	慈溪市供销合作社	省供销社系统优秀信息员
张知中	宁波市供销合作社	省供销社先进会计工作者

续表

1996 年		
姓　名	所在单位	荣誉称号
赵子靖	宁波市物资回收总公司	省供销社先进会计工作者
童存昌	鄞县供销合作社	省供销社先进会计工作者
顾康南	奉化市供销合作社	省供销社先进会计工作者
徐建迪	慈溪市供销合作社	省供销社先进会计工作者
周国华	余姚市供销合作社	省供销社先进会计工作者
邵允亲	宁海县供销合作社	省供销社先进会计工作者
夏银伟	象山县供销合作社	省供销社先进会计工作者
邵鹏飞	镇海区骆驼供销合作社	省供销社农技服务先进工作者
陈瑶瑶	慈溪市供销大厦	市级劳动模范
乐志明	宁波南苑集团	市第二届"十大优秀青年企业家"
励慧芳	宁波市供销合作社	市"重才爱才"先进个人
龚佩珊	宁波市供销合作社	市优秀政工师
吕纪明	鄞县供销合作社	市优秀政工师
应瑞亲	宁海县供销合作社	市优秀政工师
林修鸿	宁波市供销合作社	市关心下一代工作先进个人
朱安子	市特产总公司	市离休干部先进个人
魏傲生	宁波合力贸易发展总公司	市退休干部先进个人
王勤芬	宁波市农资公司	市老干部工作先进个人
张莉萍	宁波美乐门股份有限公司	市供销社优秀党员
王致义	宁波美乐门股份有限公司	市供销社优秀党员
项惠勤	宁波南苑集团股份有限公司	市供销社优秀党员
陈敏伟	宁波市果品总公司	市供销社优秀党员
陈富麟	宁波市特产总公司	市供销社优秀党员
任建宏	宁波市农资公司	市供销社优秀党员
童国强	宁波市土产日杂公司	市供销社优秀党员
唐伟恩	宁波市物资回收公司	市供销社优秀党员
林才森	省农资宁波公司	市供销社优秀党员
金月辉	宁波市供销合作社	市供销社优秀党员
夏云晓	慈溪市供销合作社	市供销社优秀党员
姚后焕	余姚市供销合作社	市供销社优秀党员
丁　麟	象山县供销合作社	市供销社优秀党员
蒋定浩	宁波市供销合作社	市备耕工作先进个人
胡国荣	宁波市供销合作社	市备耕工作先进个人
汪金平	宁波民光商场	市级先进工作者
吴东汉	宁波西凤商场	市级先进工作者

续表

1997 年		
姓　名	所在单位	荣誉称号
黄锡年	宁波美乐门股份有限公司	全国供销社劳动模范
屠世荣	慈溪市供销合作社	全国供销社优秀教育工作者
杨伟方	镇海区供销合作社	全国供销社优秀教育工作者
马长华	慈溪市庵东供销合作社	全国供销社科技兴棉先进个人
陆玛杰	宁波市供销合作社	全国供销社系统信息先进组织者
周　凯	宁波市供销合作社	全国供销社系统信息优秀工作者
胡安康	宁波新江厦商城	省供销社劳动模范
陈敏伟	宁波市果品总公司	省供销社劳动模范
黄宝根	宁波市海曙供销合作社	省供销社劳动模范
胡汉城	北仑区再生资源回收公司	省供销社劳动模范
姜国梁	余姚市供销合作社	省供销社劳动模范
张百旺	慈溪市观城供销合作社	省供销社劳动模范
陈吉林	象山石浦供销合作社	省供销社劳动模范
陈明辉	奉化市农资公司	省供销社劳动模范
裘银芳	宁海县蔬菜公司	省供销社劳动模范
叶得民	镇海区供销合作社	省供销社先进工作者
应永明	象山县供销合作社	省级第三次工业普查先进工作者
陈敛敏	鄞县供销合作社	省级第三次工业普查先进工作者
周　凯	宁波市供销合作社	全省供销社优秀信息员
毛成汉	奉化市供销合作社	全省供销社优秀信息员
姚后焕	余姚市供销合作社	全省供销社优秀信息员
徐建迪	慈溪市供销大厦	省供销社先进会计工作者
黄锡义	宁波美乐门股份有限公司	市级优秀党员
李猛进	宁波市供销合作社	市"路线教育"工作先进个人
严国渚	宁波市再生资源回收利用公司	市社会综治工作先进个人
毛国平	奉化市再生资源公司	市社会综治工作先进个人
王志光	宁波美乐门商城被	市社会综治工作先进个人
茅佶儿	宁波美乐门商城	市三八红旗手
金月辉	宁波市供销合作社	市直机关党工委评为1996—1997年度优秀共产党员
栗茂生	宁波市供销合作社	市级优秀政工师
朱嘉善	余姚市供销合作社	市级优秀政工师
吕纪明	鄞县供销合作社	市级优秀政工师
郎岳卿	宁波市供销合作社	市备春耕工作队先进个人
杨　毅	宁波市供销合作社	市备春耕工作队先进个人
黄兴龙	宁波市供销合作社	市备春耕工作队先进个人

续表

1997 年		
姓　名	所在单位	荣誉称号
王勤芬	宁波市农资公司	市供销社优秀党员
林信国	宁波美乐门商城	市供销社优秀党员
王致义	宁波美乐门商城	市供销社优秀党员
周爱玉	宁波美乐门商城	市供销社优秀党员
陈敏伟	宁波果品总公司	市供销社优秀党员
朱国光	宁波特产棉花公司	市供销社优秀党员
项惠勤	宁波南苑集团有限公司	市供销社优秀党员
陈建成	宁波市土产日杂总公司	市供销社优秀党员
王依明	宁波市再生资源总公司	市供销社优秀党员
唐伟恩	宁波市物资回收公司	市供销社优秀党员
张才定	宁波市华达汽车有限公司	市供销社优秀党员
王天锦	宁波市供销干部学校	市供销社优秀党员
金月辉	宁波市供销合作社	市供销社优秀党员
夏云晓	慈溪市供销社	市供销社优秀信息工作者
丁　麟	象山县供销社	市供销社优秀信息工作者
1998 年		
姓　名	所在单位	荣誉称号
黄锡义	宁波美乐门股份有限公司	省供销社"敬岗爱岗"劳动模范
倪腾千	慈溪市周巷供销社	省供销社"敬岗爱岗"劳动模范
鲍作益	宁海县环城供销社	省供销社"敬岗爱岗"劳动模范
张百旺	慈溪市观城供销社	省供销社"敬岗爱岗"劳动模范
黄继华等339名职工	宁波市供销社系统	省供销社"敬岗爱岗"干部职工,其中县级供销社主任3人,基层供销社主任26人
乐志明	宁波南苑集团股份有限公司	省优秀企业者
龚佩珊	宁波市供销合作社	省劳动厅劳动保障统计先进个人
周　凯	宁波市供销合作社	省供销社优秀信息员
夏云晓	慈溪市供销合作社	省供销社优秀信息员
童方霖	宁海县供销合作社	省供销社优秀信息员
朱国光	宁波市茶叶联合公司	市级先进生产(工作)者
郎岳卿	宁波市供销合作社	市级扶贫工作先进个人
杨　毅	宁波市供销合作社	市级退休干部先进个人
闻光兴	宁波市供销合作社	市级退休干部先进个人
林修鸿	宁波市供销社关协	市级退休干部先进个人
楼承渝	宁波美乐门商城	市财贸系统职业道德标兵
赵冬波	宁波南苑饭店	市财贸系统职业道德标兵
柴美月	宁波市供销社	市档案局档案目标管理先进个人

续表

1998 年		
姓　名	所在单位	荣誉称号
何增国	宁波市农资公司	市供销社优秀党员
项惠勤	宁波南苑集团有限公司	市供销社优秀党员
顾黎民	宁波市特产总公司	市供销社优秀党员
胡余忠	宁波市特产总公司	市供销社优秀党员
邹伟兴	宁波美乐门商城	市供销社优秀党员
邵建嘉	宁波市土产日杂总公司	市供销社优秀党员
詹立明	宁波市土产日杂总公司	市供销社优秀党员
陈建成	宁波市土产日杂总公司	市供销社优秀党员
陈敏伟	宁波市果品总公司	市供销社优秀党员
乐兴发	宁波市再生资源总公司	市供销社优秀党员
唐伟恩	宁波市物资回收公司	市供销社优秀党员
张才定	宁波市华达汽车有限公司	市供销社优秀党员
朱国光	宁波市茶叶公司	市供销社优秀党员
洪定迪	鄞县供销合作社	市供销社优秀信息员
夏云晓	慈溪市供销合作社	市供销社优秀信息员
童方霖	宁海县供销合作社	市供销社优秀信息员
1999 年		
姓　名	所在单位	荣誉称号
陈敏伟	宁波市果品总公司	市级优秀共产党员
王　洪	宁波美乐门商城	市供销社优秀党员
裘雪琴	宁波美乐门商城	市供销社优秀党员
毛坚志	宁波美乐门商城	市供销社优秀党员
虞积凡	宁波美乐门商城	市供销社优秀党员
徐大成	宁波市农资公司	市供销社优秀党员
钟利达	宁波南苑集团有限公司	市供销社优秀党员
张静静	宁波南苑集团有限公司	市供销社优秀党员
陈小辉	宁波南苑集团有限公司	市供销社优秀党员
胡余忠	宁波市特产总公司	市供销社优秀党员
金财来	宁波市土产日杂总公司	市供销社优秀党员
陈敏伟	宁波市果品总公司	市供销社优秀党员
孔国峰	宁波市再生资源总公司	市供销社优秀党员
唐伟恩	宁波市物资回收公司	市供销社优秀党员
徐涛被	宁波海田国际贸易有限公司	市供销社优秀党员
张才定	宁波市华达汽车有限公司	市供销社优秀党员
朱国光	宁波市茶叶公司	市供销社优秀党员
王前线	宁波市供销合作社	市供销社优秀党员

续表

1999年		
姓　名	所在单位	荣誉称号
严万龙	宁波市供销合作社	浙江投资贸易洽谈会宁波团先进个人
周　凯	宁波市供销合作社	省供销社系统优秀信息员
夏云晓	慈溪市供销合作社	省供销社优秀信息员
岑中力	慈溪市供销合作社	省供销社优秀信息员
胡国雄	宁波市供销合作社	市级扶贫工作先进个人
邬群飞	宁波市北仑商厦	省级劳动模范
陈飞燕	宁波美乐门商城	市财贸系统"十佳"职业道德标兵
夏云晓	慈溪市供销合作社	市供销社优秀信息员
岑中力	慈溪市供销合作社	市供销社优秀信息员
宓　岚	象山县供销合作社	市供销社优秀信息员
洪定迪	鄞州区供销合作社	市供销社优秀信息员

2000年		
姓　名	所在单位	荣誉称号
孟新霞	宁波南苑饭店	市级劳动模范
陈龙海	浙江海通食品集团公司	省级经济管理大师
周　凯	宁波市供销合作社	省供销社系统优秀信息员
夏云晓	慈溪市供销合作社	省供销社系统优秀信息员
姚后焕	余姚市供销合作社	省供销社系统优秀信息员
宓　岚	象山县供销合作社	市供销社系统优秀信息员
赵国丰	宁波市农资公司	市供销社优秀党员
金财来	宁波市土产日杂总公司	市供销社优秀党员
陈敏伟	宁波市果品总公司	市供销社优秀党员
李德祥	宁波市再生资源总公司	市供销社优秀党员
唐伟恩	宁波市物资回收利用公司	市供销社优秀党员
朱国光	宁波市茶叶联合公司	市供销社优秀党员
竺　波	宁波市南苑集团股份公司	市供销社优秀党员
张静静	宁波市南苑集团股份公司	市供销社优秀党员
虞积凡	宁波市美乐门集团公司	市供销社优秀党员
林胜国	宁波市美乐门集团公司	市供销社优秀党员
裘雪琴	宁波市美乐门集团公司	市供销社优秀党员
邹伟兴	宁波市美乐门集团公司	市供销社优秀党员
胡余忠	宁波市特产公司	市供销社优秀党员

2001年		
姓　名	所在单位	荣誉称号
周信浩	宁波市供销合作社	全国供销社2000—2001年度政务社务信息先进组织者

续表

2001 年		
姓　名	所在单位	荣誉称号
周　凯	宁波市供销合作社	全国供销社 2000—2001 年度政务社务信息先进工作者
周　凯	宁波市供销合作社	省供销社系统优秀信息员
童方霖	宁海县供销合作社	省供销社系统优秀信息员
周　凯	宁波市供销合作社	宁波市党委系统信息工作先进个人
虞积凡	宁波美乐门股份有限公司	市级优秀共产党员
朱嘉善	余姚市供销合作社	市级优秀党务工作者

2002 年		
姓　名	所在单位	荣誉称号
周　凯	宁波市供销合作社	全国供销社政务社务信息先进工作者
郑根富	宁波市供销合作社	省供销社系统积极信息员
岑中力	慈溪市供销合作社	省供销社系统积极信息员
虞积凡	宁波美乐门集团公司	市级优秀共产党员

2003 年		
姓　名	所在单位	荣誉称号
贝跃东	宁海县供销合作社	全国供销社劳动模范
项瑞贵	宁波市农业生产资料公司	2001—2003 年市级劳动模范
黄党生	宁波市供销合作社	市级综治先进个人

2004 年		
姓　名	所在单位	荣誉称号
周　凯	宁波市供销合作社	全国供销社政务信息工作先进个人
张战英	宁波市供销合作社	"中国·宁波茶文化节"先进个人
吴蒙棣	余姚市供销合作社	"中国·宁波茶文化节"先进个人
郑根富	宁波市供销合作社	省供销社系统优秀信息员
宓　岚	象山县供销合作社	省供销社系统积极信息员
谢冬对	宁波市供销合作社	市创建国家卫生城市先进个人
张伟男	慈溪市供销合作社	省供销社"爱岗敬业"主任

2005 年		
姓　名	所在单位	荣誉称号
刘初萌	宁波市供销合作社	全国供销社会计基础工作先进个人
郑根富	宁波市供销合作社	省供销社积极信息员
杨焕江	宁波南苑集团股份有限公司	市级优秀共产党员
赵国丰	宁波市农资公泰丰分公司	市级优秀共产党员
忻红兵	宁波市再生资源总公司	市"三车"集中整治工作先进个人
周信浩	宁波市供销合作社	市直机关工会优秀工会之友

续表

2005 年		
姓　名	所在单位	荣誉称号
王前线	宁波市供销合作社	市直机关工会优秀工会积极分子
董传铭	象山县供销合作社	省供销社发展专业合作社先进个人
2006 年		
姓　名	所在单位	荣誉称号
周信浩	宁波市供销合作社	省供销社"爱岗敬业"主任
杨世华	宁波新江厦商城	省供销社先进个人
金月辉	宁波市供销合作社	省先进老干部工作者
柴美月	宁波市供销合作社	市级先进保密工作者
2007 年		
姓　名	所在单位	荣誉称号
吴建裕	宁波市供销合作社	全国供销社政务信息工作先进个人
岑中力	慈溪市供销合作社	全国供销社政务信息工作先进个人
岑中力	慈溪市供销合作社	省供销社积极信息员
林志明	慈溪大众出租汽车公司	全国出租车服务明星
吴建裕	宁波市供销合作社	《宁波年鉴》先进撰稿人
2008 年		
姓　名	所在单位	荣誉称号
王海生	宁波海田国贸有限公司	全国供销社劳动模范
吴建裕	宁波市供销合作社	省供销社政务信息工作先进个人
林志明	慈溪大众出租汽车公司	省出租车服务明星
朱爱富	宁波市再生资源行业协会	省供销社先进工作者
岑中力	慈溪市供销合作社	省供销社系统优秀信息员
杨世华	宁波新江厦超市连锁公司	省供销社"千万工程"建设先进个人
朱爱富	宁波市再生资源行业协会	省职业技能培训鉴定工作先进个人
张碧英	宁波市供销合作社	2008—2009年市直机关优秀机关妇女会干部
黄党生	宁波市供销合作社	市安全隐患排查治理工作先进个人
陈龙海	浙江海通集团有限公司	市财办系统"风云甬商"
2009 年		
姓　名	所在单位	荣誉称号
徐建宏	慈溪市益大禽业有限公司	全国"十大"合作、创业模范
徐建宏	慈溪市益大禽业有限公司	全国百佳农产品经纪人
陈龙海	浙江海通集团有限公司	全国"十大"合作、创业模范
陈龙海	浙江海通集团有限公司	全国百佳农产品经纪人
徐振海	上海甬海农产品有限公司	全国"十大"合作、创业模范
徐振海	上海甬海农产品有限公司	全国百佳农产品经纪人
徐传满	象山红柑橘专业合作社	市第一届优秀农产品经纪人

续表

2009 年		
姓　名	所在单位	荣誉称号
王坚军	余姚河姆渡茭白专业合作社	市第一届优秀农产品经纪人
沈忠宝	慈溪宝绿蔬菜专业合作社	市第一届优秀农产品经纪人
章　丽	象山英姿果蔬专业合作社	市第一届优秀农产品经纪人
陈采校	宁海益陆水车萝卜专业合作社	市第一届优秀农产品经纪人
谢月飞	余姚月飞兔业养殖场	市第一届优秀农产品经纪人
沈海涛	北仑绿岛农业开发有限公司	市第一届优秀农产品经纪人
裘银玲	慈溪市一方土蔬菜超市	市第一届优秀农产品经纪人
周红勇	鄞州滨海蔬菜专业合作社	市第一届优秀农产品经纪人
钟　辉	鄞州绿洲果业专业合作社	市第一届优秀农产品经纪人
徐振海	象山东海水产专业合作社	市第一届优秀农产品经纪人
宋光明	奉化香茗农产品经销中心	市第一届优秀农产品经纪人
王玲玉	镇海玲玉蔬菜专业合作社	市第一届优秀农产品经纪人
干焕宜	余姚市味香园葡萄合作社	省供销社劳动模范
徐建宏	慈溪市益大禽业专业合作社	省供销社劳动模范
卢利群	慈溪市海通集团股份公司	国家科技部优秀工作者
吴建裕	宁波市供销合作社	省供销社优秀信息员
岑中力	慈溪市供销合作社	省供销社优秀信息员
苏　瑜	余姚市供销合作社	省供销社优秀信息员
沈亚雅	宁海县供销合作社	省供销社优秀信息员
岑松乔	慈溪市供销合作社	省优秀农村指导员
林志明	慈溪大众出租汽车有限公司	省出租汽车服务明星
张战英	宁波市供销合作社	中国食品博览会先进个人
钟毅君	宁波市供销合作社	市实施"中提升"战略先进个人
黄党生	宁波市供销合作社	市社会综合治理工作先进个人
张培芳	慈溪大酒店	省财贸系统特色品牌服务先进个人
2010 年		
姓　名	所在单位	荣誉称号
吴建裕	宁波市供销合作社	省供销社社务信息先进个人
岑中力	慈溪市供销合作社	省供销社社务信息先进个人
苏　瑜	余姚市供销合作社	省供销社社务信息先进个人
沈亚雅	宁海县供销合作社	省供销社社务信息先进个人
胡引飞	慈溪市惠农果蔬专业合作社	市级劳动模范
钟亚春	象山县丰盈农机专业合作社	市级劳动模范
干焕宜	余姚味香园葡萄专业合作社	市级劳动模范
王露明	宁波市供销合作社	中国食品博览会先进个人
吴建裕	宁波市供销合作社	市直机关党员学习网先进个人

续表

2010 年		
姓　名	所在单位	荣誉称号
吴美春	宁波市供销合作社	市直机关党员学习网先进个人
裘国璋	宁波市供销合作社	市直机关党员学习网先进个人
谢冬对	宁波市供销合作社	市直机关党员学习网先进个人
金妩萍	慈溪大酒店	宁波市"首席工人"

2011 年		
姓　名	所在单位	荣誉称号
裘银芳	宁海县蔬果市场	全国百强农产品经纪人
余建元	慈溪市果品公司	全国百强农产品经纪人
胡引飞	慈溪市惠农果蔬合作社	全国百强农产品经纪人
史利明	鄞州区供销合作社	省供销社先进工作者
莫加康	奉化市农资有限公司	省供销社先进工作者
徐振海	象山县东海水产合作社	省供销社先进工作者
柯建成	北仑甬港废旧物质交易市场有限公司	省供销社先进工作者
赵忠尧	余姚市供销合作社	省供销社先进工作者
忻红兵	宁波市再生资源协会	省供销社先进工作者
刘　波	宁波市供销合作社	省供销社系统优秀信息员
岑　力	慈溪市供销合作社	省供销社系统优秀信息员
苏　瑜	余姚市供销合作社	省供销社系统优秀信息员
王仲义	奉化市供销合作社	省供销社系统优秀信息员
沈亚雅	宁海县供销合作社	省供销社系统优秀信息员
钟毅君	宁波市供销合作社	市直机关优秀党员
赵健何	宁波市供销合作社	市级优秀农村工作指导员
黄锡义	宁波市供销合作社	市实施"中提升"战略先进个人
赖福宁	宁波市供销合作社	市级优秀离退休干部
田启郎	宁波市供销合作社	全国民族教育知识竞赛纪念奖
谢冬对	宁波市供销合作社	市公共节能知识竞赛优胜奖
王前线	宁波市供销合作社	省供销社系统摄影优秀奖

2012 年		
姓　名	所在单位	荣誉称号
赵国丰	宁波市甬丰农资公司	全国供销合作社劳动模范
裘银芳	宁海县蔬果品市场	全国百强农产品经纪人
张志青	象山石浦亿亨活鲜水产合作社	全国百强农产品经纪人
刘　波	宁波市供销合作社	全国供销社信息工作先进个人
许骞月	慈溪市供销合作社	全国供销社信息工作先进个人
胡引飞	慈溪市惠农果蔬专业合作社	2010—2012 年度市级劳动模范
钟亚春	象山县丰盈农机专业合作社	2010—2012 年度市级劳动模范

续表

2012 年		
姓　名	所在单位	荣誉称号
赵健何	宁波市供销合作社	省优秀农村工作指导员
刘　波	宁波市供销合作社	省供销社系统优秀信息员
许骞月	慈溪市供销合作社	省供销社系统优秀信息员
桂晓波	余姚市供销合作社	省供销社系统优秀信息员
王露明	宁波市供销合作社	中国食品博览会先进个人
裘国璋	宁波市供销合作社	中国食品博览会先进个人
裘银芳	宁海县蔬菜果品市场有限公司	省百强农民经纪人
张志青	象山石浦亿亨活鲜水产公司	省百强农民经纪人
徐海波	奉化市环球花木专业合作社	省百强农民经纪人
虞如坤	奉化市银龙竹笋专业合作社	省百强农民经纪人
韩昌茂	宁波鑫亿鲜活水产有限公司	省百强农民经纪人
沈忠宝	慈溪市宝绿蔬菜专业合作社	省百强农民经纪人
徐卫军	慈溪市高科果蔬专业合作社	省百强农民经纪人
陈正江	余姚临山味香园葡萄合作社	省百强农民经纪人
张文沛	象山能大果蔬专业合作社	省百强农民经纪人
章　丽	象山县英姿果蔬专业合作社	省百强农民经纪人
童鹏军	鄞州区绿明蔬菜专业合作社	省百强农民经纪人
裘银芳	宁海县蔬菜果品市场	省百强农民经纪人
裘银芳	宁海县蔬菜果品市场	市第二届十佳农产品经纪人
张志青	象山石浦亿亨活鲜水产公司	市第二届十佳农产品经纪人
徐海波	奉化市环球花木专业合作社	市第二届十佳农产品经纪人
韩昌茂	宁波鑫亿活鲜水产有限公司	市第二届十佳农产品经纪人
沈忠宝	慈溪市宝绿蔬菜专业合作社	市第二届十佳农产品经纪人
徐卫军	慈溪市高科果蔬专业合作社	市第二届十佳农产品经纪人
陈正江	余姚临山味香园葡萄合作社	市第二届十佳农产品经纪人
张文沛	象山能大果蔬专业合作社	市第二届十佳农产品经纪人
章　丽	象山英姿果蔬专业合作社	市第二届十佳农产品经纪人
童鹏军	鄞州区绿明蔬菜专业合作社	市第二届十佳农产品经纪人
虞如坤	奉化市银龙竹笋专业合作社	市第二届十佳农产品经纪人
钟毅君	宁波市供销合作社	2010—2012年市级机关优秀共产党员
赵国丰	宁波市甬丰农资公司	2010—2012年市级机关优秀共产党员
赵健何	宁波市供销合作社	市政府信息公开先进个人
2013 年		
姓　名	所在单位	荣誉称号
王宗宝	奉化市再生资源行业协会	市社会组织先进个人

续表

2013 年		
姓　名	所在单位	荣誉称号
裘国璋	宁波市供销合作社	"中国食品博览会"先进个人
赖福宁	宁波市供销合作社	市级优秀离退休干部党员

2014 年		
姓　名	所在单位	荣誉称号
沈忠宝	慈溪市宝绿蔬菜合作社	全国百强农产品经纪人
刘　波	宁波市供销合作社	全国供销社信息报送先进个人
裘银芳	宁海县蔬菜果品市场有限公司	全省十大优秀经纪人
刘　波	宁波市供销合作社	省供销社信息宣传工作先进个人
孙海霞	余姚市供销合作社	省供销社信息宣传工作先进个人
叶　韩	慈溪市供销合作社	省供销社信息宣传工作先进个人
葛梦婕	宁海县供销合作社	省供销社信息宣传工作先进个人
张亚被	鄞州惠农农产品展销中心	市第三届十佳农产品经纪人
陈海珍	宁波都市农业园区海珍家庭农场	市第三届十佳农产品经纪人
王　巍	宁波海通时代农业有限公司	市第三届十佳农产品经纪人
虞如坤	奉化银龙竹笋专业合作社	市第三届十佳农产品经纪人
曹华明	慈溪甬佳蜜梨专业合作社	市第三届十佳农产品经纪人
郑仁能	宁波能大食品有限公司	市第三届十佳农产品经纪人
汪国文	余姚舜昌瓜果专业合作社	市第三届十佳农产品经纪人
陈刚满	宁海海山丰水产养殖专业合作社	市第三届十佳农产品经纪人
俞忠宝	镇海绿安"菜篮子"配送公司	市第三届十佳农产品经纪人
何军科	北仑白峰双石蘑菇专业合作社	市第三届十佳农产品经纪人

2015 年		
姓　名	所在单位	荣誉称号
叶建国	宁海县建国枇杷专业合作社	全国供销社劳动模范
诸建立	余姚市供销合作社	全国供销社"红背篓"奖
刘　波	宁波市供销合作社	全国供销社系统信息报送先进个人
徐建宏	慈溪市益大禽业有限公司	市级卓越企业家
许跃进	鄞州区洞桥南瑞粮机合作社	市现代农业领军人才奖
陈龙海	宁波海通食品有限公司	市现代农业领军人才奖
郑荣希	镇海区繁荣瓜果蔬菜试验示范场	市现代农业领军人才奖
傅伟尧	余姚临山味香园葡萄合作社	市现代农业领军人才奖
裘银芳	宁海县蔬菜果品市场有限公司	市现代农业领军人才奖
赖福宁	宁波市供销合作社	市级优秀离退休干部先进个人

第二章　供销人物

永不消逝的彩霞
—— 记鄞州区古林供销社商场会计夏朝霞烈士

夏朝霞，女，1967年6月8日出生在鄞州区洞桥镇王家桥村的一个农民家庭里。1988年，21岁的夏朝霞从台州供销学校毕业，分配到古林供销社任商场会计。1990年9月11日晚，歹徒潜入古林供销社办公楼伺机行窃，被夏朝霞盘诘追查而行凶。夏朝霞不畏强暴，奋起搏斗，终因被刺7刀，流血过多，当场壮烈牺牲，年仅23岁。

夏朝霞牺牲后，鄞县县委发出《关于在全县广泛深入开展学习夏朝霞、徐志耀两同志英雄事迹活动的决定》，号召全县干部群众广泛深入地开展学习夏朝霞英雄事迹的活动。县人民政府发出《关于表彰擒获"9·11"案件凶犯有功人员和单位的通报》。给予夏朝霞同志记大功一次。鄞县供销合作社印发《关于掀起向夏朝霞、徐志耀两同志学习热潮的决定》的通知。中共宁波市供销合作社委员会发出《关于在全市供销社系统广泛深入地开展学习夏朝霞、徐志耀两同志英雄事迹活动的决定》。省供销合作社联合社、中国财贸工会浙江省委员会作出《关于在全省供销社系统开展向夏朝霞同志学习的决定》。浙江省人民政府批准夏朝霞同志为革命烈士。浙江省委批准，省委组织部文件批复，追认夏朝霞为中共党员。中商部、中国财贸工会全国委员会追认夏朝霞为全国商业劳动模范。

夏朝霞从台州供销学校毕业，分配到古林供销社任商场会计工作以后，为尽快提高业务水平，社里组织下基层供销点工作，她总嚷着要去。一次，她跟着主办会计钱建成在布政乡结束盘点时，已近下班时间。下一个供销点是礼嘉桥，离布政乡还有五六公里路。钱建成怕她一个女孩子走这么多路吃不消，执意要她回家去。可夏朝霞却十分执拗："我年纪轻轻的，没关系。"供销社商场成立了两个为乡镇企业服务的业务组后，经理曾担心地问她："小霞，业务组一成立你增加了两份工作量，吃得消吗？""我可以利用晚上的时间加班，没事！"大家都夸她人缘好，因为她关心同志，乐于助人。供销社商场里大部分都是女职工，常因晚上要带小孩或家务多而脱不开身。她知道后，总是主动提出"我来替你值班吧"。工作两年来，她总共代同事值了180多个夜班。当同事领来夜班费要给她时，她却坚持不肯收。

对待父母，她也是尽孝尽义。还在台州读书时，她写过一篇《人为什么活着》的文章，发表在校报上，拿到了10元钱的稿费。放假回家时，她用这10元钱买了两盒双宝素送给了妈妈。单位里有时分点小菜，她会特地骑一个多小时的自行车，从古林赶到洞桥，送给父亲下酒。有这样的好女儿，哪个父母会不感到由衷的欣慰！曾有同事看她经常值班，开玩笑地问过她："如果坏人闯入，你会不会害怕？"她毫不含糊地回答："不怕，我要同他拼到底，大不了做个烈士！"一语成谶，噩耗传来，她身中7刀，倒在血泊中……

一路行来，一路歌
——记宁波市供销合作社离休干部林修鸿

林修鸿，男，1926年12月出生，1942年2月参加革命，1946年6月加入中国共产党，1984年12月离休，离休前为宁波市供销社副主任。从工作岗位上退下来以后，他始终牢记党的宗旨，时刻铭记自己作为一名共产党人的责任和义务。曾任市新四军历史研究会副会长、江北区新四军历史研究会会长，市关心下一代工作委员会常务理事、市供销社关心下一代协会会长。同时还担任市里多家中小学校的课外辅导员、市供销社离休干部党支部书记等职。

积极投身革命传统教育

林修鸿曾亲历过抗日战争、解放战争，在战火纷飞的年代转战大江南北，经受革命战争的洗礼和考验，他的成长史，就是一部革命斗争史。但是他从不居功自傲。离休后，他谢绝一些单位的高薪返聘，专注于革命传统教育工作，他以亲身经历告诉人们，千万不要忘记先烈用鲜血和生命打下的江山，换来今天安定幸福的生活。从1990年6月至2008年，他共作各类宣传教育报告182场，受教育人数达78979人次。有一次他应邀去位于北郊乡的工读学校作报告，不巧天下大雨，当70多岁的他顶着风雨骑自行车来到学校，已是全身湿透，分不清身上有多少是汗水，有多少是雨水。报告还没开始，就让全校的师生备受感动。他作报告时，会场里更是鸦雀无声，他的经历让好多孩子热泪盈眶。1997年为迎接香港回归和庆祝建军70周年，林修鸿连续到鄞县古林职业中学等10所学校，向1700多名学生作革命传统报告，给学生们讲述孟良崮战役、淮海战役和渡江作战等战斗事迹，使青少年受到生动的爱国主义教育。2006年，在保持共产党员先进性教育中，林修鸿主动承担起宣传任务，先后为江北区多个机关部门的党员作了革命传统宣讲。每年他都要频繁参加各类爱国主义宣传教育活动，全市机关、学校、社区到处活跃着他的身影，工作似乎比在职时更忙了。每次宣讲，他都认真准备，力求最佳效果，那血与火撰写的革命历史和荡气回肠岁月中弥坚可贵的精神，激励教育着人们。

情系下一代青少年的成长

林修鸿把关心下一代工作作为自己义不容辞的义务。林修鸿是市关心下一代工作委员会常务理事，也是市供销社关心下一代协会会长。他深知要做好这项工作，必须健全各类组织。在供销系统各级党组织的大力支持下，尽管下属单位大幅度调整变化，但系统关协网络却不断发展壮大，已成立关协组织15个，成员251人，形成一支强大的思想政治工作队伍。在他的组织与推动下，宁波美乐门股份有限公司的关协分会通过"为贫困失学儿童献爱心""离休干部和青年团员结对子"等活动，使关协活动丰富多彩，涌现了一批先进集体和个人：1995年宁波美乐门商城家交电商场和1996年宁波南苑集团总机班，被评为省级"青年文明号"；1997年，宁波南苑集团股份有限公司总经理当选为"浙江省杰出青年"。

作为一名校外辅导员，不管哪家学校组织活动，他都积极参加。几十年来，他带领学生进梁弄，走龙观，跑遍了四明山的山山水水，给学生们讲解当年的艰苦战斗生活。有一年，市关工委组织夏令营到爱国主义教育基地——镇海海防遗址金鸡山进行爬山活动，那天骄阳似火，林修鸿不顾年老体弱，振作精神、奋力攀登,他那不怕苦不畏艰难的作风,使同学们深受教育,永难忘怀。1999年夏天,省关工委等有关单位为宁波市青少年学生免费治疗近视、远视,他主动请缨,在镇明中心小学治疗点,他每天早上5:30赶到学校,一直忙到中午。短短一个月,有6批次共计360名学生接受治疗。他主动热情,不计报酬,体现了老一辈对青少年的一片爱心。

记录亲历的战争

林修鸿把整理、挖掘新四军历史资料作为自己离休后工作的一项重要内容。他在市新四军研究会为理清一段浙东新四军斗争历史,不顾年高多病,多方奔走,查找资料,核实背景,寻访战友,力求还历史以真实。他先后完成数十篇回忆录,为宁波地区革命斗争历史增添许多珍贵资料。2006年,为配合江北区委的一次抗战课题调研工作,林修鸿和其他15名老同志深入街道、镇、社区,调查了解75岁以上老人7461人,到市档案馆查阅报刊、档案、计报纸72本,卷宗1629卷,历时四个多月。

林修鸿离休20余年中,不遗余力地发挥着自己的光和热。他的行动得到广大人民群众的高度赞扬,他的工作成效受到组织部门的充分肯定,他的事迹多次在市级媒体上报道,他多次被评为老干部先进个人。他用自己的实践,展现出新时期老共产党员的光辉形象。

林修鸿于2009年10月生病住院后,一直在病榻上与病魔作顽强斗争,还时常关注供销社事业的发展。2015年2月,林修鸿终因病去世,对他的逝世除了深切地哀悼外,更多的是怀念其作为一名共产党员的高尚风格和供销情怀。他的事迹激励着每一个供销人。

胡国森
—— 乡亲们的贴心人

胡国森,余姚市临山供销社主任,在长达40年的为农服务中,历经供销社从辉煌到改制,从留守处理遗留问题到创业发展的艰苦历程。胡国森是农民的贴心人,他牢记入党诺言,工作以来利用业余时间,认真研读农业增产增效的有关知识和有关农业工作的方针、政策,努力提高自己为农服务的本领,走村入队,开展田间指导,帮助农民增产增收。胡国森是农村合作经济的"领跑者",他坚持为农服务宗旨,自2005年担任临山供销社主任后,与农资公司合作,创办基层供销社第一家经营的农资店和庄稼医院,通过增设销售网点、预约登记送货上门、开展技术咨询、举办农技培训,提高服务能力,深受当地农民的信赖,成为临山、黄家埠等地农资经营的龙头企业,共建35个农资连锁网点。据统计,2005—2012年共为集体创利400万元,让利于农民40万元。2013年6月,余姚市供销社党委决定率先对临山供销社采取"基层社+公司"相结合的模式进行改造,当时胡国森已办理退休,面对多家涉农企业高薪聘请,他毫不动摇,服从市社党委留用决定,主动承担起供销社为农服务的职责。转型升级后的临山供销社,经济效益和社会效益稳步提升,在年度考核中名列全市基层社第一。胡国森同志模范地展示一个共产党员、基层干部正确的群众观、权力观、事业观,是自觉践行群众路线的典型代表,被评为第四届宁波市道德模范。《中华合作时报》头版头条报道胡国森先进事迹,宁波市委组织部长和余姚市委书记分别作出学习批示,宁波市供销社和余姚市委分别作出向胡国森同志学习的决定。

胡国森,一心做农民的贴心人,他倾听农民的需求,尽心尽力为农民服务。他放弃利益、假期,不计得失,不辞辛劳,一干就是一辈子。"只要大家还需要我,干多少年都可以。农民的利益远远大于自己的小利。我习惯了周六日也天天开门营业,因为农民没有什么周末的概念,不能耽误大家的事。"胡国森如是说。"他给我们推荐的农药都很好用,他说的我们都相信。"这是余姚市江南农庄的一名技术员对胡国森的评价。这份信任,源于胡国森几十年的从业经验,更源于他的热心与负责。

年过六旬的胡国森,已经将自己的美好年华献给了供销合作事业。到了退休年龄后,当地一家农资公司开出了高薪聘请他。与此同时,余姚市供销合作社出台对基层社进行改革的规划。临山镇供销合作社被列为第一个试点,将实现从县社派出机构到完全自主经营的试水,市社领导不约而同地想到他。"他对供销社有感情,在农民中有口碑,作改革试点我们一下就想到他。"余姚市供销社主任诸建立如是说。胡国森再一次选择了供销合作社,这已经是他职业生涯中第三次在供销合作社与别的岗位之间选择。曾经他也可以选择脱离农业,去相对轻松的部门。他被返聘为临山供销合作社主任,这一次是兼职不兼薪。然而他比以前更忙,干得更起劲了。他的手机跟家里的固定电话绑定在一起,确保24小时开机,不管打哪个,都能第一时间找到他。"主要是怕有时候我去开会,有人要农资,误了事。"胡国森说。

赔钱做生意

保障临山镇及周围黄家埠镇的农资供应是临山供销合作社的重要职责之一。在位于临山供销合作社的农资销售中心,胡国森忙碌的身影每天准时出现。"大家都以为这是他自己的店呢,厂家送来化肥、农药,都是胡主任自己卸货,从这里送出去的每一批货也是他自己装车。"店里的会计这样说,"我劝他花200块钱找个人帮忙装卸一下,他都舍不得。"60多岁的人,胡国森干起活来一点不惜力。难怪周围的人会认为这是他自己承包的农资店。事实上,这是一家农资公司与临山供销合作社合作开的分公司。雇人装卸货完全符合公司规定,公司也有法定周末,但是这些福利在这里没有被执行。"我周六日也天天开门,习惯了。"胡国森说,因为农民没有周末概念,不能耽误了大家的事。

不光周末不歇业,连大年三十、正月初一他都在工作。葡萄产业是临山的重要农业产业之一,农膜是重要的农业生产资料。农膜生产厂家只负责生产标准规格的农膜。但是农民的地块不都是标准的地块。如果使用标准农膜,会增加成本;要是让厂家专门生产符合自己地块规格的,数量太少,厂家要多收费,成本反而更高。"你们能不能根据地块的大小生产农膜呀?"有一个农户向胡国森说道。这不经意的话,被他记在了心里。他开始跑厂家沟通,要求根据地块量身定制不同规格的农膜,而且不能加价。厂家哪能轻易答应他的这个要求。在他的反复沟通后,出于对他的尊重和信任,厂家答应了他的要求。但是有一个条件,就是要延后生产,等标准农膜的生产全部完成之后,才能进行这批定制农膜生产。胡国森答应了,这解决了农民的问题,却给自己带来了很大的工作量,他开始挨家挨户地丈量地块、记录数据。等到腊月廿四第一批农膜到店后,他又挨家通知预约的农户取货,一直忙到灯火通明的夜晚。接下来的几天里,天天有到货,一直忙到大年三十晚上,胡国森才拖着疲惫的身子,伴着噼里啪啦的鞭炮声回到家。

大年初一,胡国森一大早起来又要去店里开门,老伴劝他歇一歇,他说习惯了,坐不住。"我知道过年期间家里的劳力都回来了,很多家庭会趁大家都在的时候一起帮忙搭农膜,所以一定会有农资需求的。"果不其然,从初一开门,他就没有闲下来过。整个正月里,他天天一身工作服从早忙到晚,没有穿一天新衣服。最后一算账,这批农膜不仅没有涨价,反而比平时还降了。原来是他自己因为丈量土地的误差,搭进去一笔钱。"我都看不下去了,说老胡,你不能这样,辛苦半天还赔钱。他自己却笑笑说,没关系,没关系,也没多少钱。"诸建立难掩对他的敬意。

农民贴心人

胡国森从部队退伍回来后被分配到临山镇供销社,在物资紧缺的计划经济年代,为了确保当地的农资供应,他四处寻找有指标的厂家。在那个交通还不方便的年代,需要一天一夜的路途奔波、辗转换乘,才能到达厂家所在地;需要跟厂家软磨硬泡,才能签订供销协议。但是协议的签订并不代表能及时拿货,每到"春耕""双夏"等农资需求旺季来临之前,胡国森就要出差去催货和发货。在化肥厂附近的小旅馆,他经常一住就是一个月,连儿子出生都没能赶回去。正是因为这样的付出,当地农业生产一天也没有因农资短缺而耽误。

市场经济多年后,不用再为找货源东奔西跑了,但农资市场又出现了新问题。五花八门的农资产品让农民无所适从:化肥、农药使用不当造成的颗粒无收,剧毒农药带来的后续危害……胡国森看在眼里,急在心上。他主动实现了从农资供应向庄稼医生的角色转换,通过自学取得宁波市供销合作社系统"庄稼医生"中级职称。从此,宣传科学种植、安全生产,为农作物把脉开方成为他"额外"的重要工作内容。在他的"妙方"拯救下,临山镇临海村村民沈海潮因为用药浓度超标差点绝收的葡萄重返葱茏;当地数千亩丰收在即却突遭冰雹的葡萄,化险为夷,最终硕果累累。

多年奔波在乡间,胡国森对这片沃野充满深情,对辛勤劳作的农民更是饱含深情。他在调研中发现,当地农民种植棉花收入比较低,如果改种毛豆、榨菜每亩地可以多收入500元至700元。于是他向当地的镇政府提出产业结构调整的建议。政府采纳他的意见,农民增收了,他的农资销售却因此受到影响。有人笑话他"也不知道图什么",他却一笑而过:"农民的利益远远大于自己的小利。"

60多岁的老胡到了含饴弄孙、安享清静的年纪,可是他选择另一种生活方式。作为基层社主任,胡国森除了保障农资、做好庄稼医生外,还组织农民组建合作社、找市场、跑销路,任何一项工作他都很卖力。他说:"只要大家还需要我,干多少年都可以。"

第十二篇

丛 录

一、重要文献

中共中央、国务院关于深化供销合作社改革的决定

中发〔1995〕5号

深化供销合作社改革,是发展社会主义市场经济的需要,是整个农村改革的重要方面,对于加强农业基础地位,建立和完善农业社会化服务体系,促进城乡经济发展,密切党和政府与农民群众的联系,巩固工农联盟,具有重要意义。各级党委、政府要高度重视,切实抓紧抓好。

一、深化供销合作社改革是一项重要的紧迫任务

农业、农村和农民问题始终是我国社会主义建设事业的根本问题。供销合作社是农民的合作经济组织。40多年来,供销合作社在为农服务、促进城乡物资交流、保障市场供给等方面做了大量工作,作出了重要贡献。随着整个经济体制改革的推进,供销合作社改革也进行了有益的探索,取得了一定成绩。实践证明,农业和农村是供销合作社生存和发展的基础,供销合作社是繁荣农村经济的重要力量。重视、加强供销合作社,农村、农民就得利受益;忽视、削弱供销合作社,农业、农民就受到损害。从这个意义上说,供销合作社的问题实质上是农业、农村、农民的问题。

当前,我国农业和农村经济正向社会主义市场经济发展,广大农民迫切要求提供各种经济、技术、信息服务联合起来进入市场,国家也需要对农村经济加强指导和调控。供销合作社应该在这些方面发挥作用,担当起责任。但是,由于种种原因,目前供销合作社体制不顺,缺乏经营活力,为农服务观念淡薄,服务工作削弱,基层社经营严重困难,没有起到它应有的作用。这种状况与农村经济发展和农民群众的要求很不适应,与建立社会主义市场经济体制的目标很不适应。如果不尽快改变,供销合作社就会脱离广大农民群众,性质就会改变,功能就会萎缩,组织就会消亡。因此,必须把深化供销合作社改革作为当前农村经济体制改革和经济发展的一项重要的紧迫任务。

中央认为,深化供销合作社改革的总体思路是:从农村经济发展的需要,从建立社会主义市场经济体制的要求,从供销合作社自身改革的迫切需要出发,紧紧围绕把供销合作社真正办成农民的合作经济组织这个目标,抓住理顺组织体制、强化服务功能、完善经济机制、加强监督管理和给予保护扶持等五个环节,以基层社为重点,采取切实有力的政策措施,使供销合作社真正体现农民合作经济组织的性质,真正实现为农业、农村和农民提供综合服务的宗旨,真正成为加强党和政府与农民密切联系的桥梁和纽带。

二、坚持把供销合作社真正办成农民的合作经济组织

在党和政府的领导下,把供销合作社真正办成农民的合作经济组织,是深化改革的根本目标,也是改革能否成功的关键。要实现这个目标,最重要的是做到三个坚持:必须坚持供销合作社集体所有制性质。要保证入社农民共同所有财产,共同享受权益,共同承担责任和义务。供销合作社集体财产不能量化到人,不能分掉。一些地方存在的任意平调和处置供销合作社及所属企业的财产,把供销合作社的财产量化到职工个人,把供销合作社改成股份公司、搞股份合作制的做法,都是违背供销社性质的,必须坚决纠正。要从法律上、体制上、政策上真正体现所有者的地位,保护所有者权益。

必须坚持为农业、农村、农民提供综合服务的办社宗旨。供销合作社作为农民的合作经济组织,主要任务就是围绕建立和完善农业社会化服务体系,做好为农业、农村、农民服务的工作,不断满足农民生产生活中多方面的实际需要,促进农村经济的发展和农民收入水平的提高,把一家一户办不了或不好办的事情办起来,把千家万户的分散经营与大市场连接一起。

必须坚持自愿、互利、民主、平等的合作制原则。要尊重农民的意愿,坚持自愿联合、互利互惠,实行民主管理、民主监督,保证农民在供销合作社活动中的应有权利。

三、理顺供销合作社的组织体制

理顺供销合作社的组织体制,实现供销合作社性质、宗旨、任务的组织保障,是把供销合作社真正办成农民合作经济组织的重要标志。

按照自愿原则,争取更加广泛的农民群众入社,充分体现它的群众性。要坚持农民入社自愿、退社自由,绝不能搞强迫命令。

按照民主的原则,理顺供销合作社的内部管理体制。供销合作社实行代表会议制,设立理事会和监事会。理事会和监事会要有一定比例的社员代表参加。领导成员实行民主选举,职工实行招聘合同制,重大决策实行民主协商,经营管理实行民主监督,充分体现民主性。各级供销合作社的日常工作实行理事会主任负责制。

按照联合的原则,理顺各级供销合作社之间的关系。供销合作社分基层社,县、市联合社,省、自治区、直辖市联合社,全国总社。各级供销合作社之间是自下而上的经济联合关系,内部实行联合社为成员社服务、各级联合社为基层社服务的原则。联合社对成员社负有指导、协调、监督和教育培训人员的责任。

按照政社分开的原则,各级供销合作社退出政府行政机构序列。根据实际需要,可以承担政府委托的任务,行使政府授权的某些职能,列席政府的有关会议。政府依照法律和政策,对其进行指导、协调、扶持、监督。

按照社企分开的原则,理顺各级供销合作社理事会与其所属企业的关系。各级供销合作社理事会是本社集体财产(包括所属事业财产)的所有权代表和管理者;拥有对所属企业主要负责人的聘任和解聘权,企业重大经营、投资活动的审批权,企业经营管理的监督检查权,享有财产受益权,但不干预企业的具体业务活动。各级供销合作社所属企业是独立的企业法人,拥有经营、用工、分配等自主权,实行自主经营、自负盈亏、自我发展、自我约束。

四、强化供销合作社为农服务的功能

各级供销合作社都要把为农服务放在首位,一切活动要围绕建立和完善农业社会化服务体系,做好为农业、农村、农民服务的工作。要牢固树立全心全意为农服务的观念,进一步转变经营作风,改进经营形式,在农产品购销活动中大力发展合同制、联营制、代理制和利润制,与农民建立稳定的购销关系,使农业生产更符合市场需求,使农民得到更多的实惠。要积极拓展服务领域,扩大经营范围,只有有利于满足农业、农村和农民的需要,有利于繁荣城乡经济的活动,供销合作社都应当依法积极去做,有关部门应给予积极支持。

建立和完善农业社会化服务体系,是促进农村经济发展的基础建设。各涉农部门和各类农村服务组织都应遵循鼓励竞争、反对垄断、提倡联合、强化服务的原则,互相支持,密切合作。供销合作社要进一步从单纯的购销组织向农村经济的综合服务组织转变,大力发展以加工、销售企业为龙头的贸工农一体化、产供销一条龙经营,带动千农万户连片兴办农产品商品基地和为城市服务的副食品基地,发展农产品加工、储藏、运输业和其他二、三产业,发展专业合作社,积极为农业、农村、农民提供综合性、系列化的经济技术服务,引导农民有组织地进入市场。

要积极扩大对外开放,发展对外经济、贸易、技术合作,引进国外资金、技术和先进的管理经验,不断增加出口创汇。政府有关部门对供销合作社开展对外经济贸易活动,应给予积极支持,并依法管理。

五、完善供销合作社的经营机制

供销合作社的经营机制必须建立在对社员不以营利为主要目的,其他经济活动实行企业化经营,提高经济效益,不断增强自身为农服务实力基础上。

各级供销合作社是自主经营、自负盈亏、独立核算、照章纳税、由社员民主管理的群众性经济组织,具有独立法人地位,依法享有独立进行经济、社会活动的自主权。

供销合作社内部应实行多种形式的经营责任制,不断增强市场竞争意识,搞活企业经营,加强企业管理,提高经济效益。无论实行哪一种经营责任制,都不得改变它的集体所有制性质,都必须确保资产的保值增值,确保社员的经济权益。要进一步改革分配制度,打破"铁饭碗"和平均主义。

要切实加强供销合作社职工队伍的建设。几十年来,供销合作社已经建立起一支庞大的职工队伍,总的讲,这支队伍是好的,在促进城乡经济发展中作出了巨大努力,取得了显著成绩。也应当看到,在发展社会主义市场经济的进程中,职工队伍的现状与其所承担的任务很不适应,必须引起高度重视。各级供销合作社都要把职工队伍建设作为一项基础工作来抓。要加强思想政治工作,关心职工生活,保障职工权益,稳定职工队伍。要办好各类专业院校和培训中心,加强在职职工的业务、技术培训和职业道德教育。要深化劳动用工制度的改革,管理人员实行招聘制,职工实行劳动合同制,对专业技术人员按照国家有关规定评定技术职称。要广泛吸收各类优秀人才,优化人才结构,提高职工队伍素质,更好地肩负起供销合作社的历史重任。

六、加强基层供销合作社建设

基层供销社是供销合作社的基础,是直接体现农民合作经济组织性质和实现为农服务宗旨的基本

环节。基层社办得好不好,对农村经济的繁荣与发展关系重大,也是农民关注的焦点。因此,必须花大力量把基层供销社建设好。

基层供销合作社要办成综合服务组织,根据农民生产生活的需要,急农民所急,想农民所想,办农民所需,做好产前、产中、产后服务,办好村级综合服务站和庄稼医院,及时地、保质保量地做好生产资料供应工作,帮助农民发展专业化生产,开拓市场,扩大经营,解决农民买难卖难问题。基层供销合作社各类门店实行多种形式的经营责任制。除少数"边、小、微、亏"专销生活资料和从事饮食、服务业的门店、柜组外,一律不搞"社有个营"或"社有民营"。

适当调整基层社建社规模,提高规模经营效益。在有条件的地方,要以大集镇为中心建社,实行并社留店,适当扩大经营规模。要以县联社为龙头,广泛开展农产品的"分购联销"和工业品的"联购分销",提高规模效益。联合社的经营所得,要有一定的比例返还给基层社,以加强基层社的建设,增强其为农服务的功能。

加强领导班子建设和民主管理,是办好基层社的关键。要整顿强化基层社领导班子,选拔懂经营、会管理、有开拓精神、作风正派的人员充实基层社的领导班子,并注意吸收农民社员中的优秀分子参加管理。要按照社章规定,按期召开社员代表会议,报告工作,听取意见,接受监督。

七、加强对供销合作社的监督和管理

加强监督和管理,是坚持供销合作社的性质和宗旨、促进供销合作社健康发展的重要保证。供销合作社是农民的合作经济组织,又承担国家赋予的某些经济社会任务,在实际工作中要处理好国家与农民之间的利益关系。供销合作社应建立监事会,其成员由政府有关经济部门负责人、社员代表和专家组成,把内部监督与外部监督结合起来。监事会的主要职能是监督检查党和国家有关方针、政策的执行情况,国家委托的各项经济、社会任务的完成情况,以及代表会议执行情况等,以保证供销合作社坚持正确的办社方向和集体财产的保值增值。

八、加强政府对供销合作社的保护和扶持

供销合作社担负着农村经济、农业生产、农民生活提供系列化服务的重要任务,各级政府要给予保护扶持。要保护供销合作社的财产权益,保障其组织的完整性。任何单位或个人都不得平调它的财产权益,不得随意改变供销合作社及其所属企业的隶属关系。一些地方随意改变供销合作社所属企业隶属关系和将基层社下放给乡(镇)政府的做法,应予以纠正。

各级政府要重视发挥供销合作社的作用,同时要兼顾它的经济利益。供销合作社应积极承担和保质保量完成国家委托的经营业务和社会服务任务。政府委托的任务应保障提供必要的资金,由此发生的政策性亏损应予补偿。供销合作社承担的重要农产品和农业生产资料国家储备任务,所需资金按国家有关规定办理。对供销合作社过去的债务和承担政府委托任务所形成的政策性亏损,由国家计划、财政、审计、银行和新成立的全国供销合作总社共同组织清理,并采取适当措施逐步解决。

鼓励供销合作社向政府承包农业开发项目、扶贫项目。供销合作社应设专门账户,做到专款专用、承贷承还,管好用活资金。

加快对供销合作社的立法工作,用法律、法规形式明确其性质和宗旨,规范其行为,保护其权益。

九、抓紧组建全国供销合作社总社

党中央、国务院决定成立中华全国供销合作总社,组建工作要抓紧进行。新成立的中华全国供销合作总社,是全国供销合作社的联合组织,由国务院领导。它的职能和任务是:负责研究制订全国供销合作社的发展战略和发展规划,指导全国供销合作社的发展和改革;按照政府授权对重要农业生产资料、农副产品经营进行组织、协调、管理;维护各级供销合作社的合法权益;协调同有关部门的关系,指导全国供销合作社的业务活动,促进城乡物资交流;宣传贯彻党中央、国务院有关农村经济工作的方针政策;代表中国合作社参与国际合作社联盟的各项活动。

中华全国供销合作总社设立理事会、监事会,实行理事会主任负责制。理事会、监事会由代表会议选举产生。要本着精简、效能的原则,设立精干的办事机构。

党中央、国务院认为,供销合作社改革不是单纯的流通领域改革,也不单是供销合作社自身的机构改革,而是整个经济体制特别是农村经济体制改革的重要组成部分,涉及城市与农村、工业与农业、生产与流通等各方面的关系,影响面广,政策性强。各级党委、政府应当从全面发展农村经济的大局出发,加强对供销合作体制改革的领导,使这项改革有组织、有步骤、积极稳妥地深入进行,见到实效。

1995年2月27日

国务院关于解决当前供销合作社几个突出问题的通知
国发〔1999〕5号

各省、自治区、直辖市人民政府,国务院各部委、各直属机构:

《中共中央、国务院关于深化供销合作社改革的决定》(中发〔1995〕5号,以下简称中央5号文件)下发以来,各级供销合作社围绕真正办成农民合作经济组织的目标,进行了大量的探索,取得了一定成绩。当前,农业和农村经济发展很快,农产品和农业生产资料供应充裕,棉花、化肥流通体制发生重大变化,农村市场多元化的格局已经显现。亿万农民走向市场迫切需要有力的组织和正确的引导。但是,目前供销合作社经营机制不活,为农服务功能不强,人员负担及债务包袱沉重,亏损不断增加,难以适应农业和农村新形势的要求。必须按照党的十五届三中全会提出的要求,进一步深化供销合作社改革,着力解决当前最突出的几个问题。现就有关问题通知如下:

一、坚持合作经济方向,着力解决当前存在的突出问题

发展合作经济,是坚持以公有制为主体、多种所有制经济共同发展基本经济制度的需要。随着农村改革的深化和经济的发展,供销合作社的作用应当加强,不能削弱。中央5号文件提出把供销合作社办成农民的合作经济组织,指明了供销合作社改革的方向。对此,要坚定不移。但实现这一目标是个长期的过程,需要逐步推进。深化供销合作社改革,要从现阶段农村生产力发展的实际出发,大胆探索合作经济的多种实现形式。当前最重要的是针对供销合作社存在的突出问题,尽快扭转效益下滑、亏损增

加、经营萎缩的被动局面,清理整顿社员股金,防范和化解金融风险。通过改革,使供销合作社建立起自主经营,自负盈亏的经营机制,更好地为农服务,为进一步发展合作经济奠定坚实的基础。

二、改造基层社,创造条件逐步办成农民的合作经济组织

基层社应直接体现为农服务宗旨和合作经济性质。要通过清产核资,重新认定社员的合法权益,实行民主管理,民主监督,利益共享,风险共担。理事会、监事会成员由社员民主选举产生,真正做到民有、民管、民享。基层社要完善经营机制,自主经营,自负盈亏,加强内部管理,降低经营费用,提高经济效益。对扭亏无望、资不抵债的基层社依法实施破产。破产基层社的国家正式职工纳入当地的再就业工程。

基层社要努力开拓城乡市场,拓宽为农服务领域,增强为农服务功能。要充分发挥在农村流通领域的优势,从当地实际出发,围绕农业生产的主导产业和骨干产品,把生产、加工、销售等环节联成一体,带领千家万户农民走向市场。要尊重农民意愿,凡农民需要的商品和服务,都要积极组织经营。对国家专营商品,专营部门应尽量委托基层社在农村代购代销。

三、进一步理顺各级联社的组织管理体制

供销合作社要发挥联结城乡市场的优势,利用现有的城镇网点设施,办好消费合作社。各级地方政府要加强对供销合作社的指导、协调、扶持和监督,但不得干预供销合作社正常的经营活动。供销合作社结构调整、企业改革、再就业工程等需要政府组织协调的,由当地人民政府负责。要切实保护供销合作社的合法权益,不允许随意下达政策性经营任务和进行各种行政摊派。今后凡政府委托供销合作社从事政策性业务,都要事先签订委托合同,明确责任和义务,并确保兑现。银行也要加强资金监管,纠正多头开户问题,确保资金安全。

各级联社在经济上独立承担责任,除国家委托的政策性经营任务外,上级联社不对下级联社下达经营任务。理事会的主要职能是,对成员社进行业务指导,协调与政府部门、社会组织的关系,行使本级社有资产出资人代表职能,监督社有资产保值增值,并按出资额依法享有所有者的资产受益、重大决策和选择管理者的权利。各级联社所办企业在自主经营、自负盈亏的基础上,相互协作,平等竞争。

县联社在发挥供销合作社作用中处于关键环节。县联社要切实加强对基层社的指导、协调和监督,发展为农业产业化服务的龙头企业,提高效益,增强为农服务实力。县联社的理事会人员和机构设置由社员代表大会确定,管理人员由理事会聘任,严格核定人员编制,经费来源仍维持现行渠道。全国供销合作总社和省、市(地)级联社应大力精简机构,减员消肿,所需经费列入同级财政预算,不再向所办企业提取管理费。

四、按照自主经营、自负盈亏的要求,搞活社办企业

社办企业要围绕扭亏增盈加快改革步伐,坚持从实际出发,因地制宜,多种形式,但必须保护出资人权益,不准无偿量化并分掉社有资产。要接受债权银行监督,防止逃废银行债务。要切实加强管理,建立层层负责的扭亏增盈目标责任制,实行与经济效益挂钩的收入分配办法。要大力精简富余人员,减少费用开支。社办企业中下岗分流的国家正式职工纳入当地再就业工程。要着力挖掘现有企业潜力,杜绝盲目铺新摊子。对现有扭亏无望的企业和项目,要下决心停办和退出,尽量减少损失。

各级供销合作社棉花经营企业要全面贯彻落实国务院关于棉花流通体制改革的精神,积极参与市场竞争,实行下岗分流,减员增效,自负盈亏;要通过调整收购网点,减少流通环节和流通费用;要彻底实行政策性业务和经营性业务、主营业务与附营业务严格分开。农业发展银行对棉花收购资金实行"库贷挂钩、封闭运行"。供销合作社棉花企业必须在农业发展银行开立基本账户,不许挤占挪用收购资金,不得再发生新的亏损挂账。国家委托供销合作社棉花企业承担的储备棉任务,要严格核定储备费用和贴息数额并及时拨付;超出核定的费用由企业自行承担;要加强管理,明确责任,确保储备棉安全。鼓励产棉区以供销合作社为依托发展棉花合作组织,与农民结成利益共同体。具备条件的棉花合作组织可直接与大型纺织企业建立稳定的产销关系,实现产供销、贸工农一体化。

供销合作社农资经营企业,要适应化肥市场逐步放开的要求,转变经营机制,努力改善为农服务,在市场竞争中发挥主导作用。国家和地方委托农资企业承担储备任务,要核定储备费用和利息补贴数额。农资企业经营化肥购销业务发生的亏损,一律由企业自行承担。要与化肥生产企业加强营销联系,县以下供销合作社要积极兴办农资专业合作社,并可与当地农技站、土肥站、植保站实行联合服务,优势互补,利益联结,联合兴农。

五、清理社员股金,消除金融隐患

各级供销合作社要认真贯彻《国务院办公厅转发中国人民银行整顿乱集资乱批设金融机构和乱办金融业务实施方案的通知》(国办发[1998]126号)中清理整顿股金的有关政策,对以"保息分红"方式吸收的股金,根据股金的来源、期限,在三年内分期转退,平稳过渡。在清理整顿期间,各地供销合作社一律不得吸收新股金。对经营不善、支付困难的基层社,县联社要及时向当地政府报告,采取切实有效措施,防范和化解可能发生的挤兑风险。全国供销合作总社要根据国家的金融政策尽快修订股金管理办法。

六、妥善处理供销合作社亏损挂账

为促进供销合作社转换经营机制,妥善解决供销合作社亏损挂账,国务院决定成立供销合作社亏损挂账清理核查小组,对供销合作社历史形成的亏损挂账进行全面清理、核查,并按照"分清性质,分清责任,逐级负担"的原则制定具体处理办法,报国务院批准后实施。各级供销合作社要积极配合,根据供销合作社亏损挂账清理核查小组统一制定的方案和表格,据实填报亏损数额和亏损原因,不得更改原始账目。各级政府要全力协助供销合作社亏损挂账清理核查小组做好清理、核查工作,确保此项工作的顺利进行。

1999年1月28日

国务院关于进一步深化棉花流通体制改革的意见

国发[2001]27号

各省、自治区、直辖市人民政府,国务院各部委、各直属机构:

近年来,各地区、各有关部门积极贯彻落实国务院关于棉花流通体制改革的一系列政策措施,取得了初步成效。棉花经营渠道逐步拓宽,棉花购销价格放开并基本由市场形成,国家对棉花市场的宏观调控进一步增强。这对于引导棉花生产,稳定棉花价格,保护农民利益,支持纺织工业发展,发挥了重要作用。但是,当前棉花流通中仍然存在一些突出问题:棉花流通企业尚未真正成为自主经营、自负盈亏的经营实体;多渠道有序竞争的市场格局尚未形成;市场监管不严,棉花质量得不到保证;宏观调控机制不够完善。因此,必须进一步深化棉花流通体制改革,打破经营垄断,鼓励公平竞争,规范市场秩序,提高调控效率,建立适应社会主义市场经济要求的棉花企业经营机制和管理体制,促进棉花生产和纺织工业健康发展。现提出如下意见:

一、放开棉花收购,鼓励公平有序竞争

要打破棉花经营中的行业垄断和地区封锁,实现多渠道经营和有序竞争,充分发挥市场机制在调节棉花生产、流通中的基础性作用。从 2001 年度起,凡符合《棉花收购加工与市场管理暂行办法》规定、经省级人民政府资格认定的国内各类企业,均可从事棉花收购。鼓励获得收购资格的纺织企业及其他各类企业,到新疆等主产棉区跨区直接收购或委托代理收购棉花。严禁任何地区或单位利用划片、设卡等方式限制棉花购销活动,对违反规定的,要严肃处罚并依法追究其当事人及领导者的责任。

二、实行社企分开,加大供销社棉花企业改革力度

在清产核资、界定产权的基础上,将棉花购销、加工企业与供销社彻底分开。供销社各级联社按其出资份额行使出资人代表职能;棉花企业的改革和发展由国家经贸委指导。要通过改组、联合、兼并、出售、股份制及股份合作制等多种形式放开搞活棉花企业,实现自主经营、自负盈亏和自我发展。鼓励纺织企业及其他各类企业参与改组现有棉花企业。对严重资不抵债的企业,依法实施破产。要加大轧花厂布局调整和技术改造力度,淘汰落后、过剩的生产能力。企业改制中,要维护债权人和出资人权益,妥善安置富余职工和离退休人员生活。

要切实减轻棉花企业的历史负担,对企业的政策性亏损挂账,按国务院关于处理供销社亏损挂账的有关规定执行。对纺织企业长期拖欠棉花企业的货款,国家经贸委要会同有关部门进行清理,提出解决办法。

棉花购销、加工企业与供销社彻底分开后,各级联社不得干预棉花企业的经营活动,不得向企业收取任何费用。供销社在棉花企业的出资所得收益,实行专账管理,由同级财政部门监督,用于偿还所欠银行贷款本息、补充企业发展资金和为农服务,严禁挤占挪用。在大力精简机构和人员的基础上,县联社所需经费由同级政府严格核定。

三、实行棉花储备与经营分开,确保储备棉优质安全、经济合作

组建国家储备棉管理公司,实现储备与经营彻底分开。国家储备棉管理公司是具有独立法人资格的国有企业,实行独立运营、垂直管理,负责管理国家直属棉花储备库。国家储备棉管理公司以现有储备机构为基础组建。国家储备棉管理公司由中央管理,具体事宜按有关文件规定办理。国家计委对国家储备棉管理公司实行业务指导。

国家储备棉管理公司要加强科学管理,建立健全各项规章制度。要严格执行国家下达的棉花储备、

进出口及市场调控计划。有关部门要完善储备棉管理办法,形成储优储新、适时轮换机制,确保储备棉的质量和安全。储备棉的出入库继续实行强制性公证检验。全国棉花交易市场要完善交易规则,降低交易费用,扩大会员范围,更好地发挥储备调控的载体作用。

四、加强和改进对棉花市场的宏观调控

要兼顾棉农和纺织企业的利益,综合运用进出口及储备等宏观调控手段,调节棉花供求关系和价格水平,稳定国内棉花市场。国家计委要会同国家经贸委、财政部、外经贸部等有关部门,跟踪研究国内外棉花市场情况,每棉花年度之初,向国务院提出储备棉出入库及进出口年度调控计划及相关政策建议,经批准后,根据市场变化,及时灵活地组织调控,并报国务院备案;要及时搜集和发布棉花供求及价格信息,为棉农、棉花经营企业和纺织企业提供有效的市场指导。

为适应加入世界贸易组织的需要,有效利用国内外棉花资源,要加快改革棉花进出口体制,建立和完善棉花进出口贸易管理制度及关税配额管理制度。逐步赋予具备条件的纺织企业、棉花经营企业、外贸流通企业等各类企业棉花进出口经营权。

五、加强棉花市场管理和质量监督

工商行政管理部门、质量监督部门及其所属纤维质量监督机构要根据各自职能分工,按照《棉花收购加工与市场管理暂行办法》和《棉花质量监督管理条例》,切实加强对棉花购销、加工活动的监督管理,依法维护市场秩序,严厉打击掺杂使假、以次充好等违法行为。对未经资格认定而擅自从事棉花收购、加工的,要坚决取缔。对经资格认定的棉花收购、加工企业,要定期复查,凡丧失资质条件的,取消其营业资格。对轧花机、打包机生产企业进行定期检查,严禁生产、销售和使用国家明令淘汰的小轧花机、土打包机。对违反国家规定的,要依法严肃处罚。各省级人民政府要依据《棉花收购加工与市场管理暂行办法》,结合当地实际制定实施办法,切实加强棉花市场及质量的管理工作。各地不得盲目兴建棉花现货交易市场。要运用现代网络技术,发展远程同步交易,提高交易效率。

纤维检验机构要切实履行职责,严格按照国家有关法规、标准,规范质量检验行为,对出具的检验证书依法承担相应的责任。各类棉花企业要按照国家标准分等级收购和加工棉花,建立健全质量岗位责任及追究制度。纺织企业要加强对棉花采购人员的质量责任管理,坚决杜绝掺假、劣质棉花流入纺织企业。要推行质量举报制度,发动社会力量开展质量监督工作。进一步完善棉花公证检验制度。

六、改进棉花信贷资金管理

适应棉花购销和价格的放开,按照金融体制改革的方向,政策性贷款要逐步退出商品棉经营活动。为保证收购资金供应上的有效衔接和平稳过渡,2001棉花年度棉花信贷资金继续由农业发展银行按现行办法管理。农业发展银行在确保国家储备棉资金供应的同时,对商品棉收购资金,要根据企业资质条件、经营情况和信用等级,进行发放和管理,并积极创造条件,为政策性贷款退出商品棉经营领域做好准备。在具备条件的地方,商业银行要按照信贷资金管理原则,对经省级人民政府资格认定的国内各类棉花企业,积极发放棉花经营贷款。人民银行要做好棉花收购资金供应的协调和指导,避免资金供应上出现真空,影响棉农正常交售棉花。要切实加强棉花信贷资金管理,保证资金安全。对现有供销社棉花企

业拖欠的经营性债务,农业发展银行要制定严格的收贷计划并认真加以落实,防止悬空和逃废。

七、大力推进棉花产业化经营

要以市场为导向,实施科技兴棉,发展订单农业,培育棉农合作组织,积极推进产业化经营。要完善棉花市场信息及生产技术服务体系,引导棉农进行种植结构调整。要加大科技投入,加强优质、高产、适销棉花品种的引进、繁育和推广工作,普及先进植棉技术,优化棉花品种结构,提高棉花质量。要积极发展跨地区、跨所有制、贸工农一体化的棉花企业集团。鼓励纺织企业、棉花经营企业通过建设棉花生产基地、签订长期购销合同等方式,与产棉区结成经济利益共同体,建立从生产、收购、加工、纺织到销售的完整的棉花产业体系。

各级人民政府特别是棉花主产区人民政府,要充分认识进一步深化棉花流通体制改革的重要性和艰巨性,认真宣传、贯彻好这次改革的精神,积极稳妥地组织实施。省级人民政府要切实负起责任,把推进棉花流通体制改革与规范棉花市场秩序、加强棉花质量监督结合起来,常抓不懈。有关部门要加强协作,做好棉花流通体制改革的指导工作。新疆维吾尔自治区人民政府要按照这次棉花流通体制改革的精神,大力推进市场化改革,放开棉花购销与价格,积极发展产业化经营,努力扩大出口,采取有效措施与销区结成稳定的产销关系,促进全国统一开放、竞争有序的棉花市场的形成。

2001年7月31日

中共浙江省委、浙江省人民政府关于深化改革充分发挥供销合作社在新农村建设中重要作用的意见

浙委〔2006〕106号

为进一步深化供销合作社改革,充分发挥其在新农村建设中的重要作用,根据《中共中央、国务院关于推进社会主义新农村建设的若干意见》(中发〔2006〕1号)精神,结合浙江实际,特提出如下意见:

一、坚持把供销合作社办成新型农民合作经济组织的改革方向

(一)充分认识供销合作社在推进社会主义新农村建设、构建和谐社会中的重要作用。合作制是市场经济的一种组织形式,是弱小的市场主体参与市场竞争的必然选择。供销合作社是按合作制原则组织起来、立足农村流通的综合性服务组织,虽然供销合作社的体制几经变化,但仍保留着合作社的主要特征,是沟通城市和乡村、联系工业和农业、连接生产与消费的重要桥梁和纽带,也是党和政府与农民加强联系的重要桥梁和纽带。各级党委、政府要充分认识供销合作社在推进社会主义新农村建设,构建社会主义和谐社会中的重要作用,坚持把供销合作社办成新型农民合作经济组织的改革方向,充分发挥其经营网络、设施、资金、人才等优势,组织和服务农民专业合作社等多种经营主体,大力发展和规范农村社会化服务,提高农民进入市场的组织化程度,促进农村经济社会进步。(二)供销合作社改革发展的重点。在新的历史时期,供销合作社的改革与发展必须继续坚持为农服务方向,在建设新农村、发展现代

农业的大局中谋思路,必须在坚持服务"三农"和合作制原则中求出路,必须在参与兴办专业合作社、农村社区服务业中打基础,必须在构建面向专业合作社的服务平台和联合专业合作社中显作用,必须在联合农业、科技、农村金融等相关部门为农服务和发展现代加工业、现代流通网络中强服务。通过改革和发展,尤其是通过供销合作社与农民专业合作社的结合,把供销社改造成为新型的农民合作经济组织。改革发展的重点:一是积极组建农民专业合作社协会、联合社等联合组织;二是参与兴办农民专业合作社和村级综合服务社,建立为农民生产生活服务的基础组织;三是参与建设农业生产资料连锁经营网和农村日用消费品连锁经营网,提高为农民生产生活提供产品供给服务的能力;四是发展农产品现代加工业和现代流通业,增强农产品销售服务的能力;五是发展再生资源回收利用网络,促进循环经济发展和资源节约型、环境友好型社会建设。

二、巩固和扩大供销合作社的组织基础

(三)切实强化面向专业合作社的服务功能。充分发挥供销合作社的网络、设施、人才和资金等优势,积极组织和带动农民专业合作社的发展。在充分尊重农民意愿的基础上,按照相关法律法规和政策的规定,积极领办或参股农民专业合作社,创造条件参与组建专业合作社协会、联合社等联合组织,以此提高农民进入市场的组织化程度,把供销合作社真正办成农民的合作经济组织。加强与农村信用合作社和农业、科技等部门的协作,构建面向农民专业合作社的服务平台,进一步拓展技术推广、农资供应、市场开拓、信息咨询、资金供给等服务功能,切实与农民群众形成紧密的利益共同体。(四)大力推进基层供销合作社的改革重组。基层供销合作社(以下简称基层社)是直接为农服务的生产经营组织。各地要深入贯彻《浙江省人民政府办公厅关于加快基层供销合作社重组改造的意见》(浙政办发〔2002〕30号)精神,深化基层社改革,在自愿前提下,鼓励基层社职工和农民共同参股,并严格按合作社的原则和供销合作社章程进行管理和运作,把基层社真正办成农民的合作经济组织。要积极开展资产重组,按经济区域建设一批具有较强经济实力的基层社。没有基层社的地方,应组织经济实力较强的基层社开展跨区域服务;也可以依托社有资产,通过农民自愿入股新建基层社。为支持基层社改革,各地制定的国有、集体企业改革的有关政策,基层社都可以参照执行;凡按照农民专业合作社相关规定重组的基层社,可享受农民专业合作社的各项扶持政策。

(五)积极创办村级综合服务社。创办村级综合服务社,是新形势下供销合作社与"三农"结合,参与农村新社区建设的有效途径。各级党委、政府要给予大力支持,并把它作为新农村建设的一个重要内容。鼓励供销合作社与村合作经济组织共同投资村级综合服务社,依托供销合作社经营的日用品和农资连锁网络,结合各部门开展的"千村示范万村整治"工程、村级组织活动场所、农技服务、卫生室、老年活动室、文化室、广电"村村通"等项目建设,形成共建机制,提高资源利用率,使村级综合服务社真正成为综合性、多功能的农村便民服务载体。

三、扎实推进农村现代流通网络建设

(六)建立健全覆盖全省的农资连锁经营网络。进一步发挥供销合作社的农资企业经营优势,积极参与市场竞争,建立健全具有统一采购、跨区域连锁配送功能的大型农资经营龙头企业和覆盖全省农村的连锁经营网络,使农民群众能够买到质优价平的"放心农资"。大力支持符合条件的供销合作社农资

经营企业拓宽农资经营范围,依法开展种子、农机具、饲料、兽药等经营服务,鼓励并支持其与农技部门和农业科研院所合作,开展技术服务,实行技物结合,使之成为基层农技服务的重要力量。各级政府要安排一定的资金,支持供销合作社建设区域配送中心,开展农资连锁经营。

(七)积极参与"千镇连锁超市、万村放心店"工程建设。供销合作社要加快日用消费品流通设施的改造,重点培育一批日用消费品连锁经营的龙头企业,积极参与"千镇连锁超市、万村放心店"工程,大力发展农村日用消费品连锁超市和便利店等新型流通组织,为农民提供物美价廉、安全可靠的商品。各级政府有关部门应优先支持供销合作社建设相关项目。

(八)大力培育农业龙头企业。供销合作社要根据政府的规划,重点在优势农产品和特色农产品集中地兴办专业市场和收购网点,积极鼓励供销合作社与农民群众订立农产品收购合同,发展"订单"农业,逐步形成利益共同体,增强供销合作社在农业产业化经营中的带动能力。大力发展现代交易方式,完善提升供销合作社兴办的农产品批发市场功能,为农产品流通提供更加便捷有效的服务。加强供销合作社兴办的农产品加工企业的技术改造。对供销合作社兴办的流通、加工型企业,优先认定为农业龙头企业并给予相应的扶持。

(九)参与实施"再生资源回收利用网络体系工程"。按照建设节约型社会和发展循环经济的要求,鼓励供销合作社利用传统的废旧物资经营网络,通过整合、完善,提高组织化程度,加强资本联合与业务合作,尽快建成符合环保要求的现代再生资源回收利用体系。各级政府要在项目审批、土地征用、税收政策和资金投入上给予支持。

四、切实加强对供销合作社改革与发展的领导

(十)高度重视供销合作事业的健康发展。各地要认真贯彻中发〔1995〕5号、国发〔1999〕5号文件和省委、省政府有关文件精神,切实加强对供销合作社工作的领导。明确县和县以上供销合作社联合社受同级党委、政府领导,联合社机关参照群团组织机构管理,本着精简高效的原则,核定相应的事业编制。不断深化人事、劳动用工和分配办法的改革。省供销合作社联合社要切实加强对全省供销社工作的指导。

(十一)明确县以上供销合作社联合社工作职责。省、市、县供销合作社联合社应切实履行以下职责:

1. 研究制订并组织实施供销合作社发展战略和规划,指导供销合作社的改革与发展;

2. 参与组织发展农产品行业协会、农民专业合作社和农村综合服务社,构建面向专业合作组织的服务平台;

3. 指导社有企业和基层社开展农业生产资料经营、农副产品购销、日用消费品经营和再生资源回收利用等现代服务网络建设,参与农业产业化经营和农业综合开发等工作;

4. 受政府及有关部门委托,承担重要农业生产资料、棉花和防汛救灾物资等商品的储备;

5. 指导供销合作社的组织制度建设,协调成员社之间的关系,促进合作社的联合与合作,维护供销合作社及其社员的合法权益;

6. 管理、监督本级社有资产,行使社有资产控股、参股企业的资产所有者代表职能,确保社有资产保值增值。

7. 代表本区域供销合作社参加上级社的活动,组织开展与国内外合作组织之间的交流活动;

8.承担同级党委、政府交办的其他工作。

（十二）加强供销合作社领导班子建设。完善社员代表大会和理事会、监事会制度。各级党委选拔供销合作社领导成员，应重视从有供销合作社工作实践或有志于供销合作事业的优秀人员中考察推选，鼓励他们献身于供销合作事业。坚持供销合作社社务公开、民主管理，注意吸收农民专业合作社、农业龙头企业中的优秀经营管理人员参与到各级供销合作社联合社及基层社的理事会、监事会中来。党组织在推荐任免供销合作社联合社的干部时，应听取上一级供销合作社的意见。

认真落实各项改革政策。各级党委、政府要鼓励引导供销合作社通过社有资产在生产经营中服务"三农"，壮大自身实力，并在此基础上以社有资产增值收益的一部分支持农村合作经济的发展。有条件的地方，要积极探索建立通过一定的财政资金扶持，引导供销合作社支持农村合作经济发展的机制。继续执行省委、省政府已经明确的有关扶持供销合作社改革发展的各项政策。在国家政策和法律法规允许的范围内，对供销合作社发展连锁经营和专业合作社给予税收和政策优惠。供销合作社及其各类企业使用的划拨土地转为出让性质土地时，按中央和省对国有、集体企业改制时的同等政策执行。城市建设中涉及供销合作社经营网点拆迁的，在符合有关商业网点规划的前提下，按照"拆一还一"的政策，予以合理补偿。要尊重历史，切实解决各级供销合作社及其企业的土地、房产权属问题。根据国务院部署和财政部等七部门有关处理供销合作社政策性财务挂账的意见精神，由省财政厅牵头研究提出我省供销合作社历史遗留的地方政策性财务挂账处理方案，报省政府批准后实施。

2006年12月13日

国务院关于进一步深化化肥流通体制改革的决定

国发〔2009〕31号

各省、自治区、直辖市人民政府，国务院各部委、各直属机构：

1998年以来，各地区、各有关部门认真贯彻落实《国务院关于深化化肥流通体制改革的通知》（国发〔1998〕39号）精神，积极稳妥地推进化肥流通体制改革，化肥产业得到持续快速发展。为进一步深化化肥流通体制改革，调动各方面参与化肥经营的积极性，不断提高为农服务水平，满足农业生产发展需要，现作出如下决定：

一、放开化肥经营限制。取消对化肥经营企业所有制性质的限制，允许具备条件的各种所有制及组织类型的企业、农民专业合作社和个体工商户等市场主体进入化肥流通领域，参与经营，公平竞争。申请从事化肥经营的企业要有相应的住所，申请从事化肥经营的个体工商户要有相应的经营场所；企业注册资本（金）、个体工商户的资金数额不得少于3万元人民币；申请在省域范围内设立分支机构、从事化肥经营的企业，企业总部的注册资本（金）不得少于1000万元人民币；申请跨省域设立分支机构、从事化肥经营的企业，企业总部的注册资本（金）不得少于3000万元人民币。满足注册资本（金）、资金数额条件的企业、个体工商户等可直接向当地工商行政管理部门申请办理登记，从事化肥经营业务。企业从事化肥连锁经营的，可持企业总部的连锁经营相关文件和登记材料，直接到门店所在地工商行政管理部门申请办理登记手续。

二、规范企业经营行为。化肥经营者应建立进货验收制度、索证索票制度、进货台账和销售台账制度,相关记录必须保存至化肥销售后两年,以备查验。化肥经营应明码标价,化肥的包装、标识要符合有关法律法规规定和国家标准。化肥生产和经营者不得在化肥中掺杂、掺假,以假充真、以次充好或者以不合格商品冒充合格商品。化肥经营者要对所销售化肥的质量负责,在销售时应主动出具质量保证证明,如果化肥存在质量问题,消费者可根据质量保证证明依法向销售者索赔。化肥经营者应掌握基本的化肥业务知识,并应主动向化肥使用者提供化肥特性、使用条件和方法等有关咨询服务。

三、鼓励连锁集约经营。国家鼓励大型化肥生产、流通企业以及具备一定实力和规模的社会资本通过兼并重组等方式,整合资源,发展连锁和集约化经营。对建设和完善区域性化肥交易市场以及化肥储备、经营与现代物流设施的,各级政府要积极予以扶持。化肥交易市场要建立健全化肥产品质量管理制度,不断完善交易规则,有效保护客户的合法权益。

四、强化市场监督管理。各地区和有关部门要切实加强对化肥经营放开后的市场监管工作。农业部门应当定期对可能危害农产品质量安全的肥料进行监督抽查,并公布抽查结果。质检部门要加强化肥生产源头质量监管,加强检查,严厉查处有效含量不足、掺杂使假、标识欺诈、计量违法等行为。工商部门要加强化肥经营主体监管,加大对销售假冒伪劣化肥、虚假广告等坑农害农行为的查处力度,督促经营者建立和完善购销台账、索证索票制度,开展化肥市场信用分类监管,推进化肥市场信用体系建设。价格部门要加强对哄抬价格、串通涨价、价格欺诈以及不按规定明码标价等行为的查处。海关系统要严厉打击化肥走私。各有关部门要加强信息共享,协同开展农资打假,提高行政效能。要大力普及化肥知识,提高农民群众维权能力,畅通举报投诉渠道。要建立健全有关法律法规,依法加强监督管理工作。地方各级人民政府要维护公平竞争的市场秩序,坚决破除地方保护主义。

2009年8月24日

国务院关于加快供销合作社改革发展的若干意见

国发〔2009〕40号

各省、自治区、直辖市人民政府,国务院各部委、各直属机构:

供销合作社是为农服务的合作经济组织,是推动农村经济发展和社会进步的重要力量。加快供销合作社改革发展,对于活跃农村流通,完善商品流通体系,建设现代农业,拉动农村需求,推进社会主义新农村建设,促进形成城乡经济社会发展一体化新格局,具有重大意义。现就新形势下加快供销合作社改革发展的若干问题,提出如下意见:

一、新形势下供销合作社改革发展的目标任务

(一)供销合作社改革发展取得显著成就。近年来,全国供销合作社系统认真贯彻党中央、国务院决策部署,始终坚持为农服务宗旨,不断深化体制改革、创新经营机制、拓展服务领域,全面推进基层社、社

有企业、联合社、经营网络改造,成功实现扭亏为盈,发展活力明显增强,经济实力明显提升,服务能力明显提高,为促进农业发展、农民增收、农村繁荣作出了重要贡献。经过多年改革发展,供销合作社正在从传统经营方式向现代流通业态转变,从单纯购销业务向综合经营服务转变,从单一供销合作向多领域全面合作转变,成为经营性服务功能充分发挥、公益性服务作用不断体现的新型农村合作经济组织。

(二)供销合作社改革发展面临的新形势新任务。当前,我国改革发展进入关键阶段,农村正在发生深刻变革。发展现代农业,要求供销合作社发挥组织体系完整的优势,积极参与构建新型农业社会化服务体系,推进农业产业化经营,提高农民组织化程度;建设社会主义新农村,要求供销合作社发挥扎根基层的优势,广泛凝聚各类社会资源,大力开展农村社区综合服务,不断提高农民的生活质量;扩大国内需求,要求供销合作社发挥流通网络覆盖城乡的优势,加快推进新农村现代流通服务网络建设,改善农村消费环境,开拓农村市场,促进城乡经济社会统筹发展。

(三)供销合作社改革发展的总体要求。新形势下推进供销合作社改革发展,要全面贯彻党的十七大和十七届三中、四中全会精神,以邓小平理论和"三个代表"重要思想为指导,深入贯彻落实科学发展观,坚持为农服务宗旨,坚持社会主义市场经济改革方向,坚持合作制基本原则,大力推进经营创新、组织创新、服务创新,加快构建运转高效、功能完备、城乡并举、工贸并重的农村现代经营服务新体系,努力成为农业社会化服务的骨干力量、农村现代流通的主导力量、农民专业合作的带动力量,真正办成农民的合作经济组织,不断开创中国特色供销合作事业新局面。

二、加快推进供销合作社现代流通网络建设

(四)加快发展农业生产资料现代经营服务网络。依托供销合作社建设一批统一采购、跨地区配送的大型农资企业集团,在粮食主产区和交通枢纽,完善农资仓储物流基础设施,建设区域物流配送中心。加快推进农资连锁经营,大力发展统一配送、统一价格、统一标识、统一服务的农资放心店。支持符合条件的供销合作社从事种子、农机具、成品油等商品经营,办好庄稼医院,面向农民开展各种技术服务。支持供销合作社符合条件的企业,利用现有设施承担化肥、农药等重要物资的国家商业储备、救灾储备任务。

(五)加快发展农村日用消费品现代经营网络。支持供销合作社培育壮大日用消费品连锁骨干企业,加快传统经营网络改造升级,加强区域物流配送中心、连锁超市和便利店等农村零售终端建设,逐步形成县有配送中心、乡有超市、村有便利店的连锁经营体系,营造便利实惠、安全放心的消费环境。鼓励供销合作社发挥"一网多用"优势,依法开展家电、图书、药品、烟花爆竹等连锁经营业务。

(六)加快发展农副产品现代购销网络。支持供销合作社开办的农产品批发市场升级改造和功能提升,增强仓储运输、冷链物流能力,建立健全检验检测、资金结算、信息服务系统。引导供销合作社创新农产品流通方式,推动大型连锁超市与农民专业合作社、生产基地、专业大户等直接建立采购关系,培育品牌产品,降低流通成本,提高流通效率。支持供销合作社在棉花主产区和主销区建设仓储物流设施,符合条件的企业可以接受政府委托,承担国家棉花储备、进出口等任务。鼓励供销合作社承担边销茶、羊毛等储备和经营任务。

(七)加快发展再生资源回收利用网络。鼓励供销合作社积极参与再生资源回收利用体系建设,规范建设社区和村镇回收网点、专业化分拣中心、区域集散交易市场和综合利用处理基地。支持供销合作社有条件的企业依法开展废旧家电、报废汽车等回收拆解业务,形成回收、分拣和加工利用一体化经营

的再生资源回收利用体系,实现再生资源产业化经营、资源化利用和无害化处理。

三、着力强化供销合作社服务功能

（八）加强专业合作服务。立足当地优势资源和特色产业,利用供销合作社人才、网络、设施等条件,采取多种方式积极领办农民专业合作社。带动农民专业合作社开展信息、营销、技术、农产品加工储运等服务,推进规模化种养、标准化生产、品牌化经营,提高农产品质量安全水平和市场竞争力。帮助农民专业合作社开拓市场,开辟合作社产品进超市、进社区、进批发市场的便捷通道。积极参与农民专业合作社示范社建设,加强人员培训,各级财政根据实际情况,给予必要的经费支持。

（九）完善行业协会服务。加强供销合作社系统行业协会建设,增强服务功能,强化行业自律,反映行业诉求,推动行业诚信建设。推进协会内部改革,建立健全规范的运行机制。在农资、棉花、茶叶、果品、食用菌、蜂产品、畜产品、烟花爆竹和再生资源等传统优势领域,重视发挥供销合作社系统行业协会在制定产业政策、行业规划、产品标准等方面的积极作用。

（十）强化农村综合服务。按照政府引导、多方参与、整合资源、市场运作原则,支持供销合作社参与建设主体多元、功能完备、便民实用的农村社区综合服务中心。按照农民生产生活实际需要,进一步拓展服务领域,创新服务方式,在继续搞好农资、农副产品、日用消费品经营基础上,积极开展文体娱乐、养老幼教、劳动就业等服务。各级政府要制定相关扶持政策,推进公共服务向农村延伸,调动社会各方面力量,共同打造农村社区综合服务平台。

四、不断加强供销合作社组织建设

（十一）继续加强基层社建设。基层社是植根农村、贴近农民、强化为农服务的基本环节,只能加强,不能削弱。根据县域经济发展特点和城镇建设规划要求,调整建制,优化布局,改造建设一批辐射带动能力强的基层社。加强基层社民主管理,建立完善社员代表大会制度,引导社员参与基层社经营管理活动,密切与农民社员的经济联系,逐步结成利益共同体。维护供销合作社资产完整性,基层社改制后的剩余资产,由县联社代为行使所有权和管理权。

（十二）增强联合社的服务功能。各级联合社要认真履行指导、协调、监督、服务、教育培训职能。推进开放办社,广泛吸纳各类合作经济组织、龙头企业、专业大户,积极组建行业协会、农产品经纪人协会,为农民专业合作搭建服务平台。强化社有资产监管,切实行使出资人职责,落实资产保值增值责任。积极探索建立与绩效挂钩的激励约束机制,充分调动管理者和经营者积极性。监督社有企业依法合规经营,督促其完善内部管理、加强风险控制。建立健全民主管理制度,按期召开社员代表大会,做好换届选举工作。

（十三）依法维护供销合作社权益。各级供销合作社联合社理事会是本级社集体财产和所属企事业单位财产的所有权代表,任何部门和单位不得随意侵占、平调其财产,不得随意改变供销合作社及其所属企事业单位的隶属关系,保持供销合作社组织体系的完整性。各级政府根据实际需要,积极创造条件,将可以由供销合作社承担的任务和职能委托或赋予供销合作社。县及县以上联合社在严格核定人员的情况下,所需经费列入同级财政预算。对未参照公务员法管理的联合社机关,由地方政府依据有关法律法规,结合实际制定管理办法。

五、积极创新社有企业经营机制

（十四）推动社有企业参与农业产业化经营。供销合作社具有联系农民、产业众多、熟悉市场的综合优势，有条件的社有企业都要积极参与农业产业化经营。引导社有企业与农户结成更紧密的利益关系，为生产者提供全方位服务，把更多的利润返还给农民。依托农民专业合作经济组织，按照标准化生产的规范，加快建立水平较高的优质农产品基地，引导农民发展集约化、规模化生产。在果品、茶叶、畜产品、蜂产品、食用菌等传统优势领域，加大品牌整合培育力度，加快技术含量和附加值高的产品开发，拓展国内外市场，提升农产品竞争力。支持社有企业参与国家农业产业化、标准化示范、农业技术研发推广等项目，加大对农业综合开发供销合作社项目的支持力度。

（十五）推进社有企业健全现代企业制度。采取经营者和职工持股、引进社会资本等多种形式，加快推进投资主体多元化，不断健全法人治理结构，完善企业经营机制，提高市场竞争能力。对为农服务的骨干龙头企业，要保持供销合作社控股地位。规范企业改制行为，切实防止社有资产流失。完善企业财务、投资和风险控制机制，加强内部审计监督，提高管理水平。鼓励具备条件的企业在境内外资本市场上市。

（十六）做大做强社有企业。调整优化社有资本布局，促进优势资源向骨干企业集中。推进企业并购重组，加快纵向整合和横向联合，着力在农资、棉花、农副产品、日用消费品、再生资源等领域培育一批主业突出、市场竞争力强、行业影响力大的企业集团，增强供销合作社为农服务实力。拓展社有企业经营范围和服务领域，促进工农产品双向流通、城乡产业紧密融合。支持社有企业参与"万村千乡"和"双百"市场工程以及农超对接、家电下乡、以旧换新等工作，鼓励社有企业积极利用农村物流服务体系发展专项资金、服务业发展专项资金、中小商贸企业发展专项资金开拓农村市场。

六、切实加大对供销合作社改革发展的支持力度

（十七）妥善解决历史遗留问题。对2002年财政部等七部门共同核复的供销合作社系统地方政策性财务挂账，地方政府要尽快采取有效措施，抓紧落实处理；支持供销合作社多渠道消化经营性财务挂账，有关金融机构加快处置供销合作社拖欠的金融债务。要尊重历史，注重现实，根据实际使用情况，依照法律、法规和有关政策确定土地权属，加快供销合作社土地登记颁证工作。供销合作社使用的原国有划拨建设用地，经批准可采取出让、租赁方式处置，收益实行"收支两条线"，优先用于支付供销合作社破产和改制企业职工安置费用、改善农村流通基础设施。抓紧落实相关政策，切实解决好供销合作社企业职工基本养老保险问题。

（十八）支持发展供销合作事业。抓紧完善新农村现代流通服务网络工程建设规划，扩大实施范围，充实建设内容，中央和省级财政继续加大资金扶持力度。鼓励供销合作社的企业法人按照市场准入条件参与组建村镇银行，支持供销合作社领办的农民专业合作社开展农村资金互助社和互助合作保险试点工作。银行业金融机构要加强与供销合作社系统企业的业务合作，积极探索发展适合当地农村特点的金融产品和服务方式。支持供销合作社系统科研机构承担国家科研和农业成果转化项目。支持供销合作社开展农村信息化网络建设。支持利用供销合作社教育培训资源，开展农民专业合作社带头人、农产品经纪人、农民技能培训，发展农村中等职业教育。

（十九）加强供销合作社人才队伍建设。健全理事会、监事会机构设置，保持领导班子相对稳定。实

行人才兴社战略,大力引进和培养各类经营管理与专业技术人才,积极吸纳高校毕业生,不断优化干部职工知识和年龄结构。大力弘扬供销合作社"扁担精神""背篓精神",培育造就一支甘于奉献、勇于创新、善于开拓的高素质干部职工队伍。

2009年11月17日

宁波市人民政府关于进一步加快供销合作社改革发展的实施意见

(甬政发〔2011〕16号)

各县(市)、区人民政府、市政府各部门、各直属单位:

为认真贯彻《国务院关于加快供销合作社改革发展的若干意见》(国发〔2009〕40号)和《省政府关于加快推进供销合作社改革发展的若干意见》(浙政发〔2010〕46号)精神,进一步加快我市供销合作社的改革发展,推进社会主义新农村建设,现结合我市实际,提出如下意见,请认真贯彻执行。

一、进一步加快供销合作社改革发展的总体要求

(一)充分认识加快供销合作社改革发展的重要意义。供销合作社是为农服务的合作经济组织,是推动农村经济发展和社会进步的重要力量。近几年来,我市供销合作社系统坚持为农服务宗旨,不断深化体制改革,积极探索经营性服务与公益性服务相结合的社会化服务新形式,全面构建农村现代流通服务网络,大力加强专业合作服务、农村综合服务、行业协会服务和农信担保服务等,不断加强自身组织建设,经济活力和服务能力明显提升,成为推进我市新农村建设的一支重要力量。当前,我市正处于加快经济发展方式转变、统筹城乡发展、进一步改善民生的重要时期,进一步加快供销合作社的改革发展,对完善农村商品流通体系,发展现代农业,扩大农村消费需求,推进社会主义新农村建设具有十分重要的意义。

(二)供销合作社改革发展的方向和总体要求。以邓小平理论和"三个代表"重要思想为指导,全面贯彻党的十七大和十七届五中全会精神,深入贯彻落实科学发展观和国务院、省政府关于加快供销合作社改革发展的部署要求,坚持为农服务宗旨,坚持社会主义市场经济改革方向,坚持合作制基本原则,大力推进经营创新,组织创新,服务创新,加快构建运转高效、功能完备、城乡并举、工贸并重的农村现代经营服务新体系。各地、各有关部门要进一步明确和强化供销合作社的职能定位,为供销合作社改革发展创造良好的政策环境。通过深化改革,真正把供销合作社建设成为农业社会化服务的骨干力量、农村现代流通的主导力量、农民专业合作的带动力量,使之成为经营性服务功能充分发挥、公益性服务作用不断体现的新型农村合作经济组织,为我市经济社会又好又快发展作出新贡献。

二、深入推进供销合作社现代流通服务网络建设

(三)加快发展农产品流通业。要充分发挥供销合作社在农产品流通中的独特优势,加快发展我市

农产品流通业。市供销合作社要会同市有关部门，根据全市现代农业发展情况和农产品流通现状，尽快编制全市农产品流通业发展规划，制订相应实施意见；全面推进农产品现代营销网络体系建设，搭建组织协调、队伍培育、信息交流、品牌建设、营销推广和政策支持等公共服务平台，促进我市名特优农产品在市内外的销售。要推进供销合作社农产品批发市场建设，实施升级改造和功能提升，加快区域农产品配送中心、展示展销中心、产地批发市场和农贸市场等营销平台建设，发展农产品冷链物流。对供销合作社企业销售本地农民专业合作社生产的农产品，可以按取得的销售发票上注明的农产品买价和13%的扣除率计算抵扣进项税额。落实国家对供销合作社农产品批发市场土地供应按工业用地对待的政策。对供销合作社兴办的农产品流通型、加工型企业，可优先认定为农业龙头企业，并享受相应扶持政策。支持供销合作社参与现代农业园区建设和粮食生产功能区建设、农业产业化经营、农业综合开发、农业技术研发推广等项目，并按规定享受有关支农政策。支持供销合作社参与"智慧城市"和农村信息化网络建设，市农产品营销网站要积极组织农产品营销信息的收集与发布，发展农产品电子商务，提高农产品流通效率。

（四）做大做强农资流通业。要充分发挥供销合作社农资流通主渠道作用，赋予供销合作社承担当地化肥市场调控职能。要大力支持供销合作社加快整合优势资源，实行统一采购、跨区域物流配送和连锁经营，做大做强农资流通业。要进一步规范和完善业已覆盖全市的农资连锁经营服务网络，优化网络结构，拓展服务领域，创新服务方式，推进农化服务，切实保障我市现代农业和农业产业化的发展。要尽快建立完善全市化肥、农药等重要物资的政府储备、救灾储备制度，储备所支出的有关费用，由同级财政列支。完善农资仓储物流基础设施，推进区域配送中心建设，增强调控能力。支持供销合作社企业开展种子、农机具、饲料、兽药、成品油等商品经营。

（五）大力发展再生资源回收利用产业。要按照发展循环经济、低碳经济要求，重视发挥供销合作社在再生资源回收利用体系中的骨干作用。市供销合作社要组织实施《宁波市再生资源回收利用条例》，认真履行好回收管理主管部门的职能，健全工作规范和管理机制，会同有关部门编制再生资源回收行业发展规划和研究行业发展政策，促进再生资源产业化。要加快完成市中心城区的再生资源交易集散中心和回收网络体系建设，培育一批区域性回收利用龙头企业，大力推进全市性废旧家电、废弃电子电器产品、报废汽车、农用机械等回收拆解基地和区域性集散市场、专业化分拣中心建设。要积极推进城乡社区回收网点建设，鼓励发展连锁网点和电子网络在线收废平台，五年内基本建成覆盖全市城乡、高效规范的再生资源回收利用体系。各地要统筹布局再生资源回收利用的相关设施和场地，优先解决用地指标，继续在项目审批、税收政策、财政补助和资金投入上给予支持。

（六）继续推进农村日用消费品现代经营网络建设。各级供销合作社要充分发挥网络优势，整合现有网点和社会资源，培育区域性商贸连锁龙头企业，发展农村连锁超市等新型业态，改善农村消费环境，提供优质服务。支持供销合作社对传统经营的医药、食盐、烟花爆竹、液化气等构建管理规范、设施齐全、安全消费的经营网络。支持供销合作社参与规划和建设农村现代商贸服务集聚区和商业特色街，重点参与建设村、镇的连锁超市和农贸市场，促进农村商品流通。

三、大力加强合作经济组织建设

（七）加强市、县两级供销合作社建设。市、县两级供销合作社要积极履行为农服务和社有资产保值增值的职能,机关人员参照公务员法管理后,所需经费列入同级财政预算。供销合作社要坚持合作经济组织特性,全面推进体制机制改革和组织体系创新,努力提升自身经济运行质量,全面加强基层合作经济组织建设,巩固提升经营性服务功能,不断拓展公益性、社会性服务领域。要不断加强系统合作与联合,整合社会资源,实行开放办社,切实增强发展活力和为农服务能力。

（八）加强基层组织体系建设。基层供销合作社是植根农村、贴近农民、强化为农服务的基本环节。要根据县域经济发展特点和城镇建设规划要求,调整建制,优化布局,改造建设一批辐射带动能力强的重点镇（街道）基层供销合作社。按照农民专业合作社相关规定重组的基层供销合作社,可享受农民专业合作社各项支持政策。要加强基层供销合作社的制度建设,密切与农民社员的经济联系,逐步结成利益共同体。要在坚持合作制基础上,建立适应市场经济要求的经营机制和分配制度,积极探索建立社有资本与农民资本、职工资本、社会资本结合的多元资本运作方式。要大力加强专业合作服务,鼓励供销合作社采取多种方式领办或参股农民专业合作社,重点发展龙头型和示范型的农民专业合作社,真正成为农民专业合作的带动力量。要从满足农民群众生产生活需要出发,发挥供销合作社的优势,继续加强村级综合服务社建设,在搞好村级农资、农产品、日用消费品、再生资源等经营性服务的同时,不断拓展新的服务领域和项目,为农民提供综合服务。

（九）加强供销合作社系统行业协会建设。充分发挥供销合作社系统行业协会在制定产业政策、行业规划、产品标准等方面的积极作用。支持供销合作社及其行业协会搭建各类服务平台,开展内联外拓,展示展销活动,参与农村劳动力素质培训、农村实用人才培养计划和各类涉农培训工程,赋予供销合作社系统行业协会开展农产品经纪人、庄稼医生、农资和再生资源从业人员等职业资格培训鉴定。

四、大力增强供销合作社经济活力和服务能力

（十）切实做好社有资产的保值增值。社有资产属于供销合作社集体所有,各级供销合作社是本级社集体财产和所属企事业单位的所有权代表,依法享有重大决策、资产收益和处置以及选择管理者的权利。要依法维护供销合作社权益,其他任何部门、单位和个人不得侵占、平调或变相平调其财产,不得改变供销合作社及其所属企事业单位的隶属关系,维护供销合作社组织体系和资产的完整性。要建立健全社有资产管理、运营、监督体制,实行社有资产所有权和经营权分离,完善出资人制度,建立社有资产运营主体,行使社有资产的投资运营职责,保持社有资产运营、监管及其收益的独立性,由此而产生产权主体变化的,按照有关规定减免相关税费。各级供销合作社要切实做好社有资产的保值增值,不断增强自身经济实力。基层社改制后的剩余资产,由上一级社代为行使所有权、管理权、收益权。要积极探索和建立与绩效挂钩的激励约束机制,由上级社对下级社开展年度工作评价,以充分调动管理者和经营者的积极性。

（十一）支持供销合作社开发为农服务项目。支持供销合作社按照"服务三农,微利经营"的原则,参与农村住房改造和城镇化建设。在城镇建设中,因规划变更,需要对供销合作社的设施、网点进行改造的,在未造成土地用途改变前提下,应允许供销合作社按规划要求自行进行改造,国土、规划等部门要予以支持,并及时提供有关服务,依法办理相关许可手续。支持供销合作社盘活存量资产,增强为农服务和可持续发展能力,符合市政府《关于调整工业用地结构促进土地集约利用的意见》（甬政发〔2010〕69号）规定,可以按照工业企业"退二进三"的相关政策进行开发。各级政府要把适宜由供销合作社承

担的公益性与市场化结合的相关项目交由其开发,对承担政府储备任务的仓储、物流设施建设用地给予支持,落实用地指标,其中承担政府储备任务的仓储用地可以行政划拨方式供应,物流设施用地可按现行工业用地供应政策出让。

(十二)继续深化社有企业改革。社有企业是供销合作社为农服务的重要经济来源和服务平台。调整优化社有资本布局,优先保证涉农企业的发展,对为农服务骨干企业,应保持供销合作社的控股地位。建立完善现代企业制度,促进企业转型升级,支持社有企业开展并购重组,加快培育一批主业突出、产权多元、开放发展、竞争力强、带动作用大的企业集团。各级政府支持国有企业改革发展的有关政策,同样适用于供销合作社社有企业。

(十三)积极鼓励供销合作社参与农村金融服务。支持供销合作社办好农信担保公司,完善担保风险控制机制,建立健全县(市)区服务网络。金融机构要加强与供销合作社企业的业务合作,积极探索发展适应当地农村特点的金融产品和服务方式。鼓励供销合作社的企业法人参与农村金融改革,按照市场准入条件参与组建村镇银行,支持供销合作社领办的农民专业合作社开展农村资金互助社和互助合作保险试点工作。

(十四)支持供销合作社拓展经营服务领域。鼓励有条件的供销合作社及社有企业拓展新领域,发展新产业、新业态,参与现代农业园区和粮食生产功能区等建设,参与发展设施农业、休闲农业,参与城乡二手机动车交易市场,商业旅游地产开发等项目。社有企业要积极争取和利用农村物流服务体系发展专项资金、服务业发展专项资金、中小商贸企业发展专项资金开拓农村市场,多渠道吸纳农民就业,促进农民增收。

五、切实加强对供销合作社改革发展的领导和政策支持

(十五)加强组织领导。各级政府要把加快供销合作社改革发展作为统筹城乡发展,推进社会主义新农村建设的一项重要举措。要认真执行有关扶持供销合作社改革发展政策,进一步明确供销合作社管理体制和工作职责,制定发展规划,及时研究解决供销合作社改革发展中遇到的问题。要积极创造条件,将适宜由供销合作社承担的任务和职能委托或赋予供销合作社。要逐步加大对供销合作社为农服务的支持力度,落实有关税收优惠政策,支持供销合作社参与新农村建设,发展现代农业,切实推动供销合作社的改革发展。

(十六)妥善解决历史遗留问题。加快供销合作社土地确权登记工作,2011年底前基本完成。供销合作社及其企业使用的原国有划拨建设用地,经批准可采取出让、租赁方式处置,收益实行"收支两条线",优先用于发展农村现代流通网络,改善农村流通基础设施等。尊重历史与现实,根据实际使用情况,妥善处置基层供销社及社有企业改制后遗留的土地权属问题,依照有关法律、法规和政策确定土地权属。城镇化改造中涉及供销合作社经营网点与仓库等经营设施拆迁的,落实"拆一还一"的政策,予以合理补偿。要认真落实国家、省和市的有关政策,妥善解决供销合作社职工的社会保险等遗留问题。

(十七)加强队伍建设。各地要切实加强县级供销合作社的领导班子建设,选派政治素质好、事业心和责任心强,懂经营管理的优秀干部进入领导班子,并保持相对稳定。在推荐任免供销合作社联合社主要领导时,应听取上一级供销合作社的意见。各级人事部门要支持供销合作社根据职能调整和人员编制情况,合理配备人员,以满足日常工作需要。加强对供销合作社系统干部职工教育、培养、使用和管

理,为供销合作社的改革发展提供人才保障。

各地、各有关部门要根据本意见精神,制定加快供销社改革发展的政策措施。

2011年1月28日

中共中央国务院关于深化供销合作社综合改革的决定
中发〔2015〕11号

供销合作社是为农服务的合作经济组织,是党和政府做好"三农"工作的重要载体。为深入贯彻落实党的十八大和十八届二中、三中、四中全会精神,加快推进农业现代化,促进农民增收致富,推动农村全面小康社会建设,现就深化供销合作社综合改革作出如下决定。

一、深化供销合作社综合改革的总体要求

(一)充分认识深化供销合作社综合改革的紧迫性重要性。当前,我国工业化信息化城镇化快速发展,农业现代化深入推进,农村经济社会发展进入新阶段。农业生产经营方式深刻变化,适度规模经营稳步发展,迫切要求发展覆盖全程、综合配套、便捷高效的农业社会化服务;农民生活需求加快升级,迫切要求提供多层次、多样化、便利实惠的生活服务。新形势下加强农业、服务农民,迫切需要打造中国特色为农服务的综合性组织。长期以来,供销合作社扎根农村、贴近农民,组织体系比较完整,经营网络比较健全,服务功能比较完备,完全有条件成为党和政府抓得住、用得上的为农服务骨干力量,要充分用好这支力量。同时必须看到,目前供销合作社与农民合作关系不够紧密,综合服务实力不强,层级联系比较松散,体制没有完全理顺,必须通过深化综合改革,进一步激发内生动力和发展活力,在发展现代农业、促进农民致富、繁荣城乡经济中更好发挥独特优势,担当起更大责任。

(二)指导思想和目标任务。深化供销合作社综合改革,必须贯彻落实党的十八大和十八届二中、三中、四中全会精神,以邓小平理论、"三个代表"重要思想、科学发展观为指导,深入贯彻习近平总书记系列重要讲话精神,紧紧围绕"三农"工作大局,以密切与农民利益联结为核心,以提升为农服务能力为根本,以强化基层社和创新联合社治理机制为重点,按照政事分开、社企分开的方向,因地制宜推进体制改革和机制创新,加快建成适应社会主义市场经济需要、适应城乡发展一体化需要、适应中国特色农业现代化需要的组织体系和服务机制,努力开创中国特色供销合作事业新局面。

到2020年,把供销合作社系统打造成为与农民联结更紧密、为农服务功能更完备、市场化运行更高效的合作经济组织体系,成为服务农民生产生活的生力军和综合平台,成为党和政府密切联系农民群众的桥梁纽带,切实在农业现代化建设中更好地发挥作用。

(三)基本原则

——坚持为农服务根本宗旨。始终把服务"三农"作为供销合作社的立身之本、生存之基,把为农服务成效作为衡量工作的首要标准,做到为农、务农、姓农。

——坚持合作经济基本属性。按照合作制要求,充分尊重农民意愿,推动多种形式的联合与合作,

实行民主管理、互助互利。

——坚持社会主义市场经济改革方向。发挥市场在资源配置中的决定性作用,顺应市场经济规律,更多运用经济手段开展经营服务,逐步探索联合社社企分开的途径,增强经济实力和市场竞争能力。同时,服务"三农"工作大局,体现党和政府的政策导向,履行好社会责任。

——坚持因地制宜、分类指导。鼓励大胆探索、试点先行,允许从实际出发采取差异性、过渡性的制度和政策安排,给基层更多的选择权,不搞"一刀切",不追求一步到位,确保改革积极稳妥、有序推进。

二、拓展供销合作社经营服务领域,更好履行为农服务职责

供销合作社要把为农服务放在首位。面向农业现代化、面向农民生产生活,推动供销合作社由流通服务向全程农业社会化服务延伸、向全方位城乡社区服务拓展,加快形成综合性、规模化、可持续的为农服务体系,在农资供应、农产品流通、农村服务等重点领域和环节为农民提供便利实惠、安全优质的服务。

(四)创新农业生产服务方式和手段。围绕破解"谁来种地""地怎么种"等问题,供销合作社要采取大田托管、代耕代种、股份合作、以销定产等多种方式,为农民和各类新型农业经营主体提供农资供应、配方施肥、农机作业、统防统治、收储加工等系列化服务,推动农业适度规模经营。创新农资服务方式,推动农资销售与技术服务有机结合,加快农资物联网应用与示范项目建设。充分发挥供销合作社科研院所、庄稼医院、职业院校在农业技术推广和农民技能培训中的积极作用。积极承担政府向社会力量购买的公共服务。

(五)提升农产品流通服务水平。加强供销合作社农产品流通网络建设,创新流通方式,推进多种形式的产销对接。将供销合作社农产品市场建设纳入全国农产品市场发展规划,在集散地建设大型农产品批发市场和现代物流中心,在产地建设农产品收集市场和仓储设施,在城市社区建设生鲜超市等零售终端,形成布局合理、联结产地到消费终端的农产品市场网络。积极参与公益性农产品批发市场建设试点,有条件的地区,政府控股的农产品批发市场可交由供销合作社建设、运营、管护。继续实施新农村现代流通服务网络工程建设,健全农资、农副产品、日用消费品、再生资源回收等网络,加快形成连锁化、规模化、品牌化经营服务新格局。顺应商业模式和消费方式深刻变革的新趋势,加快发展供销合作社电子商务,形成网上交易、仓储物流、终端配送一体化经营,实现线上线下融合发展。

(六)打造城乡社区综合服务平台。适应新型城镇化和新农村建设要求,加快建设农村综合服务社和城乡社区服务中心(站),为城乡居民提供日用消费品、文体娱乐、养老幼教、就业培训等多样化服务。统筹整合城乡供销合作社资源,发展城市商贸中心和经营服务综合体,提升城市供销合作社沟通城乡、服务"三农"的辐射带动能力。发挥供销合作社优势,大力发展生态养生、休闲观光、乡村旅游等新兴服务业。积极参与美丽乡村建设,规范建设再生资源回收网点,促进资源循环和高效利用,改善城乡生态环境。

(七)稳步开展农村合作金融服务。发展农村合作金融,是解决农民融资难问题的重要途径,是合作经济组织增强服务功能、提升服务实力的现实需要。有条件的供销合作社要按照社员制、封闭性原则,在不对外吸储放贷、不支付固定回报的前提下,发展农村资金互助合作。有条件的供销合作社可依法设立农村互助合作保险组织,开展互助保险业务。允许符合条件的供销合作社企业依照法定程序开展发起设立中小型银行试点,增强为农服务能力。鼓励有条件的供销合作社设立融资租赁公司、小额贷款公司、融资性担保公司,与地方财政共同出资设立担保公司。供销合作社联合社、金融监管部门和地方政府要按照职责分工,承担起监管职责和风险处置责任,切实防范和化解金融风险。

三、推进供销合作社基层社改造,密切与农民的利益联结

基层社是供销合作社在县以下直接面向农民的综合性经营服务组织,是供销合作社服务"三农"的主要载体。要按照强化合作、农民参与、为农服务的要求,因地制宜推进基层社改造,逐步办成规范的、以农民社员为主体的合作社,实现农民得实惠、基层社得发展的双赢。

(八)强化基层社合作经济组织属性。通过劳动合作、资本合作、土地合作等多种途径,采取合作制、股份合作制等多种形式,广泛吸纳农民和各类新型农业经营主体入社,不断强化基层社与农民在组织上和经济上的联结。按照合作制原则加快完善治理结构,落实基层社社员代表大会、理事会、监事会制度,强化民主管理、民主监督,提高农民社员在经营管理事务中的参与度和话语权。拓宽基层社负责人选任渠道,鼓励村"两委"负责人、农村能人等入社参选。规范基层社和农民社员的利益分配关系,建立健全按交易额返利和按股分红相结合的分配制度,切实做到农民出资、农民参与、农民受益。

(九)加快推进基层社改造。经济实力较强的基层社要扩大服务领域,积极发展生产合作、供销合作、消费合作、信用合作,加快办成以农民为主体的综合性合作社。对经济实力较弱的基层社,要采取政策引导、联合社帮扶、社有企业带动等多种方式,着力提升服务能力,通过服务密切与农民的联系,不断强化与农民的联合与合作。根据农民需求和供销合作社实际,逐步将已经承包或租赁的基层社网点纳入供销合作社经营服务体系;在没有基层社的地区加快经营服务网点建设,新建基层社要按照合作制原则规范创办。

(十)领办创办农民专业合作社。通过共同出资、共创品牌、共享利益等方式,创办一批管理民主、制度健全、产权清晰、带动力强的农民专业合作社。在自愿的前提下,引导发展农民专业合作社联合社,充分发挥供销合作社综合服务平台作用,带动农民专业合作社围绕当地优势产业开展系列化服务。加强基层社与农村集体经济组织、基层农技推广机构、龙头企业等合作,形成服务农民生产生活的合力。

(十一)加强对基层社发展的扶持。国家扶持供销合作社的政策要向基层社倾斜,各级联合社资源要更多投向基层社。支持基层社作为相关涉农政策和项目的实施主体,承担公益性服务。支持符合条件的基层社作为农民专业合作社进行工商登记注册,允许财政项目资金直接投向注册后的基层社,允许财政补助形成的资产转交注册后的基层社持有和管护。

四、创新供销合作社联合社治理机制,增强服务"三农"的综合实力

联合社是供销合作社的联合组织,肩负着领导供销合作事业发展的重要职责。各级联合社要深化体制改革,创新运行机制,理顺社企关系,密切层级联系,着力构建联合社机关主导的行业指导体系和社有企业支撑的经营服务体系,形成社企分开、上下贯通、整体协调运转的双线运行机制。

(十二)构建联合社主导的行业指导体系。中华全国供销合作总社要充分发挥领导全国供销合作事业发展的作用,贯彻落实党中央、国务院"三农"工作方针政策,研究制定发展战略和规划,指导服务全系统改革发展,代表中国合作社参与国际合作社联盟事务。省级和市地级联合社要加强本区域内供

销合作社的行业管理、政策协调、资产监管、教育培训,贯彻落实好上级社和地方党委、政府的决策部署。县级联合社要组织实施好基层社改造,强化市场运营,搞好直接面向农民的生产生活服务网点建设。

加强联合社层级间的联合合作,强化联合社为成员社服务、为基层社服务的工作导向。落实县级以上联合社对成员社的资产监管职责,建立成员社对联合社的工作评价机制,完善联合社对成员社的工作考核机制。做实供销合作社合作发展基金,各级联合社当年社有资产收益,按不低于20%的比例注入本级供销合作社合作发展基金。省、市地、县级联合社在自愿的基础上,将本级合作发展基金的一部分上缴上一级联合社合作发展基金,统筹用于基层社建设和为农服务。抓紧制定合作发展基金运行和管理办法,确保出资成员权责明确,基金运行公开透明、规范高效。

(十三)构建社有企业支撑的经营服务体系。深化社有企业改革,规范治理结构,增强社有企业发展活力和为农服务实力。加快完善现代企业制度,健全法人治理结构,建立与绩效挂钩的激励约束机制。加强各层级社有企业间的产权、资本和业务联结,推进社有企业相互参股,建立共同出资的投资平台,推动跨区域横向联合和跨层级纵向整合,促进资源共享,实现共同发展。推进社有企业并购重组,在农资、棉花、粮油、鲜活农产品等重要涉农领域和再生资源行业,培育一批大型企业集团。社有企业改革要公开透明、规范操作,要有"防火墙""隔离带",切实防止社有资产流失。允许上级社争取的同级财政扶持资金依法以股权形式投入下级社。支持社有企业承担化肥、农药等国家储备任务,鼓励符合条件的社有企业参与大宗农产品政策性收储。

(十四)理顺联合社与社有企业的关系。联合社机关要切实把握好社有企业为农服务方向,加强社有资产监管,促进社有资产保值增值;社有企业要面向市场自主经营、自负盈亏。各级供销合作社理事会是本级社属资产和所属企事业单位资产的所有权代表和管理者,理事会要落实社有资产出资人代表职责,监事会要强化监督职能。联合社机关成立社有资产管理委员会,按照理事会授权,建立社有资本经营预算制度,并接受审计机关和同级财政部门的监督,以管资本为主加强对社有资产的监管。采取委派法人代表管理和特殊管理股股权管理等办法,探索联合社机关对社有企业的多种管理方式。探索组建社有资本投资公司,优化社有资本布局,重点投向为农服务领域。在改革过渡期内,联合社机关参照公务员法管理的人员确因工作需要,经有关机关批准可到本级社有企业兼职,但不得在企业领取报酬。

(十五)创新联合社治理结构。按照建设合作经济联合组织的要求,优化各级联合社机关机构设置、职能配置,更好运用市场经济的手段推进工作,切实履行加强行业指导、落实为农服务职责、承担宏观调控的任务。稳定县及县以上联合社机关参照公务员法管理。对参照公务员法管理的联合社机关新进的相关工作人员,按照公务员法有关规定,经批准可探索实行聘任制。允许不同发展水平的联合社机关选择参公管理模式或企业化管理模式。对实行企业化运营的,应该进行不再纳入编制管理的试点。管理模式的选择和开展试点要积极稳妥,严密程序,经批准后实施。大力发展行业协会,实现协会与联合社融合互补、协同发展。

着力推进县级联合社民主办社、开放办社,逐步把县级联合社办成基层社共同出资、各类合作经济组织广泛参与、实行民主管理的经济联合组织。创新县级联合社运行机制,逐步建立市场化的管理体制、经营机制、用人制度,选择有条件的县级联合社进行实体性合作经济组织改革试点。统筹运营县域内供销合作社资源,打造县域范围内服务农民生产生活的综合平台,着力培育规模化服务优势。

五、加强对供销合作社综合改革的领导

重视和加强供销合作事业，是党和政府做好"三农"工作的传统和优势。要站在加快推进中国特色农业现代化、巩固党在农村执政基础的战略高度，树立重视供销合作社就是重视农业、扶持供销合作社就是扶持农民的理念，加快推进供销合作社综合改革，继续办好供销合作社。

（十六）各级党委、政府要落实领导责任。把深化供销合作社综合改革纳入全面深化改革大局统筹谋划、协调推进，把握好节奏和力度，精心组织，抓好落实。深入开展调查研究，及时发现和解决改革过程中的苗头性、倾向性问题，确保供销合作社通过综合改革进一步得到加强。积极稳妥推进供销合作社综合改革试点，努力形成可复制、可推广的经验做法，各级财政要给予必要支持。各省（自治区、直辖市）改革试点方案要履行报批手续，中央农村工作领导小组统筹协调把关供销合作社综合改革工作。重视和加强供销合作社领导班子建设，选拔素质高、能力强的干部充实到各级联合社领导班子，特别是选好配强县级联合社领导班子。探索具有合作经济组织特点的干部人事管理制度。

（十七）加大对供销合作社综合改革的支持力度。有关部门要关心支持供销合作社改革发展，按照职能分工，落实好相关配套措施，形成推进供销合作社综合改革的合力。对已出台的扶持政策，要逐项梳理，加强督促检查，确保落实到位。中央财政要继续支持新农村现代流通服务网络工程建设，通过现有资金渠道支持供销合作社组织实施农业社会化服务惠农工程。加大国家农业综合开发对供销合作社新型农业社会化服务体系和产销对接等项目建设的支持力度。加强对财政投入资金的管理和审计监督。各级地方政府要按照有关规定，抓紧落实处理供销合作社财务挂账、金融债务、社有企业职工社会保障等历史遗留问题。保持供销合作社组织体系和社有资产完整性，任何部门和单位不得违法违规平调、侵占供销合作社财产，不得将社有资产纳入地方政府融资平台，不得改变供销合作社及其所属企事业单位的隶属关系。

（十八）确立供销合作社的特定法律地位。在长期的为农服务实践中，供销合作社形成了独具中国特色的组织和服务体系，组织成分多元，资产构成多样，地位性质特殊，既体现党和政府政策导向，又承担政府委托的公益性服务，既有事业单位和社团组织的特点，又履行管理社有企业的职责，既要办成以农民为基础的合作经济组织，又要开展市场化经营和农业社会化服务，是党和政府以合作经济组织形式推动"三农"工作的重要载体，是新形势下推动农村经济社会发展不可替代、不可或缺的重要力量。为更好发挥供销合作社独特优势和重要作用，必须确立其特定法律地位，抓紧制定供销合作社条例，适时启动供销合作社法立法工作。

（十九）加强供销合作社自身建设。各级供销合作社要切实增强深化综合改革的自觉性主动性，转变行政化的思维方式和工作方法，用改革的思路和市场的办法不断破解体制机制难题，着力在关键环节和重点领域取得突破。加强供销合作社人才队伍建设，广泛吸引各类经营管理和专业技术人才，着力培养一批懂市场、会管理的优秀企业家，造就一支对农民群众有感情、对合作事业有热情、对干事创业有激情的高素质干部职工队伍。巩固供销合作社系统党的群众路线教育实践活动成果，切实加强和改进作风。大力弘扬"扁担精神""背篓精神"等优良传统，推进供销合作社文化建设，汇聚起推动供销合作事业发展的强大精神力量。

2015年3月23日

中共宁波市委、宁波市人民政府关于创新构建"三位一体"农民合作经济组织体系的指导意见

甬党发〔2016〕44号

为深化供销合作社和农业(林业、渔业)生产经营管理体制改革,创新创建生产、供销、信用"三位一体"农民合作经济组织体系,根据《中共中央、国务院关于深化供销合作社综合改革的决定》(中发〔2015〕11号)和《中共浙江省委、浙江省人民政府关于深化供销合作社和农业生产经营管理体制改革构建"三位一体"农民合作经济组织体系的若干意见》(浙委发〔2015〕17号)精神,结合我市实际,现提出如下指导意见。

一、总体要求

1. 指导思想。全面贯彻党的十八大和十八届三中、四中、五中全会精神,以邓小平理论、"三个代表"重要思想、科学发展观为指导,深入学习贯彻习近平总书记系列重要讲话精神,认真贯彻落实"四个全面"战略布局,创新"三农"治理体系,以密切与农民利益联结为核心,以构建现代农业综合服务体系为重点,将农民合作经济组织、各类为农服务组织联合起来,联动推进供销合作社、农业经营、农村金融、涉农管理等体制改革,建立以生产供销信用服务功能为基础、具有对农民生产生活综合服务功能的农民合作经济组织联合会(以下简称农合联),加快形成以农户家庭经营为基础、以合作与联合为纽带、以农业社会化服务体系为支撑的立体式复合型现代农业经营体系,加快我市农业现代化和城乡发展一体化步伐。

2. 目标任务。到今年底,建成市、县、乡镇三级农合联组织。2017年,探索发展一批农民专业性农合联和混合制农合联,培育一批"三位一体"农民合作经济组织示范典型,形成可复制、可推广的经验做法。2018年,全市建立健全三大服务体系及有效运作体制机制,加快构建以农合联为综合服务平台的大合作、大服务、大产业发展新格局。

二、全面构建多种形式的农合联组织

农合联是党委政府领导下,本着自愿加入、民主管理、共建共享的合作制原则组建,以为农服务为宗旨的非营利性社会团体,实行"农有、农治、农享"。农合联为非营利性社会团体,由民政部门注册登记,接受农村工作综合部门管理。按照明确定位、主体多元、加强协同、夯实基础的要求,全市构建三级五类农合联组织体系。

3. 构建市级农合联。市级农合联主要承担系统内组织体系建设、规章制度建设、综合调控保障、发展规划目标、运行管理指导、资产公司运行管理及提供下级农合联难以提供的共性服务等职责,承接政府部门委托购买的公共服务,反映农情民意,提出政策建议。其成员包括但不限于:县(市)区农合联、跨县(市)区经营服务的农民合作社及联合社(会)、市农产品行业协会、市渔业互保协会、市级农业龙头企业、市级为农服务企事业单位、省农信联社宁波办事处、有关保险机构及其他相关组织和个人。市农合联实行"议行分立",理事会聘任执行委员会,执行委员会依托市供销合作社联合社执行管理机构组建。

4. 构建县级农合联。县级农合联是农合联组织体系的关键环节和综合平台,主要承担聚合为农服务力量、配置服务资源、生成服务功能、运作服务事项等职责,并指导乡镇、农民专业性和混合制农合联的工作。县级农合联在成员组成、治理机制、执委会组建等方面一般参照市级农合联。允许规模较大的农民合作经济组织直接加入县(市)区农合联。

5. 做实做强乡镇农合联。乡镇农合联是农合联组织体系中直接面向服务对象的基层环节,主要承担具体服务事项的组织实施,一般由农民专业合作社及其联合社、乡镇基层供销合作社、家庭农场、合作农场、专业大户等各类经营主体及辖区内农业科研推广、农业生产性服务、农产品加工流通、农资购销、金融保险服务等涉农企事业单位等组成。允许几个乡镇联合组建区域性农合联。按照"全要素供给、全产业链服务"的要求,制定乡镇现代农业公共服务中心建设运行方案,到2018年底全面建成集聚农业技术推广、生产性服务、农资供应、农产品质量检测、动植物疫病防控、仓储加工包装、市场营销物流、资金保险互助、融资担保贷款等为农综合服务项目,设施齐全、功能完备的乡镇现代农业公共服务中心。各级党委、政府要加大人、财、物等要素供给,通过政府购买、委托服务方式保障其正常运行并将其打造成乡镇农合联为农综合服务实体性平台。

6. 鼓励发展农民专业性农合联。依托农业主导产业、行业协会,实施农民专业合作社提质工程,引导支持各类农民专业合作社、合作农场等新型农业经营主体以产权为纽带抱团发展,开展行业性跨区域的全产业链合作与联合,组建打造一批农民专业性农合联。支持农民专业性农合联组织开展农业技术推广、农产品储存加工、品牌营销服务、各类业务培训及集中购买会计代理等综合性互助服务。通过改造提升、参股重组农民专业性农合联,重构新型基层产供销经营主体,发挥其引领作用。

7. 探索发展混合制农合联。在打造我市都市农业示范区、主导产业集聚区和粮食蔬菜生产功能区建设中,支持引导市、县(市)区农合联资产经营公司、国有资本、有实力的村集体股份资本参股控股和合作投资一批效益较好、收益较稳的现代农业经营项目,与各类农业市场经营主体开展合作,探索发展一批混合制农合联,实现强强联合与优势互补,引导其在推进农业产业化经营中与各类新型农业经营主体结成较紧密的利益共同体,推进我市农村一二三产业融合发展和农民利益共享。

三、切实深化三大改革

8. 深化供销合作社综合改革。深化供销合作社综合改革是构建"三位一体"农民合作经济组织体系的重要部分和关键环节,市、县(市)区两级供销合作社系统要按照强化合作、农民参与、为农服务的要求,拓展经营服务领域,大力推进现代农业服务体系、城乡供销服务体系、美丽乡村服务体系建设。按照完善供销合作社联合社机关主导的行业指导体系和社有企业支撑的经营服务体系双线运行的要求,同步改革供销合作社职能、内设机构及编制,构建适合农合联发展的组织架构和运行机制,有序承接农合联职能。市、县两级农合联设立农民合作基金和组建资产经营公司:农民合作基金主要用于系统内为农服务事业及农村合作金融风险补偿;资产经营公司在健全法人治理结构,搞好企业自身经营基础上,通过加强不同层级农合联会员企业间的产权、资本和业务经营,投资参股农民专业合作社(联合社)、农业龙头企业、涉农服务企业等方式,提高农民合作经济组织在农业产业链和价值链环节上的组织化水平和活力,并按不低于年度资产收益20%的比例缴纳本级农合联农民合作基金。加强供销合作社队伍建设,选拔素质高、能力强的干部充实到各级供销合作社领导班子,允许县级联合社进行实体性合作经济组织改革试点。

9. 深化农村合作金融服务改革。坚持普惠金融和合作金融相结合,鼓励市、县农合联与同级农村合作金融机构建立战略合作关系,优先支持加入农合联的农村信用联社(农村合作银行、农村商业银行)、有关保险机构等开展涉农融资、综合保险等业务。引导有条件的农合联成员合作社按照会员制、封闭性原则,在不对外吸储放贷、不支付固定回报的前提下,组建农民资金互助会,为农民提供资金互助服务。市、县两级组建农民资金互助会联合会,承担农民资金互助会的资金余缺调剂、运行安全监管、资金保值增值、风险防范救助等职责。建立农民资金互助会(联合会)与合作银行间的"账款分离"规范化运行机制。支持有条件的农合联成员合作社组建农民保险互助会,为成员提供农业、财产、人寿等保险互助服务,协助做好政策性农业和农房保险的具体工作。整合现有农信融资担保组织,依托国家农业信贷担保联盟体系,加快建立市、县两级政策性农信担保公司,有条件的可在乡镇现代农业公共服务中心设立农信担保服务点。引导有条件的农合联资产经营公司及成员发起设立小额贷款公司、融资租赁公司等金融服务组织,参股村镇银行或农村信用联社(农村合作银行、农村商业银行)等。

10. 深化农业生产经营管理体制改革。按照落实集体所有权、稳定农户承包权、搞活土地经营权的要求,不断创新土地流转形式,积极推行委托流转、整村连片流转,鼓励农户以土地承包经营权入股组建土地股份合作社,促进土地流转关系长期稳定规范,为家庭农场、各类专业合作社发展农业适度规模经营打下良好基础。坚持政事分开、政企分开、政社分开、事企分开的原则,逐步剥离涉农部门事业单位的经营性服务事项。按照先易后难、水到渠成的要求和农合联的承接能力,制定市级涉农部门(单位)有关职能向市农合联转移承接方案,逐步将涉农部门的配方施肥、农机作业、统防统治、收储加工、产品促销、电商物流、信用担保等生产经营性服务事项转移到农合联;将农产品展示促销、农业废弃物综合利用、农民技能培训、农村产权交易中介等公共服务事项,以委托或购买方式由农合联或相关社会组织、经济主体承担。推动涉农部门所属或主管的从事涉农经营性服务的国有企业和涉农行业协会、农民合作社联合社等组织走向市场,并引导其加入农合联。

四、切实加强组织保障

11. 加强组织领导。成立市构建"三位一体"农民合作经济组织体系领导小组,统筹谋划、协调推进全市改革工作。领导小组在市委农办设办公室,具体负责全市改革工作的组织、协调、指导、检查和考评等各方面工作。各县(市)区党委、政府要深刻认识构建"三位一体"农民合作经济组织体系的重大意义,切实增强推进这项改革的紧迫感和使命感,建立组织协调机构,精心设计改革方案,周密谋划改革步骤,及时部署改革工作,确保改革稳妥实施、顺利推进、取得实效。各县(市)区改革方案报市委、市政府批准,具体由市构建"三位一体"农民合作经济组织体系领导小组负责协调把关。

12. 加强改革协同。各地各部门要按照本指导意见,结合实际做好细化落实工作,确保改革协同推进。涉农部门要适时将应该转移的具体服务职能转移给农合联承担,并为农合联承接具体服务职能创造条件,实行管理与服务、监督与执行的分离。供销合作社要增强改革的自觉性、主动性,将自身改革融入构建农合联的改革中去,坚持去行政化和回归合作经济组织的改革导向,转变思维方式和工作方法,以全新的形象强化为农服务。农村信用联社(农村合作银行、农村商业银行)和各类保险机构要以参与农合联组建为契机,加大对农村合作金融、保险服务支持力度。财政部门要调整相关涉农政策的实施方式,探索由农合联承担部分具体工作的有效机制。民政部门要做好农合联、农民资金互助会及联合会的注册登记工作。国土资源、规划、住建等相关部门要支持乡镇现代农业公共服务中心建设。新闻媒体要强化舆论引导,营造良好氛围。

13. 加强政策支持。各地各部门要加大对农合联的政策支持力度,形成推进改革的强大合力。市编委办要配合市供销社等单位制定市农合联机构编制整合方案;市、县两级财政分别按不少于6000万元和3000万元资金注入同级农合联原始农民合作基金;市级相关部门要制定市农合联农民合作基金和农合联资产经营公司管理办法、农村合作金融保险服务办法、政策性农信担保公司运作办法、农民专业性农合联和混合制农合联建设等方案。切实保护供销合作社合法权益,确保改革中供销合作社组织体系和社有资产的完整。

二、党和国家领导人对供销合作社工作重要论述、批示指示和题词

1927年3月,毛泽东同志的《湖南农民运动考察报告》,把合作社运动列为农民运动的"十四件大事"之一,指出:"合作社,特别是消费、贩卖、信用三种合作社,确是农民所需要的。他们买进货物要受商人的剥削,卖出农产要受商人的勒抑,钱米借贷要受重利盘剥者剥削,他们很迫切地要解决这三个问题。""各地农民自动组织的合作社很多,但往往不符合合作社的原则,假如有适当的指导,合作社运动可以随农会的发展而发展到各地。"

抗日战争和解放战争时期,各革命根据地和解放区广大群众,为了坚持生产自给,打破敌人的经济封锁,积极兴办供给、运销、生产、信用和综合性的村合作社。1942年,中国共产党总结了延安南区合作社的经验,毛泽东主席高度赞扬南区合作社的办社精神,号召陕甘宁边区合作社走南区合作社道路,从而极大地推动解放区合作社运动的发展。1943年10月,毛泽东主席在《论合作社》中指出:"合作社性质,就是为群众服务,这就要处处要想到群众,为群众打算,把群众利益放在第一位。"1947年11月,朱德同志在《对冀中经济工作的意见》中,就关于发展合作社问题指出:"合作事业要大力发展。合作社是下面的根,公家商店是头,公家商店应扶持合作社。"1948年9月,刘少奇同志在《论新民主主义经济与合作社》中,首先提出合作社在新民主主义经济条件下的历史作用和任务。他明确提出:"由广大的小生产者及广大消费者在国家领导下组织起来的合作社经济,是无产阶级领导下的新民主主义国家用以帮助、领导和逐步改造广大小生产者的主要工具,是国家经济极广大而可靠的同盟军。"1949年3月5—13日,毛泽东主席在党的七届二中全会报告中,谈到发展新中国合作社事业的重要性时指出:"必须组织生产、消费和信用合作社,单有国营经济而没有合作社经济,我们就不可能领导劳动人民的个体经济逐步走向集体化,就不可能由新民主主义社会发展到将来的社会主义社会,就不可能巩固无产阶级在国家政权中的领导权。谁要是忽视或轻视了这一点,谁也就要犯绝大的错误。"

1948年至中华人民共和国成立初期,刘少奇同志对合作经济有很多重要论述,著有《刘少奇论合作社经济》的专集,作为《中国供销合作社史料丛书》之一出版。1950年7月25日,朱德同志在全国合作社工作者第一届代表会议上的讲话中指出:"就是要将劳动人民组织起来逐步集体化,以实现他们目前和将来的长远利益。"刘少奇同志在全国合作社工作者第一届代表会议的报告中指出:"合作社是个很伟大的事业哩!办好了可以改变社会性质。合作社制度就是一个社会制度,而且是新的进步的社会制度。合作事业是很伟大的,有前途,有希望。"会议期间,朱德为大会题词:"人民合作事业的干部,必须掌握社会经济规律,精通合作社业务,并全心全意为劳动人民服务。"

1951年9月,刘少奇同志在《关于合作社问题的决议(草案)》中强调:"农村供销合作社,一方面,

是农民把自己当作生产者组织起来,以便为自己推销除自己消费以外的多余的生产品,并供应自己所需要的生产工具及其他生产资料;另一方面,又是农民把自己当作消费者组织起来,以便供应自己所需要的生活资料(即日常生活用品)。因此,农村供销合作社有以上供销两方面的任务。"在谈到供销合作社业务经营中必须遵循下列法则:(一)凡是为社员所急切要求的产品推销和物资供应,不管是利多利少,甚至无利,只要是无损于国计民生又不致使合作社赔累者,合作社就必须分清轻重缓急尽力地去经营;(二)凡是与推销社员产品和供应社员物资无关的买卖,即使能赚取高额利润,就不要分出人力、财力、物力去经营这些买卖;(三)合作社在自己的业务经营中,必须获得适当的平均的利润,以便合作社能够积累资金,扩大业务。同时要在长时期内逐步地教育并引导农民群众自愿地走社会主义道路。

1954年7月20日,邓子恢同志代表中国共产党中央委员会在《全国合作社第一次代表大会上的祝词》中指出:"由于中国共产党和中央人民政府的正确领导和大力援助,由于全体合作社工作者的共同努力,中华全国合作社在1949年中华人民共和国成立以来的五年之中,日益发展壮大,已经成为我国国民经济生活中的重要组成部分之一,在促进城乡物资交流,稳定物价,减轻资本主义商业对劳动人民特别是对农民的中间剥削,推动全国农业生产的恢复和发展,支援国家工业化,促进农业和手工业合作化运动的发展等方面,都获得了巨大的成就。在国营经济的领导下,全国供销合作网已经形成了,它是城乡之间商品交易的一条新渠道,它是劳动人民自愿联合起来的集体的经济组织,它是国营经济在农村中的有力助手和支柱。"

林伯渠同志代表中央人民政府在《全国合作社第一次代表大会上的祝词》中指出:"在我们正在胜利实现国家第一个五年计划第二年度的建设任务的时候,全国合作社第一次代表的召开,是有很大历史意义的。我们完全相信,在完成国家过渡时期的总任务中,全体合作社干部一定能够同过去一样,更加发扬自己对国家和对人民事业的无限忠诚,领导全体社员,更好地完成合作社的繁重而又光荣的任务。"

1958年7月7日,周恩来总理在广东省新台县参观废物利用展览后,欣然命笔为废旧物资回收利用工作题词:"抓紧废物利用这一环节,实行收购废品,变无用为有用。"1961年,党中央提出"调整、巩固、充实、提高"的八字方针,为了尽快恢复农业,搞活农村经济,根据毛泽东同志指示,邓小平、彭真同志在北京郊区农村调查后指出:"现在必须挑选一些了解农村手工业、家庭副业生产和农民生活需要,有群众观点,会走群众路线的干部,来做供销社的工作,把供销社迅速恢复起来。"胡耀邦同志到辽宁省海城县调查,在《农村商业要办活一点》的调查报告一文中指出:"农村商业工作由两条腿(国营商业和供销社商业)变成一条腿,由两种所有制变成一种所有制,所有购销业务统统由国营商业独家包揽经营,是害多利少的。"

1962年3月28日,周恩来总理在第二届全国人民代表大会所做的《政府工作报告》第六节"国民经济的调整工作和当前任务"中指出:"一切国营商店、供销合作社、消费合作社和合作商店,都要接受人民群众的监督,切切实实地为城乡人民的生活服务,为农业和工业的生产服务。""国营商业应该切实改善经营管理工作,加强对整个市场的领导,使农村中的供销合作社、城市中的消费合作社和合作商店发挥它们应有的作用。"1975年初,周恩来总理在病重住院期间,语重心长地指出:"我们党历来犯错误,主要是在处理同农民的关系问题上。要把供销合作社恢复起来,替农民说话。"

1984年6月,国家主席李先念为《中国供销合作社史料选编》题词:"全心全意工作,努力把供销合作社办成农村经济服务中心。"1995年5月12日,国务院副总理朱镕基题词:"祝贺中华全国供销合作总社成立"。是年7月,国务院副总理朱镕基在《中华全国供销合作社第二次代表大会的讲话》中指出,一要坚持供销合作社的改革方向;二要搞好农业、农村和农民的服务,促进农业增产增收;三要认真完成国家委托的重要商品的经营任务;四是各级党委、政府要加强对供销合作社改革的领导。1999年,国务院印发《关于解决当前供销合作社几个突出问题的通知》(国发〔1999〕5号),为供销合作社的改革和发展指明了方向,明确了目标。中共中央总书记江泽民专门指示供销合作社要把"千家万户的农民与千变万化的市场紧密联系起来"。是年10月12日,朱镕基总理接见出席第五届亚太地区政府合作社部长会议代表时指出:"合作社事业是崇高的事业,是为了大众谋利益的事业。合作经济所特有的优越性,对市场经济的发展有着显著的补充和支持作用。""我国政府历来重视和支持合作社发展。几十年来,中国供销合作社在坚持为农服务,保障市场供应,促进城乡交流等方面做了大量工作,已形成健全的组织体系和遍布城乡的服务网络。目前,他们正通过深化改革,加快发展,以适应农村经济发展的要求。"

2002年1月17日,国务院副总理温家宝在全国供销合作总社第三届理事会第三次全体会议上的工作报告上作了重要批示:"过去的一年,供销社按照国务院确定的工作方向和重点,狠抓体制创新、结构调整和经营效益,各项工作取得了显著的成绩,全系统干部、职工作出了艰苦的努力。"2006年1月3日,温家宝总理在商务部《关于加快构建农村现代流通体系的报告》上批示:"要支持城市流通企业经营网络向农村延伸,充分利用供销合作社经营网络,为农民消费提供便利。在此基础上发展现代流通体系。"1月8日,时任浙江省委书记习近平在全省农村工作会议上,提出了农民专业合作、供销合作、信用合作"三位一体"的宏伟构想,并在当年的12月19日的全省现场会上进一步表述为:"三位一体"是三类合作组织的一体化,也是三重合作功能的一体化,又是三级合作体系的一体化。至此,"三位一体"的合作制理论已经基本确立,并在实践中日益发挥着巨大的指导作用。

2014年5月5日,中共中央总书记习近平在听取全国供销合作总社王侠同志工作汇报后,作出批示:"原则同意你们的改革思路。供销社是各级政府主导的,以合作经济组织形式推动'三农'工作的重要阵地。要按照改造自我、服务农民的要求,以密切与农民利益联系为核心,积极构建适应市场经济需要、适应农业现代化需要、适应农全面建成小康社会需要的组织体系和服务机制,努力把供销社打造成服务农民生产生活的生力军和综合平台。供销社具有独特优势,既要充分发挥市场在资源配置中的决定作用,增强发展活力;也要更好发挥政府作用,弥补市场失灵。改革要坚持问题导向。新时期,面对农业农村发展中出现的新情况、新问题,供销社要深入研究,同时,供销社自身也有一些亟待解决的矛盾和问题,比如,功能定位不够清晰,行政化色彩比较浓等。对此也要加强研究,要用改革思路和办法破解这些矛盾和问题。总之,要带着问题深化改革,不要追求形式,要深入实际,不断探索,创新发展。改革要坚持因地制宜,分类指导,稳步推进。要从实际出发,用不同的钥匙开不同的锁。"同年7月12日,中共中央总书记习近平在全国供销合作总社成立60周年之际作出重要批示。习近平指出,供销合作社是促农村经济社会发展的重要力量。今年是全国供销合作总社成立60周年。60年来,供销合作社紧紧围绕党和国家工作重点,在促进农业农村发展、保障商品供给、服务城乡群众等方面作出了重要贡献。向全国供销合作社系统广大干部职工致以诚挚的问候!向受表彰的先进集体和先进个人表示热烈的祝贺!在新的历史条件下,要继续办好供销合作社,发挥其独特优势和重要作用。各级党委和政府要关心和支持供销合作社改革发展,供销合作社要全面深化改革,加快建成适应社会主义市场经济需要、适应城乡发展一体化需要、适应中国特色农业现代化需要的组织体系和服务机制,努力成为服务农民生产生活的生力军和综合平台,谱写发展农业、富裕农民、繁荣城乡的新篇章,为全面建成小康社会、实现中华民族伟大复兴的中国梦作出新的更大贡献。

同年7月13日,中共中央政治局常委、国务院总理李克强作出批示指出,供销合作社一头连着"三农",一头连着城镇,历史悠久,网点广布,为繁荣农业农村、提高城乡居民生活水平作出了重要贡献。在新的历史条件下,仍具有为农服务的深厚基础和独特优势。希望供销合作社的同志坚定宗旨,找准定位,服务好"三农",服务好农业化现代化,服务好新兴产业发展。同时,着力加强自身建设,着力深化改革创新,着力提升工作水平,在建设现代农业、发展农村现代流通、服务农民生产生活中发挥更大优势和重要作用。

2020年9月,中共中央总书记习近平对供销合作社工作作出重要指示指出,供销合作社是在党的领导下的为农服务的综合合作经济组织,有着悠久的历史、光荣的传统,是推动我国农业农村发展的一支重要力量。近年来,全国供销合作社系统深化综合改革,在促进现代农业建设、农民增收致富、城乡融合发展等方面做了大量工作。各级党委和政府要围绕加快推进农业农村现代化、巩固党在农村执政基础,继续办好供销合作社。供销合作社要坚持从"三农"工作大局出发,牢记为农服务根本宗旨,持续深化综合改革,完善体制机制,拓展服务领域,加快成为服务农民生产生活的综合平台,成为党和政府密切联系农民群众的桥梁纽带,努力为推进乡村振兴贡献力量,开创我国供销合作事业新局面。

三、制度性文件（选录）

宁波市供销合作社联合社章程

（2014年10月28日宁波市供销合作社联合社第一次代表大会通过，2020年6月18日宁波市供销合作社联合社第二次代表大会第二次修订通过）

第一章 总 则

第一条 根据《中华人民共和国宪法》《中华全国供销合作总社章程》《浙江省供销合作社联合社章程》和有关规定制定本章程。

第二条 供销合作社是为农服务的合作经济组织，是党和政府做好"三农"工作的重要载体。宁波市供销合作社联合社（以下简称市供销社）是中共宁波市委、宁波市人民政府领导下的全市供销合作社的联合组织，是全市合作经济组织的组织者、参与者和服务者，负责指导和推动全市供销合作事业发展。

第三条 市供销社坚持以习近平新时代中国特色社会主义思想为指引，坚持和加强党对供销合作事业的全面领导，深入学习贯彻习近平总书记关于供销合作社工作的重要批示指示精神，全面贯彻党中央国务院、省委省政府、市委市政府关于深化供销合作社综合改革的决策部署，深入推进"三位一体"农合联改革，不断提升为农服务能力和水平。

根据《中国共产党章程》规定，在市供销社中设立党的组织，开展党的活动，履行领导职责，发挥领导核心作用，为推动全市供销合作事业改革发展提供坚强保障。

第四条 市供销社实行自愿、互利、民主、平等的合作制原则。

第五条 市供销社的宗旨是为农业、农村、农民服务。始终把服务"三农"作为供销合作社的立身之本、生存之道，把为农服务成效作为衡量工作的首要标准，做到为农、务农、姓农。目标是加快建设适应社会主义市场经济需要、适应城乡发展一体化需要、适应农业现代化需要的组织体系和服务机制，努力成为服务农民生产生活的生力军和综合平台，为我市实施乡村振兴战略、提升农业现代化水平、促进农民增收致富发挥更大作用。

第六条 市供销社实行团体成员制，由市、县两级供销合作社（联合社）和基层组织构成，对成员负有组织、指导、协调、服务和监督的职责。

基层组织是指基层供销合作社、农民专业合作社及联合社、综合服务社、企事业单位、涉农协会和其他社会经济及服务组织等。

第七条 市供销社具有独立的法人地位，其合法权益受国家法律保护。

第八条 市供销社参加中华全国供销合作总社和浙江省供销合作社联合社，依法享有成员权利、履行成员义务,规范使用中国供销合作社标识。

第九条 市供销社社址设在宁波市海曙区。

市供销社的英文全称是 Ningbo Supply and Marketing Cooperatives,缩写为 NBCOOP。

第二章 职能和任务

第十条 市供销社的职能和任务是:

(一)宣传贯彻党中央、国务院和省委省政府、市委市政府有关农村经济和社会发展工作的方针政策,研究制订并组织实施全市供销合作经济的发展战略和规划,指导服务全市供销合作社系统的改革发展;

(二)构建市供销社主导的行业指导体系和社有企业支撑的经营服务体系,指导和促进成员建设和联合发展,鼓励和支持成员参加、服务各类合作经济组织,促进和扩大成员之间、成员与其他合作经济组织之间的联合和合作;

(三)参加宁波市农民合作经济组织联合会(以下简称市农合联),承担市农合联理事会执行委员会职责,指导、参与为农服务工作和合作经济发展;

(四)指导各成员和市农合联会员参与现代农业、供销商贸流通、农村信用、城乡环境等服务体系建设,整合服务资源,拓展服务领域,增强服务功能;

(五)实行上级社与下级社的双向工作评价机制,建立和完善上级社对下级社工作考核激励机制;

(六)向党委、政府及有关部门反映成员和农合联会员的意见和诉求、提出政策建议,维护其合法权益;

(七)受市政府及有关部门委托,参与市级农业生产资料市场调控工作,承担市级农业生产资料等物资储备及公共服务事项;

(八)行使本级社有资产所有权代表和管理者职能,管理、监督和运营本级社有资产,建立健全社有资产保值增值的考核激励和责任追究制度,依法履行出资人职责,享有出资人权益;

(九)管理所属事业单位;

(十)代表全市供销合作社参加上级社的活动,加入相关组织,组织开展与国内外合作组织之间的交流与合作,接受捐赠、资助;

(十一)承办市委、市政府交办的其他事项。

第三章 成 员

第十一条 市供销社实行开放办社。凡承认本章程,履行章程规定各项义务的区县(市)供销合作社(联合社),其他具有独立法人资格的合作经济组织、涉农企业、为农服务组织(企业)、科研教育机构等,均可申请加入,经市供销社理事会批准,成为正式成员。

第十二条 成员的权利是:

(一)选举或者推荐市供销社代表大会代表;

(二)参加市供销社组织的各种活动;

(三)享受市供销社提供的各类服务;

(四)申请享受市供销社的有关支持政策;

(五)以市供销社成员的名义开展活动;

（六）对市供销社工作提出意见和建议。

第十三条 成员的义务是：

（一）遵守市供销社章程；

（二）执行市供销社代表大会、理事会决议；

（三）完成市供销社委托的任务；

（四）维护市供销社及其成员的合法权益；

（五）向市供销社报告工作，报送各类报表，反映有关情况；

（六）接受市供销社的指导、协调和监督；

（七）规范使用中国供销合作社标识。

第十四条 成员退社应书面报市供销社，经市供销社理事会批准后办理注销手续。成员有下列情形之一的，经市供销社理事会决议，取消其成员资格：

（一）丧失法人资格的；

（二）自动放弃成员资格的；

（三）违反本章程，拒不履行规定义务且情节严重的；

（四）故意侵害市供销社及成员合法权益的。

第四章　代表大会

第十五条 宁波市供销合作社联合社代表大会（以下简称市代表大会）是市供销社的最高权力机构。

第十六条 市代表大会的职权是：

（一）制定和修改市供销社章程；

（二）审议和批准市供销社理事会工作报告；

（三）审议和批准市供销社监事会工作报告；

（四）审议和通过市代表大会各项决议；

（五）选举市供销社理事会理事、监事会监事；

（六）讨论并决定其他重大事项。

第十七条 市代表大会代表由成员选举或者推荐产生。市代表大会代表名额和代表产生办法，由市供销社理事会决定。

第十八条 市代表大会每五年举行一次，由市供销社理事会召集。市供销社理事会或者常务理事会认为必要，或者三分之一以上成员提出请求，市代表大会可以提前或者延期举行。

遇有下列情况之一，可召开市代表大会临时会议：

（一）理事会认为有必要召开的；

（二）监事会提议召开的；

（三）三分之一以上成员联名请求召开的。

市代表大会临时会议行使市代表大会职权。

第十九条 市供销社理事会在市代表大会举行前，将开会日期和会议议程等通知成员。

第二十条 市供销社成员向市代表大会提出的建议案，须在大会召开前提交市供销社理事会。

第二十一条　召开市代表大会须有全体代表三分之二以上出席方能召开,各项决议案须有全体代表过半数通过方为有效。

第二十二条　召开市代表大会时,由出席代表选举的主席团主持会议。

第五章　理事会

第二十三条　市供销社设理事会。理事会是市代表大会闭会期间的执行机构,对市代表大会负责并报告工作。

第二十四条　理事会职权是:

(一)组织召开市代表大会或市代表大会临时会议,执行其决议;

(二)组织实施本章程第十条规定的各项职能和任务;

(三)研究部署市供销社重要工作,指导全市供销合作社改革发展,促进成员之间的联合和合作;

(四)批准接纳成员或者取消成员资格;

(五)选举市供销社理事会主任、副主任;

(六)行使本级社有资产所有权代表和管理者职责,设立市供销社社有资产管理委员会,授权其管理、监督市供销社本级社有资产;

(七)行使本章程规定的其他职权。

第二十五条　理事会由主任一人,副主任、理事若干人组成,每届任期五年。理事会主任、副主任任免由中共宁波市委提名,经理事会民主选举通过,报市人民政府公布。成员理事实行单位替补制。在市代表大会闭会期间,主任、副主任、理事变动的,由理事会履行相关手续。市供销社实行理事会主任负责制,理事会主任为市供销社的法定代表人。

第二十六条　理事会全体会议每年至少举行一次,由常务理事会召集。常务理事会认为必要,或者监事会提议,或者三分之一以上理事提出请求,可以临时召集理事会全体会议。

理事会全体会议须有三分之二以上理事出席方可举行,会议决议须由全体理事过半数通过方为有效。必要时,有关议案表决可通过信函征求意见方式进行。

第二十七条　常务理事会是理事会的常设机构,由理事会主任、副主任和是理事的市供销社其他班子成员组成。

第二十八条　常务理事会的职权是:

(一)负责召集理事会全体会议或临时会议,并向其报告工作;

(二)执行理事会的决议;

(三)决定市供销社年度财务预算、决算方案;

(四)决定市供销社内部管理制度、内部办事机构的设置;

(五)决定市供销社企事业单位的设立、合并、分立和解散;

(六)代表理事会行使本级社有资产所有权代表和管理者的职责,负责市供销社社有资产管理委员会的运行和管理;

(七)理事会授予的其他职权。

第二十九条　常务理事会会议由理事会主任或者受理事会主任委托的副主任召集。常务理事会会议须有三分之二以上成员出席方可举行,会议决议须由全体成员过半数通过方为有效。

第六章 监事会

第三十条 市供销社设监事会。监事会是市供销社的监督机构,对市代表大会负责并报告工作。

第三十一条 监事会的职权是:

(一)监督理事会及常务理事会对本章程和市代表大会、市代表大会临时会议决议的执行情况;

(二)监督理事会及常务理事会对国家有关法律、法规和政策的执行情况;

(三)监督理事会及常务理事会对市委、市政府委托的各项任务的完成情况;

(四)监督理事会及常务理事会对社有资产所有权代表职责的履行情况、市供销社社有资产管理委员会的运行情况、本级社有资本收益的管理使用情况和资产运营公司的重大投资、并购重组、资产运营等情况;

(五)开展调查研究,反映社情民意,向理事会提出改进工作的建议;

(六)对理事会的重大决定有不同意见,提出建议未被采纳的,有权向市代表大会反映;

(七)指导各成员的监事会开展工作;

(八)提议临时举行市代表大会和理事会全体会议;

(九)选举监事会主任、副主任;

(十)监事会组成人员列席理事会全体会议,监事会主任列席常务理事会会议。

第三十二条 监事会由主任一人,副主任、监事若干人组成,每届任期五年。

监事会主任任免由中共宁波市委提名,经监事会民主选举通过,报市人民政府公布。理事不得兼任监事。

成员监事、有关部门监事实行单位替补制。在市代表大会闭会期间,监事会主任、副主任、监事变动的,由监事会履行相关手续。

第三十三条 监事会全体会议每年至少举行一次,由监事会主任或者受其委托的副主任召集;必要时,可以临时召开监事会全体会议。监事会全体会议须有全体监事三分之二以上出席方可举行,会议决议须由全体监事过半数通过方为有效。

必要时,有关议案表决可通过信函征求意见方式进行。

第七章 社有资产管理

第三十四条 市供销社社有资产是指市供销社本级实际拥有的各种形式的资产、对企业各种形式的出资和出资所形成的权益,以及依法认定为其所有的其他权益。

市供销社社有资产属于集体所有,受法律保护,任何单位不得侵占、平调。

第三十五条 市供销社建立健全社有资产管理、运营、考核、监督体制,实行社有资产所有权和经营权分离,完善出资人制度。

第三十六条 市供销社设立社有资产管理委员会,按照理事会授权,行使对本级社有资产的管理监督职责。

社有资产管理委员会制度另行制定。社有资产管理委员会日常管理由常务理事会负责。

第三十七条 市供销社设立社有全资的集团公司,作为本级社有资产运营主体,具体履行对经营性社有资产的出资人职责,并按照责权对应原则承担社有资产保值增值责任。

市供销社社有资产管理委员会是集团公司的出资人代表,对经营性社有资产实施授权运行。集团公司向市供销社社有资产管理委员会报告履职情况,接受市供销社监事会监督。

第三十八条 市供销社根据履行职能和任务需要,授权集团公司设立或投资企业,建立健全为农服务体系和涉农产业体系。对为农服务的骨干龙头企业保持应有控制力。市供销社出资企业要依法自主经营、自负盈亏、依法纳税,完善法人治理结构,提高企业经济效益和运行质量,增强市场竞争能力,并对出资人投入的资产负保值增值责任,不得损害出资人的合法权益。

第八章 事业单位和社团

第三十九条 市供销社所属培训中心等事业单位,要提升服务水平,培育各类农村实用人才和经营管理人员,承接各类委托培训任务和公共服务事项,为全市供销合作事业发展提供支撑。

第四十条 市供销社指导相关行业协会等社会团体强化行业自律、反映行业诉求、推动行业发展,承接政府委托职能,开展对外交流与合作。推动相关行业协会按照社会化、市场化方向和法制化、非营利原则加快改革,转变运行方式,增强服务功能,在参与为农服务中发挥重要作用。

第九章 财务和审计

第四十一条 市供销社依照法律法规的规定,建立健全财务管理制度,依法处理财务会计事项。

第四十二条 市供销社资金来源包括社有资产及其投资收益、公积金、政府专项资金以及社会捐赠等。

第四十三条 市供销社建立健全审计制度,对资金的使用管理和企事业单位的经济运行情况进行审计监督。

第十章 附 则

第四十四条 本章程的解释权属于市供销社理事会。

第四十五条 本章程经宁波市供销合作社联合社第二次代表大会通过后施行,报中华全国供销合作总社、浙江省供销合作社联合社和宁波市人民政府备案。各成员可参照本章程制定章程,报市供销社备案。

宁波市农民合作经济组织联合会章程

第一章 总 则

第一条 本会定名为宁波市农民合作经济组织联合会,简称"农合联"(英文名称 Ningbo Federation of Farmers Cooperatives,英文缩写 NBFFC)。

第二条 本会是在市委市政府领导下的,全市农民合作经济组织、新型农业经营主体、涉农企事业单位、符合条件的自然人,按照"农有、农治、农享"的原则,共同组成的具有生产、供销、信用等服务功能的联合组织。本会为非营利性社会团体,具有独立法人资格,由民政部门注册登记。

第三条　本会高举中国特色社会主义伟大旗帜,贯彻执行党在农村的各项方针政策,坚持为农服务,以合作和联合为纽带,以生产、供销、信用为基本服务功能,促进农民合作经济组织规范运作、发展壮大,引导农民合作经济组织之间和与其他市场主体扩大交流、拓展合作,维护农民合作经济组织合法权益,拓宽党和政府联系农民群众的渠道,为健全现代农业经营体系和"三农"治理体系、走农民共建共享农业现代化和城乡发展一体化道路发挥积极作用。

第四条　本会遵守国家宪法、法律、法规,按照章程开展工作。

第五条　本会由市农村工作综合部门主管,接受农业等涉农部门及财政、民政、地方金融管理等部门的业务指导和监督管理。

第六条　本会地址:宁波市海曙区老实巷66号,邮编:315000。

第二章　业务范围

第七条　本会的业务范围:

(一)宣传和贯彻党在农村的路线方针政策,执行和落实市委市政府农村工作部署和各项政策举措。

(二)加强农民合作经济组织和"三农"发展情况调查研究,及时向市委市政府反映农民合作经济组织和农民的诉求,提出农民合作经济组织和"三农"发展的工作和政策建议。

(三)指导农民合作经济组织规范运作、发展壮大,支持农民合作经济组织形成生产、供销、信用"三位一体"服务功能,维护农民合作经济组织和农民合法权益。

(四)对全市县、乡镇两级农合联和其他农民合作经济组织开展业务指导、人员培训、企划咨询等服务。开展县、乡镇两级农合联难以提供的服务项目和上级农合联指导的为农服务工作。受市政府及涉农部门委托、购买,做好部分公共服务、涉农政策、农情调查的具体实施。

(五)引导会员加强合作与联合,开展农产品加工贮运包装、品牌营销、电子商务、展示展销、农批市场、农资供销、日用品流通、再生资源回收等服务,建立合作经营的经济实体和利益共享的分配机制。支持会员按照市场规律,运用信息化手段,组建由农民合作社、新型农业经营主体、城乡消费者等共同参股的农产品、日用品连锁配送实体和销售合作社、消费合作社,发展高效、增值、便捷的农产品营销服务和优质、廉价、便利的农产品、日用品供给服务。服务会员扩大国内外经济技术交流与合作。

(六)加强同市农信机构、保险机构、政策性农信担保公司的战略合作,大力发展农村金融服务。引导和规范有条件的农合联成员合作社组建农民资金互助会、保险互助会,并在条件成熟时组建联合会。发展农信担保业务,帮助会员解决"融资难""融资贵"问题。

(七)由参加农合联的市供销合作社联合社、涉农国有企事业单位和其他有条件的会员合股组建市农合联资产经营公司。引导和支持农合联资产经营公司以众筹形式,组织农合联会员开展投资合作,并以股权投资等方式,参与效益较好较稳的项目和企业投资,为现代农业加快发展和农民群众共建共享提供有效服务。

(八)设立农合联农民合作基金,加强对农民合作基金的筹集和使用,充分发挥农民合作基金支持为农服务事业的作用。农民合作基金优先满足年度常规为农服务事项的需要。支持涉农产业发展和为农服务功能建设的资金,可委托农合联资产经营公司以股权投资等形式运作。

(九)加强为农服务体系建设,承担涉农部门职能转变及事业单位改革中逐步转移的农机作业、农技培训、农村产权交易中介等为农服务事项,增强生产生活服务功能。

(十)做好市委市政府及有关部门交办和委托的其他任务。

第三章 会 员

第八条 本会会员分为团体会员和个人会员。

第九条 团体会员主要对象:

(一)县(市)区农合联及有代表性的乡镇(街道)农合联;

(二)全市有代表性的农民合作经济组织(包括农民合作社及联合社、合作农场、行业协会、专业协会等)、新型农业经营主体(包括家庭农场、农业企业等);

(三)全市有代表性的具有为农民合作经济组织和农民生产生活服务功能的涉农企事业单位(包括农业科研推广、农业生产服务、农产品加工流通、农资购销、金融服务等组织);

(四)其他相关单位和组织。

第十条 个人会员主要对象:关心、支持、参与"三农"发展,有一定理论研究、工作经验和社会影响的人员。

第十一条 申请加入本会,必须具备下列条件:

(一)有加入本会的意愿;

(二)拥护本会章程;

(三)履行本会章程规定的义务;

(四)按规定交纳年度会费。加入本会须提交入会申请,填写会员登记表,经核准符合上述条件即可成为会员,发给会员证。

第十二条 本会会员享有的权利:

(一)本会的选举权、被选举权和表决权;

(二)参与本会组织的各项活动;

(三)享受本会提供的各项服务;

(四)参加本会组建的、符合参加条件的各类组织;

(五)优先利用本会研究和开发的各类成果;

(六)对本会提出工作批评、建议和监督;

(七)要求本会维护自身合法权益;

(八)自愿加入或退出本会。

第十三条 会员履行下列义务:

(一)遵守本会章程;

(二)执行本会决议,参加本会组织的各项活动,支持本会履行职责;

(三)维护本会合法权益;

(四)关心支持本会工作,及时向本会反映情况,提供有关资料,提出意见和建议;

(五)接受本会监督;

(六)按规定交纳会费。

第十四条 会员退会应书面通知本会,并交回会员证。会员连续两年不交纳会费或不参加本会活动的,视为自动退会。

第十五条 会员有严重违反本章程或法律行为的,经理事会表决通过,予以除名。

第四章 组织机构

第十六条 本会按属地原则设置。

第十七条 本会实行民主管理,接受上级农合联指导。

第十八条 本会的最高权力机构为会员(代表)大会。其职权是:

(一)决定本会的工作方针、发展规划、基本任务和重大事项;

(二)听取和审议理事会、监事会工作报告和财务报告;

(三)按农民合作经济组织代表高于三分之二的比例,选举产生和罢免本会理事会理事、监事会监事和出席上级农合联的会员代表;

(四)制订和修改章程;

(五)决定本会终止事宜;

(六)决定其他有关重要事务。

第十九条 本会会员(代表)大会每五年召开一次。因特殊情况需提前或延期换届的,须经理事会表决通过,并报主管单位审查和社团登记管理机关批准。延期换届最长不超过一年。

会员(代表)大会的代表,按农民合作经济组织代表高于三分之二的比例,采取本级协商推选、下级民主选举方式产生,根据需要也可特邀部分代表。会员(代表)大会代表的名额分配办法,由理事会决定。

第二十条 会员(代表)大会须有三分之二以上的会员(代表)出席方能召开,其决议须经到会会员(代表)一半以上表决通过方能生效。

第二十一条 本会理事会、监事会由会员(代表)大会选举产生。理事会为会员(代表)大会休会期间的执行机构,负责执行会员(代表)大会决议和日常工作。

理事会设理事长1名、常务副理事长1名、其他副理事长若干名,理事长、副理事长由理事会选举产生。会员(代表)大会休会期间的理事更换或罢免和理事长、副理事长的选举、更换或罢免,须经全体理事的三分之二以上多数通过,其他议案须经全体理事的一半以上多数通过,表决可通过会议或信函征求意见方式进行。

理事长、副理事长组成常务理事会,为理事会常设机构,在理事会休会期间,代表理事会研究决定有关重大事项。

监事会为本会的监督机构,负责监督理事会执行决议和财务。监事会由3名以上(奇数)监事组成。监事会设监事长1名、常务副监事长1名、副监事长若干名,监事长、副监事长由监事会选举产生。本会理事和执行委员会主任、副主任、财务负责人不得兼任监事。会员(代表)大会休会期间的监事更换或罢免和监事长、副监事长的选举、更换或罢免,须经全体监事的三分之二以上多数通过,其他议案须经全体监事的一半以上多数通过,表决可通过会议或信函征求意见方式进行。

理事会、监事会每届任期与会员(代表)大会相同,行使职权到下届会员(代表)大会选出新的理事会、监事会为止。

第二十二条 本会实行独立理事制度。本会选聘独立的、在合作经济和"三农"方面有较深理论造诣和丰富工作经验者作为理事会独立理事,由独立理事客观评价本会运营和管理状况,形成风险控制机制。

独立理事应具备以下条件:

(一)独立理事及其所在单位不能与本会有业务往来;

(二)独立理事及其家庭成员不能与本会高管人员有任何直系亲属关系;

(三)独立理事不能在本会领取除独立理事津贴和会议费以外的任何报酬。

第二十三条 本会实行"议行分立"的治理结构,设立理事会执行委员会,依托市供销合作社联合社执行管理机构组建,承担理事会日常管理和具体运行工作。

执行委员会设主任1名,副主任若干名,由理事会聘任,其各部门负责人和工作人员由执行委员会聘用。执行委员会领导班子成员一般由市供销合作社联合社领导班子成员担任。

执行委员会领导班子成员、各部门负责人和工作人员可由理事会理事兼职,兼职人员数量不超过理事会理事的三分之一。

第二十四条 理事会职权:

(一)执行会员(代表)大会决议,审定本会的工作方针、任务和计划;

(二)决定本会重要工作,促进会员改革发展;

(三)选举、更换或罢免理事、副理事长、理事长;

(四)向会员(代表)大会报告工作和财务状况;

(五)决定会员的奖惩、吸收或除名;

(六)决定执行委员会领导班子聘任、内设机构设置和各类实体举办;

(七)聘任有关专家,组建市农合联技术专家组,并指导开展技术服务;

(八)制订本会各项规章制度;

(九)决定本会其他重大事项。

第二十五条 监事会职权:

(一)派代表列席理事会会议;

(二)监督理事会执行国家法律、法规、政策和会员(代表)大会决议;

(三)选举、更换或罢免监事、副监事长、监事长;

(四)对理事会决议和执行委员会决定提出质询;

(五)监督执行委员会的业务管理和财务管理;

(六)监督农合联资产经营公司业务管理、财务管理和项目投资等,监督农民合作基金的使用管理;

(七)向会员(代表)大会报告工作;

(八)章程规定和会员(代表)大会授予的其他职权。

第二十六条 执行委员会实行主任领导下的集体负责制,全面负责本会的业务管理工作。行使下列职权:

(一)主持本会的业务管理工作,组织实施会员(代表)大会和理事会的决议;

(二)拟定本会内设机构设置,提出内部管理制度草案,决定对工作人员的奖惩;

(三)提出本会发展规划和计划草案,以及年度预决算和利润分配方案;

（四）指导县（市）区、乡镇农合联完善组织体系和运行机制，开展指导、培训、咨询等服务工作和综合协调保障工作，对经营服务实体会员开展资质和服务水平评估；

（五）代表理事会运营管理资产经营公司和农民合作基金；

（六）广泛联系会员，反映会员、农民的意见和要求，维护全市各级农合联及其会员的合法权益；

（七）就"三农"工作重要问题建言献策；

（八）章程规定和理事会授予的其他职权。

第二十七条 本会理事长、副理事长、独立理事、监事长、副监事长、执行委员会主任、执行委员会副主任须具备下列条件：

（一）坚持党的路线、方针、政策，政治素质好；

（二）熟悉"三农"工作，在"三农"领域内有较大影响；

（三）身体健康，能坚持正常工作；

（四）未受过剥夺政治权利的刑事处罚；

（五）具有完全民事行为能力。

第二十八条 本会理事长、监事长、执行委员会主任每届任期五年，可连选连任，但连任不超过两届。

第五章 资产管理和经营

第二十九条 本会理事会及执行委员会经费来源：

（一）会员交纳的会费；

（二）政府根据市农合联执行委员会的人员编制安排的工作经费和人员经费；

（三）在核准的业务范围内开展服务或活动的收入；

（四）政府委托、购买公共服务提供的事业经费及配套工作经费；

（五）本会农民合作基金根据开展相关服务需要安排的经费；

（六）捐资捐赠；

（七）利息；

（八）其他合法收入。

第三十条 本会经费必须用于本章程规定的业务范围内事业发展及相关事项。

第三十一条 本会建立严格的财务管理制度，保证会计资料合法、真实、准确、完整。本会换届或更换法定代表人之前须接受业务主管单位和社团登记管理机关的财务审计。

第三十二条 本会配备具有专业资格的会计人员。会计不得兼任出纳。会计人员调动工作或离职时，必须与接管人员办清交接手续。

第三十三条 本会资产经营公司对下属全资、控参股企业依法行使出资人权利，促进资产保值增值。

第三十四条 农民合作基金来源：

（一）市财政补助扶持资金；

（二）市农合联资产经营公司按不低于20%比例上缴的年度资产收益；

（三）财政奖补收入；

（四）社会各界的捐款；

（五）投资涉农项目产生的收益；

（六）其他合法收入。

农民合作基金用途：

（一）农合联各项为农服务事业；

（二）农合联涉农产业扶持和项目投资；

（三）农村金融服务支出和农信担保、农村资金和保险互助会风险补偿支出；

（四）市农合联资产经营公司的组建和增资扩股等；

（五）理事会批准的其他支出。经理事会批准，一定期限内闲置的农民合作基金可以通过银行协议存款，实现保值增值。

第三十五条 本会的资产经营管理遵守法律法规，执行国家规定的财务管理制度，接受会员（代表）大会和财政、审计等部门的监督。

第三十六条 任何单位、个人不得侵占、私分和挪用本会的资产。

第六章 监督管理

第三十七条 建立监事会监督制度，发挥监事会的内部监督作用。

第三十八条 本会每年对为农服务、业务经营、财务管理、组织建设和重要专项工作等业绩开展自查自评，接受市委市政府及有关部门的年度绩效监督评价，落实奖惩措施。

第三十九条 本会建立公共资源竞争性配置机制和公示公告、阳光监管等制度，接受社会各界监督。

第四十条 本会接受纪检、监察、审计、财政等部门的监督。

第七章 终止程序

第四十一条 本会自行解散或由于分立、合并等原因需要注销的，由理事会提出终止动议。

第四十二条 本会终止动议须经会员（代表）大会表决通过，并报业务主管单位审查同意。

第四十三条 本会终止前，须在业务主管单位指导下成立清算小组，清理债权债务，处理善后事宜。清算期间不开展清算以外的活动。经社团登记管理机关办理注销登记手续后即为终止。

第四十四条 本会终止后的剩余财产，在业务主管单位和社团登记管理机关的监督下，按照国家有关规定处理，优先用于发展与本会宗旨相关的事业。

第八章 附 则

第四十五条 对本会章程的修改，须经理事会表决通过后报会员（代表）大会审议通过，经业务主管单位审查同意，并报社团登记管理机关核准后生效。

第四十六条 本章程经 2016 年 12 月 23 日会员（代表）大会通过。

第四十七条 本章程解释权属本会理事会。章程自社团登记管理机关核准之日起生效。

编后记

2018年12月5日,宁波市供销合作社正式决定修编《宁波市供销合作社志》(简称"市社志"),同时暨组成市社志编纂委员会、办公室和编辑部,由汪金平担任市社志主编(主笔)并统稿。

2019年1月,市社志编纂委员会制定市社志编纂方案和工作规划,在此基础上开始资料采撷。编纂期间,查阅了市供销合作社历年有关档案以及各类地方志文献。根据志书"以事分类,横排竖写"的志体要求,在章节内容设计方面力求体现"全、专、简、特"。章节内容力求"全",努力做到"横不断档,纵不断线";全中求"专";共性的内容从"简",采取简记;体现特色,以"特"为贵。章节设置和内容记叙力求反映专业和地方与时代特色。供销社合作组织农副产品收购、生产(生活)资料供应及外贸经济、"三农"服务、体制改革等方面内容,既反映供销合作社的特点经营服务,又体现地方、时代特色,尽力在全志各章节中有较多的记述。

此次修编市社志,力求树立精品意识,确立高标准、高起点的指导思想,参阅了全国供销合作社志、省供销合作社志、宁波市志和区(县)市供销合作社志(资料)的内容,充分吸收其史料之精华。在编写过程中,走访联系供销社老领导、老干部、老职工及有关知情者200多人次。编纂人员搜集资料,不辞劳苦,默默耕耘,几易其稿,终于在2020年12月完成150余万余字的初稿。

2021年1月开始,进入市社志修改、评审阶段。经过专志专审、反复评议、会审修改、订正校阅等阶段,最终形成130余万字的送审稿。经宁波供销合作社内部审稿,认为志书指导思想明确,层次结构合理,内容丰富,叙述流畅,行文规范,全面系统地记述宁波市供销社的基本情况和发展历程,为有关部门和社会各界人士了解和研究宁波供销事业发展提供了可资借鉴的珍贵文献。2022年4月,邀请市委党史研究室方志处处长张世清、市史志研究中心主任王蓓、市史志研究中心办公室主任杨聪玲等领导和有关专家进行评审论证,后据专家意见又进行了若干修改和补充。

市社志修编是一项重要的文化建设系统工程,凝结着各方合作的结晶。在编纂过程中,自始至终得到了市供销社领导的殷殷垂顾,得到各处(室)处长(主任)的大力支持,得到各区(县、市)供销社和市供销社参控股企业的通力协作。市社吴建裕、刘波、张碧英、余珊弘、田启朗、胡文庭、应一栋、郭斯本、滕亚强、胡苹、俞红婷、刘金英、汤镇庆、刘海峰、任君、吴方洪、毛贵、高雅、陈建华、宋光华、朱晓明等同志,为编修市社志提供了相关资料和口碑材料,市社老领导老同志周信浩、包银虎、王安宁、王前线、郑芬玉、郑根富、楼承渝等为社志提供珍贵的回忆资料,尤其是市供销社办公室主任吴建裕为社志审阅把关,多次修改,使本志内容和结构更趋完善。值此,一并表示诚挚的感谢。本志的编纂,引用、参考全国、省供销社志的相关内容,对有关作者致谢。

本志是宁波市供销合作社的首部志书,时间跨度大,涉及面广,尽管编修人员勤奋耕耘,全力以赴,但由于本志是原创性部门(行业)志,且因机构多次拆、并,史料散佚不全,加之时间仓促,又限于编者水平,志书中定会存在遗漏之处,或统稿失之缜密,不足在所难免,敬请读者和方家批评指正。

《宁波市供销合作社志》编辑部

2022 年 7 月

【主编简介】

汪金平,男,宁波鄞州区人,中共党员,1958 年 10 月出生,曾在南京军区某部服役。经济管理、汉语言文学专业本科学历,先后就职于鄞州区第二商业总公司、鄞州区供销合作社(区工贸资产管理办公室)。曾参与撰写《鄞县志》(贸易编),著有《军旅放歌》《时光里的记忆》,主编有《鄞县区供销合作社志》《鄞州区金融志》《鄞州区扶贫支援志》。